Das Strafgesetzbuch für die Preußischen Staaten

nebst

dem Gesetze und den Verordnungen über die Einführung desselben,

erläutert

durch

F. C. Oppenhoff,
Ober-Staats-Anwalt beim Königlichen Ober-Tribunal.

Fünfte gänzlich umgearbeitete Ausgabe.

Berlin.
Druck und Verlag von Georg Reimer.
1867.

Vorrede
zur fünften Ausgabe.

Bei der Ausarbeitung der ersten Ausgabe dieses Kommentars hatte der Verfasser es sich zur Aufgabe gestellt, einen geordneten Ueberblick über die Ergebnisse der Rechtsprechung des höchsten Gerichtshofs zu gewähren, insoweit darin ein Hülfsmittel für die Auslegung des neuen Strafgesetzbuchs gefunden werden konnte. Demgemäß war ein wesentliches Gewicht darauf gelegt worden, bei der kurzen Mittheilung der Begründung der angeführten Entscheidungen möglichst genau den Gedankengang und selbst die Worte der betr. Erkenntnisse ꝛc. wiederzugeben. Bei den folgenden Ausgaben konnte indessen an dieser Verfahrungsweise nicht immer festgehalten werden. Denn das Königl. Ober-Tribunal kam im Laufe der Jahre häufig in den Fall eine und dieselbe rechtliche Frage wiederholt zu entscheiden, während nichtsdestoweniger die Verschiedenheit der konkreten Sachlagen nicht selten auch eine abweichende Fassung der Entscheidungsgründe zur nothwendigen Folge hatte. Der Verfasser gewann daher die Ueberzeugung, daß nunmehr eine freiere und selbstständigere Behandlung der Sache geboten erscheine, bei welcher die reiche Praxis des höchsten Gerichtshofs zwar noch immer als ein sehr willkommenes Hülfsmittel für die Erläuterungen, aber nicht mehr als das eigentliche Objekt der Darstellung zu betrachten sei.

Diese veränderte Anschauungsweise kam bei den in den neuen Ausgaben vorgenommenen Abänderungen zur Geltung. Da indessen doch immer einzelne Theile des Werks unverändert beibehalten wurden, so machte sich die daraus entspringende Verschiedenheit der Behandlung allmälig fühlbar und eine Umarbeitung des Ganzen nothwendig.

Zu dieser gänzlichen Umarbeitung ist der Verfasser bei der vorliegenden fünften Ausgabe übergegangen. Er hat es nunmehr versucht, selbstständig das Ergebniß seiner eignen Erfahrungen bei der Handhabung des Strafgesetzbuchs während der jetzt sechszehnjährigen Geltung desselben zusammenzufassen, und in einem möglichst erschöpfenden, alle vorgekommenen Einzelfälle berücksichtigenden Kommentare übersichtlich darzustellen. Er hat dabei, in gleicher Weise wie früher, vorzugsweise die Rechtsprechung des Ober-Tribunals als Quelle benutzt und auf die ergangenen Entscheidungen als Beläge für die entwickelten Ansichten Bezug genommen. Die Bedeutung dieser Bezugnahmen ist aber insofern eine andere geworden, als man nicht erwarten darf, die in den einzelnen Bemerkungen aufgestellten Rechtssätze und die dafür angeführten Gründe jedesmal in den citirten Entscheidungen ebenso abstrakt ausgesprochen wieder zu finden. Es war vielmehr das Bemühen vorzugsweise dahin gerichtet, aus den auf die verschiedenen Einzelfälle bezüglichen konkreten Erwägungen des Gerichtshofes den allen zum Grunde liegenden allgemeinen als richtig erkannten Rechtssatz zu abstrahiren und möglichst genau hinzustellen. —

Das Erscheinen dieser fünften Ausgabe trifft zusammen mit der Einführung des Gesetzbuchs in den mit dem Staate im vorigen Jahre verbundenen neuen Provinzen. Die betreffenden Verordnungen vom 12. Dezember 1866 und vom 25. Juni 1867 sind am Schlusse abgedruckt, es ist aber gleichzeitig auch die Einrichtung getroffen worden, daß der sie enthaltende Bogen herausgenommen und hinter dem Einführungs-Gesetze vom 14. April 1851 eingeheftet werden kann. Eine eingehende Kommentirung dieser Verordnungen war wegen der Kürze der Zeit nicht möglich; es ward daher um so mehr für genügend erachtet, auf die entsprechenden Stellen des Einführungs-Gesetzes vom 14. April 1851 und die zu diesem gegebenen Erläuterungen zu verweisen, als im Wesentlichen die Vorschriften jenes Gesetzes nur wiederholt worden sind.

Um das Werk — trotz der erheblichen Vermehrung des Stoffs — nicht unverhältnißmäßig zu vertheuern, ist auf möglichste Raumersparniß bei den Citaten Bedacht genommen worden. Insbesondere mußte davon abgesehen werden, ebenso wie früher, bei den einzelnen citirten Entscheidungen auch alle Sammlungen anzuführen, in welchen sich dieselben abgedruckt finden; vielmehr ist bei allen neueren (seit 1861 ergangenen) Entscheidungen lediglich auf die vom Verfasser herausgegebene

Rechtsprechung des Königlichen Ober-Tribunals in Strafsachen, Berlin bei Reimer 1861 fgg.; bis jetzt 8 Bände

hinverwiesen worden. Diese Sammlung bringt Jahrgangsweise eine chronologisch geordnete Zusammenstellung aller prinzipiell wichtigen Entscheidungen des höchsten Gerichtshofes — soweit nöthig mit den Anträgen der General-Staats-Anwaltschaft — unter steter Bezugnahme auf die entsprechenden Stellen des vorliegenden Kommentars zum Strafgesetzbuche sowie des in gleicher Form erschienenen Kommentars des Verfassers zu den Preußischen Strafprozeßgesetzen. Von dem Augenblicke an, wo das Ober-Appellationsgericht für die neuen Provinzen des Staates in Wirksamkeit tritt, werden auch seine Entscheidungen in jener Sammlung Aufnahme finden. —

Bei dem raschen Gange, den in Folge der Zeitereignisse die Gesetzgebung in den letzten Monaten genommen hat, konnte es nicht ausbleiben, daß sie bei einzelnen Punkten den

Druck des vorliegenden Werkes überholte. So ist es geschehen, daß einzelne Bemerkungen auf den bereits gedruckten Bogen durch neue Gesetze ihre Bedeutung verloren haben. Das gilt z. B. von denjenigen, welche auf das bisher in der ehemaligen freien Stadt Frankfurt geltende Strafverfahren Bezug hatten. So weit es, zur Vermeidung von Mißverständnissen, nöthig erschien, sind dieserhalb am Schlusse des Werks die geeigneten Berichtigungen zugesetzt worden. Dort haben außerdem einige der jüngsten Rechtsprechung des Königl. Ober-Tribunals entlehnte Entscheidungen nachträglich noch eine Stelle gefunden. Auf beides mußte hier besonders aufmerksam gemacht werden.

Berlin, 12. August 1867.

D.

Inhalt.

I.
Gesetz über die Einführung des Strafgesetzbuchs für die Preußischen Staaten vom 14. April 1851.

II.
Strafgesetzbuch für die Preußischen Staaten vom 14. April 1851.

Dritter Theil.
Von den Uebertretungen.

Erklärung der Abkürzungen.

AKO.	bezeichnet:	Allerhöchste Kabinets-Ordre.
A. M.	„	Anderer Meinung ist.
Ann. (v. K. Ann.)	„	v. Kamptz: Annalen der Preuß. innern Staatsverwaltung. Berlin 1817 ff.
Arnsb. Arch.	„	Neues Archiv für Preußisches Recht etc. von Sommer und Böle. Arnsberg.
BGr.	„	Berner: Grundsätze des Preußischen Strafrechts. Leipzig 1861.
BL.	„	Berner: Lehrbuch des Strafrechts, 3. Auflage. Leipzig 1866.
Bern. Wirkungskr.	„	Berner: Wirkungskreis des Strafgesetzes etc. Berlin 1853.
Bes.	„	Beseler: Kommentar über das Straf-Gesetzbuch. Leipzig 1851.
Beschl. I., II., Pl.	„	Beschl. des Ober-Tribunals, der ersten, zweiten oder der vereinigten Abtheilungen des Senats für Strafsachen.
Cass.	„	ein vernichtendes Erkenntniß des Pariser Kassationshofs.
Contra:	„	„Anderer Meinung sind" oder „im entgegengesetzten Sinne entschieden": . . . .
v. Daniels (v. Dan.)	„	v. Daniels: Handbuch der für die etc. Rheinprovinzen verkündigten Gesetze, Verordnungen und Regierungsbeschlüsse aus der Zeit der Fremdherrschaft. 8 Bände. Köln 1835—1845.
D. HGB.	„	Deutsches Handelsgesetzbuch.
D. WO.	„	Deutsche Wechselordnung.
EG.	„	Einführungsgesetz v. 14. April 1851.
Entsch.	„	Entscheidungen des Kgl. Ober-Tribunals. Berlin 1837 ff.
FEV. (FEV.)	„	Verordnung v. 12. Dez. 1866, betr. die Einführung der beiden ersten Theile des StGB. in das Gebiet der etc. Stadt Frankfurt a. M.
FStPO.	„	Frankfurter Gesetz über das Verfahren in Strafsachen v. 16. Sept. 1856.
Geßler Dolus	„	Geßler: Ueber den Begriff und die Arten des Dolus. Tübingen 1860.
Gilb.	„	Les Codes annotés par Sirey, édition refondue par Gilbert.

GA.	bezeichnet:	Goltdammer: Archiv für Preußisches Strafrecht. Berlin 1853 ff.
GM.	„	Goltdammer: Materialien zum Strafgesetzbuche. Berlin 1852 ff.
Gruchot Beitr.	„	Gruchot: Beiträge zur Erläuterung des Preuß. Rechts. Hamm 1857 ff.
GS.	„	Gesetz-Sammlung.
Hahn	„	Hahn: die Preußische Gesetzgebung über das ꝛc. Verfahren in Untersuchungssachen. Breslau 1857.
HDG.	„	Holzdiebstahlsgesetz v. 2. Juni 1852.
HS.	„	Hälschner: System des Preuß. Strafrechts I. od. allgem. Theil. Bonn 1858.
Heffter Lehrb.	„	Heffter: Lehrbuch des gemeinen deutschen Strafrechts. Braunschweig 1857.
JMbl.	„	Justiz-Ministerial-Blatt.
JMVerf.	„	Verfügung des Justiz-Ministers.
Jahrb. (v. K Jahrb.)	„	v. Kamptz: Jahrbücher für die Preuß. Gesetzgebung. Berlin 1814 ff.
KBI. KBII.	„	Bericht der Kommission der ersten (zweiten) Kammer.
KH.	„	Rheinischer Kassations-Hof.
Koch	„	Allgemeines Landrecht mit Kommentar in Anmerkungen von Dr. C. F. Koch. Thl. II. Bd. II; 2te Ausg. Berlin 1856. Die Nummern verweisen auf die zu den einzelnen §§ gehörenden Anmerkungen.
Löwe	„	Löwe: Der Preuß. Strafprozeß. Breslau 1861.
Mang. de l'act. publ.	„	Traité de l'action publique et de l'action civile en matière criminelle par Mangin. Paris.
Mang. Règl. d. l. comp.	„	Mangin: du règlement de la compétence etc. Paris 1847.
NEV. (NEV.)	„	Verordnung v. 25. Januar 1867, betreffend das Strafrecht ꝛc. in den (im J. 1866) mit der Monarchie vereinigten Landestheilen.
Nr.	„	die Nummer des Textes des Gesetzbuchs (Gesetzes).
n.	„	die Nummer der erläuternden Bemerkung.
Old. Arch.	„	Archiv für die Praxis des gesammten im Großherzogthum Oldenburg geltenden Rechts. Oldenburg 1843 ff.
Oppenh. Ressortges.	„	Th. F. Oppenhoff: die Preuß. Gesetze über die Ressortverhältnisse ꝛc. Berlin 1863.
Präj.	„	Präjudiz.
RdO.	„	Rechtsprechung des Kgl. Ober-Tribunals in Strafsachen, herausgegeben von Oppenhoff. Berlin 1861 fgg.
Rej.	„	Erkenntniß des Pariser Kassationshofes, durch welches ein Kassationsgesuch verworfen ward.
RA.	„	Archiv für das Civil- und Criminalrecht für die Preuß. Rheinprovinz. Köln 1820 ff.
Rh. BGB.	„	Rheinisches Bürgerliches Gesetzbuch.
Rh. BPO.	„	Rheinische Bürgerliche Prozeßordnung.

Rh. HGB.	bezeichnet:	Rheinisches Handelsgesetzbuch.
Rh. StGB.	"	das ehemalige Rheinische Strafgesetzbuch.
Rh. StPO.	"	Rheinische Strafprozeßordnung.
Rh. S.	"	Rheinische Sache.
RS.	"	Sammlung der in der Rheinprovinz ergangenen Gesetze 2c. von Lottner, Leitner und Marquardt. Berlin 1834 ff.
Rubo Verl.	"	Rubo: zur Lehre von der Verleumdung. Berlin 1861.
Sic:	"	„Derselben Meinung sind" oder „in demselben Sinne entschieden": . . . .
Sir.	"	Sirey (Devilleneuve) Récueil général des lois et des arrêts. Paris.
SN.	"	Desselben Werks neue Ausgabe von Devilleneuve.
StRG.	"	Staatsrathsgutachten.
Straf-R.-Zeit.	"	v. Holzendorf: Allg. deutsche Strafrechts-Zeitung. Leipzig 1861 ff.
Strafverf.	"	Oppenhoff: die Preußischen Gesetze über das öffentliche und mündliche Verfahren in Strafsachen. Berlin 1860.
StA.	"	Striethorst: Archiv für Rechtsfälle 2c. Berlin 1851 ff.
TArch.	"	Temme: Archiv für die strafrechtlichen Entscheidungen der obersten Gerichtshöfe Deutschlands. 6 Bde. Erlangen 1854—1859.
TGl.	"	Temme: Glossen zum Strafgesetzbuche. Breslau 1853.
ThdCp.	"	Théorie du Code pénal par A. Chauveau et Hélie Faustin. 4 vol. Bruxelles 1843.
TL.	"	Temme: Lehrbuch des Preußischen Strafrechts. Berlin 1853.
Tr. Ann.	"	Annalen für Rechtspflege 2c. in den Preußischen Rheinprovinzen. Trier 1843 ff.
VI. VII. VPl.	"	Vernichtendes Erkenntniß des Ober-Tribunals (der ersten, zweiten, oder der vereinigten Abtheilungen des Senats für Strafsachen).
Vdn.	"	Verordnung.
Verf. d. M. d. F. (d. J.)	"	Verfügung des Ministers des Innern (der Finanzen).
VMbl.	"	Ministerialblatt für die innere Verwaltung.
Volkm.	"	Volkmar: die Jurisprudenz des Rheinischen Kassationshofs. Berlin 1848.
ZI. ZII. ZPl.	"	Erkenntniß des Ober-Tribunals, durch welches eine Nichtigkeitsbeschwerde zurückgewiesen, oder ein Kassations-Gesuch verworfen ward (der ersten, zweiten, oder der vereinigten Abtheilungen des Senats für Strafsachen).

Verordnung,

betreffend die Einführung der beiden ersten Theile des Strafgesetzbuches für die Preussischen Staaten und des Gesetzes vom 25. April 1853., betreffend die Kompetenz des Kammergerichts zur Untersuchung und Entscheidung wegen der Staatsverbrechen und das dabei zu beobachtende Verfahren, in das Gebiet der ehemaligen freien Stadt Frankfurt,

vom 12. Dezember 1866.

Wir Wilhelm, von Gottes Gnaden König von Preussen etc. verordnen für das Gebiet der ehemaligen freien Stadt Frankfurt, was folgt:

Art. I. Das Strafgesetzbuch für das Grossherzogthum Hessen und das die Abänderung einiger Bestimmungen desselben enthaltende Grossherzoglich Hessische Gesetz vom 23. Februar 1849. treten mit dem 1. Januar 1867. ausser Kraft.

An deren Stelle tritt mit demselben Tage das Strafgesetzbuch für die Preussischen Staaten nach dem Text der in Gemässheit Unseres Erlasses vom 14. Juni 1859. veranstalteten dritten amtlichen Ausgabe, mit Ausnahme des dritten Theils in Kraft (Anlage A.).

Zugleich tritt von demselben Zeitpunkte ab das Gesetz vom 25. April 1853., betreffend die Kompetenz des Kammergerichts zur Untersuchung und Entscheidung wegen der Staatsverbrechen und das dabei zu beobachtende Verfahren (Anlage B.), in Anwendung.

Vgl. Einf.-Vdn. v. 25. Juni 1867 Art. I. VI. XII.

Art. I.

1. Der in Art. I. von der Einführung ausgeschlossene dritte Theil des StGB. ist durch die Vdn. v. 25. Juni 1867 Art. I. vom 1. Sept. 1867 ab auch im ehemaligen Frankfurter Gebiet eingeführt worden.

2. Die ausschließliche Kompetenz des Kammergerichts für die im Ges. vom 25. April 1853 aufgezählten Verbrechen tritt auch dann ein, wenn die letzteren vor dem 1. Jan. 1867 verübt waren.

Art. II. Wo in irgend einem Gesetze auf Bestimmungen des Grossherzoglich Hessischen Strafgesetzbuches verwiesen wird, treten die entsprechenden Vorschriften des Strafgesetzbuches für die Preussischen Staaten Theil 1. und 2., an deren Stelle.

Insbesondere treten in dem Frankfurter Gesetze über das Verfahren in Strafsachen vom 16. September 1856. an die Stelle der darin allegirten Artikel des Hessischen Strafgesetzbuches die Paragraphen des Strafgesetzbuches für die Preussischen Staaten in nachstehender Weise:

im Artikel 41: statt Artikel 3. bis 5., die §§. 3. und 4.,
im Artikel 48: statt Artikel 304. bis 321., die §§ 152. bis 163., statt Artikel 410., der §. 155.,
im Artikel 182: statt Artikel 22. 23. 24. 25. 27. 235., die §§ 11. 12. und 21.,
im Artikel 238: statt Artikel 95., die §§. 58. und 59.

Vgl. EG. Art. III; NEV. Art. VII.

Art. III. Die Strafbarkeit einer Handlung, welche vor dem 1. Januar 1867. begangen ist, wird nach den bisherigen Gesetzen beurtheilt. Ist aber eine solche Handlung in dem gegenwärtigen Strafgesetzbuche mit keiner Strafe, oder mit einer gelinderen, als der bisher vorgeschriebenen bedroht, so soll diese Handlung nach dem gegenwärtigen Strafgesetzbuche beurtheilt werden. Ist es zweifelhaft, ob die Handlung vor dem 1. Januar 1867. begangen worden, so ist bei der Entscheidung das mildere Gesetz anzuwenden.

Vgl. EG Art. IV; NEV. Art. XVIII.

Art. IV. Die Vollendung der Verjährung einer vor

Art. II.

1. Vgl. die Bemerkungen zum EG. Art. III. Das dort Gesagte gilt auch hier.

2. Insbesondere gilt auch hier der Grundsatz, daß für alle älteren in Kraft verbliebenen Spezialgesetze die allgemeinen Vorschriften des StGB. anwendbar werden, insofern jene nicht in dieser Beziehung besondere Bestimmungen enthalten, oder aus der besonderen Natur der dort behandelten Materien die Unanwendbarkeit jener Vorschriften nachzuweisen ist; vgl. EG. Art. III n. 2. 4. 5.

3. Das Frankf. Straf-Prozeß-Ges. v. 16. Sept. 1856 ist durch die Verordnung v. 25. Juni 1867 vom 1. Sept. 1867 ab außer Wirksamkeit gesetzt und durch die StPO. v. 25. Juni 1867 ersetzt worden.

Art. III.

1. Vgl. die Bemerkungen zu EG. Art. IV, mit welchem der obige Art. III wörtlich übereinstimmt.

Art. IV.

1. Vgl. die Bemerkungen zu dem wörtlich übereinstimmenden Art. V des EG.

dem 1. Januar 1867. begangenen strafbaren Handlung wird nach den bisherigen Gesetzen oder nach dem gegenwärtigen Strafgesetzbuche beurtheilt, je nachdem das eine oder das andere dem Thäter am günstigsten ist.

Vgl. EG. Art. V; REB. Art. XIX.

Art. V. Bei Anwendung der Strafe des Rückfalls macht es keinen Unterschied, ob die früheren Straffälle vor oder nach dem Eintritte der Gesetzeskraft des gegenwärtigen Strafgesetzbuches vorgekommen sind, ob die Strafe vollstreckt worden ist oder nicht.

Vgl. EG. Art. VI; REB. Art. XX.

Art. VI. §. 1. Mit dem 1. Januar 1867. werden alle noch neben dem Grossherzoglich Hessischen Strafgesetzbuche bestehenden Strafbestimmungen, die Materien betreffen, auf welche die beiden ersten Theile des Strafgesetzbuches für die Preussischen Staaten sich beziehen, ausser Wirksamkeit gesetzt.

Dagegen bleiben in Kraft die besonderen Strafgesetze, insoweit sie Materien betreffen, in Hinsicht deren die beiden ersten Theile dieses Strafgesetzbuches nichts bestimmen.

Vgl. EG. Art. II; REB. Art. VI.

§. 2. Wenn in solchen besonderen Strafgesetzen eine Freiheitsstrafe von mehr als fünf Jahren angedroht wird, so ist die Handlung ein Verbrechen (§. 1. des Strafgesetzbuches).

Ist die Handlung mit einer Freiheitsstrafe von mehr als sechs Wochen, jedoch nicht über fünf Jahre, oder mit einer Geldbusse von mehr als funfzig Thalern bedroht, oder ist auf den Verlust von Aemtern oder auf den Verlust des Rechts zum Gewerbebetriebe für immer oder auf Zeit, oder auf Stellung unter Polizeiaufsicht zu erkennen, so ist die Handlung ein Vergehen (§. 1. a. a. O.).

Art. V.

1. Vgl. die Bemerkungen zu EG. Art. VI.

Art. VI § 1.

1. Ueber die Bedeutung der Worte „Materien, auf welche das StGB. sich bezieht", vgl. EG. Art II n. 2—6.

2. Das Frankf. Polizei-Straf-Ges. v. 16. Sept. 1856 ist durch die Vdn. v. 25. Juni 1867 Art. VI vom 1. Sept. 1867 ab außer Wirksamkeit gesetzt worden.

Art. VI § 2.

1. Vgl. die Bemerkungen zu EG. Art. VIII.

Besteht die Strafe nur in einer Freiheitsstrafe bis zu sechs Wochen, oder in Geldbusse bis zu funfzig Thalern, oder ist die Strafe in den Gesetzen unbestimmt gelassen, so ist die Handlung eine Uebertretung (§. 1. a. a. O.). Es macht dabei keinen Unterschied, ob neben der eigentlichen Strafe noch auf die Konfiskation einzelner Gegenstände zu erkennen ist oder nicht.

Vgl. EG. Art. VIII; NEB. Art. VIII.

§. 3. Auf Zuchthausstrafe (§§. 10. und 11. des Strafgesetzbuches) soll nur bei Verbrechen und nicht unter zwei Jahren und nur in dem Falle erkannt werden, wenn in solchen besonderen Strafgesetzen Zuchthausstrafe ausschliesslich angedroht ist.

In allen anderen Fällen, sowie bei Vergehen, tritt Gefängnissstrafe ein, auch wenn in den Gesetzen eine andere Art der Freiheitsstrafen angeordnet ist. Auch kann neben der Gefängnissstrafe auf zeitige Untersagung der Ausübung der bürgerlichen Ehrenrechte erkannt werden, wenn die angeordnete Freiheitsstrafe in Zuchthausstrafe oder in Korrektionshausstrafe auf Ein Jahr oder länger besteht.

Vgl. EG. Art. IX; NEB. Art. IX.

§. 4. In keinem dieser Fälle (§§. 1. bis 3.) kann, wenn die Handlung nach dem 1. Januar 1867. begangen worden ist, auf andere Strafen, als sie in dem Strafgesetzbuche für die Preussischen Staaten angedroht sind, erkannt werden.

Vgl. EG. Art. X; NEB. Art. X.

Art. VII. Die Artikel 33. bis 36. und 40. des Frank-

Art. VI § 3.

1. Vgl. die Bemerkungen zu EG. Art. IX.

2. Abs 2 ist durch die Vdn. v. 25. Juni 1867 Art. IX dahin abgeändert worden, daß in den vorgesehenen Fällen (ebenso wie nach EG. Art. IX) auch statt des Gefängnisses Einschließung verhängt werden kann.

Art. VI § 4.

1. Vgl. die Bemerkungen zu EG. Art. X.

2. Wegen der durch Spezialgesetze vorgesehenen Uebertretungen kann als Freiheitsstrafe künftig nur die polizeiliche Gefängnißstrafe des § 334 StGB. Anwendung finden; vgl. § 4; NEB. Art. X.

Art. VII.

1. Das Strafprozeßges. v. 16. Sept. 1856 ist durch Einf.-Vdn. v. 25. Juni 1867 Art. I. XII. XVI. vom 1. Sept. 1867 ab außer Kraft gesetzt und durch die

furter Gesetzes über das Verfahren in Strafsachen vom 16. September 1856, werden dahin abgeändert:

Dem Assisengerichte sind zugewiesen alle Verbrechen (Artikel VI. und §. 1. des Strafgesetzbuches), insoweit nicht die Zuständigkeit des Kammergerichts nach dem Gesetze vom 25. April 1853., oder die Zuständigkeit des Zuchtpolizeigerichts eintritt. Das Zuchtpolizeigericht erkennt über nachbenannte Verbrechen:

1) des schweren Diebstahls (§. 218. des Strafgesetzbuches), insofern nicht der §. 58. oder 219. a. a. O. zur Anwendung kommt;
2) des einfachen Diebstahls im Falle des §. 219. a. a. O.;
3) der Hehlerei in den Fällen der §§. 238. und 239 a. a. O.;
4) der einfachen Hehlerei im Falle des §. 240. a. a. O., und
5) über die Verbrechen solcher Personen, welche zur Zeit der That das sechszehnte Lebensjahr noch nicht vollendet hatten, sofern nicht wegen Konnexität die Verweisung vor das Assisengericht auszusprechen ist.

Das Zuchtpolizeigericht erkennt ferner über alle Vergehen (Artikel VI. und §. 1. des Strafgesetzbuches), mit Ausnahme der nachbenannten vor das Rügericht gehörigen:

1) des unbefugten Tragens einer Uniform, einer Amtskleidung, eines Amtszeichens, eines Ordens oder Ehrenzeichens, der unbefugten Annahme von Titeln, Würden oder Adelsprädikaten und der Führung eines dem Angeschuldigten nicht zukommenden Namens (§. 105. des Strafgesetzbuches);
2) der Landstreicherei, der Bettelei und der Arbeitsscheu (§§. 117. bis 119. a. a. O.);
3) der gewerbsmässigen Unzucht (§. 146. a. a. O.);
4) der Fischerei und einfachen Jagdvergehen (§§. 273. 274. und 275. a. a. O.);
5) der Zuwiderhandlung gegen die durch Stellung unter Polizeiaufsicht auferlegten Beschränkungen (§. 116. a. a. O.;
6) der in dem §. 254. des Strafgesetzbuches bezeichneten Urkundenfälschung.

Vgl. NEV. Art. XII.

StPO. v. 25. Juni 1867 ersetzt worden. Damit hat Art. VII seine Wirksamkeit ganz verloren. Die Zuständigkeit des Strafgerichtes ist jetzt nur noch nach § 11—14 des StPO. v. 25. Juni 1867 zu beurtheilen.

Urkundlich unter Unserer Höchsteigenhändigen Unterschrift und beigedrucktem Königlichen Insiegel.

Gegeben Berlin, den 12. Dezember 1866.

(L. S.) Wilhelm.

Gr. zur Lippe.

Verordnung,

betreffend das Strafrecht und das Strafverfahren in den durch das Gesetz vom 20. September 1866. und die beiden Gesetze vom 24. Dezember 1866. mit der Monarchie vereinigten Landestheilen, mit Ausnahme des vormaligen Oberamtsbezirks Meisenheim und der Enklave Kaulsdorf,

vom 25. Juni 1867.

Wir Wilhelm, von Gottes Gnaden König von Preussen etc. verordnen für die durch das Gesetz vom 20. September 1866. und die beiden Gesetze vom 24. Dezember 1866. (Ges.-S. s. 555. 875. 876.) mit Unserer Monarchie vereinigten Landestheile, mit Ausnahme des vormaligen Oberamtsbezirks Meisenheim und der Enklave Kaulsdorf, auf den Antrag Unseres Staatsministeriums, was folgt:

Art. I. In den vorstehend bezeichneten Landestheilen erlangt

das Strafgesetzbuch für die Preussischen Staaten nach dem Texte der in Gemässheit Unseres Erlasses vom 14. Juni 1859. veranstalteten dritten amtlichen Ausgabe — im Gebiete der vormaligen freien Stadt Frankfurt der dritte Theil dieses Gesetzbuchs —

mit dem 1. September 1867. Gesetzeskraft.

Mit demselben Zeitpunkte treten in diesen Landestheilen die in der Anlage enthaltene Strafprozessordnung, nebst den ihr beigefügten Bestimmungen über die Berufung zum Schöffenamte,

ingleichen die nachfolgenden Vorschriften in Wirksamkeit.

Zum Eingange der Verordnung.

1. Das StGB. und das EG. v. 14. April 1851 sind durch die Verordnungen v. 13. und v. 22. Mai 1867 (GS. s. 700 und 729) in dem ehemaligen Oberamtsbezirke Meisenheim (vom 1. Juli 1867 ab) und in der Enklave Kaulsdorf (v. 1. Juni 1867 ab) gleichzeitig mit den übrigen das Civil- und Strafrecht, sowie die Civil- und Strafrechtspflege ꝛc. betreffenden Gesetzen, Verordnungen und Bestimmungen, welche zur Zeit im Landgerichtsbezirke Koblenz resp. im Kreise Ziegenrück (Reg.-Bez. Erfurt) Gesetzeskraft hatten, eingeführt worden.

I. Vorschriften, die Ergänzung des Strafgesetzbuchs und der Strafprozessordnung betreffend.

Art. II. Neben dem Strafgesetzbuch und der Strafprozessordnung erlangen Gesetzeskraft:

A. die Verordnung über die Verhütung eines die gesetzliche Freiheit und Ordnung gefährdenden Missbrauchs des Versammlungs- und Vereinigungsrechts vom 11. März 1850. (Ges.-S. s. 277), mit Ausschluss der §§. 20. und 23.;

B. das Gesetz über die Presse vom 12. Mai 1851. (Ges.-S. s. 273), mit Ausschluss der §§. 27. und 56. und unter folgenden näheren Bestimmungen:

1) Gegen die im §. 1. genannten Gewerbetreibenden ist nur von dem zuständigen Richter, und nur in Gemässheit des §. 54. auf den Verlust der Befugniss zum Gewerbebetriebe zu erkennen.

2) Wer eines der im §. 1. aufgeführten Gewerbe ohne die vorschriftsmässige Genehmigung selbstständig betreibt, oder, nachdem er der Befugniss zum Betriebe dieser Gewerbe durch rechtskräftiges Erkenntniss für verlustig erklärt worden ist, diesem Erkenntnisse zuwiderhandelt, wird mit Geldbusse bis zu zweihundert Thalern oder Gefängniss bis zu drei Monaten bestraft.

3) Die Bestellung der Zeitungskautionen (§§. 11. ff.), sowie deren Versilberung, erfolgt nach den Vorschriften der §§. 1. bis 4. des Gesetzes wegen anderweitiger Einrichtung des Amts- und Zeitungskautionswesens vom 21. Mai 1860. (Ges.-S. s. 211.);

C. das Gesetz über das unerlaubte Kreditgeben an Minderjährige vom 2. März 1857. (Ges.-S. s. 111);

D. das Gesetz vom 2. Juni 1852., den Diebstahl an Holz und anderen Waldprodukten betreffend (Ges.-S. s. 305.), mit Ausnahme der §§. 53. und 54. und mit der Maassgabe, dass an Stelle

1) der in den §§. 21. und 49. angezogenen Gesetze vom 12. Februar 1850. und 31. Januar 1845. die entsprechenden Vorschriften der Titel 8. und 9. und des Titels 21. Abschnitt 5. der Strafprozessordnung,

2) der §§. 24. und 38. die nachstehenden, mit denselben Nummern bezeichneten Paragraphen

treten:

§. 24. Die Zuständigkeit der Gerichte und das Verfahren wegen der im §. 16. vorgesehenen Holzdiebstähle richtet sich nach den für das Vergehen des einfachen Diebstahls (Strafgesetzbuch §. 216.) in der Strafprozessordnung gegebenen Vorschriften. Bei Urtheilen, die in Abwesenheit des Beschuldigten verkündet worden sind, ist demselben nur der Tenor zuzustellen.

Hinsichtlich der übrigen, durch das gegenwärtige Gesetz vorgesehenen strafbaren Handlungen kommen die Vorschriften über die Zuständigkeit der Gerichte und das Verfahren bei Uebertretungen, ohne dass es zur Hauptverhandlung und Entscheidung der Mitwirkung von Schöffen bedarf, und mit nachstehenden Abänderungen und näheren Bestimmungen zur Anwendung.

§. 38. Das Rechtsmittel der Berufung steht dem Beschuldigten nur zu, wenn er zu einer Geldbusse von wenigstens fünf Thalern oder unmittelbar zu einer Gefängnissstrafe (§. 9.) verurtheilt worden ist; dem Polizeianwalte, wenn auf Freisprechung erkannt, oder wenn das Strafgesetz verletzt oder unrichtig angewendet worden ist.

Hat der Polizeirichter sich mit Unrecht für zuständig oder für unzuständig erklärt, so ist das Rechtsmittel in allen Fällen zulässig;

E. die Bestimmungen der §§. 1. bis 6. des Gesetzes über die Strafe der Widersetzlichkeit bei Forst- und Jagdverbrechen vom 31. März 1837. (Ges.-S. s. 67.);

F. die §§. 1. bis 5. des Gesetzes von demselben Tage über den Waffengebrauch der Forst- und Jagdbeamten (Ges.-S. s. 65.), nebst den in Erweiterung der Kategorien der zum Waffengebrauch berechtigten Personen ergangenen Allerhöchsten Erlassen, mit der Maassgabe, dass an Stelle der im §. 1. angezogenen Vorschrift des Gesetzes vom 7. Juni 1821. der §. 32. des Gesetzes vom 2. Juni 1852. (oben zu D.) tritt;

G. das Gesetz über den Waffengebrauch des Militairs vom 20. März 1837. (Ges.-S. s. 60.);

H. das Gesetz über den Belagerungszustand vom 4. Juni 1851. (Ges.-S. s. 451.);

I. das Gesetz über die vorläufige Straffestsetzung wegen Uebertretungen vom 14. Mai 1852. (Ges.-S. s. 245.);

K. das Gesetz vom 11. April 1854., betreffend die Beschäftigung der Strafgefangenen ausserhalb der Anstalt (Ges.-S. s. 143.).

Art. III. Auf die in nachfolgenden Bestimmungen unter Strafe gestellten Feldfrevel kommen die Vorschriften der §§. 215. bis 224. 349 Nr. 3. und 7., und 281. des Strafgesetzbuchs nur insoweit zur Anwendung, als auf dieselben nachstehend verwiesen wird:

§. 1. Mit Geldbusse von fünf Silbergroschen bis zu drei Thalern wird bestraft, wer unbefugter Weise:

1) in Gärten, Obstanlagen, Weinbergen oder auf Aeckern eine Nachlese hält;
2) auf Grasangern oder Hecken Leinwand, Wäsche oder andere Gegenstände zum Bleichen, Trocknen u. s. w. ausbreitet oder niederlegt;
3) in Privatgewässern oder auf fremdem Grund und Boden Flachs oder Hanf röthet, oder Privatgewässer durch Aufweichen von Fellen darin oder sonst verunreinigt;
4) fremde, auf dem Felde zurückgelassene Ackergeräthe gebraucht;
5) das auf Grenzrainen, Gräben, Wegen oder Triften wachsende Gras oder sonstige Viehfutter abschneidet oder abrupft;
6) Dünger von Aeckern, Wiesen oder Weiden aufsammelt;
7) Knochen gräbt oder sammelt;
8) die zur Sperrung von Wegen oder von Eingängen in eingefriedigte Plätze dienenden Gatterthore, Pforten, Hecken u. s. w. öffnet, oder nach dem Hindurchgehen nicht wieder schliesst;
9) Steine, Scherben, Schutt oder Unrath auf fremde Grundstücke oder Privatwege wirft.

Vgl. FPO. v. 1. Nov. 1847 (Ges. v. 13. April 1856) § 41.

§. 2. Mit Geldbusse von zehn Silbergroschen bis zu zwanzig Thalern wird bestraft, wer unbefugter Weise:

Art. III § 1.

1. Dieser § 1 stimmt wörtlich mit der FPO. v. 1. Nov. 1847 § 41 (Fassung des Ges. v. 13. April 1856). Vgl. die Bemerkungen zum StGB. § 215 n. 59. 60.

Art. III § 2.

1. § 2 stimmt wörtlich mit der cit. FPO. § 42 überein. Vgl. die Bemerkungen zu StGB. § 215 n. 58. 61—69. 71. 72.

1) von Allee- oder Feldbäumen, oder von Hecken Laub abpflückt, oder Zweige abbricht;
2) aus Gärten, Weinbergen, Obstanlagen oder Alleen oder von Feldern, Aeckern oder Wiesen Gartenfrüchte, Feldfrüchte oder andere Bodenerzeugnisse von unbedeutendem Werthe oder in geringer Quantität entwendet;
3) Bäume oder Sträuche, welche in Gärten, Obstanlagen, Alleen, auf Aeckern oder sonst ausserhalb eines Forstes stehen, oder Hecken und andere zur Einfassung von Grundstücken dienende Anpflanzungen abhaut, abbricht, ausreisst, ausrodet oder beschädigt.

FPO. v. 1. Nov. 1847 (Ges. v. 13. April 1856) § 42.

§. 3. Mit Geldbusse von funfzehn Silbergroschen bis zu zwanzig Thalern wird bestraft, wer unbefugter Weise:
1) Einfriedigungen, Baum- oder Prellpfähle, oder Brükken auf Privatwegen beschädigt oder zerstört;
2) Steine, Pfähle, Tafeln, Strohwische, Gräben oder ähnliche zur Absperrung, Abgrenzung, oder Vermessung von Grundstücken oder Wegen dienende Merk- oder Warnungszeichen fortnimmt, vernichtet oder sonst unkenntlich macht;
3) das zur Bewässerung von Grundstücken dienende Wasser ableitet;
4) Gräben, Wälle, Rinnen oder andere zur Ab- oder Zuleitung des Wassers dienende Anlagen beschädigt.

Gleicher Bestrafung unterliegt:
5) wer ohne Erlaubniss der Ortspolizeibehörde Torfmoore abbrennt oder Heidekraut, Bülten oder ähnliche Gegenstände auf dem Felde anzündet.

Sind Handlungen der unter Nr. 4. und 5. bezeichneten Art mit gemeiner Gefahr verbunden, wie z. B. die Beschädigung von Deichen oder Dämmen, so unterliegen sie den im Strafgesetzbuch bestimmten strengeren Strafen der gemeingefährlichen Beschädigung.

FPO. v. 1. Nov. 1847 (Ges. v. 13. April 1856) § 43.

Art. III § 3.

1. Der § 3 stimmt (mit einer unerheblichen Abweichung in der Wortstellung der Nr. 2) mit § 43 der cit. FPO. überein. Vgl. hierüber die Bemerkungen zu § 215 n. 58. 70. 71; Zl. 3. Juli 67 c. Juszko (RdO. VIII,).

§. 4. Ist in den Fällen der §§. 1. bis 3. eine Beschädigung fremden Eigenthums aus Rache oder Bosheit verübt, so trifft den Thäter die Strafe der Vermögensbeschädigung.

Wenn in den Fällen der §§. 1. bis 3. eine Wegnahme in gewinnsüchtiger Absicht stattgefunden hat, so kommen die Strafen des Diebstahls zur Anwendung.

Vgl. FPO. v. 1. Nov. 1847 (Ges. v 13. April 1856) § 45.

Art. IV. Der Strafe des §. 268. des Strafgesetzbuchs verfällt:

1) wer in auswärtigen Lotterien (Absatz 2. a. a. O.), die nicht mit Unserer Genehmigung in Unseren Staaten besonders zugelassen werden, spielt, wer sich dem Verkaufe der Loose zu dergleichen auswärtigen Lotterien unterzieht, oder einen solchen Verkauf als Mittelsperson befördert;

2) wer sich schriftlich zur Ueberlassung von Gewinnen, Gewinnantheilen oder irgend welchen anderen Vortheilen für den Fall anheischig macht, dass bei der Prämienverloosung einer in- oder ausländischen Staats- oder anderen Anleihe eine gewisse Serien- oder Obligationsnummer gezogen werden würde; ingleichen wer Scheine, die eine solche Zusicherung enthalten, kauft, verkauft oder feilbietet, oder zum Zwecke des Absatzes an sich bringt, versendet oder sonst verbreitet.

Art. V. Die Anwendung der Bestimmungen der §§. 266. 267. und 340. Nr. 11. des Strafgesetzbuchs auf die öffentlichen Spielbanken zu Wiesbaden, Ems und Homburg bleibt bis auf weitere Bestimmung ausgesetzt.

II. Vorschriften, die Aufhebung, Aufrechterhaltung und Abänderung bisheriger Gesetze betreffend,

a. in Hinsicht auf das Strafrecht.

Art. VI. Es treten ausser Kraft:

alle Strafbestimmungen, die Materien betreffen, auf

Art. III § 4.

1. Auch dieser § stimmt wörtlich mit dem cit. § 45 der FPO. überein.

2. In Betreff der im Abs. 2 vorausgesetzten gewinnsüchtigen Absicht vgl. StGB. § 215 n. 49; § 349 n. 22.

Art. VI.

1. Vgl. die Bemerkungen zu EG. Art. II.

welche sich die nach Artikel I. bis IV. in Wirksamkeit tretenden Strafgesetze beziehen, namentlich das allgemeine Kriminalgesetzbuch für das Königreich Hannover vom 8. August 1840. und das Gesetz über polizeiliche Aufsicht u. s. w. vom 22. November 1850., die gemeinen Deutschen Kriminalgesetze, das Strafgesetzbuch für das Herzogthum Nassau vom 14. April 1849., die Strafgesetzbücher für das Königreich Bayern und für das Grossherzogthum Hessen vom 10. Juli 1861. und 17. September 1841., und das Frankfurter Polizeistrafgesetz vom 16. September 1856., nebst allen dieselben abändernden, ergänzenden und erläuternden Bestimmungen.

Es bleiben in Kraft:

1) alle Strafbestimmungen, die Materien betreffen, in Hinsicht deren die in Wirksamkeit tretenden Strafgesetze nichts bestimmen, insbesondere alle strafrechtlichen Vorschriften der Zoll-, Steuer- und anderer die Erhebung öffentlicher Abgaben und Gefälle betreffender Gesetze; desgleichen die auf die Gesinde-, Gewerbe-, Forst-, Feld-, Jagd- und Fischerei-Polizei bezüglichen Strafbestimmungen, soweit hierüber die gegenwärtige Verordnung keine Anordnungen trifft;

2) polizeiliche Vorschriften, die einen Gegenstand betreffen, hinsichtlich dessen das Strafgesetzbuch auf besondere polizeiliche Anordnungen verweist.

Vgl. Art. XV; EG. Art. II; FEB. Art. VI § 1.

Art. VII. Wo in irgend einem Gesetze auf Bestimmungen des bisherigen Strafrechts, welche nach dem Artikel VI. ihre Geltung verlieren, Bezug genommen wird, kommen die in Gemässheit der Artikel I. bis IV. an die Stelle tretenden Strafgesetze zur Anwendung.

Vgl. EG. Art. III; FEB. Art. II.

Art. VIII. Wenn Strafbestimmungen, welche neben dem Strafgesetzbuch gelten, eine Freiheitsstrafe von mehr

---

Art. VII.

1. Vgl. die Bemerkungen zu EG. Art. III.

Art. VIII.

1. Vgl. die Bemerkungen zu EG. Art. VIII.

als fünf Jahren androhen, so ist die Handlung ein Verbrechen (§. 1. des Strafgesetzbuchs).

Ist die Handlung mit einer Freiheitsstrafe von mehr als funfzig Thalern bedroht, oder ist auf den Verlust von Aemtern oder auf den Verlust des Rechts zum Gewerbebetriebe für immer oder auf Zeit, oder auf Stellung unter Polizeiaufsicht zu erkennen, so ist die Handlung ein Vergehen (§. 1. a. a. O.).

Besteht die Strafe nur in einer Freiheitsstrafe bis zu sechs Wochen, in Geldbusse bis zu funfzig Thalern, oder in Verweis, oder ist die Strafe in den Gesetzen unbestimmt gelassen, so ist die Handlung eine Uebertretung (§. 1. a. a. O.). Es macht dabei keinen Unterschied, ob neben der eigentlichen Strafe noch auf die Konfiskation einzelner Gegenstände zu erkennen ist oder nicht.

Vgl. EG. Art. VIII; FEV. Art. VI § 2.

Art. IX. Auf Zuchthausstrafe (§§. 10. und 11. des Strafgesetzbuchs) soll nur bei Verbrechen (Artikel VIII.), überall aber nur dann erkannt werden, wenn in den neben dem Strafgesetzbuch zur Anwendung kommenden Strafbestimmungen Zuchthaus-, Ketten-, Eisen- oder Karrenstrafe ausschliesslich angedroht ist.

In allen anderen Fällen, sowie bei Vergehen, tritt Gefängnissstrafe oder Einschliessung ein, auch wenn in den Gesetzen eine andere Art von Freiheitsstrafen angedroht ist. Auch kann neben der Gefängnissstrafe auf zeitige Untersagung der Ausübung der bürgerlichen Ehrenrechte erkannt werden, wenn die angedrohte Freiheitsstrafe in Zuchthaus-, Ketten-, Eisen- oder Karrenstrafe, oder in Korrektionshaus von einjähriger oder längerer Dauer besteht.

Vgl. EG. Art. IX; FEV. Art. VI § 3.

Art. X. In keinem dieser Fälle (Artikel VIII. und IX.) kann, wenn die Handlung nach dem 1. September 1867. begangen worden ist, auf andere Strafen, als sie in dem Strafgesetzbuch angedroht sind, erkannt werden. Insofern jedoch in den neben dem Strafgesetzbuch zur Anwendung

---

Art. IX.

1. Vgl. die Bemerkungen zu EG. Art. IX.

Art. X.

1. Vgl. die Bemerkungen zu EG. Art. X.

kommenden Strafbestimmungen anstatt der Gefängnissstrafe oder der Geldbusse die Leistung von Arbeiten (Strafarbeit) angeordnet ist, behält es hierbei sein Bewenden.

An die Stelle der in solchen Strafbestimmungen angeordneten Strafe des Verweises tritt Geldbusse von zehn Silbergroschen bis zu Einem Thaler.

Vgl. EG. Art. X; FEB. Art. VI § 4.

Art. XI. Vergehen und Uebertretungen, welche durch Zuwiderhandlung gegen die Vorschriften über die Entrichtung der Steuern, Zölle, Postgefälle, Kommunikationsabgaben und aller übrigen öffentlichen Abgaben und Gefälle begangen werden, verjähren in fünf Jahren.

Vgl. Ges. v. 22. Mai 1852 Art. V.

b. in Hinsicht auf das Strafverfahren, das Gefängnisswesen und Requisitionssachen.

Art. XII. Es treten ausser Kraft:

alle die Zuständigkeit und das Verfahren in Strafsachen, einschliesslich der Injuriensachen, betreffenden Bestimmungen, welche den Vorschriften der Strafprozessordnung und der gegenwärtigen Verordnung entgegenstehen oder sich mit denselben nicht vereinigen lassen.

Zu den hiernach, nebst allen dazu ergangenen ergänzenden, abändernden und erläuternden Bestimmungen ausser Wirksamkeit tretenden Gesetzen gehören insbesondere:

für das Gebiet des vormaligen Königreichs Hannover: die Strafprozessordnung vom 5. April 1859., das Gesetz über die Bildung der Schwurgerichte vom 24. Dezember 1849. und das Gesetz über die Untersuchung und Aburtheilung von Polizeivergehen durch die Verwaltungsbehörden vom 28. April 1859.;

für das Gebiet des vormaligen Kurfürstenthums Hessen und der vormals Bayerischen Landestheile: das Gesetz über das Strafverfahren vom 28. Oktober 1863. und die Vorschriften über die Zuziehung von Gerichtsschöppen bei der untergerichtlichen Strafrechtspflege vom demselben Tage;

für das Gebiet des vormaligen Herzogthums Nassau und der vormals Grossherzoglich Hessischen Landestheile: das Herzoglich Nassauische Strafprozessgesetz vom 14. April 1849., die Grossherzoglich Hessische Strafprozessordnung vom 13. September 1865. und das Hessen-Homburgische Gesetz vom 22. März 1859.;

für das Gebiet der vormaligen freien Stadt Frankfurt: das Gesetz über das Verfahren in Strafsachen vom $\frac{\text{15. Mai}}{\text{16. September}}$ 1856.

Nur insoweit, als in der Strafprozessordnung oder in der gegenwärtigen Verordnung auf Bestimmungen der bisherigen Landesgesetze ausdrücklich verwiesen wird, kommen die vorstehend angezogenen noch zur Anwendung.

Es bleiben in Kraft:

1) die Vorschriften der Militairgesetze über den Militairgerichtsstand in Strafsachen, einschliesslich der Injuriensachen, und über das Verfahren in Untersuchungssachen gegen Militairpersonen;
2) das Gesetz vom 25. April 1853., betreffend die Kompetenz des Kammergerichts zur Untersuchung und Entscheidung der Staatsverbrechen;
3) die Vorschriften der bisherigen Landesgesetze über die Form der Eidesleistungen der Zeugen, Sachverständigen und Dolmetscher, insbesondere hinsichtlich der Eingangsworte des Eides und der am Schlusse hinzuzufügenden Bekräftigungsformel; ingleichen die Bestimmungen über die Befugniss gewisser Religionsgesellschaften, sich an Stelle der Eidesleistnug einer anderen Betheuerungsform zu bedienen.

Art. XIII. Die Verwaltung der Gefängnisse wird unter der obersten Aufsicht des Justizministers durch den Staatsanwalt beim Kollegialgerichte erster Instanz geleitet. Hinsichtlich der zu den Polizeigerichten gehörigen Gefängnisse steht die Verwaltung dem Einzelrichter zu. In Ansehung der Gefangenen, gegen welche noch nicht rechtskräftig erkannt ist, sind die Untersuchungsrichter, und nach Lage der Sache die Vorsitzenden der Strafkammern und Schwurgerichtshöfe zur Vornahme von Gefängnissbesichtigungen befugt. Die von ihnen im Interesse der Untersuchung getroffenen Anordnungen hinsichtlich der Behandlung solcher Gefangenen, insbesondere wegen Erleichterungen und Verschärfungen der Haft, wegen Zulassung von Besuchen und wegen der Korrespondenz, müssen zur Ausführung gebracht werden.

Art. XIV. Die Oberaufsicht über die Strafanstalten soll, insoweit sie zur Zeit noch dem Justizminister zusteht, auf den Minister des Innern übergehen. Die Bestimmung des Zeitpunktes, mit welchem diese Uebertragung zur Ausführung kommen soll, bleibt Unserer Anordnung vorbehalten.

III. Vorschriften für einzelne Landestheile.

Art. XV. Für das Gebiet des vormaligen Königreichs Hannover wird Folgendes bestimmt:

§. 1. Das Polizeistrafgesetz vom 25. Mai 1847. wird ausser Wirksamkeit gesetzt. Es bleiben jedoch bis auf Weiteres aufrecht erhalten:

die Anordnungen der §§. 51. und 52. über die Verwendung der Strafgelder und Konfiskationserträge in polizeigerichtlichen Strafsachen;

die Bestimmungen der §§. 59. bis 61. 70. bis 72. 119. bis 121. 125. 132. bis 135. 153. bis 157. 169. 170. 172. 173. 197. 244. bis 251. 256. bis 262. 263. bis 267., soweit nicht der letztere Paragraph durch den §. 199. des Strafgesetzbuchs ersetzt wird, ferner der §§. 273. 274. 285. und 286. 293. bis 298. und 300. bis 302.;

endlich die Strafbestimmungen der §§. 92. und 93. in nachstehender Fassung:

> Frauenspersonen, welche sich unzüchtig umhertreiben, sind mit Gefängniss bis zu 14 Tagen, beim Rückfall bis zu sechs Wochen zu bestrafen;

und die Vorschriften der §§. 232. bis 234. mit der Maassgabe, dass die Strafe in Geldbusse bis zu funfzig Thalern oder Gefängniss bis zu sechs Wochen besteht.

§. 2. In den Fällen der §§. 42. bis 46. des Forststrafgesetzes vom 25. Mai 1847. tritt die am Schlusse des vorstehenden Paragraphen bezeichnete Strafe ein.

§. 3. Wegen des Ersatzes, welcher Folge einer von Mehreren gemeinschaftlich ausgeführten, oder von dem

Einem angestifteten und von den Andern ausgeführten strafbaren Handlung ist, haften die Einzelnen für das Ganze.

Dies gilt auch von der Theilnahme im Sinne des §. 34. Nr. 2. des Strafgesetzbuchs und von der Begünstigung, sofern der Theilnehmer oder Begünstiger einen Vortheil aus dem Vergehen erlangt hat.

§. 4. Die in der Strafprozessordnung vorgesehenen Verrichtungen der Gerichte erster und zweiter Instanz werden, wie folgt, wahrgenommen:

des Polizeirichters
durch die Amtsrichter;
der Strafkammer und der Rathskammer
durch die kleinen Senate der Obergerichte;
der Berufungskammer
durch die grossen Senate der Obergerichte;
der Anklagekammer
durch das Appellationsgericht.

Wo das Gesetz von Kollegialgerichten erster Instanz redet, sind darunter die Obergerichte zu verstehen.

§. 5. Hinsichtlich der Gerichtsbarkeit der Universität Göttingen in polizeigerichtlichen Strafsachen behält es bei der Verordnung vom 29. August 1852., auch hinsichtlich des Verfahrens, sein Bewenden.

§. 6. Der §. 391. der bürgerlichen Prozessordnung vom 8. November 1850. tritt ausser Kraft.

Art. XVI. Der §. 34. des Kurhessischen Gesetzes über das Verfahren in bürgerlichen Rechtsstreitigkeiten vom 28. Oktober 1863. wird aufgehoben.

Hinsichtlich der Strafverfolgung wegen Nachdrucks verbleibt es bei dem §. 6. Nr. 7. des Kurhessischen Gesetzes über das Strafverfahren von demselben Tage.

Art. XVII. Für das Gebiet der vormals freien Stadt Frankfurt behält es bei den Artikeln 3. und 14. des Gesetzes über das Verfahren in Strafsachen vom 15. Mai / 16. September

---

Art. XVII.

1. Die hiernach in Kraft verbliebenen Artt. 3 und 14 lauten:

Art. 3. Das Rügegericht besteht aus einem einzigen Richter.

Je nach dem Bedürfniß können mehrere Rügegerichte gebildet werden.

Art. 14. Im Falle der Nothwendigkeit wegen Abwesenheit, Krankheit oder sonstiger Verhinderung der ordentlichen Mitglieder des Stadtgerichts oder Appellationsgerichts können Ergänzungsrichter einberufen werden.

1856. mit der aus Artikel I. Unserer Verordnung vom 3. Oktober 1866. (Ges.-S. s. 606.) sich ergebenden Maassgabe, ingleichen bei der durch den Artikel III. derselben Verordnung erfolgten Bestellung Unseres Obertribunals zum obersten Gerichtshof sein Bewenden.

Es werden die Verrichtungen
des Polizeirichters
durch den Rügerichter;
der Strafkammer und der Rathskammer
durch das Stadtgericht;
der Berufungskammer und der Anklagekammer
durch das Appellationsgericht
wahrgenommen.

Die beisitzenden Richter der Schwurgerichtshöfe werden von dem Präsidenten des Appellationsgerichts aus den Mitgliedern des letzteren oder des Stadtgerichts ernannt.

IV. Uebergangs-Bestimmungen.

a. in Hinsicht auf das Strafrecht.

Art. XVIII. Die Strafbarkeit einer Handlung, welche vor dem 1. September 1867. begangen ist, wird nach den bisherigen Gesetzen beurtheilt. Ist aber eine solche Handlung in den neu eingeführten Gesetzen mit keiner Strafe, oder mit einer gelinderen als der bisher vorgeschriebenen bedroht, so soll diese Handlung nach dem neuen Strafrecht beurtheilt werden. Ist es zweifelhaft, ob die Handlung vor dem 1. September 1867. begangen worden, so ist bei der Entscheidung das mildere Gesetz anzuwenden.

Vgl. EG. Art. IV; FEV. Art. III.

Zu diesem Behufe sollen Stadtgericht und Appellationsgericht vor dem Ablaufe eines jeden Jahres für die Dauer des folgenden eine Anzahl hiesiger Rechtsgelehrten, welche die gesetzlichen Richtereigenschaften haben, dem Senate zur Auswahl als Ergänzungsrichter in Vorschlag bringen. Der Senat wird bei der Wahl die Ordnung der Einberufung bestimmen.

Die Verpflichtung des Einberufenen, sofern derselbe den Richtereid noch nicht geleistet hat, geschieht durch das einberufende Gericht.

Vdn. v. 3. Okt 1866 (GS. s. 606).

Art. I. Die nach Gesetz oder Herkommen bisher bei dem Senate beruhende Ober-Aufsicht über das Justizwesen wird fortan von Unserem Justiz-Minister ausgeübt, auf welchen sämmtliche darunter begriffene Befugnisse übergehen.

Art. III. An die Stelle des Ober-Appellations-Gerichtes zu Lübeck tritt als oberster Gerichtshof vom 1 Jan. k. J. ab Unser Ober-Tribunal.

Art. XVIII.

1. Vgl. die Bemerkungen zu EG. Art. IV.

Art. XIX. Die Vollendung der Verjährung einer vor dem 1. September 1867. begangenen strafbaren Handlung wird nach den bisherigen Strafgesetzen oder nach dem neuen Strafrecht beurtheilt, je nachdem das eine oder das andere dem Thäter am günstigsten ist.

Vgl. EG. Art. V; FEV. Art. IV.

Art. XX. Bei Verhängung der Strafe des Rückfalls auf Grund der neu in Kraft tretenden Gesetze macht es keinen Unterschied, ob die früheren Straffälle vor oder nach dem 1. September 1867. vorgekommen sind, ob die frühere Strafe eine ordentliche oder ausserordentliche war, ob die Strafe vollstreckt worden ist oder nicht.

Vgl. EG. Art. VI; FEV. Art. V.

b. in Hinsicht auf das Strafverfahren.

Art. XXI. Anhängige Strafsachen, in welchen am 1. September 1867. ein Endurtheil erster Instanz bereits ergangen ist, werden nach den bisherigen Vorschriften über die Zuständigkeit und das Verfahren zu Ende geführt.

Ebendasselbe gilt von allen am 1. September 1867. anhängigen Civilprozessen wegen Injurien, auch wenn in denselben bis dahin ein Urtheil erster Instanz noch nicht ergangen ist.

Art. XXII. In den Landestheilen, in welchen ein Untersuchungsverfahren mit Geschworenen schon bisher bestanden hat, bleibt die für das Jahr 1867. festgestellte Jahresliste der Geschworenen noch bis zum Schlusse des Jahres in Kraft; auch erfolgt bis dahin die Ernennung der Vorsitzenden der Schwurgerichtshöfe, die Auswahl der Geschworenen zu den noch stattfindenden Sitzungsperioden und die Bildung des Schwurgerichts in den einzelnen Sachen, einschliesslich der Vereidigung der Geschworenen, nicht nach den Vorschriften der Strafprozessordnung §. 272. und Titel 13. Abschnitt 2. und 3., sondern nach den bisherigen Landesgesetzen.

Art. XXIII. Die nach der Anlage zur Strafprozessordnung zu berufenden Schöffen beginnen ihre Wirksam-

---

Art. XIX.

1 Vgl. die Bemerkungen zu EG. Art. V.

Art. XX.

1. Vgl. die Bemerkungen zu EG. Art. VI.

keit mit dem 1. Januar 1868. Bis dahin behält es in den Landestheilen, in welchen die Mitwirkung von Schöffen in dem Verfahren vor dem Einzelrichter schon bisher bestanden hat, bei der für das Jahr 1867. getroffenen Auswahl der Schöffen, und bei den Bestimmungen der bisherigen Landesgesetze über die Berufung der Schöffen zu den einzelnen Sitzungen und über die Vereidigung derselben sein Bewenden. In allen anderen Landestheilen bleiben die Vorschriften der Strafprozessordnung über die Nothwendigkeit der Mitwirkung von Schöffen in polizeigerichtlichen Strafsachen bis zum 1. Januar 1868. ausser Anwendung.

Art. XXIV. Insoweit eine Vertretung der Staatsanwaltschaft in dem Verfahren vor dem Einzelrichter schon bisher stattgefunden hat, bleiben die mit dieser Vertretung beauftragten Beamten bis auf Weiteres als Polizeianwalte in Wirksamkeit.

Urkundlich unter Unserer Höchsteigenhändigen Unterschrift und beigedrucktem Königlichen Insiegel.

Gegeben Berlin, den 25. Juni 1867.

(L. S.) Wilhelm.

Frh. v. d. Heydt. v. Roon. Gr. v. Itzenplitz. v. Mühler.
Gr. zur Lippe. v. Selchow. Gr. zu Eulenburg.

Gesetz
über die Einführung des Strafgesetzbuchs für die Preußischen Staaten *)
vom 14. April 1851.

Wir Friedrich Wilhelm, von Gottes Gnaden, König von Preußen ꝛc. ꝛc.

verordnen mit Zustimmung der Kammern, was folgt:

Erster Abschnitt.
Allgemeine Bestimmungen.

Art. I. Das Strafgesetzbuch tritt im ganzen Umfange der Monarchie mit dem 1. Juli 1851 in Kraft.

[Entw. Art. I]. Vergl. Art. IV.

Art. I.

1. Die Wirksamkeit des Einführungs-Gesetzes hat mit der des StGB. begonnen: Z. 22. Okt. 51 c. Kirchhoff.

2. In den Hohenzollernschen Landen sind StGB. und EG. mit dem 1. Jan. 1852 in Wirksamkeit getreten: G. v. 30. Apr. 1851 § 1 (GS. s. 188).

3. In Betreff des Gebiets der ehemaligen freien Stadt Frankfurt siehe unten die Vdn. v. 12. Dez. 1866 (GS. s. 787).

4. In dem an den Regierungsbezirk Aachen anstoßenden, zwischen Preußen und Belgien gemeinschaftlichen s. g. neutralen Gebiete von Moresnet hat das StGB. keine Gesetzeskraft erlangt. Anklagen und Beschuldigungen sind daher nach den Bestimmungen des früheren Rheinischen StGB. zu formuliren: JMVerf. v. 31. Dez. 1852 (RS. X 532). Der Bewohner jenes Gebiets ist als Ausländer im Sinne des § 4 Nr. 1 des StGB. zu behandeln, und unterliegt wegen der dort gedachten Verbrechen den Bestimmungen dieses Gesetzbuchs: Erk. AGH. Köln 4. Nov. 58 c. Leisten (Tr. Ann. X 7).

---

*) Das am 15. Mai 1855 verkündete, mit dem 1. Okt. 1855 in Kraft getretene „Strafgesetzbuch für die Fürstenthümer Waldeck und Pyrmont" stimmt im Wesentlichen mit dem Preußischen StGB. überein. Eine Uebersicht der Abweichungen enthält Weiskes Rechts-Lexikon 14. s. 62 ff. — Auch dem Großh. Oldenburgischen Strafgesetzbuche v. 3. Juli 1858 liegt das Preußische zum Grunde, wenngleich in demselben manche erhebliche Aenderungen vorgenommen worden sind; vgl. in Betreff der letztern Abhh. in GA. VII 14. 163; VIII 289; Demme Abh. in Allg. Schw.-G.-Zeit. 1858. 4. s. 393; 5. s. 279. 291. — Dasselbe gilt von dem am 24. Aug. 1863 verkündeten, am 1. März 1864 in Wirksamkeit getretenen „Strafgesetzbuch für die freie und Hansestadt Lübeck." — Dagegen ist das dem Preußischen nachgebildete „Strafgesetzbuch für das Herzogthum Anhalt-Bernburg" v. 22. Jan. 1852 in Folge der seitdem eingetretenen Vereinigung aller Anhaltischen Lande unter einem Landesherrn seit dem 1. Okt. 1864 wieder außer Wirksamkeit getreten und durch das Thüringische StGB. ersetzt worden.

Art. II. Mit diesem Zeitpunkte (Art. I.) werden außer Wirksamkeit gesetzt: alle Strafbestimmungen, die Materien betreffen, auf welche das gegenwärtige Strafgesetzbuch sich bezieht; namentlich der zwanzigste Titel des zweiten Theils des Allgemeinen Landrechts, das Rheinische Strafgesetzbuch, die gemeinen Deutschen Kriminalgesetze und das in dem Fürstenthume Hohenzollern-Sigmaringen rezipirte Großherzoglich Badische Strafgesetzbuch, nebst allen dieselben ergänzenden, abändernden und erläuternden Bestimmungen.

Art. II.

1. Das StGB. ist an die Stelle der im ersten Absatze des Art. genannten, früher bestehenden allgemeinen Strafgesetzgebungen getreten, so daß diese ihre Geltung gänzlich verloren haben. Dagegen haben die besonderen Strafgesetze ihre Wirksamkeit behalten, es sei denn, daß sie „Materien" betreffen, auf welche das StGB. sich „bezieht".

2. Der Ausdruck Materie deutet auf die mit Strafe bedrohten Handlungen, keineswegs also auf die Gegenstände, an welchen eine Strafthat begangen wird, noch auf die Rechte, die durch dieselbe beeinträchtigt, noch auch auf die Zwecke, die durch sie verfolgt werden: BI. 28. Sept. 53 c. Grunwald; BII. 11. April 61 c. Elbertz (RA. 56. 2A. 111). Ebensowenig hat derselbe auf die Strafgattungen (z. B. die Polizeiaufsicht) Bezug: BII. 10. Nov. 53 c. Hagemann (JMbl. 54 S. 136; GA. II 115). —

3. Als Materien sind daher die allgemeinen Verbrechens rc Begriffe anzusehen, welche in das System des StGB. aufgenommen, in demselben definirt, und in erschöpfender Weise geregelt sind. Wo dieses zutrifft, sind nicht allein die denselben Verbrechens- rc Begriff betreffenden Vorschriften der früheren allgemeinen Strafgesetzgebungen, sondern auch alle Spezialbestimmungen aufgehoben, welche sich auf denselben beziehen, und zwar selbst dann, wenn das StGB. jenen Verbrechensbegriff anders definirt und wenn es die in den Spezialgesetzen vorgesehenen Fälle nicht ebenso speziell und unter Berücksichtigung derselben Besonderheiten zum Gegenstande von Einzelbestimmungen gemacht hat: HS. I 24; franz. StRG. v. 8 Febr. 1812. Beispiele siehe n. 34. 35. 42. 43. — Daher ist einem B. 10. Mai 52 c. v. Heyden (JMbl. S. 262) nicht beizupflichten, wenn es nur diejenigen Bestimmungen eines älteren Spezialgesetzes für beseitigt erachtet, welche „entweder durch spezielle Bestimmungen des StGB. aufgehoben oder mit diesem unvereinbar sind."

4. Der unter n 3. an die Spitze gestellte Grundsatz erleidet eine Ausnahme, wenn ein besonderes Gesetz einen speziellen Thatbestand, welcher an sich der allgemeinen Begriffsbestimmung eines im früher geltenden StGB. vorgesehenen Verbrechens rc. entsprach, und der also nach der betreffenden Strafbestimmung zu ahnden gewesen wäre, — ausgesondert und unter Berücksichtigung der ihm beiwohnenden Eigenthümlichkeiten mit anderen Strafen bedroht hatte. In einem solchen Falle ist anzunehmen, daß der Gesetzgeber damals diesen Thatbestand als eine besondere Materie aufgefaßt und behandelt habe. Wenn dann das neue StGB. den allgemeinen Begriff im Wesentlichen nicht abweichend von dem früher aufgestellten bestimmt hat, so ist — in Ermangelung besonderer die entgegengesetzte Annahme rechtfertigender Gründe — der Schluß gerechtfertigt, daß der Gesetzgeber auch jetzt jene Aussonderung des speziellen Thatbestandes als einer für sich bestehenden Materie habe fortbestehen lassen, daß also jenes Spezialgesetz nicht als aufgehoben zu betrachten sei. — Das gilt namentlich da, wo ein einzelnes Rechtsverhältniß auch noch in andern als den strafrechtlichen Beziehungen durch ein älteres Spezialgesetz geregelt worden ist, und im Zusammenhange damit die Strafbestimmungen ergangen waren: BPl. 25. März 61 c. Bussas (RdO. I 316). — Anders gestaltet sich dagegen die Sache, wenn das StGB. in den betr. allgemeinen Vorschriften solche Abänderungen vorgenommen hat, daß der Zweck und die Bedeutung des Spezialgesetzes dadurch ihre Erledigung finden mußten; z. B. wenn das letztere einen speziellen

Dagegen bleiben in Kraft die besonderen Strafgesetze, insoweit sie Materien betreffen, in Hinsicht deren das gegenwärtige Strafgesetzbuch nichts bestimmt, namentlich die Gesetze über die Bestrafung der Post-, Steuer- und Zoll-Kontravenienten,

---

Thatbestand aus dem allgemeinen Begriffe lediglich deshalb ausgesondert hat, um ihn mit geschärften Strafen zu bedrohen, das StGB. aber jetzt insgesammt für alle unter den allgemeinen Begriff fallende Handlungen eine noch härtere Strafe androht; dann ist anzunehmen, daß dadurch die Aussonderung der Spezial-Materie wieder beseitigt worden sei und Art. II wird anwendbar: BPl. 9. Dez. 61 c. Holstein (RdO. II 137); vgl. n. 18; § 311 n. 14.

5. Hat das StGB. nicht einen allgemeinen Verbrechensbegriff aufgestellt, sondern (wie namentlich im Thl. III vielfach) sich darauf beschränkt, spezielle Thatbestände vorzusehen und mit Strafen zu bedrohen, so sind dadurch auch nur diejenigen ältern Spezialvorschriften beseitigt, welche dieselben Thatbestände zum Gegenstande hatten. Es darf daher aus der Aufnahme einer solchen Vorschrift nicht der Schluß hergeleitet werden, daß dadurch auch andere, verwandte Gegenstände betreffende Spezialbestimmungen älterer Gesetze außer Kraft gesetzt seien, sollten bei diesen an sich auch dieselben gesetzgeberischen Rücksichten maaßgebend erscheinen. Demgemäß ist aus dem Umstande, daß Thl. III eine Reihe von Polizeivorschriften enthält, welche in das Gebiet irgend eines speziellen Zweiges der Polizeiverwaltung fallen, z. B. der Feuer-, der Straßen-, der Maaß- und Gewichts-Polizei ꝛc., nicht zu folgern, daß diese Zweige der polizeilichen Aufgabe als „Materien" anzusehen seien, auf welche sich das StGB. beziehe, und daß ebendeshalb alle anderweitigen älteren im StGB. nicht wiederholten Strafbestimmungen, welche auf jene Zweige der Polizeiverwaltung zurückzuführen sind, als aufgehoben betrachtet werden müßten. Beispiele vgl. n. 23; § 347 n. 4; § 348 n. 14.

6. Art. II findet auch auf solche Spezialgesetze Anwendung, welche eine örtlich begrenzte Geltung hatten: BI. 28. Sept. 53 c. Grunwald.

7. Eine Aufzählung in Geltung verbliebener Spezial-Gesetze enthält der KBII. (S. 4 ff.), welcher aber selbst auf Vollständigkeit keinen Anspruch macht. Ein nach Materien geordnetes Verhältniß enthält GA. II 697.

8. Nicht aufgehoben ist die Strafandrohung, welche § 38 I. 7 AGO. für den Fall der Verweigerung der Annahme einer gerichtlichen Verfügung enthält: Beschl. I. 13. Nov. 61 c. Jacobsohn (RdO. II 54), welcher gleichzeitig aussprach, die betr. Geldbuße stelle eine Ordnungsstrafe dar, welche nur durch denjenigen Richter verhängt werden könne, von welchem die betr. Anordnung ausgegangen sei.

9. ..... ebenso AGO. I, 23 § 52 Nr. 4 u. 5; Tit. 24 § 40 a. E., frevelhaftes Leugnen im Prozesse betreffend; diese Gesetze enthalten aber „Prozeßvorschriften"; die betr. Strafen können daher nur von dem mit der Sache befaßten Civil-Richter (1 oder 2. Instanz) verhängt werden: ZI. 12. Juli 54 c. Klose (Entsch. 28. S. 196); BII. 18. Okt. 55 c. Weinberg (GA. III 823). Daraus ist gleichwohl nicht zu folgern, daß die Gegen-Partei die Entscheidung durch Rechtsmittel angreifen könne; es bedarf daher der Zustellung eines von dieser Strafe freisprechenden Erkenntnisses an den Gegner nicht: ZI. 5. Dez. 60. c. Teßmar.

10. .... ebenso AGO. III, 1 § 30. 31, das Queruliren betreffend: B. 26. Sept. 51 c. Ruggeberg (JMbl. 52. S. 180; Entsch. 22. S. 76); BII. 6. Dez. 60 c. Brandt (RdO. I 169). Jene Vorschrift findet auch auf das wiederholte Vorbringen einer Denunziation bei der StA.schaft Anwendung: ZI. 8. Febr. 65 c. Grüttner (RdO. V 468).

11. .... ebenso Anh. zur AGO. § 440, die Anfertigung von Vorstellungen ꝛc. für Andere betreffend: Z. 26. Nov. 52 c. Ottschadly; ZI. 16. März 53 c. Gramm.

12. ...... ebenso ALR. I, 9 § 103, die Bestrafung desjenigen betreffend, welcher von einem auf seinem Grundstücke gefundenen Schatze der Obrigkeit keine Anzeige macht: BI. 30 Juni 66 c. Berg (RdO. VII 396); vgl. § 226 n. 6.

13. ..... ebenso ALR. II, 1 § 170. 1008. 1010, die Strafen der vorsätz-

über den Mißbrauch des Vereins- und Versammlungsrechts, über die Bestrafung des Holzdiebstahls, über die Widersetzlichkeiten bei Forst- und Jagdvergehen und gegen Zollbeamte.

[Entw. Art. II]. Vgl. Art. III.

---

lichen Uebertretung eines Ehegesetzes betreffend: VI. 11. Mai 59 c. Fischer. Diese Strafandrohung kann aber denjenigen nicht treffen, welcher, um zur Abschließung der verbotenen Ehe zu gelangen, mit Konsens aus Preußen ausgewandert ist: ZI. 29. März 65 c. Magnus (RdO. VI 25).

14. ...... ebenso Regl. v. 15. Sept. 1798 § 2 Nr. 4, betr. die anschlagswidrige Verwendung des aus Königlichen Forsten an Berechtigte gelieferten Freibauholzes; diese Strafvorschrift ist auch auf die zum Kron-Fideikommiß gehörigen Forsten anwendbar: Erk. III. Civ.-Sen. 10. Sept. 57 (StA. 26. s. 170; vgl. ibid. 20. s. 179).

15. ...... ebenso Gesinde-Ordn. v. 8. Nov. 1810 § 31 das zweimalige Vermiethen des Gesindes betr.: B. 11. Juni 52 c. Wilke; *contra*, wie es scheint: Wenzel Ergg. s. 367. 505. — Aehnlich verhält es sich mit der Rh. Ges.-Ord. v. 19. August 1844 § 12; vgl. § 241 n. 61.

16. ...... ebenso Vorfluths-Edikt v. 15. Nov. 1811 § 8. 9, betr. das Aufstauen des Mühlen-Wassers über die durch den Merkpfahl festgesetzte Höhe: VI. 15. Juni 55 c. Eschholz (JMbl. s. 355).

17. ...... ebenso Steuer-Ordn. v. 8. Febr. 1819 § 62, den zeitweiligen Verlust des Rechts zum Gewerbebetriebe betreffend; vgl. Art. X n. 3.

18. ...... ebenso Steuer-Ordn. v. 8. Febr. 1819 § 88 und Z.-Str.-Ges. v. 23. Jan. 1838 § 25, insoweit sie sich auf Geschenke für nicht pflichtwidrige Amtshandlungen beziehen: VPl. 9. Dez. 61 c. Holstein (RdO. II 137). Vgl. Ges. v. 17. Mai 1856 § 3 (für die Hohenzollernsche Lande, GS. s. 451); unten n. 40; § 311 n. 14.

19. ...... ebenso Steuer-Ordn. v. 8. Febr. 1819 § 89, die Strafe der Widersetzlichkeit gegen Steuerbeamte im Dienste betr.; vgl. § 89 n. 45.

20. ...... ebenso AKO. v. 13. Okt. 1824 Nr. 7, das unbefugte Tragen der National-Kokarde betr.; vgl. § 105 n. 10.

21. ...... ebenso AKO v. 7. Febr. 1837, die Sonntagsfeier betr.; vgl. 340 n. 26.

22. ...... ebenso Ges. v. 8. Mai 1837 § 28, die Aufstellung einer zu hohen Brandentschädigungsforderung betr., mit der Maaßgabe, daß an die Stelle der dort bezogenen §§ des Tit. 20 Thl. II des ALR. jetzt die Vorschriften des StGB. über die Bestrafung des Betrugs getreten sind; vgl. § 241 n. 60.

23. ..... ebenso die Vdn. v. 13. Mai 1840 § 1 (GS. s. 127), die Benutzung ungestempelter Maaße rc. beim Verkaufe betr., soweit sie sich auf Nichtgewerbtreibende bezieht; vgl. n. 3; § 348 n. 14.

24. ...... ebenso die Strafbestimmungen der Gew.-Ordn. v. 17. Jan. 1845, insoweit nicht das StGB. in Betreff der Ausübung einzelner Gewerbe ausdrückliche Vorschriften enthält: ZII. 21. Febr. 56 c. Saligmann.

25. ...... ebenso das Ges. v. 5. Juli 1847 (GS. s. 264), soweit es das Spielen in auswärtigen Lotterien mit Strafe bedroht, und die AKO. v. 27. Juni 1837; vgl. § 268 n. 13.

26. ...... ebenso sind die Feld-Pol.-Ordn. v. 1. Nov. 1847 und das linksrheinische Rur.-Ges. v. 28. Sept. — 6. Okt. 1791, insoweit sie sich auf die Entwendung von Früchten und anderen Bodenerzeugnissen beziehen, durch die §§ 215 fg. und 349 Nr. 3 des StGB. nicht aufgehoben; die betr. Bestimmungen der FPO. sind (mit Ausschluß des linken Rheinufers) auch in denjenigen Landestheilen für anwendbar erklärt, in welchen die FPO. im Uebrigen keine Geltung erlangt hat: Ges. v. 22. Mai 1852 Art. III; vgl. § 215 n. 58.

27. ...... ebenso das Ges. v. 12. Febr. 1850 (GS. s. 49) über die Stellung unter Polizei-Aufsicht, soweit es sich auf Kontrebande und Zolldefraudationen bezieht: VII. 10. Nov. 53 c. Hagemann (JMbl. 54 s. 136; GA. II 115); vgl. Ges. v. 30. April 1851 § 1 Nr. 4 (GS. s. 188, betr. die Einführung jenes Gesetzes in den

Hohenzollernschen Landen). Im Falle einer Zuwiderhandlung tritt aber jetzt die Strafe des § 116 ein, durch welche § 11 l. c. beseitigt ist: vgl. § 116 n. 6. — Im Uebrigen ist aber das Ges. v. 12. Febr. 1850 aufgehoben; das gilt namentlich von den Bestimmungen der §§ 4 und 5 über die Dauer der Polizei-Aufsicht; vgl. § 26 n. 1.

28. ...... ebenso die Bestimmungen des Ost-Preußischen Provinzialrechts Zus. 228, die Eingriffe in das Bernstein-Regal des Staats betreffend; namentlich § 8 l. c.: ZPl. 28. März 59 c. Stolzke (JMbl. s. 170; Entsch. 42. 2. s. 66; GA. VII 821); ebenso § 9 (und 10): VPl. 25. März 61 c. Bussas (RdO. I 316); ZI. 23. Okt. 63 c. Quednau (RdO. IV 134); *contra* früher: ZI. 16. Febr. 53 c. Pickarreck (JMbl. s. 447); vergl. § 226 n. 10.

29. ...... ebenso das links-rheinische Ges. v. 22. pluv. VII Art. 7, betr. das Verbot der Abhaltung öffentlicher Mobiliarversteigerungen ohne Zuziehung eines öffentlichen Beamten: ZII. 12. Jan. 65 c. Jerusalem (RdO. V 410).

30. ...... ebenso die Vorschriften des links-rheinischen Ges. v. 21. germ. XI. Art. 36, und des Ges. v. 29. pluv. XIII., das Ankündigen von Geheimmitteln betreffend (§ 345 Nr. 2 betrifft einen anderen Gegenstand): BII. 3. Nov. 55 c. Momma (RA. 51. 2A. 62); ZII. 7. Mai 57 c. Klug (RA. 52. 2A. 80); ZII. 20. Sept. 60 c. Baunscheidt; *contra*: Erk. AGH. Köln 1. März 54 (RA. 49. 1. 256).

31. Aufgehoben ist AGO. I, 7 § 41, die Bestrafung unrichtiger Insinuationsberichte betr.: ZI. 7. Juni 61 c. Starost (RdO. I 428: „eine solche Handlung sei nur noch im Disziplinarwege zu rügen"); *contra* früher: B. 17. Sept. 52 c. Laser.

32. ...... ALR. Einl. § 13, die Entschuldigung mit der Unkenntniß des Strafgesetzes betr.; vgl. Thl. I. Tit. 4 n. 1.

33. ...... ALR. I, 6 § 114, die Bestrafung der Beleidigungen betr.

34. ...... ALR. I, 9 § 73, nach welchem derjenige, welcher dem Richter gegenüber einen Fund ableugnete, als Dieb zu betrachten war: ZII. 14. Okt. 58 c. Trosch (GA. VII 108).

35. ...... ALR. I, 11 § 740, nach welchem die Cession resp. Einklagung einer Darlehnsforderung, auf welche die Valuta ganz oder zum Theil nicht bezahlt worden, als Betrug bestraft werden sollte: ZI. 13. April 55 c. Abrahamson (GA. III 569); es ist in jedem Einzelfalle zu prüfen, ob die Begriffserfordernisse des § 241 vorliegen.

36. ...... ALR. I, 14 § 463—465 (unrechtmäßig vorgenommene Pfändungen betreffend; vgl. FPO. v. 1. Nov. 1847 § 75 und den Anhang): B. 8. März 52 c. Krieger; Z. 16. April 52 c. Morave. Das gilt selbst dann, wenn die dort erwähnte Selbsthülfe mit Gewalt an Sachen verbunden war; Bestrafung kann jetzt nur dann eintreten, wenn ein nach dem StGB. strafbarer Thatbestand vorliegt: BI. 9. Okt. 57 c. Smolewski.

37. ...... Rh. BGB. Art. 298 und 308, die Ehebruchsstrafen betreffend; vgl. § 140 n. 25; siehe auch Rh. StGB. Art. 337.

38. ...... Rh. HGB. Art. 479, nach welchem derjenige, welcher sich in einer Versammlung der Gläubiger eines Falliten auf einen simulirten Titel stützt, als Teilnehmer am betrüglichen Bankerutt bestraft werden soll; vgl. § 260 Nr. 2.

39. ...... Crim.-O. v. 11. Dez. 1805 § 10, die Pflicht zu denunziiren betreffend; jetzt ist in dieser Beziehung nur noch § 39 StGB. maaßgebend: BI. 17. Nov. 54 c. Wolff (GA. III 130); ZI. 30. Okt. 61 c. Streisand (RdO. II 26); vgl. § 112. 211.

40. ...... Vdn. v. 14. Juli 1797 (die Vereinbarung mehrerer Bietlustigen zu gemeinschaftlichem Bieten bei einer Versteigerung betr.) durch § 270 des StGB.: BII. 21. April 53 c. Straube; vgl. § 270 n. 13.

41. ...... Steuer-Ordn. v. 8. Febr. 1819 § 88 und § 25 des ZStr.-Ges. v. 23. Jan. 1838, insoweit sie sich auf Bestechungen der Steuer- und Zollbeamten beziehen; vgl. n. 18; § 311 n. 14.

42. ...... AKO. vom 9. Okt. 1833, die Verhängung des Strafminimums bei freiwilligem Eingeständniß betreffend: ZII. 11. Mai 54 c. Lütke-Maestrup (GA. II 542); Beschl. II. 8. Mai 56 c. v. Feilitzsch.

43. ...... AKO. v. 20. Juni 1835, die Bestrafung eines Verbrechers betr.,

Art. III. Wo in irgend einem Gesetze auf Bestimmungen des bisherigen Strafrechts verwiesen wird, treten die Vorschriften des gegenwärtigen Strafgesetzbuchs an deren Stelle.

[Entw. Art. III]. Vgl. Art. II.

---

welcher wegen früherer Verbrechen bereits zu lebenslänglicher Freiheitsstrafe verurtheilt ist: Z. 8. Sept. 52 c. Hening (beil.); dieses Erkenntniß setzte zwar im Tenor die neuerdings verwirkte Strafe fest, erklärte sodann aber, dieselbe sei durch die frühere Verurtheilung absorbirt.

44. ...... ebenso die Ostpreuß. Dorfordn. v. 16. Mai 1768 § 23, betr. den Ungehorsam gegen die Anordnungen des Schulzen: VI. 27. Sept. 61 c. Naujocks (RdO. I 556).

45. Auch dann, wenn die in einem älteren Gesetze enthaltenen Strafbestimmungen durch das StGB. beseitigt sind, bleiben doch die in jenen Gesetzen enthaltenen anderweitigen Bestimmungen, insbesondere polizeiliche Anordnungen (z. B. das Verbot des Feuer-Anzündens in einer Heide nach der Westpreuß Forst- und Jagd-Ordn. v. 8. Okt. 1805 Tit. 1 § 19, für welches Tit. 4 § 9. 10 die Strafandrohung enthalten) in Kraft: Zl. 18. Jan. 60 c. Eisenstädt.

46. Die fortdauernde Gültigkeit einzelner älterer Strafgesetze ist (von der Vorschrift des Art. XX abgesehen) auf besondere Kompetenzvorschriften nicht auszudehnen; vgl. Art. XIII n. 5.

Art. III.

1. Der Art. III findet auch dann Anwendung, wenn in einem in Kraft verbliebenen Spezialgesetze auf ein anderes jetzt durch das StGB. ersetztes Spezialgesetz verwiesen ist; ein Beisp.: § 269 n. 18.

2. Abgesehen von dem Falle einer ausdrücklichen Verweisung auf das bisherige Strafrecht, müssen die Bestimmungen des StGB. über allgemeine Rechtsgrundsätze, z. B. über Versuch, Theilnahme, Rückfall, Verjährung, Strafmilderung, Strafschärfung, Strafverwandlung 2c. (vgl. StGB. Thl. I), auch bei den durch Spezialgesetze geregelten Materien Anwendung finden, insoweit diese Gesetze nicht auch in der gedachten Beziehung besondere Vorschriften enthalten, es sei denn, daß aus der besondern Natur der betr. Materien die Unanwendbarkeit jener Grundsätze nachzuweisen wäre: Z. 19. Dez. 51 c. Suchumski (JMbl. 52. s. 30); B. 22. Dez. 52 c. Alesson; KBII. „es sei die Aufgabe der Praxis, vom jedesmaligen Standpunkte des besonderen Gesetzes aus zu beurtheilen, ob die im StGB. enthaltenen allgemeinen Grundsätze bei Anwendung des ersteren ausgeschlossen seien").

3. Das Gesagte gilt namentlich auch von den Steuergesetzen: Zl. 23. Febr. 53 c. Lucht (Entsch. 25. s. 217; GA. I 563). Beispiele siehe § 37 n. 2; § 60 n. 7.

4. Dagegen sind unzweifelhaft mit einem nicht aufgehobenen Spezialgesetze auch die in demselben enthaltenen oder zu seiner Ergänzung ergangenen, auf jene allgemeinen Rechtsgrundsätze (n. 2) bezüglichen besonderen Bestimmungen in Kraft verblieben: ZII. 3. März 52 c. Müller (GA. I 233. 385); BII. 22. Febr. 55 c. Scheuer. (RA. 50. 2A 79; (beide betrafen die Verjährung nach dem Rh. Rur.-Ges. v. 28. Sept. — 6. Okt. 1791 Tit. 1 Absch. 7 Art. 8); ZII. 8. März 55 c. Böckmann (Entsch. 31. s. 304; betr. die Verjährung der Zolldefrauden nach ZSt.Ges. v. 23. Jan. 1838 § 62, vgl. jetzt Ges. v. 22. Mai 1852 Art. V). Dabei wird aber vorausgesetzt, daß jene Bestimmungen wirklich eine Besonderheit für die betr. Materie und nicht etwa nur die Anwendung eines damals geltenden, hier nur wiederholten, allgemeinen, durch das StGB. abgeänderten Grundsatzes darstellen; wäre letzteres der Fall, so würde die neue Bestimmung wirksam; vgl. § 17 n. 2.

5. Auch solche in Kraft verbliebenen Spezialbestimmungen (n. 4) sind, soweit sie die betr. Lehre nicht erschöpfend behandeln, aus den allgemeinen Grundsätzen des StGB. zu ergänzen; enthält daher ein Spezialgesetz besondere Vorschriften über die Verjährung, so ist die Unterbrechung derselben nach dem StGB. zu beurtheilen, insoweit nicht auch diese im Spezialgesetz ausdrücklich eine besondere Regelung erfahren hat: B. 22. Febr. 55 (cit. n. 4); BII. 3. April 56 c. Eiben-Jünker. Aehnlich verhält es sich mit der s. g. Verjährung des Rückfalls; vgl. § 60 n. 7.

Art. IV. Die Strafbarkeit einer Handlung, welche vor dem 1. Juli 1851 begangen ist, wird nach den bisherigen Gesetzen beurtheilt. Ist aber eine solche Handlung in dem gegenwärtigen Strafgesetzbuche mit keiner Strafe, oder mit einer gelinderen, als der bisher vorgeschriebenen, bedroht, so soll diese

---

Art. IV.

1. Nach dem zu Art. III n. 2 Gesagten ist auch Art. IV als ein allgemeiner, das ganze Strafrecht beherrschender Grundsatz anzusehen, der nur da ausgeschlossen bleibt, wo einzelne Gesetze eine Ausnahme begründen: Z. 19. Dez. 51 c. Suchumski (JMbl. 52 s. 30); B II. 15. Jan. 63 c. Niemann (RdO. III 211, indir.). Er findet daher auch auf Polizeiverordnungen Anwendung: B II. 18. Jan. 55 c. Adrian (JMbl. s. 106; Entsch. 29 s. 439; GA. III 256). Contra: HS. I 42.

2. Eine solche Ausnahme tritt da ein, wo eine nur temporär — sei es für einen von Anfang an in sich begrenzten Zeitraum, sei es bis zum Eintritte eines künftigen Ereignisses, oder bis zu der von vorne herein in Aussicht gestellten Wiederaufhebung — erlassene Strafbestimmung diesen in ihr selbst vorgesehenen oder in Aussicht gestellten Ablauf erreicht; sie bleibt dann auch nach diesem Ablaufe für die während ihrer Herrschaft verübten Zuwiderhandlungen maaßgebend: B II. 18. Jan. 55 (cit. n. 1). Ebenso hat umgekehrt die die Beschränkung des Zinsfußes zeitweise aufhebende Vdn. v. 27. Nov. 1857 die Strafbarkeit eines früher verübten Wuchers nicht beseitigt: ZPl. 30. Nov. 57 c. Mulert (JMbl. 58 s. 43; GA. V 857).

3. Die Vorschrift des Art. IV bezieht sich nicht blos auf das angedrohte Strafmaaß, sondern vorzugsweise auch auf die Bestimmung des Thatbestandes selbst. Ist dieser im neuen Gesetze enger oder doch mit Erfordernissen ausgedrückt, welche eine für den Angeklagten günstigere Auffassung rechtfertigen, als es nach dem ältern Gesetze der Fall war, so ist jenes anzuwenden: B I. 11. Dez. 57 c. Juschkat. Deshalb ist die betr. Prüfung nicht in abstracto, sondern stets in Beziehung auf den vorliegenden Thatbestand anzustellen; es muß sonach gefragt werden, welche Strafthat sowohl nach der ältern als nach der neueren Gesetzgebung vorliege, und es sind dann die nach beiden anzuwendenden Strafen gegen einander abzuwägen: B I. 10. Okt. 60 c. Grau. Im schwurgerichtlichen Verfahren muß daher die Fragstellung die Begriffserfordernisse beider Gesetze umfassen; vgl. Strafverf. Art. 81 n. 25.

4. Der Art. IV bezieht sich nur auf den Fall, wo ein Wechsel der Strafgesetzgebung Statt gefunden hat; Veränderungen, welche in andern (im Strafgesetz vorausgesetzten) persönlichen oder sachlichen Beziehungen eingetreten sind, bleiben dagegen außer Betracht. Das gilt selbst dann, wenn diese Veränderungen ihren Grund in einem Wechsel der Gesetzgebung auf einem andern, als dem strafrechtlichen Gebiete haben. Hat dieser Wechsel der Gesetzgebung den Thatbestand des betr. Vergehens rc. an und für sich bestehen lassen, so kommt es nicht in Betracht, wenn derselbe sich z. B. auf Civilverhältnisse zurückbezieht, welche jetzt eine andere Regelung erfahren haben. Man darf daher nicht deshalb freisprechen, weil die That, wenn sie jetzt in Beziehung auf dieselben Personen, Sachen und Verhältnisse begangen wäre, straflos sein würde; vielmehr genügt es zur Strafbarkeit, wenn die That zur Zeit ihrer Begehung einen strafbaren Thatbestand darstellte, und wenn dieser Thatbestand auch jetzt noch ein mit Strafe bedrohter ist. Daher bleibt eine Zolldefraude auch dann strafbar, wenn demnächst die betr. Waaren für zollfrei erklärt, oder wenn die betr. Zollschranke (z. B. durch Anschluß des Nachbarstaats an den Zollverein) gefallen ist: B II. 1. Dez. 53 c. Hüttemann (GA. II 112); B II. 9. Juni 55 c. Tiemann; Z I. 13. Juli 66 c. Große (RdO. VII 424); u. ö. Ebenso wurde der vor Einführung des D.HGB. gegen einen Kaufmann verübte Wucher dadurch nicht straflos, daß das inzwischen verkündete D.HGB. im Art. 292 dem Kaufmann gestattet hat, Zinsen in unbeschränktem Maaße zu versprechen: B I. 5. Nov. 62 c. Nöhle (RdO. III 104); Z II. 7. Mai 63 c. Heinrich (RdO. III 427); B II. 2. März 65 c. Huth (RdO. V 537); Z II. 19. Apr. 66 c. Müller. Dasselbe gilt auch in Beziehung auf die Vdn. v. 12. Mai 66 (GS. s. 225) über die vertragsmäßigen Zinsen: Z I. 28. Nov. 66 c. Ruprecht (RdO. VII 669). In allen diesen Fällen hat der

Handlung nach dem gegenwärtigen Strafgesetzbuche beurtheilt werden. Ist es zweifelhaft, ob die Handlung vor dem 1. Juli 1851 begangen worden, so ist bei der Entscheidung das mildere Gesetz anzuwenden.

[Entw. Art. IV]. Vgl. Art. V. VII; StGB. § 2.

---

gesetzliche Thatbestand der Zolldefraude resp. des Wuchers eine Aenderung nicht erfahren. — Dieselben Grundsätze würden maaßgebend sein, wenn ein Vormund oder Lehrer mit seinem minderjährigen Mündel (Schüler) unzüchtige Handlungen (§ 142 Nr. 2) vorgenommen hätte, und ein demnächst verkündetes Gesetz den Großjährigkeitstermin in der Weise veränderte, daß hiernach der betr. Mündel ꝛc. zur Zeit der Verübung der That bereits großjährig gewesen wäre.

5. Die Frage, ob das ältere oder das neuere Strafgesetz einen Fall mit der gelinderen Strafe bedrohe, ist nur nach der Gesammtheit der in jedem angedrohten Strafübel zu beurtheilen, und es ist dann das als das mildere erkannte im Ganzen anzuwenden; es würde unzulässig sein, die Strafverhängung theils aus diesem, theils aus jenem Gesetze herzuleiten, und sonach eine Strafe eintreten zu lassen, welche weder mit dem neuen noch mit dem alten Rechte übereinstimmt: B. 24. Sept. 51 c. Gerlach; B. 9. Juli 51 c. Waldbrunn (JMbl. s. 276); Berner Wirkgskr. s. 56; BL. s. 213; HS. I 43; contra: TL. s. 121. — Wird das ältere Strafgesetz anwendbar, so sind auch die allgemeinen Grundsätze desselben maaßgebend: B. 31. März 52 c. Jakubowski; BI. 27. Jan. 53 c. Schuhmacher; HS. I 44; es bleibt daher dann § 60 des StGB.s ausgeschlossen: B. 17. Sept. 51 c. Lippert; Z. 6. April 52 c. Amsel. — Ueber die in einem solchen Falle zu verhängende Strafgattung vgl. Art. X. n. 1.

6. Bei der Abwägung der Strafen sind vorzugsweise die Hauptstrafen vor den accessorischen zu berücksichtigen: B. 9. Juli 51 (cit. n. 5). Zu diesen Hauptstrafen sind dann aber auch wesentlich diejenigen zu zählen, welche in einer Schmälerung der bürgerlichen Ehre bestehen; drohen daher beide Gesetze Gefängnißstrafen von verschiedener Dauer an, so gilt doch das die kürzere Strafe androhende Gesetz für das strengere, wenn es außerdem noch Ehrenstrafen anordnet: ZII. 26. Jan. 60 c. Dietz (GA. VIII 408); ähnlich TL. s. 121, welcher im Zweifel diejenige Strafart für die strengere erachten will, welche nach Gesetz oder Volksanschauung am meisten die Ehre und die Ehrenrechte aufhebt oder beschränkt. — Im Uebrigen ist die härtere Strafart, selbst bei kürzerer Dauer, als die strengere Strafe anzusehen. Eine Geldbuße gilt daher stets für gelinder als eine Freiheitsstrafe; vgl. § 18.

7. Hat bei einer relativ (nach einem Maximum und Minimum) bestimmten Strafe das neue Gesetz das Minimum erhöht und gleichzeitig das Maximum ermäßigt, so darf das Maximum des neuen Gesetzes nicht überschritten werden, während es statthaft ist auf das Minimum des alten Gesetzes hinabzugehen; eine Kombinirung beider Gesetze findet hierbei offenbar nicht statt: Berner Wirkungskr. s. 54; vgl. HS. I 44.

8. Wird nach der Aburtheilung in erster Instanz das mildere Gesetz verkündet, so muß der Richter zweiter Instanz dasselbe anwenden; vgl. GA. IV 689. Er darf aber auch in diesem Falle eine abweichende thatsächliche Feststellung, z. B. die Annahme mildernder Umstände, deren Berücksichtigung erst das neue Gesetz gestattet (nach dem Ges. v. 3. Mai 1852 Art. 101), nur auf den Grund einer neuen Beweisaufnahme vornehmen: BI. 9. Dez. 59 c. Sahnke (GA. VIII 98); *contra*: ZII. 28. Mai 53 c. Schnelle; vgl. Strafverf. § 126 n. 16. 20.

9. Wird das mildere Strafgesetz erst nach Aburtheilung der That in den Instanzen wirksam, so kann der Nichtigkeitsrichter nicht vernichten, um jetzt jenes neue Gesetz zur Anwendung zu bringen; so: ZI. 2. Juli 56 c. Galeitzke; ZI. 18. Dez. 57 c. Gerson. Wenn dagegen das OTr. aus andern Gründen ein Erkenntniß vernichtet, und nun selbst zur Sache erkennt, so muß es das inzwischen wirksam gewordene mildere Strafgesetz berücksichtigen: BI. 9. Juli 56 c. Weitz (GA. IV 689). Auch in einem solchen Falle ist es aber nicht befugt, selbst das Vorhandensein mil-

Art. V. **Die Vollendung der Verjährung einer vor dem 1. Juli 1851 begangenen strafbaren Handlung wird nach den bisherigen Gesetzen oder nach dem gegenwärtigen Strafgesetzbuche beurtheilt, je nachdem das eine oder das andere dem Thäter am günstigsten ist.**

[Entw. Art. V]. Vgl. Art. III; StGB. § 2.

---

dernder Umstände festzustellen, wenn das inzwischen verkündete neue Gesetz ihre Berücksichtigung gestattet: VII. 28. Mai 53 c. Ritter.

10. Hat zwischen der Begehung der That und ihrer Aburtheilung ein wiederholter Wechsel der Gesetzgebung stattgefunden, so ist der Grundsatz des Art IV in Beziehung auf alle successive geltenden Gesetze zur Anwendung zu bringen: ZII. 19. Okt. 54 c. Würth; Cass. 9. juill. 1813 (SN. 4. 1. 391); *contra:* HS. I 42; Bern. Wirkungskr. s. 54.

11. Damit ein Zweifel darüber nicht aufkommen könne, unter der Herrschaft welches Strafgesetzes eine That begangen worden, ist der Zeitpunkt der Verübung in die thatsächliche Feststellung, sowie eventuell in die den Geschwornen vorzulegende Frage aufzunehmen: VI. 7. Sept. 54 c. Jasper (GA. III 112); VI. 9. März 55 c. Schaffran (GA. III 400); VII. 19. Mai 55 c. Schwers). In dieser Beziehung ist es aber ausreichend, wenn nur festgestellt wird, ob die That vor oder nach Einführung des neuen Strafgesetzes begangen worden: ZI. 3. Febr. 60 c. Albrecht. Dieselbe Rücksicht ist auf die Möglichkeit zu nehmen, daß die Verjährung seit der Verübung abgelaufen sein könnte; vgl. § 45 n. 1 fgg. Im Uebrigen kann es genügen, wenn die erforderliche Zeitbestimmung sich aus dem ganzen Zusammenhange der Feststellung ergiebt, z. B. wenn sie in der den Hauptangeklagten betreffenden Frage sich findet, sollte sie auch in der auf den Theilnehmer bezüglichen nicht wiederholt sein: ZII. 11. Dez. 56 c. Lechtenfeld. Vgl. Strafverf. Art. 31 n. 2; Art. 81 n. 26; § 126 n. 17. — Aehnlich verhält es sich mit der Ortsangabe; vgl. § 3 n. 15.

Art. V.

1. Bei der Beurtheilung der Frage, ob eine vor dem 1. Juli 1851 verübte Strafthat wegen eingetretener Verjährung straflos bleiben müsse, darf eine Vermischung der verschiedenen Gesetzgebungen nicht stattfinden; vgl. Art. IV. n. 5. Es ist daher zu untersuchen, wann bei unbedingter Anwendung der Vorschriften des alten Rechts, sowohl der die Strafandrohung als der die Verjährung betreffenden, und wann bei ebenso unbedingter Anwendung des StGB. die Verjährung nach der konkreten Lage der vorliegenden Sache abgelaufen sein würde, und es ist dann die dem Angeklagten günstigere Vorschrift zur Anwendung zu bringen: V. 25 Febr. 52 c. Gemberg (GA. I 67); ZII. 26. Juli 56 c. Müthler; VI. 11. Mai 61 c. Lauer (RdO. I 389). Insoweit hierbei das alte Recht in Frage kommt, sind auch die Grundsätze desselben über Anfang und Unterbrechung der Verjährung maaßgebend; *contra:* ZI. 18. März 59 c. Marewski (257 ind.

2. Die Anwendbarkeit der Vorschriften des StGB. wird auch dadurch nicht ausgeschlossen, daß die nach diesen berechnete Verjährung bereits vor der Einführung des GB. abgelaufen sein würde: V. 25. Febr. 52 (cit. n. 1); ZI. 9. Dez. 53 c. Sternberg; KBl. zu Art. XII § 1; vgl. Gilb. C. d. instr. art. 637 n. 105.

3. Ueber die Verjährung einer unter dem alten Recht abgeschlossenen Doppelehe vgl. § 139 n. 10.

4. Ueber die Anwendbarkeit des Art. V auf Fälle, welche nicht nach dem StGB., sondern nach Spezialgesetzen zu beurtheilen sind, vgl. Art. III n. 2.

5. Der Art. V handelt nur von der Verjährung der vor dem 1. Juli 1851 begangenen strafbaren Handlungen, nicht von der Verjährung der vor jenem Zeitpunkte rechtskräftig verhängten Strafen. Wenn also unter der Herrschaft der eine solche Verjährung zulassenden Rh. StPO. ein Strafurtheil gefällt, die Verjährungsfrist aber am 1. Juli 1851 noch nicht abgelaufen war, so kann mit Rücksicht auf § 49 des StGB. die Verjährung gar nicht mehr eintreten: ZII. 27. Jan. 53 c. Koenn (Tr. Ann. VII 225); *contra:* TGU. s. 27 n. 3; die Kommission der I. K. scheint der letztern Ansicht gewesen zu sein; vgl. KBl. s. 509.

Art. VI. Bei Anwendung der Strafe des Rückfalls macht es keinen Unterschied, ob die früheren Straffälle vor oder nach dem Eintritte der Gesetzeskraft des gegenwärtigen Strafgesetzbuchs vorgekommen sind, ob die frühere Strafe eine ordentliche oder außerordentliche war, ob die Strafe vollstreckt worden ist oder nicht.

[Entw. Art. VI]. Vgl. Art. XXVI; StGB. §§ 58—60. 202. 203. 219. 233. 267. 269.

Art. VI.

1. Die Frage nach der Rückfälligkeit ist immer nach dem jetzt auf den vorliegenden Fall anzuwendenden Gesetze zu beurtheilen; das gilt namentlich auch von der Verjährung des Rückfalls (§ 60): ZII. 16. Okt. 56 c. Scheuermann.

2. Bei Prüfung der Frage, ob die früher bestrafte That dasselbe Verbrechen 2c. darstelle, wie die jetzt abzuurtheilende, ist ausschließlich die frühere Entscheidung zum Grunde zu legen, es ist daher lediglich zu fragen: welche Strafthat (der Art nach) hat der damalige Richter als vorliegend angenommen, und welches Strafgesetz hat er zur Anwendung gebracht: ZII. 22. Okt. 57 c. Gierlichs; BI. 24. Okt. 60 c. Schulz. Auf eine Erörterung, ob dieses mit Recht geschehen, und ob auch nach der jetzigen Gesetzgebung die That in gleicher Weise zu qualifiziren sei, darf sich der Richter des neuen Falles nicht einlassen, zumal da er gar nicht in der Lage ist zu beurtheilen, ob einzelne im StGB., nicht aber im älteren Gesetze, für wesentlich erachtete Merkmale vorlagen oder nicht, indem der frühere Richter keine Veranlassung hatte, sie zu ermitteln und festzustellen: ZI. 11. Febr. 63 c. Gleisberg. Diesen Grundsatz haben die unter n. 3—7 citirten Erkenntnisse anerkannt, wenngleich sie theilweise (nicht ganz genau) aussprechen, daß stets nur der Tenor des früheren Urtheils maaßgebend sein könne. Enthielte der Tenor aus Versehen eine andere Bezeichnung des Verbrechens 2c., als nach den Gründen vom Richter wirklich angenommen und der Bestrafung zum Grunde gelegt ist, so dürfte nur die letztere, nicht die im Tenor enthaltene, als Anhaltspunkt dienen, sowie es denn auch unbedenklich ist, eine unbestimmte Bezeichnung des Tenors aus den Gründen zu erläutern: ZI. 4. Okt. 54 c. Schimorek; vgl. Abh. GA. II 386. — Jedes frühere Urtheil ist nur für den damals zu entscheidenden Fall maaßgebend; wenn daher ein wiederholter Rückfall in Frage steht (§ 219), so genügt es zur Begründung desselben nicht, daß die letzte Vor-Entscheidung schon eine im Rückfalle begangene That feststellt; es muß vielmehr auf alle Vor-Entscheidungen zurückgegangen, und demgemäß selbstständig geprüft werden, ob wirklich jetzt wiederholter Rückfall vorliege: ZI. 8. Juli 64 c. Marx (RdO. V 63). — In Gemäßheit des obigen Grundsatzes ward entschieden:

3. Eine Vorbestrafung wegen Versuchs nach dem ALR. begründet die Rückfallsstrafe, sollte auch nicht feststehen, daß der damalige Versuch den Voraussetzungen des § 31 StGB. entsprochen habe: B. 17. Dez. 51 c. Heise (Entsch. 22. s. 69; GA. I 75); ZII. 8. Sept. 53 c. Wegener; ZI. 10. April 61 c. Hermann.

4. Eine unter der Herrschaft des ALR. verhängte Bestrafung wegen Wilddiebstahls begründet die Rückfallsstrafe wegen Diebstahls, sollte die damals bestrafte Handlung jetzt auch als unbefugte Ausübung der Jagd zu ahnden sein: Z. 5. März 52 c. Engelmann (GA. I 75); BPl. 9. Jan. 54 c. Schulze (JMbl. s. 116; Entsch. 27. s. 108); BII. 4. Juni 59 c. Schlüter; u. ö.

5. Dasselbe gilt von einem unter der Herrschaft des ALR. bestraften Fischdiebstahle, sollte auch die That jetzt unter § 273 fallen: Z. 1. Okt. 52 c. Kopp (GA. I 75); BI. 29. April 53 c. Beyer.

6. ...... ebenso von einer früheren Verurtheilung wegen Diebstahls, selbst wenn die Handlung jetzt nach der Feldpolizei-Ordnung v. 1. Nov. 1847 zu ahnden wäre: BII. 10. März 53 c. Gereke; BI. 20. Okt. 58 c. Scholz (824); u. ö.

7. ...... ebenso wenn es sich früher von einer Verurtheilung wegen eines Diebstahls an Borke im Walde handelte, welcher jetzt unter die Bestimmungen des Holzdiebstahlsgesetzes v. 2. Juni 1852 § 1. 16 fiele: BI. 25. Okt. 54 c. Lehmann gen. Schilka (GA. II 827).

Art. VII. Der §. 18. der Einleitung zum Allgemeinen Landrecht wird hierdurch aufgehoben.

[Entw. Art. VIII]. Vergl. Art. IV.

Art. VIII. Wenn in Materien, über welche das gegenwärtige Strafgesetzbuch keine Bestimmungen enthält (Art. II.), die Gesetze eine Freiheitsstrafe von mehr als fünf Jahren androhen, so ist die Handlung ein Verbrechen.

---

8. Hiernach ist es ganz gleichgültig, ob die früher bestrafte That sich jetzt nur als Uebertretung darstellen würde: ZI. 18. März 59 c. Stärke.

9. Eine unter der Herrschaft des ALR. verhängte Bestrafung wegen „Veruntreuung gegen die Dienstherrschaft" (II, 20 § 1350) begründet jetzt die Rückfallsstrafe des Diebstahls; vgl. § 219 n. 13.

10. Dasselbe gilt von einer Vorbestrafung wegen Diebstahls aus Lüsternheit; vgl. § 219 n. 12.

11. Eine Bestrafung aus § 1206. 1198 II, 20 des ALR. enthält eine Bestrafung wegen Straßenraubs: ZII. 22. Okt. 57 c. Gierlichs.

12. Eine unter der früheren Gesetzgebung begangene schriftliche Beleidigung begründet (arg. § 152) jetzt die Rückfallsstrafe wegen einer neuerdings begangenen öffentlichen Beleidigung: ZII. 7. Juli 53 c. Paßman.

13. Ist ein Angeklagter nach vollendetem vierzehnten, aber vor vollendetem sechszehntem Lebensjahre mit der ordentlichen Strafe des ALR. belegt worden, so begründet dieses jetzt die Verhängung der Rückfallsstrafe: Z. 3. Dez. 51 c. Hupp; u. ö.

14. Eine Züchtigung nach ALR. II, 20 § 17 begründet nicht die Anwendung der Rückfallsstrafe des StGB.: V. 7. Jan. 52 c. Kinscher (Entsch 22. s. 68); ZI. 12. April 61 c. Fechner; u. ö.

Art. VII.

1. ALR. Einl. § 18 lautet: Die Minderung der in einer älteren Verordnung festgesetzten Strafe kommt auch demjenigen Uebertreter zu Statten, an welchem diese Strafe zur Zeit der Publikation des neuern Gesetzes noch nicht vollzogen war.

2. Eine Motivirung der Bestimmung des Art. VII siehe in einer JMVerf. v. 25. Mai 1851 (JMBl. s. 194); eine Kritik derselben: TGU. s. 27.

Art. VIII.

1. Die Artt. VIII bis X sind von der Kommission der II. Kammer zugesetzt worden.

2. Richtet sich die Höhe des Strafmaaßes nach dem jedesmaligen Objekte des einzelnen Falles (wie bei Zoll- und Steuer-Defrauden), so ist für die Qualifizirung der That als Uebertretung oder Vergehen nicht die unbestimmte Strafe, mit welcher die Handlung im Allgemeinen belegt werden kann, sondern die im konkreten Falle verwirkte Strafe maaßgebend; übersteigt diese das Maaß einer 6wöchentlichen Freiheitsstrafe, oder einer Geldbuße von 50 Thlrn. nicht, so ist die Handlung eine Uebertretung und der Polizeirichter kompetent: Z. KG. 6. Jan. 52 c. Gielen (RA. 46. 2A. 119); VI. 9. März 53 c. Dumpich (JMBl. s. 209); ZI. 8. Nov. 61 c. Skoniecki (RdO. II 44); u. ö. Ebenso richtet sich das Verfahren nach den für die Polizeirichter geltenden Grundsätzen, unbeschadet des Art. 142 des Ges. vom 3. Mai 1852: ZI. 31. Okt. 66 c. Orzel (RdO. VII 594). Liegt ein Rückfall vor, so ist die Rückfallsstrafe, nicht die des ersten Falles maaßgebend: ZVII. 8. Okt. 57 c. Mayland.

3. Dieselben Grundsätze sind maaßgebend, wenn sich die Strafe nach der Höhe des Schadenersatzes richtet; vgl. das Nähere Art. XIV n. 5.

4. Eine Verletzung der Schonzeit des Wildes (vgl. Vdn. v. 9. Dez. 1842, GS. 43 s. 2) stellt stets eine Uebertretung dar, sollten auch gleichzeitig mehrere Thiere erlegt sein, und demzufolge das Gesammtmaaß der verwirkten Strafe 50 Thlr. übersteigen; so: ZI. 19. Juli 65 c. Dehn (RdO VI 269). Dasselbe muß eventuell bei der gleichzeitigen vorschriftswidrigen Beschäftigung mehrerer jugend-

Ist die Handlung mit einer Freiheitsstrafe von mehr als sechs Wochen, jedoch nicht über fünf Jahre, oder mit einer Geldbuße von mehr als funfzig Thalern bedroht, oder ist auf den Verlust von Aemtern oder auf den Verlust des Rechts zum Gewerbebetriebe für immer oder auf Zeit, oder auf Stellung unter Polizei-Aufsicht zu erkennen, so ist die Handlung ein Vergehen.

Besteht die Strafe nur in einer Freiheitsstrafe bis zu sechs Wochen, oder in Geldbuße bis zu funfzig Thalern, oder ist die Strafe in den Gesetzen als eine willkührliche bezeichnet, so ist die Handlung eine Uebertretung. Es macht dabei keinen Unterschied, ob neben der eigentlichen Strafe noch auf die Konfiskation einzelner Gegenstände zu erkennen ist oder nicht.

[Entw. Art. VIIa]. Vergl. Art. IX. X. XIII. XIV; StGB. § 1; Vdn. v. 3. Jan. 1849 § 27; Polizei-Ges. v. 11. März 1850 § 17 (GS. f. 268).

Art. IX. Auf Zuchthausstrafe (§§. 10. und 11. des Strafgesetzbuchs soll nur bei Verbrechen (Art. VIII.) und nicht unter

---

licher Arbeiter in einer Fabrik (Regul. v. 9. März 1839, AKO. v. 6. April 1839, GS. f. 156 § 8, Ges. v. 16. Mai 1853 § 9, GS. f. 225) gelten; vgl. Art. XIII n. 11.

5. Aus der Vergleichung des Abs. 2 mit Abs. 3 ergiebt sich, daß auch die mit Gefängnißstrafe bis zu sechs Wochen und daneben noch mit Geldbuße bis zu 50 Thlrn. bedrohten Handlungen Uebertretungen sind: VII. 4. Okt. 66 c. Offermans (RdO. VII 506). Das StGB. selbst enthält keine derartigen Strafandrohungen.

6. Im Abs. 3 sind den „willkürlichen" Strafen die „nachdrücklichen," „verhältnißmäßigen," „angemessenen" Strafen gleichzustellen: KVII. f. 13; vgl. aber JMVerf. v. 7. Febr. 1815 (v. K. Jahrbb. 5. f. 32).

7. Ueberläßt das in Kraft verbliebene Spezialgesetz die Strafe dem richterlichen Ermessen, so ist da, wo bisher das Strafrecht des ALR. galt, das Maaß des § 35 II, 20 l. c. (Gefängniß bis zu 6 Wochen, Geldbuße bis zu 50 Thlrn.) innezuhalten; dort, wo das gemeine Recht Geltung hatte, ist die Praxis entscheidend. Für den Bezirk des AGH. Köln bestimmt das Ress.-Regl. v. 20. Juli 1818 § 33 das Strafmaaß auf Geldbuße von 1 bis 5 Thlr.

8. Bei den nach Art. VIII als Verbrechen oder Vergehen qualifizirten Handlungen finden auch alle für diese Kategorien geltenden allgemeinen Grundsätze des StGB. Anwendung: VI. 7. Okt. 57 c. Pincoffs. In Betreff der Uebertretungen vgl. Thl. III. Tit. 1. n. 3.

9. In Betreff der Kompetenz und des Verfahrens vgl. Art. XIII n. 12; Art. XIV n. 6 fg.; Art. XX n. 10.

Art. IX.

1. Dieser Art. IX bezieht sich (in Anschließung an Art. VIII) nur auf die nach Art. II bestehen gebliebenen besonderen Gesetze; er bleibt daher ausgeschlossen, wenn ein durch das StGB. außer Kraft gesetztes Gesetz deshalb Anwendung findet, weil die That unter seiner Herrschaft begangen ist: VII. 19. Okt. 54 c. Würth; vgl. Art. X n. 1.

2. Aus der Verbindung der Art. VIII und IX ergiebt sich, daß die Bestimmung des betr. besonderen Strafgesetzes in Betreff der Dauer der angedrohten Freiheitsstrafe auch jetzt unbedingt maaßgebend bleibt und daß nur in Betreff der zu verhängenden Strafgattung eine Umwandlung in die im StGB. anerkannten nach Anleitung des Art. IX erfolgen muß; vgl. KVI. zu Art. IX.

zwei Jahren, überall aber nur dann erkannt werden, wenn in den bisherigen besonderen Gesetzen Zuchthaus-, Arbeits- oder Festungsstrafe ausschließlich angedroht ist.

In allen anderen Fällen, so wie bei Vergehen, tritt Gefängnißstrafe oder Einschließung ein, auch wenn in den Gesetzen eine andere Art von Freiheitsstrafe angeordnet ist. Auch kann neben der Gefängnißstrafe auf zeitige Untersagung der Ausübung der bürgerlichen Ehrenrechte erkannt werden, wenn die angeordnete Freiheitsstrafe in Zuchthaus-, Arbeits- oder Festungsstrafe besteht.

[Entw. Art. VIIb]. Vgl. Art. X. XIII. XIV.

---

3. Demgemäß tritt Zuchthausstrafe nur da ein, wo die in den besonderen Gesetzen angedrohte Zuchthaus-, Arbeits- oder Festungsstrafe im höchsten Maaße fünf Jahre übersteigt: Bl. 22. Sept. 54 c. Rose (GA. II 820). Der Festungsstrafe stehen Festungsarbeit und Festungsbaugefangenschaft, nicht aber Festungsarrest gleich.

4. Dagegen ist aus Abs. 1 nicht zu folgern, daß in den dort vorgesehenen Fällen eine (mindestens zweijährige) Zuchthausstrafe stets das geringste zulässige Strafmaaß sei; vielmehr ist an dem unter n. 2 aufgestellten Grundsatze festzuhalten. Läßt daher das betr. Gesetz auch ein geringeres Maaß der Zuchthaus- 2c. Strafe als 2 Jahre zu, so ist es dem Richter unbenommen, dieses Maaß zur Anwendung zu bringen; nur muß er in einem solchen Falle statt des Zuchthauses auf Gefängniß oder Einschließung erkennen: Bl. 8. Juni 53 c. Buttkowski; Bl. 24. Jan. 55 c. Knopick (GA. III 257). Außerdem nahmen das cit. B. 24. Jan. 55 und BI. 4. Okt. 65 c. Barainski (RdO. VI 349) an, daß der Richter auch insoweit, als das Gesetz eine Abmessung der angedrohten Zuchthaus- 2c. Strafe zwischen den Sätzen von 2 und 5 Jahren gestatte, — bei der innerhalb dieser Grenze bleibenden Strafverhängung jetzt zwischen Zuchthaus- und Gefängnißstrafe die Wahl habe. Daraus würde indessen folgen, daß auch bei der Wahl zwischen Zuchthaus und Einschließung nach denselben Grundsätzen zu verfahren sei, daß also der Richter überall, wo das besondere Gesetz eine unter dem Maaße von 20 Jahren bleibende Dauer der Strafe zulasse, die Wahl habe, ob er dieses Maaß als Einschließung oder als Zuchthaus verhängen wolle. Das kann schwerlich in der Absicht des Gesetzgebers gelegen haben; man muß daher annehmen, daß der strafabmessende Richter, sobald er über das Zeitmaaß von 2 Jahren hinausgehen will, nur Zuchthausstrafe verhängen könne.

5. Insofern das besondere Gesetz die Zuchthaus- 2c. Strafe **nicht ausschließlich** androht, sind Gefängniß oder Einschließung die einzigen zulässigen Strafen geblieben. Gleichwohl bleibt die That ein Verbrechen und die schwurgerichtliche Kompetenz tritt ein, sobald das Maaß jener Strafe fünf Jahre übersteigen kann (Art VIII).

6. Auch dann, wenn auf Gefängniß (Einschließung) zu erkennen ist, muß an dem unter n. 2 ausgesprochenen Grundsatze festgehalten werden; es ist daher die im betr. Gesetz angedrohte Zuchthaus- 2c. Strafe nicht im Wege der Reduktion nach Anleitung des § 16 in Gefängniß 2c. zu verwandeln, sondern in der durch das Gesetz selbst bestimmten Dauer als Gefängniß 2c. zu verhängen; jener § sowie § 57 Nr. 2 finden nur da Anwendung, wo eine mildere Strafart des StGB. in eine strengere Strafart desselben GB. zu verwandeln ist: BI. 7. Jan. 53 c. Fendler (Entsch. 24. s. 453; GA. I 233).

7. Die Verhängung der zeitigen **Untersagung** der bürgerlichen **Ehren-Rechte** neben der an die Stelle der angeordneten Zuchthaus-, Arbeits- oder Festungsstrafe tretenden Gefängnißstrafe ist **fakultativ**; das Ermessen dabei ist frei, und nicht durch die Feststellung eines Mangels an ehrliebender oder patriotischer Gesinnung bedingt; vergl. KBII. s. 14.

Art. X. In keinem dieser Fälle (Art VIII. und Art. IX.) kann, wenn die Handlung nach dem 1. Juli 1851 begangen worden ist, auf andere Strafen, als sie in dem gegenwärtigen Strafgesetzbuche angedroht sind, erkannt werden. Insofern jedoch in besonderen Gesetzen anstatt der Gefängnißstrafe oder der Geldbuße, Forst- oder Gemeinde-Arbeit angeordnet ist, behält es hierbei sein Bewenden.

[Entw Art. VIIc]. Vgl. Art. IV. VIII. IX.

Art. XI. Die nachstehenden civilrechtlichen Bestimmungen des 20. Titels im zweiten Theile des Allgemeinen Landrechts §§. 1271. 1272. bleiben ferner in Kraft:

Höhere Zinsen als die Gesetze verstatten (Theil I. Titel 11. §. 803 ff. Allgemeines Landrecht) können rechtsgültiger Weise weder versprochen noch gegeben werden.

Was über die gesetzmäßigen Zinsen gezahlt ist, kann binnen sechs Jahren nach völlig abgetragener Schuld annoch zurückgefordert werden.

[Entw. Art. VIId]. Vgl. Art. II.

Art. XII. Im Bezirke des Rheinischen Appellationsgerichtshofes kommen folgende Bestimmungen zur Anwendung:

Art. X.

1. Ist die nach einem in Kraft verbliebenen Spezialgesetze zu beurtheilende Handlung vor dem 1. Juli 1851 begangen worden, so ist nach dem Grundsatze des Art. IV stets auf die in jenem Gesetze angedrohten Strafen ohne Umwandlung in eine Strafart des StGB. zu erkennen: KBII. s. 15; JMVerf. v. 24. Juni 1851 (JMBl. s. 237); unbeschadet jedoch des Art. 10 der Verfassung v. 31. Jan. 1850, welcher den bürgerlichen Tod und die Strafe der Vermögenseinziehung ausschließt, sowie des Kgl. Erlasses v. 6. Mai 1848 (GS. s. 122) und der Vdn. v. 3. Jan. 1849 § 27, welche an die Stelle der angedrohten körperlichen Züchtigung verhältnißmäßige Freiheitsstrafe treten lassen.

2. Die älteren Vorschriften, welche die Aberkennung der National-Kokarde betreffen, sind durch das StGB. aufgehoben, da dieses jene Strafe nur noch als Folge des Verlustes der bürgerlichen Ehre oder der Untersagung der Ausübung der betr. Rechte kennt; vergl. KBII. s. 14.

3. Die Strafe des zeitweiligen Verlusts des Rechts zum Gewerbebetriebe (vgl. z. B. Steuer-Ordn. v. 8. Febr. 1819 § 62) ist durch das StGB. nicht beseitigt, da auch diesem jene Strafe bekannt ist (vgl. Art. VIII; § 184. 202. 203): ZII. 18. Okt. 58 c. Holzerland.

4. Dasselbe gilt von der Strafe des Niederreißens eines zu nahe am Walde errichteten Gebäudes und der Konfiskation der Materialien (Kreuzn. Forst-Vdn. v 30. Juli 1814 Nr. 4), da die Konfiskation als Strafe im Allgemeinen beibehalten und hier durch das Niederreißen bedingt ist: VII. 29. März 55 c. Kleine (NA. 50. 2A. 92).

Art. XI.

1. Ueber die theilweise Freigebung des Zinsfußes vgl. jetzt D. HGB. Art. 292; Allerh. Vdn. v. 12. Mai 1866.

Art. XII § 1.

1. Die Civil-Klage unterliegt auch dann, wenn sie vor dem Civil- und nicht vor dem Strafgerichte angestellt wird, derselben Verjährung wie die öffentliche Klage: Gilb. C. d'instr. art. 637 n. 126 sq.

§ 1. Die Verjährung der Civilklagen aus strafbaren Handlungen tritt in den nämlichen Zeiträumen ein, welche für die Verjährung der öffentlichen Klagen aus solchen Handlungen in dem gegenwärtigen Strafgesetzbuche bestimmt sind.

[Entw. Art. VIII § 1]. Vgl. StGB. §§ 6. 46 49. 339; Rh. StPO. Art 637. 638. 640 642.

§ 2.*) Kaufleute im Sinne des Handelsgesetzbuchs, welche ihre Zahlungen einstellen, können mit Gefängniß bis zu zwei Jahren bestraft werden:

*) Fassung des Einf.-Ges. z. D HGB. v. 24. Juni 1861 Art. 52; die frühere Fassung lautete:

§. 2. Fabrikbesitzer, Schiffsrheder und andere Handeltreibende, welche ihre Zahlungen einstellen, können mit Gefängniß bis zu zwei Jahren bestraft werden:

1) wenn sie nach Dotalrecht oder mit vertragsmäßiger Gütertrennung verheirathet, die Vorschriften des Art. 69. des Handelsgesetzbuchs nicht befolgt haben;

2) wenn sie nicht innerhalb der drei Tage nach Einstellung ihrer Zahlungen die durch Art. 440 des Handelsgesetzbuchs vorgeschriebene ꝛc. (wie oben);

3) (gleichlautend wie oben).

Die in den Artikeln 69., 586. bis 599. des Handelsgesetzbuchs enthaltenen Bestimmungen werden aufgehoben.

---

2. Das gilt selbst von der gegen den bürgerlich Verantwortlichen zu richtenden Civilklage: B. V. (Rh.) Civ.-Sen. 22. Febr. 59 Pönsgen c. Gem. Blumenthal (RA. 54. 2A. 106).

3. Die Verjährung der Civil-Klage wird durch die Verfolgung des StA. nicht unterbrochen, weil durch diese der Strafrichter mit jener nicht befaßt und der Verletzte nicht verhindert wird, seine Klage beim Strafrichter und selbst beim Civilrichter anzubringen (Art. 3 der Rh. StPO. schreibt für diesen Fall nur eine Suspension des ferneren Verfahrens vor): Erk. AGH. Köln 12. März 61 Aachen-Münchener Feuerversf.-Ges. c. Hochbein; *contra*: Mangin de l'act. publ. n. 354; Cass. 15. avr. 1826 (SN. 8. 1. 319).

4. Inwiefern die Handlungen der Civil-Partei die Verjährung der öffentlichen Klage unterbrechen, darüber vgl. § 48 n. 15

5. Die Klage, welche die Civil-Partei vor dem Civil-Richter anstellt, unterbricht die Verjährung der öffentlichen Klage nicht: Gilb. C. d'instr. art. 637 n. 80.

6. Durch die Verjährung der Civilklage erlischt auch das Recht auf Rückgabe der durch die Strafthat entzogenen Sache; dagegen bleiben die Klagen aus den obligatorischen Verhältnissen, auf welche sich die That bezog, bestehen: Mang. l. c. n. 366—368.

7. Verjährung der Klage auf Erstattung wucherischer Zinsen; vgl. § 263 n. 66.

8. Der § 1 bezieht sich nicht auf die Verjährung der wegen einer Strafthat ausgesprochenen Civil-Verurtheilungen; für sie ist nur das Rh. BGB. maaßgebend; vgl. den (nicht aufgehobenen) Art. 642 der Rh. StPO.

Art. XII § 2.

9. Die neue Fassung hat an dem materiellen Inhalt des § nichts Wesentliches geändert.

10. Ueber den Begriff eines Kaufmanns vgl. jetzt D. HGB. Art. 4 fgg. 271 fgg.; und unten § 259 n. 1 fgg.

11 Der Strafrichter hat die Qualität des Beschuldigten als Kaufmann, sowie die Frage der Zahlungseinstellung ꝛc. selbstständig zu prüfen; er ist dabei an frühere Entscheidungen des Handelsgerichts in keiner Weise gebunden; auch ist die

1) wenn sie nach Dotalrecht oder mit vertragsmäßiger Gütertrennung verheirathet, die Vorschriften des Artikels 41. dieses Gesetzes nicht befolgt haben;
2) wenn sie nicht innerhalb der drei Tage nach Einstellung der Zahlungen die durch Artikel 440. des Rheinischen Handelsgesetzbuchs vorgeschriebene Erklärung abgegeben haben, oder wenn ihre Erklärung nicht die Namen aller solidarisch haftenden Gesellschafter enthält;
3) wenn sie sich ohne rechtmäßige Verhinderung in den festgesetzten Fällen und Fristen nicht bei den Agenten und Syndiken persönlich eingefunden, oder, nachdem sie ein freies Geleit erhalten, nicht vor Gericht gestellt haben.

Die in den Artikeln 69. und 586. bis 599. des Rheinischen Handelsgesetzbuchs enthaltenen Strafbestimmungen sind aufgehoben.

[Entw. Art. VIII § 2]. Vgl. Einf.-Ges. z. D. HGB. v. 24. Juni 1861 Art. 40—43; D. HGB. Art. 4; StGB. § 259—261; (Rh. HGB. Art. 587. 69. 70. 594. 479; Rh. StGB Art. 402. 404). Konk.-Ordn. v. 8. Mai 1855 §. 116. 282. 307.

Art. XII. Im Bezirke des Rheinischen Appellationsgerichtshofes kommen folgende Bestimmungen zur Anwendung:

§ 3.*) Ein Gläubiger, welcher nach erlangter Kenntniß von der Zahlungseinstellung zu seiner Begünstigung und zum

*) Fassung des Einf.-Ges. z. D. HGB. v. 24. Juni 1861 Art. 52; die frühere Fassung lautete:

§. 3. Der Gläubiger, welcher nach Einstellung der Zahlungen zu seiner Begünstigung und zum Nachtheile der Gesammtheit der Gläubiger einen besonderen Vertrag mit dem Gemeinschuldner eingeht, oder sich von demselben ꝛc. (wie oben).

Auch kann gegen denselben auf zeitige Untersagung der Ausübung der bürgerlichen Ehrenrechte erkannt werden.

Annahme einer Zahlungseinstellung nicht durch eine vorgängige Fallitерklärung bedingt; vgl. § 259 n. 16.

12. Ein besonderer Dolus, z. B. die Absicht Schaden zuzufügen, wird hier nicht verlangt; es soll die Nachlässigkeit bestraft werden: ThdCp. 4. p. 76; dagegen ist die Strafe fakultativ.

13. In der Nr. 1 beziehen sich die Worte: „dieses Gesetzes" auf das Einf.-Ges. z. D. HGB., dessen Art. 41 die Vorschrift des Art. 69 des Rh. HGB.s ersetzt hat; derselbe wiederholt die Strafandrohung des Art. XII.

14. Der cit. Art. 41 bezieht sich auf die gerichtliche Gütertrennung nicht mit; für ihre Publizirung hat das Gesetz anderweitig gesorgt: Cass. 9. sept. 1813 (Sir. 13. 1. 467).

15. Der Art. 479 des Rh. HGB.s ist durch § 260 Nr. 2 beseitigt; vgl. Art. II n. 38.

16. Für das Gebiet des Rh. AGH.s fehlt es an einer besonderen Strafbestimmung, welche, wie § 308 (340) der Konk.-Ordn. die Befriedigung eines Gläubigers zum Nachtheil der übrigen nach erfolgter Zahlungseinstellung untersagte; darüber, ob in einem solchen Falle dort § 259 Nr. 1 Platz greife, vgl. l. c. n. 41.

Art. XII §. 3.

17. Auch hier hat die neue Fassung eine wesentliche Aenderung des Inhalts

Nachtheil der übrigen Gläubiger einen besonderen Vertrag mit dem Gemeinschuldner oder dessen Erben eingeht, oder welcher sich von demselben oder anderen Personen besondere Vortheile dafür gewähren oder versprechen läßt, daß er bei der Berathung und Beschlußnahme der Gläubiger in einem gewissen Sinne stimme, wird mit Gefängniß bis zu Einem Jahre bestraft.

Auch kann gegen denselben zugleich auf zeitige Untersagung der Ausübung der bürgerlichen Ehrenrechte erkannt werden.

[Entw. StGB. § 238]. Vgl. Konk.-Ordn. v. 8. Mai 1855 § 309. 308. 340. 341. 100—103.

§ 4. Civilstandsbeamte werden mit Geldbuße bis zu

---

nicht herbeigeführt, sie hat die betr. Bestimmung nur in wörtliche Uebereinstimmung mit § 309 der Konk.-Ordn. v. 8. Mai 1855 gebracht.

18. Als Gläubiger ist auch derjenige anzusehen, welcher durch Giro Inhaber eines Wechsels geworden ist und die daraus entspringenden Rechte geltend macht, sollte er auch nach einer mit seinem Vordermanne getroffenen Verabredung selbst nicht Eigenthümer des Wechsels, sondern nur Mandatar jenes Vordermannes sein: ZII. 22. Jan. 63 c. Stampe (RdO. III, 231).

19. In Betreff der Prüfung der Kaufmannsqualität und der Zahlungseinstellung gilt das oben n. 11 Gesagte auch hier; vgl. Gilb. C. de comm. art. 597. 598 n. 8—11.

20. Der Ausdruck „besonderer Vertrag" ist nicht zu eng zu deuten; er umfaßt jedes Rechtsgeschäft, insbesondere auch eine sofort geleistete Zahlung, da sie im Verhältniß zu einem erst eine spätere Zahlung zusichernden Vertrage unzweifelhaft ein Mehr darstellt. In diesem Sinne hat auch die französische Rechtsprechung den im Art. 597 des franz. Gesetzes v. 28 Mai 1838 (der Quelle des obigen § 3) vorkommenden Ausdruck traité aufgefaßt; vgl. Rej. 24. déc. 57 (Sir. 58. 1. 175). Daß die Annahme von Waaren an Zahlungs-Statt unter § 309 der Konk.-Ordn. falle, nahm ein ZII. 22. Okt. 57 c. Saune (355) an. Vgl. übrigens Konk.-Ordn. § 100; 101 Nr. 2. 3.

21. Im Falle des zweiten Satzes des Abs. 1 wird nicht erfordert, daß das „Gewähren- oder Versprechenlassen" zum Nachtheil der übrigen Gläubiger geschehen sei: ZI. 27. Juni 62 c. Höpner (RdO. II, 500); ZII. 22. Jan. 63 (cit. n. 18). Die Strafe trifft daher auch denjenigen, welcher sich für seine Zustimmung zum Konkordate von einem Dritten eine besondere Sicherheit für die Erfüllung der ihm konkordatmäßig zustehenden Forderungen hat versprechen lassen.

22. Das „Versprechenlassen" der Vortheile für sich allein zieht die Strafe nach sich, sollte demnächst der Gläubiger auch nicht im verabredeten Sinne gestimmt haben.

23. Auch derjenige unterliegt der Strafe des §, welcher nach geschlossenem Konkordat, gegen welches er Einspruch erhoben, sich die Zurücknahme seiner ungünstigen Abstimmung abkaufen läßt: Rej. 4. fevr. 1843 (Sir. 43. 1. 661). Dasselbe dürfte dann gelten, wenn ein Gläubiger Vortheile dafür annimmt, daß er sich der Abstimmung zum Nachtheile der übrigen Gläubiger gänzlich enthält.

24. Ob im Falle des § 3 der Fallit, welcher den betr. Vertrag mit einzelnen Gläubigern geschlossen oder diesen besondere Vortheile gewährt hat, als Theilnehmer am Vergehen der letztern anzusehen sei, fällt der thatsächlichen Beurtheilung des Einzelfalls anheim; vgl. n 16; § 259 n. 41; Konk.-Ordn. § 308. 340.

25. Die in Zuwiderhandlung gegen § 3 abgeschlossenen Verträge sind nichtig arg: Rh. BGB. Art 1131; vgl. das franz. Ges. v. 28. Mai 1838 Art. 598.

26. Im Uebrigen ist das franz. Ges v. 28. Mai 1838 Art. 597 zu vergleichen.

Art. XII § 4.

27. Zwei StRG. v. 30. niv. — 4. pluv. XII und v. 28. Juni 1806 sprechen sich dahin aus, daß es zur Verfolgung eines Civilstands-Beamten wegen der bei

Einhundert Thalern oder mit Gefängniß bis zu sechs Monaten bestraft:

1) wenn sie ihre Urkunden anders als in die dazu bestimmten Register schreiben;
2) wenn sie die Heirathsurkunde einer schon verehelicht gewesenen Frau vor dem Ablaufe der in dem Artikel 228. des Civilgesetzbuchs festgesetzten Frist aufnehmen;
3) wenn sie in Fällen, in denen zur Gültigkeit der Ehe die Einwilligung der Eltern oder anderer Personen erforderlich ist, die Heirathsurkunde aufnehmen, ohne sich vorher von dem Dasein dieser Einwilligung überzeugt zu haben.

Die Anwendbarkeit der Bestimmungen in Nr. 2. und 3. ist nicht dadurch bedingt, daß die Gültigkeit der Ehe angefochten wird.

[Entw. StGB. § 125]. Vgl. (Rh. StGB. Art. 192—195); Ges. v. 13. März 1854 § 3 (GS. s. 123); Disc.-Ges. v. 21. Juli 1852 § 98.
Zu Nr. 1. Rh. BGB. Art. 40. 52; (Rh.) Ges. v. 20—25. Sept. 1792 Tit. 2 Art. 5.
Zu Nr. 3. Rh. BGB. Art. 73. 75. 148. 149. 150. 156. 182.

---

seiner Amtsführung begangenen Gesetzwidrigkeiten, der vorgängigen Autorisation des Staatsraths, welche Art. 75 der Verfassung vom 22. frim. VIII zum Behufe der Verfolgung der agents du gouvernement wegen der auf ihr Amt bezüglichen Handlungen erheischte, — nicht bedürfe. Dagegen erklärte ein ferneres StRG. v. 31. Juli 1806 es für zweckmäßig, den Justiz-Minister zu ermächtigen, daß er das öffentliche Ministerium mit Anweisung versehe, wonach jedes beabsichtigte Einschreiten dem Minister angezeigt werden solle, damit dieser die Verfolgung wegen minder schwerer Vernachlässigungen verhindern könne. Diese Anweisung erfolgte durch ein Ministerial-Cirkular v. 10. Sept. 1806, mit welchem ein älteres v. 22. brum. XIV (Philippi Civilstands-Gesetze s. 134 und 136; 2. Ausg. s. 138 und 140) zu vergleichen ist. Die Ertheilung der Ermächtigung zur Verfolgung ist durch die Ministerialverfügungen v. 13. Mai und 10. Juni 1836 (RS. V, 373 u. 392) dem General-Prokurator zu Köln übertragen worden. Vgl. Ges. v. 13. Febr. 1854 § 7 Nr. 3 (GS. s. 86).

28. Die im Rh. BGB. gegen Civilstands-Beamte angedrohten Strafen werden im Wege des gewöhnlichen Civilprozesses von den Civil-Gerichten ausgesprochen: StRG. v. 30. niv. — 4. pluv. XII; Minist.-Cirk. v. 22. brum. XIV; das wurde aber auf die anderweitig, und namentlich auf die im Rh. StGB. angedrohten Strafen nicht ausgedehnt; vgl. Philippi Civilstandsges. z. Art. 50 des BGB. Note 2. Um so weniger kann es zweifelhaft sein, daß die Verhängung der hier im Art. XII § 4 angedrohten Strafen den ZPGerichten zustehe; vgl. Disc.-Ges. v. 21. Juli 1852 § 98.

29. Das Gesetz will hier die Nachlässigkeit bestraft wissen; der Feststellung eines Dolus bedarf es daher nicht: ThdCp. II, 203.

30. Der Strafe unterliegen nur die Civilstands-Beamten selbst, nicht ihre Gehülfen oder Sekretäre, jene tragen für diese die Verantwortlichkeit mit: ThdCp. l. c.; vgl. StRG. v. 2. Juli 1807.

31. Durch die Bestimmungen der Art. 192 bis 195 des Rh. StGB. sind die Strafbestimmungen, welche das BGB. gegen Civilstands-Beamte wegen anderweitiger Gesetzwidrigkeiten bei Führung der betreffenden Register androht, nicht aufgehoben: ThdCp. II, 205. Dasselbe gilt unbedenklich auch rücksichtlich des Art. XII § 4.

32. Die Vorschrift der Nr. 3 sieht, ebenso wie der Art. 193 des früheren Rh. StBG. nicht denselben Fall wie die Art. 156 und 157 des BGB. vor, hat daher

Art. XII. Im Bezirke des Rheinischen Appellationsgerichtshofes kommen folgende Bestimmungen zur Anwendung.

§. 5. Geistliche und andere Religionsdiener, welche zu den religiösen Feierlichkeiten einer Heirath schreiten, ohne daß ihnen nachgewiesen ist, daß vorher eine Heirathsurkunde von dem Civilstandsbeamten aufgenommen worden sei, werden mit Geldbuße bis zu Einhundert Thalern, im zweiten Rückfalle mit Gefängniß bis zu drei Monaten bestraft.

[Entw. StGB. § 126]. Vgl. (Rh. StGB. Art. 199. 200); Rh. BGB. Art. 165.

§. 6. Wer einer Entbindung beigewohnt oder ein neugeborenes Kind gefunden hat, und die ihm durch die Civilgesetze auferlegte Anmeldung nicht innerhalb der in denselben vorgeschriebenen Frist bewirkt, wird mit Geldbuße bis zu Einhundert Thalern oder Gefängniß bis zu sechs Monaten bestraft.

[Entw. Art. VIII § 3; Entw. z. StGB. § 127]. Vgl. (Rh. StGB. Art. 346. 347); Rh. BGB. Art. 55. 56. 58; Bergische Gen.-Gouv.-Vdn. v. 17. Febr. 1814 § 1; Rh. Vdn. v. 9. Nov. 1843 (G.S. s. 348; RS. VIII, 194).

---

diese auch keineswegs beseitigt. Die letztern bedrohen den Mangel der Erwähnung der erforderlichen Einwilligungen mit Strafe, während der Art. 193 des Rh. StBG. (und Art. XII § 4 Nr. 3) dem Beamten zur Pflicht macht, sich vom wirklichen Vorhandensein dieser Einwilligungen zu überzeugen.

33. Die Strafe des § 4 trifft nicht zu, wenn die Einwilligung ertheilt ist und der Civilstands-Beamte es nur versäumt hat, sich den vorschriftsmäßigen authentischen Akt über die erfolgte Einwilligung (BGB. Art. 75) vorlegen zu lassen.

34. Ueber die Statthaftigkeit einer Dispensation von dem Verbote des Art. 228 des BGB. vgl. GGVdn. f. N.- u. Mitt.-Rh. v. 14. Okt. 1814 Abschn. IV § 1—3; AKO. v. 18. Mai u. 23. Juni 1817; Erl. d. Imm.-Just.-Komm. v. 6. Juni 1817; JMVerf. v. 12. Aug. 1833 (RS. I, 185. 463; III, 665).

35. Die Vorschrift des Art. XII § 4 Nr. 3 ist nur da anwendbar, wo ein Mann vor zurückgelegtem fünf und zwanzigsten, ein Frauenzimmer vor zurückgelegtem ein und zwanzigsten Jahre zur Ehe schreitet, weil später die Einwilligung der Eltern oder anderer Personen zur „Gültigkeit der Ehe" nicht erfordert wird; vgl. BGB. Art. 148. 151; ThdCp. II, 204.

36. Die im § 4 vorgesehenen Handlungen sind Vergehen, und verjähren nach § 46 des StGB. in fünf Jahren, während die im Rh. BGB. mit Strafe bedrohten Dienstwidrigkeiten der Civilstands-Beamten nur der dreißigjährigen Verjährung unterliegen: Gilb. C. civ. art. 50. n. 5.

Art. XII § 5.

37. In Beziehung auf die Strafbarkeit einer solchen priesterlichen Trauung ist es gleichgültig, ob die Brautleute Preußische oder Unterthanen eines anderen Staates sind: Z. KH. 13. März 44 c. Meier (RA. 37, 2A. s. 59).

38. Die Strafe fällt weg, wenn die Heirathsurkunde vorher wirklich durch den Civilstands-Beamten aufgenommen war, sollte der betreffende Nachweis dem Geistlichen 2c. auch nicht geführt gewesen sein: ThdCp. II, 214.

Art. XII § 6.

39. Auch hier wird die bloße Verabsäumung bestraft, eines Dolus bedarf es nicht: ThdCp. III, 257.

40. Der Art. 56 des BGB. legt die Pflicht der Anzeige zunächst dem Vater, und in Ermangelung des Vaters (à défaut du père) denjenigen Personen auf, welche der Entbindung beigewohnt haben; in Betreff des Vaters ist daher jene Pflicht nicht dadurch bedingt, daß er der Entbindung beigewohnt habe; gleichwohl kann ihn die Strafe des Art. XII § 6 dann nicht treffen, wenn er nicht bei der Entbindung zugegen war; vgl. n. 42; Gilb C. pén. art. 346 n. 4.

Zweiter Abschnitt.

Bestimmungen über die Kompetenz und das Verfahren in Strafsachen.

Art. XIII. In den Landestheilen, in welchen die Verordnung über die Einführung des mündlichen und öffentlichen Verfahrens vom 3. Januar 1849 Gesetzeskraft hat, erfolgt die Untersuchung und Entscheidung:

---

41. Die Worte „in Ermangelung des Vaters" à défaut du père) im Art. 56 cit. sind dahin aufzufassen: wenn kein Vater da ist, welcher in der Lage ist, die Anzeige zu machen; ist daher der Vater zur Zeit der Niederkunft, und während der folgenden drei Tage abwesend, so tritt die eventuelle Anzeigeverpflichtung der Personen ein, welche der Geburt beigewohnt haben; war der Vater zur Zeit der Geburt abwesend, kehrt er aber vor Ablauf der drei Tage zurück, so ist es Gegenstand der thatsächlichen Beurtheilung, ob er noch in der Lage war, die Anzeige zu machen; die eventuell verpflichteten Personen haben in diesem Falle die Verbindlichkeit, sich zu vergewissern, ob die Rückkehr des Vaters so zeitig erfolgt, daß er im Stande sei, die Anzeige zu machen; unterlassen sie dieses, und ergiebt sich später, daß der Vater nicht anzeigen konnte, so sind sie straffällig, wenn sie die Anzeige verabsäumen.

42. Aus dem unter n. 40 und 41 Gesagten folgt, daß leicht der Fall eintreten kann, wo die Verabsäumung der Anzeigepflicht straflos bleibt, wenn nämlich der Vater an seinem Wohnorte anwesend ist, der Geburt aber nicht beigewohnt hat.

43. In Ermangelung des Vaters haben alle Personen, welche der Geburt beigewohnt haben, die Pflicht, dieselbe anzuzeigen; wenn aber einer von ihnen dieser Pflicht genügt, so sind alle von der Verantwortlichkeit entbunden: ThdCp. III, 258.

44. Dagegen macht die Bestrafung des einen die übrigen nicht straflos: ThdCp. l. c.

45. Erfolgt die Niederkunft außerhalb der Wohnung der Mutter, so liegt die Pflicht der Anzeige nach Art. 56 cit. derjenigen Person ob, bei welcher die Niederkunft stattfand; hieraus hat der franz. KH gefolgert, daß dann die Personen, welche der Geburt beigewohnt haben, jene Verbindlichkeit nicht haben; vgl Gilb. C. pén. art. 346 n. 2; id. C. civ. art. 56 n. 1; *contra*: ThdCp. l. c.

46. Die Person, bei welcher die Geburt erfolgt ist, unterliegt der Strafe der Verabsäumung der Anzeigepflicht nur dann, wenn sie der Niederkunft beigewohnt hat: ThdCp. l. c.; vgl. n. 40. 42.

47. Das BGB. Art. 58 enthält keine Fristbestimmung, binnen welcher ein gefundenes neugebornes Kind angemeldet werden muß; der Art. 347 des Rh. StGB. besagte daher auch von einer Frist Nichts. Man wird jetzt nach den Umständen zu prüfen haben, wann die Pflicht, welche Art. 58 auferlegt, als verabsäumt zu betrachten sei, und jedenfalls eine kurze Frist gewähren, wenn gleich die des Art. 55 nicht unbedingt maaßgebend sein kann.

48. Was ein neugebornes Kind sei, ist eine thatsächliche Frage; vgl. KBII. s. 84.

49. Auch die Geburt eines todtgeborenen Kindes muß angezeigt werden: Gilb. C. pén. art. 346 n. 7.

50. Die Mutter selbst ist zur Anzeige nie verpflichtet: Gilb. l. c. n. 5.

51. Der Anzeigende kann nicht dazu angehalten werden, den Namen der Mutter zu nennen: Gilb. l. c. n. 1.

Art. XIII.

1. Durch die Art. XIII und XIV und durch das Ges. vom 3. Mai 1852 Art. 120 ist für die Verfolgung strafbarer Handlungen die ausschließliche Kompetenz der Gerichte begründet. Alle älteren Vorschriften, nach welchen Verwaltungsbehörden zur Verhängung von Polizeistrafen berufen waren, sind beseitigt. Für

in Ansehung der Uebertretungen:
durch Einzelrichter;
in Ansehung der Vergehen:
durch Gerichtsabtheilungen, welche aus drei Mitgliedern bestehen;
in Ansehung der Verbrechen:
durch die Schwurgerichtshöfe.

[Entw. Art IX]. Vgl. Art. XIV. XV. XX—XXII; Ges. v. 6. März 1854 (GS. s. 96); Vdn. v. 4. Jan 1849 § 27. 38 (161); Ges. v. 3. Mai 1852 Art. 120; Ges. v 25. April 1853 (GS. s. 162).

Gesetz vom 22. Mai 1852 (GS. s. 250).

Art. I. Bis zum Erlass anderweiter gesetzlicher Bestimmungen findet folgende Ausnahme von den Vorschriften Art. XIII. des Gesetzes vom 14. April 1851 über die Einführung des Strafgesetzbuchs Statt:

§. 1. Die Untersuchung und Entscheidung wegen nachbenannter Verbrechen:

1) des schweren Diebstahls (Strafgesetzbuch § 218.), insofern nicht der § 58. und § 219. a. a. O. zur Anwendung kommt;
2) des einfachen Diebstahls im Falle des § 219. a. a. O.;
3) der Hehlerei in den Fällen der §§ 238. und 239. a. a. O.;
4) der einfachen Hehlerei im Falle des § 240. a. a. O.

erfolgt durch die Gerichtsabtheilungen.

Uebertretungen ist nur noch der Polizeirichter zuständig. Das gilt jetzt auch von den Zuwiderhandlungen gegen die Vdn. v. 24. Febr. 1834 Nr. 10, betr. die Gestellung von Mobilmachungspferden: VII. 16. Febr. 60 c. v. Spiegel (JMbl. s. 240); ebenso von den Zuwiderhandlungen gegen § 34 des Ges. v. 8. Mai 1837, das Feuerversicherungswesen betr.; nicht minder von den Schulversäumnissen der Kinder (sie sind als Uebertretungen der Aeltern anzusehen: AKO. v. 14. Mai 1825; AKO. v. 20. Juni 1835): Erk. KGH. 14. März 63 u v. 10. Dez. 64 (JMbl. 63. s. 128; 65. s. 54). Vgl. RdO. II, 322 Note; Oppenhoff Ressortges. s. 146 u. 396 ff. — Dagegen stellte das im Regl. v. 24. Juni 1844 § 13. 14 (GS. s. 257) angeordnete Verfahren gegen fahrlässige Rheinlootsen eine Disciplinarmaaßregel dar und ist ebenso wie das Disciplinarverfahren gegen Medizinalpersonen und Feldmesser (MVerf. v. 6. Juni 1833, Jbb. 41 s. 573; id. v. 27. Febr. 1850; Regl. v. 1. Dez. 1857 § 3 4, GS. 58. s. 234) in Kraft geblieben.

2. Ueber das Recht der Polizeiverwaltungen zu vorläufigen Straffestsetzungen vgl. Ges. v. 14. Mai 1852 (GS. s. 245). Ueber das administrative Strafverfahren bei Zuwiderhandlungen gegen Fiskalgesetze vgl. Ges. v. 3. Mai 1852 Art. 136 ff.

3. Auch das in einzelnen Gesetzen gestattete Submissionsverfahren ist nicht beseitigt; vgl. KBI. zum Ges. v. 14. Mai 1852 s. 11; JMVerf. v. 3. Mai 1850 Nr. I 2 b. u. f. (JMbl. s. 171); MVerf. v. 13. Dez. 1859 (VMbl. s. 336); *contra*: Verf. d. Min. d. Hand. u. d. Inn. v. 29. Jan. 1858 (VMbl. s. 60). Demgemäß ist das für Chaussee-Polizei-Uebertretungen durch das Regul. v. 7. Juni 1844 § 2—4 eingeführte Submissionsverfahren auch jetzt noch maaßgebend und bis zu seiner Erledigung jede gerichtliche Verfolgung unstatthaft: ZII.

§. 2. Hinsichtlich des Verfahrens kommen die für Vergehen bestehenden Vorschriften zur Anwendung.

§. 3. Andere als die im § 1. benannten Verbrechen können auch auf Grund der Konnexität nicht vor die Gerichtsabtheilungen gebracht werden.

§. 4. Die §§ 1. und 2. finden auf alle Fälle Anwendung, in denen zu der Zeit, wo dieses Gesetz in Kraft tritt, die definitive Versetzung des Angeschuldigten in den Anklagestand noch nicht erfolgt ist.

Art. IV. In Ansehung aller Verbrechen und Vergehen solcher Personen, welche zur Zeit der That das sechszehnte Lebensjahr noch nicht vollendet hatten, erfolgt die Untersuchung und Entscheidung durch die Gerichtsabtheilungen, beziehungsweise die Zuchtpolizeikammern, sofern nicht wegen Konnexität die Verweisung vor den Schwurgerichtshof auszusprechen ist.

Gesetz vom 14. April 1856 (GS. f. 208).

Art. I. Die Bestimmungen über die Kompetenz der Gerichte im Artikel XIII. des Gesetzes vom 14. April 1851 über die Einführung des Straf-Gesetzbuchs werden dahin abgeändert:

§. 1. Die Untersuchung und Entscheidung in Ansehung der nachbenannten Vergehen erfolgt durch Einzelrichter:

1) des unbefugten Tragens einer Uniform, einer Amtskleidung, eines Amtszeichens, eines Ordens oder Ehrenzeichens, der unbefugten Annahme von Titeln, Würden oder Adels-Prädikaten und der Führung eines dem Angeschuldigten nicht zukommenden Namens (§ 105. des Straf-Gesetzbuchs);

---

25. Okt. 55 c Emmerich; Zll. 5. Jan. 60 c. Spittmann (RA. 51, 2A. f. 35; 55. 2A. f. 70). Dasselbe gilt auch von dem für Rheinschifffahrts-Kontraventionen durch die Rh-Schiff.-Ordn v 31. März 1831 §. 81a (GS. f. 120) und durch die Vdn. v. 30. Juni 1834 § 57 (GS. f. 145) angeordneten Verfahren. Vgl. RdO. II, 322 Note; Strafverfahren Art. 120 n. 6.

4. Durch das unter n. 1 Gesagte wird das Recht der Verwaltungsbehörden zur Ergreifung von Exekutionsmaaßregeln nicht berührt; vgl. Art. XIV n. 2.

5. Die Vorschriften der Artt. XIII. XIV. über die Kompetenz der verschiedenen Gerichte sind allgemein wirksam; alle früheren Kompetenzbestimmungen sind dadurch beseitigt, insoweit sie nicht durch Art. XX aufrecht erhalten worden sind: V. KH: (Int. d. Ges.) 28. Jan. 52 c. Müller (R. 47, 2A. f. 3).

6. Das gilt namentlich auch in Beziehung auf alle Zuwiderhandlungen gegen die Vorschriften über die Erhebung von Abgaben und Gefällen. Insoweit dieselben sich daher als Uebertretungen darstellen (vgl. Art. VIII n. 2), ist für sie die polizeirichterliche Kompetenz begründet; das Gegentheil ist nicht aus dem die unbedingte Gestattung der Appellation aussprechenden Art. 142 des Ges. v. 3. Mai 1852

2) der Landstreicherei, der Bettelei und der Arbeitsscheu (§§ 117. bis 119. a. a. O.);
3) der gewerbsmässigen Unzucht (§ 146. a. a. O.);
4) der Fischerei- und einfachen Jagdvergehen (§§ 273. 274. und 275. a. a. O.);
5) der Zuwiderhandlung gegen die durch Stellung unter Polizei-Aufsicht auferlegten Beschränkungen (§ 116. a. a. O.);
6) der in dem § 254. des Straf-Gesetzbuchs bezeichneten Urkundenfälschungen.

§. 2. Für das Verfahren in den Fällen des § 1. kommen die Bestimmungen in den §§ 28—35. und 37. der Verordnung vom 3. Januar 1849 (Ges.-Samml. f. 14) zur Anwendung.

Falls ein Angeschuldigter oder Zeuge der Deutschen Sprache nicht mächtig ist, bedarf es der Zuziehung eines Dolmetschers nicht, wenn der Richter oder der Gerichtsschreiber der fremden Sprache mächtig ist. (Art. 27. Absatz 2. des Gesetzes vom 3. Mai 1852.)

In Ansehung der Rechtsmittel gelten die für Vergehen bestehenden Vorschriften.

§. 3. Wenn sich in den Fällen der §§. 41. 42. und 43. der Feldpolizei-Ordnung vom 1. November 1847 oder des § 349. Nr. 3. des Straf-Gesetzbuchs nach Eröffnung der Untersuchung ergiebt, dass die Sachen, deren Wegnahme in diesen Gesetzen unter Strafe gestellt ist, in gewinnsüchtiger Absicht entwendet worden sind, so soll der Einzelrichter befugt sein, auf die Strafe des Diebstahls unter Anwendung der §§ 216. und 217. des Straf-Gesetzbuchs zu erkennen, insofern mildernde Umstände vorliegen und die von der Staats-Anwaltschaft beantragte und von dem Richter für angemessen erachtete Strafe nur in Gefängniss von höchstens drei Monaten besteht.

In Ansehung der Rechtsmittel gelten die für Vergehen bestehenden Vorschriften.

---

zu folgern: Bl. 9. März 53 c. Dumpich (JMbl. f. 209); Zl. 8. Nov. 61 c. Skoniecki (RdO. II, 44).

7. Die Grundsätze der Artt. XIII. XIV sind durch das Ges. v. 25. April 1853, betr. die Kompetenz des Kammergerichts zur Untersuchung ꝛc. wegen Staatsverbrechen wesentlich modifizirt.

8. Dagegen regelt sich jetzt die Kompetenz bei sonstigen politischen und Preßvergehen lediglich nach den Vorschriften der Artt. XIII. XIV.: Ges. vom 16. März 1854 (siehe bei Art. XIX).

Art. II. Das Gesetz über das Verfahren in Wald-, Feld- oder Jagd-Frevelsachen bei Civil-Einreden vom 31. Januar 1845 (Ges.-Samml. S. 95) kommt fortan für den ganzen Umfang der Monarchie zur Anwendung.

---

9. Die Entscheidung über ein **Verbrechen** steht auch dann dem Schwurgerichtshofe zu, wenn die zu verhängende Strafe voraussichtlich wegen obwaltender **mildernder Umstände** oder wegen **Reizes** (§ 177) nur in Gefängnißstrafe rc. bestehen wird, da diese strafmildernden Momente nur von dem zuständigen Richter der Thatfrage, also nur von den Geschworenen festgestellt werden können (vgl. Art. XXIV): B. (Komp.-Konfl.) II. 9. Febr. 54 c. Boddenberg (Rh. S.): Gilb. C. pén. art. 326 n. 1. Vgl. § 1 n. 4. Dieses erleidet für das Rheinische Verfahren bei einfachen Diebstählen und einfacher Hehlerei für den Fall obwaltender mildernder Umstände nach dem Ges. v. 4. Mai 1853 (GS. S. 176) eine Ausnahme; siehe unten S. 26. Vgl. § 1 n. 3.

10. Dagegen sind alle Verbrechen **strafunmündiger** Personen in Beziehung auf Kompetenz und Verfahren als Vergehen zu behandeln; das gilt namentlich auch von der Voruntersuchung: Beschl. II. 9. März 54 c. Degener. Anders verhält es sich mit der Verjährung; vgl. § 1 n. 4; § 43 n. 8.

11. Eine **Mehrheit** von **realiter** konkurrirenden **Uebertretungen** gehört auch dann zur Kompetenz des Pol.-Richters, wenn die zu kumulirenden Strafen das Maaß des § 1 Abs. 3 StGB. überschreiten: BII. 1. Febr. 55 c. Cahn (RA. 50, 2A. S. 77; GA. III, 411); BI. 28. Sept. 59 c. Lewin (GA. VII, 805); ZI. 19. Juli 65 c. Dehn (RdO. VI, 269). Vgl. Art. VIII n. 4; Art. XIV n. 8.

12. Mit der Kompetenz der berufenen Gerichte werden auch alle das **Verfahren** vor denselben regelnden Vorschriften auf die betr. Straffälle anwendbar, insoweit nicht **spezielle** gesetzliche Bestimmungen hierbei eine Abweichung rechtfertigen; vgl. Art. XIV n. 6.

13. Auch die **Begünstigung** eines der im § 1 Art. I des Ges. v. 14. April 1856 erwähnten Vergehen gehört jetzt zur Kompetenz des Polizeirichters.

14. Die Verjährung der im § 1 Art. I des Ges. v. 14. April 1856 erwähnten Vergehen richtet sich nach § 46 des StGB.

15. In Betreff des **Verfahrens** in den Fällen des § 1 Art. I l. c. kommen nur die im § 2 angeführten Gesetzesstellen zur Anwendung; andere auf das Verfahren in Uebertretungssachen bezügliche Vorschriften, z. B. Art. 121 des Ges. v. 3. Mai 1852 (betr. die Zusammenfassung mehrerer nicht konnexer Anklagen gegen verschiedene Angeklagte in demselben Verfahren) bleiben daher ausgeschlossen: Beschl. II. v. 11. Juli 1861 c. Linnenbürger (RdO. II, 512).

16. Die Vorschrift des § 3 Art. I ibid. dürfte jetzt auf den Fall des § 349 Nr. 7 auszudehnen sein. Im Uebrigen hat mit Rücksicht auf diese Vorschrift eine IMVerf. v. 24. April 1854 es für zweckmäßig erachtet, in allen Fällen, wo die Verhängung der Diebstahlsstrafe durch die ausdrückliche Feststellung der gewinnsüchtigen Absicht bedingt ist, die Anklage beim Polizei-Richter zu erheben, und es ihm zu überlassen, ob er wirklichen Diebstahl annehmen wolle oder nicht. Es darf dann aber der PAnw. die Anklage nicht auf einen in gewinnsüchtiger Absicht verübten Diebstahl richten, weil sonst der Polizei-Richter, sobald er die Gewinnsucht für erwiesen erachtet, sich nothwendig inkompetent erklären müßte; vgl. Strafverf. Art. 7 n. 10.

17. Ueber die büreaumäßige Behandlung der im § 1 Art. I den Polizei-Richtern überwiesenen Untersuchungen wegen Vergehen vgl. IMVerf. v. 27. Sept. 1856 (IMbl. S. 283).

18. Für die **vor der Einführung des** StGB. verübten Strafthaten richtet sich die Kompetenz nach den zur Zeit der Begehung geltenden Bestimmungen; so: IMVerf. v. 1. Juli 1851 (IMbl. S. 238); B. 24. März 52 c. Höpfner, u. ö.; *contra:* TGA. S. 40 Note 2. Dagegen sind für das Verfahren, z. B. in Betreff der Statthaftigkeit der Rechtsmittel, die jetzt geltenden Gesetze maaßgebend: ZI. 19. Sept. 54 c. Marcull.

19. Für die im Wege des **Civilprozesses** verfolgten Ehrverletzungen und

Art. XIV. Im Bezirke des Rheinischen Appellationsgerichtshofes erfolgt die Untersuchung und Entscheidung:

in Ansehung der Uebertretungen:

durch die Polizeigerichte;

in Ansehung der Vergehen:

durch die Zuchtpolizei-Kammern der Landgerichte;

in Ansehung der Verbrechen:

durch die Schwurgerichtshöfe.

[Entw Art. X]. Vgl. Art. XIII. XV. XX—XXII; Ges. v. 6. März 1854 (GS. s. 96).

Mißhandlungen ist die Kompetenz durch das Ges. v. 22. Mai 1852 Art. II (unten s. 29) geregelt.

20. In Betreff des Ges. v. 31. Jan. 1845, vgl. § 273 n. 13; § 274 n. 32 und die Bemerkungen: Strafverf. § 22 n. 77—82. — Dieses Gesetz dürfte auf den Fall zu beschränken sein, wo ein dingliches (Immobiliar-) Recht zur Vornahme der Handlung geltend gemacht wird, da die frühere Rheinische Gesetzgebung den Grundsatz nur für diese Art von Rechten anerkannte und das nur für das Gebiet jenes Rechts erlassene Ges. v. 31. Jan. 1845 die betr. Befugniß nicht ausdehnen, sondern in Beziehung auf dieselbe nur das Verfahren regeln wollte; *contra*: ZI. 6. Juli 59 c. Makullik (ind.); BI. 15. Juli 63 c. Timm (RdO. IV, 9). Jedenfalls gehört eine vergönnungsweise vom Berechtigten ertheilte Erlaubniß nicht hierher; einen solchen Einwand hat der Strafrichter selbst zu prüfen: ZII. 18. Okt. 66 c. Wessel (RdO. VII, 556).

Art. XIV.

1. Es sind hier sämmtliche Bemerkungen zu Art. XIII zu vergleichen. Das dort Gesagte findet hier entsprechende Anwendung.

2. Auch im Bezirke des Rh. AGHofes ist die früher begründete administrative Polizeistrafgewalt gänzlich beseitigt; nur die Gerichte sind für die Verhängung von Strafen zuständig. — Das gilt daher auch von den Strafverhängungen gegen den den Gesindedienst ohne gesetzmäßige Ursache verlassenden Dienstboten (Rh. Ges.-Ordn. v. 19. Aug. 1844 § 42. 50; Ges. v. 24. April 1854 § 1): BII. 27. März 62 c. Stipp (RdO. II, 322). Vergl. Art. XIII n. 1. 2. Dagegen ist die Androhung und Festsetzung einer Geldbuße gegen das den Dienstantritt ohne rechtmäßigen Grund verweigernde Gesinde (Rh. Ges.-Ordn. v. 19. Aug. 1844 § 16) als Exekutionsmaaßregel der Verwaltungsbehörden verblieben: ZII. 27. März 62 c. Lehmann (RdO. IV, 326).

3. Umgekehrt ist auch hier das die richterliche Zuständigkeit nicht ausschließende administrative Strafverfahren wegen Zuwiderhandlungen gegen die die Erhebung von Abgaben und Gefällen betreffenden Gesetze nicht beseitigt: arg. Ges. v. 3 Mai 1852 Art. 135ff.; Postges. v. 5. Juni 1852 § 43; Ges. v. 25. Mai 1857 § 43 (GS. s. 517). Vgl. Art. XIII n. 1. 2; RdO. II, 322 Note; Oppenhoff Ressortges. s. 146 n. 396 ff.

4. Für die Kompetenz der Pol.-Richter ist nur die Natur der strafbaren Handlungen, d. h. also die Höhe der verwirkten Strafen maaßgebend, nicht die Höhe des etwa geforderten Schadensersatzes; als solcher ist auch die beantragte Unterdrückung eines polizeiwidrig errichteten Baues rc. anzusehen; sie schließt daher die polizeirichterliche Kompetenz nicht aus: ZII. 6. April 54 c. Haas; Cass. 27. juill. 27 (Sir. 27. 1. 502).

5. Richtet sich dagegen die Höhe der Strafe nach der Höhe des Schadensersatzes (wie bei mehreren nach dem Rur.-Ges. v. 28. Sept. — 6. Okt. 1791 zu ahndenden Freveln), so ist das ZPGericht oder das Pol.-Gericht zuständig, je nachdem im Einzelfalle die verwirkte Strafe 50 Thlr. übersteigt oder nicht; vgl. Art. VIII n. 3. In einem solchen Falle muß der verfolgende StAnw. (Civil-Partei, zur Begründung der Zuständigkeit in der Vorladung eine Schätzung des Schadens vornehmen, vorbehaltlich der demnächstigen Feststellung und eventuellen Inkompetenzerklärung durch das befaßte Gericht: Rej. 24. brum. VIII (SN. 1. 1. 273); *contra*:

Gesetz vom 22. Mai 1852 (GS. f. 250).

Art. IV. (siehe oben bei Art. XIII: f. 22).

Gesetz vom 4. Mai 1853 (GS. f. 176).

Im Bezirke des Rheinischen Appellationsgerichtshofes zu Köln ist das Hauptverfahren wegen einfachen Diebstahls und einfacher Hehlerei im wiederholten Rückfalle (§ 219 Nr. 1. und § 240. Nr. 1. des Straf-Gesetzbuchs), sofern mildernde Umstände vorhanden sind, durch den Anklagesenat an das Zuchtpolizeigericht zu verweisen, welches sich blos aus dem Grunde, dass keine mildernde Umstände vorhanden seien, nicht inkompetent erklären darf.

Es tritt alsdann Gefängnissstrafe nicht unter sechs Monate ein und ist zugleich auf zeitige Untersagung der Ausübung der bürgerlichen Ehrenrechte, sowie auf Stellung unter Polizei-Aufsicht zu erkennen.

Cass. 4 brum. XIII; id. ((int. de la loi) 4. avr. 1823 (SN. 2. 1. 12; 7. 1. 219), welche überall nur die zuchtpolizeiliche Kompetenz für begründet erachteten.

6. Mit Rücksicht auf das zu Art. XIII n. 12 Gesagte werden jetzt für alle durch Spezialgesetze geregelte Straffälle, welche nach Art. VIII Abs. 3 als Uebertretungen anzusehen sind, mit der Kompetenz der Polizeigerichte auch alle das Verfahren vor diesen regelnden Vorschriften wirksam. Insbesondere ist bei denselben in Betreff der Statthaftigkeit der Berufung nur Art. 172 der Rh. StPO. maaßgebend; die davon abweichende Vorschrift der Vdn. v. 7. Juni 1821 § 4. 8. und 11 (vgl. Art. XX n. 11; Gen.-Register z. Rh. Archiv s. v. Forstfrevel n. 16 und s. v. Jagd n. 23) kann in Betreff der jetzt sich als Uebertretungen charakterisirenden Fälle nicht mehr gelten, weil sie darauf beruhte, daß jene Fälle nach den allgemeinen Grundsätzen der Rh. StPO. zur Kompetenz der Zuchtpolizeigerichte gehörten, was jetzt weggefallen ist. Sic: ZII. 27. Okt. 53 c. Thyssen (RA. 49, 2A. f. 54); ZII. 5. Jan. 60 c. Theiß; VII. 26. Nov. 63 c. Michels (RdO. IV, 216).

7. Dagegen sind besondere das Verfahren für gewisse Sachen in abweichender Weise regelnde Vorschriften in Kraft verblieben. Das gilt z. B. von den betr. Bestimmungen der Creuznacher Forst-Vdn. v. 30. Juli 1814 Nr. 118 fg. (RS. I, 264). Es sind daher namentlich die die Berufung betreffenden Bestimmungen jener Vdn. (Nr. 122 ff.) auch jetzt noch maaßgebend: VII. 29. März 55 c. Klein; VII. 4. April 61 c. Zender (ind.).

8. Wird eine Mehrheit realiter konkurrirender Uebertretungen in demselben Verfahren vor dem Pol.-Richter verfolgt, so richtet sich die Statthaftigkeit der Berufung nach der für jeden Einzelfall verhängten Strafe: ZII. 7. Jan. 64 c. Gleß (RdO. IV, 274); vgl. Art. XIII n. 11.

9. Im Uebrigen ist rücksichtlich der Berufbarkeit polizeirichterlicher Urtheile das Ges. v. 22. Mai 1852 Art. VI zu vergleichen.

10. Im Ges. v. 4. Mai 1853 umfaßt der Ausdruck „einfacher Diebstahl" auch die Fälle des § 217, da auch § 219 nicht zwischen den Fällen dieses § und denen des § 215 unterscheidet: VII. 5. Febr. 57 c. Später.

11. Da die Zuchtpolizei-Kammer unter keiner Bedingung die ordentliche Strafe des § 219 Nr. 1 und des § 240 Nr. 1 (Zuchthaus) verhängen darf, so folgt aus der Bestimmung des Ges. v. 4. Mai 1853, daß jene Kammer durch das Urtheil des Anklage-Senats dahin gebunden ist, daß sie immer nur die mildere Strafe verhängen kann, sollte sie auch das Vorhandensein der dieselbe an sich rechtfertigenden mildernden Umstände nicht annehmen: ZII. 18. März 58 c. Siebertz (ind.); ZII. 12. Juli 60 c. Grabler (275).

Art. XV. Die Gerichtsabtheilungen, welche aus drei Mitgliedern bestehen, sowie die Zuchtpolizei-Kammern der Landgerichte bleiben zur Untersuchung und Entscheidung in Ansehung der Vergehen auch dann kompetent, wenn wegen Rückfalls auf eine höhere als fünfjährige Gefängnißstrafe oder Einschließung erkannt werden kann.

Vgl. Art. XIII. XIV; StGB. § 1. 58.

Art. XVI. Wenn wegen Ehrverletzung und leichter Mißhandlung in den Fällen der §§ 102. 103. 152. bis 156. und 189. die Staatsanwaltschaft einschreitet, so erfolgt die Entscheidung im Untersuchungsverfahren.

Schreitet die Staatsanwaltschaft nicht ein, so bleibt in den Landestheilen, in welchen die Verordnung über die Einführung des mündlichen und öffentlichen Verfahrens vom 3. Januar 1849 Gesetzeskraft hat, dem Verletzten die Verfolgung im Wege des Civilprozesses nach den bestehenden Vorschriften unbenommen. Die einfache Beleidigung (§ 343.) kann nur im Wege des Civilprozesses verfolgt werden.

Im Bezirke des Rheinischen Appellationsgerichtshofes wird an der Befugniß des Verletzten, als Civilpartei aufzutreten, nichts geändert.

[Entw. Art. XI]. Vgl. Art. XVII. XVIII; Vdn. v. 2. Jan. 1849 § 20. 22 Nr. 1; Vdn. v. 3. Jan. 1849 § 5. 180; Ges. v. 11. März 1850 § 5—9 (GS. s. 174).

Art. XV.

1. Da, wo der Rückfall mit Zuchthaus bedroht ist (§ 219. 240), findet Art. XV keine Anwendung.

Art. XVI.

1. Unter „leichter Mißhandlung" sind hier die Fälle des § 187 zu verstehen; wegen der in den §§ 190—192a. vorgesehenen Mißhandlungen rc. findet eine Privatklage nicht statt: Zl. 30. Sept. 63 Halle c. Schalk (StA. 50 s. 295); Zl. 16. März 66 c. Wehrstedt (RdO. VII, 182). Statt des § 189 wäre richtiger der § 187 angeführt, auf welchen § 189 erst zurückverweist.

2. Die Zulässigkeit der Verfolgung im Civilprozesse ist nicht durch den Nachweis, daß die StA.-schaft nicht einschreiten wolle, bedingt; vgl. Pl.-Beschl. d. AG. Frankfurt v. 13. März 53 (GA. I, 561).

3. Das Recht, erlittene Ehrverletzungen rc. im Civilprozesse zu verfolgen, steht nur dem Verletzten persönlich zu; mit seinem Tode erlischt dasselbe; hat er aber vor seinem Tode die Klage angestellt und ist dieselbe dem Gegner insinuirt worden, so geht nunmehr sein Recht auf seine Erben über: Z. 10. Nov. 52 Malzahn c. Rogge (GA. I, 395); Bl. 4. Okt. 65 Levy c. Kalisch (GA. XIII, 766; StA. 59. s. 350); *contra:* TGA. s. 230 n. 2. Vgl. Abh. im GA. XIII, 753.

4. Ueber die Verfolgung solcher Ehrenkränkungen, durch welche mehrere Personen gleichzeitig verletzt werden, vgl. Thl. II. Tit. 13 (§ 152 ff.) n. 29.

5. Das im § 37 des Preßges. v. 12. Mai 1851 vorgesehene Vergehen eines Zeitungs-Redakteurs stellt eine selbstständige Strafthat dar, welche nur von der StA.-schaft, nicht aber im Wege des Civilprozesses verfolgt werden kann, sollte auch der strafbare Inhalt des Blattes den Thatbestand einer Ehrverletzung darstellen: ZII. 17. Sept. 57 Gierse c. Zumbrook (JMbl. s. 362).

Gesetz vom 22. Mai 1852 (GS. f. 250).

Art. II. Bei Ehrverletzungen und leichten Misshandlungen, welche im Wege des Civilprozesses verfolgt werden, sind für die Kompetenz des Einzelrichters und der Gerichtsabtheilungen nicht die Bestimmungen des Art. XIII. des Einführungsgesetzes vom 14. April 1851, sondern die in den §§ 20. und 22. der Verordnung vom 2. Januar 1849 (Ges.-Samml. f. 1) über Injuriensachen enthaltenen Vorschriften maassgebend.

---

6. Der Grundsatz, daß einfache Beleidigungen nur im Wege des Civilprozesses verfolgt werden können, gilt nicht im Bezirke des AGH. zu Köln; hier kann die Verfolgung nicht allein von einer Civilpartei, sondern auch von dem Pol.-Anwalt ausgehen.

7. Wegen einfacher Beleidigung kann im Strafverfahren selbst dann nicht auf Strafe erkannt werden, wenn die StA.-schaft (z B. weil sie annahm, die Beleidigung sei öffentlich oder im Amte zugefügt) Anklage erhoben hatte; in einem solchen Falle fehlt es an dem erforderlichen Strafantrage, welcher wegen einfacher Beleidigung nur durch Anhebung der Civilklage gestellt werden kann; vgl. § 50 n. 14; auch sind dann Art. 6 und 30 des Ges. v. 3. Mai 1852 unanwendbar, weil sie die Statthaftigkeit des Strafverfahrens voraussetzen: Bl. 10. Juni 57 c. Kieper; *contra*: ZI. 10. Sept. 58 c. Wenghöfer (Entsch. 39. 2. 111; GA. VI, 677); ZPl. 25. Juni 60 c. Ramelow (Entsch. 44. 2. 60; GA. VIII, 466); ZII. 4. Juli 61 c. Clör (RdO. I, 496); ZI. 21. Nov. 66 c. Reschny (RdO. VII, 654). Vgl. Strafverf. § 1 n. 32; Abh. in GA. VIII, 482. — In keinem Falle darf aber der Strafrichter, wegen der Unstatthaftigkeit der Verfolgung einer einfachen Beleidigung, durch die StA.-schaft, auf unbedingte Freisprechung erkennen, weil diese sonst auch eine demnächstige Verfolgung im Civilprozesse ausschließen würde. Er muß daher, indem er von der öffentlichen ꝛc. Beleidigung freispricht, in Beziehung auf die einfache Beleidigung die Unstatthaftigkeit der Strafverfolgung aussprechen; vgl. in Betreff eines ähnlichen Falles § 50 n. 27.

8. Rücksichtlich der Kompetenz für die Verfolgung im Wege des Civilprozesses sind nicht Art. XIII, sondern die Vorschriften der Vdn. v. 2. Jan. 1849 § 20—22 maaßgebend: Ges. v. 22. Mai 1852 Art. II. Hiernach gehören alle diese Sachen (selbst die Mißhandlungen und Amtsbeleidigungen) zur Kompetenz des Einzelrichters, welcher hier auch eine über 6wöchentliches Gefängniß (50 Thlr. Geldbuße) hinausgehende Strafe verhängen kann; jedoch ist es dem Ermessen des Kreisgerichts überlassen, auf den Antrag einer Partei die Verhandlung und Entscheidung vor das Kollegium zu verweisen: ZI. 23. Jan. 56 Klima c. Michna.

9. Das civilgerichtliche Verfahren in Injurien- ꝛc. Sachen ist geregelt durch das Ges. v. 11. März 1850 § 5-9. Diese Bestimmungen haben nur insofern Abänderungen erfahren, als § 5 im Wesentlichen durch die obigen Art. XVI. XVII, und § 8 gänzlich durch Art. 103 (101 Abs. 1. 2; 102) des Ges. v. 3. Mai 1852 ersetzt worden sind. Der cit. § 5 ist nur insofern in Kraft geblieben, als er der StA.-schaft (beim Vorhandensein des erforderlichen Strafantrags des Verletzten) die Strafverfolgung im Untersuchungsverfahren so lange gestattet, als nicht im eingeleiteten Civilverfahren ein Urtheil ergangen ist und zwar mit der Wirkung, daß durch die Eröffnung der Untersuchung das vom Verletzten vorher eingeleitete Civilverfahren sich von selbst erledigt. Demgemäß kann nach eröffneter Untersuchung der Verletzte nicht zu demselben Zwecke die Civilklage anstellen: BI. 29. Febr. 56 Weigelt c. Scholz (GA. IV, 388). Würde nichtsdestoweniger ein Civilverfahren anhängig gemacht oder fortgesetzt, so würde das hier ergehende Urtheil den Strafrichter in keiner Weise binden: ZI. 19. Nov. 62 c. Nowacki (RdO. III 192). Umgekehrt begründet das im Strafverfahren ergangene Urtheil für ein demnächst anzuhebendes Civilverfahren res iudicata: Beschl. I. 11. März 64 (65 B; GA. XII, 355).

Art. XVII. Ist auf eine von der Staatsanwaltschaft wegen Ehrverletzung oder leichter Mißhandlung erhobene Anklage eine gerichtliche Untersuchung eröffnet, so wird deren Fortgang, sowie die Erlassung und Vollstreckung des Urtheils weder durch

---

10. Ueber die Stellung des Strafantrags bei den im Wege des Civilprozesses verfolgten Ehrenkränkungen ꝛc. vergl. § 50 n. 13. 14.

11. Durch die angestellte Privatklage wird der betr. Richter (ähnlich wie der Strafrichter) in dem Sinne mit der ganzen Sache befaßt, daß er (innerhalb der Grenzen seiner Zuständigkeit) die That auch anders qualifiziren kann, als es in der Klage und dem Strafantrage geschehen war; eine solche Aenderung der Qualifizirung ist dann nicht als ein Hinausgehen über den Klageantrag anzusehen: VI. 12. Mai 58 Pollack c. Kopler (Entsch. 39. 2. 81; GA. VI, 544; StA. 27. s. 368); ZI. eod. Häbnel c. Buchwald StA. 28. s. 306); ZII. 7. Juli 59 v. Platen c. Schulz (StA. 34. s. 142); *contra:* V. 17. März 52 Schmidt c. Paulssen; vgl. Strafverf. Art. 103 n. 14; Art. 1 n. 28; Art. 30 n. 30.

12. Dagegen kann der im Civilwege angestellten Klage im Laufe des Verfahrens nicht eine andere, wenn auch gleichlautende zwischen denselben Personen vorgekommene Ehrverletzung zum Grunde gelegt werden: VI. 11. Nov. 63 Jancowska c. Pannowitz (GA. XII, 67); *contra:* Goltd. l. c., welcher darauf hinweist, daß bei einer Verleumdung das „Verbreiten" mehrere Handlungen umfassen könne; vgl. aber § 156 n 16. 17

13. In Beziehung auf die Verjährung der Privatklage vgl. Art. XVIII Abs. 2 (und das. n 21—24, und (für einfache Beleidigungen) § 343 Abs. 2. Im Uebrigen sind rücksichtlich dieser Verjährung, ihrer Unterbrechung und des Wiederbeginnes ihres Laufes lediglich die civilrechtlichen Grundsätze maaßgebend; demgemäß unterbricht eine beim zuständigen Richter angebrachte Klage die Verjährung auch dann, wenn sie (z. B. wegen Mangels der schiedsmännischen Vermittelung) nicht einleitungsfähig befunden wird; der Lauf der neuen Verjährung beginnt dann mit der Rechtskraft des abweisenden Urtheils: ZI. 25. Febr. 59 Hoffmann c. Stephan (Entsch. 40. 2. 6; GA. VII, 416; StA. 32. s. 321); VI. 23. Nov. 59 Kuhnert c. Poswick (ind.); *contra:* ZI. 5. März 58 Merz c. Borchardt (ind.).

14. Aus dem oben (n. 9) Gesagten folgt, daß die Verjährung der Privatklage so lange ruhen muß, als eine Untersuchung im Strafverfahren anhängig ist; vgl. ALR. I, 9 § 528. 529. Das gilt selbst dann, wenn es sich von einer einfachen Beleidigung handelt, wegen welcher der StA. irriger Weise (z. B. weil er annahm, sie sei öffentlich oder im Amte zugefügt) eine Verfolgung angehoben hatte: VPl. 25. Juni 60 c. Ramelow (Entsch. 44. 2. 66; GA. VIII, 466); *contra:* VI. 9. Nov. 53 Ludwig c. v. Saurma (Entsch. 26. s. 421; GA. II, 568) für den Fall, wo das vom StA. angehobene Verfahren demnächst wieder eingestellt oder durch Inkompetenzerklärung erledigt worden ist; vgl. n. 7.

15. Eine Privatklage kann auch durch Verzicht (Entsagung, Zurücknahme) ihre Erledigung finden (vgl. Art. XVII, § 160): VI. 1. Febr. 61 Kuhn c. Mattusch (GA. IX, 203); ZII. 18. Dez. 62 Hackstein c. Mummenhoff (GA. XI, 207; StA. 48. s. 137). Die Statthaftigkeit eines solchen Verzichts ist auch nicht durch die Annahme des Verklagten bedingt. — Ebenso steht es den Parteien frei, sich über die Privatklage zu vergleichen. Für einen solchen Vergleich hielt ein VI. 31. Mai 61 Postlack c. Kazmierczack (GA. IX, 638; StA. 41. s. 286) die schriftliche Form für wesentlich, weil der Gegenstand nicht nach Geld schätzbar sei; *contra* die Note in StA. l. c. arg. § 720 II, 1. ALR, weil der Vergleich eine Verzeihung darstelle. Jedenfalls wird der Mangel der Schrift durch Erfüllung ersetzt; eine solche ist aber nur in der wirklichen Zurücknahme der Klage zu finden; das Versprechen der Zurücknahme genügt nicht: VII. 7. Juli 64 Schwarz c. Heidsick (GA. XII, 70). Vgl. § 50 n. 7.

Art. XVII.

1. Die Vorschrift dieses Artikels hat auch für das Gebiet des Rheinischen Rechts Geltung: KVII. zu Art. XII des Entw.

2. Die Zurücknahme des Strafantrags ꝛc. vor eröffneter Untersuchung macht

die Zurücknahme der Ermächtigung oder des Antrages, noch durch die Verzichtleistung auf Bestrafung gehemmt.

[Entw. Art. XII]. Vgl. Art. XVI; StGB § 50—54. 79—81. 103. 149. 160—162. 189. 198. 209. 229. 271. 343; (Vdn. v. 30. Juni 1849 § 34); Vdn. v. 3. Jan. 1849 § 9; Ges. v. 11. März 1850 § 5.

Art. XVIII. In den Landestheilen, in welchen das Institut der Schiedsmänner besteht, soll eine Klage über Ehrverletzungen und leichte Mißhandlungen, sofern sie nur im Wege des Civilprozesses verfolgt werden, von den ordentlichen Gerichten nicht eher zugelassen werden, als bis durch ein von dem Schiedsmann des Verklagten ausgestelltes Attest nachgewiesen wird, daß der Kläger die Vermittelung des Schiedsmannes ohne Erfolg nachgesucht hat. Diese Bestimmung findet keine Anwendung, wenn der Kläger in einem anderen Gerichtsbezirke seinen Wohnsitz hat, als der Verklagte.

Die Anbringung des Gesuches bei dem Schiedsmann unterbricht die Verjährung.

[Entw. Art. XVI. XVII]; StGB. § 47. 48.

---

die Strafverfolgung des StA.s wegen leichter Mißhandlung nicht unstatthaft, da es bei einer solchen eines Strafantrages des Verletzten gar nicht bedarf; vgl. § 187 n. 14.

3. Vgl. im Uebrigen über die Statthaftigkeit der Zurücknahme des Strafantrags § 53. 160.

Art. XVIII.

Inhalt.

1. Die Einführung der Schiedsmänner ist auf Grund Königlicher Genehmigung durch besondere Ministerial-Verordnungen erfolgt. Ihre Thätigkeit ist geregelt durch die Ministerial-Instruktion v. 1. Mai 1841 (JMbl s. 230).

2. Ueber die Bestellung von Stellvertretern für abwesende oder behinderte Schiedsmänner vgl. Min.-Verf. v. 29. Okt. 1851 (JMbl. s. 354).

3. Nur der Klage, nicht auch der Widerklage muß ein Vermittlungsversuch vorhergehen: ZI. 27. Juni 60 Mustroph c. Nagel (GA. VIII, 687; StA. 38. s. 81); ZI. 24. März 65 Watzka c. Watzka (GA. XIII, 372).

4. Der Vermittlungsversuch muß vor dem Schiedsmanne des Verklagten stattfinden; die Vorschriften der §§ 160 ff. 1, 2 AGO. über die freiwillige Prorogation finden hier keine Anwendung: VI. 23. Juni 58 Liszkowski c. Meißner (GA. VI, 696).

5. Der Instanzricher muß von Amtswegen, und daher in jeder Sachlage, selbst in zweiter Instanz prüfen, ob der Vorschrift des Art. XVIII Genüge geleistet sei, und im Verneinungsfalle die Klage zurückweisen, sollte auch der Verklagte den Mangel nicht rügen: VII. 8. Jan. 57 Kottwitz c. Regener; ZI. 23. Nov. 59 Kuhnert c. Poswick. Das gilt selbst dann, wenn der Vermittlungsversuch vor einem unzuständigen Schiedsmann stattgefunden hat: ZI. 28. Febr. 59 Vaber c. Aschersleben. Eine derartige Zurückweisung der Klage ist dann aber durch die Feststellung bedingt, daß beide Parteien in demselben Gerichtsbezirke wohnen; auch ist es unerläßlich, daß der Kläger über diese letztere Frage vorher gehört worden sei: VI.

23. Juni 55 Foth c. Beuden. — Dagegen bedarf es im umgekehrten Falle nicht der ausdrücklichen Feststellung, daß die Vermittlung vorschriftsmäßig versucht sei: ZI. 7. Sept. 55 König c. Koschine.

6. Während des Laufs der ersten Instanz kann der verabsäumte Vermittlungsversuch nachgeholt werden: ZI. 28. Febr. 59 (cit. n. 5); nicht aber in zweiter Instanz: VII. 8. Jan. 57 Kottwitz c. Regener; VI. 14. Sept 59 Deyke c. Lohrer; *contra:* ZI. 10. Okt. 62 Pudor c. Schmitz (GA. XI, 47); ZI. 5. Dez. 55 Schwarzenberger c. Rossius (GA. IV, 240; welches selbst da die Nachholung in zweiter Inst. zuließ, wo der erste Richter die Klage wegen jenes Mangels abgewiesen hatte); ähnlich: ZI. 17. Sept. 62 Strezynski c. Hansch (GA. X, 773).

7. Der Mangel des Sühneversuchs rechtfertigt nicht die gänzliche Abweisung der Klage, sondern nur eine Abweisung zur Zeit: VI. 23. Juni 58 Liszkowski c. Meißner; VI. 1. April 1859 Kleemann c. Mattuschka.

8. Insoweit ein Minderjähriger befugt ist, selbstständig auf Bestrafung einer Ehrverletzung anzutragen (§ 54. 162), steht ihm auch das Recht zu, auf dieses sein Recht zu verzichten, zu diesem Ende die Schiedsmannsvermittlung nachzusuchen und den Termin wahrzunehmen: ZI. 13 Okt. 56 Kluge c. Dallmann (GA. IV, 384; StA. 20. f. 201); Beschl. I. 13. Okt. 58 Logan c. Bobertz (GA. VII, 98); VII. 3. Nov. 59 Tietz c. Heinz (GA. VIII, 110). Dadurch kann aber das selbstständige Recht des Vaters (Vormunds), auch seinerseits den Strafantrag zu stellen und die Privatklage zu erheben (vgl. § 54 n. 5), nicht beeinträchtigt werden. Daher bedarf es auch der Zuziehung des Minderjährigen nicht, wenn der Vater die Schiedsmannsvermittlung nachgesucht hat: ZI. 15. Jan. 62 Neubauer c. Weiße (GA. X, 191).

9. Ist der Kläger oder Verklagte selbst Schiedsmann, so bedarf es der Vermittlung nicht, es sei denn, daß jenem für Behinderungsfälle ein Stellvertreter bestellt sei: ZI. 17. März 54 Kampka c. Kallmeier (GA. II, 546); ZI. 23. Juni 58 Vogdt c. Buchwald. Aehnlich verhält es sich, wenn der Schiedsmann Vormund des Klägers ist: ZI. 14. Nov. 62 Glaß c. Glapa (GA. XI, 97).

10. Ebenso bedarf es des Vermittlungsversuchs nicht, wenn zur Zeit das Amt des Schiedsmannes am betr. Orte unbesetzt ist: ZII. 16. Nov. 54 Stanecke c. Wolff.

11. Die Klage ist unstatthaft, wenn der Kläger selbst durch sein Ausbleiben im Termine oder in anderer Weise die Vermittlung des Schiedsmannes gänzlich unmöglich gemacht hat: VI. 11. Nov. 53 Blum c. Salzmann (GA. II, 113); ZII. 8. März 59 Kirmse c. Gentzsch; ZI. 17. Jan. 55 Kübler c Wildelau; u. ö. Das gilt selbst dann, wenn sich später zeigt, daß auch der Verklagte im Termine nicht erschienen ist: VI. 27. April 66 Bonczkowski c. Lindemann (GA. XIV, 440).

12. Dagegen ist der Vorschrift des Art. XVIII genügt, wenn der Beleidigte die Vermittlung des Schiedsmannes nachgesucht hat, diese aber wegen des Ausbleibens des Beleidigers erfolglos geblieben ist: VI. 4. Nov. 53 Deyks c. Beinling (GA. II, 114; StA. 10. f. 280); ZI. 27. Okt. 58 c Kirschke c. Wolsdorf. Ebenso kann der Beleidiger, wenn er schriftlich angezeigt hat, er werde sich auf einen Vergleich nicht einlassen, es im spätern Verfahren nicht rügen, daß der Kläger sich im Sühnetermine unzulässiger Weise durch einen Dritten vertreten ließ: ZII. 3. April 56 Witzel c. Tröde. Jedenfalls kann der im Termine ausgebliebene Verklagte die Nichtbeobachtung der Vorschrift des Art. XVIII nicht zur Begründung einer Nichtigkeitsbeschwerde benutzen: ZI. 25. April 55 Nierychlo c. Müller; *contra:* VI. 27. April 66 (cit. n. 11; ind.).

13. Aehnlich verhält es sich, wenn der vom Kläger angegangene Schiedsmann seine Vermittlung aus irgend einem Grunde abgelehnt hat, da das Gesetz dem Kläger kein Mittel an die Hand giebt, den vom Schiedsmann erhobenen Anstand zu beseitigen: ZII. 19. Nov. 63 Hüttenhayn c. Hüttenhayn (GA. XIII, 56).

14. Hat der Vermittlungsversuch stattgefunden, so ist es gleichgültig, ob demselben eine regelrechte Terminsbestimmung vorhergegangen ist: ZI. 18. Febr. 59 (cit. n. 6); es kommen daher in einem solchen Falle auch die Fehler der Vorladung nicht in Betracht: ZII 26. Nov. 63 Geisler c. Koltsch (StA. 53. f. 26).

15. Dagegen muß das Gericht die Gültigkeit der Vorladung prüfen, wenn der Verklagte derselben keine Folge geleistet hat; dabei sind die für Vorladungen in Civilsachen geltenden Vorschriften als maaßgebend zu betrachten: ZI. 13. Sept. 61 Timen c. Jungen (GA. IX, 778).

Art. XIX. *) Dieser Artikel ist aufgehoben durch

Gesetz vom 6. März 1854 (GS. s. 96).

§. 1. Die Kompetenz der Gerichte zur Untersuchung und Entscheidung der strafbaren Handlungen regelt sich auch

*) Der aufgehobene Artikel lautete:

Art. XIX. In Ansehung der durch die §§ 36. 75. 77. 79. 87. 100. 101. 102. des Strafgesetzbuchs vorgesehenen Vergehen richtet sich die Kompetenz der Schwurgerichtshöfe nach den bestehenden Vorschriften.

Ingleichen gehören als politische Vergehen vor die Schwurgerichtshöfe die in den §§ 78. 84. 85. 86. 98. 99. erwähnten strafbaren Handlungen. [Entw. Art. XIV.]

16. Ist vor dem Schiedsmann ein bedingter Vergleich zu Stande gekommen, so kann, wenn der zu Verklagende die übernommene Bedingung nicht erfüllt, vom Instanzrichter nicht ohne Weiteres die Erfolglosigkeit der Vermittlung angenommen werden, es bedarf vielmehr zunächst einer Aufforderung zur Erfüllung: Bl. 10. Okt. 60 Kuphal c. v. Gelsdorf (GA. VIII, 826; StA. 38. s. 242).

17. Für die Frage, ob mit Rücksicht auf die Schlußbestimmung des ersten Absatzes vom Vermittlungsversuche abzusehen sei, ist der Wohnsitz der Parteien zur Zeit der Klage maaßgebend: Zl. 12. Jan. 66 Ortmann c. Köhor (GA. XIV 221).

18. Hat der zu Verklagende mehrere Wohnsitze, so genügt es, wenn einer derselben (d. h. eine vollständig eingerichtete Wohnung, welche er in kurzen Zwischenräumen regelmäßig benutzt) in demselben Gerichtsbezirke liegt: Zl. 17. Febr. 65 Gerste c. Schultz (GA. XIII, 372).

19. Steht ein Minderjähriger im Dienste eines Andern, so begründet dieses Verhältniß (arg. AKO. v. 4. Juli 1832 u. v. 3. Dez. 1835) den Wohnsitz am betr. Orte: Bl. 2. März 60 Jurock c. Gerlach (GA. VIII, 406; StA. 37. s. 68).

20. Unter den im Art. XVIII bezeichneten Gerichtsbezirken sind nicht die Schiedsmannsbezirke (Bl. 12. April 54 Woseck c. Mankus), sondern die Bezirke der für die Verfolgung von Injurien-Sachen rc. im Civilwege competenten Einzelrichter, resp. die der einzelnen Gerichtskommissionen des Kreisgerichts zu verstehen: Zl. 27. Okt. 54 v. Wedell c. Beer Joseph (Entsch. 29. s. 250; GA. II, 820). Vgl. Art. XVI n. 8.

21. Die Anbringung des Gesuchs beim Schiedsmanne unterbricht auch dann die Verjährung, wenn durch das Ausbleiben des Klägers im Termine der Vermittlungsversuch vereitelt und dieserhalb die angehobene Klage zur Zeit abgewiesen wird: Zl. 20. April 55 Heintze c. Hermann.

22. Das bei einem inkompetenten Schiedsmanne angebrachte Gesuch und der vor ihm geschlossene Vergleich unterbrechen die Verjährung nicht; so: Bl. 12. Juni 57 Lüdtke c. Nörenberg. Dasselbe nahm ein Bl. 21. April 54 Scholz c. Otto hinsichtlich eines unnöthigen Vermittlungsversuchs an; *contra*: Zl. 17. März 65 Sander c. Haider (GA. XIII, 373) in Beziehung auf die Stellung des Strafantrags.

23. Auch die beim Schiedsmanne mündlich oder schriftlich angebrachten Anträge, sowie die Entgegnungen darauf unterbrechen die Verjährung; so: Bl. 5. März 58 Suchaneck c. Chmielewski (GA. VI, 271; StA. 27. s. 298). Dasselbe gilt von den Handlungen des Schiedsmannes selbst: TGA. s. 42 n. 2.

24. Nach der Anbringung des Vermittlungsgesuchs beim Schiedsmanne beginnt der Lauf der Verjährung von Neuem. Derselbe wird durch Versäumnisse des Schiedsmannes nicht gehemmt; z. B. wenn er die Ansetzung eines Termins unterläßt: Zl. 3. Sept. 55 Simon c. Beilhardt (GA. XI, 133).

25. Ob die Anbringung des Gesuchs beim Schiedsmanne auch die für die Stellung des Strafantrags vorgeschriebene Frist wahre, darüber vgl. 50 n. 13.

26. Der gerichtliche Sühneversuch (Proz.-Ordn. Tit. 11) ist nicht bei Nichtigkeitsstrafe vorgeschrieben, die Unterlassung desselben ist daher für die Verletzung einer wesentlichen Vorschrift des Verfahrens nicht zu erachten: Zl. 25. April 55 Nierychlo c. Müller.

Art. XIX. — — — — — — — — — — — — — —

in Ansehung der politischen und der vermittelst der Presse verübten Vergehen nach den Artikeln XIII. bis XV. des Gesetzes über die Einführung des Straf-Gesetzbuchs vom 14. April 1851.

Hinsichtlich des Militärgerichtsstandes verbleibt es bei den bestehenden Vorschriften.

§. 2. Der Art. XIX. des Einführungs-Gesetzes zum Straf-Gesetzbuche vom 14. April 1851 und der § 27 des Gesetzes über die Presse vom 12. Mai 1851 werden aufgehoben.

Vgl. Verfass. v. 31. Jan. 1850 Art. 94; Ges. v. 21. Mai 1852 (GS. S. 249).

Art. XX. Soweit durch besondere Gesetze über Materien, hinsichtlich welcher das Strafgesetzbuch nichts bestimmt, eine über die gegenwärtigen Grenzen der Polizeistrafen (§§ 333. 334. 335. des Strafgesetzbuchs) hinausgehende Strafe angeordnet und den Polizeigerichten eine höhere Kompetenz beigelegt ist, behält es dabei sein Bewenden. Jedoch sind von der Kompetenz der Po-

---

Art. XX.

1. Die Vdn. v. 3. Jan. 1849 hatte im § 161 alle „wegen Polizeivergehen zu verhängenden Untersuchungen" den Polizeirichtern (Einzelrichtern, vgl. Vdn. v. 2. Jan. 1849 § 22 Nr. 4) überwiesen. Diese konnten sonach berufen sein, auch höhere Strafen als 50 Thlr. Geldbuße oder sechswöchentliches Gefängniß, welche in polizeilichen Verordnungen (Gesetzen) angedroht waren, zu verhängen. Solche besonderen Bestimmungen über die höhere Kompetenz der Einzelrichter sollten nach dem KBII. S. 22 (Matt. S. 40) durch Art. XX (sowohl für das Gebiet des Rh. Rechts, als für die übrigen Theile des Staats) aufrecht erhalten werden. Demgemäß gilt dieser Art. nicht blos für den Bezirk des AGH.s zu Köln, sondern im ganzen Staate, obgleich die Bezeichnung „Polizeigerichte" nur für den ersteren paßt; vgl. dagegen Ges. v. 3. Mai 1852 Art. 120: „Polizeirichter").

2. Da bis zu der Vdn. v. 3. Jan. 1849 in den Landestheilen, wo diese Geltung erlangte, Polizeirichter nicht existirten, die Polizeigerichtsbarkeit vielmehr von den Verwaltungsbehörden ausgeübt wurde, so darf (mit Rücksicht auf das unter n. 1 Gesagte) die Vorschrift des Art.s nicht auf solche Fälle beschränkt werden, in welchen ausdrücklich den Polizeirichtern eine ausgedehntere Kompetenz beigelegt ist; vielmehr muß dieselbe überall Anwendung finden, wo die Zuständigkeit der zur Verhängung von Polizeistrafen berufenen Verwaltungsbehörden in der angedeuteten Weise eine Ausdehnung erfahren hatte, vorausgesetzt, daß dieses durch besondere Gesetze, also ausnahmsweise geschehen war: Zl. 14. Sept. 66 c. Krumnow (RdO. VII, 472). Insoweit daher die Zuständigkeit der Verwaltungsbehörden auf den früheren allgemeinen Organisationsgesetzen beruhte, ist dieselbe gänzlich aufgehoben; es kann daher auf dieselbe auch nicht mehr zurückgegangen werden, um daraus eine ausgedehntere Kompetenz der Polizeirichter zu folgern.

3. Dagegen genügt es, wenn überhaupt durch ein besonderes Gesetz in Materien, welche das StGB. nicht geregelt hat, den Verwaltungsbehörden eine über das gedachte Maaß hinausgehende Strafgewalt übertragen war; es darf nicht mit dem unter n. 2 cit. Z. 14. Sept. 66 gefordert werden, daß dieses in dem neben dem StGB. in Kraft gebliebenen materiellen Gesetze selbst geschehen sei; es reicht hin, wenn sich die betr. Vorschrift in einem anderen besonderen Gesetze findet; vgl. n. 6 und 7; bei den dort aufgeführten Entscheidungen fanden sich die betr. Bestimmungen in besonderen Gesetzen

4. Die ganze Vorschrift ist auf die zur Zeit der Verkündung des EG.s schon

lizeirichter die Fälle ausgeschlossen, in welchen nach den bisherigen besonderen Gesetzen auf den Verlust von Aemtern, oder auf den Verlust des Rechts zum Gewerbebetriebe für immer oder auf Zeit, oder auf Stellung unter Polizei-Aufsicht zu erkennen ist. Diese Fälle sind als Vergehen zu behandeln.

[Entw. Art. XV]. Vgl. Art. II. VIII; Ges. v. 3. Mai 1852 Art. 120; Polizei-Ges. v. 11. März 1850 § 17 (GS. s. 268); (Rh.) Ges v. 11. Mai 1843 § 8 (GS. s. 181; RS. VIII, 166); (Rh.) Vdn. v. 7. Juni 1821 § 4. 11.

---

bestehenden besondern Vorschriften zu beschränken, also nicht auf später erlassene Gesetze (z. B. Ges. v. 7. Mai 1853 § 10, die Vermittlung von Auswanderungen betr.) zu beziehen: Zl. 6. Juli 54 c. Höner (GA. II, 678).

5. Die Bezeichnung einer angedrohten Strafe als einer „fiskalischen“ (z. B. im Judenges. v. 23. Juli 1847 § 71; GS. s. 278)) genügt nicht, um die polizeigerichtliche Kompetenz über das Maaß der Polizeistrafe hinaus zu begründen: ZI. 1. Okt. 56 c. Chantrew (ind.).

6. Zu den nach Art. XX der polizeirichterlichen Kompetenz zugewiesenen Vergehen gehören im Geltungsbereiche der Vdn. v. 3. Jan. 1849 die nach der Gew.-Ordn. v. 17. Jan. 1845 §§ 177—180 zu ahndenden Gewerbe-Polizei-Kontraventionen und zwar selbst dann, wenn die betr. Handlung zugleich eine Gewerbe-Steuer-Defraude enthält; arg. AKO. v. 24. Jan. 1848 (GS. s. 73), (Vdn. v. 3. Jan. 1849 § 161); Ges. v. 3. Mai 1852 Art. 120: KBII. s. 22; BI. 11. Febr. 53 c. Schmidt (Entsch. 24. s. 457; GA. I, 299); BII. 30. Okt. 56 c. Brakmeier (JMbl. s. 368); Beschl. I 8. Sept. 1865 c. Barfuß; u. ö. (feste Praxis); vgl. KBII. (Matt. z. Vdn. v. 3. Jan. 1849 s. 40). Das gilt namentlich auch vom unkonzessionirten Betriebe einer Schenk- oder Speisewirthschaft: Beschl. I. 7. Dez. 59 c. Schmidt; ZII. 8. Febr. 66 c. Gottschalk. — Dieselben Grundsätze sind bei Zuwiderhandlungen gegen die §§ 74 und 75 der Gew.-Vdn. v. 9. Febr. 1849 (GS. s. 109) maaßgebend, insofern nicht Rückfall vorliegt, weil die betr. Bestimmungen sich an § 177 der Gew.-Ordn. v. 17. Jan. 1845 anschließen und diese nur ergänzen: Beschl. II. 6. Sept. 60 c. Heimbeck (JMbl. s 398); BII. 22. Febr. 66 c. Becker; KBII. l. c.; vgl. JMInstr. v. 24. Nov. 1852 § 8 Nr. 2 (JMbl. 53. s. 11). — An diesen Grundsätzen ist durch das Ges. v. 22. Juni 1861 Art. I nichts geändert, da der letzte § dieses Artikels sich nur auf den Fall des § 176 der Gew.-Ordn. bezieht: Beschl. I. 6. Jan. 64 c. Höppner (18 B). — Alles Obige gilt im Bezirke des AGH.s zu Köln nicht; vgl. Gew.-Ordn. § 189 a. E.

7. Ebenso sind im Bezirke des AGH.s zu Köln die §§ 4 und 11 der Vdn. v. 7. Juni 1821 in Kraft verblieben, nach welchen die Polizeigerichte über alle Forst-, Jagd- und Fischerei-Frevel zu erkennen haben, welche nur eine Geldstrafe 2c. nach sich ziehen, — insoweit die betreffenden Strafen durch Spezialgesetze angedroht sind, und die Geldbuße das im Abs. 3 des Art. VIII bestimmte Maaß übersteigt.

8. Die Kompetenz der Polizei-Richter ist nicht nur da, wo auf den Verlust des Rechts zum Gewerbebetriebe erkannt werden muß, sondern auch da, wo auf diesen Verlust erkannt werden kann (z. B. im Falle der Gewerbe-Vdn. v. 9. Febr. 1849 § 74, wenn Rückfall vorliegt), ausgeschlossen, weil immer das höchste Maaß der angedrohten Strafe den Maaßstab für die Kompetenzbestimmung abgiebt: Beschl. II. 11. Sept. 56 c. Biermann (GA IV, 824).

9. Ist der Verlust des Rechts zum Gewerbebetriebe durch die vorherige Ausübung des Gewerbes bedingt (wie im Falle des § 4 des Zoll-St.-Ges. v. 23. Jan. 1838), fällt derselbe also weg, weil der Angeklagte kein Gewerbe betrieben hat, so wird dadurch auch die nur durch jene Strafe zu begründete Zuständigkeit des höheren Richters beseitigt: Beschl. I. 1. Nov. 61 c. Volkmann (RhO. II, 36).

10. Mit der polizeirichterlichen Kompetenz werden an sich in den hier erwähnten Sachen auch alle das polizeirichterliche Verfahren regelnden Vorschriften anwendbar; daher sind bei der Verfolgung der unter n. 6 erwähnten Gewerbe-Polizei-Kontraventionen Rechtsmittel nur nach Maaßgabe der für Uebertretungssachen geltenden Grundsätze zulässig; vgl. die unter n. 6 cit. Entscheidungen 2c. Das soll selbst dann gelten, wenn die Untersuchung gleichzeitig wegen einer (ideell konkur-

Art. XXI. **Konnexe strafbare Handlungen können zur gleichzeitigen Untersuchung und Entscheidung vor das Gericht gebracht werden, welches kompetent ist, die schwerste der für jene Handlungen angedrohten Strafen auszusprechen.**

---

rirenden) Gewerbesteuer-Defraude eröffnet war und nur wegen dieser eine Verurtheilung erfolgt ist, während von der Gewerbe-Polizei-Kontravention freigesprochen wurde, so: Zl. 5. März 62 c. Krämer (RdO. II, 285).

11. Das unter n. 10 Gesagte erleidet insoweit eine Ausnahme, als die durch Art. XX aufrecht erhaltenen besonderen Gesetze auch in Betreff des Verfahrens spezielle Vorschriften enthalten; auch diese sind dann in Kraft verblieben. Daher ist im Bezirke des AGH.s zu Köln in den unter n. 7 erwähnten Fällen, insoweit dieselben nach Art. VIII den Charakter eines Vergehens haben, die Statthaftigkeit der Rechtsmittel nach den für Vergehen geltenden Grundsätzen zu beurtheilen, und somit (arg. Vdn. v. 7. Juni 1821 § 4. 8. 11) Berufung auch von freisprechenden Urtheilen zulässig: ZII. 16. März 65 c. Schützler (RdO. VI, 5); vgl. Art. XIV n. 6; Gen.-Register z. RA. s. v. Forstfrevel n. 16; s. v. Jagd n. 23.

12. Die Verjährung solcher Vergehen, welche durch Art. XX der polizeirichterlichen Kompetenz überwiesen sind, richtet sich nach § 46, nicht nach § 339 des StGB.: VI. 1. Juni 53 c. Zeth (Entsch. 25. S. 359; GA. I, 561); VI. 5. April 54 c. Collier (JMbl. S. 269); Zl. 29. Jan. 62 c. Nehse (RdO. II, 231); u. ö.

Art. XXI.

1. Ueber den Begriff der Konnexität vgl. Art. XXII.

2. Treffen die Voraussetzungen des Art. XXI bei mehreren Gerichten zu, so ist jedes derselben für alle konnexen Fälle zuständig; vgl. Ges. v. 3. Mai 1852 Art. 3.

3. Die Bestimmung des Abs. 1 ist nur fakultativ: Zl. 8. Jan. 58 c. Peglau. Getrennte Verhandlung ist daher, auch vom Falle des Art. XXIII abgesehen, keineswegs ausgeschlossen, vielmehr ist es in das Ermessen der Gerichte gestellt, ob sie Veranlassung finden, einem Antrage der StA.-schaft auf Verbindung der Untersuchungen wegen konnexer Straffälle stattzugeben: Zl. 27. Febr. 56 c. Bergau; Zl. 18. Febr. 57 c. Dietrich. Die Konnexität einer Sache mit einer bei einem andern Gerichte zu verfolgenden macht daher das an sich für jene berufene Gericht nie unzuständig; dasselbe darf sich daher auch nicht unzuständig erklären: V. KH. 9. Sept. 51 c. Hermanns (RA. 46. 2A. 75); vgl. Strafverf. Art. 3 n. 5. Sind konnexe Straffälle vor verschiedenen Gerichten verfolgt worden, so bietet Art. 4 des Ges. v. 3. Mai 1852 das Mittel dar, ihre Verweisung vor eins dieser Gerichte herbeizuführen, sobald sich eine solche Maaßregel als zweckmäßig darstellt; vgl. Strafverf. Art. 3 n. 3. 4. 6. Liegen die betr. Gerichte theils im Bezirke des Rh. AGH.s, theils im Geltungsbereiche der Vdn. v. 3. Jan. 1849, so ist nach Anleitung des Ges. v. 2. Mai 1853 zu verfahren.

4. Gesetzlich steht Nichts im Wege, einen einfachen Holzdiebstahl mit einem konnexen schwereren Straffalle vor das für diesen zuständige Gericht zu bringen: Beschl. I. 26. Januar 62 c. Paust (RdO. II, 235).

5. Ist durch einen einzigen Beschluß die Eröffnung der Untersuchung oder die definitive Versetzung in den Anklagestand wegen mehrerer Straffälle, und die Hinverweisung vor dasselbe erkennende Gericht erfolgt, so greift selbstverständlich eine gleichzeitige Verhandlung über dieselben vor dem letztern Platz; wenn dagegen dasselbe Gericht durch verschiedene Beschlüsse mit mehreren Sachen befaßt worden ist, welche sich als konnex darstellen, so bedarf es zur gleichzeitigen Verhandlung noch eines diese verfügenden Beschlusses, welcher dem Angeklagten zu verkünden ist; vgl. Strafverf. Art. 3 n. 7. 8 und für das Rh. Verfahren Rh. StPO. Art. 307.

6. Auch wenn in erster Instanz getrennte Verhandlungen stattgefunden haben, kann das Gericht zweiter Instanz eine Verbindung beschließen; vgl. Strafverf. Art. 3 n. 13.

7. Die Verbindung zweier konnexer Sachen kann nicht blos auf den Antrag der Staatsanwaltschaft, sondern auch von Amtswegen durch das (beschließende oder erkennende) Gerichte, und selbst gegen den Widerspruch der erstern erfolgen: Beschl. I. 28. März 56 c. Ohm (GA. IV, 384); vgl. Strafverf. Art. 3 n. 6.

Vergehen, welche zur Kompetenz der Schwurgerichtshöfe gehören, können jedoch nicht auf Grund der Konnexität vor ein anderes Gericht als den Schwurgerichtshof gelangen.

[Entw. Art. XVI]. Vgl. Art. XIII. XIV. XXII. XXIII; Ges. v. 3. Mai 1852 Art. 3; Ges. v. 22. Mai 1852 Art. I, § 3; Ges. v. 2. Mai 1853 (GS. s. 169; Rh. StPO. Art. 226. 227. 307. 308.

Art. XXII. Konnexität ist insbesondere vorhanden:

---

8. Auch dann, wenn die gleichzeitige Verhandlung beschlossen, und selbst, nachdem dieselbe begonnen worden ist, kann das erkennende Gericht nach eigenem Ermessen nachträglich eine Trennung anordnen, und zu diesem Zwecke die eine der Sachen vertagen und dagegen mit der andern verfahren: ZI. 27. Febr. 56 c. Bergau; ZII. 21. Dez. 64 c. Pantel; vgl. Strafverf. Art. 3 n. 14; Rh. StPO. Art. 308.

9. Die Konnexität ist für den Gerichtsstand nur insoweit bestimmend, als sie zu einer verbundenen Untersuchung und Entscheidung führt. Werden daher nach der Aburtheilung über einen Straffall oder über einen der Thäter oder Theilnehmer konnexe Fälle oder andere Thäter (Theilnehmer) verfolgt, so richtet sich in Betreff dieser die Kompetenz nach den allgemeinen Grundsätzen; insbesondere ist es unstatthaft, dieselben wegen der Konnexität mit der früher erledigten Sache vor demjenigen Gerichte zu verfolgen, welches in jenen erkannt hat, insofern dieses nicht auch an sich für sie zuständig ist: Beschl. I. 17. März 65 c. Wahry (RdO. VI, 14); vgl. Mangin Tr. de la compét n. 219.

10. Hat wegen obwaltender Konnexität eine Verbindung stattgefunden, und sind alle verbundenen Sachen zur Endentscheidung reif, so kann der Umstand, daß jetzt in Betreff derjenigen That oder derjenigen Person, welche bis dahin für die Zuständigkeit des befaßten Gerichts allein den Anhaltspunkt gegeben hat, auf Freisprechung zu erkennen ist, nicht entgegenstehen, gleichzeitig in Betreff der übrigen die reife Entscheidung zu fällen. — Scheidet dagegen die bisher für die Zuständigkeit des befaßten Gerichts allein bestimmend gewesene Handlung (Person) vor der Spruchreife in irgend einer Weise (durch Einstellung des Verfahrens, Tod ꝛc.) aus der Untersuchung aus, so fällt damit für die übrigen Personen und Handlungen die Zuständigkeit jenes Gerichts weg und es muß Abgabe an das anderweitig zuständige Gericht, nöthigenfalls also Inkompetenzerklärung erfolgen, es sei denn, daß die Sache inzwischen in eine Lage gekommen ist, in welcher aus anderen Gründen (z. B. mit Rücksicht auf Ges. v. 3. Mai 1852 Art. 5. 6) eine Inkompetenzerklärung ausgeschlossen ist. Da indessen bis zu diesem Augenblicke jenes Gericht in durchaus gesetzlicher und zuständiger Weise mit der Sache befaßt war, so verliert dasjenige, was bei diesem bisher geschehen war, nicht seine Wirksamkeit, vielmehr geht die Sache in der Lage, in welcher sie sich zur Zeit befindet, ohne Weiteres auf das andere Gericht über: Beschl. I. 5. Okt. 66 c. Mellenthin (RdO. VII, 511); vgl. Beschl. I. 17. Juni 63 c. Hebald (RdO. III, 507), und für das Rheinische Verfahren: Mangin l. c n. 218; Merlin Rép v. Faux sect. I § 2; und die Urtheile des Pariser KH.s vom 26. nov 1811, 29. mai 1813, 19. févr. 1829 (SN. IV. 1. 232; Sir. 13. 1. 327; 29. 1. 236).

11. Wird eine Sache in Folge ihrer Konnexität mit einer anderen vor ein höheres Gericht gebracht, so werden alle für dieses geltenden prozessualischen Vorschriften darauf anwendbar; es tritt daher nach Rheinischem Verfahren die unbedingte Appellabilität ein, wenn eine Polizeisache, weil mit einem Vergehen konnex, vor das ZPG. gebracht ist; Art. 192 der Rh. StPO. bleibt dann ausgeschlossen, weil das ZPG. als erstes, und nicht als evozirendes App.-Gericht erkennt: BPl. 13. März 65 c. Werihasse (RdO. V, 552); *contra*: Gilb. C. d'instr. art. 129. n. 4.

12. Ueber die prozessualische Behandlung konnexer Straffälle vgl. Strafverf. Art. 3, besonders n 9 ff.

13. Der zweite Absatz des Art. XXI hat mit der Aufhebung des Art. XIX (Ges. v. 6. März 1854) seinen Gegenstand verloren; vgl. s. 32.

Art. XXII.

1. Das absichtlich gewählte Wort „insbesondere" (vgl. KBII. s. 23) deutet

1) wenn die nämliche Person verschiedener strafbarer Handlungen beschuldigt wird,
2) wenn verschiedene Personen als Urheber, Theilnehmer oder Begünstiger einer strafbaren Handlung oder als Hehler beschuldigt werden.

[Entw. Art. XVII]. Vgl. Art. XIII. XIV. XXI. XXIII; Ges. v. 3. Mai 1852 Art. 3; Ges. v. 22. Mai 1852 Art. I § 3.

Art. XXIII. Ist gegen einen Beschuldigten wegen mehrerer strafbarer Handlungen eine Voruntersuchung eingeleitet, und ist mit Rücksicht auf diejenigen derselben, welche mit schwererer Strafe bedroht sind, zu erwarten, daß die Feststellung der leich-

---

klar an, daß die angeführten Beispiele der Konnexität nicht die einzig denkbaren sind. Es darf daher eine solche auch da angenommen werden, wo zwei von verschiedenen Personen begangene strafbare Handlungen unter sich in einem innern Zusammenhange stehen, welcher nach richterlichem Ermessen ihre gleichzeitige Verhandlung als zweckmäßig erscheinen läßt: Zl. 16. Febr. 62 c. Bayer. Anderer Meinung ist TOU. s. 44 n. 1; in dem von ihm berührten Falle, wo die Entscheidung der einen Sache durch die über die andere bedingt ist, kann nach dem Vorstehenden unter Umständen Konnexität angenommen werden, unerläßlich ist es aber nicht.

2. Hat bei den Instanzgerichten eine Verbindung wegen Konnexität stattgefunden, so können die dadurch herbeigeführte Beschränkung des Ablehnungsrechts bei der Bildung des Schwurgerichts und die durch die Verbindung mit anderen Angeklagten veranlaßte Ausschließung einzelner (mit jenen verwandter zc.) Zeugen eine Beschwerde an das OT. nicht begründen: Zl. 6. Jan. 58 c. Eggert; vgl. Strafverf. Art. 3 n. 2; § 92 n. 5.

Art. XXIII.

1. Der Artikel ist nicht auf solche Fälle zu beschränken, in welchen die Strafandrohungen verschieden sind; er findet vielmehr auch da Anwendung, wo die Strafandrohung für beide gleich, wo aber anzunehmen ist, daß die Strafabmessung für den einen gelinder ausfallen werde, als für den andern.

2. Die Anwendbarkeit des Art.s ist nicht dadurch bedingt, daß die Voruntersuchung wegen beider Fälle in einem Verfahren zusammengefaßt sei; selbst wenn beide Untersuchungen bei verschiedenen Gerichten anhängig sind, kann sie Platz greifen; *contra:* Löwe s. 139.

3. Ob die betreffenden Behörden von der ihnen hier ertheilten Befugniß Gebrauch machen wollen, unterliegt ihrem Ermessen; dem Angeklagten steht in dieser Hinsicht ein Beschwerderecht nicht zu: Zl. 15. Mai 57 c. Simmel.

4. So lange eine Voruntersuchung noch nicht eingeleitet (z. B. wenn die Sache im Stadium des Skrutinialverfahrens verblieben) ist, hat die Staatsanwaltschaft selbstständig zu prüfen, ob sie Anklage erheben, oder mit Rücksicht auf Art. XXIII eine Sache einstweilen auf sich beruhen lassen wolle: Beschl. I. 13. Febr. 57 c. Abrahamson (ind.). Ist aber das Gericht durch Erhebung der Beschuldigung mit der Sache befaßt worden, so kann auch nur dieses über die einstweilige Einstellung des Verfahrens befinden; es kann daher einem dahin abzielenden Antrage des StA.s entgegen, die Fortsetzung verordnen; das ergiebt der Schlußabsatz dieses §.

5. Ebenso kann das Gericht auch die einstweilige Einstellung des Verfahrens, trotz eines entgegenstehenden Antrags des StA.s, beschließen. Diese Befugniß steht auch nicht etwa nur der Rathskammer und dem Anklagesenate, sondern auch dem erkennenden Gerichte nach Eröffnung der Untersuchung und selbst nach dem Beginne der Verhandlungen in der Sitzung zu, so lange nur noch nicht in erster Instanz erkannt ist; *contra:* Löwe s. 227.

6. Diese Befugniß (n. 4. 5) steht aber den Gerichten nur so lange zu, als

teren Straffälle für die Entscheidung nicht von wesentlicher Bedeutung sein werde, so kann die Untersuchung wegen der letzteren einstweilen bis zur rechtskräftigen Entscheidung über die schwereren Straffälle ruhen bleiben.

Die Wiederaufnahme der Untersuchung wird dem Ermessen der Staatsanwaltschaft überlassen.

[Entw. Art. XVIII]. Vgl. Art. XXI. XXII; StGB. § 56. 57; Crim.-O. § 416; Rh. StPO. Art. 306. 308. 406.

Art. XXIV. Wenn das Gesetz die Erhöhung oder Ermäßigung der Strafe von dem Vorhandensein erschwerender oder mildernder Umstände abhängig macht, so muß in Sachen, welche zur Kompetenz der Schwurgerichtshöfe gehören, auf den Antrag

---

beide Sachen gerichtlich anhängig sind; sie fällt daher weg, sobald über die eine derselben erkannt worden ist; es muß dann auch über die andere im regelmäßigen Verfahren entschieden werden: Beschl. I. 6. Jan. 58 c. Blanowski (GA. VI, 272); vgl. n. 8. Dagegen dürfte nach dem dem Art. XXIII zum Grunde liegenden Prinzip das OT. befugt sein, das Ruhenbleiben der Untersuchung anzuordnen, wenn es ein eine Mehrheit von Straffällen betreffendes Urtheil nur wegen eines derselben vernichtet, und die erneuerte Weiterverfolgung desselben vor den Instanzgerichten mit Rücksicht auf die bestehen bleibende Verurtheilung wegen der übrigen ein besonderes Interesse nicht darbietet; vgl. RdO. VI, 462 (Antr. der GStA.-schaft).

7. Die Wiederaufnahme des eingestellten Verfahrens unterliegt auch dann dem Ermessen der Staatsanwaltschaft, wenn wegen der früher allein verfolgten Straffälle auf Freisprechung erkannt ist.

8. Wird ein eingestelltes Verfahren demnächst vom StA. wieder aufgenommen, so kann das Gericht — wenn nicht abermals mehrere konkurrirende Straffälle vorliegen und sonach Abs. 1 wiederum Platz greift — nicht beschließen, daß das Verfahren auch jetzt noch einstweilen auf sich beruhen solle; vielmehr muß es dann zur Sache selbst entscheiden, vorbehaltlich der Befugniß, dabei in geeigneter Weise auf die früher verhängte Strafe zu rücksichtigen; vgl. n. 6; § 56 n. 25.

9. Da die einstweilige Einstellung des Verfahrens durchaus fakultativ, und die Wiederaufnahme der Untersuchung in das Ermessen der StA.-schaft gestellt ist, so liegt kein Grund vor, den Lauf der Verjährung für die Zwischenzeit für gehemmt zu erachten: vgl. KBII. § 23. 24.

10. Der Art. läßt beu Fall der Verfolgung durch eine Civil-Partei (nach Rhein. Rechte) unberücksichtigt. Hat eine solche mehrere konnexe Straffälle zum Gegenstande, so hat das Gericht dieselbe Befugniß, wie im Falle der Verfolgung durch den StA.; macht dasselbe von dieser Befugniß Gebrauch, so wird man auch der Civilpartei die Wiederaufnahme gestatten müssen.

Art. XXIV.

Inhalt.

1. Sowohl das Rheinische als das in den übrigen Provinzen des Staats geltende Strafprozeßrecht beruht wesentlich auf dem Grundsatze, daß der Strafrichter durch die erhobene Anklage (Beschuldigung) sofort mit der ganzen That, einschließlich aller dieselbe begleitenden, für ihre Strafbarkeit erheblichen Umstände befaßt werde, ohne Rücksicht auf die ihr durch die Anklage gewordene richterliche Qualifizirung. Der Richter darf sich also nicht daranf beschränken, die That von dem Gesichtspunkte aus zu beurtheilen, aus welchem sie die Anklage oder das Anklage-Urtheil (Beschluß) aufgefaßt haben. Er soll vielmehr dieselbe in erschöpfender

der Staatsanwaltschaft oder des Angeschuldigten eine darauf bezügliche Frage den Geschworenen bei Strafe der Nichtigkeit vorgelegt werden. Eine solche Frage kann den Geschworenen auch von Amtswegen vorgelegt werden.

[Entw. Art. XIX]. Vgl. Ges. v. 3. Mai 1852 Art. 75. 80. 84. 85; Rh. StPO. Art. 338—340.

Weise nach allen denkbaren Seiten einer möglichen Strafbarkeit erörtern, dabei insbesondere alle für die letztere erheblichen begleitenden Umstände berücksichtigen und nach dem Ergebnisse dieser, den ganzen Sachverhalt umfassenden Prüfung das zutreffende Gesetz anwenden; vgl. Ges. v. 3. Mai 1852 Art. 30; und für das Rheinische Verfahren: VII. 20. Nov. 62 c. Haselier (RdO. III, 140); ZII. 22. Jan. 63 c. Jacobs. Mit Rücksicht auf diese Aufgabe des Richteramts wird denn auch durch das über eine Anklage ergehende rechtskräftige Erkenntniß die ganze That erledigt; es ist unstatthaft, dieselbe demnächst von einem andern (in der Anklage oder im Urtheile nicht ausdrücklich erwähnten) rechtlichen Gesichtspunkte aus zum Gegenstande einer neuen Anklage zu machen, insoweit nicht in dieser Beziehung ein vom Gesetz gestatteter ausdrücklicher Vorbehalt gemacht worden ist: „Non bis in idem." Vgl. Rh. StPO. Art. 360.

2. Dagegen ist der Strafrichter an die den Gegenstand der Anklage bildende konkrete That (und die sie begleitenden Umstände) gebunden; er darf daher nicht ein anderes selbstständiges Thun zum Gegenstande seines Verfahrens und seiner Entscheidung machen, muß vielmehr in Betreff eines solchen der StA.-schaft die Erhebung einer neuen Anklage (stillschweigend) überlassen.

3. Die Vorschriften der Art. XXIV und XXV haben den Zweck, die obigen Grundsätze (n. 1. 2) auf das schwurgerichtliche Verfahren anzuwenden und ihnen entsprechend die Fragestellung zu regeln. Denselben Zweck verfolgen in klarerer und erschöpfenderer Weise für den Geltungsbereich der Vdn. v. 3. Jan. 1849 die Art. 80—86 des Ges. v. 3. Mai 1852; insbesondere entsprechen die Art. 84 und 86 l. c. im Wesentlichen den obigen Art. XXIV und XXV; die letzteren sind daher jetzt vorzugsweise nur noch für den Bezirk des AGHofs zu Köln maaßgebend. Da es aber recht eigentlich beabsichtigt war, durch jene Artikel des Ges. v. 3 Mai 1852 die für das Rheinische Verfahren bereits früher bestehenden und anerkannten, durch die obigen Art. XXIV und XXV nur bestätigten Grundsätze auch in den übrigen Provinzen des Staats zur Geltung zu bringen, so ist es jetzt unbedenklich statthaft, bei der Auslegung der Rheinischen Vorschriften, und insbesondere bei der Anwendung der Art. XXIV und XXV im Rheinischen Verfahren, auf die mehr ins Einzelne gehenden Bestimmungen des cit. Ges. v. 1852 und die sie betreffende Rechtsprechung des Ober-Tribunals zurückzugehen. Es sind daher auch für das Gebiet des Rheinischen Rechts die Noten in Oppenhoff's Strafverfahren zu den cit. Artikeln zu vergleichen.

4. Art. XXIV und Art. 84 des Ges. v. 3. Mai 1852 schreiben die Stellung einer Frage nach „erschwerenden oder mildernden Umständen" als unerläßlich bei Nichtigkeitsstrafe vor, sobald der StA. oder der Angeklagte dieselbe beantragt hat, während umgekehrt Art. XXV (ebenso wie Art. 86 des Ges. v. 3. Mai 1852) die Stellung einer „Eventual- (besonderen) Frage" nur „geeigneten Falls" anordnet und dadurch zu erkennen giebt, daß hier wesentlich ein richterliches Ermessen obwalten soll. Es ist daher erforderlich, beide Fälle nach ihren Voraussetzungen scharf zu unterscheiden. — Hierbei ist als leitender Grundsatz festzuhalten, daß Art. XXIV (Art. 84) unter „erschwerenden und mildernden Umständen" solche thatsächliche Momente versteht, durch deren Hinzutritt ein an und für sich schon strafbarer Thatbestand nach allgemeiner Gesetzesvorschrift eine Strafmilderung oder Strafschärfung erfährt. Es ist sonach die Anwendbarkeit des Art. XXIV dadurch bedingt, daß der einfache Thatbestand des in der Anklage aufgestellten Straffalles (d. h. der betr. Thatbestand in der einfachsten Gestaltung, in welcher er unter ein Strafgesetz fällt) in allen seinen wesentlichen Merkmalen bestehen bleibe, und daß durch irgend ein hinzutretendes thatsächliches Moment die zutreffende Strafandrohung geändert werde, ohne Unterschied, ob durch dieses hinzutretende

Moment die That einen andern strafrechtlichen Charakter (eine andere rechtliche Qualifizirung) annimmt oder nicht. — Dagegen wird Art. XXV (Art. 86) anwendbar, wenn es sich davon handelt, inwiefern die den Gegenstand der Anklage bildende Handlung, resp. die sie begleitenden Thatumstände, nach theilweiser Ausscheidung einzelner wesentlicher Begriffsmerkmale des im Anklage-Urtheil (Beschlusse) enthaltenen (einfachen) Thatbestandes, sei es für sich allein, sei es unter Mitberücksichtigung anderweiter bei der Anklage nicht in Betracht gezogener Thatumstände, von einem andern rechtlichen Gesichtspunkte aus eine Strafbarkeit begründe. Ob diese Voraussetzung vorhanden, und ob sonach in dieser Weise eine besondere Frage zu stellen sei, unterliegt in jedem Einzelfalle dem richterlichen Ermessen; vgl. Strafverf. Art. 84. n. 56. Art. 86. n. 7 ff.; ZI. 17. Dez. 62 c. Kokot (RdO. III, 175); ähnlich ZI. 23. Febr. 63 c. Zwicker; ZI. 11. März 64 c. Plonka. Das Nähere über diesen Fall siehe bei Art. XXV. — Hiernach bilden beispielsweise die Voraussetzungen, durch welche sich ein Kindesmord von einem Todtschlage unterscheidet (§ 180), im Verhältnisse zu dem (stehen bleibenden) Thatbestande des letzteren „mildernde Umstände"; die des Mordes (Todtschlags) ihres Kindes angeklagte Mutter kann daher Stellung der Frage fordern, ob das Kind ein uneheliches gewesen, und ob sie dasselbe „gleich nach der Geburt" getödtet habe; *contra*: ZI. 16. Jan. 58 c. Krüger (GA. VI, 77).

5. Die richterliche Entscheidung und somit auch die Fragstellung müssen die Anklage erschöpfen. Wenn daher schon das Anklage-Urtheil (Beschluß) erschwerende oder mildernde Umstände hervorhob, so müssen sie in die Fragstellung nothwendig mit aufgenommen werden, selbst wenn ein hierauf bezüglicher Antrag nicht gestellt worden ist. Im entgegengesetzten Falle ist aber die Nothwendigkeit der betr. Fragstellung durch den vorher gegangenen Antrag des StA.s oder des Angeklagten bedingt: ZI. 28. Okt. 53 c. Schwartz.

6. Anträge auf Stellung einer Frage in Betreff erschwerender ꝛc. Umstände sind so lange statthaft und zu berücksichtigen, als überhaupt noch die Fragstellung einer Abänderung unterliegen kann, d. h. so lange noch nicht die Anklage durch einen vom Vorsteher der Geschworenen verlesenen regelrechten und erschöpfenden Spruch erledigt worden ist. Bis zu diesem Augenblick müssen Anträge der gedachten Art nothwendig Berücksichtigung finden: ZII. 9. Jan. 62 c. Jäger (Rh. S.; RdO. II, 189). Später sind sie ausgeschlossen; eine nachträgliche Befragung der Geschwornen nach erschwerenden ꝛc. Umständen (welche nicht im Anklage-Urtheil selbst schon hervorgehoben waren) ist dann unstatthaft: ZPl. 20. April 57 c. Müller (IMbl. s. 223; Entsch. 36. s. 465; GA. V, 505); VI 23. Nov. 59 c. Lefebre (GA. VIII, 83); ZI. 5. Dez. 62 c. Steinig (GA. XI, 104); Strafverf. Art. 79. n. 37. 38. (feste Praxis). Das gilt selbst dann, wenn es sich von allgemeinen „mildernden Umständen" handelt und das den Gegenstand der Anklage bildende Verbrechen (z. B. Raub) die Berücksichtigung solcher mildernder Umstände nicht gestattete, die Geschwornen aber, unter Beseitigung einzelner Merkmale, nur den Thatbestand eines geringeren, eine solche Berücksichtigung zulassenden Straffalles (z. B. des einfachen Diebstahls) feststellen. Es kann daher auch in einem solchen Falle nicht eine nachträgliche Befragung der Geschwornen nach mildernden Umständen erfolgen, weil die Möglichkeit einer derartigen Beantwortung vorhergesehen und mit Rücksicht auf sie die betr. Fragstellung beantragt werden konnte: ZII. 19. Mai 60 c. Brinkmann (Rh. S.; GA. VIII, 525; ind.).

7. Der Beginn der Verlesung des gefundenen Spruchs durch den Vorsteher der Geschwornen bildet die Grenze, bis zu welcher Anträge auf Abänderung der Fragen und auf Stellung von Nebenfragen nach erschwerenden und mildernden Umständen Berücksichtigung finden dürfen und müssen; es kann daher die begonnene Verlesung weder vom Angeklagten noch vom StA. durch einen Antrag auf Stellung einer solchen Nebenfrage unterbrochen werden. Das gilt namentlich auch dann, wenn den Geschwornen eine Mehrheit von Fragen vorgelegt war, und der Vorsteher der Geschwornen mit der Verlesung der verschiedenen gefundenen Sprüche begonnen hat: ZII. 1. Dez. 64 c. Reckmann (RdO. V, 328). Wenn dagegen die verlesenen Sprüche mangelhaft befunden, und deshalb die Geschwornen zur näheren Berathung ꝛc. zurückgeschickt werden (Ges. v. 3. Mai 1852 Art. 97), so wird die stattgehabte Verlesung als solche unwirksam und es greift wiederum die Befug-

niß Platz, auf Abänderung der Fragen, resp. auf Stellung von Nebenfragen anzutragen: JMVerf. v. 23. März 1854 (GA. II, 401).

8. In Ermangelung eines Widerspruchs kann der Vorsitzende einem Antrage auf Stellung einer Frage nach erschwerenden rc. Umständen ohne Weiteres Statt geben, und ebenso von Amtswegen dazu übergehen. In einem solchen Falle bedarf es dann auch nicht der Angabe von Gründen für die betr. Maaßnahme.

9. Erschwerende und mildernde Umstände können in die die Hauptthat betreffende Frage mit aufgenommen, sie können aber auch zum Gegenstande einer getrennten (Neben-) Frage gemacht werden; im ersteren Falle sind sie in der Hauptfrage besonders hervorzuheben; vgl. Ges. v. 3. Mai 1852 Art. 80 Abs. 4.

10. Mit Rücksicht auf das unter n. 2 Gesagte darf eine Nebenfrage nie dahin abzielen, ein in der Hauptfrage enthaltenes wesentliches Merkmal des betr. Straffalles nochmals in Frage zu stellen, so daß also die Bejahung beider Fragen nothwendig einen Widerspruch in sich schließen würde. Die Negirung eines wesentlichen Merkmals ist nie als mildernder Umstand anzusehen; es kann daher in solchen Fällen nur eine geeignete Abänderung der Hauptfrage in Antrag gebracht werden. Handelt es sich daher vom Versuche eines Verbrechens, so kann die Tauglichkeit des angewendeten Mittels (§. 31 n. 12.) nicht zum Gegenstande einer Nebenfrage gemacht werden: ZII. 25. Juni 57 c. Herbers; ZII. 8. März 60 c. Ebeling (GA. VIII, 388); VII. 11. Apr. 61 c. Gäde (RdO. I, 274); ZII. 11. Sept. 62 c. Rothe; ZII. 22. Sept. 64 c. Brinkmann (RdO. V, 128); vgl. auch § 40. n. 8. 9; VI. 23. Sept. 63 c. Riemer (RdO. IV, 70); Strafverf. Art. 80. n. 30. 49.

11 Wenn auch Art. XXIV von „erschwerenden und mildernden Umständen" in der Mehrzahl spricht, so gilt der betr. Grundsatz auch da, wo nur ein solcher Umstand in Frage steht: ZII. 23. Juni 53 c. Kranig.

12. Konkurriren mehrere Umstände, von welchen jeder den einfachen Thatbestand zu qualifiziren geeignet ist, so sind alle in die Hauptfrage aufzunehmen und in dieser hervorzuheben, oder es muß jeder einzelne derselben zum Gegenstande einer Nebenfrage gemacht werden. In einem solchen Falle sind die sämmtlichen Nebenfragen durch die Geschwornen zu beantworten; eine alternative Stellung derselben findet nur dann Statt, wenn sich zwei qualifizirende Umstände in der Weise wechselseitig ausschließen, daß beide nicht neben einander bestehen können. Handelt es sich daher von einem Todtschlage, welcher eines Theils mit Ueberlegung (Mord: § 175), andern Theils bei Unternehmung eines andern Verbrechens rc., um ein der Ausführung entgegenstehendes Hinderniß zu beseitigen (§ 178), verübt sein soll, so sind die, diese erschwerenden Umstände betreffenden Nebenfragen nicht alternative zu stellen, sondern es bedarf der Beantwortung beider unbedingt, wenngleich die Bejahung einer einzigen hinreicht, um die Verhängung der Todesstrafe zu rechtfertigen: ZI. 7. Jan. 59 c. Kretzschmer (GA. VII, 209); *contra*: ZI. 8. März 59 c. Kyrms (GA. VII, 363), welches in einem solchen Falle eine alternative Fragstellung für angemessener erachtete. Noch weniger ist einem Beschl. I. 14. Sept. 55 c. Voigt (GA. III, 815) beizustimmen, welcher in einem derartigen Falle nur die Stellung einer Eventualfrage für gerechtfertigt hielt; der dafür in Bezug genommene Art. 86 des Ges. v. 3. Mai 1852 paßt hier offenbar nicht.

13. Da, wo das Gesetz die Strafmilderung oder Schärfung von dem Vorhandensein „mildernder" oder „erschwerender" Umstände im Allgemeinen abhängig gemacht hat, ist auch die betreffende Frage in dieser Allgemeinheit zu stellen und nicht etwa auf die speziellen Thatsachen zu richten, welche als „mildernd" rc. geltend gemacht worden sind: Abh. im JMBl. 1852 S. 46; KBII. S. 24; Ges. v. 3. Mai 1852 Art. 84 Abs. 2; Matt. zu dem letzteren S. 616. Einen Fall, wo das Gesetz „besonders erschwerende" Umstände in dieser Allgemeinheit berücksichtigt, enthält nur § 7 Abs. 2 des StGB.s.

14. In den Fällen, wo das Gesetz die Berücksichtigung mildernder Umstände im Allgemeinen gestattet, unterliegt es lediglich dem Ermessen des Richters der Thatfrage, worin er einen solchen Milderungsgrund finden will; das von Koch (n. 21) mitgetheilte „von der Geschichte gelieferte Verzeichniß von geltend gemachten Milderungsgründen" kann in keiner Weise als maaßgebend angesehen werden. — Bei jener Würdigung sind solche Momente, welche der That längere Zeit vorhergegangen oder erst später auf dieselbe gefolgt sind (z. B. vernachlässigte Er-

ziehung, Reue, späterer Schadensersatz ꝛc.) keineswegs für ausgeschlossen zu erachten. Es ist daher auch einem Antrage auf Stellung einer ganz allgemein gefaßten Frage: „ob in Beziehung auf die ꝛc. That mildernde Umstände obwalten" Statt zu geben; vgl. Ges. v. 3. Mai 1852 Art. 84; es steht dem GHofe dann nicht zu, die Frage auf die „bei Verübung der That obwaltenden Umstände" zu beschränken: BPl. 23. März 57 c. Feind (JMbl. s. 195; Entsch. 36. s. 468; GA. V, 229); BI. 17. April 57 c. Lehmann; Abh. in GA. V, 222; Matt. z. Vdn. v. 3. Jan. 1849 s. 613; HS. I, 488.

15. Es ist durchaus statthaft, die Frage nach dem Vorhandensein mildernder Umstände nur in Beziehung auf einen von mehreren desselben Verbrechens Angeklagten zu stellen, sobald in Betreff der übrigen eine solche Frage nicht beantragt ist. Ebenso können die Geschwornen die Frage in Beziehung auf den einen Angeklagten bejahen, während sie dieselbe rücksichtlich anderer verneinen: ZI. 26. Nov. 56 c. Viehweyer.

16. Ist ein erschwerender (mildernder) Umstand in die Hauptfrage mit aufgenommen worden, so müssen die Geschwornen über denselben besonders abstimmen, und im Falle einer für den Angeklagten ungünstigen Entscheidung das betr. Stimmenverhältniß in ihrem Spruche ausdrücklich angeben: Ges. v. 3. Mai 1852 Art. 91 Abs. 4. — Das gilt auch für das Rheinische Verfahren, denn auch hier macht ein dem Angeklagten ungünstiger, mit einfacher Stimmenmehrheit erfolgender Geschwornenspruch die Entscheidung des GH.s über jene Frage nothwendig: BPl. 14. Juli 62 c. Steinfartz (RdO. II, 525); *contra* früher: ZII. 3. Mai 60 c. Tervelden (GA. VIII, 526).

17. Auch die Gerichtsabtheilungen (Zuchtpolizeigerichte) und die Polizeirichter müssen, wenn der StA. oder der Angeklagte erschwerende oder mildernde Umstände geltend macht und ihre Berücksichtigung beantragt, sich in ihren Urtheilen ausdrücklich darüber aussprechen, ob sie dieselben für erwiesen erachten oder nicht: BI. 17. März 65 c. Schwiderka (RdO. VI, 13); Ges. v. 3. Mai 1852 Art. 31; vgl. § 35 n. 9. Das muß auch von den geltend gemachten allgemeinen „mildernden Umständen" gelten: ZII. 14. April 53 c. de Witt (GA. VI, 681); BI. 24. Sept. 59 c. Gellert; ZI. 30. Juni 66 c. Hoff (beil. RdO. VII, 399); ZII. 13. Sept. 66 c. Hilleringmann (RdO. VII, 457, mit dem Zusatze: der App.-Richter genüge jener Pflicht, wenn er ausspreche, die vom ersten Richter arbitrirte Strafe sei nicht zu hoch bemessen); Löwe Strafproz. s. 343; *contra:* ZII. 3. Mai 55 c. Becker; ZI. 7. Juli 58 c. Labs (GA. VI, 679); ZI. 13. Juni 60 c. Schiel; u. ö., welche davon ausgehen, daß der Richter bei seiner Strafabmessung die Schuld nach allen ermittelten Umständen abwäge, und durch dieselbe zu erkennen gebe, daß er zu einer Milderung keine Veranlassung gefunden habe. Jedenfalls aber tritt Nichtigkeit ein, wenn aus dem Urtheile zu ersehen ist, daß ein als mildernder Umstand geltend gemachtes Moment nicht von diesem Gesichtspunkte aus geprüft worden ist: BII. 14. Jan. 58 c. Weilbeer (JMbl. s. 101: die Instanzrichter hatten die als mildernder Umstand geltend gemachte „Angetrunkenheit" des Angeklagten „unberücksichtigt" gelassen, weil daraus „seine Unzurechnungsfähigkeit nicht zu folgern sei"). Ebenso tritt Nichtigkeit ein, wenn der Instanzrichter Beweisanträge, welche dahin abzielen, mildernde Umstände darzuthun, gänzlich unberücksichtigt läßt: BII. 9. Sept. 58 c. Zwanzig; vgl. Strafverf. Art. 31. n. 20; § 52. n. 7. 37.

18. Die Vorschrift des Art. XXIV ist auf die im Strafgesetze nicht hervorgehobenen Strafzumessungsgründe nicht auszudehnen; sie unterliegen lediglich der freien Würdigung des Schw.GH.s: ZI. 14. Dez. 53 c. Peschke (JMbl. s. 182); ZII. 28. Dez. 57 c. Pagendortel. Dieser kann daher, trotz der Feststellung von „mildernden Umständen" durch die Geschwornen selbstständig noch Strafzumessungsgründe in Betracht ziehen, um dadurch ein Hinausgehen über das geringste Maaß der zulässigen Strafe zu rechtfertigen: ZI. 27. Febr. 56 c. Bergau. Ebenso kann er als Strafzumessungsgrund auch bloße Vermuthungen berücksichtigen: ZII. 7. Jan. 58 c. Grosse.

19. Dagegen ist Art. XXIV auch auf strafausschließende Gründe, z. B. auf den Mangel der Zurechnungsfähigkeit oder den Zustand der Nothwehr, auszudehnen. Das Nähere vgl. § 40. n. 8. 9; § 41. n. 14.

Art. XXV. Den Geschworenen sind geeigneten Falls eventuelle Fragen vorzulegen, insbesondere um festzustellen, ob der Angeklagte in Beziehung auf das Verbrechen oder Vergehen, wegen dessen die Anklage gegen ihn erhoben ist, nicht wenig-

---

20. Ebenso findet der Grundsatz des Art. auch da Anwendung, wo es in Frage kommt, ob eine Mehrheit von Handlungen verschiedene selbstständige Straffälle darstellen (§ 56), oder ob sie als zusammenhängende Theile einer einzigen Strafthat (§ 55) anzusehen sind, — obgleich hierin strenge genommen keine „erschwerenden oder mildernden Umstände" gefunden werden können: ZI. 9. März 53 c. Katranski; ZII. 23. Nov. 54 c. Schrör (Rh. S.; GA. III, 112); VI. 9. März 55 c. Lenski (GA. III, 670); vgl. § 56 n. 10.

Art. XXV.

Inhalt.

1. Der durch die Anklage mit einer Sache befaßte erkennende Richter soll die That durch eine Entscheidung von allen Gesichtspunkten einer möglichen Strafbarkeit erledigen; vgl. Art. XXIV n. 1. 2. Während Art. XXIV nähere Bestimmungen darüber trifft, wie jenem Grundsatze gemäß bei der Fragstellung zu verfahren ist, wenn bei der mündlichen Verhandlung erschwerende oder mildernde Umstände zur Sprache gebracht werden, deren das Anklage-Urtheil (Beschluß) keine Erwähnung thut, — regelt Art. XXV den Fall, wenn nach dem Ergebnisse der Hauptverhandlung die That von einem andern rechtlichen Gesichtspunkte aus sich als strafbar darstellt, als im Anklage-Urtheil ꝛc. aufgestellt war. Auch für diesen Fall hat Art. 86. des Ges. v. 3. Mai 1852 klarere und erschöpfendere Vorschriften aufgestellt, welche an sich zwar nur für den Geltungsbereich der Vdn. v. 3. Jan. 1849 erlassen sind, gleichwohl aber aus den zu Art. XXIV. n. 3 entwickelten Gründen auch im Gebiete des Rheinischen AGHofs zur Erläuterung des Art. XXV. benutzt werden dürfen.

2. Hiernach ist die Aufzählung der Fälle im Art. XXV auch für das Rheinische Verfahren keineswegs als limitativ aufzufassen, vielmehr ist auch hier als leitender Grundsatz anzuerkennen, daß in dem angehobenen Hauptverfahren über die den Gegenstand der Anklage bildende That mit allen sich an sie anschließenden, für ihre Strafbarkeit erheblichen Umständen mit einem Male aberkannt, daß sie also durch die Entscheidung nach allen denkbaren Richtungen hin erledigt werden soll, und daß ebendeshalb auch die Fragstellung alle strafrechtlichen Seiten, welche die That darbieten kann, erschöpfen muß. Es ist sonach auch im Bezirke des AH.s zu Köln unbedingt statthaft, besondere Fragen zu stellen, inwiefern die betr. Handlung den Thatbestand eines anderen Straffalles in sich schließe, als die Anklage behauptet hatte: ZII. 19. Mai 60 c. Brinkhof (GA. VIII, 825). Das stand auch schon vor der Verkündung des Einf.-Ges.s in der Rechtsprechung des früheren KH.s unbedingt fest; vgl. Gen.-Register z. Rh. Archiv s. v. Assisen n. 29. 30. 34. — Die Pflicht, in dieser Weise durch die Fragstellung den Thatbestand nach allen Richtungen hin zu erschöpfen, ist für das Gebiet des Rh. Rechts noch gebietender, als in den übrigen Theilen des Staates, weil dort den Gerichten die (in den Artt. 30. und 86. des Ges. v. 3. Mai 1852 ausgesprochene) Befugniß, die Verfolgung der That aus einem andern Gesichtspunkte einem besonderen Verfahren vorzubehalten, nicht beigelegt worden ist.

3. Zum Gegenstande einer besonderen Frage kann nur diejenige Handlung (dasjenige konkrete Thun) gemacht werden, auf welche sich das Anklage-Urtheil bezog; vgl. Art. XXIV. n. 2. Andere Handlungen, welche sich an jene Haupthandlung anschlossen, und welche dieselbe (die Wahrheit beider vorausgesetzt) rechtlich in der Weise qualifizirt haben würden, daß beide vereint sich als ein ein-

stens des Versuchs, der Theilnahme, der Begünstigung oder der Hehlerei schuldig ist, oder ob er die Handlung, welche ihm die Anklageschrift als eine vorsätzlich verübte zur Last legt, nicht wenigstens aus Fahrlässigkeit begangen zu haben schuldig ist.

[Entw. Art. XX]. Vgl. Ges. v. 3. Mai 1852 Art. 30. 86; Rh. StPO. Art. 338.

---

ziger strafbarer Thatbestand darstellten, sind aber als Theile der Haupthandlung anzusehen; auch sie können daher Gegenstand einer besonderen Frage sein. Lautet daher eine Anklage auf Diebstahl, so sind Gewalthandlungen, welche jenen Diebstahl (wenn er thatsächlich feststände) zum Raube gestempelt haben würden, als denselben begleitend und sonach als in der Anklage mit enthalten anzusehen, und Stellung einer besonderen Frage in Betreff dieser Gewalthandlungen vom Gesichtspunkte der Körperverletzung aus ist statthaft. Zu vergleichen sind in dieser Beziehung Zl. 21. April 65 c. Listewski (RdO. VI, 65); Zl. 9. Juni 65 c. Zackor (RdO. VI, 169), namentlich die dort mitgetheilten Anträge der GStA.-schaft.

4. Der unter n. 3 aufgestellte Grundsatz ist ein Fundamentalsatz des ganzen Verfahrens, er muß daher auch bei der Stellung besonderer Fragen, wegen Versuchs, Theilnahme, Begünstigung und Hehlerei, maaßgebend sein. Die Stellung derartiger Fragen ist daher auch nur dann statthaft, wenn der Thatbestand der betr. Theilnahme 2c. in denselben konkreten Handlungen 2c. gefunden wird, welche dem Anklage-Urtheil zum Grunde liegen. Daher würde es nicht statthaft sein, bei einer auf Selbstbegehung eines Verbrechens lautenden Anklage eine Frage nach der Anstiftung eines Andern zur Begehung des Verbrechens zu stellen, wenn diese Anstiftung durch andere selbstständige Handlungen verübt sein sollte, als die, in welchen das Anklage-Urtheil die Selbstbegehung fand; *contra:* Zl. 9. Jan. 61 c. Schildt; Zl. 17. Mai 65 c. Majewski RdO. VI, 131); Zl. 4. Okt. 65 c. Wittkowski (908); vgl. Zl. 9. Mai 66 c. Urbigkeit (RdO. VII, 288).

5. In Betreff der wesentlichen Unterscheidung, welche zwischen den im Art. XXV. und den im Art. XXIV. vorgesehenen Fällen besteht, ist das zu Art. XXIV. n. 4 Bemerkte zu vergleichen.

6. Auch hier gilt vor Allem die Regel, daß die erhobene Anklage, so wie sie im Anklage-Urtheil (Beschluß) aufgefaßt und formulirt worden ist, durch die Entscheidung, und somit auch durch die Fragstellung erschöpft werden muß. Die der Formulirung des Anklage-Urtheils 2c. entsprechende Frage muß daher unbedingt (und nicht blos „geeigneten Falles" nach dem Ermessen des SG.s) gestellt, sie kann nie durch eine, einen andern Gesichtspunkt auffassende Frage ersetzt werden: Pl. 19. Okt. 60 c. Schubert. Das gilt auch dann, wenn das Anklage-Urtheil selbst schon einen eventuellen Gesichtspunkt aufgestellt und zum Gegenstande einer eventuellen Anklage gemacht hatte; auch dieser macht dann die Stellung einer besonderen Frage unerläßlich.

7. Der Art. XXV. spricht von der Stellung „eventueller" Fragen, während Art. 86 des Ges. v. 1852 sie als besondere Fragen bezeichnet. Diese letztere Bezeichnung ist die korrektere. Wenn eine und dieselbe Handlung den Thatbestand verschiedener Straffälle in idealer Konkurrenz in sich vereinigt, die Strafverhängung also nach Maaßgabe des § 55 erfolgen muß, so bedarf es wesentlich der thatsächlichen Feststellung beider Thatbestände; jeder derselben muß daher zum Gegenstande einer Frage gemacht, und jede der letzteren muß nothwendig beantwortet werden. Es ist sonach unstatthaft, die zweite Frage nur eventuell zu stellen, und dadurch ihre Beantwortung nur für den Fall der Verneinung der ersten Frage herbeizuführen. Diese letztere Verfahrungsweise ist vielmehr nur da gerechtfertigt, wo beide Thatbestände sich wechselseitig ausschließen, und also nicht ideell konkurriren können (z. B. Versuch und Vollendung, vorsätzliche und fahrlässige Begehung). Die praktische Seite dieser Verfahrungsweise zeigt sich nicht allein bei der Strafabmessung (nach § 55), sondern auch bei einem späteren Rückfalle des Angeklagten in Betreff einer der jetzt ideell konkurrirenden Verbrechen 2c. durch die dann zu verhängende Rückfallsstrafe: Zl. 14. Jan. 59 c. Wendt (GA. VII, 232); Zl. 22. Febr. 60 c. Sachs; ZII, 14. Dez. 62 c. Brüning. Vgl. § 55. n. 11.

8. Bei der Stellung besonderer Fragen ist Sorge dafür zu tragen, daß ihre

Fassung es erkennen lasse, wie es sich in beiden um dasselbe konkrete Thun, also um einen Fall der idealen Konkurrenz handle, damit dem Zweifel vorgebeugt werde, ob nicht zwei verschiedene selbstständige Handlungen festgestellt werden.

9. Ein und derselbe (dieselben wesentlichen Merkmale umfassender) Thatbestand darf nicht zum Gegenstande zweier verschiedener Fragen gemacht werden, weil eine verschiedene Beantwortung beider einen Widerspruch in sich schließen würde: BII. 8. Dez. 64 c. Graas (RdO. V, 338); vgl. Ges. v. 3. Mai 1852 Art. 80. Das gilt auch dann, wenn der Thatbestand des den Gegenstand der Anklage bildenden Verbrechens alle wesentlichen Merkmale eines einfacheren Straffalles mit umfaßt (Raub und Diebstahl, Mord und Todtschlag). Da in einem solchen Falle die das schwerere Verbrechen betreffende Frage gleichzeitig schon den vollen Thatbestand des leichteren in sich schließt, so kann diese letztere nicht außerdem auch noch zum Gegenstande einer besonderen Frage gemacht werden; vgl. ZI. 3. Febr. 65 c. Depke (RdO. V, 453).

10. Dagegen dürfen umgekehrt verschiedene (von einander abweichende Begriffsmerkmale in sich schließende) Thatbestände nicht in einer Frage zusammengefaßt werden; vielmehr ist für einen solchen Fall die Stellung gesonderter Fragen unerläßlich: BI. 21. Jan. 53 c. Vogl (Entsch. 24. s. 465; GA. I, 355); BI. 18. Jan. 54 c. Schumann (GA. II, 402); Burchardi Abh. in GA. I, 586; *contra*: ZI. 19. Jan. 59 c. Rohde (GA. VII, 213); ZI. 11. Jan 60 c. Samulewski.

11. Noch weniger ist es statthaft, zwei sich wechselseitig ausschließende Thatbestände (n. 7) in einer Frage alternative zusammen zu fassen: BI. 10. März 58 c. Sacksen.

12. Wird die Stellung einer Eventualfrage für angemessen erachtet, so ist als Hauptfrage nicht nothwendig die dem Anklage-Urtheil entsprechende, sondern diejenige zu stellen, nach welcher die That den schwersten Charakter annimmt. Nach demselben Grundsatze ist die Reihenfolge bei der Stellung mehrerer Eventualfragen zu bestimmen: ZI. 2. Okt. 57 c. Nowacki (GA. V, 829); ZII. 21. Juni 62 c. Ermels (RdO. II, 483); ZII. 26. Jan. 65 c. Döring (RdO. V, 442); Burchardi Abh. in GA. I, 690.

13. Auch die Stellung einer besonderen Frage ist so lange statthaft, als überhaupt die Fragstellung einer Abänderung unterliegen kann, d. h. so lange noch nicht ein regelrechter, die Anklage erschöpfender Geschwornenspruch vom Vorsteher verlesen worden ist. Bis zu diesem Augenblicke sind daher auch die auf Stellung einer solchen Frage abzielenden Anträge zu berücksichtigen; später sind sie unzulässig: BI. 27. April 55 c. Rauprich (GA. III, 543); BI. 4. Juni 56 c. Adam (GA. IV, 667); Antr. des GStAnw.s in GA. V, 504. Hiernach ist die Stellung einer besonderen Frage noch statthaft, wenn die Geschwornen, wegen Mangelhaftigkeit des verlesenen Spruchs, zum Zweck der Verbesserung desselben in ihr Berathungszimmer zurückgeschickt werden: BI. 30. Mai 62 c. Wengrzick (RdO. II, 433); vgl. ZI. 12. März 62 c. Schnur (RdO. II, 301); ZI. 9. Okt. 63 c. Thiemann (RdO. IV, 102). Es ist hier das zu Art. XXIV. n 6 7. Gesagte analog anzuwenden. — Für das Gebiet des Rh. Rechts ist die AKO. v. 7. Febr. 1835 (RS. V, 70), welche bei den „auf freiwillige Tödtung und Verwundung" gerichteten Anklagen nach erfolgter Verneinung der Hauptfrage die Stellung einer neuen Frage gestattete: ob der Angeklagte die That aus Unvorsichtigkeit begangen habe, — in Folge des Art. XXV. für aufgehoben zu erachten.

14. Erfolgt die Stellung einer besonderen Frage nach dem Schlusse der Verhandlungen, so kann dem Angeklagten die nochmalige Verstattung zum Worte, um auch nach der neuen der Sache gegebenen Richtung seine Vertheidigung zu führen, nicht versagt werden: ZI. 30. März 54 c. Bomholt (GA. II, 532); ZII. 18. März 58 c. Brandenburg (GA. VI, 246); vgl. Strafverf. Art. 86. n. 24.

15. Die Statthaftigkeit einer besonderen, einen anderen Gesichtspunkt auffassenden Frage ist nicht dadurch bedingt, daß die Hauptverhandlung in jener Beziehung neue, dem Anklagesenate fremd gebliebene Beweismomente an die Hand gegeben habe; die Beurtheilung des Schw.-GH.s ist in dieser Beziehung ganz frei; er kann daher auch solche Gesichtspunkte auffassen, welche der Anklagesenat im Anklage-Urtheil ꝛc, sei es aus rechtlichen, sei es aus thatsächlichen Gründen, beseitigt hatte;

Art. XXVI. **Darüber, ob die Voraussetzungen des Rückfalls vorhanden sind, entscheidet der Schwurgerichtshof ohne Mitwirkung der Geschwornen.**

[Entw. Art. XVI]. Vgl. StGB. §§ 58—60. 202. 203. 219. 233. 240. 267. 269. 336.

---

vgl. Ges. v. 3. Mai 1852 Art. 85; ZII. 17. Sept. 57 c. Harff (GA. VI, 79); ZI. 7. März 66 c. Wildahn (RdO. II, 154); ZII. 17. März 64 c. van de Loo (Rh. S.).

16. Die Stellung besonderer Fragen soll geeigneten Falles erfolgen, d. h. also nach Maaßgabe des richterlichen Ermessens. Insbesondere kann der Vorsitzende auch von Amtswegen und ohne daß es einer Rechtfertigung der Maaßregel durch Angabe von Gründen bedürfte, dazu übergehen: ZI. 18. Febr. 63 c. Liebig; ZII. 22. Dez. 63 c. Kiel. Nur im Falle eines Widerspruchs ist dann der GHof zu einer Entscheidung darüber berufen.

17. Das thatsächliche richterliche Ermessen greift auch da Platz, wo der StA. die Stellung einer besonderen Frage beantragt hat; die Ablehnung eines solchen Antrags kann nicht zum Gegenstande einer Nichtigkeitsbeschwerde gemacht werden, vorausgesetzt, daß sie auf der Annahme einer mangelnden thatsächlichen Veranlassung beruht: ZI. 27. Mai 53 c. Bock; ZI. 7. Dez. 59 c. Bückner; u. ö. Dagegen ist der Schw.-GH. verpflichtet, thatsächlich zu prüfen, ob Veranlassung zur Stellung einer solchen Frage vorliegt; Nichtigkeit tritt daher ein, wenn er dieser Pflicht nicht nachkommt, oder wenn er den Antrag aus einem vom Gesetz nicht anerkannten Grunde ablehnt; z. B. wenn er nur erwägt: „die vorgeschlagene Fassung der Frage erscheine nicht angemessen": V. 18. Okt. 52 c. Klauswitz (GA. I, 41); oder wenn er die beantragte Stellung einer Eventualfrage versagt, „weil dieselbe mit den thatsächlichen Voraussetzungen der Hauptfrage im Widerspruche stehe": VII. 14. April 64 c. Mökking (GA. IV, 459); vgl. n. 6. 10.

18. Da die Stellung einer besonderen (eventuellen) Frage dahin abzielt, abgesehen von dem im Anklage-Urtheil ꝛc. enthaltenen Straffalle, ein anderes Verschulden des Angeklagten festzustellen, so hat der letztere kein Interesse und ebendeshalb auch kein Recht, seinerseits die Stellung einer solchen Frage zu beantragen; von seinem Standpunkte aus könnte ein solcher Antrag nur bezwecken, die Geschwornen von einer unbefangenen Beurtheilung der Hauptfrage abzulenken. Die Ablehnung eines solchen Antrags (selbst wenn sie aus irrigen Rechtsgründen oder ohne Angabe von Gründen erfolgt), sowie die vollständige Uebergehung desselben begründen daher nie eine Nichtigkeit: ZI. 15. Febr. 56 c. Stephan (GA. IV, 206); ZI. 6. Jan. 58 c. Krüger (GA. VI, 77); ZII. 18. März 60 c. Ebeling (GA. VIII, 388); ZI. 2. Mai 62 c. Timm (RdO. II, 381); ZI 17. Dez. 62 c. Kokot (RdO. III, 175); (feste Praxis).

19. Die Geschwornen müssen eine ihnen gestellte Eventualfrage mit Nothwendigkeit beantworten, sobald sie nicht die vorhergegangene Hauptfrage unbedingt bejahen. Das gilt namentlich auch dann, wenn die Bejahung der Hauptfrage nur mit einfacher Stimmenmehrheit erfolgt ist; vgl. GA. I, 690.

20. Im Geltungsbereiche der Vdn. v. 3 Jan. 1849 kann der Schw.-GHof statt der Stellung einer besonderen Frage die Verfolgung der That aus einem anderen Gesichtspunkte einem besonderen Verfahren vorbehalten. Das Nähere siehe Oppenhoff Strafverf. Art. 86. n. 32 ff. Das Rheinische Verfahren enthält keine entsprechende Vorschrift.

21. Ist weder eine besondere Frage gestellt noch ein Vorbehalt gemacht worden, so schließt das zur Sache ergehende Erkenntniß jede anderweite Verfolgung und Bestrafung derselben aus einem andern Gesichtspunkte unbedingt aus; vgl. Art. XXIV. n. 1.

Art. XXVI.

1. Dieser Artikel beseitigt den Zweifel, ob im Falle, wo der Angeklagte seine Identität mit einem früher Verurtheilten bestreitet, diese im Bezirke des Rhein. AGH.s in Gemäßheit der Artt 518—520 der Rh. StPO. festzustellen sei.

2. Die Entscheidung über die Voraussetzungen des Rückfalls bleibt gleichwohl eine thatsächliche, und ist daher im Wege der Nichtigkeitsbeschwerde nicht anzugreifen; vgl. § 58 n. 23.

Art. XXVII. Im Bezirke des Rheinischen Appellationsgerichtshofes kommen folgende Bestimmungen zur Anwendung:

§ 1. Alle wegen eines und desselben Verbrechens oder Vergehens zur Strafe verurtheilte Personen sind zu den Kosten, zur Rückgabe und zum Schadensersatze, auf welche erkannt wird, solidarisch zu verurtheilen.

[Entw. Art. XXII § 1]. Vgl. (Rh. StGB. Art. 55); (Rh.) Dekr. v. 18. Juni 1811 Art. 156.

Art. XXVII § 1.

1. Die durch Art. 55 des Rh. StGB.s angedrohte Solidarität für die Geldbußen ist hier nicht wiederholt, also beseitigt: V. KH. 9. Sept. 51 c. Suckfüll.

2. Nach der Fassung des cit. Art. 55 (sont tenus solidairement ....) nehmen die französische Jurisprudenz und Doktrin an, die Solidarität verstehe sich, auch wenn sie nicht ausdrücklich im Urtheile ausgesprochen sei, von selbst; auch das fällt jetzt bei der veränderten Fassung des Art. XXVII § 1 weg.

3. Der § 1 setzt Verurtheilung wegen eines und desselben Straffalles voraus; daher genügt es nicht, wenn zwei verschiedene Straffälle unter sich in einem inneren Zusammenhange stehen: VII. 11. Okt. 55 c. Adams.

4. Unter den „wegen desselben Verbrechens &c. Verurtheilten" sind nicht nur die Thäter, sondern auch die Theilnehmer und Gehülfen zu verstehen; vgl. Dekr. v. 18. Juni 1811 Art. 156. Dagegen kann die Vorschrift jetzt, wo die Hehlerei nicht als Theilnahme an der Hauptthat, sondern als besondere Strafthat behandelt wird, auf diese keine fernere Anwendung finden; anders verhält es sich hiermit nach den altländischen Gesetzen arg. §§ 29. 30. I, 6 ALR.: Erk. OTr. I. 2. Okt. 60 Traube c. Kottlarczyk (StA. 38. S. 347).

5. Die solidarische Verurtheilung zu den Kosten greift nur insoweit Platz, als gegen mehrere Personen wegen derselben Strafthat eine Verurtheilung erfolgt. Insofern daher bei einer gleichzeitigen Verfolgung einzelne der Beschuldigten nicht wegen aller Anklagepunkte verurtheilt werden (sei es, daß sie dieser gar nicht beschuldigt, oder daß sie der betr. Handlungen nicht schuldig befunden worden sind), so kann sie auch eine Verurtheilung zu den durch diese veranlaßten Kosten nicht treffen: VII. 11. Jan. 55 c. Hebben; VII. 4. Febr. 64 c. Dückerhoff (RhO IV, 345); VII. 4 Mai 65 c. Müller; u. ö.; vgl. Gilb. C. pén. art. 55. n. 3. 4. 9.

6. Werden mehrere Beschuldigte in einem Verfahren, theils wegen derselben, theils wegen verschiedener nur den einzelnen zur Last fallender Verbrechen &c. verurtheilt, so können die Instanzrichter das Verhältniß, nach welchem sie theils solidarisch, theils jeder für sich allein die Gesammtkosten tragen sollen, evaluiren. Das OTr. hat eine derartige Entscheidung wiederholt stillschweigend gebilligt, z. B. durch ZII. 31. Mai 55 c Bäumer, und hat durch VII 11. Okt. 55 c. Meisterfeld; VII. 4. Febr. 64 (cit. n. 5); u. ö. selbst eine solche Evaluation vorgenommen.

7. Ebenso können die Richter bei einer Verurtheilung Mehrerer wegen derselben Strafthat für die prinzipale Haftbarkeit zwischen denselben, mit Rücksicht auf den verschiedenen Grad der Betheiligung (unbeschadet der Solidarität) ein anderes Verhältniß bestimmen: ThdCp. 1. p. 131.

8. Die Solidarität ist nicht durch eine gleichzeitige Verurtheilung bedingt; sie ist also auch in Betreff derjenigen Kosten auszusprechen, welche durch das besondere Verfahren veranlaßt worden sind, in welchem früher gegen eine andere Person wegen derselben That auf Strafe erkannt wurde. Dagegen dürfte die ausgesprochene Verurtheilung zu den Kosten nicht auf diejenigen auszudehnen sein, welche erst später durch das Verfahren gegen einen Mitschuldigen veranlaßt werden: ThdCp. 1. p. 131; Gilb. c. pén. art. 55 n. 4. 7.

9. Dem wegen eines Verbrechens &c. Verurtheilten sind auch diejenigen Kosten zur Last zu legen, welche durch die gleichzeitige Verfolgung eines andern desselben Verbrechens Angeklagten, demnächst aber Freigesprochenen veranlaßt worden sind; so: ZII 4. Febr 58 c. Huppertz.

10. Der Art. XXVII § 1 spricht, ebenso wie § 55 des Rh. StGB.s nur von

§ 2. Wegen der Rückgabe und des Schadensersatzes, auf welche wegen strafbarer Handlungen erkannt wird, findet gegen die Verurtheilten die persönliche Haft statt.

[Entw. Art. XXII § 2]. (Rh. StGB. Art. 52. 53. 469); Rh. BPO. Art. 780 ff.

§ 3. Ist auf Konfiskation oder Geldbuße, zugleich aber auf Rückgabe oder Schadensersatz erkannt worden, so haben die letzteren den Vorzug, wenn das Vermögen des Verurtheilten nicht ausreicht, alle diese Leistungen zu bestreiten.

[Entw. Art. XXII § 3]. Vgl. (Rh. StGB. Art. 64); (Rh.) Ges. v. 5. Sept. 1807; Rh. StPO. Art. 121; Rh. BGB. Art. 2202.

Urkundlich unter Unserer Höchsteigenhändigen Unterschrift und beigedrucktem Königlichen Insiegel.

Gegeben Charlottenburg, den 14. April 1851.

(L. S.) Friedrich Wilhelm.

v. Manteuffel. v. d. Heydt. v. Rabe. Simons. v. Stockhausen. v. Raumer. v. Westphalen.

Verbrechen und Vergehen, nicht von Uebertretungen, während die die solidarische Verurtheilung wegen der Kosten betreffende Bestimmung des Art. 156 des Dekr. v. 18. Juni 1811 sich auf alle strafbaren Handlungen bezieht. In Frankreich ist die verbindliche Kraft dieser weitergehenden Bestimmung bestritten, vgl. ThdCp. l. c.; dagegen ward dieselbe und ihre fortbauernde Gültigkeit in Betreff der Uebertretungen angenommen durch ZII. 19. Jan. 54 c. Floßbach.

11. Tritt die Solidarität für Rückgabe und Schadensersatz auch dann ein, wenn die Verurtheilung dazu durch den Civilrichter erfolgt? Die Bejahung konnte nach der allgemeinen Fassung des Art. 55 des Rh. StGB.s nicht zweifelhaft sein; vgl. Rej 6. sept. 1813; id 23. déc. 1818 (Sir. 14 1. 57; 19. 1. 278); Gilb. C. pén. art. 55 n. 28. Nach Art. XXVII § 1 erscheint die Frage bedenklicher; jedenfalls muß die Verurtheilung zu einer Strafe vorhergegangen sein.

Art. XXVII § 2.

12. Auch hier ist die durch das Rh. StGB. verhängte persönliche Haft wegen der Geldbuße und der Kosten beseitigt; jetzt tritt eventuelle Gefängnißstrafe an die Stelle der Geldbuße. Vgl. in Betr. der früheren Zeit: AKO. v. 18. Sept. 1824 (RS II, 526); Vdn. v. 24. Nov. 1843 § 1 Nr. 9, § 10. 29 (GS. s. 353).

13. Die allgemeinere Fassung des Art. 52 des Rh. StGB.s bezog sich unzweifelhaft auch auf den Schadensersatz, zu dessen Leistung die Civilpartei dem Angeklagten ꝛc. gegenüber verurtheilt werden kann; vgl. Erk. AH. Bordeaux v. 15. nov. 1828 (Sir. 29. 2. 117). Es hat schwerlich in der Absicht des Gesetzgebers gelegen, das hier zu beseitigen, die Worte des § 2 lassen indessen eine derartige Ausdehnung nicht zu.

14. Die Zulässigkeit der persönlichen Haft braucht im Urtheil nicht ausgesprochen zu sein, sie versteht sich von Rechtswegen: ThdCp. 1. p. 151; vgl. übrigens Rh. BGB. Art. 2067.

15. Die Vollstreckung durch persönliche Haft findet auch dann Statt, wenn die Verurtheilung vom Civil- und nicht vom Strafgerichte ausgegangen ist; § 2 unterscheidet nicht; *contra:* Cass. 18. nov. 1834 (Sir 34. 1. 777).

Art. XXVII § 3.

16 Diese Vorschrift bezieht sich nicht auf die Kosten; für sie hat der Staat ein Privilegium nach dem (Rh.) Ges. v. 5. Sept. 1807.

Straf-Gesetzbuch für die Preußischen Staaten

vom 14. April 1851. *)

Wir Friedrich Wilhelm, von Gottes Gnaden, König von Preußen ꝛc. ꝛc.

verordnen mit Zustimmung der Kammern, was folgt:

Einleitende Bestimmungen.

§. 1. Eine Handlung, welche die Gesetze mit der Todesstrafe, mit Zuchthausstrafe oder mit Einschließung von mehr als fünf Jahren bedrohen, ist ein Verbrechen.

---

*) **Straf-Gesetzbuch.**

1. Das StGB. ist als ein für sich bestehendes Gesetz für die ganze Monarchie erlassen, und dabei Einheit des Strafrechts und gleichmäßige Anwendung in allen Landestheilen beabsichtigt worden. Es sind daher die in demselben gebrauchten Ausdrücke nicht nach den verschiedenen in den einzelnen Landestheilen geltenden Civilgesetzgebungen, sondern nach dem Sprachgebrauche des gewöhnlichen Lebens auszulegen: JMVerf. v. 7. April 1853; ZPl. 27 Febr. 54 c. Wegener (JMbl. S. 193; Entsch. 27. S. 329); ein Beispiel siehe § 141 n. 4; *contra:* TL. § 25; TArch. IV, 311; er will überall nur auf das Preußische Civilrecht zurückgehen.

2. Durch zwei Allerhöchste Erlasse v. 21. April 1856 und v. 14. Juni 1859 (GS. 56. S. 220; 59. S. 339) ist angeordnet worden, daß in neuen Ausgaben des StGB.s die abändernden Bestimmungen der Gess. v. 6. März 1853, v. 14. April 1856 und v. 30. Mai 1859 an Stelle der aufgehobenen Vorschriften aufgenommen werden, und daß künftig alle Behörden nur auf die Bestimmungen des so abgeänderten StGB.s und nicht auf jene Spezialgesetze Bezug nehmen sollen. In ähnlicher Weise ist in Betreff der Abänderungen zu verfahren, welche das EG. z. D. HGB. v. 24. Juni 1861 Art. 52 und 18 in Betreff des Art. XII § 2. 3 des EG.s z. StGB. und der Artt. 259—262 des StGB. vorgenommen hat. — Diese Aenderungen sind keine Deklarationen, sondern neue Gesetze: Bl. 15. Juli 53 c. Richter (GA. I, 575); u. ö.

3. Ueber die Bedeutung der Motive und der Kammerverhandlungen für die Auslegung des StGB.s sind zu vergleichen: Hefftер Abh. in GA. I, 31 ff.; TL. S. 128 ff.; HS. I, 83; Bl. 18. März 53 c. Krebs.

§ 1.

1. Es wäre zu wünschen gewesen, daß das StGB. einen technischen Ausdruck für „strafbare Handlung" im Allgemeinen festgestellt hätte; vgl. EG. Art. VI. XXIII: „Straffall"; Ges. v. 3. Mai 1852 Art. 6: „Gesetzesübertretung"). Die französische Gesetzessprache gebraucht in dieser Weise das Wort délit, welches aber, da es gleichzeitig auch „Vergehen" bezeichnet, leicht zu Mißverständnissen Anlaß giebt. Hefftер (Lehrb.) bedient sich in gleichem Sinne des Ausdrucks Mißthat.

2. Die Strafandrohung für Uebertretungen kann auch durch Polizei-Verordnungen erfolgen; vgl. § 332 und Polizei-Ges. v. 11. März 1850 § 5 ff.

Eine Handlung, welche die Gesetze mit Einschließung bis zu fünf Jahren, mit Gefängnißstrafe von mehr als sechs Wochen oder mit Geldbuße von mehr als funfzig Thalern bedrohen, ist ein Vergehen.

Eine Handlung, welche die Gesetze mit Gefängnißstrafe bis zu sechs Wochen oder mit Geldbuße bis zu funfzig Thalern bedrohen, ist eine Uebertretung.

[Entw. § 1]. Vgl. Einf.-Ges. Art. VIII—X. XIII—XV; Verfassung v. 31. Jan. 1850 Art. 8.

§. 2. Kein Verbrechen, kein Vergehen und keine Uebertretung kann mit einer Strafe belegt werden, die nicht gesetzlich bestimmt war, bevor die Handlung begangen wurde.

[Entw. § 1]. Vgl. Verfassung v 31. Jan. 1850 Art. 8. 106; Einf.-Ges. Art. IV; Ges. v. 3 April 1846 (GS. f. 151); Vdn. v. 3. Jan. 1849 § 125.

§. 3. Die Preußischen Strafgesetze finden Anwendung auf alle in Preußen begangene Verbrechen, Vergehen und Uebertretungen, auch wenn der Thäter ein Ausländer ist.

[Entw. § 3]. Vgl. § 4; Ges. v. 3. Mai 1852 Art. 2 Nr 1.

---

3. Für die Klassifizirung einer strafbaren Handlung ist stets das höchste Maaß der objektiv angedrohten Strafen maaßgebend; der Umstand, daß unter gewissen thatsächlichen Voraussetzungen (z. B. wegen mildernder Umstände) eine geringere Strafart eintreten kann oder muß, nimmt der That den Charakter nicht, den sie im Allgemeinen hat; es ist daher im Betreff der Kompetenz keine Rücksicht darauf zu nehmen, da erst der erkennende Richter das Vorhandensein jener Voraussetzungen feststellen kann: VII. 24. Juni 58 c. Kerpen; vgl. Art. XIII n. 9. Eine Ausnahme von diesem Satze enthält für das Gebiet des Rhein. Rechts das Ges. v. 4. Mai 1853 (oben f. 26). In Betreff der Verjährung vgl. § 46 n 2.

4. Ebenso bleibt das von einem Strafunmündigen (§ 43) begangene Verbrechen ein Verbrechen, wenn gleich es nur mit Gefängnißstrafe geahndet werden darf. Nur rücksichtlich der Kompetenz hat Art. IV des Ges. v. 22. Mai 1852 (oben f. 22) eine Abänderung getroffen; vgl. EG. Art. XIII n. 10. In Betreff der in einem solchen Falle maaßgebenden Verjährungsfrist vgl. § 43 n. 8.

§ 2.

1. Das Gesetz ist nach dem erkennbaren Willen des Gesetzgebers zu interpretiren und danach eine weitere Bedeutung der gebrauchten Ausdrücke anzunehmen, wenn sie ein allgemeines Verständniß in diesem Sinne erwarten lassen: VI. 10. Sept. 56 c. Schmidt. Ueber diese Grenze hinaus findet eine analoge Anwendung der Strafgesetze nicht Statt: Heffter in GA. I, 27 ff.; HS. I, 78. 88; BL. f. 226.

2. Ueber die Statthaftigkeit und die verbindende Kraft von Polizei-Verordnungen, und die durch dieselben angedrohten Strafen vgl. § 332 n. 2 ff.; Polizei-Ges. v. 11. März 1850 § 5 ff. (GS. f. 266).

3. Mit Rücksicht auf die Vorschrift des § 2 muß die thatsächliche Feststellung sich auch auf den Zeitpunkt der Begehung der Strafthat erstrecken; vgl EG. Art. IV n. 11; § 3 n. 15.

§ 3.

1. Der Grundsatz dieses § findet auf alle Strafgesetze, nicht blos auf die im StGB. enthaltenen, Anwendung.

2. Es kommt durchweg auf den Ort der strafbaren Handlung selbst, nicht auf denjenigen an, wo der durch die Handlung herbeigeführte Erfolg eingetreten ist, sollte dieser Erfolg auch ein wesentliches Erforderniß der Strafbarkeit sein: ZII.

23. März 65 c. Baumeister (GA. XIII, 435). Daher ist eine in Preußen begangene Kuppelei nach Preußischen Gesetzen strafbar, selbst wenn sie in der Anwerbung von Frauenzimmern für ein im Auslande befindliches Bordell bestand, und dort die That straflos ist: ZII. 30. Sept. 54 c. Mauel (GA II, 830). Aehnlich verhält es sich mit einem durch Abschließung eines Versicherungsvertrages verübten Betruge; hat der Angeklagte die ihm zur Last fallenden Handlungen im Inlande verübt, so ist es unwesentlich, wenn die beschädigte Gesellschaft im Auslande ihren Sitz hat, und dort auch die Police ausgestellt worden ist: ZI. 21. Juni 55 c. Schlesinger (GA. IV, 831).

3. Erstreckt sich eine strafbare Handlung in ihrer unmittelbaren Wirksamkeit über eine gewisse Raumstrecke (z. B. ein abgefeuerter Schuß), so ist die ganze durchlaufene Strecke als der Ort der Begehung anzusehen; liegt dieselbe theils im Inlande theils im Auslande, so ist, selbst wenn die beabsichtigte Wirkung im Auslande eintrat (z. B. wenn der Schuß dort sein Ziel erreichte), doch auch das Inland als Ort der That anzusehen: *contra*: TL. § 115, welcher als solchen nur den Ort ansehen will, wo sich der Handelnde befand.

4. Gehören mehrere Handlungen zu einem Thatbestande und sind dieselben an verschiedenen Orten verübt, so ist die Strafthat an dem Orte begangen, wo die die Strafthat vollendende Handlung verübt wurde: GM. I, 71 n. 9a arg. des (jetzt aufgehobenen) § 77 der Crim.-Ordn. Daher wird eine durch einen versendeten Brief verübte Strafthat erst da vollendet und überhaupt begangen, wo der Brief der Absicht des Absenders gemäß an den Adressaten und zu seiner Kenntniß gelangt: ZII. 24. Febr. 53 c. Krause (GA. I, 226); BI. 26. Sept. 60 Holländer c. Schurgast (GA. VIII, 835; StA. 39. S. 77); Beschl. I. 16. Juli 62 c. Gäde (RdO. II, 534); u. ö. — Erfolgt in einem solchen Falle die Abgabe des Briefs an den Adressaten durch einen unbetheiligten Dritten, so ist dieser als das Werkzeug des Thäters anzusehen; hierdurch erledigt sich der Einwand Temme's (Arch. I, 326) gegen die obige Ansicht. — In Betreff der Kompetenz begründet dagegen jede Einzelhandlung am Orte ihrer Begehung das forum delicti commissi für die ganze That: Ges. v. 3. Mai 1852 Art. 2 Nr. 1; ebenso für die frühere Zeit: ZI. 4. Mai 53 c Heinemann.

5. Wenn hiernach ein im Inlande begonnenes, im Auslande vollendetes Verbrechen 2c. als im letztern verübt anzusehen ist, so steht doch nichts im Wege, die im Inlande begangenen Handlungen geeigneten Falles als einen hier verübten Versuch zu betrachten und zu bestrafen, sollte auch die vollendete That im Auslande nicht strafbar sein; *contra:* HS I, 74, „weil der Versuch nicht strafbar sein könne, wenn die vollendete That eine erlaubte sei"; der im Inlande begangene strafbare Versuch kann aber dadurch nicht straflos werden, daß er im Auslande fortgesetzt und dort (straflos) vollendet wird; es liegt sonach nicht der Versuch einer, wenn (im Inlande) vollendet, straflosen That vor.

6. Die durch die Presse begangenen Verbrechen 2c. werden durch die Veröffentlichung des Preßerzeugnisses (d. h. durch den Verkauf, die Versendung, die Verbreitung, die Ausstellung oder das Anschlagen desselben an dem Publikum zugänglichen Orten) vollendet: Preßges. v. 12. Mai 1851 § 32. 33. Die Strafthat ist daher da verübt, wo eine derartige Veröffentlichung stattgefunden hat. Ist eine solche an mehreren Orten erfolgt, so ist an jedem derselben die That begangen und der Gerichtsstand begründet: Beschl. I. 9. Sept. 63 c. Lassalle (RdO. IV, 28); *contra:* Beschl. I. 18. Juli 66 c. Stein (RdO. VII, 431); Abh. in GA. XIV, 347; vgl. den Antr. der GStA.-schaft z. cit. Beschl. 18. Juli 66 l. c. — Zum Begriffe der Veröffentlichung wird hier nicht erfordert, daß dritte Personen Kenntniß vom Inhalte der Druckschrift erlangt haben; der Verkauf, die Versendung 2c. genügen. Dagegen wird vorausgesetzt, daß die betreffende Handlung eine solche sei, durch welche die Schrift dem Publikum unmittelbar zugänglich gemacht wird (z. B. die Aufgabe der [unverschlossenen] einzelnen Exemplare auf die Post zum Zweck ihrer Verschickung an die Abonnenten: BPl. 17. Juli 62 c. Stefanski, RdO. II, 535). Daher genügt eine nur im gewerblichen Verkehre des Verlegers erfolgende Versendung, z. B. die aus der Druckerei in das Expeditionslokal, oder die von einem Expeditionslokale zu einem andern, nicht, sollte sich das letztere auch an einem andern als dem Druckorte befinden: Beschl. I. 7. März 66 c. Stein (RdO. VII, 155). — Wenn dagegen eine wirkliche Versendung im Sinne des § 33 des Preßgesetzes an einem

Orte und dadurch das Vergehen vollendet worden ist, so stellt die Weiterbeförderung der betr. Exemplare durch die benutzte Versendungsanstalt nicht eine neue Veröffentlichung dar; es kann daher der Umstand, daß demnächst die Schrift in Folge jener Weiterbeförderung auch an anderen Orten vorgefunden wird, an diesen letzteren nicht einen neuen Gerichtsstand begründen: VI. 24. Jan. 55 c. Braun (GA. III, 259); ZII. 6. Sept. 55 c Brüggemann (Entsch. 31. s. 431; GA. III, 825); ZII. 12. Nov. 57 c. Thiele (RA. 53, 2A. s. 55; GA. VI, 98).

7. Die auf einem Preußischen Seeschiffe auf offenem Meere verübten strafbaren Handlungen sind als in Preußen begangen anzusehen, und nach Preußischen Gesetzen zu bestrafen: ZI. 12. Sept. 55 c. Seyler (GA. III, 658). Jener Grundsatz gilt bei Kriegsschiffen auch dann, wenn sie sich im Eigenthumsgewässer eines fremden Staates (z. B. auf der Rhede eines ausländischen Hafens) befinden, während bei anderen Schiffen hier als Ort der Begehung das Staatsgebiet angesehen wird, welchem das Gewässer gehört: ZI. 16. März 59 c. Strauß (Entsch. 42. 2. 7; GA. VII, 344); vgl. im Allgem. BL. s. 220; id. Wirkungskreis s. 169.

8. Ist die Strafbarkeit einer Handlung durch ihre Gewohnheits- oder Gewerbsmäßigkeit bedingt, so muß die im Inlande verübte That diesen Charakter an sich tragen, um hier strafbar zu sein; der Richter kann aber, um diesen Charakter festzustellen, wie auf sonstige der Persönlichkeit des Angeklagten anklebende Umstände, auch auf die im Auslande von demselben begangenen Handlungen Rücksicht nehmen.

9. In Betreff der Theilnahme an einer Strafthat vgl. § 34 n. 15, und hinsichtlich der Kompetenz EG. Art. XXII Nr. 2.

10. Der mit einem fremden Staate abgeschlossene Staatsvertrag, nach welchem Angehörige desselben, wenn sie in Preußen eine Strafthat begangen haben, hierher nicht ausgeliefert, wohl aber in jenem Staate nach dortigen Gesetzen bestraft werden, steht einer Verfolgung bei einem diesseitigen Gerichte, und selbst einem Kontumazialverfahren nicht entgegen; *contra*: TGU. s. 51 n. 3.

11. Eine im Auslande erfolgte Aburtheilung über eine in Preußen (von einem Preußen oder einem Ausländer) verübte Strafthat schließt eine neue Verfolgung und Bestrafung in Preußen nicht aus, insofern nicht durch eine Kartellkonvention die fremde Gerichtsbarkeit für die betr. That anerkannt ist: TGU. s. 53. n. 8; VII. 13. Sept. 66 c. Petting (RdO. VII, 462), welches aber in einem solchen Falle die Vollstreckung der in Preußen verhängten Strafe nur insoweit gestatten wollte, als dieselbe das Maaß der im Auslande verhängten und zur Vollstreckung gebrachten Strafe übersteige; für eine solche Maaßgabe gewährt indessen das Gesetz nirgend einen Anhaltspunkt; vgl. den Antr. d. GStA. l. c.; § 78 n. 2.

12. Völkerrechtliche Ausnahmen von dem Grundsatze der Territorialität der Strafgesetze siehe bei TGU. s. 51 n. 2; TL. s. 118.

13. Fremde Konsuln sind im Allgemeinen der inländischen Gerichtsbarkeit nicht entzogen; der § 252 der Crim.-Ordn. erkennt nur den in persönlichen Diensten auswärtiger Gesandten, nicht auch den in geschäftlichen Beziehungen zu solchen Gesandschaften stehenden Personen die Befreiung vom inländischen Gerichtsstande zu: VII. 13. Sept. 55 c. Curtis (JMbl s. 320; StA. 17. s. 357; RA. 51. 2A. s. 40); Berner Wirkungskr. s. 214; vgl. Mangin de l'act. publ. n. 83 und dort die Citate; *contra:* TL. s. 119.

14. Das Gesetz erkennt kein dem Fremden zustehendes, von ihm persönlich geltend zu machendes, Asylrecht an; Auslieferungsverträge zwischen verschiedenen Staaten sind daher nicht als Beschränkungen eines solchen Asylrechts anzusehen, und es kann aus ihnen nicht gefolgert werden, daß der Ausgelieferte auch nur wegen solcher Verbrechen 2c. verfolgt und bestraft werden dürfe, rücksichtlich deren die Auslieferung Seitens des fremden Staats bewilligt, oder spätere Zustimmung erwirkt ist: ZII. 10. Nov. 55 c. van Gansewinkel (Entsch. 31. s. 260; GA. IV, 232).

15. Mit Rücksicht auf die Vorschrift der §§ 3. 4 ist es erforderlich, die Bestimmung des Orts, wo eine That, und wenigstens, ob sie im Aus- oder Inlande begangen worden, in die Anklage, und in die thatsächliche Feststellung resp. in die Fragstellung aufzunehmen: ZI. 20. Febr. 56 c. v. Unruh; VI. 6. Jan. 54 c. Wolff (GA. II, 239); VI. 7. Sept 54 c. Jasper (GA. III, 112); VII. 4. Dez. 66 c. Schulte. Gleichwohl ist eine ausdrückliche Bezeichnung nicht unerläßlich, es

§. 4. Wegen der im Auslande begangenen Verbrechen und Vergehen findet in Preußen in der Regel keine Verfolgung und Bestrafung statt.

Jedoch kann in Preußen nach Preußischen Strafgesetzen verfolgt und bestraft werden:

1) ein Ausländer, welcher im Auslande gegen Preußen eine in diesem Strafgesetzbuche als eine hochverrätherische oder

---

genügt, wenn dieselbe sich aus dem ganzen Zusammenhange ergiebt: ZI. 13. April 55 c. Abrahamson; ZI. 8 Okt. 62 c. Krause; vgl. Strafverf. § 32 n. 2; § 39 n. 8. 10. 18; § 47 n. 14; Art. 31 n. 2; Art. 81 n. 26; § 126 n. 27 Der entsprechende Grundsatz gilt in Betreff der Zeitangabe; vgl. EG. Art. IV n. 11.

§ 4.

Inhalt.

1. Durch den im Eingange des § ausgesprochenen Grundsatz sind die Bestimmungen älterer Staatsverträge, die Verfolgung der im Auslande begangenen strafbaren Handlungen betreffend, nicht beseitigt: ZII. 22. Nov. 55 c. Fontaine.

2. Ueber die Bestrafung der in fremden Seegebieten begangenen Strafthaten vgl. § 3 n 7.

3. Der zweite Absatz gestattet die Strafverfolgung, gebietet sie aber nicht; daher kann die StA.-schaft von derselben absehen, wenn sie dieses für angemessen erachtet. Dem Richter-Amte steht eine gleiche Befugniß nicht zu; ist die Anklage erhoben, so muß das Gesetz zur Anwendung gebracht werden. Die Entstehungsgeschichte des § ergiebt, daß das Wort „kann" nicht auf den Schluß des Satzes („bestraft werden") bezogen werden darf: VI. 4. Jan. 65 c. Swit (RdO. V, 392); *contra:* TGU. s. 55 n. 4; TL. s. 112. Zu vergleichen ist § 78, welcher eine unbedingte Fassung hat (vgl. aber dort n. 3), und § 24, welcher das neue Strafverfahren nur gestattet, eventuell aber Verhängung der betr. Strafe gebietet.

4. Aus dem unter n. 3 angeführten Grunde muß nach Rheinischem Rechte der Civil-Partei das Recht abgesprochen werden, in einem der hier vorgesehenen Fälle vor einem Preußischen Strafgerichte ihren Civilanspruch zu verfolgen und dadurch auch die öffentliche Klage in Bewegung zu setzen. Dagegen kann sie sich unbedenklich dem Verfahren anschließen, wenn die StA.-schaft eingeschritten ist.

5. Ueber das Erforderniß bei der thatsächlichen Feststellung den Ort der That anzugeben vgl. § 3 n. 15.

6. Ebenso muß bei dem im Auslande begangenen Verbrechen ꝛc. die Qualität des Angeklagten als eines Preußen oder Ausländers in jedem Einzelfalle thatsächlich festgestellt werden. Hierzu sind aber die Geschwornen nicht berufen, da sie nur über den Thatbestand der strafbaren Handlung selbst, nebst ihren Modalitäten (nach Zeit und Ort) zu entscheiden haben, wozu jene Frage nicht gehört: VI. 5. Juli 65 c. Rymkiewicz (RdO. VI, 236); vgl. § 29 n. 1; § 115 n. 1; Strafverf. Art. 81 n. 36.

Zu Nr. 1 und 2.

7. Aburtheilung und Strafvollzug im Auslande schließen hier Verfolgung und Bestrafung nicht aus: Motive s. 2; HS. I, 48. 68.

8. Als Majestätsbeleidigung sind nur die in den §§ 74 und 75, nicht

als eine Majestätsbeleidigung bezeichnete Handlung oder ein Münzverbrechen begangen hat;

2) ein Preuße, welcher im Auslande gegen Preußen eine hochverrätherische oder eine landesverrätherische Handlung, eine Majestätsbeleidigung oder ein Münzverbrechen begangen hat;

3) ein Preuße, welcher im Auslande eine Handlung begangen hat, welche nach Preußischen Gesetzen als ein Verbrechen oder ein Vergehen bestraft wird, und auch durch die Gesetze des Orts, wo sie begangen wurde, mit Strafe

---

auch die in den §§ 76 und 77 vorgesehenen Handlungen zu betrachten (siehe das Rubrum des Tit. II).

9. Münzverbrechen sind nur dann gegen Preußen begangen, wenn dadurch in das Münzregal des Preußischen Staats eingegriffen wird, d. h. wenn Preußisches oder unter der Autorität des Preußischen Staats angefertigtes Geld (oder gleichgestellte Werthpapiere: § 124) nachgemacht, verändert oder verbreitet werden. Dem Preußischen Gelde &c. steht dasjenige gleich, welches von früher selbstständigen, seitdem mit Preußen vereinigten Staaten ausgegeben worden ist. — Dagegen sind § 4 Nr. 1 und 2 auf das „An sich Bringen und Einführen" falschen fremden Geldes in Preußen (§ 122) nicht anwendbar: VII. 10. Jan 56 c. Oppermann (JMbl. s. 46); VII. 9. Okt. 56 c. dens. (JMbl. s. 343; GA. IV, 835). Diese Anwendbarkeit kann nur durch Münz-Kartell-Konventionen begründet werden

10. Auf das im § 123 vorgesehene Münzvergehen erleiden § 4 Nr. 1 und 2 ebensowenig Anwendung.

Zu Nr. 1.

11. Im Sinne dieser Nr. 1 ist jeder Nichtpreuße als Ausländer anzusehen: JI. 3. Febr. 54 c. Bringe (GA. II, 252); vgl. § 29 n. 1.

12. In Beziehung auf solche Handlungen eines Ausländers, welche, wenn sie von einem Preußen begangen werden, einen Landesverrath darstellen, enthält § 70 die betreffenden Vorschriften.

13. Ist der Ausländer nicht zur Haft gebracht und sonach der Gerichtsstand der Ergreifung nicht begründet, so ist im Sprengel des AGH.s zu Cöln und im Gebiete der ehemaligen freien Stadt Frankfurt jedes Gericht als zuständig zu betrachten; für die übrigen Provinzen enthält das Ges. v. 3. Mai 1852 Art. 2 Nr. 1 die maaßgebenden Vorschriften.

Zu Nr. 2 und 3.

14. Ueber die Erwerbung und den Verlust der Eigenschaft als Preuße vgl. Ges. v. 31. Dez. 1842 (GS. 43 s. 15).

15. Entscheidend ist, ob der Angeklagte zur Zeit der Begehung der That Preuße war: JI. 29. März 65 c. Magnus (RdO. VI, 25). Es kann daher derjenige, welcher erst nach der That die Eigenschaft eines Preußen erlangte, nicht nach dem Preußischen Gesetze bestraft werden, da er gegen dieses durch die im Auslande begangene That nicht verstoßen hat; dagegen muß es statthaft sein, ein solches Individuum in Preußen auf Grund der fremden Gesetze zu verfolgen, welche er früher als Nichtpreuße verletzt hat.

16. Hat ein Preuße, welcher im Auslande eine Strafthat begangen, in Preußen weder einen Wohn- noch einen gewöhnlichen Aufenthaltsort, so ist, insofern er nicht auf Preußischem Gebiete ergriffen wird, die territoriale Zuständigkeit nach den unter n. 13 aufgestellten Grundsätzen zu bestimmen; eventuell ist das OTr für berufen zu erachten, die Sache einem bestimmten Gerichte zuzuweisen; vgl. Beschl. II. 19. März 57 c. Feldmann (JMbl. s. 191); VII. 15. März 66 c. Evens (RdO. VII, 176).

Zu Nr. 2.

17. Die in § 1 sich findende Beschränkung auf die im Strafgesetzbuche vorgesehenen Handlungen bezieht sich auf diese Nr. 2 nicht mit.

bedroht ist. Die Verfolgung und Bestrafung bleibt jedoch in diesem Falle ausgeschlossen, wenn von den Gerichten des Auslandes über die Handlung rechtskräftig erkannt und die etwa ausgesprochene Strafe vollzogen oder durch Begnadigung erlassen ist.

Uebertretungen, die im Auslande begangen werden, sollen in Preußen nur dann bestraft werden, wenn dies durch besondere Gesetze oder Staatsverträge angeordnet ist.

[Entw. § 4]. Vgl. § 3. 24. 67. 69. 70. 78 279; Ges. v. 15. April 1852 § 2 (GS. s. 115); Ges. v. 3. Mai 1852 Art. 2 Nr. 1.

Zu Nr. 3.

18. Zur Anwendung des Preußischen Strafgesetzes reicht es hin, wenn am ausländischen Orte der That der Preuße nach demselben Gesetze zu bestrafen gewesen wäre, z. B. wenn in den zum Ottomanischen Reiche gehörigen Ländern Strafthaten der Ausländer nach den Gesetzen ihrer Heimath beurtheilt und bestraft werden: ZI. 19. Mai 58 c. Mayer (GA. VI, 565); ähnlich ZI. 16. März 59 c. Strauß (GA. VII, 344).

19. Vorausgesetzt wird, daß die konkrete Handlung am Orte ihrer Begehung überhaupt strafbar sei, daß sie also die Begriffserfordernisse irgend eines Straffalles nach den dortigen Gesetzen in sich vereinige. Dagegen ist es nicht erforderlich, daß das ausländische Gesetz denselben Thatbestand voraussetze, wie das zutreffende Preußische: ZI. 8. April 57 c. Krause; ZII. 8. März 66 c. Dorandt (RdO. VII, 160). In Betreff der Feststellung vgl. n. 25. 26.

20. Demgemäß ist die von einem Preußen im Auslande begangene Beleidigung eines Preußischen Beamten in Beziehung auf seinen Beruf aus § 102 zu bestrafen, sobald nur das Gesetz des Auslandes die Beleidigung mit Strafe bedroht; es ist nicht erforderlich, daß das ausländische Gesetz auch die Beleidigung eines fremden Beamten vorgesehen und mit einer geschärften Strafe bedroht habe: ZII. 21. April 53 c. Kindermann.

21. Der Widerstand, den ein Preuße im Auslande gegen die Staatsgewalt des betr. ausländischen Staates ausübt, ist in Preußen strafbar, sobald das Gesetz jenes Staates einen derartigen Widerstand gegen seine eigene Staatsgewalt mit Strafe bedroht. Vgl. das Nähere zu Thl. II. Tit. 5 n. 1.

22. Ist die That im Auslande mit Strafe bedroht, so kommt es auf das Maaß dieser Strafe und ob sie der im Preußischen Gesetze gleich oder geringer sei, nicht an: ZI. 7. Sept. 54 c. Becker. Es ist daher gleichgültig, ob die Strafe des ausländischen Gesetzes sechswöchentliches Gefängniß und Geldbuße von funfzig Thalern nicht übersteigt, so daß sie also nach dem Systeme des StGB.s nur eine Uebertretung darstellen würde, sobald die That nur nach dem Preußischen Gesetze ein Verbrechen oder ein Vergehen darstellt: ZI. 8. April 57 c. Krause; ZII. 14. Dez. 61 c. Knopf (RdO. II, 71); *contra*: TArch. III, 2.

23. Der Preuße, welcher an einer im Auslande von einem Ausländer begangenen (und daher an diesem in Preußen nicht zu bestrafenden) Strafthat Theil nimmt, ist in Preußen nach Preußischen Gesetzen zu bestrafen: ZI. 5. Febr. 58 c. Meißner (GA. VI, 273).

24. Macht das ausländische Gesetz die Bestrafung der That von einem Strafantrage des Verletzten abhängig, so bedarf es desselben auch zu einer in Preußen stattfindenden Strafverfolgung, sollte auch das Preußische Gesetz von diesem Erfordernisse absehen: GM. I, 69 IV. 4.

25. Die Strafbarkeit der Handlung nach dem Gesetze des ausländischen Orts der Begehung bedarf als unerläßliche Bedingung der Bestrafung einer ausdrücklichen Feststellung: VII. 1. Febr. 66 c. Stumm (RdO. VII, 77); *contra*: ZI. 14. Mai 58 c. Welke; ähnlich: VII. 10. April 56 c. Görner (JMbl. s. 124; GA. IV, 538), welches in der instanzrichterlichen Anwendung des Preußischen Strafgesetzes die stillschweigende Voraussetzung der notorischen Strafbarkeit am Orte der

That fand. Jene Feststellung muß sich auf den konkret vorliegenden Thatbestand (n. 19) beziehen; es genügt daher nicht, auszusprechen, daß z. B. der „Betrug" nach dem ausländischen Gesetze strafbar sei, vielmehr bedarf es auch noch der Feststellung, daß die That des Angeklagten nach jenem Gesetze unter den Begriff des Betrugs falle: BI. 15. Nov. 61 c. Scheinmann (RdO. II, 75); BI. 25. Nov. 63 c. Ganfereit (RdO. IV, 214); BII. 23. März 65 c. Schlüter (RdO. VI, 16).

26. Aus dem Gesagten (n. 25) folgt, daß, wenn das betr. ausländische Gesetz einen anderen Thatbestand als das anzuwendende Preußische Gesetz voraussetzt, beide der Feststellung bedürfen: ZI. 2. April 62 c. Sander (ind.). Im schwurgerichtlichen Verfahren muß daher auch der Thatbestand des ausländischen Gesetzes in die Fragstellung aufgenommen werden; *contra*: ZII 9. Febr. 65 c. Müller (RdO. V, 475); GA. II, 101 VIII.

27. Dagegen ist die Frage, ob der festgestellte Thatbestand wirklich unter das ausländische Gesetz falle, nicht durch die Geschwornen, sondern durch den GH. zu lösen. Gleichwohl unterliegt diese Entscheidung, da sie die Anwendung des inländischen Gesetzes nicht berührt, nicht der Kritik des Nichtigkeitsrichters: BII. 10. Jan. 56 c. Oppermann (JMbl. s. 46); BII. 10. April 56 (cit. n. 25); BI. 5. Juli 65 c. Rymkiewicz (RdO. VI, 236); u. ö.; *contra*: ZI. 16. März 59 c. Strauß (GA. VII, 344, ohne weitere Begründung; vgl. § 269 n. 15; Strafverf. Art. 107 n. 21; AGO. I, 10 § 53). — Die Gutachten ausländischer Rechtsgelehrten stellen auch im Civilverfahren ein statthaftes Beweismittel in Betreff der Existenz und Auslegung ausländischer Gesetze dar: BI. 25. Juni 55 Pollack c. v. Krohn (GA. VI, 696; StA. 30. s. 138).

28. Ist die That im Gebiete des gemeinen Strafrechts begangen, so genügt es, wenn die Strafbarkeit auf den Grund der dortigen Gerichtspraxis festgestellt wird: ZII 22. April 58 c. Löwe.

29. Ebenso unbedenklich ist es, die Strafbarkeit einer That im Auslande auf den Grund der Notorietät anzunehmen: ZI. 8. Sept. 58 c. Sturm; ZII. 29. Nov. 60 c. Stein.

30. Die im Auslande eingetretene Verjährung der Strafverfolgung steht der Bestrafung im Inlande nach diesseitigen Gesetzen nicht entgegen: ZI 20. Okt. 54 c. Linke; ZI. 8. April 57 c. Krause; Berner Wirkungskr. s. 164; HS. I, 72; vgl. n. 33.

31. Die Strafverfolgung in Preußen wird ausgeschlossen, sobald im Auslande über die Handlung rechtskräftig erkannt und die Strafe vollstreckt oder erlassen ist. Ein im Auslande schwebendes Strafverfahren hindert sonach eine diesseitige Verfolgung nicht; dagegen muß das Verfahren eingestellt werden, sobald im Auslande jene Bedingungen zutreffen, ehe hier eine rechtskräftige Verurtheilung erfolgt ist.

32. Damit die im Auslande ergangene rechtskräftige Entscheidung eine Verfolgung in Preußen ausschließe, muß sie dieselbe Handlung, d. h. dasselbe konkrete Thun des betr. Angeklagten, zum Gegenstande haben; in welcher Weise die That dort qualifizirt worden sei, ist gleichgültig; vgl. das Nähere Strafverf. § 1 n. 47 fg.

33. Eine im Auslande ergangene Freisprechung hindert die diesseitige Verfolgung selbst dann, wenn sie auf Grund der dort abgelaufenen Verjährung oder aus subjektiven Gründen, welche unser StGB. nicht anerkennt, erfolgt ist: Berner Wirkungskr. s. 165; HS. I, 71; *contra* zum Theil: GM. I, 69 IV 2—4. vgl. n. 30.

34. Eine ausländische vorläufige Freisprechung hindert eine Verfolgung in Preußen nicht: ZI. 8. März 54 c. Wiączka (GA. II, 250); HS. I, 73.

35. Eine im Auslande verhängte und vollstreckte außerordentliche Bestrafung steht einer Verfolgung in Preußen nur dann entgegen, wenn sie nach den Gesetzen des betreffenden Auslandes als rechtskräftig anzusehen ist, d. h. die Wiederaufnahme des Verfahrens wegen neu ermittelter Beweise ausschließt; *contra*: GM. I, 69; HS. I, 73, welche einer solchen Bestrafung unbedingt die Wirkung beilegen, die Verfolgung in Preußen zu verhindern.

36. Ob eine im Auslande ohne Endurtheil erfolgte Einstellung des Verfahrens eine neue Verfolgung in Preußen verhindere, hängt davon ab, inwiefern nach den Gesetzen des ausländischen Staates ein solcher Beschluß die unbedingte Rechtskraft begründet.

§. 5. Auf Preußische Militairpersonen finden die allgemeinen Strafgesetze insoweit Anwendung, als nicht die Militairgesetze ein Anderes bestimmen.

[Entw. § 5.]

§. 6. Das Recht des Beschädigten auf Schadensersatz ist von der Bestrafung unabhängig.

[Entw. § 6]. Vgl. Einf.-Ges. Art. XII § 1.

Erster Theil.

Von der Bestrafung der Verbrechen und Vergehen im Allgemeinen.

Erster Titel.

Von den Strafen.

§. 7. Die Todesstrafe ist durch Enthauptung zu vollstrecken.

---

37. Eine Verurtheilung im Auslande, welche nicht den Vollzug oder den Gnadenerlaß der Strafe zur Folge gehabt hat, schließt die Verfolgung in Preußen nicht aus.

38. Der Begnadigung steht eine Abolition oder Amnestie gleich: VI. 4. Dez. 63 c. Korbzinski (RdO. IV, 147).

Zum Schlußsatze.

39. Nach einer ungedruckten Min.-Verf. vom 25. Febr. 1852 soll das frühere, ohne förmlichen Staatsvertrag mit den deutschen Staaten des linken Rheinufers getroffene Abkommen, nach welchem thatsächlich Reciprozität eintrat, ferner als förmlicher Staatsvertrag betrachtet werden, und mit Rücksicht darauf auch Verfolgung wegen der in jenen Staaten begangenen Uebertretungen eintreten. Mit dem Großherzogthum Hessen besteht ein solches Abkommen nicht; so: ZII. 26. Sept. 61 c. Bommerich (RdO. I, 587).

§ 5.

1. Nach § 16 des Ges. v. 15. April 1852 (GS. s. 117) sollen die Civilgerichte gegen die zum Beurlaubtenstande gehörigen Militärpersonen nicht mehr auf Militärstrafen erkennen.

§ 6.

1. Was hier vom Schadensersatze gesagt ist, gilt von allen civilrechtlichen Folgen einer strafbaren Handlung.

2. Durch diese Vorschrift wird die Frage, inwiefern das im Strafwege ergehende Erkenntniß in Betreff der Schuld demnächst für den Civilrichter beweisend oder bindend sei, nicht berührt, da nur die Unabhängigkeit des Rechts auf Schadensersatz von der Bestrafung ausgesprochen ist; *contra*: Koch n. 7, welcher annimmt, jene Frage sei durch den § 6 verneint. Die Frage selbst ist durch ein Erk. Pl. d. OTr. v. 15. Dez. 56 (JMbl. 57. s. 59; Entsch. 34. s. 19) verneinend entschieden worden; vgl. Abh. in GA. V, 344; Präj. v. 29. Jan. 57 Nr. 2680 (Entsch. 35. s. 194).

3. Die Wirksamkeit einer in gesetzlicher Weise im öffentlichen Interesse ergangenen Strafandrohung kann nicht von dem Umstande abhängen, ob der dabei interessirte Private sich anderweit durch Stipulirung einer Konventionalstrafe gegen Benachtheiligung sicher gestellt habe: VII. 4. Febr. 64 c. Dörr (RdO. IV, 341).

§ 7.

1. Weitere Vorschriften über die Vollziehung der „Enthauptung" sind absichtlich nicht gegeben; dieselbe erfolgt daher nach der AKO. v. 19. Juni 1811 in

Mit der Todesstrafe ist zugleich auf den Verlust der bürgerlichen Ehre zu erkennen, wenn dies entweder für einzelne Fälle im Gesetz ausdrücklich bestimmt ist, oder wenn festgestellt wird, daß das mit der Todesstrafe bedrohte Verbrechen unter besonders erschwerenden Umständen begangen worden ist.

[Entw. § 7]. Vgl. § 8. 9. 12. 43. 61. 67. 73. 175; Crim.-O. § 538—549; AKO. v. 19. Juni 1811 (GS. s. 199); (Rh.) AKO. v. 17. Aug. 1818 (RS. I, 520).

§. 8. Die Vollstreckung der Todesstrafe soll in einem umschlossenen Raume, entweder auf einem Platze innerhalb der Mauern der Gefangenanstalt oder auf einem andern abgeschlossenen Platze stattfinden.

Bei der Hinrichtung sollen zugegen sein: mindestens zwei Mitglieder des Gerichts erster Instanz, ein Beamter der Staatsanwaltschaft, ein Gerichtsschreiber und ein oberer Gefängnißbeamter. Von der Hinrichtung ist dem Gemeinde-Vorstande des Orts, in welchem solche stattfindet, Nachricht zu ertheilen; derselbe hat zwölf Personen aus den Vertretern der Gemeinde oder aus anderen achtbaren Mitgliedern der Gemeinde abzuordnen, um der Hinrichtung beizuwohnen.

---

den älteren Provinzen durch das Beil, im Sprengel des AGH.s zu Köln nach der AKO. v. 17. Aug. 1818 durch das Fallbeil.

2. Die Aussetzung der Strafvollstreckung gegen Schwangere ward (Revision v. 1845 s. 24) als sich von selbst verstehend, aber in die Strafprozeßordnung gehörig betrachtet; vgl. Cr.-O. § 536. 537.

3. Todesurtheile bedürfen vor der Vollstreckung der Königlichen Bestätigung: ALR II, 13 § 8; Crim.-O. § 530; AKO. v. 15. Juli 1809 (GS. s. 577); und in Betreff des Sprengels des AGH.s zu Köln AKO. v. 20. Juni 1816 (RS. I, 415); AKO. v. 9. Aug. 1816; Erlaß der Imm.-Just.-Kommission v. 12. Sept. 1816; vgl. Abh. im JMBl. 54. s. 296.

4. Durch die Verurtheilung zur Todesstrafe wird die Rechts- und Handlungsfähigkeit des davon Betroffenen, mit Ausnahme des Falles, wo zugleich auf den Verlust der bürgerlichen Ehre erkannt worden ist, sowie des im § 73 vorgesehenen Falles, nicht verändert, da die Strafe des bürgerlichen Todes durch Art. 10 der Verfassung v. 31. Jan. 1850 abgeschafft ist.

5. Das Gesetz hat die im zweiten Absatze erwähnten „besonders erschwerenden Umstände" nicht näher bezeichnet, den Geschwornen kann daher die Frage auch nur in dieser Allgemeinheit vorgelegt werden; vgl. GA. IV, 217.

6. Gegen den Theilnehmer an einem mit der Todesstrafe bedrohten Verbrechen kann der Verlust der bürgerlichen Ehre nur dann zusätzlich ausgesprochen werden, wenn auch rücksichtlich seiner festgestellt ist, daß seine That unter besonders erschwerenden Umständen begangen worden sei; vgl. § 35 n. 2.

§ 8.

1. Das Gericht erster Instanz, aus welchem mindestens zwei Mitglieder der Hinrichtung beiwohnen sollen, ist das betr. Kreis- oder Landgericht. Es ist nicht erforderlich, daß die gewählten Mitglieder an der Aburtheilung der Sache Theil genommen haben. Die Auswahl steht dem Vorsitzenden zu.

2. Ein Zwang gegen die von dem Gemeindevorstande bezeichneten Gemeindemitglieder, der Hinrichtung beizuwohnen, läßt sich nach der jetzigen Fassung des § 8 nicht begründen, wenngleich die Kommissionen beider Kammern (im Hinblick auf eine abweichende Fassung des Entwurfs) einen solchen für gerechtfertigt hielten.

Außerdem ist einem Geistlichen von der Konfession des Verurtheilten der Zutritt zu gestatten.

Auch ist dem Vertheidiger und aus besonderen Gründen anderen Personen der Zutritt zu gewähren.

Die Vollstreckung des Todesurtheils wird durch das Läuten einer Glocke angekündigt, welches bis zum Schlusse der Hinrichtung andauert.

[Entw. § 8]. Vgl. § 7. 9; Crim.-O. § 536—549.

§. 9. Der Leichnam des Hingerichteten ist seinen Angehörigen auf ihr Verlangen zur einfachen, ohne Feierlichkeiten irgend einer Art vorzunehmenden Beerdigung zu verabfolgen.

[Entw. § 9]. Vgl. § 7. 8.

§. 10. Die Zuchthausstrafe ist entweder eine lebenslängliche oder eine zeitige.

Die Dauer der zeitigen Zuchthausstrafe ist mindestens zwei Jahre und höchstens zwanzig Jahre.

[Entw. § 10]. Vgl. § 11. 16. 17. 30. 43 Nr. 1. 2; 32. 35.

§. 11. Die zur Zuchthausstrafe Verurtheilten werden in einer Strafanstalt verwahrt und zu den in derselben eingeführten Arbeiten angehalten.

Jedenfalls kann die Abwesenheit einzelner der abgeordneten Personen den Vollzug der Strafe nicht hindern, sollte auch der Verurtheilte daraus einen Einwand herleiten: KBI. s. 4.

3. Die Erlaubniß, welcher andere Personen bedürfen, um der Hinrichtung beizuwohnen, geht von den Gerichten, im Geltungsbereiche des Rheinischen Rechts vom Oberprokurator aus.

§ 9. — — — — — — — — — — — — —

§ 10.

1. Auch im Falle des § 285 darf die zeitige Zuchthausstrafe die Dauer von zwanzig Jahren nicht übersteigen, obgleich die Richter in diesem Falle lebenslängliche Strafe zu verhängen befugt sind; vgl. § 285 n. 5.

2. Die Anrechnung einer erlittenen Untersuchungshaft auf eine verwirkte Zuchthausstrafe ist unstatthaft; eine solche Haft kann daher nur bei der Strafabmessung innerhalb der gesetzlichen Strafgrenzen Berücksichtigung finden: VI. 8. Febr. 54 c. Worlich (JMbl. s. 163); ZI. 24. April 63 c. Briewe (RdO. III, 410); u. ö.; vgl. § 11 n. 1; § 14 n. 1; Vdn. v. 3. Jan. 1849 § 159.

3. Eine neue, wegen eines andern Verbrechens eintretende Untersuchungshaft unterbricht den Lauf der Strafzeit, wenn der Angeklagte zu diesem Ende aus dem Zuchthause in das Untersuchungsgefängniß zurückgebracht wird; vgl. § 14 n. 4.

4. Urtheile auf lebenslängliche Zuchthausstrafe bedürfen vor der Vollstreckung der Königlichen Bestätigung; vgl. die Citate § 7 n. 3.

§ 11.

1. Die Verbüßung der Zuchthausstrafe ist erst von der Ablieferung des Verurtheilten in das Zuchhaus an zu rechnen (vgl. JMVerf. v. 27. Mai 1840 II, 2: JMbl. s. 190), sollte er sich auch in Untersuchungshaft befinden, und die Abführung durch Krankheit (: Beschl. Pl. 27. Juni 59 c. Kiuntke: JMbl. s. 303; Entsch. 42. 2. 137; GA. VII, 507) oder durch das Säugen eines Kindes verzögert

Während der Strafzeit sind die zur Zuchthausstrafe Verurtheilten unfähig, ihr Vermögen zu verwalten und unter Lebenden darüber zu verfügen; sie werden nach den Formen, die zur Ernennung der Vormünder vorgeschrieben sind, unter Vormundschaft gestellt; auch darf ihnen während der Strafzeit kein Theil ihres Vermögens oder ihrer Einkünfte verabfolgt werden.

Die Verurtheilung zur Zuchthausstrafe zieht den Verlust der bürgerlichen Ehre von Rechtswegen nach sich.

[Entw., § 11]. Vgl. § 10. 12; Cr.-O. § 568; (Rh. StGB. Art. 29. 30); Ges. v. 15. Apr. 1852 § 6 (GS. s. 116); Ges. v. 11. Apr. 1854 § 1. 2. 4 (GS. s. 143); Gew.-Ordn. v. 17. Jan. 1845 (Ges. v. 22. Juni 1861 Art. I) § 173 (GS. s. 444).

---

sein (Cr.-O. § 566): Beschl. I. 6. Sept. 54 c. Raschke (GA. II, 686); ebenso im Grundsatze: Beschl. I. 8. Febr. 56 c. Riedel (GA. IV, 387); *contra*: Odebrecht Abh. in GA. IX, 442. Dasselbe gilt, wenn die Ablieferung auf den Wunsch des Angeklagten bis nach erfolgter Entscheidung über ein Begnadigungsgesuch unterblieb: Beschl. II. 13. Sept. 60 c. Gabriel (RdO. I, 79); *contra*: v. Kräwel Abh. in GA. IX, 95. Die cit. JMVerf. nimmt von dieser Regel die Fälle aus, wo die Ablieferung ins Zuchthaus wegen Ueberfüllung ausgesetzt, oder wo der Angeklagte im Gefängnisse wahnsinnig geworden, und in eine Irrenanstalt gebracht ist; vgl. § 14 n. 3; Strafverf. § 158 n. 5; KBII. s. 31. — Für den Sprengel des AH.s u Köln hat eine JMVerf. v. 4. März 1839 (RS. VII, 24) allgemein angeordnet, daß dem in Untersuchungshaft befindlichen Verurtheilten die zuerkannte Freiheitsstrafe stets vom Tage des letzten Urtheils anzurechnen sei.

2. Die nach Abs. 2 eintretende Unfähigkeit zur Vermögensverwaltung beginnt mit dem Antritte der Strafe, also nicht mit der Rechtskraft des Urtheils: Erk. III. Civ.-Sen. 15. Dez. 62 Vielhaber c. Vielhaber (StA. 48. s. 128); Erk. AG. Hamm 16. Okt. 56 (Gruch. Beitr. I, 434). Dagegen dauert dieselbe fort, wenn der Verurtheilte nach dem Antritte der Strafe Urlaub erhält oder sich eigenmächtig aus der Anstalt entfernt: cit. Erk. 15. Dez. 62.

3. Diese Unfähigkeit bezieht sich nicht auf die Vertretung der ganzen Persönlichkeit, sondern lediglich auf Vermögensangelegenheiten; der Sträfling kann daher unbedenklich eine gültige Ehe eingehen; aus demselben Grunde wird er in Ehescheidungsprozessen nicht durch seinen Vormund vertreten, es bedarf vielmehr seiner persönlichen Zuziehung: Erk. I. Civil-Sen. 9. Mai 64 Ruschenpohler c. Ruschenpohler (StA. 54. s. 180); Erk. id. 11. Sept. 65 Gronert c. Gronert (RdO. VI, 297). Daneben bedarf es der Zuziehung des Vormunds, weil bei der Ehescheidung gleichzeitig Vermögensrechte in Frage stehen: Erk. id. 22. Nov. 61 Kratzenberg c. Kratzenberg (2094).

4. Die Bestellung der Vormundschaft erfolgt in der durch die Civilgesetze vorgeschriebenen Weise; im Geltungsbereiche des Rh. Rechts bedarf es daher auch der Bestellung eines Nebenvormundes. Die Bestellung fällt weg, wenn der Sträfling nicht sui juris oder eine Ehefrau ist: Abh. im JMbl. 52. s. 324.

4a. Nach Rh. Rechte hat der Sträfling die generelle Legalhypothek am Vermögen seines Vormundes, da er als ein Interdizirter (BGB. Art. 2121) anzusehen ist; vgl. Rh. StGB. Art. 29; Abh. im JMbl. 52. s. 324.

5. Die Bestimmungen des ALR. II, 2 § 255 und der Cr.-O. § 568, den in Folge der Verurtheilung zu harter und schmählicher Zuchthausstrafe eintretenden Verlust der väterlichen Gewalt betreffend, sind durch § 11 nicht aufgehoben.

6. Der Verlust der bürgerlichen Ehre tritt in Folge der Verurtheilung zur Zuchthausstrafe von Rechtswegen, d. h. ohne ausdrücklichen gerichtlichen Ausspruch ein: Z. 22. Sept. 51 c. Pfofrei (Entsch. 22. s. 64; JMbl. 51. s. 320).

7. Im Falle der Verurtheilung zu einer Zuchthausstrafe darf der Verlust der bürgerlichen Ehre nicht auf eine bestimmte Zeitdauer beschränkt werden: B. 28. März 52 c. Joh (JMbl. s. 256).

8. Wird eine verwirkte Zuchthausstrafe deshalb nicht verhängt, weil sie

§. 12. **Der Verlust der bürgerlichen Ehre umfaßt;**

1) den Verlust des Rechts, die Preußische National-Kokarde zu tragen;

2) die Unfähigkeit, öffentliche Aemter, Würden, Titel, Orden und Ehrenzeichen zu führen oder zu erlangen, sowie den Verlust des Adels;

---

durch die wegen eines andern Verbrechens verwirkte Todesstrafe absorbirt wird, so kann der Verlust der bürgerlichen Ehre nicht eintreten, und auf denselben nicht erkannt werden; so: VI. 7. Sept. 53 c. Röhl. Vgl. aber § 56 n. 31, nach welcher eine solche Absorption nicht Statt findet.

9. Der Verlust der bürgerlichen Ehre ist die Folge der Verurtheilung zur Zuchthausstrafe; er tritt also auch da ein, wo im Wege der Gnade die Zuchthausstrafe erlassen oder in eine gelindere Strafe verwandelt wird, es sei denn, daß die Begnadigung ausdrücklich auf sie ausgedehnt wäre: JMVerf. v. 11. Sept. 1856 (RS. XI, 282). Ist die verhängte Todesstrafe durch die Königliche Gnade in „Zuchthausstrafe" verwandelt worden, so ist darunter die Zuchthausstrafe des StGB.s mit allen ihren Folgen, also auch mit der des Verlustes der bürgerlichen Ehre zu verstehen: HS. I, 453.

10. Ueber die Beschäftigung der Zuchthaussträflinge vgl. Ges. v. 11. April 1854 § 1. 2. 4 (GS. s. 143).

11. Gegen einen Gewerbetreibenden, welcher wegen Verletzung der den Betrieb seines Gewerbes betreffenden Vorschriften mit Zuchthausstrafe bestraft wird, muß auf den Verlust der Befugniß zum selbstständigen Betriebe seines Gewerbes erkannt werden: Gew.-Ordn. v. 17. Jan. 1845 (Ges. v. 22. Juni 1861 Art. I) § 173.

§ 12.

1. Der Verlust der bürgerlichen Ehre ist auch gegen Ausländer auszusprechen: VI. 16. März 53 c. Knauer (GA. II, 250); VI. 22. Jan. 64 c. Reinike (RdO. IV, 317).

2. Rehabilitirung kann im Wege der Begnadigung erfolgen; bei hierauf bezüglichen Gesuchen ist das gewöhnliche für Begnadigungsgesuche vorgeschriebene Verfahren inne zu halten: AKO. v. 30. Dez. 1852 (JMbl. 53. s. 122); Verf. des Min. d. J. v. 18. Jan. 1853 (ibid.).

Zu Nr. 2.

3. Unter „öffentlichen Aemtern" sind auch die Kommunal- und standesherrlichen Aemter zu verstehen: HS. I, 460.

4. Dasselbe gilt nicht von Hofämtern, weil ihr Dienst willkürlich widerruflich ist; so: GM. I, 169.

5. Die Erbämter sind den Würden beizuzählen: GM. I, 142 ff. 170.

6. Dasselbe gilt vom Akademischen Doktorat: Jl. 23. Juni 60 c. v. Pochhammer; HS. I, 460.

7. Ueber die Entziehung oder Suspension ständischer Ehrenrechte vgl. Oppenhoff, Ressortges. s. 87 n. 255.

8. Auf die Qualität als ausländischer Beamter bezieht sich die Vorschrift des § nicht mit. Dagegen findet in Betreff der Würden, Titel, Orden und Ehrenzeichen ein Unterschied zwischen in- und ausländischen nicht Statt: HS. I, 460; vgl. AKO. v. 23. Febr. 1817; id. v. 10. März 1845 (GS. 17. s. 35; RS. IX, 23); *contra:* TL. s. 440.

9. Von dem in Folge des Verlusts der bürgerlichen Ehre eintretenden Verluste von Gehalt, Pensionen oder Gnadengehältern ist der betr. Kassen-Behörde Kenntniß zu geben: JMVerf. v. 29. Juni 1851 Nr. 14 (JMbl. s. 232).

10. Ueber die Mittheilung des Tenors aller Urtheile, welche den Verlust von Orden zur Folge haben, an die General-Ordens-Kommission, vgl. JMVerf. v. 29. Juni 1851 Nr. 15 (JMbl. s. 232) Die Akten sollen dem Justiz-Minister eingereicht (JMVerf. v. 12. Dez. 1856: JMbl. s. 374) und ein Nationale beigefügt werden (JMVerf. v. 6. Aug. 1855: JMbl. s. 246; RS. XI, 138). — Ueber die im Wege der Strafvollstreckung zu bewirkende Abnahme der Orden, Ehren-

3) die Unfähigkeit, Geschworener zu sein, in öffentlichen Angelegenheiten zu stimmen, zu wählen oder gewählt zu werden, oder die aus öffentlichen Wahlen hervorgegangenen oder andere politische Rechte auszuüben;
4) die Unfähigkeit, als Zeuge oder Sachverständiger eidlich vernommen zu werden, oder als Zeuge bei der Aufnahme von Urkunden zu dienen;
5) die Unfähigkeit, Vormund, Nebenvormund, Kurator, gerichtlicher Beistand oder Mitglied eines Familienrathes zu sein, es sei denn, daß es sich um die eigenen Kinder

---

zeichen und Denkmünzen nebst den darüber sprechenden Patenten und Besitzzeugnissen, und Einsendung derselben an die General-Ordens-Kommission vgl. JMVerf. v. 20. Nov. 1851 (JMbl. s. 373).

11. Der Verlust des Adels trifft auch die Ehefrau und die nachgeborenen Kinder: *contra:* Koch n. 20.

12. Wenn gegen einen Inländer adeligen Standes rechtskräftig auf eine Strafe erkannt ist, welche den Verlust des Adels zur Folge hat, so sollen vor der Vollstreckung die Akten nebst (Erkenntniß und) Aktenauszug dem Justiz-Minister eingereicht werden: JMVerf. v. 12. Dez. 1856 (JMbl. s. 374); vgl. für den Geltungsbereich des Rh. Rechts: JMVerf. v. 22. März 1837 (RS. VI, 123).

Zu Nr. 3; vgl. Disz.-Ges. v. 7. Mai 1851 § 6; id. v. 21. Juli 1852 § 7.

13. Zu den „öffentlichen" gehören auch die Gemeinde- und kirchlichen Angelegenheiten; *contra:* in Betreff der letztern: HS. I, 460.

Zu Nr. 4.

14. Auch die Unfähigkeit zum Zeugeneide beginnt erst mit der Rechtskraft des Urtheils: ZII. 14. Dez. 54 c. Gerhard (GA. III, 128).

15. Ein Eidesunfähiger kann nach § 356 und 357 der Cr.-O. uneidlich zur Aufklärung der Sache vernommen werden: ZI. 8. Dez. 54 c. Brodmeier; ZI. 14. Juli 58 c. Bölke; u. ö. Dasselbe gilt nach Rh. Verfahren; die Vorschrift des Art. 317 der Rh. StPO. unterstellt, daß die eidliche Vernehmung statthaft sei; ein Zeuge, auf welchen § 12 Anwendung erleidet, darf daher uneidlich abgehört werden, und zwar nicht blos vermöge der diskretionären Gewalt des Präsidenten, sondern auch auf Anordnung des Schw.-GH.s: ZII. 22. März 55 c. Heinzmann.

16. Dagegen stellt die eidliche Vernehmung eines Zeugen, welchem zur Zeit die Ausübung der Ehrenrechte untersagt war, die Verletzung eines wesentlichen Grundsatzes des Verfahrens dar, zumal des schwurgerichtlichen Verfahrens, da die Vereidung bei den Geschwornen die Meinung hervorbringen konnte, es walte gegen die Zeugnißfähigkeit des Individuums ein Bedenken nicht ob: VI. 11. Juli 55 c. Pauly. Vorausgesetzt wird aber, daß bei der Verhandlung die vom Zeugen erlittene Bestrafung zur Kenntniß des Gerichts gelangt sei, weil ohne eine solche dasselbe kein Gesetz verletzen kann: cit. V. 11. Juli 55; VII. 12. März 57 c. Adler; ZII. 28. Dez. 57 c. Dieterichs (Rh. S.); ZI. 17. Dez. 62 c. Eichbaum (RhO. III, 181); ZII. 8. März 66 c. Rebs; u. ö. (feste Praxis); *contra* früher: VI. 27. Nov. 57 c. Hasser, welches Nichtigkeit selbst in einem Falle annahm, wo von der früheren Bestrafung des Zeugen dem Gerichte gar keine Kenntniß geworden war.

17. Der Verlust der bürgerlichen Ehre hat (nach AGO. I, 13 § 25) auch die Unfähigkeit, zu einem Erfüllungs- oder Reinigungseide zugelassen zu werden, zur Folge: Erk. I. Civ.-Sen. 9. Okt. 60 Strassenberg c. Reeck (StA. 38. s. 319; vgl. ibid. 11. s. 231); Erk. Pl. 4. Juli 1864 (JMbl. s. 251; vgl. Abh. in GA. XII, 602). Gleichwohl kann eine stattgehabte Zulassung nicht durch Nicht.-Beschwerde angefochten werden: Erk. IV. Civ.-Sen. 16. Juni 58 Keibana c. Kahl (StA. 34. s. 80).

Zu Nr. 5.

18. Ueber die väterliche Gewalt vgl. § 11 n. 5. In Beziehung auf diese ist § 12 nicht maaßgebend; *contra:* Triest D. StrafRZeitg. 1861 s. 182.

handle und die obervormundschaftliche Behörde oder der Familienrath die Genehmigung ertheile;

6) den Verlust des Rechts, Waffen zu tragen und die Unfähigkeit, in die Armee einzutreten.

Der Verlust der bürgerlichen Ehre tritt mit dem Tage ein, an welchem das Urtheil rechtskräftig wird.

Insofern nach den bestehenden besonderen Vorschriften, in Folge der Begehung von strafbaren Handlungen, der Verlust noch anderer, als der vorstehend erwähnten Rechte, namentlich der Mitgliedschaft an kaufmännischen und anderen Korporationen eintritt, behält es bei diesen Bestimmungen sein Bewenden.

[Entw. § 12]. Vgl. 21—24. 63. 64; Gew.-Ordn. v. 17. Jan. 1845 [Ges. v. 22. Juni 1861 Art. I] § 174; Jagd-Pol.-Ges. v. 7. März 1850 § 15; Ges. v. 3. Mai 1852 Art. 18; Ges. v. 7. Mai 1856 (GS. s. 295).

§. 13. Die Strafe der Einschließung besteht in Freiheitsentziehung mit Beaufsichtigung der Beschäftigung und Lebensweise der Gefangenen; sie wird in Festungen oder in anderen besonders dazu bestimmten Räumen vollstreckt.

Die Einschließung kann nicht über zwanzig Jahre erkannt werden.

[Entw. § 13]. Vgl. § 15 16. 30. 63. 64.

§. 14. Die zur Gefängnißstrafe Verurtheilten werden in einer Gefangenanstalt eingeschlossen und können daselbst in

---

Zum Schlußsatze.

19. Die Befugniß zum Betriebe der in den §§ 42. 43. 47. 49 und 50 der Gew.-Ordn. v. 17. Jan. 1845 [Ges. v. 22. Juni 1861 Art. I.] bezeichneten, sowie aller derjenigen Gewerbe und Geschäfte, zu deren Betreibung der Gewerbtreibende von der Obrigkeit besonders verpflichtet worden ist, erlischt, wenn derselbe die bürgerliche Ehre verloren hat, oder wenn ihm die Ausübung der bürgerlichen Ehrenrechte untersagt worden ist, und zwar mit dem Tage der Rechtskraft des Straferkenntnisses: l. c. § 174; vgl. § 21 n. 6.

§ 13.

1. Die „Beaufsichtigung der Beschäftigung" schließt keinen Arbeitszwang in sich.

2. Ueber die Anrechnung der Untersuchungshaft vgl. § 10 n 2; § 14 n. 1.

3. Ueber die zur Vollstreckung dieser Strafe bestimmten Festungen vgl. Kriegs-Min.-Verf. v. 31. Mai 1852; JMVerf. v. 2. Juni 1852.

4. Für den verhafteten Angeklagten ist der Vollzug einer zuerkannten Einschließungsstrafe von der Verkündung des betr. Erkenntnisses, und nicht von der Ablieferung zur Festung ꝛc. anzurechnen: Beschl. Pl. 28. Mai 64 c. v. Tomicki (RdO. IV, 550); vgl. § 14 n. 3.

§ 14.

1. Die Anrechnung einer erlittenen Untersuchungshaft auf eine verhängte Gefängnißstrafe ist unstatthaft; eine solche Haft kann nur als Strafzumessungsgrund Berücksichtigung finden, es muß daher mindestens das geringste Maaß der gesetzlichen Strafe verhängt und vollstreckt werden: VI. 26. April 54 c. Gantzkow; VI. 12. Mai 54 c. Rietz (JMbl. 55. s. 95); ZI. 24. April 63 c. Priewe (RdO. III, 410); ZII. 5. Nov. 63 c. Bohnstedt; u. ö. (feste Praxis); KBII. s. 30; Bes.

einer, ihren Fähigkeiten und Verhältnissen angemessenen Weise beschäftigt werden.

Die Dauer der Gefängnißstrafe soll, insofern nicht das Gesetz ein Anderes bestimmt, höchstens fünf Jahre betragen.

[Entw. § 14]. Vgl. § 15—17. 35. 43. 57 Nr. 3; 58. 334. 341; Ges. v. 11. April 1854 § 3. 4 (GS. S. 143).

§. 15. Bei den nach Tagen, Wochen oder Monaten bestimmten Freiheitsstrafen wird der Tag zu vierundzwanzig Stunden, die Woche zu sieben Tagen, der Monat zu dreißig Tagen berechnet.

---

s. 88; TGA. s. 113 n. 4; Koch n. 2; vgl. § 320 Abs. 2; Vdn. v. 3. Jan. 1849 § 159, nach welchen der Strafvollzug erst mit der Rechtskraft des betr. Erkenntnisses beginnen kann. *Contra* früher: Z. 12. Juli 52 c. Baum (Entsch. 23. s. 460); ZII. 21. April 53 c. Wigand; GM. I, 164. 179. — Enthält das Erkenntniß von einer Anrechnung der Untersuchungshaft auf die verhängte Freiheitsstrafe Nichts, so versteht sich die Unstatthaftigkeit einer solchen nach § 158. 159 der Vdn. v. 3. Jan. 1849 von selbst.

2. Ueber die Vollstreckung der Gefängnißstrafe vgl. JMVerf. v. 24. Juni 1851 und JMInstr. v. 1. Nov. 1851 (JMbl. s. 237. 366).

3. Dem verhafteten Angeklagten ist, wenn er kein Rechtsmittel gegen das ihn verurtheilende Erkenntniß einlegt, die zuerkannte Gefängniß- oder Einschließungsstrafe vom Tage der Verkündung des Urtheils [erster Instanz] anzurechnen (arg. Vdn. v. 3. Jan. 1849 § 158): JMVerf. v. 26. Juli 1853; Beschl. I. 14. Juni 54 c. Tamms (GA. II, 820); u. ö. Vgl. JMVerf. v. 27. Mai 1840 (JMbl. s. 190); Strafverf. § 158 n. 3. Anders bei der Zuchthausstrafe, vgl. § 11 n. 1. — Im Geltungsbereiche des Rh. Rechts kann der Strafvollzug erst nach eingetretener Rechtskraft des Urtheils eintreten, ohne Unterschied, ob das Rechtsmittel von der StA.-schaft oder vom Beschuldigten ergriffen worden ist: Rh. StPO. Artt. 203. 373—375; JMVerf. v. 22. Mai 1840 (RS. VII, 171). Dagegen ist dem verhafteten Beschuldigten die zuerkannte Gefängnißstrafe vom Tage des letzten Urtheils anzurechnen, wenn dieses durch Nichteinlegung des gestatteten Rechtsmittels in der betreffenden Frist rechtskräftig geworden ist: JMVerf. v. 4. März 1839 (RS. VII, 24).

4. Da, wo eine verschiedene Behandlung der Untersuchungs- und Strafgefangenen Platz greift, ist es ganz gerechtfertigt, wenn einem Untersuchungsgefangenen die Untersuchungshaft nicht auf eine anderweitig gegen ihn zu vollstreckende Gefängnißstrafe angerechnet wird: Beschl. I. 6. Juni 60 c. Kaiser (91 B; GA. VIII, 827); vgl. für den Sprengel des AH.s zu Köln: JMVerf. v. 7. Nov. 1839 (RS. VII, 101); und Cirk. des Gen.-Prok. zu Köln v. 22. Aug. 1845.

5. Wird der erkrankte Verurtheilte der Haft nicht entlassen, sondern direkt in eine Kranken-Anstalt gebracht, wo ihm die Selbstbestimmung über seinen Aufenthalt nicht gewährt wird, so ist ihm sein dortiger Aufenthalt auf die Strafe anzurechnen: Beschl. II. 17. Febr. 59 c. Hagdorn (5 B; GA. VII, 231).

6. Die Wahl der Beschäftigung steht der Behörde, welcher die Verwaltung des Gefängnisses obliegt, zu; der Verurtheilte hat keinen Anspruch auf bestimmte, durch die Voraussetzungen des § bedingte Arbeit. Ueber diese Beschäftigung sind noch zu vergleichen: Ges. v. 11. April 1854 § 3 ff.; JMVerf. v. 10. April 1854 (JMbl. s. 158).

§ 15.

1. Bei Verhängung von Freiheitsstrafen nach Jahren sind stets Kalenderjahre anzunehmen: Beschl. I. 21. Sept. 60 c. Christian (171 B; GA. VIII, 828).

2. Temme (GA. s. 76 n. 2) glaubt, es dürfe hiernach nicht mehr auf Bruchtheile eines Jahres, sondern nur noch auf eine bestimmte Anzahl von Monaten erkannt werden; jedenfalls schließt die Befolgung dieser Regel sonst leicht mögliche Zweifel aus.

Die Dauer einer Freiheitsstrafe soll mindestens Einen Tag betragen.

[Entw. § 15]. Vgl. § 13 14. 16; ALR. I, 9 § 550.

§. 16. Wenn bei Freiheitsstrafen eine Umwandelung der gesetzlich vorgeschriebenen Strafart erfolgen muß, so ist einjährige Einschließung einer achtmonatlichen Gefängnißstrafe und einjährige Gefängnißstrafe einer achtmonatlichen Zuchthausstrafe gleich zu achten.

[Entw. § 15a]. Vgl. § 56. 57. 17; Ges. v. 3. Mai 1852 Art. 131 133.

§. 17. Geldbußen können nicht unter dem Betrage Eines Thalers erkannt werden.

An die Stelle einer Geldbuße, welche wegen Unvermögens des Verurtheilten nicht beigetrieben werden kann, soll Gefäng-

---

3. Der Schlußsatz dieses § findet auch bei Straf-Unmündigen im Falle des § 45 Nr. 3 Anwendung, weil das Herabgehen „unter das niedrigste Maaß der gesetzlichen Strafe" doch nur eine solche Strafe gestattet, welche das Gesetz überhaupt zuläßt: BI. 4. Juli 55 c. Henschel (GA. III, 697).

4. Gefängnißstrafen von längerer als eintägiger Dauer dürfen nur nach ganzen Tagen bemessen werden; zusätzliche Verhängung von Bruchtheilen eines Tages ist unstatthaft.

§ 16.

1. Das Verhältniß der Einschließung zur Zuchthausstrafe ist hiernach wie neun zu vier.

2. Die nach dem ALR. wegen eines ältern Straffalles zu verhängende Zuchthausstrafe läßt eine Umwandlung, in Ermangelung eines dafür geltenden Maaßstabes, nicht zu: ZI. 21. Dez. 59 c. Thiele.

3. Die Umwandlung einer Freiheitsstrafe in eine gelindere Strafe, z. B. in Geldbuße, ist im Gnadenwege statthaft: ZI. 21. Febr. 62 c. Fastag (RdO. II, 272). Die (auf § 590 der Cr.-Ordn. beruhende) hierauf bezügliche Befugniß des Justiz-Ministers ist nicht aufgehoben und dabei das durch die Instr. (AKO.) v. 26—30. Juni 1834 (Jahrb 43. s. 642) vorgeschriebene Verfahren zu beobachten. Insbesondere kann der Verurtheilte gegen die betr. Min.-Verfügung Appellation ergreifen. Der App.-Richter kann in einem solchen Falle den Grund der Strafverwandlung selbstständig prüfen: ZI. 18. Jan. 65 c. Krüger (RdO. V, 421). Vgl. Strafverf. Art. 137. n. 12.

§ 17.

1. Abs. 1 greift auch bei allen durch Spezialgesetze vorgesehenen Vergehen Platz, insofern nicht ein Anderes ausdrücklich vorgeschrieben ist: HS. I, 456; *contra*: KVI. s. 4; GM. I, 198 n. 11; Koch n. 29; vgl. § 335 n. 1. 2. Vgl. EG. Art. III n. 2 ff.

2. Dasselbe gilt auch von der Strafumwandlung; in Ermanglung besonderer Bestimmungen sind daher auch die nach Spezialgesetzen zu verhängenden Geldbußen nach den in den §§ 17 und 335 aufgestellten Grundsätzen in Freiheitsstrafen zu verwandeln: ZI. 20. Sept. 61 c. Hagen (RdO. I, 542). Das gilt selbst dann, wenn das Spezialgesetz einen besonderen Umwandlungsmaaßstab aufstellt, dieser aber nur auf § 88 II, 20 ALR. beruht: ZII. 3. Nov. 55 c. Lobeck; BI. 8. Febr. 65 c. Andrä (RdO. V, 466).

3. Mit Rücksicht auf Art. IX EG. kann jetzt selbst in den Fällen, wo ein Spezialgesetz besondere Vorschriften über die Strafumwandlung enthält (z. B. ZStrGes. v. 23. Jan. 1838 § 4) eine Geldbuße nicht mehr in Zuchthaus- oder Festungsstrafe, sondern nur noch in Gefängniß verwandelt werden, insofern nicht Abs. 3 des § 17 Platz greift: TOll. s. 97 n. 7.

nißstrafe treten. Die Dauer derselben soll vom Richter so bestimmt werden, daß der Betrag von Einem Thaler bis zu drei Thalern einer Gefängnißstrafe von Einem Tage gleichgeachtet wird; die Dauer der Gefängnißstrafe beträgt mindestens Einen Tag und höchstens vier Jahre.

Wenn eine zu verwandelnde Geldbuße neben Zuchthaus auszusprechen ist, so soll die Geldbuße nicht in Gefängniß, sondern in Zuchthaus, jedoch unter Verkürzung der Dauer (§ 16.) verwandelt werden.

[Entw. § 16]. Vgl. §. 16. 17. 20. 335; Ges. v. 3. Mai 1852 Art. 132. 133.

---

4. Die AKO. v. 24. Mai 1844 (GS. s. 238), nach welcher (von den in der KO. selbst hervorgehobenen Ausnahmen abgesehen) die Verwandlung von Stempelstrafen in Freiheitsstrafen nicht stattfinden soll, ist in Kraft verblieben: VI. 16. Jan 57 c. Schwedt; VII. 11. Juni 63 c. Wundermann.

5. Der Richter hat nach den Umständen zu ermessen, welchen der im Abs. 2 freigelassenen Sätze er bei der Verwandlung zum Grunde legen will; er kann also eine Geldbuße von 3 Thlrn. in ein-, in zwei- oder auch in dreitägiges Gefängniß verwandeln: JMVerf. v. 2. Jan. 1854 (JMbl. s. 2).

6. Die Dauer der alternative angedrohten Gefängnißstrafe kann bei der Umwandlung einer Geldbuße in keiner Weise als Anhalt dienen: ZI. 17. Okt. 55 c. Hirsch (GA. III, 831); Präj. OAG. Oldenburg c. Stammer (Old. Arch. IX, 16); HS. I, 473.

7. Im Uebrigen sind auch bei der Strafumwandlung die Vorschriften des § 15 maaßgebend; vgl. dort n. 4. 5.

8. Es ist dem Richter nicht gestattet, wegen vermeintlicher Uneinziehbarkeit der Geldbuße an ihrer Stelle sofort auf die entsprechende Gefängnißstrafe zu erkennen: VII. 24. Jan. 61 c. Recke (RdO. I, 219); vgl. § 18 n. 1.

9. Auch bei Steuerstrafen darf die substituirte Gefängnißstrafe nicht weniger als einen Tag betragen (Steuer-Ordn. v. 8. Febr. 1819 § 64; E.-G. Art. III n. 2. 3): VI. 4. Juli 55 c. Henschel (GA. III, 697).

10. Die Beschränkung des Maaßes der substituirten Freiheitsstrafe bezieht sich nicht auf den Fall der realen Konkurrenz, da § 17 Abs. 2 ausdrücklich sagt: „an die Stelle einer Geldbuße ꝛc.": TGU. s. 79 n. 5; *contra*: ZI. 25. Mai 53 c. Löwenherz (Entsch. 25. s. 270; GA. I, 559); ZI. 9. Mai 55 c. Steinthal; ZI. 16. Dez. 64 c. Holtorf (RdO. VI, 378); GM. I, 192 n. 7; Bes. s. 119.

11. Die Umwandlung in Zuchthausstrafe muß selbst dann erfolgen, wenn wegen eines andern konnexen Verbrechens auf Zuchthausstrafe erkannt wird: HS. I, 474.

12. Die Umwandlung der Geldbuße in Freiheitsstrafe für den Fall der Uneinziehbarkeit soll in dem verurtheilenden Erkenntnisse selbst ausgesprochen werden: Ges. v. 3. Mai 1852 Art. 132; (Rh.) AKO. v. 18. Sept. 1824 (RS. II, 526). Ist jene Vorschrift verabsäumt worden, so ist nach dem cit. Art. 132 zu verfahren. In dem Gebiete des Rh. Rechts muß in einem solchen Falle die Vorladung des Verurtheilten vor dasjenige Gericht, welches in Betreff der Vollstreckung zu entscheiden kompetent ist, erfolgen, und im kontradiktorischen Verfahren verhandelt werden. — Dasselbe Verfahren greift Platz, wenn ein Theil der Geldbuße eingezahlt ist, und es sich fragt, welche Freiheitsstrafe an die Stelle des uneinziehbaren Restes tritt. Wenn daher ein Streit darüber entsteht, ob die Theilzahlung, welche der wegen Steuerdefraude Verurtheilte geleistet hat, auf die nachzuzahlenden Gefälle, auf die Kosten, oder auf die Geldbuße anzurechnen sei, so hat das angerufene Instanzgericht darüber zu entscheiden, und eventuell die Umwandlung des noch rückständigen Restes der Geldbuße vorzunehmen: Beschl. I. 8. Juni 55 c. Jakob; Beschl. I. 1. Febr. 61 c. Parow (RdO. I, 239), welche gleichzeitig annahmen, daß die Anrechnung zunächst auf die Geldbuße erfolgen müsse: vgl. Strafverf. Art. 137 n. 10.

§. 18. Läßt das Gesetz zwischen Freiheitsstrafe und Geldbuße die Wahl, so ist auf die Geldbuße in den milderen Fällen zu erkennen. Im Falle des Unvermögens tritt Freiheitsstrafe nach den Grundsätzen über die Strafverwandlung (§. 17.) ein.

[Entw. § 16a].

§. 19. Die Konfiskation findet nur in Beziehung auf einzelne Gegenstände statt.

---

13. Nach dem Antritte der substituirten Freiheitsstrafe kann die Abbüßung des Restes nur durch Zahlung der ganzen Geldbuße abgewendet werden: HS. I, 473 arg. Zoll-Str.-Ges. v. 23. Jan. 1838 § 55, wo dieses für Zollvergehen ausdrücklich ausgesprochen ist.

14. Ueber die Umwandlung einer Freiheitsstrafe in Geldbuße vgl. § 16 n. 3; Strafverf. Art. 137 n. 12. In einem solchen Falle ist der Maaßstab des § 17 nicht bindend: ZI. 2. Dez. 54 c. Nasse (IMbl. 54. s. 81; GA. II, 107); wohl aber kann derselbe analog zur Anwendung gebracht werden: ZI. 17. Okt. 55 c. Hirsch (GA. III, 831).

§ 18.

1. Dieser § gestattet nicht, bei der Wahl zwischen Gefängniß und Geldbuße auf die Vermögensverhältnisse des Angeklagten Rücksicht zu nehmen: ZI. 7. Dez. 53 c. Kalitzki; *contra*: ZI. 19. Juni 63 c. Breitkopf.

2. Im Uebrigen unterliegt die Wahl dieser oder jener alternative angedrohten Strafe nicht dem Angriffe im Wege der Nichtigkeitsbeschwerde: ZI. 8. April 53 c. Lehnigk; ZII. 7. Juli 53 c. Paßmann; ZI. 28. April 54 c. Bandau.

3. Dagegen können nicht zwei Strafen alternative nach der Auswahl des Verurtheilten verhängt werden: BII. 8. Okt. 57 Lohmann c. Berger.

§ 19.

1. Ueber die zu allgemeine Fassung des zweiten Absatzes des § 19 vgl. TGO. s. 81 n. 3; TL. s. 452. Die durch das Verbrechen rc hervorgebrachten Gegenstände sind zu konfisziren, wenn ihre Hervorbringung Zweck des Verbrechens rc. war (z. B. falsche Münzen, Preßerzeugnisse; die zur Begehung gebrauchten Gegenstände, wenn sie unmittelbar als Werkzeug gedient haben, und auch nur bei vorsätzlichen Verbrechen rc.; vgl. GM. I, 196 n. 2; TL. s. 452. Daher ist nicht das Gebäude zu konfisziren, in welchem Kuppelei getrieben oder Hazardspiel geduldet ist. Ebensowenig können Gegenstände, welche nicht als Werkzeuge zur Ausführung des Vergehens, sondern als Objekte desselben anzusehen sind, hierher gerechnet werden, z. B. die Waaren, mit welchen unbefugter Weise Handel, oder die Sachen, mit welchen ohne die erforderliche polizeiliche Erlaubniß ein Gewerbe getrieben ist: ZII. 3. Mai 56 c. Becker (GA. IV, 562).

2. Die zur Wegschaffung der gestohlenen Gegenstände gebrauchten Transportmittel sind nur dann zu konfisziren, wenn sie zur Begehung des Diebstahls, nicht aber, wenn sie nach Vollendung des Vergehens zur Fortschaffung der Sachen benutzt worden sind; die Frage, ob und wann der Diebstahl vollendet gewesen, ist eine thatsächliche: ZI. 6. Okt. 54 c. Luszey; ZI. 27. Okt. 54 c. Sablowski (GA. II, 821); ZI. 11. Febr. 57 c. Skielka; u ö. — Aehnlich verhält es sich mit dem Schiffsgefäße, in welchem sich ein unbefugt Fischender mit den zum Fischfange unmittelbar dienenden Werkzeugen befindet: ZI. 12. April 54 c. Kräft (GA. II, 418); BI. 1. Juni 66 c. Lenski (RdO. VII, 324); vgl. Fischerei-Ordn. f. d. frische Haff v. 7. März 1845 § 7, id f. d. kurische Haff v. 7. März 1845 § 5 (GS. s. 122. 140), welche für den Fall eines unbefugten Fischens zwar die Konfiskation der gefangenen Fische und der Fischereigeräthe androhen, hiervon aber die Kähne und Schiffsgefäße ausdrücklich ausnehmen.

3. Im Uebrigen ist es eine thatsächliche, in jedem Einzelfalle nach den obwaltenden Umständen zu lösende Frage, ob ein Gegenstand zur Verübung eines Vergehens gebraucht ist oder dazu bestimmt war: ZI. 10. Nov. 56 c. Olzewski; ZI. 11. Febr. 57 c. Skielka. Das gilt namentlich auch dann, wenn bei einem Diebe

Gegenstände, welche durch das Verbrechen oder Vergehen hervorgebracht, oder welche zur Begehung desselben gebraucht oder bestimmt worden sind, sollen, sofern sie dem Thäter oder einem Theilnehmer der That gehören, konfiszirt werden.

Wenn der Inhalt einer Schrift, Abbildung oder Darstellung sich als Thatbestand einer strafbaren Handlung darstellt, so ist im Strafurtheile zugleich die Vernichtung aller vorfindlichen Exemplare und der dazu bestimmten Platten und Formen auszusprechen.

Ist die Schrift, Abbildung oder Darstellung ihrem Hauptinhalte nach eine erlaubte, so soll nur auf die Vernichtung der gesetzwidrigen Stellen und desjenigen Theils der Platten und Formen erkannt werden, auf welchem sich diese Stellen befinden.

[Entw. § 17]. Vgl. § 20. 151. 333; Einf.-Ges. Art. VIII. XXVII § 3; Cr.-O. § 638; Verfassung v. 31. Jan. 1850 Art. 10; Preß-Ges. v. 12. Mai 1851 § 50. 51. 52; HDG. v. 2. Juni 1852 § 17. 22. 23.

---

mehrere Nachschlüssel oder dgl. gefunden sind; daher geht B. 17. Dez. 51 c. Heise (Entsch. 22. s. 64; GA. I 70) zu weit, wenn es anzunehmen scheint, es seien grundsätzlich alle zu konfisziren weil stets alle als zur Begehung des Diebstahls bestimmt (jenachdem der eine oder der andere passen würde) anzusehen seien.

4. Nach der Fassung des Abs. 2 sind auch die durch das Verbrechen 2c. hervorgebrachten Gegenstände nur dann zu konfisziren, wenn sie dem Thäter oder einem Theilnehmer gehören. Eine Ausnahme tritt bei Jagdvergehen ein, vgl. § 177.

5. Die Konfiskation der den Theilnehmern gehörenden Gegenständen ist (arg. § 20) nur dann statthaft, wenn gegen dieselben eine Verurtheilung erfolgt.

6. Die Konfiskation trifft auch die vom Theilnehmer nur zu seinen Theilnahme-Handlungen gebrauchten Gegenstände.

7. Die den Theilnehmer betreffende Bestimmung ist auf den Begünstiger (§ 37) nicht auszudehnen.

8. Die Verhängung der Konfiskation ist nicht durch eine vorherige Abnahme (Pfändung) der betr. Gegenstände bedingt; sie ist stets auszusprechen, ohne Rücksicht auf die der demnächstigen Vollstreckung etwa entgegenstehenden Hindernisse: B. 15. Sept. 52 c. Hill (GA. I, 562); B. 15. Dez. 52 c. Dreyer (Fälle des § 277; vgl. dort n. 1).

9. In Ermanglung besonderer Gesetzesvorschriften kann nicht statt der unausführbaren Konfiskation auf Erlegung des Werthes erkannt werden.

10. Bei Uebertretungen ist die Konfiskation nur da auszusprechen, wo sie ausdrücklich angedroht ist; vgl. § 333.

11. Ueber die Statthaftigkeit der Konfiskation im Falle einer Freisprechung von der Strafe, sowie über ihre nachträgliche Verhängung im Falle der Verabsäumung im verurtheilenden Erkenntnisse vgl. § 20 n. 4 fgg.

12. Bei Einziehung einer für konfiszirt erklärten Sache vom Verurtheilten kann diesem der Manifestationseid auferlegt werden: Beschl. II. 13. Mai 61 c. Kosthorst (RdO. I, 403); Beschl. I. 6. Dez. 65 c. Zahl (RdO. VI, 523); u. ö.; JMVerf. v. 28. Nov. 1860 I. a. E. (JMbl. s. 436).

13. Die Abss. 3 und 4 sind der Vdn. v. 30. Juni 1839 § 37 entlehnt. — Wenn gleich die hier behandelte Vernichtung von Schriften, Formen 2c. jetzt mit der Konfiskation in einen § zusammengefaßt ist, so sind beide doch wesentlich verschieden; es sind daher die für die Konfiskation geltenden Vorschriften nicht ohne Weiteres auf die Vernichtung anzuwenden.

14. Die Absätze 3 und 4 beziehen sich auf alle Schriften, Abbildungen und Darstellungen, nicht blos auf die mechanisch vervielfältigten. Insoweit sie

§. 20. Geldstrafen können in den Nachlaß eines Angeschuldigten nur dann vollstreckt werden, wenn derselbe bei Lebzeiten rechtskräftig verurtheilt worden ist.

Die Konfiskation einzelner Gegenstände kann nach dem Tode des Angeschuldigten in dessen Nachlaß geltend gemacht werden, selbst wenn zu seinen Lebzeiten noch kein Urtheil ergangen ist.

[Entw. § 18]. Vgl. § 17. 19; (ALR. I, 9 § 363. 364); Z.-Str.-Ges. v. 23. Jan. 1838 § 22; Vdn. v. 3. Jan. 1849 § 159; Rh. StPO. Art. 203.

---

auf die letzteren Bezug haben, sind sie durch die §§ 50. 55 des Preßges. v. 12. Mai 1851 wiederholt und genauer bestimmt worden.

15. Die Vorschrift des Abs. 2, daß nur die dem Thäter rc. gehörigen Gegenstände zu konfisziren sind, ist in Betreff der Vernichtung nicht wiederholt. Da es sich aber von einer den Charakter einer Strafe an sich tragenden Maaßregel handelt, so würde es unstatthaft sein, dieselbe gegen dritte unbetheiligte Personen ins Werk zu setzen. Dagegen ist die Vernichtung der zur Herstellung eines Preßerzeugnisses dienenden Platten und Formen nach § 50 Abs. 1 des Preßges.s v. 12. Mai 1851 nicht dadurch bedingt, daß dieselben dem Thäter oder einem Theilnehmer gehören; vgl. § 29 ibid. In Betreff der Preßerzeugnisse enthält § 50 Abs. 2 l. c. die maaßgebende Bestimmung; danach sind die einem Dritten, Nicht-Gewerbtreibenden gehörigen Exemplare von der Vernichtung ausgeschlossen: Beschl. I. 20. Juni 62 c. Prusinowski (RdO. II, 473). Vgl. § 20 n. 8

16. Wenn auch Abs. 3 allgemein vom Thatbestande einer strafbaren Handlung spricht, so würde es, mit Rücksicht auf das Rubrum des Thl. I. doch nicht unbedenklich sein, denselben auf Uebertretungsfälle anzuwenden; vgl. Abs. 2. Dagegen spricht § 50 des Preßges.s jedenfalls ganz allgemein.

17. Ueber die Statthaftigkeit der Anordnung der Vernichtung im Falle einer Freisprechung vgl. § 20 n. 8.

§ 20.

1. Durch § 20 sind die §§ 363. 364 I, 9 ALR. abgeändert.

2. Als rechtskräftig ist ein Straferkenntniß anzusehen, sobald die ordentlichen Rechtsmittel (Appellation, Rekurs, Nichtigkeitsbeschwerde oder nach Rh. Rechte Einspruch, Berufung und Kassationsrekurs) erschöpft, oder die betreffenden Fristen unbenutzt verstrichen sind; insbesondere muß im Gebiete des Rh. Rechts auch die durch Art. 205 der Rh. StPO. dem Generalprokurator gewährte zweimonatliche Berufungsfrist abgelaufen sein; vgl. Gilb. C. d'instr. art. 203 n. 41.

3. Aus den Worten „können nur rc." ist nicht zu folgern, daß die Maaßregel fakultativ sei und daß von der Vollstreckung auch abgesehen werden dürfe; *contra*: GM. I, 201; HS. I, 531.

4. Die Konfiskation ist zunächst eine Strafe (vgl. Rubrum des Tit. I.); als solche kann sie nur durch eine Verurtheilung vom Strafrichter verhängt werden; sie fällt also weg, wenn (z. B. bei einer Steuerdefraude wegen mangelnden Unterscheidungsvermögens des angeklagten Strafunmündigen) Freisprechung erfolgt: ZI. 14. Juni 54 c. Kühn (GA. II, 545); ZI. 1. Okt. 58 c. Jurczik (GA. VII, 98); ZI. 14. Sept. 59 c. Seegebarth (654); HS. I, 464; vgl. aber n. 5.

5. Außerdem hat aber die Konfiskation in gewissen Fällen auch die Bedeutung einer sicherheitspolizeilichen Maaßregel, wenn nämlich die gemeinschädliche Natur des betr. Gegenstandes seine Fortexistenz im Besitze eines Privaten als gefährlich erscheinen läßt. Das gilt von den Werkzeugen zur Falschmünzerei, von Schriften strafbaren Inhalts, von gefälschten Urkunden, verdorbenen Eßwaaren, verbotenen Waffen, Selbstgeschossen rc.: BL. s. 274 n. 16. Aus dieser Auffassung sind Abs. 2 und der frühere (jetzt beseitigte) § 364 I, 9 ALR. hervorgegangen. Sie gestatten mit Rücksicht auf jene Gefährlichkeit die Konfiskation auch dann noch, wenn der einer Strafthat Schuldige vor seiner rechtskräftigen Aburtheilung gestorben ist. Diese Bestimmung ist aber, gerade mit Rücksicht auf ihren innern Grund, theils zu

§. 21. **Die Untersagung der Ausübung der bürgerlichen Ehrenrechte auf Zeit bewirkt die Unfähigkeit, während der im Urtheil bestimmten Zeit die im § 12. erwähnten Rechte auszuüben.**

Die Zeit soll wenigstens Ein Jahr und höchstens zehn Jahre betragen.

---

weit, theils zu eng gefaßt: zu weit, insofern sie in dieser Weise die nachträgliche Konfiskation auch solcher Gegenstände zuläßt, bei welchen eine Gefahr des Mißbrauchs nicht obwaltet, zu enge, weil sie nicht die gleiche Bestimmung für diejenigen Fälle trifft, wo die Gefährlichkeit objektiv vorhanden ist, der Angeklagte aber aus individuellen Gründen freigesprochen wird.

6. Mit Rücksicht auf das unter n. 5 Gesagte dürfte es bedenklich sein, mit BL. l. c. die Konfiskation der gefährlichen Werkzeuge 2c. da zuzulassen, wo eine Freisprechung des Angeklagten erfolgt; vgl. n. 4. Dagegen wird es arg. § 20 Abs. 2 statthaft sein, in einem Falle, wo bei der Verurtheilung die Verhängung der Konfiskation versäumt ist, dieselbe als sicherheitspolizeiliche Maaßregel in einem Nachtrags-Verfahren und durch ein Nachtrags-Erkenntniß auszusprechen: Beschl. I. 29. April 57 c. Sprenger; Zl. 17. Nov. 57 c dens., welche sich aber mit Unrecht auf den (durch § 20 beseitigten, und für die Auslegung des im ganzen Staat verkündeten StGB.s nicht maaßgebenden) § 364 I, 9 ALR. berufen; auch dürften diese Entscheidungen zu weit gehen, wenn sie ein solches Nachtrags-Erkenntniß unbedingt und ohne Rücksicht auf die Gemeingefährlichkeit des Gegenstandes zulassen; vgl. auch V. 17. Dez. 51 c. Heise (Entsch. 22. f. 64; GA. I, 70).

7. Nach derselben Unterscheidung wird die Frage zu lösen sein, ob in dem durch Abs. 2 speziell vorgesehenen Falle die Konfiskation durch den Straf- oder durch den Civilrichter auszusprechen sei. Handelt es sich von gemeingefährlichen Gegenständen, so ist (arg. Preßges. v. 12. Mai 1851 § 50 Abs. 3) der Strafrichter dazu berufen, welcher dann im mündlichen Hauptverfahren unter Zuziehung der Erben des verstorbenen Angeklagten durch Urtheil zu entscheiden hat. Waltet dagegen eine solche Gemeingefährlichkeit nicht ob, so kann der Anspruch des Fiskus (oder des Verletzten z. B. beim Nachdrucke) nur noch ein civilrechtlicher und nur der Civilrichter zuständig sein: GM. I, 205; HS. I, 531; BL. f. 252; *contra*: VI. 5. Juli 61 c. Reimer (RdO. I, 498); Beschl. I. 17. Okt. 66 c. Fürst (RdO. VII, 540); beide ohne auf die obige Unterscheidung einzugehen; vgl. den Antr. d. Gen.-St.-Anw.-schaft z. cit. Beschl. 17. Okt. 66 (l. c.); Abh. in GA. IX, 730. — In Fällen dieser Art dürfte es sich indessen empfehlen, wenn von einer Verfolgung der Konfiskation von Amtswegen gänzlich abgesehen wird, da Abs. 2 dieselbe nur gestattet, nicht gebietet.

8. Die Bestimmung des Abs. 2 ist auf die Fälle, wo nicht auf Konfiskation, sondern auf Vernichtung einer Schrift 2c. (§ 19 Abs. 3. 4) zu erkennen gewesen wäre, nicht auszudehnen; vgl. § 19 n. 15. Insoweit es sich indessen von Preßerzeugnissen, den diesen gleichgestellten Vervielfältigungen (Preßges. v. 12. Mai 1851 § 55) und den dazu dienenden Platten und Formen handelt, wird ev. § 50 des cit. Preßges.s anwendbar. Nach diesem ist die Vernichtung objektiv strafbarer Erzeugnisse als sicherheitspolizeiliche Maaßregel jedes Mal anzuordnen, sollte auch ein dafür Verantwortlicher im Bereiche der Strafgewalt des Staats nicht zu finden sein, oder seine Freisprechung aus einem individuellen Grunde (z. B. wegen Verjährung) erfolgen: V. 8. Dez. 51 c. Sacco (Entsch. 24. f. 177); VII. 9. Febr. 54 c. Schrader; BL. f. 274 n. 16; *contra* mit Unrecht: TArch. III, 122 Note. Ebenso ist es unbedenklich statthaft, die im verurtheilenden Erkenntnisse vergessene Vernichtung des Preßerzeugnisses 2c. durch ein Nachtragsurtheil anzuordnen.

§ 21.

1. Die Strafe der Untersagung 2c. trifft auch den Ausländer; vgl. § 12 n. 1.

2. Sie ist geeigneten Falles auch gegen denjenigen auszusprechen, welcher früher bereits zu Zuchthausstrafe verurtheilt und demzufolge der Ehrenrechte für immer verlustig geworden ist: VI. 1. Okt. 62 c. Hempel (RdO. III, 39).

Die Wirkungen der Untersagung der Ausübung der bürgerlichen Ehrenrechte beginnen mit der Rechtskraft des Urtheils, in welchem sie ausgesprochen ist. Die Dauer dieser Strafe wird jedoch erst von dem Tage an berechnet, an welchem die Freiheitsstrafe verbüßt ist.

[Entw. § 19]. Vgl. § 12. 22—24. 43 Nr. 1; Einf.-Ges. Art. IX; Gew.-Ordn. v. 17. Jan. 1845 [Ges. v. 22. Juni 1861 Art. I, GS. s. 444] § 174.

§. 22. Die Untersagung der Ausübung der bürgerlichen Ehrenrechte auf Zeit hat den Verlust aller aus früheren öffentlichen Wahlen für den Verurtheilten hervorgegangenen Rechte, ingleichen den Verlust der öffentlichen Aemter, Würden, Titel, Orden und Ehrenzeichen, sowie den Verlust des Adels von Rechtswegen zur Folge. Die Entfernung aus der Armee tritt ein, soweit die Militairgesetze es vorschreiben.

[Entw. § 20]. Vgl. § 12. 21. 23. 24; Ges. v. 15. April 1852 § 5; Gew.-Ordn. v. 17. Jan. 1845 [Ges. v. 22. Juni 1861 Art. I] § 174.

§. 23. Entlassene Staatsdiener und Gemeindebeamte werden durch den Verlust der bürgerlichen Ehre und durch die Untersagung der Ausübung der bürgerlichen Ehrenrechte auf Zeit der ihnen aus der Staatskasse oder einer Gemeindekasse zu zahlenden Pensionen und Gnadengehalte von Rechtswegen verlustig.

[Entw. § 21]. Vgl. § 12. 21. 22. 24.

---

3. Es ist statthaft, sie auf kürzere Zeit zu verhängen, als die gleichzeitig verwirkte Polizeiaufsicht: ZI. 14. Juli 54 c. Kaputschat (GA. II, 687).

4. Ueber die Verhängung und den Vollzug der Untersagung 2c. im Falle einer realen Konkurrenz vgl. § 26 n. 2—6. Das dort Gesagte gilt auch hier.

5. Die Unfähigkeit, die im § 12 erwähnten Rechte auszuüben, schließt auch die Unfähigkeit, ein öffentliches Amt 2c. zu erlangen, in sich; vgl. § 12 Nr. 2.

6. Mit dem Ablaufe der im Urtheil bestimmten Zeit hören die Wirkungen der Untersagung, insbesondere alle sich daran knüpfende Unfähigkeiten auf. Mit der dann wieder eintretenden Fähigkeit, Vormund zu sein, lebt aber die durch die zeitliche Unfähigkeit verlorene Vormundschaft nicht wieder auf, insofern das Gesetz nicht eine Berufung zur Vormundschaft von Rechtswegen enthält (z. B. Rh. BGB. Art. 390. 402. 403); *contra:* TGA. s. 84 n. 5; vgl. ALR. II, 2 § 259.

§ 22.

1. Vgl. § 12, sowie die Bemerkungen zu demselben, und § 21 n. 6.

§ 23.

1. Die Vorschrift ist auf andere mittelbare Beamten, als die im § ausdrücklich genannten, nicht auszudehnen; ebensowenig auf Wittwenpensionen, Präbenden u. dgl.: GM. I, 215 n. 3; TL. s. 455.

2. Gilt § 23 auch von den Militärgnadengehalten der Invaliden, auf welche sich die AKO. v. 17. März 1829 und v. 25. April 1835 (GS. 1829 s. 42; 1835 s. 46) beziehen? Eine JMVerf. v. 29. Dez. 1851 (JMbl. 52. s. 2) betrachtete die cit. AKO. v. 17. März 1829 als durch das StGB. nicht beseitigt, und eine Verf. des Kr.-Min. v. 1. Febr. 1853 (GA. I, 385), davon ausgehend, daß mit Rücksicht auf Ges. v. 15. April 1852 § 16 (GS. s. 117) die Civilgerichte über Aberkennung

§. 24. Ist ein Preuße im Auslande wegen eines Verbrechens oder Vergehens bestraft worden, welches nach Preußischen Gesetzen den Verlust der bürgerlichen Ehre oder die Untersagung der Ausübung der bürgerlichen Ehrenrechte auf Zeit nach sich zieht, so kann ein neues Strafverfahren vor den Preußischen Gerichten eingeleitet, und es muß gegen den Schuldigen in Gemäßheit der Preußischen Gesetze auf Verlust der bürgerlichen Ehre oder Untersagung der Ausübung der bürgerlichen Ehrenrechte auf Zeit erkannt werden.

[Entw. § 22]. Vgl. § 4. 12. 22. 23.

---

und Belassung des Gnadengehalts gar nicht mehr zu erkennen hätten, giebt nähere Vorschriften, in welcher Weise der gänzliche oder theilweise Verlust als Folge einer Verurtheilung eintrete; dagegen nahm VII. 28. April 53 c. Kaufhold (Entsch. 26. S. 132; GA. I, 384) an: die Bestimmung des § 23 finde auch auf Pensionen und Gnadengehalte entlassener Militärinvaliden Anwendung, die engeren Bestimmungen der cit. AKO. seien dadurch aufgehoben. Für jene Ansicht hat sich indessen auch eine JMVerf. v. 10. Nov. 1852 ausgesprochen, welche darauf hinverweist, daß der Entw. v. 1847 im § 405 eine dem jetzigen § 23 entsprechende Vorschrift, gleichwohl im Abs. 2 in Betreff der Gnadengehalte der Militärinvaliden abweichende Bestimmungen enthielt, daß aber aus dem Wegfalle dieses Zusatzes nicht geschlossen werden dürfe, als wenn, abweichend von allen bisherigen Resultaten der Berathung, die Militärinvaliden den Beamten gleichgestellt seien, vielmehr habe in Betreff ihrer das Nähere anderweiten Vorschriften der Militärgesetzgebung vorbehalten werden sollen.

§ 24.

1. Die im Auslande erfolgte Aburtheilung über eine in Preußen verübte Strafthat schließt eine neue Verfolgung und Bestrafung in Preußen nicht aus; vgl. § 3 n. 11. Demgemäß bezieht sich § 24 lediglich auf den Fall, wo die Verfolgung eines von einem Preußen im Auslande verübten Verbrechens rc. in Preußen nach § 4 Nr. 3 deshalb unstatthaft ist, weil bereits am Ort der That rechtskräftig über dieselbe aberkannt und die verhängte Strafe vollzogen oder im Gnadenwege erlassen ist; das ergeben auch die Motive S. 10. Somit ist die ganze Vorschrift unanwendbar, sobald die im Auslande erfolgte Bestrafung einer erneuerten Verfolgung und Bestrafung in Preußen nicht entgegensteht, z. B. weil die im Auslande verhängte Strafe noch nicht vollzogen ist.

2. Der § unterscheidet nicht, ob das Preußische Gesetz die Verhängung der Ehrenstrafen nur gestattet oder unbedingt gebietet.

3. Die Fälle, wo der Verlust oder die Untersagung sich nur auf einzelne der im § 12 genannten Rechte bezieht (§ 25. 63. 64), sind nicht ausgeschlossen; *contra*: GM. I, 217 n. 5.

4. Gleichgültig ist es, ob auch das ausländische Gesetz die That mit Ehrenstrafen bedroht, und denselben für den Nichtangehörigen des betr. Staates eine andere Strafe substituirt: Abh. in GA. XI, 693.

5. Die Strafverfolgung hängt vom Ermessen des StA.s ab; ist dieselbe erfolgt, so muß der Richter auf die verwirkte Strafe erkennen.

6. In Betreff der Verfolgung durch eine Civilpartei (nach Rhein. Rechte) gilt auch hier das oben (§ 4 n. 4) Bemerkte.

7. Zuständig ist das für die That nach allgemeinen Grundsätzen berufene Gericht: Abh. in GA. XI, 689.

8. Das befaßte Gericht ist zu einer neuen Prüfung der Beweisfrage und zur selbstständigen Feststellung des Thatbestandes nach den zutreffenden Preußischen Gesetzen berufen, ohne dabei irgendwie an die Feststellung und Qualifizirung des ausländischen Richters (z. B. an die von diesem angenommenen mildernden Umstände) gebunden zu sein: ZII. 23. Jan. 62 c. Moses (RdO. II, 218); VII. 10. Nov. 64 c. Czentner (RdO. V, 260).

§. 25. Die zeitige Unfähigkeit zur Bekleidung öffentlicher Aemter soll auf die Dauer von Einem Jahre bis zu fünf Jahren erkannt werden. Sie hat für die dazu Verurtheilten den Verlust ihrer Aemter von Rechtswegen zur Folge. Diese Wirkung tritt mit der Rechtskraft des Urtheils ein. Ist gleichzeitig auf eine Freiheitsstrafe erkannt, so wird die Dauer der zeitigen Unfähigkeit von dem Tage an berechnet, an welchem die Freiheitsstrafe verbüßt ist.

[Entw. § 22a]. Vgl. § 12 21 22. 23.

§. 26. Die Stellung unter Polizei-Aufsicht soll auf die Dauer von Einem bis zu zehn Jahren erkannt werden.

---

§ 25.

1. In Betreff der Dauer der Unfähigkeit im Falle realer Konkurrenz mehrerer diese Strafe nach sich ziehender Vergehen ꝛc. vgl. § 26 n. 2 fgg.

2. Ueber die Unfähigkeit zur Beschäftigung in gewissen Diensten (vgl. § 299), sowie über die Unfähigkeit zum selbstständigen Betriebe eines bisher ausgeübten Gewerbes ꝛc. (vgl. § 184. 202. 203. 267) enthält der allgemeine Theil des StGB.s Nichts. Insoweit diese Unfähigkeit nur für eine bestimmte Frist verhängt wird, müssen die für den Fall des § 25 geltenden Grundsätze über die Dauer und Berechnung auch bei jener zur Anwendung kommen. Vgl. Gew.-Ordn. (Ges. v. 21. Juni 1861 Art. I.) § 172—174.

§ 26.

1. Das Ges. v. 12. Febr. 1850 betr. die Pol.-Aufsicht ist, soweit es sich nicht auf Kontrebande und Zolldefraudationen bezieht, durch § 26 ff. aufgehoben: Z. 20. Dez. 52 c. Kawohl; Verf. d. Min. d. F. u. d. J. v. 6. Dez. 1851, und v. 5. März 1852 (VMbl. 52. s. 11. 88)

2. Das StGB. hat für die Polizeiaufsicht und für die Untersagung der bürgerlichen Ehrenrechte (§ 21) die Bestimmung einer in genaue Grenzen gezogenen Frist vorgeschrieben, und sie überhaupt nur im Anschlusse an eine Freiheitsstrafe zugelassen, mit deren Verbüßung die Berechnung jener Frist sofort beginnen soll. Als Grund jener Fristbestimmung heben die Motive (s. 9) die „Präsumtion" hervor, daß nach dem Ablaufe der im Erkenntnisse festgesetzten Zeit eine Besserung und Wiedererhebung des Verurtheilten, bei dem eine gänzliche Verderbtheit der Gesinnung nicht anzunehmen war, eingetreten sei, während die Polizeiaufsicht als „eine die Verhütung neuer Verbrechen ꝛc. bezweckende Maaßregel" (l. c. s. 11) qualifizirt ist. Diese Auffassung rechtfertigt es, im Falle einer realen Konkurrenz für die erwähnten beiden Strafen, die im § 56 Abs. 1 als Regel vorgeschriebene Kumulirung, und demzufolge eine Zusammenrechnung der für jeden Einzelfall arbitrirten Dauer derselben nicht eintreten zu lassen. Die Sache ist vielmehr in der Weise zu behandeln, daß zwar für jeden Fall die Polizeiaufsicht resp. Untersagung in der entsprechenden Dauer verhängt, daß aber die Berechnung der Dauer jeder einzelnen so verhängten Strafe unmittelbar nach der Verbüßung der gleichzeitig verhängten Freiheitsstrafe beginne, und daß nach Verbüßung aller Freiheitsstrafen die verschiedenen verhängten Polizeiaufsichten ꝛc. gleichzeitig und neben einander wirksam werden und ihren Lauf fortsetzen; dadurch wird eine Summirung der Dauer der letzteren vermieden; die Handhabung derselben kann sich nie über das in den §§ 21 und 26 vorgeschriebene Maaß hinaus verlängern. In diesem Sinne sprachen sich aus: VI. 27. Jan. 54 c. Langhoff (JMbl. s. 128; GA. II, 251); ZI. 24. Juni 53 c. Wassilat (GA. II, 250); VI. 16. Jan. 56 c. Fischer; ZII. 15. Sept. 64 c. Lübbecke (RdO. V, 113). Dagegen hat ein ZI. 8. Juli 53 c. Szielinski (GA. II, 251) die neben einander herlaufende Vollstreckung mehrerer verhängter Polizeiaufsichten ꝛc. im Grundsatz verworfen, während andere Erkenntnisse die im Abs. 2 des § 56 den Gerichten in Betreff mehrerer gleichzeitig verhängter Freiheitsstrafen bei-

Die Wirkungen der Stellung unter Polizei-Aufsicht beginnen mit der Rechtskraft des Urtheils, in dessen Folge sie eintritt. Die Dauer der Polizei-Aufsicht wird jedoch erst von dem Tage an berechnet, an welchem die Freiheitsstrafe verbüßt ist.

[Entw. § 23]. Vgl. § 27—29. 43 Nr. 1; 116; Einf.-Ges. Art. VIII. XX; Ges. v. 12. Febr. 1850 die Stellung unt. Pol.-Aufsicht betr. (GS. s. 49).

---

gelegte Befugniß (der Herabsetzung auf das Maaß der für das schwerste Verbrechen ꝛc. bestimmten Freiheitsstrafe) analog auch auf die Polizeiaufsicht und auf die Untersagung der Ehrenrechte ausdehnen wollen; so: BI. 29. Sept. 58 c. Toltz (GA. VI, 839); BI. 6. Okt. 58 c. Langner (ibid.); ZI. 15. Nov. 1861 c. Sanne (RdO. II, 77); ZI. 1. Febr. 65 c. Murschinski. Gegen diese Auffassung spricht aber, daß die durch das Ges. v. 9. März 1853 zugesetzte Bestimmung des § 56 Abs. eine Ausnahme darstellt, welche sich nur auf Freiheitsstrafen bezieht, und also auf andere Strafen nicht ausgedehnt werden darf; sodann gestattet dieser Abs. zwar die Strafminderung, gebietet sie aber nicht; eine Kumulirung bliebe sonach immer noch zulässig; endlich steht die ganze Vorschrift des § 56 im engsten Zusammenhange mit der durch § 57 gerade für den Fall einer realen Konkurrenz getroffenen Bestimmung eines Maximums der Freiheitsstrafen, während das OTr. selbst anerkennt, daß dieser § 57 bei der Polizeiaufsicht außer Anwendung bleiben müsse; vgl. cit. B. 27. Jan. 54; cit. Z. 15. Nov. 61; ZI. 15. Mai 61 c. Schufft (GA. IX, 495); *contra:* TArch. II, 155, welcher wenigstens die Polizeiaufsicht als eine uneigentliche Freiheitsstrafe auffaßt und deshalb sowohl den § 57 als den § 56 auf dieselbe anwenden will.

3. Hiernach (n. 2) empfiehlt es sich bei gleichzeitiger Aburtheilung mehrerer in realer Konkurrenz verübter Verbrechen ꝛc., von welchen jedes die Polizeiaufsicht ꝛc. nach sich zieht, dieselbe für jedes einzelne Verbrechen ꝛc. besonders zu verhängen; es kommen dann alle gleichzeitig und neben einander zur Vollstreckung. Es ist indessen auch keineswegs ausgeschlossen, die Dauer der Polizeiaufsicht ꝛc. für alle Straffälle zusammen zu bestimmen; diese darf dann aber 10 Jahre nicht übersteigen: B. 27. Jan. 54 (cit. n. 2). In diesem Falle beginnt die Berechnung der Dauer der gedachten Strafen erst mit der Abbüßung der verschiedenen gleichzeitig verhängten Freiheitsstrafen. Das gilt auch dann, wenn wegen mehrerer Strafthaten auf eine Gesammtfreiheitsstrafe und nur wegen einer derselben auf Polizeiaufsicht ꝛc. erkannt ist: BL. s. 445.

4. Erfolgt dagegen die Aburtheilung der konkurrirenden Verbrechen ꝛc. durch verschiedene Erkenntnisse, so ist in jedem die Polizeiaufsicht ꝛc. selbstständig in der durch das Gesetz für den Einzelfall angedrohten Dauer zu verhängen; die Berechnung der letzteren beginnt dann für jeden Fall mit der Abbüßung der gleichzeitig verhängten Freiheitsstrafe; dieselbe wird dann aber dadurch nicht unterbrochen oder verlängert, daß demnächst in Folge der zweiten Verurtheilung dieselbe Strafe nochmals wirksam wird. — Gleichwohl ist es auch in einem solchen Falle nicht unstatthaft, die früher verhängte Polizeiaufsicht mit Rücksicht auf den neuen Straffall zu verlängern und anzuordnen, daß der Lauf der ganzen Polizeiaufsicht ꝛc. erst mit der Abbüßung beider Freiheitsstrafen beginnen solle: ZI. 15. Mai 61 c. Schufft (GA. IX, 495); auch dann darf aber das Gesammt-Maaß von 10 Jahren nicht überschritten werden.

5. Dagegen steht es den Instanzrichtern nicht zu, unter Anwendung des § 56 Abs. 2 unter Berücksichtigung einer durch ein früheres Erkenntniß wegen einer konkurrirenden Strafthat verhängten Polizeiaufsicht ꝛc., von der abermaligen Verhängung derselben wegen des neuen Falles deshalb abzusehen, weil sie das Maaß der früher verhängten Strafe auch für diesen neuen Fall für ausreichend erachten, während dieses bei der Freiheitsstrafe unbedenklich gestattet sein würde; *contra:* ZI. 15. Nov. 61 c. Sanne (RdO. II, 77).

6. Wird die oben entwickelte Ansicht in Betreff der gleichzeitigen und neben einander laufenden Vollstreckung mehrerer verhängten Polizeiaufsichten ꝛc. nicht ge-

§. 27. Die Stellung unter Polizei=Aufsicht hat folgende Wirkungen:

1) es kann dem Verurtheilten der Aufenthalt an einzelnen bestimmten Orten von der Landespolizei=Behörde untersagt werden;

---

billigt, und dagegen § 56 Abs. 2 auf dieselbe für anwendbar erachtet (vgl. n. 2. 5), so bietet Art. 131 des Ges. v. 3. Mai 1852 ein Mittel dar, die durch die Zusammenrechnung aller sich ergebende Dauer derselben zu reduziren, insofern dadurch das statthafte Maaß (10 Jahre) überschritten wird; so: VI. 16. Jan. 56 c. Fischer.

7. Jedenfalls ist auf die Polizeiaufsicht rc. auch dann zu erkennen, wenn die Verurtheilung wegen zweier konkurrirender Straffälle erfolgt, von welchen nur einer mit jener Strafe bedroht ist, sollte dieser im Uebrigen auch der geringere Fall sein, z. B. wenn ein die Polizeiaufsicht rc. nach sich ziehendes Vergehen mit einem Verbrechen konkurrirt, bei welchem mildernde Umstände obwalten, so daß wegen desselben weder auf Zuchthaus noch auch auf Polizeiaufsicht erkannt werden kann: VII. 8. Sept. 64 c. Krause (RdO. V, 98).

8. Der Vollzug einer verhängten Polizeiaufsicht rc. wird weder durch eine demnächstige anderweite Untersuchungshaft, noch durch die Abbüßung einer anderweitig verhängten Freiheitsstrafe, noch dadurch unterbrochen, daß sich der Verurtheilte der polizeilichen Beaufsichtigung rc. irgendwie entzogen hat: ZI. 29. Sept. 58 c. Perrey (GA. VI, 837); TGA. s. 87 n. 4; GA. II, 251.

9. Die gleichzeitig verwirkten Polizeiaufsicht und Untersagung der Ehrenrechte brauchen nicht in gleicher Dauer verhängt zu werden: ZI. 14. Juli 54 c. Kaputschat (GA. II, 687).

10. In Betreff des bei der Aufhebung einer verhängten Polizeiaufsicht zu beobachtenden Verfahrens vgl. JMVerf. v. 14. u. 23. März 1861 (JMBl. s. 82).

§ 27.

1. Das Gesetz bestimmt in den §§ 27. 28. die Folgen der Stellung unter Polizeiaufsicht genau; wird daher dem Verurtheilten von der Polizeibehörde eine über das Maaß dieser Bestimmungen hinausgehende Beschränkung auferlegt (z. B. das Verlassen des Wohnorts auch bei Tage nur nach vorgängiger Meldung beim Ortsschulzen gestattet), so ist diese nicht verbindlich, und eine Zuwiderhandlung nicht nach § 116 strafbar: ZII. 27. Okt. 53 c. Goerges; ähnlich ZI. 8. Febr. 54 c. Grübener (GA. II, 546 ff.); *contra* früher: B. 22. März 52 c. Beyer (JMBl. s. 194); vgl. TGA. s. 87 n. 3; TArch. II, 151 ff.

2. Die Landespolizeibehörde (d. i. die Bezirksregierung) kann die ihr in § 27 Nr. 1 ertheilte Ermächtigung nicht auf untergeordnete Polizeibehörden übertragen, wohl aber dadurch ausüben, daß sie die letzteren anweist, allen zur Polizeiaufsicht Verurtheilten einer gewissen Klasse den Aufenthalt an den von ihr, der Landespolizeibehörde, bestimmten Orten zu untersagen: VII. 28. Mai 53 c. Dietze (Entsch. 26. s. 136; GA. I, 562).

3. Die Worte „Aufenthalt an bestimmten Orten" sind auf einzelne Ortschaften, nicht aber auf einzelne Lokalitäten der betreffenden Ortschaft zu beziehen; es kann daher nicht der Besuch der öffentlichen Vergnügungsorte des Wohnorts untersagt werden: ZI. 6. Juli 55 c. Behrend (GA. III, 698); TL. s. 457. Eine Verf. d. M. d. J. v. 31. Okt. 1831 (Ann. 21. s. 1057) hielt die Ausschließung aus einzelnen Stadttheilen unter gewissen Umständen für statthaft.

4. Unstatthaft ist es, dem Observaten einen bestimmten Bezirk zu bezeichnen, aus welchem er sich nicht entfernen dürfe.

5. Die Untersagung kann mündlich erfolgen; eine Protokollirung ist nicht unerläßlich.

6. Die Untersagung kann mehrmals wiederholt werden.

7. Die hier und im § 28 erwähnten Beschränkungen können nur die Folge eines die Polizeiaufsicht ausdrücklich aussprechenden Strafurtheils sein; vgl. Bes. s. 136 III, 1. Ist daher vor Verkündung des Pol.-Aufs.-Ges. v. 12. Febr. 1850 ein Strafurtheil ergangen, welches in Gemäßheit des § 569 der Cr.-O., und der Cirk.-Verf. v. 12. Sept. 1815 (Jahrbb. VI, 26) eine polizeiliche Beaufsichti-

2) Haussuchungen unterliegen keiner Beschränkung hinsichtlich der Zeit, zu welcher sie stattfinden dürfen.

[Entw. § 24]. Vgl. § 26. 28. 29. 43 Nr. 1. 116; Ges. v. 31. Dez. 1842 § 2 Nr. 2. GS. 1843 s. 5); Ges. v. 12. Febr. 1850 z. Sch. d. pers. Fr. § 12 (GS. s. 45); Ges. betr. die Stellung unter Pol.-Aufs. v. 12. Febr. 1850 (GS. s. 49); Jagd-Pol.-Ges. v. 7. März 1850 § 15 (GS. s. 168).

§. 28. Gegen diejenigen, welche wegen Diebstahls, Raubes oder Hehlerei verurtheilt und unter Polizei-Aufsicht gestellt worden sind, kann die Ortspolizei-Behörde die Aufsicht dahin erweitern, daß dieselben während der Nachtzeit ihren Wohnort und selbst ihre Wohnung ohne Erlaubniß nicht verlassen dürfen.

Die Nachtzeit umfaßt für die Zeit vom 1. Oktober bis 31. März die Stunden von 6 Uhr Abends bis 6 Uhr Morgens, und für die Zeit vom 1. April bis 30. September die Stunden von 9 Uhr Abends bis 4 Uhr Morgens.

[Entw. § 25]. Vgl. § 26. 27. 29. 43 Nr. 1. 116; (Ges. v. 31. Dez. 1842 § 2 Nr. 2. GS. 1843 s. 5); Ges. v. 12. Febr. 1850 (z. Schutz d. pers. Freih.) § 8 (GS. s. 45); (Ges. v. 12. Febr. 1850 die Pol.-Auss. betr.) § 9 (GS. s. 49).

---

gung zur Folge hatte, so treten nicht die hier gedachten Folgen, sondern nur die unbeschränktere Gestattung von Haussuchungen nach dem Ges. z. Schutz d. pers. Fr. v. 12. Febr. 1850 § 13 ein. Ist nichtsdestoweniger an den so Verurtheilten ein Verbot im Sinne der §§ 27. 28 ergangen, so sind Zuwiderhandlungen gegen dasselbe nicht strafbar: Z. 16. Juli 52 c. Hauswald; ZI. 1. Juli 53 c. Nyakowski; Beschl. I. 3. Nov. 54 c. Pohl (GA. II, 829); vgl. § 116 n. 1. 2.

8. Dagegen steht es einer gerichtlichen Verurtheilung gleich, wenn durch Königliche Gnade eine Strafe ermäßigt und dadurch die Polizei-Aufsicht des StGB.s an die Stelle der früher verhängten schwereren Strafe getreten ist: VI. 21. Febr. 62 c. Fastag (RdO. II, 272).

9. Durch die §§ 27. 28. ist die früher durch das Ges. v. 31. Dez. 1842 § 2 Nr. 2 (GS. 43 s. 5) der Landespolizeibehörde ertheilte Befugniß ersetzt; die betreffende Bestimmung ist daher, insofern sie weiter ging, als aufgehoben zu betrachten; *contra:* Min.-Verf. 14. Dez. 1860 (VMbl. 61. s. 13); vgl. Oppenhoff Ressortgess. s. 364 n. 10; R. d. M. d. J. 30. Mai 1850 (VMbl. s. 189).

10. Ebenso ist das Ges. ü. d. Pol.-Auss. v. 12. Febr. 1850 durch die §§ 27. 28 ersetzt, und nur noch in Beziehung auf Kontrebande und Zolldefrauden in Kraft geblieben; vgl. EG. Art. II. n. 27.

§ 28.

1. Wohnort ist hier der betr. Gemeindebezirk

2. Das „nicht verlassen dürfen" ist nicht zu wörtlich zu nehmen, der Betreffende muß zur angegebenen Zeit in seinem Wohnorte oder seiner Wohnung anwesend sein.

3. Das Verbot trifft nicht den Fall, wo der Verurtheilte seinen Wohnort verlegt; das Wegbleiben aus der früheren Wohnung rc. ist dann nicht strafbar: ZI. 19. Juni 62 c. Druskat (GA. XI, 52); ZII. 9. Okt. 62 c. Sokulowski (RdO. III, 70). — In einem solchen Falle verliert das von der frühern Ortsbehörde erlassene Verbot seine Wirksamkeit, es bedarf der Erneuerung durch die Ortsbehörde des neuen Wohnorts: VI. 20. Mai 63 c. Gruschka (RdO. III, 462).

4. Die Ortspolizeibehörde kann das Verlassen des Wohnorts rc. bei Nacht von der vorgängigen Erwirkung einer schriftlichen Erlaubniß abhängig machen: ZI. 4. Juni 56 c. Schulze, mit dem Zusatze, daß dann die mündliche Erlaubniß eines untergeordneten Polizeibeamten das Verlassen nicht straflos machen könne;

§. 29. Ist derjenige, gegen welchen die Stellung unter Polizei-Aufsicht zu erkennen sein würde, ein Ausländer, so ist gegen denselben, anstatt der Stellung unter Polizei-Aufsicht, auf Landesverweisung zu erkennen.

[Entw. § 26]. Vgl. 26—28. 43 Nr. 1. 115. 120; Cr.-O. § 572; AKO. v. 10. März 1839 (GS. s. 106); Ges. v. 31. Dez. 1842 (GS. 43. s. 15).

§. 30. Alle Strafurtheile, in welchen auf Todesstrafe, auf Zuchthaus, oder auf Einschließung von mehr als fünf Jahren erkannt wird, sollen im Auszuge durch das Amtsblatt des Bezirks, in welchem das erkennende Gericht seinen Sitz hat, öffentlich bekannt gemacht werden.

[Entw. § 27]. Vgl. § 549. 574.

---

anders wäre es freilich, wenn jene Ortsbehörde selbst die mündliche Erlaubniß ertheilt hätte.

5. Die im Abs. 2 enthaltene Begriffsbestimmung der „Nachtzeit" bezieht sich nur auf den hier vorgesehenen Fall; sie gestattet daher keine Anwendung auf andere Fälle, insbesondere nicht auf den Fall des § 217 Nr. 6. Dagegen verweist § 4 Nr. 1 des HDGes.s v. 2. Juni 1851 auf § 28.

§ 29.

1. Nach der AKO. v. 10. März 1839 sollten die Gerichte im Falle, wo ein als Ausländer über die Grenze gebrachter Landstreicher trotz der Verwarnung zurückkehrte, und dieserhalb verfolgt wurde (vgl. jetzt § 115), nunmehr aber Inländer zu sein behauptete, oder wenn diese Frage selbst zu Zweifeln Anlaß gab, ein Gutachten der Regierung einholen, und dieses ihrem Erkenntnisse zum Grunde legen; gleichwohl hat das OTr. in Fällen, wo es sich von der Anwendung des § 29 handelte, diese Frage mehrfach geprüft; vgl. § 115 n. 1.

2. Als Ausländer im Sinne dieses § sind nur Angehörige eines fremden Staats, nicht aber diejenigen zu betrachten, welche zwar die nachgesuchte Entlassung aus dem Preußischen Unterthanen-Verbande erlangt haben, aber noch nicht in einen andern Staat aufgenommen worden sind; so: ZI. 3. Febr. 54 c. Bringe (GA. II, 252); vgl. im Allgemeinen: Staatsvertrag zwischen allen deutschen Regierungen v. 15. Juli 1851 § 1 (GS. s. 711).

3. Um auf Landesverweisung statt auf Stellung unter Polizei-Aufsicht zu erkennen, genügt bei einem bereits vor Verkündung des Ges. v. 31. Dez. 1842 aus dem Auslande eingewanderten Angeklagten nicht die Feststellung, daß er nicht auf die in jenem Gesetze angegebene Weise das Indigenat erworben habe; jenes Gesetz ist nicht rückwirkend, und da vor demselben Preußen in der Regel jedem Fremden zur Einwanderung offen stand, und der Regel nach ein Ausländer dadurch, daß er in Preußen seinen Wohnsitz nahm, Inländer wurde, so ist in solchen Fällen festzustellen, daß der Angeklagte vor dem Ges. v. 31. Dez. 1842 in Preußen keinen Wohnsitz hatte: B. 16. Juni 52 c. Sowinski.

4. Zur Rechtfertigung einer zu verhängenden Landesverweisung statt der Polizei-Aufsicht bedarf es der ausdrücklichen Feststellung: „der Angeklagte sei Ausländer," widrigenfalls Nichtigkeit eintritt: BII. 20. Jan. 59 c. Happ (Rh. S.).

5. Die Landesverweisung darf im Urtheil nicht auf eine bestimmte Zeit beschränkt werden: ZII. 14. Dez. 65 c. Oehrle (RdO. VI, 543).

6. Die durch § 572 der Cr.-O. vorgeschriebene Verwarnung vor der Rückkehr ist zwar als Instruktion noch zu beobachten; die eventuelle Strafverhängung ist aber durch dieselbe nicht bedingt; vgl. § 115 n. 5.

7. Ueber die Vollstreckung der Landesverweisung vgl. JMVerf. v. 1. Okt. 1814; Verf. d. Min. d. J. v. 10. Okt. 1814 (Jahrb. VIII, 106. 109; Ann. XI, 717).

§ 30.

1. Wenn auch die Bekanntmachung eine Strafschärfung (Motive s. 12), also überhaupt eine Strafe ist, so bedarf es doch der ausdrücklichen Anordnung derselben im Urtheile nicht. Sie muß von Rechtswegen erfolgen.

Zweiter Titel.

Von dem Versuche.

§. 31. Der Versuch ist nur dann strafbar, wenn derselbe durch Handlungen, welche einen Anfang der Ausführung

---

2. Die Bekanntmachung erfolgt nach eingetretener Rechtskraft durch die zum Vollzuge berufene Behörde, im Gebiete des Rh. Rechts und der ehemaligen freien Stadt Frankfurt also durch die StA.-schaft, in den übrigen Provinzen durch das Gericht, und zwar durch das App.-Gericht; vgl. JMVerf.v. 29. Juni 1851 Nr. 18 (JMbl. s. 232); id. v. 8. März 1853 (JMbl. s. 98).

3. Temme (Lehrb. s. 449) hält dafür, daß mit Rücksicht auf diesen § jede andere amtliche öffentliche Bekanntmachung von Strafurtheilen (z. B. die Warnungsanzeige, welche die Crim.-O. § 574 vorgeschrieben hatte) jetzt fortfallen müsse; *contra*: JMVerf. v. 8. Aug. 1851 (RS. X, 378), nach welcher die auf Untersagung der Ausübung der bürgerlichen Ehrenrechte lautenden Urtheile der Rheinischen Zuchtpolizeigerichte in Gemäßheit der Verf. v. 31. März 1843 (ibid. VIII, 155) öffentlich durch das Amtsblatt bekannt zu machen sind.

§ 31.

Inhalt.

1. Der **Versuch** eines Verbrechens rc. ist die That, in welcher der auf Begehung des letzteren rc. gerichtete Wille zur theilweisen, zufällig aber nicht zur vollständigen Verwirklichung gelangt ist; vgl. HS. I, 173. 171; ähnlich: BL. s. 161.

2. Diese Begriffsbestimmung entspricht dem dem Worte „Versuch" im gemeinen Leben beigelegten Sinne. Es ist daher unbedenklich statthaft und sehr zu empfehlen, in den thatsächlichen Fest- sowie bei den **Fragstellungen** den Ausdruck „versuchen" beizubehalten, zumal da das Gesetz eine Definition desselben nicht aufgestellt, sondern nur die Voraussetzungen angegeben hat, unter welchen „der Versuch" strafbar ist; *contra*: Burchardi Abh. (GA. I, 590; aus unzureichenden Gründen). Gleichwohl ist die Auflösung dieses Begriffs in der den Geschwornen vorgelegten Frage keineswegs unstatthaft; in dieser Beziehung kann aber die in GA. I, 45 vorgeschlagene Fassung nicht für erschöpfend erachtet werden. Noch weniger kann es genügen, wenn das Wort „versucht" durch „beabsichtigt" ersetzt wird: VI. 22. März 54 c. Kämmerer GA. II, 404); u. ö.

3. Der § 31 unterscheidet nicht zwischen verschiedenen **Graden** des Versuchs; nur der Schlußsatz enthält eine Hindeutung auf den Gegensatz zwischen dem **beendigten und nicht beendigten** Versuche; auch dieser hat aber für die praktische Anwendung nur insoweit Bedeutung, als dabei die Möglichkeit eines freiwilligen Rücktritts in Frage kommt; vgl. n. 18 fgg.

4. Aus der Begriffsbestimmung des Versuchs (n. 1) folgt, daß ein solcher nur durch **vorsätzliche**, nie durch fahrlässige Handlungen begangen werden kann. Dasjenige, was beim Versuche am vollendeten Vergehen (sei es an der verbrecherischen Handlung selbst, sei es an dem zum Thatbestande gehörigen Erfolge) fehlt, muß vom Handelnden gewollt, und nur durch ihm fremde Umstände unterblieben sein: VII. 29. Nov. 55 c. Täger; HS. s. 178. 180. Deshalb giebt es keinen Versuch eines kulposen Vergehens: BL. s. 161.

5. Aus demselben Grunde bedarf es bei dem Versuche einer Strafthat der ausdrücklichen **Feststellung der Vorsätzlichkeit** nicht, weil diese im Worte „versuchen" mit Nothwendigkeit liegt: ZI. 31. Okt. 63 c. Uter (RdO. IV, 141); vgl. Zachariä Abh. in GA. III, 304; V, 377; HS. I, 173 ff. Demgemäß ist es ein

enthalten, an den Tag gelegt und nur durch äußere, von dem Willen des Thäters unabhängige Umstände gehindert worden oder ohne Erfolg geblieben ist.

[Entw. § 28]. Vgl. § 32. 33. 35. 59. 336; Einf.-Ges. Art. XXV; HDGes. v. 2. Juni 1852 § 5.

Widerspruch, wenn die Geschwornen einen Angeklagten des Versuchs eines Verbrechens schuldig erklären, gleichzeitig aber die Vorsätzlichkeit seiner Handlung verneinen; es muß daher nach Art. 97 des Ges. v. 3. Mai 1852 verfahren werden: VI. 7. Sept. 66 c. Hamsch (RdO. VII, 440).

6. Der beim Versuche erforderliche Vorsatz wird dadurch nicht ausgeschlossen, daß der Angeklagte sich bei der Wahl des benutzten Mittels irrt, insofern nur dieser Irrthum die objektive Tauglichkeit des Mittels (vgl. n. 12) unberührt läßt: VII. 12. April 61 c. Gäde (RdO. I, 274).

7. Strafbar ist der Versuch eines Verbrechens (Vergehens), nicht aber der Versuch der Theilnahme an einem fremden Verbrechen. Insbesondere kann von dem Versuche einer Theilnahme nicht die Rede sein, so lange nicht mit der Ausführung der Hauptthat begonnen ist, da selbst die vollendete Theilnahme erst strafbar wird, wenn die Hauptthat verübt oder wenigstens versucht worden ist: HS. I, 329. 331; BGr. § 32; vgl. § 34 n. 9. 10.

8. Das gilt namentlich auch vom Versuche der Anstiftung; diese ist daher als solche nicht strafbar, so lange der Angestiftete die That weder verübt noch versucht hat: KVII. s. 76; VI. 9. März 55 c. Kurowski (GA. III, 544). Sonach genügt es nicht, wenn der Angestiftete der Anstiftung keine Folge leistet, wohl aber aus einem andern Grunde (z. B. um den Anstifter zur Strafe zu bringen, etwa im Einverständnisse mit dem durch die That zu Verletzenden oder mit der Polizeibehörde, also ohne Dolus) die objektive Handlung vornimmt: VI. 18. April 55 c. Keber (Entsch. 30. s. 319; GA. III, 380); VI. 4. Nov. 59 c. Rohde; HS. I, 329; Gruchot Abh. in GA. II, 639; Zachariä Abh. in GA. III, 298. Hiernach ist der erfolglose Versuch einen Mörder zu dingen als solcher nicht strafbar. Wenn dagegen der Richter der Thatfrage in einer solchen Handlung einen Versuch der Selbstbegehung des Verbrechens findet und alle Begriffsmerkmale desselben feststellt, so würde hierin eine Gesetzesverletzung nicht zu finden sein: ZI. 27. März 57 c. Bartsch (GA. V, 458: die Geschwornen hatten die betr. Frage bejaht); *contra*: GA. V, 459; VII, 668; VIII, 834; HS. I, 352. 361; vgl. Heffter Lehrb. § 82 n. 6; BL. s. 180; BGr. § 32; Zachariä Vers. d. Verbr. II, 34 (dieser hat seine mit dem cit. ZI. 27. März 57 übereinstimmende Meinung später aufgegeben; vgl. Abh. im N. Arch. f. d. Crim.-Recht 1850 s. 281). — Das Gesetz hat übrigens in einzelnen Fällen den erfolglosen Anstiftungsversuch als selbstständiges Vergehen aufgefaßt und mit Strafen bedroht, z. B. in den §§ 36. 65. 88. 118 Nr. 2. 130. 311.

9. Aber auch dann, wenn die Hauptthat wirklich verübt oder versucht ist, kann von dem Versuche einer Theilnahme, insbesondere auch vom Versuche einer Theilnahme im Sinne des § 34 Nr. 2 keine Rede sein; das folgt mit Nothwendigkeit aus der accessorischen Natur der Theilnahme; der erforderliche Zusammenhang zwischen den Handlungen des Hauptthäters und denen des Theilnehmers kann nur da vorhanden sein, wo die letzteren den Voraussetzungen des § 34 entsprechen und somit eine vollendete Theilnahme darstellen: Zachariä Abh. (GA. III, 298); id. Abh. (GA. V, 580); GM. I, 323; TOU. s. 130 n. 10; HS. I, 329. 331; BGr. § 32.

10. Um strafbar zu sein, muß der Versuch, durch Handlungen, welche einen Anfang der Ausführung enthalten, an den Tag gelegt sein; d. h. durch einen Anfang der Ausführung der That selbst; ein Anfang der Ausführung der Absicht oder des Vorsatzes genügt nicht, da ein solcher auch in nur vorbereitenden Handlungen gefunden werden könnte: Zachariä Abh. (GA. V, 578); VI. 27. April 55 c. Giese (GA. III, 550); VI. 14. Sept. 55 c. v. Bojanowski (GA. III, 672); VI. 15. Febr. 56 c. Laack (GA. IV, 365); u. ö.

11. Von einem Anfange der Ausführung der That (n. 10) kann nur da die Rede sein, wo diese Ausführung objektiv möglich, wo also die vorgenommene Handlung an sich (und nicht blos nach der Meinung des Angeklagten) zur Aus-

führung objektiv geeignet ist: ZPl. 28. März 59 c. Stolzke (JMbl. s. 170; Entsch. 40. 2. 482; GA. VII, 821). Fehlt es dieser Möglichkeit gänzlich, war also die Ausführung absolut unmöglich, so kann ein strafbarer Versuch nicht angenommen werden: BGr. § 5; BL. s. 166.

12. Das gilt zunächst von dem Versuche mit einem absolut untauglichen Mittel; daher genügt es nicht, wenn der Thäter das Mittel aus Irrthum, Unkenntniß oder Versehen für geeignet hält: B. 5. Nov. 52 c. Garn (JMbl. 53. s. 201); ZI. 16. Sept. 54 c. Fieberg; ZII. 16. April 63 c. Danziger (RdO. III, 396); TL. s. 283 ff.; s. 287; Zachariä Abh. (GA. V, 584. 591); BGr. § 5 ff. Theilweise anderer Meinung ist HS. I, 282. 184 ff. — Dagegen ist ein Versuch mit einem relativ untauglichen Mittel (z. B. ein Tödtungsversuch durch Gift in unzureichender Menge) allerdings möglich; ob ein solcher anzunehmen sei, ist Gegenstand thatsächlicher Beurtheilung: ZII. 6. Nov. 54 c. Rauchfuß (JMbl. 55. s. 34; GA. II, 823); ZII. 25. Juni 57 c. Herbers (GA. V, 669); ZI. 20. Jan. 58 c. Hoffmann; BGr. § 7. 8; Zachariä Abh. (GA. V, 686). Als ein relativ untaugliches Mittel ist es anzusehen, wenn die Unmöglichkeit des Gelingens lediglich in der Handlungsweise des Thäters, in seiner Ungeschicklichkeit oder Unbesonnenheit ihren Grund hatte: BGr. § 7; vgl. n. 19.

13. Sodann gilt dasselbe (n. 11) auch vom absolut untauglichen Objekte der Handlung. Hierher gehört der Fall, wo es an einem Gegenstande der beabsichtigten That gänzlich fehlt. Demgemäß ist eine Unterschlagung nicht möglich, und ein Anfang der Ausführung derselben nicht denkbar, so lange man eine Sache, welche unterschlagen werden könnte, nicht besitzt; die Bemühungen, eine Sache in Besitz zu nehmen, um sie zu unterschlagen (z. B. das Suchen von Bernstein, um ihn zu behalten), können daher einen Unterschlagungs-Versuch nicht darstellen: ZPl. 28. März 59 c. Stolzke (JMbl. s. 170; Entsch. 40. 2. 482; GA. VII, 821). Dagegen dürften BI. 22. Febr. 54 c. Brand (GA. II, 404. 548); BI. 29. Sept. 54 c. Obst (GA. II, 822); ZI. 20. Sept. 61 c. Czichowski (GA. IX, 769) und Berner (Grdss. § 5) zu weit gehen, wenn sie den vorstehenden Grundsatz auch da zur Anwendung bringen, wo Jemand in der Absicht, einen bestimmten Gegenstand zu stehlen, mittelst Einbruchs 2c. in einen umschlossenen Raum gedrungen ist, den Diebstahl aber nur deshalb nicht ausführt, weil dort der gesuchte Gegenstand nicht existirt; in diesen Fällen läßt sich nicht sagen, daß es am Objekte des beabsichtigten Diebstahls gänzlich fehlte, das Nichtvorhandensein in dem betr. Raume war vielmehr ein äußerer, die Ausführung hindernder Umstand; *sic*: GA. VII, 708; ähnlich: HS. I, s. 197. Vgl. n. 19. Jedenfalls muß aber, damit Straflosigkeit eintreten könne, thatsächlich die Abwesenheit des [allein] gesuchten Gegenstandes festgestellt sein: ZI. 26. Febr. 57 c. Herzog; vgl. § 215 n. 43.

14. Wenn auch ein Anfang der Ausführung der That selbst gefordert wird, so braucht doch nicht schon mit sämmtlichen Handlungen, durch welche insgesammt erst das vollendete Verbrechen 2c. gebildet wird, der Anfang gemacht zu sein, vielmehr kann es genügen, wenn die äußere That nur einen Theil des Thatbestandes der gewollten Strafthat darstellt, sobald nur der Vorsatz auf alle wesentlichen Bestandtheile derselben gerichtet war: ZI. 13. Mai 57 c. Wustrow (GA. V, 666); ZII. 6. Jan. 59 c. Gerlach; ZII. 20. Jan. 65 c. Düsing (RdO. V, 429); Beispp. siehe § 122 n. 6; § 242 n. 1; § 247 n. 41.

15. Noch weniger bedarf es eines Anfangs des zum Thatbestande gehörigen Erfolges: ZII. 19. Mai 55 c. Elkan; vgl. den Schluß des §.

16. Insoweit die Strafthat durch Unterlassungen begangen werden kann (vgl. Thl. I. Tit. 3 n. 4; § 180 n. 12), darf in solchen Unterlassungen auch ein strafbarer Versuch erkannt werden.

17. Ob ein gemachter Versuch durch Handlungen an den Tag gelegt sei, welche einen Anfang der Ausführung enthalten, oder ob nur eine vorbereitende Handlung vorliege, ist Gegenstand der thatsächlichen Beurtheilung: Beschl. I. 9. Juli 56 c. Werner; ZI. 25. Nov. 61 c. Kötsch (RdO. II, 24); HS. I, 189 ff., 195 ff.; BGr. § 10 fgg.; *contra:* Zachariä Abh. (GA. V, 579), welcher die Frage wenigstens zum Theil als eine rechtliche auffaßt, und einen Anfang der Ausführung nur da [zugleich aber auch immer da] als vorliegend betrachtet, wo mit einer Handlung begonnen worden ist, welche einen wirklichen Bestandtheil [ein wesentliches

Merkmal] der im Gesetze mit Strafe bedrohten That darstellt; zu diesen wirklichen Bestandtheilen zählt er sodann aber bei zusammengesetzten Verbrechen rc. (d. h. bei solchen, welche durch Hinzufügung einer thatsächlichen Qualifikation zum einfachen Verbrechensbegriffe gebildet werden) die qualifizirende Thätigkeit auch dann, wenn sie in einer der einfachen Strafthat vorausgehenden Handlung besteht; hiernach erachtet er den Einbruch und das Einsteigen zum Zwecke eines Diebstahls für einen Versuch des letzteren, nicht aber das Einschleichen, weil dieser den Diebstahl nicht qualifizirt; dagegen rechnet er Handlungen, welche die Straflosigkeit des künftigen Verbrechens rc., oder die Sicherstellung der zu erwartenden Vortheile bezwecken, solche, welche die Möglichkeit, Gelegenheit und Sicherheit der Ausführung darthun sollen, ferner die Anschaffung der zur Ausführung erforderlichen Kräfte, Hülfsmittel und Werkzeuge, endlich die Handlungen, welche der Thäter vornehmen mußte, um sich vor dem Beginne der verbrecherischen That in den diesen Beginn bedingenden physischen Zustand zu versetzen, nicht hierher, betrachtet sie vielmehr als eine vorbereitende Thätigkeit.

18. Der Schlußsatz des § spricht die Straflosigkeit des Versuchs bei freiwilligem Rücktritte aus. Dabei wird wesentlich vorausgesetzt, daß die Nichtvollendung der Strafthat lediglich im eignen freien Willen des Thäters, in seiner freien Entschließung und nicht in einem „äußern Umstande", d. h. nicht in einer (wirklichen oder vermeintlichen) Nöthigung ihren Grund hatte. VGr. § 16; HS. I, 202.

19. Ebendeshalb genügt es zur Ausschließung der Strafe nicht, wenn der Thäter nur deshalb von der verbrecherischen Thätigkeit absteht, weil er irrthümlich annimmt, daß der Ausführung irgend ein äußeres Hinderniß entgegensteht, wenn z. B. der Dieb irriger Weise glaubt, daß sich ein Dritter nähere. Dasselbe gilt von dem Irrthume, der Unkenntniß oder dem Versehen, aus welchem die Vornahme ungeeigneter Handlungen oder die Wahl unzulänglicher Mittel hervorging; sie sind von seinem Willen unabhängig, und daher als „äußere Umstände" anzusehen, welche die Strafbarkeit nicht beseitigen, sobald nur im Uebrigen wirklich ein Anfang der Ausführung vorliegt (und also auch jene Handlungen und Mittel zur Ausführung der Strafthat nicht absolut untauglich waren); vgl. oben n. 6. 12. 13: ZI. 23. Dez. 63 c. Koglin (RdO. IV, 269: „das Nichtfinden des zum Zweck des Diebstahls gesuchten aber versteckten Gegenstandes sei ein äußerer Umstand").

20. War dagegen der Rücktritt des Thäters wirklich ein freiwilliger, d. h. lediglich durch seine freie Entschließung herbeigeführt, so sind die Gründe, welche ihn dazu bestimmten, ganz gleichgültig. Insbesondere braucht der Grund nicht in der Reue zu liegen; selbst ein durchaus verwerflicher Grund steht der Straflosigkeit nicht entgegen, z. B. wenn Jemand eine begonnene Brandstiftung deshalb aufgiebt, weil er abwarten will, bis die Ernte eingefahren ist, damit diese mit verbrenne: Zachariä Abh. in GA. V, 590; VGr. § 17; BL. s. 170.

21. Die Worte: „wenn der Versuch .... gehindert worden ist" sind auf den Fall zu deuten, wo nicht die ganze zum Thatbestande des vollendeten Verbrechens rc. erforderliche Thätigkeit (nicht die Gesammtheit der dazu nöthigen Handlungen) stattgefunden hat (nicht beendigter Versuch), während die zweite Alternative: „wenn der Versuch ohne Erfolg geblieben ist" da vorliegt, wo zwar die sämmtlichen zum vollendeten Verbrechen rc. erforderlichen Handlungen vorgenommen sind, der beabsichtigte und für den Thatbestand wesentliche Erfolg aber noch nicht eingetreten ist (beendigter Versuch): Z. 28. April 52 c. Kirsch (GA. I, 71); VI. 27. Juni 60 c. Tolksdorf (Entsch. 44. 2. s. 19; GA. VIII, 620).

22. Zwischen diesen hier zusammengefaßten beiden Fällen besteht der in der Natur der Sache begründete Unterschied, daß ein wirksamer bloßer Rücktritt nur beim nicht beendigten Versuche denkbar ist. Hat der Thäter alle zum Thatbestande erforderlichen Handlungen (mit dem dazu gehörigen Dolus) vorgenommen, bleibt ihm also Nichts mehr zu thun übrig, fehlt es vielmehr zur Vollendung des Verbrechens nur noch an dem Eintritte des gewollten Erfolges, so kann die bloße Einstellung einer ferneren Thätigkeit die Strafbarkeit nicht beseitigen; es war ja eben Nichts mehr „zu thun": V. 27. Juni 60 (cit. n. 21); BL. s. 168. Ebendeshalb kann da, wo der Anfang der Ausführung des Versuchs eines Verbrechens rc.

festgestellt ist, der Zusatz: „es sei nicht erwiesen, daß derselbe durch äußere vom Willen des Thäters unabhängige Umstände ohne Erfolg geblieben sei" eine Freisprechung nicht rechtfertigen; denn wäre jener Versuch ein beendigter gewesen, so hätte der Eintritt des Erfolges nicht mehr von der Willkür des Angeklagten abgehangen, der Nichteintritt desselben mußte daher durch ihm fremde, d. h. also durch „äußere von seinem Willen unabhängige Umstände" veranlaßt sein (insofern er nicht selbst durch spätere positive Handlungen jenen Eintritt abgewendet hätte; vgl. n. 22). Eine Feststellung der erwähnten Art wäre daher in sich widersprechend oder erschöpfte doch die Sache nicht; ein so lautender Geschwornenspruch würde die Rücksendung der Geschwornen und eine neue Beantwortung nothwendig machen: cit. B. 27. Juni 60.

23. Dagegen geht das unter n. 21 und 22 cit. B. 27. Juni 60 unzweifelhaft zu weit, wenn es überhaupt beim beendigten Versuche eine die Strafbarkeit ausschließende Hinderung des Erfolges für unmöglich erachtet, resp. wenn es allgemein einen beendigten Versuch nur da annimmt, wo der Thäter nach der Natur seiner Handlung den Erfolg derselben aufzuhalten außer Stande ist. Jedenfalls hat § 31 in dieser Weise nicht unterschieden; er betrachtet es (mit BL. f. 169) als beendigten Versuch, wenn der Thäter die auf den Erfolg gerichtete Handlung (vollständig aber) erfolglos vollzogen hat, ohne zunächst zu unterscheiden, wodurch diese Erfolglosigkeit veranlaßt sei. Diese Erfolglosigkeit kann nun aber der Thäter nach der Beendigung aller zum Thatbestand erforderlichen Handlungen auch selbst noch herbeiführen; nur genügt dazu nicht mehr ein ferneres Nichtthun, also nicht die Einstellung einer weiteren Thätigkeit, vielmehr bedarf es eines positiven, freiwilligen (also auf einem neuen Entschlusse beruhenden) bewußten Thuns, durch welches der früher gewollte Erfolg, ehe er eintritt, vollständig abgewendet wird. Wird ein solches nachträgliches Verhindern des Erfolges durch den Thäter (z. B. vollständige Beseitigung der Wirkung eines beigebrachten tödtlichen Giftes durch Beibringung eines Gegengiftes) festgestellt, so muß Straflosigkeit eintreten: HS. I, 202; BL. f. 171. Mit Recht hat daher § 31 auch diesen Fall mit berücksichtigt; vgl. GA. VIII, 626.

24. Ein wegen freiwilligen Rücktritts als solcher strafloser Versuch bleibt strafbar, insoweit die stattgehabten Versuchshandlungen an sich schon ein anderes vollendetes Vergehen in sich schließen, z. B. als Körperverletzung beim Tödtungsversuche, Beibringung von Gift beim versuchten Giftmorde: ZI. 24. Sept. 58 c. Hansel (beil.); Zachariä Abh. in GA. V, 593.

25. Das Vorhandensein der die Strafbarkeit des Versuchs bedingenden Voraussetzungen muß vom Richter der Thatfrage jedesmal speziell festgestellt werden; eine bloße Hinverweisung auf das Gesetz (z. B. „die Voraussetzungen des § 31 liegen vor") genügt dazu nicht. Hierbei ist die Beibehaltung der eigenen Ausdrücke des § zwar sehr empfehlenswerth, aber nicht unerläßlich; es bleibt statthaft, dieselben durch gleichbedeutende (und vollständig erschöpfende) zu ersetzen: VII. 22. Febr. 54 c. Wolff; ZI. 28. Jan. 57 c. Marondel (GA. V, 274); vgl. n. 2.

26. Hiernach bedarf es zunächst der ausdrücklichen Feststellung, „daß der Versuch durch, einen Anfang der Ausführung enthaltende, Handlungen an den Tag gelegt sei": VI. 3. Nov. 54 c. Isaac; VII. 9. Okt. 56 c. Gerothwohl (Rh. S.); VII. 13. Nov. 56 c. Koch. In schwurgerichtlichen Sachen ist die den Geschwornen vorzulegende Frage ausdrücklich hierauf zu richten: VI. 29. Juni 53 c. Karow (Entsch. 26. f. 139; GA. I, 539); VI. 15. Sept. 53 c. de Peterse (JMbl. 54. f. 167); u. ö. (feste Praxis). Aehnlich verhält es sich mit dem Schuldbekenntnisse des Angeklagten, wenn auf Grund desselben nach Art. 75 des Ges. v. 3. Mai 1852 das Urtheil des SchwGH.s gefällt werden soll: VI. 8. Febr. 56 c. Gribath (GA. IV, 361); VII. 4. Juni 59 c. Weitkamp (GA. VII, 676). — Ist dieser Vorschrift genügt, so bedarf es nicht außerdem noch der Angabe der speziellen Handlungen, in welchen der Anfang der Ausführung gefunden wird: ZI. 28. Jan. 57 c. Marondel (GA. V, 274). In der Fragestellung wird dieselbe jedenfalls besser vermieden, weil der überflüssige Zusatz die Geschwornen nur verwirren könnte, und weil der Verneinung derselben ungeachtet die Strafbarkeit des Versuchs bestehen bliebe, wenn daneben die allgemeine Frage nach dem Charakter der betr. Handlungen bejaht würde.

— In diesem Sinne hat sich die Praxis des OTr.s nach anfänglichem Schwanken festgestellt.

27. Da die Tauglichkeit der Handlung des Mittels und des Objekts zur Verübung des beabsichtigten Verbrechens im Begriffe des Versuches liegt, so bedarf es einer ausdrücklichen Feststellung, sowie der Hervorhebung derselben in der Fragstellung nicht: Zachariä Abh. in GA. V, 587. Ob sie der größeren Deutlichkeit halber in die Fragstellung aufzunehmen sei, unterliegt sonach dem richterlichen Ermessen. Erfolgt die Aufnahme, so muß die Fassung erkennen lassen, daß es sich nur von einer relativen Tauglichkeit handle; es genügt daher, wenn die Frage dahin gerichtet wird, daß das Mittel „nicht ein absolut untaugliches" gewesen sei: ZII. 25. Juni 57 (cit. n. 12); ZII. 30. März 65 c. Möllmann (RdO. VI, 39).

28. Endlich muß aus der Frag- und Feststellung ausdrücklich sich ergeben, daß der Versuch nur durch äußere rc. Umstände gehindert oder ohne Erfolg geblieben sei: VI 29. Juni 53 (cit. n. 26); VGr. § 16. Auch hier ist indessen die Beibehaltung der Wortfassung des § nicht unerläßlich, es genügt, wenn in anderer Weise klar ausgedrückt ist, daß nicht ein aus der freien Entschließung des Thäters hervorgegangener Rücktritt vorliege; ist dieses der Fall, so kann z. B. in der Fragstellung das Wörtchen „nur" fehlen: ZI. 16. Dez. 63 c. Tolgener (GA. XII, 125); vgl. Zachariä Abh. in GA. V, 591 n. 3. 4.

29. Aus dem unter n. 25—28 Gesagten folgt, daß der Nichtigkeitsrichter nicht prüfen kann, ob die in den Instanzen festgestellten speziellen Thatsachen geeignet sind, den daraus gezogenen thatsächlichen Schluß, daß die allgemeinen Voraussetzungen des § 31 vorliegen, zu rechtfertigen: ZI. 26. Febr. 57 c. Herzog; VI. 27. März 57 c. Bartsch (GA. V, 458).

30. Bei denjenigen Verbrechen rc., deren Thatbestand in einer strafbaren Einwirkung auf den Willen eines Andern besteht, kann der Erfolg nicht lediglich durch die Thätigkeit des Handelnden herbeigeführt werden, da derselbe wesentlich auch von der nie mit Gewißheit vorher zu bemessenden Charakterstärke rc. des Andern abhängt. Mit Rücksicht hierauf hat das StGB. in mehreren Fällen dieser Art die auf Herbeiführung eines solchen Erfolgs abzielende Thätigkeit nicht als den Versuch einer Strafthat aufgefaßt, sondern dieselbe für sich allein als ein selbstständiges Vergehen rc. hingestellt, ohne Rücksicht darauf, ob der beabsichtigte Erfolg erreicht worden sei oder nicht. Ebendeshalb findet § 31 in allen solchen Fällen keine Anwendung, und es bedarf zur Begründung der Strafbarkeit nicht der Feststellung der Voraussetzungen dieses §: VI. 10. März 58 c. Sachsen (GA. VI, 400). — Das gilt z. B. in den Fällen der §§ 36. 84. 90. 130. 212. 234. 311—313. 315. 330.

31. Die in der Zoll- und Steuer-Gesetzgebung rc. mehrfach bei der Bestimmung des Begriffs einer Defraudation oder Kontravention gebrauchten Worte: „Wer es unternimmt ...." deuten nicht auf einen für strafbar erklärten Versuch; vielmehr ist ein solches Unternehmen als das konsumirte Delikt hingestellt; es bedarf daher in keiner Weise der Feststellung der Voraussetzungen des § 31: ZI. 27. Sept. 54 c. Koleczko (GA. II, 822); VI. 11. Sept. 61 c. Selleneit (RdO. I, 393); VII. 12. Mai 66 c. Sitz (RdO. VII, 296). Handelt es sich von der Defraudation einer zu zahlenden Abgabe (Zoll, Steuer, Chausseegeld), so ist das Vergehen perfekt, sobald das die Verbindlichkeit zur Zahlung begründende Ereigniß (z. B. das Passiren der Grenze mit der zollpflichtigen Waare, das Passiren der Chausseehebestelle rc.) Statt gefunden hat und Zahlung nicht erfolgt ist, obgleich der Zeitpunkt eingetreten war, wo sie hätte erfolgen müssen (vgl. Antr. der GStA.-schaft zu VI. 10. Nov. 66 c. Ramlow (RdO. VII, 620). Die im § 6 enthaltene Aufzählung von Fällen, wo die Zolldefraude als vollendet anzusehen sei, ist nicht limitativ: cit. ZI. 27. Sept. 54; ZI. 8. März 61 c. Weiner (GA. IX, 354); ZI. 26. Sept. 62 c. Thurau (RdO. III, 33); VI. 6. Jan. 65 c. Sachs (RdO. V, 401); cit. VII. 12. Mai 66. — Handelt es sich von einem Ausfuhrverbote, so genügt es, wenn die Handlung beabsichtigt und diese Absicht durch Handlungen äußerlich an den Tag gelegt ist; daß die Ausfuhr durch das Schaffen der Sachen ins Ausland vollendet worden sei, ist nicht erforderlich: cit. VI. 6. Jan. 65; ZI. 21. Nov. 66 c. Gerlach.

§. 32. Der Versuch eines Verbrechens wird wie das Verbrechen selbst bestraft. Dem Richter bleibt jedoch überlassen, bei Festsetzung des Strafmaaßes innerhalb der dafür vorgeschriebenen Grenzen darauf Rücksicht zu nehmen, daß das Verbrechen nicht vollendet worden ist.

Ist das Verbrechen mit der Todesstrafe oder mit lebenslänglicher Zuchthausstrafe bedroht, so tritt statt derselben zeitige Zuchthausstrafe von mindestens zehn Jahren nebst Stellung unter Polizei-Aufsicht ein.

Insoweit bei dem vollendeten Verbrechen unter Umständen eine der Art oder dem Maaße nach mildere Strafe eintritt, soll dieselbe auch bei dem Versuche zur Anwendung kommen.

[Entw. § 29]. Vgl. § 31. 33. 35. 59. 336; Einf.-Ges. Art. XXIV. XXV.

§. 33. Der Versuch eines Vergehens wird nur in den Fällen bestraft, in welchen die Gesetze dies ausdrücklich bestimmen. Der Versuch wird alsdann wie das Vergehen selbst nach den im §. 32. aufgestellten Grundsätzen bestraft.

[Entw. § 30]. Vgl. § 31. 32. 35. 59. 336; Einf.-Ges. Art. XXIV. XXV.

Dritter Titel.

Von der Theilnahme an einem Verbrechen oder Vergehen *).

---

§ 32.

1. Abs. 1 des § 32 und der Schlußsatz des § 33 erklären auf den Versuch dasselbe Strafgesetz für anwendbar, wie auf die vollendete Strafthat. Innerhalb der durch jenes Gesetz belassenen Grenzen kann der Instanzrichter die zu verhängende Strafe unter Berücksichtigung der besonderen Bestimmungen des § 32 frei bemessen.

2. Gestattet das Strafgesetz die Berücksichtigung von mildernden Umständen (Abs. 3), so steht nichts im Wege, auch die Nichtvollendung der That als einen solchen Milderungsgrund anzusehen: Zachariä Abh. in GA. V, 598; *contra*: HS. I, 211; vgl. TL. s. 304 n. 2b.

3. Ein Angeklagter, welcher nach der thatsächlichen Feststellung eine vollendete Strafthat begangen hat, kann sich nicht beschweren, wenn er nur wegen Versuchs bestraft worden ist: ZII. 21. April 64 c. Mengen. Das gilt selbst dann, wenn er im Urtheilstenor gleichzeitig von dem vollendeten Vergehen freigesprochen ist: VII. 29. Nov. 55 c. Täger; ZII. 24. April 56 c. Täger; eine solche Freisprechung wird nicht rechtskräftig; vgl. Strafverf. § 1 n. 29. 30; Abschn. IV (s. 461) n. 59.

§ 33. — — — — — — — — — — — — — — — —

*) Dritter Titel.

1. Das StGB. versteht unter „Thäter" („Urheber": § 195 Abs. 3; § 218 Nr. 7; § 232 Nr. 2) denjenigen, welcher unmittelbar mit der im Gesetz vorausgesetzten Willensrichtung die zum Thatbestande erforderliche äußere Handlung bewirkt, mag er selbst der geistige Schöpfer dieses Willens sein, oder dabei einem fremden Einflusse folgen; vgl. HS. I, 300 fgg. 320; BGr. § 21 fg.; BL. s. 177.

2. Nach dieser Begriffsbestimmung ist auch derjenige als Thäter anzusehen, welcher seinerseits mit dem erforderlichen Dolus es veranlaßt, daß ein Anderer ohne jenen Dolus die äußere Handlung vornimmt; er bedient sich dann des letzteren als seines Werkzeugs; vgl. § 34 n. 28. 35. Das gilt selbst dann, wenn derjenige, dessen Recht durch die Handlung verletzt wird, durch Täuschung veran-

laßt wird, dieselbe vorzunehmen, ohne sie zu wollen; vgl. § 247 n. 25; § 251 n. 33. — Treffen die obigen Voraussetzungen zu, so kann außerdem in der Person desjenigen, welcher die äußere Handlung ohne Dolus vornimmt, noch eine Fahrlässigkeit konkurriren, für welche er strafrechtlich verantwortlich ist; es treffen dann zwei Thäter, ein doloser und ein kulposer, zusammen; vgl. § 34 n. 1. 2. — Die obige Auffassung bleibt indessen da ausgeschlossen, wo es in der Natur der betr. Strafthat liegt, daß äußere Handlung und Dolus in derselben Person zusammentreffen müssen, z. B. Doppelehe, Blutschande, Meineid (insofern das Gesetz nicht Leistung eines Eides durch einen Andern gestattet).

3. Dagegen betrachtet das StGB. denjenigen, welcher in einem Andern den Willen zur Begehung einer Strafthat hervorruft (den Anstifter) nicht als Thäter, sondern als Theilnehmer: § 34 Nr. 1.

4. Wer zu irgend einem Thun rechtlich verpflichtet ist, kann sich auch durch Unterlassung desselben strafrechtlich verantwortlich machen; auch er ist dann als „Thäter" anzusehen: ZI 8. Juni 59 c. Korycki; vgl. § 34 n. 57. — Fällt die Unterlassung mehreren zur Vornahme der gebotenen Handlung gleichmäßig Verpflichteten zur Last, so trifft jeden die volle Strafe: Erk. AG. Hamm (GA. II, 566); vgl. EG. Art. XII n. 43. 44.

5. Nur Individuen, nicht juristische Personen, oder eine Mehrheit von Personen als solche, können eine Strafthat begehen. Gegen eine solche Mehrheit als Kollektivbegriff (z. B. gegen die „Direktion einer Aktiengesellschaft" oder gegen eine „Handelsfirma") ist daher nie eine Strafverfolgung statthaft, sollte es sich auch nur von einer Polizei-Uebertretung handeln, bei welcher es auf Dolus gar nicht ankommt; die Verfolgung kann vielmehr nur gegen die einzelnen handelnden Mitglieder sich richten: ZII. 8. März 55 (Entsch. 30. s. 367; GA. III, 575); VII. 26. Okt. 65 c. Scheins (Rh S., RdO. VI, 426); HS. I, 103; BL. s 114. — Dagegen können auch juristische Personen, Handelsfirmen rc. als civilrechtlich haftbar für die von einem Anderen verwirkten Geldbußen und Kosten in Anspruch genommen werden: VI 30. Okt. 57 c. Franke.

6. Auch dann, wenn der Thatbestand einer Strafthat nicht durch die Thätigkeit eines Einzigen, sondern durch das Zusammenwirken Mehrerer hervorgebracht wird, können nur diejenigen, welche selbst die zum Thatbestande gehörenden (äußeren) Handlungen mit dem erforderlichen Dolus bewirken (n. 1. 2), als Thäter angesehen werden: BL. s. 177 fg.; BGr § 21. 23. 45 fg. War dann das Zusammenwirken der Mehreren lediglich ein zufälliges, handelte also Jeder von ihnen für sich allein, ohne Betheiligung an der dasselbe Objekt treffenden Thätigkeit des Andern, so hat Jeder auch nur dasjenige zu vertreten, was er selbst gethan hat, resp. was sich als Folge dieser seiner Thätigkeit darstellt, nicht auch dasjenige, was lediglich durch die ebenfalls wirksame Thätigkeit der Uebrigen hervorgebracht ist. Er kann daher, insofern sein eigenes Thun für sich allein den Thatbestand des betr. Straffalles nicht vollständig erschöpft, nur wegen Versuchs bestraft werden (unbeschadet jedoch der Vorschrift des § 195).

7. Hatten dagegen die einzelnen Thäter (n. 6) neben dem auf die Selbstbegehung gerichteten Willen auch noch das Bewußtsein und den Vorsatz, ihre Thätigkeit zugleich für die gleiche Absicht der Anderen dienen zu lassen, handelte also jeder Einzelne in der Absicht, die That in Gemeinschaft mit den anderen in gleicher Absicht Handelnden zu begehen, so nimmt diese ihre Thätigkeit nebenher auch noch in Beziehung auf die Handlungen der Uebrigen den Charakter der Hülfeleistung, also der Theilnahme an; sie haben daher auch alles dasjenige mit zu vertreten, was durch die Uebrigen gethan worden ist, und der nur durch das Zusammenwirken der Thätigkeit Aller herbeigeführte Erfolg ist so anzusehen, als hätte Jeder denselben ganz veranlaßt; jeder ist sonach als Thäter der ganzen That und alle sind als Mitthäter zu betrachten: HS. I, 375. 381; BGr. § 21. 23; ZI. 8. April 59 c. Berg (GA. XI, 372); ZI. 22. Mai 63 c. Habisch (RdO. III, 468); ZI. 19. Mai 65 c. Hähnchen (RdO. VI, 140); ZVII. 21. Dez. 65 c. Höttgen (RdO. VI, 654); *contra:* John Kritiken s. 1 fg. — Dabei wird auch keineswegs mit Nothwendigkeit vorausgesetzt, daß die Handlungen sämmtlicher Mitthäter gleichzeitig geschehen; vielmehr kann beim Zutreffen der oben erwähnten Voraussetzungen auch ein successives Handeln Mehrerer als ein gemeinschaftliches angesehen werden. Das gilt

namentlich da, wo der zum Thatbestande gehörende Gesammterfolg nur durch das Zusammenwirken der von Mehreren ausgegangenen Thätigkeiten herbeigeführt worden ist; vgl. n. 12. — Demgemäß ist ein von Mehreren gemeinschaftlich verübter Diebstahl in Betreff Aller Raub, wenn auch nur Einer von ihnen Gewalt anwendete; vgl. § 230 n. 10. Ebenso trifft die Strafe der tödtlichen Körperverletzung sämmtliche Mitthäter, sollte auch der tödtliche Erfolg nur durch das Zusammenwirken der verschiedenen von den Einzelnen zugefügten Verletzungen herbeigeführt sein; vgl. § 194 n. 6. — Nur insoweit fällt jene allgemeine Haftbarkeit weg, als einem einzelnen Mitthäter dasjenige, was von einem andern ausging, oder in dessen Person begründet war, unbekannt geblieben ist (§ 44 : V. 30. Sept. 52 c. Korsky; ZI. 22. Mai 63 cit.; ZII. 18. Jan. 66 c. Schrewe (RdO. VII, 36).

8. Die unter n. 7 entwickelten Grundsätze sind auch da maaßgebend, wo der Thatbestand der betr. Strafthat selbst durch ein zwischen der Person des Thäters und der Person des Verletzten bestehendes Verhältniß geändert wird (z. B. Gatten- oder Elternmord, Mißhandlung der Eltern, Hausdiebstahl rc.). Alle Mitthäter werden sonach von der durch ein solches konkurrirendes Verhältniß begründeten Strafe betroffen, sollte auch nur einer von ihnen in demselben stehen: ZPl. 12. Nov. 60 c. Müller (RdO. I, 5 ; BII. 31. März 64 c. Strube (RdO. IV, 432); TL. s. 357 ff; TArch. III, 21; *contra:* ZI. 24. Nov. 54 c. Radau (GA. III, 258 ; Antr. d. GStA. z. cit. ZPl. 12. Nov. 60 (l. c. ; John Krit. s. 3 ff. Eine Ausnahme tritt arg. § 228 Abs. 1 bei Entwendungen der Eltern gegen ihre Kinder ein; die Straflosigkeit jener ist auf rc. Mitthäter ebensowenig wie auf Theilnehmer rc. auszudehnen (weil das Gesetz hier nicht eine Aenderung des Thatbestandes, sondern nur eine exzeptionelle Straflosigkeit der Eltern annimmt). Ebenso bleibt das oben Gesagte da außer Anwendung, wo der subjektive oder objektive Thatbestand der Strafthat unberührt bleibt, wo vielmehr lediglich in der Person des einzelnen Thäters besondere seine Strafbarkeit erhöhende oder mildernde Umstände obwalten, z. B. Rückfälligkeit, Reiz (§ 177. 196) oder allgemeine vom Gesetz berücksichtigte „mildernde Umstände"; vgl. § 35 n. 2.

9. Die Mitthäterschaft (n. 7) kann aus einer vorhergegangenen Verabredung (Komplott) hervorgehen: HS. I, 384; ZII. 3. Mai 56 c. Radermacher (Entsch. 33. s. 202; GA. IV, 694). Eine solche setzt nicht nothwendig eine wechselseitige Anstiftung voraus: HS. I, 396. Hat dagegen Jemand sich nur an der Verabredung, nicht auch an der Ausführung betheiligt, so kann ihn eine Strafe nur insoweit treffen, als in seiner Betheiligung bei der ersteren der Thatbestand einer Anstiftung derjenigen zu finden ist, welche demnächst zur Ausführung geschritten sind: BGr. § 65; BL. s. 184.

10. Eine Mitthäterschaft kann aber auch ohne alle vorhergegangene Verabredung augenblicklich und stillschweigend entstehen, wenn bei Jedem im Augenblicke der That das Bewußtsein und die Absicht gemeinschaftlich zu handeln, obwalteten: HS. I, 381; BGr. § 23 a. E.; ZII 21. Dez. 65 (cit. n. 7).

11. Damit die Grundsätze von der Mitthäterschaft Anwendung finden können, bedarf es der ausdrücklichen Feststellung, daß ihre Voraussetzungen zutreffen, daß also ein „gemeinschaftliches" Handeln Statt gefunden habe. Insbesondere genügt in dieser Beziehung die Feststellung eines „vorsätzlichen Handelns nach vorheriger Verabredung mit Anderen" nicht: ZI. 13. Mai 57 c. Herbst (GA. V, 395). — Eine Anklage ist nicht erschöpft, wenn das Urtheil über die in ihr behauptete Gemeinschaftlichkeit keine Feststellung trifft: BI. 20. April 66 c. Michaelis (RdO. VII, 252).

• 12. Von dem unter n. 7 behandelten Falle der Mitthäterschaft ist der wohl zu unterscheiden, wo mehrere Thäter successive in Beziehung auf dasselbe Objekt in der Weise thätig sind, daß jeder selbstständig nur für sich allein und lediglich zur Erreichung der eignen Absicht handelt. Es kann dann von einer Gemeinschaftlichkeit und einer daraus herzuleitenden Haftbarkeit Aller für den Inbegriff sämmtlicher Handlungen und den durch das Zusammenwirken Aller hervorgebrachten Erfolg keine Rede sein. Gleichwohl kann auch in einem solchen Falle derjenige Thäter, welcher mit der Kenntniß desjenigen handelte, was ein Anderer bereits vor ihm gethan hatte, für den durch das Zusammenwirken beider Handlungen herbeigeführten Erfolg haftbar werden. Das gilt zunächst dann, wenn seine Absicht dahin gerichtet war, daß dasjenige, was der Erste vor ihm gethan hatte, in Verbinbung mit seiner eignen Handlung jenen Erfolg herbeiführen sollte. Weiß daher A, daß durch B dem C Gift in unzureichender Menge beigebracht ist, und bringt er nun selbst dem letztern eine zweite Dosis Gift bei, um durch das so verstärkte Gesammtquantum denselben zu tödten, so ist er der Thäter der bewirkten Tödtung, sollte auch die von ihm beigebrachte Dosis für sich allein ebenfalls zur Herbeiführung derselben nicht ausgereicht haben. — Sodann gilt das Gesagte aber auch da, wo das Gesetz den Urheber einer gesetzwidrigen Handlung auch für den von ihm nicht gewollten Erfolg derselben haften läßt, z. B. bei der erheblichen, schweren oder tödtlichen Körperverletzung. Wenn daher Jemand einen Andern, wissend daß dieser vor Kurzem durch einen Dritten eine Mißhandlung erlitten hat, seinerseits ebenfalls mißhandelt, so steht er für den Gesammterfolg beider Mißhandlungen ein, sollte auch feststehen, daß seine Thätigkeit für sich allein denselben nicht herbeigeführt haben würde. Vgl. das Nähere § 185 n. 5 und § 194 n. 5.

13. Aus demselben Grunde hat der Thäter auch dasjenige zu vertreten, was weder von ihm selbst, noch von einem Mitthäter, sondern von einem Gehülfen ausgegangen ist, vorausgesetzt, daß er bei seiner Handlung Kenntniß von der Hülfeleistung des Andern hatte: er läßt dann diese Hülfeleistung als Mittel zur Begehung seiner That dienen, und macht dadurch die Thätigkeit des Gehülfen zu seiner eignen; vgl. § 218 Nr. 6. 7. Demgemäß liegt Nothzucht vor und § 144 Nr. 1 wird anwendbar, selbst wenn die betr. Gewalthandlungen 2c. nicht von demjenigen, welcher die unzüchtigen Handlungen verübte, sondern von einem Gehülfen ausgegangen sind. Ebenso kann ein Diebstahl den Charakter des Raubes durch eine lediglich von einem Gehülfen ausgegangene Gewalthandlung annehmen; vgl. § 230 n. 9; *contra*: BGr. § 58.

14. Fehlt es an den Voraussetzungen, durch welche die Thäterschaft bedingt ist, so kann eine eine Strafthat fördernde Handlung nur als Theilnahme strafbar sein, also nur insoweit als die Bedingungen des § 34 Nr. 1 oder 2 vorliegen. Das gilt also, wenn entweder durch die betr. Thätigkeit nicht eine zum Thatbestande selbst gehörende Handlung ausgeführt wird, oder wenn es bei derselben an dem zur Selbstbegehung erforderlichen Dolus fehlt. Insbesondere ist derjenige, welcher, lediglich um die Verwirklichung einer fremden Absicht zu fördern, an den Ausführungshandlungen sich betheiligte, nicht als Mitthäter, sondern nur als Gehülfe zu betrachten, da (abgesehen von der in den äußeren Handlungen liegenden Verschiedenheit) Gehülfe und Mitthäter sich grade dadurch unterscheiden, daß jener immer nur eine fremde, dieser aber wesentlich auch seine eigne Absicht verwirklichen will: ZI. 13. Juni 60 c. Wetzel GA. VIII, 692; Z.I. 24. Jan. 66 c. Psick (30); vgl. BGr. § 45; Abh. in GA. XI, 369; XII, 507. — Hiernach kann es sehr wohl geschehen, daß eine und dieselbe Art der Thätigkeit je nach der Verschiedenheit des dabei obwaltenden Dolus sich bald als Mitthäterschaft, bald als Hülfeleistung charakterisire.

15. Die Vorsätzlichkeit einer That ist bedingt durch eine Vermittlung zwischen Wille und Handlung. Der Wille muß das gebrauchte Mitlel gegen das Objekt in Bewegung setzen, und so eine dem Gewollten entsprechende Wirkung hervorbringen. Vorsätzlichkeit ist daher nur insoweit anzunehmen, als sich die Handlung gegen dasjenige Objekt richtete, welches nach dem Willen des Handelnden davon betroffen werden sollte: VII. 5. Sept. 61 c. Ohle (RdO. I. 532); VII. 9. Nov. 65 c. Hippert (RdO. VI, 449); HS. I, 122; BL. f. 147; BGr. § 88 - 92. Zur Annahme eines solchen auf das Treffen des Objekts gerichteten Willens genügt es aber, wenn der Handelnde im Augenblicke seiner Thätigkeit erkannte (sich bewußt war), daß dasselbe dieses Objekt treffen werde: ZII. 15. Dez. 64 c. Lorenz (RdO. V, 367). Dagegen ist es unwesentlich, ob dieses grade dasjenige war, auf welches sich vorher die Absicht des Handelnden gerichtet hatte. Daher schließt eine Verwechslung, welche es herbeiführt, daß der zur Ausführung gebrachte Wille sich gegen ein anderes Objekt richtete, als beabsichtigt war, die Vorsätzlichkeit der Handlung in Beziehung auf das wirklich getroffene Objekt nicht aus; vgl. § 175 n. 3; BGr. § 94. Ebenso handelt derjenige, welcher in der Absicht, ein bestimmtes Individuum zu tödten, einen explodirenden Gegenstand unter eine größere Menge wirft und eine Mehrheit derselben tödtet oder verletzt, in Be-

§. 34. **Als Theilnehmer eines Verbrechens oder Vergehens wird bestraft:**

---

treff Aller vorsätzlich, wenn er, die allgemein zerstörende Wirkung des Mittels kennend, dasselbe gegen die anwesende Menge (also auch gegen jeden Einzelnen derselben) zur Anwendung bringt und grade durch die sich weithin erstreckende Wirkung auch den Einzelnen, gegen welchen sich seine Absicht richtete, zu treffen bemüht ist; vgl. BGr. § 98. — Nimmt dagegen Jemand eine bestimmte Handlung nur mit dem Bewußtsein der Möglichkeit vor, daß durch dieselbe ein bestimmter Erfolg eintreten könne, so ist es eine im Einzelfalle zu lösende thatsächliche Frage, ob hierin ein vorsätzliches Handeln oder nur eine Frevelhaftigkeit (Fahrlässigkeit) zu finden sei; so: BL. s. 158 Note 3.

16. Dagegen ist eine Handlung nicht als eine vorsätzliche anzusehen, wenn dasjenige Objekt, gegen welches sich die Thätigkeit des Handelnden richtete, verfehlt und dafür ein anderes außerhalb der Willensrichtung liegendes getroffen wird (Aberration); vgl. § 175 n. 4.

17. Das unter n. 15 Gesagte findet auf alle Mitthäter (n. 7) Anwendung: ZII. 2. Febr. 65 c. Frye (RdO. V, 444).

18. Auf den Endzweck des Handelnden kommt es in der Regel nicht an; insbesondere hört eine Handlung darum nicht auf eine vorsätzliche zu sein, wenn der Thäter sie nicht ihrer selbst willen, sondern nur deshalb vornahm, um durch sie einen andern vielleicht erlaubten oder gar berechtigten Zweck zu erreichen. Die Vorsätzlichkeit und Strafbarkeit einer Strafthat werden daher dadurch nicht beseitigt, daß sie zur Abwehr eines Angriffs oder zur Ausübung einer Selbsthülfe begangen wurde, insofern dabei nicht die Voraussetzungen der Nothwehr oder eines Nothstandes vorliegen: BII. 8. Nov. 66 c. Rieke (RdO. VII, 608); vgl. § 41 n. 2; § 281 n. 4.

19. Auch solche Vergehen, zu deren Thatbestand ein besonderer Dolus nicht gehört (z. B. Steuerdefrauden rc.), bleiben straflos, wenn die betr. Handlung gar nicht die Folge der eignen Willensbestimmung des Thäters war: ZI. 15. Febr. 56 c. Retzlaff (dem Angeklagten war das Pferd durchgegangen, und er so mit steuerpflichtigen Waaren dem Ansagebureau vorbeigefahren).

20. In Betreff der schuldbaren Fahrlässigkeit sind die Bemerkungen zu § 34 n. 1—3 zu vergleichen.

§ 34.

Inhalt.

1) wer den Thäter durch Geschenke oder Versprechen, durch Drohungen, Mißbrauch des Ansehens oder der Gewalt, durch absichtliche Herbeiführung oder Beförderung eines Irrthums oder durch andere Mittel zur Begehung des Verbrechens oder Vergehens angereizt, verleitet oder bestimmt hat;

---

1. Theilnahme setzt **Dolus** voraus; eine bloße Fahrlässigkeit reicht dazu nie hin: HS. I, 327. 341; BL. s. 175; vgl. n. 6. Wenn daher Jemand unvorsichtiger Weise Etwas sagt oder thut, wodurch bei einem Andern der Entschluß zur Begehung einer Strafthat hervorgerufen, oder diesem zur Begehung selbst Hülfe geleistet wird, so kann dadurch nicht die Anwendbarkeit der §§ 34. 35 begründet werden. Insoweit es sich aber von solchen Vergehen handelt, welche auch **fahrlässiger** Weise begangen werden können, steht rechtlich Nichts im Wege, in einem solchen Falle den Betreffenden als **kulposen** Urheber (**Thäter**) zu betrachten und zu bestrafen, weil sein fahrlässiges Thun wesentlich dazu mitgewirkt hat, den die Strafbarkeit begründenden Erfolg herbeizuführen; ob dieses unmittelbar oder nur mittelbar geschehen sei, kann grade bei kulposen Vergehen einen Unterschied nicht begründen. Dieser Auffassungsweise steht es auch nicht entgegen, daß hier ein Anderer als doloser Thäter die volle Verantwortlichkeit der That zu tragen hat; mit dem Dolus des Einen kann sehr füglich die Fahrlässigkeit eines Andern als mitwirkende Ursache konkurriren; *contra* wie es scheint: Abh. in GA. XIV, 536. Vgl. n. 2; Thl. I. Tit. 3 (s. 84) n. 2.

2. Derjenige, welcher **doloser** Weise es veranlaßt, daß ein Anderer aus Fahrlässigkeit ein Vergehen verübt, oder welcher doloser Weise das fahrlässige Thun eines Andern unterstützt, um dadurch es herbeizuführen, daß dieser eine strafbare Handlung verübe, ist selbst als **doloser** Urheber (**Thäter**) anzusehen, weil er sich des Andern als seines Werkzeugs bediente; daß dieser Letztere ebenfalls als fahrlässiger Urheber strafbar sein kann, steht jener Auffassung auch hier nicht entgegen; vgl. n. 1. 28. Thl. I. Tit. 3 (s. 84) n. 2.

3. Zweifelhafter ist es, ob derjenige, welcher das **fahrlässige Thun** eines Andern provozirt, oder unterstützt, nicht mit der **Absicht**, um dadurch einen eine Strafbarkeit begründenden Erfolg (z. B. Tödtung, Körperverletzung, Brandstiftung) herbeizuführen, wohl aber mit dem **Bewußtsein**, daß dasselbe unvorsichtig und geeignet sei, einen solchen Erfolg zu veranlassen, — auch als **Theilnehmer** an der kulposen Handlung des Andern angesehen werden könne. Sein Thun ist dann wenigstens insofern ein doloses, als er die That des Andern, obgleich er ihre eventuelle Strafbarkeit richtig erkannte, hervorrief resp. förderte, und also mit der in den Nrn. 1 und 2 des § 34 vorausgesetzten strafbaren Willensrichtung handelte. In einem solchen Falle nahm ein ZI. 24. Febr. 60 c. Ziehe (174; GA. VIII, 201) in Betreff einer fahrlässigen Brandstiftung die Strafbarkeit des Anstifters an; *contra:* ZI. 30. April 56 c. Fabian; VI. 26. Nov. 56 c. Schreiber (GA. V, 67); ZI. 26. Okt. 55 c. Schirmer (beil.); Koch n. 62; Stemann Abh. in GA. V, 49; vgl. HS. I, 328. 342. — Jedenfalls steht aber auch in einem solchen Falle Nichts entgegen, die Thätigkeit des das fahrlässige Thun des Andern Provozirenden oder Unterstützenden als eine selbstständige Fahrlässigkeit desselben aufzufassen und demgemäß auch ihn als **kulposen Thäter** zu bestrafen; vgl. n 1.

4. Als **Dolus** wird bei der Theilnahme nur die im § 34 angedeutete Willensrichtung vorausgesetzt; vgl. § 35 n. 5. Ist diese vorhanden, so bedarf es beim Theilnehmer keineswegs desjenigen Dolus, welcher zum Thatbestande der Hauptthat gehört, z. B. der bei dieser erforderten gewinnsüchtigen Absicht: VII. 11. Okt. 60 c. Fleitmann (GA. IX, 52); ZI. 14. Juni 61 c. Laube (RdO. I, 444); oder der (zum Thatbestande des Mordes erforderlichen) Vorsätzlichkeit und Ueberlegung: ZI. 23. März 55 c. Kath; ZII. 15. April 58 c. Semme; vgl. RdO. IV, 501.

5. Noch weniger wird erfordert, daß der Theilnehmer selbst **Vortheil** von seiner Theilnahme gehabt habe: ZI. 18. Aug. 56 c. Heyde (Munzert und Gen.).

6. Umgekehrt gehört zum Thatbestande der Theilnahme der im § 34 erfor-

2) wer dem Thäter zur Begehung des Verbrechens oder Vergehens Anleitung gegeben hat, ingleichen wer Waffen, Werkzeuge und andere Mittel, welche zu der That gedient haben, wissend, daß sie dazu dienen sollten, verschafft hat, oder wer in den Handlungen welche die That vorbereitet, erleichtert oder vollendet haben, dem Thäter wissentlich Hülfe geleistet hat.

[Entw. §. 31]. Vgl § 35—39. 59. 65. 87. 111. 130. 180—182. 195. 228. 260. 271. 311. 330. 331; Z.-Str.-Ges. v. 23. Jan. 1838 § 16; (Vdn. v. 30. Juni 1849 § 13—18. 31. 35 ff. 39); H.-D.-Ges. v. 2. Juni 1852 § 5.

---

derte Dolus selbst dann, wenn es in Betreff der Hauptthat auf Dolus oder Culpa gar nicht ankommt; die Hülfeleistung zu einer Steuerdefraudation ist daher nur dann strafbar, wenn der Gehülfe wußte, daß die betr. Handlung des Thäters den Voraussetzungen einer Defraudation entspreche: Beschl. I. 17. Juni 59 c. Pohle (113 B). Die Gründe eines ZI. 9. Nov. 59 c. Gerlach (GA. VIII, 112) hielten in dieser Beziehung einen s. g. eventuellen Dolus für ausreichend, d. h. wenn der Theilnehmer sich bewußt gewesen sei, daß die That des Hauptthäters ebensowohl einen unerlaubten als einen erlaubten Erfolg haben könne.

7. Auch an solchen Strafthaten ist eine Theilnahme möglich, welche, nach der Natur der Sache, nur in der Person des Thäters denkbar waren, deren sich also der Theilnehmer als Thäter nicht hätte schuldig machen können (Beisp. § 331): ZI. 16. Juli 58 c. Schmöckel; BL. s. 178; vgl. § 35 n. 3.

8. Ebenso ist Theilnahme, insbesondere auch Hülfeleistung bei solchen Vergehen möglich, zu deren Thatbestand die Gewohnheitsmäßigkeit, also eine Mehrheit von Fällen gehört (z. B. Gewohnheitswucher): ZII. 14. Febr. 56 c. Haupt; ZI. 10. Febr. 58 c. Pohl.

9. Der Versuch einer Theilnahme ist als solcher nicht strafbar; vgl. § 31 n. 7—9; wohl aber die Theilnahme an einer versuchten Strafthat; vgl. n. 10.

10. Die Strafbarkeit der Theilnahme ist wesentlich dadurch bedingt, daß die Hauptthat begangen oder doch versucht worden sei; es muß daher der Thatbestand der letzteren feststehen: BGr. § 19; BL. s. 178; HS. I, 329. 333; BI. 23. März 54 c. Kämmerer (GA. II, 404); BI. 18. April 57 c. Krems (GA. V, 401); u. ö. Die irrige Meinung des Theilnehmers, die Hauptthat sei begangen, genügt nicht: BI. 11. Sept. 57 c. Blumenheim (GA. VI, 106).

11. Aus dem angeführten (n. 10) Grunde kann in einem Falle, wo die von einem Preußen im Auslande begangene (nach Preußischem Gesetz strafbare) That am Orte ihrer Begehung nicht strafbar, und deshalb auch in Preußen nicht zu verfolgen und zu bestrafen, also überhaupt keine Strafthat ist: (§ 4 Nr. 3), die Theilnahme eines andern Preußen nicht dadurch strafbar werden, daß die betr. Handlungen von ihm in Preußen vorgenommen worden sind: BII. 9. Okt. 56. c. Oppermann (JMbl s. 343; GA. IV, 835).

12. Theilnahme an einer Strafthat ist nur so lange denkbar, als die letztere noch nicht beendigt ist: BGr. § 18; ZI. 8. März 61 c. Bürkner (RdO. I, 250); vgl. n. 59.

13. Steht der Thatbestand der (vollendeten oder versuchten) Hauptthat (d. h. sowohl die äußere Handlung als der Dolus des Thäters) fest, so bleibt die Theilnahme an derselben strafbar, sollte auch der Thäter wegen eines nur seine Person betreffenden individuellen Grundes straflos bleiben: ZI. 13. Mai 57 c. Matzel; BL s. 178. Das Nähere siehe § 35 n. 2. Dagegen ist auch die Theilnahme als solche straflos, wenn der Thäter die äußere Handlung ohne den erforderlichen Dolus vornahm (z. B. weil seine freie Willensbestimmung durch Gewalt ausgeschlossen war), eben weil es dann an dem Thatbestande der Hauptthat fehlt; *contra*: ZII. 13. Dez. 55 c. Ebel, welches hier zu weit geht; ähnlich dürfte es sich mit einem Beschl. I. 17. Okt. 60 c. Hoffmann (183 B; GA. VIII, 828) verhalten, welcher eine strafbare Theilnahme bei der Vornahme unzüchtiger Handlungen mit einem

Kinde unter 14 Jahren annahm, obgleich der Thäter straflos blieb, weil ihm jenes Alter des Kindes unbekannt gewesen war, während der Theilnehmer Kenntniß davon gehabt hatte. — In Fällen der erwähnten Art kann es sich daher nur noch fragen, ob nicht der Verüber jener zwingenden Gewalt als der „Thäter" der durch die erzwungene Handlung des Andern objektiv verübten That (vgl. f. 84 n. 2) und ein bei der That Hülfe leistender Dritter als der Gehülfe des ersteren betrachtet werden könne; vgl. HS. I, 345. 350. 373.

14. Das Gesetz macht die Bestrafung des Theilnehmers nicht von der Ermittlung und Bestrafung der Person des Thäters abhängig: ZI. 13. Mai 57 c. Matzel; VII. 14. Mai 57 c. Dieckmann (JMbl. f. 270; GA. V, 534); u. ö.; HS. I, 334. Es ist daher auch die namentliche Bezeichnung des Thäters in der den Theilnehmer betreffenden Feststellung nicht unerläßlich: ZII. 23. Mai 61 c. Jansen; ZI. 11. April 62 c. Hoppe. Noch weniger kann verlangt werden, daß die Untersuchung gleichzeitig gegen den Thäter mitgerichtet, oder daß seine Bestrafung vorhergegangen sei: ZI. 5. Febr. 58 c. Meißner (GA. VI, 273); ZI. 11. März 63 c. Hirsch (RdO. III, 346). Demgemäß ist die Bestrafung des Theilnehmers auch dann gerechtfertigt, wenn die Geschwornen die Thatfrage in Betreff des der Thäterschaft Angeklagten verneinen, in Betreff des Theilnehmers aber in Beziehung auf einen andern wenn auch ungenannt gelassenen Thäter bejahen: ZI. 3. Febr. 54 c. Gartmann (GA. II, 242); ZI. 9. Mai 66 c. Urbigkeit (RdO. VII, 388); vgl. Strafverf. Art. 81 n. 12; HS. I, 334. Ebenso ist es durchaus statthaft, in dieser Weise den Geschwornen eine Eventualfrage vorzulegen: ZI. 23. Jan. 67 c. Heyn (RdO. VIII,).

15. Da die Theilnahme nur durch ihre Beziehung zur Hauptthat strafbar wird, so sind für diese Strafbarkeit stets die Zeit und der Ort der Hauptthat maaßgebend; daher kommt es sowohl in Betreff der Frage, welches Strafgesetz Anwendung erleide, als in Betreff der Verjährungsfrage auf die Zeit und den Ort der Hauptthat an; nur rücksichtlich der Zurechnungsfähigkeit ist stets der Augenblick des Handelns des Theilnehmers entscheidend: ZII. 10. April 56 c. Görner (JMbl. f. 124; GA. IV, 558); BGr. § 40; vgl. Beschl. I. 12. Sept. 56 c. Rösener, welcher aus dem oben angeführten Grunde die Kompetenz der Preußischen Gerichte in Betreff ausländischer Theilnehmer an einem in Preußen verübten Vergehen annahm, obgleich die Theilnahmehandlung selbst im Auslande begangen war. *Contra:* TGll. f. 53 n. 6, welcher als Ort des Verbrechens ꝛc. in Betreff des Theilnehmers nur den Ort der eignen Thätigkeit desselben gelten lassen will; rücksichtlich der territorialen Kompetenz ist EG. Art. XXII. Nr. 2 zu vergleichen.

16. Aus demselben Grunde liegt stets nur ein Straffall vor, und nur einmalige Bestrafung ist statthaft, sollten auch Mitthäterschaft und Theilnahme oder verschiedene Arten der Theilnahme (Anstiftung und Hülfeleistung) zu demselben Verbrechen ꝛc. in derselben Person zusammentreffen: ZII. 13. Dez. 55 c. Ebel; Antr. des Gen.-St.-Anw.s in GA. III, 757; VII. 19. März 63 c. Priwenau (RdO. III, 353). Eine solche Konkurrenz kann nur als Strafzumessungsgrund in Betracht kommen. Zu diesem Ende kann daher auch der Schw.-GH. gegen den von den Geschwornen der Mitthäterschaft schuldig Befundenen die Anstiftung der andern Mitthäter selbstständig feststellen: ZII. 28. Dez. 57 c. Pagendortel.

17. Umgekehrt verwirkt derjenige, welcher durch eine einmalige Handlung an mehreren selbstständigen Strafthaten Anderer Theil nimmt, die Strafe aller (in realer Konkurrenz): ZI. 23. Nov. 60 c. Avenarius (RdO. I, 148: ein Fall der Anstiftung).

18. Die Theilnahme an einer Strafthat schließt in ihrer Anwendung auf den Diebstahl ꝛc. die Konkurrenz der Hehlerei als eines selbstständigen Vergehens ꝛc. aus; es kann daher „der Theilnehmer am Diebstahl [ebenso wie der Dieb selbst] mit Bezug auf den nämlichen Diebstahl nicht noch außerdem mit der Strafe der Hehlerei belegt werden"; so: VPl. 29. Okt. 55 c. Burchardt (Entsch. 31. f. 241; GA. III, 758); vgl. § 237 n. 37.

19. Auch die Theilnahme ist eine strafbare Handlung (Strafthat). Es läßt sich also nicht aufstellen, daß begrifflich eine Theilnahme an einer Theilnahme nicht denkbar sei. Insbesondere fehlt es an jedem Grunde, die Anstiftung oder Anleitung zur Theilnahme für straflos zu erachten: ZI. 2. Okt. 61 c. Ernst (RdO.

I, 562: Anstiftung zur Anleitung); vgl. n. 30. 54; *contra*: BGr. § 29; und BI. 20. Febr. 56 c. Meyer (GA. IV, 469); BI. 8. Jan. 58 c. Peglau; BI. 8. Okt. 58 c. Reinert 990, GA. VI, 824); TL. s. 339 n. 4, welche allgemein aussprachen: es gebe keine strafbare Theilnahme an einer Theilnahme. Dagegen ist dieser Satz in Betreff der Hülfeleistung und der Verschaffung der Mittel richtig; bei diesen ist daher in jedem Einzelfalle zu untersuchen, ob nicht durch die betr. Handlung indirekt auch dem Thäter Hülfe geleistet sei.

20. Ueber die Anwendbarkeit der Grundsätze von der Theilnahme auf Uebertretungen vgl. Th. III. Tit. 1 n 7.

21. Die allgemeinen Grundsätze von der Theilnahme finden auch auf die Zuwiderhandlungen gegen die in Kraft verbliebenen besonderen Strafgesetze Anwendung, z. B. auf Zolldefrauden: ZII. 4. Sept. 56 c. Püttmann; BI. 7. Dez. 60 c. Schultze.

22. Die einen Fall der Theilnahme betreffende thatsächliche Feststellung, sowie die Fragstellung an die Geschwornen muß den betreffenden Thatbestand genau und erschöpfend umfassen. Es kann daher die allgemeine Feststellung: der Angeklagte habe an der Strafthat eines Anderen „Theil genommen" nie genügen, vielmehr sind die Voraussetzungen dieser oder jener Art der Theilnahme nach Anleitung der Nrn. 1 und 2 genau hervorzuheben: B. 26. Jan. 52 c Stumpe; BI. 25. Jan. 54 c. Knauß (GA. II, 588); BII. 29. Jan. 57 c. Ellinger; Abh. im JMbl. 52. s. 55.

23. Insoweit die Nrn. 1 und 2 gewisse Thätigkeiten begrifflich vollständig gleichstellen, ist es statthaft, sie auch in der Fragstellung alternative zusammenzufassen. Eine Frage kann daher alternative dahin lauten: ob der Angeklagte einen Andern zu einer Strafthat „angereizt oder bestimmt", ob er dieses „durch Geschenke oder Versprechen" gethan, ob er dem Thäter in „vorbereitenden, erleichternden oder vollendenden Handlungen" Hülfe geleistet habe: ZI. 18. Febr. 63 c. Liebig; ZI. 27. April 60 c. Hecke; ZII. 30. Dez. 55 c Niermann (JMbl. 56. s. 18; GA. IV, 208). — Insoweit es sich dagegen von verschiedenen Thatbeständen handelt, ist eine alternative Zusammenfassung derselben in einer Frage unstatthaft, weil die allgemeine Bejahung derselben es zweifelhaft lassen würde, ob sich für jeden einzelnen die erforderliche Stimmenmehrheit ausgesprochen habe. Dabei ist es gleichgültig, ob das Gesetz selbst jene Thatbestände in einer Vorschrift zusammengefaßt und für die Bestrafung gleichgestellt hat. Demgemäß dürfen die Alternativen der Anleitung, der Verschaffung der Mittel und der Hülfeleistung nicht in einer Frage zusammengefaßt werden: cit. Z. 30. Nov 55; BII. 16. Juni 53 c. Schäfer (GA. I, 537); ZI. 23. März 55 c. Kath; u. ö. Vgl. Strafverf. Art. 80 n. 12; Art. 31 n. 6; Gilb. C. d'instr art. 337 n. 64; Rubo Abh. in GA. XIV, 379 und unten § 218 n. 2; § 284 n. 7.

24. Außer den Begriffsmerkmalen der betr. Art der Theilnahme muß sodann aber die Fest- resp. Fragstellung mit Rücksicht auf das unter n. 10—13 Gesagte auch den vollständigen Thatbestand (alle wesentlichen Merkmale) derjenigen Strafthat, an welcher Theil genommen worden ist (der Hauptthat) enthalten; die Bezeichnung des allgemeinen Gattungsbegriffes (z. B. Diebstahl 2c.) kann die genaue Angabe der Begriffsmerkmale nie ersetzen: BI. 20. Febr. 56 c. Meyer (121; GA. IV, 336); ZII. 10. April 56 c. Görner (JMbl. s. 124; GA. IV, 588); BII. 11. Okt. 60 c. Fleitmann (GA. IX, 52); vgl. Strafverf. Art. 80 n. 2. 8. 9. 19. Sind Thäter und Theilnehmer gleichzeitig vor Gericht gestellt, so kann eine einfache Bezugnahme auf die den erstern betreffende Frag- und Feststellung auch für den letztern genügen: BI. 9. Dez. 53 c. Poczka (GA. II, 92); ZII. 1. März 55 c. Knaup; ZI. 4. Juli 52 c. Rosenbaum (GA. III, 549). Dagegen ist es, in Ermanglung einer solchen Bezugnahme (besonders in schwurgerichtlichen Sachen) unstatthaft, die den Theilnehmer betreffende Feststellung durch ein Zurückgehen auf die hinsichtlich des Thäters erfolgte zu ergänzen: BI. 10. Febr. 58 c. Lüdtke; BII. 18. März 58 c. Söhngen (GA. VI, 403). Ebenso kann eine bloße Bezugnahme da nicht ausreichen, wo die Schuld des Thäters durch ein Bekenntniß desselben festgestellt ist; auch hier bedarf es in Betreff des Theilnehmers der Hervorhebung des Thatbestandes der Hauptthat in der Hauptfrage: BI. 24. Jan. 66 c. Hägert (RdO.

VII, 43). Wird der Theilnehmer allein vor Gericht gestellt, so genügt eine bloße Bezugnahme auf die in einem frühern Verfahren gegen den Thäter erfolgte Feststellung nie, insbesondere reicht es nicht hin, anzuführen: der Thäter sei bereits rechtskräftig verurtheilt: VI. 8. Jan. 58 c. Peglau. Vgl. Strafverf. Art. 80 n. 8. 9.

25. Der Richter darf sich bei seinen thatsächlichen Feststellungen nicht mit sich selbst in Widerspruch setzen, er darf daher in einem und demselben Verfahren und auf den Grund derselben Beweisaufnahme den dem Thäter zur Last fallenden Thatbestand in Betreff dieses Thäters nicht anders feststellen, als in Betreff des Theilnehmers, und demgemäß nicht den letztern wegen seiner Theilnahme an der That des erstern verurtheilen, wenn er in Betreff dieses die That für nicht erwiesen erachtet: ZI. 17. Juni 57 c. Richter; ZII. 17. Okt. 57 c. Manten (GA. V, 833); VII. 6. Okt. 59 c. Jäger (249); u. ö. — Dagegen steht Nichts im Wege, trotz der erfolgten Freisprechung des Thäters, auf den Grund einer anderweiten Verhandlung und Beweisaufnahme die Schuld des Theilnehmers und zu diesem Ende auch die Schuld jenes Thäters festzustellen: VI. 10. März 59 c. Beetz (405; JMbl. 60. s. 87; GA. VIII, 134); vgl. Strafverf. Art. 31 n. 16—18; Art. 97 n. 17—21. 33.

Zu Nr. 1.

26. Zum Begriffe der hier behandelten Anstiftung gehören als Dolus (vgl. n. 1—3) die Vorsätzlichkeit der betr. Handlung, und die Wissenschaft von dem durch den Thäter zu verübenden Verbrechen ꝛc. Dieser Dolus ist in der Nr. 1 nicht besonders als Begriffsmerkmal hervorgehoben, weil er als selbstverständlich in den Worten „anreizen, verleiten, bestimmen" liegt: ZI. 26. Okt. 55 c. Schirmer; ZI. 14. Jan. 57 c. Jankowsky; u. ö. Das gilt namentlich auch von der Verleitung zum Meineide; es bedarf daher nicht der ausdrücklichen Feststellung der Wissentlichkeit des Anstifters: ZI. 9. Jan. 57 c. Kraye (2). — Eine solche ausdrückliche Feststellung jenes selbstverständlichen Begriffsmerkmals wird nur da unerläßlich, wo der Angeklagte sein Vorhandensein bestreitet: VI. 4. Febr. 59 c. Pürschel (JMbl. s. 71; GA. VII, 367). In schwurgerichtlichen Sachen wird die Aufnahme desselben in die Fragstellung nur dann geboten, wenn dieselbe ausdrücklich beantragt worden ist: ZI. 5. Dez. 62 c. Wollny (RdO. III, 161). Vgl. Strafverf. Art. 31 n. 10; Art. 81 n. 21—23.

27. Eines besondern Interesses des Anstifters bei der betr. Strafthat bedarf es nicht: VII. 15. Dez. 53 c. Tovote; vgl. n. 5.

28. Auch die Anstiftung ist als solche nur dann strafbar, wenn die Hauptthat verübt oder wenigstens strafbar versucht ist; vgl. n. 10. Ein erfolgloser Anstiftungsversuch ist daher als solcher straflos; ebenso kann von einer „Anstiftung" da nicht die Rede sein, wo der Angestiftete zwar die äußere Handlung, aber ohne den zum betr. Straffalle erforderlichen Dolus begangen hat, weil es auch dann an einem „Thäter" fehlt; das Nähere siehe § 31 n. 8. Daher wird in einem solchen Falle der Anstifter nur insofern von der betr. Strafe betroffen, als die Sache die Auffassung zuläßt, als habe er die That selbst in der Weise verübt, daß er sich dazu des Andern als seines Werkzeugs bediente; vgl. n. 2; s. 84 n. 2. Gestattet die Sachlage eine solche Auffassung nicht, so kann es sich nur noch fragen, ob nicht die Handlung des Anstifters von einem andern Gesichtspunkte aus sich als strafbar darstelle. Beisp.: A verkauft eine fremde (nicht in seinem Gewahrsam befindliche) Sache an den gutgläubigen B, und veranlaßt dadurch den letztern, die Sache dem Inhaber wegzunehmen; da B nicht Dieb ist, so kann A auch nicht Anstifter zum Diebstahle sein; ebensowenig hat er aber selbst einen Diebstahl verübt, da die Wegnahme nicht erfolgte, um ihm selbst die Sache zuzueignen; dagegen stellt seine Handlung den Thatbestand des Betrugs dar: VI. 14. Mai 58 c. Beetz (GA. VI, 567); vgl. ZI. 17. Jan. 62 c. Oppenheim (RdO. II, 206).

29. Anstiftung eines zur That bereits vollständig Entschlossenen ist nicht möglich; ZI. 13. März 61 c. Harm (RdO. I, 303). Dagegen kann derjenige, bei welchem nur im Allgemeinen der Entschluß zur Verübung einer Strafthat feststand, sehr wohl bei einer sich speciell darbietenden Gelegenheit durch einen Dritten angereizt ꝛc. werden: ZI. 31. Jan. 62 c. Borchert (RdO. II, 232). Noch unzweifelhafter ist es, daß der nur bedingungsweise Entschlossene von einem Dritten, wel-

cher die Bedingung erfüllt, zur Verübung der That angestiftet werden kann; daher wird der § anwendbar, wenn Jemand sich einem Andern zur Verübung einer Strafthat gegen einen geforderten Lohn angeboten hat, und dieser Andere durch Gewährung des Lohns die Verübung herbeiführt: Beschl. I. 29. Juni 64 c. Przeciszewski (RdO. V, 32).

30. Die Anstiftung ist auch dann strafbar, wenn nicht unmittelbar der Thäter, sondern zunächst ein Dritter zur Anstiftung des Thäters angestiftet ist: ZII. 14. April 53 c. Specht (Entsch. 25. s. 212; GA. II, 182); VII. 10. Jan. 56 c. Oppermann (JMbl. s. 46; GA. IV, 368); ZI. 30. April 56 c Fabian („Anstiftung zur Anstiftung einer Strafthat sei auch Theilnahme an letzterer"); ZII. 9. März 65 c. Jahn; TL. s. 338; BGr. § 29; vgl. n 19. 50.

31. Die im § speziell aufgezählten Mittel der Anstiftung schließen andere nicht aus; es ist jedesmal nur zu fragen, ob thatsächlich in der Handlung des Anstifters ein hinreichender Bestimmungsgrund für den Thäter vorhanden war: ZI. 15. Juni 66 c. Szlachetka (RdO. VII, 366); HS. I, 350.

32. Ein Versprechen kann als Mittel der Anstiftung gelten; es genügt, wenn dieses im Allgemeinen festgestellt wird; der genaueren Angabe des Inhalts des Versprechens bedarf es nicht: ZI. 16. Febr. 59 c. Strauß (127). Das Versprechen braucht nicht grade die Zusage eines außerhalb der That liegenden Vortheils zu enthalten, es kann sich vielmehr auch auf Theilung des durch dieselbe zu erzielenden Gewinnes beziehen: VI. 14. Okt. 57 c. Fischer.

33. Von einem Mißbrauche des Ansehens oder der Gewalt kann nicht blos da die Rede sein, wo ein wirkliches Subordinationsverhältniß besteht, vielmehr kann auch eine blos angemaßte oder irriger Weise als vorhanden betrachtete Gewalt ꝛc. mißbraucht werden; jedenfalls aber wird ein Verhältniß genügen, nach welchem zeitweise eine Autorität begründet sein würde, sollten auch ihre Voraussetzungen im Augenblicke der Anstiftung nicht vorliegen; vgl. ZI 15. Febr. 61 c. Bubolz (RdO. I, 258).

34. Drohung und Mißbrauch des Ansehens oder der Gewalt können nur insoweit ein Mittel der Anstiftung darstellen, als sie nicht die Willensfreiheit des Angestifteten ausschließen. Erreicht daher die Drohung dieses Maaß, oder äußert sich der Mißbrauch der Gewalt ꝛc. in einem formell rechtsbeständigen, für den Thäter zwingenden Befehle, so bleibt der Gezwungene straflos (§ 40); nur der Zwingende kann, nicht aber als Anstifter, sondern als Selbstthäter (durch Benutzung des Andern als seines Werkzeugs) strafbar sein: HS. I, 350; BGr. § 28; vgl. s. 84 n. 2.

35. Ebenso kann eine Irrthums-Erregung nur dann ein Mittel der Anstiftung sein, wenn der Angestiftete trotz des Irrthums die That mit dem erforderlichen Dolus verübt. Es wird daher eine Irrthums-Erregung in Beziehung auf den Beweggrund vorausgesetzt. Hatte dagegen der erregte Irrthum bei dem Getäuschten die Folge, daß er die That ohne Dolus z. B. in der Meinung einer vorhandenen Berechtigung verübt, so bleibt er straflos und derjenige, der bei ihm den Irrthum erregt hat, kann nicht als Anstifter, sondern auch hier nur insoweit strafbar sein, als man ihn als den Thäter (durch Benutzung des Andern als seines Werkzeugs) betrachten kann: ZII. 10. Jan. 56 c. Sprenger (GA. IV, 214); VII. 10. Jan. 56 (cit. n. 30); ZII. 19. Juni 56 c. Reuter (GA. IV, 678); ZI. 24. Febr. 60 c. Ziehn (GA. VIII, 205); u. ö.; KBl. s. 6. 7; TL. s. 339 n. 6; HS. I, 349. Vgl. s. 84 n. 2.

36. Aufforderung, Ueberredung, Ertheilung eines Auftrags stellen unbedenklich Mittel der Anstiftung dar, insofern durch sie der Andere wirklich zur Ausführung der That vermocht worden ist: ZII. 14. April 53 (cit. n. 30); ZI. 15. Juni 66 c. Szlachetka (RdO. VII, 366); BGr. § 27.

37. Dasselbe gilt von einer Anleitung und einem Rathe. Zielten sie dahin ab, den Andern zur Begehung der That zu bestimmen, in ihm den verbrecherischen Willen hervorzurufen, so waren sie unzweifelhaft ein Mittel zur Anstiftung und fallen, wenn der Angestiftete demzufolge die That beging, unter Nr. 1. Dagegen wird Nr. 2 anwendbar, wenn durch die Anleitung ꝛc. dem zur That bereits

Entschlossenen nur die Mittel und Wege angegeben wurden, wie er die Ausführung bewirken solle; vgl. n. 29; Antr. des GStAnw.s v. 24. Nov. 65 c. Schwiderka (RdO. VI, 49); BGr. § 27; *contra*: TP. s. 340, welcher hier stets nur die Nr. 2 des § für zutreffend erachtet.

38. Aehnlich verhält es sich mit einer Verabredung; auch sie kann unter denselben Voraussetzungen ein Mittel zur Anstiftung darstellen: ZI 7. Jan. 59 c. Richter (1097; GA. VII, 212).

39. Auch die stillschweigende (aus dem Verhalten gefolgerte) Genehmigung der von einem Andern ausgegangenen Aufforderung zur Begehung eines Verbrechens 2c. kann als genügendes Mittel der Anstiftung angesehen werden: ZII. 11. Sept. 56 c. Besen (Lehmann u. Gen.).

40. Dagegen kann eine nachträgliche Genehmigung der geschehenen That nie als Anstiftung gelten: HS. I, 350.

41. Anstifter ist nur derjenige, welcher zur Begehung des Verbrechens 2c angereizt hat; es muß sich also die Anstiftung auf eine bestimmte konkrete Strafthat beziehen; allgemeine Aufforderungen zur Verübung strafbarer Handlungen (z. B. von Diebstählen), oder die Verleitung durch Lehre und Unterricht im Allgemeinen fallen an und für sich noch nicht unter § 34 Nr. 1. Natürlich kann aber der Richter der Thatfrage in ganz allgemein gehaltenen Aufforderungen und Belehrungen sehr wohl die Anreizung zu einer bestimmten (vom Anreizenden gewollten) That finden; vgl. § 36 n. 9; § 87.

42. Mehrere gemeinschaftlich handelnde Mit-Anstifter tragen jeder die ganze Verantwortlichkeit: BGr. § 26.

43. Der Anstifter ist nur insoweit strafbar, als er wirklich angestiftet hat, d. h. als durch sein bewußtes Thun die vorsätzliche Thätigkeit des Thäters hervorgerufen ist. Entspricht daher die Handlung des Angestifteten nicht der Absicht des Anstifters, so steht dieser letztere für dieselbe nur dann ein, wenn der Angestiftete nicht etwas qualitativ Anderes, sondern nur etwas quantitativ Geringeres (z. B einen bloßen Versuch oder das einfache Vergehen ohne die vom Anstifter gewollten erschwerenden Umstände) verübt hat: ZI. 12. Mai 66 c. Lippeck (RdO. VII, 294). Dagegen haftet er nicht, wenn der Angestiftete einen wirklichen Exceß beging, d. h. wenn derselbe nach eigener Entschließung ein Mehreres that, als der Anstifter beabsichtigte, oder wenn er ein qualitativ anderes Verbrechen 2c. (gleichviel ob ein geringeres oder größeres) als das ihm angesonnene verübte: HS. I, 354 ff; ZI. 9. Nov. 53 c. Czeckiera (AG. I, 115: der Anstifter einer vom Angestifteten gemeinschaftlich mit Mehreren verübten Zolldefraude habe für diesen von ihm nicht gewollten erschwerenden Umstand nicht einzustehen); *contra* zum Theil: GM. I, 312 n. 4; BGr. § 34 (welcher z. B. die Haftbarkeit des Anstifters annimmt, wenn der Angestiftete die Sache, welche er stehlen sollte, durch Betrug an sich bringt); vgl GA. II, 85. 419; ThdCp. 2. p. 78.

44. Fällt dagegen dem Thäter kein Exceß zur Last, folgte der Thäter bei der That vollständig dem auf ihn ausgeübten Einflusse, so kann es den Anstifter nicht straflos machen, wenn seine Absicht in Folge eines bei der Ausführung eingetretenen Irrthums des Thäters nicht erreicht, wenn z. B. ein von ihm nicht gewolltes Objekt von der That betroffen wird; dieselben Grundsätze gelten auch für die Hülfeleistung: ZII. 5. Mai 59 c Rose (138; JMbl. s. 223; GA. VII, 332); Hälschn. Abh. in GA. VII, 433; BGr § 33; BL. s. 181; *contra*: Bölau Abh.: der Prozeß Rose Rosal (Weimar 1859) aus unzureichenden Gründen; er nimmt in einem solchen Falle nur Anstiftung zum Versuche der vom Anstiftenden gewollten That an, übersieht aber, daß nicht der Anfang der Ausführung dieser (auf ein anderes Objekt abzielenden) That vorliegt.

45. In jedem Falle haftet der Anstifter nicht weiter, als der Angestiftete die Strafthat wirklich verübt hat. Daher kommt es auch jenem zu Statten, wenn der Angestiftete die That zwar versucht hat, aber noch zeitig aus seiner Entschließung davon zurückgetreten ist: BL. s 181; BGr. § 32.

46. Der Einwand eines Excesses des Thäters ist nicht als ein Strafausschließungsgrund anzusehen. Dem Anstifter muß daher sein auf die erschwerenden Umstände der That mit gerichteter Dolus nachgewiesen werden; es

liegt ihm in dieser Beziehung kein Gegenbeweis ob: VI. 25. Sept. 61 c. Büttner (RdO. I, 547); vgl. § 44 n. 9.

47. Die vorstehenden Grundsätze greifen auch da Platz, wo der Exceß des Angestifteten in einer fahrlässigen Handlung bestand: ZI. 24. Febr. 60 c. Ziehe (174; GA. VIII, 205).

48. Will der Anstifter vor Verübung der That seine Anstiftung unwirksam machen, so thut er nicht genug, wenn er sie widerruft, er muß vielmehr durch seine Thätigkeit den Angestifteten an der Ausführung verhindern; thut er das nicht, und begeht dann der Angestiftete in Folge der frühern Anstiftung die That doch, so bleibt jener verantwortlich: HS. I, 352. 360; BGr. § 41; *contra*: TL. f. 342. Es gehört zur thatsächlichen Beurtheilung, ob der frühere Anstifter der ihm in dieser Beziehung obliegenden Pflicht Genüge geleistet habe, und ob sich annehmen lasse, daß der Angestiftete, wenn er trotz der Bemühungen jenes die That doch beging, dieses noch in Folge der Anstiftung, oder ob er sie jetzt aus einer anderweiten Veranlassung verübt habe.

49. Ueber die Anstiftung zur Hülfeleistung vgl. n. 19.

50. Damit eine Verurtheilung wegen Anstiftung gerechtfertigt sei, muß aus der thatsächlichen Feststellung der Instanzrichter (dem Geschwornenspruche) klar hervorgehen, daß sämmtliche Voraussetzungen der Nr. 1 vorliegen; insbesondere also, daß der Anstifter den Thäter zur Begehung bestimmt ꝛc. habe; es genügt nicht, wenn blos gesagt wird: er habe „zur Begehung der That" angereizt ꝛc.: VII. 15. April 58 c. Rüdiger (125; GA. VI, 396). Aehnlich verhält es sich, wenn eine Anstiftung zur Anstiftung in Frage steht; es müssen dann für jeden Akt der Anstiftung sämmtliche Begriffsmerkmale derselben und demnächst in Beziehung auf den wirklichen Thäter der volle Thatbestand des Verbrechens selbst festgestellt werden; vgl. n. 30 und dort die Citate.

51. Zu den der ausdrücklichen Feststellung bedürfenden Merkmalen gehört auch das vom Anstifter benutzte Mittel: Z. KH. 5. Okt. 52 c. Lückel (JMbl. 53. f. 57; RA. 47. 2 A. 133; GA. I, 73); ZII. 14. April 53 (cit. n. 30); VII. 1. Mai 62 c. Albertz (RdO. II, 376); VI. 27. Jan. 64 c. Hartke (RdO. IV, 322). Sonach reicht es nicht hin, festzustellen: „. . . durch . . . oder durch ein anderes Mittel verleitet zu haben": VI. 4. Mai 59 c. Klauß (GA. VII, 517); vgl. BGr. § 27. — Dagegen braucht das gebrauchte Mittel in der Feststellung nicht als ein „strafbares" bezeichnet zu sein: ZI. 26. Okt. 55 c. Schirmer; vgl. GA. V, 413.

52. Sind mehrere Personen durch eine einzige Handlung angestiftet worden, so ist es ganz regelrecht, die Thätigkeit des Angeklagten in Beziehung auf alle zum Gegenstande einer einzigen Frage an die Geschwornen zu machen, sollten die den einzelnen Angestifteten zur Last gelegten Strafthaten auch verschiedene Thatbestände (z. B. des Mordes und des Todtschlages) darstellen: ZI. 15. Juni 66 c. Szlachetka (RdO. VII, 366).

Zu Nr. 2.

53. Die Anleitung kann auch ein Mittel der Anstiftung sein; vgl. n. 37.

54. Unter „Werkzeugen und Mitteln" sind solche zu verstehen, welche zur Ausführung der That selbst dienten; es ist also hier nicht von einem Bestimmungs-Mittel die Rede, auf dieses bezieht sich nur Nr. 1; wer daher einem Andern Geld giebt, damit dieser es dazu verwende, einen Dritten zur Begehung eines Verbrechens ꝛc. zu verleiten, der kann sich der mittelbaren Verleitung des Dritten im Sinne der Nr. 1, nicht aber der Verschaffung des Mittels zur eigentlichen Anstiftung des Andern im Sinne der Nr. 2 schuldig machen: VI. 8. Jan. 58 c. Peglau (Grundmann u. Gen.); vgl. n. 19. 30.

55. Statt: . . . „wissend, daß sie dazu dienen sollten . . ." hieße es zweckmäßiger „wissend, daß sie dazu dienen würden" oder „damit sie dazu dienen sollten"; die Beschaffung des Werkzeugs kann erfolgen, noch ehe der Thäter zur That entschlossen war, ja vielleicht noch ehe er Kenntniß davon hat, daß er von demselben Gebrauch machen könne.

56. Bei der Hülfeleistung beziehen sich die Worte „in Handlungen . . . ." auf die Handlungen des Thäters, nicht des Gehülfen; sie dürfen daher in

der Feststellung nicht durch die Worte „durch Handlungen ....“ ersetzt werden; dagegen steht Nichts im Wege, statt: „in Handlungen“ zu sagen „zu den Handlungen“.

57. Aus demselben Grunde ist aus den Worten: „.... in Handlungen ....“ nicht zu folgern, als sei Hülfeleistung nur durch ein positives Thun denkbar; sie kann vielmehr auch durch absichtliche Unterlassung einer (nach Gesetz oder Vertrag) obliegenden Thätigkeit stattfinden: Beschl. I. 10. Juni 57 c. Päseler (184; GA. V, 689); ZII. 18. Juni 57 c. Schirlitz (GA. V, 689); ZII. 3. Jan. 61 c. Allstädt (RdO. I, 199); ZI. 29. Mai 61 c. Wolf; u. ö; z. B. ein Dienstbote unterläßt die ihm aufgetragene Verschließung der Thüre, um einem Andern die Begehung eines Diebstahls möglich zu machen; vgl. Feuerb. Lehrb. (14. Aufl.) § 45. 49; Hesster Lehrb. § 80. 84 d.

58. Setzt sich ein Straffall aus mehreren Handlungen zusammen (z. B. Verfälschung einer Urkunde und Gebrauch derselben), so kann eine Hülfeleistung zu demselben selbst da angenommen werden, wo sich die Hülfe nur auf eine jener Handlungen bezog: VI. 15. Nov. 61 c. Strunge (RdO. II, 77). In einem solchen Falle steht Nichts im Wege, die Frage an die Geschwornen allgemein auf Hülfeleistung an der ganzen That zu richten: ZI. 6. Juni 60 c. Köhler.

59. Die Hülfeleistung setzt ein Mitwirken zum strafbaren Thun des Hauptthäters voraus; ein solches ist nicht mehr denkbar, sobald die Haupthat gänzlich vollendet ist; nach diesem Zeitpunkte kann nur noch von einer Begünstigung (§ 37) die Rede sein; vgl. n. 12. Die Hauptthat ist aber nicht vollendet, so lange der zum Thatbestande gehörige, vom Thäter gewollte Erfolg noch nicht eingetreten ist; bis zu diesem Augenblicke kann daher auch ein Dritter zur Herbeiführung des Erfolges mitwirken, sollte auch der Thäter schon Alles zu diesem Zwecke Erforderliche gethan haben; es ist daher Hülfeleistung zum Giftmorde, wenn nach der Beibringung des tödtlichen Giftes ein Dritter dadurch zur Herbeiführung des vom Thäter gewollten Todes mitwirkt, daß er den Vergifteten verhindert, rechtzeitig das geeignete Gegengift anzuwenden; *contra:* GM. I, 340; TGA. s. 110 n. 3; vgl. § 37 n. 1.

60. Gleichgültig ist es, ob der Thäter der Hülfeleistung bedurfte, oder ob die letztere gänzlich entbehrlich war: HS. I, 327.

61. Es ist sehr wohl möglich, dem Thäter in dessen Abwesenheit Hülfe zu leisten: ZI. 21. Mai 65 c. Krienk (Stülwert u. Gen.).

62. Die Hülfe muß wissentlich, d. h. mit dem Bewußtsein geleistet sein, daß man durch seine Thätigkeit die Vollbringung der Hauptthat fördere: ZI. 22. April 57 c. Wendynski (372). Dieses Merkmal drückt eines Theils die bewußte Vornahme der hülfeleistenden Handlungen und gleichzeitig die Kenntniß von der That des Thäters, d. h. von sämmtlichen wesentlichen Begriffsmerkmalen des Thatbestandes aus: ZI. 21. Mai 56 c. Priester; ZI. 4. Juni 58 c. Völkel; vgl. n. 4. Behauptet der Theilnehmer, daß ihm ein die Strafbarkeit erhöhendes Moment unbekannt geblieben und daher nicht in Anrechnung zu bringen sei, so wird § 44 anwendbar (vgl. dort n. 9. 10): ZPl. 12. Nov. 60 c. Müller (RdO. I, 5).

63. Ueber die Feststellung der Begriffsmerkmale der Nr. 2 des § vgl. n. 22. In der den Geschwornen vorgelegten Frage brauchen die verschafften Werkzeuge und Mittel, die Handlungen des Gehülfen, durch welche, und die Handlungen, zu welchen Hülfe geleistet ist, nicht speziell hervorgehoben zu werden; die allgemeine Bezeichnung mit den Worten des Gesetzes genügt: ZII. 10. Nov. 55 c. v. Gansewinkel (Entsch. 31. s. 260; GA. IV, 214); ZI. 16. Jan. 56 c. Ludneit (GA. IV, 209); u. ö. Es unterliegt dem richterlichen Ermessen, inwiefern einem Antrage, welcher auf Aufnahme einer speziellen Bezeichnung neben der allgemeinen abzielt, Statt zu geben sei: ZII. 26. März 57 c. Mintrop; ZII. 15. März 50 c. Edelhagen (Rh. S.); ZI. 18. Febr. 63 c. Liebig (RdO. III, 295); u. ö. Ist die Fragstellung in dieser Weise erfolgt, so genügt die Bejahung der allgemein gefaßten Frage um die Strafverhängung zu rechtfertigen, sollte auch die hinzugefügte Spezialisirung ausdrücklich verneint sein: ZI. 1. Aug. 55 c. Pisack (GA. IV, 486); vgl. Strafverf. Art. 81 n. 28. 29; Art. 82 n. 11.

64. Ueber die Zusammenfassung der in der Nr. 2 vorgesehenen Alternative in einer Frage vgl. n. 23.

§. 35.*) Auf den Theilnehmer an einem Verbrechen oder Vergehen oder an einem strafbaren Versuche eines Verbrechens oder Vergehens ist dasselbe Strafgesetz anzuwenden, welches auf den Thäter Anwendung findet.

*) Fassung des Gesetzes v. 30. Mai 1859 (GS. s. 320); in der ursprünglichen Fassung fehlte der Schluß vom zweiten Absatze an, statt desselben hieß es: Wird festgestellt, daß im Falle des § 34 Nr. 2 die Theilnahme keine wesentliche war, so tritt statt der Todesstrafe oder lebenslänglichen Zuchthausstrafe zeitige Zuchthausstrafe und, wenn außerdem festgestellt wird, daß mildernde Umstände vorhanden sind, Gefängniß von zwei bis zu zehn Jahren ein.

§ 35.

1. Auf den Theilnehmer ist dasjenige Strafgesetz anzuwenden, welches die Strafandrohung für die Hauptthat, d. h. für den als Verbrechen oder Vergehen qualifizirten Thatbestand, mit allen sich an diese That anschließenden, für die Strafverhängung wesentlichen Umständen, enthält. Dabei ist es gleichgültig, ob diese Umstände in der Handlung selbst, in den Verhältnissen oder Beziehungen des Thäters oder in denen des Objektes der That liegen, sobald nur die That selbst und ihre rechtliche Qualifizirung davon berührt werden. Nicht minder ist es gleichgültig, ob auch der Theilnehmer in dem gleichen Verhältnisse stehe oder stehen könne; es kommt sonach nicht darauf an, ob die That, wenn der Theilnehmer sie als Thäter verübt hätte, in gleicher Weise zu qualifiziren gewesen wäre.

2. Dagegen bleiben bei der Bestrafung des Theilnehmers alle diejenigen Momente außer Betracht, welche den objektiven und subjektiven Thatbestand der Hauptthat unberührt lassen, nichtsdestoweniger aber auf die Bestrafung des Thäters von Einfluß sind, weil sie seine individuelle Persönlichkeit betreffen. Das gilt z.B. von der Rückfälligkeit, von dem Reize, den allgemeinen „mildernden Umständen" und dem Mangel des Unterscheidungsvermögens bei dem Strafunmündigen. Wegen ihrer individuellen Natur kommen alle diese Momente bei jedem einzelnen Angeklagten (Thäter oder Theilnehmer) nur dann und nur insoweit in Betracht, als sie grade für seine Person speziell und ausdrücklich festgestellt sind; vgl. Z.-St.-Ges. v. 23. Jan. 1838 § 16; VI. 7. Jan. 53 c. Hoffmann; ZI. 8. Jan. 58 c. Peglau; HS. I, 335. Daher wird der Theilnehmer nicht von der Rückfallsstrafe des Thäters betroffen; dagegen wird § 58 auf ihn anwendbar, wenn er selbst sich im Rückfalle befindet, sollte auch beim Thäter nicht das Gleiche gelten; *contra:* VI. 25. Jan. 56 c. Köhring und ZI. 5. Nov. 56 c. dieselbe (GA. V, 88) in Betreff der Begünstigung; vgl. § 37 n. 2. Ebenso trifft den strafmündigen Theilnehmer die volle Strafe, sollte auch der strafunmündige Thäter wegen Mangels des Unterscheidungsvermögens straflos bleiben: VII. 26. Aug. 56 c. Hahne; ZI. 9. Okt. 63 c. Hoffchildt (RdO. IV, 102). — Dagegen ist einem VI. 7. Okt. 64 c. Marquardt (RdO. V, 159) nicht beizutreten, wenn es dieselben Grundsätze auch in Betreff der Gewerbsmäßigkeit bei der unbefugten Ausübung der Jagd (§ 276) zur Anwendung brachte, da dieses Moment nach dem cit. § die Strafthat charakterisirt, also ihren Thatbestand abändert; vgl. § 263 n. 52, nach welchem eine Theilnahme am Gewohnheitswucher für strafbar erachtet ist.

3. Nach dem unter n. 1 aufgestellten Grundsatze hat der Theilnehmer an einem Hausdiebstahle, oder an einem Gattenmorde die schwerere Strafe dieser Verbrechen ꝛc. verwirkt, wenngleich er selbst nicht im Verhältnisse des Dienstboten oder Ehegatten stand: Z. 6. Okt. 52 c. Heß (GA. I, 73); VI. 23. Jan. 57 c. Schröder (146; JMbl. s. 83; GA. V, 262); ZPl. 12. Nov. 60 c. Müller (RdO. I, 5); TOU. s. 106 n. 5; TArch. III, 21; HS. I, 336. 362. 370; vgl. auch GM. I, 315; Abh. in GA. VIII, 748; *contra*: Antrag des Gen.-St.-Anw. z. cit. Sache c. Müller (l. c.); BGr. § 37 ff. 60; BL. s. 182. Der erstere will den entwickelten Grundsatz nur insofern gelten lassen, als es sich von den die Strafbarkeit im Allgemeinen bedingenden Begriffsmerkmalen des einfachen Verbrechens handelt, nicht aber in Betreff der erschwerenden Umstände; vgl. n. 4; § 175 n 20. 21. Berner will dagegen hier zwischen Anstifter und Gehülfen unterscheiden. — Behauptet der Theilneh-

Wird festgestellt, daß im Falle des § 34. Nr. 2. die Theilnahme eine nicht wesentliche war, so sind nachstehende Bestimmungen maaßgebend:

1) Statt der Todesstrafe oder ausschließlich lebenslänglichen Zuchthausstrafe tritt zeitige Zuchthausstrafe von mindestens sechs Jahren und Stellung unter Polizeiaufsicht ein.

2) In allen übrigen Fällen kann die Strafe bis auf die Hälfte des niedrigsten Maaßes der auf das Verbrechen oder Vergehen angedrohten Freiheitsstrafe und Geldbuße ermäßigt werden.

Findet bei einem mit Zuchthausstrafe bedrohten Verbrechen der Richter bei dieser Ermäßigung eine kürzere als zweijährige Freiheitsstrafe angemessen, so ist nicht auf Zuchthausstrafe, sondern auf Gefängnißstrafe und auf zeitige Untersagung der Ausübung der bürgerlichen Ehrenrechte zu erkennen.

Im Uebrigen bleiben die in den §§ 10. 15. 17. enthaltenen Vorschriften über das geringste Maaß der Zuchthausstrafe, der übrigen Freiheitsstrafen und der Geldbuße anwendbar.

[Entw. § 32]. Vgl. § 32. 36. 59. 180. 331; Einf.-Ges. Art. XXIV.

---

mer, daß ihm jene besonderen Umstände unbekannt gewesen seien, so wird § 44 anwendbar; vgl. § 34 n. 62 — Ueber die Anwendbarkeit des bisher Gesagten auf die Mitthäterschaft vgl. f. 86 n. 8.

4. Ebenso ist umgekehrt der Theilnehmer selbst dann nur nach dem auf den Thäter anwendbaren Strafgesetze zu bestrafen, wenn auch in seiner Person Umstände obwalten, welche, wenn er der Thäter wäre, eine Strafschärfung herbeiführen müßten, z. B. im Falle der Theilnahme eines Sohnes an dem durch einen Dritten verübten Morde des Vaters; es kann hier auch nicht zwischen den Fällen des § 34 Nr. 1 und 2 unterschieden werden: Gilb. C. pén. art. 302 n. 5; GA. IV, 217; *contra:* Antr. des Gen.-St.-Anw.s zu ZPl. 11. Dez. 60 c. Müller (RdO. I, 5); HS. I, 371; BGr. § 37 ff. 60. Eine Ausnahme von dieser Regel enthält § 180 Abs. 2; vgl. dort n. 16.

5. Ebenso läßt die Regel des § 35 es für die Bestrafung des Theilnehmers als unerheblich erscheinen, ob derselbe seinerseits mit einem schlimmern Dolus gehandelt habe, als der Thäter, z. B. wenn der Urheber einer Tödtung nur vorsätzlich, der Theilnehmer aber mit Ueberlegung handelte; auch dann kann auf ihn als Theilnehmer kein strengeres Gesetz angewendet werden, als auf den Thäter: ZII. 9. Okt. 57 c. Steinäcker (295); ZI. 12. Mai 57 c. Pautzke (457). Es könnte sich daher nur fragen, ob in einem solchen Falle nicht wenigstens der Anstifter gleichzeitig als Thäter aufgefaßt werden könne; vgl. § 34 n. 2. 28. 35.

6. Innerhalb der durch das Strafgesetz gelassenen Grenzen ist die Strafzumessung für Thäter und Theilnehmer dem Richter lediglich überlassen; er kann daher unbedenklich den letzteren strenger als den ersteren bestrafen: ZI. 7. Okt. 57. c. Spielgieß; ZI. 12. Okt. 59 c. Langer; ZI. 8. Nov. 61 c. Hartwich.

7. Die „Unwesentlichkeit" der Theilnahme (Abs. 2) stellt einen mildernden Umstand dar und ist prozessualisch als solcher zu behandeln.

8. Demgemäß ist die Stellung einer sie betreffenden Frage nur da unerläßlich, wo sie beantragt war; in allen andern Fällen entscheidet das richterliche Ermessen: BII. 23. Nov. 59 c. Lefebre (1102); GA. VIII, 83; ZI. 6. Febr. 66 c. Will; vgl. EG. Art. XXIV n. 24; Strafverf. Art. 84 n. 12.. Die Frage ist dahin zu fassen: „War die Theilnahme (Hülfeleistung ꝛc.) des Angeklagten X. eine nicht wesentliche?"

§. 36. Wer durch Reden an öffentlichen Orten oder bei öffentlichen Zusammenkünften, oder durch Schriften, Abbildungen oder andere Darstellungen, welche verkauft, vertheilt oder umhergetragen, oder öffentlich ausgestellt oder angeschlagen werden, zu einer Handlung auffordert, anreizt, verleitet oder zu bestimmen sucht, welche ein Verbrechen oder Vergehen darstellt,

---

oder „Ist festgestellt, daß die Theilnahme ꝛc. eine nicht wesentliche war?" Ein ZII. 12. Juni 62 c. Scherfling (RdO. II, 448) gab dieser, ein ZI. 11. Febr. 65 c. Grothe (RdO. V, 494) jener Fassung den Vorzug.

9. Bei nicht schwurgerichtlichen Verhandlungen ist der Instanzrichter verpflichtet, sich über die Wesentlichkeit der Theilnahme auszusprechen, sobald vom Angeklagten die Unwesentlichkeit behauptet worden ist: VI. 17. März 65 c. Schwiderka (239; RdO. VI, 13). Im entgegengesetzten Falle ist ein ausdrücklicher Ausspruch über jene Frage nicht unerläßlich; vgl. EG. Art. XXIV n. 17.

10. Der Ausdruck: „in allen übrigen Fällen" in Nr. 2 des Abs. 2 bezieht sich auf die Fälle des § 34 Nr. 2, in welchen nicht Todesstrafe oder nicht ausschließlich lebenslängliche Zuchthausstrafe angedroht ist; an die Fälle der Anstiftung ist daher hier nicht zu denken: KB. d. Abg.-Hauses (GA. VII, 420).

11. Da das Gesetz im Falle der Nr. 2 eine Ermäßigung bis auf die Hälfte des niedrigsten Maaßes der angedrohten Freiheitsstrafe und Geldbuße gestattet, so steht Nichts im Wege, andere accessorische Strafen, insbesondere die Ehrenstrafen gänzlich zu beseitigen.

12. Gestattet das anzuwendende Strafgesetz außerdem noch eine Berücksichtigung allgemeiner „mildernder Umstände", so kann diese in Betreff des Theilnehmers neben der Unwesentlichkeit der Theilnahme Platz greifen; es findet dann eine Kumulation der statthaften Strafermäßigungen in der Weise Statt, daß das im Hinblicke auf die „mildernden Umstände" zugelassene geringste Strafmaaß auf die Hälfte herabgesetzt wird, und so als Strafminimum gilt.

13. Wenn nach Anleitung des dritten Absatzes die angedrohte zeitliche Zuchthausstrafe bis auf ein Maaß unter zwei Jahren ermäßigt und demgemäß statt derselben auf Gefängnißstrafe erkannt werden soll, so ist das Maaß der letztern nicht im Wege der Umwandlung nach Anleitung des § 16, sondern lediglich nach der Dauer der an sich zutreffenden Zuchthausstrafe zu bestimmen, so daß also da, wo die That mit zweijähriger Zuchthausstrafe bedroht ist, die unwesentliche Theilnahme nicht mit einer geringeren als einjährigen Gefängnißstrafe bestraft werden kann; vgl. EG. Art. IX. n. 2. 6; § 43 n. 3.

§ 36.

1. Ein Ort ist öffentlich, wenn er dem Publikum zugänglich ist; vgl. § 152. 156; Vdn. v. 30. Juni 1849 § 1. Dabei wird keineswegs vorausgesetzt, daß der Zugang Jedem ohne Unterschied und ohne Hinderniß oder Bedingung gestattet sei; es genügt, wenn die Zulassung eine nicht individuell begrenzte, sondern weitgehende, wenngleich an gewisse Bedingungen geknüpfte war; der Gegensatz liegt in dem Privaten und Geschlossenen: ZI. 2. März 53 c. Spiske (GA. I, 701); ZI. 23. Febr. 59 c. Kreckenbaum; ZII. 12. Mai 59 c. Kümpelmann; VI. 21. Juni 65 c. Martini (RdO. VI, 201); ThdCp. 3. p. 188. Ob im Einzelfalle die Beschränkungen der Zulassung von der Art sind, daß sie die Oeffentlichkeit des Orts ausschließen, ist eine thatsächliche Frage: ZII. 3. Okt. 55 c. Kleemann; ZI. 23. Mai 56 c. Wink. Es kann daher ein (im Fahren begriffener) Eisenbahn- oder Postwagen für einen öffentlichen Ort erachtet werden: ZI. 17. Okt. 56 c. Kühl; ZII. 8. Jan. 63 c. Windel (RdO. III, 196). Dasselbe gilt von dem gemeinschaftlichen Flur eines von mehreren Miethern bewohnten Hauses: VII. 19. April 66 c. Mühlberg (RdO. VII, 233).

2. Es ist sehr wohl möglich, daß die Oeffentlichkeit eines Orts auf gewisse Zeiten beschränkt sei: ThdCp. 3. p. 18:.

3. Die Oeffentlichkeit (allgemeine Zugänglichkeit) des Orts für sich allein genügt noch nicht, um die Anwendung des § zu rechtfertigen, wenn nicht auch zu-

soll als Theilnehmer betrachtet oder bestraft werden, wenn die Aufforderung das Verbrechen oder Vergehen, oder einen strafbaren Versuch zur Folge gehabt hat.

Ist die Aufforderung ohne Erfolg geblieben, so tritt Gefängniß bis zu Einem Jahre ein, sofern nicht bei einzelnen Verbrechen etwas Anderes bestimmt ist.

[Entw. § 33]. Vgl. § 34. 35. 59. 65. 87. 152. 156; (Vdn. v. 30. Juni 1849 § 13. 14. 16. 31; GS. s. 228ff.); Ges. v. 11. März 1850 § 9 (GS. s. 279); Preßges. v. 12. Mai 1851 § 32 32.

---

hörende Personen zugegen oder doch die Möglichkeit vorhanden war, daß hinzutretende Personen die Rede hören konnten: ZII. 5. Okt. 54 c. Münstermann (JMbl. s. 404; Entsch. 28. s. 375; GA. II, 831); ZI. 11. Juli 62 c. Löper (RdO. II, 523); ZI. 4. Okt. 65 c. Hahn (RdO. VI, 350). Dagegen bedarf es nicht des Nachweises, daß wirklich eine Mehrheit die Reden 2c. vernommen habe; *contra*: GM. II, 321 und Note 3; Erk. Kam.-G. 22. Nov. 52 c. Bohm (GA. I, 84). Vgl. § 152 n. 2.

4. Bei der Auslegung des Begriffs „öffentliche Zusammenkunft" muß von demselben Gesichtspunkte ausgegangen werden wie beim „öffentlichen Orte" (n. 1). Es kommt dabei vorzugsweise die Größe der Versammlung und das Maaß der Verbreitung, welches die dort gehaltene Rede findet, in Betracht. Daher kann auch eine von einer Privatgesellschaft veranstaltete Zusammenkunft, zumal wenn dabei auch Nichtmitglieder zugelassen sind, als eine öffentliche angesehen werden: ZII. 15. April 58 c. Vogel; ZII. 12. Mai 59 c. Kümpelmann; Abegg Abh. in GA. IX, 83. Dagegen ist eine Zusammenkunft nicht aus dem einzigen Grunde, weil in ihr „öffentliche Angelegenheiten erörtert und besprochen werden sollen", für eine öffentliche zu erachten; die betr Vorschrift der Vdn. v. 30. Juni 1849 § 31 (vgl. Vdn. v. 29. ej § 1 ff.) ist im StGB. nicht wiederholt worden.

5. Der Verkauf von Schriften 2c. gehört nur dann hierher, wenn es sich von mechanisch vervielfältigten Schriften, Abbildungen oder andern Darstellungen handelt; vgl. Preßges. v. 12. Mai 1851 § 55. — Bei diesen genügt das Verkaufen, Vertheilen, Umhertragen, sollte auch zur Zeit noch Niemand Kenntniß vom Inhalte derselben genommen haben. Das gilt namentlich auch von dem Falle des Abs. 2.

6. Ebendeshalb genügt ein einmaliger Verkauf einer Schrift 2c. an eine einzelne Person nicht, um die Oeffentlichkeit zu begründen; es wird vielmehr ein gewerbsmäßiger Verkauf, also ein solcher vorausgesetzt, bei welchem eine Wiederholung wenigstens beabsichtigt war.

7. Ein Vertheilen (Verbreiten: Preßges. v. 12. Mai 1851 § 33) kann in der Versendung von Exemplaren an eine Mehrheit von Personen gefunden werden: ZII. 7. Juli 59 v. Platen c. Schulz (StA. 34. s. 142). Ebenso genügt die Aufgabe mehrerer unverschlossener Exemplare zur Post, sollten dieselben auch noch nicht an die Adressaten gelangt sein; vgl. § 3 n. 6.

8. Eine öffentliche Ausstellung 2c. ist anzunehmen, sobald sie an einem öffentlichen Orte oder bei einer öffentlichen Zusammenkunft geschah (§ 152. 156). Es wird dann das unter n. 1 und 2 Gesagte anwendbar: ZII. 7. Jan. 58 c. Lehmann.

9. Es muß durch die Reden 2c. zu einer bestimmten Strafthat aufgefordert 2c. sein. Dazu genügt es aber, wenn dieselbe in genere genau erkennbar gemacht ist; daß zu einer speziell bestimmten konkreten That aufgefordert sei, kann nicht gefordert werden; wäre dieses der Fall, so würde im Falle des Abs. 1 der § 34 Nr. 1 anwendbar; *contra*: TGll. s. 108 n. 2.

10. Die Worte „zu bestimmen sucht" deuten nicht auf einen Versuch im Sinne des § 31; es bedarf daher auch nicht der Feststellung der Voraussetzungen des letzteren; vgl. § 31 n. 30.

11. Abs. 1 wird anwendbar, wenn die Aufforderung das Verbrechen zur Folge gehabt hat. Es wird sonach vorausgesetzt, daß grade dasjenige Verbrechen, zu dessen Verübung aufgefordert war, demnächst begangen worden sei, und daß

§. 37. **Wer nach Verübung eines Verbrechens oder Vergehens dem Thäter wissentlich Beistand leistet, um denselben der Bestrafung zu entziehen, oder ihm die Vortheile des Verbrechens oder Vergehens zu sichern, ist als Begünstiger mit Geldbuße bis zu zweihundert Thalern oder mit Gefängniß bis zu Einem Jahre zu bestrafen.**

---

zwischen dieser Begehung und jener Aufforderung ein Kausalzusammenhang obwalte (vgl. Abs. 2: „Erfolg"). Dieser Kausalzusammenhang braucht aber kein unmittelbarer zu sein; insbesondere ist es nicht erforderlich, daß der Thäter des Verbrechens ꝛc. jene Reden gehört oder auch nur Kenntniß von ihrem Inhalte erlangt habe; es genügt, wenn die That die Folge der durch die Reden ꝛc. entstandenen allgemeinen Aufregung war.

12. Der in Abs. 1 vorgesehene Fall wird als eine besondere Art der Anstiftung aufgefaßt, welche, eben weil sie sich nicht an bestimmte Personen, sondern an die Allgemeinheit wendete, von andern Voraussetzungen abhängig gemacht wurde. Es bedarf daher auch nicht der Feststellung der Voraussetzungen des § 34 Nr. 1, insbesondere nicht der Angabe anderer Mittel als der im § 36 selbst angegebenen; vgl. Motive s. 16.

13. Im Uebrigen aber wird der Auffordernde einem Anstifter (Theilnehmer) ganz gleichgestellt. Alle für den letzteren geltenden Vorschriften werden sonach auf ihn anwendbar. Demgemäß bedarf es auch zu seiner Bestrafung der genauen und erschöpfenden Feststellung des Thatbestandes derjenigen Strafthat, zu welcher er aufgefordert hatte; *contra*: ZI 7. April 65 c. Walkowiak (RdO. VI, 56), welches die generische Bezeichnung des betr Vergehens für ausreichend erachtete.

14. Die Vorschrift des Abs. 2 gilt nicht nur von „Aufforderungen", sondern auch von der Anreizung, und von den Bemühungen zu verleiten ꝛc.

15. Der Thatbestand des Abs. 2 stellt ein selbstständiges Vergehen dar; es ist daher auch eine Theilnahme daran durch Hülfeleistung möglich: ZII. 13. Nov. 62 c. Schmidt (RdO. III, 120).

16. Die Vorschrift des Abs. 2 ist zu allgemein gefaßt; die Strafandrohung ist unpassend, sobald das betr. Vergehen selbst nur mit Geldbuße bedroht ist.

§ 37.

1. Von dem Augenblicke an, wo eine Strafthat gänzlich vollendet ist, kann von der Mitwirkung eines Dritten zur Verübung derselben (Hülfeleistung § 34 Nr. 2) nicht mehr die Rede sein (§ 34 n. 12); ein später geleisteter Beistand kann daher nur noch als Begünstigung strafbar sein. Insoweit aber auch noch nach dem Abschlusse der Thätigkeit des Hauptthäters ein Dritter behülflich sein kann, den zum Thatbestande des betr. Straffalles gehörigen, vom Thäter gewollten Erfolg herbeizuführen, bleibt selbstverständlich die Begünstigung ausgeschlossen; vgl. § 34 n. 59.

2. Die dem Urheber einer Uebertretung gewährte Begünstigung ist (wenn sie nicht auf einer vorher getroffenen Verabredung beruhte: § 38) nicht strafbar, da § 37 nur von Verbrechen und Vergehen spricht; das gilt auch von der Begünstigung einer Steuerdefraude, wenn diese nach der Höhe der verwirkten Strafe (vgl. EG. Art. VIII. n. 2) sich als Uebertretung darstellt: ZI. 8. Nov. 61 c. Skoniecki; ZI. 7. Febr. 62 c. Labrenz (RdO. II, 44 u. 238). Dagegen nahmen: VI. 25. Jan. 56 c. Köbring und ZI. 5. Nov. 56 c. dieselbe (GA. V, 88) auch in einem solchen Falle Strafbarkeit an, sobald gegen den Defraudanten wegen Rückfalls auf Untersagung des Gewerbebetriebs zu erkennen, die That für ihn also ein Vergehen sei, insofern nicht der Begünstiger nachweise, daß ihm die Rückfälligkeit des Thäters unbekannt gewesen sei; vgl. aber § 35 n 2.

3. Spricht § 37 auch nur von der Begünstigung des „Thäters", so ist er doch unbedenklich auf die Begünstigung des „Theilnehmers" auszudehnen: KBl. s. 7. Ein Gleiches gilt von der Begünstigung eines Versuchs: VII. 22. Sept. 59 c. Billen (GA VII, 823); *contra*: Mittermaier Abh. in GA. VII, 163.

4. Der Beistand muß wissentlich geleistet sein. Es wird daher im Allgemeinen hier dasjenige anwendbar, was zum § 34 unter n. 62 von der wissentlichen

Diese Strafe tritt nicht ein, wenn die Begünstigung dem Thäter, um ihn der Bestrafung zu entziehen, von leiblichen Verwandten in auf- oder absteigender Linie, von Geschwistern oder von dem Ehegatten gewährt worden ist.

[Entw. § 35]. Vgl. § 38. 228 237—240; Cr.-O. § 214; Z.-Str.-Ges. v. 23. Jan 1838 § 16; HDG. v. 2. Juni 1852 § 5.

Hülfeleistung gesagt ist. Ein Unterschied greift nur insoweit Platz, als hier nicht die Kenntniß von dem speziellen, durch den Thäter verübten Verbrechen ꝛc. vorausgesetzt wird; vielmehr genügt es, wenn der Beistandleistende weiß, daß der Andere ein Verbrechen ꝛc. begangen habe, und daß die eigne Thätigkeit darauf abziele, diesen der Bestrafung zu entziehen, oder ihm die Vortheile des Verbrechens ꝛc. zu sichern; vgl. § 237 n. 8; das dort angeführte VII. 3. Jan. 56 c. Röstel (Entsch. 32. s. 279; GA. IV, 572), welches sich in Betreff der durch Verheimlichung ꝛc. begangenen Hehlerei in dem obigen Sinne aussprach, wollte dasselbe von der durch Begünstigung verübten Hehlerei nicht gelten lassen; eine derartige Unterscheidung ist indessen vom Gesetzgeber schwerlich beabsichtigt; gilt der Satz aber von der des eignen Vortheils wegen begangenen Begünstigung (Hehlerei), so ist nicht abzusehen, warum bei der einfachen Begünstigung etwas anderes gelten sollte.

5. Ein Beistand, um den Thäter der Bestrafung zu entziehen, kann sehr füglich geleistet werden, noch ehe von irgend einer Seite Schritte zur Herbeiführung einer Bestrafung geschehen sind.

6. Das Wort „Bestrafung" ist hier nicht gleichbedeutend mit „Verurtheilung", vielmehr umfaßt dasselbe auch die Verbüßung der zuerkannten Strafe; der § ist daher auch auf denjenigen anwendbar, welcher nach erfolgter Verurtheilung dem Thäter wissentlich Beistand leistet, um den Strafvollzug zu verhindern: VI. 29. Febr. 56 c. Krentsch (JMbl. s. 110; GA. IX, 388).

7. Das Wort „Bestrafung" bezieht sich auf jeden Nachtheil, welchen das Gesetz als Folge eines verübten Verbrechens ꝛc androht; es gehört daher auch die nach § 120 und § 146 eintretende Einsperrung in ein Arbeitshaus hierher, selbst wenn sie (nach § 120) von der Landespolizeibehörde angeordnet ist, weil dieses doch nur auf den Grund einer vorhergegangenen richterlichen Verurtheilung geschehen konnte: Beschl. I. 22. Juni 59 c. Stahlkopf (107B; GA. VII, 542).

8. Der Beistand muß zu dem Zwecke geleistet sein, um die im § erwähnten Folgen herbeizuführen; daß dieser Zweck erreicht worden sei, ist nicht erforderlich, sobald die Handlung nur überhaupt dazu angethan war, zur Erreichung desselben zu führen: ZI. 23. Sept. 53 c. Lang; ZII. 16. Juni 53 c. Freitag (GA. I, 578); ZII. 16 März 54 c. Göbel.

9. Einer eignen gewinnsüchtigen Absicht bedarf es bei der Begünstigung nicht: ZI 8. April 64 c. Marsch. Ist eine solche vorhanden, so greift in den geeigneten Fällen § 237 Platz: ZPl. 9. Okt. 54 c. Cornelius (Entsch. 29. s. 252); das Nähere siehe § 237 n. 30.

10. Die Begünstigung eines Verbrechens ꝛc. ist ein selbständiges, von der Theilnahme wesentlich unterschiedenes Vergehen: Motive s. 17; BL. s. 174; *contra:* TGll. s. 109 n. 2. Demgemäß ist der bloße Versuch einer Begünstigung nicht strafbar; vgl. aber n. 8.

11. Zur Bestrafung der Begünstigung kommt es nicht wesentlich darauf an, daß der begünstigte Thäter ermittelt sei; nicht einmal darauf, daß der Begünstigende den Begünstigten gekannt, und mit ihm in unmittelbarer Verbindung gestanden habe; man kann durch Vermittelung eines Dritten auch einen Unbekannten begünstigen, z. B. wenn man sich von Leuten, welche selbst nicht Diebe, sondern Hehler sind, dazu gebrauchen läßt, für die Diebe die gestohlene Sache zu veräußern: ZII. 16. Juni 53 c. Freitag (GA. I, 578); vgl. § 237 n. 3. 33.

12. Auf andere als die im zweiten Absatze genannten Personen ist die Straflosigkeit nicht auszudehnen. Uneheliche Verwandtschaft kommt so weit in Betracht, als das Civilgesetz sie anerkennt: GM. I, 342 VI.

13. Die Begünstigung eines fremden Thäters ist selbst dann strafbar, wenn

§. 38. Der Begünstiger soll gleich demjenigen, welcher Hülfe leistet, bestraft werden, wenn die Begünstigung in Folge einer vor der That genommenen Abrede gewährt worden ist.

Diese Vorschrift ist auch dann anzuwenden, wenn der Begünstiger zu den Angehörigen des Thäters gehört.

[Entw. § 36]. Vgl. § 34 35. 37. 237 ff.

§. 39. Wer von dem Vorhaben eines Hochverraths, eines Landesverraths, einer Münzfälschung, eines Mordes, eines Raubes, eines Menschenraubes oder eines das Leben von Menschen gefährdenden gemeingefährlichen Verbrechens zu einer Zeit,

---

sie geschah, um einen mitschuldigen Verwandten der im Abs. 2 erwähnten Art der Strafe zu entziehen: VI. 1. April 57 c. Eistel; ZI. 27. Jan. 58 c. Maaß.

14. Kann den Theilnehmer an einem Verbrechen rc., welcher demnächst durch eine andere selbstständige Handlung den Thäter begünstigt, neben der Strafe des § 35 auch noch die des § 37 treffen? Ein ZI. 29. Okt. 58 c. Fischer scheint zu verneinen; vgl. § 34 n. 18; § 237 n. 37.

15. Die bloße Betheiligung an den Vortheilen eines Verbrechens rc. ist als solche (wenn nicht ein anderer Vergehensbegriff z. B. Hehlerei zutrifft) nicht strafbar: Z. 17. Sept. 51 c. Herzog; Motive s. 57.

§ 38.

1. Die Worte „vor der That" bedeuten hier: vor der vollendeten That: BGr. § 54; vgl. § 34 n. 12.

2. Der § 38 wird auch dann anwendbar, wenn die Begünstigung um des eignen Vortheils willen den Thäter eines Diebstahls rc. gewährt ist und demgemäß der Thatbestand des § 237 in idealer Konkurrenz vorliegt.

3. Eine im Sinne des § 38 geleistete Begünstigung ist als wirkliche Theilnahme anzusehen; sie begründet daher mit Rücksicht auf § 59 auf die Rückfallsstrafe; vgl. § 59 n. 1.

§ 39.

1. Handelt es sich von dem Vorhaben eines Hochverraths, welches den Voraussetzungen der §§ 63 oder 66 entspricht, und sonach als vollendeter Hochverrath angesehen wird, so ist die Nichtanzeige von diesem Vorhaben nur dann strafbar, wenn die verabredeten rc. Handlungen demnächst auch wirklich ausgeführt, oder versucht worden sind; zwar stellt, wie bemerkt, die Verabredung rc schon für sich allein einen Hochverrath dar, dieser ist aber bereits vollendet und kann durch eine Anzeige nicht mehr verhütet werden: ZI. 28. Nov. 55 c. Balinski (GA. IV, 63).

2. Unter Münzfälschung sind nur die Fälle der §§ 121 und 122, nicht auch die des § 123 zu verstehen: KBI. s. 8.

3. Insofern das Gesetz es nicht ausdrücklich ausspricht, daß ein Verbrechen mit Gefahr für Menschenleben verknüpft sei, gehört es zu der (eventuell durch die Geschwornen zu treffenden) thatsächlichen Feststellung, ob dasselbe das Leben von Menschen gefährde (Beisp. Brandstiftung im Sinne des § 285): VI. 23. März 53 c. Beinert (GA. I, 544).

4. Die zu einem Zweikampfe zugezogenen Sekundanten, Aerzte rc. sind nur auf die Aufforderung der Staatsbehörde davon Anzeige zu machen verbunden; vgl. § 172.

5. Glaubhaft ist dasjenige, was nach den Umständen bei Verständigen Glauben finden konnte; es kommt daher nicht darauf an, ob der Angeklagte es selbst geglaubt, sondern nur, ob er es für glaubhaft gehalten hat.

6. Die Behörde, welcher die Anzeige gemacht werden muß, ist vorzugsweise eine solche, welche den Beruf hat, die Begehung von Verbrechen rc. zu verhindern, also die Polizeibehörde; inwiefern auch Anzeige bei einer andern Behörde genüge, ist nach den Umständen zu beurtheilen.

zu welcher die Verhütung dieser Verbrechen möglich ist, glaubhafte Kenntniß erhält und es unterläßt, davon der Behörde oder der durch das Verbrechen bedrohten Person zur rechten Zeit Anzeige zu machen, soll, wenn das Verbrechen wirklich begangen oder zu begehen versucht wird, mit Gefängniß bis zu fünf Jahren bestraft werden.

[Entw § 37]. Vgl. § 112. 155 172. 211; Cr.-O. § 9. 10. 11.

Vierter Titel.*)

Von den Gründen, welche die Strafbarkeit ausschließen oder mildern.

§. 40. Ein Verbrechen oder Vergehen ist nicht vorhanden, wenn der Thäter zur Zeit der That wahnsinnig oder blöd-

---

7. Dasselbe gilt von der Frage, ob die Anzeige zur rechten Zeit erfolgt sei.

8. Dadurch, daß die Ausführung des Verbrechens bereits begonnen war, als der Dritte Kenntniß davon erhielt, wird die Anzeigepflicht desselben nicht beseitigt, wenn durch eine solche die Vollendung verhindert werden konnte: Abh. in GA. II, 651.

9. Die Befreiung vom Zeugnisse schließt die Befreiung von der durch § 39 bei Strafe auferlegten Anzeigepflicht nicht in sich; so: Abh. in GA. II, 654 ff.; vgl. n. 10. 11.

10. Inwiefern sind hiernach Geistliche zum Bruche des Beichtgeheimnisses verpflichtet? Vgl. ALR. II, 11 § 80—82; AGO. I, 10 § 180; Crim.-Ordn. § 313 Nr. 1; Strafverf. § 20 n. 4—6.

11. Verwandte sind von der Anzeigepflicht nicht befreit: Abh. in GA. II, 654; vgl. § 112 n. 1

12. Durch § 39 sind die §§ 10 und 11 der Crim.-Ordn. außer Kraft gesetzt; vgl. EG. Art. II. n. 39.

13. Die Anzeigepflicht trifft nicht die Thäter und Theilnehmer an der That: GA. II, 655.

14. Dagegen trifft denjenigen, welcher sich des Verbrechens des § 122 (An-sich-Bringen und Verbreiten falschen Geldes) schuldig macht, neben der hierdurch verwirkten Strafe auch die des § 39, wenn er von dem Vorhaben der Münzfälschung Kenntniß gehabt und rechtzeitige Anzeige unterlassen hat; vgl. GA. IV, 561; das dort geäußerte Bedenken, es werde hierdurch zugemuthet, von der eignen Strafthat Anzeige zu machen, trifft nicht zu, weil das Vergehen der Nichtanzeige vollendet war, ehe das An-sich-Bringen des Geldes stattfinden konnte.

***) Vierter Titel.**

1. Die Meinung eines Angeklagten über die Strafbarkeit seiner That hat [sobald nur der erforderliche strafrechtliche Dolus feststeht] auf die Anwendung des Strafgesetzes keinen Einfluß; die entgegengesetzte Annahme des Instanzrichters verletzt das Strafgesetz: Bl. 23. Dez. 53 c. Hackert. Der § 13 der Einl. ALR. ist aufgehoben: Bl. 4. Sept. 63 c Krüger (RtO. IV, 19).

2. Ueber die Anwendbarkeit der allgemeinen Vorschriften des Titel IV. auf Uebertretungen vgl. Th. III. n. 1.

3. Die Ausschließung (Milderung) der angedrohten Strafen greift nur da Platz, wo die Voraussetzungen eines der in den §§ 40 fgg. behandelten Gründe speziell festgestellt sind; es kann daher den Geschwornen nicht die allgemeine Frage vorgelegt werden: ob „Gründe oder Umstände obwalten, welche die Strafbarkeit ausschließen": B. 27. Sept 52 c. Schäffner (GA. I, 53); B. 8. Okt. 52 c. Gutbineit (JMbl. 53. s. 223; GA. l. c.; Min.-Verf (GA. I, 203).

§ 40.

1. Die erste der im § 40 vorgesehenen Alternativen hat den Mangel der Zurechnungsfähigkeit, d. h. den Fall zum Gegenstande, wo es an dem zum

sinnig, oder die freie Willensbestimmung desselben durch Gewalt oder durch Drohungen ausgeschlossen war.

[Entw. § 38]. Vgl. § 41; Ges. v. 3. Mai 1852 Art. 81.

Begriffe einer Strafthat unerläßlichen Zusammenhange zwischen dem Bewußtsein und der Willensthätigkeit fehlt. Sie hebt indessen nur die hauptsächlichsten Fälle der Unzurechnungsfähigkeit hervor, und schließt ebendeshalb andere ähnliche, jenen Zusammenhang beseitigende Zustände nicht aus: Z. 7. Jan. 52 c. Quade; ZII. 19. Okt. 54 c. Weber; ZI. 18. Juli 55 c. Klossowski (GA. III, 672); KBl. s. 8; HS. I, 113. 280.

2. Demgemäß kann der Grund der Unzurechnungsfähigkeit in dem jugendlichen Alter des Thäters gefunden werden, sobald anzunehmen ist, daß derselbe sich in dem Zustande einer solchen Unreife befinde, daß bei ihm überhaupt von einer bewußten, auf einer Erkenntniß des Wesens seiner Handlungen und ihrer Folgen beruhenden Willensthätigkeit gar nicht die Rede sein könne; ob dieses der Fall sei, ist dann nicht nach dieser oder jener Altersstufe, sondern nach der Belegenheit des Einzelfalles zu beurtheilen; vgl. Antr. d. GStA.-schaft zu Beschl. II. 22. Sept. 64 c. Tiemann (RdO. V, 131); BGr. § 76; BL. s. 119; ThdCp. 1. p. 246. — Das Gegentheil ist nicht aus § 42 zu folgern; in dem dort vorausgesetzten Falle des Mangels des Unterscheidungsvermögens wird an und für sich die Zurechnungsfähigkeit vorausgesetzt; deshalb schließt denn auch eine Frage nach dem Unterscheidungsvermögen die über die Zurechnungsfähigkeit nicht in sich: Beschl. I. 11. Jan. 61 c. Stolla (14 B., ind.); vgl. § 42 n. 2. *Contra:* cit. Beschl. 22. Sept. 64, welcher davon ausging, daß bei Kindern (selbst solchen unter 7 Jahren) nur das Vorhandensein des Unterscheidungsvermögens in Betracht komme, daß also von einer „Unzurechnungsfähigkeit" wegen jugendlichen Alters gar nicht die Rede sein könne. — Jedenfalls kann hier die Vorschrift des § 20 I, 4 ALR. nicht maaßgebend sein.

3. Inwiefern Taubstummheit u. s. w. Unzurechnungsfähigkeit begründe, ist eine thatsächliche Frage; vgl. BL. s. 120.

4. Das gilt auch von einer völligen Trunkenheit. Die grundsätzliche Annahme: Trunkenheit könne nie eine Unzurechnungsfähigkeit begründen, verletzt das Gesetz: BII. 11. Okt. 60 c. Kruse; der Satz des alten Rechts (ALR. II, 20 § 22), daß eine verschuldete Trunkenheit eine vollständige Ausschließung der Strafe nicht begründen könne, ist beseitigt: ZII. 29. März 60 c. Heidrich (116; GA. VIII, 407). Demgemäß geht ein BI. 9. Nov. 60 c. Jänsch (RdO. I, 156) zu weit, wenn es aufstellt, daß eine selbstverschuldete vollständige Trunkenheit eine aus Fahrlässigkeit begangene Gesetzesverletzung nicht straflos machen könne. Bei Beurtheilung der Frage, ob Jemand betrunken, und demzufolge unzurechnungsfähig gewesen sei, sind Zeugen als Beweismittel nicht ausgeschlossen: BII. 11. Okt. 60 c. Kruse; vgl. n. 6.

5. Ueber die Ausschließung der Zurechnungsfähigkeit durch Pyromanie vgl. Bericht der wissenschaftlichen Deputation für das Medizinalwesen v. 8. Okt. 1851; JMVerf. v. 30. Nov. 1851 (JMbl. s. 378).

6. Der Instanz-Richter ist nicht verpflichtet, behufs der Feststellung der Zurechnungs- und Unzurechnungsfähigkeit des Angeklagten Aerzte zuzuziehen: ZI. 23. Febr. 55 c. Unbekannten (GA. III, 528); vgl. n. 4 a. E.

7. Zurechnungsfähigkeit und Unzurechnungsfähigkeit schließen sich wechselseitig aus; ein Mischungsverhältniß beider Zustände, und ein daraus hervorgehender gradueller Unterschied der Zurechnungsfähigkeit sind undenkbar; daher kann von einer „verminderten" Zurechnungsfähigkeit nicht die Rede sein: ZI. 6. Sept. 61 c. Kellner; HS. I, 119. 291; BGr. § 72. In Betreff einer solchen darf sonach den Geschwornen eine Frage nicht vorgelegt werden: ZI. 4. April 55 c. Schröder; *contra:* Mittermaier Abh. in GA. VII, 162.

8. An und für sich schließt die an die Geschwornen gerichtete Frage: „ob der Angeklagte schuldig sei, ..." auch die Frage nach der Zurechnungsfähigkeit in sich. Nichtsdestoweniger muß einem Antrage auf ausdrückliche Befragung der Geschwornen über die Zurechnungsfähigkeit bei Nichtigkeitsstrafe Statt gegeben werden: Ges. v. 3. Mai 1852 Art. 81; BI. 16. Sept. 57 c. Fränz (JMbl. s. 387;

GA. V, 828). Insbesondere kann der Angeklagte verlangen, daß diese Frage ganz allgemein dahin gefaßt werde: ob er die That „ohne Zurechnungsfähigkeit begangen habe". Dagegen ist es im Falle des Einverständnisses des Angeklagten auch unbedenklich statthaft, die Frage auf einen speziellen, die freie Willensthätigkeit ausschließenden geistigen Zustand zu beschränken, und sie beispielsweise dahin zu richten: „ob die freie Willensthätigkeit des Angeklagten durch vollständige Trunkenheit ausgeschlossen gewesen sei": ZI. 26. Mai 54 c. Grickschat (GA. II, 543); ZII. 19. Okt. 54 c. Weber (Entsch. 29. s. 443); BII. 29. Aug. 56 c. Hahne (GA. IV, 807); vgl. Strafverf. Art. 81 n. 46. Selbst wenn aber auch der Angeklagte die Stellung der Frage in dieser spezialisirten Weise beantragt hat, steht es dem GHofe doch frei, derselben die oben erwähnte allgemeine Fassung zu geben: ZPl. 11. Dez. 60 c. Kortüm (RdO. I, 5).

9. Dieselben Grundsätze müssen auch nach Rheinischem Verfahren als maaßgebend betrachtet werden. Das war unter der Herrschaft des Code 3. brum. IV. vom franz. Kass.-Hofe wiederholt anerkannt worden: Cass. 8. vend. VII; Cass. 12. frim. XI. (SN. 1. 1. 105 et 726); Merl. Rép. v. Démence § 2 n. 2. Dagegen hat derselbe unter der Herrschaft des Code d'instr. durchgängig ausgesprochen, daß das Wort „schuldig" in der Fragstellung die Zurechnungsfähigkeit mit umfasse und daß es daher neben der die „Schuld" betreffenden Frage einer besondern Befragung nach der Zurechnungsfähigkeit auch dann, wenn dieselbe ausdrücklich beantragt sei, nicht bedürfe: Rej. 26. oct. 1815; id. 9. sept. 1825 (SN. 5. 1. 104; 8. 1. 194); u. ö. Aus dem angeführten, wenn auch an sich richtigen Grunde folgt aber keineswegs, daß die Geschwornen jenen technischen Begriff des Wortes „schuldig" durchweg richtig auffassen; für sie liegt daher keineswegs ein Widerspruch darin, wenn sie trotz der Bejahung der Schuldfrage dennoch eine fernere Frage nach der Zurechnungsfähigkeit verneinen; das erkannte ein Rej. 4. janv. 1817 (SN. 5. 1. 268) ausdrücklich als richtig an. Ist dem aber so, so hat der Angeklagte ein unbestreitbares Interesse bei der Stellung einer solchen, die Zurechnungsfähigkeit betreffenden ausdrücklichen Frage, und es muß einem hierauf gerichteten Antrage derselben mit Nothwendigkeit stattgegeben werden. In diesem Sinne hat sich die Doktrin übereinstimmend ausgesprochen; vgl. Legrav. 1. ch. 13. § 1 (1. p. 328 ed. Belge); Berriat, Cours de dr. crim. p. 6 n. 14 (p. 10 n. 2 ed. Belge); ThdCp. 2 p. 248 (1. p. 274. ed. Belge); Devilleneuve in SN. 1. 1. p. 726. Hiermit stimmen auch die Gründe eines Rej. 18. fevr. 1816 (SN. 5. 1. 155) überein. Jedenfalls muß es aber für durchaus statthaft erachtet werden, in Betreff der Zurechnungsfähigkeit eine ausdrückliche Nebenfrage zu stellen. Vgl. § 41 n. 16.

10. Eine für die Zurechnungsfähigkeit sprechende Vermuthung kennt das Gesetz nicht; der Instanzrichter macht sich daher keiner Gesetzesverletzung schuldig, wenn er freispricht, weil er die Ueberzeugung von der Zurechnungsfähigkeit des Angeklagten nicht habe gewinnen können: ZI. 23. Febr. 55 c. Unbekannten (GA. III, 528; in Beziehung auf einen Taubstummen; vgl. Cr.-Ordn. § 268).

11. Die im § vorgesehene zweite Alternative: „wenn die freie Willensbestimmung 2c. ausgeschlossen war", setzt voraus, daß der Angeklagte die That im Zustande der Zurechnungsfähigkeit und in Folge einer eignen Entschließung (Willensbestimmung) verübt habe, daß aber diese Entschließung keine freie gewesen, sondern lediglich durch einen von außen ausgeübten Zwang herbeigeführt worden sei. Ebendeshalb sind solche Fälle nicht hierher zu rechnen, wo der Geist selbst zeitweise (z. B. in Folge einer leidenschaftlichen Erregung) nicht frei gewesen sein soll. Zustände dieser Art kommen nur insofern in Betracht, als dadurch die Zurechnungsfähigkeit ausgeschlossen wird: HS. I, 114. Wird ein solcher behauptet, so ist bei der Fragstellung nach Anleitung des oben n. 8 Gesagten zu verfahren; ein Geschwornenspruch: „der Angeklagte sei zur Zeit der That in einem solchen Zustande der Eifersucht und Leidenschaft gewesen, daß dadurch seine freie Willensbestimmung ausgeschlossen gewesen sei", würde die Anwendung des § 40 nicht rechtfertigen: BI. 7. April 54 c. Jedermann (GA. II, 240); *contra:* TL. s. 176; TArch. II, 13.

12. Hiernach braucht der ausgeübte Zwang keineswegs ein solcher zu sein, durch welchen eine Geistesunfreiheit (Unzurechnungsfähigkeit) bei dem davon Betroffenen hervorgerufen wird; es genügt, wenn derselbe einen solchen Höhengrad erreichte, daß dadurch ein gewissenhafter und standhafter Mensch bestimmt werden

§. 41. Ein Verbrechen oder Vergehen ist nicht vorhanden, wenn die That durch die Nothwehr geboten war. Nothwehr ist diejenige Vertheidigung, welche erforderlich ist, um einen gegenwärtigen rechtswidrigen Angriff von sich selbst oder

---

konnte, demselben nachzugeben, und demzufolge zur Verübung einer Strafthat überzugehen. Ob im Einzelfalle die Gewalt (Drohung) ein solches Maaß der Gefahr mit sich brachte, unterliegt der thatsächlichen Beurtheilung.

13. Es ist gleichgültig, ob die zwingende Gewalt von einer andern (zurechnungsfähigen) Person ausgeübt wurde, oder ob dieselbe in anderen Umständen lag, z. B. ob sie durch eine Naturgewalt, durch ein Thier oder durch einen unzurechnungsfähigen Menschen ausgeübt wurde.

14. Es gehört daher auch der Fall des Nothstandes hierher; ein solcher liegt vor, wenn zwei verschiedene, selbstständig neben einander bestehende Berechtigungen thatsächlich in ein Verhältniß zu einander treten, in welchem die eine nur durch die Verletzung der andern zu bestehen vermag. Inwiefern in einem solchen Falle die zum Zweck der Erhaltung des eignen (oder auch des Rechts eines Dritten) erfolgende Verletzung eines fremden Rechts straflos bleibe, ist nach dem unter n. 12 aufgestellten Grundsatze, d. h. also danach zu beurtheilen, ob durch die dem eignen Rechte drohende Gefahr der gewissenhafte und standhafte Mensch sich gedrungen fühlen könne, in das fremde Recht zerstörend einzugreifen; es wird dabei wesentlich auch auf das Objekt und die Bedeutsamkeit der kollidirenden beiderseitigen Berechtigungen ankommen, wenngleich sich nicht unbedingt aufstellen läßt, daß nicht ein höheres oder umfangreicheres Recht dem geringeren geopfert werden dürfe. Vgl. HS. I, 271 ff.; BL. s. 136; *contra*: Mittermaier Abh. in GA. VII, 173. Fehlt es an den Voraussetzungen des Nothstandes, so bleibt trotz der Kollision zweier Berechtigungen der § ausgeschlossen; dagegen erkennt in einem speziellen Falle § 292 ein solches Verhältniß als einen Strafmilderungsgrund an.

15. Im Uebrigen kann ein Nothstand nicht nur hinsichtlich des Leibes oder Lebens, sondern auch hinsichtlich anderer Rechte, z. B. des Vermögens, der Ehre, wirksam werden: BL. s. 136; *contra*: GM. I, 412 ff.

16. Ueber die Theilnahme an einer von einem Unzurechnungsfähigen oder Gezwungenen verübten Strafthat vgl. § 34 n. 13. 45.

§ 41.

1. Das Recht braucht nicht dem Unrechte zu weichen. Es kann daher einem rechtswidrigen Angriffe die zur Abwehr desselben erforderliche (gewaltsame) Vertheidigung entgegengesetzt werden. So weit das ALR. (Einl. § 78; I, 7 § 142) diesem Grundsatze entgegensteht, ist es durch § 41 außer Kraft gesetzt. — Eine solche berechtigte Vertheidigung wird regelmäßig durch vorsätzliche Handlungen ausgeübt werden: Beschl. II. 19. Dez. 53 c. Hänert; es kann daher die Stellung einer die Nothwehr betreffenden Frage an die Geschwornen nicht deshalb abgelehnt werden, weil die Hauptfrage die Vorsätzlichkeit der Handlung hervorhebe: VII. 10. Febr. 59 c. Sommer (Rh. S.; RA. 54. 2A. 57; GA. VII, 217); vgl. n. 16.

2. Die Vertheidigung darf (von dem im Schlußsatze des § vorgesehenen Fall abgesehen) nicht weiter gehen, als es zur Abwendung des Angriffs erforderlich ist. Fehlt es an dieser Voraussetzung, so hört eine Handlung nicht deshalb auf, eine vorsätzlich verübte und strafbare zu sein, weil sie geschah, um einen vermeintlich rechtswidrigen Angriff abzuwehren: VII. 8. Nov. 66 c. Rieke (RdO. VII, 608); vgl. Thl. I. Tit. 3 (s. 88) n. 18.

3. Die Worte „durch die Nothwehr geboten" finden ihre Erläuterung in der gleich darauf folgenden Begriffsbestimmung der Nothwehr; es genügt daher die Feststellung, daß der Angeklagte bei Vornahme der Handlung sich in derjenigen Vertheidigung befand, welche erforderlich war, einen rc. Angriff abzuwenden: ZI. 25. Sept. 61 c. Tregel (RdO. I, 546).

4. Die Nothwehr setzt einen gegenwärtigen Angriff voraus; als solcher ist eine sich auf die Zukunft beziehende Bedrohung nicht anzusehen; wohl aber kann eine, eine augenblickliche Gefahr begründende Drohung als der Beginn eines gegenwärtigen Angriffs angesehen werden: ZI. 15. Juli 59 c. Richter; HS. I, 258;

Anderen abzuwenden. Der Nothwehr ist gleich zu achten, wenn der Thäter nur aus Bestürzung, Furcht oder Schrecken über die Grenzen der Vertheidigung hinausgegangen ist.

[Entw. § 39]. Vgl. § 177. 196. 211; ALR. Einl. § 77. 78; I, 7 § 141—143; Ges. z. Sch. d. pers. Freih. v. 12. Febr. 1850 § 2 (GS. f 45); Ges. v. 3. Mai 1852 Art. 81.

BL. f. 139; demgemäß braucht der Angriff nicht nothwendig ein körperlicher zu sein; *contra*: Erk. AG. Arnsberg 6. Sept. 1855 c. Göcke.

5. Nur einem rechtswidrigen Angriffe, nicht einer berechtigten Gewaltübung kann eine Nothwehr entgegengesetzt werden; insbesondere also auch nicht einer berechtigten Nothwehr: BL. f. 138. Dagegen läßt sich nicht aufstellen, daß eine Nothwehr des Kindes gegen seine Eltern grundsätzlich unstatthaft sei: BI. 2. Nov. 66 c. Broschinski (RdO. VII, 599). Inwiefern gegen einen über die Grenzen seiner Befugnisse hinausgehenden Beamten Nothwehr angewendet werden könne, darüber vgl. § 89 n. 12. 19; § 102 n 32; § 177 n. 7.

6. Gegen einen Nothstand ist Nothwehr nur insofern statthaft, als jener nicht so bedeutend war, um ein wirkliches Nothrecht zu begründen; das Nähere siehe in BL. f. 136.

7. Nothwehr ist nicht blos zur Vertheidigung des Leibes oder des Lebens, sondern zur Vertheidigung jedes Rechts, insbesondere auch des Eigenthums, der Ehre, der Familienrechte 2c. statthaft; dabei wird keineswegs vorausgesetzt, daß das angegriffene Recht ein unersetzliches gewesen sei: BL. f. 140. 141. 143.

8. Demgemäß ist Nothwehr auch zum Schutze des Besitzes statthaft: ZI. 4. Nov. 59 c. Kuhlmeier; sie steht namentlich auch dem unrechtfertigen Besitzer gegen den wirklichen Eigenthümer zu, auch sein Besitz wird rechtlich geschützt: BI. 17. Febr. 60 c. Richter; vgl. n. 10.

9. Das Maaß der erlaubten Nothwehr richtet sich nach dem Erfordernisse der Vertheidigung: ZI. 4. Dez. 63 c. Dittmann; nicht also nach dem Werthe des zu vertheidigenden Rechts: BL. f. 142. Daher ist eine Mißhandlung nicht nothwendig deshalb straflos, weil der Mißhandelte autor rixae war: ZI. 8. April 59 c. Buxa; vgl. § 188.

10. Mit der Besiegung des Angreifers oder mit dem vollständigen Verluste des angegriffenen Rechts hört der Zustand der Nothwehr auf, da sie nur als „Vertheidigung" statthaft ist: BL. f. 144. Gleichwohl endigt die Nothwehr gegen eine Besitzentziehung nicht nothwendig in dem Augenblicke, wo die Sache in den Besitz des Angreifenden übergegangen ist; vielmehr bleibt jene statthaft, so lange nicht bei dem letztern die besitzentziehende Handlung gänzlich aufgehört hat und ein Moment des ruhigen eignen Besitzes eingetreten ist: HS. I, 262; vgl. KBI. f. 9.

11. Die irrige Meinung des Angeklagten, er befinde sich im Zustande der Nothwehr, steht der wirklichen Nothwehr nicht gleich; es kann daher Stellung einer darauf bezüglichen Frage an die Geschwornen nicht verlangt werden; so: ZII. 23. Nov. 54 c. Kleeberg (der Angeklagte hatte, in der Nacht im Hause Geräusch hörend, in der Meinung, es rühre von Dieben her, einen Hausgenossen durch einen Schuß schwer verwundet). Straflosigkeit muß aber eintreten, wenn der Irrthum des Thäters zur Folge hat, daß ihm der zur betreffenden Strafthat erforderliche Dolus fehlt: vgl. TL. f. 212 III; HS. I, 266.

12. Das Hinausgehen über die Grenzen der Vertheidigung kann der wirklichen Nothwehr nur dann gleichgeachtet werden, wenn die übrigen Voraussetzungen der letzteren (Abwendung eines gegenwärtigen rechtswidrigen Angriffs) vorliegen: Z. (V.) II. 11. Sept. 56 c. Dieckhoff (GA. V, 89); BI. 10. Juli 63 c. Beutler (GA. IX, 701). Daß dieses der Fall sei, muß aus dem Geschwornenspruche hervorgehen: BI. 22. Febr. 61 c. Pompecki (RdO. I, 215); BI. 30. April 62 c. Friedrich (RdO. II, 362); u. ö.; Abh. in GA. II, 824.

13. Die Aufzählung „durch Bestürzung, Furcht oder Schrecken" ist nicht limitativ; andere ähnliche Geisteszustände, z. B. Verwirrung, sind nicht ausgeschlossen; vgl. BL. f. 144.

14. Da im Falle der Nothwehr überhaupt kein Verbrechen 2c. vorliegt, so kann sich auch ein Dritter durch Theilnahme an demselben nicht strafbar machen.

§. 42. Wenn ein Angeschuldigter noch nicht das sechszehnte Lebensjahr vollendet hat, und festgestellt wird, daß er ohne Unterscheidungsvermögen gehandelt hat, so soll er freigesprochen, und in dem Urtheile bestimmt werden, ob er seiner Familie überwiesen oder in eine Besserungsanstalt gebracht werden soll.

---

15. Ergiebt die Voruntersuchung, daß die That im Zustande der Nothwehr verübt sei, so kann die Rathskammer das Verfahren einstellen; vgl. Strafverf. § 40 n. 3; Wilde Abh. in GA. II, 40; *contra:* Schwarck ibid. I, 664; Stemann s. 121 (ohne genügende Gründe).

16. Den vom Angeklagten gemachten Einwand der Nothwehr muß der Instanzrichter prüfen und sich über das Vorhandensein der thatsächlichen Voraussetzungen derselben ausdrücklich aussprechen: VII. 25. Okt. 66 c. Send (RdO. VII, 579); VI. 28. Nov. 66 c. Timm (RdO. VII, 674). Ebendeshalb muß auch in schwurgerichtlichen Sachen dem Antrage auf Stellung einer die Voraussetzungen des § betreffenden Frage bei Nichtigkeitsstrafe Statt gegeben werden: Ges. v. 3. Mai 1852 Art. 81 (vgl. dort n. 48) — Dasselbe gilt auch nach Rheinischem Verfahren: VII. 10. Febr. 59 c. Sommer (RA. 54. 2A. 75; GA. VII, 217). Es trifft hier das zum § 40 n. 9 Gesagte in erhöhtem Maaße zu. Insbesondere hat auch hier der franz. Kass.-Hof anerkannt, daß die Bejahung einer die Nothwehr betreffenden Frage nicht im Widerspruch mit der erfolgten „Schuldig"-Erklärung des Angeklagten stehe, und daß der letztere das Recht habe, die Stellung jener Frage zu beantragen; vgl. Cass. 29. avr. 1819; Cass. 13. janv. 1827; Sir. CN. 6. 1. 69; 8. 1. 503. 504; vgl. Gilb. C. pén. art. 329 n. 4. 5. Vgl. n. 1.

17. Die Frage ist in Gemäßheit der im § gegebenen Begriffsbestimmung, nicht also allgemein dahin zu fassen, ob „der Angeklagte sich im Zustande der Nothwehr befunden habe" oder „ob seine That durch die Nothwehr geboten gewesen sei": VI. 30. April 62 c. Friedrich (RdO. II, 362); VI. 10. Febr. 65 c. Tabbert (RdO. V, 492). Einer weiteren Auflösung in die zum Grunde liegenden Thatsachen, resp. einer Aufnahme der letztern in die Frage bedarf es dagegen nicht; gleichwohl ist eine solche Auflösung nicht unstatthaft, sobald nur der Begriff vollständig wiedergegeben wird; vgl. GA. I, 217.

18. Die Fragen nach der Nothwehr und einer dieser gleichstehenden Ueberschreitung der Vertheidigung dürfen nicht alternative zusammengefaßt werden, da beide Zustände sich wechselseitig ausschließen: VI. 10. Febr. 65 (cit. n. 17).

§ 42.

1. Bei der Prüfung, ob ein Angeklagter strafunmündig sei und mit Unterscheidungsvermögen gehandelt habe, kommt es selbstverständlich auf die Zeit der That, nicht auf die der Strafverfolgung an. Beide Fragen sind vom Richter der Thatfrage zu beantworten. Ist daher das Alter, in welchem der Angeklagte zur fraglichen Zeit stand, zweifelhaft, so ist in schwurgerichtlichen Sachen auch hierüber den Geschwornen eine Frage vorzulegen; vgl. Strafverf. Art. 83 und dort n. 2, und für das Rheinische Recht: Gilb. C. d'instr. art. 340 n. 3. 4; ThdCp. 1. p. 251. — In keinem Falle kann die Frage zum ersten Male vor dem OTr. zur Erörterung gebracht werden; *contra:* BGr. § 85.

2. Das Unterscheidungsvermögen ist nicht gleichbedeutend mit der Zurechnungsfähigkeit; vgl. Ges. v. 3 Mai 1852 Art. 81. 83, wo zwischen beiden wesentlich unterschieden wird, und für beide verschiedene Arten der Fragstellung vorgeschrieben sind („hat der Angeklagte ohne Zurechnungsfähigkeit — hat er mit Unterscheidungsvermögen gehandelt?"). Von dem Unterscheidungsvermögen kann überhaupt nur da die Rede sein, wo an und für sich die Zurechnungsfähigkeit obwaltet; wird daher diese letztere wegen der großen Jugendlichkeit des Angeklagten negirt, so wird § 40 anwendbar (vgl. dort n. 2). Mit Rücksicht hierauf genügt es zur Annahme des Unterscheidungsvermögens nicht, wenn der Angeklagte im Allgemeinen Recht vom Unrecht, Gutes vom Bösen, Erlaubtes vom Unerlaubten zu unterscheiden vermag, vielmehr gehört zu demselben auch noch derjenige Grad der

In der Besserungsanstalt ist derselbe so lange zu behalten, als die der Strafanstalt vorgesetzte Verwaltungsbehörde solches für erforderlich erachtet, jedoch nicht über das zurückgelegte zwanzigste Lebensjahr hinaus.

[Entw. § 40]. Vgl. § 43; (Rh.) AKO. v. 22. Juni 1839 (GS. s. 222); Ges. v. 3. Mai 1852 Art. 75. 83; Ges. v. 22. Mai 1852 Art. IV (oben s. 22); HTO. v. 2. Juni 1852 § 11; AKO. v. 4. Dez. 1852 (JMbl. 1853 s. 38).

Verstandesentwickelung, welcher erforderlich ist, um jene Unterscheidung in Beziehung auf die konkret begangene Handlung, und die sie als eine strafbare charakterisirenden Merkmale vorzunehmen; der Angeklagte muß im Stande sein, zu erkennen, daß seine Pflicht die Unterlassung jener speziellen Handlung fordere; es kann daher ein Kind sehr wohl die eine Strafthat mit, eine andere ohne Unterscheidungsvermögen vornehmen, während ein Gleiches in Betreff der Zurechnungsfähigkeit nicht denkbar ist; vgl. ZI. 18. März 64 c. Goge (362); BGr. § 73. 75; Abegg Abh. in GA. VII, 725 Note 4. Dagegen kommt es dabei auf eine bestimmte Vorstellung oder Kenntniß von der bürgerlichen Strafbarkeit der Handlung nicht an: ZI. 6. Febr. 58 c. Rosenthal (GA. VI, 276); *contra*: Mittermaier Abh. in GA. VII, 176.

3. Bei einem Angeklagten unter 16 Jahren bedarf es jedes Mal mit Nothwendigkeit der Feststellung, ob er mit oder ohne Unterscheidungsvermögen gehandelt habe; vgl. § 43. Diese Feststellung wird, nach dem unter n. 2 Gesagten, auch nicht durch die Feststellung, daß der Angeklagte mit Zurechnungsfähigkeit und ebensowenig durch die ersetzt, daß er mit dem zum betr. Straffalle erforderlichen Dolus gehandelt habe: B. 17. Sept. 52 c. Naudona (JMbl. s. 375; Entsch. 24. s. 200; GA. I, 52); B. 20. Okt. 52 c. Kodera (GA. I, 53); *contra*: HS. I, 110; BGr. § 70; Mittermaier und Abegg in den unter n. 2 citt. Abhh.

4. Die §§ 42. 43 finden auch bei Uebertretungen Anwendung: ZI. 23. Febr. 53 c. Lucht (Entsch. 25. s. 217; GA. I, 563). Gleichwohl kann wegen einer Uebertretung der Strafunmündige nicht in eine Besserungsanstalt gebracht werden; vgl. Thl. III. Tit. 1 n. 3; § 333 n. 2.

5. Die Anwendbarkeit der citt. §§ wird auch dadurch nicht ausgeschlossen, daß es zur Strafbarkeit der betr. Handlung eines besondern Dolus gar nicht bedarf (Beisp.: Steuerdefrauden). Ebenso ist es gleichgültig, ob sich die betr. Strafbestimmung im StGB. oder in einem Spezialgesetze findet: ZI. 23. Febr. 53 (cit. n. 4); BI. 28. Okt. 64 c. Rahn (RdO. V, 219); ZI. 8. Nov. 65 c. Kosseck (RdO. VI, 443); vgl. R. d. Gen.-Dir. d. Steuern 21. Juni 1853 (BMbl. s. 224); Oppenhoff Ressortgess. s. 150 n. 410 (in Betreff der Frage, inwiefern die Verwaltungsbehörden berufen sind, die Frage nach dem Unterscheidungsvermögen zu prüfen).

6. Die Rathskammer kann (zwar wegen des Mangels der Zurechnungsfähigkeit), nicht aber wegen des Mangels des Unterscheidungsvermögens außer Verfolgung setzen, weil der § nur eine „Freisprechung" gestattet, und daneben die Bringung in eine Besserungsanstalt angeordnet werden kann.

7. Im Uebrigen ist diese Bringung in eine Besserungsanstalt keine Strafe: Bes. s. 194 II; TL. s. 168. Die Bezeichnung der letzteren als eine „Strafanstalt" im Abs. 2 ist ungenau.

8. Es unterliegt dem Ermessen des Instanzrichters, inwiefern er nach den Umständen des Einzelfalles Veranlassung findet, jene Maaßregel anzuordnen; dieses Ermessen kann nicht im Wege der Nichtigkeitsbeschwerde angefochten werden: ZII. 24. Febr. 53 c. Bergfeld (GA. II, 549).

9. Der Minister des Innern ist ermächtigt, statt der angeordneten Unterbringung in einer Besserungsanstalt, die Ueberweisung an Privatvereine, oder an geeignete und zuverlässige Privatpersonen mit der für Besserungsanstalten angeordneten Beschränkung zu genehmigen: AKO. v. 4. Dez. 1852 (JMbl. 53 s. 38).

10. Mit Rücksicht auf § 178 der Vdn. v. 3. Jan. 1849 kann der wegen mangelnden Unterscheidungsvermögens Freigesprochene nicht in die Kosten des Verfahrens verurtheilt werden: ZI. 6. April 53 c. Senß (GA. I, 373); ZI. 1. Okt. 58 c. Jurczik (GA. VII, 98); BL. s. 120; Kisker in GA. I, 183; *contra*: Koch n. 83a. Anders nach Rh. Rechte; hier trifft arg. Art. 162. 194 und 368 der Rh.

§. 43. Wird festgestellt, daß ein Angeschuldigter, welcher noch nicht das sechszehnte Lebensjahr vollendet hat, ein Verbrechen oder Vergehen mit Unterscheidungsvermögen begangen hat, so kommen in Bezug auf denselben folgende Bestimmungen zur Anwendung:

1) auf Todesstrafe und Zuchthaus, auf Verlust der bürgerlichen Ehre und zeitige Untersagung der Ausübung der bürgerlichen Ehrenrechte, ingleichen auf Stellung unter Polizei-Aufsicht soll nicht erkannt, und an Stelle der Zuchthausstrafe Gefängnißstrafe ausgesprochen werden;

2) ist das Verbrechen mit der Todesstrafe oder mit lebenslänglichem Zuchthaus bedroht, so wird auf Gefängniß von drei bis zu funfzehn Jahren erkannt;

StPO. auch den so Freigesprochenen die Verurtheilung in die Kosten: B. KH. 29. Juni 52 c. Schell; B. id. 28. Sept. 61 c. Zender; in demselben Sinne steht die Praxis des franz. K.-H.s fest; vgl. Gilb. C pén. art. 66 n. 12; *contra:* ThdCp. 1. p. 128. — Vgl. übrigens EG. Art. XXVII § 1, welcher (abweichend vom Rh. StGB. Art. 55) die solidarische Verurtheilung Mehrerer zu den Kosten davon abhängig macht, daß sie wegen desselben Verbrechens zu Strafe verurtheilt sind.

11. Auch wenn der strafunmündige Thäter wegen Mangels des Unterscheidungsvermögens freigesprochen wird, trifft den Theilnehmer doch die gesetzliche Strafe; vgl. § 35 n. 2; das Gegentheil tritt ein, wenn der Thäter unzurechnungsfähig war; vgl. aber § 34 n. 28.

12. Alle Verbrechen der Strafunmündigen gehören jetzt zur Zuständigkeit der Gerichtsabtheilungen (Zuchtpolizeigerichte); vor die Schwurgerichte können sie daher nur noch im Falle einer Konnexität mit dem Verbrechen eines Andern gebracht werden: Ges. v. 22. Mai 1852 Art. IV. (oben s. 22).

§ 43.

1. Die Bestimmung der Nr. 1 ist auch auf die Untersagung der Ausübung der einzelnen in den §§ 63. 64 genannten Ehren-Rechte zu beziehen: TL. s. 434 V.

2. Unter der in Nr. 2 gedachten lebenslänglichen Zuchthausstrafe ist nur diejenige zu verstehen, mit welcher ein Verbrechen unbedingt bedroht ist; Nr. 2 ist daher unanwendbar, wenn die That elektiv mit zeitiger oder lebenslänglicher Zuchthausstrafe bedroht ist (z. B. § 285): B. 28. April 52 c. Bußmann (JMbl. s. 248; Entsch. 22. s. 455; GA. I, 74).

3. In den Fällen, in welchen im Allgemeinen zeitige Zuchthausstrafe angedroht ist, tritt jetzt (nach Nr. 1) Gefängniß an die Stelle, deren höchstes Maaß die Hälfte der Dauer der angedrohten Zuchthausstrafe ist; die Dauer dieser Gefängnißstrafe kann dann fünf Jahre übersteigen (§ 14): ZI. 4. Jan. 60 c. Gerber (GA. VIII, 277). Es findet sonach eine Umwandlung nach dem Maaßstabe des § 16 nicht Statt; vgl. § 35 n. 13; EG. Art. IX n. 2. 6.

4. Im Falle der Nr. 3 kann der Richter die Strafe bis auf eintägige Gefängnißstrafe herabsetzen, sollte das Gesetz auch für den Fall des Vorhandenseins mildernder Umstände eine besondre (höhere) Strafe bestimmen: Z 20. Okt 52 c. Kroh (GA. I, 74); ZI. 4. Jan. 60 c. Gerber (GA. VIII, 277). Dagegen ist der Richter nicht befugt, auf den Grund dieser Nr. 3 unter das allgemein für eine bestimmte Strafart (durch §§ 15 und 17) vorgeschriebene geringste Maaß hinabzugehen: VI. 4. Juli 55 c. Henschel (GA. III, 697).

5. Die Nr. 4 enthält nur eine allgemeine Anweisung über die Vollstreckung der erkannten Gefängnißstrafe; im Urtheile ist hierüber eine Bestimmung nicht zu treffen: B. 28. April 52 (cit. n. 2).

6. Ueber die Anwendung des § auf Uebertretungen und die durch Spezialgesetze vorgesehenen Straffälle vgl. § 42 n. 4. 5.

3) in den übrigen Fällen soll der Richter ermächtigt sein, unter das niedrigste Maaß der gesetzlichen Strafe herabzugehen; die Hälfte des höchsten gesetzlichen Strafmaaßes darf niemals überschritten werden;

4) die Gefängnißstrafe soll entweder in ausschließlich für jugendliche Personen bestimmten Gefangenanstalten, oder zwar in der ordentlichen Gefangenanstalt, jedoch in abgesonderten Räumen vollstreckt werden.

[Entw. § 41]. Vgl. § 42; Ges. v. 22. Mai 1852 Art. IV (oben s. 22).

§. 44. Wenn die Strafbarkeit einer Handlung abhängig ist, entweder von besonderen Eigenschaften in der Person des Thäters oder desjenigen, auf welchen sich die That bezog, oder von den besonderen Umständen, unter welchen die Handlung begangen wurde, so ist eine solche Handlung demjenigen

---

7. Die Verurtheilung eines Strafunmündigen begründet in einem spätern Wiederholungsfalle die Rückfalls-Strafe: Z. 3. De,. 51 c. Hupp (JMbl. 52. s. 27; Entsch. 22. s. 67); ZII. 9. Febr. 54 c. Hoffmann; VI. 19. Okt. 55 c. Hoffmann (GA. III, 832); u. ö.

8. Trotz der gegen Strafunmündige zu verhängenden gelinderen Strafen behalten die von ihnen begangenen strafbaren Handlungen denjenigen Charakter, welchen sie mit Rücksicht auf die den Erwachsenen treffende ordentliche Strafe haben; ein von einem Strafunmündigen begangenes Verbrechen bleibt daher ein Verbrechen (vgl. § 43 Nr. 2), und die Verjährungsfrist kann sich nur nach der ordentlichen Strafe richten; vgl. EG. Art. XIII n. 10; § 46 n. 2 (eine analoge Frage); *contra*: GM. I, 438 VII; TGll. s. 122 n. 3; BL. s. 268 n. 3. Auch in Frankreich ist diese Frage bestritten; vgl Mangin de l'act. publ. n. 296; Gilb. C. d'instr. art. 637 n. 110. — Das Gesagte erleidet nach dem Ges. v. 22. Mai 1852 Art. IV in Betreff der Kompetenz eine Ausnahme; vgl. § 1 n. 3.

§ 44.

1. Ist bei der Begriffsbestimmung eines Straffalles die Vorsätzlichkeit der Handlung oder die Kenntniß („Bekanntschaft", „Wissentlichkeit") von gewissen Thatsachen speziell als wesentliches Merkmal des Thatbestandes hervorgehoben worden, so versteht es sich von selbst, daß es zur Anwendung des betr. Strafgesetzes jedesmal der ausdrücklichen Feststellung von dem Vorhandensein jener Voraussetzungen bedarf, ohne daß es in dieser Beziehung der Vorschrift des § 44 bedurft hätte; derselbe ist daher in Fällen dieser Art überhaupt nicht als maaßgebend zu betrachten. Insbesondere wird da, wo das Gesetz ausdrücklich eine „Wissentlichkeit" erheischt, die Anwendung desselben durch die Feststellung: „dem Angeklagten sei die betr. Thatsache nicht unbekannt" gewesen, — nicht genügend gerechtfertigt.

2. Auch da, wo die Begriffsbestimmung eines Straffalles einer solchen Kenntniß keine Erwähnung that, ist die Strafbarkeit aller eine vorsätzliche Handlung voraussetzender Strafthaten dadurch bedingt, daß sich der Handelnde der äußeren zum Thatbestande gehörigen Merkmale bewußt gewesen sei. Auch dieses Bewußtsein (Bekanntschaft) ist dann ein (selbstverständliches) Begriffsmerkmal, welches ebendeshalb der ausdrücklichen Feststellung jedenfalls da bedürfen würde, wo sein Vorhandensein bestritten, resp. wo die Stellung einer dasselbe betreffenden Frage an die Geschwornen beantragt worden ist. Aus praktischen Gründen hat aber die Kommission der II. K. (auf deren Vorschlag der § 44 aus § 60 des Entwurfs von 1847 in das GB. übernommen ist: KBII. s. 39) es vorgezogen, die „Unbekanntschaft" unter den „die Strafbarkeit ausschließenden Gründen" (Tit. 4) aufzuführen, um die Beweiserhebung in Beziehung auf dieses, lediglich im Innern des Angeklagten zu suchende, Begriffsmerkmal nicht zu sehr zu erschweren. Man hat

als Verbrechen oder Vergehen nicht zuzurechnen, welchem jene Verhältnisse oder Umstände zur Zeit der That unbekannt waren.

Wenn durch solche besondere, dem Thäter unbekannt gebliebene Verhältnisse oder Umstände die Strafbarkeit der von ihm begangenen Handlung erhöht wird, so sollen ihm diese erschwerenden Umstände der That nicht zugerechnet werden.

[Entw. § 41a]. Vgl. Cr.-O. § 367.

---

dabei unzweifelhaft berücksichtigt, daß der vernünftige Mensch bei einer freiwilligen Handlung in der Regel ihre Bedeutung und Folgen vollständig zu übersehen vermag, daß in den meisten Fällen der Mangel einer genauen Kenntniß lediglich auf einer Frevelhaftigkeit zu beruhen pflegt, und daß das Erforderniß eines positiven Nachweises für die vorhanden gewesene Kenntniß (z. B. im Falle des § 144 Nr. 3 für die Kenntniß von dem Alter des mißbrauchten Kindes) fast regelmäßig Straflosigkeit nach sich ziehen würde. Es bedarf daher, damit der § Anwendung finde, der ausdrücklichen Feststellung: „daß dem Angeklagten die betr. Eigenschaft &c. unbekannt gewesen sei"; ebenso ist im schwurgerichtlichen Verfahren die Frage an die Geschwornen dahin zu richten, ob dem Angeklagten der betreffende Umstand &c. „unbekannt gewesen sei". So in Betreff eines Falles des cit. § 144 Nr. 3: ZPl. 12. Juni 54 c. Völker (Entsch. 28. s. 184; GA. II, 807); ebenso in Betreff der Theilnahme am Gattenmorde: ZPl. 12. Nov. 60 c. Müller (RdO. I, 5); ähnlich: VI. 4. Nov. 53 c. Ehlert (JMbl. 54. s. 5; GA. II, 238); VII. 30. Nov. 53 c. Steinborn (GA. II, 254); VI. 23. Jan. 57 c. Schröder (JMbl. s. 83); ZI. 13. Juni 60 c. Hent; u. ö. Demgemäß bleibt § 44 ausgeschlossen, wenn die Geschwornen die Frage nach der „Unbekanntschaft" mit dem Alter des mißbrauchten Kindes (§ 144 Nr. 3 cit.) dahin beantworten: „Nein, es konnte dem Angeklagten bekannt sein": ZII. 27. Febr. 62 c. Thielemann. *Contra* früher: Z. 8. März 52 c. Fiesel (JMbl. s. 292; ZI. 29. Juli 53 c. Topolewski (GA. II, 238); TL. s. 188; TArch. II, 19; GA. IX, 748; Geßler Dolus s. 283.

3. Der Grundsatz des § wird auch bei Uebertretungen anwendbar, insoweit auch bei diesen ein bewußtes Handeln vorausgesetzt wird; vgl. VII. 4. Dez. 62 c. Stupp (RdO. III, 152).

4. Dasselbe ist nicht allein beim „Thäter", sondern bei Jedem maaßgebend, welcher für eine Strafthat strafrechtlich verantwortlich ist; insbesondere also auch beim Theilnehmer; vgl. n. 2.

5. Unter den besondern Eigenschaften einer Person sind nicht blos ihre Beziehungen zu andern Personen, sondern auch die ihr persönlich anklebenden Verhältnisse zu verstehen, z. B. Alter: ZI. 29. Juli 53 c. Topolewski (GA. II, 238); VI. 22. Febr. 54 c. Pfeiffer; oder Beamtenqualität: V. 22. Okt. 52 c. Goldbaum; u. ö.

6. Zu den besonderen Umständen, unter welchen die Handlung begangen wird, gehören auch Eigenschaften der Sache, auf welche sich die That bezog, oder des angewendeten Mittels: BGr. § 99; z. B. ob eine Oeffnung in einem Gebäude zum Eingange bestimmt sei (§ 222): ZII. 4. Jan. 55 c. Steele; ob ein Schlüssel für ein Schloß bestimmt sei (§ 224): ZII. 11. Okt. 55 c. Deitenbeck; ZII. 6. Nov. 56 c. Schero; vgl. Z. 8. März 52 c. Fiesel (JMbl. s. 292).

7. Dagegen sind die Unbekanntschaft mit dem verkündeten Strafgesetze, oder ein dieses Gesetz und seine Anwendung betreffender Irrthum nicht hierher zu zählen; § 13 Einl. ALR. ist aufgehoben: VI. 4. Sept. 64 c. Krüger (RdO. IV, 9); VII. 6. Okt. 64 c. Polländer (RdO. V, 156); ZI. 14. Dez. 64 c. Kiekhöfel (RdO. V, 361); vgl. Thl. I. Tit. 4 (s. 105) n. 1.

8. Gleichgültig ist, wodurch die Unbekanntschaft veranlaßt worden ist; der § darf daher nicht deshalb außer Anwendung gelassen werden, weil „dem Angeklagten der betr. Umstand nur in Folge seiner eignen Unachtsamkeit entgangen sein könne": VII. 7. Sept. 65 c. Lichtenberg (RdO. VI, 290); HS. I, 169.

9. Aus dem unter n. 2 Gesagten ist nicht zu folgern, daß dem Angeklagten die Beweislast in Betreff seiner Unbekanntschaft auferlegt, und daß also in Ermanglung eines solchen von ihm geführten Beweises die betr. Frage mit rechtlicher Nothwendigkeit zu verneinen sei. Insbesondere steht Nichts im Wege, daß der Richter von Amtswegen Ermittlungen über jene Unbekanntschaft veranlasse, und

§. 45. Nach Ablauf der Verjährungszeit findet die Verfolgung und Bestrafung eines Verbrechens oder Vergehens nicht statt.

[Entw. § 45]. Vgl. § 47—50. 339; Einf.-Ges. Art. XII § 1.

---

dieselbe auch ohne förmliche Beweiserhebung und ohne einen darauf gerichteten Antrag des Angeklagten feststelle, resp. eine Frage darüber an die Geschwornen richte: ZI. 13. Nov 63 c. Bieß (RdO. IV, 200); ZI. 21. Febr. 66 c. Fuhlbrügge (RdO. VII, 114). — Dagegen wird eine ausdrückliche Frag- und Feststellung über diesen Punkt nur da unerläßlich, wo der Angeklagte seine Unbekanntschaft behauptet und die Stellung einer sie betreffenden Frage beantragt hat: ZII. 11. Okt. 55 (cit. n. 6). Ist ein solcher Antrag gestellt, so wird EG. Art. XXIV anwendbar (vgl. dort n. 5 ff.): V. 22. Okt. 52 c. Goldbaum.

10. Wird § 44 anwendbar und kann deshalb eine Handlung dem Thäter als eine dolose nicht zugerechnet werden, so steht Nichts im Wege, dieselbe als fahrlässige That zu bestrafen, wenn die Voraussetzungen einer solchen vorliegen: TGA. s. 119 n. 1; HS. I, 169; *contra*: GM. I, 430 I, 1.

11. Der § setzt voraus, daß die Strafbarkeit einer Handlung von besonderen Umständen rc. abhängig sei; er bleibt daher ausgeschlossen, wenn umgekehrt eine Handlung nur beim Vorhandensein gewisser Bedingungen gestattet ist; die irrige Meinung: diese Bedingungen lägen vor, kann nicht Straflosigkeit begründen; z. B. wenn die Vornahme einer Handlung an die Erfüllung einer polizeilichen Vorschrift (z. B. die Abhaltung rc. einer Versammlung an eine vorgängige Anzeige bei der Polizei) geknüpft ist: VII. 4. Dez. 62 c. Stupp (RdO. III, 152).

§ 45.

1. Das Gesetz schließt die Verfolgung und Bestrafung aus, sobald die Verjährungszeit abgelaufen ist. Dieser Grundsatz gehört der öffentlichen Ordnung an. Der Instanzrichter muß daher die Verjährung von Amtswegen berücksichtigen: VI. 18. Nov. 54 c. Falk; HS. I, 541; VL. s. 247 n. 17. Ein Verzicht auf dieselbe und sonstige vertragsmäßige Uebereinkommen über ihre Fristen und Wirkungen sind selbst dann unwirksam, wenn es sich von einer Verfolgung im Civilwege handelt: VI. 24. Okt. 55 Lüdtke c. Nörenberg (GA. III, 832).

2. Zu dieser Prüfung ist der Instanzrichter in jeder Sachlage berufen. In schwurgerichtlichen Sachen haben die Geschwornen den Zeitpunkt der Verübung der That festzustellen; der GH. hat dann hiernach zu beurtheilen, ob die Verjährung abgelaufen ist, oder ob rechtzeitig eine Unterbrechung Statt gefunden hat.

3. Läßt sich der Zeitpunkt der Verübung der That nicht genau, sondern nur nach einem größeren Zeitraume feststellen, so ist die Verjährung als abgelaufen anzusehen, sobald es nach jener Feststellung überhaupt nur möglich ist, daß die betr. Frist ohne eine rechtzeitige Unterbrechung abgelaufen sei: VII. 17. Juni 54 c. Voigt (Entsch. 28. s. 368; GA. II, 549).

4. Da die Verjährung im Gesetze als ein die Bestrafung ausschließender Grund aufgefaßt worden ist, so läßt sich nicht aufstellen, daß zur Rechtfertigung einer Strafverhängung eine ausdrückliche Feststellung unerläßlich sei, durch welche der Ablauf der Verjährung ausgeschlossen werde, daß also ein verurtheilendes Erkenntniß an einer Nichtigkeit leide, wenn nach der thatsächlichen Feststellung zwischen der Verübung der That und dem Erkenntnisse ein die Dauer der erforderlichen Verjährungszeit übersteigender Zeitraum liege, insofern nicht das Erkenntniß gleichzeitig eine rechtzeitige Unterbrechung der Verjährung für nachgewiesen erkläre. Eine derartige ausdrückliche Entscheidung über den Ablauf der Verjährung resp. über eine erfolgte Unterbrechung derselben ist vielmehr nur dann geboten, wenn jene vom Angeklagten ausdrücklich geltend gemacht worden ist; *contra*: ZII. 17. Juni 54 (cit. n. 3), welches in dieser Beziehung zu weit geht; vgl. § 50 n. 26.

5. Dem Ober-Tribunal steht eine selbstständige Prüfung der thatsächlichen Voraussetzungen der Verjährung resp. einer erfolgten Unterbrechung der letzteren nicht zu. Zwar wird eine solche Unterbrechung regelmäßig in solchen Handlungen zu suchen sein, welche dem Verfahren angehören; aber der Beruf des OTr.s, das Verfahren und die einzelnen demselben angehörigen Amtshandlungen zu prüfen, er-

8*

§. 46. Verbrechen, welche mit Todesstrafe bedroht sind, verjähren in dreißig Jahren; Verbrechen, welche im höchsten Strafmaaße mit einer Freiheitsstrafe von einer längeren als zehnjährigen Dauer bedroht sind, verjähren in zwanzig Jahren; Verbrechen, welche mit einer milderen Freiheitsstrafe bedroht sind, verjähren in zehn Jahren.

---

streckt sich nur auf dasjenige Verfahren, welches vor dem Gerichte a quo behufs Herbeiführung des angefochtenen Urtheils geschwebt hat, nicht aber auf andere Prozedurakte, insbesondere auch nicht auf die Akte der Voruntersuchung, insofern diese nicht im Hauptverfahren benutzt und so zu einem Theile des letzteren gemacht worden sind. Dazu kommt, daß gar keine Gewähr dafür geboten ist, daß die dem OTr. vorgelegten Untersuchungsakten alles dasjenige vollständig enthalten und urkundlich nachweisen, was möglicher Weise für die Unterbrechung der Verjährung von Erheblichkeit sein könnte: BI. 12. Dez. 55 c. Colberg; ZII. 23. Okt. 56 c. Kruse; vgl. § 50 n. 28; Strafverf. Art. 31 n. 2.

6. Inwiefern trotz der eingetretenen Verjährung die Konfiskation oder die Vernichtung von Schriften 2c. strafbaren Inhalts angeordnet werden könne, darüber vgl. § 20 n. 4 ff.

7. Bei Prüfung der Moralität und der individuellen Strafbarkeit einer nicht verjährten Handlung kann der Richter, wie das ganze frühere Verhalten des Angeklagten, so auch eine verjährte Strafthat desselben als Strafzumessungsgrund berücksichtigen: ZI. 2. März 53 c. Deutsch; HS. I, 542; vgl. § 60 n. 8.

8. Ueber das Fortbestehen der besondern, die Verjährung betreffenden Bestimmungen solcher Spezialstrafgesetze, welche neben dem StGB. in Kraft geblieben sind, vgl. EG. Art. III. n. 2. 4. 5.

§ 46.

1. In Beziehung auf die Verjährung ist immer derjenige Charakter maaßgebend, welcher der That, nach dem vom erkennenden Richter schließlich festgestellten Thatbestande, beiwohnt; auf die davon abweichende ihr in dem Eröffnungsbeschlusse beigelegte Qualifikation kommt es nicht an: BI. 28. Juni 61 c. Schlegel (RdO. I, 471).

2. Dagegen sind immer derjenige Charakter und diejenige Strafandrohung maaßgebend, welche für den festgestellten Thatbestand im Allgemeinen nach dem zutreffenden Strafgesetze gelten; die Strafermäßigung, welche beim Vorhandensein gewisser thatsächlicher Voraussetzungen, z. B. wegen „mildernder Umstände", Reizes (§ 177), Strafunmündigkeit 2c. eintreten kann oder eintreten muß, bleibt für die Verjährungsfrist ohne Einfluß: ZII. 10. Jan. 61 c. Klein (RdO. I, 199); vgl. § 43 n. 8; ähnlich nach französischem Rechte: Gilb. C. d'instr. art. 637 n. 112. Demgemäß verjährt auch die Theilnahme nur in derselben Frist wie die That selbst, sollte sie auch eine nicht wesentliche (§ 35 Abs. 2) gewesen sein.

3. Der Versuch eines mit Todes- oder lebenslänglicher Zuchthausstrafe bedrohten Verbrechens verjährt, da er überhaupt höchstens zwanzigjährige Zuchthausstrafe nach sich ziehen kann, in zwanzig Jahren.

4. Die Verjährung eines Vergehens richtet sich auch dann nach den Bestimmungen der §§ 46 fgg., wenn dasselbe ausnahmsweise (Ges. v. 14. April 1856 Art. I § 1; Frkf. EVdn. Art. VII) der Zuständigkeit der Polizeirichter (Rügegerichte) überwiesen worden ist. Dasselbe gilt von den durch ein Spezialgesetz vorgesehenen Vergehen, für welche ausnahmsweise die polizeirichterliche Zuständigkeit eintritt (EG. Art. VIII. XX): BI. 1. Juni 53 c. Zeth (Entsch. 25. s. 359; GA. I, 461); BI. 5. April 54 c. Lollier (JMbl. s. 269).

5. 6. Der Lauf der Verjährungsfrist beginnt mit dem Tage, an welchem die Strafthat vollendet ist. Dazu gehört vor Allem die vollständige Beendigung der betr. Thätigkeit des Angeklagten: ZI. 11. Sept. 61 c. Zillmann (RdO. I, 529); BL. s. 269; Heffter Abh. in GA. I, 207; VII, 312. Sodann gehört zu jener Vollendung auch, daß die zum Thatbestande gehörigen Folgen oder Wirkungen eingetreten sind, z. B. bei einer tödtlichen schweren oder erheblichen Körperverletzung der Eintritt des Todes, oder der in den §§ 192a und 193 erwähnten Folgen; dagegen wird der Lauf der Verjährung dadurch nicht aufgehalten, daß die eingetretene

Vergehen, die im höchsten Strafmaaße mit einer höheren als dreimonatlichen Gefängnißstrafe bedroht sind, verjähren in fünf Jahren, andere Vergehen in drei Jahren.

Der Lauf der Verjährung beginnt mit dem Tage des begangenen Verbrechens oder Vergehens.

[Entw. § 43. 46]. Vgl. § 45. 47—49. 60. 139. 161. 219. 233. 339. 343; Einf.-Ges. Art. V. XII § 1. XVIII; Preßges. v. 12. Mai 1851 § 49; Ges. v. 22 Mai 1852 Art. V; HDG. v. 2. Juni 1852 § 20.

Wirkung demnächst eine dauernde ist, z. B. eine Verstümmelung ꝛc.: Heffter l. c.; Abh. in GA. IX, 759; BL. l. c.

7. Bei einer fortgesetzten oder fortdauernden strafbaren Thätigkeit beginnt die Verjährung erst mit der gänzlichen Beendigung derselben: Heffter l. c. s. 310; John Abh. in GA. IX, 505; ZII. 15. Febr. 59 c. Feldböhmer (GA. III, 411; bei einer durch Täuschung und Urkundenfälschung bewirkten Lebensversicherung ward angenommen, daß die jährlich vom Angeklagten geleisteten Prämienzahlungen eine fortgesetzte verbrecherische Thätigkeit desselben in Beziehung auf den mittelst Urkundenfälschung verübten Betrug involvirten, und daher den Beginn des Laufs der Verjährung verhindert hätten). Demgemäß beginnt beim eingekleideten Wucher die Verjährung mit dem Tage, wo der ungesetzliche Vortheil zuletzt eingefordert und angenommen ist: VPl. 26. Nov. 55 c. Krüger (Entsch. 31. s. 271; GA. III, 807); ZII. 16. Nov. 54 c. Herzberg; *contra* im Allg.: v. Wächter Abh. in GA. VIII, 5 ff.

8. 9. Ebenso beginnt die Verjährung der Vergehen, bei welchen Gewerbs- oder Gewohnheitsmäßigkeit Begriffsmerkmal ist (z. B. Gewerbsunzucht, Gewohnheitswucher, Hazardspiel), erst mit der gänzlichen Beendigung des gewerbs- oder gewohnheitsmäßigen Treibens, also die des Gewohnheitswuchers erst mit dem Aufhören der Gewohnheit, d. h. mit dem gänzlichen Aufgeben solcher Geschäfte, eben weil nicht der Einzelfall sondern die Gesammtthätigkeit das Vergehen darstellt: ZII. 30. Sept. 54 c. Rieth; ZII 2. Juni 60 c. Maschkow; Abh. in GA. VII, 312; John Abh. ibid. IX, 511; BL. s. 270; *contra:* GM. I, 437 IV; II, 307 n. 4; v. Wächter l. c.

10. Bei Strafthaten, bei welchen nicht blos die Herbeiführung, sondern auch die Behauptung eines gewissen rechtswidrigen Zustandes gestraft wird, beginnt die Verjährung erst mit dem Aufgeben des rechtswidrigen Verhaltens; Beispiele: Freiheitsberaubung, Entführung (§ 204 n. 9): BL. s. 269; vgl. § 339 n. 5; *contra:* v. Wächter Abh. in GA. VIII, 5. Dieses dürfte auch von dem Betriebe eines der im § 23 der Gew.-Vdn. v 9. Febr. 1849 aufgezählten Gewerbe ohne vorgängige Prüfung resp Aufnahme in eine Innung gelten; der cit. § 23 spricht zwar nur vom Beginne des Gewerbebetriebs, offenbar aber nur deshalb, um diejenigen, welche bereits vor Erlaß der cit. Vdn. das Gewerbe betrieben, von der Beobachtung jener Förmlichkeit zu befreien; vgl. Gew.-Ordn. v. 17. Jan. 1845 § 177 („unternimmt oder fortsetzt"). Anders verhält sich dagegen die Sache, wenn die Betriebsstätte einer der im § 26 Nr. 1 der Gew.-Ordn. v. 17. Jan. 1845 erwähnten gewerblichen Anlagen ohne polizeiliche Genehmigung verändert wird; die Strafthat liegt dann in der In-Betrieb-Setzung der so veränderten Werkstätte, mit derselben beginnt daher auch der Lauf der Verjährung, sollte auch der Betrieb fortgesetzt werden: ZII. 14. Okt. 58 c. Trimborn.

11. Bei Omissivvergehen beginnt die Verjährung mit der endlichen Vornahme der Handlung oder mit dem Ablaufe der Zeit, innerhalb welcher die Handlung zu vollziehen war: Heffter l. c. (n. 5); John Abh. in GA. IX, 511. Beisp.: Nichtleistung des schuldigen Militairdienstes, vgl. § 110 n. 16; ebenso eine Stempeldefraude; bei dieser beginnt die Verjährung mit dem Ablaufe der 14tägigen Frist, innerhalb welcher der Stempel beizukassiren gewesen wäre: VII. 6. Mai 52 c. Herzberg (GA. VI, 566).

12. Der Lauf der Verjährungsfrist beginnt mit dem Tage der Verübung der That; es wird sonach dieser ganze Tag in die Frist eingerechnet; war daher das Vergehen am 3. Mai 1852 verübt, so ist die fünfjährige Verjährungsfrist mit dem Beginne des 3. Mai 1857 abgelaufen: GM. s. 437 V; TL. s. 535 n. 3.

13. So lange ein Gesetz die Strafverfolgung unmittelbar zeitweise ausschließt (z. B. Mil.-StGO. § 13), ruht die Verjährung: Hélie Théorie 3 p. 717. Das

§. 47. Wenn die Verjährung unterbrochen wird, die Untersuchung aber nicht zur rechtskräftigen Verurtheilung führt, so beginnt eine neue Verjährung nach der letzten gerichtlichen Handlung.

Diese neue Verjährung kommt jedoch demjenigen nicht zu Statten, welcher sich der gegen ihn eingeleiteten Untersuchung durch die Flucht entzogen hat.

[Entw. § 44]. Vgl. § 45. 46. 48. 49. 339.

---

gilt aber nicht in den Fällen, wo die Strafverfolgung von der Erfüllung einer andern Bedingung, z. B. von der Stellung eines Strafantrags, oder von der Erledigung eines administrativen Verfahrens (in Steuersachen) abhängig gemacht ist; hierdurch wird der Lauf der Verjährung nicht gehemmt: ZPl. 31. März 56 c. Rosenthal (Entsch. 33. s. 192); BL. s. 287 n. 7; Gilb. C. d'instr. art. 637 n. 61—73; vgl. § 48 n. 11.

14. Ueber die Verjährung der Bigamie vgl. § 139.

15. Vergehen und Uebertretungen, welche durch Zuwiderhandlungen gegen die Vorschriften über die Entrichtung öffentlicher Abgaben und Gefälle begangen werden, verjähren in fünf Jahren: Ges. v. 22. Mai 1852 Art. V.

16. Die im § 49 des Preßgesetzes vom 12. Mai 1851 ausgesprochene sechsmonatliche Verjährung der durch die Presse begangenen strafbaren Handlungen bezieht sich auch auf die durch die Presse begangenen gemeinen Verbrechen 2c., für welche die Strafbestimmungen im StGB enthalten sind; sie kommt aber nicht demjenigen zu Statten, welchem die wissentliche weitere Verbreitung des Inhalts einer verleumderischen Druckschrift durch deren Vorlesen zur Last gelegt wird; *contra*: BII. 29. Juni 54 c. Krackrügge (Entsch. 28. s. 177); ähnlich: BPl. 30. Okt. 54 c. Jakob (Entsch. 29. s. 265).

17. Zuwiderhandlungen der Rheinischen Civilstands-Beamten gegen die Vorschriften des Art. 50 des BGB.s verjähren in dreißig Jahren: Gilb. l. c. n. 5.

18. In Betreff der Uebertretungen vgl. § 339. 343. Im Frankfurter Gebiete sind für die Verjährung der Uebertretungen, abgesehen von der dazu erforderlichen Frist (drei Jahre), lediglich die Vorschriften der §§ 46 fgg. des StGB. maaßgebend: Frkf. Pol.-StGes. v. 16. April 1856 Art. 14; Frkf. EVdn. v. 12. Dez. 1866 Art. II. — Ueber die Verjährung der der polizeirichterlichen Zuständigkeit überwiesenen Vergehen vgl. oben n. 4.

19. Ueber die Verjährung der im Wege des Civilprozesses zu verfolgenden Privatklage vgl. EG. Art. XVI n. 13. 14; über die Verjährung der Rheinischen Civilklage wegen einer Strafthat vgl. EG. Art. XII § 1.

20. Nach dem Frankfurter Rechte gelten für die Verjährung der beim Civilgerichte angebrachten Entschädigungsklage des Verletzten die civilrechtlichen Grundsätze. Ihr Lauf wird durch die Strafverfolgung des StA.s nicht unterbrochen. Es gilt hier das zum EG. Art. XII n. 3 Gesagte; vgl. Frkf. StPO. Art. 52, nach welcher die Klage im Civilgerichte, d. h. also nachdem sie angestellt ist, bis zur Entscheidung über die öffentliche Klage ruht.

§ 47.

1. Nach jeder unterbrechenden Handlung beginnt eine neue Verjährung; dieselbe läuft ab, wenn nicht rechtzeitig abermals eine Unterbrechung stattfindet, z. B. wenn nach angemeldetem Rechtsmittel die Sache während der Verjährungsfrist liegen bleibt: ZII. 23. Okt. 56 c. Neuburger (JMbl. s. 366; Entsch. 34. s. 301; GA. V, 89); ZII. 29. Jan. 57 c. Flamm; ZII. 6. Juni 61 c. Weiß (Rh. S.; RbO. I, 436); *contra*: BI. 3. Febr. 54 c. Jegodtka; vgl. § 339 n. 12 — Es läuft sonach die Verjährung auch während der gerichtlichen Untersuchung (arg Abs. 2); das Gegentheil ist nicht aus den Worten zu folgern: „wenn die Untersuchung nicht zur rechtskräftigen Verurtheilung führt"; vgl. JMVerf. cit. bei Hahn s. 53.

2. Die stattgehabten Unterbrechungshandlungen verlieren durch eine demnächst erfolgende Einstellung oder durch ein Ruhenbleiben des Verfahrens nicht ihre Wirksamkeit: ZI. 1. Mai 61 c. Royer (GA. IX, 496).

§. 48. **Jeder Antrag und jede sonstige Handlung der Staatsanwaltschaft sowie jeder Beschluß und jede sonstige Handlung des Richters, welche die Eröffnung, Fortsetzung oder die Beendigung der Untersuchung oder die Verhaftung des Angeschuldigten betrifft, unterbricht die Verjährung.**

[Entw. § 45]. Vgl. § 45—47. 339; Einf.-Ges. Art. XVIII; Preßges. v. 12. Mai 1851 § 49; Ges. v. 14. Mai 1852 § 9 (GS. S. 245); Post-Ges. v. 5. Juni 1852 § 43 (GS. S. 356).

---

3. Unter den „gerichtlichen Handlungen", nach welchen eine neue Verjährung beginnt, ist jede Handlung des Richters oder Staatsanwalts zu verstehen, welche nach § 48 geeignet ist, die Verjährung zu unterbrechen: ZII. 23. Okt. 56 (cit. n. 1); BI. 28. Juni 61 c. Schlegel (RdO. I, 471); HS. I, 540.

4. Für die neu beginnende Verjährung gelten durchaus dieselben Grundsätze, wie für die erste; sie hat dieselbe Frist, welche in derselben Weise zu berechnen ist.

5. Insbesondere kann auch sie in derselben Weise wie die erste unterbrochen werden, und es beginnt dann der Lauf der Verjährung zum dritten Male, u. s. w. Es läßt sich nicht mit BL. (S. 274 n. 14) aufstellen, daß eine Unterbrechung der Verjährung nur innerhalb der vom Gesetz bestimmten (ersten) Frist, und nicht während der durch die Unterbrechung herbeigeführten Verlängerung derselben möglich sei. Hiernach kann es sehr wohl geschehen, daß die wiederholte Unterbrechung die Frist über das Maaß der doppelten Frist hinaus verlängere.

6. Die Ausnahme des zweiten Absatzes bezieht sich nur auf denjenigen, welcher sich der gegen ihn eingeleiteten Untersuchung entzogen, also nicht auf denjenigen, welcher vor eingeleiteter Untersuchung die Flucht ergriffen hat; so: GM. I, 385; Koch n. 93; HS. I, 541.

7. Die Untersuchung ist für eingeleitet zu erachten, wenn auf den Antrag des StA.s ein Untersuchungsrichter zur Führung der Voruntersuchung ernannt, oder wenn die Untersuchung durch Gerichtsbeschluß eröffnet worden ist. Nach Rhein. Verfahren ist die erste Verfügung, welche der durch die Beschuldigung des StA.s mit der Sache befaßte Richter in der Sache erläßt, maaßgebend; vgl. § 73 n. 1.

8. Goldtammer (Matt. I, 439 n. 3) will den Verbrecher 2c. so lange als flüchtig ansehen, als er sich nach seiner Rückkehr nicht meldet. Die Frage ist indessen als eine thatsächliche zu behandeln.

9. Koch (n. 94) und Hälschn. (I, 541) wollen den Fall, wo Jemand der eingeleiteten Untersuchung sich anderweitig auf rechtswidrige Weise, z. B. durch Verbergung entzieht, der Flucht gleichstellen.

§ 48.

Inhalt.

1. Die Anträge 2c. des StA s und die Beschlüsse 2c. des Richters unterbrechen die Verjährung nur dann, wenn sie die Eröffnung 2c. der Untersuchung oder die Verhaftung des Angeschuldigten betreffen. Dazu genügt nicht jede die Einleitung einer Untersuchung vorbereitende, sie eventuell bezweckende Thätigkeit. Es wird vielmehr wesentlich eine Handlung vorausgesetzt, welcher jener Charakter in objektiv erkennbarer Weise beiwohnt, die sich also als eine solche darstellt, welche geeignet ist, in Beziehung auf eine als begangen unterstellte Straf-

that im gesetzlich geregelten Verfahren zur Ermittelung des (objektiven und subjektiven) Thatbestandes und zur Bestrafung des Schuldigen zu führen. Demgemäß gehören hierher nur solche Handlungen des StA., welche sich als Ausflüsse des ihm übertragenen Rechts der Strafverfolgung, und nur solche Handlungen des Richters, welche sich als die Ausübung des ihm gewordenen Berufes kennzeichnen, in Beziehung auf eine vermuthete Strafthat die erforderliche Untersuchung anzustellen und über dieselbe Entscheidung zu treffen; vgl. HS. I, 538; BL. s. 241 Nr. 11. Hiernach hat nicht jede individuelle körperliche oder geistige Thätigkeit in Beziehung auf einen zu ermittelnden Straffall, nicht jede Besprechung oder Erkundigung bei andern Behörden, nicht jede einem Unterbeamten ertheilte Weisung, und ebensowenig jede Kommunikation zwischen den verschiedenen Organen der StA.-schaft jene Bedeutung; es wird vielmehr ein wirklicher Akt der Strafverfolgung oder Strafgerichtsbarkeit vorausgesetzt; vgl. ZI. 22. Febr. 54 c. Streckfuß (GA. II, 424); VPl. 30. Okt. 54 c. Jakob (Entsch. 29. s. 265); *contra*: VI. 7. Jan. 53 c. Siegert (JMbl. s. 151; GA. I, 265: „jede die Untersuchung vorbereitende Handlung unterbreche die Verjährung, weil sie die Eröffnung der Untersuchung bezwecke und somit betreffe").

2. Von Seiten des StA.s wird die Verjährung vorzugsweise durch die förmliche Erhebung der Strafklage (Beschuldigung) unterbrochen. Dieselbe Wirkung haben dann aber nach der Erhebung der Beschuldigung auch alle beim Gerichte gestellten Anträge, welche auf Herbeiführung eines gerichtlichen Untersuchungs- oder Entscheidungsaktes gerichtet sind; das gilt selbst von den Anträgen auf Einstellung des Verfahrens.

3. Dasselbe gilt von den Anträgen, welche der StA. (ohne eine Beschuldigung zu erheben) beim Gerichte stellt, um in Betreff eines unterstellten Straffalles (im Skrutinialverfahren) die Feststellung des Thatbestandes, oder sonstige Ermittelungen herbeizuführen (Vdn. v. 3. Jan. 1849 § 5).

4. .... ebenso von den Handlungen des Rheinischen Beamten des öffentlichen Ministeriums, wenn derselbe im Falle einer Entdeckung auf frischer That nach Art. 32 fgg. der Rh. StPO. einschreitet, und die dort vorgesehenen Untersuchungshandlungen selbst vornimmt. Dasselbe gilt von den Vernehmungen und Ermittelungen, welche nach dem Frankf. StPG. Art. 94. 95. 97. 98 die Staatsanwaltschaft zum Zwecke der Strafverfolgung vorzunehmen berufen ist.

5. .... endlich im ganzen Staate von allen Handlungen der StA.-schaft, welche sich auf die Verhaftung eines wegen der vermutheten Verübung einer Strafthat vorläufig Ergriffenen oder Festgenommenen (Ges. v. 12. Febr. 1850 § 2—5) beziehen; vgl. Frankf. StPG. Art. 108. 110. 111. 120.

6. Dagegen gehören Erkundigungen und Anfragen des StA.s bei anderen Behörden nicht hierher, da sie nur dazu dienen können, dem StA. das Material zu verschaffen, um demnächst einen die Eröffnung der Untersuchung betreffenden Akt vorzunehmen. Dasselbe gilt von den Aufträgen und Weisungen des StA.s an Unterbeamte zur Vornahme vorbereitender Ermittelungen; insbesondere auch von dem Seitens eines Rh. Ob.-Prokurators oder des Frankfurter Staatsanwalts einem ihrer Hülfsbeamten ertheilten Auftrage zur Vornahme von Vernehmungen oder zur Ertheilung sonstiger Auskünfte; *contra*: VII. 22. Febr. 55 c. Scheuern (RA. 50. 2A. 79); ZII. 10. Jan. 61 c. Klein. Ebenso gilt es von den Requisitionen, welche der StA. in den übrigen älteren Provinzen des Staats (nach Vdn. v. 3. Jan. 1849 § 7) an eine Polizeibehörde richtet; vgl. aber n 14. 15.

7. Ein schriftlicher Antrag des StA.s unterbricht die Verjährung sofort und unmittelbar, selbst noch ehe er an den Richter gelangt ist, an welchen er gerichtet war: Beschl. II. 26. Nov 57 c. Cassing (GA. VI, 276). Dabei wird nur vorausgesetzt, daß er demnächst wirklich bestimmungsmäßig an den betr. Richter abgegeben worden sei, weil er ohne dieses gar nicht die Wirksamkeit eines Antrags erhält und lediglich als Entwurf anzusehen ist. Ist die Abgabe erfolgt, so ist nicht etwa der Augenblick dieser Abgabe, sondern der der Abfassung, d. h. also das vom StA selbst unter das Schriftstück gesetzte Datum entscheidend, weil auch schon jene wesentlich sich als Akt derjenigen Thätigkeit darstellt, welcher das Gesetz die unterbrechende Wirksamkeit beilegt und weil der Tag der erfolgten Abgabe nur durch Kanzlei-Notizen, Präsentatums u. dgl. festzustellen wäre, welchen (zumal nach Rhei-

nischem Verfahren) eine authentische Beweiskraft gar nicht beiwohnt. Sollte ein abgefaßter, dann aber einstweilen zurückbehaltener Antrag erst später an den Richter abgegeben werden, so ist von der Gewissenhaftigkeit des StA.s zu erwarten, daß er dann auch das Datum in geeigneter Weise abändere.

8. Auch in Preßsachen unterbrechen nicht nur Anträge, sondern auch sonstige die Eröffnung zc. der Untersuchung betreffende Handlungen des StA.s die Verjährung, obgleich § 49 des Preßges.s nur der erstern Erwähnung thut: Beschl. I. 17. Dez. 62 c. Koserowski (RdO. III, 182); vgl. ZII. 3. Okt. 53 c. Weichsel (GA. II, 109); ZI. 22. Febr. 54 c. Streckfuß.

9. Richterliche Untersuchungsakte unterbrechen die Verjährung nicht nur dann, wenn sie in Folge einer vom StA. erhobenen Strafklage (Beschuldigung), sondern auch dann, wenn sie auf Antrag des StA.s im Skrutinialverfahren oder beim Obwalten einer Gefahr im Verzuge in Gemäßheit des § 5 Abs. 2 der cit. Vdn. (oder nach Rheinischem Verfahren in Gemäßheit der Artt. 59 und 60 der Rh. StPO., und nach dem Frankf. StPG. Art. 127) vorgenommen sind. Dagegen haben die Mittheilungen, welche die Gerichte über eine zu ihrer Kenntniß gelangte Strafthat an den StA. gelangen lassen, jene Wirkung ebensowenig, als ähnliche von andern Behörden ausgehende Mittheilungen der fraglichen Art; vgl. cit. Vdn. § 5 am Anfang; Rh. StPO. Art. 29; Frankf. StPG. Art. 105.

10. Im Laufe eines durch die Strafklage des StA.s angehobenen Verfahrens gehören hierher alle richterlichen Handlungen, welche in erkennbarer Weise dahin abzielen, eine Aufklärung des Sachverhalts zu vermitteln, dem Verfahren Fortgang zu verschaffen und schließlich im Hauptverfahren die Entscheidung herbeizuführen: ZII. 13. Okt. 53 c. Weichsel (GA. II, 109); Beschl. I. 17. Dez. 62 c. Koserowski (RdO. III, 182). Das gilt sonach auch von jeder gerichtlichen Hauptverhandlung, insbesondere auch von jeder ausgesprochenen Vertagung: VII. 23. Jan. 62 c. Dohmen (Rh. S.; RdO. II, 220).

11. Die Handlungen des StA.s und des Gerichts unterbrechen die Verjährung nur dann, wenn die Voraussetzungen vorhanden sind, von welchen das Gesetz die Statthaftigkeit ihres Einschreitens abhängig macht. Sie sind daher wirkungslos, wenn sie erfolgen, ehe bei einem Fiskalvergehen die zunächst ausschließlich zum Einschreiten berufene Verwaltungsbehörde die ihr vorbehaltenen Schritte gethan hat, oder ehe der Verletzte den erforderlichen Strafantrag gestellt hatte: HS. I, 540; vgl. § 47 n. 13.

12. Dagegen ist die Wirksamkeit der Amts-Handlung nicht durch die Kompetenz des betr. Beamten für den konkreten Fall bedingt, da die Verjährung nicht dem einzelnen kompetenten Beamten, sondern der Strafgewalt des Staates im Ganzen gegenüber erworben werden muß: ZII. 9. Juni 55 c. Günand (Rh. S.; JMbl. S. 348; Entsch. 31. S. 284; GA. III, 561); ZII. 13. Okt. 53 c. Weichsel (GA. II, 109); VI. 24. Jan. 55 c. Born (GA. III, 259); HS. I, 540; BL. S. 272; *contra*: TL. S. 536; TArch. III, 188; vgl. EG. Art. XVIII n. 22; Gilb. C. d'instr. art. 637 n. 75. 81. 82. 97—100.

13. Ueberhaupt ist die Unterbrechung der Verjährung nicht dadurch bedingt, daß demnächst in Folge des angehobenen Verfahrens wirklich ohne Weiteres die Eröffnung der Untersuchung und eine Entscheidung im Hauptverfahren erfolge: ZI. 18. März 59 c. Marewsky (257); ähnlich ZI. 1. Mai 61 c. Royer (GA. IX, 496); *contra* früher: VI. 7. Jan. 53 c. Siegert (JMbl. S. 151; GA. I, 265).

14. Insoweit der StA. und das Gericht nach den Grundsätzen des Verfahrens genöthigt sind, sich zur Vornahme einzelner (an sich zur Unterbrechung der Verjährung geeigneter) Handlungen der Hülfe untergeordneter Organe (z. B. der Gerichtsvollzieher, Exekutoren, Boten) zu bedienen, hat nicht nur der diesen letzteren ertheilte Auftrag, sondern auch die Vollziehung eines solchen Auftrags durch den Unterbeamten die betr. Wirkung. Das gilt namentlich von allen Zustellungen und Vorladungen (selbst den durch einen Postbeamten bewirkten): ZII. 8. Juni 54 c. Degenkolb; VII. 3. April 56 c. Eiden-Jünker (Rh. S.: mit dem Zusatze, daß selbst ein wegen Formfehlers nichtiger Vorladungsakt die Verjährung unterbreche, wenn der Beschuldigte die Nichtigkeit nicht rechtzeitig gerügt habe).

15. Dagegen wird die Verjährung durch Handlungen anderer Beamten, sollten sie auch auf Veranlassung des Gerichts oder des StA. thätig sein, nicht un-

terbrochen. Das gilt auch von den Handlungen der Rheinischen (Frankfurter) Beamten der gerichtlichen Polizei oder der Hülfsbeamten des Ober-Prokurators (StA.s), selbst von der durch einen solchen vorgenommenen Haftnahme: TOA. s. 123 n. 2; *contra*: GM. I, 349 n. 4 und das frühere französische Prozeßrecht; vgl. Mang. de l'act. publ. n. 342.

16. In den Fällen, für welche das Gesetz einer Fiskalbehörde das Recht beigelegt hat, wegen einer Zuwiderhandlung gegen die betr. Gesetze Anklage zu erheben oder sich der Verfolgung des StA.s anzuschließen, haben ihre hierauf bezüglichen Anträge und Handlungen in Betreff der Unterbrechung der Verjährung dieselben Wirkungen, wie die entsprechenden Handlungen des StA.s: Oppenhoff Ressortgesetze s. 154 n. 435.

17. Dagegen wird die Verjährung in Zoll- und Steuersachen nicht durch das administrative Strafverfahren der Fiskalbehörden unterbrochen; so: ZPl. 31. März 56 c. Rosenthal (Entsch. 33. s. 192; GA. IV, 345): „weil die Fiskalbehörde durch die betr. Befugnisse nicht die Qualität eines Richters erlange, ihre Resolute vielmehr, gegen welche der Angeschuldigte stets auf rechtliches Gehör antragen könne, nur eine Erledigung der Sache im Wege des Transigirens bezweckten"; ähnlich: Z. 11 Okt. 52 c. Isakowski; Beschl. 20. Okt. 52 c. Twardowski (in Betreff der durch die Verwaltungsbehörden vorgenommenen Beschlagnahmen eingeschwärzter Gegenstände; vgl. aber n. 11); GM. I, 383. 439 n. 2; *contra*: ZI. 13. Juni 55 c. Ballauf (Entsch. 30. s. 462); HS. I, 540; Antr. d. GStAnw.s (GA. IV, 343) arg. Ges. v. 3. Mai 1852 Art. 136 Abs. 3, nach welchem auch das administrative Verfahren sich als ein Strafverfahren, und das auf Provokation eingeleitete gerichtliche Verfahren sich nur als eine Fortsetzung jenes darstelle; vgl. auch § 58 n. 16 (: „die Verurtheilung durch eine Administrativbehörde begründe den Rückfall"; sie wird sonach als Entscheidung eines „Preußischen Gerichtshofs" angesehen).

18. Polizeiliche Strafverfügungen unterbrechen die Verjährung der betr. Uebertretung: Ges. v. 14. Mai 1852 § 9. Dasselbe gilt in Postkontraventionssachen von der Vorladung des Angeschuldigten zu seiner Verantwortung im Verwaltungswege: Postges. v. Juni 1852 § 43. Das ZPl. 31. März 56 (cit. n. 17) betrachtete indessen diese Bestimmungen als nicht auszudehnende Ausnahmen.

19. Nach Rheinischem Rechte wird die Verjährung der Strafklage durch diejenigen Handlungen des Civilklägers unterbrochen, durch welche der Strafrichter mit der Sache befaßt oder der Weiterbetrieb derselben vor dem Strafrichter bewirkt wird (arg. EG. Art. XII § 1); vgl. Gilb. C. d'instr. art. 637 n. 96. Welche Handlungen hierher zu rechnen, darüber vgl. Mang. de l'act. publ. n. 353. 364. — Dagegen dürfte ein ZII. 15. Sept. 54 Lassalle c. v. Hatzfeld zu weit gegehen, wenn es auch der Präsidial-Ordonnanz, durch welche auf den Antrag des Civilklägers eine Sitzung zur Verhandlung der Sache bestimmt wird, eine die Verjährung unterbrechende Wirksamkeit beilegt, da das Gesetz eine solche Verfügung des Präsidenten nicht kennt.

19a. Ebenso müssen auch nach Frankfurter Recht die Einreichung der Privatklage (StPG. Art. 309), und die vom Kläger gestellten, auf den Fortgang des Verfahrens abzielenden Anträge die Verjährung unterbrechen. Da sie zur Bestrafung des Angeklagten durch das angerufene Strafgericht führen können, muß ihnen auch in Betreff der Verjährung dieselbe Wirksamkeit beigelegt werden, wie den entsprechenden Handlungen der StA.-waltschaft; vgl. StPG. Art. 326. Dagegen wird die Verjährung der Strafverfolgung durch die Handlungen des der öffentlichen Klage adhärirenden Verletzten nicht unterbrochen.

20. Durch die Anbringung eines Strafantrags Seitens des Verletzten wird die Verjährung der Strafklage nicht unterbrochen; vgl. § 50 n. 27.

21. Ebensowenig hat nach altländischem Verfahren die Anbringung eines Vermittelungsgesuchs beim Schiedsmanne (EG. Art. XVIII. Abs. 2) oder die Anstellung der Privatklage vor dem Civilrichter diese Wirkung.

22. Handlungen des StA.s oder des Gerichts, welche nur individuell gegen eine bestimmte Person gerichtet sind, z. B. die gegen eine Person erhobene Beschuldigung, der gegen eine solche ergehende Eröffnungsbeschluß, das Hauptverfahren und die in demselben ergehenden Verfügungen und Entscheidungen unterbrechen

§. 49. Gegen rechtskräftig erkannte Strafen ist keine Verjährung zulässig.

[Entw. § 46].

§. 50. Ein Verbrechen oder Vergehen, dessen Bestrafung nur auf den Antrag einer Privatperson erfolgen kann, soll straflos bleiben, wenn die zum Antrage berechtigte Person den

---

die Verjährung auch nur dieser Person gegenüber: Beschl. I. 15. Juni 64 c. Mania (RdO. V, 5); vgl. JMVerf. v. 4. Mai 1860 (RS. XII, 179). Solche Handlungen aber, welche dahin abzielen, den Sachverhalt im Allgemeinen aufzuklären (den objektiven Thatbestand festzustellen, die Person des Thäters zu ermitteln 2c.), unterbrechen die Verjährung unbedingt, und jedem demnächst erst zu Beschuldigenden gegenüber: BI. 7. Jan. 53 c. Siegert (JMbl. s. 151; GA. I, 265); ZII. 2. Juni 53 c. Neukamp (GA. II, 568); ZII. 10. Jan. 61 c. Klein (RdO. I, 199; ind.). Das gilt namentlich von allen Akten der Voruntersuchung, da diese überhaupt die Aufklärung des Sachverhalts und die Ermittelung des Thäters bezweckt: ZI. 18. März 59 c. Marewsky (257); *contra*: TL. s. 537; TArch. III, 157; HS. I, 339; BL. s. 271; der letztere erachtet alle nicht gegen eine bestimmte Person gerichteten Akte für nicht geeignet, die Verjährung zu unterbrechen. — Vgl. Preßges. v. 12. Mai 1851 § 49 Abs. 3, und im Allg. Gilb. C. d'instr. art. 637 n. 102—104.

23. Die Verjährung wird stets nur rücksichtlich derjenigen Strafthat 2c. unterbrochen, auf welche sich die vorgenommene Handlung bezog; Ausdehnung auf andere selbst konnexe Straffälle ist nicht statthaft.

24. In Betreff der Unterbrechung der durch Spezialstrafgesetze geregelten Verjährung vgl. EG. Art. III. n. 5r

25. Im Frankfurter Gebiete sind die Grundsätze der §§ 47. 48 über die Unterbrechung der Verjährung auch in Uebertretungssachen maaßgebend; vgl. Frankf. PolStGes. v. 16. Sept. 1856 Art. 14; Frkf. EVdn v. 12. Dez. 1866 Art. II.

26. Rücksichtlich des Einflusses, den die Einleitung eines Strafverfahrens auf die Verjährung der Privatklage hat, vgl. EG. Art. XVI. n. 13. 14.

§ 49.

1. Diese Vorschrift gilt auch für die wegen einer Uebertretung verhängten Strafen.

2. Ueber die Verjährung der vor Einführung des StGB.s rechtskräftig verhängten Strafen vgl. EG. Art. V. n. 5.

3. Die in einem Straferkenntnisse ausgesprochene Verurtheilung zu den Kosten des Verfahrens hat selbst nicht den Charakter einer Strafe, sondern der Wiedererstattung, auf sie ist daher § 49 nicht auszudehnen, vielmehr richtet sich die Statthaftigkeit und Dauer der Verjährung hier nach den betreffenden civilrechtlichen Grundsätzen; so: B. KH. 9. März 31 c. Grewelling; *contra*: JMVerf. v. 10. Dez. 1824 (RS. II, 536).

§ 50.

Inhalt.

Antrag binnen drei Monaten zu machen unterläßt. Diese Frist beginnt mit der Zeit, zu welcher der zum Antrage Berechtigte von dem gegen ihn begangenen Verbrechen oder Vergehen und von der Person des Thäters Kenntniß erhalten hat.

[Entw. § 46a]. Vgl. § 51—55. 160. 161. 162. 343; Vdn. v. 3. Jan. 1849 § 9.

---

1. Des Antrags einer Privatperson zur Verfolgung einer Strafthat bedarf es in den durch die §§ 79—81. 103. 149. 160—162. 189. 209. 229. 271. 343 vorgesehenen Fällen; insbesondere sind auch die in den §§ 79—81 erwähnten auswärtigen Regierungen und Gesandten als „Privatpersonen" im Sinne dieses § zu betrachten; *contra*: Bes. s. 204. I.

2. Das hier von dem Antrage auf Strafverfolgung Gesagte ist auf eine zur Verfolgung erforderliche „Ermächtigung" (vgl. § 103) nicht auszudehnen.

3. Ebensowenig ist § 50 auf den Fall des Ehebruchs (§ 140) zu beziehen, wo die Verfolgung durch den Antrag des Verletzten auf Nichtbestrafung ausgeschlossen wird; *contra*: TOll. s. 125 Note 2.

4. Für das Erforderniß des Strafantrags ist stets derjenige Thatbestand entscheidend, welchen der Richter als vorliegend betrachtet; die davon abweichenden Annahmen in der vom StA. erhobenen Anklage oder in einem vorhergangenen Eröffnungsbeschlusse sind nicht maaßgebend. Ist daher die Anklage des StA. ohne Strafantrag wegen einer Strafthat erhoben worden, zu deren Verfolgung es eines solchen nicht bedurfte, so wird derselbe unerläßlich, wenn der Richter findet, daß einer der Straffälle vorliegt, für welche das Gesetz den Antrag erheischt: Bl 30. Nov. 60 c. Baller (GA. IX, 134); Zl. 6. Sept. 61 c. Genz (GA. IX, 781).

5. Stellt der Inhalt einer Schrift den Thatbestand eines Straffalles dar, zu dessen Verfolgung das Gesetz den Strafantrag des Verletzten erheischt, so bedarf es dieses Antrags auch zur Einleitung des Verfahrens auf Vernichtung dieser Schrift nach § 50 des Preßges.s vom 12. Mai 1851: Beschl. II. 17. März 53 (14 B); *contra*: Verf. d. Min. d. J. v. 9. Nov. 54 (Hahn z. Vdn. v. 3. Jan. 1849 § 9 n. 1). Dagegen muß eine vorläufige Beschlagnahme auch ohne einen solchen Antrag statthaft sein: vgl. Beschl. I. 10. Sept. 56 (GA. IV, 818); wird in einem solchen Falle die Fortdauer der Beschlagnahme beschlossen, so kann, wenn später der Strafantrag nicht gestellt wird, jeder Betheiligte nach dem Ablaufe der Frist des § 50 auf Wiederaufhebung derselben antragen; das Gericht muß dann über diesen Antrag befinden.

6. Zur Stellung des Strafantrags sind stets nur die im Gesetz genannten Personen befugt. Insoweit dieses Recht dem durch die That Verletzten zusteht, geht dasselbe auf seine Erben nicht über; vgl. EG. Art. XVI. n. 3. Insoweit dagegen ein selbstständiges Recht dritten Personen als Vertretern des Verletzten ertheilt ist (z. B. dem Vater oder Vormunde vgl. § 54. 149. 162. 209), muß dasselbe beim Wegfall dieser Personen auf diejenigen übergehen, welche vollständig an ihre Stelle treten. Für den Fall des § 149 (Verführung eines Mädchens unter 16 Jahren) erachtete ein VI. 9. Nov. 59 c. Kruggel (JMbl. 60. s. 54; GA. VIII, 275) den Vormund auch nach dem inzwischen eingetretenen Tode des Mädchens zur Stellung des Antrags für befugt, obgleich die Vormundschaft mit jenem Tode ihr Ende erreicht hatte. Vgl. im Uebrigen § 54. 162 und die Bemerkungen zu dens.

7. Die Befugniß zur Stellung eines Strafantrags geht (arg. EG. Art. XVII. Art. XVIII. n. 8) durch eine Verzichtleistung auf die Bestrafung (Verzeihung) verloren. Das gilt nicht nur für die Verfolgung im Wege der Privatklage (vgl. Art. XVI. n. 15), sondern auch für die des StA.s: Z. 4. Juni 52 c. Heinrich; Marcinowski Abh. in GA. XI, 168; *contra*: GM. I, 142 n. 3; TOll. s. 124 n. 1. Ob die Zurücknahme eines gestellten Antrags als Verzicht auf die Bestrafung anzusehen sei und demgemäß die Wiederholung des Antrags ausschließe, ist Gegenstand der thatsächlichen Beurtheilung; vgl. n. 10.

8. Eine besondere Form ist für den Strafantrag nicht vorgeschrieben; er kann nicht nur schriftlich, sondern auch mündlich angebracht, und im letzteren Falle diese Anbringung nicht nur durch ein vom betr. Beamten aufgenommenes Protokoll, sondern auch durch Zeugen ꝛc. dargethan werden: VI. 11. März 57 c.

Mittag (JMbl. s. 194). Ein ZI. 22. Jan. 58 c. Devaranne betrachtete die Versicherung des StA.s in der Anklageschrift als ein genügendes Beweismittel.

9. Der Antrag kann auch durch einen Dritten auf Grund einer mündlich ertheilten oder vermutheten Vollmacht gestellt werden: ZI. 12. März 62 c. Genz (RdO. II, 300); ZI. 29. Febr. 64 c. Andreas.

10. Ob irgend eine Willensäußerung als Stellung des erforderlichen Strafantrags anzusehen sei, ist Gegenstand der Auslegung im Einzelfalle: VI. 26. Sept. 56 c. Dittrich; ZII. 9. Juli 57 c. Klein; ZI. 4. Juli 62 Schwarz c. Zielske (GA. X, 714; hier ward der Strafantrag im Civilprozesse in einem auf § 153 gestützten Kompensationseinwande gefunden); u. ö. Es kann daher auch nicht unbedingt ein „ausdrücklicher Antrag" gefordert werden; *contra*: VI. 15. Mai 57 c. Ucke („es sei nicht statthaft, in der erfolgten Ablieferung des festgehaltenen Thäters an den Ortsrichter einen Strafantrag zu finden").

11. Beruht das Erforderniß des Antrags auf einem persönlichen Verhältnisse zwischen dem Verletzten und dem Thäter (z. B. im Falle des § 229), so ist es zur Gültigkeit des Strafantrags unerläßlich, daß derselbe in erkennbarer Weise gegen die Person des Thäters gerichtet sei; es muß ersichtlich sein, daß der Verletzte, jenes ihm bekannten Verhältnisses ungeachtet, die Strafverfolgung wolle.

12. Der Strafantrag ist bei derjenigen Behörde zu stellen, welche im betr. Falle dazu berufen und verpflichtet ist, Anzeigen über die begangene Strafthat aufzunehmen, und ihre Bestrafung zu veranlassen: VI. 11. März 57 c. Mittag (JMbl. s. 194); derselbe kann daher vor Allem bei dem zuständigen Staatsanwalte gestellt werden: VI. 5. März 56 Freiberg c. v. Kräwel; sodann aber auch bei der betr. Polizeibehörde, z. B. beim Dorfschulzen: cit. VI. 11. März 57; VI. 8. Juni 64 c. Wilke (RdO. IV, 559). Anträge, welche an andere Behörden gerichtet sind, können dagegen als solche eine Berücksichtigung nicht finden, sollten die letzteren auch instruktionsmäßig (vgl. Rh. StPO. Art. 29) angewiesen sein, solche nicht zu ihrer Zuständigkeit gehörende Anträge an die wirklich berufene Behörde abzugeben. Demgemäß wird die Frist des § 50 durch die Anbringung des Strafantrags bei der vorgesetzten Dienstbehörde des denunziirten Beamten nicht gewahrt: VII. 24. Sept. 63 c. Hainski (RdO. IV, 76); VI. 22. Dez. 65 Reimer c. Wahrendorf (GA. XIV, 221). Dasselbe dürfte von einem beim zuständigen Gerichte selbst angebrachten Antrage gelten, da dieses eine Strafverfolgung nicht herbeiführen kann. Aehnlich verhält es sich mit dem beim Schiedsmanne angebrachten Vermittelungsantrage, obgleich dieser die Verjährung der Privatklage unterbricht; vgl. n. 13. — Läßt dagegen eine solche mit Unrecht angegangene Behörde den betr. Antrag rechtzeitig an den zuständigen StA. ꝛc. gelangen, so wird hierdurch die Frist gewahrt: ZI. 23. Mai 56 c. Wink.

13. Die Vorschrift des § 50 gilt auch für die im Wege der Privatklage im Civilprozesse verfolgten Ehr- und Körperverletzungen; auch diese Klage wird durch den Ablauf der dreimonatlichen Frist ausgeschlossen, wenn nicht rechtzeitig bei einer der unter n. 12 erwähnten Behörden ein Antrag auf Strafverfolgung gestellt worden ist; das gilt arg. § 189 selbst für leichte Mißhandlungen, obgleich in Betreff dieser der StA. auch ohne vorgängigen Strafantrag des Verletzten einschreiten kann, vgl. § 187 n. 14; § 189 n. 2. — Außerdem hat das OTr. wiederholt für die Verfolgung im Civilwege (arg. EG. Art. XVIII. Abs. 2) angenommen, daß die Anbringung des Vermittelungsantrags beim Schiedsmanne die Rügefrist des § 50 wahre; so: VI. 1. Nov. 54 Tost c. Bauch (StA. XVI, 4); VI. 5. März 58 Suchaneck c. Chmielewski (GA. VI, 271); VII. 1. Okt. 63 Herbst c. Bennekämper (GA. XI, 863; StA. 51. s. 148); ebenso VI. 23. Nov. 60 Kleinmann c. Taubensee (GA. IX, 130); ZI. 17. März 65 Saner c. v. Heider (GA. XIII, 373), welche dem Vermittelungsantrage jene Wirkung beilegten, obgleich in dem einen Falle der Sühneversuch demnächst durch die Schuld des Klägers vereitelt worden war, in dem andern aber es des Sühneversuchs gar nicht bedurft hätte. Die ganze Ansicht ist indessen nicht unbedenklich; kann der Vermittelungsantrag für die Strafverfolgung des StA.s nicht als Strafantrag gelten (vgl. n. 12), so ist nicht abzusehen, wie er diese Wirkung für die Privatklage haben könne; die exzeptionelle Vorschrift über die Unterbrechung der Verjährung (Art. XVIII. Abs. 2) läßt dagegen einen Rückschluß auf unsere Frage nicht zu.

14. Das unter n. 13 Gesagte erleidet eine Ausnahme bei einfachen Beleidigungen. Insoweit diese nur im Wege des Civilprozesses zu verfolgen sind (EG. Art. XVI), ein bei dem PAnwalt oder bei einer Polizeibehörde angebrachter „Strafantrag" also auch eine Strafverfolgung nicht herbeiführen kann, genügt ein solcher auch nicht zur Wahrung der Frist des § 50. Daraus folgt, daß bei einfachen Beleidigungen die Frist nur durch förmliche Anstellung der Privatklage gewahrt werden kann, da nur durch diese die Strafverfolgung herbeizuführen ist; insbesondere muß die bloße Anbringung eines Strafantrags beim Civilrichter hier wirkungslos sein, da dieser einem solchen Antrage überhaupt keine Folge geben könnte; *contra:* ZI. 21. Nov. 66 c. Reschny (RdO. VII, 654) für den Fall, wo der StA. (irriger Weise) Anklage erhoben hat; vgl. EG. Art. XVI. n. 7. Selbst die (die Verjährung unterbrechende) Anmeldung der Klage würde, wenn dabei die Stellung des Antrags noch vorbehalten wäre, hier nicht ausreichen, weil sie keine imploratio iudicis um Rechtshülfe enthält: VII. 1. Okt. 63 (cit. n. 3). Hiernach muß die Privatklage wegen einfacher Beleidigung binnen 6 Monaten von Begehung der That (§ 343) und binnen 3 Monaten von der dem Beleidigten davon gewordenen Kenntniß an (§ 50) angestellt werden. Dieselben Grundsätze sind im Frankfurter Gebiete überall anzuwenden, wo die Strafverfolgung nur im Wege der Privatklage mit Ausschluß der StA.-schaft erfolgen kann: Frankf. StPG. Art. 48.

15. Nach Rheinischem Verfahren kann ein Antrag auf Verfolgung einer einfachen Beleidigung wirksamer Weise an den PAnwalt und die Polizeibehörden gerichtet werden, da dem ersteren dort eine Strafverfolgung zusteht.

16. Der einmal gestellte Antrag beseitigt das der Strafverfolgung entgegenstehende Hinderniß vollständig, insoweit nicht das Gesetz einen Widerruf desselben zuläßt, vgl. § 153. 160. Insbesondere verliert derselbe seine Wirkung nicht durch den spätern Tod des Antragstellers.

17. Der Antragsteller kann die Wirksamkeit des Antrags nicht durch Beschränkungen oder Vorbehalte, welche er demselben hinzufügt, beeinträchtigen; alle solche Zusätze gelten für nicht geschrieben; demgemäß wirkt der Antrag für alle Thäter und Theilnehmer, sollte er auch nur gegen einzelne derselben gerichtet sein: § 52 (unbeschadet jedoch des unter n. 11 Gesagten). Ebensowenig ist es statthaft, den Antrag auf gewisse Gesichtspunkte der Strafbarkeit, welche die Handlung darbietet, zu beschränken und andre davon auszuschließen: ZI. 17. Juni 57 Adam c. Schilgen. Der Richter darf daher die That anders qualifiziren, als es im Strafantrag geschehen war (z. B. als Verleumdung oder als Mißhandlung statt als Beleidigung): ZI. 4. März 64 c. Schucht (RdO. IV, 409). Das gilt auch bei der Verfolgung im Civilverfahren; eine solche andre Qualifizirung ist hier nicht als ein Hinausgehen über den Klageantrag anzusehen; vgl. EG. Art. XVI n 11. Aus demselben Grunde genügt ein wirklich gestellter Strafantrag dem Erfordernisse selbst dann, wenn dabei die That in einer Weise qualifizirt war, daß es für diese Qualifikation des Antrags nicht bedurft hätte: VI. 20. Nov. 63 Metke c. Sage (GA. XII, 60; StA. 52. f. 107; der Antrag war wegen „Verletzung der Schamhaftigkeit" gestellt; demnächst war aber die Privatklage wegen Ehrverletzung erhoben worden). Vgl. oben n. 11.

18. Die für die Stellung des Strafantrags vorgeschriebene Frist, sowie die Wirkung ihrer Verabsäumung unterliegen nicht einer vertragsmäßigen Bestimmung der Parteien: VI. 24. Okt. 55 Lüdtke c. Nörenberg (GA. III, 832).

19. Unter den „Monaten" sind Kalendermonate zu verstehen; *contra:* VI. 5. März 56 Freiberg c. v. Kräwel; VI. 2. März 59 Horst c. Möller (GA. VII, 378); ZI. 7. Febr. 62 Altenkirch c. Fiedler (StA. 45. f. 65); VI. 23. Febr. 66 Abraham c. Banniger (GA. XIV, 290), welche sämmtlich die Frist als eine neunzigtägige bezeichnen, das erstere unter analoger Anwendung des § 15, die übrigen auf Grund des § 550 I, 9 ALR.; § 15 paßt indessen hier offenbar nicht; § 550 ist dagegen unanwendbar, weil es sich hier nicht von einer Verjährung handelt (vgl. n. 22) und weil das für den ganzen Staat verkündete StGB. nicht aus dem ALR. erläutert werden darf.

20. Da die dreimonatliche Frist mit der Zeit beginnt, zu welcher der zum Antrage Berechtigte Kenntniß von der Sache rc. erlangt hat, so ist der Tag der Kenntniß-Erlangung vollständig in die Frist mit einzurechnen; vgl. § 46 n. 5.

21. Dem Angeklagten (Verklagten), welcher die Verspätung des Antrags behauptet, liegt der Nachweis ob, daß der zum Antrage Berechtigte von der That

und der Person länger als drei Monate Kenntniß gehabt habe, ehe er den Antrag stellte: BI. 28. Okt. 53 Hentschel c. Buck (StA. X, 260); BI. 9. Nov. 53 v. Tykowski c. Harms (GA. II, 116); BI. 24. Okt. 55 (cit. n. 18); BI. 27. Jan. 60 Gutmann c. Krömer (GA. VIII, 264); BI. 18. Jan. 61 Walck c. Wollmann.

22. Fristversäumnisse sind keine Verjährungen und nicht nach den für diese geltenden Grundsätzen zu beurtheilen: BI. 25. Febr. 59 Stephan c. Hoffmann (Entsch. 40. 2. 6; GA. VII, 416; StA. 32. s. 321); BI. 27. Jan. 60 Gutmann c. Krömer (GA. VIII, 264); BII. 1. Okt. 63 (cit. n. 13); u. ö.; vgl. n. 19 und die Civ.-Präjj. v. 3. Juni 40, 22. Jan. 44, 13. März 46, 23. April 63 (Entsch. IX, 45; XIV, 125; StA. 48. s. 321). Daher ist es durchaus unstatthaft, die civil- oder strafrechtlichen Grundsätze über die Unterbrechung der Verjährung (z. B. wegen Minderjährigkeit) und den demnächst wieder beginnenden Lauf derselben auf die Versäumniß der im § 50 vorgeschriebenen Frist anzuwenden: BI. 30. Sept. 63 Halle c. Schalk; *contra* früher: BI. 1. Nov. 54 Reibe c. Schröder (StA. XVI, 1); BI. 1. Nov. 54 Tost c. Bauch (GA. III, 161; StA. XVI, 4); BI. 5. Mai 56 Freiberg c. v. Kräwel; BI. 5. März 58 (cit. n. 13); seitdem steht die Praxis im obigen Sinne fest.

23. Aus dem Gesagten (n. 22) folgt, daß der erforderliche Strafantrag unbedingt binnen der dreimonatlichen Frist gestellt werden muß, widrigenfalls Unstatthaftigkeit der Strafverfolgung eintritt. Ist aber die Stellung einmal rechtzeitig erfolgt, so bedarf es einer Wiederholung desselben nicht mehr, sollte auch später das Verfahren länger als 3 Monate ruhen bleiben; es kann sich demnächst nur noch fragen, ob inzwischen die Verjährung abgelaufen sei. Das gilt namentlich auch von der Verfolgung im Wege des Civilprozesses.

24. Die Ausdrucksweise „soll straflos bleiben" ist nicht glücklich gewählt; nicht die Strafbarkeit der That, sondern die Strafverfolgung ist durch das Vorhandensein des Strafantrags bedingt: Vdn. v. 3. Jan. 1849 § 9. Die Vorschrift ist somit nicht als eine materielle, die Anwendung des Strafgesetzes bedingende, sondern als eine das Verfahren betreffende aufzufassen: BI. 24. April 57 c. Mackies; vgl. n. 26. 28.

25. Gleichwohl dürfte es nicht unstatthaft sein, den verabsäumten Strafantrag auch nach der Einleitung des gerichtlichen Verfahrens, und selbst noch im Hauptverfahren erster Instanz nachzuholen, vorausgesetzt, daß nicht inzwischen die Frist abgelaufen ist; *contra* Löwe s. 18, welcher mit Unrecht von dem letzteren Erforderniß absieht. Jedenfalls kann der Nachweis, daß der Antrag wirklich vor Erhebung der Anklage gestellt worden sei, auch noch in zweiter Instanz geführt werden: B. 11. März 57 (cit. n. 12). Dagegen ist die Nachholung des Strafantrags in 2. Instanz nicht mehr statthaft. Ist daher wegen einer ehrverletzenden Aeußerung auf Antrag eines Verletzten die Untersuchung eröffnet und in erster Instanz erkannt worden, so kann das Verfahren in 2. Instanz nicht auf eine durch dieselbe Aeußerung auch noch einem Andern zugefügte Ehrverletzung ausgedehnt werden, wenn dieser inzwischen auch seinerseits die Bestrafung beantragt hat; es muß vielmehr in einem solchen Falle die zweite Ehrverletzung (obgleich sie mit der ersten ideell konkurrirt) zum Gegenstand einer neuen Strafverfolgung in 1. Instanz gemacht werden (vgl. Thl. II. Tit. 13 n. 29): BI. 14. Nov. 66 c. Courant (RdO. VII, 623).

26. Die Instanzrichter haben von Amtswegen zu prüfen, ob der erforderliche Strafantrag rechtzeitig gestellt sei. In schwurgerichtlichen Sachen steht diese Prüfung nicht den Geschwornen, sondern dem GH. zu: BII. 11. Sept. 56 c. Dieckhof. — Gleichwohl ist es nicht unerläßlich, daß sich das Erkenntniß ausdrücklich über das Vorhandensein dieser Vorbedingung der Strafverfolgung ausspreche; vielmehr bedarf es der ausdrücklichen Feststellung eines rechtzeitig erfolgten Strafantrags nur dann, wenn der Mangel desselben gerügt worden ist: BI. 11. Juli 66 c. Lunther (RdO. VII, 423); *contra*: BI. 14. Nov. 57 Müller c. Keipert; BII. 10. Nov. 64 c. Kirsch (RdO. V, 255), welche den Mangel jener Feststellung unter allen Umständen als einen in jeder Sachlage geltend zu machenden Nichtigkeitsgrund betrachteten. — Jedenfalls stellt der Mangel jener Feststellung nur einen Mangel des Verfahrens dar; der Nichtigkeitsrichter kann daher (nach dem Ges. v. 3. Mai 1852 Art. 111) denselben nur insoweit berücksichtigen, als er ausdrücklich zum Gegenstande einer Beschwerde gemacht worden ist: BI. 1. März 61 c. Hüttner; *contra*: BI. 24. Juni

§. 51. Wenn bei einem Verbrechen oder Vergehen mehreren Personen das Recht zusteht, daß nur auf ihren Antrag die Bestrafung erfolgen kann, so wird dadurch, daß eine derselben die dreimonatliche Frist versäumt, das Recht der Uebrigen zum Antrage auf Bestrafung nicht ausgeschlossen.

[Entw. § 46b]. Vgl. § 50. 52—54.

§. 52. Der Antrag auf Bestrafung kann nicht getheilt werden. Das gerichtliche Verfahren findet gegen sämmtliche Theilnehmer an dem Verbrechen oder Vergehen statt, auch wenn nur gegen Einen derselben auf Bestrafung angetragen worden ist.

[Entw. § 46c]. Vgl. § 50. 51. 53. 54.

---

59 c. Franke; cit. VII. 10. Nov. 64, welche annahmen, jener Verstoß verletze auch das materielle Gesetz, es genüge daher die allgemeine Behauptung einer „Gesetzesverletzung", um das OTr. zu einer Prüfung desselben zu berufen; vgl. über eine analoge Frage: ZII. 24. März 66 c. Schonlau (RdO VII, 196).

27. Findet der Instanzrichter, daß es an dem erforderlichen Strafantrage fehlt, so hat er nicht amtliche Schritte zu thun, um die Nachholung desselben herbeizuführen: ZI. 11. Mai 60 c. Thiel (JMbl. s. 269; GA. VIII, 558). Beantragt der StA. eine Vertagung, um seinerseits das Geeignete zu dem gedachten Zwecke zu veranlassen, so kann diesem Antrage unbedenklich Statt gegeben werden. Wo nicht, so muß das Gericht die Strafverfolgung zur Zeit für unstatthaft erklären. Dagegen darf es nicht wegen jenes Mangels „freisprechen", um nicht der etwa noch zulässigen nachträglichen Stellung des Strafantrags und der dann statthaften Erneuerung der Strafverfolgung zu präjudiziren: VII. 16. Juni 59 c. Henning (GA. VII, 692); cit. VI. 11. Mai 60. War in einem solchen Falle die Eröffnung der Untersuchung wegen eines einen Strafantrag nicht erheischenden Straffalles erfolgt, so muß der erkennende Richter, wenn er findet, daß statt desselben oder in idealer Konkurrenz neben demselben der Thatbestand eines den Strafantrag erfordernden Straffalles vorliege, indem er wegen des ersteren (freisprechend oder verurtheilend) erkennt, gleichzeitig aussprechen, daß wegen des letzteren die Strafverfolgung zur Zeit unstatthaft sei.

28. Der Nichtigkeits-Richter hat nicht nach den Akten zu prüfen, ob eine rechtzeitige Antragstellung erfolgt sei, da die betr. Frage zwar dem Verfahren angehört, aber doch nicht einen Theil des allein der Prüfung des OTr.s unterliegenden Verfahrens des erkennenden Richters a quo bildet: ZI. 24. April 57 c. Mackies; vgl. § 45 n. 5; Strafverf. Art. 101 n. 26; 107 n. 27.

§ 51. — — — — — — — — — — — — — —

§ 52.

1. Der Antragsteller kann die Wirksamkeit des Antrags nicht durch Beschränkungen beeinträchtigen. Ist der Antrag wirklich gestellt, so sind alle derartigen Beschränkungen wirkungslos; vgl. § 50 n. 17.

2. Im § 52 ist der Ausdruck: „Theilnehmer" nicht im technischen Sinne des § 34 aufzufassen, sondern gleichbedeutend mit „Betheiligter"; er umfaßt daher auch den oder die Thäter: VII. 16. Juni 59 c. Henning (GA. VII, 692); ZII. 13. Sept. 60 c. Friedländer.

3. Der § gilt auch in Nachdrucksachen (Ges. v. 11. Juni 1837 § 15. 16): ZI. 9. März 53 c. Schlesinger; VII. 16. Juni 59 (cit. n. 2).

4. Die Vorschrift des § 52 ist da unanwendbar, wo es überhaupt eines Strafantrags nur in Betreff einzelner, nicht aller bei der That betheiligter Personen bedarf, z. B. im Falle des § 229. Wenn daher auch hier gegen das betr. Kind 2c. ein Antrag nicht gestellt, oder ausdrücklich die Einleitung der Untersuchung verbeten

§. 53. **Nach Eröffnung der gerichtlichen Untersuchung kann der Antrag auf Bestrafung nicht wieder zurückgenommen werden, so weit nicht in einzelnen Fällen ausdrücklich ein Anderes bestimmt ist.**

[Entw. § 46 d]. Vgl. § 50—52. 54. 160—162; EG. Art. XVII; Vdn. v. 3. Jan. 1849 § 9. 11. 39. 47. 48.

§. 54. **Der Verletzte, welcher bereits das sechszehnte Lebensjahr zurückgelegt hat, ist selbstständig zu dem Antrage auf Bestrafung berechtigt.**

---

ist, steht doch der Verfolgung der Theilnehmer und Hehler kein Hinderniß entgegen: KVI. s. 30; V. 21. Jan. 52 c. Büttner (JMbl. s. 111; GA. I, 233); ZI. 23. Dez. 53 c. Goslinski (GA. II, 255); TL. s. 940.

§ 53.

1. Unter „Eröffnung der gerichtlichen Untersuchung" ist hier der in den § 11. 39 und 48 der Vdn. v. 3. Jan. 1849 vorgeschriebene Beschluß und nach Rheinischem und Frankfurter Verfahren der Verweisungsbeschluß der Raths- (Anklage-) Kammer zu verstehen: KVI. s. 9. Wird (nach Rhein. Verfahren) der erkennende Richter mit einer Sache ohne einen vorherigen Beschluß befaßt, so hat die erste, in der Sache ergehende gerichtliche Verfügung die Wirkung, eine Zurücknahme des Strafantrags auszuschließen. Dieselbe Wirkung hat nach dem Frankfurter Verfahren die Auswirkung einer Ladung beim Gerichtsvorsitzenden (StPG. Art. 272).

2. Die rechtzeitige Zurücknahme des Antrags macht die Fortsetzung der bereits begonnenen Strafverfolgung unstatthaft: VI. 2. März 59 c. Kanieß (ind.); war die Voruntersuchung bereits eingeleitet, so muß Einstellung des Verfahrens erfolgen.

3. Der vom Verletzten gestellte Strafantrag kann nach seinem Tode nicht von seinen Erben zurückgenommen werden: GM. II, 337 n. 4. Dagegen steht denselben dieses Recht in Betreff einer angestellten Privatklage zu: vgl. EG. Art. XVI n. 15. Für das Frankfurter Gebiet vgl. StPG. Art. 53.

4. Die Zurücknahme des Antrags muß rechtzeitig beim Staatsanwalt, oder beim befaßten Gerichte erfolgen; eine in der Zwischenzeit nur beim Schiedsmanne erfolgte Zurücknahme (Vergleich), welche erst nach dem Eröffnungsbeschlusse beim Gerichte eintrifft, kann nicht mehr berücksichtigt werden; *contra*: VI. 2. März 59 c. Kanieß; ähnlich Löwe s. 18.

5. Mit Rücksicht auf die Vorschrift des § 52 ist die Zurücknahme eines Antrags auf Bestrafung wirkungslos, wenn sie auf einen oder einzelne von mehreren bei der That Betheiligten beschränkt wird; *contra*: GM I, 443 n. 2, welcher einer solchen beschränkten Zurücknahme Wirkung für Alle beilegen will.

6. Ebenso ist die Zurücknahme des gestellten Antrags nach der Eröffnung der Untersuchung auch rücksichtlich derjenigen Personen wirkungslos, deren Betheiligung an der That sich erst nach dem Antrage herausgestellt hat: ZI. 9. Juli 53 c. Wedel. Dieser Satz kann aber selbstverständlich da nicht gelten, wo die Nothwendigkeit des Strafantrags auf dem zwischen dem Thäter und dem Verletzten bestehenden persönlichen Verhältnisse beruht, weil in diesem Falle der Strafantrag gegen die Person des Thäters gerichtet sein muß; vgl. § 50 n. 11.

7. Eine Ausnahme von der Regel des § 53 enthält für die Privatklage § 160.

8. Inwiefern die Zurücknahme eines gestellten Antrags als Verzicht auf die Bestrafung anzusehen sei und somit die Wiederholung des Antrags ausschließe, darüber vgl. § 50 n. 7.

§ 54.

1. Unter dem „Verletzten" ist hier der zur Stellung des Strafantrags Berechtigte zu verstehen.

2. Minderjährige unter 16 Jahren, Geisteskranke rc. sind zur Stellung eines Strafantrags unqualifizirt; für sie kann nur der Vater, Vormund rc. den Antrag stellen. Gleichwohl ist aus dem Umstande, daß Jemand früher einmal für

So lange jedoch der Verletzte minderjährig ist, hat auch der Vater oder Vormund desselben, unabhängig von der eigenen Befugniß des Verletzten, das Recht, auf Bestrafung anzutragen.

[Entw. § 46 e]. Vgl. § 50—53. 162.

Fünfter Titel.

Vom Zusammentreffen mehrerer Verbrechen*) und vom Rückfalle.

§. 55. Wenn eine und dieselbe Handlung die Merkmale mehrerer Verbrechen oder Vergehen in sich vereinigt, so kommt das Strafgesetz zur Anwendung, welches die schwerste Strafe androht.

[Entw. § 47]. Vgl. § 337; Z.-Str.-Ges. v. 23. Jan. 1838 § 23.

*) Durch ein Redaktionsversehen sind hier die Worte „oder Vergehen" weggeblieben.

geisteskrank erklärt worden ist, nicht mit Nothwendigkeit zu folgern, daß ein von ihm gestellter Strafantrag wirkungslos sein müsse; die Instanzrichter können denselben für wirksam erachten, wenn sie finden, daß derjenige, von welchem er ausging, zur Zeit das dazu erforderliche Willensvermögen gehabt habe: VII. 25. April 61 c. Stiene (RdO. I, 328).

3. Handelt es sich von der Bestrafung des Vaters oder Vormunds, so muß dem noch nicht 16 Jahre alten Verletzten behufs Stellung des Antrags ein Kurator bestellt werden: VII. 17. Febr. 53 c. Wanning (beil.).

4. Ueber die Befugniß des 16 Jahre alten Minderjährigen einen Vermittlungsversuch herbeizuführen und wahrzunehmen und auf Bestrafung zu verzichten, vgl. EG. Art. XVIII n. 8.

5. Im Falle des Abs. 2 handelt der Vater ꝛc. nicht als mittelbar Mitverletzter, sondern als Vertreter des Minderjährigen: Zl. 30. Sept. 63 Halle c. Schall (StA. 50. s. 295). Gleichwohl ist das ihm hier beigelegte Recht ein selbstständiges, von dem Antrage-Rechte des Minderjährigen unabhängiges; die Rügefrist läuft daher für ihn nur von dem Tage an, wo er selbst Kunde von der Sache erhalten hat: VI. 23. Febr. 66 Abraham c. Banniger (GA. XIV, 190). Daraus folgt, daß dieses selbstständige Recht des Vaters auch nicht durch einen Vergleich oder Verzicht des Minderjährigen ausgeschlossen werden kann; vgl. in dieser Beziehung: EG. Art. XVIII n. 8; § 50 n. 6; § 262 n. 1.

6. Die Mutter als solche, hat ein Antragerecht nicht, wenn es ihr im Einzelfalle nicht ausdrücklich beigelegt ist: VI. 6. Sept. 61 c. Genz (RdO. II, 300).

7. Für den Fall, wo eine Ehefrau oder ein unter väterlicher Gewalt stehendes Kind beleidigt ist, ertheilt § 162 auch dem Ehemanne resp. Vater ein selbstständiges Recht auf Bestrafung des Beleidigers anzutragen. Diese Vorschrift ist mit Rücksicht auf die §§ 188. 190 II, 1 und § 62 II, 2 ALR. auch auf andere Fälle auszudehnen, in welchen es des Antrags einer Ehefrau oder eines unter väterlicher Gewalt Stehenden zu einer Strafverfolgung bedarf.

§ 55.

1. Dieser § behandelt den Fall der s. g. idealen Konkurrenz.

2. Eine und dieselbe Handlung ist gleichbedeutend mit einem einheitlichen zusammenhängenden, in sich abgeschlossenen Thun, welches alle Begriffsmerkmale eines bestimmten Straffalles in sich vereinigt. Es muß sonach auch die für jeden derselben erforderliche Willensrichtung (Dolus) vorwalten: Zl. 14. Jan 59 c. Wendt (GA. VII, 233). Ueber das s. g. fortgesetzte Verbrechen vgl. § 56 n. 2 fgg.

3. Liegt eine und dieselbe Handlung vor, so wird die Anwendbarkeit des § nicht dadurch beseitigt, daß durch dieselbe bewußter oder auch beabsichtigter Weise

verschiedene Rechte oder die Rechte mehrerer Personen gekränkt werden, und daß diese Mehrheit von Personen rechtlich in keiner Weise ein Ganzes bildet: TGA. s. 128 n. 3; *contra*: HS. I, 511 fgg.; John: d. fortges. Verbr. s. 6 ff., welche vom Standpunkte ihrer Auffassung vom „fortgesetzten Verbrechen" in solchen Fällen reale Konkurrenz annehmen.

4. Erstreckt sich eine und dieselbe Handlung (z. B. ein Diebstahl) auf eine Mehrheit von Sachen, so wird die ideale Konkurrenz dadurch nicht aufgehoben, daß bei einzelnen dieser Sachen noch ein erschwerendes Moment (z. B. innerer Einbruch) hinzutrat; die That bleibt dann doch eine einheitliche: BI. 12. Okt. 59 c. Schütt.

5. Der § spricht zwar nur vom Zusammentreffen der Merkmale mehrerer Verbrechen und Vergehen, er greift aber auch da Platz, wo dieselbe Handlung die Merkmale der Uebertretung neben denen eines Verbrechens oder Vergehens in sich vereinigt: ZII. 18. März 58 Sieckmann c Höcker (GA. VI, 415); BI. 19. Febr. c. Dölle 62 (RdO. II, 264).

6. 7. Hat eine gesetzliche Bestimmung einen Fall der idealen Konkurrenz besonders vorgesehen und als einen eigenthümlichen, (die Merkmale zweier anderer Straffälle in sich vereinigenden) Thatbestand hingestellt und mit Strafe bedroht, so ist dieselbe allein anzuwenden; § 55 scheidet dann aus: ZI. 24. Sept. 58 c. Hensel (832); ZI. 7. Sept. 59 c. Ramm; ZII. 24. Nov. 64 c. Opry (RdO. V, 278; vgl. § 316 n. 5). Beispiele: Bettelei unter falschem Namen (§ 118 Nr. 1; vgl. dort n. 12); Holzdiebstahl unter falschem Namen (HDGes. v. 2. Juni 1852 § 4 Nr. 3); Einbruch (als Vermögensbeschädigung) beim Diebstahle. Vgl. GA. II, 552. — Muß in einem solchen Falle die Hauptthat (z. B. auf Grund der § 228. 229) straflos bleiben, so kann auch der konkurrirende (im Begriffe jenes mitenthaltene) Umstand als selbstständiger Straffall nicht verfolgt werden, sollten auch auf ihn die betr. Bestimmungen an sich nicht passen, oder bei ihm die die Straflosigkeit bedingenden Umstände nicht zutreffen: cit. Z. 24. Sept. 58; vgl. n. 10.

8. Aehnlich verhält es sich, wenn ein spezieller an sich unter einen allgemeineren Vergehensbegriff fallender Thatbestand zum Gegenstande einer besonderen milderen Strafbestimmung gemacht ist; der Grundsatz des § 55 bleibt dann ausschlossen, weil sonst die Spezialvorschrift stets nothwendig durch die strengere allgemeine ausgeschlossen würde; daher ist die Verausgabung falschen als ächt empfangenen Geldes nach erkannter Falschheit nicht als Betrug, sondern nur aus § 123 zu bestrafen; vgl. § 91 n. 6; § 106 n. 2; § 123 n. 3.

9. Ob im Einzelfalle eine einzige, oder mehrere selbstständige Handlungen vorliegen, gehört wesentlich zur thatsächlichen Beurtheilung; vgl. das Nähere § 56 n. 10 fgg. und im Einzelnen § 186 n. 13; § 263 n. 25. 55.

10. Kann einer der ideell konkurrirenden Straffälle aus irgend einem Grunde (z. B. wegen der abgelaufenen Verjährung) nicht verfolgt werden, so schließt dieses die Verfolgung des andern Straffalles, welcher von dem betr. Grunde nicht mit betroffen wird, nicht aus; vgl. Beschl. I. 4. Mai 66 c. v. Puttkammer (97B; RdO. VII, 276); vgl. n. 6.

11. Wenn gleich die Strafe nur nach einem der auf die verschiedenen ideell konkurrirenden Straffälle anwendbaren Gesetze zu bestimmen ist, so muß doch wegen aller die Anklage erhoben und die Untersuchung eröffnet werden: Beschl. I. 23. Okt. 63 c. Mauban (RdO. IV, 138). Ebenso ist im verurtheilenden Erkenntnisse der Thatbestand aller festzustellen und die Verurtheilung wegen aller auszusprechen, damit eventuell später wegen jeder die Rückfallsstrafe begründet werde: ZI. 14. Jan. 59 (cit. n. 2); ZI. 22. Febr. 60 c. Sachs; ZII. 14. Dez. 62 c. Brüning; u. ö.; vgl. EG. Art. XXV n. 7; Strafverf. § 23 n. 9; L. 9. Cod. 9, 2. — Im schwurgerichtlichen Verfahren ist wegen jedes Straffalles eine getrennte Frage zu stellen; die Zusammenfassung aller Thatbestände in einer Frage begründet zwar keine Nichtigkeit, die Geschwornen müssen dann aber über das Vorhandensein der Merkmale jedes einzelnen Straffalles besonders abstimmen und das Ergebniß dieser Abstimmung in ihrem Spruche angeben: BI. 28. Febr. 66 c. Stiebert (RdO. VII, 133); vgl. Strafverf. Art. 80 n. 21.

12. Bei Prüfung der Frage, welches Strafgesetz die schwerste Strafe androhe, sind die Grundsätze des, auf einem andern Gesichtspunkte beruhenden, Art. IV

§. 56.*) **Gegen denjenigen, welcher durch verschiedene selbstständige Handlungen mehrere Verbrechen oder Vergehen begangen hat, ist auf sämmtliche dadurch begründete Strafen vereinigt zu erkennen.**

*) In der ursprünglichen Fassung fehlte der zweite Absatz dieses §, welcher durch das Gesetz vom 9. März 1853 (GS. s. 78) zugesetzt worden ist.

des EG. nicht unbedingt maaßgebend: ZII. 26. Jan. 60 c. Dietz (GA. VIII, 408). Gleichwohl ist auch hier an dem Grundsatze festzuhalten, daß die Strafe nur nach einer Gesetzesvorschrift zu bemessen ist, daß also nicht eine Mischung der verschiedenen Bestimmungen erfolgen darf. Ist daher nach dem strengeren Gesetze auf Freiheitsstrafe erkannt, so kann nicht neben derselben auch noch eine nur im milderen Gesetze zusätzlich angedrohte Geldbuße verhängt werden: VI. 6. Jan. 58 c. Müller. Drohen dagegen die verschiedenen Strafgesetze Strafen derselben Art, aber in verschiedenem Maaße an, so ist die größere oder geringere Schwere derselben nach dem angedrohten höchsten Maaße zu bemessen (anders im Falle des cit. Art IV, vgl. dort n. 7). Das erleidet nur da eine Ausnahme, wo neben dem geringeren Strafmaaße auch noch eine Ehrenstrafe konkurrirt: cit. Z. 26. Jan. 60.

13. Trifft eine Gewerbe-Polizei-Kontravention ideell mit einer Gewerbe-Steuer-Defraude zusammen, so ist nur auf die Strafe der ersteren zu erkennen, es ist aber bei der Strafzumessung auf die Steuerstrafe Rücksicht zu nehmen: Gew.-Ordn. v. 17. Jan. 1845 § 177; d. h. die Strafe darf [innerhalb der Grenzen des § 177] nicht geringer bemessen werden, als die des Steuervergehens bestimmt ist: VI. 6. Okt. 54 c. Sommer (JMbl. s. 411; GA. II, 819); VII. 2. Juli 63 c. Schürhoff (RdO. III, 537).

14. Der Grundsatz des § 55 erleidet eine Ausnahme, wenn eine Zolldefraude ideell mit einer andern Strafthat (z. B. mit einem Diebstahl der eingeschwärzten Waare) konkurrirt; in einem solchen Falle sind beide Strafen kumulative zu verhängen: ZStrGes. v. 23. Jan. 1858 § 23; ZI. 18. März 57 c. Blank (GA. V, 416); ZI. 18. Juni 58 c. Müller (Entsch. 39. 2. 72; GA. VI, 548); u ö.

15. Ueber den Fall, wo einem zur Abwendung einer ansteckenden Krankheit erlassenen Einfuhrverbote zuwider gehandelt ist, vgl. § 306 n. 1.

§ 56.

Inhalt.

1. Dieser § sieht den Fall der s. g. realen Konkurrenz voraus. Ueber den Begriff einer selbstständigen Handlung vgl. § 55 n. 2 fgg.

2. Nach der klaren Vorschrift dieses § kann eine Mehrheit selbstständiger Handlungen — abgesehen von denjenigen Straffällen, zu deren Thatbestand die Gewerbs- oder Gewohnheitsmäßigkeit gehört (vgl. n. 8) — nicht als ein einziges zusammenhängendes Verbrechen ꝛc. aufgefaßt werden. Eine entgegengesetzte Auffassung hat lange in der gemeinrechtlichen Strafrechtslehre vorgewaltet. In dieser galt der Grundsatz, daß im Falle einer realen Konkurrenz alle verwirkten Strafen zu kumuliren seien. Man fand indessen darin eine Härte, weil durch die Vereinigung mehrerer Strafen die Intensität derselben wachse; vgl. HS. I, 516;

Es kann jedoch, insoweit es sich um Freiheitsstrafen handelt, die Dauer derselben bis auf das Maaß der für das schwerste Verbrechen oder Vergehen bestimmten Freiheitsstrafe herabgesetzt werden.

[Entw. § 48]. Vgl. § 57. 338; EG. Art. XXI. XXII; Steuer-Ordn. v. 8. Febr. 1819 § 84; Zoll-Str.-Ges. v. 23. Jan. 1838 § 23; Ges. v. 3. Mai 1852 Art. 131. 132.

BGr. § 157. Anstatt nun die Abhülfe dieses Uebelstandes auf dem Wege der Gesetzgebung durch Modifikation jenes Grundsatzes der Strafkumulation zu suchen, ward die Theorie von dem s. g. fortgesetzten Verbrechen aufgestellt, nach welcher eine Mehrheit getrennter selbstständiger Strafthaten rechtlich doch nur als ein einziger Straffall anzusehen sein sollte, wenn jene Handlungen, sei es durch die Willensthätigkeit des Urhebers, sei es durch das Objekt, auf welches sie sich bezogen, sei es durch den Zweck welcher bei denselben verfolgt wurde zc., unter einander in einer gewissen Beziehung oder Verbindung standen. Es ist der Wissenschaft nicht gelungen, diesen Begriff ins Klare zu stellen, sie hat sich vielmehr an demselben (nach dem treffenden Ausdrucke v. Wächter's in GA. VIII, 6) seit mehr als 40 Jahren „herumgequält", ohne zu einem Resultate zu gelangen, welches irgendwie befriedigen könnte. Die vielfach versuchten Begriffsbestimmungen haben nie eine allseitige Billigung gefunden, gehen auch so weit auseinander, und sind meistentheils so vage und unklar, daß sie für die praktische Anwendung einen Anhalt gar nicht darbieten können. Der Grund liegt darin, daß es der ganzen Lehre an jeder inneren Begründung fehlt. Mehrere nach Zeit und Ort getrennte Einzelhandlungen können zusammen einen einzigen Straffall darstellen, wenn erst durch die Verbindung aller der sonst nicht vorhandene Thatbestand vollständig hergestellt wird; in diesem Falle bildet der bei allen vorwaltende einheitliche, auf Begehung der einen Strafthat gerichtete Dolus das Mittel, durch welches alle zu einer Gesammtthat sich vereinigen. Eine Mehrheit von Handlungen aber, von welchen jede den ganzen Thatbestand eines Straffalles erfüllt, kann nur dann als eine einzige That angesehen werden, wenn sie sich als ein einheitliches zusammenhängendes Thun darstellt, d. h. also wenn die Thätigkeit des Handelnden dabei eine ununterbrochene, kontinuirliche war. Fehlt es an dieser Kontinuität, ist jede Handlung in sich selbstständig und abgeschlossen, und stellt sie den vollen Thatbestand eines Straffalles dar, so ist nicht abzusehen, warum zwei derartige Fälle deshalb dennoch nur als eine That angesehen werden könnten, weil z. B. der Entschluß oder die Absicht (der Wille) des Thäters von Anfang an auf die Verübung beider gerichtet war, oder weil durch beide ein und dasselbe Recht verletzt, oder ein und derselbe widerrechtliche Zweck verfolgt wurde. War die erste Handlung beendet, so muß der spätere Wiederbeginn einer gleichen oder ähnlichen Handlung und ihre abermalige Beendigung auch einen neuen selbstständigen Straffall darstellen; vgl. TGU. s. 129 n. 2; TL. s. 502 ff. — Dieser Auffassung hat sich das StGB. unzweifelhaft angeschlossen, indem es alle auf das „fortgesetzte Verbrechen" bezüglichen Vorschriften der früheren Entwürfe ausschied und in den §§ 55 und 56 lediglich darauf ein Gewicht legte, ob „eine und dieselbe" oder aber eine Mehrheit „selbstständiger Handlungen" vorliege. Das erkennen denn auch die Motive zum Entw. v. 1847 s. 36 an („der § 118 des Entw. v. 1843 ist weggelassen; als Zumessungsregel ist er entbehrlich; in der Bezugnahme auf das fortgesetzte Verbrechen aber beruht er blos auf der Voraussetzung eines Begriffs, den er nicht näher angiebt und zu dessen Definirung auch kein praktisches Bedürfniß vorliegt"). Hieraus muß umsomehr auf die Beseitigung des ganzen Begriffs geschlossen werden, als die Wissenschaft jedenfalls noch nicht dahin gelangt war, den Mangel der Definition zu ersetzen. Außerdem zeigt die Vorschrift des § 218 Nr. 7, daß wenigstens die Einheit der Willensrichtung (des Entschlusses zc.) keinen Grund dafür darbieten soll, eine Mehrheit von Strafthaten als Einheit aufzufassen. — Das OTr. hat in den ersten Jahren seiner Thätigkeit diese Ansicht nicht getheilt, vielmehr wiederholt angenommen, daß der Begriff des fortgesetzten Verbrechens, wenn auch im StGB. nicht definirt, doch auch nicht beseitigt sei; so: Z. 8. März 52 c. Nordt (GA. I, 74); ZI. 17. Juni 53 c. Papke; BII. 23. Nov. 54 c. Schrör (GA. III, 112); Beschl. II. 15. Jan. 57 c. Roth. Mehrere dieser

Entscheidungen haben dabei die Definition Mittermaiers (Feuerbachs Lehrb. 14. Ausg. § 128a Zus.) zum Grunde gelegt: „das wesentliche Merkmal des fortgesetzten Verbrechens liege in der zusammentreffenden Einheit des Entschlusses und der That, so daß nicht schon der gleichzeitig gefaßte Entschluß zu mehreren an sich in keinem Zusammenhange stehenden verbrecherischen Thaten genüge, sondern auch die der Zeit oder dem Orte nach von einander getrennten Handlungen selbst in einem solchen Zusammenhange stehen müßten, daß sie nur als die fortschreitende Ausführung einer That erschienen." Ebenso haben sich Hälschner (Syst. I, 505 ff.), John (die fortgesetzten Verbrechen, Berlin 1860) und Berner (Gr. § 100 ff. § 112 ff. § 149) dahin ausgesprochen, daß die §§ 55. 56 den Begriff des fortgesetzten Verbrechens nicht beseitigt hätten; ihre Ansichten gehen im Uebrigen weit auseinander. — In neuerer Zeit hat dagegen das OTr. sich der oben entwickelten Ansicht zugewendet und lediglich die durch die §§ 55 und 56 aufgestellte Unterscheidung als maaßgebend anerkannt. Demgemäß hat es ausdrücklich ausgesprochen, daß eine Mehrheit selbstständiger Handlungen nicht als ein fortgesetztes Verbrechen angesehen werden könne: VII. 20. Sept. 55 c. Krämer (JMbl. s. 383); ZI. 23. Nov. 60 c. Lüdike (RdO. I, 148); in demselben Sinne erwägt ein VI. 3. Febr. 64 c. Schwittau (RdO. IV, 339), daß ein fortgesetztes Verbrechen nur da angenommen werden könne, wo objektiv die Kontinuität der Handlung (siehe oben) und subjektiv ein und derselbe strafbare Vorsatz beim Thäter festgestellt sei. Im Uebrigen ist noch hervorzuheben, daß, seitdem das Gesetz v 9. März 1853 den § 56 abgeändert und den Grundsatz der Strafkumulation wesentlich gemildert hat, die Fälle, wo die Instanzrichter ein „fortgesetztes Verbrechen" annehmen, ungemein selten geworden sind; es liegt darin der Beweis, wie entbehrlich und wie wenig innerlich begründet die ganze Lehre ist, da an und für sich ihre Bedeutung durch jene Aenderung des § nicht berührt wurde; mit der Beseitigung des eben erwähnten, sich an die Strafkumulation knüpfenden Uebelstandes hat die Sache ihre durchaus befriedigende Lösung gefunden.

3. Jedenfalls genügt die Einheit des Entschlusses für sich allein nicht, um eine Mehrheit von Handlungen als eine einzige fortgesetzte Strafthat anzusehen: VI. 9 Dez. 63 c. Mirowski (RdO. IV, 245). Der Wille kommt bei einer Strafthat überhaupt nur insoweit in Betracht, als aus ihm die Handlung selbst hervorging; entscheidend ist daher nur die bei der letztern vorwaltende Willensthätigkeit, nicht ein früher einmal gefaßter Entschluß, welcher, bis die That erfolgte, noch oft geschwankt und gewechselt haben kann, ohne daß dadurch der Charakter der That geändert würde; derselbe kommt daher nur da in Betracht, wo die Ueberlegung in Frage steht.

4. Dasselbe gilt von der Identität des Zweckes: Beschl. I. 11. April 62 c. Müller (RdO. II, 347); Beschl. I. 23. Okt. 63 c. Mauban (RdO. IV, 138); vgl. § 186 n. 13 f.

5. Dasselbe gilt da, wo die eine That durch die andere erst veranlaßt, oder wo die eine zur Verdeckung der andern begangen ist: z. B. Annahme eines falschen Namens, um sich der Strafe einer Chausseegeld-Defraudation zu entziehen: ZI. 27. Mai 57 c. Lewinski (GA. V, 562); oder Urkundenfälschung zur Verdeckung eines andern Vergehens: ZI. 28. April 54 c. Krüger; Beschl. I. 11. April 62 (cit. n. 4); Beschl. I. 9. Sept. 63 c. Jarzemkowski (RdO. IV, 27); Beschl. I. 23. Okt. 63 (cit. n. 4); *contra* früher: B. 2. Aug. 52 c. Bösing (GA. II, 265); VI 24. Juni 53 c. Hilgendorf (GA. I, 576); HS. I, 512 ff.; 517. Vgl. § 105 n. 35; § 186 n. 13. — Anders gestaltet sich die Sache, wenn das Gesetz beide Begehungen unter einer Strafbestimmung zusammenfaßt, so daß der Thatbestand beider zu den wesentlichen Merkmalen des besonders vorgesehenen Straffalles gehört, z. B. Diebstahl mit Einbruch, Bettelei unter Annahme eines falschen Namens; vgl. § 55 n. 7.

6. Dasselbe gilt endlich auch von der Identität des untheilbaren Objekts; wiederholte Mordversuche gegen dieselbe Person können daher unbedenklich unter § 56 fallen; *contra*: John l. c. s. 21 aus unhaltbaren Gründen.

7. Von einem fortgesetzten Verbrechen kann jedenfalls dann nicht mehr die Rede sein, wenn einmal wegen der einen Handlung eine Verurtheilung erfolgt ist, sollte das betreffende Erkenntniß auch noch nicht rechtskräftig geworden sein: ZI. 18. Febr. 57 c. Dietrich; vgl. n. 8.

8. Gehört zu den Begriffsmerkmalen eines Straffalles die Gewerbs- oder Gewohnheitsmäßigkeit, so umfaßt derselbe das gesammte Thun, also alle successiven Handlungen der fraglichen Art; es dürfen daher hier die Einzelhandlungen nicht als ebensoviele selbstständige Vergehen betrachtet werden (Beispp.: §§ 146. 239. 263. 266. 276, alle Gewerbe-Polizeivergehen und alle Gewerbesteuervergehen, insoweit die letzteren in demselben Jahre verübt werden). In allen diesen Fällen bleibt die Strafkumulation ausgeschlossen; ebenso deckt jede Aburtheilung alle in die frühere Zeit fallenden Einzelfälle; eine abermalige Strafverfolgung wegen solcher Fälle, welche erst später entdeckt werden, ist unstatthaft: VII. 7. Juli 55 c. Wedemann; ZII. 12. Febr. 63 c. Lehmann (RdO. III, 275); VI. 26. Mai 65 c. Wittkowski (RdO. VI, 152). Aus demselben Grunde kann der Richter 2. Instanz auch solche Einzelfälle mit berücksichtigen, welche in der Anklage und im Urtheil 1. Instanz gar nicht berührt waren: VI. 8. Dez. 61 c. Braun (RdO. II, 159). Dagegen ist eine erneuerte Strafverfolgung wegen solcher Fälle statthaft, welche erst nach der erstinstanzrichterlichen Aburtheilung der früheren verübt sind: ZI. 18. Febr. 57 c. Dietrich; VI. 29. April 57 c. Stolp (JMbl. s. 274; GA. V, 686); vgl. n. 7. Außerdem nahm ein ZII. 26. März 63 c. Strutz (RdO. III, 377) an, daß eine im Auslande erfolgte Bestrafung wegen Gewerbsunzucht eine Verfolgung in Preußen wegen der hier in derselben Zeit betriebenen Gewerbsunzucht nicht ausschließe (nicht unbedenklich). — Dagegen wird § 56 anwendbar, wenn bei einem gewerbsmäßigen Hazardspiel mit einem Einzelfalle ein Betrug (ideell) konkurrirt: ZI. 10. Jan. 62 c. Naumann.

9. Ebenso hat das OTr. gelegentlich bei verschiedenen Fleischesverbrechen aus den in den Begriffsbestimmungen sich findenden Ausdrücken („Ehebruch", „Unzucht" ꝛc.) folgern zu müssen geglaubt, daß eine Mehrheit gleichartiger, gegen dasselbe Objekt gerichteter Handlungen nicht nach § 56 mit den kumulirten Strafen geahndet werden könne; vgl. § 140 n. 4; § 141 n. 3; § 142 n. 4; § 144 n. 5. Diese Auffassung unterliegt wesentlichen Bedenken; jedenfalls aber darf aus derselben nicht ein allgemeiner, auch auf andre Strafthaten anwendbarer Grundsatz hergeleitet werden.

10. Nach dem unter n. 2 Gesagten kommt es sonach jedesmal nur auf die Frage an, ob nur ein einziges untrennbares Thun, oder ob mehrere selbstständige Handlungen vorliegen. Sie fällt (insoweit nicht der Begriff der Selbstständigkeit zweifelhaft wird) lediglich in das Gebiet der thatsächlichen Beurtheilung: VII. 5. Febr. 57 c. Löhr; VI. 3. Febr. 58 c. Meyer; u. ö.; ZI. 5. Mai 65 c. Oppenheim (RdO. VI, 89). Der Richter der Thatfrage muß darüber die erforderliche Feststellung treffen. Stellt der Instanzrichter mehrere Thatbestände als erwiesen fest, so wird anzunehmen sein, daß er jeden als eine selbstständige Handlung betrachtet habe, insofern das Gegentheil nicht anderweit erkennbar gemacht ist. — In schwurgerichtlichen Sachen steht jene Prüfung den Geschwornen zu: ZI. 9. März 53 c. Katransky; u. ö. Einem Antrage auf Stellung einer Frage, ob mehrere einem Angeklagten zur Last gelegte Strafthaten „selbstständige Handlungen" seien, muß bei Nichtigkeitsstrafe Statt gegeben werden; vgl. EG. Art. XXIV n. 20. Die Frage ist in der erwähnten Formulirung und nicht dahin zu stellen, ob „die mehreren Thätigkeiten" zusammen nur eine untrennbare Handlung darstellen; vgl. Old. Arch. VI, 143. In Ermanglung eines Antrags unterliegt die Stellung einer solchen Frage dem richterlichen Ermessen: ZI. 10. Dez. 56 c. Nietzsch. — Dieselben Grundsätze in Betreff der Fragstellung müssen auch dann maaßgebend sein, wenn man die Lehre vom fortgesetzten Verbrechen zur Anwendung bringt; die rechtliche Prüfung, ob ein solches vorliege, würde zwar dem Schw.-GH. zustehen, die Feststellung der dabei in Betracht kommenden thatsächlichen Momente müßte dagegen durch die Geschwornen erfolgen; so: VII. 3. Febr. 53 c. Gecht (GA. I, 219); ZI. 8. Febr. 53 c. Vierath; ZII. 12. Mai 57 c. Schramm; VI. 3. Febr. 58 c. Meyer. Dagegen darf, mit Rücksicht auf die Scheidung der That- von der Rechtsfrage, den Geschwornen nicht die Frage vorgelegt werden: ob der Angeklagte durch verschiedene selbstständige Handlungen mehrere oder ob er nur ein Verbrechen begangen habe: Z. 9. Juni 52 c. Fritze.

11. Sodann folgt aus dem unter n. 10 Gesagten, daß das OTr. als Nichtigkeitsrichter nicht prüfen kann, ob eine und dieselbe, oder eine Mehrheit von

selbstständigen Handlungen, sowie eventuell ob die thatsächlichen Voraussetzungen des „fortgesetzten Verbrechens" vorliegen; vielmehr muß sich seine Prüfung darauf beschränken, ob nach den festgestellten Umständen, aus rechtlichen Gründen das eine oder das andere ausgeschlossen gewesen sei; vgl. n. 28. An dieser Auffassung hat dasselbe indessen nicht immer festgehalten, sondern mehrfach -- namentlich in der ersten Zeit — selbst die Frage untersucht, ob ein fortgesetztes Verbrechen anzunehmen sei.

12. So ward angenommen: es sei ein fortgesetztes Verbrechen, wenn der Verfälscher einer Urkunde demnächst von derselben wiederholt Gebrauch mache: VI. 9. Febr. 53 c. Seemann.

13. Dagegen wurde entschieden: jeder von mehreren falsch ausgeschworenen Eiden sei eine selbstständige Handlung, sollten sie auch in demselben Prozesse und in einer Verhandlung geleistet sein: V. 8. März 52 c Nordt (GA. I, 74); ZI. 14. Sept. 64 c. Rother (RdO. V, 106); umgekehrt sei es ein fortgesetztes Verbrechen, wenn Jemand ein falsches eidliches Zeugniß in derselben Sache und über dieselben Thatsachen unter Bezugnahme auf den früher geleisteten Eid lediglich wiederhole: ZI. 15. April 53 c. Kern; VI. 30. Nov. 55 c. Ludwig (GA. IV, 248); VI. 9 Jan. 67 c. Eisner (RdO. VIII, 11); vgl. Antr. des GStAnw.s zu VPl. 26. Okt. 65 c. Beitzel (RdO. VI, 405).

14. Der Umstand, daß mehrere verschiedene Strafthaten durch den Inhalt einer und derselben veröffentlichten Druckschrift verübt sind, steht der Annahme einer realen Konkurrenz nicht entgegen; so: VI. 5. Mai 65 c. Oppenheim (RdO. VI, 89; nicht unbedenklich).

15. Liegen mehrere im Rückfalle begangene selbstständige Straffälle derselben Art vor, so ist (insoweit nicht jetzt Abs. 2 des § zur Anwendung kommt) für jeden einzelnen Fall die höhere Strafe des Rückfalls zu verhängen: V. 7. Jan. 52 c. Kinscher (Entsch. 22. s. 68); ZI. 16. Febr. 53 c. Sell; u. ö.

16. Ueber die reale Konkurrenz einer Uebertretung mit einem Verbrechen oder Vergehen vgl. § 338 n. 2.

17. Die durch § 56 als Regel vorgeschriebene Strafkumulation bezieht sich nicht auf die Ehrenstrafen und die Polizeiaufsicht; ebendeshalb bleibt bei diesen auch selbstverständlich die durch Abs. 2 gewährte Ermäßigungsbefugniß außer Anwendung. Das Nähere siehe § 26 n. 2—6.

18. Der Sinn des durch das Gesetz v. 9. März 1853 zugefügten zweiten Absatzes des § geht dahin, daß der Richter im Falle der realen Konkurrenz befugt sein soll, statt des die Regel bildenden Summirens aller durch die Einzelhandlungen verwirkten Freiheitsstrafen, diese Strafe nach dem auf den schwersten der vorliegenden Straffälle anwendbaren Strafgesetze abzumessen, daß also der Richter in der Bestimmung des Strafmaaßes nicht weiter beschränkt ist, als daß er nicht unter das niedrigste Maaß des hiernach anzuwendenden Gesetzes hinabgehen darf: ZI. 8. Juni 53 c. Hummler (GA. I, 563); ZII. 23. Juni 53 c. Plate; vgl. sten. Ber. über die Verhh. der II. K. 1852—1853 s 389. Es ist sonach keineswegs erforderlich, daß auf das höchste Maaß der für den schwersten Straffall angedrohten Freiheitsstrafe erkannt werde: ZII. 4. Mai 54 c. Poensgen (JMbl. s. 283; RA. 50. 2A. s. 3).

19. Selbst wenn hiernach lediglich auf die, für eine der verwirkten Strafthaten bestimmte Strafe erkannt wird, ist es doch unerläßlich, den Thatbestand aller festzustellen, und die Strafverhängung in Beziehung auf alle auszusprechen; vgl. § 55 n. 11.

20. In Betreff der Frage, welches Verbrechen rc. als das schwerste zu betrachten sei, vgl. § 55 n. 12.

21. Abs. 2 bezieht sich nur auf die prinzipaliter angedrohte, nicht auch auf die an die Stelle einer Geldbuße tretende Freiheitsstrafe: ZII. 2 März 65 c. Sonnenberg (RdO. V, 538; beil.); Präj. OAG. Oldenburg c. Stammer (Old. Arch. IX, 54).

22 Auf Geldbußen bezieht sich Abs. 2 nicht mit; rücksichtlich dieser bleibt es bei der Strafkumulirung: ZII. 12. April 55 c. Hermann, Das gilt auch von den neben einer Freiheitsstrafe angedrohten Geldbußen: VI. 12. Jan. 61 c. Fellenberg (RdO. I, 439). Nicht minder gilt es da, wo eine Mehrheit von Straffällen konkurrirt, welche, vom Gesetz der Regel nach mit Freiheitsstrafe bedroht, wegen

des Vorhandenseins mildernder Umstände lediglich eine Geldbuße nach sich ziehen: VI. 8. Sept. 65 c. Müller (RdO. VI, 292). *Contra:* Dalcke Abh. in GA. XIV, 464. Das muß nur da eine Ausnahme erleiden, wo wegen eines oder einzelner der konkurrirenden Fälle Freiheitsstrafe verhängt wird; insoweit es hier dem Instanzrichter gestattet wäre, die durch die übrigen Fälle verwirkten ordentlichen Freiheitsstrafen wegfallen zu lassen, muß es ihm auch zustehen, von der Geldbuße abzusehen, welche nur wegen der konkurrirenden mildernden Umstände an die Stelle jener Freiheitsstrafen treten sollten.

23. Bei Anwendung des Abs. 2 und des § 57 ist es dringend zu empfehlen, zunächst für jeden Fall die selbstständige Strafabmessung im Erkenntnisse auszusprechen, und demnächst erst die ermäßigende Arbitrirung des Gesammtstrafmaaßes eintreten zu lassen, damit der höhere, namentlich der Nichtigkeitsrichter, wenn er nur in Betreff des einen der mehreren Fälle eine Abänderung eintreten läßt, für den stehen bleibenden Fall die Strafabmessung nicht vermisse. Gleichwohl begründet die entgegengesetzte Verfahrungsweise keine Nichtigkeit: ZII. 7. März 61 c. Grüneberg. Daher ist der App.-Richter nicht befugt, im gedachten Falle die Sache zur Abmessung der Strafe für die einzelnen Straffälle in die erste Instanz zurückverweisen; er muß vielmehr, wenn er in Beziehung auf einzelne Anklagepunkte eine abweichende Entscheidung trifft, dann die Strafe selbstständig abmessen: ZI. 19. Sept. 62 c. Kranz (RdO. III, 19). Er kann aber, auch wenn er einzelne der vom ersten Richter für erwiesen erachteten Straffälle beseitigt, die von jenem verhängte Gesammtstrafe im Ganzen bestehen lassen, sobald sie innerhalb der Grenzen der jetzt noch statthaften Strafe liegt: VI. 11. Okt. 61 c. Hilbert (RdO. II, 7); VII. 19. März 63 c. Priwenau (RdO. III, 354); u. ö. Das Nähere siehe: Strafverf. § 23 n. 13; Abschn. IV n. 66.

24. Die durch Abs. 2 und durch § 57 für statthaft resp. für nothwendig erklärte Ermäßigung der kumulirten Freiheitsstrafen greift nur insoweit Platz, als eine gemeinschaftliche Aburtheilung der verschiedenen Straffälle in erster Instanz möglich war. Sie bleibt daher ausgeschlossen, wenn die zweite That erst nach Verkündung des den ersten Fall betreffenden Urtheils erster Instanz begangen ist, sollte dieses Urtheil auch auf Freisprechung gelautet haben: ZI. 12. Juni 63 c. Frost (RdO. III, 495); VI. 15. Juli 64 c. Wasuhr (RdO. V, 81). Inwiefern auch in einem solchen Falle eine Strafverwandlung eintrete, darüber vgl. § 57 n. 2.

25. Dagegen ist die Anwendung des Abs. 2 und des § 57 keineswegs durch den von vielen Zufälligkeiten abhängenden Umstand bedingt, daß die mehreren Strafthaten wirklich einer gemeinschaftlichen Hauptverhandlung und Aburtheilung unterworfen werden; vielmehr sind jene Vorschriften auch bei getrennter Verhandlung ꝛc. maaßgebend: ZI. 17. März 58 c. Baum; Beschl. I. 16. Febr. 59 c. Behrenstecher (GA. VII, 208); Beschl. II. 28. Jan. 60 (15B.); BGr. § 151. Demgemäß muß derjenige Richter, vor welchem nach Aburtheilung eines Straffalles eine zweite in realer Konkurrenz verübte That zur Verhandlung gelangt, zunächst die durch diese That verwirkte Strafe selbstständig bestimmen, sodann aber in demselben Urtheile unter Berücksichtigung der früheren Bestrafung (vgl. n. 23) Bestimmung darüber treffen, inwieweit und in welcher Weise die jetzt verhängte Strafe zum Vollzuge zu bringen sei. Zu diesem Ende nimmt er die geeignete Strafermäßigung und Verwandlung für den Fall, daß die früher verhängte Strafe zur Vollstreckung gelangen werde, vor; er kann dabei namentlich auch anordnen, daß unter der gedachten Voraussetzung die Vollstreckung der jetzt arbitrirten Strafe gänzlich wegfallen solle, insoweit dieselbe nicht etwa die früher verhängte übersteigt. Dagegen hat das OTr. die Ausdrucksweise: „es sei dem Angeklagten die früher verhängte Strafe auf die jetzt verwirkte anzurechnen", mißbilligt; so: VI 18. Jan. 56 c. Müller (JMbl. s. 66; GA. IV, 242); VI. 15. Okt. 56 c. Schmidt. Von der Beobachtung dieser Vorschriften darf der Instanzrichter nicht deshalb absehen, weil Art. 131 des Ges. v. 3. Mai 1852 ein Mittel an die Hand giebt, die verabsäumte Strafermäßigung und Strafverwandlung (wenigstens theilweise, vgl. n. 28) noch nachträglich herbeizuführen: VI. 10. Jan. 55 c. Losch. — Vgl. Strafverf. Art. 131. n. 1 fgg.

26. War in einem solchen Falle wegen des früheren Straffalles auf Zuchthaus erkannt, so muß die Abtheilung (das Zuchtpolizeigericht) die durch den zweiten Fall verwirkte Gefängnißstrafe in eine zusätzliche Zuchthausstrafe von entsprechender

kürzerer Dauer verwandeln. Diese zusätzliche Zuchthausstrafe kann dann unbedenklich in kürzerer als zweijähriger Dauer verhängt werden: ZI. 20. Sept. 54 c. Parchetka (GA. II, 826); VI. 10. Jan. 55 c. Losch. — Ist die Beobachtung dieser Vorschrift in 1. Instanz verabsäumt worden, so muß sie in 2. Instanz nachgeholt werden, ohne daß die relative Rechtskraft des ersten Urtheils dem entgegenstände: VI. 1. Juni 66 c. Sommerfeldt (RdO. VII, 325).

27. War umgekehrt wegen des früheren Straffalles auf Gefängniß erkannt, so kann der über den zweiten Fall erkennende Richter, wenn er wegen dieses Zuchthausstrafe verhängt, nicht nachträglich jene Gefängnißstrafe in Zuchthaus verwandeln resp. ermäßigen; er muß daher, um die §§ zur Geltung zu bringen, nachdem er für den vorliegenden Fall das geeignete Maaß der Zuchthausstrafe arbitrirt hat, gleichzeitig auch für beide Fälle ein Gesammtmaaß bestimmen und dabei aussprechen, daß durch Vollstreckung der letzteren auch die frühere Gefängnißstrafe, resp. der noch nicht verbüßte Theil derselben als mit verbüßt gelten und ein fernerer Vollzug nicht erfolgen solle; vgl. n. 28.

28. Sind bei einer getrennten Aburtheilung mehrerer in realer Konkurrenz verübter Straffälle die Vorschriften der §§ 56 Abs. 2 und 57 deshalb unberücksichtigt geblieben, weil der Richter des zweiten Falles von der ersten Verurtheilung keine Kenntniß erlangt hatte, so kann dieses Versehen nicht mehr im Wege der Nichtigkeitsbeschwerde geheilt werden, weil auf den allein festgestellten Thatbestand der zweiten That das Strafgesetz nicht unrichtig angewendet ist, und die verabsäumte Feststellung, daß beide Fälle in realer Konkurrenz verübt seien, nicht durch den Nichtigkeitsrichter nachgeholt werden kann: ZI. 18. April 60 c. Hillert; ZII. 6. Febr. 62 c. Surges (RdO. II, 237); vgl. n. 11. Es kann dann (im Geltungsbereiche der Vdn. v. 3. Jan. 1849) eine Abänderung der Urtheile nur nach eingetretener Rechtskraft nach Anleitung des Art. 131 des Ges. v. 3. Mai 1852 herbeigeführt werden. Dieser gestattet indessen eine nachträgliche Strafermäßigung nur dann und nur insoweit, als die Gesammthöhe der verhängten Strafen das durch § 57 Nr. 1 vorgeschriebene höchste Maaß von 10 (20) Jahren übersteigt. Dagegen bietet dasselbe ein Mittel, um die verabsäumte Strafverwandlung zu erwirken. Es kann in dieser Weise selbst eine durch das erste Urtheil verhängte und zum Theil schon abgebüßte Gefängnißstrafe für den noch übrigen Rest in Zuchthausstrafe verwandelt werden: Beschl. I. 29. Sept. 54 c. Hoffmann (GA. II, 811); Beschl. II. 30. Sept. 54 c. Ritter (JMbl. S. 398). — Das Rheinische und das Frankfurter Verfahren bieten kein Mittel, nach rechtskräftiger Aburtheilung beider Fälle, die verabsäumte Anwendung der §§ 56 Abs. 2 und 57 nachträglich herbeizuführen: Z. KH. 16. Dez. 51 c. Schuhmacher (JMbl. 52. S. 29). — Wären die verschiedenen Strafurtheile theils von einem Rheinischen (Frankfurter), theils von einem altländischen Gerichte ausgegangen, so kann das letztere unbedenklich auch in Betreff der durch jenes verhängten Strafen die Strafermäßigung resp. Verwandlung vornehmen, insofern es dazu nach Art. 131 Abs. 2 l. c. zuständig ist.

29. Findet der Instanzrichter keine Veranlassung, von der ihm durch Abs. 2 ertheilten Ermäßigungsbefugniß Gebrauch zu machen, so begründet es keine Nichtigkeit, wenn er dieses in den Urtheilsgründen nicht näher motivirt; die Rechtfertigung liegt dann von selbst in der höheren Strafabmessung; gleichwohl ist es sehr zu empfehlen, daß der Richter es erkennbar mache, wie er sich jener Befugniß bewußt gewesen sei; so: ZI. 11. Jan. 67 c. Tews (RdO. VIII,); *contra*: VI. 21. Dez. 55 c. Reimann (GA. IV, 242). Die Strafverwandlung (§ 57 Nr. 2) ist dagegen auch in einem solchen Falle unerläßlich.

30. Auch bei der Bestrafung mehrerer selbstständiger durch Spezialgesetze verpönter Handlungen greifen die §§ 56 und 57 Platz: V. 22. Nov. 52 c. Meier; VI. 13. Jan. 64 c. Gieser (RdO. IV, 285).

31. Abgesehen von den in den §§ 56 und 57 gegebenen Vorschriften, müssen die Gerichte auf jeden zur Aburtheilung gelangenden Straffall das Strafgesetz im ganzen Umfange zur Anwendung bringen, ohne Unterschied, ob mit Rücksicht auf eine andere Verurtheilung die Wirkung jener Strafverhängung eintreten kann, oder nicht; es darf daher ein Instanzgericht von der an sich verwirkten Untersagung der Ausübung der bürgerlichen Ehrenrechte nicht aus dem Grunde absehen, weil der Angeklagte in Folge einer andern rechtskräftigen Verurtheilung (zu Zuchthausstrafe)

§. 57. Diese Vorschrift (§. 56.) wird durch folgende Bestimmungen beschränkt:

1) ist auf mehrere zeitige Freiheitsstrafen vereinigt zu erkennen, so darf in dieser Vereinigung niemals die Dauer von zwanzig Jahren und, sofern nur Vergehen vorliegen, niemals die Dauer von zehn Jahren überschritten werden;

---

jene Rechte bereits gänzlich verloren hat: VII. 12. Juni 56 c. Esser (GA. IV, 690); *contra:* ZI. 1. Juni 55 c. Kottwitz (GA. III, 563); TL. s. 498; HS. I, 516, welche eine Strafkumulation nur da für statthaft erachteten, wo eine wirkliche Vereinigung auch bei der Vollstreckung möglich sei; daraus ward gefolgert, daß neben der Todesstrafe nicht auch noch auf eine Freiheitsstrafe erkannt werden könne, da die Vollstreckung der ersteren nicht bis nach dem Vollzuge der letztern ausgesetzt bleiben dürfe. Zur Widerlegung dieser Ansicht genügt es, auf die Möglichkeit hinzuweisen, daß selbst dann, wenn eine rechtskräftige Verurtheilung zur Todesstrafe vorhergegangen ist, diese durch Restitution oder Begnadigung in Wegfall kommen kann; vgl. VI. 24. Juni 64 c. Thiele (RdO. V, 25).

32. Die in den §§ 56 und 57 gestattete resp. vorgeschriebene Ermäßigung der sonst zu kumulirenden Strafen greift nur insoweit Platz, als jene §§ auf beide konkurrirenden Straffälle Anwendung finden; sie bleibt daher ausgeschlossen, wenn einer jener Fälle nach einer andern Gesetzgebung bestraft worden ist; z. B. wenn ein Preuße zuerst im Auslande wegen eines dort begangenen Verbrechens ꝛc. verurtheilt ist und dann in Preußen wegen eines zweiten Verbrechens ꝛc bestraft wird; der Preußische Richter muß dann die im Auslande erfolgte Bestrafung unberücksichtigt lassen und zwar selbst dann, wenn der betr. ausländische Staat inzwischen mit Preußen vereinigt worden ist: ZII. 3. Jan. 67 c. Jachlick (RdO. VIII, 4); vgl. § 57 n. 11.

§ 57.

1. In Betreff der nach diesem § vorzunehmenden Strafermäßigung resp Strafverwandlung vgl. § 56 n. 23 fgg.

2. Die Vorschrift des § 57 bezieht sich nur auf die Fälle des § 56, d. h. auf die der realen Konkurrenz. Sie bleibt daher ausgeschlossen, sobald über den ersten Fall abgeurtheilt ist, ehe die zweite Strafthat begangen wurde: VI. 4. Jan. 54 c. Heintze; ZI. 2. April 62 c. Wendt; ähnlich: ZII. 11. Juli 53 c. Ebert (Entsch. 26. s. 190; GA. I, 554); in dieser Beziehung genügt es, wenn nur über den ersten Fall in erster Instanz vor Begehung der zweiten That entschieden ist: ZI. 12. Juni 63 c. Frost (RdO. III, 495); vgl. § 56 n. 24. 25.

3. Das Gesagte (n. 2) gilt auch von der Strafverwandlung (nach § 57 Nr. 2). Der über den zweiten Fall erkennende Richter kann daher die verhängte Strafe nicht deshalb in eine schwerere Strafart verwandeln, weil diese Strafart gegen den Angeklagten früher wegen einer nicht in realer Konkurrenz verübten Strafthat ausgesprochen worden ist: ZI. 27. Sept. 54 c. Robié. Dagegen hat das OTr. in einem Beschl. I 29. Okt. 62 c. Reddig (RdO. III, 95) angenommen, daß durch Art. 131 des Ges. v. 3. Mai 1852 eine nachträgliche Strafverwandlung behufs Herbeiführung einer gleichmäßigen Vollstreckung auch da Platz greife, wo die betr. Strafthaten nicht in realer Konkurrenz verübt waren. Diese Auffassung unterliegt indessen erheblichen Zweifeln, da nicht anzunehmen ist, daß das Prozeßgesetz an der materiellen Vorschrift des § 57 für einen Theil des Staates eine Abänderung habe vornehmen wollen.

4. Verbrechen, welche wegen der Konkurrenz mildernder Umstände nur mit Gefängnißstrafe zu ahnden sind, verlieren deshalb die Natur des Verbrechens nicht; die Schlußbestimmung der Nr. 1 ist daher auf sie nicht anwendbar; vgl. § 1 n. 3.

5. Eine Ausnahme von der Regel der Nr. 1 siehe § 96 n. 21—24.

6. Die Nr. 2 bezieht sich ebenso wie Nr. 1 nur auf verwirkte Freiheitsstrafen. Geld- und Ehrenstrafen, sowie die Polizei-Aufsicht sind daher überall neben

2) sind die in Vereinigung zu erkennenden Strafen von verschiedener Art, so ist, unter Verkürzung ihrer Gesammtdauer (§. 16.), auf die schwerste dieser Strafen zu erkennen;

3) die Gefängnißstrafe kann in diesem Falle die Dauer von fünf Jahren, jedoch niemals die Dauer von zehn Jahren übersteigen.

[Entw. § 4[illegible]a]. Vgl. § 56; EG. Art. XXI—XXIII; Ges. v. 3. Mai 1852 Art. 131. 132.

§. 58. Wer, nachdem er wegen eines Verbrechens oder Vergehens von einem Preußischen Gerichtshofe rechtskräftig ver-

---

den sonstigen Strafen zu verhängen, wenn auch nur einer der konkurrirenden Straffälle damit bedroht ist. Mehrere verwirkte Geldbußen müssen stets ganz verhängt werden; vgl. § 56 n. 22. Ebenso ist es unstatthaft, die wegen des einen Vergehens zu verhängende Geldbuße wegen der Konkurrenz mit einer durch die andere Strafthat verwirkten Gefängnißstrafe in prinzipale Gefängnißstrafe zu verwandeln: VII. 7. April 56 c. Kaselitz. In Betreff der Ehrenstrafen vgl. § 56 n. 17; § 26 n. 2—6.

7. Ueber die Verwandlung mehrerer gleichzeitig verhängter Geldbußen in Freiheitsstrafen vgl. § 17 n. 9.

8. Wird eine Umwandlung der zu erkennenden Strafen nach Nr. 2 nothwendig, so tritt die Beschränkung auf eine zwanzigjährige Gesammtdauer (Nr. 1.) nur in Betreff der umgewandelten Strafe ein; es kann daher, auch wenn nur eine That mit Zuchthaus bedroht ist, die umgewandelte Gesammtstrafe bis auf zwanzigjähriges Zuchthaus steigen, sollte auch die Summe der einzelnen arbitrirten Freiheitsstrafen sich höher belaufen.

9. Die Nr. 3 bezieht sich nur auf den Fall der Nr. 2: Zl. 10. März 58 c. Gobbin (GA. VI, 274); sie sieht den Fall vor, in welchem Einsperrung in Gefängnißstrafe verwandelt wird. Findet dagegen eine Verwandlung in Zuchthaus statt, so ist nur Nr. 1 maaßgebend.

10. Aus Nr. 3 in Verbindung mit § 43 Nr. 3 darf nicht gefolgert werden, daß in den durch die letztere Gesetzesstelle vorgesehenen Fällen bei realer Konkurrenz die wider einen Strafunmündigen zu verhängende Gefängnißstrafe das Maaß von fünf Jahren nicht überschreiten dürfe; so: die Motive eines Z. (V.) 28. April 52 c. Bußmann (JMbl. s. 246; Entsch. 22. s. 455; GA. I, 74).

11. Die im § vorgeschriebenen Strafermäßigungen resp. Strafverwandlungen greifen nur insoweit Platz, als auf beide konkurrirende Straffälle die §§ 56. 57 Anwendung finden; sie bleiben daher ausgeschlossen, sobald die Bestrafung des einen nach einer andern (früher geltenden oder ausländischen) Strafgesetzgebung erfolgt ist oder erfolgen muß; Beschl. II. 7 April c. Hybotter; vgl. § 56 n. 32.

§ 58.

Inhalt.

1. Die Rückfälligkeitsfrage ist stets nach dem auf den jetzt vorliegenden Fall anzuwendenden Gesetze zu beurtheilen; vgl. EG. Art. VI n. 1.

urtheilt worden ist, dasselbe Verbrechen oder Vergehen, sei es mit oder ohne erschwerende Umstände, begeht, befindet sich im Rückfalle.

Insofern das Gesetz keine besondere Rückfallsstrafen bestimmt, kann wegen Rückfalls die Strafe über das gesetzliche Maaß hinaus erhöht werden, jedoch nicht mehr, als um die Hälfte des höchsten gesetzlichen Strafmaaßes.

---

2. Dasselbe Verbrechen oder Vergehen liegt dann vor, wenn die Handlung denselben strafbaren Thatbestand darbietet, sollte auch in dem einen oder in dem andern Falle ein erschwerender, die Strafbarkeit erhöhender Umstand konkurrirt haben.

3. Demgemäß liegt ein Rückfall vor, wenn der früher wegen einfachen Diebstahls Bestrafte demnächst einen schweren Diebstahl (§ 218) begeht; vgl. § 219 n. 10.

4. Der Raub begründet für einen später begangenen Diebstahl den Rückfall, nicht aber umgekehrt; vgl. § 219 n. 9.

5. Eine Bestrafung wegen leichter Körperverletzung begründet den Rückfall für eine später begangene erhebliche, schwere oder im Amte resp. gegen einen Beamten verübte Körperverletzung: ZI. 21. Okt. 63 c. Belk (RdO. IV, 124).

6. 7. Ebenso begründet die Bestrafung wegen einfacher Beleidigung den Rückfall für eine später öffentlich oder schriftlich oder gegen einen Beamten verübte Beleidigung: ZII. 7. Juli 53 c. Paßmann (beil.); HS. I, 423. Dasselbe muß umsomehr in Betreff einer öffentlichen und einer später begangenen schriftlichen Beleidigung gelten: cit. ZII. 7. Juli 53.

8. Dagegen kann ein aus Fahrlässigkeit begangenes Vergehen, z. B. Tödtung, für die spätere vorsätzliche That nicht den Rückfall begründen: HS. I, 423; BGr. § 170. Wohl aber zieht auch ein Vergehen aus Fahrlässigkeit im Falle der Wiederholung die Rückfallsstrafe nach sich: ZI. 22. Jan. 60 c. Jäckel (GA. VIII, 410).

9. Bei Prüfung der Frage, ob in dem früheren Falle dasselbe Verbrechen rc. vorlag, ist lediglich der im früheren Urtheil als erwiesen angenommene Thatbestand maaßgebend. Das Nähere siehe EG. Art. VI n. 2.

10. Auch eine während der Strafunmündigkeit erfolgte Verurtheilung begründet später die Rückfallsstrafe; vgl. § 43 n. 7.

11. Stets wird Verurtheilung zu einer Strafe vorausgesetzt; als solche ist eine Züchtigung im Sinne des ALR. II, 20 § 17 (z. B. Einsperrung in einer Korrektions-Anstalt) nicht anzusehen: V. 7. Jan. 52 c. Kinscher (Entsch. 22. s. 67; GA. I, 75); VI. 23. Mai 56 c. Gabriel (GA. IV, 833).

12. Die Worte: „Preußischer Gerichtshof" sind gleichbedeutend mit „inländisches Gericht", umfassen also für die Gebiete der später mit dem Preußischen Staate verbundenen Länder auch die Gerichte, welche früher in dem betr. Staate bestanden haben: ZII. 16. Okt. 56 c. Scheuermann (GA. IV, 832); *contra*: TArch. IV, 176; BL. s. 245.

13. Aus den Worten: „von einem Preußischen Gerichtshofe" ist nicht zu folgern, daß das Urtheil von einem kollegialisch besetzten Gerichte erlassen sein müsse; es genügt das von einem Einzelrichter gefällte: V. 19. März 52 c. Biermann; Z. 30. April 52 c. Holzwirth.

14. Auch eine unter der früheren Gesetzgebung erfolgte polizeiliche Bestrafung kann jetzt den Rückfall begründen, weil damals den Polizeibehörden die betreffende Befugniß zustand, sie also gerichtliche Funktionen wahrnahmen; so in Betreff der Bettelei: V. 30. April 52 c. Klumski (JMBl. s. 245); V. 13. Okt. 52 c. Glade; *contra*: BGr. § 166.

15. Ein Gleiches ist jetzt unzweifelhaft von den in Gemäßheit des Gesetzes vom 14. Mai 1852 (GS. s. 245) erfolgten vollstreckbar gewordenen Straffestsetzungen der Polizeiverwaltungen anzunehmen.

16. Dasselbe gilt von den wegen Zuwiderhandlungen gegen die Vorschriften über die Erhebung öffentlicher Abgaben rc. im administrativen Strafverfahren erfolgten, vollstreckbar gewordenen Strafresoluten: VI. 28. Okt. 53 c. Kammack

Die Dauer der Gefängnißstrafe kann im Rückfalle die Zeit von fünf Jahren übersteigen.

Bei Verbrechen, welche mit zeitiger Freiheitsstrafe bedroht sind, darf die Dauer von zwanzig Jahren selbst im Rückfall nicht überschritten werden.

[Entw. § 49]. Vgl. § 59. 60. 336. 202. 203. 219. 233 Nr. 1. 240. 267. 269; EG. Art. VI. XXVI; Z.-Str.-Ges. v. 23. Jan. 1838 § 16; H.-D.-Ges. v. 2. Juni 1852 § 7. 8. 24. 52; Post-Ges. v. 5. Juni 1852 § 34. 36 (GS. s. 354).

(JMbl. 54. s. 3; Entsch. 26. s. 424; GA. II, 116); ZI. 6. Sept. 54 c. Stumpf (GA. II, 684); vgl. aber n. 22; Post-Ges. v. 5. Juni 1852 § 34. 36.

17. Der Rückfall ist durch die vorgängige rechtskräftige Verurtheilung wegen des ersten Falles vor Begehung der zweiten That bedingt: V. 14. Juni 52 c. Liedtke (JMbl. s. 351; Entsch. 23. s. 235). Rechtskräftig ist ein Erkenntniß erst dann, wenn es nicht mehr durch ein ordentliches Rechtsmittel angegriffen werden kann; als ein solches ist im Strafverfahren auch die Nichtigkeitsbeschwerde (der Kassationsrekurs, die Nichtigkeitsklage) zu betrachten: Z. KH. 12. Sept. 42 c. Brandenburg (RA. 34. 2 A. s. 41); ZI. 24. Okt. 56 c. Höhne (JMbl. s. 539; Entsch. 34. s. 306; GA. V, 91); VI. 7. Febr. 62 c. Pritzkoleit (RdO. II, 240). Das gilt selbst dann, wenn das Rechtsmittel nur vom StA. gegen den Angeklagten ergriffen ist: Beschl. I. 25. April 62 c. Streich (RdO. II, 359). Dagegen hemmt eine unzulässige (z. B. eine verspätete) Nichtigkeitsbeschwerde den Eintritt der Rechtskraft nicht, sollte sie auch erst demnächst zurückgewiesen werden: ZII. 11. Nov. 58 c. Heilmann.

18. Der Eintritt der Rechtskraft des Strafurtheils gegen den Angeklagten setzt, namentlich auch in Beziehung auf die Rückfallsstrafe, vorgängige dem Angeklagten geschehene Verkündung, oder eine an deren Stelle tretende Zustellung voraus: Beschl. I. 16. Febr. 53 c. Schädel; ZI. 15. Febr. 60 c. Ziegler. Ein weiterer Nachweis der erlangten Kenntniß, als die zur Begründung der Rechtskraft erforderliche Verkündung resp. Zustellung, ist dagegen nicht erforderlich.

19. Des Strafvollzugs bedarf es nicht, damit für die wiederholte That Rückfälligkeit angenommen werde: ZI. 11. Febr. 63 c. Buchholtz (RdO. III, 273); HS. I, 424.

20. Straferlaß im Wege der Begnadigung hat namentlich für die Rückfälligkeit die Wirkung, daß die erkannte Strafe für vollständig verbüßt erachtet wird; er beseitigt also die spätere Anwendbarkeit der Strafverschärfung nicht: V. 11. März 51 c. Lentzer (JMbl. s. 151); ZI. 12. März 62 c. Dluczack (RdO. II, s. 299); TL. s. 485; BGr. § 166; und früher V. KH. 20. Jan. 38 c. Jachmann (RA. 26. 2 A. s. 70).

21. Hat derjenige, welcher sich im Rückfalle befindet, mehrere Strafthaten derselben Art verübt, so muß die Strafe einer jeden derselben mit dem straferhöhenden Momente in Anrechnung gebracht werden; vgl. § 56 n. 15.

22. Insoweit Spezialgesetze keine besonderen Vorschriften über die Rückfallsstrafe enthalten, kommen die Vorschriften der §§ 58 ff. auch bei den nach jenen zu beurtheilenden Verbrechen und Vergehen zur Anwendung; dagegen nahmen ZI. 7. April 54 c. Dähn und VI. 28. Okt. 53 c. Kammack (JMbl. 54. s. 3; Entsch. 26. s. 424; GA. II, 116) an: bei Steuervergehen bleibe § 58 ausgeschlossen, weil die Steuer-Ordn. v. 8. Febr. 1819 § 62 ff. selbstständige Vorschriften über den Rückfall enthalte; daraus ward gefolgert, daß bei Steuervergehen auch ein im administrativen Verfahren ergangenes Strafresolut (obgleich kein richterliches Urtheil) den Rückfall begründe; vgl. aber n. 16; EG. Art. III n. 2—5.

23. Darüber, ob die Voraussetzungen des Rückfalls vorliegen, entscheidet nach Art. XXVI des EG. der Schwurgerichtshof ohne Mitwirkung der Geschworenen. Gleichwohl ist die Frage eine wesentlich thatsächliche, welche nicht zur Entscheidung des OTr.s gebracht werden kann; insbesondere kann hier der Angeklagte mit dem Einwande: er sei nicht derjenige, gegen welchen die frühere Verurtheilung ergangen, — nicht mehr gehört werden: Z. Pl. 10. Okt. 59 c. Thomas (JMbl.

§. 59. **Der Rückfall ist auch dann vorhanden, wenn die That in dem früheren oder späteren Falle, oder in beiden Fällen die Theilnahme an einem Verbrechen oder Vergehen, oder den Versuch eines Verbrechens oder Vergehens darstellt.**

[Entw. § 50]. Vgl. § 58. 60. 219; EG. Art. VI. XXVI.

§. 60. **Die Straferhöhung wegen Rückfalls tritt nicht ein, wenn seit dem Zeitpunkte, in welchem die Freiheitsstrafe oder Geldbuße des zuletzt begangenen früheren Verbrechens oder Vergehens abgebüßt oder erlassen worden ist, zehn Jahre verflossen sind.**

[Entw. § 51]. Vgl. § 58. 59. 219. 233 Nr. 1. 240; EG. Art. VI; HDGes. v. 2. Juni 1852 § 8; Post-Ges. v. 5. Juni 1852 § 34. 36 (GS. f. 354).

---

f. 379; Entsch. 44. 2. f. 33; GA. VII, 761); ZI. 15. Dez. 65 c. Hippert (RdO. VI, 546); vgl. Abh. in GA. VII, 754. Ueber die Art und Weise, in welcher der Instanzrichter die Feststellung des Rückfalls zu bewirken hat, vgl. IMVerf. v. 14. Okt. 59 (IMbl. f. 378); Strafverf. Art. 31 n. 9; über die Feststellung des zweiten Rückfalls vgl. § 219 n. 5.

24. Ist bei Aburtheilung über ein Verbrechen 2c. die früher vom Angeklagten wegen eines gleichen Verbrechens 2c. erlittene Bestrafung unbekannt, und deshalb unberücksichtigt geblieben, so kann — wenn das betreffende Erkenntniß rechtskräftig geworden — dieser Fehler nicht wieder beseitigt, und nicht etwa in einem neuen Verfahren eine Strafverschärfung verhängt werden, sollte auch der Angeklagte dadurch, daß er sich einen falschen Namen beilegte, es selbst veranlaßt haben, daß die Vorbestrafungen unermittelt blieben: Z. Pl. 16. April 55 c. Jungnitzsch (IMbl. f. 192; Entsch. 30. f. 372); ZI. 22. Sept. 54 c. Tutschke (GA. II, 789); VI. 27. Okt. 54 c. Schmidt (GA. II, 790).

25. Umgekehrt kann der Umstand, daß der Angeklagte bei seiner früheren Verurtheilung sich einen falschen Namen beigelegt hatte, demnächst die Anwendung der Rückfallsstrafe nicht hindern, da ein Erkenntniß stets nur gegen die Person, nicht gegen den Namen, den sie sich beilegt, gerichtet ist, weshalb denn auch ein solches unbedenklich gegen den Verurtheilten zu vollstrecken ist; vgl. GA. I, 324; Abh. ibid. II, 785; Berner Abh. ibid. III, 472; Beschl. I. 1. Febr. 61 c. Voß (RdO. I, 237).

§ 59.

1. Unter Theilnahme ist hier nur die in den §§ 34. 35, nicht auch die in den §§ 36. 37 und 39 vorgesehene Thätigkeit zu verstehen. Dagegen ist der Fall des § 38 (Begünstigung nach vorgängiger Abrede) der Theilnahme gleichgestellt, er begründet daher ebenfalls den Rückfall: VI. 9. Juli 56 c. Krasinski (GA. IV, 690); ZII. 19. Febr. 57 c. Dietz (IMbl. f. 134; GA. IV, 414); Beschl. I. 16. Dez. 59 c. Daumert (GA. VIII, 263); u. ö.; vgl. Motive f. 18.

2. Auch Theilnahme an einem Versuche begründet den Rückfall.

3. Eine Vorbestrafung wegen Versuchs nach dem ALR. begründet die Rückfallsstrafe des StGB.s selbst dann, wenn der damalige Versuch den Voraussetzungen des § 31 des StGB.s nicht entsprochen haben sollte: V. 17. Dez. 51 c. Heise (Entsch. 22. f. 69; GA. I, 75); ZI. 10. April 61 c. Hermann; vgl. EG. Art. VI n. 3.

4. Der § 59 ist auch im Falle des § 219 anwendbar: ZII. 8. Sept. 53 c. Wegener.

5. Beim Holzdiebstahle sind auch die einfache Begünstigung im Sinne des § 37 und die Hehlerei bei Anwendung der Rückfallsstrafe der That selbst gleichgestellt: HDGes. v. 2. Juni 1852 § 8; ZII. 19. Febr. 57 c. Dietz (cit. n. 1); ZI. 4. März 64 c. Klein (RdO. IV, 409); ZI. 4 Nov. 64 c. Golze (RdO. V, 236).

§ 60.

1. Die Verjährung des Rückfalls richtet sich auch dann nach § 60, wenn die Vorbestrafung unter dem ältern Rechte statt gefunden hat; Art. V findet hier keine Anwendung: ZII. 16. Okt. 56 c. Scheuermann (GA. IV, 832).

Zweiter Theil.

Von den einzelnen Verbrechen und Vergehen und deren Bestrafung.

Erster Titel.

Hochverrath und Landesverrath.*)

§. 61. Ein Unternehmen, welches darauf abzielt:

1) den König zu tödten, gefangen zu nehmen, in Feindes Gewalt zu liefern, oder zur Regierung unfähig zu machen, oder

---

2. Die in Gemäßheit des § 120 eintretende Einsperrung in einem Arbeitshause ist als Freiheitsstrafe im Sinne dieses § anzusehen.

3. Aehnlich verhält es sich mit der nach den Bestimmungen des ALR. früher verhängten Detention bis zum Nachweise des ehrlichen Erwerbes; die Verjährungsfrist des § 60 beginnt erst mit der Entlassung aus der betreffenden Anstalt: Z. 29. Sept. 52 c. Burde (GA. I, 235); VI. 12. Okt. 55 c. Gedowski (GA. III, 833, mit dem Zusatze: es mache keinen Unterschied, ob die Dauer der Detention von der Erfüllung einer Bedingung abhängig gemacht worden sei).

4. Lautete das frühere Straferkenntniß auf eine andere Strafe als Freiheitsstrafe oder Geldbuße, z. B. auf körperliche Züchtigung, so muß die Berechnung der zehnjährigen Frist von dem Augenblicke der Rechtskraft jenes Erkenntnisses beginnen; *contra:* VI. 14. Jan. 57 c. Szalajdowski, welches auch in einem solchen Falle nur vom Strafvollzuge an rechnen wollte.

5. Ist im früheren Falle durch ein und dasselbe Urtheil wegen eines gleichartigen und wegen eines verschiedenen Straffalles nur eine Gesammtstrafe verhängt worden, so beginnt der Lauf der zehnjährigen Frist erst mit der Abbüßung der ganzen Strafe: ZI. 17. Juli c. Mix (GA. IX, 704).

6. Ist dagegen durch verschiedene Urtheile gegen dieselbe Person auf Strafen erkannt, welche demnächst ohne Unterbrechung vollstreckt sind, so ist anzunehmen, daß die Reihenfolge dieser Vollstreckung sich nach der Zeitfolge der Rechtskraft der einzelnen Urtheile gerichtet habe; so (ind.): VI. 16. Sept. 63 c. Arends (GA. XI, 773).

7. Der § 60 ist auch bei solchen strafbaren Handlungen maaßgebend, welche nach einem neben dem StGB. in Kraft gebliebenen besondern Gesetze zu ahnden sind, sollte dieses auch im Allgemeinen für die Bestrafung des Rückfalls Vorschriften enthalten, sobald sich nur unter diesen keine von der Regel des § 60 abweichenden Bestimmungen finden. So bei Steuer-Defrauden: VI. 14. Jan. 53 c. Lehmann (Entsch. 24. s. 441; ein Fall einer Mahlsteuerdefraude); ähnlich: ZI. 21. Okt. 53 c. Schulz; ebenso bei Zolldefrauden: V. 22. Dez. 52 c. Aleffen; ZI. 15. April 53 c. Hofleuchter; vgl. Cirk.-Verf. des Gen.-Dir. d. St. v. 7. Okt. 53 (Staats-Anz. 54. s. 21). Vgl. EG. Art. III n. 3. 5.

8. Als Strafzumessungsgrund kann eine frühere Verurtheilung auch nach dem Ablaufe der zehnjährigen Frist noch in Betracht kommen: ZI. 11. Juli 55 c. Pauly; ZII. 21. Juni 60 c. Brockhaus; vgl. § 45 n. 7.

*) **Erster Titel.**

1. Die Untersuchung und Entscheidung wegen der in diesem Titel vorgesehenen Verbrechen erfolgt durch das Kammergericht: Ges. v. 25. April 1853 (GS. s. 162); Frankf. Vdn. v. 12. Dez. 1866 Art. I. Für den Fall des Belagerungszustandes vgl. Ges. v. 4. Juni 1851 § 10 (GS. s. 453).

§ 61.

1. Ein Hochverrath kann (namentlich in den Fällen der Nr. 2 des § 61) vorliegen, ohne daß das Unternehmen gegen die Existenz des Staats gerichtet wäre: *contra:* KVII. s. 42; KVI. s. 11.

2) die Thronfolge oder die Staatsverfassung gewaltsam zu ändern, oder

3) das Gebiet des Preußischen Staats ganz oder theilweise einem fremden Staate einzuverleiben, oder einen Theil des Gebiets vom Ganzen loszureißen,

ist Hochverrath und soll mit dem Tode bestraft werden.

Im Falle der Gefährdung des Lebens, der Gesundheit oder der Freiheit des Königs (Nr. 1.) soll zugleich auf den Verlust der bürgerlichen Ehre erkannt werden.

[Entw. § 52]. Vgl. § 62—67. 72. 73. 4 Nr. 1 u. 2. 39. 74.

§. 62. Als ein Unternehmen, durch welches das Verbrechen des Hochverraths vollendet wird, ist eine solche Handlung anzusehen, durch welche das verbrecherische Vorhaben unmittelbar zur Ausführung gebracht werden soll.

[Entw. § 53]. Vgl. § 61. 64—66. 72. 73. 4. 39.

---

2. Das Gesetz unterscheidet beim Hochverrathe nicht zwischen Ausländern und Inländern.

Zu Nr. 1.

3. Die Verwundung des Königs in der Absicht, ihn zu beschädigen, fällt unter die Vorschrift des § 74, nicht unter § 61: KBI. s. 11.

4. Ist das in Nr. 1 erwähnte Unternehmen gegen den Regenten gerichtet, so erleidet § 61 keine Anwendung, „da für den Fall einer Regentschaft doch immer besondere Anstalten getroffen werden müssen."

5. Die Umschreibung des Inhalts der Nr. 1 durch die Worte des Schlußsatzes: „Gefährdung des Lebens, der Gesundheit oder der Freiheit des Königs" findet ihre Erläuterung in der Begriffsbestimmung des § 62.

Zu Nr. 2.

6. Goltdammer (Matt. II, 12) und Temme (GU. s. 136 n. 8; Lehrb. s. 566) sind der Ansicht, daß nicht jedes gewaltsame Unternehmen gegen einzelne Theile der Verfassung Hochverrath sei, sondern nur das gegen wesentliche Theile gerichtete.

7. Das „gewaltsam" umfaßt sowohl moralische als physische Gewalt. Dagegen reicht eine bloße Drohung nicht hin, insofern sie nicht eine Gewalt mit sich führt.

Zu Nr. 3.

8. Auch hier ist das „Gewaltsame" des Unternehmens Bedingung der Strafbarkeit, da es in der Natur der Sache liegt, daß der Zweck, den Preußischen Staat einem fremden Staate einzuverleiben, oder Gebietstheile desselben loszureißen, nur durch gewaltsame Handlungen angestrebt werden kann: KBII. s. 44. Vgl. dagegen TL. s. 581. 582 (Note 1).

9. Der Unterschied dieses Unternehmens von dem Landesverrathe, namentlich von den im § 69 unter Nr. 1 und 2 vorgesehenen Fällen, liegt im Zweck: ob nämlich dadurch Abreißung Preußischer Gebietstheile bezweckt wird: KBII. s. 42

§ 62.

1. Dieser § hat den Versuch in den Thatbestand des vollendeten Verbrechens gezogen; gleichwohl hält Goltdammer (Matt. I, 22) dafür, daß nicht alles, was nach § 31 als strafbarer Versuch anzusehen wäre, jetzt den vollendeten Hochverrath darstelle; er folgert vielmehr aus dem Umstande, daß die dieses ausdrücklich aussprechende Fassung der ältern Entwürfe beseitigt worden, daß der Begriff des § 62 enger zu fassen sei, und fordert zum vollendeten Hochverrath: „eine Handlung, die geeignet ist, bereits unmittelbar die Verwirklichung der im § 61 angegebenen Zwecke herbeizuführen, und deshalb entweder erfolgt durch einen thätlichen gewaltsamen Angriff auf den König oder auf die Organe der Regierung, mit deren Beseitigung

§. 63. Haben zwei oder mehrere Personen die Ausführung eines hochverrätherischen Unternehmens verabredet, ohne daß es schon zum Beginn der im §. 62. bezeichneten Handlung gekommen ist, so soll sie die Strafe von fünfjährigem bis lebenslänglichem Zuchthaus treffen.

Wird festgestellt, daß mildernde Umstände vorhanden sind, so tritt Einschließung nicht unter fünf Jahren ein.

Neben der Einschließung soll das Urtheil zugleich den Verlust oder die zeitige Untersagung der Ausübung nachstehender bürgerlichen Ehrenrechte aussprechen:

1) der Fähigkeit, öffentliche Aemter zu führen oder zu erlangen;
2) der Fähigkeit, Geschworener zu sein, in öffentlichen Angelegenheiten zu stimmen, zu wählen oder gewählt zu werden, oder die aus öffentlichen Wahlen hervorgegangenen Rechte auszuüben.

[Entw. § 54]. Vgl. § 61. 62. 64—66. 72. 73. 4. 39.

---

oder Unterwerfung die dermalige Verfassung des Staats oder die Integrität seines Gebiets im Verbande bedroht wird, oder durch eine gefährliche Bedrohung, welche auch ohne einen solchen Angriff ihre Wirksamkeit aufzuheben geeignet ist; es sei aber nicht erforderlich, daß diese Handlungen vollendet worden, es sei vielmehr, nach den allgemeinen Regeln über den Versuch, ihr Anfang hinreichend, um den Thatbestand des vollendeten Verbrechens darzustellen;" *contra:* TGA. s. 141 n. 11, er nimmt Hochverrath nur da an, wo bereits zur wirklichen Ausführung des betreffenden Unternehmens geschritten ist, und will alles, was vor dem Anfange der Handlung liegt, nur als Vorbereitung (§ 63—66) auffassen und bestraft wissen, während Zachariä (Abh. in GA. III, 172; V, 581. 591) namentlich die Fälle der §§ 63—66 nur als Versuche, und nach § 31 strafbar, betrachtet.

2. Das „unmittelbar" in diesem § ist nicht auf die Zeit, sondern auf die Mittel der Ausführung zu beziehen: ZPl. 16. Juli 63 c. Dyament (RdO. IV, 5); ZPl. 9. Okt. 65 c. v. Niegolewski (RdO. VI, 374). Temme (GA. s. 141 n. 11) geht zu weit, wenn er glaubt, daß dieses Begriffserforderniß nur dann vorliege, wenn zur Ausführung eine weitere Handlung nicht mehr erforderlich sei.

3. Da hier auch bei bloßen Versuchshandlungen das vollendete Verbrechen angenommen wird, so greifen die sonstigen Regeln über den Versuch hier nicht Platz; das gilt insbesondre von der Straflosigkeit bei freiwilligem Rücktritt: GM. II, 27; vgl. § 63 n. 3; § 66 n. 4; sowie das dort cit. ZI. 7. Febr. c. Ladendorff (GA. II, 236); *contra:* TL. s. 585; Zachariä l. c. (n. 1).

§ 63.

1. Es wird hier ein bestimmtes hochverrätherisches Unternehmen, wie es in den §§ 61 und 62 definirt ist, vorausgesetzt; allgemeine vage hochverrätherische Pläne und Bestrebungen gehören nicht hierher: Motive s. 24.

2. Ein „Verabreden" ist nur dann anzunehmen, wenn die schließliche Einigung der Berathenden, der endliche Beschluß das Unternehmen auszuführen, erfolgt ist: KBII. s. 46. Nach Goltdammer (Matt. II, 35) und Temme (GA. s. 143 n. 3; Lehrb. s. 586) setzt das „Verabreden" eine Einigung über Zweck und Mittel, Ort und Zeit voraus, so daß die Verschwörung zum Ausbruche reif sei; vgl. § 66 n. 1.

3. Auch hier kann der freiwillige Rücktritt nach erfolgter Verabredung die Straflosigkeit nicht zur Folge haben; vgl. § 62 n. 3; § 66 n. 4; *contra:* TGA. s. 144 n. 6; TL. s. 585; Zachariä Abh. (cit. § 62 n. 1).

§. 64. Gleiche Strafe (§. 63.) soll denjenigen treffen, welcher zur Vorbereitung eines Hochverraths, entweder mit einer auswärtigen Regierung sich einläßt, oder die ihm vom Staate anvertraute Macht mißbraucht, oder Mannschaften anwirbt oder in den Waffen einübt.

[Entw. §. 55]. Vgl. § 61—63. 65. 66. 72. 73. 4. 39.

§. 65. Wer öffentlich durch Rede oder Schrift zur Ausführung einer Handlung auffordert, welche nach §. 62. als ein hochverrätherisches Unternehmen zu bestrafen wäre, soll mit zwei- bis zehnjährigem Zuchthaus, oder, wenn festgestellt wird, daß mildernde Umstände vorhanden sind, mit Einschließung von zwei bis zu zehn Jahren bestraft werden.

[Entw. § 55a]. Vgl. § 61. 64. 66. 72. 73. 4. 39. 36.

§. 66. Jede andere, ein hochverrätherisches Unternehmen vorbereitende Handlung soll mit Zuchthaus bis zu fünf Jah-

---

4. Aus demselben Grunde (§ 62 n. 3) ist der Anstifter einer solchen „Verabredung" als Theilnehmer nach § 34 Nr 1 zu bestrafen.

§ 64.

1. Das zu § 63 unter n 1 und 3 Bemerkte gilt auch für den Fall des § 64.

2. Die Worte: „vom Staate anvertraute Macht" sind keineswegs auf militärische Verhältnisse zu beschränken; es ist vielmehr auch an solche Fälle gedacht, wo ein Civilbeamter eine Anzahl Unterbeamte (z. B. Förster, Steuerbeamte) befehligt.

3. Es kommt in einem unter diesen § zu subsumirenden Falle Nichts darauf an, ob die Ausführung schon beschlossen sei oder nicht: ZPl. 28. Nov. 53 c. Tietz (GA. II, 256; beil.).

§ 65.

1 Auch für diesen Fall gilt das zu § 63 unter n. 1 und 3 Bemerkte.

2. Bei der Auslegung der Worte „öffentlich durch Rede oder Schrift" sind die auf die speziellen Umstände des Falles bezüglichen gesetzlichen Vorschriften maaßgebend; es sind daher hier § 36 und der § 33 des Preßges. v. 12. Mai 1851 zu berücksichtigen; die Bemerkungen zu dem ersteren finden hier analoge Anwendung; die in einer Zeitung ꝛc. enthaltene Aufforderung ist als veröffentlicht anzusehen, sobald sie der Post (offen) zur Weiterbeförderung an die Abonnenten übergeben worden ist: ZPl. 13. Juli 63 c. Dyament (RdO. IV, 5); vgl. § 36 n. 5—8.

3. Ebenso umfaßt das Wort „auffordert" hier alles, was § 36 durch „auffordert, anreizt, verleitet, oder zu bestimmen sucht", ausdrücken will.

4. Die Aufforderung muß eine bestimmte sein, insofern sie sich auf die im § 61 gedachten Unternehmen beziehen muß, sie kann aber insoweit eine unbestimmte sein, als sie, in Hinsicht auf die verschiedenen möglichen Erfolge, auf indeterminirtem Dolus des Auffordernden selbst beruhen kann: GM. II, 48 n. 4.

5. Eine indirekte Aufforderung genügt.

6. Die Aufforderung muß auf eine bestimmte unmittelbar zur Ausführung zu bringende hochverrätherische Handlung gerichtet sein: Beschl. Pl. 9. Dez. 61 c. Lewandowski (RdO. II, 140), d. h. es durfen nicht etwa Handlungen dazwischen liegen, welche sich nur als Vorbereitungen zum Hochverrathe darstellen.

7. Ist es in Folge der Aufforderung zu einem hochverrätherischen Unternehmen gekommen, so trifft den Auffordernden nach § 36 Abs. 1 die volle Strafe des Theilnehmers.

§ 66.

1. Auch hier wird die Vorbereitung eines bestimmten hochverrätherischen Unternehmens vorausgesetzt, wie es in den §§ 61. 62 definirt ist: Beschl. Pl. 9. Dez.

ren, oder wenn festgestellt wird, daß mildernde Umstände vorhanden sind, mit Einschließung von Einem bis zu fünf Jahren bestraft werden.

[Entw. § 56]. Vgl. § 61—65. 72 73. 4. 39.

§. 67. Ein Preuße, welcher mit einer fremden Regierung in Verbindung tritt, um dieselbe zu einem Kriege gegen Preußen zu veranlassen, macht sich des Landesverraths schuldig, und wird mit Zuchthaus von zehn bis zu zwanzig Jahren bestraft.

Ist der Krieg wirklich ausgebrochen, so soll der Thäter mit dem Tode und dem Verluste der bürgerlichen Ehre bestraft werden.

[Entw. § 57]. Vgl. § 72. 73. 4 Nr. 2. 39.

§. 68. Ein Preuße, welcher während eines gegen den Preußischen Staat ausgebrochenen Krieges im feindlichen Heere

---

61 c. Lewandowski (RdO. II, 140); KVII. s. 49. Gleichwohl ist nicht erforderlich, daß alle Modalitäten dieses Unternehmens in Beziehung auf Zeit und Ort der Ausführung, sowie auf die mitwirken sollenden Kräfte und anzuwendenden Mittel feststehen, da eine Vorbereitung eben erst in der Gewinnung der Mittel und der Gelegenheit der Ausführung besteht; ist auch eine Verabredung noch nicht zur Beschließung der unmittelbaren Ausführung ihrer hochverrätherischen Absicht gelangt, so wird doch hierdurch nicht ausgeschlossen, daß vorbereitende Handlungen im Sinne des § 66 vorgenommen werden konnten: ZPl. 28. Nov. 53 c. Tietz (GA. II, 256); ZPl. 9. Okt. 65 c. v. Niegolewski (RdO. VI, 374). Ebenso fällt die Anwendbarkeit des § 66 dadurch nicht weg, daß der Schuldige nicht unter allen Umständen, sondern nur bei einer passenden Gelegenheit auf den gewaltsamen Umsturz der Preußischen Staatsverfassung hinzuwirken beabsichtigte: ZI. 7. Febr. 55 c. Ladendorff (GA. III, 230). Vgl. § 63 n. 2.

2. Die vorbereitende Handlung muß den gewaltthätigen Charakter des Verbrechens in der Absicht des Handelnden bereits erkennen lassen; es genügt daher nicht, wenn daraus nur die Möglichkeit erhellt, die Handlung würde in ihrem Fortschritte und in ihren Wirkungen zur Gewalt führen können: GM. II, 52 n. 3.

3. Die bloße Verbreitung gefährlicher Lehren und Grundsätze genügt nicht, um den Thatbestand des § 66 darzustellen; es bedarf eines deutlichen Anreizes zu Handlungen, einer auf ein bestimmtes Ziel schon gerichteten hochverrätherischen Absicht.

4. Auch bei den hier vorgesehenen vorbereitenden Handlungen macht der freiwillige Rücktritt vor der Ausführung nicht straflos: ZI. 7. Febr. 55 (cit. n. 1); *contra*: TGA. s. 144 n. 6; TL. s. 585; Zachariä Abh. (GA. III, 172; V, 581. 591); vgl. § 62 n. 3; § 63 n. 3; § 67 n. 1.

§ 67.

1. Der erste Absatz hat nicht eine Versuchshandlung, sondern ein selbstständiges Verbrechen zum Gegenstande; freiwilliger Rücktritt schließt daher die Strafbarkeit nicht aus; vgl. § 62 n. 3; § 63 n 3; § 66 n. 4.

2. Im Falle des zweiten Absatzes ist der Nachweis der intellektuellen Urheberschaft am ausgebrochenen Kriege nicht erforderlich.

§ 68.

1. Es wird ein „Waffentragen" vorausgesetzt, daher ist die Vorschrift auf Militär-Beamte, Geistliche, Aerzte nicht auszudehnen.

Dienste nimmt und die Waffen gegen Preußen oder dessen Bundesgenossen trägt, wird als Landesverräther mit dem Tode bestraft.

Ein Preuße, welcher schon früher in fremden Kriegsdiensten stand, soll, wenn er nach Ausbruch des Krieges in denselben verbleibt und die Waffen gegen Preußen oder dessen Bundesgenossen trägt, mit Zuchthaus von drei bis zu zehn Jahren bestraft werden.

Wird festgestellt, daß mildernde Umstände vorhanden sind, so tritt Einschließung von drei bis zu zehn Jahren ein.

[Entw. § 58]. Vgl. § 69. 70. 72. 73. 4 Nr. 2. 39.

§. 69. Ein Preuße, welcher während eines gegen Preußen ausgebrochenen Krieges einer feindlichen Macht wissentlich Vorschub leistet, oder den Truppen Preußens oder seiner Bundesgenossen wissentlich Nachtheil zufügt, wird mit Zuchthaus bis zu zehn Jahren bestraft.

Die Todesstrafe tritt ein, wenn der Thäter:

1) Festungen, Pässe, besetzte Plätze oder andere Vertheidigungsposten, ingleichen Preußische oder verbündete Truppen oder einzelne Offiziere oder Soldaten in feindliche Gewalt bringt;

2) Festungswerke, Kriegsschiffe, Kassen, Zeughäuser, Magazine oder andere Vorräthe von Waffen, Munition oder anderen Kriegsbedürfnissen in feindliche Gewalt bringt, zerstört oder unbrauchbar macht;

3) dem Feinde Mannschaften zuführt, oder Soldaten der Preußischen oder verbündeten Heere verleitet, zum Feinde überzugehen;

4) Operationspläne oder Pläne von Festungen oder festen Stellungen dem Feinde mittheilt;

5) dem Feinde als Spion dient, oder feindliche Spione aufnimmt, verbirgt oder ihnen Beistand leistet, oder

---

2. Dagegen ist eine Theilnahme am Kampfe nicht erforderlich; es genügt, wenn der Truppentheil, zu welchem der Angeklagte gehörte, zum Kriege verwendet, d. h. wenigstens ausmarschirt ist: TGll. s. 147 n. 2; *contra:* Koch n. 25.

3. Ist das Verbleiben im Dienste oder das Waffentragen gegen Preußen erzwungen, so tritt nach allgemeinen Grundsätzen Straflosigkeit ein.

4. Unter „Bundesgenossen" sind nur die wirklich am Kriege Theil nehmenden Mächte zu verstehen.

5. Der Schlußsatz, nach welchem beim Vorhandensein mildernder Umstände eine gelindere Strafe eintritt, bezieht sich nur auf den Fall des Abs. 2.

§ 69.

1. Die im Eingange erwähnte Wissentlichkeit wird auch zur Annahme der speziell hervorgehobenen Fälle erheischt.

6) einen Aufstand unter den Preußischen oder verbündeten Truppen erregt.

[Entw. § 59]. Vgl. §. 68. 70. 72. 73. 4 Nr. 2. 39.

§. 70. Gegen Ausländer ist wegen der in den §§. 67. und 69. erwähnten Handlungen nach dem Kriegsgebrauche zu verfahren.

Begehen sie aber solche Handlungen, während sie unter dem Schutze Preußens in dessen Gebiete sich aufhalten, so kommen die in den §§. 67. und 69. bestimmten Strafen zur Anwendung.

[Entw. § 60]. Vgl. § 67. 69. 72. 73. 4 Nr. 2. 39.

§. 71. Wer vorsätzlich:

1) Staatsgeheimnisse, oder Festungspläne, oder solche Urkunden, Aktenstücke oder Nachrichten, von denen er weiß, daß das Wohl des Staates deren Geheimhaltung, einer fremden Regierung gegenüber, erfordert, dieser Regierung mittheilt oder öffentlich bekannt macht, oder

2) zur Gefährdung der Rechte des Staates im Verhältniß zu einer fremden Regierung die darüber sprechenden Urkunden oder Beweismittel vernichtet, verfälscht oder unterdrückt, oder

3) ein ihm aufgetragenes Staatsgeschäft mit einer fremden Regierung zum Nachtheil Preußens führt,

wird mit Zuchthaus von fünf bis zu zwanzig Jahren bestraft.

[Entw. § 61]. Vgl. § 72. 73. 39.

§. 72. Gegen denjenigen, welcher wegen einer der in diesem Titel gedachten Handlungen zu zeitiger Zuchthausstrafe

---

2. Durch diesen § sind die Verordnungen v. 17. März 1813 und v. 15. Jan. 1814 aufgehoben.

§ 70.

1. Im Abs. 2 sind die Worte: „unter dem Schutze Preußens" zugesetzt worden, um klar zu machen, daß die betr. Bestimmung auf feindliche in Preußen eingedrungene Truppen nicht mit zu beziehen sei; sie ist daher auf subditi temporarii zu beschränken; in Betreff aller andern Personen kann nur der Kriegsgebrauch (Abs. 1) entscheiden.

§ 71.

1. Die hier erwähnten Handlungen werden an einem Ausländer nur insoweit bestraft, als er subditus temporarius ist.

2. Die Nr. 1 setzt als Dolus nur voraus, daß der Thäter, wissend, daß das Wohl des Preußischen Staats die Geheimhaltung der betreffenden Nachrichten 2c. einer fremden Regierung gegenüber erfordere, sie dennoch dieser Regierung vorsätzlich mittheilt; Zweck und Beweggrund des Handelnden brauchen daher nicht auf eine Gefährdung des Wohls des Preußischen Staats gerichtet zu sein; sie können auch in etwas Anderem, z. B. in Geldgewinn, bestehen: ZPl. 10. Nov. 56 c. Techen (GA. V, 93); vgl. TArch. V, 65.

§ 72. — — — — — — — — — — — — — — — —

verurtheilt wird, soll auf Stellung unter Polizei-Aufsicht erkannt werden.

[Entw. § 62].

§. 73. Wenn wegen Hochverraths oder Landesverraths in den Fällen der §§. 61. 63. 64. 67. 68. 70. und 71. die Untersuchung eröffnet wird, so ist das Vermögen, welches der Angeschuldigte bereits besitzt, oder welches ihm später noch anfällt, mit Beschlag zu belegen.

Der wegen Hochverraths oder Landesverraths zum Tode oder zu lebenslänglichem Zuchthaus rechtskräftig Verurtheilte verliert die Fähigkeit über sein Vermögen unter Lebenden und von Todeswegen zu verfügen.

[Entw. § 63]. Vgl. § 11; Crim.-Ordn. § 53. 68. 237. 568.

---

§ 73.

1. Die im ersten Absatze angeordnete Beschlagnahme soll dem des Verraths „Angeschuldigten" die Mittel zu ferneren verrätherischen Unternehmungen, sowie zu seiner Befreiung oder zur Erschwerung der Untersuchung nehmen: KBII. s. 53. Daraus, sowie aus dem Umstande, daß die Bezeichnung des Zeitpunkts, in welchem jene Beschlagnahme erfolgen soll: „wenn die Untersuchung eröffnet wird", sich auch schon in den früheren, der Vdn. v. 3. Jan. 1849 lange vorhergegangenen, Entwürfen findet, — folgt, daß hier nicht die in den §§ 11. 39. 47. 48 der cit. Vdn. erwähnte, durch förmlichen gerichtlichen Beschluß erfolgende „Eröffnung der Untersuchung" gemeint sein kann, zumal eine solche stets nur bei Vergehen vorkommt, während alle hier zur Sprache kommenden Fälle Verbrechen darstellen, welche jetzt zur Zuständigkeit des StGHofes gehören. Dafür spricht auch, daß ein in der Kommission der II. Kammer gestellter Antrag, die Beschlagnahme nicht mit der Eröffnung der Untersuchung, sondern mit der Versetzung in den Anklagestand eintreten zu lassen, abgelehnt worden ist (cit. KB.). Unter der zu eröffnenden Untersuchung ist daher hier die Voruntersuchung zu verstehen; sie ist für eröffnet zu erachten, sobald das Gericht auf den Antrag des StA.s einen Untersuchungsrichter ernannt oder sobald der für einen längeren Zeitraum bleibend bestellte (vgl. Strafverf. § 42 n. 8), mit der Sache durch einen Antrag der StA.-schaft befaßte Untersuchungsrichter zum Zweck der Voruntersuchung irgend eine Verfügung erlassen hat: Koch n. 30; *contra*: TGA. s. 150 n. 1—4. Vgl. § 47 n. 7.

2. Das Verfahren bei der Beschlagnahme richtet sich nach den §§ 53. 68. 237. 568 der Crim.-O. Die betr. Verfügung muß von demjenigen Gerichte ausgehen, bei welchem die Voruntersuchung schwebt: arg. Ges. v. 25. April 1853 § 5; § 7 der Vdn. v. 3. Jan. 1849 ist hier unanwendbar, da die dort erwähnten Beschlagnahmen nur auf die Besitzergreifung einzelner zur Beweisführung erforderlicher Gegenstände zu beziehen sind, im Uebrigen aber der dort vorgesehene Fall der Dringlichkeit hier nicht eintreten kann, weil die Eröffnung der Untersuchung, also ein gerichtlicher Akt, vorhergehen muß; vgl. TGA. s. 150 n. 2. In derselben Weise ist auch dann zu verfahren, wenn die Voruntersuchung bei einem Rheinischen Gerichte schwebt; auch hier ist der betr. Beschluß von der Rathskammer zu erlassen; vgl. JMVerf. v. 18. Febr. 1859 (JMbl. s. 66; RS. XII, 71); der Vollzug erfolgt dann auf den Grund einer durch den Ober-Prokurator mitzutheilenden exekutorischen Ausfertigung durch die Bezirks-Regierung; vgl. AKO. v. 13. Okt. 1827; JMVerf. v. 15. Sept. 1826 (RS. III, 154 und 65). Im Frankfurter Gebiete geht der Beschluß von der Anklagekammer aus, die Vollstreckung liegt dem Fiskalate ob (StPA. Art. 157. 361).

3. Ist die verordnete Beschlagnahme zur Ausführung gebracht worden, so hat sie die in den Civilgesetzen derartigen Beschlagnahmen (Sequestrationen, Arrestanlagen) zugeschriebenen Wirkungen. Weitergehende Folgen sind nicht daraus herzuleiten, da die Kommission der zweiten Kammer einen dieses bezweckenden Zusatz aus dem § beseitigt hat: KBII. s. 53.

Zweiter Titel.
Beleidigung der Majestät und der Mitglieder des Königlichen Hauses.

§. 74. Wer sich einer Thätlichkeit gegen die Person des Königs schuldig macht, wird mit dem Tode bestraft.

In minder schweren Fällen ist anstatt der Todesstrafe auf Zuchthaus von zehn bis zu zwanzig Jahren zu erkennen.

Wird festgestellt, daß mildernde Umstände vorhanden sind, so tritt Einschließung von zehn bis zu zwanzig Jahren ein.

[Entw. § 65]. Vgl. § 4 Nr. 1. 2. 61 Nr. 1. 76; Ges. v. 25. April 1853 (GS. s. 162).

§. 75. Wer durch Wort, Schrift, Druck, Zeichen, bildliche oder andere Darstellung die Ehrfurcht gegen den König verletzt, wird mit Gefängniß von zwei Monaten bis zu fünf Jahren bestraft.

Auch kann gegen denselben zugleich auf zeitige Untersagung der Ausübung der bürgerlichen Ehrenrechte erkannt werden.

[Entw. § 66]. Vgl. § 4 Nr. 1. 2.

---

4. Die Beschlagnahme bleibt so lange wirksam, als nicht die Anklage wegen Hochverraths in rechtskräftiger Weise erledigt ist; insbesondere wirkt in dieser Beziehung eine von der StA.-schaft gegen ein freisprechendes Urtheil ergriffene Nichtigkeitsbeschwerde suspensiv: Beschl. Pl. 16. Febr. 65 c. v. Niegolewski (RdO. V, 510). Wird das eingeleitete Verfahren durch einen Beschluß des Staatsgerichtshofs eingestellt, so hat auch dieser (und nicht das zur Vollstreckung der Beschlagnahme requirirte Gericht) über die Wiederaufhebung der letzteren zu befinden: Beschl. Pl. 23. Febr. 65 c. v Meyer (RdO. V, 523).

§ 74.

1. Hierher gehören alle Gewalthandlungen gegen die Person des Königs, welche nicht unter § 61 Nr 1 fallen. Aus der Ueberschrift des Titels ist nicht zu folgern, als seien hier nur die in beleidigender Absicht zugefügten Thätlichkeiten mit Strafe bedroht: KBl. s. 14.

2. Vorsätzlichkeit der Handlung wird vorausgesetzt.

3. Drohung mit einer Thätlichkeit, wenn sie nicht schon einen strafbaren Versuch enthält, kann nur unter § 75 fallen.

4. Kompetenz des Kammergerichts zur Untersuchung ɪc. wegen des in diesem § vorgesehenen Verbrechens, mit Einschluß der Theilnahme; vgl. Ges. v. 25. April 1853; Frankf. Vdn. v. 12 Dez. 1866 Art. I.

§ 75.

1. Unter den Begriff der Majestätsbeleidigung fallen nicht blos Ehrenkränkungen, sondern auch jede Verletzung der dem Landesherrn schuldigen Ehrfurcht: GM. II, 86 n. 2; *contra*: BL. s. 526 Note 1; er glaubt, beide Ausdrücke seien gleichbedeutend, da „Ehrfurcht" nur die ganz natürliche Bezeichnung für die dem Landesherrn schuldige Ehre sei. Vgl. n. 6.

2. Eine Ehrfurchtsverletzung kann auch in der Weise verübt werden, daß angebliche frühere Handlungen des jetzt regierenden Königs in einer verletzenden Weise besprochen worden: ZI. 17. Nov. 65 c. Schlingmann (RdO. VI, 472).

3. Die von einem Minister im Königlichen Auftrage bei Eröffnung oder Schließung des Landtags abgegebenen Erklärungen sind nicht mit rechtlicher Nothwendigkeit als vom Könige selbst ausgegangen oder gebilligt zu betrachten; eine verletzende Kritik einer solchen Erklärung schließt daher nicht ohne Weiteres eine Majestätsbeleidigung in sich: ZI. 26. Sept. 66 c. Klein (RdO. VII, 494).

§. 76. Wer sich einer Thätlichkeit gegen die Person der Königin, des Thronfolgers oder eines andern Mitgliedes des Königlichen Hauses, oder des Regenten des Preußischen Staates schuldig macht, wird mit Zuchthaus von fünf bis zu zwanzig Jahren bestraft.

In minder schweren Fällen ist auf Zuchthaus bis zu zehn Jahren zu erkennen.

Wird festgestellt, daß mildernde Umstände vorhanden sind, so tritt Einschließung von Einem bis zu zehn Jahren ein

[Entw. § 67]. Vgl. § 74; Ges. v. 25. April 1853 (GS. s. 162).

§. 77. Wer durch Wort, Schrift, Druck, Zeichen, bildliche oder andere Darstellung die Königin, den Thronfolger, ein anderes Mitglied des Königlichen Hauses, oder den Regenten des Preußischen Staats beleidigt, wird mit Gefängniß von Einem Monate bis zu drei Jahren bestraft.

Auch kann gegen denselben zugleich auf zeitige Untersagung der Ausübung der bürgerlichen Ehrenrechte erkannt werden.

[Entw. § 68]. Vgl. § 75. 152ff.

---

4. Ob eine Aeußerung ehrfurchtverletzend sei, ist Gegenstand der thatsächlichen Beurtheilung: B. 9. Jan. 52 c. Dobberstein; ZII 5. Jan. 54 c. Schulte.

5. Als Dolus genügt das Bewußtsein, daß durch die Aeußerungen die Ehrfurcht verletzt werde: ZII. 5. Jan. 54 c. Schulte; ZI. 4. Sept. 63 c. Wolf (GA. XI, 792). Der Absicht, die Ehre des Landesherrn anzugreifen, bedarf es nicht: ZI. 11. Juni 58 c. Schnepel; VI. 17. Febr. 65 c. Saling (RdO. V, 517); vgl. Thl. II Tit. 13 n. 25. Jenes Bewußtsein bedarf der ausdrücklichen Feststellung nur dann, wenn es bestritten worden ist: ZI. 21. Okt. 64 c. Stettin. In diesem Falle muß dasselbe dem Angeklagten nachgewiesen werden: ZI. 8. Juni 64 c. Pannars (RdO. IV, 559); ZII. 16. März 65 c. Angerstein (RdO. V, 563).

6. Ein VI. 8. Febr. 60 c. v. Plotho (GA. VIII, 265) deutet indirekt an, daß bei diesem Vergehen die Vorschrift des § 154 keine Anwendung finde; vgl. n. 2.

7. Ueber die Vollendung einer Beleidigung, welche in einem versendeten Briefe enthalten ist, vgl. § 3 n. 4.

8. Ueber Majestätsbeleidigung gegen verstorbene Könige vgl. § 77 n. 6.

§ 76.

1. Jede Thätlichkeit gegen die im § genannten Personen unterliegt der Strafbestimmung; Nr. 61 § 1 bleibt bei ihnen außer Anwendung; nur wenn die That in der Absicht geschieht, die Thronfolge gewaltsam zu ändern, greift § 61 Nr. 2 Platz. Einer beleidigenden Absicht bedarf es auch hier nicht; vgl. § 74 n. 5.

2. Auch hier gilt das zu § 74 n. 2 ff. Gesagte; insbesondere tritt auch die Kompetenz des Kammergerichts nach dem Ges. v. 25. April 1853 ein.

§ 77.

1. Hier wird wirkliche Beleidigung, nicht blos Ehrfurchtsverletzung (§ 75) verlangt.

2. Die Bestimmungen des § 4 Nr. 1 und 2 erleiden hier keine Anwendung, wohl aber eventuell § 4 Nr. 3.

3. Die Bestimmungen des § 154 greifen hier (wo es sich nicht blos von einer Ehrfurchtsverletzung handelt) Platz: VI. 8. Febr. 60 c. v. Plotho (GA. VIII, 265).

4. Im Uebrigen gilt das zu § 75 Bemerkte auch hier

5. Die Mitglieder der Hohenzollernschen Fürstenhäuser sind nicht Mitglieder des Königlichen Hauses.

Dritter Titel.

Feindſelige Handlungen gegen befreundete Staaten.

§. 78. Ein Preuße, der im Inlande oder Auslande oder ein Ausländer, der während ſeines Aufenthalts in Preußen gegen einen der Deutſchen Staaten oder deſſen Regenten eine Handlung vornimmt, welche, wenn er ſie gegen den König oder den Preußiſchen Staat verübt hätte, als eine hochverrätheriſche anzuſehen ſein würde, iſt in den Fällen der §§. 61. bis 65. mit Zuchthausſtrafe von zwei bis zu zehn Jahren, oder wenn feſtgeſtellt wird, daß mildernde Umſtände vorhanden ſind, mit Einſchließung von Einem bis zu zehn Jahren, in dem Falle des §. 66. aber mit Einſchließung von ſechs Monaten bis zu drei Jahren zu beſtrafen.

Dieſelbe Strafe tritt ein, wenn die Handlung gegen einen anderen Staat gerichtet iſt, in welchem nach publizirten Verträgen oder Geſetzen die Gegenſeitigkeit verbürgt iſt.

[Entw § 59]. Vgl. § 4 Nr. 3; Geſ. v. 25. April 1853 (GS. ſ. 162.)

---

6. Beleidigungen gegen verſtorbene Mitglieder des Königlichen Hauſes ſind als ſolche nicht ſtrafbar; die in den frühern Entwürfen hierüber vorgeſchlagenen Beſtimmungen wurden im Intereſſe der unbefangenen Geſchichtſchreibung beſeitigt: Beſchl. AG. Hamm 30. Okt. 57 c. Schulz Nur wenn derartige Aeußerungen als Ehrfurchtsverletzungen gegen den regierenden König, oder als Beleidigungen gegen ein lebendes Mitglied des Königlichen Hauſes angeſehen werden können, werden die §§ 75 und 77 anwendbar. Ob dieſes der Fall, iſt jedesmal Gegenſtand der thatſächlichen Beurtheilung. Nur in dieſem Sinne iſt demjenigen, was Goltdammer (Matt. II, 92) ſagt, beizupflichten. Vgl. Tit. XIII (§ 152 ff.) n. 10.

7. Die Vorſchrift des § 163, welche unverkennbar nur auf die im XIII. Titel behandelten Ehrverletzungen Bezug hat, dürfte hier keine Anwendung finden

§ 78.

1. Dieſer § ſtellt in Beziehung auf Hochverrath die übrigen Deutſchen und die im Gegenſeitigkeitsverhältniſſe ſtehenden Staaten dem Preußiſchen theilweiſe gleich. Inſoweit es ſich daher von einer durch einen Preußen im Auslande verübten That dieſer Art handelt, findet eine Strafverfolgung (ebenſo wie im Falle des § 4 Nr. 2) auch dann ſtatt, wenn die Handlung am Orte ihrer Begehung nicht mit Strafe bedroht ſein ſollte; § 4 Nr. 3 bleibt hier grundſätzlich außer Anwendung; *contra:* GM. II, 95 n. 3; TGA. ſ. 155 n. 6; TL. ſ. 608 Note 3, welche aber offenbar den Fall unberückſichtigt laſſen, wo die betr. hochverrätheriſche Handlung gegen einen andern Staat gerichtet iſt, als wo ſie begangen worden.

2. Aus demſelben Grunde (n. 1) wird die Strafverfolgung eines Preußen wegen einer im Auslande verübten Handlung dadurch nicht ausgeſchloſſen, daß im Auslande bereits über dieſelbe abgeurtheilt und die dort verhängte Strafe vollſtreckt ꝛc. worden iſt; *contra* Goltdammer und Temme ll. cc.; Beſ. ſ. 246 IV; vgl. § 3 n. 11.

3. Dagegen iſt die ganze Vorſchrift, ſoweit ſie ſich auf eine im Auslande verübte That bezieht, im Uebrigen als eine Ergänzung des § 4 aufzufaſſen; daher findet die dort an die Spitze des Abſ. 2 geſtellte Vorſchrift, nach welcher eine Strafverfolgung in Preußen zwar ſtatthaft, nicht aber geboten iſt, — auch hier Anwendung; die gegen befreundete Staaten gerichteten Handlungen können in dieſer Beziehung nicht ſtrenger angeſehen werden, als die gegen Preußen gerichteten. Wenn § 78 jene Vorſchrift nicht ausdrücklich wiederholt, ſo erklärt ſich

§. 79. Wer durch Wort, Schrift, Druck, Zeichen, bildliche oder andere Darstellung das Oberhaupt eines Deutschen Staates beleidigt, wird mit Gefängniß von Einem Monate bis zu zwei Jahren bestraft.

Dieselbe Strafe tritt ein, wenn die Beleidigung gegen das Oberhaupt eines anderen Staates gerichtet ist, in welchem nach publizirten Verträgen oder Gesetzen die Gegenseitigkeit verbürgt ist.

[Entw. § 70]. Vgl. § 81 152ff. (Vdn. v. 30. Juni 1849 § 22).

§. 80. Wer durch Wort, Schrift, Druck, Zeichen, bildliche oder andere Darstellung einen bei dem Königlichen Hofe

---

dieses durch die Fassung, welche die im Inlande und die im Auslande begangenen Fälle zusammenfaßt; *contra* Temme l. c.

4. Im Uebrigen unterscheidet der § nicht zwischen den Fällen, wo die im Auslande begangene That gegen den betr. Staat selbst oder gegen einen dritten Staat gerichtet ist; es ist daher im ersteren Falle nicht etwa (arg § 4 Nr. 3) die volle Hochverrathsstrafe nach § 61 fgg verwirkt. Ebenso ist anzunehmen, daß § 78 die Fälle, wo eine hochverrätherische Handlung gegen einen fremden Staat gerichtet ist, vollständig erschöpft; ist daher eine solche Handlung gegen einen nicht „befreundeten" Staat (vgl. Abs. 2 gerichtet, so findet eine Bestrafung überhaupt nicht Statt; auch in diesem Falle bleibt sonach § 4 Nr 3 ausgeschlossen.

5. Der § 78 ist nur auf diejenigen Staaten zu beziehen, mit welchen Preußen in Friedensverhältnissen steht; vgl. die Ueberschrift des Titels.

6. Als „deutsche Staaten" sind auch jetzt noch alle diejenigen zu verstehen, welche früher zum Deutschen Bunde gehörten.

7. Beseler (f. 246) und Koch (n. 39) halten dafür, der Schlußsatz des § beziehe sich nur auf die gegen außerdeutsche Staaten, nicht also auch auf die gegen die Regenten solcher Staaten begangenen Handlungen. Eine solche Unterscheidung hat schwerlich in der Absicht des Gesetzgebers gelegen.

8. In der Fassung „publizirten Verträgen oder Gesetzen" ist das Wort „publizirten" nicht auf Gesetze, sondern nur auf Verträge zu beziehen; es bedarf also einer Publizirung des ausländischen Gesetzes, durch welches Gegenseitigkeit gewährt ist, in Preußen nicht; auch genügt jeder nach der Verfassung des betr. Landes mit Gesetzeskraft versehene legislatorische Erlaß, sollte er auch nicht den Namen „Gesetz" führen; ob ein solches ausländisches Gesetz besteht, ist Gegenstand der Prüfung des Instanzrichters; seine Entscheidung unterliegt nicht der NB.: Beschl. I. 10. Dez. 56 (314 B; GA. V, 254); ebenso in Beziehung auf einen Fall des § 269: VII. 12. Okt. 54 c. Wilms (JMbl. 55. f. 4); vgl. Abh. in GA. III, 91.

9. Auch für das in § 78 vorgesehene Verbrechen ist der Staatsgerichtshof (das Kammergericht) nach Maaßgabe des Ges. v. 25. April 1853 ausschließlich kompetent: ZI. 9. Dez. 64 c. Steinitz (RdO. V, 348).

§ 79.

1. Unter den durch „Zeichen" begangenen Beleidigungen sind auch die durch Thätlichkeiten verübten mitbegriffen: TL. f. 608 II n. 3. Die Mißhandlung eines fremden Staatsoberhauptes unterliegt dagegen als solche nur den §§ 187 fgg.

2. Als Oberhaupt eines ꝛc. Staates ist auch der Regent eines solchen anzusehen: VI. 30. Sept. 64 c Dohm (RdO. V, 146).

3. Ueber den Begriff des „Deutschen Staats" vgl. § 78 n. 6.

4. In Betreff der Bedingung der Gegenseitigkeit vgl. § 78 n. 8. Diese Gegenseitigkeit ist nur dann anzunehmen, wenn im betr. Staate ebenfalls die Beleidigung eines fremden Staatsoberhauptes mit strengeren Strafen als die einfache Beleidigung zwischen Privatpersonen bedroht ist: TGA. f. 156 n. 2.

§ 80.

1. Ueber die Beleidigung durch Thätlichkeiten vgl. § 79 n. 1; TL. f. 609.

beglaubigten Gesandten oder Geschäftsträger beleidigt, wird mit Gefängniß von Einem Monate bis zu Einem Jahre bestraft.

[Entw. § 71]. Vgl. § 81. 152 ff.

§. 81. In den Fällen der §§. 79. und 80. tritt die Verfolgung nur auf Antrag der auswärtigen Regierung oder des beleidigten Gesandten ein.

[Entw. § 71a] Vgl. § 50—53; EG. Art. XVII.

Vierter Titel.

Verbrechen und Vergehen in Beziehung auf die Ausübung der staatsbürgerlichen Rechte.

§. 82. Wer es unternimmt, eine der beiden Kammern gewaltsam auseinander zu sprengen, zur Fassung oder Unterlassung von Beschlüssen zu zwingen, oder Mitglieder aus derselben gewaltsam zu entfernen, wird mit Zuchthaus von zehn bis zu zwanzig Jahren bestraft.

[Entw. § 72].

§. 83. Wer ein Mitglied einer der beiden Kammern durch Gewalt oder durch Bedrohung mit der Verübung eines

---

2. Ob die Beleidigung in oder außer dem Amte zugefügt ist, ist gleichgültig.

3. Eine Aufrechnung (§ 153) der hier vorgesehenen Beleidigung findet nicht Statt: GA. II, 98 n. 2.

§ 81.

1. Im Falle des § 79 muß der Antrag von der Regierung des betreffenden Staats, d. h. von dem Ministerium der auswärtigen Angelegenheiten gestellt werden. Ist dagegen ein Gesandter beleidigt, so ist nur dieser selbst, nicht auch seine Regierung zum Antrage berechtigt.

2. Inwiefern es dieses Antrags auch dann bedarf, wenn es sich nur von der Beschlagnahme einer Schrift handelt, deren Inhalt gegen § 79 oder 80 verstößt, und von dem auf Vernichtung einer solchen Schrift eingeleiteten Verfahren, darüber vgl. § 50 n. 5.

§ 82.

1. Die Worte „Wer es unternimmt" deuten darauf hin, daß es auf den Erfolg des Vorhabens nicht ankommt, daß vielmehr auch der Versuch schon unter den Thatbestand des vollendeten Verbrechens fällt: Bes. S. 248. Dagegen reichen bloße Vorbereitungshandlungen nicht hin, vielmehr muß auch der Versuch sich als Anfangshandlung der Gewalt charakterisiren: GA. II, 100; TL. S. 611, welcher hier seine frühere entgegenstehende Ansicht (GA. S. 158) aufgiebt.

2. Unter Gewalt ist nicht blos physische, sondern auch moralische, also Drohung mit gegenwärtiger Gefahr zu verstehen: GA. II, 100.

3. Insofern das Unternehmen darauf abzielt, die Verfassung gewaltsam zu ändern, findet selbstredend § 61 Nr. 2 Anwendung.

4. Auf den Reichstag des Norddeutschen Bundes, die Provinziallandtage und die Abgeordneten zu denselben ist § 82 nicht auszudehnen.

§ 83.

1. Als Drohung gegen ein Landtagsmitglied ist nur eine solche aufzufassen, welche die Ankündigung eines Uebels mit gegenwärtiger Gefahr, für Leib oder Leben enthält: GA. II, 201. — Im Uebrigen ist über den Begriff der Bedrohung zu vergleichen § 89 n. 35—37.

Verbrechens oder Vergehens gegen dasselbe verhindert, sich an den Ort der Versammlung zu begeben oder zu stimmen, wird mit Zuchthaus bis zu acht Jahren bestraft.

[Entw. § 73]. Vgl. § 84. 212 ff. 234 ff.

§. 84. Wer auf die im §. 83. angegebene Weise Staatsangehörige verhindert oder zu verhindern versucht, in Ausübung ihrer staatsbürgerlichen Rechte zu wählen oder zu stimmen, soll mit Gefängniß nicht unter Einem Jahre bestraft werden.

[Entw. § 74]. Vgl. § 85. 86. 212 ff. 234 ff.

§. 85. Wer, mit der Sammlung der Wahl- oder Stimm-Zettel oder Zeichen beauftragt, vorsätzlich die rechtmäßige Anzahl derselben vermehrt oder vermindert, oder einen Zettel oder ein Zeichen verfälscht oder vertauscht, oder auf die Zettel derjenigen Personen, die nicht schreiben können, andere als die angegebenen Namen schreibt, ingleichen wer, bei einer Wahlhandlung mit der Führung des Protokolls beauftragt, andere als die angegebenen Namen niederschreibt, wird mit Gefängniß von Einem bis zu drei Jahren bestraft.

War der Thäter nicht mit der Sammlung der Zettel oder Zeichen oder mit einer anderen Verrichtung bei dem Wahlgeschäfte beauftragt, so ist die Strafe Gefängniß von drei Monaten bis zu zwei Jahren.

In beiden Fällen ist zugleich auf zeitige Untersagung der Ausübung der bürgerlichen Ehrenrechte zu erkennen.

[Entw. § 75].

---

2. Gewalt oder Drohung an den Landtagsabgeordneten bei ihrer Entfernung vom Versammlungsorte ausgeübt, um sie für künftige Fälle an der Ausübung ihres Berufs zu hindern, soll (nach KBl. s. 15) nicht unter § 83 fallen, sondern als Beleidigung, Körperbeschädigung ꝛc. strafbar sein. Liegt indessen darin ein Hindern am spätern Wiederkommen, so ist nicht abzusehen, warum § 83 nicht passen sollte: GM. II, 102; TGA. s. 158; Koch n. 44.

3. Auch dieser § erleidet auf die Abgeordneten zu dem Reichstage des Norddeutschen Bundes und zu den Provinziallandtagen keine Anwendung.

4. Im Uebrigen sind die Bemerkungen zu § 212 zu vergleichen.

§ 84.

1. Diese Bestimmung bezieht sich nicht blos auf die Wahl von Landtagsabgeordneten, sondern auch auf die zu andern öffentlichen Funktionen, namentlich in den Gemeinde-, Kreis-, Bezirks-, Provinzial- und Reichstags-Vertretungen; vgl. § 12 Nr. 3; *contra*: GM. II, 103 n. 1; TL. s. 612; Koch n. 46, welche die Wahlen zu Gemeindevertretungen ausscheiden wollen, weil das betreffende Recht kein „staatsbürgerliches" sei.

2. Der § findet auch auf den Zwang, in einem bestimmten Sinne zu wählen, Anwendung, weil dieser eine Verhinderung der freien Wahl in sich schließt: VI. 4. Nov. 63 c. Karraszek (RdO. IV, 146); *contra:* GM. II, 104 n. 2.

3. Ueber die Voraussetzungen des Versuchs vgl. § 31 n. 30.

§ 85.

1. Der § findet auch bei gemeindebürgerlichen Wahlen Anwendung: TL. s. 612; vgl. § 84 n. 1.

§. 86. Wer eine Wahlstimme kauft oder verkauft, wird mit Gefängniß von drei Monaten bis zu zwei Jahren bestraft; auch kann gegen denselben auf zeitige Untersagung der Ausübung der bürgerlichen Ehrenrechte erkannt werden.

[Entw. § 76]. Vgl. § 310—313.

Fünfter Titel.*)

Widerstand gegen die Staats-Gewalt.

2. Als „Wahlzeichen" ist auch die Unterschrift unter einem Wahlprotokoll anzusehen, wenn durch diese das Ergebniß der Wahl konstatirt werden sollte: VI. 28. Febr. 66 c. Jankowski (RdO. VII, 131).

3. Die Strafe des Abs. 1 trifft auch denjenigen Dritten, welcher es bei einem Wahlakte durch Täuschung des Protokollführers bewirkt, daß dieser in gutem Glauben einen Namen als von einem Wahlberechtigten abgegeben in das Protokoll einträgt, obgleich derselbe von dem betr. Wähler nicht abgegeben war; er hat sich dann des Protokollführers als seines Werkzeugs bedient; vgl Antr. d. GStA. zu Beschl. I. 30. Nov. 66 c. Lübke (RdO. VII, 682); vgl. TGU. s. 159.

§ 86.

1. Dieser § bezieht sich auf dieselben Wahlen, wie §§ 84. 85.

2. Der § unterscheidet nicht, ob die Handlung von dem zu Wählenden oder einem Dritten ausging: VI. 18. Nov. 64 c. Wolff (RdO. V, 274).

3. Die Bedingungen des civilrechtlichen Kaufgeschäfts brauchen nicht vorzuliegen; auch jede andere materielle Bestechung, jedes Anbieten resp. Annehmen von Vortheilen für die Ausübung des Stimmrechts in einer bestimmten Richtung begründet die Strafbarkeit: ЗI. 18. Nov. 64 (cit. n. 2).

4. Gleichgültig ist es auch, ob der Wähler ohne jene Einwirkung in demselben Sinne gestimmt haben würde oder nicht: ЗI. 18. Nov. 64 (cit. n. 2).

5. Andere Einwirkungen auf die Ausübung eines Wahlrechts, z. B. durch Bedrohung mit Dienstentlassung u. dgl., fallen dagegen nicht unter den §.

*) **Fünfter Titel.**

1. In neuerer Zeit ist vielfach die Ansicht aufgestellt worden, daß bei allen in diesem (sowie in den Titeln 4. 6 und 7) vorgesehenen Straffällen wesentlich vorausgesetzt werde, daß die That gegen Preußen resp. gegen die Preußische Staatsgewalt (gegen Preußische Beamte) verübt sei, daß also die von einem Preußen im Auslande gegen den betr. ausländischen Staat und dessen Gewalt gerichteten Handlungen von den betreffenden Bestimmungen nicht betroffen würden, da § 4 Nr. 3 nur da zutreffe, wo eine Handlung nach Preußischen Gesetzen ein Verbrechen ꝛc. darstelle. Für diese Auffassung hat man sich vorzugsweise darauf berufen, daß das StGB. den in der Natur der Sache liegenden Unterschied zwischen „öffentlichen" und „Privatverbrechen" zwar nicht ausdrücklich hervorgehoben, aber auch nicht beseitigt habe; daß es in Beziehung auf einzelne öffentliche, gegen fremde Staaten verübte Verbrechen (in den §§ 78—81) spezielle und zwar mildere Strafverbote erlassen habe, daß bei mehreren der in den citt. Titeln vorgesehenen Handlungen (z. B. § 95) jedes Interesse fehle, auch die im Auslande verübte That zu bestrafen, und daß endlich die entgegengesetzte Ansicht dazu führen würde, daß auch die gegen weit entlegene barbarische Staaten und ihre Staatsgewalt verübten Handlungen nach § 4 Nr. 3 mit derselben Strafe zu belegen seien, als wenn sie gegen Preußen und seine Staatsgewalt verübt wären, eine Abnormität, welche dadurch nicht beseitigt werde, daß § 4 die Strafverfolgung nicht gebiete, sondern nur gestatte. — Alle diese Gründe sind indessen nicht stichhaltig. Die Bestimmungen der betr. Titel, insbesondere die des Titel 5, verbieten allgemein den Widerstand ꝛc. gegen „die Staatsgewalt", d. h. gegen die am Orte der That begründete Staatsgewalt; hierunter ist selbstverständlich die Preußische zu verstehen, insoweit eine in Preußen verübte That

in Frage steht; insoweit es sich dagegen von einer im Auslande begangenen That handelt, kann grundsätzlich von einem gegen die Gewalt Preußens gerichteten Widerstande keine Rede sein; wäre ein solcher denkbar, so wären die betr. Strafvorschriften entschieden unanwendbar, und Straflosigkeit müßte eintreten, wenn nicht etwa die Nr 1 und 2 des § 4 eine besondere zutreffende Vorschrift enthalten. — Davon aber, daß § 4 Nr. 3 auf „öffentliche Verbrechen" keine Anwendung finden solle, enthalten diese Gesetzesvorschrift selbst, und die gesetzgeberischen Vorverhandlungen nicht die geringste Andeutung. Jene Vorschrift ward deshalb gegeben, weil man es als ein Erforderniß des „Völkerrechts und der Gerechtigkeitspflege im Allgemeinen" betrachtete, daß ein Preuße, welcher als solcher an den fremden Staat nicht ausgeliefert werden könne, nicht straflos bleiben dürfe, wenn er eine nach den beiderseitigen Gesetzen strafbare Handlung begangen habe. Diese Rücksicht trifft offenbar bei „öffentlichen Verbrechen" mindestens in eben dem Maaße zu, wie bei Privatdelikten; ein innerer Grund für eine solche Unterscheidung ist nicht nachzuweisen; daraus, daß im Uebrigen zwischen beiden Gattungen strafbarer Handlungen begriffliche, in der Natur der Sache begründete Unterschiede bestehen, ist sonach für unsere Frage nichts zu folgern. Insbesondere ist es unstatthaft, in dieser Beziehung auf die verfehlte Definition eines „Staatsverbrechens" in § 91 II, 20 ALR zurückzugehen, zumal da auch dort die Bedeutung derselben durch die §§ 12 und 13 ibid. vollständig wieder aufgehoben war. — Wenn die §§ 78 und 79 in Beziehung auf die gegen einen ausländischen Staat resp. gegen dessen Oberhaupt gerichteten Hochverrath und Majestätsbeleidigung besondere von dem Grundsatze des § 4 Nr. 3 abweichende Vorschriften getroffen haben, so erklärt sich das zunächst daraus, daß die im Auslande verübten Hochverrath und Majestätsbeleidigung auch dann, wenn sie gegen Preußen resp. seinen König gerichtet sind, im § 4 (Nr. 1 und 2) eine besondere Behandlung erfahren haben, sodann aber und vorzugsweise dadurch, daß namentlich § 78 sich auch auf den Fall bezieht, wo die betr. Handlung nicht im Auslande, sondern im Inlande, aber gegen einen ausländischen Staat gerichtet ist, d. h. also auf einen Fall, auf welchen § 4 überhaupt keine Anwendung finden konnte, und daß außerdem dort auch der Fall umfaßt werden sollte, wo die betreffende Handlung zwar im Auslande, nicht aber gegen die am Orte der That bestehende, sondern gegen eine dritte Staatsgewalt gerichtet war; für alle diese Fälle wollte man die für Preußen geltenden Grundsätze des § 4 Nr. 1 und 2 auf ausländische Staaten theilweise ausdehnen, und hielt es nun für zweckmäßig, der Einfachheit wegen, zwischen den zusammengefaßten Fällen nicht mehr zu unterscheiden, und deshalb bei ihnen überhaupt von der Anwendung des § 4 Nr. 3 abzusehen. Es kann sonach aus der speziellen Ausnahmebestimmung des § 78 ein argumentum a contrario in Beziehung auf andere „öffentliche Verbrechen" in keiner Weise hergeleitet werden — Daß endlich bei einzelnen im Tit. 5 vorgesehenen Vergehen (z. B. beim Entspringenlassen eines anvertrauten Gefangenen: § 95), sowie bei Unternehmungen gegen die Staatsgewalt weit entlegener barbarischer Staaten ein besonderes Interesse der Strafverfolgung in Preußen nicht obwaltet, findet in der die Verfolgung vom Ermessen der StA.-schaft abhängig machenden Fassung des § 4 um so mehr seine Erledigung, als solche Fälle zu den größten Seltenheiten gehören werden, während grade bei den wichtigeren und häufigeren Fällen (Theilnahme eines Preußen an einem Aufruhre im Nachbarlande, Widersetzlichkeit gegen einen ausländischen Beamten) auch Preußen das wesentlichste Interesse dabei hat, daß wenigstens die Möglichkeit einer Strafverfolgung gegeben sein muß, eine Absicht des Gesetzgebers, solche Handlungen für absolut straflos zu erklären, somit in keiner Weise angenommen werden kann. — Die Rechtsprechung des OTr.s hat denn auch die obige Ansicht konstant verworfen, und die Strafbarkeit eines im Auslande verübten Widerstandes gegen die Staatsgewalt des betr. Staates in Gemäßheit des § 4 Nr. 3 durchweg anerkannt; so bei der Widersetzlichkeit gegen Beamte durch: Beschl. Pl. 16. April 55 c. Zapka (JMbl. S. 184; Entsch. 30. S. 303; GA. III, 563; vgl. § 89 n. 3); ebenso beim Aufruhr: VI 4. Nov. 63 c. Kordzinski (RdO. IV, 147); VI. 4. Jan. 65 c. Swit (RdO. V, 392); u. ö.; ebenso bei der Beleidigung eines Beamten im Dienste. Vgl. § 102 n. 44; § 4 n. 21; § 87 n. 16. A. M. ist Dochhorn Abh. in GA. XII, 97 aus ungenügenden Gründen.

§. 87. Wer zum Ungehorsam gegen die Gesetze oder Verordnungen oder gegen die Anordnungen der Obrigkeit öffentlich auffordert oder anreizt, oder wer Handlungen, welche in den Gesetzen als Verbrechen und Vergehen bezeichnet sind, durch öffentliche Rechtfertigung anpreiset, wird mit Geldbuße bis zu zweihundert Thalern oder mit Gefängniß von vier Wochen bis zu zwei Jahren bestraft.

[Entw. § 77]. Vgl. § 36. (Vdn. v. 30. Juni 1849 § 16.)

---

§ 87.

1. Von einem Ungehorsam gegen Gesetze rc. kann nur da die Rede sein, wo eine gebietende Vorschrift gegeben, also eine Pflicht begründet, nicht da, wo nur ein Recht verliehen ist, sollte dessen Ausübung auch als moralische Pflicht sich darstellen; daher fällt die Aufforderung, sich an einzelnen Wahlen gar nicht, oder nur in einem gewissen Sinne zu betheiligen, nicht unter den §: Z. 27. Sept. 50 c. Gentzensohn; ZII. 3. Okt. 61 c Schumann (RdO. I, 565).

2. Dagegen umfaßt der Ungehorsam gegen Gesetze rc. auch die Nichtbefolgung der betreffenden Gesetze und Anordnungen, nicht minder den passiven Widerstand; namentlich fällt die Nichterfüllung positiver Pflichten gegen den Staat, welche nicht auf einem bloßen Vertragsverhältnisse, sondern auf gesetzlicher Anordnung beruhen, unter diesen Begriff; z. B. Aufforderung, die Abgaben und Steuern nicht zu zahlen: ZI. 12. Okt. 66 c. Sack (RdO. VII, 536).

3. Gleichgültig ist es, ob im Uebrigen der Ungehorsam strafbar sein würde: Z. 27. Sept. 50 c. Gentzensohn.

4. Als eine gebietende Pflicht (n. 1) ist die Vorschrift anzusehen, die Kinder zur Schule zu schicken: ZI. 19. Nov. 62 c. Woyna (RdO. III, 126).

5. Ebenso betrachtete ein Beschl. I. 26. April 61 (RdO. I, 362) es als eine gesetzliche Pflicht jedes Staatsbürgers, die von einer Behörde an ihn ergangenen Verfügungen, Zustellungen rc. anzunehmen, die Aufforderung zur Verweigerung der Annahme aller in einer gewissen Form erlassenen Verfügungen falle daher unter § 87 (nicht unbedenklich).

6. Aus der Gleichstellung der „Anordnungen der Obrigkeit" mit „Gesetzen" und „Verordnungen" folgt, daß jener Ausdruck hier nur auf generell verpflichtende Anordnungen, welche Ausfluß der gesetzgebenden Gewalt sind, bezogen werden darf: VI. 28. Okt. 57 c. Köhler (GA. VI, 107); ZI. 4. Mai 60 c. Kruse (GA. VIII, 559); Beschl. I. 20. Juni 62 (RdO. II, 476); ZI. 19. Juni 63 c. Schneider; vgl. Beschl. I. 22. April 64 (RdO. IV, 474). Unter Obrigkeit sind daher hier nur solche Behörden und Beamten zu verstehen, welche zur Erlassung derartiger allgemein verpflichtender Vorschriften berufen sind. Die Aufforderung zum Ungehorsam gegen solche obrigkeitliche Anordnungen oder Verfügungen, welche sich nur als Verwaltungsakte darstellen, oder die sich nur auf einen speziellen Fall oder auf eine spezielle Person beziehen, können nur geeigneten Falles nach § 34. 36 oder 89 strafbar sein.

7. Die Vdn. v. 30. Juni 1849, welcher dieser § 87 entlehnt ist, sprach nur von den „Anordnungen der zuständigen Obrigkeit"; dieser Zusatz ist hier beseitigt, weil die Kompetenz der betr Behörde und die Gesetzlichkeit ihrer Anordnungen nicht vom einzelnen Staatsbürger zu prüfen sei, er vielmehr den gesetzlichen Weg der Beschwerde betreten müsse; die Strafbarkeit des Widerstandes wird daher weder durch die Kompetenz der Behörde, noch durch die Gesetzlichkeit ihrer Anordnungen bedingt: KVII. s. 61; KVI. s. 16; *contra:* TL. s. 617, „weil Widerstand gegen die Anordnungen der unzuständigen Obrigkeit kein Ungehorsam sei." Vgl. § 89 n. 12 fgg.

8. In Betreff des Begriffs der Oeffentlichkeit sind auch hier die Voraussetzungen der §§ 36 (152. 156) maaßgebend: VI. 28. Okt. 57 c. Köhler; GM. II, 112 n. 2. Es kommt also darauf an, ob die betr. Handlungen an einem öffentlichen Orte, oder bei einer öffentlichen Zusammenkunft, oder ob sie durch verkaufte rc. Schriften rc. verübt worden sind. Im Einzelnen sind die Noten zu § 36 n. 1 fgg. und Preßges. v. 12. Mai 1851 § 33 zu vergleichen.

§. 88. Wer eine Person des Soldatenstandes, es sei der Linie oder der Landwehr, auffordert oder anreizt, dem Befehle des Oberen nicht Gehorsam zu leisten, wer insbesondere eine Person, welche zum Beurlaubtenstande gehört, dazu auffordert oder anreizt, der Einberufungs-Ordre nicht zu folgen, wird mit Gefängniß von sechs Wochen bis zu zwei Jahren bestraft.

Diese Bestimmung findet Anwendung, die Aufforderung oder Anreizung mag durch Wort oder Schrift oder durch irgend ein anderes Mittel geschehen, sie mag von Erfolg gewesen sein oder nicht.

[Entw. § 78]. Vgl. (Ges. v. 19. Nov. 1849; GS. f. 417); Mil.-Str.-GB. v. 3. April 1845 I. § 135; Ges. v. 4. Juni 1851 § 9 10 (GS. f. 453).

---

9. Es wird keineswegs vorausgesetzt, daß die Aufforderung ꝛc. sich auf eine konkrete als solche bestimmt erkennbare That beziehe; es genügt, wenn sie dahin ging, einer gebietenden Vorschrift ꝛc. nicht Folge zu leisten, oder einer verbietenden entgegenzuhandeln; *contra*: TL. f. 617; vgl. § 36 n. 9.

10. Das „Auffordern und Anreizen" kann auch indirekt geschehen.

11. Ob die Aufforderung oder Anreizung von Erfolg gewesen sei, ist gleichgültig; es bedarf daher auch nicht der namentlichen Bezeichnung der Personen, welche angereizt worden sind: ZI. 20. Okt. 63 c. Thiele.

12. Handelt es sich von der öffentlichen Aufforderung zu einer ein Verbrechen oder ein Vergehen darstellenden Handlung, so wird § 36 anwendbar, welcher die Fälle des eingetretenen Erfolges und der Erfolglosigkeit ausdrücklich unterscheidet.

13. Durch das Verbot: „Handlungen, welche das Gesetz als Verbrechen ꝛc. bezeichnet, durch öffentliche Rechtfertigung anzupreisen" soll die wissenschaftliche Kritik über die Zweckmäßigkeit und doktrinelle Richtigkeit eines Strafverbots nicht beschränkt, sondern es sollen nur solche Reden und Schriften getroffen werden, welche ohne blos in verständiger Weise Kritik zu üben, und ohne auf der andern Seite direkt zu ungesetzlichem Handeln aufzufordern, sich an das Gefühl und die Leidenschaften wenden, und in Formen, welche denen der wissenschaftlichen Untersuchung durchaus fern liegen, Handlungen, die das Strafrecht verpönt, nicht nur als erlaubt rechtfertigen, sondern gradezu durch Lobreden verherrlichen: KBII. f. 59; KBI. f. 15.

14. Zu diesem strafbaren „Anpreisen" bedarf es der Absicht, dadurch zu jenen Handlungen anzureizen, nicht; es genügt die Absicht der Anpreisung mit der Kenntniß der Strafbarkeit jener Handlungen; noch weniger ist ein Erfolg der Anpreisung erforderlich.

15. Auch das Verbot der Anpreisung ꝛc. ist nicht auf konkrete unerlaubte noch zu begehende Handlungen beschränkt; es genügt, wenn eine solche Anpreisung eine unerlaubte Handlung in abstracto zum Gegenstande hat; es kann daher auch bei Besprechung einer bereits begangenen That eine strafbare anpreisende Rechtfertigung Statt finden, welche ihre Begehung im Allgemeinen als lobens- und nachahmenswerth darstellt, und so die indirekte Anreizung zur Wiederholung in sich schließt. Dagegen kann die bloße Billigung einer schon begangenen Handlung, wobei auf fernere Begehung ähnlicher Handlungen nicht hingewirkt wird, nicht unter den § fallen: Beschl. I. 9. Jan. 56 c. Garske.

16. Der § trifft auch denjenigen, welcher eine im Auslande zu begehende That, z. B. einen von einem Ausländer im Auslande gegen die Staatsgewalt des eignen Landes verübten Hochverrath (Aufruhr), durch öffentliche Rechtfertigung anpreist: ZI. 24. April 63 c. Jagielski (GA. XI, 500); Beschl. I. 28. Sept. 64 c. Wegner (RdO. V, 138); VI. 26. April 65 c. Merzbach (RdO. VI, 73); vgl. Tit. 5 n. 1.

§ 88.

1. Dieser Artikel ist wörtlich dem cit. Ges. v. 19. Nov. 1849 entlehnt.

§. 89. Wer einen Beamten, welcher zur Vollstreckung der Gesetze, oder der Befehle und Verordnungen der Verwaltungsbehörden, oder der Urtheile und Verordnungen der Gerichte berufen ist, während der Vornahme einer Amtshandlung angreift, oder demselben durch Gewalt oder Drohung Widerstand leistet, wird mit Gefängniß von vierzehn Tagen bis zu zwei Jahren bestraft.

---

2. Da es sich hier um Erhaltung der Heeres-Disziplin handelt, so kommt auf die Beweggründe des Auffordernden Nichts an; die Strafe trifft auch denjenigen, welcher ohne alle meuterische oder staatsgefährliche Absicht handelt, z. B. wenn Jemand die Aufforderung an einen Dienstboten richtet, weil er glaubt, denselben zur Zeit nicht entbehren zu können: ZI .1. Febr. 54 c. Eisenecker (GA. II, 688).

§ 89.

Inhalt.

1. Ueber die Beamtenqualität im Allgemeinen und ihre Voraussetzungen vgl. § 331 n. 1 fgg.

2. Der § schützt auch ausländische Beamten, welche auf den Grund eines Staatsvertrags für berechtigt erklärt sind, in Preußen Amtshandlungen vorzunehmen.

3. Ebenso trifft der § (nach § 4 Nr. 3) auch da zu, wo ein Preuße sich im Auslande einem vollstreckenden Beamten des betr. Staats widersetzt: Beschl. Pl. 16. April 55 c. Zapka (JMbl. s. 184; Entsch. 30. s. 303; GA. III, 563); ZI. 18. April 67 c. Passilewitz; vgl. Thl. II Tit. 5 (s. 158) n. 1.

4. Der Schutz des § gilt nicht für alle Beamten, sondern nur für die zu einer Vollstreckung berufenen: KBII. s. 60; vgl. § 90 n. 2. 6. Dagegen ist derselbe nicht auf eigentliche Exekutivbeamte zu beschränken; es genügt, wenn ein anderer Beamter im Einzelfalle eine amtliche Vollstreckung zu bewirken hat, z. B. wenn ein höherer Polizei-Beamter selbst Vollstreckungshandlungen (eine Verhaftung rc.) vornimmt: BI. 7. Okt. 57 c. Klaws (GA. V, 851); BI. 26. April 64 c. Gersten (RdO. V, 201); oder wenn ein Richter irgend eine prozessualische Maaßnahme (eine Ortsbesichtigung rc.) selbst zur Ausführung bringt: ZI. 20. Dez. 65 c. Weid (RdO. VI, 562); vgl. n. 8.

5. Zu den hier bezeichneten Beamten gehören die Nachtwächter: ZI. 22. Dez. 58 c. Albrecht.

6. .... ebenso die Gemeinde-Förster (wenn sie den Forstschutz ausüben): ZII. 18. Mai 65 c. Schönlau; u. ö.

7. .... ebenso die Chausseegeldpächter: ZI. 12. Mai 54 c. Meyer; ZI. 25. Jan. 60 c. Dolatkowski; vgl. Chausseegeldtarif v. 29. Febr. 1840 Zus.Be-

Dieselbe Strafe tritt ein, wenn der Angriff oder die Widersetzlichkeit gegen Personen, welche zur Beihülfe des Beamten zugezogen waren, oder gegen Mannschaften des Militairs oder einer Gemeinde-, Schutz- und Bürgerwehr in Ausübung des Dienstes erfolgt.

[Entw. § 79]. Vgl. § 90. 91. 92. 96. 102. 196; EG. Art. II; Ges. v. 31. März 1837 (GS. S. 67); Steuer-Ordn. v. 8. Febr. 1819 § 89; Zoll-Str.-Ges. v. 23. Jan. 1838 § 26; Ges. v. 31. März 1841 (GS. S. 64); Ges. v. 4. Juni 1851 § 8—10 (GS. S. 452).

---

merkt. Nr. 22 (GS. S. 100). Dasselbe gilt von einem dem Pächter durch die Aufsichtsbehörde zugeordneten Assistenten oder Vertreter (Afterpächter): ZI. 14. Okt. 59 c. Christ; VI. 18. Febr. 63 c. Gruchalla (RdO. III, 294); u. ö. Ebenso verhält es sich nach Oldenburger Recht: Präj. OAG. Oldenburg c. Löwenstein (Old. Arch. IX, 19).

8. Dagegen sind richterliche Beamten (von dem unter n. 4 erwähnten Falle abgesehen) nicht hierher zu zählen. Insbesondere ist die aufgetragene Aufnahme eines Testaments nicht als eine Vollstreckungshandlung anzusehen: ZI. 7. Nov. 56 c. Rauschert (GA. V, 263).

9. Aehnlich verhält es sich mit einem Schulzen, welcher als Vorsteher der Gemeinde Privatrechte derselben ausübt (z. B. Handlungen der erlaubten Privatgewalt vornimmt): Beschl. I. 9. März 60 c. Freitag (38 B). Dasselbe wird von andern Gemeindebeamten gelten, wenn sie im Interesse der Gemeinde zu einer [nur gestatteten, nicht gebotenen] Privatpfändung übergehen; vgl. ZPl. 12. Jan. 57 c. Bültmann (Entsch. 35. S. 240; GA. V, 46).

10. Eine Vollstreckung setzt das Vorhandensein einer maaßgebenden (durch das Gesetz oder eine dazu berufene Behörde erlassenen) Anordnung voraus, welche nöthigenfalls im Zwangswege ins Werk zu setzen ist. Dem steht ein amtlicher Auftrag nicht gleich. Daher fällt der Widerstand, der einem mit der Ablieferung eines Privatbriefs beauftragten Postbriefträger geleistet wird, nicht unter den §: ZI. 28. April 54 c. v. Wiewierowski. Dagegen wird der § anwendbar, sobald der Widerstand einem mit einer gerichtlichen Insinuation beauftragten Briefträger oder einem mit der Aushändigung eines Steuerzettels beauftragten Magistratsboten geleistet wird: ZI 11. Mai 64 c. Peters (RdO. IV, 504); ZII. 16. März 65 c. Schridder (RdO. VI, 3).

11. Als Vollstreckung eines Gesetzes ist es anzusehen, wenn Polizeibeamte (Gendarmen, Polizeidiener) in Ausführung des ihnen im Allgemeinen gewordenen Berufs im Einzelfalle zur Vornahme einer polizeilichen Maaßnahme, z. B. einer Verhaftung schreiten; sie bedürfen dann nicht erst eines speziellen Befehls der vorgesetzten höheren Behörde: ZII. 13. Okt. 56 c. Glück; ZI. 28. Jan. 57 c. de Kamke-Schmidt.

12. Handelt es sich von der Vollstreckung der Befehle oder der Verordnungen einer Verwaltungsbehörde, oder der Urtheile und Verordnungen der Gerichte, so wird der Widerstand gegen dieselbe dadurch nicht straflos, daß die betr. Behörde im speziellen Falle zur Erlassung der Verordnung 2c. nicht berufen war, oder daß es an den Voraussetzungen fehlt, an welche gesetzlich jene Erlassung geknüpft war. War die Behörde im Allgemeinen zur Erlassung einer Verordnung 2c. der fraglichen Art befugt, so muß die letztere wirksam werden; eine Abhülfe ist nur im Beschwerdewege zu erzielen: ZII. 26. Okt. 65 c. Tögel (RdO. VI, 431); ZI. 10 Okt. 66 c Briszin (RdO. VII, 517); KVII. S. 61; KVI. S. 16. Ein Widerstand wird daher dadurch nicht straflos, daß die betr. Verordnung von einer territorial unzuständigen Behörde ausging: ZI. 5. Juni 57 c. Schmaack (JMbl. S. 286); VI. 4. Mai 64 c. Beckmann (RdO. IV, 486); u. ö.; *contra*: VI. 15. Mai 57 c. v. Scheele; ZI. 21. Jan. 63 c. Kanzler (RdO. III, 224: ein Fall des § 102; erwogen ward indessen, daß da, wo die Zuständigkeit zweifelhaft sei, die Autorität einstweilen respektirt werden müsse). — Im Uebrigen versteht es sich von selbst, daß, wenn der Unterbeamte zur selbstständigen Vornahme einer Amts-

handlung berufen war (n. 11), die Mängel eines ihm in dieser Beziehung gewordenen Befehls 2c. die Legalität seines Verfahrens nicht beeinträchtigen und einen ihm geleisteten Widerstand nicht straflos machen können.

13. Der § setzt eine Amtshandlung voraus. Eine solche liegt überall da vor, wo ein Beamter in Ausübung des ihm gewordenen Berufs, d. h. in der äußerlich erkennbaren Absicht, Pflichten, welche ihm sein Amt auflegt, zu erfüllen oder mit demselben verknüpfte Rechte auszuüben, eine an sich (im Allgemeinen) innerhalb seiner Amtsbefugnisse liegende Handlung vornimmt: ZI. 7. Okt. 53 c. Schulz (GA. I, 700); VII. 10. März 59 c Wahle; ZI. 30. Jan. 61 c. Bolz; u. ö. Der Beamte hat zunächst selbst zu prüfen, ob er berufen und ob Veranlassung vorhanden sei, amtlich thätig zu sein. Auch wenn er sich hierin irrt (z. B. wenn er zur Verhaftung eines Menschen schreitet, den er irriger Weise für den Urheber eines Verbrechens hält), verliert diese seine Thätigkeit den von ihm gewollten Charakter der Amtlichkeit nicht, und er hat Anspruch auf den im § 89 gewährten Rechtsschutz: ZII. 24. Juni 58 c. Göhre; ZI. 22. Sept. 58 c. Augustin; VI. 2. März 60 c. Krause; ZII. 19. Mai 60 c. Holland; u. ö.; KVII. s. 61; KVI. s. 16; *contra*: TGII. s. 161. 162 n. 4; TL. s. 621; vgl. n. 16. Hiernach kann eine „Amtshandlung" nur da negirt werden, wo entweder der betr. Beamte überhaupt nicht zur Vornahme einer Handlung der fraglichen Art (in abstracto) berufen und befugt war, oder wo derselbe eine an sich in den Kreis seiner amtlichen Befugnisse fallende Handlung mit dem Bewußtsein vornimmt, daß es an einer gesetzlich genügenden Veranlassung dazu fehle, oder daß er sie in der Weise, wie er sie ausführt, nicht vornehmen dürfe, d. h. also in einem Falle, wo der Beamte den amtlichen Charakter nur fälschlich vorschützt, und die Handlung aus anderen, dem Amte fremden, Gründen vollzieht. — Von diesem Falle abgesehen, wird das unter n. 12 Gesagte auch hier anwendbar. Insbesondere verliert eine Amtshandlung diesen ihren Charakter nicht ohne weiteres dadurch, daß der Beamte außerhalb des ihm angewiesenen Bezirkes thätig ist: VI. 6. April 59 c. Grembkow; ZI. 7. Nov. 60 c. Prohl; ZI. 5. Sept. 62 c. Brauer; ZI. 31. Jan. 66 c. Gailus (RdO. VII, 61: wenn der Beamte „nicht absichtlich die räumlichen Grenzen seines Amtes überschritten habe"); *contra:* VI. 15. März 57 c v. Scheele; ZII. 20. Nov. 62 c. Schürmann (RdO. III, 134). Jedenfalls genügt es, wenn der betr. Beamte von der territorial zuständigen höheren Behörde beauftragt war: VI. 21. Jan. 64 c. Adloff (RdO. IV, 305).

14. Dieselben Grundsätze sind maaßgebend, wenn bei der Vornahme einer Amtshandlung in regel- oder gesetzwidriger Weise verfahren worden ist. Auch hierdurch verliert die Handlung ihren amtlichen Charakter nicht, insofern sich nicht der Beamte selbst bewußt war, daß er in gesetzwidriger Weise zu Werke gehe. Es ist daher unwesentlich, wenn z. B. der Beamte bei seiner amtlichen Thätigkeit betrunken war: ZI. 7. Okt 64 c. Lange; oder wenn er nicht die vorschriftsmäßige Kleidung resp. andere äußere Abzeichen trug: ZI. 29. April 57 c. Grell (RdO. V, 558); oder wenn er zu einer vorschriftswidrigen Zeit einschritt (z. B. eine Exekution am Sonntage, eine Haussuchung bei Nacht vornahm): ZI. 10. Nov. 58 c. Nordheim (GA. VII, 100); ZI. 7. Aug. 59 c. Stenzel [vgl. aber n. 17]; wenn er eine Instruktionswidrigkeit beging: ZI. 18. Nov. 57 c. Krause; wenn er über seinen Auftrag hinausging: ZI. 15. Sept. 65 c. Stresow; wenn er zuviel pfändete: ZII. 16. Okt. 56 c. Orthaus; ZI. 10 Dez. 57 c. Plenger; wenn ein haussuchender Förster einen territorial unzuständigen Ortsrichter zuzog: VI. 31. Jan. 66 c. Riek (RdO. VII, 65); oder wenn der Beamte überhaupt bei der Vollstreckung sich eine Ungehörigkeit zu Schulden kommen ließ: ZI. 22. Sept. 54 c. Raymond; ZI. 6. Okt. 54 c. Holzki. In allen diesen Fällen darf sich derjenige, gegen welchen amtlich eingeschritten wird, nicht zum Richter über die Gesetzlichkeit des amtlichen Einschreitens und Verfahrens aufwerfen; er muß die Amtshandlung geschehen lassen, und kann Abhülfe nur im Beschwerdewege suchen: VII. 6. Juli 54 c. Braune; vgl. GM. II, 122ff.; Bes. s. 256 II; BL. s. 479. Vgl. unten n. 16.

15. Aus dem unter n. 12—14 Gesagten folgt, daß gegen eine wirkliche Amtshandlung, trotz der dem Beamten dabei zur Last fallenden Ausschreitungen, eine Nothwehr nicht statthaft ist; vgl. § 41 n. 4; BL. s. 138; HS. I, 264 (: „Nothwehr setzt eine gewollte Rechtsverletzung voraus, nicht blos eine drohende Beschädigung"); *contra:* TArch. I, 167.

16. Das OTr. hat an der Strenge der oben (n. 12—15) entwickelten Grundsätze nicht überall festgehalten, und durch ein Plenarpräjudiz sich nur negativ dahin ausgesprochen, daß „eine an sich zu dem Amtsberufe eines Beamten gehörige, von ihm in amtlicher Eigenschaft vorgenommene Handlung, insbesondere eine von einem Förster [nicht als Beschlagnahme von Ueberführungsstücken zur strafrechtlichen Verfolgung] vorgenommene Pfändung nicht in allen Fällen den Charakter der Amtshandlung bezüglich auf die Anwendbarkeit der §§ 89 und 192 StGB. dadurch verliere, daß der Beamte sich bei Vornahme derselben eines Versehens schuldig gemacht, oder dieselbe ohne genügende Veranlassung vorgenommen habe": ZPl. 12. Jan. 57 c. Bültmann cit. n. 9. Es ward sodann in gedachtem Falle angenommen, daß eine von einem Gemeindeförster [nicht bei Gelegenheit seines Forstschutzes, sondern zur Abwehr eines Eingriffs in das angebliche Gemeindegrundeigenthum] vorgenommene Privatpfändung keine Amtshandlung sei, wenn es dabei an den Voraussetzungen des § 415 I, 14 ALR. fehle; ähnlich: BI. 2. März 57 c. Heintz. Es ist indessen zu bemerken, daß in einem solchen Falle von der Anwendung des § 89 überhaupt keine Rede sein kann, da die gedachte Pfändung nicht als amtliche Vollstreckungshandlung anzusehen ist; vgl. n. 9. — In ähnlicher Weise hat das OTr. auch anderweitig ausgesprochen, daß es der richterlichen Beurtheilung im Einzelfalle unterliege, ob die thatsächlich festgestellte Handlung dadurch den Amtscharakter verliere, daß sie (objektiv ohne die im Gesetz vorausgesetzte Veranlassung oder in ungesetzlicher Weise vorgenommen wurde. Demgemäß ward entschieden:

17. .... daß eine von einem Förster ohne Beobachtung der im Ges. vom 12. Febr. 1850 § 11 vorgeschriebenen Förmlichkeiten vorgenommene Haussuchung keine Amtshandlung sei: ZI. 11. April 56 c. Czarnetzki (GA. IV, 554); vgl. oben n. 14.

18. Dasselbe ward angenommen in Betreff der Handlung eines Forstaufsehers, durch welche er einen angehaltenen Holzdieb nöthigen will, ihm an den Ort der That zu folgen, damit derselbe nicht anderen Holzdieben von der Anwesenheit des Beamten Kenntniß gebe: BI. 17. Juni 63 c. Gehrmann (RdO. III, 498).

19. .... ebenso in Betreff der nur durch einen Exekutor ohne gehörigen Auftrag vorgenommenen Auspfändung: ZI. 7. Dez. 55 c. Fregiehn (GA. IV, 243); ZI. 25. Febr. 57 c. Beyer (GA. V, 558).

20. Vorausgesetzt wird, daß dem Widerstandleistenden die Beamtenqualität des Andern, und daß derselbe eine Amtshandlung vornehme, bekannt sei. Daher wird § 89 unanwendbar, wenn der Angeklagte in der Ueberzeugung handelte, daß der Beamte eine amtliche Thätigkeit fälschlich vorschütze; vgl. n. 13. Dagegen ist es gleichgültig, wie dem Angeklagten jene Kenntniß geworden; insbesondere bedarf es weder einer ausdrücklichen Belehrung von Seiten des Beamten, noch eines äußern von diesem getragenen Erkennungszeichens: ZI. 28. Sept. 60 c. Jagst. — Der ausdrücklichen Feststellung der gedachten Kenntniß bedarf es nur dann, wenn sie bestritten war; in diesem Falle wird § 44 anwendbar; vgl. ZII. 10. Sept. 57 c. Happe, welches insofern zu weit geht, als es dem Angeklagten den Beweis seiner Unkenntniß zumuthet; vgl. § 44 n. 9. 10.

21. Der Widerstand gegen eine Amtshandlung wird dadurch nicht straflos, daß der Angeklagte selbst ein zur Zeit im Dienste sich befindender Beamter ist: ZI. 26. Juni 61 c. Kupke (RdO. I, 465). Anders gestaltet sich die Sache, wenn ein Beamter in der (irrigen) Ueberzeugung handelt, er sei amtlich dazu berufen, der Amtsthätigkeit eines andern Widerstand entgegen zu setzen: BI. 26. März 58 c. Skulik.

22. Der Angriff braucht, um strafbar zu sein, nicht in der Absicht Statt gefunden zu haben, Widerstand zu leisten; ein bewußtes Handeln genügt: ZI. 9. Nov. 60 c. Zenke.

23. Dagegen wird beim Widerstande die Absicht vorausgesetzt, die Ausführung der Amtshandlung zu hindern, resp. den Beamten zu veranlassen, von derselben abzustehen: ZI. 8. Juni 53 c. Haupt (GA. I, 564); BI. 6. Nov. 57 c. Skulik; BI. 26. März 58 c. dens.; TL. s. 662.

24. Zum Widerstande gehört zunächst eine aktive Thätigkeit, ein Handeln, welches dem Vergehen des Beamten als direktes Hinderniß entgegentritt,

Daher genügt ein blos passives, körperliches, die Ausführung der Amtshandlung erschwerendes, Verhalten nicht; z. B. ein Sich-Niederwerfen: B. 11. Okt. 51 c. Wilke (Entsch. 22. s. 70; GA. I, 76); BI 6. Okt. 54 c. Liedtke. Das Gegentheil tritt ein, wenn mit dem Sich-Niederwerfen ein Losreißen verbunden ist; vgl. n. 28.

25. Sodann wird vorausgesetzt, daß der Widerstand gegen die Person oder wenigstens gegen die Thätigkeit des Beamten gerichtet sei: GM. II, 119; daher genügt nicht ein lediglich gegen den zu vollstreckenden Befehl geleisteter Widerstand, bei welchem jenem nur ein rein sachliches Hinderniß entgegengesetzt wird (es würde dann auch an der „Gewalt" ꝛc. fehlen); z. B. das Verschließen einer Thüre, oder die Weigerung, eine verschlossene Thüre zu öffnen: Z. 4. Juni 52 c. Richter; Z. 9. Juni 52 c. Heintze (GA. I, 76); BI. 20. Febr. 57 c. Stobick (GA. V, 559; ZI. 11. Sept. 61 c. Knarr (RdO. I, 526); vgl. Entw. v. 1843 § 201, Entw. v. 1847 § 118. 119 im Vergleiche mit § 89; TArch. IV, 40. Vgl. aber n. 30.

26. Endlich muß der Widerstand durch Gewalt oder Drohung geleistet sein. Jene besteht in der Aufwendung einer besondern körperlichen Kraft, welche der Person des Beamten oder seiner Thätigkeit (vgl. ZI. 9 Mai 62 c. Hielscher, RdO. II, 391) hindernd, gegenwirkend entgegentritt, und den letzteren nöthigt, auch seinerseits zur Beseitigung des Hindernisses eine erhöhte Kraftanstrengung anzuwenden, oder aber von der Amtshandlung einstweilen abzustehen; vgl. Z. 11. Sept. 51 (Entsch. 22. s. 69); ZI. 25. April 55 c. Beust; Motive s. 31.

27. Es entspricht dem Gesetze, Gewalt darin zu finden: wenn Jemand, welcher von einem Orte entfernt werden soll, durch Festhalten, oder durch Gegenstemmen Widerstand leistet: Z. 19 Sept. 51 c. Kellner (Entsch. 22. s. 70; GA. I, 76); ZI. 11. März 63 c. Lemke; u. ö.; *contra*: Bes. s. 258 III.

28. .... ebenso, wenn Jemand sich von dem ihn festhaltenden Beamten losreißt: ZII. 24. Juni 58 c. Göhre; ZI. 2. Mai 62 c. Rubow.

29. .... oder den Beamten hinausdrängt: ZI. 11. Sept. 55 c. Zier; ZI. 25. Nov. 59 c. Ströhmer.

30. .... ebenso, wenn Jemand den Beamten, um ihn an der Vornahme der Amtshandlung zu hindern, einsperrt: ZI. 9. Mai 62 c. Hielscher (RdO. II, 391); vgl. § 210 n. 3.

31. .... ebenso, wenn Jemand die vom Beamten zum Zwecke des Anhaltens im Zügel ergriffenen Pferde eines Fuhrwerks zum Fortgehen antreibt: Z. 8. Sept. 52 c. Otto; ähnlich: ZI. 24. April 57 c. Schmidt.

32. Dasselbe gilt von dem (wenn auch nur versuchten) Entreißen einer Sache: ZI. 23. Mai 55 c. Reich; ZI. 28. Jan. 57 c. Teichmann; *contra*: BI. 10. Okt. 55 c. Häseler (GA. III, 833) in Betreff eines bloßen Fortnehmens.

33. .... ebenso von dem Festhalten der Sache, welche der Beamte wegnehmen will: B. 14. Mai 52 c. Kollarz; ZI. 10. Dez. 58 c. Szelski.

34. Dagegen ist es gerechtfertigt, Gewalt nicht anzunehmen, wenn Jemand dem Beamten die Thüre, durch welche dieser eintreten will, vertritt; nur dann, wenn der Beamte versuchte, den Vertretenden aus dieser Stellung zu entfernen, und wenn ihm hierbei direkt thätlicher Widerstand geleistet würde, wäre Gewalt anzunehmen: B. 4. Juni 52 c. Leidhold; Z. 9. Juni 52 c. Heintze (GA. I, 76).

35. Als Drohung im Sinne dieses § ist nur die Ankündigung der Zufügung eines gegenwärtigen (unmittelbar bevorstehenden) Uebels zu betrachten: Z. 9. Juni 52 c. Heintze; ZI. 17. Febr. 54 c. Kiuntke. Außerdem muß aber aus der Gleichstellung mit der „Gewalt" auch noch gefolgert werden, daß die Drohung geeignet sein müsse, den Bedrohten zur Abstandsnahme von der gewollten Amtshandlung zu bestimmen; vgl. § 212 n. 5. Dagegen ist es nicht erforderlich, daß das angedrohte Uebel genau und speziell bezeichnet sei; es genügt, wenn der Bedrohte entnehmen konnte, daß ihm ein Uebel der fraglichen Art in nahe Aussicht gestellt werde; vgl. ZI. 14. Mai 60 c. Kruse.

36. Vorausgesetzt wird, daß der Bedrohte die Drohung vernommen habe, weil sie sonst für sein Thun oder Lassen nicht bestimmend sein konnte: ZI. 28. Okt. 57 c. Jahnke; vgl. § 3 n. 4, § 212 n. 8, § 213 n. 4. 6

37. Eine Drohung kann auch durch Handlungen stattfinden; dagegen braucht eine mündliche Aeußerung, um als Drohung zu gelten, nicht von einer Hand-

lung begleitet, noch braucht eine solche auf sie gefolgt zu sein: ZI. 17. Febr. 54 c. Kiuntke; BI. 8. Jan. 58 c. Felder.

38. Der Widerstand gegen einen Beamten ist auch dann strafbar, wenn er von einem Andern als dem durch die Amtshandlung Betroffenen ausging: ZI. 5. Sept. 56 c. Zobel.

39. Der beabsichtigte Erfolg des Angriffs und Widerstandes gehört nicht zur Vollendung des Vergehens; auch ein vergebliches Bestreben dieser Art, welches eben deshalb nur Versuch genannt wird, enthält das vollendete Vergehen, wenn im Uebrigen die Begriffserfordernisse des § vorliegen: Z. 2. Juli 52 c. Gangloff; ZI. 23. Mai 55 c. Reich; vgl. n. 32.

40. Der zweite Absatz des § setzt voraus, daß der Angriff ꝛc. gegen Personen erfolgt sei, welche zur Beihülfe des Beamten zugezogen waren; er ist daher nicht anwendbar, wenn Privatpersonen mit der ganzen Ausführung der betreffenden Handlung beauftragt worden sind: GM. II, 122 n. 6; ähnlich: ZPl. 24. April 54 c. Oldendorf (Entsch. 28. s. 164; GA. II, 828), welches den § auf die im Gemeindedienste beauftragten Transporteurs nicht für anwendbar erachtete. Jedenfalls aber ist die fortgesetzte unmittelbare Anwesenheit des zuziehenden Beamten nicht als unerläßliche Bedingung anzusehen, vielmehr ist es in einem solchen Falle Gegenstand der thatsächlichen Beurtheilung, ob trotz der zeitweiligen Entfernung desselben die betreffenden Personen noch als vom Beamten zur Beihülfe zugezogen anzusehen sind: ZII. 19. Mai 55 c. Böhme.

41. Gleichgültig ist es, ob die Zuziehung anderer Personen durch den betr. Beamten selbst, oder durch dessen Vorgesetzten erfolgt ist: ZI. 13. Nov. 57 c. Dömpke; ZI. 5. Juni 61 c. Burow.

42. Abs. 2 ist auf alle zugezogenen Privatpersonen anzuwenden, also nicht auf zeitweise beschäftigte Hülfs-Beamte beschränkt: ZI. 17. Febr. 60 c. Hecker. Ein Gefängnißbeamter kann selbst Gefangene zu seiner Beihülfe zuziehen: ZII. 3. Dez. 63 c. Günther (RdO. IV, 236).

43. Haben die gegen die Person des Beamten zum Zwecke des Widerstandes vorgenommenen Gewalthandlungen den Charakter der vorsätzlichen Körperverletzung oder Mißhandlung, so trifft auch § 192 zu; es liegt dann ein Fall der idealen Konkurrenz vor; *contra*: Z. 23. April 52 c. Hampel, welches den letztern § für unanwendbar hielt, so lange nicht festgestellt sei, daß der Angeklagte bei der That noch eine andere Absicht, als die des thätigen Widerstandes, gehabt habe.

44. Ueber das Verhältniß des § 89 zu § 90 vgl. zu diesem n. 2. 6.

45. Die Vorschriften über die thätlichen Widersetzlichkeiten gegen Steuer- und Zoll-Beamte sind neben § 89 in Kraft geblieben (vgl EG. Art. II n. 19), also namentlich Steuer-Ordn. v. 8. Febr. 1819 § 89; Zollstrafges. v. 23. Jan. 1838 § 26. Ein Gleiches gilt vom Ges. v. 31. März 1841 über Aufrechthaltung der Mannszucht auf den Seeschiffen.

46. Ebenso ist das Ges. v. 31. März 1837, betr. die Strafe der Widersetzlichkeiten bei Forst- und Jagdvergehen, durch EG. Art. II ausdrücklich aufrecht erhalten worden. Soweit daher dieses Gesetz zutrifft, bleibt § 89 ausgeschlossen. Dasselbe sieht aber zunächst nur die innerhalb des Forstes begangenen Widersetzlichkeiten voraus: B. 25. Mai 50 c. Florian (Grundss. n. 107); ZI. 22. April 53 c. Scholz (GA. I, 379); BI. 11. Dez. 57 c. Höltzer; u. ö.; Min.-Verf. v. 12. März 1842 (JMbl. s. 109). Seine Anwendbarkeit ist sodann aber auch auf die Fälle auszudehnen, wo zwar der Angriff oder Widerstand außerhalb des Forstes Statt gefunden hat, der Vorfall aber im unmittelbaren Zusammenhang mit einer vom Förster ꝛc. im Forste vorgenommenen Amtshandlung steht: ZI. 27. Sept. 65 c. Gwisdala (RdO. VI, 335); Beschl I. 12. Sept. 66 c. Rohr (231 B). Das gilt namentlich da, wo der vom Förster im Walde betroffene Forstfrevler entflieht, von jenem verfolgt wird, und nun außerhalb der Waldesgrenze sich einer Widersetzlichkeit schuldig macht: ZI. 11. Juni 58 c. Hantschick (Entsch. 39. 2. 66; GA. V, 834); BI. 11. Febr. 59 c. Woldenberg; ZI. 4. Juni 62 c. Hoost (RdO. II, 513); *contra* früher: Beschl. I. 19. März 58 c. Schmidt (67 B).

47. Insoweit dagegen die Voraussetzungen des Ges. v. 31. März 1837 nicht zutreffen, wird bei dem gegen einen Forst- ꝛc. Beamten geleisteten Widerstande

§. 90. Wer eine Behörde oder einen Beamten durch Gewalt oder Drohungen zwingt oder zu zwingen versucht, eine Amtshandlung vorzunehmen oder zu unterlassen, wird mit Gefängniß nicht unter drei Monaten bestraft.

[Entw. § 80]. Vgl. § 89. 91. 96.

---

geeigneten Falles § 89 (resp. § 192) anwendbar: Beschl. I. 12. April 54 c. Schmidt; ZI. 11. Sept. 61 c. Knorr (RDO. I, 526). Da diese Beamten mit der Handhabung der den Forstschutz regelnden Gesetze betraut sind, so ist es unbedenklich, sie als „zur Vollstreckung der Gesetze" berufen zu betrachten. Das gilt namentlich auch von Privatforstaufsehern, da auch sie „Beamte" sind, sobald ihre Vereidung in Gemäßheit der §§ 32. 33 des HDGes. v. 2. Juni 1852 erfolgt ist; vgl. § 331 n. 50. In einem solchen Falle sind sie auch befugt, Haussuchungen nach gefreveltem Holze (unter Beobachtung des Ges. v. 12. Febr. 1850 § 11) vorzunehmen; ebenso steht es ihnen zu, auch außerhalb des ihrer Obhut anvertrauten Waldes auf dem Transport begriffenes Holz zu pfänden, wenn sie Grund zur Annahme haben, daß es von einem in jenem Walde begangenen Holzdiebstahle herrühre: ZII. 25. April 61 c. Eickhoff (RdO. I, 359). Das gilt umsomehr, wenn sie die im Walde begangene Verfolgung eines betroffenen Holzdiebs außerhalb desselben und im Bezirke einer andern Polizeiverwaltung fortsetzen: BI. 10. Sept. 58 c. Müller (Entsch. 39. 2. 12; GA. VI, 694).

48. In den Gebieten des AGHofes zu Köln und der ehemaligen freien Stadt Frankfurt, in welchen das Ges. v. 31. März 1837 keine Geltung hat, wird § 89 aus den unter n. 47 entwickelten Gründen auch bei dem im Walde einem Forstschutzbeamten geleisteten Widerstande anwendbar.

§ 90.

1. Ueber die Bedingungen und Voraussetzungen der Beamten-Qualität vgl. § 331 n. 1 ff.

2. Der § 90 ist nicht, wie § 89, auf gewisse Klassen von Beamten, und den wider sie geübten Zwang zu beschränken; er wird daher anwendbar, mag der Zwang gegen einen der im § 89 genannten oder gegen einen andern Beamten gerichtet sein: ZII. 6. Jan. 56 c. Ulrich.

3. Ueber den Begriff der Drohung vgl. § 89 n. 35—37; hier ist indessen nicht erforderlich, daß die Gefahr eine sofortige sei und daß das in Aussicht gestellte Uebel gegenwärtig einen Nachtheil mit sich führe: ZI. 10. Nov. 58 c. v. Versen (GA. VII, 540); vgl. § 212, welcher eine schriftliche Drohung für genügend erklärt.

4. Demgemäß kann die Drohung mit einer Herausforderung zum Zweikampfe sehr wohl unter den § fallen, wenn der Instanzrichter hierin ein geeignetes Zwangsmittel erkennt: ZI. 10. Nov. 58 c. v. Versen (GA. VII, 540); vgl. n. 7.

5. Ueber den Begriff einer Amtshandlung vgl. § 89 n. 13.

6. Wenn der Zwang die Unterlassung einer Amtshandlung bezweckt, so können unter Umständen auch die Voraussetzungen des § 89 vorliegen; der letztere ist insofern enger gefaßt, als er sich nicht auf alle Klassen von Beamten bezieht, und nur da zutrifft, wo die betr. Handlungen während der Vornahme einer Amtshandlung verübt sind und den Charakter eines gegen diese Amtshandlung gerichteten Widerstandes annehmen; fehlt es an einem dieser Erfordernisse, so kann nur § 90 Anwendung finden; z. B. wenn es sich nicht von einem vollstreckenden Beamten handelt: ZI. 7. Nov. 56 c. Rauschert (GA. V, 263); oder wenn die Gewalthandlungen vor dem Beginne der Amtshandlung verübt werden: Z. 5. Dez. 52 c. Schler (Entsch. 22. s. 71; GA. I, 235); ähnlich: ZII. 6. Jan. 56 c. Ulrich; KBI. s. 16 (der sich nur zu konkret ausdrückt); oder endlich wenn die Thätigkeit des Angeklagten nicht den Charakter eines Widerstandes gegen die Amtshandlung an sich trägt, z. B. wenn die während der Amtshandlung geäußerte Drohung nicht ein sofort bevorstehendes (vgl. § 89 n. 35), sondern ein erst in der Zukunft zu erwartendes Uebel (vgl. n. 3) in Aussicht stellt. — Wenn dagegen nach der vorstehenden Unterscheidung auch § 89 zutrifft, so muß er, obgleich milder als § 90, mit Ausschluß des letztern zur Anwendung kommen; diese Abweichung vom Grundsatze

§. 91. Wenn mehrere Personen öffentlich sich zusammenrotten und mit vereinten Kräften die in den §§. 89. und 90. genannten Handlungen verüben, so werden dieselben wegen Aufruhrs mit Gefängniß nicht unter sechs Monaten bestraft; auch kann gegen sie auf Stellung unter Polizei-Aufsicht erkannt werden.

---

des § 55 rechtfertigt sich dadurch, daß beide §§ theilweise denselben Thatbestand voraussehen und dadurch an den Tag gelegt ist, daß der enger gefaßte mildere § 89 da, wo seine Voraussetzungen vorliegen, dem strengeren § 90 vorgehen soll; vgl. § 55 n. 8. — Anders wird der Unterschied zwischen den Thatbeständen des § 90 und des § 89 in einer Abh. in GA. X, 256 und in einem VI. 14. Febr. 62 c. Ellwardt (RdO. II, 256) aufgefaßt; in ihnen ist auszuführen gesucht, daß der Beginn der Vornahme der Amtshandlung nicht maaßgebend sein könne, weil der Widerstand gegen die begonnene Amtshandlung nicht die mildere Strafe des § 89 nach sich ziehen dürfe, vielmehr liege das wesentliche Kriterium darin, daß § 90 den Fall vorsehe, wo nicht blos die Ausführung des Willens der Obrigkeit gehindert, sondern auf ihren Willen selbst zum Zweck der Verhinderung ihrer gesetzgebenden oder verfügenden Gewalt, also auf ihr imperium ein Einfluß ausgeübt werde. Es dürfte indessen hier übersehen sein, daß § 89 sich in der Regel nur auf untergeordnete Beamte bezieht, denen eine gesetzgebende und verfügende Gewalt gar nicht zusteht, sowie daß eine Einwirkung auf den Willen, die Entschließung regelmäßig auch im Falle eines Widerstandes durch Drohungen vorliegen wird; endlich erscheint es auch als ganz gerechtfertigt, eine vor dem Beginne der Amtshandlung verübte Bedrohung 2c. schwerer zu bestrafen, als den während der Vornahme der ersteren verübten Widerstand.

7. Beim Zwangsversuche brauchen nicht die Voraussetzungen eines strafbaren Versuchs (§ 31) vorzuliegen: Z(V.)II. 6. Jan. 56 c. Ulrich; ZI. 15. Juni 60 c. David (GA. VIII, 829); *contra*: Beschl. I. 14. Okt. 53 c. Kennauer (JMbl. s. 399); vgl. § 31 n. 30. Wenn daher das angewendete Mittel an und für sich zur Ausübung eines Zwanges geeignet war, so kommt weiter nichts darauf an, ob die Wirkung erreicht oder aus irgend einem Grunde, z. B. wegen persönlicher Eigenschaften des Bedrohten ganz oder theilweise verfehlt worden ist: ZI. 10. Nov. 58 c. v. Versen (GA. VII, 540).

§ 91.

1. Der § verlangt „mehrere Personen"; zwei genügen nicht; im Uebrigen gehört es zur thatsächlichen Beurtheilung, welche Anzahl mit Rücksicht auf die örtlichen Verhältnisse für ausreichend zu erachten sei, um einen Aufruhr zu verüben. Im Falle des § 96 können zwei genügen; vgl. dort n. 3.

2. Oeffentlich ist hier, was an einem öffentlichen Orte geschieht; vgl. über diesen Begriff § 36 n. 1 fgg.; unten n. 7.

3. Zusammenrotten bezeichnet ein planmäßiges Zusammentreten zu einem gemeinschaftlichen Handeln: ZPl. 20. April 57 c. Gruscheck (JMbl. s. 224; Entsch. 36. s. 593; GA. V, 487); ZII. 5. Juni 58 c. Brinkmann (GA. VI, 698); ZI. 20. März 63 c. Zydeck (RdO. III, 3). Daß die Personen vorher räumlich getrennt gewesen, ist nicht erforderlich; es genügt, wenn Personen, welche vorher schon aus einem andern Grunde bei einander waren, sich zu einem gemeinschaftlichen Handeln verbinden, eine Rotte machen: Beschl. 1. 1. Juli 63 c. Affaltowski (RdO. III, 531); Beschl. I. 20. Jan. 65 c. Neumann (RdO. V, 431); vgl. Mil.-StGB. § 137 (: „übereinkommen"); § 96 n. 8. — Ebensowenig wird erheischt, daß jenes Zusammentreten einen tumultuarischen Charakter habe: Beschl. II. 30. Sept. 54 c. Ott; Beschl. I. 2. Juni 61 c. Siebert (131B); *contra*: TL. s. 629. 646. 882; TArch. III, 297. Dagegen muß die Zusammenrottung sich auch nach außen erkennbar zeigen, weil gerade das massenhafte Auftreten und der dadurch auf Andere hervorgebrachte Eindruck zur Erreichung des beabsichtigten Zwecks wesentlich mitwirken; vgl. n. 8.

4. Hier muß das Zusammenrotten geschehen, um mit vereinten Kräften eine der in den §§ 89 und 90 vorgesehenen Handlungen vorzunehmen. Dazu bedarf es aber keiner vorhergegangenen förmlichen Verabredung: VII. 3. Juli 56 c.

Diejenigen Theilnehmer, welche Gewaltthätigkeiten gegen Personen oder Sachen verüben, werden mit Zuchthaus bis zu zehn Jahren und Stellung unter Polizei-Aufsicht bestraft.

[Entw. § 81]. Vgl. § 89. 90. 92. 96. 284; Ges. v. 4. Juni 1851 § 9. 10. (GS. s. 453); Mil.-StGB. v. 3. April 1845 I. § 137.

Bachmann; ZII. 27. Jan. 59 c. Feilner. Ebensowenig ist erforderlich, daß Einer die Anderen, oder daß Alle sich wechselseitig angereizt oder bestimmt hätten; es genügt die bewußte Verbindung zu demselben Zwecke, sollte auch bei Jedem der Entschluß von selbst entstanden sein: Beschl. I. 20. Jan. 65 (cit. n. 3). Als Dolus genügt daher beim Einzelnen dieses Bewußtsein und die Absicht, daß die betr. Handlungen durch die zusammengerottete Menge, d. h. durch Einzelne aus der Zusammenrottung geschehen sollen (vgl. n 8); es wird keineswegs vorausgesetzt, daß jeder Einzelne selbst für sich die Vornahme solcher Handlungen beabsichtige.

5. Nach dem unter n. 3. 4 Gesagten ist der Begriff des Zusammenrottens wesentlich rechtlicher Natur; wird seine Bedeutung im Einzelfalle zweifelhaft, so ist es empfehlenswerth, ihn in den Fragstellungen aufzulösen. Ist diese Auflösung ausdrücklich beantragt, so dürfte sie unerläßlich sein; *contra*: ZII. 4. Juli 61 c. Eickmeier (RdO. I, 485); im entgegengesetzten Falle unterliegt sie dem richterlichen Ermessen: ZI. 15. März 54 c. Aumann; u. ö. Vgl. Strafverf. Art. 82 n. 8.

6. Die bloße Zusammenrottung ist noch nicht strafbar, so lange nicht durch einzelne der Zusammengerotteten zur Verwirklichung des gemeinsamen Zweckes Handlungen geschehen sind, welche den Thatbestand des § 89 oder 90 darstellen; als Versuch des Aufruhrs würde jene straflos sein; vgl. n. 16. Dagegen wird durch die Vornahme der fraglichen Handlungen durch Einzelne die Strafbarkeit aller Zusammengerotteten begründet; vgl. n. 8. Dasselbe gilt im Falle des § 96; auch hier müssen Handlungen der dort erwähnten Art hinzutreten: ZI. 9. Sept. 53 c. Hake (GA. I, 700); VII. 3. Juli 57 c. Bachmann.

7. Sowohl die Zusammenrottung als die Verübung der in den §§ 89. 90 gedachten Handlungen muß öffentlich, d. h. an öffentlichen (allgemein zugänglichen) Orten geschehen: KBII. s. 62; ZI. 20. März 63 c. Zybeck (RdO. III, 3); die im § 92 enthaltene Beschränkung auf öffentliche Wege, Straßen und Plätze findet hier keine Anwendung; *contra*: Abegg Abh. in GA. IX. 8. — Im Uebrigen genügt es auch, wenn die bereits früher (nicht öffentlich) zusammengerotteten Personen in dieser Verbindung in die Oeffentlichkeit treten, und nunmehr die betr. Handlungen vornehmen; dadurch wird dann auch die Zusammenrottung zur öffentlichen.

8. Der § setzt (abweichend von der Fassung der §§ 96 und 284) ausdrücklich voraus, daß die in den §§ 89 und 90 genannten Handlungen mit vereinten Kräften geschehen. Es ist dieses aber, wie aus Abs. 2 hervorgeht, nicht dahin zu verstehen, als müsse der Einzelne, um strafbar zu sein, außer seiner Betheiligung bei der Zusammenrottung auch noch anderweitig handelnd mitwirken; vielmehr liegt seine Mitwirkung (die Vereinigung seiner Kräfte) eben darin, daß die Zusammenrottung und seine Betheiligung bei derselben in die äußere Erscheinung treten und dadurch Andern erkennbar gemacht werden (vgl. n. 3), weil schon ein solches Gesammtauftreten einer zur Ausführung einer gesetzwidrigen Absicht verbundenen Mehrheit jene Ausführung wesentlich zu fördern geeignet ist, eines Theils durch Steigerung der Entschlossenheit derjenigen unter den Zusammengerotteten, welche selbst Gewalthandlungen vornehmen, andern Theils aber auch durch den moralischen Eindruck, den eine solche zusammengerottete Masse auf diejenigen zu machen pflegt, gegen welche sich ihre Thätigkeit richtet. Deshalb begründen die gemeinsame Absicht und die zur Erreichung derselben erfolgte nach außen erkennbar gewordene Zusammenrottung zwischen Allen ein Gemeinschaftsverhältniß, vermöge dessen alle Zusammengerotteten als Mitthäter der ganzen That anzusehen und daher alle (also auch diejenigen, welchen außer der Betheiligung an der Zusammenrottung weiter nichts zur Last fällt) als Aufrührer strafbar sind: Z. 30. April 52 c. Herden; vgl. Thl. I. Tit. 3 (s. 85) n. 7 fgg.; die dort entwickelten Grundsätze erleiden hier nur insofern eine Abänderung, als Abs. 2 ausnahmsweise die Strafe für die verschiedenen Betheiligten nicht gleichmäßig bestimmt. —

9. Eine Verurtheilung aus § 91 ist nur dann gerechtfertigt, wenn das Vor-

§. 92. Wenn mehrere auf öffentlichen Wegen, Straßen oder Plätzen versammelte Personen von den Beamten der gerichtlichen oder der Verwaltungs-Polizei, oder von dem Befehlshaber der bewaffneten Macht aufgefordert werden, sich zu entfernen, so wird jede derselben, welche nach der dritten Aufforderung sich nicht entfernt, mit Gefängniß bis zu drei Monaten bestraft.

---

handensein der Begriffsmerkmale eines der in den §§ 89 und 90 vorgesehenen Vergehen festgestellt ist: BII. 9 April 63 c. Hohaus (RdO. III, 382). Dagegen genügt es, wenn der Thatbestand eines von beiden vorliegt, aus dem Bindeworte „und" ist nicht zu folgern, daß beide konkurriren müssen.

10. Bei den in den §§ 89. 90 vorgesehenen Handlungen bedarf es einer Anwesenheit der Obrigkeit nicht nothwendig; ebensowenig wird erfordert, daß die Gewalt gegen die Person der Beamten oder gegen öffentliches Eigenthum gerichtet sei: GM. II, 135. Vgl. § 89 n. 25.

11. Im zweiten Absatze ist das Wort „Theilnehmer" nicht im Sinne der §§ 34 ff. gebraucht, vielmehr ist von den Mitthätern, Miturhebern (Betheiligten) die Rede. Außerdem ist auch sehr wohl eine wirkliche Theilnahme in Gemäßheit der §§ 34 ff. denkbar; vgl. § 96 n. 26.

12. Die Gewaltthätigkeiten, von welchen der zweite Absatz spricht, sind eben nur dieselben Gewalthandlungen, welche eventuell zum Thatbestande des § 89 oder 90 gehören, die also dann auch zum Thatbestande des Aufruhrs an und für sich erforderlich sind; die schwerere Strafe trifft nur diejenigen der Betheiligten, welchen diese Gewaltthätigkeiten als persönliche Handlungen nachgewiesen werden: KBII. s. 62; Beschl. II. 2. April 57 c. Ulrich (JMbl. s. 231; GA. V, 561); Beschl. I. 30. Sept. 59 c. Busch (180 B; GA. VII, 825); ZI. 30. April 60 c. Busch (GA. VIII, 528); *contra*: TL. s. 632, welcher hier mit Unrecht die früher in den Glossen s. 166 ausgesprochene richtige Ansicht verlassen hat; vgl. § 96 n. 20.

13. Der § unterscheidet nicht, ob die Gewaltthätigkeiten aus Muthwillen oder aus Bosheit verübt werden: ZI. 5. Nov. 56 c. Pieper (Kugas u. Gen.).

14. Den Gewaltthätigkeiten sind hier Drohungen nicht gleichzustellen: Beschl. I. 1. Juli 63 c. Affaltowski (RdO. III, 531); *contra*: GM. II, 137.

15. Mit Rücksicht auf das unter n. 12 Gesagte nehmen die Gewalthandlungen, obgleich sie eventuell ein wesentliches Begriffsmerkmal der That im Ganzen darstellen, doch für diejenigen Personen, welche sie selbst vorgenommen haben, den Charakter eines erschwerenden Umstandes an, über welchen die Geschwornen nach Art. 91 des Ges. v. 3. Mai 1852 nach der Rh. AKO. v. 31. Dez. 1833 und dem Frkf. StPG. Art. 247 besonders abstimmen, und in ihrem Spruche besonders entscheiden müssen.

16. Der § 90 sieht auch den Versuch des Zwanges vor, während § 89 nur den wirklichen Widerstand bestraft; hat daher ein von mehreren zusammengerotteten Personen mit vereinten Kräften verübter Zwangsversuch stattgefunden, so ist derselbe unzweifelhaft nach § 91 und zwar nicht etwa als versuchter, sondern als vollendeter Aufruhr zu ahnden: vgl. § 90 n. 87.

17. Der Versuch eines Aufruhrs ist als solcher nicht strafbar; vgl. hierüber § 96 n. 14.

18. Ein Preuße, welcher sich im Auslande an einem Aufruhr betheiligt, wird von der Strafe des § betroffen; vgl. das Nähere Thl. II Tit. 5 n. 1 (s. 158).

§ 92.

1. Auch hier werden mehrere Personen vorausgesetzt; zwei genügen also nicht; vgl. § 91 n. 1.

2. Daß die Personen sich zusammengerottet hätten, wird nicht erforderlich; ein zufälliges Zusammensein genügt: ZI. 9. Aug. 56 c. Szabries.

3. Ebensowenig bedarf es zum Thatbestande des Auflaufs einer durch die Menschenmenge bewirkten Ruhestörung; *contra*: TL. s. 167.

4. Ueber die Form der zu erlassenden Aufforderung fehlt es an einer

Wird bei einem Auflaufe gegen die Beamten der Polizei oder die bewaffnete Macht mit vereinten Kräften ein thätlicher Widerstand geleistet, oder Gewalt verübt, so treten gegen diejenigen, welche sich bei diesen Handlungen betheiligt haben, die Strafen des Aufruhrs ein.

[Entw. § 82]. Vgl. § 89—91. 93; Vdn. v. 29. Sept. 1846 (GS. s. 470).

§. 93. Mit Geldbuße bis zu zweihundert Thalern oder Gefängniß von vier Wochen bis zu zwei Jahren wird bestraft:

1) wer böswillig oder gegen das Verbot der Obrigkeit Fahnen, Zeichen oder Symbole, welche geeignet sind, den Geist des Aufruhrs zu verbreiten, oder den öffentlichen Frieden zu stören, an öffentlichen Orten oder in öffentlichen Zusammenkünften ausstellt, oder sie verkauft oder sonst verbreitet;

Bestimmung; die Vorschriften der sich an den Tit. 20 Thl. II ALR. anschließenden AKO. v. 17. Aug. 1835 (GS. s. 170) § 8, welche übrigens auch einen ganz anderen Zweck hatten, dürften durch das StGB. gänzlich beseitigt sein; für das Gebiet des Rhein. Rechts war die Aufhebung bereits durch Vdn. v. 15. April 1848 § 15 (GS. s. 101) erfolgt; vgl. Motive s. 31; KBII. s. 63. Jedenfalls muß die Aufforderung in einer Weise geschehen, daß sie, so weit als möglich, der versammelten Menge verständlich werde; vgl. n. 5.

5. Die Aufforderung, sich zu entfernen, muß an die „mehreren versammelten Personen" ergangen sein; die Nichtbefolgung einer individuell an einen Einzelnen gerichteten Aufforderung fällt nicht unter diesen §; so: VI. 22. April 53 c. Juda (GA. I, 388).

6. Da die Strafbarkeit lediglich in der Nichtbefolgung der obrigkeitlichen Aufforderung ihren Grund hat, so muß der Dolus auch grade hierauf gerichtet sein; es ist daher erforderlich, daß der Einzelne von der erfolgten Aufforderung Kunde erlangt, nicht aber, daß er sie direkt und daß er alle drei gehört habe.

7. Die Unmöglichkeit der Folgeleistung bewirkt Straflosigkeit: KBII. s. 63.

8. Der zweite Absatz setzt voraus, daß mit vereinten Kräften ꝛc. Widerstand geleistet oder Gewalt verübt sei. Auch hier ist das Handeln mit vereinten Kräften nicht dadurch bedingt, daß sich jeder Einzelne an den betr. Thätlichkeiten betheilige; es genügt, wenn eine Mehrheit ihren Willen dahin vereinigt hatte, daß durch die verbundene Menschenmasse Handlungen der fraglichen Art vorgenommen werden sollten; ist das der Fall, so nimmt (bei dem Auflaufe) diese Willensvereinigung die Bedeutung an, den die Zusammenrottung im Falle des § 91 hat, und das dort unter n. 8 Gesagte wird auch hier anwendbar. — Dagegen genügt die bloße Anwesenheit unter dem Auflaufe noch nicht, um jeden Einzelnen für die Gewaltthätigkeiten Anderer verantwortlich zu machen, so lange er nicht den oben erwähnten Dolus hat.

9. Im Falle des zweiten Absatzes trifft diejenigen Betheiligten, welche selbst die Gewaltthätigkeiten verüben, unbedenklich auch die schwerere Strafe des § 91 Abs. 2: Beschl. II. 2. April 57 c. Ulrich (GA. V, 561); vgl. § 91 n. 8 ff.

§ 93.

Zu Nr. 1.

1. Das „böswillig" deutet auf die Absicht, durch diese Handlungen einen Aufruhr ꝛc. hervorzurufen. Geschah die That gegen das Verbot der Obrigkeit, so bedarf es einer fernern Feststellung dieser Absicht nicht, es genügt das Bewußtsein der Uebertretung jenes Verbots.

2. Als Obrigkeit ist hier jeder Beamte anzusehen, welcher den Beruf hat, im Einzelfalle die zur Aufrechthaltung der Ruhe und Ordnung erforderlich scheinen-

2) wer äußere Verbindungs- oder Vereinigungszeichen, welche zur Aufrechthaltung der öffentlichen Ruhe und Sicherheit von der Bezirks-Regierung verboten sind, an öffentlichen Orten oder in öffentlichen Zusammenkünften trägt;

3) wer in böswilliger Absicht die öffentlichen Zeichen der Königlichen Autorität wegnimmt, zerstört oder beschädigt.

[Entw. § 83]. Vgl. § 89—91; (Vdn. v. 30. Juni 1849 § 15); Bundesbeschluß v. 5. Juli 1832, publ. 25. Sept. 1832 (GS. s. 216).

§. 94. Wer vorsätzlich einen Gefangenen aus der Gefangenanstalt oder aus der Gewalt der bewaffneten Macht, oder aus der Gewalt des Beamten, unter dessen Aufsicht, Begleitung oder Bewachung er sich befindet, befreit oder zu befreien versucht, wird mit Gefängniß von vierzehn Tagen bis zu drei Jahren bestraft.

[Entw. § 83]. Vgl. § 95. 96. 322. 37; Ges. v. 4. Juni 1851 § 9. 10 (GS. s. 453).

den Maaßnahmen anzuordnen; vgl. BL. s. 482. Es kann daher ein solches Verbot sowohl von der Bezirks-Regierung, als von der Lokalpolizeibehörde ausgehen: Beschl. I. 16. Mai 62 c. Kwilecka (RdO. II, 406).

3. Hier genügt ein individuell erlassenes Verbot.

4. Das Ausstellen von Symbolen u. s. w. bei kirchlichen Prozessionen, Wallfahrten oder Bittgängen fällt nicht unter die Bestimmung der Nr. 1: Erklärung des Justiz-Ministers in der II. K. 27. März 1851.

5. Ueber die Oeffentlichkeit eines Orts vgl. § 36 n. 1—3.

Zu Nr. 2.

6. Hat die Bezirksregierung etwas für ein „äußeres Verbindungszeichen" erklärt und als solches verboten, so hat der Richter nicht mehr zu prüfen, ob demselben jener Charakter beiwohne; so: VI. 21. Nov. 62 c. Pertek (RdO. III, 14); VI. 3. Okt. 62 c. Zychlinski; vgl. Beschl. I. 25. April 62 c. Wozniakowski (RdO. II, 360).

7. Es genügt, wenn die Bezirksregierung bei Erlassung des Verbots es ausgesprochen hat, daß dasselbe zur Aufrechthaltung der öffentlichen Ruhe ꝛc. erfolge; die Gerichte haben dann nicht ferner zu prüfen, ob dieser Zweck vorgewaltet habe; *contra:* TGA. s. 168.

8. Beim Vorhandensein eines solchen Verbots bedarf es beim Angeklagten nicht der Absicht, das Zeichen als ein äußeres Verbindungszeichen zu tragen: Beschl. I. 25. April 62 (cit. n. 6); VI. 15. Okt. 62 c. Flieger (RdO. III, 77: „es bedürfe nicht des Nachweises, daß das Zeichen als Verbindungszeichen getragen sei").

9. Ist das Tragen anderer Kokarden als der Preußischen verboten worden, so ist auch das Tragen einer Kokarde mit den eignen oder den Wappenfarben des Dienstherrn strafbar: VI. 21. Nov. 62 (cit. n. 6).

§ 94.

1. Einer ausdrücklichen Feststellung der Vorsätzlichkeit bedarf es beim Befreiungsversuche nicht, da dieses Merkmal im Worte „Versuch" mit enthalten ist: ZI. 31. Okt. 63 c. Uter (RdO. IV, 141).

2. Gefangener ist jeder, welcher durch einen Beamten in Ausübung seiner Amtsbefugnisse in Haft genommen ist. Das gilt also auch von den ohne vorgängigen gerichtlichen Haftbefehl vorläufig festgenommenen Personen: Z. 26. Mai 52 c. Wagner (GA. I, 77); ebenso von einem Schuldgefangenen: ZI. 22. Febr. 54 c. Nitzky (GA. II, 424); vgl. § 95 n. 1; § 96 n. 2.

3. Der Ausdruck „Gefangen-Anstalt" umfaßt hier auch polizeiliche Arrestlokale, selbst den Hausarrest.

§. 95. Wer vorsätzlich einen Gefangenen, dessen Aufbewahrung, Begleitung oder Bewachung ihm anvertraut ist, entweichen läßt, oder dessen Befreiung bewirkt oder befördert, wird mit Gefängniß von vierzehn Tagen bis zu drei Jahren bestraft.

Ist die Entweichung nur durch Fahrlässigkeit veranlaßt worden, so tritt Gefängniß bis zu sechs Monaten, oder in Fällen geringerer Verschuldung Geldbuße bis zu funfzig Thalern ein.

[Entw. § 84a]. Vgl. § 44. 96. 322.

§. 96. Wenn Gefangene in einer Gefangenanstalt sich

---

4. Die Selbstbefreiung eines Gefangenen, selbst die mit Gewalt verübte, ist straflos, insoweit nicht § 96 zutrifft, oder der Thatbestand einer andern Strafthat vorliegt: ZI. 7. März 55 c. Pollow (GA. III, 420); Motive s. 32. Trägt die Selbstbefreiung durch Ausbruch den Charakter einer vorsätzlichen theilweisen Zerstörung des Gefängnisses an sich, so wird § 283 oder § 281 anwendbar.

5. Die mit dem selbstständigen Transporte eines Verhafteten amtlich beauftragten Privatpersonen werden dadurch weder selbst zu Beamten, noch zu den zur Unterstützung der Beamten zugezogenen Gehülfen: BI. 9. Juni 54 c. v. Morgenstern; ZI. 30. Juni 66 c. Awege; vgl. § 331 n. 42.

6. Die Befreiung muß selbstständig und unmittelbar bewirkt, oder doch versucht sein; eine bloße Beförderung der Flucht, namentlich eine solche, welche erst nach stattgehabter Befreiung aus dem Gewahrsam stattfindet, ist nur nach § 37 zu beurtheilen: Motive s. 32.

7. Ein Befreiungsversuch muß, um strafbar zu sein, den Voraussetzungen des § 31 entsprechen: BI. 31. Okt. 63 c. Uter (RdO. IV, 141). Das zu § 31 n. 30 Gesagte findet hier keine Anwendung: ZII. 23. Juni 64 c. Motschenbach (GA. XII, 637).

8. Nimmt ein Nicht-Beamter an der durch einen Beamten bewirkten oder beförderten Befreiung oder Entweichung eines Gefangenen (§ 322) Theil, so trifft ihn nach § 331 die Strafe des § 322, nicht die des § 94: ZI. 16. Jan. 56 c. Ludneit (GA. IV, 269).

§ 95.

1. Dieser § bezieht sich auf alle nach den Anordnungen der Staatsgewalt in öffentliche Gewahrsam genommene Personen ohne Ausnahme, also auch auf Schuldgefangene: ZI. 22. Febr. 54 c. Nitzky (GA. II, 424); vgl. § 94 n. 2; § 96 n. 2.

2. Dem Gefangenen steht ein Verhafteter gleich; daß er schon in einer Gefangenanstalt sei, oder gewesen sei, ist nicht erforderlich; ebensowenig daß ein gerichtlicher Verhaftsbefehl gegen ihn ergangen sei: Z. 26. Mai 52 c. Wagner.

3. Der § setzt voraus, daß die Aufbewahrung ꝛc. eines Gefangenen von einem Beamten der Staatsgewalt unmittelbar einer Privatperson anvertraut sei; findet also, wenn letztere den Gefangenen wieder einem Dritten eigenmächtig anvertraut hat, gegen diesen Dritten nicht Anwendung: ZI. 23. Febr. 55 c. Seraphim (Entsch. 30. s. 325; GA. III, 699).

4. Macht sich ein Beamter der That schuldig, so wird § 322 anwendbar.

§ 96.

Inhalt.

zusammenrotten und entweder einen gewaltsamen Ausbruch auszuführen oder auszuführen versuchen, oder gegen die Aufseher sich widersetzen, oder dieselben zu Handlungen oder Unterlassungen zwingen oder zu zwingen versuchen, so haben die Theilnehmer an der Meuterei Gefängniß nicht unter sechs Monaten verwirkt; auch kann gegen sie auf Stellung unter Polizei-Aufsicht erkannt werden.

---

1. Selbstbefreiung eines einzelnen Gefangenen ist straflos; vgl. § 94 n. 4. Bei einer wechselseitigen Befreiung wird, insofern nicht der Thatbestand des § 96 vorliegt, § 95 anwendbar; vgl. n. 11.

2. Wer als Gefangener anzusehen, darüber vgl. § 94 n. 2. Auch hier sind Schuldgefangene von der Strafvorschrift nicht ausgeschlossen: ZI. 7. April 65 c. Hirschberg (RdO. VI, 53); *contra*: GA. XIII, 413.

3. Die Fassung dieses § weicht von der des § 91 insofern ab, als dort von der Zusammenrottung „mehrerer Personen", hier aber überhaupt von „Gefangenen" die Rede ist; hieraus, sowie aus der Verschiedenheit der äußern Verhältnisse, folgt, daß auch zwei Gefangene sich zusammenrotten und eine Meuterei begehen können: Z. 7. Mai 52 c. Engler (GA. I, 77); BI. 16. Sept. 53 c. Fieberg (JMbl. s. 414); Beschl. I. 16. März 55 c. Rohrbeck (GA. III, 422); ZII. 5. Juni 58 c. Brinckmann (GA. VI, 698); u. ö.; *contra*: TGU. s. 170 n. 2; vgl. Mil.-StGB. v. 3. April 1845 I § 137 („zwei oder mehrere Personen").

4. Als Gefangen-Anstalten sind alle öffentlichen, d. h. von Staatswegen eingerichteten Detentionsanstalten zu betrachten, sollten sie auch nur Gemeindeanstalten sein. Auch Korrektionshäuser gehören hierher.

5. Die innerhalb der Festungswerke liegenden, und in fortifikatorischer Beziehung nothwendige Bestandtheile der Festung bildenden Räumlichkeiten, in welchen die Festungsbaugefangenen bestimmungsmäßig zu den die Aufführung und Instandhaltung von Festungswerken bezweckenden Arbeiten angehalten werden, sind als zur „Gefangen-Anstalt" derselben im Sinne des § 96 gehörig zu betrachten: ZI. 5. Jan. 55 c. Burkatzki (JMbl. s. 74; GA. III, 412).

6. Werden Gefangene in Gemäßheit des Ges. v. 11. April 1854 außerhalb der Gefangen-Anstalt beschäftigt, so finden auf die von ihnen dort verübte Meuterei die Vorschriften des § 96 Anwendung: cit. Ges. § 5. Es tritt dann das Entfliehen an die Stelle des gemeinsamen Ausbruchs; der Verübung einer Gewalt bedarf es daher nicht: BI. 10. Juni 57 c. Natusch (GA. V, 691).

7. Ueber den Begriff und die Feststellung des Zusammenrottens vgl. § 91 n. 2—6.

8. Daß Gefangene in einer Gefangen-Anstalt bereits in einer Zelle sich zusammen befinden, schließt den Begriff des Zusammenrottens nicht aus: BII. 21. Sept. 54 c. Koch (Entsch. 28. s. 370; GA II, 829); ZI. 4. Dez 61 c. Siebert (RdO. II, 118); u. ö. Ueberhaupt ist es nicht erforderlich, daß die betreffenden Personen erst zusammenkommen oder zusammenlaufen: ZII. 21 Sept. 54 c. Beckmann; *contra*: TArch. III, 297; vgl. § 91 n. 3.

9. Im § 96 (und im § 284) ist nicht, wie im § 91, gesagt, daß die Verübung der speziell vorgesehenen Handlungen von den Zusammengerotteten mit vereinten Kräften geschehen sein müsse. Gleichwohl ist der Sinn der Vorschrift ganz derselbe, wie in jenem Falle (§ 91); das dort unter n. 6 Gesagte gilt in vollem Maaße auch hier; es trifft daher den bei der Meuterei Betheiligten auch dann die Strafe des Abs. 1, wenn er selbst Gewalthandlungen gar nicht vorgenommen hat: ZII. 28. Juni 55 c. Werth.

10. Umgekehrt wird der bei der Meuterei Betheiligte, welcher selbst keine Gewaltthätigkeiten verübt, selbst dann von der Strafe des Absatz 1 betroffen, wenn er einen Mit-Meuterer zu den von diesem verübten Gewalthandlungen angestiftet, oder an den letzteren im Sinne des § 34 Nr. 2 Theil genommen hat; weil selbst Mit-Meuterer, kann er nicht gleichzeitig als Theilnehmer der übrigen strafbar sein: ZPl. 19. Febr. 66 c. Poskart (RdO. VII, 109); vgl. unten n. 26.

Diejenigen Theilnehmer, welche Gewaltthätigkeiten gegen Personen oder Sachen verüben, werden mit Zuchthaus bis zu zehn Jahren und Stellung unter Polizei-Aufsicht bestraft.

Die Strafe der Meuterei soll unabhängig von der Strafe des Verbrechens oder Vergehens, wegen dessen die Meuterer verhaftet sind, ausgesprochen und unmittelbar nach dieser Strafe vollstreckt werden.

[Entw. § 85]. Vgl. § 89—91. 94; Ges. v. 4. Juni 1851 § 10 (GS. s. 453); Ges. v. 11. April 1854 § 5 (GS. s. 143).

---

11. Der Ausdruck „Ausbruch" ist nicht wörtlich zu verstehen; die Strafbestimmung bezieht sich auf jede im Wege der Zusammenrottung gewaltsam 2c. bewirkte 2c. Selbstbefreiung: TOU. s. 171 n. 2; und ZI. 9. Sept. 53 c. Hake (beil.; GA. II, 700); vgl. auch ZI. 5 Jan. 55 c. Burkatzki (JMbl. s. 74).

12. Es ist auch keineswegs erforderlich, daß jeder der Zusammengerotteten für sich die Selbstbefreiung beabsichtige resp. ausführe; es genügt, wenn auch nur ein Einzelner derselben in der angegebenen Weise die Freiheit zu erlangen sucht 2c.

13. Auch dann, wenn die zusammengerottenen Gefangenen den gewaltsamen Ausbruch aus dem Gefängnisse nur versucht haben, liegt das vollendete Vergehen der Meuterei und nicht etwa ein bloßer Versuch im Sinne des § 31 vor; es bedarf daher nicht der Feststellung der Voraussetzungen dieses §: ZPl. 20. April 57 c. Gruscheck (JMbl. s. 224; Entsch. 36. s. 393; GA. V, 487); BII 10. April 62 c. May (GA. X, 422); u. ö. Ebendeshalb macht auch ein demnächstiger freiwilliger Rücktritt die That nicht straflos: ZI. 21. Dez. 60 c. Reinsch (RdO. I, 197). *Contra* früher: Beschl II. 19. Jan. 55 c. Nagel; ZI. 18. April 56 c. Szeszewski (GA. IV, 555); u. ö.; GA. III, 397 I; vgl. Abh. in GA. IV, 555. — Dasselbe gilt noch unbedenklicher vom Versuche, die Aufseher zu zwingen; vgl. § 31 n. 30.

14. Ueberhaupt kann von einem strafbaren Versuche der Meuterei keine Rede sein. Zwar stellt die That für diejenigen, welche Gewaltthätigkeiten verüben, ein Verbrechen dar; es muß aber zu den betreffenden Gewalthandlungen gekommen sein, ehe überhaupt auch nur das Vergehen der Meuterei vorliegt; ist dieses aber der Fall, so liegt, wie bemerkt, sofort das vollendete Vergehen resp. Verbrechen vor.

15. Dem Ausbruche der Gefangenen ist die Widersetzlichkeit gegen die Aufseher, oder ein gegen sie ausgeübter Zwang gleichgestellt. Fassung und Strafbestimmung des § 96 entsprechen in dieser Beziehung dem § 91, so daß das Verhältniß der Gefangenen in der Anstalt die im § 91 erheischte Oeffentlichkeit ersetzt. Die Bestimmungen des § 96 sind daher aus den §§ 91. 89. 90 und den dazu gemachten Bemerkungen zu erläutern (Motive s. 32). Es entspricht übrigens ganz den Unterscheidungen jener §§, wenn auch hier der Versuch des Zwangs, nicht aber auch der Versuch des Widersetzens für strafbar erklärt ist; Temme (Lehrb. s. 647 Note 1) irrt, wenn er dieses im § 96 für einen Redaktionsirrthum hält; vgl. § 91 n. 16.

16. Dagegen ist es nur einem Uebersehen zuzuschreiben, wenn hier nicht, wie im § 89, von dem gegen einen Aufseher ausgeübten Angriffe die Rede ist; es unterliegt um so weniger einem Bedenken, die Vorschrift auch auf einen solchen auszudehnen, als die Aufseher in der Anstalt den Gefangenen gegenüber stets in der Ausübung ihres Amts begriffen sind, ein gegen sie verübter Angriff daher auch nothwendig den Charakter der Widersetzlichkeit annimmt. Zu bemerken ist auch, daß § 89 sich neben dem Worte „angreift" der Ausdrücke „Widerstand leistet" bedient; wogegen es im § 96 heißt „sich widersetzen", welches füglich als jene beiden Begriffe umfassend gedeutet werden kann. Vgl. TL. s. 646 und Note 4.

17. Widersetzlichkeit und Zwang müssen, wie es die §§ 88 bis 91 erheischen, durch Gewalt oder Drohungen ausgeübt sein.

18. Ueber den Versuch des Zwanges siehe oben n. 13. 14; § 31 n. 30.

19. Auch hier ist das Wort „Theilnehmer" im ersten und zweiten Absatze

nicht im Sinne der §§ 34 ff. aufzufassen; es ist von den Mit-Thätern die Rede; also von denjenigen, welche sich zum beabsichtigten Zwecke zusammenrotten: ZI. 12. Sept. 55 c. Kurmis; VI. 21. Jan. 56 c. Fischer; vgl. n. 26

20. In Betreff der Gewaltthätigkeiten, von welchen Abs. 2 spricht, gilt das zu § 91 n. 12 und 15 Bemerkte. Auch hier ist unter „Gewaltthätigkeiten" nichts anderes zu verstehen, als was im ersten durch „gewaltsam", und in den §§ 89 und 90 vermittelst der Ausdrücke „durch Gewalt oder Drohungen" bezeichnet ist; der Strafe des 2. Absatzes verfallen sonach auch diejenigen, welche außer dem Erbrechen der Gefängnißwände 2c. sonst keine Gewalt ausgeübt haben: Beschl. 15. Sept. 52 c. Rosenbaum; ZI. 17. Febr. 54 c. Schillinski; Besch. II. 30. Nov. 54 c. Trinter (JMbl. 55 s. 64); VII. 3. Juli 56 c. Bachmann; *contra*: eine Ausführung in GA. III, 416.

21. Der letzte Absatz sieht den Fall vor, wo die Meuterei während einer Untersuchungshaft begangen wird. Bei der während einer Strafthat verübten Meuterei kann von der Anwendbarkeit des § 56 selbstverständlich keine Rede sein (vgl. § 56 n. 7), während derselbe umgekehrt unzweifelhaft Platz greift, wenn die Meuterei mit einer nach derselben verübten Strafthat realiter konkurrirt: ZI. 3. Febr. 60 c. Ehrke (GA. VIII, 266).

22. Der cit. Schlußabsatz ist durch den Abs. 2, welchen § 56 durch das Ges. v. 9. März 1856 erhalten hat, nicht aufgehoben; die betr. Strafen sind daher zu kumuliren; eine Herabsetzung der Gesammtdauer der Freiheitsstrafe, wie sie jener Abs. 2 gestattet, greift hier nicht Platz: VII. 21 Sept 54 c. Koch (Entsch. 28. s. 370; GA. II, 828); VI. 7. Febr. 62 c. Paltowitz (RdO. II, 240); u ö.

23. Vor der Abänderung des § 56 richtete sich die Vorschrift des Schlußabsatzes gegen die Anwendbarkeit des § 57 Nr 1; dieser bleibt daher auch jetzt ausgeschlossen; die Gesammtdauer der Freiheitsstrafe darf 20 (10) Jahre übersteigen: ZII. 12. Okt. 54 c. Köting (GA. II, 829); *contra*: TArch. III, 45. — Dagegen muß die Strafverwandlung nach § 57 Nr. 2 auch in einem solchen Falle Statt finden.

24. Nach dem im Schlußabsatze ausgesprochenen Grundsatze ist auch der Fall einer zweimaligen Meuterei zu behandeln; die Strafkumulation wird nothwendig, wenn bei der zweiten Meuterei die Haft sich auf die erste Meuterei mit bezog: VII. 3. Juli 56 c. Bachmann, welches jedoch zu weit gehen dürfte, wenn es diese Annahme für selbstverständlich erachtete.

25. Die disziplinarische Bestrafung in der Strafanstalt wegen einer Meuterei schließt die strafrechtliche Verfolgung derselben nicht aus, und begründet nicht den Einwand des: „Non bis in idem". ZI. 20. Dez. 54 c. Leyser; ZII. 3. Dez. 63 c. Günther (RdO. IV, 236); u. ö.

26. Der Mit-Meuterer, welcher keine Gewaltthätigkeiten begeht, kann nicht als Theilnehmer der übrigen bestraft werden; vgl. n. 10. Dagegen können andere Personen, nicht nur Nicht-Gefangene, sondern auch solche Gefangene, welche sich an der Zusammenrottung nicht betheiligt haben, sehr wohl Theilnehmer im Sinne des § 34 Nr. 1 und 2 an dem Verbrechen 2c. der Meuterer sein: VI. 16. Jan. 56 c. Fischer. Sie werden dann, je nachdem sie an dem Verbrechen derjenigen, welche selbst Gewaltthätigkeiten verübten, oder aber nur an dem Vergehen derjenigen, welche sich ohne eigene Gewaltthätigkeiten an der Meuterei betheiligten, Theil nahmen, von der Strafe des Abs. 2 oder des Abs 1 betroffen; das Gegentheil ist nicht aus § 94 zu folgern, welcher die Befreiung eines Gefangenen mit einer geringeren Strafe bedroht; dieses hat in der Straflosigkeit der Selbstbefreiung eines Gefangenen seinen Grund, welche die Möglichkeit einer Bestrafung der Theilnahme als solcher ausschließt; das Gegentheil tritt ein, wenn die Selbstbefreiung, weil durch Meuterei bewirkt, strafbar wird: ZI. 7. März 55 c. Pollow (GA. III, 420). — Hiernach kann es geschehen, daß ein dritter Theilnehmer von der schwereren Strafe des Abs. 2 betroffen wird, während der selbst keine Gewaltthätigkeiten vornehmende Mit-Meuterer selbst dann nur die Strafe des Abs. 1 erleidet, wenn er gleichzeitig Theilnehmer an den Gewaltthaten der Anderen ist; auch das erklärt sich aber aus der Rücksichtsnahme, welche das Gesetz den Selbstbefreiungsversuchen eines Gefangenen zu Theil werden läßt.

Sechster Titel.

Vergehen wider die öffentliche Ordnung

§. 97. Wer unbefugt bewaffnete Haufen bildet, oder solche befehligt, oder eine Mannschaft, von der er weiß, daß sie ohne gesetzliche Befugniß gesammelt ist, mit Waffen oder Kriegsbedürfnissen versieht, wird mit Gefängniß bis zu zwei Jahren bestraft.

Wer an solchen bewaffneten Haufen Theil nimmt, hat Gefängniß bis zu Einem Jahre verwirkt.

[Entw. § 86].

§. 98. Die Theilnahme an einer Verbindung, deren Dasein, Verfassung oder Zweck vor der Staatsregierung geheim gehalten werden soll, oder in welcher gegen unbekannte Obere Gehorsam, oder gegen bekannte Obere unbedingter Gehorsam versprochen wird, ist an den Mitgliedern mit Gefängniß bis zu sechs Monaten, und an den Stiftern, Vorstehern und Beamten der Verbindung mit Gefängniß von Einem Monate bis zu Einem Jahre zn bestrafen.

Gegen öffentliche Beamte ist zugleich auf zeitige Unfähigkeit zur Bekleidung öffentlicher Aemter zu erkennen.

[Entw. § 87]. Vgl. § 99; (Edikt v. 20. Okt. 1798 N. C. C. X. S. 1775); Verf. v 31. Jan. 1850 Art 29. 30; Ges. v. 11. März 1850 (das Vereinigungsrecht betr. GS. S. 277).

§. 99. Die Theilnahme an einer Verbindung, zu deren Zwecken oder Beschäftigungen es gehört, Maaßregeln der Verwaltung oder die Vollziehung von Gesetzen durch ungesetzliche Mittel zu verhindern oder zu entkräften, wird an den Mit-

---

§ 97.

1. Eine Bewaffnung ist anzunehmen, sobald die Waffen so zur Hand sind, daß jeden Augenblick davon Gebrauch gemacht werden kann: ZI. 26. Febr. 64 c. Wichlinski.

2. Ein besonderer Dolus ist hier nicht erforderlich. Tritt ein solcher hinzu, so wird die Handlung in der Regel auch unter den Begriff eines andern Verbrechens 2c. fallen.

§ 98.

1. Das Verbot bezieht sich nicht auf Freimaurervereine: KBII. S. 64.

2. Wenzel (Ergänzungen 2c. S. 525) sowie Gräff und v. Rönne (S. 94) erachten das Ges. v. 7. Jan. 1838 (GS. S. 13), die Studentenverbindungen betreffend, für aufgehobeu; *contra:* GM. II, 156 n. 6.

§ 99.

1. Den Bundesbeschl. v. 5. Juli 32 (GS: S. 216) erachten Gräff und v. Rönne (S. 94) für beseitigt; vgl GM. II, 156 n. 6.

2. Ungesetzlich sind hier alle Mittel, deren Anwendung nicht durch das Gesetz erlaubt ist; es kann daher nicht verlangt werden, daß dieselben an sich schon strafbar seien; *contra:* TOA. S. 174 n. 3.

gliedern mit Gefängniß von zwei Monaten bis zu Einem Jahre, und an den Stiftern, Vorstehern und Beamten der Verbindung mit Gefängniß von sechs Monaten bis zu zwei Jahren bestraft.

Gegen öffentliche Beamte ist zugleich auf zeitige Unfähigkeit zur Bekleidung öffentlicher Aemter zu erkennen.

[Entw. § 88]. Vgl. § 98.

§. 100. Wer den öffentlichen Frieden dadurch gefährdet, daß er die Angehörigen des Staates zum Hasse oder zur Verachtung gegen einander öffentlich anreizt, wird mit Geldbuße von zwanzig bis zu zweihundert Thalern oder mit Gefängniß von Einem Monate bis zu zwei Jahren bestraft.

[Entw. § 89]. Vgl. § 100. 135 (Vdn. v. 30. Juni 1849 § 17).

---

3. Eine Verbindung, welche dahin abzielt, daß sich die Mitglieder nicht wegen der von einzelnen begangenen Holzdiebstähle anzeigen, ist nicht gesetzwidrig, da kein bestehendes Gesetz es den Bürgern zur Pflicht macht, diese Handlungen zur Anzeige zu bringen: VI. 17. Nov. 54 c. Wolff (GA. III, 130).

4. Theilnahme ist hier gleichbedeutend mit „Betheiligung"; an die im § 34 behandelte „Theilnahme" ist nicht zu denken.

§ 100.

1. Dieser § ist nicht auf Fälle anzuwenden, welche für die öffentliche Ordnung ganz gleichgültig, lediglich in das Gebiet der Beleidigungen und Verleumdungen gehören: KVII. f. 65 Daher ist die Gefährdung des öffentlichen Friedens ein wesentliches Merkmal; dieselbe darf auch nicht aus der Anreizung allein als nothwendige Konsequenz gefolgert werden: ZI. 2. März 53 c. Spiske (GA. I, 701); Beschl. I. 20. Febr. 62 c. Cortv (171 B).

2. Die „Gefährdung des öffentlichen Friedens" ist nicht gleichbedeutend mit Gefährdung „der öffentlichen Ordnung", welche auch da anzunehmen wäre, wo Thätlichkeiten zwischen Einzelpersonen zu besorgen sind; unter „öffentlichem Frieden" ist der der Allgemeinheit zu verstehen.

3. Dagegen ist es nicht erforderlich, daß das ganze Land von den nachtheiligen Folgen der Anreizung bedroht werde; es genügt, wenn die Gefahr sich auf einen Ort oder Distrikt beschränkt: ZI. 29 Sept. 54 c. Kitsche (es handelte sich hier von einer durch eine Predigt verübten Anreizung).

4. Ebenso wird nur eine Gefährdung des öffentlichen Friedens, also die objektive Möglichkeit einer Störung erheischt; daß eine wirkliche Störung die Folge gewesen sei, ist nicht erforderlich: ZII. 5. Juli 55 c. Degenkolb; ZI. 13. Febr. 63 c. Kattner (RdO. III, 283).

5. Eine Friedensgefährdung durch Anreizung der Staatsangehörigen zum Haß 2c. ist nur da möglich, wo diejenigen Personen, welche Gegenstand des Hasses 2c. werden sollen, individuell zu erkennen sind; daher ist unter „Angehörigen des Staats" eine unter eine allgemeine Bezeichnung fallende und danach erkennbare Mehrheit von Personen zu verstehen; dagegen ist es nicht erforderlich, daß die betr. Personen verschiedene Kategorien, rechtlich von einander geschiedene Klassen oder eine in den Staatsorganismus eingefügte Schichte bilden; demgemäß kann darunter eine Gesammtheit von Personen verstanden werden, welcher unter einem politischen Parteinamen eine gewisse politische 2c. Richtung beigemessen wird, z. B. die Reaktion, die Junkerpartei 2c.: ZII. 9. April 63 c. Heine (RdO. III, 380); ZII. 16. Juni 64 c. Rohland (GA. XII, 638); ebenso: „die Ungebildeten des Volks": ZI. 18. März 64 c. Beitzke; oder: „die katholischen Soldaten": ZI. 11. Okt. 54 c. Seemann. Es gehört dann zur thatsächlichen Beurtheilung, ob die betr. Bezeichnung eine solche sei, daß danach die einzelnen Individuen erkannt werden können: ZI. 8. Febr. 60 c. v. Plotho (GA. VIII, 265); u. ö. Diese Erkennbarkeit wird nicht nothwendig

§. 101. Wer durch öffentliche Behauptung oder Verbreitung erdichteter oder entstellter Thatsachen, oder durch öffentliche Schmähungen oder Verhöhnungen die Einrichtungen des Staates oder die Anordnungen der Obrigkeit dem Hasse oder der Verachtung aussetzt, wird mit Geldbuße bis zu zweihundert Thalern oder mit Gefängniß bis zu zwei Jahren bestraft.

[Entw. § 90]. Vgl. § 135. 156. (Vdn. v. 30. Juni 1849 § 18.)

---

dadurch ausgeschlossen, daß ausgesprochen ist: es seien nicht grade alle angedeuteten Personen gemeint: cit. ZII. 9. April 63.

6. Der Begriff der Oeffentlichkeit des Handelns ist aus § 36 und aus § 33 des Preßges.s zu erläutern; vgl. d. Bemerk. zu dem ersteren.

7. Anreizen bezeichnet jedes Einwirken auf den Geist eines Andern, durch welches bei diesem eine bestimmte Geistesthätigkeit oder die Geneigtheit zu einem bestimmten Thun oder Lassen hervorgerufen werden soll. Dasselbe braucht nicht nothwendig in einer ausdrücklichen Aufforderung zu bestehen: ZI. 19. Sept. 62 c. Jagielski (GA. X, 778); ebensowenig bedarf es der Bedingungen der Anstiftung (z. B. der Feststellung des gebrauchten Mittels): ZI. 13. Febr. 63 (cit. n. 4).

8. Hier wird verlangt, daß das Anreizen zu dem Zwecke (also mit der Absicht) geschehe, Haß rc. zu erregen; dagegen ist es nicht erforderlich, daß diese Absicht auch auf die Friedensgefährdung als Folge der Erregung des Hasses gerichtet sei: KBII. s. 65; ZI. 2. März 53 (cit. n 1); ZI. 13. Febr. 63 (cit. n. 4). In dieser letzteren Beziehung genügt als Dolus das Bewußtsein der Gefahr einer Friedensstörung: ZI. 9. Nov. 59 c Bonell; ist dieses Bewußtsein vorhanden, so ist es gleichgültig, ob der Angeklagte außerdem bei seiner Handlung einen andern Zweck verfolgte: ZI. 24. Febr. 64 c. Lassalle.

9. Ebenso genügt es, wenn die Anreizung geeignet war, Haß rc. hervorzurufen; daß diese wirklich hervorgerufen seien, ist nicht erforderlich: ZI. 13. Febr. 63 (cit. n. 4); ZI. 24. Febr. 64 c. Lassalle.

10. Anreizungen, welche sich auf die religiöse Verschiedenheit der Staats-Angehörigen beziehen, sind keineswegs ausgeschlossen, und nicht etwa nur unter den § 135 zu subsumiren: ZI. 2. März 53 (cit. n. 1).

§ 101.

Inhalt

1. Auch hier ist der Begriff des „öffentlich“ aus § 36 und aus § 33 des Preßges.s zu erläutern; vgl. die Bemerkungen zu dem ersteren.

2. Unter Behaupten ist die Andern gegenüber erfolgte Mittheilung über eine angebliche Thatsache zu verstehen, welche sich als die Aeußerung der eignen Anschauung darstellt. Im Uebrigen kommt auf die Form der Mittheilung Nichts an; selbst die Aeußerung einer „Vermuthung“, einer „Meinung“, eines „Verdachts“ genügt: ZI. 30. Nov. 60 c. Bernkopf (RdO. I, 50); vgl. § 156 n. 14 15.

3. Dagegen bezeichnet „Verbreiten“ diejenige Art der Mittheilung, welche es erkennen läßt, daß man Etwas, was man von Andern erfahren, weiterbringt: BII. 17. Juni 65 c. Saalfeld (RdO. VI, 195; ind.). Ein solches ist daher in der Mittheilung eines angeblich bestehenden Gerüchts (: ZI. 30. Okt. 61 c. Streisand, RdO. II, 26; Beschl. I. 13. Juli 64, RdO. V, 67), oder in der Verlesung einer fremden Schrift zu finden. Dabei ist es auch gleichgültig, ob der Zuhörer die betr. Thatsache bereits anderweitig kannte; nicht minder, ob sich der Verbreiter die betr. angeblich fremden Behauptungen selbst angeeignet, sie zu den seinigen gemacht habe oder nicht: BII. 17. Juni 65 (cit.). — Hiernach muß man sich hüten, das „Verbreiten“ als ein wiederholtes Behaupten aufzufassen. — Vgl. § 156 n. 16. 17.

4. Thatsache ist hier jedes angeblich Geschehene, welches so individuell bezeichnet ist, daß es von andern Ereignissen unterschieden werden kann: Beschl. I. 13 Juli 64 (RdO. V, 67). Im Uebrigen ist jener Ausdruck nicht blos auf in die äußere Erscheinung getretene Handlungen zu beziehen, er umfaßt auch das Wollen, den Entschluß zum Handeln: GM. II, 162 n. 3.

5. Zur Auslegung der Worte „Schmähung" und „Verhöhnung" kann auf § 151 II, 20 ALR zurückgegangen werden („frecher unehrerbietiger Tadel oder Verspottung 2c."). Temme (Lehrb. s. 654) glaubt, daß die „Schmähungen und Verhöhnungen" mindestens den Charakter der Injurien an sich tragen müssen; ähnlich: ZII. 20. Juni 61 c. Stein (RdO. I, 456). Auch urtheilende Aeußerungen können unter den Begriff der Schmähungen 2c. fallen: Beschl. I. 13. Juli 64 (cit. n. 3). Ebenso wird derselbe nicht nothwendig durch die Wahrheit der behaupteten Thatsachen ausgeschlossen: BI. 15. Dez. 65 c. Jachmann (RdO. VI, 550).

6. Eine Schmähung 2c. verliert ihren Charakter nicht nothwendig dadurch, daß sie in einer in hypothetischer Form und für einen als nicht vorhanden hingestellten Fall ausgesprochen wird: ZII 20. Juni 61 (cit. n. 5); BI. 15. Dez. 65 c. Jachmann (RdO. VI, 550).

7. Temme (Lehrb. s 653) faßt den Begriff der „Einrichtungen des Staats" zu enge auf, wenn er darunter nur die von der Regierung für die Zwecke des Staates geschaffenen bleibenden Staatsanstalten versteht. Es muß hierher Alles gerechnet werden, was einen wesentlichen Bestandtheil der Staatsverfassung, sowie des Verwaltungs-Organismus bildet; insbesondere also die Verfassung selbst.

8. Eine Schmähung 2c. der Einrichtungen des Staates kann auch in einem Angriffe auf den Staat überhaupt oder auf die Regierung als abstrakten Begriff und ohne Beziehung auf konkrete Organe derselben, sowie in der Verdächtigung ihres Geistes und ihrer Regierungsmaximen gefunden werden: ZII 11. Mai 54 c. Sachse (GA. II, 689); ZI. 15. Juli 63 c. Jagielski (RdO. IV, 10); Beschl. I. 22. April 64 (86B; RdO. IV, 474); ZI. 12. Okt. 64 c. Thiele (RdO. V, 163); BI. 2. Nov. 64 c. Bierling (RdO. V, 227).

9. Dagegen stellt eine Schmähung der Anordnungen einer Behörde oder der Handlungen eines politischen Körpers deshalb noch nicht nothwendig auch eine Schmähung jener Behörde oder des politischen Körpers selbst als einer Einrichtung des Staates dar: ZI. 17. Sept. 56 c. Jasmund.

10. Der von ausländischen Rittergutsbesitzern zu leistende Homagialeid ist eine Einrichtung des Staats: ZI. 16. Sept. 64 c. Minden (RdO. V, 117).

11. Als Obrigkeit ist hier jede Behörde und jeder Beamter anzusehen, welcher berufen ist, auf dem ihm anvertrauten Gebiete der Staatsverwaltung selbstständig Anordnungen zu treffen und sie zur Ausführung bringen zu lassen. Es wird also wesentlich vorausgesetzt, daß demselben ein imperium beiwohne. Den Gegensatz bilden diejenigen Beamten, welche nur den Beruf haben, die Anordnungen 2c Anderer zur Ausführung zu bringen. Der Begriff ist hier also weiter als in den §§ 87 [vgl. dort n. 6] und 93 [vgl. dort n. 2].

12. Als Obrigkeit ist daher auch das Staats-Ministerium zu betrachten: Beschl. 8. Okt. 51 c. v. Arnim; vgl. n 13. 14.

13. .... ebenso der Oberkirchenrath: ZI. 5. Jan. 53 c. Hoffmann.

14. Der Ausdruck „Anordnungen der Obrigkeit" ist hier nicht wie im § 87 (vgl. dort n. 6) auf generell verpflichtende Anordnungen zu beschränken, weil es sich hier nicht von einem Ungehorsam, also überhaupt nicht von solchen Anordnungen handelt, welchen Folge zu leisten ist; der § 101 entspricht vielmehr dem § 102 (vgl. ZII. 20. Juni 61, cit. n. 5), von welchem er sich vorzugsweise dadurch unterscheidet, daß er nicht die Angriffe gegen die Person des betr. Beamten, sondern die gegen die Regierungsgewalt selbst gerichteten vorsieht; als „Anordnung der Obrigkeit" ist daher jede Maaßregel der Regierungsgewalt als solche anzusehen, selbst wenn sie sich als abgeschlossene und erledigte Thatsache kund giebt, oder wenn sie nur einen einzelnen vorübergehenden Fall betraf: Beschl. I. 22. April 64 (RdO. IV, 474); ZI. 12. Sept. 66 c. Held (RdO. VII, 449). Das gilt selbst dann, wenn die betr. Maaßnahme zur Zeit, wo der Angriff erfolgte, ihre Wirksamkeit wieder verloren hatte (z. B. wenn eine Königliche Verordnung demnächst wieder aufgehoben worden

§. 102. Wer durch Wort, Schrift, Druck, Zeichen, bildliche oder andere Darstellung eine der beiden Kammern, ein Mitglied der beiden Kammern, eine andere politische Körper-

---

ist): Beschl. I. 10. Febr. 64 c. Salomon (RdO. IV, 361). Demgemäß sind die Instruktionen der Minister, nach welchen die Behörden die Gesetze im Sinne der Regierung handhaben sollen, Anordnungen der Obrigkeit: ZI. 5. Febr. 64 c. Rohmann. Dasselbe gilt von disziplinarischen Maaßregeln gegen einzelne Beamten: cit. Beschl. I. 22. April 64.

15. Nicht minder sind auch die von der Regierung in Beziehung auf die äußeren Staatsangelegenheiten gefaßten Beschlüsse und die auf dem Gebiete der Politik ergriffenen Maaßregeln als Anordnungen der Obrigkeit zu betrachten: Beschl. 8. Okt. 51 c v. Arnim; ZII. 7. Mai 63 c. Theising (RdO. III, 430); ZI. 14. Juli 65 c. Breithor. Insbesondere können auch die Angriffe gegen das von der Regierung befolgte politische System unter § 101 fallen, weil das System nur aus den einzelnen Maaßregeln erkennbar ist, die Kritik jenes also recht eigentlich sich auf diese Maaßregeln mit erstreckt: ZI 8. Okt. 62 c. Krause (RdO. III, 63); vgl. n. 11.

16. Ebenso sind richterliche Entscheidungen als Anordnungen der Obrigkeit anzusehen: ZI. 12. Okt. 64 c. Thiele (RdO. V, 163).

17. Dagegen scheiden solche Amtshandlungen, welche nicht Ausflüsse der Regierungsgewalt sind, sondern nur in das Gebiet der rein verwaltenden Thätigkeit fallen, hier aus; auf sie bezieht sich der § nicht mit. Das gilt z. B. von der Aufstellung eines Etatsentwurfs durch einen Gemeinde-Magistrat und die Vorlegung desselben vor den Gemeinderath: BII. 10. Okt. 53 c. Faust.

18. Durch die betr. Behauptungen &c. müssen die Einrichtungen des Staats &c. dem Hasse &c. ausgesetzt sein; es wird also eine nahe liegende Möglichkeit der Erregung des Hasses vorausgesetzt; wirkliche Erregung dagegen ist nicht erforderlich; vgl. § 100 n. 4; § 135 n. 13; *contra*: TL. s. 652. 654.

19. Als Dolus genügt das Bewußtsein, daß die betr Aeußerungen geeignet sind, dem Hasse &c. auszusetzen; einer böswilligen Absicht Haß &c. zu erregen, bedarf es nicht, sobald nur objektiv jene Aeußerungen geeignet sind, diese hervorzurufen; das zu § 156 n. 23—25 in Betreff der Verleumdung Gesagte findet hier analoge Anwendung: ZI. 4. Nov. 59 c. Golkowski; ZI. 15. Juli 63 c. Jagielski (RdO. IV, 10); ZI. 14. Juli 65 c. Breithor; vgl. KBII. s. 66.

20. Eben deshalb bedarf es auch nicht der Wissenschaft von der Unwahrheit der Thatsachen &c.; auch derjenige ist strafbar, welcher es fahrlässiger Weise unterläßt, die Richtigkeit von Thatsachen, welche dem Hasse &c. aussetzen, zu untersuchen, ehe er sie veröffentlicht: ZI. 15. Juli 63 c. Jagielski (RdO. IV, 10); KBII. s. 66; *contra*: TL. s. 654; vgl. § 156 n. 24.

21. Der § 154 findet auf die durch § 101 vorgesehenen Handlungen keine Anwendung; vgl. ZII. 20. Juni 61 (cit. n. 5).

§ 102.

Inhalt.

schaft, eine öffentliche Behörde, einen öffentlichen Beamten, einen Religionsdiener, ein Mitglied der bewaffneten Macht, einen Geschworenen, einen Zeugen oder Sachverständigen, während sie in der Ausübung ihres Berufes begriffen sind, oder in Beziehung auf ihren Beruf beleidigt, wird mit Gefängniß von Einer Woche bis zu Einem Jahre bestraft.

1. Dieser § setzt, in Uebereinstimmung mit § 152, zum Thatbestande der Beleidigung nur den objektiv ehrverletzenden Charakter einer Handlung oder Aeußerung, und den Vorsatz im Allgemeinen, d. h. das Bewußtsein der That und ihres Charakters beim zurechnungsfähigen Thäter, voraus: ZII. 12. Okt. 54 c. Dörbach; ähnlich: ZI. 7. Okt 53 c. Lehmann; ZII. 12. Jan. 54 c. Schulte. Daher bedarf es einer besondern Absicht zu beleidigen nicht; eine solche braucht weder festgestellt, noch nachgewiesen zu werden, insofern nicht § 154 anwendbar wird (vgl. n. 40): ZII. 12. Jan. 54 c. Schulte; ZI 6. Sept. 60 c. Eickermann; u. ö. Vgl. das Nähere Thl. II Tit. 13 n. 25.

2 Die Oeffentlichkeit der Handlung ist hier, vom Falle des Abs. 2 abgesehen, für den Thatbestand gleichgültig: ZI. 5. Dez. 60 c. Teßmar; sie kommt nur insofern in Betracht, als dadurch die Anwendbarkeit des § 163 bedingt wird.

3. Als „Zeichen" ist hier Alles zu betrachten, durch welches sich (von Wort, Schrift, Druck und Darstellung abgesehen) die Verachtung kund giebt; vgl. VII. 15. Okt 63 c. Rauchfuß (RdO. IV, 110). Daher gehören namentlich auch Thätlichkeiten hierher; trägt eine solche beleidigende Thätlichkeit den Charakter einer Mißhandlung an sich, so liegt in idealer Konkurrenz auch das Vergehen des § 192 vor, dessen Strafbestimmung als die schwerere anwendbar wird. Dadurch verliert indessen die Handlung den Charakter der Beleidigung keineswegs; Beseler (s. 270 I) geht daher zu weit, wenn er den § 102 bei „Real-Injurien" für gänzlich unanwendbar erachtet; vgl. Tit. XIII (§ 152ff.) n. 15.

4. Unter politischen Körperschaften sind alle kollektiven Einheiten zu verstehen, welche nicht zu Privatzwecken, sondern um ihrer publizistischen Bedeutung willen mit öffentlichem Charakter versehen sind; daß sie korporative Rechte haben, ist nicht erforderlich. Es gehören hierher also unbedenklich Stadtverordneten-Versammlungen, Gemeinderäthe, Kreisversammlungen rc.: GM. I, 167; ZI. 10. Sept. 56 c Fischer (GA. IV, 834); VI. 19. Dez. 56 c. Heuer (GA. V, 93); *contra:* Koch n. 76.

5. Das Offizier-Korps eines Regiments hat die Eigenschaft einer politischen Körperschaft; so: ZII. 31. Mai 60 c. Arndts; die einem einzelnen Offizier zugefügte Beleidigung trifft aber nicht nothwendig das ganze Korps: ibid. Vgl. n. 12.

6. Die Mitglieder der politischen Körperschaften als solche sind nicht hierher zu zählen: GM. I, 167.

7. Der Begriff einer öffentlichen Behörde erfordert die Eigenschaft als Organ der Regierungsgewalt, mithin den Beruf zur wenigstens mittelbaren Förderung der Zwecke des Staats, unter Beilegung einer öffentlichen Autorität. Daher ward als Behörde nicht angesehen eine Kommission zur Vertheilung von Hagel-Entschädigungs-Kollekten-Geldern, welche auf Veranlassung der Bezirks-Regierung durch den Bürgermeister mit landräthlicher Genehmigung bestellt war: VII. 15. Sept. 55 c. Gudehege.

8. Behörden haben nur insoweit eine Persönlichkeit, als ihnen eine amtliche Thätigkeit zusteht oder obliegt, sie können daher nie anders als in Beziehung auf ihre amtliche Wirksamkeit beleidigt werden: ZII. 24. Febr. 53 c. Kindermann; ZI. 28. Mai 64 c. Schröder. Anders verhält es sich, wenn die Bezeichnung der Behörde gar nicht auf diese als solche zu beziehen, sondern nur als kollektive Bezeichnung der einzelnen Mitglieder aufzufassen ist; wo dieses feststeht, können nur die einzelnen Mitglieder, nicht die Behörde beleidigt sein.

9. Der Magistrat einer Stadt ist eine Behörde: ZI. 29. Juni 60 c. Mobricker. Dasselbe gilt von städtischen Deputationen und Kommissionen, welche zur dauernden Verwaltung einzelner Geschäftszweige des Gemeinwesens aus

Hat die Beleidigung den Charakter der Verleumdung, so ist die Strafe Gefängniß von vierzehn Tagen bis zu achtzehn Monaten, und wenn die Verleumdung öffentlich begangen wurde, Gefängniß von Einem Monate bis zu zwei Jahren.

Wird festgestellt, daß mildernde Umstände vorhanden sind, so kann in allen Fällen die Strafe auf Geldbuße von zehn bis zu dreihundert Thalern bestimmt werden.

[Entw. § 91]. Vgl. § 103. 152. 154. 156—158. 163. 343. EG. Art. XVI—XVIII. (Vdn. v. 30. Juni 1849 § 23.)

Mitgliedern des Magistrats und der Bürgerschaft gebildet werden: Erk. Pl. 27. Mai 39 (Entsch. 4. s. 273); z. B. von einer städtischen Schuldeputation: ZI. 28. Juni 61 c. Hülsberg (RdO. I, 470); ebenso von einer städtischen Armenkommission: VI. 4. Mai 64 c. Spitze (RdO. IV, 489); ebenso von einem städtischen Hospitalvorstande: VII. 16. Febr. 65 c. Hilsmann (RdO. V, 507).

10. Die in Gemäßheit des Ges v. 1. Mai 1851 eingesetzten Einkommen- und Klassen-Steuer-Einschätzungs-Kommissionen sind öffentliche Behörden: ZI. 13. März 57 c. Punzel (GA. V, 561); ZI. 15. Juni 60 c. David; VI. 8. Febr. 67 c. Schneider (RdO. VIII,); vgl. § 129 n. 5.

11. Das Presbyterium einer evangelischen Gemeinde (nach der Kirchen-Ordn. v. 5. März 1835) ist eine Behörde: Z. KH. 6. Febr 52 c. v. d. Gröben.

12. Ein „Regiment" ist weder als politische Körperschaft, noch als Behörde aufzufassen; gleichwohl erachtete ZI. 16. Dez. 57 c. Trenck auf die Beleidigung eines solchen den § 102 für anwendbar, weil es ein Theil der bewaffneten Macht sei, und eine ihm nicht im Dienste zugefügte Beleidigung nur in Beziehung auf seinen Beruf gedacht werden könne. Dasselbe muß dann auch gelten, wenn die ganze „Armee" beleidigt worden ist.

13. Das „militärische Gefolge" des Königs ist als solches keine Behörde: ZII. 27. Mai 54 c. Brüggemann.

14. Die Rentkammer eines vormals unmittelbaren Reichsstandes ist, mit Rücksicht auf die Instr. wegen Ausführung des Edikts v. 21. Juni 1815 die Verhältnisse jener Reichsstände betreffend § 35. 36. 57. 58 als Behörde zu betrachten: ZII. 27. April 54 c. Salomon.

15. Ueber die Beamten-Qualität vgl. § 331 n. 1 fgg. Der Ausdruck: „öffentlicher" Beamter deutet hier nur auf den Gegensatz gegen solche, welche lediglich das Interesse einer Privatperson wahrnehmen; aus demselben ist nicht zu folgern, als werde eine obrigkeitliche Funktion vorausgesetzt: VI. 25. Mai 59 c. Vollbrecht (GA. VII, 708).

16. Der Begriff Religionsdiener ist weiter als der eines Geistlichen (§ 59 II, 11 ALR.; vgl. EG. Art. XII § 5); er bezeichnet Jeden, welcher Handlungen zu vollziehen hat, auf die der Zweck des betr. Religionsbekenntnisses wesentlich gerichtet ist; hierher gehört auch die Belehrung und Unterweisung der versammelten Gemeinde in den Satzungen der Religion, sollten auch andere wesentliche Religionshandlungen andern Personen übertragen sein; dagegen bleibt die Verrichtung blos mechanischer Handlungen ausgeschlossen: ZI. 9. Febr. 59 c. Dyck (Entsch. 40. 2. 11; GA. VII, 234).

17. Wenn nach den Satzungen gewisser religiöser Sekten wesentliche Religionshandlungen verschiedenen Gemeindegliedern übertragen sind, so ist jedes derselben, sobald es sich in Funktion befindet, ein Religionsdiener, ohne Unterschied, ob diese Personen dafür besoldet werden, oder ob sie ihren Lebensunterhalt anderweitig durch weltliche Berufsgeschäfte erwerben: ZI. 9. Febr. 59 (cit. n. 16).

18. Ein Menoniten-Prediger ist ein Religionsdiener: ZI. 9. Febr. 59 (cit. n. 16).

19. Dasselbe gilt von den Regularen eines geistlichen Ordens: ZI. 12. April 60 c. Schäfer (139).

20. Der § ist nicht auf gerichtlich vernommene Zeugen und Sachverstän-

bige zu beschränken, bezieht sich vielmehr auf Alle, welche vor einer befugten Behörde als solche gehört werden: ZI. 21. März 60 c. Heinrich (GA. VIII, 416: ein Fall des § 192).

21. Beleidigungen eines Sachverständigen fallen nicht allein dann unter § 102, wenn jener auf vorherige Veranlassung einer Behörde thätig gewesen ist; es genügt, wenn eine Behörde das von einem Beamten (i. c. einem Departements-Thier-Arzte) unter Hinzufügung seines Amts-Charakters, und unter Hinweisung auf den ein für alle Male geleisteten Sachverständigen-Eid, abgegebene Gutachten als Beweisstück zu ihrem Zwecke benutzt hat: VI 13 April 59 c. Miethe.

22. Gendarmen sind Mitglieder der bewaffneten Macht: ZI. 5. Febr. 58 c. Siegwanz. Sie sind, wenn sie an einem öffentlichen Orte in Dienstkleidung erscheinen, im Zweifel als im Dienste befindlich anzusehen: ZI. 27. Okt. 58 c. Luther.

23. Die einem Beamten ꝛc., während er in der Ausübung seines Berufs begriffen ist, zugefügte Beleidigung setzt die persönliche Gegenwart dieses Beamten ꝛc. voraus.

24. Dagegen ist es bei der Beleidigung eines Beamten in Beziehung auf seinen Beruf gleichgültig, ob dieser selbst Kenntniß von der Beleidigung erhalten hat: ZI. 26. Febr. 58 c. Krug.

25. Ein Beamter ist auch dann amtlich thätig, wenn er auf Veranlassung einer Privatperson einschreitet: ZI. 27. Okt 58 c. Zahn (GA VII, 100).

26. Ein Förster befindet sich auch dann in Ausübung seines Berufs, wenn er außerhalb seines Reviers in der Ermittlung oder Verfolgung eines Forstfrevlers begriffen ist: Beschl. I. 21. Okt. 59 c. Krüger (GA. VIII, 112); vgl. § 89 n. 46.

27 Der Ausdruck „in Beziehung auf ihren Beruf" umfaßt auch den Fall, wo die Beleidigung eines Beamten in Beziehung auf sein Dienstverhältniß erfolgt: ZI. 27. Okt. 58 c. Zahn (GA VII, 100).

28. In Beziehung auf seinen Beruf kann auch ein inzwischen aus dem Amte geschiedener Beamter beleidigt werden: ZI. 21. März 66 c. Lorentzen (GA. VII, 187).

29. Goltdammer (Matt. II, 170 n. 9) hält auch die Beleidigung eines verstorbenen Beamten ꝛc. in Beziehung auf seinen Beruf für strafbar. Vgl Tit. XIII (§ 152 ff.) n. 11; § 77 n. 6; BL. s. 289 Note 2 Jedenfalls aber wird die Verfolgung des StA.s wegen Beamten-Beleidigung dadurch nicht unstatthaft, daß der Beleidigte vor Erhebung der Anklage stirbt: ZI. 2. Juni 58 c. Knuth (GA. VI, 700).

30. Ein Zeuge ꝛc. kann in Beziehung auf seinen Beruf auch dann beleidigt werden, wenn er das Zeugniß noch nicht abgelegt hat, sondern erst vorgeladen ist, und im Begriffe steht, sich zum Termine zu verfügen: ZII. 12. Mai 59 c. Schaper.

31. Die Person des beleidigten Beamten ꝛc. resp. die beleidigte Behörde müssen so individuell bezeichnet sein, daß sie von anderen unterschieden werden können. Es kann aber auch die Gesammtheit aller Beamten einer bestimmten Kategorie (z B. „die Staatsanwaltschaft") beleidigt werden: ZII. 22. Febr. 66 c. Fiedler (RdO. VII, 121).

32. Der § setzt die Kenntniß von der Beamten- ꝛc. Qualität beim Beleidigenden voraus; der ausdrücklichen Feststellung dieser Kenntniß bedarf es aber nur dann, wenn sie bestritten worden ist: ZI. 4. Juni 58 c. Waldow

33. Die Beleidigung eines Beamten bleibt auch dann strafbar, wenn derselbe nicht den gesetzlichen Vorschriften gemäß verfahren sein sollte, da er, selbst bei Zuwiderhandlungen gegen gesetzliche Vorschriften, nicht aufhört, Beamter zu sein: B. (Int. des Ges.) II. 11. Juli 53 c. Stollenwerk (Rh. S.; JMbl. s. 420; RA. 49. 2 A. s. 43; GA. I, 565); ZI. 2. Juli 57 c. Hahn; ZII. 22. Sept. 59 c. Kahlenberg; u. ö.; vgl. § 89 n. 14 ff.; § 177 n. 7; es bedarf daher auch nicht der Feststellung, daß sich der beleidigte Beamte in den Grenzen seiner amtlichen Befugnisse gehalten habe: ZI. 20. Okt. 57 c. Wuttke. *Contra:* TArch. IV, 80.

34. Die AKO. v. 1 März 1844 (GS. s. 69), die Beleidigungen zwischen Civil- und Militairpersonen betreffend, ist für aufgehoben zu erachten: GM. II, 168 n. 6; *contra:* Wenzel Ergänzungen s. 64.

35. Die A.KO. v. 18. Dez. 1841 (JMbl. 42. S. 53), nach welcher die in Immediat-Gesuchen enthaltenen strafbaren Ausdrücke, ohne Allerhöchste Bestimmung, nicht zum Gegenstande einer Verfolgung gemacht werden sollen, bezieht sich nur auf Immediat-Eingaben, nicht auf solche, welche an höhere Behörden gerichtet sind: ZI. 16. März 53 c Gramm.

36. Der beleidigte Beamte kann die erlittene Ehrverletzung nach Art. XVI des EG. im Wege des Civil-Prozesses verfolgen, und zwar nicht blos die persönlich erlittene Beleidigung, sondern das ganze nach § 102 strafbare Vergehen; dasselbe gilt nach Rheinischem Verfahren von der Civilklage: Bes. S. 272; *contra:* GM. II, 170 n. 8; TL. S. 177 n. 2.

37. Eines Strafantrages des Verletzten (§ 160) bedarf es zur Verfolgung einer unter § 102 fallenden Beleidigung nicht; es bleibt daher auch § 50 gänzlich ausgeschlossen; das gilt selbst dann, wenn der Beamte rc. selbst die erlittene Ehrverletzung im Wege des Civilprozesses verfolgt (vgl. n. 36): VI 25. April 55 Michna c. Klima; ZII. 2. April 57 c. Grave; VI. -. Mai 63 c. Stange c. Müller (GA. XI 578).

38. Wie zu verfahren sei, wenn die Eröffnung der Untersuchung wegen einer Beamtenbeleidigung erfolgt war, demnächst aber ermittelt wird, daß eine lediglich im Civilprozeß zu verfolgende einfache Beleidigung oder eine solche vorliege, zu deren Verfolgung es eines (nicht vorliegenden) Strafantrages bedurft hätte, darüber vgl EG. Art. XVI n. 7; § 50 n. 27; Strafverf. § 1 n. 32; § 9 n. 9.

39. Eine Aufrechnung der Beleidigungsstrafen (§ 153) findet bei Beamtenbeleidigungen nicht Statt: ZI. 3. Juni 59 c. Riegel; ZII. 17. Dez. 63 c. Schäfer (RdO. IV, 261). Wechselseitige Beamtenbeleidigungen sind daher stets an beiden zu bestrafen: ZI. 2. Dez. 59 c. Knuth (GA VIII, 113). Noch weniger kann von einer Aufrechnung die Rede sein, wenn auf der einen Seite eine Beamtenbeleidigung, also ein Vergehen gegen die öffentliche Ordnung, und auf der andern Seite eine nur auf den Antrag des Verletzten zu verfolgende Ehrverletzung oder einfache Beleidigung, oder auch eine nach § 187 zu ahndende Thätlichkeit vorliegt, da es dann an der relativen Gleichheit beider Ehrverletzungen fehlt: ZII. 7. Juli 63 c. Schäckel (GA. I, 569); ZI. 19. Okt. 55 c Bugdahn (Entsch. 32. S. 278); ZI. 17. Juni 63 c. Jädel (488); u. ö.; *contra:* TArch. IV, 84; V, 125; und Marcinowski Abh. (GA. XIII, 250), welcher die Aufrechnung da zulassen will, wo der beleidigte Beamte selbst die Verfolgung im Civilwege betreibt.

40. Der Grundsatz des § 154 ist auch im Falle des § 102 anwendbar: VI. 21. Okt. 53 c. Rösener (GA. I, 706); VI 17. Okt. 55 c. Zbylicki (Entsch. 31. S. 474; GA. III, 839); VII. 13. Mai 61 c. Jungst; *contra:* ZI. 12. Mai 55 c. Meising. Wird daher vom Angeklagten behauptet: er habe die betr. Aeußerung nur zur Ausführung oder Vertheidigung von Gerechtsamen rc. gemacht, so muß der Instanzrichter diesen Einwand prüfen, und sich in den Gründen seines Urtheils über die Richtigkeit desselben aussprechen; verabsäumt er diese Pflicht, so tritt Nichtigkeit ein: VII. 27. Mai 54 c. Braune; VI. 5. Mai 58 c. Faber; VI. 17. Febr. 60 c. Peseke; VII. 29. Nov. 60 c. Wünschmann; u. ö. Steht es fest, daß einer der im § 154 vorgesehenen Fälle vorliegt, handelt es sich z. B. von einer bei der höhern Behörde eingereichten Beschwerde, so bedarf es unbedingt der ausdrücklichen Feststellung der beleidigenden Absicht, wenn § 102 Platz greifen soll; das gilt selbst dann, wenn die Schrift nicht an den richtigen Vorgesetzten des betr. Beamten, sondern an eine andere Behörde, welche der Beschwerdeführer irriger Weise dafür hielt, gerichtet war: VII. 26. Nov. 57 c. Wüllner.

41. Betrifft die Strafverfolgung eine Verleumdung; so ist auch hier dem Angeklagten der Beweis der Wahrheit gestattet (§§ 157. 158: GM. II, 164 und 167 n. 5; TL. S. 671. Mit Unrecht will Ersterer dieses bei der Verleumdung einer Behörde bezweifeln; insoweit einer solchen eine Thatsache zur Last gelegt werden kann, ist der Beweis der Wahrheit dieser Thatsache auch denkbar und zulässig; darauf, daß eine Behörde als solche nicht delinquirt, kommt hier nichts an.

42. Beim Vorhandensein mildernder Umstände kann statt der Gefängnißstrafe auf Geldbuße erkannt werden; dagegen ist eine Herabsetzung der Gefängnißstrafe unter das in den beiden ersten Absätzen bestimmte Strafminimum unstatthaft: VII. 3. Mai 66 c. Thiesen (RdO. VII, 272).

§. 103. Wegen Beleidigung einer der beiden Kammern darf die Verfolgung nur mit Ermächtigung der Kammer, und wegen Beleidigung eines Mitgliedes der Kammer nur auf dessen Antrag eingeleitet werden.

In Ansehung der übrigen im §. 102. vorgesehenen Ehrverletzungen bedarf es zur Einleitung der Verfolgung eines Antrages des Verletzten nicht.

[Entw. § 91a]. Vgl. § 102. 50—53; EG. Art. XVI XVIII; (Vdn. v. 30. Juni 1849 § 34;; Ges. v. 11. März 1850 § 5 (GS. s. 174).

§. 104. Wer unbefugt sich mit der Ausübung eines öffentlichen Amtes befaßt, oder solche Handlungen vornimmt, die nur in Kraft eines öffentlichen Amtes vorgenommen werden dürfen, soll mit Gefängniß von vierzehn Tagen bis zu Einem Jahre bestraft werden.

[Entw. § 92]. Vgl. AKO. v. 9. März 1834 (GS. s 60).

---

43. Auf die Fälle des § 102 findet auch § 163 Anwendung, vgl. n. 2; § 163 n. 1.

44. Die von einem Preußen im Auslande gegen einen Beamten ꝛc. des betr. Staates begangenen Beleidigungen sind nach Maaßgabe des § 4 Nr. 3 in Preußen aus § 102 zu bestrafen: ZII. 18. Okt. 55 c. Kästner (GA. III, 833); ZI. 4. Juni 56 c. Dobbert; *contra*: TArch. IV, 73; vgl. Thl. II Tit. 5 (s. 158) n. 1.

45. Im Uebrigen sind die Bemerkungen zu Tit. XIII (§ 152 ff.), zu § 153 und zu § 156 zu vergleichen.

§ 103.

1. Wegen einer dem Staats-Ministerium oder einzelnen Ministern zugefügten Beleidigung soll die StA.-schaft nicht ohne Weiteres einschreiten, sondern in der durch die JMVerff v. 14 Aug. 1849 und v. 10. Nov. 1849 § 19 (JMbl. s. 376 u. 465) vorgeschriebenen Weise zunächst die nähere Anweisung des Justiz-Ministers einholen: MVerf. v. 23. Juni 1851 (JMbl. s. 228). Die Gerichte werden von dieser Vorschrift nicht berührt: ZI 7. Okt. 63 c. Holdheim (RdO. IV, 89).

2. Das zum § 102 unter n 36 und 37 Bemerkte findet auch hier analoge Anwendung, da Art. XVI des EG.s auch auf § 103 verweist.

§ 104.

1. Die im § vorgesehenen beiden Alternativen fallen nicht, wie Temme (GU. s. 177; Lehrb. s. 672) glaubt, zusammen, vielmehr werden verschiedene Thatbestände unterschieden. Der erste hat die Ausübung eines Amtes als solchen zum Gegenstande, bezieht sich also auf den Fall, wo der Handelnde selbst (sei es ausdrücklich, sei es indirekt), für sich und sein Thun den amtlichen Charakter in Anspruch nimmt: ZII. 22. Febr. 55 c. Braun (JMbl. s. 111) Umgekehrt betrifft die zweite Alternative den Fall, wo Jemand, ohne für seine Person oder sein Thun den amtlichen Charakter anzunehmen, also als Privatperson, eine Handlung vornimmt, welche nur kraft eines Amtes vorgenommen werden darf: ZI. 7. März 62 c. Rolle (RdO. II, 291); ZII. 18. Sept. 62 c. Grohmann (RdO. III, 10).

2. In beiden Fällen ist es gleichgültig, ob das betr. Amt ein mittelbares oder unmittelbares Staatsamt ist.

3. Als unbefugte Ausübung eines Amtes ist es anzusehen, wenn Jemand unter seinem richtigen Namen mit Beilegung eines ihm nicht beiwohnenden amtlichen Charakters eine (in das Amt einschlagende) Bescheinigung ausstellt; ein Beisp: Beschl. I. 23. Nov. 59 c. Fahl (207 B; GA. VIII, 119). Insofern diese Handlung gleichzeitig den Charakter der Fälschung an sich trägt, liegt in idealer Konkurrenz auch ein durch § 251 oder 254 vorgesehener Straffall vor.

§. 105. Wer unbefugt eine Uniform, eine Amtskleidung, ein Amtszeichen, einen Orden oder ein Ehrenzeichen trägt, wer unbefugt Titel, Würden oder Adels-Prädikate an-

---

4. Dagegen liegt ein Fall der zweiten Alternative vor, wenn Jemand, ohne seiner Person einen Amtscharakter beizulegen, eine Verfügung ergehen läßt und dabei den Schein erregt, als rühre sie von einer zuständigen Behörde her, z. B. durch Unterzeichnung mit dem Namen eines fingirten Beamten: ZI. 7. März 62 (cit. n. 1); *contra:* ZI. 6. Mai 53 c. Koy (GA. II, 389) aus dem irrigen Grunde, als werde in beiden Alternativen die Beilegung eines Amtscharakters vorausgesetzt.

5. Die Vertretung der Parteien vor Gericht gehört zu den Handlungen, welche nur kraft des Amtes eines Rechtsanwalts vorgenommen werden dürfen: ZI. 10. Nov. 62 c. Fischer (GA. XI, 55); die Strafbarkeit wird in diesem Falle auch nicht durch eine simulirte Cession beseitigt, durch welche der Angeklagte den betr. Anspruch scheinbar für sich erworben hat: ZI. 11. Jan. 61 c. Ruhwedel (RdO. I, 201); ZII. 18. Sept. 62 (cit. n. 1); ZI. 15. Nov. 65 c. Andruczkiewicz; u. ö. — Dagegen ist die Anfertigung von Schriften in Rechtssachen nicht ein ausschließlich den Rechtsanwalten übertragenes Geschäft; in Betreff einer solchen findet daher der § keine Anwendung: VII 1. Juni 53 c. Zeth (Entsch. 25. s. 361); ZII. 22. Febr. 55 c. Braun (JMbl. s. 111; GA. III, 637); z. B. die Anfertigung eines Exekutionsantrags: VI. 8. Febr. 65 c. Schilcke (RdO. V, 469); oder eines Widerspruchs gegen eine polizeiliche Strafverfügung: ZI. 28. Febr. 66 c. Fabisch (GA. XIV, 351).

6. Ebenso gehört hierher der Fall, wo ein Beamter über die Grenzen seines Berufs hinausgehend in ein anderes Amt übergreift, z. B. wenn er Amtshandlungen eigenmächtiger Weise vornimmt, zu welchen es des speziellen Auftrags eines Vorgesetzten bedurft hätte: ZI. 15. Juni 66 c. Fischer (RdO. VII, 363); ähnlich: VI. 15. April 53 c. Tafelski (ein Pfarrer hatte wegen Mißhandlung eine körperliche Züchtigung verhängt und vollzogen); ZI. 11. Sept. 63 c. Czaplewski (RdO. IV, 35; ein Ortsgeistlicher hatte, obgleich ihm die Schulinspektion durch die Bezirksregierung entzogen war, die Beaufsichtigung des Religionsunterrichts in der Schule fortgesetzt).

7. Ein Beschl. I. 9. März 53 c. Pötzelt hielt den § auch in einem Falle für zutreffend, wo Handwerksgesellen, ohne dazu durch die Gesetze oder Innungsstatuten (vgl. ALR. II, 6 §§ 45—47; II, 8 § 204) ermächtigt zu sein, einem ihrer Genossen eine Geldbuße auferlegt und dieselbe von ihm einzuziehen gesucht hatten.

8. Der Dolus besteht hier in dem Bewußtsein des Handelnden, daß er unbefugt eine nur kraft eines ihm nicht beiwohnenden Amtes vorzunehmende Handlung ausübe: ZII. 1. März 54 c. Thomas; ein anderweitiger Dolus ist nicht erforderlich: VI. 15. April 53 c. Tafelski; vgl. TL. s. 673. Dagegen geht Goltdammer (Matt. II, 172 n. 4) zu weit, wenn er auch Fälle des strafbaren Irrthums, also der Fahrlässigkeit, hierher rechnet.

9. Auf die unbefugte Verrichtung geistlicher Amtshandlungen (vgl. AKO. v. 9. März 1834, GS. s. 60) ist der § nicht anwendbar: Motive s. 33. Gleichgültig ist es dabei, ob die betr. Handlungen bürgerliche Wirkungen haben, und ob die dabei Betheiligten ihren Austritt aus ihrer bisherigen Kirche erklärt haben, oder nicht: VI. 18 März 53 c. Krebs (Entsch. 25. s. 220); VII. 7. April 53 c. Eckold; ZI. 1. Juni 53 c. Wagner; *contra:* Antr. des GStAnw.s (Entsch. 25. s. 222).

10. Ebensowenig findet der § auf die unbefugte Ausübung einer Berechtigung Anwendung, sollte dieselbe auch nur durch Verleihung Seitens der Staatsgewalt zu erwerben sein; das gilt namentlich von der unbefugten Ausübung solcher Gewerbe, für welche es einer Konzession ꝛc. bedarf, z. B. von der Ausübung des Gewerbes eines Braakers (Gew.-Ordn. v. 17. Jan. 1845 § 52); sie kann nur nach § 177 der cit. Gew.-Ordn. strafbar sein: ZI. 13. Jan. 54 c. Fleischer.

§ 105.

Inhalt.

nimmt, oder wer eines Namens, der ihm nicht zukommt, sich bedient, wird mit Geldbuße bis zu Einhundert Thalern oder Gefängniß bis zu drei Monaten bestraft.

[Entw § 93]. Vgl. § 12. 21. 22 63 104. 118 Nr. 1; Vdn. v. 30 Okt. 1816; GS. s. 216; AKO. v. 15. April 1822 (GS s. 108; Ges. v. 14. April 1856 Art. I (GS. s. 208.

---

1. Der § setzt ein unbefugtes Handeln voraus; ist die Berechtigungsfrage streitig und ihre Entscheidung durch eine Statusfrage bedingt, so ist auch diese nach dem altländischen Verfahren vom Strafrichter zu lösen, da hier kein Gesetz dem Civilrichter die Befugniß beilegt, derartige Streitigkeiten mit bindender Wirkung für den Strafrichter zu entscheiden; vgl. Strafverf. § 22 n. 73. 75. 83; ZII. 13. Febr. 62 c. Füllmer (RdO. II, 253). Ueber die beweisende Kraft eines in Betreff der Statusfrage vor Begehung des angeblichen Vergehens rechtskräftig ergangenen Civil-Erkenntnisses vgl. Strafverf. § 22 n 83. — Anders verhält es sich nach Rhein. Rechte; hier kann eine bestrittene Frage der Kindschaft nur vom Civilrichter entschieden werden; vgl. BGB. Artt. 326. 327. Das ist indessen auch hier auf andere Statusfragen nicht auszudehnen; ebenso bleibt jener Grundsatz da ausgeschlossen, wo der Zweifel nicht sowohl die Kindschaft (filiation) als die Personen-Identität zum Gegenstande hat; vgl. Mangin de l'act. publ. n. 182; Gilb. C. civ. art. 326 n. 3.

2. Der § unterscheidet nicht, ob die angenommenen Titel, Würden ꝛc. inländische oder ausländische sind: ZII. 19. April 55 c. Momma; TL. s. 674 n. 1.

3. Auch der Mangel der für einen Inländer erforderlichen Königlichen Genehmigung zur Führung ausländischer Titel, Orden, Ehrenzeichen und Standesauszeichnungen (vgl. AGO. I, 2 § 61; ALR. II, 11 § 286; Vdn. v. 27. Okt. 1810 § 96) macht die Annahme derselben zu einer unbefugten und strafbaren: BII. 10. Nov. 55 c. Bahrs (Entsch. 32. s. 274; GA. IV, 247; der Angeklagte hatte bei Führung des Titels diesen ausdrücklich als ausländischen bezeichnet); *contra*: TArch IV, 88.

4. Als Dolus wird hier nur das Bewußtsein von der Rechtswidrigkeit der Handlung vorausgesetzt: TL s. 674 n 3. Wer im guten (wenn auch irrigen) Glauben einer vorhandenen Berechtigung handelt, ist nicht strafbar: Z. 6. Okt. 52 c. Schindler; ZII. 22 Sept. 53 c. Oberdorff (GA. I, 702).

5. Zum Thatbestande gehört in keiner Weise eine Verletzung der Rechte Dritter oder auch des Staats: ZII. 22. Febr. 55 c. Schneider (Entsch. 30. s. 327; GA. III, 423); vgl. n. 28. 32.

6. Da der Mangel der Befugniß Bedingung der Strafbarkeit, so ist der § unanwendbar, wenn ein zum Tragen einer Dienstkleidung an sich Berechtigter dieselbe zu einer Zeit oder bei einer Gelegenheit trägt, wo er sie nach seiner Dienstinstruktion nicht tragen darf; ein solcher Fall ist nur im Disziplinarwege zu rügen: ZII. 22. Febr. 55 (cit. n. 5); *contra*: Verf. d. Min. d. Hand. v. 28. Nov. 1851 (St.-Anz. s. 763) und 8. Juli 1852; JMVerf. v. 21. Juli 1852 (GA. I, 77).

7. Die Frage, ob das Tragen eines einzelnen Uniformstücks (z. B. eines Dienstmantels) als Tragen einer Uniform anzusehen sei, ist thatsächlicher Natur: ZII. 30. Sept. 54 c. Jokisch; *contra*: ZI. 27. Febr. 56 c. Schür, welches überhaupt ein gelegentliches Anlegen von einzelnen Uniformstücken nicht als strafbar ansehen wollte, da der § ein Tragen „der Uniform" erfordere.

8. Ein öffentliches Tragen der Uniform rc. wird nicht erfordert: Koch n. 84.

9. Ein evangelischer Geistlicher, welcher seiner Stellung enthoben, aber nicht gleichzeitig kassirt, und nicht zur Anstellung als solcher unfähig erklärt ist, bleibt ordinirter Geistlicher, und an sich zur Tragung der Amtskleidung befugt: VI. 9. Juli 56 c. Gramm (GA. IV, 693).

10. Die AKO. v. 13. Okt. 1824 Nr. 7 (GS. s. 214), welche das unbefugte Tragen der Nationalkokarde, des National-Militär-Abzeichens oder des Landwehrkreuzes ebenso bestraft wissen will, wie das unbefugte Tragen von Orden und Ehrenzeichen, ist, da § 105 auf diese sich nicht mit bezieht, durch § 105 nicht aufgehoben: GM. II, 175 n. 5; Koch n. 82; *contra*: TGA. s. 179 n. 3; TL. s. 674 Note 2; er betrachtet die Nationalkokarde, auch die eines fremden Staats, als ein Ehrenzeichen, und daher den § 105 auch in Betreff ihrer als direkt anwendbar.

11. Das Wort Titel bezeichnet eine durch höhere Verleihung zu erwerbende, mit Rangstellung verbundene Benennung, paßt daher nicht auf die Bezeichnungen einer wissenschaftlichen oder gewerblichen Thätigkeit, auch wenn zu deren Ausübung eine amtliche Qualifikation, Approbation oder Konzession erforderlich ist: ZII. 21. Juni 55 c. Fuchs.

12. Demgemäß ist die Bezeichnung „praktischer Arzt" kein Titel, und die unbefugte Annahme derselben als solche nicht strafbar; das gilt namentlich vom Wundarzt erster Klasse, welcher zur Ausübung der innern Heilkunde berechtigt (vgl. AKO. v. 28. Juni 1825 und v. 17. Juni 1836), sich „praktischer Arzt" nennt: ZII. 21. Juni 55 c. Fuchs; vgl. § 199 n. 6.

13. Dasselbe gilt von der Benennung „Wundarzt"; sie ist nur als Bezeichnung des betriebenen Gewerbes aufzufassen: Z. 30. Juni 52 c. Schreiner.

14. .... ebenso von der Benennung: „Thierarzt"; die approbirten können sich „geprüfte oder approbirte Thierärzte" nennen: Verf. d. Min. d. Med.-Ang. v. 31. März 1847 (VMbl. s. 52); vgl. § 199 n. 9.

15. . .. ebenso von der Bezeichnung „Musikdirektor"; nur die Benennung als „Königlicher Musikdirektor" wäre ein Titel: ZI. 31. Okt. 62 c. Behlke (RdO. III, 100).

16. Das Wort „Prediger" hat an sich sprachlich und gesetzlich keine so scharf begrenzte Bedeutung, daß es nothwendig, z. B. wie „Pfarrer", „Pastor", als die Bezeichnung eines geistlichen Amtes aufgefaßt werden müßte; die Annahme dieser Benennung, zumal mit einem Zusatze (z. B. „der freien christlichen Gemeinde"), wodurch die Deutung, als werde die Qualität eines Predigers überhaupt, ein geistliches Amt, in Anspruch genommen, — ausgeschlossen wird, fällt nicht unter § 105: Beschl. 19. Mai 52 c. Schmitter (GA. I, 566).

17. Der Doktor-Grad ist eine Würde: ZI. 29. Febr. 60 c. Schienert; vgl. § 74 I, 2 AGO.

18 Ein Adliger, welcher das Wort „von" vor seinem sonstigen Namen führt, hat dasselbe als Prädikat seines Adels; von dem Augenblicke an, wo er seines Adels verlustig wird, darf er sich jenes Wortes nicht mehr bedienen: ZII. 6. Okt. 59 c. Homeier.

19. Als unbefugte Annahme eines Adels-Prädikats ist es auch anzusehen, wenn Jemand die Bezeichnung eines ihm nicht zustehenden höhern Grades des Adels (z. B. des Freiherrn- oder Grafentitels) sich beilegt.

20. Wegen Anmaßung des Adels soll nicht ohne Weiteres eine Strafverfolgung, sondern zunächst eine Verwarnung eintreten; bei obwaltendem Bedenken ist erst an das Justiz-Ministerium zur Rückfrage beim Ministerium des Königl. Hauses zu berichtet: JMVerf. v. 16. Febr. 1838 (v. K. Jahrb. 51. s. 177).

21. Als „Annahme" eines Titels, einer Würde oder eines Adelsprädikats ist jeder einzelne Fall der Führung zu betrachten; es ist daher gleichgültig, ob früher bereits eine irrthümliche und daher straflose Führung statt gefunden hat; auch der ist strafbar, welcher über die Ungesetzlichkeit des bisherigen Gebrauchs belehrt, dennoch damit fortfährt: Z. 16. April 52 c. Rosentreter; vgl. n. 33. 34.

22. Dagegen liegt es im Begriffe der „Annahme", daß nur eine solche Handlung hierher gehört, durch welche die Berechtigung selbst in Anspruch genommen

wird; läßt die Ausdrucksweise erkennen, daß die Führung nicht ernstlich gemeint sei, so bleibt der § ausgeschlossen: ZI. 12. Febr. 62 c. Held (RdO. II, 248).

23. Ist das Recht zum Tragen eines Ordens, oder zur Annahme eines Titels (Würde, Adelsprädikats) zweifelhaft oder bestritten, so liegt demjenigen, welcher dasselbe für sich in Anspruch nimmt, der Nachweis desselben ob, weil die Befugniß nur da anzunehmen ist, wo sie sich auf einen besonderen Rechtsgrund stützt; vgl. die JMVerf. v. 16. Febr. 1838 (cit. n. 20).

24. Der Gebrauch eines nicht zukommenden Familienwappens ist straflos: Koch n. 85. In Betreff des eigenmächtigen Gebrauchs und der Abbildung des Königlichen Wappens auf Waaren, Aushängeschildern und Etiketten ist die AKO. v. 16. Okt. 1831 (GS. s. 247) maaßgebend.

25. Das Verbot des unbefugten Gebrauchs eines andern Namens ist nicht auf Familien-Namen beschränkt: KVII. s. 68; *contra:* VI. 28. Sept. 58 c Wolz (Entsch. 31. s. 219; GA. III, 834), welches es auf Vornamen nicht bezog; so auch GM. II, 586 n. 2; vgl. § 247 n. 28.

26. Inwiefern die theilweise Abänderung des richtigen Namens als Gebrauch eines falschen anzusehen sei, ist Gegenstand thatsächlicher Beurtheilung: ZI. 12. Sept. 56 c. Ansorge; *contra* im Grundsatz: VI. 2. Sept. 59 c Graupe (GA. VII, 826).

27. Die nach dem Edikt vom 12. März 1812 § 3 erforderliche Genehmigung der Prov.-Regierung zu dem von einem Juden anzunehmenden Namen kann auch stillschweigend ertheilt und dadurch der Betreffende verpflichtet werden, sich jenes Namens zu bedienen: ZI. 18. Juni 62 c. Saul (RdO. II, 461).

28. Der § bezieht sich nicht nur auf den Fall, wo Jemand sich des Namens irgend eines Dritten bedient, oder wo der Gebrauch des fremden Namens zugleich einen Eingriff in fremde Rechte darstellt, trifft vielmehr auch da zu, wo Jemand einer Polizeibehörde ꝛc. auf deren befugtes Befragen einen unrichtigen Namen angiebt, um dadurch die eigenen Personal-Verhältnisse zu verdecken: ZI. 13. Okt. 54 c. Peter; vgl. n 5. 32. 34.

29. Dagegen ist es erforderlich, daß Jemand sich selbst den fremden Namen beilege, so daß er also den Glauben erregen will, er selbst führe diesen Namen. Daher gehört der Fall nicht hierher, wo Jemand eine Schrift mit einem fremden Namen unterzeichnet, nicht um selbst für den Träger dieses Namens zu gelten, sondern um die Meinung zu erregen, die Schrift rühre von einem Andern her: ZI. 21. Okt. 59 c. Zabel (GA. VII, 827); VI. 11. Mai 61 c. Ritter (RdO. I, 374); VII 15. März 66 c. Eilhard (RdO. VII, 176).

30. Das fälschliche Ausgeben für die Frau eines Andern kann als Gebrauch eines falschen Namens angesehen werden: ZII 4. Juni 56 c. König (GA. V, 695).

31. Eine Wittwe, welche sich wieder verheirathet hat, darf nach dem Tode des zweiten Mannes nicht wiederum den Namen des ersten annehmen: ZI. 7. März 66 c. Böttcher (RdO. VII, 85).

32. Der unbefugte Gebrauch eines fremden Namens kann durch die Einwilligung desjenigen, welcher denselben mit Recht führt, nicht straflos werden: ZII. 4. Juni 56 (cit. n. 30).

33. Der § setzt keineswegs den angemaßten dauernden Besitz, die dauernde Fortführung eines fremden Namens, sondern nur die Absicht des wirklichen Gebrauchs, wenn auch nur in einem vorübergehenden Falle, voraus: ZII. 10. Nov. 53 c. Heger; ZI 11. Nov. 53 c Ziegler (GA. II, 116); vgl. n. 21.

34. Der § 105 bedroht nicht jede Unwahrheit oder Lüge in Beziehung auf die eigene Persönlichkeit, oder deren Bezeichnung, mit Strafe, setzt vielmehr, wie die Ueberschrift des Titels andeutet, irgend eine Verletzung der öffentlichen Ordnung, irgend ein Recht des Fragenden auf die Wahrheit der Antwort voraus; in Ermangelung eines solchen Rechts bedient derjenige, welcher auf eine unbefugte Frage sich wissentlich einen andern Namen beilegt, sich nicht im Sinne des Gesetzes eines fremden Namens: ZI. 5 Okt. 53 c Krumrei; ZI. 24. Okt. 55 c. Hübner (GA. III, 834). Insbesondere darf nicht aus der Jedem zustehenden Befugniß, strafbare Handlungen zur Anzeige zu bringen, gefolgert werden, daß Jeder von dem Urheber einer Strafthat die Nennung seines Namens fordern könne, und daß in

§. 106. Wer Urkunden, Register, Akten oder sonstige Gegenstände, welche sich an einem öffentlichen Verwahrungsorte aufbewahrt finden, oder einem Beamten, zu dessen Amte die Aufbewahrung derselben gehört, in amtlicher Eigenschaft übergeben worden sind, vorsätzlich vernichtet oder bei Seite schafft, wird mit Gefängniß nicht unter drei Monaten bestraft.

Ist die Handlung in gewinnsüchtiger Absicht begangen, so soll zugleich auf zeitige Untersagung der Ausübung der bürgerlichen Ehrenrechte erkannt werden.

[Entw. § 94]. Vgl. § 243 Nr. 8; 281. 282. 323.

---

einem solchen Falle die Nennung eines falschen Namens strafbar sei: Beschl. II. 14. Juli 64 c. Vorstadt (RdO. V, 75). — Gleichwohl läßt sich nicht aufstellen, daß das Vergehen nur einem Beamten gegenüber begangen werden könne; vielmehr ist auch derjenige, welcher sich einer Privatperson gegenüber eines falschen Namens bedient, strafbar, wenn es geschah, nachdem er selbst dieser Privatperson ein rechtlich begründetes Interesse gewährt hatte, seinen wahren Namen zu kennen (z. B. durch Verhandlungen über einen abzuschließenden Vertrag): ZI. 2. April 56 c. Levy (JMbl. s. 130; GA. IV, 389); ähnlich: ZII. 4. Juni 56 (cit. n. 30); *contra:* TArch. V, 131. — Die unbefugte Annahme von Titeln, Würden oder Adelsprädikaten ist ohne eine solche Unterscheidung immer strafbar.

35. Dadurch, daß die Abgabe eines falschen Namens zu dem Zwecke erfolgt, um sich den nachtheiligen Folgen einer andern Strafthat zu entziehen, verliert dieselbe nicht den Charakter einer selbstständigen Handlung, insofern nicht ein besonderes Strafgesetz beide Vergehen unter einer einzigen Strafbestimmung zusammenfaßt: ZI. 27. Mai 57 c. Lewinsky (GA. V, 562). Letzteres ist der Fall, wenn ein ertappter Holzdieb auf Befragen des Försters 2c. einen falschen Namen abgiebt; es tritt dann (nach HDGes. v. 2. Juni 1852 § 4 Nr. 3) eine verschärfte Strafe für den Holzdiebstahl ein, neben welcher dann nicht auch noch die Strafe des § 105 verhängt werden kann: Z. 8. Nov. 52 c. Schemrich.

36. Ueber Betteln unter falschem Namen vgl. § 118 n. 12.

37. Insoweit der Gebrauch einer vom Namen abweichenden Handelsfirma gesetzlich stattbaft ist, fällt sie nicht unter den §; vgl. D. HGB. Art. 15 ff.

38. Kompetenz und Verfahren; vgl. Ges. v. 14. April 1856 Art. I (oben s. 22).

§ 106.

1. Die hier vorgesehene That wird häufig auch die Merkmale einer andern Strafthat an sich tragen, z. B. des Diebstahls, der Vernichtung 2c. einer Urkunde 2c.; in solchen Fällen sind die Grundsätze von der idealen Konkurrenz anzuwenden; vgl. die Bemerkungen Mittermaier's und Abegg's in GM. II, 181 Note 1, und die Abh. in GA. II, 646.

2. Der § würde an sich auch auf Gegenstände der Kunst, der Wissenschaft oder des Gewerbes, welche in öffentlichen Sammlungen aufbewahrt werden, Anwendung finden; da aber § 282 die vorsätzliche Zerstörung oder Beschädigung dieser Gegenstände speziell mit einer geringeren Strafe bedroht, so muß, so weit dieser § zutrifft, § 106 ausgeschlossen bleiben: TL. s. 672 n. 2; vgl. § 55 n. 8. Dagegen bleibt derselbe anwendbar, soweit es sich von einer Bei-Seiteschaffung jener Gegenstände handelt.

3. Vernichtet ein Beamter die ihm anvertrauten Urkunden, so ist die Strafe nach § 323 Abs. 2 zu bemessen. Handelt es sich dagegen nicht von Urkunden, sondern von andern Registern, Akten oder sonstigen Gegenständen welche an einem öffentlichen Verwahrungsorte aufbewahrt werden, so wird auch der sie vernichtende oder bei Seite schaffende Beamte aus § 106 bestraft, da dann § 323 unanwendbar ist: ZI. 2. Jan. 56 c. Dornblüth.

4. Vorausgesetzt wird, daß der Ort resp. der Beamte die Bestimmung haben, die betr. Gegenstände zu verwahren (aufzubewahren); es genügt daher

§. 107. Wer die zur öffentlichen Bekanntmachung angeschlagenen Verordnungen, Befehle, Patente oder Anzeigen öffentlicher Behörden oder Beamten vorsätzlich abreißt, beschädigt, befleckt oder verunstaltet, ist mit Geldbuße bis zu Einhundert Thalern oder mit Gefängniß bis zu sechs Monaten zu bestrafen.

[Entw. § 95].

---

nicht, wenn irgend ein Gegenstand sich lediglich zu dem Zwecke in einem Amtslokale befindet, um dort von den Beamten benutzt zu werden, z. B. die Mobilien in den Amtslokalen. Dagegen macht es keinen Unterschied, ob die betr. Gegenstände der aufbewahrenden Behörde selbst oder einem Dritten gehören und für diesen aufbewahrt werden: ZI. 11. Jan. 67 c. Wolff (RdO. VIII, 28).

5. Ebensowenig wird erfordert, daß die Gegenstände wie die Urkunden Beweismittel seien: TL. s. 647 n. 2; *contra*: id. GU. s. 180 n. 3.

6. Unter „öffentlichen" Verwahrungsorten sind hier die amtlichen zu verstehen.

7. Entwendung von gerichtlichen Untersuchungs-Akten aus dem Terminszimmer des Gerichts, und Bei-Seite-Schaffung derselben fallen unter § 106; das Gerichtslokal ist in dieser Beziehung als öffentlicher Verwahrungs-Ort zu betrachten: Z. 10. Mai 52 c. Behrends; vgl. aber GM. II, 180 Note 1.

8. Die Beamten, von welchen der § spricht, brauchen nicht nothwendig Registratur- oder Archiv-Beamte zu sein; daher befinden sich Akten, welche einem Beamten (z. B. einem Rechtsanwalt) zu amtlichen Zwecken in die Wohnung verabfolgt sind, in seiner amtlichen Verwahrung: Z. 26. April 52 c. Torno (GA. I, 566). Dieses Verhältniß dauert auch dann fort, wenn der Beamte die Akten durch einen Privatboten in das Amtslokal zurückbringen läßt, weil jener dafür verantwortlich bleibt: ZI. 3. Okt. 62 c. Laskowicz (RdO. III, 45).

9. „Bei Seite schaffen" bezeichnet die vorsätzliche rechtswidrige Wegnahme einer Urkunde ꝛc. aus der amtlichen Verwahrung; es gehört daher der Fall nicht hierher, wo der mit der Aufbewahrung beauftragte Beamte durch Täuschung veranlaßt wird, die Urkunde abzugeben, vielmehr kommt der § nur dann zur Anwendung, wenn die Wegnahme ohne den Willen des letztern stattfindet: VI. 4. Sept. 57 c. Koch (GA. V, 852).

10. Außerdem setzt das „Bei Seite Schaffen" die Absicht voraus, den Gegenstand der Verwahrung dauernd zu entziehen; eine Wegnahme zum Zwecke eines vorübergehenden unbefugten Gebrauchs gehört nicht hierher: VI. 21. Sept. 60 c. Donnerstag (RdO. I, 28); *contra*: John Kritiken s. 126.

11. Die im zweiten Absatze verlangte „gewinnsüchtige Absicht" braucht nicht nothwendig auf Erzielung eines Vermögens-Gewinnes gerichtet zu sein; eine solche kann daher auch da angenommen werden, wo die Handlung geschah, um in einer Untersuchung ein Beweisstück zu beseitigen (: VI. 1. April 59 c. Elias, GA. VII, 387; ZI. 14. Mai 58 c. Stern, 378, GA. VI, 536; ind.); oder um einem Gläubiger für eine Zeit lang die Verfolgung seines Forderungsrechts unmöglich zu machen: ZI. 2. Jan. 56 c. Dornblüth.

§ 107.

1. Hier ist es unerheblich, ob die Bekanntmachung Siegel oder Unterschrift trägt; es genügt, wenn sie den Zweck einer öffentlichen Bekanntmachung hatte, und von einer öffentlichen Behörde ausging, beides auch dem Angeklagten (gleichgültig wie) bekannt geworden war: ZII. 27. Jan. 56 c. Baune.

2. Ob die Handlung aus bloßem Muthwillen, oder zum Zwecke der Verhinderung der Publikation geschehe, ist für den Begriff gleichgültig, und nur Strafzumessungsgrund.

3. Stellt sich die Handlung als Vorbereitung zum Hochverrathe, oder als Theilnahme am Aufruhr dar, so finden die diese betreffenden Bestimmungen Anwendung.

§. 108. Wer ein amtliches Siegel, welches von einer öffentlichen Behörde oder einem öffentlichen Beamten angelegt ist, um Sachen zu verschließen, zu bezeichnen oder in Beschlag zu nehmen, ohne Befugniß vorsätzlich erbricht, ablöset oder beschädigt, wird mit Gefängniß von Einer Woche bis zu sechs Monaten bestraft.

[Entw. § 96]. Vgl. § 280. 328; Zoll-Str.Ges. v. 23. Jan. 1838 § 17.

§. 109. Wer als Zeuge oder als Geschworener berufen, eine Entschuldigungs-Ursache vorschützt, welche sich als falsch ergiebt, wird mit Gefängniß bis zu zwei Monaten bestraft.

Dasselbe gilt für den Sachverständigen, insofern er auf Grund einer gesetzlichen Verpflichtung berufen ist.

Die Verurtheilung wegen Vorschützens einer falschen Entschuldigungs-Ursache schließt die Verurtheilung in die auf das Nichterscheinen gesetzten Geldbußen nicht aus.

[Entw. § 97]. Vgl. § 258; Vdn. v. 3. Jan. 1849 § 20; Crim.-Ordn. § 310. 311. 315. 337. 352.

---

§ 108.

1. Das Wort „amtlich" statt des früher vorgeschlagenen „obrigkeitlich" ist deshalb gewählt worden, um anzudeuten, daß auch die Siegel solcher Beamten, welche — wie die Rheinischen Gerichtsvollzieher — nicht für eine Obrigkeit zu erachten sind, hier mitbegriffen seien: Motive s. 34. Im Uebrigen führen die Gerichtsvollzieher in der Regel kein Dienstsiegel; das erleidet nur nach Art. 88 Nr. 6 der Wechselordnung und § 3 des darauf bezüglichen Publikationspatents v. 6. Jan. 1849 bei der Aufnahme von Wechselprotesten eine Ausnahme; vgl. JMiVerf. v. 24. Sept. 1831 und 20. Jan. 1849 (RS. III, 390; X, 26).

2. Es genügt, wenn die Siegelanlage behufs Verschlusses ꝛc. von einem zuständigen Beamten ausging; zu welchem Endzwecke dieses geschah, ist gleichgültig: VI. 14. März 62 c. Quandt (RdO. II, 305).

3. Ebenso genügt es, wenn die Siegelanlage im Auftrage der zuständigen Behörde durch einen Nichtbeamten erfolgt ist: VI 14. März 62 (cit. n. 2).

4. Dem Siegel steht eine Plombe gleich: VI. 14. März 62 (cit. n. 2); dagegen ist das in Betreff der Siegel Gesagte auf andere Verschlußmittel nicht auszudehnen: TOU. s. 181; vgl. aber Z.-Str.-Ges. v. 23. Jan. 1838 § 17.

5. Ein „Ablösen" kann ohne jede Beschädigung des Siegels oder der Sache stattfinden; dabei ist es gleichgültig, ob die Siegelanlage in einer ihrem Zwecke vollständig entsprechenden Weise bewirkt worden, und ob daher die Beseitigung derselben leicht oder schwierig war: ZII. 13. Mai 61 c. Kuhlmann (RdO. I, 397).

6. Als Dolus wird, außer der Vorsätzlichkeit an sich, noch das Bewußtsein von der Widerrechtlichkeit derselben erfordert: ZII. 15. Sept. 64 c. Schäfer (RdO. V, 108).

§ 109.

1. Es wird ein wissentliches Handeln vorausgesetzt; ein Versehen, selbst ein verschuldetes, genügt nicht.

2. In Betreff der Verpflichtung, einer gerichtlichen Aufforderung zur Abgabe eines Sachverständigen-Gutachtens nachzukommen, vgl. Strafverf. § 20 n. 26. Auch nach Rheinischem Verfahren müssen wenigstens diejenigen Sachverständigen, welche die betr. Kunst ꝛc. zu Erwerbszwecken ausüben, den von dem öffentlichen Ministerium oder einem Richter an sie ergehenden Anforderungen zur Erstattung eines Gutachtens Folge leisten; vgl. Rh. BPO. Art. 316; Rh. StPO. Art. 43. 44.

§. 110. Wer ohne Erlaubniß die Königlichen Lande verläßt und sich dadurch dem Eintritt in den Dienst des stehenden Heeres zu entziehen sucht, ingleichen ein beurlaubter Landwehrmann, welcher ohne Erlaubniß auswandert, wird mit einer Geldbuße von funfzig bis zu Eintausend Thalern oder Gefängniß von Einem Monate bis zu Einem Jahre bestraft.

Das Vermögen des Angeschuldigten ist insoweit, als es nach dem Ermessen des Richters zur Deckung der den Angeschuldigten möglicherweise treffenden höchsten Strafe von Eintausend Thalern und der Kosten des Verfahrens erforderlich ist, von demselben mit Beschlag zu belegen.

[Entw. § 98]. Vgl. § 114; Vdn. v. 15. Sept. 1818 (GS. s. 175); Verf. v. 31. Jan. 1850 Art. 11; Ges. v. 31. Dez. 1842 (GS. 1843 s. 15); Ges. v. 10. März 1856 (GS. s. 133; RS. XI, 166).

---

§ 110.

Inhalt.

1. Ueber das Erforderniß einer Entlassung aus dem Preußischen Unterthanenverbande zum Zwecke der Auswanderung vgl. Vdn. v. 15. Sept. 1818; Ges. v. 31. Dez. 1842 § 16 ff. Die Instanzrichter können ohne Gesetzesverletzung annehmen, daß derjenige, für welchen die Urkunde über die Entlassung aus dem Preußischen Unterthanenverbande ausgefertigt war, als er das Land verließ, nicht ohne Erlaubniß ausgewandert sei, sollte ihm jene Urkunde auch noch nicht ausgehändigt worden sein: ZI. 8. Sept. 64 c. Messing (RdO. V, 91).

2. In Betreff des Verlusts der Eigenschaft als Preuße ohne Entlassung sind die Vorschriften des Ges. v. 31. Dez. 1842 § 15 ff. (GS. s. 17) zu vergleichen. — Ein Preuße, welcher vor der Einführung des cit. Gesetzes ohne Erlaubniß der Bezirks-Regierung ausgewandert ist, hat auf Grund des § 23 l. c. die Eigenschaft eines Preußen erst mit dem Ablaufe von zehn Jahren seit dieser Gesetzeskraft verloren; ein Preuße, welcher, seitdem die Verfassungen v. 5. Dez. 1848 und 31. Jan. 1850 die Auswanderung allgemein gestatteten, ohne ausdrückliche Entlassung aus dem Unterthanenverbande ausgewandert ist, verliert die Eigenschaft eines Preußen mit dem Ablaufe von zehn Jahren seit der Auswanderung; ist der im Vorstehenden gedachte zehnjährige Zeitraum bei Vollendung des zwanzigsten Jahres des ausgewanderten Preußen noch nicht abgelaufen, so tritt mit dieser Vollendung seine Verpflichtung zum Eintritte in das stehende Heer ein: VII. 11. Dez. 56 Fiskus c. Thiemann (Entsch. 34. s. 363; GA. V, 265).

3. Die Vorschrift dieses § bezieht sich nur auf die zum Eintritte in das stehende Heer Verpflichteten; vgl. Ges. v. 31. Dez. 1842 § 17. Die auf unbestimmte Zeit Beurlaubten und die Kriegsreservisten machen sich dagegen, wenn sie sich ihrer Verpflichtung entziehen, der Desertion schuldig; vgl. StGB. f. d. Heer v. 3. April 1845 I, § 94 (GS. s. 311).

4. Ein Verlassen der Königlichen Lande, resp. ein Auswandern „ohne Erlaubniß" liegt auch da vor, wo der Wehrpflichtige zwar mit einer auf bestimmte Zeit beschränkten Erlaubniß (z. B. mit einem Passe) ins Ausland gegangen, sodann aber über jene Zeit hinaus, also ohne Erlaubniß außerhalb Landes verblieben ist: VII. 10. März 58 c. Karsten (JMbl. s. 146); VI. 13. Nov. 61 c. Böttcher (RdO. II, 47); es steht dann das Verbleiben im Auslande der Auswanderung gleich: ZI.

29. Febr. 56 Fiskus c. Mengdehl (GA. IV, 389); VI. 17. März 58 c. Plettner (GA. VI, 417).

5. Dasselbe greift da Platz, wo ein als Knabe Ausgewanderter, welcher beim vollendeten zwanzigsten Lebensjahre die Eigenschaft als Preuße noch nicht verloren hatte, ohne spezielle Erlaubniß aus dem Lande wegbleibt; es ist dann die Vermuthung begründet, er sei ausgewandert, um sich dem Eintritte in das stehende Heer zu entziehen, und er wird von der Strafe des § 110 betroffen: VII. 21. Nov. 61 c. Feuerborn (RdO. II, 87). Das gilt selbst dann, wenn nach verwirkter Strafe jene zehnjährige Frist abgelaufen ist, und der Angeklagte zur Zeit der Strafverfolgung die Eigenschaft eines Preußen verloren hatte; so: ZI. 28. Febr. 55 Fiskus c. Müller (GA. III, 423); VII. 27. März 56 Fiskus c. Behning (GA. IV, 558).

6. Mit Rücksicht auf das unter n. 4. 5 Gesagte genügt es, wenn die von der Regierung nach dem Ges. v. 10. März 1856 § 3 Nr. 3 auszustellende Erklärung über ein „Verbleiben" außer Landes, und nicht über das „Verlassen der Königlichen Lande" sich ausspricht: VI. 17 März 58 (cit. n. 4); VI. 19 Nov. 62 c. Andersson (RdO. III, 128); VII. 22. Jan. 63 c. Heuer (RdO. III, 230); u. ö.

7. Vorausgesetzt wird ein Verlassen des Landes, „um sich dem Dienste zu entziehen". Der Dolus besteht daher in dem Bewußtsein, als Preuße zum Dienste im stehenden Heere verpflichtet zu sein, und in der Absicht, sich dieser Pflicht zu entziehen. Es genügt, wenn dieser Dolus zur Zeit vorwaltete, wo die Verpflichtung zum Dienste eintrat, oder zu einer Zeit, wo dieselbe noch fortdauerte, z. B. bei dem dem Verlassen des Landes gleichstehenden Verbleiben im Auslande (n. 4), sollte auch zur Zeit des Verlassens des Landes jener Dolus noch nicht obgewaltet haben (z. B. wenn dasselbe in früher Kindheit Statt fand): VII. 22. Sept. 59 c. Finkenflügel (JMBl. S. 422; GA. VIII, 120); VI. 13. Nov. 61 (cit. n. 4); VII. 21. Nov. 61 (cit. n. 5); u. ö.

8. Das Vergehen wird dadurch nicht straflos, daß der Militärpflichtige zur Zeit des Eintritts der Pflicht noch minderjährig war oder unter väterlicher Gewalt stand, weil ihn diese Abhängigkeit nicht von der Erfüllung seiner Pflichten gegen den Staat entbindet: VII 21. Nov. 61 (cit. n. 5).

9. Sowohl die Thatsache des Verlassens des Landes, als die unter n. 7 erwähnte Absicht werden rechtlich vermuthet, sobald die Landespolizeibehörde die durch § 3 des Ges. v. 10. März 1856 vorgeschriebene Erklärung ausgestellt hat: cit. Ges. § 8; VII. 10. März 59 c. Karsten (JMBl. S. 146); VII. 22. Sept. 59 (cit. n. 7); vgl. früher: ALR. II, 10 § 49. 50; AGO. I, 36 § 6. 17. 26; Vdn. v. 15. Sept. 1818 § 2. 3. Dabei wird indessen nicht in contumaciam eine affirmative Litis-Kontestation angenommen; vielmehr gilt die Erklärung der Regierung als Beweismittel, welches widerlegt werden kann: Ges. v. 10. März 1856 § 8; ZII. 4. Okt. 60 c. Peter; ZII. 21. Nov. 61 (cit. n. 5). Auch ist das Gericht an die Auffassung der Regierung nicht gebunden; es kann aus denselben Aktenstücken, auf Grund deren jene ihre Erklärung ausgestellt hat, die Ueberzeugung vom Gegentheil herleiten; auch läßt sich nicht aufstellen, daß der cit. § 8 nur dem Angeklagten das Recht zur Führung eines Gegenbeweises ertheile, das Gericht kann vielmehr einen solchen auch von Amtswegen, und selbst im Falle der contumacia des Angeklagten aufnehmen: ZII. 2 Dez. 58 c. Huldermann (321; GA. VII, 103); ZII. 22. Sept. 59 (cit. n. 7). Dagegen darf der Instanzrichter nicht ohne weitere thatsächliche Grundlage (z. B. ohne Beweisaufnahme) seine „Ueberzeugung" der Erklärung der Regierung entgegen setzen: VII. 4. Juli 61 c. Feuerborn.

10. Der Dolus des Angeklagten kann auch da negirt werden, wo der Instanzrichter die Ueberzeugung gewinnt, daß der Angeklagte, obgleich zur Zeit, wo er das dienstpflichtige Alter erreichte, noch Preuße, und daher zum Eintritte verpflichtet, doch das Bewußtsein hiervon und die Absicht, sich seiner Pflicht zu entziehen, nicht gehabt habe: VII. 22. Sept. 59 (cit. n. 7).

11. Das Vergehen wird begangen durch die Nichtgestellung zum Eintritte in das Heer zu einer Zeit, wo die Pflicht eingetreten war, und an dem Orte, wo diese Gestellung erfolgen mußte (vgl. Ges. v. 10. März 1856 § 4. 11 Abs. 2; Mil.-Ers.-Instr. genehmigt durch AKO. v. 9. Dez. 1858 § 21 Nr. 4); vgl. n. 18.

12. Für den Landwehrmann wird das Vergehen erst mit der stattgehabten

Auswanderung vollendet; die Strafe trifft daher nicht zu, wenn er vor Erreichung der Grenze angehalten wird.

13. Die Ertheilung eines Heimathscheins an einen Landwehrmann ist nicht als eine Erlaubniß zum Verlassen des Landes anzusehen: VII. 22. Jan. 63 c. Heuer (RdO. III, 230).

14. Auch beim auswandernden Landwehrmanne wird als Dolus das Bewußtsein von der Rechtswidrigkeit der Auswanderung vorausgesetzt: ZII. 8. Sept. 64 c. Messing (RdO. V, 91).

15. Bei Abmessung der Strafe soll die Vermögenslage des Angeklagten den nächsten Anhaltspunkt abgeben: JMVerf. v. 4. Juni 1853 (JMbl. s. 214); vgl Verf. d. Min. d. Inn. u. d. Fin. v. 4. Aug. 1851 (VMbl. s. 215).

16. Die Verjährung des Vergehens desjenigen, welcher sich dem Eintritte in den Dienst des stehenden Heeres zu entziehen sucht, beginnt erst mit dem wirklichen Eintritte, oder, wenn dieser gar nicht erfolgt, mit dem gänzlichen Erlöschen der betr. Pflicht, d. h. also mit dem Ablaufe der Zeit, welche Jemand im Dienste beim stehenden Heere und der Landwehr ersten und zweiten Aufgebots zubringen mußte (vgl. AKO. v. 3. Nov. 1833); für denjenigen also, welcher im Jahre 1829 eintreten sollte, erst im Jahre 1849: VI. Civ.-Sen. 25. Jan. 54 Fiskus c. Schöpe (GA. II, 550); VII. 1. März 60 c. Peter (beil.); *contra* früher: ein Erk. des I. Civ.-Sen. v. 1. Okt 1846 Hülsen c. Fiskus (Präj. n. 1787), welches, arg. § 5 des Ges. v. 3. Sept. 1814, die Verjährung vom 25. Lebensjahre an beginnen lassen wollte. Vgl. § 46 n. 11.

17. In Betreff des Verfahrens gegen ausgewanderte Militärpflichtige waren früher Tit. 36 Thl. I AGO., und im Gebiete des Rhein. Rechts das Ges. v. 6. flor. XI Art. 8. 9 und die AKO. v. 18. Febr. 1839 (GS. s. 77) maaßgebend, welche ein Beschl. 22. April 52 Fiskus c. Zinke (JMbl. s. 229), und ein ZII. 5. Sept. 55 Fiskus c. Beck als noch gültig betrachteten. Jetzt sind aber durch das Ges. v. 10. März 1856 bei allen Verfolgungen wegen der im § 110 vorgesehenen Vergehen die für Untersuchungssachen geltenden Vorschriften, unter Berücksichtigung der nähern Bestimmungen dieses Gesetzes, für maaßgebend erklärt.

18. Kompetent ist (arg. Ges. v. 10. März 1856 § 4. 11) das Gericht desjenigen Ortes, in dessen Bezirk die Gestellung hätte erfolgen müssen, d. h. also das des letzten Wohn- und Aufenthaltsortes: VII. 22. Sept. 59 (cit. n. 7). Ist kein solcher Ort bekannt, so ist das Gericht des Geburtsortes zuständig: Antr. des GStAnw.s z. Beschl. I. 22. Nov. 65 c. Nerbe (RdO. VI, 568); vgl. n. 11.

19. Die am Schlusse des § 6 des Ges. v. 10. März 1856 vorgeschriebene Uebersendung einer Abschrift der Vorladung soll nicht die öffentliche Vorladung ersetzen, sondern muß neben derselben erfolgen.

20. Die durch Abs. 2 angeordnete Beschlagnahme des Vermögens des Angeschuldigten ist jetzt auf den Antrag der StA.-schaft (Ges. v. 10. März 1856 § 4) in der zu § 73 n. 2 erwähnten Weise zu erwirken. Vgl. für das Gebiet des Rheinischen Rechts die Min.-Verf. v. 18. Febr. 1859 (JMbl. s. 66; RS. XII, 71).

21. Diese Beschlagnahme bezweckt nur die Sicherstellung der Strafvollstreckung und der Untersuchungskosten; sie ist daher als antezipirter Strafvollzug anzusehen, und liegt demgemäß den Gerichten ob, während die Staats-Anwaltschaft in dieser Beziehung nur zur Stellung von Anträgen befugt ist; einen hierauf gerichteten Antrag kann daher das Gericht nicht aus dem Grunde ablehnen, weil die StA.-schaft nicht nachgewiesen habe, wo sich das Vermögen des Angeschuldigten befinde, vielmehr ist die Ermittlung des in Beschlag zu nehmenden Vermögens hier ebenso Sache des Gerichts, als wenn es sich von der Einziehung einer durch rechtskräftiges Erkenntniß auferlegten Geldbuße handelte: Beschl. I. 24. April 57 c. Krüger (JMbl. s. 215; GA. V, 417). Der angeführte Grund (daß dem Gerichte die Vollstreckung obliege) trifft zwar nach Rheinischem und Frankfurter Verfahren nicht zu, gleichwohl wäre auch dort die Versagung einer Beschlagnahmeverfügung nicht damit zu rechtfertigen, weil es am Nachweise fehle, wo sich das Vermögen des Beschuldigten finde, da dort die Gerichte sich mit der Vollstreckung ihrer Verfügungen ꝛc. nicht befassen, also auch nicht untersuchen dürfen, inwiefern eine demnächstige Vollstreckung thatsächlich ausführbar sei oder nicht.

§. 111. Wer einen Preußen zum Militairdienste fremder Mächte anwirbt oder den Werbern der letzteren zuführt, ingleichen wer einen Preußischen Soldaten vorsätzlich zum Desertiren verleitet, oder die Desertion desselben vorsätzlich befördert, wird mit Gefängniß von drei Monaten bis zu drei Jahren bestraft.

Der Versuch dieser Handlungen wird mit der nämlichen Strafe belegt.

[Entw. § 99]. Vgl § 64. 69 Nr. 3; StGB. f. d. H. v. 3. April 1845 I, § 91. 95. 111.

§. 112. Wer von dem Vorhaben einer Desertion zu einer Zeit, zu welcher die Verhütung des Vergehens möglich ist, glaubhafte Kenntniß erhält und es unterläßt, davon der Polizeibehörde oder Militairbehörde zur rechten Zeit Anzeige zu machen, soll, wenn die Desertion wirklich begangen wird, mit Gefängniß bis zu Einem Jahre bestraft werden.

[Entw. § 100]. Vgl. § 39; StGB. f. d. H. v. 3. April 1845 I, § 91. 110.

§. 113. *) Wer sich vorsätzlich durch Selbstverstümmelung oder auf andere Weise zu dem Militairdienste untauglich macht, oder durch einen Andern untauglich machen läßt, wird

*) In der ursprünglichen durch Ges. v. 14. April 1856 (GS. f. 210) abgeänderten Fassung dieses § fehlte der zweite Absatz.

22. Entspricht die von der Regierung abgegebene Erklärung den betreffenden Vorschriften des § 3 des Ges. v. 10. März 1836 nicht, so kann, wenn nichtsdestoweniger die Untersuchung eingeleitet worden ist, dieserhalb nicht eine Freisprechung erfolgen: VI. 17. März 58 (cit. n. 4); Beisp.: wenn bei der öffentlichen Vorladung die einmonatliche Frist des § 6 l. c. nicht gewahrt, oder wenn die betr. Erklärung nicht von der Regierung, sondern von der Kreis-Ersatz-Kommission ausgegangen ist: VII. 22. Sept. 59 (cit n. 7). In einem solchen Falle muß das eingeleitete Verfahren als zur Zeit unstatthaft aufgehoben werden, damit der Regierung die Möglichkeit bleibe, den betr. Mangel zu ersetzen.

23. Ueber Einziehung und Verrechnung der gegen Militärpflichtige erkannten Geldstrafen vgl. JMin.-Verf. v. 31. Jan. 1853 (JMbl. f. 54).

§ 111.

1. Bei der Anwerbung zum Militärdienste einer fremden Macht wird vorausgesetzt, daß Preußen mit derselben nicht im Kriege begriffen sei; ist letzteres der Fall, so wird § 69 Nr. 3 anwendbar.

2. Ueber den Begriff der „Desertion" vergl. StGB. f. d. H. v. 3. April 1845 I, § 91.

3. Die von einem Preußen im Auslande vorgenommene Beförderung der Desertion eines Preußischen Soldaten ist nicht strafbar: VII. 18. Okt. 66 c. Rosenbaum (RdO VII, 550).

§ 112.

1. Auch nahe Verwandte des Verleiteten werden von der Strafe betroffen: KVII. f. 69; vgl. § 39 n. 11.

2. In Betreff der „Glaubhaftigkeit" vgl. § 39 n. 5.

§ 113.

1. Im Falle des ersten Absatzes muß der „Vorsatz" auf das Untauglichmachen gerichtet gewesen sein.

mit Gefängniß nicht unter Einem Jahre und zeitiger Untersagung der Ausübung der bürgerlichen Ehrenrechte bestraft. Dieselbe Strafe hat derjenige verwirkt, welcher den Andern auf dessen Verlangen zum Militairdienste untauglich macht.

Wer in der Absicht, sich der Verpflichtung zum Militairdienste ganz oder zeitweise zu entziehen, auf Täuschung berechnete Mittel anwendet, wird mit Gefängniß nicht unter drei Monaten und zeitiger Untersagung der Ausübung der bürgerlichen Ehrenrechte bestraft. Dieselbe Strafe haben die Theilnehmer an diesem Vergehen verwirkt.

[Entw. § 101]. Vgl. StGB f. d. H. v 3. April 1845 I, § 113—115; Kriegs-Artt. v. 27. Juni 1844 17. 18. (GS. f. 278). Mil.-Ersatz-Instr. v. 9. Dez. 1858 § 54.

---

2. Für den Thatbestand ist es gleichgültig, ob sich Jemand die Verstümmelung selbst zugefügt, oder ob er sich dazu eines Andern als eines Werkzeugs bedient hat: ZII. 14. Juni 60 c. Halemeyer.

3. Es ist hier die Untauglichkeit zu demjenigen Militärdienste gemeint, zu welchem der Einzelne nach seiner natürlichen Beschaffenheit, ohne vorsätzliche Veränderung derselben, gesetzlich berufen ist (vgl. ALR. II, 20 § 802). Daher kommt Nichts darauf an, ob der Angeklagte zu militärischen Nebendienstleistungen, außer dem eigentlichen Waffendienste befähigt geblieben ist: ZI. 30. Nov. 53 c. Sackowski (GA. II, 117).

4. Die bloße Fingirung einer gar nicht existirenden Krankheit oder Untauglichkeit, welche zur Folge hat, daß die Behörde getäuscht, und der Betreffende wegen vermeintlicher Untauglichkeit zum Militärdienste nicht herangezogen wird, genügt zur Anwendung des ersten Absatzes des § nicht: Bergholtz Abh. in GA. II, 489 (vgl. n. 5); dagegen greift jetzt Abs. 2 unbedenklich Platz.

5. Zur Anwendung des ersten Absatzes wird nicht die Hervorbringung einer dauernden Untauglichkeit erfordert; es genügt jede vorsätzlich herbeigeführte, gegen die betr. Behörde geltend gemachte, auch nicht dauernde, wirkliche Untauglichkeit: ZII. 22. März 55 c. Werthmann (92; GA. III, 424). Das gilt selbst dann, wenn die Behörde insofern in einen Irrthum versetzt worden ist, als sie die vorgefundene Untauglichkeit nicht für eine blos temporäre, leicht zu hebende, sondern für eine bleibende erachtet hat; es muß dann aber die temporäre Untauglichkeit wirklich im Augenblicke der Geltendmachung vor der Behörde vorhanden gewesen sein, widrigenfalls nur Abs. 2 zutrift. Jedenfalls ist es gleichgültig, vor welcher Behörde die Geltendmachung erfolgte, wenn es nur eine solche ist, welche wenigstens vorläufig über die Tauglichkeit zu befinden hat.

6. Das Untauglichmachen eines Andern auf dessen Verlangen ist als selbstständiges Vergehen, nicht als Theilnahme am Vergehen des Letztern, aufzufassen. Das gilt namentlich, wenn es sich von dem Untauglichmachen eines Soldaten handelt, für welchen § 113 des StGB.s f. d. Heer maaßgebend ist; auch auf diese Handlung findet der § Anwendung, da er zwischen Militärpflichtigen und wirklichen Militärpersonen nicht unterscheidet: ZII. 22. März 55 c. Huß (GA. III, 424).

7. Durch die Schlußbestimmung des ersten Absatzes wird die Strafbarkeit einer anderweitigen Theilnahme an dem vorgesehenen Vergehen keineswegs beseitigt: KB. H. d. Abgg. 1855/56 IV. I. Nr. 111 f. 5 (GA. IV, 113).

8. Die im zweiten Absatze erwähnten „auf Täuschung berechneten Mittel" brauchen keine betrüglichen im Sinne des § 241, also nicht solche zu sein, durch welche das Vermögen Anderer in gewinnsüchtiger Absicht beschädigt wird: KB. H. d. Abgg. (cit. n. 7). Dagegen ist das bloße lügenhafte Vorbringen von Untauglichkeitsgründen noch nicht als ein auf Täuschung berechnetes Mittel anzusehen; vgl. KB. H. d. Abgg. (cit. n. 7; GA. IV, 112); KB. Herren-H. 1855/56 Nr. 65 f. 5 (GA. IV, 130).

§. 114. Wer es sich zum Geschäft macht, Preußische Unterthanen zur Auswanderung zu verleiten, soll mit Gefängniß von Einem Monate bis zu zwei Jahren bestraft werden.

Eine gleiche Strafe tritt gegen denjenigen ein, welcher es sich zum Geschäft macht, Vorsteher, Gehülfen oder Arbeiter inländischer Fabriken dazu zu verleiten, daß sie vor Ablauf der Kontraktzeit den Dienst ihres Fabrikherrn verlassen und in den Dienst ausländischer Fabrikherren übergehen.

[Entw. § 102]. Vgl. § 110; Verf. v. 31. Jan. 1851 Art. 11; Ges. v. 7. März 1853 (GS. s. 729).

§. 115. Ausländer, welche, nachdem sie des Landes verwiesen sind, ohne Erlaubniß zurückkehren, werden mit Gefängniß von drei Monaten bis zu zwei Jahren bestraft.

[Entw. § 103]. Vgl. § 29. 120. 146. 266; Crim.-O. § 572; AKO. v. 10. März 1839 (GS. s. 106).

---

9. Die „Mittel" sind keineswegs auf solche beschränkt, durch welche eine körperliche Untauglichkeit geltend gemacht werden soll; alles Andere, was zur Befreiung von der Militärpflicht dienen kann, steht damit auf gleicher Linie: ZI. 23. Okt. 57 c. Jaroslawski.

§ 114.

1. Die Worte: „sich zum Geschäft macht" sind der Vdn. v. 20. Jan. 1820 (GS. s. 35) entlehnt. Sie sind nicht gleichbedeutend mit dem in anderen §§ vorkommenden Ausdruck „gewerbs- oder gewohnheitsmäßig", da weder eine auf Erwerb gerichtete Absicht noch ein mehrmaliges Handeln ein nothwendiges Erforderniß ist; es genügt, wenn die Handlung in einer Weise geschieht, die erkennen läßt, daß die Verleitung als Geschäft, oder doch künftig wiederholt getrieben werden solle.

2. Das Verleiten setzt nicht nothwendig eine Täuschung voraus; auch bloße Ueberredung kann genügen. In keinem Falle ist der § auf die Anwendung strafbarer Kunstgriffe zu beschränken: KVII. s. 70.

3. Es ist nicht erforderlich, daß die Auswanderung 2c. in Folge der Verleitung wirklich statt gefunden habe.

§ 115.

1. Ueber die Feststellung der Ausländer-Qualität, wo diese zweifelhaft geworden, vgl. § 29 n. 1; AKO. v. 10. März 1839. In den Fällen, wo die Anwendung des § 115 in Frage kommt, wird die Vorschrift jener KO. noch gelten. Das Gericht soll dann das „Gutachten der Regierung bei Abfassung seines Erkenntnisses zum Grunde legen". Daraus dürfte folgen, daß dieses Gutachten für die richterliche Entscheidung maaßgebend ist; *contra*: v. Rönne Staatsrecht I, 294 Nr. 2.

2. Ein ZII. 3. Jan. 67 c. Gröppel (RdO. VIII, 3) erachtete den § auf einen Ausländer, welcher nach Verübung des Vergehens die Eigenschaft eines Preußen erlangt hatte, für nicht anwendbar; vgl. aber EG. Art. IV. n. 4.

3. Es macht keinen Unterschied, ob die Landesverweisung richterlich ausgesprochen oder polizeilich angeordnet worden ist: V. 10. Sept. 52 c. Marchatzki (JMbl. s. 379); VPl. 10. Mai 58 c. Hattenhauer (JMbl. s. 222; Entsch. 39. 2. 1; GA. VI, 390).

3a. Eine verbindliche Landesverweisung kann nur von der Bezirksregierung nicht von der Ortspolizeibehörde ausgehen, da nur jener die Prüfung zusteht, ob Jemand In- oder Ausländer sei; vgl. AKO. v. 20. März 1838 Nr. 3 (die Ertheilung von Heimathscheinen betr.); AKO. v. 30. Mai 1839; vgl. § 29 n. 1. Daher dürfte auch § 115 nur da Platz greifen, wo eine Landesverweisung Seitens der Regierung erfolgt ist; *contra*: VPl. 10. Mai 58 (cit. n. 3); VII. 15. Mai 58 c.

§. 116. Wer unter Polizei-Aufsicht gestellt ist und den in Folge derselben ihm auferlegten Beschränkungen entgegenhandelt, wird mit Gefängniß von Einer Woche bis zu sechs Monaten bestraft.

[Entw. § 104]. Vgl. § 26—29; Ges. v. 12. Febr. 1850 (GS. f. 51); Ges. v. 30. April 1851 § 1 Nr. 4 (GS. f 188, für Hohenzollern); Ges. v. 14. April 1856 Art. I (GS. f. 210; oben f. 22).

Scheppe; VII. 17. Juli 62 c. Waller (RdO. II, 540); vgl. § 120 Abs. 4; Abh. in GA. VI, 379; Min.-Verf. v. 27. April 1827.

4. Es ist nicht erforderlich, daß die Ausweisung durch Transport über die Grenze zwangsweise in Vollzug gesetzt worden sei; auch wenn der Betreffende freiwillig das Land verlassen hat und dann zurückkehrt, ist die Strafe verwirkt. Anders verhält sich die Sache, wenn der Verurtheilte das Land gar nicht verlassen hat; vgl. Beschl. LG. Aachen 1. Juni 53 c. Falkenstein (Tr. Ann. VII, 230).

5. Durch die im § 572 der Cr.-Ord. angeordnete Verwarnung vor der Rückkehr ist die Strafbarkeit nicht bedingt; vgl. GA. I, 236 Note 1.

6. In Betreff der Kompetenz zur Ertheilung der Erlaubniß an die des Landes verwiesenen Ausländer zur Rückkehr in die Preußischen Staaten vgl. Verf. d. Min. d. J. v. 9. März 1861 (VMbl. f. 66).

§ 116.

1. Der § setzt eine solche Polizeiaufsicht voraus, welche vom Strafgesetze in bestimmten Straffällen, als Theil der gesetzlichen Strafe angedroht, und demzufolge durch richterliches Erkenntniß ausdrücklich ausgesprochen ist: Beschl. I. 3. Nov. 54 c. Pohl (GA. II, 829); ZI. 7. Sept. 59 c. Reinhardt (GA. VII, 710); ZI. 17. Okt. 62 c. Pein (GA. XI, 49); Verf. d. Min. d. Inn. v. 2. Nov. 1859 (VMbl. f. 306). In dieser Beziehung sind § 27 und die Bemerkungen zu demselben zu vergleichen.

2. Ist auf den Grund eines früher bestehenden Gesetzes rechtskräftig auf Polizeiaufsicht erkannt, so wird der § anwendbar, sollte auch das jetzt geltende Strafgesetz die betreffende Strafthat nicht mit Polizeiaufsicht bedrohen: ZI. 30. Jan. 56 c. Leubuscher.

3. Der § ist nur auf solche Beschränkungen anwendbar, welche dem unter Polizeiaufsicht Gestellten innerhalb der gesetzlichen Grenzen auferlegt sind: ZI. 4. Jan. 54 c. Schuster; ZI. 8. Febr. 54 c. Grübener (GA. II, 546); vgl. § 27 n. 1.

4. Um die Strafverhängung zu rechtfertigen, bedarf es der Feststellung, daß dem Angeklagten die betr Beschränkungen auferlegt worden sind; handelt es sich daher von den im § 28 oder im § 9 des Ges. v 12. Febr. 1850 erwähnten Beschränkungen, so ist die Feststellung unerläßlich, daß die Verurtheilung wegen einer der in den citt. §§ gedachten Vergehen ausgesprochen sei: VII. 5. Mai 59 c. Bönnemann; VII. 20. Okt. 59 c. dens.

5. Hat der Angeklagte eine bedingte Erlaubniß erlangt, trotz des ergangenen allgemeinen Verbots seine Wohnung bei Nacht zu verlassen (§ 28), so zieht die Ueberschreitung dieser Bedingung die Strafe nach sich: ZI. 30. Nov. 66 c. Motschke (RdO. VII, 685).

6. Auch dieses Vergehen setzt einen Dolus voraus; die Strafe kann daher denjenigen nicht treffen, welcher in gutem Glauben handelte oder durch unübersteigliche Hindernisse abgehalten wurde, den auferlegten Beschränkungen nachzukommen: ZII. 6. April 54 c. Heine; VII. 9. Okt. 62 c. Sokulowsky (RdO. III, 70); ZI. 30. Nov. 66 (cit. n. 5).

7. Der § 116 ist, nach seiner allgemeinen Fassung, an die Stelle der Vorschrift des § 11 des Ges. v. 12. Febr. 1850 getreten, insoweit dieses Gesetz für Zolldefrauden und Kontrebanden noch in Kraft ist: ZII. 20. Sept. 60 c. Bönnemann; *contra:* VII. 10. Nov. 53 c. Hagemann (JMbl. 54. f. 136; GA. II, 115); vgl. EG. Art. II n. 27.

8. Kompetenz und Verfahren: vgl. Ges. v. 14. April 1856 Art. I (oben f. 22).

§. 117. Wer geschäftslos und arbeitslos umherzieht, ohne sich darüber ausweisen zu können, daß er die Mittel zu seinem Unterhalte besitze, oder doch eine Gelegenheit zu demselben aufsuche, wird als Landstreicher mit Gefängniß von Einer Woche bis zu drei Monaten bestraft.

[Entw. § 105]. Vgl. § 120; (Ges. v. 6. Jan. 1843, GS. s. 19); Ges. v. 14. April 1856 Art. I (GS. s. 208; oben s. 22).

§. 118. Die Bettelei wird in folgenden Fällen als Vergehen mit Gefängniß von einer Woche bis zu drei Monaten bestraft:

1) wenn Jemand unter Drohungen oder mit Waffen oder unter Gebrauch eines falschen Namens, oder unter Vorspiegelung eines Unglücksfalles, einer Krankheit oder eines Gebrechens bettelt;

---

§ 117.

1. Der Mangel eines festen Wohnsitzes ist zum Begriffe der Landstreicherei nicht erforderlich.

2. Vorausgesetzt wird ein Umherziehen von einem Orte zum andern; Umherziehen am eignen Wohnorte kann nur etwa unter § 119 Nr. 1 fallen.

3. Ebenso ist es keine Landstreicherei, wenn Jemand sich aus einer gerechtfertigten Ursache an einen andern Ort begeben hat, und nun den dortigen Aufenthalt verlängert, ohne sich im Besitze der Mittel zu seinem Unterhalte zu befinden: ZI. 19. Okt. 62 c. Gast (RdO. III, 130).

4. Wie lange das Umherziehen gedauert haben müsse, damit ein „Landstreichen“ angenommen werden könne, unterliegt der thatsächlichen Beurtheilung: ZI. 4. Jan. 67 c. Müller (RdO. VIII, 10).

5. Bettelt ein Landstreicher, so liegt reale Konkurrenz vor.

6. Kompetenz und Verfahren: vgl. Ges. v. 14. April 1856 Art. I (oben s. 22).

§ 118.

1. „Betteln“ bezeichnet das Ansprechen eines Fremden um eine milde Gabe für den Lebensunterhalt (Almosen); vgl. TL. s. 618 I; Abh. in GA. III, 793; ähnlich: ZPl. 29. Okt. 55 c. Suchrow (Entsch. 31. s. 223; GA. III, 797). Die vereinzelte Bitte um Unterstützung bei augenblicklichen zufälligen Nothständen oder Verlegenheiten ist nicht als Bettelei aufzufassen: ZI. 14. Sept. 60 c. Günther; KBII. s. 176 zu § 313 des Entw. Dagegen wird ein wirkliches Betteln durch das Vorhandensein einer Noth nicht straflos (insofern nicht ein wirklicher Nothstand vorliegt): BII. 31. Jan. 61 c. Bortscheid.

2. Unterstützungsgesuche, welche an einen durch Verwandtschaft, Freundschaft 2c. nahe Verbundenen gerichtet werden, sind nicht als Bettelei anzusehen: JMVerf. v. 19. März 1831 (v. K. Ann. XV, 128); Koch n. 9; *contra:* ZII. 13. Okt. 54 c. Dahl, welches die Frage als eine rein thatsächliche auffaßte.

3. Wesentlich ist, daß die Ansprache sich auf eine freiwillige Gabe beziehe; der Begriff des Bettelns trifft daher nicht zu, wo dem Angesprochenen die Freiheit der Entschließung entzogen wird: ZI. 15. Nov. 61 c. Bartsch (RdO. II, 73; die betr. Handlung ward hier als Betrugsversuch angesehen).

4. Die Bettelei kann auch schriftlich begangen werden: Beschl. Pl. 21. Nov. 49 c. Blumenthal (JMbl. 50. s. 6; Entsch. 18. s. 81); ZI. 3. Mai 54 c. Sandmann; vgl. AKO. v. 13. Juli 1836 (RS. V, 423).

5. Auch durch Handlungen kann die Bitte um ein Almosen ausgedrückt werden: ZII. 14. April 53 c. Sauerland.

6. Zum Thatbestande der Bettelei gehört nicht eine Mehrheit von Fällen; jeder einzelne Fall des Bettelns begründet die Anwendung des Strafgesetzes (: B.

2) wenn Jemand bettelt, oder Kinder zum Betteln anleitet oder ausschickt, oder Personen, welche seiner Gewalt und Aufsicht untergeben sind und zu seiner Hausgenossenschaft gehören, vom Betteln abzuhalten unterläßt, nachdem er in den letzten drei Jahren wegen dieser Zuwiderhandlungen zwei oder mehrere Male rechtskräftig verurtheilt worden ist.

[Entw. §. 106]. Vgl. § 341. 120. 205. 105. 254; Ges. v. 14. April 1856 Art. I (GS. s. 208; oben s. 22).

KH. Int. d. Ges. 22. Dez. 52 c. Renner, RA. 48. 2A. s. 33), und eine Mehrheit von Fällen die Anwendung des § 56 Ist daher ein Angeklagter von der Anklage: „im Monat Januar ꝛc. bei A und B gebettelt zu haben" freigesprochen worden, so kann er gleichwohl auf Grund einer Anklage: „in demselben Monat bei C und D gebettelt zu haben" noch immer verfolgt werden: B. 24. Nov. 52 c. Strenge.

7. Inwiefern eine durch Täuschung hervorgerufene Mildthätigkeit als Betrug angesehen werden könne, darüber vgl. § 241 n. 31.

8. Kompetenz und Verfahren: vgl. Ges. v. 14. April 1856 Art. I (oben s. 22).

Zu Nr. 1.

9. Nehmen die Drohungen den schwereren Charakter der §§ 212. 234 bis 236 an, so treten die dort angedrohten Strafen ein.

10. Es ist nicht erforderlich, daß die Drohung eine unerlaubte Handlung zum Gegenstande habe: ZI. 3. Mai 54 c. Sandmann.

11. Das Betteln geschieht mit Waffen, wenn der Bettler Waffen mit sich führt, und diese dem Angebettelten bemerkbar werden; eines Drohens mit denselben bedarf es nicht.

12. Aus der Gleichstellung mit den übrigen unter Nr. 1 zusammengefaßten Fällen ist zu folgern, daß ein Betteln „unter Gebrauch eines falschen Namens" nur da anzunehmen ist, wo der angenommene falsche Name benutzt wurde, um den Angebettelten zur Mildthätigkeit zu bestimmen; daher genügt die gleichzeitige Annahme eines falschen Namens für sich allein nicht: Erk. OAG. Oldenburg c. Siethan (Old. Arch. IX, 19); vgl. TL. s. 681. — Wird der § anwendbar, so kann nicht neben der Strafe des § 118 auch die des § 105 verhängt werden, vielmehr schließt die speziellere Vorschrift des § 118 die Anwendbarkeit des allgemein lautenden und milderen § 105 aus; vgl. § 55 n. 7.

13. Inwiefern § 118 Nr. 1 da Anwendung finde, wo das Mitleiden angeblich für einen Anderen durch Vorspiegelung eines diesem zugestoßenen Unglücksfalles ꝛc. angeregt wird, darüber vgl. § 241 n. 31; Abh. in GA. III, 793; GM. II. s. 200 n. 4. Jedenfalls bleibt der § ausgeschlossen, wenn Jemand nur den Botenlohn für eine überbrachte falsche Unglücksnachricht zu erlangen sucht, ohne dabei die Mildthätigkeit für den angeblich Betroffenen in Anspruch zu nehmen: ZII. 5. Jan. 54 c. Lohmeier (GA. III, 792).

Zu Nr. 2.

14. Die Nr. 2 droht eine besondere Rückfallsstrafe an; es kommen daher hier auch die allgemeinen Grundsätze der §§ 58—60 zur Anwendung; insbesondere wird auch hier vorausgesetzt, daß die früheren Verurtheilungen von Preußischen Gerichten ausgegangen seien: BII. 7. Okt. 58 c. Gabriel (GA. VI, 841). Den gerichtlichen Verurtheilungen stehen die unter der früheren Gesetzgebung erfolgten polizeilichen Bestrafungen gleich; vgl. § 58 n. 14.

15. Eine zweimalige Verurtheilung liegt nur dann vor, wenn der zweite Fall thatsächlich einen Rückfall darstellte, d. h. also, wenn er nach rechtskräftiger Verurtheilung wegen des ersten Falles stattgefunden hat; vgl. § 58 n. 17.

16. Rückfälligkeit ist anzunehmen, sobald der Angeklagte, welcher früher wegen einer der im § 341 vorgesehenen Uebertretungen bestraft worden ist, jetzt wiederum eine jener Handlungen begeht, ohne daß es einen Unterschied machte, ob in beiden Fällen grade dieselbe Thathandlung vorliege; § 118 wird daher anwend-

§. 119. Mit Gefängniß von Einer Woche bis zu drei Monaten wird bestraft:

1) wer dem Spiele, dem Trunke oder Müßiggange sich dergestalt hingiebt, daß er in einen Zustand versinkt, in welchem zu seinem Unterhalte oder zum Unterhalte derjenigen, zu deren Ernährung er verpflichtet ist, durch Vermittelung der Behörde fremde Hülfe in Anspruch genommen werden muß;
2) wer eine Unterstützung aus öffentlichen Armenfonds empfängt, wenn er sich weigert, die ihm von der Behörde angewiesene, seinen Kräften angemessene Arbeit zu verrichten;
3) wer nach Verlust seines bisherigen Unterkommens binnen einer von der Ortspolizei-Behörde zu bestimmenden Frist sich kein anderweitiges Unterkommen verschafft hat und auch nicht nachweisen kann, daß er solches, aller angewandten Bemühungen ungeachtet, nicht vermocht habe.

[Entw. § 107]. Vgl. § 120; Ges. v. 31. Dez. 1842 (GS. 1843 s. 8); Ges. v. 6. Jan. 1843, GS. s. 19); Ges. v. 21. Mai 1855 Art. 11—14 (GS. s. 311); Ges. v. 14. April 1856 Art. I (GS. s. 208; oben s. 22).

---

bar, wenn der früher wegen Selbstbettelns Bestrafte demnächst Kinder zum Betteln ausschickt rc.: VII. 22. April 58 c. Göbel (GA. VI, 418).

§ 119.

1. Kompetenz und Verfahren; vgl. Ges. v. 14. April 1856 Art. I (oben s. 22).

Zu Nr. 1.

2. Vorausgesetzt wird eine wirkliche Unfähigkeit, sich und seine Familie zu ernähren: KB. H. d. Abgg. IV. I Nr. 111 s. 7 (GA. IV, 114).

Zu Nr. 2.

3. Die Weigerung rc. zieht nur dann, wenn sie aus Arbeitsscheu erfolgte, die Strafe nach sich, nicht dann, wenn sie geschah, um eine andere übernommene Arbeit zu verrichten: VII. 24. April 62 c. Schaffberg (RdO. II, 357); ZI. 10. Jan. 66 c. Bargnim (RdO. VII, 13). Es läßt sich auch nicht (etwa arg. Ges. 21. Mai 1855 Art. 12) aufstellen, daß der unterstützte Arme sich nicht ohne Zustimmung der Behörde Dritten gegenüber zur Leistung von Arbeiten auf längere Zeit verpflichten dürfe: ZI. 29. Juni 66 c. Ernst (RdO. VII, 395).

Zu Nr. 3. Vgl. Ges. v. 21. Mai 1855 Art. 11.

4. Die Fristbestimmung kann gültig nicht blos von der Ortspolizei-Behörde, sondern auch von dem dieser vorgesetzten Landrathe ausgehen: ZI. 1. März 61 c. Trautnick (RdO. I, 285).

5. Eine allgemeine Anweisung Seitens der Polizei-Behörde, sich nach dem jedesmaligen Verluste eines Unterkommens binnen einer bestimmten Frist ein solches wieder zu verschaffen, ist nicht geeignet, die Anwendung des § 119 Nr. 3 zu rechtfertigen; es bedarf einer nach bereits eingetretenem Verluste des bisherigen Unterkommens ertheilten Anweisung: Z. 19. Mai 52 c. Schwärz (GA. I, 78).

6. Der Ausdruck „Unterkommen" beschränkt sich nicht auf den Besitz einer Wohnung, sondern begreift allgemein die Mittel zum Unterhalte: V. KH. 11. Mai 52 c. Müller (JMbl. s. 270; GA. I, 78); ZI. 28. Sept. 55 c. Haupt (GA. III, 836); ZI. 5. Juni 61 c. Schalk (RdO. I, 423); vgl. Heim.-Ges v. 31. Dez. 1842 §§ 1. 4 (GS. s. 5); Indig.-Ges. v. 31. Dez. 1842 § 7 Nr. 3. 4 (GS. s. 16); Oppenhoff Ressortgess. s. 364 n. 8; (in den citt. Gesetzen hat das Wort „Unter-

§. 120. *) **In den Fällen der §§. 117—119. kann der Verurtheilte nach ausgestandener Strafe nach dem Ermessen der Landespolizeibehörde in ein Arbeitshaus gebracht werden.**

*) In der ursprünglichen durch das Ges. v. 14. April 1856 (GS. S. 210) abgeänderten Fassung lautete:

§ 120. In den Fällen der §§ 117—119. hat das Gericht zugleich zu erkennen, daß nach ausgestandener Strafe der Ausländer aus dem Lande zu weisen und der Inländer in ein Arbeitshaus zu bringen sei.

Die Dauer der Einsperrung in dem Arbeitshause ist von der Landespolizei-Behörde nach den Umständen zu ermessen; sie darf aber einen Zeitraum von drei Jahren nicht übersteigen.

kommen", welches neben der „Wohnung" genannt wird, offenbar eine engere Bedeutung als im § 119; vgl. Schück Abh. in Meyers Arch. f. Landeskunde I, 357).

7. Zur Ausschließung des § genügt es, wenn Jemand insoweit Wohnung und Unterhalt hat, daß nicht zu besorgen steht, er werde der Armenpflege zur Last fallen; vgl. ZI. 28. Sept. 55 c. Haupt (GA. III, 836); zur Verfolgung weitergehender Zwecke (z. B. zur Verhütung der Gewerbsunzucht) kann die Nr. 3 nicht dienen; vgl. ZI. 9. Jan. 63 c. Hoffmann (GA. XI, 208). Ebendeshalb kann derjenige, welcher ein wirkliches Unterkommen hat, nicht angehalten werden, eine Berechtigung zu demselben darzuthun; der thatsächliche Besitz schließt den § aus: ZI. 30. Mai 56 c. Wessalowska. Aus demselben Grunde genügt es zur Anwendung der Nr. 3 nicht, wenn der Angeklagte den ihm von der Verwaltungsbehörde gewordenen Befehl zur Räumung einer Wohnung unbefolgt oder ein polizeiliches Verbot (z. B. des Aufenthalts bei einer Kupplerin) unberücksichtigt läßt: ZI. 5. Juni 61 (cit. n. 6); BI. 1. Febr. 66 c. Gollinck (RdO. VII, 82).

8. Die Nr. 3 bezieht sich, zum Unterschiede von Nr. 1, nur auf die Beschaffung des eignen Unterkommens, nicht auch auf das Unterkommen für diejenigen Personen, für deren Ernährung man zu sorgen hat: BII. 19. März 55 c. Busch (Entsch. 30. S. 333; GA. III, 700); KB. H. d. Abgg. IV. I. Nr. 111 S. 7 (GA. IV, 114); vgl. n. 9.

9. Eine Ehefrau kann zur Verschaffung eines Unterkommens nicht angehalten werden, weil sie verpflichtet ist, bei ihrem Ehemanne zu wohnen: ZI. 5. März 56 c. Behrendt (GA. IV, 391); vgl. n. 8. Das erleidet jedoch da eine Ausnahme, wo der Mann nicht im Stande ist, seiner Pflicht gemäß der Frau Wohnung und Unterhalt zu gewähren, weil dann die Frau sogar in die Lage kommen kann, für das Unterkommen des Mannes zu sorgen (ALR. II, 1 § 174. 262): BI. 22. Juni 59 c. Höfler (GA. VII, 541).

10. Die Worte: „aller angewandten Bemühungen ungeachtet" sind nur auf die in concreto, d. h. auf die für den betreffenden Obdachslosen möglichen Bemühungen zu beziehen: Z 10. Mai 52 c. Kösterke.

11. Die Strafe der Nr. 3 ist ausgeschlossen, sobald Jemand den Nachweis geführt hat, daß er ...... nicht vermocht hat, sich ein anderweitiges Unterkommen an seinem Wohnorte zu verschaffen; eine Verpflichtung zur Beschaffung eines Unterkommens außerhalb des Wohnorts besteht nicht: BI. 3. Okt. 55 c. Markuske (GA. III, 835); ZI. 6. Juli 63 c. Heuer (RdO. III, 549). Jedenfalls kann der Instanzrichter mit Rücksicht auf die in Betreff der eventuellen Verpflichtung der Gemeinden zur Armenpflege geltenden Grundsätze (Heimaths-Ges. v. 31. Dez. 1842 §§ 4 u. 8; Armenpflegeges. v. 31. Dez 1842 §§ 1. 3. 4) thatsächlich feststellen, daß es dem Angeklagten nicht möglich gewesen sei, in einer andern Gemeinde ein Unterkommen zu finden, sollte er auch den Nachweis nicht geliefert haben, daß er zu diesem Zwecke Bemühungen aufgewendet habe: ZII. 24. Jan. 56 c. Böhring.

§ 120.

1. Nach der neuen Fassung dieses § haben die Gerichte das Bringen in ein Arbeitshaus nicht mehr auszusprechen; dasselbe tritt jetzt nur nach dem Ermessen der Landespolizei-Behörde ein, für welche das rechtskräftige richterliche Erkenntniß, und die darin auf Grund eines der §§ 117—119 ausgesprochene Ver-

Die von der Landespolizeibehörde festzusetzende Dauer der Einsperrung in dem Arbeitshause darf einen Zeitraum von drei Jahren nicht übersteigen.

An Stelle der Einsperrung in ein Arbeitshaus kann von der Landespolizeibehörde angeordnet werden, daß die Verurtheilten durch den Landrath oder die Ortspolizeibehörde zu gemeinnützigen Arbeiten verwendet werden.

Die Befugniß der Landespolizeibehörde, Ausländer aus dem Lande zu weisen, wird hierdurch nicht berührt.

[Entw. § 108]. Vgl. § 29; Ges. v. 21. Mai 1855 Art. 11-15 (GS. s. 311); (Ges. v. 6. Jan. 1843; GS. s. 19).

Siebenter Titel.
Münzverbrechen und Münzvergehen.

§. 121. Wer inländisches oder ausländisches Metallgeld oder Papiergeld nachmacht, wer ächtem Metallgelde oder Pa-

---

urtheilung, den rechtlichen Titel zur Ausführung bilden: Motive z. Ges. v. 14. April 1856 (IV. I. Nr. 13. s. 18; GA. III, 856). Vgl. aber § 146 n. 9.

2. Die Landespolizei-Behörde kann jetzt von dieser Maßregel gänzlich absehen, früher *contra*: Verf. des Min. d. Inn. v. 10. Juli 1851 (VMbl. s. 134); Motive l. c.

3. Die Landespolizei-Behörde kann diese Maaßregel gegen denjenigen, welcher wegen eines der in den §§ 117—119 vorgesehenen Vergehen verurtheilt ist, auch dann zur Ausführung bringen, wenn derselbe gleichzeitig wegen eines andern schwereren Verbrechens etc. verurtheilt, und wegen beider Handlungen nur mit dem geringsten Maaße der durch das letztere verwirkten Strafe belegt ist; der Umstand, daß der Richter nach § 56 eine Herabsetzung der Freiheitsstrafe auf das geringste Maaß eintreten ließ, beseitigt die Anwendbarkeit des § 120 nicht; vgl. früher: VII. 23. Nov. 54 c. Bley (JMbl. 55. s. 65; GA. III, 129).

4. Auch gegen Straf-Unmündige kann diese Maaßregel angewendet werden; vgl. früher: ZII. 15. Nov. 55 c. Weiße (Entsch. 32. s. 271; GA. IV, 241); ZII. 3. Jan. 56 c. Meyer.

5. Die Befugniß der Landespolizei-Behörde, die betreffenden Verurtheilten nach ausgestandener Strafe in ein Arbeitshaus bringen zu lassen, ist jetzt nicht mehr auf Inländer beschränkt: Motive z. Ges. v. 14. April 1856 (IV. I. Nr. 13. s. 18; GA. III, 856).

6. Darüber, wer als Ausländer zu betrachten sei, vgl. § 29 n. 1. 2.

7. In Betreff der den Verwaltungsbehörden zu machenden Mittheilungen vgl. JMVerf. v. 3. Okt. 1856 (JMbl. s. 286; RS. XI, 283); Verf. d. Min. d. J. v. 27. April 1857 (VMbl. s. 92); JMVerf. v. 13. Mai 1857 (JMbl. s. 194); id. v. 2. Juli 1857 (RS. XI, 354).

§ 121.

1. Geld definirt Goltdammer (Matt. II, 207, nach einem kammergerichtlichen Urtheile bei Hitzig 22. s. 367) als: ein im Umlauf befindliches, oder doch zum allgemeinen Umlaufe bestimmtes, durch Annahme oder Ausgabe stillschweigend, sei es auch nur im Handelsverkehr, anerkanntes Tauschmittel, welches zugleich, damit es als Geld cirkulire, gesetzlich und unter öffentlicher Autorität mit einem Stempel versehen ist, durch welchen sein eigentlicher Werth bestimmt wird.

2. Das Gesetz unterscheidet nicht zwischen inländischem und ausländischem Gelde, sollte letzteres auch in Preußen gar keinen Cours haben; *contra* in Betreff des letzteren Punktes: TOA. s. 187 n. 4; TL. s. 772 e, „weil ihm dann für Preußen der Begriff des Geldes fehle" [doch nicht der Begriff des „ausländischen

piergelde durch Veränderungen an demselben den Schein eines höheren Werthes giebt, ingleichen wer verrufenem Metallgelde oder Papiergelde durch Veränderungen an demselben das Ansehen eines noch geltenden giebt, begeht eine Münzfälschung, und wird mit Zuchthaus von fünf bis zu fünfzehn Jahren, sowie mit Stellung unter Polizei-Aufsicht bestraft.

[Entw. § 109]. Vgl. § 124 4 Nr. 1. 2; 39. 243 Nr. 3. 4; 340 Nr. 3. 4. 5.

Geldes"]. — Nur dann, wenn es sich von einem im Auslande begangenen Münzverbrechen handelt, macht es einen Unterschied, ob dasselbe gegen Preußen verübt ist; vgl. § 4 Nr. 1. 2, und dort n. 9.

3. Auch das Nachmachen verrufenen Geldes, so lange es noch faktischen Umlauf hat [also noch „Geld" ist], fällt unter den §; *contra*: TL. s. 772.

4. Im Begriffe des „Nachmachens" liegt, daß die falsche Münze der ächten ähnlich werde, und zwar in solcher Weise, daß dadurch ein Anderer getäuscht werden kann: TL. s. 773.

5. Gleichgültig ist es, ob das nachgemachte Geld von geringerem oder gar von höherem Gehalte ist, als das ächte.

6. Derjenige, welcher unächten, bereits im Umlauf befindlichen Münzen durch Veränderung den Schein eines höheren Werthes, oder durch Vervollkommnung den täuschenden Schein der ächten giebt, macht eben dadurch selbstständig Geld nach, und ist als Thäter (nicht etwa als Theilnehmer an der Handlung des ersten Fälschers) nach § 121 strafbar; *contra:* GM. II, 211; TGA. s. 191 n. 3.

7. Ob ächtem Gelde durch Veränderungen an demselben der Schein eines höhern Werthes gegeben worden, hängt davon ab, ob dadurch ein Anderer getäuscht werden kann (vgl n. 4); es ist sonach eine thatsächliche Frage. Daher kann einem Beschl. I. 9. März 53 c. Wetzker (Entsch. 25. s. 219; GA. I, 567) nicht beigepflichtet werden, welcher grundsätzlich „das bloße Verändern der Metallfarbe einer ächten Münze, deren Gepräge ihren Werth deutlich anzeigt, nicht als Münzfälschung" betrachten wollte; vgl. Gilb C. pen. art. 132 n. 7—10.

8. Verringern des Metallgehalts ächter Münzen und Verausgaben derselben fällt nicht unter § 121, sondern ist durch § 243 Nr. 3. 4 besonders bestraft.

9. Der Dolus besteht hier in der Absicht, die Münzen als Geld, d. h. zum Zwecke der Verausgabung, anzufertigen: ZI. 7. Nov. 56 c. Gladau (Entsch. 35. s. 246; GA. V, 399); ZII. 9. April 57 c. Palm. Einer weiter gehenden gewinnsüchtigen Absicht bedarf es nicht. Die Motive s. 36 wollten noch weiter gehen und das bloße Nachmachen bestraft wissen, schon wegen der Gefahr, daß die in andrer Absicht gemachten Münzen rc. demnächst durch Dritte in Umlauf gesetzt werden könnten. Die Kommissionen der Kammern betrachteten aber auch hier den rechtswidrigen Dolus als wesentliches Begriffserforderniß: KVII. s. 71; KVI. s. 17; vgl. Zachariä Abh. in GA. III, 291.

10. Diese Absicht (n. 9) ist als ein selbstverständliches Begriffsmerkmal aufgefaßt und ebendeshalb nicht ausdrücklich in die Begriffsbestimmung mit aufgenommen worden, weil der Fall nicht leicht vorkommen werde, daß Jemand in einer unschuldigen Absicht Geld nachmache oder verfälsche; vgl. KVII. s. 71; KVI. s. 17. Aus der Ausdrucksweise der letzteren (:„bei Münzfälschungen werde stets der kriminalrechtliche Dolus vorausgesetzt"); ist dagegen nicht zu folgern, als präsumire das Gesetz diesen Dolus, und als liege dem Angeklagten in dieser Beziehung der Gegenbeweis ob. Der Sinn jener Bemerkung ist nur der, daß es in den Fällen der § 121. 122 der ausdrücklichen Feststellung jenes Merkmals da nicht bedarf, wo dasselbe nicht bestritten worden ist: ZI. 15. Sept. 54 c. Wiesner; vgl. Zachariä l. c. (n. 9). Umgekehrt aber schließt die festgestellte Abwesenheit jener Absicht die Strafbarkeit aus: V. 20. Okt. 52 c. Kodera (GA. I, 53. 79). Einem Antrage dieselbe in die Fragstellung mit aufzunehmen, muß daher bei Nichtigkeitsstrafe entsprochen werden; auch wird diese Aufnahme nicht durch eine die Zurechnungsfähigkeit betreffende Frage entbehrlich: ZI. 7. Nov. 56 (cit. n. 9); ZII. 9. Apr. 56 c Palm; VI 1. Juli 64 c. Tecklenburg (RdO. V, 47). Dagegen macht das bloße

§. 122. Wer falsches oder verfälschtes Geld an sich bringt und entweder in Umlauf setzt oder zum Zweck der Verbreitung aus dem Auslande einführt, hat dieselbe Strafe wie der Münzfälscher verwirkt.

[Entw. § 110]. Vgl. § 121. 124. 243 Nr. 3. 4.

Bestreiten (ohne gleichzeitige Stellung eines ausdrücklichen Antrags) die Fragstellung nicht unerläßlich: ZI. 5. Dez. 62 c. Wollny (RdO. III, 161). Vgl. Strafverf. Art. 81 n. 21—23; Küßner Abh. in GA. III, 46; John Abh. in GA. III, 66; *contra:* TGU. s. 188 n. 6; TL. s. 774. 777. — Ist dagegen der Antrag gestellt, so kann eine Fragstellung in negativer Form: „ob es erwiesen sei, daß der Angeklagte das Geld nicht in der Absicht nachgemacht habe, es zu verausgaben" nicht genügen; *contra:* ZI. 7. Nov. 56 (cit. n. 9).

11. Der Fälscher, welcher das selbstgefertigte falsche Geld verausgabt, verwirkt nicht neben der Strafe des § 121 auch die des § 122; vgl. § 122 n. 9.

12. Wenn derjenige, welcher Geld ohne den unter n. 9 erwähnten Dolus nachgemacht hat, dasselbe nachträglich dennoch verausgabt, so verfällt er wegen seines spätern Dolus der Strafbestimmung des § 121, obgleich es, beim sofortigen Vorhandensein des Dolus, der Verausgabung zum Thatbestande dieses § nicht bedarf: ZI. 7. Nov. 56 c. Gladau (Entsch. 35. s. 246; GA. V, 399).

13. Verausgabung des falschen Geldes im Einverständnisse mit dem Fälscher könnte, da das Verbrechen des letzteren mit der Anfertigung vollendet ist, nicht Theilnahme an diesem, sondern nur Begünstigung nach beendigter Fälschung sein; dagegen fällt diese Handlung unbedenklich unter § 122.

14. Ueber die Einholung eines Gutachtens der General-Münz-Direktion behufs Feststellung des Thatbestandes vgl. JMVerf. v. 22. Sept. 1855 (JMbl. s. 310) und die dort citt. ältern Verfügungen.

§ 122.

1. Für den Begriff des falschen oder verfälschten Geldes sind die §§ 121 und 123 maaßgebend: VI. 11. März 57 c. Bahtz (GA. V, 248). Es genügt, wenn das Geld objektiv falsch rc. ist, ob der Anfertiger dabei die Absicht der Verausgabung hatte, ist hier gleichgültig.

2. Die §§ 122 und 123 wollen alle diejenigen umfassen, welche, ohne selbst Münzfälscher zu sein, wissentlich falsches Geld einführen, ausgeben oder in Umlauf setzen. Demgemäß bilden die Worte „an sich bringt" den Gegensatz gegen das „als ächt empfängt" im § 123 und bezeichnen das Erwerben mit der Wissenschaft der Unächtheit: ZII. 13. Jan. 59 c. Lachenwitz; ZII. 13. Sept. 66 c. Graf (RdO. VII, 455). Sie sind daher auf einen wirklichen Eigenthumserwerb nicht zu beschränken: ZII. 10. Nov. 55 c. Veronelli. Ebenso ist es gleichgültig, ob Jemand das Geld unmittelbar vom Falschmünzer oder von einem Dritten erhält: *contra:* Mayer Abh. im Arnsb. Arch. XVI, 351. Vgl. § 123 n. 2.

3. Die Absicht der Verbreitung braucht bei dem Erwerbe noch nicht vorzuwalten; dagegen muß dieselbe in dem Augenblicke vorwalten, wo Jemand das „an sich gebrachte" Geld aus dem Auslande in Preußen einführt: GA. I, 390; ZII. 22. Febr. 55 c. Brandt; *contra:* VI. 11. März 57 c. Bahtz (GA. V, 248); TL. s. 775 ff.; Abh. in GA. III, 613; Pl.-Beschl. St.-Ger. Berl. 4. Febr. 52 (GA. I, 79).

4. Die Kenntniß von der Unächtheit gehört zu den Begriffserfordernissen des §; einem Antrage, dieselbe ausdrücklich in die Fragstellung aufzunehmen, muß nothwendig entsprochen werden; vgl. § 121 n. 10; Strafverf. Art. 81 n. 21—23. Dagegen genügt in dieser Beziehung auch hier das bloße Bestreiten der Wissenschaft ohne gleichzeitigen Antrag auf Stellung der Frage nicht: ZI. 12. Dez. 60 c. Spannnagel; ähnlich: ZI. 22. Sept. 58 c. Bittig (GA. VII, 681); u. ö.

5. Auch hier bedarf es der Feststellung einer betrügerischen Absicht nicht: ZI. 15. Sept. 54 c. Wiesner; vgl. § 121 n. 9.

6. Ob das bloße „An sich bringen" zum Zwecke der Verbreitung als Versuch des „In Umlauf Setzens" anzusehen sei, ist eine thatsächliche Frage: Beschl. I. 31. Mai 65 c. Hübner (RdO. VI, 163); *contra:* GM. II, 221 n. 5, welcher allgemein verneint.

§. 123. Wer falsches oder verfälschtes Geld als ächt empfängt und nach erkannter Unächtheit als ächt ausgiebt oder auszugeben versucht, wird mit Gefängniß bis zu drei Monaten oder mit Geldbuße bis zu Einhundert Thalern bestraft.

[Entw. § 111]. Vgl. § 122. 243 Nr. 3. 4.

§. 124. Dem Papiergelde werden gleich geachtet die von dem Preußischen oder einem fremden Staate oder unter deren Autorität von Korporationen, Gesellschaften oder Privat-

---

7. Ein „In Umlauf Setzen" ist nur da anzunehmen, wo das Geld als ächt verausgabt wird, dagegen kann ein einmaliges Ausgeben genügen.

8. Handelt es sich von einem Ausländer, welcher ausländisches Geld an sich gebracht hat, so tritt eine Strafbarkeit nur dann ein, wenn er es in Preußen in Umlauf gesetzt hat: ZI. 16. Nov. 66 c. Finkelstein (RdO. VII, 635).

9. Der Falschmünzer, welcher die von ihm selbst gefertigten falschen Münzen in Umlauf setzt, hat dieselben nicht „an sich gebracht", und deshalb nicht neben der Strafe des § 121 auch noch die des § 122 verwirkt: VII. 21. Apr 53 c. Gevelhof (GA. I, 366. 389); VII. 30. Juni 53 c. Winter. Anders verhält es sich mit dem Theilnehmer, selbst dem Anstifter; bei ihm ist die Möglichkeit eines „An sich Bringens" keineswegs ausgeschlossen, er kann sich daher nach beendigter Theilnahme sehr wohl des Verbrechens des § 122 schuldig machen, da dasselbe von dem des § 121 durchaus gesondert ist. Das ward stillschweigend angenommen durch ZII. 2. Juli 57 c. Klier; VII. 7. Juli 59 c. Petting.

10. Da das im § 122 vorgesehene Verbrechen nicht als Theilnahme an der Münzfälschung anzusehen ist, so kann dasselbe strafbar sein, selbst wenn der Fälscher (z. B. wegen Abwesenheit des Dolus) straflos bleibt: ZI. 7. Febr. 57 c. Heinke; vgl. n. 1.

11. Ein einmaliges Ansichbringen falschen Geldes stellt, selbst wenn die demnächstige Verausgabung durch verschiedene selbstständige Handlungen erfolgt, doch immer nur einen einzigen Straffall dar; vgl. § 123 n. 2.

12. Ueber den Fall der Konkurrenz dieses Verbrechens mit der durch § 39 mit Strafe bedrohten Unterlassung der Anzeige vgl. § 39 n. 14.

§ 123.

1. Auch hier genügt es, wenn das Geld objectiv falsch oder verfälscht ist; welche Absicht der Fälscher dabei gehabt habe, ist gleichgültig; vgl. § 122 n. 1. 10.

2. Die Worte: „als ächt empfängt" bilden den Gegensatz gegen den schwereren Fall des § 122; daher paßt § 123 auf jedes wissentliche Ausgeben falschen Geldes, welches nicht unter das schwerere Straf-Gesetz des § 122 fällt, ohne Unterschied, ob es erwiesen und festgestellt sei, daß das Geld als ächt empfangen war, oder nicht: ZII. 6. Dez. 52 c. Steckmann (GA. IV, 248); *contra*: Pl.-Beschl. des Stadt-Ger. Berlin 4. Febr. 52 (GA. I, 79), welcher den § da für unanwendbar, und vielmehr die Betrugsstrafe für verwirkt erachtete, wo das Geld nicht als ächt empfangen, sondern z. B. gefunden oder gestohlen, und dann nach erkannter Unächtheit weiter verbreitet war; vgl. n. 3; § 122 n. 2. 3.

3. In dem hier vorgesehenen Falle wird regelmäßig auch der Thatbestand des Betrugs vorliegen; gleichwohl ist derselbe dann nicht nach den Grundsätzen der idealen Konkurrenz (§ 55) zu behandeln, weil sonst stets die Strafe des § 242, nie die des § 123 Platz greifen würde; vielmehr ist die Sache dahin aufzufassen, daß die Spezialvorschrift des § 123 die allgemeinen, den Betrug betreffenden, Bestimmungen gänzlich ausschließe; vgl. § 55 n. 8.

§ 124.

1. Die hier erwähnten Urkunden sind unter der Autorität des Staats ausgestellt, wenn der Staat ihre Verausgabung gestattet und in Betreff derselben Anordnungen, wenn auch nur in der Form der Bestätigung von Vereinsstatuten, getroffen hat; vgl. Bes. f. 283 II.

personen ausgestellten, auf den Inhaber lautenden Schuldverschreibungen, Aktien oder deren Stelle vertretende Interimsscheine oder Quittungen, sowie die zu diesen Papieren gehörigen Coupons, Zins- oder Dividendenscheine.

[Entw. § 112]. Vgl. § 121. 122. 340 Nr. 3 bis 5.

Achter Titel.

Meineid.

§. 125. Wer einen ihm zugeschobenen, zurückgeschobenen oder auferlegten Eid wissentlich falsch schwört, wird mit Zuchthaus bis zu zehn Jahren bestraft.

[Entw. § 113]. Vgl. § 128. 129. 132.

---

2. Privatpersonen dürfen in Preußen ohne landesherrliche Genehmigung Schuldverschreibungen auf den Inhaber (mit Ausnahme der Wechsel) nicht ausstellen; vgl. Ges. v. 17. Juni 1833 (GS. s. 75).

3. An einer Bank-Obligation kann eine Verfälschung nur durch diejenige Veränderung verübt werden, welche ihr den Schein eines höhern Werthes giebt; Fälschung eines auf der Obligation befindlichen Cessionsvermerks kann nur Urkundenfälschung sein: Z. 22. Sept. 52 c. Krause (GA. I, 79).

4. Der Ausdruck „Zinsscheine" umfaßt auch die Talons für künftig auszugebende Coupons.

5. Ob ein ausländisches Werthpapier den Voraussetzungen des § 124 entspreche, haben nur die Instanzrichter (nicht die Geschwornen) zu prüfen; insoweit es sich aber hierbei um die Anwendung eines auswärtigen Rechts handelt, unterliegt die ergehende Entscheidung nicht der Nichtigkeitsbeschwerde: VII. 10. Jan. 56 c. Oppermann (JMbl. s. 46), welches es für genügend erachtete, daß der Geschwornenspruch die Nachmachung von „Leipziger Banknoten" feststellte, und dem Gerichtshof die Befugniß zusprach, hiernach die Qualität der betr. Papiere nach dem in Leipzig geltenden Recht zu beurtheilen. — Handelt es sich von Werthpapieren, deren Verausgabung auf inländischen Gesetzen beruht, so ist es unbedenklich, daß eine Fragstellung in der angegebenen Art genügt: ZII. 13. Jan. 59 c. Lachenwitz.

§ 125.

Inhalt.

1. Der § ist auf jeden von einer zuständigen Behörde in der vorgeschriebenen Form rechtmäßig abgenommenen falsch ausgeschwornen Eid anwendbar, vgl. n. 12. Ein Privatmeineid ist straflos: BL. s. 507. Dagegen ist die Strafvorschrift nicht auf die in einem gerichtlichen Prozeßverfahren geleisteten Eide beschränkt: ZI. 30. Sept. 57 c. Schneider (betr. einen bei einer Nachlaßregulirung geleisteten Manifestationseid); das Verfahren braucht überhaupt kein gerichtliches zu sein: Beschl. I. 10. Nov. 54 (Entsch. 30. s. 472; GA. III, 260); V. Pl. 9. Juli 55 c. Schulz (Entsch. 29. s. 256; GA. III, 650; es handelte sich in beiden Fällen um das Verfahren zur Feststellung der von einer Privatgesellschaft zu leistenden Brandentschädigung; der Eid war vor einer Abschätzungskommission geleistet worden, welche auf Grund eines landesherrlichen Statuts unter Zuziehung eines richterlichen

Beamten gebildet war). — *Contra*: TL. s. 749, welcher nur den in einem Prozesse von einer Prozeßpartei geleisteten Eid hierher rechnen will; vgl. Abh. in GA. III, 640.

2. Auch der durch Privatübereinkunft der Parteien gewählte Schiedsrichter ist als eine zuständige Behörde zu betrachten, und der vor ihm ausgeschworne falsche Eid nach § 125 strafbar: TGA. s. 193 n. 4.

3. Ob der Eid in Person, oder auch — soweit dieses nach den Prozeßgesetzen zulässig — durch einen Bevollmächtigten geleistet worden, ist gleichgültig: Abegg Abh. in GA. X, 724.

4. Der § bezieht sich auf alle Arten von Prozeßeiden.

5. .... insbesondere auch auf Manifestationseide in ihrem assertorischen Theile: JI. 25. Nov. 57 c. Gallandt (GA. VI, 85); BI. 10 Mai 61 c. Schubert (RdO. I, 386). Die nachträgliche Angabe eines bei der Ausschwörung wissentlich verschwiegenen Gegenstandes macht hier (abweichend vom Falle des § 131) diese letztere Handlung nicht straflos: JI. 2. April 62 c. Morenz. — Dagegen ist die Ausschwörung des promissorischen Theiles eines Manifestationseides mit der Absicht, ihn nicht zu halten, nicht strafbar: JI. 27. April 66 c. Kaminski RdO. VII, 252). Die spätere Zuwiderhandlung gegen das gegebene Versprechen (Eidesbruch) fällt unter § 131. Mit Rücksicht hierauf ist es zweckmäßig, in der einen Manifestationseid betreffenden Fragstellung hervorzuheben, daß es sich von dem assertorischen Theile des Eides handle: JI. 9. Dez. 57 c. Hoffmann (GA. VI, 84).

6. .... ebenso auf die in Gemäßheit der AGO. I, 10 § 134 ff. auferlegten Diffessionseide: JI. 4. Jan. 56 c Schmidt; JII 5. Juni 58 c. Bochröder.

7. .... ebenso auf Ignoranzeide; bei diesen wird nicht erfordert, daß der Schwörende aus eigner Wahrnehmung Kenntniß von der Wahrheit des Gegentheils gehabt habe: Beschl. II. 2. April 64 c. Voß (RdO. IV, 444).

8. Ausgenommen ist nur der Schätzungseid (iuramentum in litem), weil bei diesem alles in das individuelle Ermessen des Schwörenden gelegt ist (vgl. AGO. I, 22 § 26): GM. II, 229.

9. Es ist nicht erforderlich, in die den Geschwornen vorgelegte Frage die rechtliche Qualifikation des Eides, z. B. daß es ein „Manifestations-Eid" gewesen, aufzunehmen, sobald sich nur die rechtliche Natur desselben aus den festgestellten Thatsachen ergiebt: JI. 5. März 56 c. Krause.

10. Der Ausdruck „auferlegter Eid" ist gleichbedeutend mit „von der Behörde geforderter Eid": BI. 10. Mai 61 (cit. n. 5). Daher trifft der § auch denjenigen, welcher den einem Andern auferlegten Eid ausschwört, indem er sich für den Andern ausgiebt; so: cit B. 10. Mai 61; JI. 17. Juni 64 c. Demoiseau; Abegg Abh. in GA. X, 721; XI, 1.

11. Gleichgültig ist hier, inwiefern der Eid auf die definitive Entscheidung des Prozesses von Einfluß war, und sich auf den Gegenstand desselben bezog: TGA. s. 193 n. 5; anders im Falle des § 126; vgl. dort n. 8.

12. Vorausgesetzt wird, daß der Eid nicht grundsätzlich unzulässig war, z. B. ein Reinigungseid im Strafverfahren: GM. I, 130; vgl. aber § 126 n. 16.

17. Aus demselben Grunde genügt auch ein solcher Eid nicht, welcher von einem zu einem solchen Akte durchaus unqualifizirten Beamten abgenommen worden ist: Erk. OAG. Oldenburg (Old. Arch. VII, 251); vgl. n. 1.

13. Bedingung der Strafbarkeit ist, daß die wesentlichen Förmlichkeiten der Eidesleistung beobachtet sind, weil sonst ein wirklich ausgeschworner Eid nicht vorliegt. Als wesentliche Förmlichkeit ist aber nur die Bekräftigung, verbunden mit der Anrufung Gottes, nicht aber die Beobachtung der äußern Formen anzusehen, welche nach dem religiösen Bekenntnisse des Einzelnen oder nach seiner Körperbeschaffenheit verschieden sein können; dasselbe gilt von den Vorschriften, welche nur das äußere körperliche Verhalten zum Gegenstande haben: Beschl. II 11. Mai 65 c. Schulze (RdO. VI, 112); *contra*: JI. 2. Mai 56 c. Nathans (Entsch. 34. s. 311; GA. IV, 325). Jedenfalls ist eine in Gemäßheit der eigenen Konfessionsangabe des Angeklagten erfolgte Eidesleistung für genügend zu erachten: cit. J. 2. Mai 56; BL. s 508; *contra*: Abh. in GA. IV, 317.

14. Die Belassung einer achttägigen Frist zwischen der Auferlegung und Ausschwörung des Eides ist keine wesentliche Vorschrift des Verfahrens, da diese Frist (Vdn. v. 1. Juni 1833 § 31, nach der Vdn. v. 21. Juli 1846 § 12 (vgl. auch

14*

§. 126. Wer als Zeuge in einer Civilsache oder Strafsache wissentlich ein falsches Zeugniß mit einem Eide bekräftigt,

---

Vdn. v. 21. Juli 1849 § 33) abgekürzt werden kann; die Strafbarkeit des Meineids ist daher auch dann begründet, wenn jene Frist nicht beobachtet worden ist: ZII. 25. Sept. 56 c. Tasch (GA. IV, 836); ZI. 17. März 64 c. Laaß.

15. Auch die vorgängige Verwarnung ist (arg. AGO. Anh. § 82) zu den wesentlichen Förmlichkeiten nicht zu rechnen: ZI. 24. Sept. 56 c Mattner; ebenso (bei einem Zeugeneide): ZI. 17. Juni 53 c. Bär (GA. I, 567. 702); ZI. 12. Dez. 56 c. Czwickelowski (Kelpin u. Gen.); VL. s. 508.

16. In die den Geschwornen vorzulegende Frage brauchen die Thatsachen, welche falsch beschworen worden sind, nicht mit aufgenommen zu werden: ZI. 6. März 56 c. Krause; ZI. 26. März 62 c. Langk; u. ö.; vgl. § 126 n. 23; § 130 n. 7.

17. Zum Thatbestande des wissentlichen Meineids gehört zwar nicht eine gewinnsüchtige, oder auf Beschädigung eines Dritten gerichtete Absicht, wohl aber nicht nur das Wissen von der Unrichtigkeit oder Mangelhaftigkeit der gemachten Angaben, sondern auch das Wissen von der Falschheit des Eides; es muß also der Dolus auf Verletzung der Eidespflicht gerichtet sein; daher macht sich des wissentlichen Meineids derjenige nicht schuldig, welcher bei der eidlichen Manifestation seines Vermögens bewußter Maßen einzelne ihm zustehende Forderungen verschweigt, sobald dieses nur aus dem Grunde geschieht, weil er sie für völlig werthlos hält: ZI. 4. März 53 c. v. Maltzahn-Wedell.

18. Vollendet wird das Verbrechen mit der Eidesleistung, sollte auch noch nicht die Protokollirung über das Geschehene erfolgt sein. Ein nachträglicher Widerruf kommt nur als Strafzumessungsgrund in Betracht.

19. Ein Versuch des Meineids ist sehr wohl möglich. Ob ein solcher begangen worden, und ob er den Merkmalen des § 31 entspreche, ist Gegenstand der thatsächlichen Beurtheilung; es kann auch im Erbieten zur Beschwörung einer Unwahrheit der Anfang der Ausführung gefunden werden: ZII. 6. Okt. 53 c. Brink (GA. I, 702); *contra*: Z. 18. Febr. 52 c. Kunz (Entsch. 23. s. 213); Beschl. 7 Jan. 52 c. Bölike (Entsch. l. c.; GA. I, 702); Z. 21. Mai 52 c. Rehfeld, welche einen Versuch des Meineids nur da für denkbar erachteten, wo der Akt der Eidesleistung selbst (wenn auch nur durch Erhebung der Finger, und die begonnene Nachsprechung der Eidesformel mit dem Worte „Ich") irgendwie einen Anfang genommen habe. Vgl. § 31 n. 17; § 126 n. 19.

20. Nach Rhein. Rechte ist die Frage sehr bestritten, ob, wenn das Streitobjekt, auf welches der geleistete Eid sich bezog, den Werth von 150 Franken übersteigt, mit Rücksicht auf Art. 1341 des BGB. im Strafverfahren die Falschheit des Eides blos durch Zeugen dargethan werden könne. Es verneinten: Erk. AH. Köln 26. Aug 20 c. Berrer (RA. II, 1. 145); Erk. id. 17. Mai 21 (ibid. III, 1. 188); Z. KH. 14. Febr. 37 c. Heck (ibid. 25. 2A. s. 56). Dagegen bejahten: B. id. 26. Jan. 21 c. Berrer (ibid. 2. 2A. s. 149); Z. id. 2. Jan. 43 c. Schmitz (ibid. 39. 2A. s. 60; Tr. Ann. V, 1. 21); ZII. 17. Dez. 57 c Linnartz. Die letztere Ansicht verdient unbedenklich den Vorzug; vgl. § 157; § 225 n. 47. Ueber die Ansichten der französischen Rechtslehrer und die Entscheidungen der französischen Gerichtshöfe vgl. Gilb. C. pén art. 366 n. 3—5. 7—9.

21. Ist ein zugeschobener Eid falsch ausgeschworen worden, so kann nach Rhein. Rechte der Deferent in dem Strafverfahren nicht als Civilpartei auftreten (arg. BGB. Art. 1363): Gilb. C. pén. art. 366 n. 6.

22. Die Wiederholung derselben falschen Eidesleistung in derselben oder in einer andern Sache stellt einen Fall der realen Konkurrenz dar; vgl. § 56 n. 13.

23. Ueber die Möglichkeit einer Theilnahme am Meineide im Sinne des § 34 Nr. 2 vgl. § 129 n. 11; § 126 n. 21.

§ 126.

Inhalt.

oder den vor seiner Vernehmung geleisteten Eid wissentlich durch ein falsches Zeugniß verletzt, wird mit Zuchthaus bis zu zehn Jahren bestraft.

Ist das falsche Zeugniß in einer Strafsache zum Nachtheil eines Angeschuldigten abgelegt, und dieser zur Todesstrafe, Zuchthausstrafe, oder zur Strafe der Einschließung von mehr als fünf Jahren verurtheilt worden, so ist die Strafe Zuchthaus von zehn bis zu zwanzig Jahren.

[Entw. § 114]. Vgl. § 128. 129. 132.

---

1. Ein wesentliches Merkmal dieses Verbrechens ist, daß die betr. Aussage als „Zeuge" oder als „Zeugniß" abgegeben worden sei; die betr. Feststellung wird dadurch nicht ersetzt, daß des abgeleisteten „Zeugeneides" Erwähnung geschieht: VII. 21. Sept. 54 c. Huwer.

2. Der Begriff der „Civil- oder Strafsache" ist keineswegs durch ein förmliches Prozeßverfahren bedingt; ebensowenig wird erfordert, daß der Eid vor einer gerichtlichen Behörde geleistet werde; es genügt jede ein Civilrecht betreffende Verhandlung, oder ein die Verfolgung und Ahndung einer Strafthat betreffendes Verfahren, sobald dabei eine Behörde thätig ist, welcher gesetzlich das Recht zusteht, in Civil- oder Strafsachen zu verhandeln, und namentlich dabei Zeugen zu vernehmen: TL. s 751 (der aber jedenfalls zu weit geht, wenn er verlangt, daß die Behörde auch zur Verhandlung der konkreten Sache kompetent gewesen sein müsse). Insbesondere kommt es nicht darauf an, ob ein Civil- oder Criminal-Prozeß schon förmlich eingeleitet sei, sobald nur die Qualität der Sache, ob sie einen Civil-Anspruch oder eine strafbare Handlung betreffe, feststeht: ZII 10 Sept. 57 c. Schröder (JMbl. s. 380); vgl. § 125 n. 1. 2; Abh. in GA. III, 640.

3. Hiernach ist unter „Civilsache" auch das Verfahren mitbegriffen, welches zur Ermittlung und Feststellung der von einer Privatfeuerversicherungsgesellschaft zu leistenden Brandschadenentschädigung vor einer Kommission anhängig ist, die in Gemäßheit des vom Staate bestätigten Gesellschaftsstatuts unter Mitwirkung eines richterlichen Beamten gebildet worden: Beschl. I. 10. Nov. 54 c. Borchert (Entsch. 29. s. 256; GA. III, 260); vgl. § 125 n. 1.

4. Nicht minder gehört hierher der Eid, welcher vor einem Notar in Gemäßheit der AGO. III, 7 § 83 oder der Rh. BPO. Art. 914 Nr. 9 und 943 Nr. 8 bei Aufnahme eines Inventars abzuleisten ist: TGA s. 195 n. 2; *contra* in Beziehung auf den letztern Fall: Rej. 7. déc. 38 (Sir. 39. 1. 526).

5. Dasselbe gilt von einem falschen bei Aufnahme eines Notorietäts-Aktes (nach dem Rh. BGB. Art. 72) abgegebenen Zeugnisse, vorausgesetzt, daß dasselbe mit einem Eide bekräftigt ist, was freilich in der Regel nicht zu geschehen pflegt.

6. .... ebenso von der durch das Ges. v. 1. Mai 1851 § 26 (GS. s. 204) gestatteten, auf Veranlassung der Bezirks-Kommissionen zu bewirkenden gerichtlichen Zeugenvernehmung über die Vermögens- und Einkommensverhältnisse eines Einkommensteuerpflichtigen

7. Auch das in einer Strafsache in der Voruntersuchung (oder in einem gerichtlichen Skrutinialverfahren) abgelegte falsche eidliche Zeugniß unterliegt der Strafe. Hierbei macht es keinen Unterschied, ob die Voruntersuchung gegen eine bestimmte Person gerichtet war, oder ob es sich nur davon handelte, zu ermit-

teln, ob überhaupt ein Verbrechen rc. vorliege: ZI. 6. April 53 c. Wisniewska (GA. I, 393); vgl. § 128 n. 4. Das muß auch im Bezirke des AGH.s Köln gelten. Zwar betrachtete man es in Frankreich (mit Rücksicht auf Bestimmungen des ältern Rechts und darauf bezügliche Bemerkungen in den Diskussionen über den Code pénal, sowie auf die Fassung des betr. Artikels) als feststehend, daß nur ein im Hauptverfahren abgelegtes falsches Zeugniß strafbar sei. Diese Auffassung hat aber mit der Einführung des StGB.s ihre Grundlage verloren; § 126 unterscheidet nicht; *contra:* BII. 14. Juli 64 c. Franz (RdO. V, 73); BPl. 26. Okt. 65 c. Beitzel (RdO. VI, 405), welche das in der Voruntersuchung nach Rheinischem Verfahren abgelegte falsche Zeugniß nicht für strafbar erachteten. Das cit. BPl. stützt sich wesentlich darauf, daß der § ein Beweiszeugniß voraussetze, und daß das nach Rheinischem Verfahren in der Voruntersuchung abgelegte Zeugniß diesen Charakter nicht habe. Es dürfte indessen sich schwerlich begründen lassen, daß in dieser Beziehung zwischen dem Rheinischen und altländischen Verfahren ein wesentlicher Unterschied bestehe. Eine Abh. in GA. XIII, 852 macht dagegen für dieselbe Ansicht geltend, daß nach Rheinischem Verfahren in der Voruntersuchung die Zeugen ihre Aussage nicht mit einem religiösen, sondern nur mit dem s. g. bürgerlichen Eide bekräftigten. Auch diese Auffassung entbehrt der Begründung, da auch der s. g. bürgerliche Eid einen religiösen Akt, und die einzige dort gesetzlich anerkannte Form der Eidesleistung darstellt; zwar ist durch zwei Erlasse der Imm.-Just.-Kommission v. 22. Dez. 1817 und 18. März 1818 (RS. I, 480. 496) für das Hauptverfahren auch noch eine zusätzliche religiöse Bekräftigung vorgeschrieben; diese Anordnung hat aber nur die Bedeutung einer Instruktion und kann an dem Wesen des dieser Bekräftigung ermangelnden Eides nichts ändern; das ward anerkannt durch B. KH. 1. Dez. 38 c. Gompertz (RA. 28. 2A. s. 23). — Für die Ansicht des OTr. sind auch KBII. s. 73; GM. II, 240. — Vgl. übrigens den Antr. des GStA.s in der obigen Sache: RdO. VI, 405.

8. Vorausgesetzt wird ein falsches Zeugniß; es müssen also solche Angaben falsch sein, welche dem Zeugnisse wesentlich angehören; Unrichtigkeiten in ganz unwesentlichen Nebenpunkten kommen nicht in Betracht. Anders im Falle des § 125; vgl. dort n. 11. Als wesentlich ist auch alles dasjenige zu betrachten, was auf die Glaubwürdigkeit des Zeugen von Einfluß sein kann. Das gilt namentlich von den Angaben des Zeugen über seine eignen persönlichen Verhältnisse, insoweit aus ihnen ein Schluß auf seine Glaubwürdigkeit gezogen werden kann: Z. 8. Nov. 52 c. Momberg (GA. I, 80); ZII. 27. Sept. 60 c. Meyer; JMVerf. v. 15. Okt. 1846 und eine dort in Bezug genommene: AKO. v. 5. Okt. 1846 (JMbl. s. 183). Das Gesagte ist auf die im § 319 Nr. 1—5 der Cr.-Ordn. erwähnten Generalfragen und die darauf gegebenen Antworten nicht zu beschränken: Beschl. I. 5. Juli 61 c. Tolksdorf (RdO. I, 504). — Vgl. über diese Frage: Abegg Abh. i. Gerichtssaal 1856 II. s. 62 und die Abhh. von John, v. Krävel, Dalke und Abegg in GA. IV, 471; IX, 807; X, 605 u. 649.

9. Jedenfalls sind die Angaben des Zeugen über die früher von ihm erlittenen Bestrafungen als wesentlich anzusehen; eine derartige falsche Angabe ist daher nach § 126 strafbar, ohne Unterschied, ob es sich von einer Bestrafung handelt, welche nach gesetzlicher Vorschrift auf die Statthaftigkeit oder Glaubwürdigkeit eines Zeugnisses von Einfluß ist, oder nicht: B. 27. Sept. 52 c. Fahrland; ZI. 27. Mai 53 c. Wolff (GA. I, 393); ZI. 11. Nov. 59 c. Mochmann (GA. VIII, 126); u. ö. Die Strafbarkeit wird auch dadurch nicht beseitigt, daß seit Begehung der Strafthat, wegen welcher die vom Zeugen abgeleugnete Bestrafung stattgefunden, die volle Verjährungsfrist abgelaufen ist: ZI. 27. Mai 53 c. Wolff (GA. I, 393).

10. Auch in der vorsätzlichen Angabe eines falschen Namens kann ein falsches Zeugniß gefunden werden; vgl. Abegg Abh. im Gerichtssaal 1856 II. s. 62 ff.

11. Ein Zeugniß ist auch dann falsch, wenn der Zeuge wahrheitswidrig seine Kenntniß von einer Thatsache versichert, sollte die Thatsache selbst objektiv auch in der Wahrheit begründet sein: ZI. 7. Sept. 60 c. Starke (GA. VIII, 605); ZI. 15. April 63 c. Lindemann.

12. Das Verschweigen einer erheblichen Thatsache stellt nur dann ein falsches Zeugniß dar, wenn es absichtlich und gegen besseres Wissen Statt fand; es kommt daher wesentlich darauf an, ob die Vernehmung in einer Weise bewirkt

worden sei, daß der Zeuge die Erheblichkeit der betr. Thatsache erkannt habe: VI. 30. März 55 c. Wanke (Entsch. 30. s. 336; GA. III, 425); VI. 19. März 56 c. Bleschke (GA. IV, 366). Gleichwohl genügt die Feststellung des Thatbestandes nach den Worten des §, wenn der Angeklagte es verabsäumt hat, eine speziellere Fassung der Frage zu beantragen: ZII. 24. Sept. 57 c. Saerbeck; ZI. 11. Mai 61 c. Ehlig (GA. IX, 519).

13. Die Verfolgung eines abgelegten falschen Zeugnisses ist nicht durch eine Protokollirung der gemachten Bekundungen bedingt; insbesondere kann ein im Hauptverfahren abgelegtes falsches Zeugniß auch dann verfolgt werden, wenn über die betr. Aussage Nichts im Sitzungsprotokolle vermerkt ist, sobald nur der Thatbestand anderweitig nachgewiesen werden kann: VII 22. Nov. 60 c. Kümmel (RdO. I, 37; ind.); Erk. AH. Köln 5. Mai 32 (RA. 17. 1. 124). Dasselbe muß dann aber auch von einem in der Voruntersuchung (Skrutinialverfahren) abgelegten Zeugnisse gelten; es läßt sich keineswegs aufstellen, daß es hier nur auf das zu Protokoll Genommene ankomme; zeigt sich später, daß eine nicht protokollirte unwahre Bekundung (z. B. eine absichtliche Verschweigung) einen wesentlichen Punkt betraf, so fehlt es an jedem Grunde, diese für straflos zu erachten; *contra:* Z. 31. März 52 c. Wagner.

14. Durch eine vorherige Verwarnung ist die Strafbarkeit des falschen Zeugnisses (arg. AGO. Anh. § 82) nicht bedingt: ZI. 17. Juni 53 c. Bär (GA. I, 567. 702); Beschl. I. 5. Juli 61 c. Tolksdorf (RdO. I, 504); vgl. § 125 n. 15; JMVerf. v. 5. Okt. 1846 (JMbl. s. 183).

15. In Betreff der Förmlichkeiten der Eidesleistung vgl. § 125 n. 13—15.

16. Das falsche Zeugniß wird dadurch nicht straflos, daß der Zeuge nach dem Gesetze die Vernehmlassung hätte verweigern können, oder daß er gar trotz seines Widerspruchs zu derselben gezwungen worden ist: ZI. 4. Nov. 53 c. Gohlke. Ebenso ist es unerheblich, ob der Zeuge durch eine wahrheitsgetreue Aussage sich selbst einer strafbaren Handlung hätte schuldig bekennen müssen: ZII. 10. März 53 c. Braune. In einem solchen Falle ist der Zeuge nur befugt, seiner Vernehmlassung und Vereidung die Verwahrung hinzuzufügen, daß er über alle derartigen Thatsachen Stillschweigen beobachten werde; das Nähere hierüber siehe Strafverf. § 18 n. 3. 4.

17. Mit Rücksicht auf diese Gestattung (n. 16) kann auch der Umstand, daß nach dem Gesetz der Zeuge zur eidlichen Bekräftigung irgend einer Bekundung nicht hätte genöthigt werden dürfen, die Strafe nicht ausschließen: ZI. 12. Dez. 62 c. Hoffmann (RdO. III, 170). Ebenso ist auch der Eidesunmündige, wenn er (mit Unterscheidungsvermögen) dennoch eine Unwahrheit beschworen hat, strafbar: ZI. 16. März 55 c. Tulodziecki; vgl. aber § 125 n. 12.

18. Vollendet wird das Verbrechen da, wo die Vernehmung der eidlichen Erhärtung vorhergeht, durch die letztere. Geht dagegen (wie nach Rhein. Verfahren) die Vereidung der Vernehmung vorher, so ist die Vollendung nur dann anzunehmen, wenn die Verhandlung geschlossen worden; so lange dieses nicht geschehen, kann nur etwa ein Versuch vorliegen, dessen Strafbarkeit da wegfällt, wo ein freiwilliger Widerruf vor dem Schlusse erfolgt; die französische Rechtsprechung gestattet den Widerruf selbst dann noch, wenn gegen den Zeugen wegen Verdachts des Meineids vom Präsidenten ein Haftbefehl erlassen worden ist; vgl. Gilb. C. pén. art. 361 n. 15—18. 20; *contra:* TL. s. 754, welcher mit der Abgabe der falschen Aussage das Verbrechen für vollendet erachtet.

19. Der Versuch eines falschen Zeugnisses ist sehr wohl möglich; vgl. § 125 n. 19. Die dort citirten Z. 21. Mai 52 und ZII. 6. Okt. 53 betrafen falsche Zeugnisse.

20. Bildet die spätere unveränderte Wiederholung eines falschen eidlichen Zeugnisses, unter Bezugnahme auf den früher geleisteten Eid, den Thatbestand eines zweimaligen falschen Zeugnisses? vgl. § 56 n. 13.

21. Daß beim falschen Zeugnisse auch außer der Anstiftung eine Theilnahme im Sinne des § 34 Nr. 2 möglich sei, ist grundsätzlich nicht zu bestreiten: ZI. 30. Sept. 57 c. Newoldt (GA. VI, 415). Eine solche kann in der Provokation auf die Vernehmung eines durch einen Andern bestochenen Zeugen, bei vorhandener Wissenschaft, daß derselbe falsch zu schwören beabsichtige, gefunden werden: Beschl. I.

§. 127. Wer als Sachverständiger in einer Civilsache oder Strafsache wissentlich ein falsches Gutachten mit einem Eide bekräftigt, oder den vor seiner Erklärung geleisteten Eid wissentlich durch ein falsches Gutachten verletzt, wird gleich dem falschen Zeugen bestraft.

[Entw. § 115]. Vgl. § 126. 129. 132.

---

1. Febr. 54 c. Leeske; ZI. 28. Mai 62 c. Schröder (502); *contra*: GA. VII, 668. Aehnlich verhält es sich, wenn ein Angeklagter sich mit einem Zeugen über die gegenseitig abzugebenden Aussagen bespricht, und die eigne Aussage hiernach einrichtet; vgl. § 129 n. 11; GA. I, 390.

22. Die Verleitung zu einem falschen Zeugnisse ist nur dann strafbar, wenn festgestellt wird, daß nicht nur zur Ablegung, sondern auch zur eidlichen Bekräftigung verleitet worden sei; so: VI. 12. April 54 c. Goldbeck (GA. II, 418); TArch. II, 84. Es gehört indessen zur thatsächlichen Beurtheilung, ob nicht in jener auch die Verleitung zur Beeidigung mit zu finden ist.

23. Die den Geschwornen vorzulegende Frage braucht nicht nothwendig die Thatsachen zu enthalten, welche unwahr und mit einem Eide bekräftigt worden sind, es genügt eine den Worten des § 126 entsprechende allgemeine Fassung: ZII. 2. Juni 53 c. Heibing; ZI. 6. Sept. 65 c. Malig (GA. XIII, 783); u. ö.; vgl. JMVerf. v. 14. Mai 1856 VII (GA. IV, 541); oben n. 8; § 125 n. 16; § 130 n 7.

24. Enthält ein Zeugniß mehrere unwahre Bekundungen, so stellen doch alle zusammen nur ein Verbrechen dar. Ebendeshalb umfaßt eine erhobene Anklage das ganze Zeugniß, sollte auch die Anklageschrift nur einzelne Bekundungen als unwahr hervorheben. Auch in einem solchen Falle ist es statthaft, das Verfahren demnächst auf andre nicht speziell hervorgehobene Bekundungen auszudehnen; der Schw.-GH., der dieses für unzulässig erachtet, und dieserhalb die Fragstellung gegen den Antrag des StA.s auf die früher hervorgehobenen Bekundungen beschränkt, verletzt das Gesetz: VII. 22. Nov. 60 c. Kümmel (RdO. I, 36). Aus demselben Grunde schließt die einmalige Aburtheilung über eine Anklage wegen falschen Zeugnisses die Erhebung einer neuen Anklage wegen desselben Zeugnisses aus, selbst wenn dieses Mal andre Bekundungen als falsch bezeichnet werden: Z. 23. Jan. 52 c. Falkenberg.

25. Im Falle des Abs. 2 bedarf es nicht eines auf ungerechte Verurtheilung des Angeklagten gerichteten Dolus: GM. II, 245 n. 3; *contra*: TGll. s. 196 n. 4.

26. Ebensowenig bedarf es der Feststellung eines Kausalzusammenhanges zwischen der Verurtheilung und dem falschen Zeugnisse, noch auch, daß die Verurtheilung einen Unschuldigen getroffen habe; es genügt, wenn das falsche Zeugniß „zum Nachtheile eines Angeklagten" abgelegt ist: KBII. s. 74; *contra*: TGll. s. 196 n. 4; vgl. Motive s. 38.

27. Abs. 2 erheischt nur die Verurtheilung des Angeklagten, nicht die Vollstreckung der Strafe; daher ist es gleichgültig, ob die Strafe im Gnadenwege erlassen worden ist.

28. Die Verjährung des falschen Zeugnisses beginnt mit der Vollendung des Verbrechens (vgl. n. 18); im Falle des Abs. 2 aber erst mit der Rechtskraft des dort erwähnten verurtheilenden Erkenntnisses. Diese Verjährung wird auch nicht durch die Vollziehung der in jenem Erkenntnisse verhängten Strafe unterbrochen; vgl. § 46 n. 5; *contra*: GM. II, 247 n. 4 ohne gesetzlichen Anhalt; nach seiner Ansicht würde das falsche Zeugniß unverjährbar sein, wenn eine auf Grund desselben verhängte Todesstrafe vollstreckt worden wäre.

§ 127.

1. Der vom Sachverständigen nach der Vdn. v. 28. Juni 1844 (GS. s. 249) § 2 zu leistende Eid bezieht sich nur auf das erforderte Gutachten, nicht auf die Beantwortung von Generalfragen über Thatsachen &c., welche die Glaubwürdigkeit des Sachkundigen betreffen: ZI. 4. Mai 53 c. Stephan; vgl. § 126 n. 8.

§. 128. Der Ableistung eines Eides wird gleich geachtet:

1) wenn ein Mitglied einer Religionsgesellschaft, welcher das Gesetz den Gebrauch gewisser Betheuerungsformeln an Stelle des Eides gestattet, eine Erklärung unter der Betheuerungsformel seiner Religionsgesellschaft abgiebt;

2) wenn derjenige, welcher als Partei, Zeuge oder Sachverständiger einen Eid geleistet hat, in gleicher Eigenschaft eine Versicherung unter Berufung auf den bereits früher in derselben Angelegenheit geleisteten Eid abgiebt, oder wenn ein Sachverständiger, welcher als solcher ein für allemal vereidet ist, eine Versicherung auf den von ihm geleisteten Eid abgiebt;

3) wenn ein vereideter Beamter eine amtliche Versicherung unter Berufung auf seinen Diensteid abgiebt.

[Entw. § 116]. Vgl. § 125—127. 132; AGO. I, 10 § 203 Nr. 2. 5; 210. 211; I, 13 § 10b; Cr.-O. § 335 Nr. 2. 3. 4; Vdn. v. 3. Jan. 1849 § 55.

---

§ 128.

1. Dieser § enthält keine selbstständige Strafvorschrift, sondern schreibt nur vor, wann die Abgabe von Erklärungen oder Versicherungen, wie sie in den Nrn. 1—3 näher bezeichnet sind, der wirklichen Ableistung eines Eides gleichgeachtet werde. Unter welchen Voraussetzungen die Ableistung eines Eides als Meineid strafbar sei, bestimmen die §§ 125—127; es versteht sich daher von selbst, daß auch nur unter denselben Voraussetzungen die Abgabe einer Erklärung 2c. als Meineid zu bestrafen ist. Aus diesem Grunde sind denn auch die im früheren Entwurfe (v. 1847) der Nr. 3 sich findenden Worte: „in Prozessen oder Untersuchungen" gestrichen worden: VI. 28. Jan. 53 c. Rentwig (GA I, 236); VII. 29. März 60 c. Nowakowsky (GA. VIII, 41); vgl. Motive des Entw. v. 1847 § 51; ZII. 30. März 65 c. Mewes (RdO. VI, 35).

Zu Nr. 2.

2. Temme (Lehrb. s. 753) hält die Strafbestimmung nur dann für anwendbar, wenn die Versicherung auf den früher geleisteten Eid in einem Falle Statt gefunden hat, wo das Gesetz eine solche ausdrücklich **vorschreibt** oder **zuläßt**. Wäre dieses richtig, so könnte der vorgesehene Fall in Betreff einer Partei nie vorkommen, da für sie kein bestehendes Gesetz der Statthaftigkeit einer Versicherung auf einen früher geleisteten Eid Erwähnung thut. Es ist daher richtiger, Strafbarkeit überall anzunehmen, wo eine solche Versicherung stattgefunden hat, sollte das geltende Gesetz auch wiederholte Eidesleistung erheischen; vgl. § 129 n. 3.

Zu Nr. 3.

3. Zur Anwendbarkeit dieser Nr. 3 ist erforderlich, daß die von einem Beamten auf seinen Diensteid genommene falsche Aussage auch eine **amtliche** in dem Sinne sei, daß sie ihrem Gegenstande nach unmittelbar das Amt betreffe; so: Z. Pl. 13. Nov. 54 c Lange (Entsch. 30. s. 340); *contra* früher: VII. 21. April 53 c. Schachtziek (GA. I, 394), welches diese Nr. 3 auch da für zutreffend erachtete, wo der Gegenstand der Aussage das Amt nicht unmittelbar betreffe, und daher wirkliche Vereidung erforderlich gewesen wäre. Diese letztere Ansicht dürfte den Vorzug verdienen; sobald das mit der Sache befaßte Gericht eine solche Versicherung für ausreichend erachtet, und darauf die Entscheidung gestützt hat, hat dieselbe die volle Wirkung einer Eidesleistung gehabt, und es ist schwer abzusehen, wie dann die Strafvorschrift ausgeschlossen bleiben dürfe; vgl. Antr. des Gen.-St.-Anw.s zu VPl. 24. Sept. 60 c. Häusler (RdO. I, 82); Koch n. 32. Ein ZI. 19. Dez. 60

§. 129. Wer einer öffentlichen Behörde eine Versicherung an Eidesstatt wissentlich falsch abgiebt, wird mit Gefängniß von drei Monaten bis zu Einem Jahre bestraft; auch kann gegen denselben zugleich auf zeitige Untersagung der Ausübung der bürgerlichen Ehrenrechte erkannt werden.

[Entw. §. 117]. Vgl. § 132; ALR. I, 9 § 486; II, 18 § 220. 403; AGO. III, 7 § 86.

---

c. Schimming (RdO. I, 188) erachtete es jedenfalls für genügend, wenn die bekundete Thatsache sich direkt auf eine Amtshandlung bezog, und rechnete hierher den Fall, wo ein Exekutor über die bei einer ihm aufgetragenen Exekution vorgekommenen, auf diese einen Einfluß ausübenden Umstände Aufschluß gegeben hatte.

4. Giebt ein vereideter Beamter unter Berufung auf seinen Diensteid eine Versicherung ab, welche Handlungen zum Gegenstande hat, die, wenn sie wahr wären, ihren Urheber strafbar gemacht haben würden, so nimmt eine solche Versicherung die Natur eines falschen Zeugnisses in einer Strafsache (§ 126) an, sollte in derselben ein Thäter auch nicht namentlich bezeichnet sein: ZII. 10. Sept. 57 c. Schröder (JMbl. s. 380; GA. VI, 278); vgl. § 126 n. 7.

5. Es ist nicht unerläßlich, daß gerade der Ausdruck „Versicherung" gebraucht worden sei, andere gleichbedeutende genügen; weder ein allgemeines Gesetz, noch insbesondere das Z.-St.-Ges. v. 23. Jan. 1838 § 32 schreibt eine bestimmte Formel vor: Z. 8. Sept. 52 c. Paasche.

6. Vormünder, Kuratoren und dergl. sind keine Beamten; ihre falschen auf den geleisteten Verpflichtungseid abgegebenen Versicherungen fallen daher nicht unter Nr. 3: GM. II, 249 n. 3.

§ 129.

1. Hier genügt jede einer öffentlichen Behörde abgegebene Versicherung; die Natur der Sache, in welcher sie abgegeben wurde, macht keinen Unterschied.

2. Die Justiz-Examinations-Kommission ist eine öffentliche Behörde im Sinne des §: ZI. 19. Nov. 56 c. Pietsch (JMbl. 57. s. 51; Entsch. 34. s. 321).

3. Vorausgesetzt wird, daß eine solche eidesstattliche Versicherung vorliege, welche gesetzlich als Bestärkungsmittel einer Erklärung und als Grundlage des öffentlichen Glaubens anerkannt ist; der § bleibt daher ausgeschlossen, wo gesetzlich die Versicherung nicht genügte, vielmehr eine förmliche Vereidung erforderlich war; so: Z. 11. Okt. 52 c. Conrad (GA. I, 81); V. Pl. 24. Sept. 60 c. Häusler (RdO. I, 82). Dagegen wird der § anwendbar, sobald die betreffende Behörde nach ihrem Ermessen eine derartige Versicherung für genügend erachten, oder auch die eidliche Bekräftigung fordern konnte; dieses gilt z. B. von dem Falle, wo es sich von der Versicherung der Richtigkeit eines dem Vormundschaftsgerichte vorgelegten Nachlaß-Verzeichnisses handelt: cit. V. Pl. 24. Sept. 60; ZII. 10. Okt. 61 c. Schwenecke; *contra* früher: ZI. 13. Febr. 57 c. Scharfenberg (GA. V, 265); TL. s. 748. 754. Der Gen.-St.-Anwalt hatte zum cit. V. Pl. auszuführen gesucht; daß § 129 überall zutreffen müsse, wo die betr. Behörde sich ihrerseits mit der Abgabe der Versicherung statt der förmlichen Beeidigung begnügt habe, jene also vollständig wirksam geworden sei (vgl. RdO. l. c.); ähnlich: JMVerf. v. 25. Juni 1857. Vgl. § 125 n. 12; § 126 n. 16. 17; § 128 n. 2. 3.

4. Die eidesstattlichen Versicherungen der Justiz-Prüfungs-Kandidaten bei Einreichung ihrer Prüfungsarbeiten beruhen auf der Gesetzesvorschrift des § 24 III, 4 der AGO., und erstrecken sich auf die später eingeführten wissenschaftlichen Arbeiten mit: ZI. 19. Nov. 56 (cit. n. 2).

5. Die Bezirks-Kommission zur Einschätzung zur Einkommensteuer ist nach dem Ges. v. 1. Mai 1851 § 26 (GS. s. 204) befugt, von einem Reklamanten die eidesstattliche Erklärung über die von ihm selbst über sein Einkommen gemachten Angaben zu fordern und entgegen zu nehmen; die wissentlich falsche Abgabe einer solchen Erklärung ist daher nach § 129 strafbar, sollte sie auch von der Kommission, dem cit. § 26 zuwider, nicht in wörtlicher Fassung vorgeschrieben gewesen sein: ZII. 9. März 54 c. Breitenbach (GA. II, 689).

§. 130. Derjenige, welcher einen Anderen wissentlich zur Ableistung eines falschen Eides in dessen eigenen Angelegenheiten, zur eidlichen Bekräftigung einer Unwahrheit oder zur Angabe der Unwahrheit nach abgeleistetem Zeugeneide zu verleiten versucht, soll mit Zuchthaus bis zu fünf Jahren bestraft werden.

---

6. Für die Strafbarkeit ist es gleichgültig, ob die Versicherung von der Behörde gefordert sei, oder nicht: KVII. f. 75; *contra:* TOR. f 200 Es genügt, wenn sie gefordert werden konnte: VI. 28. Jan. 53 c. Rentwig (GA. I, 236).

7. Es ist nicht erforderlich, daß die Versicherung mündlich (persönlich oder durch einen Spezialmandatar) abgegeben sei; die schriftliche Form genügt. Die frühere Fassung des Entwurfs von 1843: „vor einer Behörde..." ist später beseitigt, und die Statthaftigkeit schriftlicher Versicherungen im ständigen Ausschusse ausdrücklich anerkannt worden: ZI. 19. Nov 56 (cit n. 2; TL. f. 754; *contra:* GM. II, 250 n. 2, weil kein Gesetz eine schriftliche eidesstattliche Versicherung ausdrücklich gestatte, der Gerichtsgebrauch aber nicht die Form bilden könne, welche der Thatbestand des Verbrechens fordere; vgl. KVII. f. 75 Abs. 2.

8. Der § bezieht sich nur auf den assertorischen, nicht auch auf den promissorischen Theil der Versicherung.

9. Zum Thatbestande gehört nicht die Benachtheiligung eines Andern: ZII. 10. Okt. 61 c. Schwenecke.

10. Eine amtseidliche Versicherung (§ 128) steht einer Versicherung an Eidesstatt nicht gleich; fällt jene nicht unter § 128, so bleibt sie straflos: VI. 28. Jan. 53 c. Rentwig (GA. I, 236; ZII. 30. März 65 c. Mewes (RdO. VI, 35; ind.).

11. Auch bei einer falschen eidesstattlichen Versicherung ist eine Theilnahme im Sinne des § 34 Nr 2 sehr wohl denkbar; ein solcher Fall liegt vor, wenn Jemand einem Prüfungs-Kandidaten die von diesem zu liefernde Probe-Arbeit, in Betreff welcher derselbe versichern muß, er habe sie selbst ohne fremde Hülfe gemacht, anfertigt, und dabei wußte, daß die Sache sich so verhalte, und der Kandidat die Versicherung abzugeben habe: ZI. 9. Nov. 56 (cit. n 2; vgl. § 126 n. 21.

§ 130.

1. Der Regierungsentwurf (§ 118) bedrohte denjenigen, welcher einen Andern durch Täuschung veranlasse, nicht wissentlich etwas objektiv Unwahres eidlich zu bekräftigen, mit einer Strafe; das lehnte der KVII. (f. 75) ab und setzte den jetzigen § 130 an die Stelle. Jene Handlung ist daher jetzt straflos, da hier die Auffassung, der Verleiter habe den Eid selbst durch den Andern als sein Werkzeug falsch abgeleistet, durch die Natur der Sache ausgeschlossen wird; *contra*: GA. I, 391; Gilb. C. pén. art 365 n. 2—6; vgl. Thl. I Tit. 3 (f. 84) n. 2. Hätte dagegen der Verleitete bei der Ausschwörung des Eides fahrlässig gehandelt, so dürfte es nicht unstatthaft sein, den Verleiter als Anstifter zu bestrafen; sic: GM. II, 253 n. 4; vgl. § 34 n. 3.

2. Nach seiner jetzigen Fassung bedroht der § den erfolglosen Anstiftungsversuch als selbstständiges Vergehen mit einer geringeren Strafe; er bleibt daher außer Anwendung, wenn die Anstiftung die Begehung des Verbrechens zur Folge gehabt hat; dann werden die §§ 34 Nr. 1 und 35 anwendbar: KVII. f. 76; vgl. aber n. 16.

3. Als Dolus wird der Vorsatz vorausgesetzt, den Andern zur wissentlichen eidlichen Bekräftigung einer Unwahrheit zu bestimmen: VII. 8. Dez. 53 c. Keip (JMbl. 54. f. 88; Entsch. 30. f. 344; GA. II, 118); VII 15. Okt. 63 c. Funke (RdO. IV. 113). Daher genügt es nicht, wenn nur dem Verleitenden die Unwahrheit bekannt war; vielmehr muß sein Vorhaben dahin gehen, daß auch der zu Verleitende bewußterweise etwas Unwahres beschwöre. Daß der Dolus diesen beiden Anforderungen entspreche, muß aus dem Geschwornenspruche hervorgehen: VI. 22. Juni 53 c. Hinz (GA. I, 541); ZII. 21. Febr. 61 c. Grüter. — Hiernach ist die

Derjenige, welcher einen Anderen wissentlich zur Abgabe einer falschen Versicherung an Eidesstatt (§. 129.) zu verleiten versucht, wird mit Gefängniß bis zu Einem Jahre bestraft; auch kann gegen denselben zugleich auf zeitige Untersagung der Ausübung der bürgerlichen Ehrenrechte erkannt werden.

[Entw. § 118]. Vgl. § 125—129. 34. 35.

Fassung des § nicht korrekt. Daß der Verleitende „wissentlich" handeln müsse, lag bereits in den Worten: „zu verleiten sucht" (vgl. § 34 n. 26); es hätte daher in Betreff seiner der ausdrücklichen Hervorhebung dieses Merkmals nicht bedurft, während in Beziehung auf den zu Verleitenden hätte hervorgehoben werden müssen, daß er zur „wissentlichen Ableistung eines falschen Eides 2c. oder zur wissentlichen eidlichen Bekräftigung einer Unwahrheit 2c." verleitet werden sollte. Eine in dieser Weise berichtigte Feststellung dürfte daher dem Gedanken des Gesetzgebers am besten entsprechen. Das OTr. hat es indessen für unerläßlich erachtet, in der Fragstellung die Handlung des Verleiters als eine „wissentliche" zu bezeichnen; so: VI. 8. Dez. 65 c. Hartwig (RdO. VI, 535); ähnlich: VI. 14. März 66 c. Krause (GA. XIV, 337); Erk. OAG. Oldenburg c. Kuthmann (Old. Arch. IX, 22). Im Uebrigen wurde eine der Wortfassung des § entsprechende Fragstellung in der Regel als genügend angesehen; so: ZII. 10. Jan. 56 c. Sprenger (GA. IV, 214); ZI. 10 Dez. 62 c. Kolschewski (RdO. III, 167). Jedenfalls muß aber einem Antrage: auch in Betreff der dem zu Verleitenden zugemutheten Handlung die Wissentlichkeit ausdrücklich hervorzuheben, mit Nothwendigkeit entsprochen werden: cit. VII. 15. Okt. 63. — Hiernach ist es dringend zu empfehlen, die doppelte Wissentlichkeit in die Fragstellung aufzunehmen.

4. Die Worte „zur Ableistung eines falschen Eides in dessen eigenen Angelegenheiten" beziehen sich auf den im § 125 vorgesehenen, die folgenden Worte dagegen auf den Fall des falschen Zeugnisses (§ 126): V. 9. Febr. 52 c. Trautwein (Entsch. 23. S. 226); ZII. 17. Febr. 53 c Langhammer (GA. I, 392); ZI. 9. Jan. 61 c Wolff. Es ist daher sehr empfehlenswerth, in die Fragstellungen die in den §§ 125 resp. 126 geforderten wesentlichen Merkmale mit aufzunehmen, und also bei einem Versuche der Verleitung zum falschen Zeugnisse es auszudrücken, daß die eidliche Bekräftigung einer Unwahrheit „als Zeuge in einer Civil- oder Strafsache" habe erfolgen sollen. Gleichwohl hielt auch hier ein ZII. 8. Okt. 57 c. Speyer (GA. VI, 395) eine der Wortfassung des § entsprechende Fragstellung für genügend.

5. Aus dem unter n. 4 Gesagten folgt, daß § 130 auch nur da Anwendung finden kann, wo der Eid, zu welchem verleitet werden soll, den Voraussetzungen eines der §§ 125 oder 126 entspricht; der Versuch der Verleitung zu einem in der Voruntersuchung abzulegenden falschen Zeugnisse würde daher im Gebiete des Rheinischen Rechts straflos sein, wenn man mit dem OTr. ein derartiges falsches Zeugniß selbst nicht für strafbar erachtet; vgl. § 126 n. 7.

6. Auch derjenige leistet einen falschen Eid, oder bekräftigt eine Unwahrheit mit einem Eide, welcher eine ihm unbekannte, aber objektiv wahre Thatsache als ihm bekannt bekundet; daher ist auch ein hierauf abzielender Verleitungsversuch strafbar: ZI. 7. Sept. 60 c. Stark (GA. VIII, 805).

7. In der den Geschwornen vorgelegten Frage brauchen die einzelnen Thatsachen, auf welche sich der Verleitungsversuch bezog, nicht speziell angegeben zu werden: ZII. 8. Okt. 57 c. Speyer (GA. VI, 395); ZII. 2. Sept. 58 c. Niemeyer; u. ö.; vgl. § 125 n. 16; § 126 n. 23.

8. Auf die Zulässigkeit und Erheblichkeit der Eidesleistung, zu welcher verleitet werden soll, kommt es nicht an; auch ist es gleichgültig, ob der Rechtsstreit, in welchem die Eidesleistung erfolgen soll, schon anhängig ist, ob der Richter den Eid zulassen würde und ob der Zeuge bereits zum Zeugnisse aufgerufen ist: VI. 26. Okt. 59 c. Lindstädt (GA. VII, 827).

9. Kann die Strafvorschrift auch auf einen Verleitungsversuch zur wissentlichen eidlichen Bekräftigung eines falschen Gutachtens durch einen Sachverstän-

§. 131. **Wer vorsätzlich einer durch eidliches Angelöbniß vor Gericht geleisteten Kaution, oder dem in einem Manifestations-Eide gegebenen Versprechen zuwider handelt, soll mit Gefängniß bis zu zwei Jahren bestraft werden.**

[Entw. § 120].

---

digen (§ 127) ausgedehnt werden? Es verneint GM II, 295 n. 3; es bejaht TL. s. 764.

10. Auf den im § 131 vorgesehenen Fall des Eidesbruchs ist § 130 jedenfalls nicht zu beziehen: TL. s. 764.

11. Da hier der Anstiftungsversuch zum selbstständigen Verbrechen gestempelt worden ist, so scheidet § 34 Nr. 1 vollständig aus; es bedarf daher auch nicht der Feststellung seiner Voraussetzungen, z. B. der speziellen Bezeichnung des benutzten Mittels: ZII. 5 März 57 c. Möller (GA. V, 538); ZI. 26. Juni 63 c. Klaus (RdO. III, 529); *contra*: TL. s. 764; vgl. § 34 n. 51.

12. Aus demselben Grunde ist die Anwendbarkeit des § nicht durch die Feststellung der Voraussetzung eines strafbaren Versuchs (§ 31) bedingt: ZII. 17. Febr. 53 c. Langhammer; ZI 7. Dez. 53 c. Goll (JMbl. 51. s. 20); VI. 22. März 54 c Kämmerer (GA. II, 424); ZII. 5. März 57 c. Möller (GA. V, 538); u. ö.; vgl. § 31 n. 30.

13. Das Wort „versucht" drückt neben der Vorsätzlichkeit einer Handlung auch den Anfang der Ausführung und ihre Tauglichkeit zur Herbeiführung des beabsichtigten Erfolges aus; dasselbe darf daher nicht durch „beabsichtigt" oder dergl. ersetzt werden: VI. 22. März 54 (cit. n. 12); ZI. 3. Jan. 55 c. Pelzer; vgl. § 31 n. 11—13.

14. Wann das hier vorgesehene Verbrechen als vollendet anzusehen sei, ist eine thatsächliche Frage; der für diese zuständige Richter kann daher ohne Rechtsverletzung den Thatbestand negiren, wenn der Brief, durch welchen die Verleitung bewirkt werden sollte, in Folge eines vom Willen des Absenders unabhängigen Umstandes gar nicht an den Adressaten gelangte, eine Einwirkung auf seine Willensbestimmung also unmöglich hatte eintreten können: Beschl. I. 8. April 57 c Lehmann (GA. V, 421). Vgl. § 3 n. 4.

15. Ist der Versuch des im § vorgesehenen Verbrechens denkbar? Es verneinen Zachariä Abh. in GA III, 170; Dalke Abh. ibid. VI, 454, weil es sich immer nur von dem zum selbstständigen Verbrechen erhobenen Versuche eines andern Verbrechens handle. Jedenfalls hat der Richter der Thatfrage zu untersuchen, ob ein solcher Versuch des Versuchs nicht selbst ein Versuch der Verleitung sei.

16. Die Verleitung zu einem wirklich abgeleisteten Meineide zieht die Strafe des § 130 nach sich, wenn jene aus irgend einem Grunde (z. B. weil das Anstiftungsmittel nicht festgestellt werden konnte, nicht unter § 34 Nr. 1 fällt: ZII. 5. März 57 c. Möller (GA. V, 538); vgl. n. 2

17. Dasselbe tritt ein, wenn die Verleitung zu dem wirklich abgeleisteten Meineide an sich allen Bedingungen des § 34 Nr. 1 entspricht, der Verleitete selbst aber aus einem ihm persönlichen Grunde (z. B. wegen Unzurechnungsfähigkeit rc.) nicht schuldig befunden wird: ZI 9. Dez. 63 c. Czernecka (RdO. IV, 248); VII. 15. Okt. 63 c Funke (RdO. IV, 113, beil.); ZII. 1 Dez. 64 c. Laufenbergs (RdO. V, 326); *contra*: GM. II, 252; GA. I, 391; V, 420; VIII, 336; XI, 110; TL. s. 764. — Es wird dann aber vorausgesetzt, daß aus dem Geschwornenspruche der Thatbestand des § 130 (vgl. n. 3) klar hervorgehe: ZII. 17. Okt. 57 c. Manten. Unbedenklich ist es, für einen solchen Fall eine Eventualfrage aus § 130 zu stellen.

§ 131.

1. Eine bloße eidesstattliche Versicherung genügt hier nicht, um eventuell die Strafbarkeit zu begründen.

2. Dagegen steht auch hier die in dem § 128 Nr. 1 u. 2 erwähnte Erklärung resp. Versicherung unter Berufung auf den früher geleisteten Eid dem Eide gleich: TL. s. 755.

3. Verletzung des assertorischen Theiles der hier erwähnten Eide fällt unter § 125; vgl. zu diesem n. 5. Auch nach der Ausschwörung eines in seinem

§. 132. Wer aus Fahrlässigkeit in eigenen oder fremden Angelegenheiten etwas Unwahres eidlich versichert, oder eine unwahre, an die Stelle eines Eides tretende Versicherung abgiebt, wird mit Gefängniß bis zu Einem Jahre bestraft.

Die Strafe wird ausgeschlossen, wenn der Thäter, bevor eine Anzeige gegen ihn gemacht oder eine Untersuchung gegen ihn eingeleitet worden, und ehe noch ein Rechtsnachtheil für einen Anderen daraus entstanden ist, seine unwahre Versicherung bei derjenigen Behörde, welcher er sie abgegeben hat, widerruft.

[Entw. § 119]. Vgl. § 125—129.

---

assertorischen Theile falschen Manifestationseides bleibt in Beziehung auf andere Gegenstände noch eine Zuwiderhandlung gegen den promissorischen Theil desselben möglich: ZI. 26. März 62 c. Laugk (RdO. II, 314). Es liegt dann ein Fall der realen Konkurrenz vor.

4. Auf den Kalumnieneid ist der § nicht auszudehnen.

§ 132.

1. Der § bezieht sich auf den Meineid in allen Fällen und unter allen Formen der §§ 125—129, es müssen also die Voraussetzungen eines dieser §§ mit dem Unterschiede vorliegen, daß, statt der dort verlangten Wissentlichkeit der Falschheit, Fahrlässigkeit obwalte. Demgemäß wird ein Gerichtsbote, welcher in Betreff einer von ihm bewirkten Insinuation eine Versicherung unter Berufung auf seinen Diensteid aus Fahrlässigkeit falsch abgiebt, nicht von der Strafe dieses § betroffen: ZII. 30. März 65 c. Mewes (RdO. VI, 35).

2. Hiernach empfiehlt es sich, die Feststellung in Gemäßheit der Begriffsbestimmung in dem entsprechenden, die wissentliche Eidesleistung betreffenden § (125—129) zu treffen; *contra:* ZII. 31. Jan. 67 c. Zeth (RdO. VIII,), welches die Beibehaltung der Fassung des § 132 für zweckmäßiger, eine Feststellung nach Maaßgabe der früheren §§ aber auch für geeignet erachtete, die Verhängung der Strafe zu rechtfertigen; daß hierzu auch eine Feststellung nach dem Wortlaute des § 132 genüge, nahm auch ZII. 9. Dez. 58 c. Borchers an. Vgl. John Abh. in GA. IV, 472 Note.

3. Auf den Eidesbruch (§ 131) ist dieser § nicht anwendbar; vgl. n. 4.

4. Ebenso findet der § auf die nach § 28 ff. I, 22 AGO. abgeleisteten Manifestationseide keine Anwendung, weil § 33 l. c. noch für geltend zu erachten, und die gedachte Vorschrift auch auf den assertorischen Theil des Manifestationseides zu beziehen ist: ZI. 8 Dez. 53 c. Schrötter v. Stutterheim (Entsch. 25. s. 445; GA. II, 119); BII. 8. Dez. 53 c. Lindau (JMbl. 54. s. 87; GA. II, 119); BI. 4. Sept. 61 c. Hirsch (RdO. I, 520); BI. 30. Sept. 64 c. Jachner (RdO. V, 145); BI. 25. Okt. 64 c. Pusch (RdO. V, 300); u. ö. Das ist aber auf das Gebiet des gemeinen Rechts nicht auszudehnen; hier ist auch der fahrlässige assertorische Manifestationseid strafbar: ZI. 3. Febr. 64 c. Wiedemann (RdO. IV, 338).

5. Der Grad der schuldigen Aufmerksamkeit fällt in die freie Beurtheilung des Richters; als Fahrlässigkeit sollen nur Fälle sträflichen Leichtsinns angesehen werden: Motive s. 38. Gleichwohl ist die Frage nicht auf die landrechtliche Lehre von den drei Graden der culpa zurückzuführen; insbesondere läßt sich nicht sagen, daß ein „geringes" Versehen nicht ausreichen könne; vgl. § 184 n. 1; *contra:* ZI. 15. Sept. 58 c. Zühlke (GA VII, 593); GM. I, 520; TL. s. 255; Abh. in GA. VI, 229 und VII, 588; HS. I, 160; vgl. s. 49 n. 1.

6. Die Fahrlässigkeit kann sich nicht blos auf den faktischen Irrthum, sondern auch auf einen rechtlichen Irrthum beziehen, z. B. darauf, ob der Eid den Schwörenden zur Angabe einer bestimmten Thatsache verpflichte: ZI. 4 März 53 c. v Maltzahn-Wedell; ähnlich: ZI. 19. Mai 58 c. Schumann.

Neunter Titel.

Falsche Anschuldigung.

§. 133. Wer bei einer öffentlichen Behörde eine Anzeige macht, durch welche er Jemanden wider besseres Wissen der Verübung einer gesetzlich strafbaren Handlung oder der Verletzung der Amtspflichten beschuldigt, wird mit Gefängniß nicht unter drei Monaten bestraft; auch kann gegen denselben auf zeitige Untersagung der Ausübung der bürgerlichen Ehrenrechte erkannt werden.

---

7. Ob irgend eine bekundete Thatsache so erheblich sei, daß sie auch als Gegenstand der eidlichen Bekundung angesehen werden müsse, ist Gegenstand thatsächlicher Beurtheilung: ZI. 22. Jan. 58 c. Nowacka; vgl. § 126 n. 8.

8. Der § ist auch auf fahrlässig falsch ausgeschworne Ignoranzeide anwendbar: ZI. 12. März 58 c. Büchner (GA. VI, 234); ZI. 11. Mai 64 c. Harnisch (RdO. IV, 504); Abh. in GA. VI, 234.

9. Aus Abs. 2 ist nicht zu folgern, daß der § zu seiner Anwendbarkeit überhaupt den Eintritt eines Rechtsnachtheils für einen Andern voraussetze: ZI. 22. Jan. 58 (cit. n. 7). Ein nach erfolgter Anzeige bewirkter Widerruf kann daher nicht deshalb straflos bleiben, weil ein Rechtsnachtheil nicht eingetreten ist: ZI. 9. Jan. 67 c. Habicht (RdO. VIII, 13); vgl. n 12.

10. Die Anzeige, resp. die Einleitung der Untersuchung machen einen spätern Widerruf selbst dann wirkungslos, wenn der Thäter zur Zeit noch keine Kenntniß davon erlangt hatte: ZII. 9. Mai 60 c. Schenke; ZI. 9. Jan. 67 (cit. n. 9).

11. Die Untersuchung ist für eingeleitet zu erachten, sobald der StA. bei dem Gerichte einen, wenn auch nur auf vorläufige Ermittlungen gerichteten, Antrag gestellt hat. Eröffnung der Untersuchung durch Beschluß ist nicht erforderlich.

12. Damit Straflosigkeit eintrete, ist kumulative erforderlich, daß der Widerruf vor gemachter Anzeige (vor Einleitung der Untersuchung) und vor dem Eintritte eines Rechtsnachtheils für einen Andern Statt gefunden habe; war eins dieser Ereignisse dem Widerrufe vorhergegangen, so tritt Strafbarkeit ein: VI. 18. April 55 c. Walther (GA. III, 564); ZII. 9. Mai 60 c Schenke.

13. Damit der Widerruf wirksam werde, muß er rechtzeitig an die betr. Behörde gelangt sein; *contra:* TL. f 760, welcher eine zum Zwecke der Weiterbeförderung bei einer andern Behörde abgegebene Erklärung für genügend erachtet.

14. Da der Widerruf einen Strafausschließungsgrund darstellt, so muß positiv festgestellt werden, daß derselbe rechtzeitig erfolgt sei; es genügt nicht, wenn es heißt: „es sei nicht erwiesen, daß Anzeige, Einleitung der Untersuchung und Benachtheiligung eines Andern vor dem Widerrufe Statt gefunden haben." Die betr. Feststellung steht in schwurgerichtlichen Sachen den Geschwornen zu: VI 18. April 55 c. Walther (GA. III, 564; ind.).

§ 133.

Inhalt.

1. Das Gesetz unterscheidet nicht, bei welcher Behörde die Anzeige gemacht wird; es ist daher nicht erforderlich, daß sie an die zur Verfolgung 2c. zuständige Behörde gerichtet sei, vielmehr genügt es, wenn die betr. Behörde den Be-

So lange ein in Folge der gemachten Anzeige eingeleitetes Verfahren anhängig ist, soll mit dem Verfahren und mit dem Erkenntniß über die falsche Anschuldigung inne gehalten werden.

[Entw. § 149. 120a]. Vgl. § 134. 156.

---

ruf hatte, die ihr zugegangene Anzeige an die für die Verfolgung zuständige gelangen zu lassen: ZI. 13. Okt. 58 c. Lewin (betraf eine Anzeige beim Minister des Innern); ZI. 23. Okt. 63 c. Göbel (RdO. IV, 132); vgl. TL. s. 767. Demgemäß reicht es hin, wenn die Anzeige bei einem untergeordneten Polizeibeamten, einem Gendarmen ꝛc. erfolgt ist: ZI. 22. Juni 60 c. Radtke; ZI. 22. Juni 64 c. Höfner.

2. Auch eine an den König gerichtete Anzeige ist geeigneten Falles nach § 133 strafbar: VI. 12. Sept. 60 c. Gebauer (GA. VIII, 829). Dabei ist indessen zu beachten, daß die in Immediatbittschriften und Beschwerden enthaltenen Anschuldigungen nicht zu verfolgen sind, insofern sie nicht vom Könige selbst als strafbar gerügt werden; arg. AKO. v. 20. Aug 1831; id. v. 18. Dez. 1841 (IMbl. 42. s. 53; RS. VIII, 10; beide beziehen sich zwar zunächst nur auf Beleidigungen, dürften aber nach der ihnen zum Grunde liegenden Auffassung auf falsche Anschuldigungen auszudehnen sein. — Dagegen haben jene Vorschriften nur für Immediateingaben, nicht auch für die an ein Ministerium gerichteten Geltung: ZI. 13. Okt. 58 c. Lewin.

3. Der § setzt eine Anzeige voraus; verdächtig machende Handlungen, z. B. heimliches Zustecken gestohlener Gegenstände, gehören nicht hierher.

4. Durch die Anzeige muß eine bestimmte Person beschuldigt werden, gleichgültig ist es aber, ob dieselbe namentlich oder auf andere Art individuell bezeichnet ist: ZII. 26. Jan. 54 c. Piening.

5. Gegenstand der Anzeige muß eine konkrete, als solche erkennbare Strafthat (Dienstvergehen) sein: ZI. 1. Okt. 62 c. Matthes (RdO. III, 37); es genügt, wenn dieselbe den Charakter einer Uebertretung hat: ZI. 5. Juni 57 c. Kühnel; ebenso sind auch strafbare Unterlassungen nicht ausgeschlossen: ZII. 27 Jan. 59 c. Braune. Das verurtheilende Erkenntniß muß ausdrücklich feststellen, welcher Strafthat ꝛc. der Andere beschuldigt worden sei (: VI. 2. Mai 66 c. Votta, RdO. VII, 258), und es wird die Feststellung der einzelnen Begriffsmerkmale nothwendig, insoweit in dieser Beziehung ein Bestreiten Statt gefunden hat; vgl. VII. 20. Okt. 64 c. Kracht (RdO. V, 182).

6. Es reicht hin, wenn die zur Anzeige gebrachte Handlung den Charakter einer Strafthat oder eines Dienstvergehens an sich trägt; daß dieselbe, wenn wahr, nothwendig eine Bestrafung rechtfertigen würde, kann nicht gefordert werden; daher wird die falsche Anschuldigung dadurch nicht straflos, daß zur Zeit derselben die Strafverfolgung wegen der zur Anzeige gebrachten That durch Verjährung ausgeschlossen gewesen wäre: VI. 14 Juni 65 c. Ristau (RdO. VI, 180).

7. Verletzungen der Amtspflichten sind nicht nur die Zuwiderhandlungen gegen besondere Amtspflichten, sondern auch diejenigen, der Ahndung im Disziplinarverfahren ebenfalls unterworfenen Dienstvergehen, welche in der Verletzung der allgemeinen Pflicht des Beamten beruhen, sich in und außer dem Dienste der Achtung, des Ansehens und des Vertrauens, welche sein Beruf erfordert, nicht unwürdig zu zeigen: VII. 4. Febr. 58 c. Müller (IMbl. s. 143; GA. VI, 419).

8. Zu einer Beschuldigung bedarf es nicht nothwendig der direkten Behauptung der zur Anzeige gebrachten Thatsache (: TL. s. 766; es kann vielmehr in dieser Beziehung genügen, wenn die betr. Thatsache als Schlußfolgerung aus vorhergehenden, unter Beweis gestellten Aufstellungen hergeleitet wird: ZI. 1. Nov. 61 c. Wenzel (RdO. II, 33); ebenso kann die Anzeige eines „Verdachts" oder eines „Gerüchts" ausreichen: ZII. 18. Okt. 60 c. Lehmann; ZI. 17. März 58 c. Brecht. Ob im Einzelfalle eine „Beschuldigung" anzunehmen sei, fällt wesentlich in das Gebiet der thatsächlichen Beurtheilung: ZI. 8. Juni 59 c. Minke (GA. VII, 54).

9. Die Beschuldigung muß objektiv falsch sein; hierzu kann aber auch das wissentliche Verschweigen wesentlicher Umstände genügen: ZII. 18. Mai 65 c. Steilemann (RdO. VI, 136). Dagegen reicht ein irrthümliches Für-Falsch-halten nicht hin.

10. Der Strafrichter hat die Wahrheit oder Falschheit der zur Anzeige gebrachten Thatsachen selbstständig zu prüfen, sollte auch eventuell die Entscheidung über dieselben dem Denuntiirten gegenüber einer anderen Behörde zustehen; *contra:* die französische Rechtsprechung; vgl. Gilb. C pén. art. 373 n. 43 ff.; Oppenhoff Ressortges. f. 31 n. 17. — Ebendeshalb kann der Beweis der Wahrheit von dem Strafrichter auch nicht deshalb abgelehnt werden, weil der Denuntiirte von der zuständigen Behörde bereits rechtskräftig von der betr Anschuldigung freigesprochen worden sei; das Gegentheil ist nicht aus Abs. 2 zu folgern; *contra:* eine Abh. in GA. XIII, 880.

11. Die Beschuldigung muß wider besseres Wissen erfolgt sein; dieses kann auch da angenommen werden, wo die ganze Wissenschaft des Anzeigenden nicht auf eignen Sinneswahrnehmungen, sondern auf der Mittheilung Anderer beruhen sollte: BII. 14. Sept. 65 c. Mörres (RdO. VI, 304).

12. Dem Angeklagten muß das bessere Wissen nachgewiesen werden; dasselbe folgt nicht nothwendig aus dem Mißlingen des versuchten Beweises des guten Glaubens: BII. 4. Juni 57 Schmitz c. Küpper.

13. Als Dolus genügt die Vorsätzlichkeit der Handlung an und für sich, verbunden mit der Kenntniß von der Falschheit der angezeigten Thatsachen, und dem Bewußtsein, daß die Anzeige geeignet sei, gegen den Denuntiirten ein Strafverfahren oder ein disziplinarisches Einschreiten herbeizuführen: ZI 29. Okt. 58 c. Lawrenz (921); ZI. 1. Okt. 62 (cit. n. 5). Daß letzteres beabsichtigt sei, ist nicht erforderlich (*contra:* BI. 15. Jan 58 c. Lewin; GM. II, 259 n. 4; TL. f. 767); noch weniger, daß die Absicht auf Herbeiführung einer Bestrafung gerichtet sei: Goltd. und Temme l. l c. c

14. Bei der falschen Anschuldigung findet § 154 keine Anwendung; eine solche bleibt daher selbst dann strafbar, wenn bei derselben die Ausführung oder Vertheidigung von Gerechtsamen bezweckt wurde: BII. 15. Mai 58 c. Frohnenkötter; BI. 12. Mai 65 c. Johr (RdO. VI, 120); ZI. 13. April 66 c. Zabel; vgl. aber § 154 n. 5.

15. Eine falsche Anschuldigung, welche der Anzeigende für wahr gehalten, und die daher nicht aus § 133 zu bestrafen ist, kann beim Vorhandensein der beleidigenden Absicht sehr wohl als Verleumdung oder als Beleidigung strafbar sein, insoweit dem Angeklagten nicht § 154 zur Seite steht: BI. 25. Juni 62 c. Gruschka (RdO. II, 490); das Nähere siehe § 156 n. 27; § 158 n. 2.

16. Zum Begriffe der falschen Anschuldigung gehört ihre Freiwilligkeit: ZI. 30. Nov. 60 c. Baller. Wer daher auf Erfordern einer polizeilichen oder gerichtlichen Behörde lügenhafte Aufschlüsse über Thatsachen giebt, macht keine falsche Anzeige, sondern kann nur unter Umständen wegen falschen Zeugnisses zur Strafe gezogen werden: B. 24. Mai 52 c. Wierzchoczewski (GA. I, 84); Gilb. C. pén. art. 373 n. 2

17. Wird eine falsche Anschuldigung später als Zeugniß beschworen, so liegt reale Konkurrenz vor, da beide Handlungen selbstständige waren: GM. II, 261 n. 2.

18. Ein Beamter kann durch eine amtliche Anzeige das Vergehen der falschen Anschuldigung begehen: Gilb. C. pén. art. 373 n. 38.

19. Daß die Anzeige die Einleitung einer Untersuchung zur Folge gehabt, und daß sich hierbei die Falschheit derselben herausgestellt habe, ist nicht erforderlich: ZII. 9. März 54 c. v. d. Schulenburg; ZI. 17. Juni 57 c. Froh.

20. Zur Verfolgung durch den StA. bedarf es eines Antrags des Denuntiirten nicht: ZI. 29. Okt. 56 c. Müller; ZI. 13. Okt. 58 c. Lewin.

21 Die durch den zweiten Absatz angeordnete Sistirung des Verfahrens fällt weg, wenn in Folge der bei der Behörde gemachten Anzeige eine Untersuchung gegen den Denuntiirten gar nicht eingeleitet worden ist: ZI. 13. Okt. 54 c. Brauns; ZI. 29. Okt. 56 c. Müller; ZI. 17. Juni 57 c. Froh.

22. Unter dem „in Folge der Anzeige eingeleiteten Verfahren" ist nicht blos eine förmliche Untersuchung, sondern jedes zur Aufklärung veranlaßte Vorverfahren zu verstehen: ZI. 13. Okt. 54 c. Brauns (ind.).

§. 134. In allen Fällen, in denen wegen falscher Anschuldigung auf Strafe erkannt wird, ist dem Verletzten auf Kosten des Verurtheilten eine Ausfertigung des Erkenntnisses zu ertheilen. Auch soll dem Verletzten in dem Erkenntnisse die Befugniß ertheilt werden, die Verurtheilung öffentlich bekannt zu machen.

Die Art und Weise dieser Bekanntmachung, welche stets auf Kosten des Verurtheilten erfolgt, sowie die Frist zu derselben, ist vom Richter in dem Erkenntnisse zu bestimmen.

[Entw. § 150. 120b]. Vgl. § 163.

Zehnter Titel.

Vergehen, welche sich auf die Religion beziehen.

§. 135. Wer öffentlich in Worten, Schriften oder anderen Darstellungen Gott lästert, oder eine der christlichen Kirchen oder eine andere mit Korporationsrechten im Staate bestehende Religionsgesellschaft oder die Gegenstände ihrer Verehrung, ihrer Lehren, Einrichtungen oder Gebräuche verspottet,

---

§ 134.

1. Unter dem „Verletzten" ist der Denuntiirte zu verstehen.

2. Es ist ausdrücklich in den verfügenden Theil des Erkenntnisses mit aufzunehmen, daß dem Verletzten auf Kosten des Verurtheilten eine Ausfertigung zu ertheilen sei. Im Gebiete des Rhein. Rechts muß sie in exekutorischer Form gegeben werden, weil auf Grund derselben die Kosten der Bekanntmachung beizutreiben sind.

3. Die Bestimmung über die Art und Weise der Bekanntmachung hat sich auch darüber auszusprechen, ob dieselbe durch wörtlichen Abdruck des Erkenntnisses oder in welcher andern Weise erfolgen solle.

4. Vgl. im Uebrigen die Bemerkungen zu § 163.

§ 135.

1. Bei den hier mit Strafe bedrohten Handlungen kommt auf die eigne religiöse Ueberzeugung des Thäters Nichts an.

2. Das Ges. v. 30. Juni 1849 § 31 (GS. s. 232) enthielt eine spezielle Vorschrift darüber, wann eine Handlung als öffentlich vorgenommen zu betrachten sei; die betr. Begriffs-Bestimmung ist fast wörtlich in die §§ 36. 152 und 156 StGB. übernommen worden. Es ist daher unbedenklich, dieselbe auch bei anderen §§ des StGB.s bei der Auslegung des gedachten Begriffes zum Grunde zu legen, zumal da die Materialien des GB.s nicht den entferntesten Anhalt dafür bieten, daß man jene Bedeutung habe modifiziren wollen: ZI. 4. Nov. 57 Brandenburg c. Suckow; StRZeit. 62. s. 291; *contra* im Grundsatz: Beschl. I. 4. Dez. 61 c. Heller (RdO. II, 119); ZI. 25. Juni 62 c. Müller (RdO. II, 488); ZI. 8. Okt. 62 c. Heller (RdO. III, 58); vgl. n. 3.

3. Nach der in den §§ 36. 152. 156. gegebenen Begriffsbestimmung ist die Oeffentlichkeit einer Handlung nicht auf öffentliche Orte beschränkt; es genügt, wenn dieselbe bei einer öffentlichen Zusammenkunft oder durch Schriften 2c. vorgenommen wird, welche verkauft 2c. werden. Es sind in dieser Beziehung die Bemerkungen zu § 36 n. 1—8 zu vergleichen. Nach dem dort Gesagten kann unter Umständen auch eine in einer Privatwohnung in Gegenwart einer Mehrheit von Personen vorgenommene Handlung als öffentlich betrachtet werden, wenn jene Zu-

oder in einer Weise darstellt, welche dieselben dem Hasse oder der Verachtung aussetzt, ingleichen wer in Kirchen oder anderen religiösen Versammlungsorten an Gegenständen, welche dem Gottesdienste gewidmet sind, beschimpfenden Unfug verübt, wird mit Gefängniß bis zu drei Jahren bestraft.

[Entw. § 121]. Vgl. § 282.

---

sammenkunft selbst eine öffentliche war, insbesondere wenn der Zutritt auch andern Personen offen stand: ZI. 17. Dez. 58 c. Fiß Jedenfalls aber genügt die Oeffentlichkeit des Orts, verbunden mit der Anwesenheit dritter Personen, welche die Aeußerung hören ꝛc. konnten: ZII. 6. Sept. 60 c. Witteberg. Dagegen gehen die am Schlusse der n. 2 citt. drei Erkenntnisse zu weit, wenn sie als Kriterium der Oeffentlichkeit es für genügend erachten: „wenn die Handlung vermöge der gerade obwaltenden Umstände Andern erkennbar geworden und solchergestalt in die Oeffentlichkeit gelangt ist.“ Eine Handlung kann selbstverständlich nur dann einen strafbaren Thatbestand darstellen, wenn sie „Andern erkennbar“ geworden ist; dieser Umstand für sich allein kann daher unmöglich die Folgerung begründen, daß dieselbe dadurch „in die Oeffentlichkeit gelangt sei“, da die letztere ein besonderes, außerdem erheischtes Begriffsmerkmal darstellt, welches mit jener selbstverständlichen Erkennbarkeit für Andere nicht zusammen fallen kann.

4. Die Oeffentlichkeit ist auch bei der Verspottung einer Kirche ꝛc. Bedingung der Strafbarkeit, nicht aber bei dem Unfuge an Gegenständen des Gottesdienstes: GM. II, 266 n 2.

5. Eine Lästerung Christi ist als Gotteslästerung zu betrachten: B. 9. April 51 c. Grünhagen.

6. Flüche und ähnliche Ausdrücke gehören nicht hierher: Motive s. 39.

7. Unter Verspottung ist jede Herabwürdigung des von Anderen Geachteten zu verstehen; es ist dabei nicht unerläßlich, daß diese Herabwürdigung in der Weise geschehe, daß der betr. Gegenstand ins Lächerliche gezogen werde: VII. 1. März 66 c. Behrens (RdO VII, 136). Eine solche Verspottung kann auch in der Herabwürdigung der religiösen Handlung einer gerichtlichen Eidesleistung gefunden werden: Z. 8. März 52 c. Kusche.

8. Die Verspottung einer Kirche ꝛc. setzt außer dem gewöhnlichen strafrechtlichen Dolus (d. h. dem Bewußtsein von den die Strafbarkeit begründenden Merkmalen) eine sonstige Willensrichtung, insbesondere einen animus iniuriandi, oder eine auf den Spott oder die Bewirkung von Haß oder Verachtung gegen die Kirche gerichtete Absicht, nicht voraus: ZI. 20. Febr. 56 c. Gräbert; ZII. 4. März 58 c. Nikola; ZII. 31. Mai 60 c. Müller; ZI. 13. Juni 60 c. Kluth.

9. Unter „den christlichen Kirchen“ sind die katholische und die evangelische, letztere als lutherische, reformirte und unirte, zu verstehen; vgl. Patent v. 30. März 1847 (GS. s. 121). Ein gegen die christliche Kirche im Allgemeinen gerichteter Angriff trifft jede der verschiedenen christlichen Kirchen: ZI. 20. Febr. 56 c. Gräbert.

10. Alle übrigen Religionsgesellschaften bedürfen, um desselben Schutzes theilhaftig zu werden, der Ertheilung der Korporationsrechte, als des Kriteriums, daß sie als solche vom Gesetzgeber anerkannt sind: KVII. s. 79. Da derartige Religionsgesellschaften nicht als Ganzes (als Konfession) Korporationsrechte erlangen können, so genügt es, wenn eine Gemeinde derselben diese Rechte erhalten hat: TL. s. 690. Auf den landrechtlichen Unterschied zwischen aufgenommenen und geduldeten Religionsgesellschaften kommt es nicht weiter an: TL. s. 690. Religionsgesellschaften, welche keine Korporationsrechte haben, finden in den allgemeinen Vorschriften über Beleidigung und Verleumdung ihren Schutz: Motive s. 39.

11. Als Gegenstände „der Verehrung“ sind nicht blos solche zu betrachten, welche nach den Satzungen der betr. Religionsgesellschaft selbst als Objekt einer religiösen Verehrung gelten, sondern auch solche, welche dazu dienen, die religiöse Verehrung überhaupt zu vermitteln oder zu ermöglichen, z. B. Kirchengebäude: ZI. 1. Okt. 62 c. Kirschner (RdO. III, 37); oder die „Bibel“:

§. 136. Wer durch Thätlichkeiten oder Drohungen eine oder mehrere Personen zwingt oder hindert, den Gottesdienst einer im Staate bestehenden Religionsgesellschaft auszuüben, ingleichen wer in Kirchen oder anderen religiösen Versammlungsorten durch Erregung von Lärm und Unordnung den Gottesdienst oder einzelne gottesdienstliche Verrichtungen einer im Staate bestehenden Religionsgesellschaft verhindert oder stört, soll mit Gefängniß von Einem Monate bis zu drei Jahren bestraft werden.

[Entw. § 122]. Vgl. § 282.

VII. 1. März 66 (cit. n. 7). Dagegen dürfte das letztere zu weit gehen, wenn es aus der Gleichstellung jener Gegenstände mit den „Lehren rc." und aus dem Gegensatze gegen die dem Gottesdienste gewidmeten Gegenstände folgerte, daß hier nicht sinnliche, sondern stets nur begriffliche Gegenstände gemeint seien.

12. Es genügt, wenn durch die Darstellung der Kirche oder ihrer Lehren rc. diese dem Hasse oder der Verachtung ausgesetzt sind, d. h. wenn dadurch die objektiv mögliche Gefahr des Eintritts eines solchen Ereignisses begründet ist, ohne daß dieser Erfolg wirklich eingetreten zu sein brauchte: ZI. 14. Sept. 53 c. Vorwerk (GA. I, 703); ZI. 31. Jan. 55 c. Koblitz; vgl. § 100 n 4, § 156 n. 20. Gleichgültig ist es auch, ob die Darstellung die Kirche rc. dem Hasse rc der eignen Angehörigen oder Anderer aussetzt: ZII. 31. Mai 60 c. Müller.

13. Die vorsätzliche öffentliche Wiederholung einer verspottenden rc. Aeußerung ohne rechtfertigenden Grund stellt ein neues (in realer Konkurrenz begangenes) Vergehen dar: ZI. 4. Okt. 65 c. Hahn (RdO. VI, 349).

14. Die Strafbarkeit des beschimpfenden Unfugs in Kirchen rc. ist durch die Erlangung der Korporationsrechte der betreffenden Religionsgesellschaften nicht bedingt: GM. II, 268 III n. 3.

15. Es reicht hin, wenn die Gegenstände des Unfugs dem Gottesdienste gewidmet sind; einer Weihe bedarf es bei ihnen nicht.

16. Die vorsätzliche Zerstörung oder Beschädigung der dem Gottesdienste gewidmeten Sachen ist durch § 282 mit Strafe bedroht.

§ 136.

1. Ueber den Begriff des Zwanges und der Drohungen vgl. § 89 n. 35—37; § 90 n. 3. 4. 7.

2. Der § bedient sich zwar der Ausdrücke „zwingt" oder „hindert"; daraus ist indessen nicht zu folgern, als wenn erfolglose Zwangs- oder Hinderungsversuche nicht ebenfalls hinreichten; bei solchen Einwirkungen auf die Entschließungen Anderer liegt die Erreichung des Zwecks nie ausschließlich in der Hand des Handelnden; jeder Zwangs-Versuch rc. schließt daher an sich schon einen (theilweisen) Zwang in sich; vgl. § 31 n. 30.

3. Der Zwang zur „Ausübung" kann nicht nur gegen Geistliche, sondern auch gegen Laien ausgeübt werden („eine oder mehrere Personen"); *contra:* TL. s. 393.

4. Der Begriff des „Gottesdienstes" oder einer „gottesdienstlichen Verrichtung" ist nicht nothwendig dadurch bedingt, daß ein Geistlicher eine religiöse Amtsfunktion vornehme; *contra:* TL. s. 693; vgl. n. 11.

5. Dagegen wird der Gottesdienst rc. einer im Staat bestehenden Religionsgesellschaft, d. h. also ein allgemeiner gottesdienstlicher Akt vorausgesetzt; daher genügt eine bloße Hausandacht nicht; so: GM. II, 269; TL. s. 693; vgl. n. 9. Ob die Religionsgesellschaft Korporationsrechte habe, ist hier gleichgültig: KBII. s. 80; Z. 3. Sept. 52 c. Wolf; *contra:* TGA. s. 207 n. 2.

6. Ein ZI. 25. April 55 c. Bressem (GA. III, 565) nahm an: als religiöse Versammlungsorte könnten nur solche Orte gelten, welche an und für sich einen religiösen Charakter haben, keineswegs aber auch solche, an welchen nur

§. 137. Wer unbefugt eine Leiche oder einen Theil derselben aus der Gewahrsam der dazu berechtigten Personen wegnimmt, ingleichen wer unbefugt Gräber zerstört oder beschädigt, oder an denselben beschimpfenden Unfug verübt, soll mit Gefängniß von Einem Monate bis zu zwei Jahren bestraft werden.

---

zufällig eine einzelne gottesdienstliche Handlung vorgenommen wird, z. B. bei Gelegenheit einer vorzunehmenden Beerdigung im Sterbehause, oder auf dem Gange zum Kirchhofe; *contra:* TL. s. 692, welcher den Weg, den öffentliche Prozessionen, Leichenbegängnisse, auch außer der Kirche, nehmen, als solchen betrachtet.

7. Kirchhöfe gehören unbedenklich hierher.

8. Erregung von Lärm und Unordnung darf nach Maaßgabe des eben verrichteten gottesdienstlichen Aktes auch im Vorbringen von unpassenden, für Andere vernehmbaren Aeußerungen gefunden werden: ZI. 31. Okt. 55 c. Arnold (Aeußerung einer Beleidigung gegen einen Andern); vgl. n. 11.

9. Als „einzelne gottesdienstliche Verrichtung" ist jede liturgische Handlung anzusehen; daher stellt der Gesang der Gemeinde während einer dem Gottesdienste gewidmeten Zeit eine Verrichtung des evangelischen Gottesdienstes dar: ZI. 5. Juli 60 c. Zabel (RdO. I, 216). Dasselbe gilt von einer unter Zuziehung eines Religions-Dieners im Gotteshause vorgenommenen Eidesabnahme: Beschl. I. 2. März 60 c. Gallandt (36 B; GA. VIII, 412); vgl. Motive z. Entw. v. 1829 II. s. 115; Pens. der Ges.-Rev.-Komm. II s. 144; *contra*: ZII. 25. Okt. 55 c. Lemcken (GA. III, 837), welches nur sakramentale Handlungen, also Taufe, Abendmahl, bei Katholiken auch Trauungen 2c. hierher rechnen wollte. Dagegen schloß dasselbe mit Recht die Andacht (devotio, Erbauung, Gemüthssammlung) Einzelner aus. Ebenso gehört die Annahme eines Eides durch einen Richter für sich allein nicht hierher: cit. Beschl I. 2 März 60.

10. Eine Ritualwidrigkeit nimmt einem in abstracto als gottesdienstliche Verrichtung zu betrachtenden Akte den betreffenden Charakter nicht: ZI. 18. April 55 c Lax (eine jüdische Todtenfeier hatte am Nachmittage statt am Vormittage Statt gefunden).

11. Die Störung braucht sich nicht nothwendig auf die ganze versammelte Gemeinde oder den fungirenden Geistlichen zu erstrecken; es genügt die Störung einzelner am Gottesdienste 2c. der Gemeinde Theil nehmender Personen: B. 11. Febr. 52 c. Gogoliecki; ZI. 31. Okt. 55 (cit. n. 8); ähnlich: ZI. 9. Dez. 64 c. Waldow (RdO. V, 348); *contra*: Beschl 14. Jan. 52 c. Dorn. Auch das unter n. 9 cit. ZII. 25. Okt. 55 verlangte Störung des Gottesdienstes oder der gottesdienstlichen Verrichtung selbst.

12. Als Dolus ist das Bewußtsein von dem störenden Charakter der betr. Handlung erforderlich, aber auch hinreichend: ZII. 25. Okt. 55 c. Lemcken (GA. III, 837); ZI. 5. Juli 60 c. Zabel (RdO. I, 216).

§ 137.

1. Die Wegnahme einer Leiche ist auch dann strafbar, wenn sie vom Kirchhofe geschieht: GM. II, 271 n. 2; BL. s. 566 Note 3. Die Gewahrsam befindet sich dann bei der betr. Gemeinde: ZII. 10. Dez. 63 c. Borbewieck (RdO. IV, 249). Ebendeshalb kann sich auch der Todtengräber dieses Vergehens schuldig machen: cit. ZII. 10. Dez. 63; *contra*: GM. II, 271 n. 2, weil er dem Todtengräber die Gewahrsam zuschreibt.

2. Werden die mit der Leiche beerdigten sonstigen Sachen in gewinnsüchtiger Absicht weggenommen, so liegt Diebstahl vor: TL s. 694 Note 7. Auch dieses Vergehens kann sich der Todtengräber schuldig machen: ZII. 10. Dez. 63 (cit. n. 1).

3. Die Zerstörung (Beschädigung) eines Grabes ist nicht nothwendig durch die Berührung der darin befindlichen Leiche oder Gebeine bedingt; noch weniger bedarf es einer solchen beim „beschimpfenden Unfuge"; inwiefern eine an dem Grabhügel vorgenommene Veränderung als eine Beschädigung des Grabes anzu-

Liegt der Handlung gewinnsüchtige Absicht zum Grunde, so ist zugleich auf zeitige Untersagung der Ausübung der bürgerlichen Ehrenrechte zu erkennen.

[Entw. § 123] Vgl. § 282.

Eilfter Titel.

Verbrechen in Beziehung auf den Personenstand.

§. 138. Wer ein Kind unterschiebt oder vorsätzlich verwechselt, oder auf andere Weise den Personenstand eines Andern vorsätzlich verändert oder unterdrückt, wird mit Zuchthaus bis zu zehn Jahren bestraft.

[Entw. § 241]. Vgl. Rh. BGB. Art 327.

---

sehen sei, fällt der thatsächlichen Beurtheilung anheim; *contra*: BI. 8. April 53 c. Goldner (Entsch. 25. s. 226; GA. I, 569; TL. s. 694; jenes wollte die Grabhügel zu den Grabmälern zählen, ihre Beschädigung also nach § 282 strafen.

4. Auf Hünengräber u. dergl., bei welchen eine Verletzung der religiösen Empfindungen der Angehörigen oder der Gemeinde nicht denkbar ist, erleidet der § keine Anwendung: BL. s. 565 Note 1.

5. Als Dolus wird das Bewußtsein vorausgesetzt, daß die Handlung eine unbefugte sei, und daß durch dieselbe Gräber zerstört oder beschädigt werden: BI. 8 April 53 (cit. n. 3); ZI. 19. Juni 61 c. Vorloff (RdO. I, 445; vgl. Küßner Abh. in GA. III, 37 Note 3. Eine in der Absicht das Grab zu konserviren vorgenommene Handlung kann nicht unter den § fallen.

§ 138.

1. Nur ein lebendig gebornes Kind kann Personenstandsrechte haben, nur gegen ein solches kann daher das Verbrechen begangen werden: Gilb. C. pén. art. 345 n. 1—3.

2. Ebenso ist Lebensfähigkeit desselben erforderlich; vgl. Gilb. l. c. n. 4. 5.

3. Im Uebrigen ist der Ausdruck: „Kind" hier nur im Verhältnisse zu den Aeltern zu verstehen; das Verbrechen der Unterschiebung kann auch in Beziehung auf einen Erwachsenen verübt werden, zumal da auch jede andere Veränderung des Personenstandes genügt.

4. Unter Personenstand ist hier nur der Familienstand zu verstehen: ZI. 2. Nov. 60 c. Kedziorska (GA. VIII, 830; KBII. s. 81.

5. Die Worte: „eines Andern" bilden den Gegensatz gegen den Handelnden, nicht gegen das früher erwähnte „Kind"; auch die Veränderung des Personenstandes eines Kindes fällt daher unter die Vorschrift: ZI. 2. Nov. 60 (cit. n. 4).

6. Zum Thatbestande des vollendeten Verbrechens gehört das Gelingen der Täuschung. Dagegen kann, wo diese nicht gelungen ist, unbedenklich ein strafbarer Versuch angenommen werden.

7. Der § wird anwendbar, wenn durch eine unwahre protokollarische Angabe vor dem Richter in Gemäßheit des Juden-Ges. v. 23. Juli 1847 § 10 (GS. s. 265) der Richter veranlaßt wird, ein Kind als von einer andern Mutter geboren in die jüdischen Geburtsregister einzutragen, sollte der eintragende Richter auch bei Aufnahme jenes Protokolls sich einer Instruktionswidrigkeit schuldig gemacht haben: Beschl. I. 8. Juli 57 c. Meyer (GA. V, 695.

8. Dasselbe gilt, wenn ein Geistlicher durch Täuschung veranlaßt wird, ein schon getauftes Kind abermals zu taufen, und unter einem andern Namen in das Kirchenbuch einzutragen; es ist dann gleichgültig, daß neben der falschen Eintragung auch noch eine richtige existirt: ZI. 2. Nov. 60 (cit. n. 4).

9. Dagegen bleibt der § ausgeschlossen, wenn Jemand dem Rheinischen Civilstandsbeamten die Geburt eines unehelichen Kindes anzeigt, und dabei die richtig

Zwölfter Titel.
Verbrechen und Vergehen gegen die Sittlichkeit.

§. 139. Ein Ehegatte, welcher vor Auflösung seiner Ehe eine neue Ehe eingeht, ingleichen eine unverheirathete Person, welche mit einem Ehegatten, wissend, daß er verheirathet ist, eine Ehe eingeht, wird mit Zuchthaus bis zu fünf Jahren bestraft.

---

benannte Mutter wahrheitswidrig als seine Ehefrau bezeichnet, weil die Existenz der Ehe dadurch nicht bewiesen werden kann: Erk. AGH. Köln 29. April 64 c. Iven. Dasselbe dürfte anzunehmen sein, wenn Jemand bei der Anzeige der Geburt eines unehelichen Kindes den Namen der Mutter unrichtig angiebt; die Entscheidung hängt von der bestrittenen Frage ab, ob einer solchen Urkunde in Betreff der Mutterschaft eine beweisende Kraft beiwohne; vgl. Gilb. C. civ. art. 341 n. 8 fgg.

10. Als Dolus reicht das Bewußtsein hin, daß durch die Handlung der Personenstand verändert ꝛc. werde; daß die Absicht dahin gegangen sei, diese Folge herbeizuführen, ist nicht erforderlich. Noch weniger bedarf es der Absicht, sich Gewinn zu verschaffen, oder Andern Schaden zuzufügen (Motive s. 40); es ist daher gleichgültig, ob der entferntere Zweck Vermögensrechte zum Gegenstande hatte; ein Beisp. vgl. GM. II, 274 n. 4, mit Unrecht von TOll. s. 209 und TL. s. 781 kritisirt.

11. Sehr häufig wird mit diesem Verbrechen ein anderes konkurriren, z. B. Aussetzung eines Kindes (§ 183), oder Bewirkung der Aufnahme einer falschen Civilstandsurkunde (§ 252); in der Regel wird hier ideale Konkurrenz vorliegen; *contra* zum Theil: GM. II, 275 n. 7.

12. Die Verjährung dieses Verbrechens beginnt mit dem Abschlusse der betr. Handlung, sollte auch demnächst die Verdunkelung des Personenstandes fortdauern: John Abh. in GA. IX, 510; Abegg Abh. in v. Groß Strafrechtspfl. ꝛc. III, 284.

13. Im Bereiche des Rheinischen Rechts kann eine Strafverfolgung wegen Unterdrückung des Personenstandes nicht eher eintreten, bis im Civilverfahren endgültig über die Personenstandsfrage selbst entschieden ist: Rh. BGB. Art. 327; Gilb. l. c. n. 2; id. C. pén. art. 345 n. 18. Die StA.-schaft ist aber befugt, die Rektifikation einer Civilstandsurkunde zu betreiben, um mittelst dieses Verfahrens die Entscheidung der Standesfrage im Civilwege zu erwirken, und so die Strafverfolgung möglich zu machen: Erk. AGH. Köln 2. Dez. 46 (RA. 41. 1. s. 116); *contra*: Chauveau-Carré Lois de la proc. qu. 2896 Note 4.

§ 139.

1. Die Doppelehe bleibt strafbar, sollte die erste Ehe auch nichtig sein; Motive s. 41; KBII. s. 87; *contra:* BL. s. 430; (die Vorschrift des § 952 II, 1 ALR. kommt hier nicht in Betracht): vgl. Abs. 3, welcher die Verjährung erst von der Auflösung oder Nichtigerklärung einer der beiden Ehen laufen läßt, den Fall der Nichtigkeit der ersten Ehe also ebenfalls berücksichtigt. Das Gesagte ist gleichwohl auf den Fall nicht auszudehnen, wo die vermeintliche erste Ehe von Gesetzes wegen als solche gar nicht angesehen wird, und wo es daher auch eines Verfahrens auf Auflösung und Nichtigerklärung derselben nicht bedarf, z. B. wenn die Ehe zwischen zwei Personen desselben Geschlechts abgeschlossen wäre; vgl. TL. s. 704, welcher sich nur zu allgemein ausdrückt, und mit Unrecht den Schluß des dritten Absatzes des § nur auf die Nichtigerklärung der zweiten Ehe beziehen will.

2. Im Gebiete des gemeinen Rechts begründet die von einem Evangelischen und einer Katholikin vor dem Pfarrer der letztern und zwei Zeugen abgegebene Erklärung, daß sie sich zu Ehegatten nehmen, eine gültige Ehe; die spätere Wiederverheirathung des Mannes vor Auflösung der ersten Verbindung fällt unter § 139: ZI. 2. Juli 63 c. Schall (RdO. III, 540).

3. Auch die Nichtigkeit der zweiten Ehe ist gleichgültig, es genügt die Ein-

Eine gleiche Strafe trifft den Religionsdiener oder Personenstands-Beamten, welcher, wissend, daß eine Person verheirathet ist, eine neue Ehe derselben schließt.

Bei dem Verbrechen der mehrfachen Ehe beginnt die Verjährung mit dem Zeitpunkte, an welchem eine der beiden Ehen aufgelöst oder für ungültig oder nichtig erklärt worden ist.

[Entw. § 128]. Vgl. EG. Art. XII § 4 Nr. 2. 3.

---

gehung der Formen der neuen Ehe: BL. f. 430; *contra*: TL. f. 706, welcher übersieht, daß die zweite Ehe, eben wegen des Bestehens der ersten, nothwendig nichtig sein muß; vgl. n. 1.

4. Als Dolus genügt das Bewußtsein des Angeklagten, daß er keine Gewißheit über die in gesetzlicher Weise erfolgte Auflösung der frühern Ehe habe, und einen gehörigen Nachweis darüber zu führen nicht im Stande sei. Es bedarf daher des Nachweises, daß er Kenntniß vom Fortbestehen seiner Ehe gehabt habe, nicht; nur bei der unverheiratheten Person, welche eine Ehe mit einem Ehegatten eingeht, erheischt das Gesetz die Kenntniß von dem Bestehen der Ehe des letztern: Motive f. 40; KBII. f. 86; KBI. f. 20; ZI. 12. Sept. 56 c. Willim (JMbl. f. 315; GA. IV, 837); BI 11. Dez. 57 c. Jusdkat (GA. VI, 110); *contra*: TL. f. 707; TArch. IV, 225. Der strafbare „Leichtsinn", von welchem der KBII. spricht, ist nicht als Fahrlässigkeit aufzufassen; das Gesetz legt dem Verheiratheten eine bestimmte Unterlassungspflicht auf, deren Verabsäumung Dolus, nicht blos Culpa ist. Dem Angeklagten ist es aber unbenommen, geltend zu machen, daß er mit vollem Fuge seine frühere Ehe für aufgelöst habe erachten müssen: citt. ZI. 12. Sept. 56; BI. 11. Dez 57. Dagegen genügt die Feststellung: „der Angeklagte habe die Ueberzeugung gehabt, daß seine frühere Ehe durch den Tod des ersten Ehegatten aufgelöst gewesen sei" — nicht, um eine Freisprechung zu rechtfertigen, wenn nicht auch gleichzeitig festgestellt wird, daß jene Ueberzeugung objektiv eine hinreichend begründete gewesen sei; so: BI. 24. Juni 64 c. Falk (RdO. V, 20). — Fehlt es an dem oben erwähnten Bewußtsein, so bleibt der § ausgeschlossen, sollte auch jener Mangel desselben durch einen Rechtsirrthum herbeigeführt sein, da dieser Irrthum dann nicht die Existenz des Strafverbots zum Gegenstande hat, sondern den unerläßlichen Dolus beseitigt; vgl. TArch. V, 191.

5. Zum Thatbestande genügt die Eingehung der Ehe; ob die fleischliche Vermischung hinzugetreten sei, ist gleichgültig: BL. f. 430.

6. Mit der Eingehung der Ehe ist auch das Verbrechen vollendet; die spätere Fortsetzung des Verhältnisses setzt das Verbrechen nicht fort; hat daher die Eingehung unter der Herrschaft der älteren Strafgesetzgebung Statt gefunden, so ist, trotz des Fortbestehens der Ehe unter der neuen Gesetzgebung, doch nur jene anwendbar, insoweit nicht Art. IV des EG.s zutrifft; die Vorschrift des Abs. 3 steht dem nicht entgegen; vgl. n. 10.

7. Inwiefern der Versuch der Eingehung einer Doppelehe und der Anfang einer Ausführung desselben anzunehmen sei, gehört zur thatsächlichen Beurtheilung: Beschl. I. 9. Juli 56 c. Werner (GA. VIII, 696). Es läßt sich nicht aufstellen, daß beides nur in dem Beginne der vom Gesetze für die Eingehung der Ehe selbst vorgeschriebenen Förmlichkeiten, also nicht in der vorgängigen Abschließung eines Verlöbnisses, oder eines die Güter-Verhältnisse regelnden Ehevertrages, oder in der Bestellung des Aufgebots gefunden werden dürfe: B. 7. Mai 52 c. Wundtke (GA. VIII, 695); ZI. 20. Febr. 67 c. Kusber (RdO. VIII,); *contra*: Erk. AGH. Köln 24. Sept. 60 (GA. l. c.); GM. II, 280 Nr. 6; TL. f. 706; vgl. § 31 n. 17.

8. Der zweite Absatz erleidet nur auf solche Religionsdiener Anwendung, welche die religiöse Feierlichkeit einer Heirath mit bürgerlicher Wirkung vorzunehmen befugt sind: KBII. f. 88; vgl. EG. Art. XII § 5.

9. Wissentliche Mitwirkung zur Eingehung einer Doppelehe durch andere als die im Abs. 2 genannte Personen ist nach den Grundsätzen von der Theilnahme strafbar: ZI. 13. April 59 c. Skerka.

10. Aus dem unter n. 6 Gesagten folgt, daß die Verjährung einer unter

§. 140. Der Ehebruch wird, wenn wegen dieses Vergehens die Ehe geschieden ist, an dem schuldigen Ehegatten, sowie dessen Mitschuldigen, mit Gefängniß von vier Wochen bis zu sechs Monaten bestraft.

Die Bestrafung des Ehebruchs bleibt ausgeschlossen, wenn der unschuldige Ehegatte im Laufe des Ehescheidungsprozesses oder bis zur Abfassung des Straferkenntnisses die Nichtbestrafung ausdrücklich beantragt, in welchem Falle das Strafverfahren auch gegen die Mitschuldigen wegfällt.

[Entw. § 128]. Vgl. Rh. BGB. Art. 298. 308. 309.

---

der Herrschaft der ältern Gesetzgebung eingegangenen Doppelehe, mit Rücksicht auf Art V des EG., nach den damals geltenden Grundsätzen zu beurtheilen ist: Beschl. Pl. 19. Dez. 59 c. Owczynski (JMbl. 60 s. 26; Entsch. 42. 2. s. 121; GA. VIII, 39); Antr. des GStAnw.s (JMbl. l. c.); v. Wächter Abh. in GA. VIII, 5; TArch. V, 193; *contra* früher: VI. 11. Dez. 57 c. Juschkat (GA. VI, 110; VII, 316); VI. 6. Okt. 58 c. Buttler (GA. VII, 318; Abh. in GA. VII, 313; Hälschn. Abh. in GA. VIII, 441. Vgl. John Abh. in GA. IX, 305. 361.

11. Die die Verjährung betreffende Vorschrift des dritten Absatzes bezieht sich nicht auf das Verbrechen des Religionsdieners oder Civilstandsbeamten (Abs. 2).

§ 140.

Inhalt.

1. Der Ehebruch setzt nicht nothwendig eine unbedingt gültige Ehe voraus; es genügt, wenn die bürgerliche Gesetzgebung das Verhältniß in dem Maaße als ein zu Recht bestehendes auffaßt, daß es nur durch eine gerichtliche Auflösung oder Nichtigerklärung beseitigt werden kann; ist dieses der Fall, so muß es von den betr. Personen auch respektirt werden; nur dann, wenn die bürgerliche Gesetzgebung selbst das Verhältniß von vorne herein als ein rechtlich gar nicht existirendes betrachtete, bleibt die Möglichkeit eines Ehebruchs ausgeschlossen: Antr. des GStA.s zu Zl. 9. Dez. 59 c. Fiebig (GA. VIII, 267); vgl. § 139 n. 1; *contra*: GN. II, 283 n. 3; TGA. s. 213; TL. s. 700; BL. s. 426, welche alle eine wirkliche, nicht nichtige Ehe erheischen. Das cit. Zl. 9. Dez. 59 löste die Frage nicht direkt, nahm aber an, daß die Gültigkeit der Ehe jedenfalls dann nicht mehr bestritten werden könne, nachdem sie (wegen des Ehebruchs) vom Civilrichter geschieden, ihre frühere Existenz also anerkannt worden sei; diese Auffassung unterliegt aber, insoweit sie nicht mit der oben entwickelten zusammentrifft, erheblichen Bedenken.

2. Durch die Trennung von Tisch und Bett wird die Ehe nicht aufgelöst; es bleibt daher ein strafbarer Ehebruch noch immer möglich.

3. Zum Thatbestande genügt eine Geschlechtsvereinigung: Koch n. 51; ein weiter gehender Nachweis über die Vollziehung des Beischlafs kann nicht gefordert werden; *contra:* TGA. s. 213; TL. s. 700; vgl. § 141 n. 1.

4. Jeder einzelne ehebrecherische Akt stellt das vollendete Vergehen dar; jede Wiederholung desselben begründet reale Konkurrenz; *contra:* V. 22. Dez. 52 c. Roffler (GA. I, 239, beil. „weil das Wort Ehebruch keinen Plural habe"). Das muß namentlich da gelten, wo ein Ehegatte mit verschiedenen anderen Personen Ehebruch getrieben hat. Vgl. § 56 n. 9.

5. Bedingung der Strafverfolgung ist, daß vorher wegen des Ehebruchs die Ehe rechtskräftig geschieden sei; ist dieses der Fall, so kann das Scheidungsurtheil im Strafwege nicht angefochten, und es kann nicht mehr geltend gemacht werden, die Scheidung sei aus irgend einem thatsächlichen oder rechtlichen Grunde (z. B. weil der andere Ehegatte selbst zu den die Scheidungsklage begründenden ehebrecherischen Handlungen die Veranlassung gegeben habe: ALR. II, 1 § 719) mit Unrecht erfolgt: ZI. 6. Juni 55 c. Hoffmann (GA. III, 702); *contra:* TArch. IV, 222.

6. Vorausgesetzt wird eine mit civilrechtlicher Wirkung erfolgte Scheidung; eine nur vom geistlichen Gerichte ausgesprochene kann daher jetzt mit Rücksicht auf § 1 der Vdn. v. 2. Jan. 1849 nicht genügen; *contra:* GM. II, 286 n. 9. Umgekehrt genügt die gerichtliche Scheidung selbst dann, wenn sie keine kirchliche Wirkung hat: ZI. 30. Jan. 61 c. Rausch (39).

7. Die Scheidung muß wegen desjenigen Ehebruchs erfolgt sein, welcher demnächst zum Gegenstande der Strafverfolgung gemacht wird; daher genügt es nicht, wenn die Scheidung lediglich aus andern Gründen erfolgt ist, sollte auch jener Ehebruch als verübt festgestellt, aber wegen angenommener Verzeihung der Scheidung nicht zum Grunde gelegt sein: Beschl. I. 25. Okt. 65 c. Schneider (RdO. VI, 403). Dasselbe gilt, wenn bei einer aus andern Gründen ausgesprochenen Scheidung ein Ehebruch lediglich behufs Entscheidung der Schuldfrage festgestellt, die Scheidung selbst aber nicht mit auf denselben gestützt ist: ZI. 25. Jan. 50 c. Fröse (GA. VIII, 270). Dagegen schadet es nicht, wenn außer dem Ehebruche auch noch andere Thatsachen zur Rechtfertigung der Scheidung festgestellt sind: ZI. 4. Mai 64 c. Schätzler (RdO. IV, 490).

8. Eine Ehe ist auch dann „wegen eines Ehebruchs" geschieden, wenn das betr. Urtheil nach § 673 II, 1 ALR. sich auf einen, die dringende Vermuthung der verletzten ehelichen Treue begründenden, und deshalb dem Ehebruche gleich geachteten „unerlaubten Umgang" stützt; dagegen muß selbstverständlich der Strafrichter den wirklich begangenen Ehebruch feststellen: BI. 9. Mai 60 c. Carnett (GA. VIII, 560); ZII. 24. Okt. 61 c. Rulf (RdO. II, 20); BI. 30. Juni 65 c. Treite (RdO. VI, 226); BI. 26. Sept. 66 c. Streckert

9. Im Bereiche des Rhein. Rechts genügt ein die Ehescheidung gestattendes Erkenntniß nicht, es muß vielmehr in Gemäßheit des Art. 264 des BGB. die Aussprechung der Scheidung durch den Civilstandsbeamten hinzukommen.

10. Die von einem Rheinischen Civil-Gerichte ausgesprochene Trennung von Tisch und Bett kann, da sie das bürgerliche Band der Ehe bestehen läßt, und nach Art. 310 des BGB. nur eine bedingte Gültigkeit hat, hier der Scheidung nicht gleich geachtet werden. Dagegen genügt in Oldenburg für Katholiken eine wegen Ehebruchs ausgesprochene Trennung von Tisch und Bett: Ausschußbericht s. 417.

11. Im Falle eines doppelten Ehebruchs (wenn beide Konkumbenten verheirathet waren) genügt die Scheidung der einen Ehe, um den betr. Ehegatten als Ehebrecher und den andern als Mitschuldigen zu bestrafen.

12. Die erfolgte Scheidung ist Bedingung der Strafverfolgung, nicht aber ein Begriffsmerkmal des Thatbestandes; wird daher (wegen Konnexität) über eine derartige Anklage vor dem Schwurgerichte verhandelt, so ist den Geschwornen über die stattgehabte Scheidung eine Frage nicht vorzulegen; vgl. GA. III, 400 VI. Aus demselben Grunde kann der App.-Richter ein wegen Ehebruchs verurtheilendes Erkenntniß, in welchem die erfolgte Scheidung nicht festgestellt ist, nicht wegen Zuwiderhandlung gegen Art. 31 des Ges. v. 3. Mai 1852 vernichten: BII. 7. Mai 63 c. Hülse (RdO. III, 431).

13. Im Uebrigen ist das civilrichterliche, die Scheidung aussprechende Urtheil für den Strafrichter nicht bindend, er kann daher den in jenem angenommenen Thatbestand des Ehebruchs für nicht erwiesen erachten: ZII. 24. Okt. 61 (cit. n. 8); vgl. n. 8.

14. Behauptet der Angeklagte, daß er seine Ehe mit Fug für aufgelöst erachtet habe, so wird § 44 anwendbar: GM. II, 285 n. 6; vgl. § 139 n. 4.

15. Dagegen muß dem Mitschuldigen des ehebrechenden Ehegatten gegenüber seine Kenntniß von der bestehenden Ehe des letztern nachgewiesen und (wenn sie bestritten wird) festgestellt werden.

16. Unschuldiger Ehegatte im Sinne des Abs. 2 ist ohne Unterschied derjenige Gatte, gegen welchen der andere die eheliche Treue gebrochen hat, auch wenn jener selbst sich des gleichen Vergehens schuldig gemacht haben sollte, und die Ehe wegen beiderseitigen Ehebruchs geschieden worden ist: VI. 20. Dez. 54 c. Schmidt (Entsch. 30. s. 345; GA. III, 228); ähnlich: ZI. 6. Juni 55 (cit. n. 5); vgl. Abh. in GA. III, 224 und V, 372.

17. Die Abfassung des Straferkenntnisses fällt jetzt mit der Verkündung desselben zusammen; bis zur letztern ist das abgefaßte Erkenntniß nur ein der Abänderung noch unterliegender Entwurf; vgl. Strafverf. Art. 32 n 3.

18. Unter dem „Straferkenntnisse" ist hier das erste verurtheilende Erkenntniß zu verstehen, sollte es auch noch nicht rechtskräftig und noch durch ein Rechtsmittel anzufechten sein: ZI. 18. Febr. 53 c Conrad (Entsch. 24. s. 444; GA. I, 238 u. 394); VII. 7. Mai 63 (cit. n. 12). Wird dagegen das erste Erkenntniß wegen Formfehlers vernichtet, so wird ein erst nach der Verkündung desselben ausgesprochener Verzicht auf die Strafe wirksam: VI. 7. März 56 c. Hehne (GA. IV, 392).

19. Behauptet der Angeklagte, daß sein Ehegatte auf Nichtbestrafung antragen wolle, so muß der Richter entweder die Vernehmung jenes Ehegatten veranlassen, oder dem Angeklagten aufgeben, denselben zu gestellen, oder aber den Antrag desselben in gehöriger Form beizubringen; geht er über jene Behauptung hinweg, so beschränkt er die Vertheidigung: VI. 7. März 56 (cit n. 18).

20. Erfolgt der Antrag auf Nichtbestrafung erst nach der Eröffnung der Untersuchung, so muß die Bestrafung (arg. Cr.-Ordn. § 478) durch Erkenntniß für unstatthaft erklärt werden.

21 Ein nur bedingt ausgesprochener Antrag auf Nichtbestrafung kann die Verfolgung und Bestrafung nicht ausschließen; es ist Sache des Angeklagten, einen unbedingten Antrag nachzuweisen. Daher ist die Zurücknahme eines bedingten Antrags wegen Nichterfüllung der Bedingungen unbedenklich statthaft; *sic:* ZI. 16. Juli 56 c. Röhren. Dagegen hat ein unbedingter Antrag sofort die Wirkung die Bestrafung auszuschließen, dieselbe kann durch spätere Zurücknahme des Antrags nicht wieder beseitigt werden.

22. Die Straflosigkeit des Mitschuldigen am Ehebruche ist bedingt durch einen Antrag des unschuldigen Ehegatten auf Nichtbestrafung des schuldigen; daher kann ein Antrag des unschuldigen Ehegatten, welcher nur die Nichtbestrafung des Mitschuldigen, nicht auch des angeklagten Ehegatten bezweckt, jenem nicht zu Statten kommen, und ebensowenig kann der schuldige Ehegatte sich auf den Grundsatz des § 52 berufen, um jenen Antrag auf sich auszudehnen: ZI. 7. Mai 56 c. Sommer (GA. IV, 563).

23. Waren beide Konkumbenten verheirathet, und sind in Folge des Ehebruchs beide Ehen geschieden, so müssen, damit Straflosigkeit eintrete, beide unschuldige Ehegatten auf dieselbe antragen.

24. Die Form des Antrags auf Nichtbestrafung ist gleichgültig; das Gesetz verlangt nur die Existenz der betr. Erklärung vor Gericht oder vor den sonst dazu berufenen Beamten: Beschl. I. 6. Juli 59 c. Plastwig (127B); ob eine solche vorliege, ist Gegenstand der Beurtheilung des Einzelfalles: ZII. 24. Juni 58 c. Müller; vgl. § 50 n. 8. 25.

25. Nach dem Grundsatze des § 46 Abs. 3 beginnt die Verjährung des Ehebruchs sofort mit seiner Begehung; der Lauf derselben wird daher durch die zeitweilige Ausschließung der Strafverfolgung nicht gehemmt; vgl. § 46 n. 13; *contra:* ZI. 19. Juni 61 c. Wollgast (RhO. I, 450), welches die Verjährung erst von der Rechtskraft des Scheidungsurtheils an berechnen wollte.

26. Die im Rh. BGB. Art. 298 und 308 (vgl. Rh. StGB. Art. 337) gegen die Ehefrau angedrohten Ehebruchsstrafen sind durch § 140 beseitigt. Damit fällt auch die anderweitige Vorschrift jener Artikel weg, daß jene Strafen durch das Civilgericht in dem die Ehescheidung oder Trennung von Tisch und Bett aussprechenden Erkenntnisse zu verhängen seien, da diese Verfahrungsart wesentlich durch die besondere Natur der Strafe (Einsperrung in einem Besserungshause) bedingt war, und jedenfalls Art. XIV des Einführungsgesetzes die ausschließliche Zuständigkeit des Zuchtpolizeigerichts ausspricht.

§. 141. Die Unzucht zwischen leiblichen Eltern und Kindern wird an den Ersteren mit Zuchthaus bis zu fünf Jahren, an den Letzteren, wenn sie das sechszehnte Lebensjahr zurückgelegt haben, mit Gefängniß von drei Monaten bis zu zwei Jahren bestraft.

Die Unzucht zwischen Schwiegereltern und Schwiegerkindern, zwischen Stiefeltern und Stiefkindern und zwischen vollbürtigen und halbbürtigen Geschwistern wird mit Gefängniß von drei Monaten bis zu zwei Jahren bestraft.

Auch kann zugleich auf die zeitige Untersagung der Ausübung der bürgerlichen Ehrenrechte erkannt werden.

Stiefkinder bleiben straflos, wenn sie das sechszehnte Lebensjahr noch nicht zurückgelegt haben.

[Entw. § 130]. Vgl. § 142. 42. 43.

---

§ 141.

1. „Unzucht" ist hier gleichbedeutend mit „Beischlaf": KBII. s. 91; ZI 30. Sept. 53 c. Albrecht (GA. I, 703); ZII. 23. Febr. 60 c. Schönherr; VI. 18. Aug. 62 c. Schmidt (RdO. II, 545); vgl. Zachariä Abh. in GA. III, 178. Zur Annahme eines solchen genügt aber die Geschlechtsvereinigung: VI. 31 März 65 c. Hein (RdO. VI, 46). Dagegen bleiben andere unzüchtige Handlungen der Eltern gegen ihre Kinder, wenn nicht § 144 Nr. 3 zutrifft (vgl. § 144 n. 16), straflos, da sich § 142 auf Eltern nicht mit bezieht; *contra*: GM. II, 287 n. 2; TL. s. 713; v. Krämel Abh. in GA. I, 162; sie übersehen, daß § 141 abweichend von § 142 die Kinder mitbestraft, wozu es bei einer unzüchtigen Behandlung der Kinder durch die Eltern noch weit mehr an einem Grunde fehlen würde, als wenn Vormünder ꝛc. sich einer solchen That schuldig machen; auch paßt für andere unzüchtige Handlungen der Eltern gegen ihre Kinder der Ausdruck „Unzucht zwischen Eltern und Kindern" nicht.

2. Für den Thatbestand ist es gleichgültig, ob das Kind in die Handlung eingewilligt hat oder nicht: VI. 31. März 65 (cit. n. 1).

3. Jeder einzelne Beischlaf stellt den vollendeten Thatbestand dar; Wiederholungen desselben begründen daher eine reale Konkurrenz selbst dann, wenn die verschiedenen Einzelhandlungen zwischen denselben Personen vorgekommen sind; *contra*: V. 22. Dez. 52 c Roffler (GA. I, 238; beil.; ohne genügenden Grund). Dasselbe gilt noch unzweifelhafter im Falle der Unzucht mit verschiedenen Kindern: ZI. 19. Jan. 59 c. Behrendt (GA. VII, 232). Vgl. § 56 n. 9.

4. Die „leibliche" Verwandtschaft ist nicht in dem beschränkten Sinne aufzufassen, in welchem das Civil-Recht die Blutsverwandtschaft anerkennt, es ist vielmehr Gegenstand thatsächlicher Feststellung im Strafverfahren, in wieweit eine wirkliche natürliche Abstammung anzunehmen sei, zumal da das für die ganze Monarchie eingeführte StGB. überall, trotz der verschiedenen geltenden Civilgesetzgebungen, in gleicher Weise zur Anwendung gebracht werden muß: ZPl. 27. Febr. 54 c. Wegner (ind.; JMbl. s. 193; Entsch. 27. s. 392); Abh. in GA. II, 521; V, 373; *contra*: GM. II, 288 n. 2; TL. s. 712; vgl. n. 10; s. 49 n. 1; § 180 n. 2. 4; KBII. s. 92; Abh. in GA. II, 513.

5. Demgemäß ist auch eine vorgängige Entscheidung des Civilrichters über die Statusfrage für den Strafrichter nicht bindend, vielmehr hat der Letztere selbstständig den Thatbestand zu prüfen; vgl. Strafverf. § 22 n. 73—76; Abh. in GA. II, 521; V, 373. Das gilt auch nach Rheinischem Verfahren; Art. 327 BGB. ist hier nicht anwendbar.

6. Es macht keinen Unterschied, ob das Verwandtschafts- oder Affinitäts-Verhältniß durch eheliche oder uneheliche Geburt begründet ist: ZPl. 27. Febr. 54

§. 142. Mit Zuchthaus bis zu fünf Jahren werden bestraft:

1) Vormünder, welche mit ihren Pflegebefohlenen, Lehrer, Geistliche und Erzieher, welche mit ihren minderjährigen Schülern oder Zöglingen unzüchtige Handlungen vornehmen;

(cit. n. 4); ZI. 31. März 65 c. Gorzanoki (RdO. VI, 45); vgl. n. 10. In dem Gebiete des Rhein. Rechts kann das uneheliche Verwandtschaftsverhältniß trotz der Verbotsbestimmung des Art. 340 des BGB. im Strafverfahren festgestellt werden; vgl. § 180 n. 4; GA. II, 521 a. E.

7. Die Vorschrift ist auf Großeltern und weitere Verwandten in aufsteigender Linie auszudehnen: Bes. S. 312 II; TL. S. 712; *contra*: GM. II, 289 n. 3.

8. Unzucht zwischen Schwiegereltern und Schwiegerkindern ist auch dann strafbar, wenn die das Verhältniß begründende Ehe bereits durch Tod oder Scheidung aufgelöst war (vgl. ALR. II, 1 § 5. 6, nach welchen das betr. Ehehinderniß bestehen bleibt): Beschl I. 18. Jan. 54 c. Pazucha (JMbl. S. 127; GA. II, 257); *contra*: TArch. IV, 316; vgl. § 299 n. 10.

9. Dasselbe gilt von Stiefeltern und Stiefkindern: ZI. 14. Juni 54 c Gehrke (GA. II, 830); ZI. 31. März 65 (cit. n 6); u. ö.

10. Mit Rücksicht auf das unter n. 4—6 Bemerkte ist Abs 2 auch in denjenigen Provinzen, in welchen der § 44 I, 1 des ALR. Gesetzeskraft hat, auf den Fall anwendbar, wo die Unzucht zwischen dem einen Ehegatten und dem unehelichen Kinde des andern begangen ist (vgl. Vdn. v. 22. Dez. 1843, GS. S. 47): ZPl. 27. Febr. 54 (cit. n 4); ZII. 2. März 54 c. Forst (Entsch. 27. S. 399); VI. 24. Sept. 62 c. Mattern (RdO III, 28); u. ö.; JMVerf. v. 10. Jan. 1852 (GA. I, 83); Abh. in GA. II, 513; *contra* früher: Beschl. I. 7. Sept. 53 c. Lübke (Entsch. 27. S. 324; GA I, 567); Beschl. I. 2. Nov. 53 c. Karczewski (Entsch. 27. S. 394); vgl. § 180 n. 2. 4; TArch. IV, 311, und für das Gebiet des Rhein. Rechts Cr. LG. Saarbrücken 5. Jan. 55 c. Hauck (RA. 50. 2B. S. 12).

§ 142.

1. Unter „unzüchtigen Handlungen" ist hier jede unzüchtige Behandlung zu verstehen, ohne Beschränkung auf Vollziehung des Beischlafs; vgl. § 144 n. 21.

2. Es ist auch nicht erforderlich, daß die Handlung auf Befriedigung des Geschlechtstriebs gerichtet sei, oder daß sie die Vollziehung des Beischlafs bezwecke; es genügt eine das allgemeine Sittlichkeitsgefühl verletzende körperliche Behandlung: Z. 19. Mai 52 c. Düsberg.

3. Ebensowenig bedarf es einer Verführung.

4. Jede einmalige Handlung der fraglichen Art stellt das vollendete Verbrechen dar; im Falle einer Wiederholung ist reale Konkurrenz anzunehmen: John fortges. Verbr. S. 53; *contra*: VI. 19. Nov. 56 c. Bormann (GA. V, 100) aus unzureichenden Gründen; vgl. § 56 n. 9.

5. Geschieht die Vornahme der unzüchtigen Handlungen durch die im § genannten Personen an Kindern unter vierzehn Jahren, so fällt dieselbe auch unter § 144 Nr. 3; es liegt dann ideale Konkurrenz vor, und die letztere Strafbestimmung wird als die strengere anwendbar: V. 22. Dez. 52 c. Roffler (GA. I, 238); vgl. § 144 n. 28.

Zu Nr. 1.

6. Ein Vormund unterliegt der Strafe, wenn er die That begeht, nachdem er in der fraglichen Eigenschaft vom Gerichte bestellt worden ist, sollte er auch noch nicht in den Besitz der Bestallung gelangt sein: Beschl. I. 20. Jan. 65 c. Ristau (RdO. V, 434); VI. 1. März 66 c. Hansherr.

7. Die Strafbarkeit des Lehrers ist nicht durch seine amtliche Anstellung, sondern durch den Mißbrauch seiner Stellung als Lehrer bedingt; daher ist diese Nr. 1 auch auf Privatlehrer anwendbar: Z. 19. Mai 52 c. Düsberg.

8. Die Ausdrücke „Lehrer" und „Erzieher" umfassen auch Erzieherinnen und Lehrerinnen: GM. II, 292 III n. 2.

2) Beamte, welche mit Personen, gegen die sie eine Untersuchung zu führen haben, oder die ihrer Obhut anvertraut sind, unzüchtige Handlungen vornehmen;

3) Beamte, Aerzte oder Wundärzte, die in Gefängnissen oder in öffentlichen, zur Pflege von Kranken, Armen oder anderen Hülflosen bestimmten Anstalten beschäftigt oder angestellt sind, wenn sie mit den in der Anstalt aufgenommenen Personen unzüchtige Handlungen vornehmen.

[Entw. § 131].

§. 143. Die widernatürliche Unzucht, welche zwischen Personen männlichen Geschlechts oder von Menschen mit Thieren verübt wird, ist mit Gefängniß von sechs Monaten bis zu vier Jahren, sowie mit zeitiger Untersagung der Ausübung der bürgerlichen Ehrenrechte zu bestrafen.

[Entw. § 132].

---

9. Unter Erziehern sind nur solche zu verstehen, welche die Erziehung als ein besonderes Geschäft, d. h. also gewerbsmäßig treiben (daher auch „Zögling"): GM. II, 292 III n. 1.

Zu Nr. 2.

10. „Untersuchung" ist nicht blos auf gerichtliche Untersuchungen zu beschränken.

11. Setzt die „Obhut" ein Autoritäts- oder ein Subjektionsverhältniß voraus? Ein Beschl. I. 13. Nov 63 c. Schmidt (RdO. IV, 202) verneinte und hielt dafür, daß die Passagiere eines Postwagens der Obhut des diesen allein führenden Postillons anvertraut seien; (bedenklich).

Zu Nr. 2 und 3.

12. Es ist gleichgültig, ob den hier genannten Personen die Obhut und Pflege speziell übertragen sei.

13. Krankenwärter sind als Beamte der betr. Anstalten anzusehen; auf die Natur und die Modalitäten ihres Verhältnisses zur Anstalt kommt weiter Nichts an: ZI. 21. Mai 62 c. Markert (RdO. II, 420).

14. Sind Gemeinde-, Schutz- und Bürgerwehren als Beamten im Sinne dieses § zu betrachten? vgl. 89 a. E. Ein Beschl. I. 16. Dez. 53 c. Fischer (Entsch. 28. s. 165; GA. II, 119) nahm an: die Nrn. 2 und 3 fänden auf Transporteurs und bürgerliche Wachmannschaften, welche im Wege des Gemeindedienstes mit der Bewachung von Gefangenen beauftragt sind, ohne Beamte zu sein, keine Anwendung.

§ 143.

1. Widernatürliche Unzucht bezeichnet hier die eigentliche Sodomie in ihren beiden Formen, nicht andere unzüchtige Handlungen, namentlich nicht gegenseitige Onanie zwischen Personen männlichen Geschlechts: VI. 1. Juli 53 c. Lietzman (Entsch. 26. s. 403; GA. II, 119); Beschl. Pl. 13. April 63 c. Lerner (RdO. III, 385); u. ö.; GM. II, 293 n. 1; *contra*: Antr. d. GSt.-Anw. z. cit. Beschl. 13. April 63 l. c. Im Uebrigen bedarf es nicht nothwendig eines Beischlafsaktes oder einer Befriedigung des Geschlechtstriebs; es genügt eine auf eine solche Befriedigung des Geschlechtstriebs gerichtete unzüchtige Handlung der fraglichen Art, sollte auch der beabsichtigte Erfolg nicht erreicht sein: ZI. 21. Febr. 62 c. Lewinski (RdO. II, 271; ZI. 10. Sept. 62 c. Langner (RdO. II, 551); TL. s. 740.

2. Die widernatürliche Unzucht ist auch an dem sie Duldenden strafbar, selbst wenn dieser dabei eine Befriedigung des eignen Geschlechtstriebs gar nicht gesucht hat: ZI. 2. Okt. 61 c. Unte (RdO. I, 561).

§. 144. Mit Zuchthaus bis zu zwanzig Jahren wird bestraft:

1) wer an einer Person des einen oder des anderen Geschlechtes mit Gewalt eine auf Befriedigung des Geschlechtstriebes gerichtete unzüchtige Handlung verübt, oder sie durch Drohungen mit gegenwärtiger Gefahr für Leib oder Leben zur Duldung einer solchen unzüchtigen Handlung zwingt;

---

§ 144.

Inhalt.

1. Als unzüchtig ist jede das Schaam- und Sittlichkeitsgefühl in grober Weise verletzende, in wollüstiger Richtung verübte Handlung zu betrachten:. Z. 22. Dez 52 c Roffler (GA. I, 238 ; ZI. 7. Sept. 53 c. Diebitsch (id. I, 706). Eines vollzogenen Beischlafs bedarf es sonach nicht; vgl. n. 6.

2. Nicht jede auf Befriedigung des Geschlechtstriebs gerichtete Handlung ist darum auch unzüchtig; die Feststellung jenes Merkmals schließt daher die Unzüchtigkeit nicht in sich: BI. 4. Jan. 56 c. Köhn; ZI. 20. Juli 59 c. Scholz (GA. VII, 711); *contra* wie es scheint: ZI. 13. April 59 c. Bojanowski.

3 Auch hier ist die Frage, ob eine Handlung „unzüchtig" sei, thatsächlicher Natur: ZI. 30. Jan. 57 c. Thurmann; ZII. 30. April 57 c. Wölsrecht. Es kann daher nicht genügen, die Frage an die Geschwornen lediglich auf dasjenige zu richten, was der Angeklagte in Beziehung auf die andere Person vorgenommen hat, da die Geschwornen auch den sittlichen Charakter der Handlung (ob sie „unzüchtig" sei) zu beurtheilen haben: ZI. 20. Jan. 58 c Sauerland. Neben der Qualifizirung bedarf es dagegen der genauen und speziellen Angabe der „unzüchtigen Handlungen" in der Frage nicht: ZII. 5. Febr. 57 c. Gaßmann; ZI. 6. Okt. 58 c. Seligsohn; vgl. JMbl. 52. s. 188 n. 2.

4. Der § setzt nicht eine Verschiedenheit des Geschlechts der betheiligten Personen voraus, ist vielmehr auch auf widernatürliche Unzucht anwendbar: KBII. s. 93; ZI. 16. Juli 62 c Bayer RdO. II, 533, ein Fall der Nr. 1); ZI. 6. Sept. 54 c. Wiever (GA. II, 689 ; ZB. I. 18. Aug. 56 c. Kroker (GA. IV, 810; Fälle der Nr. 3); *contra*: TL. s. 727; BL. s. 419.

5. Wiederholte Verübung derselben Handlung ist, selbst wenn sie stets dieselbe Person betraf, als reale Konkurrenz zu behandeln; *contra*: B. 22. Dez. 52 c. Roffler (GA. I, 238 ; BI. 19. Nov. 56 c Borrmann (GA. V, 100); in beiden handelte es sich von Fällen der Nr. 3. Jenes gilt unbestreitbar da, wo mehrere zu verschiedenen Zeiten und an verschiedenen Personen verübte Handlungen vorliegen: ZI. 23. März 59 c Schenkowsky; ZII. 17. März 63 c. Groll; u. ö.; BGr. § 142; vgl. § 56 n. 9; TArch. V, 159.

Zu Nr. 1 und 2.

6. Zum Begriffe des hier vorgesehenen Verbrechens der Nothzucht ist die Erreichung des Zwecks der Befriedigung des Geschlechtstriebs nicht erforderlich, vielmehr genügen die Verübung der darauf gerichteten Gewalt und die Unzüchtigkeit der Handlung, um das vollendete Verbrechen darzustellen: ZII. 22. März 55 c. Höink (Entsch. 30. s. 350; GA. III, 400 ; ZII. 9. März 65 c. Schenk (GA. XIII, 377). Es bedarf daher eines wirklich stattgefundenen Beischlafs nicht: ZI.

2) wer eine in einem willenlosen oder bewußtlosen Zustande befindliche Person zu einer auf Befriedigung des Geschlechtstriebes gerichteten unzüchtigen Handlung mißbraucht;

3) wer mit Personen unter vierzehn Jahren unzüchtige Handlungen vornimmt, oder dieselben zur Verübung oder Duldung unzüchtiger Handlungen verleitet.

Ist der Tod der Person, gegen welche das Verbrechen verübt wird, dadurch verursacht worden, so tritt lebenslängliche Zuchthausstrafe ein.

[Entw. § 133].

---

13. Juni 56 c. Paproth; BL. s. 419; vgl. n. 1. 7. Das gilt namentlich, wenn es sich von einer widernatürlichen Unzucht handelt, somit ein eigentlicher Beischlaf gar nicht in Frage kommt; hier kann der Instanzrichter eine unzüchtige auf Befriedigung des Geschlechtstriebs gerichtete Handlung annehmen, sollte es auch noch gar nicht zu einer körperlichen Vereinigung gekommen sein: ZII. 23. Febr. 60 c. Schönherr (GA. VIII, 412); vgl. n. 4.

7. Nichtsdestoweniger kann der Vollendung des Verbrechens auch noch ein Versuch vorhergehen: ZII. 22. März 55 (cit. n. 6); ZI. 12. Dez. 62 c. Niemetz (RdO. III, 172); ZI. 9. Sept. 63 c. Rösler (RdO. IV, 26); vgl. n. 26; GA. I, 49; und Zachariä Abh. in GA. III, 177 ff

8. Objekt des Verbrechens kann auch eine Person übeln Leumunds sein: KBII. s. 93; Z. 16. Juni 52 c. Stein; BL. s. 401.

9. Die Gewalt muß von der Art sein, daß sie die Annahme eines Zwanges bei Duldung der verbrecherischen Handlung begründet; es wird daher von der andern Seite ein thätlicher Widerstand vorausgesetzt; ein bloßes Widerstreben (welches in vielen Fällen gar nicht ernstlich gemeint ist) kann hier nicht genügen.

10. Im Uebrigen ist der Begriff der „Gewalt" ein thatsächlicher, er braucht daher in der den Geschwornen vorgelegten Frage nicht durch spezielle Erwähnung der Thatsachen des Falles aufgelöst zu werden: ZI. 11. Jan. 54 c. Voigt (GA. II, 241); ZII. 22. März 55 (cit n. 6).

11. Ueber den Begriff der Drohung vgl. § 89 n. 35—37.

12. Die Bedrohung braucht nicht nothwendig gegen die gemißbrauchte Person gerichtet zu sein; der Richter hat zu ermessen, ob ein Zwang gegen diese auch durch gefährliche Bedrohung eines Dritten ausgeübt werden könne: KBII. s. 93; *contra*: Bes. s. 315.

Zu Nr. 2.

13. In dieser Nr. 2 ist nur von einer „Person" ohne den in Nr. 1 befindlichen Zusatz „des einen oder des andern Geschlechts" die Rede; gleichwohl ist auch hier zwischen den beiden Geschlechtern nicht zu unterscheiden.

14. Ob der Thäter den willenlosen rc. Zustand vorsätzlich herbeigeführt hat, ist an sich gleichgültig, und nur Strafzumessungsgrund: KBII. s. 93 n. 4.

15. Behauptet der Angeklagte den willenlosen Zustand der mißbrauchten Person nicht gekannt zu haben, so wird § 44 anwendbar; *contra*: GM. II, 300 n. 2; vgl. n. 23.

Zu Nr. 3.

16. Nr. 3 ist auch auf Aeltern anwendbar, welche mit ihren noch nicht 14 Jahre alten Kindern unzüchtige Handlungen vornehmen: ZI. 21. Mai 62 c. v. Kalkstein-Oslowski (RdO. II. 418).

17. Die Worte: „Wer mit Personen ... " sind mit den Worten: „Wer an Personen ...." in Nr. 1 gleichbedeutend, insbesondere ist aus jenen nicht zu folgern, daß die betr. Handlungen mit dem Willen der mißbrauchten Kinder erfolgt sein müßten: BII. 23. März 54 c. Panick (GA. II, 425).

18 Auch hier macht das Geschlecht des Kindes keinen Unterschied; ebensowenig ist die Nr. 3 auf Handlungen zwischen Personen desselben Geschlechts beschränkt: ZI. 18. Aug. 56 c. Kroker (GA. IV, 810); vgl. n. 4.

19. Wenn auch Nr. 3 von Personen und von Handlungen (im Gegensatze gegen: „Person" und „Handlung" in Nr. 1 und 2) spricht, so fällt doch schon eine einmalige Handlung an einer einzigen Person unter die Strafbestimmung: B. 22. Dez. 52 c. Roffler (GA. I, 238); ZI. 7 Sept. 53 c. Diebitsch (GA. I, 706); BII. 30. April 57 c. Wölsrecht; ZI 6. Febr. 58 c. Rosenthal. Ueber die Strafkumulation im Falle wiederholter Handlungen vgl. n. 5.

20. Es ist nicht unstatthaft, mehrere hierher gehörige Straffälle in einer Frage an die Geschwornen zusammen zu fassen, sollten auch verschiedene Kinder mißbraucht sein; ebenso ist die Nennung der letzteren nicht unerläßlich: ZI. 30. Jan. 61 c. Schramm (GA. IX, 185); vgl. Strafverf. Art. 80 n. 11.

21. Hier genügt jede objektiv unzüchtige Handlung (vgl. n. 1); es ist keineswegs (wie bei Nr. 1 und 2) erforderlich, daß dieselbe auf Befriedigung des Geschlechtstriebes gerichtet gewesen sei: Z. 7. Jan. 52 c. Müller; ZII. 18. Sept. 62 c. Zeidler (RdO. III, 18); u. ö.; vgl. auch die unter n. 19 citt. Urtheile; KBII. s. 93 („Handlungen, welche aus Geilheit zum Sinneskitzel vorgenommen werden"); *contra*: TL. s. 729. Ebenso kommt Nichts darauf an, ob das Schamgefühl des Kindes verletzt worden sei: ZII 24. Nov. c. Wapelhorst (RdO. V, 295).

22. Das Alter des Kindes unter vierzehn Jahren muß durch die Geschwornen festgestellt, und kann selbst da, wo ein Streit darüber nicht obwaltete, nicht durch den Schw.-GH. ergänzt werden: BI. 18. Aug. 56 c. Kroker (GA. IV, 810).

23. In Betreff der Kenntniß des Angeklagten von dem noch nicht vierzehnjährigen Alter des Kindes wird § 44 anwendbar: ZI. 5. März 58 c. Demel; ZII. 27. Okt. 64 c. Dähne; vgl. § 44 n. 2; *contra*: Koch n. 64. Die festgestellte Unbekanntschaft mit dem Alter des Kindes schließt die Strafbarkeit aus: BI. 22. Febr. 54 c. Pfeiffer. Einem Antrage auf Stellung einer Frage nach diesem Ausschließungsgrunde muß daher nothwendig Statt gegeben werden: BI. 9 Juli 58 c. Anyczas (GA. VI, 676); vgl. n. 15.

24. Die „Verleitung zur Duldung" kann nicht blos von dem die Handlungen selbst Vornehmenden, sondern auch von einem Dritten ausgehen; *contra*: BI. 26. Okt. 59 c. Dettels (GA. VII, 833); Beschl I. 17. Okt. 60 c. Hoffmann (183B; GA. VIII, 828).

25. Der Feststellung des Mittels, wodurch die Verleitung zur Duldung der unzüchtigen Handlungen stattgefunden, bedarf es nicht; vgl. GA. II, 118.

26. Auch hier ist ein Versuch des Verbrechens denkbar; es läßt sich nicht aufstellen, daß der Versuch, um den Erfordernissen des § 31 zu entsprechen, mit dem vollendeten Verbrechen zusammenfalle: BI. 14. Dez. 65 c. Eyert (RdO. VI, 540); vgl. n. 7.

27. Treffen die Voraussetzungen der Nr. 1 mit denen der Nr. 3 zusammen, so liegt ideale Konkurrenz vor. Das Gesetz hat durch den in Nr. 3 gebrauchten allgemeinen Ausdruck: „unzüchtige Handlungen" nicht andeuten wollen, daß Handlungen von noch höherem unsittlichen Charakter, also auf Befriedigung des Geschlechtstriebs mit Gewalt gerichtete Handlungen, gegen Personen unter vierzehn Jahren gar nicht verübt werden könnten: Beschl. I. 4. Dez. 57 c. Hausmann.

28. Begeht ein Vormund, Lehrer 2c. dieses Verbrechen, so liegt ideale Konkurrenz mit dem im § 142 Nr. 1 vorgesehenen Straffalle vor, und § 144, als der strengere, wird anwendbar; vgl. § 142 n. 5.

29. Begeht ein Kind unter vierzehn Jahren Handlungen der im § erwähnten Art gegen ein anderes Kind, so ist es nach Maaßgabe des § 43 strafbar: Erk. LG. Aachen 7. Aug. 63 c. Lihrmacher.

Zum Schlußsatze.

30. Ob eine Beschädigung der Gesundheit der mißbrauchten 2c. Person stattgefunden, ist nur Strafzumessungsgrund: KBII. s. 93 n. 5.

§. 145. Wer eine Frauensperson zur Gestattung des Beischlafs dadurch verleitet, daß er eine Trauung vorspiegelt oder einen andern Irrthum erregt, in welchem sie den Beischlaf für einen ehelichen halten mußte, wird mit Zuchthaus bis zu fünf Jahren bestraft.

[Entw. § 134]. Vgl. § 149.

§. 146. Weibspersonen, welche den polizeilichen Anordnungen zuwider gewerbsmäßig Unzucht treiben, werden mit Gefängniß bis zu acht Wochen bestraft.

Das Gericht kann zugleich verordnen, daß die Angeschuldigte nach Beendigung der Gefängnißstrafe in ein Arbeitshaus gebracht werde.

---

§ 145.

1. Unbescholtenheit der verleiteten Frauensperson ist hier nicht erforderlich

2. Zur Vollendung des Verbrechens gehört die Vollziehung des Beischlafs; wo diese fehlt, kann nur ein Versuch angenommen werden. Auch hier wird aber zur Annahme jener Vollziehung die Geschlechtsvereinigung genügen; vgl. § 141 n. 1.

§ 146.

1. Während das ALR. (II, 20 § 999. 1023) es den der Gewerbsunzucht nachgehenden Weibspersonen zur Pflicht machte, sich in die unter der Aufsicht des Staats geduldeten Hurenhäuser zu begeben, und diejenigen, welche „von der Hurerei ein Gewerbe machten, ohne sich ausdrücklich unter die Aufsicht der Polizei zu stellen," mit Zuchthausstrafe bedrohte, — wollten die früheren Entwürfe zum StGB. diejenigen bestrafen, „welche den polizeilichen Anordnungen gegen die gewerbsmäßige Unzucht entgegenhandeln". In Beziehung auf diese Fassung des Entw. von 1843 § 401 machte eine unter dem 9. Juni 1843 an den Staatsrath ergangene AKO. die Ausstellung: „in derselben finde sich die Absicht, daß die Polizei der Unzucht überall, wo solche sich öffentlich oder gewerbsmäßig zeige, entgegentreten und dieselbe nirgends (wie das ALR. II, 20 § 1023 es zulasse) dulden solle, — nicht klar ausgesprochen, sie gebe vielmehr zu Mißdeutungen Raum; die Bestimmung sei daher, damit sie ihren Zweck gehörig erfülle, einer nochmaligen Prüfung zu unterziehen." Die demzufolge in den folgenden Entwürfen gewählte neue Fassung entsprach indessen der in jener AKO. ausgedrückten Intention nicht, richtete sich vielmehr ausdrücklich nur gegen diejenigen, „welche den zur Beschränkung der Unzucht erlassenen polizeilichen Anordnungen entgegenhandeln" (Entw. von 1845 § 426; Entw. von 1846 § 432; Entw. von 1847 § 441). Mit Rücksicht auf eine in den vereinigten ständischen Ausschüssen gemachte Bemerkung erhielt jene Fassung im Entw. von 1851 (§ 135) diejenige Aenderung, welche jetzt in den § 146 übergegangen ist, lediglich um die Strafandrohung auf die gewerbsmäßige Unzucht der Weibspersonen zu beschränken. Im Uebrigen war die Bestimmung, wie die Motive (S. 43) ausdrücklich besagen, „ohne wesentliche Aenderung aus den früheren Entwürfen" übernommen worden. — Hiernach muß angenommen werden, daß man bei den wiederholten Prüfungen die nach der citt. AKO. beabsichtigte unbedingte Untersagung der Gewerbsunzucht aufgegeben und eine andere Regelung der Sache vorgezogen habe. Man erachtete unzweifelhaft die Gewerbsunzucht für ein (namentlich in großen volkreichen Städten) nicht zu vermeidendes Uebel, und glaubte die nachtheiligen Folgen desselben am besten abwenden zu können, wenn man der Polizeibehörde die Befugniß beilege, die in sitten- und sanitätspolizeilicher Hinsicht nach den Ortsverhältnissen erforderlichen Beschränkungen vorzuschreiben. Demgemäß enthält der § kein unbedingtes Strafverbot gegen die Gewerbsunzucht; ebensowenig macht derselbe die Straflosigkeit von einer ausnahmsweise zu erlangenden (beschränk-

Ist die Angeschuldigte eine Ausländerin, so kann neben der Gefängnißstrafe auf Landesverweisung erkannt werden.

Die Dauer der Einsperrung in dem Arbeitshause ist von der Landespolizei-Behörde nach den Umständen zu bemessen; sie darf aber den Zeitraum Eines Jahres nicht übersteigen.

[Entw. § 135]. Vgl. § 120; (AKO. v. 15. Jan. 1825; GS. S. 8); Ges. v. 14. April 1856 Art. I. § 1 (GS. S. 208).

---

ten) polizeilichen Gestattung oder Duldung abhängig; er gewährt nur den Polizeibehörden die Ermächtigung, den Betrieb der Unzucht gewissen Beschränkungen zu unterwerfen, deren Uebertretung die angedrohte Strafe nach sich ziehen soll. — Das OTr. hat indessen bisher diese Ansicht nicht getheilt, sondern in einer großen Reihe von Entscheidungen angenommen: § 146 betrachte die Gewerbsunzucht nur unter der Voraussetzung dieselbe regelnder Anordnungen für erlaubt, — die Strafandrohung greife daher nicht allein da Platz, wo gegen die getroffenen Anordnungen verstoßen werde, sondern auch da, wo es an jeder bezüglichen Anordnung fehle; so: B. 7. Mai 52 c. Schwanz (GA. I, 83); VII 21. April 53 c. Rink (JMbl. S. 254); ZII. 19. Okt. 65 c. Geblsdorf (RdO. VI, 399); ZII. 20. Dez. 66 c. Rabe (RdO. VII, 745); u. ö.; vgl. JMVerf. v. 7. April 1853 (GA II, 120). Daraus ist dann weiter gefolgert worden, daß es, in Ermangelung eines hierauf bezüglichen Einwandes der Angeklagten, der ausdrücklichen Feststellung: daß die Unzucht „den polizeilichen Anordnungen zuwider" getrieben worden sei, — gar nicht bedürfe; so: ZI. 20. Febr. c. Knoll (RdO. I, 242); ähnlich: ZII. 8. Jan. 57 c. Bäbenroth. — Diese mit der Entstehungsgeschichte und der Wortfassung des § wenig im Einklang stehende Auslegung ist von der Rechtslehre durchweg angefochten worden; vgl. GM. II, 305 n. 2; TGA. S. 218; Koch n. 66.

2. Jedenfalls gehen diejenigen Entscheidungen zu weit, welche eine Straflosigkeit der Gewerbsunzucht nur im Falle einer polizeilichen Gestattung, Erlaubniß oder Genehmigung annehmen, z. B.: ZI. 20. Febr. 61 (cit. n. 1); ZII. 24. April 62 c. Freistadt (RdO. II, 358); ZI. 26. April 64 c. Fechner. Von einer solchen Gestattung enthält der § keine Andeutung.

3. Ebendeshalb muß der § 146 in Betreff derjenigen Prostituirten ausgeschlossen bleiben, welche sich den ergangenen polizeilichen Anordnungen fügen, sollte auch die betr. Polizei-Verordnung ausdrücklich besagen, daß dieselbe als „polizeiliche Genehmigung" nicht anzusehen sei. Jedenfalls aber kann der Instanzrichter in einer solchen sanitäts- oder sittenpolizeilichen Vorschrift (z. B. in der Anordnung periodischer ärztlicher Untersuchungen für die der Prostitution Ergebenen, oder in der Untersagung des Besuchs einzelner öffentlicher Lokale ꝛc.) eine die Straflosigkeit nach sich ziehende wissentliche Duldung der Gewerbsunzucht finden: ZII. 10. Juli 62 c. Zitterich (RdO. II, 518); ZI 9. Okt 63 c. Rossig; ZII. 8. März 66 c. Schollberg (RdO. VII, 165); *contra*: ZII. 24. April 62 c. Freistadt (RdO. II, 358); ZI 25. April 64 c. Fechner, welche eine solche Anordnung prinzipiell nicht für eine „Genehmigung" der Unzucht erachteten.

4. Unzucht bezeichnet hier die Vollziehung des Beischlafs: ZI. 30. Sept. 53 c. Albrecht (GA. I, 704); ZII. 23. Febr. 60 c. Schönherr. Als eine solche ist jede Geschlechtsvereinigung anzusehen. Ist es dagegen zu einer derartigen Vollziehung nicht gekommen, so kann nur ein (strafloser Versuch vorliegen: VII. 14. Juni 55 c. Franke (GA. III, 703); *contra*: GM. II, 305 n. 3.

5. Gewerbe bezeichnet eine fortgesetzte auf Erzielung eines Erwerbes gerichtete (körperliche Beschäftigung: ZI. 25. Febr. 57 c. Rudolph. Die Unzucht wird daher gewerbsmäßig betrieben, wenn eine Weibsperson aus dem fortgesetzten unzüchtigen Verkehr mit Männern eine Erwerbsquelle macht; es bedarf dazu weder eines Preisgebens an Jeden ohne Unterschied, noch der Gewinnung des Lebensunterhaltes durch die Hurerei: B. 2. Mai 52 c. Schwanz (GA. I, 83); ZI. 20. April 55 c. Emelius; vielmehr genügt das Preisgeben gegen Entgelt, mag die Bezahlung ausbedungen, angenommen oder auch nur stillschweigend erwartet sein: ZII.

§. 147. Wer gewohnheitsmäßig oder aus Eigennutz durch seine Vermittelung, oder durch Gewährung oder Verschaffung von Gelegenheit, der Unzucht einer oder mehrerer Personen des einen oder anderen Geschlechts Vorschub leistet, wird

---

19. März 57 c. Stellbrink; ZI. 10. Febr. 60 c. Didszoneit: ZII. 6. Juni 61 c. Lobbers; vgl. § 266 n. 4—7.

6. Der Verkehr mit Männern muß ein fortgesetzter sein; Gewerbsmäßigkeit kann daher nur da angenommen werden, wo die Wiederholung der Handlung wenigstens beabsichtigt war. Daher genügt ein einmaliges Preisgeben, auch wenn es gegen Entgelt geschieht, für sich allein nicht. Wie viele Handlungen derselben Art erforderlich sind, unterliegt der thatsächlichen Beurtheilung des Einzelfalles: VII. 15. Febr. 57 c. Sixtus; u. ö. Dagegen kann aus einer Einzelhandlung ein Schluß auf früher verübte oder später beabsichtigte Handlungen und somit auf die Gewerbsmäßigkeit des Betriebs im Allgemeinen gezogen werden: ZII. 8. Jan. 57 c. Bädenroth; ZI. 3. Juli 63 c. Lange; u. ö. Ebenso kann dabei auf bereits früher abgeurtheilte und auf solche Fälle gerücksichtigt werden, welche als Einzelfälle über die Verjährungsfrist hinausfallen: ZII. 19. März 57 c. Stellbrink; ZI. 11. Dez. 63 c. Lenzing; u. ö.

7. Mit Rücksicht auf das unter n. 6 Gesagte stellt der unbefugte Gewerbebetrieb im Ganzen die strafbaren Handlungen dar, es können daher die einzelnen Unzuchtsfälle nicht als verschiedene selbstständige Vergehen aufgefaßt werden; das Nähere siehe § 56 n. 8; § 46 n. 8.

8. Theilnahme an diesem Vergehen, z. B. durch Anreizung, ist nach den allgemeinen Grundsätzen zu beurtheilen, sie wird durch den Begriff der Kuppelei (§ 147. 148) nur insoweit ausgeschlossen, als sie auch unter diesen Begriff fällt; damit aber Theilnahme anzunehmen sei, muß sie sich auch auf die Gewerbsmäßigkeit der Unzucht beziehen; der bloße Zuhälter ist als Theilnehmer nicht zu betrachten.

9. Ueber die Unterbringung in ein Arbeitshaus vgl. § 120. Die durch das Ges. v. 14 April 1856 (GS. s. 210) dem § 120 gegebene veränderte Fassung bezieht sich auf § 146 nicht mit; hier steht die Anordnung der Unterbringung nur dem Gerichte zu, für welche dieselbe aber fakultativ ist: ZII. 3. Nov. 59 c. Grumbach; ZI. 5. Juni 61 c. Frenzel (GA. IX, 640); HS. I, 456.

10. Es ist nicht unzulässig, auch in Betreff einer wegen Gewerbsunzucht bestraften Ehefrau die Abführung in ein Arbeitshaus zu verordnen: ZI. 26. Mai 54 c. Reimer (GA. II, 690); ZI. 20. Juni 62 c. Steckmann.

11. Ueber den Begriff der „Ausländerin" vgl. § 29 n. 1 4.

12. Gegen Ausländerinnen kann nicht auf Unterbringung in ein Arbeitshaus, sondern statt derselben nur auf Landesverweisung erkannt werden; vgl. § 120 (frühere Fassung).

13. Eine Vorbestrafung wegen Kuppelei begründet für eine spätere Gewerbs-Unzucht nicht die Rückfallsstrafe: VI. 15. Febr. 60 c. Ziegler.

14. Kompetenz und Verfahren: vgl. Ges. v. 14. April 1856 Art. I § 1 (oben s. 22).

§ 147.

1. Die Gewohnheitsmäßigkeit unterscheidet sich von der Gewerbsmäßigkeit dadurch, daß diese wesentlich durch die Absicht des Erwerbes bedingt ist, welche bei jener gänzlich fehlen kann; dagegen gehört zur Gewohnheitsmäßigkeit nothwendig ein wiederholtes Handeln; welche Anzahl genüge, unterliegt der thatsächlichen Beurtheilung; ein zweimaliges Handeln selbst nach längeren Zwischenräumen kann für ausreichend erachtet werden: ZI. 9. Juli 58 c. Baber; GM. II, 307 n. 4. Auch hier ist es statthaft, auf bereits abgeurtheilte und auf solche Fälle Rücksicht zu nehmen, welche über die Verjährungsfrist hinausfallen: ZI. 11. Jan. 61 c. Döring; Abh. in GA. VII, 312; vgl. § 146 n. 6 7; § 46 n. 8.

2. Gewohnheitsmäßige Kuppelei ist auch dann anzunehmen, wenn nur einer Person gewohnheitsmäßig zur wiederholten Unzucht Vorschub geleistet worden ist: Z. 12. Nov. 52 c. Hecker; ZI. 3. Juli 63 c. Tschamsky (RdO. III, 547); *contra*: TL. s. 722.

wegen Kuppelei mit Gefängniß nicht unter sechs Monaten, sowie mit zeitiger Untersagung der Ausübung der bürgerlichen Ehrenrechte und mit Stellung unter Polizei-Aufsicht bestraft.

[Entw. § 136]. Vgl. § 148. 149.

---

3. Mit Rücksicht auf den Begriff der Gewohnheitsmäßigkeit ist die *Mehrheit* der Einzelfälle, aus welchen sich jene zusammensetzt, stets nur als ein einziges Vergehen anzusehen; die Grundsätze von der realen Konkurrenz bleiben daher ausgeschlossen, vielmehr findet das zu § 56 n. 8 Gesagte Anwendung. Das Gegentheil tritt dagegen bei mehreren aus Eigennutz betriebenen Kuppelei-Fällen ein.

4. Zur Herstellung des Thatbestandes der Kuppelei gehört wesentlich die thatsächliche Feststellung, daß sie *durch* eins der im § genannten *Mittel* (Vermittlung ꝛc.) stattgefunden habe: ZII. 2. Okt. 56 c. Bremer. Dagegen brauchen bei schwurgerichtlichen Verhandlungen die Einzelhandlungen, durch welche die Vermittlung ꝛc. bewirkt worden ist, nicht in die Fragstellung aufgenommen zu werden: ZII. 10. Dez. 57 c. Zaun.

5. Die Kuppelei setzt ein *positives Handeln voraus*; ein durchaus passives Verhalten, ein Nichtverhindern, genügt nicht. Ein solches positives Handeln liegt aber auch im Gewähren einer Gelegenheit, z. B. in dem bewußten Ueberlassen der Wohnung, zumal in dem Vermiethen einer Wohnung zu einem hohen, mit Rücksicht auf die zu betreibende Unzucht bemessenen Preise: VI. 26. Juni 61 c. Gesch (RdO. I, 466); ZII. 19. Jan. 65 c. Netz (RdO. V, 425); ZI. 21. Nov. 66 c. Both (RdO. VII, 649); u. ö. Noch weiter ging Beschl. I. 13. Okt. 56 c. Suhr (198 B; GA. VI, 843), welcher auch das blos passive Dulden und Geschehenlassen wenigstens da für hinreichend erachtete, wo dasselbe eine Pflichtverletzung (i. c. der Mutter) in sich schloß.

6. Der Begriff der „*Unzucht*" ist hier nicht, wie im Falle des § 146 (vgl. dort n. 4), auf die Vollziehung des Beischlafs zu beschränken, sondern umfaßt jedes gegen Zucht und Sitte verstoßende Handeln im Bereiche des geschlechtlichen Umgangs: ZI. 6. Okt 58 c. Hintze (Entsch. 39. 2. s. 8; GA. VI, 843); ZI. 22. Sept. 58 c. Zimmer (JMbl. s. 330; GA. VI, 842); daher genügt die Feststellung von „verübten unzüchtigen Handlungen": ZI. 28. Jan. 63 c. Schaller (RdO. III, 249). *Contra*: TL. s. 722.

7. Gleichgültig ist es, ob die Personen, welchen Vorschub geleistet ist, *unbescholten* waren oder nicht: VI. 28. Sept. 53 c. Nicke; ZI. 27. Okt. 65 c. Richter (RdO. VI, 434). Sonach ist es nicht erforderlich, daß auf die betr. Weibsperson § 146 Anwendung finde. Umgekehrt kann aber auch prostituirten Personen Vorschub geleistet werden: ZI. 22. Sept. 58 (cit. n. 6); ZI. 11. März 64 c. Jänicke. Das gilt auch von dem im § 148 Nr. 2 vorgesehenen Falle der qualifizirten Kuppelei: ZI. 17. März 65 c. Niemeier (RdO. VI, 11). — Ebenso kommt Nichts darauf an, ob jene Personen zur Unzucht des Vorschubleistens bedurften: ZI. 4. Juni 58 c. Jägle.

8. Die Worte: „*Vorschub leistet durch* . . ." deuten genügend an, daß ein solches Handeln vorausgesetzt wird, welches mit dem *Bewußtsein* der daraus entspringenden Folge des Vorschubleistens geschieht; daher rechtfertigt eine der Wortfassung des § entsprechende Feststellung die Strafverhängung, insofern nicht der Angeklagte die Abwesenheit jenes Bewußtseins geltend macht, und (in schwurgerichtlichen Sachen) die Stellung einer darauf bezüglichen Frage beantragt: ZII. 10. Dez. 57 c. Zaun. Dagegen läßt sich nicht aufstellen, daß ihm der Beweis des Mangels obliege.

9. Die Kuppelei ist ein selbstständiges Vergehen, nicht *Theilnahme* an einem fremden; es werden daher hier nicht die Begriffsmerkmale des § 34 erheischt. Insbesondere bedarf es nicht nothwendig einer *unmittelbaren* Beförderung der unerlaubten Befriedigung der Wollust. Daher kann der Thatbestand der Kuppelei in der Vermittlung des Unterbringens von Frauenzimmern in fremde Bordelle gefunden werden, und zwar selbst dann, wenn das betr. Bordell im Auslande belegen und dort erlaubt war, so daß durch seinen Betrieb weder für den Wirth, noch für die darin gehaltenen Frauenzimmer eine Strafbarkeit begründet wurde: ZI. 6. Mai 53 c. Schenk (GA. I, 394); VI. 28. Sept. 53 c. Nicke; ZII. 30. Sept. 54 c.

§. 148. Die Kuppelei ist, selbst wenn sie nicht gewohnheitsmäßig oder nicht aus Eigennutz betrieben wird, mit Zuchthaus bis zu fünf Jahren und Stellung unter Polizei-Aufsicht zu bestrafen:

1) wenn, um der Unzucht Vorschub zu leisten, hinterlistige Kunstgriffe angewendet sind;
2) wenn der Schuldige zu den Personen, mit welchen die Unzucht getrieben worden ist, in dem Verhältnisse von Eltern zu Kindern, von Vormündern zu Pflegebefohlenen, oder von Erziehern, Lehrern oder Geistlichen zu den von ihnen zu erziehenden oder zu unterrichtenden Personen steht.

[Entw. § 137]. Vgl. § 147. 149. 141. 142 Nr. 1.

Mauel (GA. II, 830); ZII. 18. Okt. 55 c. Jakobs (Entsch. 31. s. 235; GA. IV, 250); *contra:* TArch. IV, 286.

10. Aus dem unter n. 9 erwähnten Grunde kommt auch Nichts darauf an, ob die **Unzucht** von den Personen, welchen dazu Vorschub geleistet wurde, wirklich verübt ist, oder nicht; nur die Handlungen des Kupplers und sein Dolus kommen in Betracht; wenn § 148 Nr. 2 eine „getriebene Unzucht" verlangt, so erklärt sich der Unterschied einmal dadurch, daß dort unter den Begriff der Kuppelei Handlungen gebracht werden, welche nach § 147 nicht dazu gehören würden, und sodann aus dem Umstande, daß es sich dort von einem Verbrechen handelt, bei welchem auch der Versuch strafbar ist: ZII. 18. Okt. 55 (cit. n. 9); ZII. 24. Jan. 61 c. Stahler (RdO. I, 219); ZI. 29. Jan. 63 c. Schaller (RdO. III, 249); BL. s. 393 und Note 2; *contra:* GM. II, 309 n 8; TL. s. 723.

11. Auch das Halten eines **konzessionirten Bordells** fällt unter den §: ZI. 7. Juni 61 c. Frost (RdO. I, 427); ZII. 6. Febr. 62 c. Hartung (GA. X, 369). Daher kann die durch die Duldung der Polizei hervorgerufene Meinung des Angeklagten: seine Handlungsweise sei erlaubt, die Strafbarkeit nicht beseitigen: ZI. 21. Nov. 66 c. Badermann (RdO. VII, 647). Die Annahme des KBI. s. 21, daß, da § 146 sich auf die polizeilich geduldete Unzucht nicht mit beziehe, ein Gleiches vom § 147 gelte, wird durch die unbedingte Fassung dieses § ausgeschlossen; der KBII. s. 94 glaubte dagegen, daß die StA.-schaft [durch Nichtverfolgung] die polizeiliche Genehmigung berücksichtigen werde.

12. Wo die Kuppelei den Charakter der Theilnahme an einem **schwerer zu ahndenden Verbrechen** rc. annimmt, wird sie von der dadurch verwirkten härtern Strafe betroffen; konkurriren außerdem noch andere Fälle der strafbaren Kuppelei, so kann daneben auch noch die Strafe der letztern verhängt und zur Begründung der Gewohnheitsmäßigkeit auch auf jene Fälle einer höhern Strafbarkeit gerücksichtigt werden; vgl. GM. II, 307 n. 6.

13. Konkurrirt mit der Kuppelei die eigene **Gewerbsunzucht**, so wird § 56 anwendbar: ZII. 16. Mai 63 c. Zschabig.

§ 148.

1. Die hier unter Nr. 1 und 2 hervorgehobenen Thatsachen stellen, wenn im Uebrigen der volle Thatbestand des § 147 vorliegt, **erschwerende Umstände** dar, welche bei der Abstimmung der Geschwornen die Beobachtung des Art. 91 des Ges. v. 3. Mai 1851 nöthig machen; *contra:* ZI. 20. März 61 c. Rose (RdO. I, 305). Das Gegentheil tritt ein, wenn es an der Gewohnheitsmäßigkeit und dem Eigennutze fehlt, weil ohne diese der Thatbestand der einfachen Kuppelei nicht vorliegt.

2. Auch im Falle der Nr. 2 ist die **Bescholtenheit** der Personen, mit welchen Unzucht getrieben worden, nur Strafzumessungsgrund: TL. s. 722; vgl. § 147 n. 7.

§. 149. Wer ein unbescholtenes, in dem Alter von vierzehn bis sechszehn Jahren stehendes Mädchen zum Beischlaf verführt, ist, auf den Antrag der Eltern oder des Vormundes der Verletzten, mit Gefängniß von drei Monaten bis zu Einem Jahre zu bestrafen.

[Entw. § 138]. Vgl. § 145. 147. 148. 50ff.

§. 150. Wer durch eine Verletzung der Schamhaftigkeit ein öffentliches Aergerniß giebt, wird mit Gefängniß von drei Monaten bis zu drei Jahren bestraft.

Auch kann zugleich auf zeitige Untersagung der Ausübung der bürgerlichen Ehrenrechte erkannt werden.

[Entw. § 139]. Vgl. § 36. 152.

---

3. Die die Eltern betreffende Vorschrift ist auf Groß- und auf Stiefeltern auszudehnen: Beschl. I. 13. Okt. 58 c. Suhr (198B; GA. VI, 843); Koch n. 68; *contra*: GM. II, 310 Nr. 2; vgl. § 141 n. 7. Zu bemerken ist, daß § 148 nicht wie § 141 von „leiblichen" Eltern spricht.

4. Ueber das Erforderniß der Nr. 2, daß die Unzucht „getrieben" sei, vgl. § 147 n. 10 Hier ist auch ein Versuch unbedenklich strafbar.

§ 149.

1. Der Begriff der „Unbescholtenheit" ist wesentlich ein thatsächlicher; derselbe wird nicht nothwendig durch den Nachweis einzelner Unsittlichkeiten ausgeschlossen: ZII. 6. Nov. 62 c. Feiden (RdO. III, 112); *contra*: TL. s. 178, er erachtet ein Frauenzimmer für unbescholten, wenn von ihr nicht bekannt ist, daß sie sich freiwillig einem außerehelichen Beischlafe hingegeben habe.

2. Behauptet der Angeklagte, das jugendliche Alter des Kindes nicht gekannt zu haben, so wird § 44 anwendbar: ZII. 21. Febr. 66 c. Fuhlbrügge (RdO. VII, 114).

3. Der § setzt die Vollziehung des Beischlafs voraus. Auch hier wird aber der Nachweis der Geschlechtsvereinigung genügen; vgl. § 141 n. 1.

4. Das Wort „verführt" umfaßt hier jede Verleitung zur Duldung des Beischlafs; es bedarf daher weder der Täuschung : TL. s. 718, noch der Erregung von Begierden bei dem Mädchen: ZII. 21. Febr. 66 (cit. n 2).

5. Der Strafantrag braucht nicht von beiden Eltern auszugehen; es genügt der des Vaters; ist dieser verstorben oder sein Aufenthalt unbekannt, so kann die Mutter den Antrag stellen: ZII. 6. Nov. 62 (cit. n. 1); Beschl. I. 21. April 65 c. Berth (RdO. VI, 64).

6. Die Eltern und der Vormund verlieren das Recht auf Bestrafung anzutragen nicht durch den inzwischen erfolgten Tod des Mädchens: VI. 9. Nov. 59 c. Kruggel (JMbl. 60. s. 54; GA. VIII, 275); vgl. § 50 n. 6.

§ 150.

1. Die Verletzung der Schamhaftigkeit setzt eine das allgemeine Schamgefühl verletzende Unsittlichkeit voraus; daß dieselbe eine geschlechtliche Beziehung haben müsse, ist nicht erforderlich: ZII. 19. März 63 c. Altenkirch (RdO III, 353); ZI. 15. Juni 66 c. Grabow; *contra*: TL. s. 742.

2. Eine solche kann auch durch mündliche Aeußerungen begangen werden: B. 10. Sept. 52 c. Fuchs (GA. I, 84); ZI. 8. Juni 60 c. Grawitz; ZII. 18. April 61 c. Kuntze; u. ö. Das Gegentheil ist nicht aus § 151 zu folgern, da dieser einen verschiedenen Thatbestand voraussetzt, insbesondere von der Erregung eines Aergernisses gänzlich absieht, so daß die mildere Strafandrohung schon dadurch gerechtfertigt wird: Beschl. I. 11. Sept. 57 c. Rose; VII. 10. Jan. 61 c. Brambring (GA. IX, 208). In Beziehung auf Schriften, Abbildungen und Darstellungen vgl. n. 6.

3. Die Beurtheilung des schamverletzenden Charakters einer Handlung (Aeußerung) kann nicht lediglich in objektiver Weise erfolgen, vielmehr kommt es wesentlich auf die obwaltenden Umstände und auf die Individualität der wahrnehmenden Personen an. Es kann und muß z. B. bei wissenschaftlichen Erörterungen Manches geschehen und gesagt werden, was in andern Fällen schamverletzend wäre. Ebenso ist Vieles in der ausschließlichen Gegenwart erwachsener Männer erlaubt, was bei der Anwesenheit von Frauenzimmern oder Kindern sich als strafbar darstellen würde. Umgekehrt könnte auch eine wissenschaftliche Erörterung, wenn sie öffentlich in Gegenwart von Personen des weiblichen Geschlechts rc. gepflogen würde, die Anwendung des § begründen. Das gilt selbst von Schriften; der einer solchen beiwohnende wissenschaftliche Charakter schließt die Anwendbarkeit des § nicht unbedingt aus, wenn die Veröffentlichung erkennbar auf ein Publikum berechnet war, welches die Schrift nicht aus wissenschaftlichen Gründen liest.

4. Der § setzt zwar ein „öffentliches Aergerniß" voraus, besagt aber wenigstens ausdrücklich Nichts davon, daß die Handlung selbst öffentlich geschehen sein müsse. Hieraus hat das OTr. in einer großen Reihe von Entscheidungen gefolgert, daß es einer solchen Oeffentlichkeit der Begehung nicht bedürfe, daß es vielmehr genüge, wenn die Handlung Anderen, „welche dem Publikum angehören", wahrnehmbar werde, und „so in die Oeffentlichkeit trete", so: Beschl. I. 1. Dez. 54 c. Pröhl (GA. III, 261); ZI. 13. März 61 c. Harm; ZII. 2. März 65 c. Köck; ZI 4. Okt. 65 c. Schach (GA. XIII, 881); u. ö. Noch weiter gingen ZI. 10. Jan. 61 c. Wenk und ZI. 15. Mai 63 c. Damke, welche es für ausreichend erachteten, wenn die Handlung überhaupt nur Andern wahrnehmbar werde, „indem sie damit von selbst in die Oeffentlichkeit trete." Diese ganze Auffassung unterliegt indessen den erheblichsten Bedenken. Die frühern Entwürfe bedrohten die „öffentliche Verletzung der Schamhaftigkeit" mit einer Strafe. Das erachtete der KBII. (f. 95) für zu weit gehend: „die ohne Verletzung einer bestimmten Person stattgehabte öffentliche Verletzung der Schamhaftigkeit könne nur dann unter Strafe gestellt werden, wenn dadurch ein öffentliches Aergerniß gegeben werde;" dieses Merkmal sei daher in den Thatbestand aufzunehmen. Man wollte also den Begriff lediglich begrenzen, und keineswegs davon absehen, daß die Verletzung der Schamhaftigkeit d. h. also die verletzende Handlung selbst öffentlich begangen sein müsse; daß dieses in die von der Kommission vorgeschlagene und allseitig angenommene Fassung des § nicht ausdrücklich mit aufgenommen worden ist, erklärt sich dadurch, daß man jene Oeffentlichkeit durch das Erforderniß eines gegebenen „öffentlichen Aergernisses" für genügend ausgedrückt erachtete. Es muß sonach die Oeffentlichkeit der Handlung selbst für unerläßlich erachtet werden; *sic*: ZI. 2. Mai 56 c. Sasse.

5. In Betreff der Oeffentlichkeit der Handlung sind auch hier im Wesentlichen die oben § 36 n. 1—8 und § 135 n. 2 und 3 entwickelten Grundsätze maaßgebend. Nach diesen kann dieselbe zunächst durch die Oeffentlichkeit des Orts der Begehung begründet werden. In diesem Falle ist die Anwesenheit einer Mehrheit die Handlung wahrnehmender Personen nicht unerläßlich; die einer einzigen kann genügen, sollte diese auch nicht außer der Handlung stehen, sondern direkt von derselben betroffen werden: ZI. 16. Jan. 58 c. Janke (GA. VI, 721; Beschl. I. 7. Sept. 61 c. Köppen (130 B; GA. VIII, 832); ZII. 3. Juli 62 c. Hoffmann (RdO. II, 510); BII. 19. April 66 c. Mühlberg (RdO. VII, 233). Dabei wird aber wesentlich vorausgesetzt, daß wenigstens die Möglichkeit obwaltete, daß auch andere Personen die betr. Handlung rc. hätten wahrnehmen können. Es kann sonach eine Oeffentlichkeit nicht angenommen werden, wenn z. B. an einem öffentlichen Orte einer einzelnen Person oder einem vertrauten Kreise (vgl. n. 6) gegenüber eine schamverletzende Aeußerung in einer Weise gemacht wird, daß nur diese sie vernehmen konnten; vgl. ZI. 11. April 66 c. Nitzschke (RdO. VII, 213).

6. Ebenso kann es aber für das Merkmal der Oeffentlichkeit der Handlung genügen, wenn dieselbe in einer öffentlichen Zusammenkunft begangen worden. Ueber die Voraussetzungen einer solchen vgl. § 36 n. 4; § 135 n. 3. Der Gegensatz liegt auch hier in dem Privaten und Geschlossenen, namentlich aber in dem „vertrauten Kreise". Wo sich die Wahrnehmbarkeit auf einen solchen vertrauten Kreis beschränkt, kann von einer öffentlichen Begehung keine Rede sein. Sonit genügt die Anwesenheit einer Mehrheit von Personen für sich allein nicht.

Ebensowenig ist es entscheidend, ob diese Mehrheit von Personen „dem Publikum angehören", oder ob sie „das Publikum repräsentiren" (: ZI 15. Febr. 60 c. Stephani), zumal da diese Begriffe in sich zu wenig klar und begrenzt sind, als daß sie für die praktische Anwendung einen Anhaltspunkt darbieten könnten. — Dagegen wird zur Annahme einer öffentlichen Zusammenkunft nicht erfordert, daß die anwesenden Personen verschiedenen Geschlechts oder unerwachsen sind: ZI. 20. Sept. 65 c. Wuschko (RdO. VI, 223)

7. Da zum Thatbestande des im § 150 vorgesehenen Vergehens ein gegebenes Aergerniß gehört, so ist es für unerläßlich zu erachten, daß die betr. Handlung 2c. zur Kenntniß Anderer gelangt sei. Es genügt daher nicht (wie in den Fällen der §§ 36 und 156), wenn Schriften, Abbildungen und andere Darstellungen verkauft, vertheilt, umhergetragen oder an dem Publikum zugänglichen Orten ausgestellt worden sind, so lange nicht feststeht, daß in Folge dessen auch wirklich andere Personen Kenntniß vom Inhalte genommen haben. Wo es an dieser Voraussetzung fehlt, kann nur § 151 zutreffen.

8 Der von der Kommission der II. Kammer gemachte Zusatz erheischt, daß durch die Verletzung der Schamhaftigkeit ein öffentliches Aergerniß gegeben sei; vgl. n. 4. Es ist dieses sonach ein besonderes, mit dem schamverletzenden Charakter der Handlung nicht zusammenfallendes Merkmal. Ebendeshalb darf aus diesem Charakter nicht ohne Weiteres auf ein gegebenes Aergerniß als eine selbstverständliche Folge geschlossen werden. Man wollte durch diesen Zusatz zu erkennen geben, daß nicht jede öffentlich verübte Unsittlichkeit die schwere Strafe des § nach sich ziehen solle, daß vielmehr in jedem Einzelfalle zu untersuchen sei, ob derselben nach den obwaltenden Umständen eine solche Schwere beiwohne, daß sie durch ihre Frechheit und Oeffentlichkeit einen öffentlichen (die Allgemeinheit berührenden) Skandal hervorrufe: Bes. s. 319; TR. s 742 n. 5; *contra*: Z. 17. Dez. 52 c. Alten, welches hier entschieden zu weit geht.

9. Auch bei der Prüfung, ob ein Aergerniß gegeben sei, kommt es wesentlich auf die obwaltenden Umstände an. Insbesondere ist auch hier die Individualität der wahrnehmenden Personen insoweit zu berücksichtigen, als es nach dieser zu bemessen ist, ob für sie (nach ihrem Geschlechte, Alter, Stande, Bildungsgrade 2c.) im Allgemeinen der Verletzung der Schamhaftigkeit derjenige Grad der Schwere beiwohne, daß sie zur Erregung eines Aergernisses bei ihnen geeignet sei; vgl. n. 4. 8. Ist diese Frage im Allgemeinen zu bejahen, so ist im Uebrigen die Sinnesart des Einzelnen nicht entscheidend. Es kann daher eine öffentliche Schamlosigkeit nicht lediglich aus dem Grunde straflos bleiben, weil sie bei den sie Wahrnehmenden Beifall gefunden hat: ZII. 5. Okt. 54 c. Münstermann (JMbl. s. 404; Entsch. 28. s. 345; GA. II, 831); ZI. 13. März 61 c. Harm (RdO. I, 303); ZI. 19. Nov. 62 c. Vogel (RdO. III, 127), welche indessen zum Theil in ihrer Begründung zu weit gehen; vgl. ThdCp. 3. p. 187.

10. Nach dem unter n. 8. 9 Ausgeführten reicht es auch umgekehrt nicht hin, wenn subjektiv einzelne Personen Aergerniß an einer Handlung genommen haben, sobald die letztere nicht auch objektiv zur Erregung eines solchen (im Sinne der n. 9) geeignet war: VII. 27. Okt. 53 c. Köhler.

11. Das Aergerniß muß durch die Handlung selbst gegeben sein; es genügt nicht, wenn dasselbe erst später durch das (vom Handelnden nicht gewollte) Bekanntwerden derselben (also durch eine andere Thatsache) hervorgerufen wurde: ZI. 3. Okt. 56 c. Patzwohl; GM. II, 312 n. 5.

12. Der Dolus besteht hier in dem Bewußtsein der Unsittlichkeit der Handlung (: ZI. 10. Jan. 56 c. Fitting) verbunden mit dem Bewußtsein, daß dieselbe unter den obwaltenden Umständen ein öffentliches Aergerniß geben konnte: ZII. 10. Febr. 59 c. Kuneke; ZI. 3. Okt. 60 c. Herrmann (GA. VIII, 833); u. ö. Daher ist der § da unanwendbar, wo der Angeklagte geheim zu handeln glaubte und Dritte nur zufällig sein Thun wahrnahmen: VII. 7. Dez. 65 c. Stefan (RdO. VI, 531). — Der ausdrücklichen Feststellung jenes Dolus bedarf es indessen nur dann, wenn derselbe bestritten wird: ZII. 16. Okt. 62 c. Lübars (RdO. III, 81); ZI. 17. Okt. 62 c. Leiber; ZI. 19. Nov. 62 (cit. n 9); u. ö.

13. Hiernach bedarf es der Absicht, die Schamhaftigkeit zu verletzen oder ein Aergerniß zu geben, ebensowenig als der Absicht, der Aeußerung 2c. eine Ver-

§. 151. Wer unzüchtige Schriften, Abbildungen oder Darstellungen verkauft, vertheilt oder sonst verbreitet, oder an Orten, welche dem Publikum zugänglich sind, ausstellt oder anschlägt, wird mit Geldbuße von zehn bis zu Einhundert Thalern oder mit Gefängniß von vierzehn Tagen bis zu sechs Monaten bestraft.

In dem Strafurtheile ist zugleich auf Konfiskation der ausgestellten und der zum Verkauf oder zur Verbreitung vorräthigen Schriften, Abbildungen oder Darstellungen zu erkennen.

[Entw. § 84]. Vgl. § 36. 19 (Vdn. v. 30. Juni 1849 § 21); Preß-Ges. v. 12. Mai 1851 § 50.

Dreizehnter Titel.

Verletzungen der Ehre*).

---

breitung in die Oeffentlichkeit zu geben: ZI. 5. März 56 c. Jacobson; ZII. 10. Febr. 59 c. Kuneke; VI. 1. Mai 61 c. Frankenstein (RdO. I, 352).

§ 151.

1. **Unzüchtig** ist nur das in geschlechtlicher Beziehung Unsittliche: VI. 4. März 63 c. Mecklenburg (RdO. III, 319); VI. 26. Febr 64 c. Haacke (GA. XII, 297); ZII. 10. Nov. 64 c. Döger (RdO. V, 256).

2. Der Begriff der **Unzüchtigkeit** wird dadurch nicht ausgeschlossen, daß die betr. Gegenstände Produkte der Kunst sind: ZII. 7 Jan. 58 c. Lehmann. Letzteres kann nur dann als Strafausschließungsgrund in Betracht kommen, wenn feststeht, daß die Ausstellung 2c. lediglich zu künstlerischen Zwecken Statt fand.

3. Ueber die durch den Verkauf 2c. bewirkte **Veröffentlichung** vgl. 36 n. 5—8.

4. Auch hier wird in Betreff des **Vertheilens** oder **Verbreitens** eine über den vertrauten Kreis hinausgehende Thätigkeit vorausgesetzt; vgl. § 150 n. 6. Daher ist ein Vorzeigen an einzelne Bekannte nicht als ein Verbreiten anzusehen: ZII. 10. März 64 c. Hörhold (RdO. IV, 421).

5. **Kenntniß** des Inhalts ist Bedingung der Strafbarkeit: KVII. s. 96. Sie wird durch die Feststellung einer groben Fahrlässigkeit nicht ersetzt: VI. 25. Nov. 57 c. Nürnberger (RdO. VI, 112).

6. Im Straferkenntnisse ist auf **Konfiskation**, nicht auch auf **Vernichtung** der Schriften zu erkennen; § 19 und Preßges. v. 12. Mai 1851 § 50 werden durch die Spezialvorschrift des § 151 ausgeschlossen: ZII. 14. Juli 64 c. Heyne (RdO. V, 70) mit dem Zusatze, der Verwaltungsbehörde bleibe es überlassen, ob sie die Schriften vernichten wolle.

*) **Dreizehnter Titel.**

Inhalt.

1. **Ehrverletzung** ist eine vorsätzliche rechtswidrige Kundgebung, durch welche die allgemein menschliche oder bürgerliche Ehre eines Andern (zu welcher auch die Standesehre gehört) gekränkt wird: BL. s. 288.

2. Eine Ehrverletzung kann wider Jeden verübt werden, welcher im Besitze derjenigen Ehre ist, gegen welche die Verletzung sich richtet. Daher schließt der Verlust der bürgerlichen Ehre die Möglichkeit einer Verletzung der allgemein menschlichen Ehre nicht aus: BL. s. 289.

3. Gleichgültig ist es, ob der Verletzte die Ehrverletzung empfinden könne; auch Kinder und Blödsinnige können an der Ehre gekränkt werden (vgl. § 162): BL. s. 290.

4. Ehrverletzungen des einen Ehegatten gegen den Andern während des Bestehens der Ehe verübt sind nicht straflos; das Gegentheil folgt weder aus § 699—703 II, 1 des ALR.s, noch aus § 70 der Vdn. v. 28. Juni 1844: ZII. 6. März 56 c. Rohkämper (GA. IV, 393); VI. 10. Febr. 60 Vetter c. Vetter (StA. 37. s. 42); Koch n. 78; *contra*: GM. II, 326 n. 6.

5. Die Gesammtheit der Beamten einer gewissen Kategorie (z. B. „die Staatsanwaltschaft") kann beleidigt werden: ZII 22. Febr. 66 c. Fiedler (RdO. VII, 121).

6. Auch juristische Personen, als Subjekte von Rechten, können Gegenstand einer Ehrverletzung sein: BL. s. 290. Ein Gleiches gilt von Behörden und Beamten-Kollegien (vgl. § 102): ZII. 19. Nov. 63 c. Merahrens; Rubo Verleumdung s. 137; ebenso von anderen Kollegien, z. B. von der kolligialischen Direktion einer Aktiengesellschaft, welche als solche zur Vornahme von Rechtshandlungen befugt ist: B. 26. März 52 Tätz c. Wißmann.

7. Dagegen können andere Gesellschaften, Stände und Familien als solche nicht Objekt einer Ehrverletzung sein: Rubo Verleumdung s. 137.

8. Die Möglichkeit einer Ehrverletzung ist nicht durch die persönliche Bekanntschaft des Handelnden mit dem Verletzten bedingt; man kann auch einen persönlich Unbekannten, zumal wegen seiner Handlungen beleidigen: ZI. 20. Okt. 54 c. Beutner.

9. Der Beleidigte muß in einer erkennbaren Weise bezeichnet sein; Nennung des Namens ist nicht erforderlich: ZII. 10. Jan. 61. c. Bernasko; BL. s. 290.

10. Die Ehre ist ein höchst persönliches Recht des Einzelnen; dritte Personen werden daher von einer Ehrverletzung nicht betroffen, insofern dadurch nicht gleichzeitig wenigstens indirekt eine Kränkung der eignen Ehre erfolgt; ist dieses nicht der Fall, so läßt das Verhältniß eines nahen Angehörigen zum Verletzten einen Dritten nicht als mitverletzt erscheinen; das Gegentheil ist nicht aus § 162 zu folgern, da nach diesem die Ehemänner, Väter rc. nicht als Selbstbeleidigte, sondern als Vertreter des Gekränkten zur Stellung des Strafantrags berufen sind: ZI. 1. April 57 Knobloch c. Ebeling (GA. V, 536); vgl. KBI. s. 23.

11. Gegen einen Verstorbenen kann, weil er keine Rechtsfähigkeit mehr hat, eine Ehrverletzung nicht begangen werden: ZI. 1. April 57 (cit. n. 10); BL. s. 289 Note 2; Rubo Verleumdung s. 141. Eine Bestrafung kann daher nur insoweit eintreten, als die betr. Aeußerung gleichzeitig die Ehre lebender (etwa dem Verstorbenen nahe verbundener) Personen verletzt: cit. ZI. 1. April 57; Sommer Abh. in Arnsb. Arch. XV, 668; vgl. § 77 n. 6; § 102 n. 29.

12. Nicht der innere Gedanke, sondern die in die Außenwelt tretende Kundgebung ist strafbar. Es wird daher wesentlich vorausgesetzt, daß die Kundgebung einem Andern wahrnehmbar geworden ist (und daß sich der Angeklagte dieses Umstandes bewußt war, vgl. n. 25). In dieser Beziehung genügt es in der Regel, wenn dieselbe dem Beleidigten gegenüber erfolgt ist: ZII. 12. Nov. 57 c. Buchholtz. Nur bei Verleumdungen ist es unerläßlich, daß sie zur Kenntniß eines Dritten gebracht seien; vgl. § 156 n 2. Dagegen reicht die Kundgebung an einen Dritten in allen Fällen aus, sollte auch der Beleidigte selbst Nichts davon erfahren haben: VI. 26. Sept. 60 Holländer c. Schurgast (GA. VIII, 835; StA. 39. s. 77); u. ö. — Aus dem oben aufgestellten Grundsatze folgt, daß das Vergehen stets erst zu der Zeit und an demjenigen Orte vollendet wird, wo derjenige, an welchen sich die Mittheilung richtete, Kenntniß von dem Inhalte genommen hat: ZII. 24. Febr. 53 c.

Krause (GA. I, 226); ZI. 27. Febr. 56 c. Moldänke; u. ö.; vgl. § 3 n. 4 (dort auch über den Gerichtsstand). Vgl. aber n. 13.

13. Der unter n. 12 aufgestellte Grundsatz erleidet bei den durch veröffentlichte Schriften rc. verübten Ehrverletzungen eine Ausnahme; bei diesen genügt der Verkauf rc. (§ 152 Abs. 2), sollte es auch nicht nachgewiesen sein, daß irgend Jemand vom Inhalte der Schriften rc. Kenntniß genommen hat; vgl. § 36 n. 5—8.

14. Die Kundgebung, durch welche die Kränkung der Ehre erfolgt, setzt nothwendig ein Mittel voraus, durch welche der innere Gedanke nach außen hin erkennbar wird. Dieses Mittel kann in Rede, Schrift, bildlicher Darstellung, Handlung, Unterlassung, und in jedem einen Ausdruck des Gedankens enthaltenden Zeichen bestehen: BL. S. 291.

15. Erfolgt die Ehrverletzung durch eine Handlung, welche gleichzeitig den Thatbestand eines andern Straffalles in sich schließt, z. B. durch eine Mißhandlung, so liegt ein Fall der idealen Konkurrenz vor: ZII. 3. März 59 Lohr c. Hesse; das Gegentheil ist nicht aus der Bemerkung in den Motiven (S. 43) zu folgern, daß die s. g. Real-Injurien im StGB. „nicht als eine Art der Injurien bezeichnet sind, vielmehr derjenigen Anschauungsweise der Vorzug gegeben ist, wonach die Real-Injurien stets nur in ihrem äußerlich hervortretenden Momente der Körperletzung geahndet werden." Es läßt sich auch nicht aufstellen, daß beide Vergehen einen verschiedenen Dolus voraussetzen, vielmehr schließt der auf Ehrverletzung gerichtete Dolus den der Mißhandlung in sich, wenn diese als Mittel zur Verübung der ersteren benutzt wurde.

16. Bei der Beurtheilung der Frage, ob irgend eine Kundgebung als Ehrverletzung anzusehen sei, kommt es wesentlich darauf an, ob sie nach den obwaltenden Umständen sich als Ausdruck der Geringschätzung darstellt: ZI. 10. Dez. 58 Niemann c. Grieben; ZII 21. März 61 c. Hagemann. Objektiv ehrverletzend ist keine Kundgebung; selbst Schimpfworte werden gelegentlich als Scherze oder als Liebkosungen gebraucht; vgl. John Kritiken S. 214. Deshalb kommt es wesentlich auf die Umstände des Einzelfalles, insbesondere also auch auf die jedesmalige Veranlassung, die Persönlichkeit, an welche sich die Kundgebung richtete, den Zweck, der dadurch verfolgt wurde rc., an; die ganze Frage ist demgemäß wesentlich eine thatsächliche: ZPl. 27. Juni 62 c. Thewes (JMbl. S. 380). Hiernach kann unbedenklich eine Ehrverletzung darin gefunden werden, wenn Jemand lächerlich gemacht wird: ZI. 9. Jan. 63 c. Rosenfeld. Dasselbe gilt von einem vorwitzigen Kusse: BL S. 292 Note 1.

17. Mit Rücksicht auf das unter n 16 Gesagte ist es für den ehrverletzenden Charakter einer Aeußerung nicht entscheidend, ob sie sich als eine eigene Behauptung oder als die Wiederholung oder Referirung der Aeußerung eines Anderen darstellt. Auch im letzteren Falle kommt es lediglich darauf an, ob dieser Wiederholung rc. nach den bei ihr obwaltenden Umständen jener Charakter beiwohne; ist dieses der Fall, so ist es gleichgültig, ob von der ersten Aeußerung das Gleiche galt, oder ob sie für nicht beleidigend, oder aus anderen Gründen (z. B. weil die Voraussetzungen des § 154 vorlagen) für straflos zu erachten war; *contra* mit Unrecht: John Kritiken S. 219. Insbesondere muß man sich hüten, eine solche Wiederholung rc. als Theilnahme an der Strafthat desjenigen anzusehen, von welchem die erstere Aeußerung ausging, zumal da diese letztere bereits vollendet, eine nachträgliche Theilnahme an derselben also nicht möglich war: Beschl I. 1. März 63 c. Wiemann (RdO. III, 424); ZPl. 22 Febr. 64 c. Minden (RdO. IV, 371); BI. 13. Jan. 65 c. Reitz (RdO. V, 419); vgl. § 154 n. 5. 19. Das Gesagte gilt namentlich auch von dem Wiederabdrucke eines ehrverletzenden Zeitungsartikels; von einer grundsätzlichen Straflosigkeit eines solchen kann daher keine Rede sein: BI. 8. März 61 c. Bürkner (RdO. I, 250); Beschl. II 12. Febr. 63 (RdO. III, 280); BI. 20. Nov. 63 c. Braun (RdO. IV, 212); vgl. § 154 n. 19. Umgekehrt folgt aber aus dem Umstande, daß die frühere ehrverletzende Aeußerung eines Andern wortgetreu wiederholt worden ist, keineswegs, daß auch dieser Wiederholung der ehrverletzende Charakter der ersteren beiwohne; Nichts steht im Wege, denselben hier zu negiren, z. B. wenn diese Wiederholung nur geschah, um jene zu widerlegen oder um dem dadurch hervorgerufenen Unwillen einen Ausdruck zu geben: ZI. 31. Okt. 66 c. Bornträger; ZI. eod. c. Büttner (RdO. VII, 590).

18. Aus demselben Grunde kann auch die Wiederholung einer eignen Aeußerung geeigneten Falles als abermalige Ehrverletzung angesehen werden: ZI. 4. Okt. 65 c. Hahn (RdO VI, 350). Das gilt auch von Verleumdungen; es kann nicht mit einer Abh. in GA X, 712 aufgestellt werden, daß ein wiederholtes Behaupten 2c. einer Thatsache als ein einmaliges „Verbreiten" anzusehen sei; vgl. § 156 n. 17. 18.

19. Ebenso folgt aus dem unter n. 17 Gesagten, daß nicht nur der Verfasser einer beleidigenden Schrift, sondern auch derjenige, welcher dieselbe (mit Kenntniß des Inhalts) unterzeichnet, übersendet oder in die Oeffentlichkeit gebracht hat, als Urheber der Strafthat anzusehen ist: ZI. 4. Nov. 57 c. Wuschack. Das gilt namentlich auch von einem Rechtsanwalte, welcher in der gedachten Weise eine Schrift beleidigenden Inhalts legalisirt hat: VII. 19. Mai 55 c. Frank; vgl. n. 23.

20. Die Strafbarkeit einer Ehrverletzung wird auch dadurch nicht ausgeschlossen, daß sie in einer bedingten Form und für einen als nicht vorhanden hingestellten Fall ausgesprochen wird: ZII. 20. Juni 61 c. Stein (RdO. I, 456); VII. 19. Nov. 63 c. Hoppe (RdO. IV, 206); ZI. 23. Febr. 66 c. Sack.

21. Auch eine in Ausübung oder in Veranlassung der Ausübung eines Amtes, jedoch mit Ueberschreitung der Amtsbefugnisse, vorgenommene Handlung kann den Thatbestand einer Ehrverletzung enthalten (vgl. ALR. II, 10 § 87): ZII. 13. Dez. 55 Meyer c. Windmann.

22. Ueber das Erforderniß der Rechtswidrigkeit vgl. § 154; BL. s. 293.

23. Eine Ehrverletzung kann nur durch ein vorsätzliches freiwilliges Thun verübt werden; fahrlässige Ehrenkränkungen giebt es nicht: KBII. s. 96; KBI. s. 23; VI. 27. April 54 c v. Buttler-Brandenfels (GA. II, 425); VII. 15. Okt. 63 c. Rauchfuß (RdO. IV, 110); BL. s. 293. Daher trifft die Strafe denjenigen nicht, welcher eine Schrift unterzeichnet oder einem Andern mitgetheilt hat, ohne ihren ehrverletzenden Inhalt zu kennen: VI. 28. Nov. 56 c. Tietze (GA. V, 100) Das gilt auch von einem Rechtsanwalt; das Gegentheil folgt nicht aus AGO. I, 12 § 12; Instr. v. 7. April 1839 Nr. 29 (GS. s. 145) und Vdn. v 21. Juli 1846 § 33 (GS. s. 300). Diese Vorschriften (welche übrigens auch für die in Strafsachen eingereichten Schriftsätze gelten: Erk. I. Civ.-Sen. 7. Sept. 66 RdO. VII, 417) haben zunächst für die Disziplin eine Bedeutung. Im Uebrigen ist aus ihnen nur zu folgern, daß ein der Unterschrift hinzugefügter Vorbehalt: für den Inhalt nicht einstehen zu wollen, die Verantwortlichkeit nicht beseitige: VI. 11. März 64 Suren c. Elsholz (GA. XII, 357); *contra:* ZI. 4. Juli 56 Szarbinowski c. Oppenfeld.

24. Aus demselben Grunde macht derjenige, welcher bei einer obrigkeitlichen Vernehmung wahrheitsgetreue Bekundungen, z. B. über ein ihm zu Ohren gekommenes Gerücht abgiebt, sich dadurch nicht einer Ehrverletzung schuldig: VI. 4. Mai 55 c. Mayer; vgl. § 156 n. 19. Dagegen kann eine freiwillige Anzeige bei einer Behörde nicht blos als falsche Anschuldigung, sondern auch als Ehrverletzung strafbar sein; vgl. das Nähere § 154 n. 4; § 156 n. 27.

25. Von der Vorsätzlichkeit der Handlung im Allgemeinen abgesehen, genügt als Dolus bei einer im Sinne der n. 16 ehrverletzenden Kundgebung das Bewußtsein, daß demselben dieser Charakter in concreto beiwohne: ZI. 31. Okt. 66 c. Bornträger (RdO. VII, 590); eine weitergehende Absicht zu beleidigen ist nach dem StGB. nicht erforderlich: Motive s. 44, welche es ausdrücklich aussprechen, daß „zum Thatbestande der Beleidigung nicht der spezielle animus iniuriandi erfordert werde", während der KBII. s. 96 sich „aus den in den Motiven angegebenen Gründen damit einverstanden erklärte, daß bei Ehrverletzungen in der Regel (vgl. § 154. 158) der Nachweis des speziellen animus iniuriandi nicht erfordert werde". *Sic:* TL. s. 856 (dieser führt aus: „wer eine Handlung vorsätzlich mit dem Bewußtsein ihres Inhalts oder eines bestimmten Erfolges vornimmt, will nothwendig diesen Erfolg"); ähnlich BL. s. 293 („die Ableugnung der beleidigenden Absicht habe juristisch keine Bedeutung, sobald die mit Bewußtsein und Willen verübte Handlung nach ihrer eignen Natur injuriös ist"). Der Gesetzgeber will nicht, daß Jemand unberechtigter Weise mit Bewußtsein Etwas sage oder thue, wodurch die Ehre eines Andern gekränkt wird; er unterscheidet hierbei nicht, ob die

Ehrverletzung der schließliche Zweck, oder nur das Mittel zur Erreichung eines anderen Zweckes war. Nur wenn die Handlung an sich eine berechtigte ist, genügt das Bewußtsein von dem ehrverletzenden Charakter derselben für sich allein zur Begründung der Strafbarkeit nicht; diese ist vielmehr dann dadurch bedingt, daß neben der Absicht der Ausübung des zustehenden Rechts der Wille auch dahin gerichtet war, durch die Handlung der gegen den Anderen gehegten Geringschätzung einen Ausdruck zu verleihen, seine Ehre zu verletzen. Das Vorhandensein dieser Willensrichtung wird dann ein wesentliches Begriffsmerkmal des Vergehens; vgl. § 154. 158, welche nicht etwa dahin aufzufassen sind, als erheischten sie nur ausnahmsweise die ausdrückliche Feststellung der auch in allen andern Fällen als selbstverständlich vorausgesetzten Absicht zu beleidigen. Wenn dagegen das ObTr. in einer Reihe von Entscheidungen ausgesprochen hat, daß zum Thatbestande der Ehrverletzung die Absicht zu beleidigen als wesentliches Begriffsmerkmal gehöre, welches (ähnlich wie die gewinnsüchtige Absicht beim Diebstahl) als selbstverständlich vorausgesetzt werde, ebendeshalb aber der ausdrücklichen Feststellung bedürfe, sobald sie bestritten werde (z. B. VI. 5. März 58 Schulz c. Fabienke; ZII. 20. Dez. 60 Towe c. Dierickš, GA. IX, 134; VI. 4. Juli 62 Schwarz c. Zielke; ZI. 15. Sept. 65 c. Kuhse, RdO. VI, 313), — so ist diese „Absicht zu beleidigen" eben auf das oben erwähnte Bewußtsein von dem unter den obwaltenden Umständen beleidigenden Charakter der Handlung 2c. zu beschränken. Das ward anerkannt durch ZI. 3. Dez. 62 c Scholz RdO. III, 146; VI. 20. Nov 63 c. Braun (RdO. IV, 211); insbesondere hat das letztere ein Erkenntniß vernichtet, welches wegen des Mangels der (über jenes Bewußtsein hinausgehenden) Absicht zu beleidigen freigesprochen hatte; ähnlich: VII 19. Nov. 63 c. Hoppe (RdO. IV, 206); ZI 26. Sept. 66 c. Bude (RdO. VII, 493); *contra* wie es scheint: John Kritiken s. 240.

26. Das Gesetz (§ 156) hat die Strafbarkeit der Verleumdung, d. h. der Behauptung solcher Thatsachen, welche, wenn wahr, einen Andern in der öffentlichen Meinung dem Hasse oder der Verachtung aussetzen, davon abhängig gemacht, daß die Thatsachen unwahr seien; es erkennt sonach bei wahren Thatsachen der fraglichen Art das Recht, sie Anderen mitzutheilen, an, insofern dieses nicht in beleidigender Absicht geschieht. Gilt das von Thatsachen, welchen der Verleumdungs-Charakter beiwohnt, so muß es auch von anderen minder schweren Thatsachen gelten; ihre Veröffentlichung kann daher nicht als Beleidigung strafbar sein. Die Wahrheit einer Thatsache berechtigt sonach zu deren einfacher Behauptung (Verbreitung), nicht aber zu ihrer Vorbringung in beleidigender Absicht: ZII. 30. März 65 c. Henning (RdO VI, 34). Demgemäß stellt sich in Fällen dieser Art der Beweis der Wahrheit als erheblich und statthaft dar: VPl. 9. März 63 c. Boljahn (RdO. III, 341). — Das Gesagte ist aber auf die Behauptung von Thatsachen, welche in die äußere Erscheinung treten, zu beschränken, und auf andere Ehrverletzungen: also auf Schimpfreden und auf kränkende Urtheile über den Charakter und sonstige (innere) Eigenschaften des Injuriirten nicht auszudehnen; in Betreff ihrer ist der Wahrheitsbeweis nicht zuzulassen: ZI. 13. Juli 63 c. Grenz (RdO. IV, 5); ZI. 3 Febr. 64 c. Holdheim (RdO. IV, 337); ZI. 13. Okt. 65 c. Michaelis. — Selbst wenn aber auch der Wahrheitsbeweis bei Beleidigungen zuzulassen ist, bleibt doch die Vorschrift des § 159 bei diesen ausgeschlossen; vgl. dort n. 1.

27 Ein weiterer Erfolg der ehrverletzenden Handlung ist nicht erforderlich, namentlich nicht, daß Jemand wirklich dadurch an seiner Ehre Schaden erlitten, oder daß der Beleidigte sich selbst beleidigt gefühlt habe: TL s. 858; BL. s. 294.

28. Die Ehrverletzung, welcher einer nicht im Besitze von Korporationsrechten befindlichen Mehrheit von Personen zugefügt ist, kann von jeder der letzteren, und, wenn sie eine öffentliche ist, auf den Antrag eines jeden von der StA.-schaft verfolgt werden: V. 26. März 52 (cit. n 6); ZII. 4. Mai 52 c. Lenschen. Gilt dasselbe in dem Falle, wo jene Mehrheit von Personen wirklich Korporationsrechte besitzt? Es verneinte der Minister für Gesetz-Revision (Revis. 1845 II s. 100, cit. bei Bes s. 334; vgl. TGA. s. 128 n. 3.

29. Die durch eine Aeußerung einer Mehrheit von Personen zugefügte Ehrverletzung stellt nur eine einzige Handlung dar, bei welcher die Mehrheit der Gekränkten nur als Strafzumessungsgrund in Betracht kommt: V 26. März 52 (cit. n. 6); TGA. s. 128 n. 3; *contra*: John fortges. Verbrechen s. 128 ff. Daher

§. 152. Wer einen Anderen öffentlich oder schriftlich beleidigt, wird mit Geldbuße bis zu dreihundert Thalern oder mit Gefängniß bis zu sechs Monaten bestraft.

Eine öffentliche Beleidigung ist vorhanden, wenn die Beleidigung an einem öffentlichen Orte, oder in einer öffentlichen Zusammenkunft, oder wenn sie durch Schriften, Abbildungen oder Darstellungen geschieht, welche verkauft, vertheilt oder umhergetragen, oder an Orten, welche dem Publikum zugänglich sind, ausgestellt oder angeschlagen werden.

[Entw. § 141]. Vgl. § 36. 153. 154. 160—163. 102. 103. 343; EG. Art. XVI. XVII. XVIII; (Vdn. v. 30. Juni 1849 § 31; CS. s. 232).

---

kann zwar eine durch dieselbe Aeußerung gegen Mehrere verübte Ehrverletzung von jedem der Beleidigten durch eine besondere Klage verfolgt werden; die zu erkennenden Strafen dürfen aber zusammen das Maaß der gesetzlichen Strafe für eine Ehrverletzung nicht übersteigen: ZII. 10. April 56 Dieringer c. Huber (Entsch. 33. s. 198; GA. IV, 838), welches ausführt: durch die eine Handlung könne die gesetzliche Strafe, welche stets den Charakter einer poena publica habe, nur einmal verwirkt sein, wenngleich es geschehen könne, daß die den verschiedenen Personen zugefügten Ehrverletzungen (gleichzeitig oder successive) in verschiedenen Verfahren verfolgt würden; der Richter müsse dann bei Entscheidung der ersten Sache dasjenige Strafmaaß verhängen, welches er mit Rücksicht auf den ihm vorliegenden Antrag für angemessen halte, und möge demnächst bei jeder spätern Entscheidung dasjenige Maaß innerhalb der Grenzen der für die einmalige That angedrohten Strafe hinzusetzen, um welches er mit Rücksicht auf die jetzt auf Strafe antragende Person eine erhöhte Strafbarkeit annehme. Die Statthaftigkeit einer mehrmaligen Verfolgung und Strafverhängung rechtfertigt sich hier durch das Erforderniß des Strafantrags, und die Unmöglichkeit, bei der ersten Entscheidung auch die Kränkung desjenigen zu berücksichtigen, der bis dahin noch keinen Strafantrag gestellt hatte; vgl. Temme l. c. Gleichwohl kann der Richter die zuerst verhängte Strafe auch mit Rücksicht auf die erst nachträglich gestellten Anträge für ausreichend erachten. — Nach dem an die Spitze gestellten Grundsatze ist es in dem vorausgesetzten Falle statthaft, in dem wegen Ehrverletzung des Einen angehobenen Verfahren wegen der dem Anderen zugefügten (ideell konkurrirenden) Ehrverletzung zu strafen, sobald nun auch von Seiten des letzteren der Strafantrag gestellt war; *contra*: ZI. 12. Nov. 66 c. Courant (RdO. VII, 623); vgl. dort den Antrag d. GStA.-schaft.

§ 152.

1. Der § hat im Abs. 2 näher bestimmt, wann eine öffentliche Beleidigung anzunehmen sei; die hier gegebene Begriffsbestimmung entspricht genau der im § 36 gegebenen. Es ist daher hier Alles anwendbar, was zu § 135 n. 2. 3 und zu § 36 n. 1—8 gesagt ist; vgl. auch § 156.

2. Auch hier genügt die Oeffentlichkeit des Orts, oder die unbeschränkte Zugänglichkeit desselben für jeden, noch nicht, um die Beleidigung zur öffentlichen zu machen; die an einem solchen Orte einem Einzelnen gemachte Mittheilung ist nicht öffentlich, wenn nicht gleichzeitig die Möglichkeit obwaltete, daß hinzutretende dritte Personen sie ebenfalls vernehmen konnten: ZI. 11. Juli 62 c. Löper (RdO. II, 523); ZII. 25. Sept. 62 c. Ritter; ZI. 4. Okt. 65 c. Hahn (RdO VI, 350); u. ö. Dagegen ist es nicht erforderlich, daß wirklich eine Mehrheit dieselbe vernehme; vgl. § 36 n. 3.

3. Eine schriftliche Beleidigung ist vollendet, sobald sie zur Wissenschaft eines Andern, gleichviel ob des Beleidigten oder eines Dritten, gelangt ist: BI. 26 Sept. 60 Holländer c. Schurgast (GA. VIII, 834); vgl. s. 251 n. 12.

4. Der schriftlichen Beleidigung steht die gedruckte gleich. Dagegen läßt sich ein Gleiches von der durch Abbildungen oder andere Darstellungen verübten nicht sagen; *contra*: GM. II n. 320 n. 1b. Die Anwendbarkeit des § 152 auf

§. 153. Wenn Beleidigungen auf der Stelle erwiedert werden, so soll der Richter ermächtigt sein, für beide Beleidiger oder für einen derselben eine, der Art oder dem Maaße nach, mildere Strafe oder gar keine Strafe eintreten zu lassen.

[Entw. § 142]. Vgl. § 161. 188. 343; EG. Art. XVI—XVIII.

§. 154. Tadelnde Urtheile über wissenschaftliche, künstlerische oder gewerbliche Leistungen, ingleichen Aeußerungen,

---

diese beginnt daher nur mit ihrer Veröffentlichung; in Betreff dieser vgl. § 36 n. 5—8.

5. Wer einen Andern öffentlich beleidigt, befindet sich im Rückfalle, wenn er früher wegen schriftlicher Beleidigung (auf Grund dieses §) verurtheilt worden ist; vgl. § 58 n. 6.

§ 153.

1. Das Gesetz gestattet eine Aufrechnung nicht bei allen Ehrverletzungen, sondern nur bei Beleidigungen; sie bleibt daher bei wechselseitigen Verleumdungen ausgeschlossen. Dasselbe gilt, wenn von der einen Seite eine Verleumdung, von der andern eine Beleidigung verübt ist; das Gegentheil folgt nicht aus § 161; *contra*: Marcinowski Abh. in GA. XIII, 249.

2. Dagegen dürfte es mit Rücksicht auf die gleichlautende Fassung des § 188 nicht unstatthaft sein, eine Aufrechnung da eintreten zu lassen, wo von der einen Seite eine Beleidigung, von der andern eine Mißhandlung zugefügt ist; so: Z. 14. Juni 52 Lünse c. v. Böckmann (GA. I, 241); VI. 13. Sept. 61 Hertzam c. Kosack (GA. IX, 779); ZII. 18. Nov. 58 c. Lank; ZI. 23. Febr. 66 Müller c. Liesener (GA. XIV, 299); *contra*: ZI. 22. Nov. 65 c. Schöttke (RdO. VI, 485); Marcinowski l. c. n. 1; Goltd. Arch. XIV, 299; der letztere will hier nur theilweise Aufrechnung zulassen.

3. Bei Beamten-Beleidigungen findet eine Aufrechnung der Strafen nicht statt; vgl. § 102 n. 39.

4. Die Aufrechnung wechselseitiger Beleidigungen setzt voraus, daß dieselben Personen Beleidiger und Beleidigte sind; man kann nicht mit der von einem nahen Angehörigen des Beleidigten verübten Beleidigung kompensiren: ZI. 8. Febr. 61 Grunwald c. Schulz; Marcinowski l. c. (n. 1); vgl. § 188 n. 3. Sind dagegen dieselben Personen Beleidiger und Beleidigte, so wird die Aufrechnung dadurch nicht ausgeschlossen, daß die Civilklage von einem Vertreter des einen (z. B. dem Ehemanne) angestellt ist: ZI. 7. Nov. 62 Woynack c Ducht (GA. XI, 58).

5. Wann eine Erwiderung der Beleidigung als „auf der Stelle" geschehen anzusehen sei, ist Gegenstand der thatsächlichen Beurtheilung: ZI. 8. Mai 63 c. Arndt. Jene Worte schließen es nicht aus, auch bei erwiederten schriftlichen Beleidigungen, oder bei einer mündlichen Erwiederung auf eine schriftliche, unter Umständen die Aufrechnung für statthaft zu erachten.

6. Der „Richter" ist hier nur der erkennende; die Rathskammer kann nicht wegen einer für angemessen erachteten Aufrechnung das Verfahren einstellen.

7. Der auf § 153 (§ 188) gestützte Antrag des im Civilwege Verklagten, welcher die gegenseitige Aufrechnung wechselseitiger Beleidigungen bezweckt, kann (unbeschadet der Vorschrift des § 161) wirksamer Weise auch noch in der 2. Instanz gestellt werden: VI. 25. Sept. 61 Gramlich c. Becker (StA. 43. f. 111).

8. Im Uebrigen sind die Noten zu § 188 zu vergleichen.

§ 154.

Inhalt.

welche zur Ausführung oder Vertheidigung von Gerechtsamen gemacht worden sind, sowie Vorhaltungen und Rügen der Vorgesetzten gegen ihre Untergebenen, dienstliche Anzeigen oder Urtheile von Seiten eines Beamten und ähnliche Fälle sind nur insofern strafbar, als aus der Form der Aeußerung oder aus den Umständen, unter welchen dieselbe erfolgt, die Absicht zu beleidigen hervorgeht.

[Entw. § 143].

---

1. Das, was oben (Tit. XIII n. 25) über das Wesen des zum Thatbestande einer Ehrverletzung gehörigen Dolus gesagt ist, beruht auf der Voraussetzung, daß die betr. Handlung nicht in Ausübung einer vom Gesetz anerkannten Befugniß vorgenommen sei. Wenn daher Jemand nur eine solche Befugniß handhabt, so genügt die bewußte Benutzung eines für Andere ehrverletzenden Mittels noch nicht, um ihn strafbar zu machen, vielmehr bleibt die Handlung straflos, insoweit der Angeklagte nicht über jenen Standpunkt der Berechtigung hinausging, und nicht jenes Mittel mit der strafbaren Absicht zur Anwendung brachte, durch dasselbe gegen den Anderen eine Geringschätzung zu erkennen zu geben; vgl. BL. s. 293.

2. Aus diesem Grundsatze (n. 1) folgt, daß der auf demselben beruhende § 154 auf alle Arten von wirklichen Ehrverletzungen Anwendung findet; *contra:* ZI. 30. Okt. 63 Sopiekanski c. Reichel (StA. 50. s. 351), welches ihn nur auf wirkliche oder symbolische Beleidigungen, nicht aber auf andere geringschätzende Handlungen beziehen wollte; ähnlich: ZI. 15. Febr. 56 Nostiz c. Prescher. Insoweit indessen bei derartigen Handlungen von der Ausübung einer Befugniß die Rede sein kann, ist nicht abzusehen, warum grundsätzlich der § ausgeschlossen bleiben müßte. Dagegen ist derselbe im Falle der Offenbarung eines Privatgeheimnisses nicht anwendbar, da dieses Vergehen einen ganz anderen Thatbestand darstellt, wenngleich der betr. § 155 in dem von „Verletzungen der Ehre" handelnden Titel XIII seine Stelle gefunden hat.

3. Ebenso folgt aus dem aufgestellten Grundsatze (n. 1), daß die Aufzählung im § nicht limitativ ist, daß derselbe vielmehr überall Platz greift, wo eine vom Gesetz anerkannte Befugniß gehandhabt wird. Es wird dabei auch keineswegs vorausgesetzt, daß diese Befugniß durch eine privatrechtliche Klage geschützt sei, vielmehr genügt jedes natürliche oder moralische Recht, insbesondere das der Selbsterhaltung, der Selbstvertheidigung oder der Vertheidigung des Besitzstandes: ZII. 14. April 64 Götze c. Voigt (GA. XII, 426). Dasselbe muß auch bei Mittheilungen gelten, welche durch Rücksichten der Verwandtschaft, der Freundschaft oder der Theilnahme für das Wohl eines Mitmenschen geboten erscheinen; vgl. n. 11. 12. Dagegen kann das durch Art. 27 der Verfassung anerkannte Recht der Redefreiheit nicht hierher gezählt werden, da dasselbe nach Art. 28 nur so weit reicht, als die Ausübung desselben nicht gegen die allgemeinen Strafgesetze verstößt; es kann sonach dadurch eine im Allgemeinen verpönte Handlung nicht straflos werden.

4. Im Uebrigen kann Jeder nur diejenige Befugniß für sich geltend machen, welche ihm persönlich, oder solchen Personen zusteht, welche er zu vertreten berufen ist, nicht also die Befugnisse eines gänzlich unbetheiligten Dritten: ZI. 30. Okt. 61 c. Streisand (RdO. II, 26). Zu den persönlichen Befugnissen gehört es aber auch, Schritte zur Wahrung der Rechte einer Allgemeinheit zu thun, zu welcher man selbst gehört; daher kann ein Gemeindemitglied zur Vertheidigung der Interessen der Gemeinde thätig sein. Ebenso kann Jeder im Staate Gesetzwidrigkeiten im allgemeinen Interesse bei der betr. Behörde zur Sprache bringen, um Abhülfe dagegen oder eine Bestrafung der Schuldigen herbeizuführen. In allen Fällen der ernstlich gemeinten Ausübung dieses Rechts wird § 154 anwendbar; eine zu diesem Ende verübte Ehrverletzung bleibt also straflos, wenn nicht dabei die Absicht zu beleidigen obwaltete: BI. 17. Dez. 62 c. Wegener; BII. 1. Febr. 66 c. Hoppe (RdO. VII, 66); BII. 7. Juni 66 c. Schröder (RdO. VII, 334); vgl. n. 5; § 156 n. 27.

5. Zu den hier anerkannten und geschätzten Rechten gehört vor Allem die Befugniß sich an eine Behörde zu wenden, um diese zu irgend einer in ihr Amt einschlagenden Thätigkeit zu veranlassen: VI. 8. Juli 59 c. Teßmar; VII. 14. Juni 60 c. Ramsel; u. ö. Beispiele: Einreichung einer Klage: ZI. 9. Febr. 55 Samuel c. Kreitlow; § 154 wird anwendbar, sollte auch die Klage eine Berücksichtigung nicht finden können: VI. 13. Nov. 57 Weißig c. Urban; ferner: Einlegung eines Rechtsmittels: VI. 2. März 59 c. Quäck; Anbringung einer Beschwerde: ZII. 5. Sept. 61 c. Scheid (RdO. I, 579); oder einer Rechtfertigung: VI. 22. Okt. 58 v. Kräwel c. Stamer (StA. 31. S. 79), oder einer Gegenvorstellung gegen einen amtlichen Bescheid: VI. 6. April 66 c. Firek (RdO. VII, 208); Einreichung einer Vorstellung wegen eines stattgehabten amtlichen Mißgriffs, um Wiederholungen desselben vorzubeugen: VI. 25. Jan. 65 c Avis (RdO. V, 437); oder einer Denuntiation gegen einen Dritten; vgl. n. 4 a. E. Auch hier macht es keinen Unterschied, ob sich die Denuntiation später als unrichtig darstellt; war sie nicht gegen besseres Wissen (§ 133) angebracht, so kann eine Bestrafung derselben als Ehrverletzung nur dann erfolgen, wenn dabei eine beleidigende Absicht obwaltete: VI. 25. Juni 62 c. Gruscheck (RdO. II, 490).

6. Der § ist aber keineswegs auf die Fälle beschränkt, in welchen es sich davon handelt, Gerechtsame einer Behörde gegenüber auszuführen oder zu vertheidigen; auch Privatpersonen oder der Oeffentlichkeit gegenüber kann eine solche Vertheidigung berechtigt sein: VI. 8. Okt. 58 c. Blandow (GA. VII, 103); ZI. 30. Okt. 61 c. Streisand (RdO. II, 26). An und für sich darf daher eine solche Vertheidigung auch in einem in die Oeffentlichkeit gebrachten Preßerzeugnisse gefunden werden, sobald anzunehmen ist, daß der Urheber wirklich bezweckt habe, dadurch sich vor dem Publikum zu rechtfertigen oder seine Gerechtsame zu wahren: Beschl. II. 9 April 63 c. Hoppe (RdO. III, 384); ZII. 22. Okt. 63 c. dens. In dieser Beziehung kann es auch genügen, wenn die Wahrung pekuniärer Vortheile oder die Abwendung vermögensrechtlicher Nachtheile bezweckt wird: VI. 15. März 65 c. Michaelis (RdO. III, 351). Dagegen geht VII. 19. Nov. 63 c. Hoppe (RdO. IV, 206) zu weit, wenn es ohne Weiteres den § auch in einem Falle für zutreffend hielt, wo Jemand die Thatsache, daß ein anderer eine Aeußerung gemacht habe und deshalb bestraft worden sei, unter Wiederholung jener Aeußerung mitgetheilt hatte, da hier von irgend einer Berechtigung die Aeußerung zu wiederholen überall keine Rede sein konnte; vgl. n. 19.

7. Zu den am Schlusse erwähnten „ähnlichen Fällen" gehört zunächst jede sonstige amtliche Thätigkeit. Der Beamte, welcher bei Ausübung seines Berufs über die Grenzen seiner Befugnisse hinausgeht, und die Ehre eines Andern verletzt, hört darum nicht auf, amtlich thätig zu sein; es steht ihm daher § 154 zur Seite: VI. 30. April 58 Nemitz c. Zöller (GA. VI, 703).

8. Aehnlich verhält es sich mit der amtlichen Thätigkeit eines Geistlichen, wenn dieser z. B. in einer Predigt sich Ehrverletzungen zu Schulden kommen läßt: VI. 30. April 58 (cit. n. 7); vgl. ALR. II, 11 § 85.

9. Dasselbe gilt von den Zurechtweisungen der Dienstherrschaft gegen das Gesinde (vgl. Ges.-Ordn. v. 8. Nov. 1810 §§ 77. 78): GM. II, 326 n. 5; VII. 9. Nov. 54 Langermann c. Gerbracht. Aehnlich verhält es sich mit den den Dienstboten ausgestellten Zeugnissen; beim Vorhandensein einer beleidigenden Absicht tritt aber auch hier Strafbarkeit ein; vgl. VI. 8. Jan. 62 Wolfram c. Arendt (GA. X, 187).

10. Soweit das Gesetz ein Züchtigungsrecht anerkennt, können die betr. Handlungen auch nicht als Beleidigungen strafbar sein. Das Gegentheil tritt aber ein, sobald die Grenzen jenes Rechts überschritten werden: GM. II, 326 n. 6; BL. S. 293.

11. Als ein „ähnlicher Fall" ist es ferner auch anzusehen, wenn ein verwandtschaftliches Verhältniß thatsächlich so gestaltet ist, daß es Vorhaltungen, Ermahnungen, Belehrungen 2c. rechtfertigen kann; z. B. wenn ein älterer Verwandter einem jüngeren über seinen Lebenswandel Vorhaltungen macht: Z. 15. Dez. 52 Löwe c. Jakob.

12. Selbst ohne ein derartiges Verhältniß können Mittheilungen, welche einem Andern in dessen Interesse gemacht werden, um ihn auf eine ihm drohende

oder zugefügte Rechtsverletzung aufmerksam zu machen, und ihn zur bessern Wahrung seines Rechts zu veranlassen, selbst wenn sie für einen Dritten ehrverletzend sind, straflos sein. Das gilt umsomehr, wenn eine gesetzliche Verpflichtung zu solchen Mittheilungen besteht; vgl. z. B. Gesinde-Ordn. v. 8. Nov. 1810 § 71, nach welchem jeder Dienstbote der Herrschaft von der Untreue des Nebengesindes Anzeige machen muß: ZII. 6. April 54 Lehmann c. Schellhase.

13. Die Anwendbarkeit des § ist nicht dadurch bedingt, daß die betr. Aeußerung zur Vertheidigung rc. objektiv dienlich oder nothwendig gewesen sei; es genügt vollkommen, wenn der Angeklagte durch dieselbe das ihm zustehende Recht wahren wollte, wenn er also in der Meinung handelte, daß das angewendete Mittel jenem Zwecke entsprechen könne: VI. 27. Jan. 60 c. Bernkopf (JMbl. s. 137; GA. VIII, 276); VI. 10. Febr. 60 Vetter c. Vetter (StA. 37. s. 42); VI. 15. Nov. 61 c. Hennig (RdO. II, 74); u. ö. Ist dieses der Fall, so schließt auch eine Ueberschreitung der Vertheidigung den § nicht aus: VI. 17. Sept. 62 Jäne c. Sassenhagen (StA. 47. s. 43).

14. Aus demselben Grunde kommt auch Nichts auf den guten Glauben des Angeklagten in Betreff der Wahrheit der vorgebrachten Thatsachen an; eine Aeußerung, welche wirklich in Ausübung rc. einer Gerechtsame oder zur Vertheidigung gemacht wird, bleibt straflos, selbst wenn man von ihrer Unwahrheit überzeugt war; z. B. die Verdächtigungen eines Zeugen durch einen Angeklagten. Daher genügt es zur Rechtfertigung einer Bestrafung nicht, festzustellen: die Aeußerung sei „in der Absicht der Verdächtigung“ erfolgt: VII. 7. Juni 66 c. Schröder (RdO. VII, 334).

15. Es gehört wesentlich zur thatsächlichen Prüfung, ob einer der im § vorgesehenen Fälle vorliege; deshalb bedarf es der ausdrücklichen Feststellung der Instanzrichter, daß dem so sei, um eine bezügliche Freisprechung zu rechtfertigen: ZII. 15. Sept. 53 c. Edelbruck.

16. Behauptet der Angeklagte das Vorhandensein eines solchen Falles, so muß der Instanzrichter die Richtigkeit dieser Aufstellung ausdrücklich prüfen; versäumt er dieses, so beschränkt er die Vertheidigung: ZI. 11. Juli 56 c. Nawarra (GA. IV, 564); VI. 23. Sept. 59 c. Staffeld. Das gilt selbst dann, wenn der Angeklagte zunächst es gänzlich bestritten hat, die betr. Aeußerung gemacht zu haben: VI. 6. Okt. 65 c. Smettons (RdO. VI, 372). — In Ermanglung einer solchen ausdrücklichen Behauptung begründet es keine Nichtigkeit, wenn der Instanzrichter sich über jenes Vorhandensein nicht ausspricht: ZII. 25. April 61 c. Bohnstedt (RdO. I, 378).

17. Steht dagegen fest, daß der Angeklagte sich in einem der durch den § vorgesehenen Fälle befunden habe, so verletzt der Instanzrichter den §, wenn er verurtheilt, ohne festzustellen, daß die Aeußerung rc. in der Absicht zu beleidigen gemacht sei: VI. 26. Febr. 58 c. Gibat; VII. 15. Sept. 64 c. Lempens (RdO. V, 111; die Instanzrichter hatten es als mildernden Umstand berücksichtigt, daß der Angeklagte „anscheinend die Vertheidigung ihm vermeintlich zustehender Rechte bezweckt habe“); u. ö. In dem gedachten Falle bildet die Absicht zu beleidigen ein wesentliches Merkmal des Thatbestandes: ZII. 25. April 61 c. Bohnstedt (RdO. I, 378). Die Feststellung desselben wird nicht durch die Erwägung ersetzt: „die Aeußernng enthalte [objektiv] eine Beleidigung“: VI. 10. Nov. 54 c. Amthor; VII. 13. Mai 61 c. Jüngst. Ebensowenig reicht die Feststellung hin: „die Absicht zu beleidigen sei nicht widerlegt“, oder „nicht ausgeschlossen“: VI. 21. Okt. 53 c. Rösener; VII. 23. April 57 c. Löwer. Auch steht die Feststellung einer „feindlichen Absicht“ oder der Absicht „zu verdächtigen“ der der Absicht zu beleidigen nicht gleich: VI. 17. Sept. 62 (cit. n. 13); VII. 7. Juni 66 (cit. n. 14).

18. Die beleidigende Absicht kann nicht blos aus der Form der Aeußerung, oder aus den Umständen, unter welchen sie erfolgte, sondern auch aus andern Thatsachen, z. B. aus dem Inhalte selbst gefolgert werden; auch in dieser Beziehung ist die Vorschrift des § nicht limitativ: ZI. 22. Sept. 58 c. Held; ZII. 1. Dez. 59 c. Bergenthal.

19. Bleibt eine Ehrverletzung straflos, weil § 154 bei ihr zutrifft, so folgt daraus keineswegs, daß bei einer späteren Wiederholung derselben nothwendig dasselbe gelten müsse; es ist vielmehr zu untersuchen, ob auch diese Wiederholung

§. 155. Medizinalpersonen und deren Gehülfen, sowie alle Personen, welche unbefugterweise Privatgeheimnisse offenbaren, die ihnen kraft ihres Amtes, Standes oder Gewerbes anvertraut sind, werden mit Geldbuße bis zu fünfhundert Thalern oder mit Gefängniß bis zu drei Monaten bestraft.

[Entw. § 144]. Vgl. § 172.

§. 156. Wer in Beziehung auf einen Anderen unwahre Thatsachen behauptet oder verbreitet, welche denselben in der

---

zur Ausführung ꝛc. einer Gerechtsame geschah ꝛc.: ZII. 20. Juni 61 c. Stein (RbO. I, 456); ZI. 3. Mai 65 c. Minden (RbO. VI, 83); vgl. Tit. XIII n. 17. 18.

20. Der Grundsatz des § 154 steht nicht entgegen, einen Rechtsanwalt, welcher zum Zwecke der Vertheidigung eines Klienten Ehrverletzungen gegen einen Dritten ohne beleidigende Absicht vorgebracht hat, disziplinarisch zu bestrafen: Erk. I. Civ.-Sen. 12. Okt. 66 (RbO. VII, 537), zumal, wenn er dieses gethan hat, ohne sich vorher von der Richtigkeit der aufgestellten Behauptungen Ueberzeugung zu verschaffen: Erk. I. Civ.-Sen. 23. März 66 (RbO. VII, 188).

21. Ueber die Anwendbarkeit des § 154 in den Fällen der §§ 77. 102. 133. und 156 vgl. § 77 n. 3; § 102 n. 40; § 133 n. 14; § 156 n. 26.

§ 155.

1. Das Verbot bezieht sich auf Aerzte, Hebeammen, Apotheker, Geistliche, Rechtsanwalte ꝛc.; ebenso auf Rheinische Advokaten, Anwalte, Notarien und sonstige Beamten der freiwilligen Gerichtsbarkeit.

2. Vorausgesetzt wird ein unbefugtes Offenbaren; daher fällt die Strafe weg, wenn derjenige, welcher auf die Geheimhaltung ein Recht hat, jene gestattet.

3. Ein Dolus wird nicht erfordert; die Unvorsichtigkeit des Ausplauderns stellt den Thatbestand dar: Abegg in GA. IX, 81; *contra:* GM. II, 328, welcher nur im Falle der vorsätzlichen Offenbarung Strafbarkeit annimmt.

4. Ueber die Pflicht des zu einem Zweikampfe zugezogenen Arztes, davon Anzeige zu machen, vgl. § 172.

5. Obgleich der § 155 im Titel von den Ehrverletzungen sich findet, braucht doch objektiv eine Ehrenkränkung nicht vorzuliegen; es genügt, wenn der Herr des Geheimnisses ein nachweisliches rechtliches Interesse bei der Geheimhaltung hat [und dieses dem Vertrauensmanne bekannt war]: TOll. s. 225 n. 1.

6. Gleichwohl finden die §§ 160 und 163 auch bei diesem Vergehen Anwendung, da es formell im Titel XIII seine Stelle gefunden hat.

7. Die Frage, inwiefern Jemand angehalten werden könne, über die ihm als Geheimniß anvertrauten Thatsachen ein Zeugniß abzulegen, kann ihre Lösung nicht aus § 155 finden, da dieser nur von einem „unbefugten" Offenbaren spricht, und zu untersuchen bleibt, ob die als Regel gesetzlich feststehende allgemeine Zeugnißpflicht nicht eine Ausnahme von dem Grundsatze des § 155 begründe, und weil ein vom Richter erzwungenes Zeugniß nicht strafbar sein kann: Beschl. I. 22. Jan. 62 (RbO. II, 214). Jene Frage ist daher in jedem Falle selbstständig, nach der Natur der Stellung der betreffenden Vertrauenspersonen zu lösen. Vgl. das Nähere in dieser Beziehung: Strafverf. § 20 n. 4 ff., insbesondere in Betreff der Geistlichen l. c. n. 4—6; in Betreff der Rechtsanwalte und Vertheidiger l. c. n. 7. 8; in Betreff eines Zeitungsredakteurs ib. n. 9; in Betreff der altländischen Notarien: Beschl. II. 6. Juni 63 (RbO. III, 488). Rücksichtlich der Rheinischen Notarien ist die Frage streitig; vgl. Gilb. C. d'instr. cr. art. 80 n. 10; art. 322 n. 45—47; Sir. 44. 1. 257 Note.

§ 156.

Inhalt.

öffentlichen Meinung dem Hasse oder der Verachtung aussetzen, macht sich der Verleumdung schuldig und wird mit Gefängniß von Einer Woche bis zu Einem Jahre bestraft.

Ist die Verleumdung öffentlich begangen, so ist die Strafe Gefängniß von vierzehn Tagen bis zu achtzehn Monaten. Eine öffentliche Verleumdung ist vorhanden, wenn die Verleumdung an einem öffentlichen Orte oder in einer öffentlichen Zusammenkunft, oder wenn sie durch Schriften, Abbildungen oder Darstellungen geschieht, welche verkauft, vertheilt oder umhergetragen, oder an Orten, welche dem Publikum zugänglich sind, ausgestellt oder angeschlagen werden.

Wird festgestellt, daß mildernde Umstände vorhanden sind, so kann in allen Fällen die Strafe auf Geldbuße von fünf bis zu dreihundert Thalern bestimmt werden.

[Entw. § 145]. Vgl. § 102. 157—159. 36; EG. Art. XVI—XVIII; (Vdn. v. 30. Juni 1849 § 25. 28. 29. 31.; Preßges. v. 12. Mai 1851 § 32. 33.

---

1. Der Begriff der Verleumdung ist im gemeinen Leben keineswegs ein so klarer und feststehender, daß sich sagen ließe, er stimme unbedingt mit der hier gegebenen Begriffsbestimmung überein. Deshalb ist es auch für den Rheinischen Richter unerläßlich, in jedem Einzelfalle die einzelnen Begriffsmerkmale festzustellen; es genügt nicht, den Beschuldigten nur allgemein der „Verleumdung" überführt zu erklären; vgl. VII. 7. Juni 66 c. Schröder (RhO. VII, 334). Nach dem altländischen Verfahren versteht sich jene Verpflichtung des Richters nach Art. 31 des Ges. v. 3. Mai 1852 von selbst.

2. Die Behauptungen 2c. müssen „in Beziehung" auf einen Andern gemacht sein, welcher dadurch in der öffentlichen Meinung dem Hasse 2c. ausgesetzt wird. Daraus folgt, daß die betr. Aeußerungen zur Kenntniß dritter Personen gebracht sein müssen; eine nur dem Verletzten selbst gegenüber gemachte Aeußerung kann nur Beleidigung sein: VI. 9. Okt. 61 c. Bäcker; ZI. 16. Dez. 64 Sachse c. Schliebener (StA. 58. s. 41); u. ö.; vgl. aber n. 5.

3. Es genügt auch nicht, wenn ein Dritter nur zufällig und gegen den Willen des Sprechenden die Aeußerung mit gehört hat; der letztere muß sich vielmehr dessen bewußt gewesen sein, daß jenes der Fall sei; vgl. n. 24a.

4. Dagegen ist es gleichgültig, ob außer dem Dritten auch der Verletzte die Aeußerung anhörte; es wird nicht erfordert, daß dieselbe hinter seinem Rücken gemacht sei: ZI. 31. Okt. 55 c. Stüwe; VI. 31. Okt. 62 Schülski c. Lange; ZII. 25. Sept. 62 c. Braucke. Ebenso ist es gleichgültig, ob die Aeußerung an den Dritten oder an den mitanwesenden Verletzten selbst gerichtet war: VI. 27. Juni 60 c. Gabler (GA. VIII, 696; Rubo Verleumdung s. 118.

5. Das unter n. 2 Gesagte erleidet eine Ausnahme, wenn der Thatbestand der Verleumdung in einer veröffentlichten (mechanisch vervielfältigten) Schrift, Abbildung oder Darstellung enthalten ist. In diesem Falle genügt nach Abs. 2 das Verkaufen 2c. derselben, sollte auch nicht nachzuweisen sein, daß ein Dritter Kenntniß davon genommen habe; vgl. § 36 n. 5—8; Preßges. v. 12. Mai 1851 § 32. 33.

6. Sind die betr. Behauptungen &c. in Beziehung auf einen Andern gemacht worden, so ist es gleichgültig, ob in Folge einer Verwechslung eine andere Person davon betroffen wird, als der Sprechende bezweckt hatte: VII. 23. Mai 60 c. Zander (GA. VIII, 561); ähnlich: ZI. 11. Jan. 61 c. Krug.

7. „Thatsache" bildet hier den Gegensatz gegen allgemeine ehrenrührige Urtheile, Ansichten und Meinungen; diese letzteren fallen nur unter den Begriff der Beleidigung: ZII. 7. Juli 59 v. Platen c. Schulz (StA. 34. s. 142). Allgemeine sittliche Eigenschaften gehören daher nicht hierher, insofern nicht gleichzeitig auf Handlungen gedeutet ist, in welchen jene ihren Ausdruck finden sollen: Rubo l. c. s. 26; BL. s. 277; *contra:* GM. II, 331 n. 5. Wohl aber gehören unsittliche Handlungen hierher: VI. 15. Sept. 58 Voigt c. Sprenger.

8. Innere Thatsachen, z. B. die Beweggründe, welche Jemand zur Vornahme einer Handlung veranlaßt haben, sind nicht ausgeschlossen: Z. 19. Nov. 51 c. Kuhr (GA. I, 571); ZII. 28. Okt. 58 Wichelhausen c. Berger; ZI. 27. Jan. 61 Gutmann c. Löbbeke (GA. X, 139); u. ö.; *contra:* VII. 8 Okt. 57 Lohmann c. Berger; Rubo l. c. s. 23.

9. Thatsache kann nur dasjenige sein, was möglich ist; die Behauptung einer Unmöglichkeit (z. B. der Hexerei) stellt daher keine Verleumdung dar; so: ZI. 3. März 54 David c. Räder (StA. XII, 205); Rubo l. c. s. 29.

10. Der § erheischt die Vorbringung spezieller Thatsachen, nicht aber eine genaue Zeit- und Ortsangabe: ZI. 31. Okt. 55 c. Stüwe; vgl. § 157 Abs. 2.

11. Als unwahr kann die Erzählung von Thatsachen auch dann betrachtet werden, wenn sie nur dadurch, daß sie Wesentliches verschweigt, eine unwahre geworden ist: ZII. 8. März 55 c. Jäger; *contra:* Rubo l. c. s. 112 Note 14; vgl. § 133 n. 9.

12. Ist dagegen die Wahrheit der behaupteten Thatsachen bewiesen, so ist § 156 unanwendbar, sollte der Angeklagte auch der betr. Handlung eine solche rechtliche Qualifikation beigefügt haben, sobald nur feststeht, daß diese Qualifikation sich eben nur auf jene Handlung bezog: ZI. 23. Okt. 57 Saß c. Müller. Eine solche Qualifizirung könnte dann aber unter Umständen als Beleidigung angesehen werden.

13. Die Unwahrheit wird bis zum Beweise des Gegentheils vermuthet; über die Beweislast vgl. § 157 n. 1.

14. Der Ausdruck „behaupten" bezeichnet jeden zur Kenntniß eines Andern gebrachten Gedankenausdruck, welcher sich als die Aeußerung der eignen Anschauung und nicht als die Weiter-Erzählung des von Andern Gehörten darstellt. Dabei macht es keinen Unterschied, in welcher Form diese Aeußerung erfolgte, ob sie z. B. sich als eine vertrauliche oder unüberlegte kundgab, oder ob sie lediglich in der Fassung einer Meinung, eines Verdachts, einer Schlußfolgerung gemacht wurde: ZI. 30. März 60 c. Jänsch; ZI. 30. Nov. 60 c. Bernkopf (RdO. I, 50); vgl. § 101 n. 2.

15. Das Behaupten braucht nicht nothwendig durch Worte zu geschehen; Zeichen können genügen.

16. Dagegen bezeichnet „Verbreiten" eine Mittheilung, welche es erkennen läßt, daß man nur Etwas weiter bringe, was man vorher durch Andere erfahren haben will: ZI. 3. Okt. 60 c. Röhl; ZI. 30. Okt. 61 c. Streisand (RdO. II, 26); ZI. 5. Febr. 64 c. Rohmann. Dabei ist es gleichgültig, ob der Verbreiter sich die betr. „Behauptungen" habe aneignen, sie zu den seinigen habe machen wollen: VII. 17. Juni 65 c. Saalfeld (RdO. VI, 195). Daher genügt die Uebergabe oder das Verlesen einer fremden Schrift, oder die Mittheilung eines angeblich bestehenden Gerüchts, u. dgl.; vgl. § 102 n. 3 und die dort citt. Erkk.

17. Aus dem Gesagten (n. 16) folgt, daß ein wiederholtes Erzählen derselben Thatsache verschiedenen Personen gegenüber nicht als ein einmaliges „Verbreiten" angesehen werden darf; daß vielmehr jedes einzelne Erzählen den Thatbestand des Vergehens (als „Behaupten" oder „Verbreiten") darstellt und daß durch die selbstständige Wiederholung reale Konkurrenz begründet wird: VI. 9. Juli 62 Freitag c. Schönberg (GA. X, 712); *contra:* ZI. 7. Juli 65 Hesse c. Viert (StA. 59. s. 293); ähnlich: ZII. 23. Febr. 60 c. Schmitz, welches es der thatsächlichen

Beurtheilung überlassen wollte, ob ein wiederholtes Behaupten oder ein einmaliges Verbreiten anzunehmen sei.

18. Für den Thatbestand der Verleumdung ist es gleichgültig, ob die Hörer die betr. Thatsache bereits kannten oder nicht; so lange die letztere nicht bewiesen ist, gilt jede frühere Wissenschaft für eine in sich durchaus unbegründete, die erneuerte Mittheilung schließt sonach alle wesentlichen Merkmale des Vergehens in sich: ZII. 29. Okt. 57 c. Schmidt (GA. V, 853); *contra*: ZI. 13. Jan. 65 Wawrzick c. Heilborn (GA. XIII, 296); VI. 20. Okt. 65 Schwarzbauer c. Hoffmann (GA. XIV, 61).

19. Sowohl das „Behaupten" als das „Verbreiten" ist durch die Freiwilligkeit der Handlung bedingt; wer bei seiner obrigkeitlichen Vernehmung als Zeuge ein gehörtes Gerücht 2c. mittheilt, macht sich nicht der Verleumdung schuldig: ZI. 4. März 53 c. Friedländer (GA. I, 570); VI. 4. Mai 55 c. Mayer; vgl. f. 253 n. 23. 24.

20. Das „Aussetzen dem Hasse" 2c. ist vorhanden, wenn die objektiv mögliche Gefahr des Eintritts eines solchen Ereignisses begründet ist; daß dasselbe wirklich eingetreten sei, ist nicht erforderlich; vgl. § 100 n. 4; § 135 n. 12.

21. Als Haß oder Verachtung hervorrufend dürfen hier nur unsittliche Handlungen, nicht aber solche betrachtet werden, welche vom Gesetz geboten, von der verbreiteten Meinung aber vielleicht mißbilligt werden, z. B. Ausschlagen eines Duells, Denunziation eines Verbrechens 2c.

22. Ob im Uebrigen eine Behauptung dazu geeignet sei, einen Andern in der öffentlichen Meinung 2c dem Hasse auszusetzen, ist eine thatsächliche Frage: ZI. 9. Sept. 57 c. Till; ZII. 10. Juli 62 c. Asche. Das gilt selbst dann, wenn die Behauptung eine strafbare Handlung zum Gegenstande hatte, da nicht jede strafbare Handlung jene Wirkung herbeiführt: ZI. 9. Febr. 55 Samuel c. Kreitlow.

23. Der Dolus besteht hier in dem Bewußtsein, daß man unbewiesene Thatsachen behauptet 2c., welche einen Andern in der öffentlichen Meinung dem Hasse 2c. aussetzen: ZII. 9. April 63 c. Müser; ZI. 6. April 64 c. Lewin; VII. 17. Juni 65 c. Saalfeld (RdO. VI, 196); u. ö. Daher gehört die Beförderung einer verleumderischen Schrift ohne Kenntniß des Inhalts nicht hierher: Z. 1. Dez. 52 c. Heynack (GA. I, 571). Dagegen bedarf es nicht eines weiter gehenden bösen Vorsatzes, z. B. der Absicht zu beleidigen, oder dem Rufe des Andern zu schaden; vgl. § 158: ZI. 13. Febr. 57 c. Dallmer; VI. 26. März 58 Simon c. Jablonski; VII. 13. Nov. 62 c. Straußberger (RA. 57. 2 A. f. 47); KVII f. 98. — Der ausdrücklichen Feststellung jenes Dolus bedarf es nur dann, wenn sein Vorhandensein bestritten ist: ZI. 10. Febr. 65 c. Rabe.

24. Ebensowenig wird erfordert, daß der Verleumder die Unwahrheit der Thatsachen kannte. Selbst sein Fürwahrhalten beseitigt die Strafbarkeit nicht: V. 28. Mai 51 c. Kilian (Entsch. 22. f. 72); ZII. 30. April 57 c. Möller; VI. 8. Dez. 66 Krüger c. Dumke (GA. XIV, 139). Ebendeshalb ist ein den guten Glauben oder einen angeblichen Irrthum betreffender Beweisantrag für den Thatbestand unerheblich: ZI. 15. Dez. 54 c. Bracht; ZII. 29. März 55 Buchheimer c. Helling; ZI. 11. Jan. 61 c. Krug (GA. IX, 135). Dasselbe gilt von dem Nachweise der Quelle, aus welcher man seine Kenntniß geschöpft hat: ZI. 4. Mai 53 c. Holdheim; ZII. 9. April 63 c. Müchner; *contra:* TOU. f. 226 n. 2. 4; Rubo Verleumdung f. 39.

24a. Aus der unter n. 23 angegebenen Natur des Dolus geht hervor, daß der Angeklagte sich auch bewußt sein muß, daß dritte Personen durch ihn Kenntniß von der betr. Thatsache erlangen; dagegen wird nicht die Absicht, die Thatsachen zu verbreiten, erfordert: ZI. 12. Nov. 56 c. Forsberg; vgl. n. 3. — Handelt es sich von einer veröffentlichten (mechanisch vervielfältigten) Schrift 2c. (vgl. n. 5), so bedarf es auch jenes Bewußtseins nicht, vielmehr genügt jedes bewußte Handeln.

25. Da als Dolus das Bewußtsein genügt, daß man unbewiesene Thatsachen behaupte 2c., und da nach § 157 die Strafbarkeit nur durch den dem Angeklagten obliegenden Beweis der Wahrheit zu beseitigen ist, so kann auch der gute Glaube, man sei im Stande, jenen Nachweis zu führen, zum gedachten Zwecke nicht ausreichen. Das Gesetz verlangt, daß Jedem der gute Ruf seiner Mitmenschen heilig sei, und erachtet deshalb jede Gefährdung desselben für strafbar, insoweit die

Wahrheit der betr. Thatsache nicht bewiesen wird. Nur die (irrige) Ueberzeugung, die Thatsache sei bereits durch ein rechtskräftiges Urtheil festgestellt, würde vor der Strafe schützen.

26. Der Grundsatz des § 154 ist auf Verleumdungen anwendbar; auch sie sind straflos, wenn die betreffenden Thatsachen in einer der in jenem § erwähnten Weisen behauptet ꝛc. werden: ZI. 11. Juli 56 c. Nawarra (GA. IV, 564); VI. 15. Sept. 58 Dovernick c. Peters (StA. 30. s. 223); ZII. 7. Juli 59 v. Platen c. Schulz (ib. 34. s. 142); ZII. 20. März 60 Jöckemeier c. Bodenstein (ib. 39. s. 64); u. ö. Wird daher vom Angeklagten behauptet, es liege einer der Fälle des § 154 vor, so muß der Instanzrichter die Richtigkeit dieser Aufstellung bei Nichtigkeitsstrafe prüfen; vgl. § 154 n. 16. 17.

27. Das Gesagte (n. 26) gilt namentlich da, wo sich Jemand an eine Behörde wendet, um diese zu einer in ihr Amt einschlagenden Thätigkeit zu veranlassen. Insbesondere erkennt das Gesetz die Befugniß eines Jeden an, strafbare Handlungen zur Anzeige zu bringen, um entweder Hülfe für sich zu erlangen, oder auch um die Gesetzesübertreter der Ahndung der Strafgewalt zu überweisen; vgl. § 154 n. 1. 5. Wer lediglich diese Befugniß ausübt, macht sich nicht als Verleumder strafbar, sollte auch die Anzeige unwahr sein und eine Handlung zum Gegenstande haben, die den Andern dem Hasse ꝛc. aussetzt: VII. 19. Mai 53 c. Eßmann (Entsch. 26. s. 141; GA. I, 570); VII. 9. Juni 53 c. Dortmann (GA. I, 570); VI. 24. Okt. 56 Dinse c. Müller (GA. V, 99); VII. 13. Nov. 62 (cit. n. 23). Diese Erkenntnisse und das zu dem ersteren eingetragene Präj. Nr. 34 beschränken den aufgestellten Grundsatz noch zu sehr, wenn sie die Verleumdungsstrafe nur dann ausschließen, „wenn der Angeklagte die behauptete Thatsache für wahr gehalten habe", da es bei der Verleumdung auf den guten Glauben gar nicht ankommt (vgl. n. 24). Selbst die Kenntniß von der Falschheit der Thatsachen würde nicht die Verhängung der Verleumdungsstrafe, sondern nur die der Strafe der falschen Anschuldigung rechtfertigen: P. [illegible] Sept. 52 [illegible] c. Pohl (Entsch. 2[illegible]. s. 4[illegible]8; GA. I, 569); VI. 15. Nov. 54 c. Witte. — Die Verleumdungsstrafe kann sonach nur da Platz greifen, wo die Anzeige bei der Behörde in Wahrheit gar nicht zu dem Zwecke geschah, um jenes Recht zu wahren, und Abstellung eines Mangels ꝛc. herbeizuführen, wo vielmehr dieser Zweck nur wahrheitswidrig vorgeschützt wurde. Wird dieses festgestellt, so scheidet § 154 aus und die allgemeinen Grundsätze über Beleidigungen und Verleumdungen treten unbedingt in Kraft: ZII. 20. Okt. 63 c. Wolters; ZI. 13. Febr. 57 c. Dallmer. — Liegt dagegen wirklich ein Fall des § 154 vor, so ist die Bestrafung durch die Feststellung der Absicht zu beleidigen bedingt. Erfolgt dieselbe, so wird die Verleumdung als solche und nicht etwa [wie im Falle der erwiesenen Wahrheit: § 158] blos als Beleidigung bestraft, obgleich es an sich zum Thatbestande der ersteren der beleidigenden Absicht nicht bedarf; sie hat dann nur die Bedeutung, die exzeptionelle Anwendbarkeit des § 154 zu beseitigen: ZII. 10. April 56 Dieringer c. Huber (Entsch. 33. s. 198; StA. 21. s. 64); ZI. 30. Nov. 60 c. Bernkopf (RdO. I, 50); ZII. 21. Febr. 61 c. Kolbe v. Schreeb (RdO. I, 260); ZI. 10. Febr. 65 c. Szinkat; ZII. 5. Juli 66 Schnock c. Konertz; *contra*: ZI 21. Dez. 54 c. Kober (GA. IV, 251); ZII. 20. Sept. 60 Jöckemeier c. Bodenstein (StA. 39. s. 64). Dagegen dürfte es nicht genügen, wenn nur die „Absicht zu verleumden" festgestellt wird. — Hiernach kann es also sehr wohl geschehen, daß eine Verleumdung auch mit einer falschen Anschuldigung ideell konkurrirt: ZI. 13. April 59 Mathwig c. Freßdorf; ZII. 7. April 59 c. Gericke; Rubo Verleumdung s. 123. 124. 129. Außerdem versteht es sich von selbst, daß mit einer nach § 154 straflosen Anzeige eine strafbare Beleidigung konkurriren kann, wenn jene mit einem beleidigenden Urtheile über das Verhalten des Denuntiirten verbunden worden ist: ZII. 30. März 54 c. Schoppmeier; ZI. 22. Mai 57 c. Henschel.

28. Das unter n. 27 Ausgeführte kann ebenmäßig bei den einem Privaten gemachten Mittheilungen anwendbar werden, wenn einer der Fälle vorliegt, auf welche § 154 sich mit bezieht; vgl. dort n. 9—12. Liegt dagegen keiner dieser Fälle vor, so sind die an einen Privaten gerichteten Anzeigen von angeblich verübten strafbaren Handlungen geeigneten Falles aus § 156 zu bestrafen. Einer Anzeige an einen Privaten steht die an einen absolut unzuständigen Beamten erfolgende

§. 157. Der Beweis der Wahrheit der behaupteten oder verbreiteten Thatsachen kann durch alle im Strafverfahren zulässige Beweismittel geführt werden.

Der Zeugenbeweis ist jedoch nur dann zulässig, wenn sich der Angeschuldigte zum Beweise bestimmter Thatsachen erboten und das Gericht durch vorgängigen besonderen Beschluß befunden hat, daß der Beweis dieser Thatsachen, im Falle er erbracht werden sollte, die Strafbarkeit des Angeschuldigten ausschließen oder mildern würde.

Unbedingt unzulässig ist der Beweis der Wahrheit, wenn die dem Anderen beigemessene Handlung mit Strafe bedroht und eine Freisprechung durch ein rechtskräftiges Erkenntniß erfolgt ist.

[Entw. § 146]. Vgl. § 158. 159; (Vdn. v. 30. Juni 1849 § 26; GS. s. 232).

---

gleich, insofern der Denuntiirende denselben nicht irriger Weise für zuständig oder doch für berufen hielt, die Anzeige an den zuständigen Beamten gelangen zu lassen: ZI. 30. Okt. 61 c. Streisand (RdO. II, 26). — Eine an einen unberufenen Privaten gerichtete Mittheilung hört auch nicht dadurch auf strafbar zu sein, daß kurz vorher bereits an die zuständige Behörde eine (straflose) Anzeige gemacht worden ist; *contra:* VII 30. Mai 57 c. Möller.

29. Zu den die Anwendbarkeit des § 154 gestattenden Fällen gehören auch die in Wahlmännerversammlungen stattfindenden Erörterungen über die Würdigkeit der aufgestellten Kandidaten; die unter solchen Umständen erfolgende Mittheilung über ein vom Kandidaten umlaufendes Gerücht kann daher nicht als Verleumdung strafbar sein, wenn nicht die Absicht zu beleidigen festgestellt wird: Z. 6. Okt. 52 Pulvermacher c. v. Hoverden (GA I, 569); ähnlich: ZI. 26. Sept. 55 Birkholz c. Schmechel; VII. 25. Juni 59 c. Lüders.

30. Die im Abs. 2 gegebene Begriffsbestimmung einer öffentlichen Verleumdung wiederholt wörtlich die Merkmale der §§ 152. 36; es sind daher die Bemerkungen zu § 135 n. 2. 3 und zu § 36 n. 1—8 zu vergleichen.

§ 157.

1. Die Unwahrheit der behaupteten rc. Thatsachen wird bis zum Beweise des Gegentheils vermuthet; vgl. § 156 n. 13. Dieser Beweis liegt nach Abs. 2 dem Angeklagten insoweit ob, als in Ermangelung genügender von ihm an die Hand gegebener Beweismittel der Richter die Unwahrheit als feststehend betrachten kann: ZI. 14. Okt. 57 Hiller c. Sabert; VII. 9. Juni 60 c. Krüger (GA. VIII, 563); ZI. 1. Okt. 62 c. v. Poleski; u. ö.; Motive z. Entw. v. 1847 § 189—192 s. 58; KBII. s. 98. Das gilt selbst dann, wenn der Angeklagte geltend macht, er sei selbst Zeuge der betr. Handlung gewesen: ZII. 12. Jan. 65 c. Weymann (RdO. V, 414); vgl. § 156 n. 25. — Dagegen ist das Gesagte nicht dahin aufzufassen, als sei es dem Richteramte untersagt, über die Wahrheit von Amtswegen Beweis zu erheben, oder solche Beweismomente zu berücksichtigen, welche nicht vom Angeklagten selbst an die Hand gegeben worden sind Der betr. Beweis kann daher unbedenklich auch in den eignen Aussagen des Verleumdeten oder des Angeklagten selbst gefunden werden: ZII. 3. Jan. 61 c Schlabach. — Aehnlich verhält sich die Sache nach Oldenburger Recht; vgl. Erk. OAG. Oldenburg c. Steffen (Old. Arch. IX, 24).

2. Dieser Grundsatz (n. 1) gilt auch für die in Berichten der Untergebenen an ihre Vorgesetzten vorkommenden Verleumdungen; auch in einem solchen Falle kann die Wahrheit der behaupteten Thatsache nicht vermuthet werden: VI. 18. Jan. 61 Förster c. Weiß (GA. 9. s. 208); dagegen wird in einem solchen Falle unzweifelhaft § 154 anwendbar; die Strafbarkeit ist also in jedem Falle durch die beleidigende Absicht bedingt.

§. 158. **Der Beweis der Wahrheit der behaupteten oder verbreiteten Thatsachen schließt das Vorhandensein einer Beleidigung nicht aus, wenn aus der Form der Behauptung oder Verbreitung, oder aus anderen Umständen, unter welchen sie geschah, die Absicht zu beleidigen hervorgeht.**

[Entw. § 147]. Vgl. § 154.

---

3. Durch die Beschränkung auf die im Strafverfahren zulässigen Beweismittel sollte die Eidesdelation ausgeschlossen werden: KBII. s. 100.

4. Der Wahrheitsbeweis muß die dem Hasse aussetzende Thatsache zum Gegenstande haben; es genügt also nicht, wenn derjenige, welcher ein verleumderisches Gerücht als solches weiter verbreitet hat, nachweisen will, daß wirklich ein solches Gerücht umgegangen sei: VI. 20. Febr. 63 Böhme c. Scholz (GA. XI, 362). Aus demselben Grunde muß bei einer Bezüchtigung des Meineides der Wahrheitsbeweis die wissentlicher oder fahrlässiger Weise erfolgte Beschwörung einer objektiven Unwahrheit zum Gegenstande haben: ZI. 2. Dez. 63 c. Baranius (RdO. IV, 227).

5. Der Instanzrichter hat die Erheblichkeit der zur Führung des Wahrheitsbeweises geltend gemachten Beweismittel zu prüfen: ZII. 21. April 53 c. Rüdiger; ZI. 27. April 53 c. Schlesinger; ZI. 6. Juli 53 c. Albrecht.

6. Nach Abs. 3 ist an und für sich der Beweis der Wahrheit einer einem Andern beigemessenen Strafthat statthaft; ein hierauf bezüglicher Beweisantrag kann daher nicht aus dem Grunde abgelehnt werden, daß eine derartige Beweiserhebung nur in einem gegen den angeblichen Urheber jener Strafthat eingeleiteten Strafverfahren erfolgen könne: VI. 16. Nov. 66 c. Quade (RdO. VII, 642).

7. Dagegen wird durch eine — sei es vor, sei es nach der angeblichen Verleumdung erfolgte — rechtskräftige Freisprechung von der wegen einer solchen Strafthat erhobenen Anklage der Einwand der Wahrheit und die Statthaftigkeit eines in dieser Beziehung zu führenden Beweises unbedingt ausgeschlossen: VII. 15. Dez. 59 Grätz c. Blocks (StA. 36. s. 88). Der mit der Anklage der Verleumdung befaßte Richter muß dann die Unwahrheit als feststehend ansehen: VI. 1. Dez. 65 Schild c. Großkreuz (GA. XIV, 140). Dabei ist es gleichgültig, aus welchem Grunde diese Freisprechung erfolgt ist: VI. 20. April 60 Moser c. Mai. Abs. 3 wird sonach auch dann wirksam, wenn das betr. Erkenntniß die Wahrheit der betr. Behauptungen unberührt läßt, z. B. wenn die Freisprechung wegen Verjährung erfolgt ist.

8. Dagegen steht ein Rathskammerbeschluß, durch welchen der Beschuldigte außer Verfolgung gesetzt ist, einem freisprechenden „rechtskräftigen Erkenntnisse" des erkennenden Richters nicht gleich: ZI. 8. Sept. 59 Fischkow c. Hartwich.

9. Ebenso wird der Beweis der Wahrheit nicht dadurch ausgeschlossen, daß der Angeklagte die betreffende Thatsache schon früher zum Gegenstande einer Denuntiation gemacht hatte, und mit dieser durch Verfügungen der zuständigen Behörde zurückgewiesen worden ist. Eine solche Zurückweisung steht (selbst wenn sie vom Gerichte ausgegangen wäre) einer rechtskräftigen Freisprechung des Denuntiirten nicht gleich: VI. 1. Juni 55 c. Marx (GA. III, 703); *contra* früher: Z. KH. 3. Nov. 45 c. Röpke (RA. 39. 2A. s. 73), welches die zurückweisende Verfügung der höhern Verwaltungsbehörde, an welche die Denuntiation gerichtet gewesen war, in dieser Beziehung für maaßgebend erachtete. Vgl. § 159 n. 6.

10. Ueber das Resultat eines angetretenen Wahrheitsbeweises hat das befaßte Gericht selbst dann zu entscheiden, wenn die betreffenden Thatsachen an sich zur Kognition einer andern Behörde gehören sollten, z. B. wenn es sich von Dienstvergehen eines Verwaltungsbeamten handelte.

11. Ist der Beweis der Wahrheit vollständig erbracht, und somit der Thatbestand der Verleumdung beseitigt, so kann nicht wegen dieser, sondern ev. nur wegen Beleidigung bestraft werden; vgl. § 158. Dagegen genügt es zur Rechtfertigung einer Freisprechung nicht, wenn blos festgestellt wird: die behaupteten Thatsachen seien im Wesentlichen wahr: VI. 15. Dez. 65 c. Jachmann (RdO. VI, 549).

§ 158.

1. Vgl. s. 254 n. 26.

§. 159. Sind die behaupteten oder verbreiteten Thatsachen strafbare Handlungen, und ist wegen derselben bei der zuständigen Behörde Anzeige gemacht, so muß bis zu dem Beschlusse, daß die Eröffnung der Untersuchung nicht stattfinde, oder bis zur Beendigung der eingeleiteten Untersuchung mit dem Verfahren und der Entscheidung über die Verleumdung inne gehalten werden.

[Entw. §. 148]. Vgl. § 133. (Vdn. v. 30. Juni 1849 § 28; GS. s. 232).

---

2. Dieser § bezieht sich auch auf den Fall des § 133: ZII. 31. Jan. 61 c. Fowe; vgl. § 133 n. 15; § 154 n. 17. 18; § 156 n. 26—29.

§ 159.

1. Dieser § bezieht sich nur auf Verleumdungen, nicht auf Beleidigungen: ZI. 4. Nov. 59 c. Späth. Handelt es sich daher nur von einer Anklage wegen Beleidigung, so macht eine Anzeige bei der zuständigen Behörde das Innehalten mit dem Verfahren selbst dann nicht unerläßlich, wenn es sich von Thatsachen handelt, in Betreff welcher auch bei jener Anklage der Wahrheitsbeweis erheblich und zulässig ist (vgl. s. 254 n. 26: ZII. 30. März 65 c. Henning (RdO. VI, 34). War dagegen die Anklage wegen Verleumdung erhoben, so kann von der Aussetzung des Verfahrens nicht abgesehen werden, sollte auch der erkennende Richter die Absicht zu beleidigen für erwiesen erachten, weil diese da, wo die Wahrheit der betr. Thatsachen geltend gemacht und streitig ist, doch nur eine Verurtheilung wegen Beleidigung rechtfertigen, die wegen Verleumdung erhobene Anklage also nicht erschöpfen würde: ZII. 24. März 66 c. Schonlau (RdO. VII, 196).

2. Als „strafbare Handlungen" im Sinne dieses § sind auch Dienstvergehen zu betrachten, welche nur zu einem Disziplinarverfahren Anlaß geben können: V. 5. Nov. 52 c Göcke. Was im § von der Eröffnung der Untersuchung gesagt ist, gilt gleichmäßig von der Einleitung des Disziplinarverfahrens: VI. 1. Dez. 58 Rohrick c. Sucker. Der die Nichtverfolgung betr. Beschluß muß in diesem Falle von der vorgesetzten Dienstbehörde des betr. Beamten, welcher die Disziplin über denselben zusteht, ausgehen.

3. Die Nothwendigkeit des Innehaltens tritt ein, sobald die Anzeige bei der zuständigen Behörde gemacht ist; es genügt nicht, wenn der Angeklagte erklärt, er wolle die Anzeige machen: ZI. 12. Nov. 56 c. Forsberg.

4. Die Erklärung der Staatsanwaltschaft, daß sie eine Verfolgung gegen den Denuntiirten nicht eintreten lassen werde, ist als ein Beschluß, daß die Eröffnung der Untersuchung nicht stattfinde, anzusehen: ZI. 9. Febr. 59 c. Tell; ZII. 21. Febr. 61 c. Kolbe v. Schreeb (RdO. I, 260); ZII. 24. März 66 c. Schonlau (RdO. VII, 195,; u. ö. Sonach bedarf es eines förmlichen gerichtlichen Beschlusses (in Gemäßheit der Vdn. v. 3. Jan. 1849 § 39. 40. 47) nicht; *contra*: V. 5. Nov. 52 c. Göcke; Z. KH. 12. März 50 Lauer c. Blesius (Tr. Ann. VII, 124). Ist in jenem Falle gegen die ablehnende Verfügung des StA.s Beschwerde beim OStA. erhoben worden, so kann die Verfolgung wegen Verleumdung so lange keinen Fortgang haben, bis diese Beschwerde ihre Erledigung gefunden hat: VI. 13. Jan. 58 c. Borgmann.

5. Beantragt der Angeklagte vor dem befaßten Instanzgerichte, das Verfahren einstweilen zu sistiren, weil er wegen der behaupteten ꝛc. strafbaren Handlung eine Anzeige bei der zuständigen Behörde gemacht habe, so muß das Instanzgericht über diesen Antrag bei Nichtigkeitsstrafe erkennen. In Ermangelung eines solchen Antrages kann dagegen die Nichtberücksichtigung des § 159 nicht im Wege der NB. geltend gemacht werden; insbesondere hat das OTr. nicht selbst zu prüfen, ob ein die Eröffnung der Untersuchung ablehnender Beschluß ergangen sei; vgl. § 50 n 28; *contra*: ZII. 24. März 66 c. Schonlau (RdO. VII, 196).

6. Ist eine Anzeige wegen der betr. Thatsache nur bei der dem angeblich verleumdeten Beamten vorgesetzten Behörde eingereicht worden, so genügt ihre Erklärung, daß sie zu einem disziplinarischen Einschreiten keine Veranlassung finde,

§. 160. Die Bestrafung einer Ehrverletzung erfolgt nur auf den Antrag des Beleidigten.

Im Falle der Privatklage kann der Antrag auf Bestrafung bis zum Anfange der Vollstreckung des Erkenntnisses zurückgenommen werden.

[Entw. § 148a]. Vgl. § 50—54; EG. Art. XVI. XVII; Vdn. v. 3. Jan. 1849 § 9; Ges. v. 11. März 1850 § 5 (GS. s. 174); (AKO. v. 28. Aug. 1833; id. v. 20. Dez. 1834).

§. 161. Ist bei wechselseitigen Ehrverletzungen von einem Theile binnen drei Monaten auf Bestrafung angetragen

---

um dem Strafverfahren wegen der Verleumdung Fortgang zu geben, sollte die Anzeige auch eine unter ein Strafgesetz fallende Handlung zum Gegenstande gehabt haben; es läßt sich nicht aufstellen, daß in einem solchen Falle jene Dienstbehörde die Anzeige nothwendig vorher dem StA. mittheilen, und daß dieser noch darüber befinden müsse, ob gegen den Beamten die Strafklage zu erheben sei: ZI. 19. Dez. 66 c. Sayffarth (RdO. VII, 742).

7. Auch nach einem die Eröffnung der Untersuchung ablehnenden Beschlusse ist es dem Angeklagten unbenommen, seinerseits den Nachweis der von ihm behaupteten Thatsachen zu führen; jener Beschluß kann ihn daran nicht hindern; vgl. § 157 n. 9.

8. War gegen den angeblich Verleumdeten eine Untersuchung eingeleitet, und ist diese demnächst eingestellt worden, so kann der der Verleumdung angeklagte Denuntiant eine Einsicht jener Untersuchungs-Akten nicht beanspruchen: ZII. 10. Mai 55 c. Weber.

9. Der § schreibt nur ein „Innehalten“ mit dem Verfahren und der Entscheidung vor; es läßt sich daher nicht aufstellen, daß bis zu dem betr. Beschlusse die Einleitung eines Strafverfahrens (z. B. nach Rhein. Verfahren die Vorladung durch den Civilkläger) unstatthaft sei; *contra*: Z. KH. 12. März 50 (cit. n. 4).

10. Ebendeshalb wird auch durch die Bestimmung des § 159 der Lauf der Strafantrags- und Verjährungsfrist nicht gehemmt: ZI. 16. Febr. 59 Bergmann c. Kunz (StA. 32. s. 362). Vgl. § 47 n. 13.

§ 160.

1. „Ehrverletzung“ umfaßt die Verleumdung mit: VI. 14. Nov. 56 Müller c. Keipert (StA. 23. s. 53); VI. 7. Febr. 62 Altenkirch c. Fiedler (StA. 45. s. 65).

2. Ueber die Stellung des Antrags vgl. § 50. Ueber die Verfolgung im Civilverfahren vgl. EG. Art. XVI und die Bemerkungen zu demselben. Ueber die Stellung des Strafantrags in den Fällen, wo durch eine Aeußerung eine Mehrheit von Personen beleidigt ist, vgl. Tit. XIII n. 28. 29.

3. Ein „Anfang der Vollstreckung“ liegt nur dann vor, wenn mit der Zufügung desjenigen Strafübels begonnen worden ist, welches der Verurtheilte erleiden soll; bei Geldbußen kann daher nur der Anfang der Zahlung, nicht der Beginn derjenigen Maaßregeln hierher gerechnet werden, durch welche die Zahlung erzwungen werden soll: Beschl. I. 2 Juni 58 Teusling c. Böhm (GA. VI, 706).

4. Abs. 2 findet auch auf die Privatklage nach Frankfurter Verfahren, nicht aber auf die in der Rheinprovinz vom Verletzten beim Strafgerichte angestellte Civil-Klage Anwendung. Ist hier der Strafrichter mit der Sache durch Erhebung der Civil-Klage befaßt worden, und hat der StA. seinen Antrag gestellt, so findet eine Zurücknahme der Klage nicht mehr statt: VII. 9. Juli 63 Heinrich c. Löhr (RdO. III, 554); *contra*: GM. II, 336 n. 3, unter Bezugnahme auf die AKO. v. 20. Dez. 1834, welche indessen durch (die Vdn. v. 30. Juni 1849 § 34 und durch) das StGB. gänzlich außer Kraft gesetzt ist; vgl. auch Ges. v. 11. März 1850 § 5. Inwiefern ein vorher erfolgter Rücktritt, oder das Nichterscheinen des Civilklägers die Einstellung des Verfahrens zur Folge habe, ist nach den allgemeinen das Verfahren betreffenden Grundsätzen zu entscheiden.

§ 161.

1. Unter wechselseitigen Ehrverletzungen sind hier (arg. § 153) die „auf

worden, so kann der andere Theil auch nach Ablauf jener Frist bis zur Verhandlung der Sache auf Bestrafung antragen.

[Entw. § 148b]. Vgl. § 50. 153; EG. Art. XVI; Vdn. v. 28. Aug. 1833, GS. s. 95).

§. 162. Sind Ehefrauen oder unter väterlicher Gewalt stehende Kinder beleidigt worden, so haben sowohl die Beleidigten, als deren Ehemänner oder Väter das Recht, auf Bestrafung des Beleidigers anzutragen.

[Entw. § 148c]. Vgl. § 54.

§. 163. In allen Fällen, in denen wegen Ehrverletzung auf Strafe erkannt wird, ist dem Verletzten auf Kosten des Verurtheilten eine Ausfertigung des Erkenntnisses zu ertheilen.

---

der Stelle erwiederten" zu verstehen; *contra*: Beschl. I. 6. Jan. 64 Jaminet c. Quodbach (GA. XII, 223), welcher aus der AKO. v. 28. Aug. 1833 folgerte, daß wegen einer wechselseitigen Ehrverletzung eine Widerklage selbst dann statthaft sei, wenn sie nicht auf derselben Thatsache wie die Klage beruhe.

2. Unter „Verhandlung der Sache" ist hier die Hauptverhandlung in der Sitzung vor dem erkennenden Richter erster Instanz zu verstehen, so daß der nachträgliche Antrag bis zum Erkenntnisse in erster Instanz statthaft ist; *contra*: GM. II, 337; TGA. s. 229 n. 1, welche darunter nur die „Auslassung auf den Strafantrag", resp. „die Beantwortung der Hauptklage" verstanden wissen wollen; es handelt sich aber hier nicht blos von der Verfolgung im Wege der Privatklage, sondern vorzugsweise auch von der auf Antrag des Verletzten eintretenden Verfolgung des StA.s vor dem Strafrichter, bei welcher weder eine Auslassung auf den Strafantrag, noch eine Beantwortung der Hauptklage zu erfolgen braucht. Bezieht sich aber im Strafverfahren jener Ausdruck auf die Verhandlung vor dem erkennenden Richter, so muß vom Civilverfahren dasselbe gelten.

3. Vgl. im Uebrigen § 153 n. 7.

§ 162.

1. Der Vater (Ehemann) handelt hier nicht als mittbeleidigt, sondern als Vertreter der Frau (des Kindes): BL. s. 291 Note. Gleichwohl ist das betr. Recht desselben ein selbstständiges, von dem der Frau rc. unabhängiges; es geht daher auch nicht durch einen Verzicht der Frau verloren: ZI. 22. Juni 59 Laasch c. Börner; vgl. EG. Art. XVIII n. 8; § 54 n. 5.

2. Auf Minderjährige als solche bezieht sich § 162 nicht mit; für sie ist nur § 54 maaßgebend.

3. Dagegen dürfte der § in Betreff der Ehefrauen und unter väterlicher Gewalt stehenden Personen mit Rücksicht auf die §§ 188. 190. II, 1 und § 62 II, 1 ALR. auf alle andern Fälle auszudehnen sein, für welche es einen Antrags des Verletzten zur Strafverfolgung bedarf.

4. Durch § 162 ist an den Bestimmungen der Prozeßgesetze in Betreff der von einer Ehefrau oder einem Kinde unter väterlicher Gewalt anzuhebenden Privat-Klage, und der dabei zu beabachtenden Förmlichkeiten Nichts geändert: TGA. s. 230 n. 1. Zu einer solchen Klage bedürfen daher die letzteren des Beitritts des Vaters rc: ZI. 19. Juni 63 Gerlach c. Neumann (GA. XI, 631); vgl. Elvers Abh. in GA. VIII, 617. Das erleidet eine Ausnahme, wenn der Ehemann der Ehefrau seinen Beitritt verweigert, oder wenn er abwesend und sein Aufenthalt unbekannt ist; in einem solchen Falle kann die Frau auf eigne Kosten allein klagen: Erk. 16. April 52 (StA. 6. s. 106); BII. 27. Sept. 66 Mös c. v. Bannwarth (GA. XIV, 806).

§ 163.

1. Die Bestimmungen dieses § finden auch bei den im § 102 mit Strafe be-

Bei öffentlich verübten Ehrverletzungen soll dem Verletzten in dem Erkenntnisse die Befugniß ertheilt werden, die Verurtheilung öffentlich bekannt zu machen. Die Art und Weise der Bekanntmachung, welche stets auf Kosten des Verurtheilten erfolgt, sowie die Frist zu derselben ist vom Richter in dem Erkenntnisse zu bestimmen.

Ist die Ehrverletzung in einer Zeitung oder Zeitschrift geschehen, so muß der verfügende Theil des Urtheils auf Antrag des Verletzten durch die öffentlichen Blätter, und zwar wo möglich durch dieselbe Zeitung oder Zeitschrift bekannt gemacht werden.

[Entw. §. 150. 148d]. Vgl. § 134.

---

drohten Ehrverletzungen Anwendung: ZI. 11. Juli 62 c. Löper (RdO. II, 523); VII. 19. Nov. 63 c. Hoppe (RdO. IV, 206); u. ö.

2. Dagegen sind sie im Falle des § 77 unanwendbar.

3. Die angeordneten Maaßregeln sind als Strafe zu betrachten: ZII. 13. Okt. 53 c. Wickinghoff; TCII. s. 231; der letztere will dem Privatkläger die Befugniß einräumen, von vorne herein darauf zu verzichten, schwerlich mit Recht.

4. Weil Strafe, können diese Maaßregeln, nur wenn sie ausdrücklich vom Richter angeordnet sind, zur Ausführung gelangen: VI. 14. März 66 c. Elsner (RdO. VII, 170).

5. Aus demselben Grunde kann auf die alleinige Appellation des Angeklagten in zweiter Instanz keine nachtheiligere Form der Bekanntmachung angeordnet werden: VII. 23. Okt. 62 v. Brauchitsch c. Brand (GA. XI, 59).

6. Eines Antrags auf Anordnung dieser Maaßregeln Seitens des Verletzten bedarf es nicht; es ist mit Nothwendigkeit von Amtswegen darauf zu erkennen: ZI. 20. Febr. 61 Höfig c. Wagner; VII. 19. Nov. 63 (cit. n. 1); VI. 14. März 66 (cit. n. 4).

7. Ist der Verletzte inzwischen verstorben, so sind (selbst da wo die StA.-schaft verfolgt hat) die betr. Maaßnahmen zum Vortheile der Erben anzuordnen: ZI. 28. Febr. 66 c. Dümas (RdO. VII, 129); ähnlich: ZI. 4. Okt. 65 Löwe c. Kalisch (GA. XIII, 766).

8. Es begründet keine Nichtigkeit, wenn der Instanzrichter, welcher wegen einer Ehrverletzung und eines realiter konkurrirenden andern Vergehens eine Gesammtstrafe verhängt, die Ertheilung einer Ausfertigung und die Gestattung der Bekanntmachung in Beziehung auf das ganze Erkenntniß ausspricht: ZII. 24. März 66 c. Hoppe (RdO. VII, 195).

9. Der § bleibt ausgeschlossen, wenn der Verleger einer Druckschrift ehrverletzenden Inhalts deshalb aus § 35 des Preßges.s v. 12. Mai 1851 bestraft wird, weil er nicht rechtzeitig den Verfasser rc. nachgewiesen hat: ZI. 4. Jan. 64 c. Hartung (RdO. V, 387).

10. Der zweite Absatz findet auf alle öffentlich verübten Ehrverletzungen, auch auf die von Beamten mit Ueberschreitung der Amtsgewalt verübten Anwendung: ZII. 3. Jan. 56 Holle c. Nolte.

11. Es ist dem Instanzrichter unbenommen, im Falle des Abs. 2 Bekanntmachungen durch die Zeitungen anzuordnen: ZII. 19. Jan. 60 Stolle c. Bohnstedt.

12. Abs. 3 giebt für den dort vorgesehenen Fall eine weiter gehende Vorschrift; es wird daher durch dieselbe die Bestimmung des Abs. 2 nicht beschränkt, vielmehr steht es den Instanzgerichten zu, in Gemäßheit des letztern, neben dem Abdrucke des Tenors in öffentlichen Blättern, dem Verletzten noch anderweitige Bekanntmachungen zu gestatten; insbesondere können sie die Bekanntmachung in einer andern Zeitung und in einer andern Sprache anordnen: ZI. 29. Jan. 58 Schladebach c. Wolniewicz (StA. 27. s. 257); ebenso können sie den Mitabdruck

Vierzehnter Titel.
Zweikampf*).

der Gründe verfügen; *contra:* ZII. 19. Jan. 60 Stolle c. Bohnstedt, welches im Falle des Abs. 3 eine andere Art der Bekanntmachung als die hier vorgeschriebene für unstatthaft hielt.

13. Die in Gemäßheit der Abss. 2 und 3 gestatteten Bekanntmachungen erfolgen nicht von Amtswegen, sondern sind vom Verletzten zu veranlassen. Ein Beschl. I. 12. Sept. 62 Thiel c. Fahle (GA. X, 782) erachtete gleichwohl das Kreisgericht für verpflichtet, auf den Antrag des Verletzten die im Urtheile angeordnete Anheftung vorzunehmen; vgl. n. 14.

14. Der Herausgeber einer Zeitung ꝛc. ist nach § 25 des Preßgef. v. 12. Mai 1851 verpflichtet, die vom Gericht angeordneten Bekanntmachungen aufzunehmen; im Falle der Weigerung kann der Verletzte bei dem Kreisgerichte (dem Ober-Prokurator ꝛc.) dahin antragen, das Nöthige zu veranlassen, daß dem Richterspruche Folge geleistet werde: Beschl. I. 25. März 63 c. Budak (RdO. III, 571; vgl. n. 13.

15. Auf andere, als die hier erwähnten Privatgenugthuungen hat (vom Falle der Rheinischen Civilklage und der Frankfurter Civiladhäsion abgesehen) der Strafrichter als solcher nicht mehr zu erkennen. Inwiefern im Wege einer Civilklage wegen Ehrverletzung eine Entschädigung verlangt werden könne, ist nach den geltenden Civilgesetzen zu beurtheilen; vgl. ALR. I, 6 § 131; 112 ff.; Rh. BGB. Art. 1382. 1383. Das letztere spricht sich nicht (wie das ALR.) über die Statthaftigkeit eines Entschädigungsanspruchs wegen Ehrverletzung, die keinen nachweisbaren Vermögensschaden zur Folge gehabt hat, aus. Die französische Rechtslehre und Rechtsprechung haben einen solchen für durchaus begründet erachtet (als Schmerzensgeld); vgl. ThdCp. ch. 7 § 3 p. 122; ebenso: B. KH. 27. März 22 c. Heinsius (RA. IV, 2A. S. 1); *contra:* Perrot: Verfahren der Gerichte i. d. Rh.-Prov. I, 543, und die überwiegende Praxis der Rheinischen Instanzgerichte.

16. Der § 163 steht nicht entgegen, daß nach Rheinischem Verfahren der Civilkläger zur Begründung seines Civil-Interesses seinen Civil-Ersatz-Antrag lediglich auf die Gestattung der Bekanntmachung des Urtheils richte; insbesondere genügt dieser Antrag auch zur Substantiirung der Appellation gegen das vom öffentlichen Ministerium nicht angefochtene freisprechende Urtheil erster Instanz: BII. 2. Febr. 60 Detochet c. Krings.

17. Vgl. im Uebrigen § 134 n. 2 und 3.

***) Vierzehnter Titel.**

1. Temme Lehrb. S. 823 definirt den Zweikampf als einen Kampf zwischen zwei Personen mit gleichen tödtlichen Waffen nach verabredeten oder hergebrachten Kampfregeln, zur Genugthuung für eine Beleidigung; ähnlich: BL. S. 477.

2. Auch das Rencontre ist ein Zweikampf; TL. (S. 823) definirt dasselbe als „einen ohne Unterbrechung beschlossenen, verabredeten und ausgeführten Zweikampf".

3. Die Attacke (der einseitige Angriff mit einer tödtlichen Waffe, ausgeführt gegen einen Andern zur Genugthuung für eine wirklich oder vermeintlich erlittene Beleidigung mit der Aufforderung an den Angegriffenen, sich in einen Zweikampf einzulassen ist für sich kein Zweikampf, sondern als versuchte oder ausgeführte Körperverletzung oder Tödtung zu betrachten, wird aber durch die Einlassung des Angegriffenen von da an zum Zweikampfe: TL. S. 823; BL. S. 493.

4. Wesentliches Begriffsmerkmal des „Zweikampfs" ist, daß er in Folge einer wirklichen oder vermeinten Ehrenkränkung, zum Zwecke der Genugthuung für dieselbe statt finde: TL. S. 824; BL. S. 493; *contra:* GM. II, 353 n. 1, welcher auch jeden andern zur Ausfechtung eines sonstigen Streits, oder auch nur zur Entscheidung der Ueberlegenheit in der Waffenkunst unternommenen Kampf hierher rechnet.

5. Was als „tödtliche Waffen" zu betrachten sei, ist Gegenstand der thatsächlichen Beurtheilung des konkreten Falles: TL. S. 823

6. Vollendet wird das Vergehen durch den begonnenen Kampf, wenn auch nur Einer angreift: vgl. § 168 n. 1.

§. 164. Die Herausforderung zum Zweikampfe mit tödtlichen Waffen, sowie die Annahme einer solchen Herausforderung, wird mit Einschließung bis zu sechs Monaten bestraft.

[Entw. § 151]. Vgl. § 165—167.

§. 165. Einschließung von zwei Monaten bis zu zwei Jahren tritt ein, wenn die Herausforderung ausdrücklich dahin gerichtet ist, daß einer von beiden Theilen das Leben verlieren soll, oder wenn diese Absicht aus der gewählten Art des Zweikampfes erhellet.

[Entw. § 152]. Vgl. § 164. 166. 167.

§. 166. Diejenigen, welche den Auftrag zu einer Herausforderung übernehmen und ausrichten (Kartellträger), werden mit Einschließung bis zu sechs Monaten bestraft.

[Entw. § 153]. Vgl. § 167. 173.

---

7. Ueber die Möglichkeit eines Versuchs des Zweikampfs vgl. § 168 n. 3; § 170 n. 2.

8. Beim einmal begonnenen Zweikampfe kann von einer Nothwehr nicht mehr die Rede sein: TL. s. 825.

9. Für Studenten auf Preußischen Universitäten sind im Falle eines Zweikampfs die Rgll. v. 28. Dez. 1810 (GS. s 142) und v. 18 Nov. 1818 (GS. s. 238) maaßgebend: ZII. 20. Okt. 53 c. Lympius (Entsch. 26. s. 406). Das gilt selbst in Betreff eines Studenten, welcher zugleich in Erfüllung seiner Militärpflicht als einjähriger Freiwilliger in Militärdiensten steht: cit. ZII. 20. Okt. 53.

10. Ueber die Voraussetzungen des Militärgerichtsstandes im Falle eines Zweikampfes vgl. Vdn. v. 20. Juli 1843 § 3 Nr. 1 u. 6, § 4d. 37 (GS. 44. s. 199); Straf-Ger.-Ordn. f. d. Heer v. 3. April 1845 § 6 Nr. 5, § 16 Nr. 1a; AKO. v. 27. Sept. 1845 (GS. s. 681). Verabschiedete Offiziere, welchen die Erlaubniß zum Tragen der Armeeuniform ertheilt ist, haben in Duellsachen selbst dann den Militärgerichtsstand, wenn sie definitiv im Civil-, Staats- oder Kommunaldienste angestellt sind: ZI. 17. April 61 c. v. Vangerow (RdO. I, 347). Das ist aber auf die mit dem Charakter eines Assistenzarztes in das Reserveverhältniß entlassenen Militärärzte nicht auszudehnen, obgleich sie Lieutenantsrang haben: VII. 15. März 66 c. Evens (RdO. VII, 176).

§ 164.

1. Unter „Herausforderung" ist hier nur die zum eignen Zweikampfe zu verstehen; der Dritte, welcher die Herausforderung eines Andern überbringt, fällt unter § 166.

2. Auch die nicht angenommene Herausforderung ist strafbar: Erk. LG. Köln 26. März 57 c. v. Seydewitz Auf einen solchen Fall ist § 167 offenbar unanwendbar.

3. Ist es zum Zweikampfe gekommen, so ist nur dieser, nicht auch die vorausgegangene Herausforderung sowie die Annahme derselben, zu bestrafen: BL. s. 495.

§ 165.

1. Die höhere Strafe dieses § trifft nicht nur die qualifizirte Herausforderung, sondern auch die Annahme derselben: TGU. s. 233.

§ 166.

1. In Betreff der Kartellträger kann der Umstand, daß die ausgerichtete Herausforderung den Voraussetzungen des § 165 entspricht, nur Strafzumessungsgrund sein.

§. 167. Die Strafe der Herausforderung und der Annahme derselben, sowie die Strafe der Kartellträger fällt weg, wenn die Parteien den Zweikampf vor dessen Beginne aus eigner Bewegung aufgegeben haben.

[Entw. § 154]. Vgl. § 164 -166. 168. 173.

§. 168. Der Zweikampf wird mit Einschließung von drei Monaten bis zu fünf Jahren bestraft.

Ist einer von beiden Theilen getödtet worden, so tritt Einschließung von zwei bis zu zwölf Jahren ein.

[Entw. § 155]. Vgl. § 169—171.

§. 169. Wer seinen Gegner in einem Zweikampfe tödtet, welcher den Tod eines von beiden Theilen herbeiführen sollte (§. 165.), wird mit Einschließung von drei bis zu zwanzig Jahren bestraft.

[Entw. § 156]. Vgl. § 168. 170. 171.

§. 170. Ist ein Zweikampf ohne Sekundanten vollzogen worden, so kann die sonst begründete Strafe um die

---

2. Die Vorschrift des § 166 ist auf denjenigen, welcher die Annahme einer Herausforderung überbringt, nicht auszudehnen.

3. Der Auftraggeber ist nicht als Anstifter des Vergehens des Kartellträgers, sondern als Herausforderer nach § 164 zu bestrafen.

4. Anderweitige Theilnahme, insbesondere Hülfeleistung zum Zweikampfe (z. B. Hergabe der Waffen) ist nach den allgemeinen Grundsätzen der §§ 34 und 35 strafbar, insofern nicht die §§ 172. 174 Ausnahmen begründen.

§ 167.

1. Auch die aus eigener Bewegung erfolgte Zurücknahme einer nicht angenommenen Herausforderung bewirkt Straflosigkeit: Zl. 19. Dez. 55 c. Cornelius; Zl. 25. Jan. 65 c. Lottermoser. Dasselbe gilt von der Zurücknahme der Annahme einer geschehenen Herausforderung.

§ 168.

1. Vorausgesetzt wird ein wirklicher Zweikampf; das sog. formelle Duell (Abschießen in die Luft) ist hierher nicht zu rechnen: TOA. f. 234; *contra*: GM. II, 359 n. 4. Ueber die Vollendung des Vergehens vgl. S. 271 n. 6.

2. Der zweite Absatz kann nur da Platz greifen, wo der Tod des einen durch den Gegner herbeigeführt (wo also einer „getödtet") ist; nicht also, wo sich jener durch Aufrennen auf die Waffe des Gegners selbst tödtete: GM. II, 359 Nr. 3; *contra*: TL. f. 825, welcher es für gleichgültig erachtet, ob die Tödtung eine vorsätzliche, fahrlässige oder auch nur zufällige war, z. B. wenn der Tödtende sich nur wehrte, und der Gegner durch Zufall in die Spitze des Degens fiel.

3. Ein Versuch des im zweiten Absatze vorgesehenen Verbrechens kann nicht strafbar sein, weil derselbe einen auf Tödtung gerichteten Dolus voraussetzen würde, dessen es zum vollendeten Verbrechen nicht bedarf; es kann sich daher in einem solchen Falle nur fragen, ob § 171 zutreffe.

§ 169.

1. Hierher ist das Schießen über's Schnupftuch, nicht aber jedes Pistolenduell zu rechnen: GM. II, 359 n. 2.

§ 170.

1. Die Straferhöhung ist hier nur fakultativ angedroht; der Richter kann sie bei dem einen Duellanten eintreten lassen, und bei dem andern davon absehen.

Hälfte, jedoch niemals über die Dauer von zwanzig Jahren geschärft werden.

[Entw. § 157]. Vgl. § 168. 169. 171.

§. 171. Ist eine Tödtung oder körperliche Verletzung mittelst vorsätzlicher Uebertretung der vereinbarten Regeln des Zweikampfes bewirkt worden, so ist der Uebertreter, sofern nicht nach den vorhergehenden Bestimmungen eine härtere Strafe begründet ist, nach den allgemeinen Vorschriften über das Verbrechen der Tödtung oder der Körperverletzung zu bestrafen.

[Entw. § 158]. Vgl. § 168—170.

§. 172. Die Sekundanten, sowie die zum Zweikampfe zugezogenen Zeugen, Aerzte und Wundärzte sind straflos; auch sind dieselben nicht verpflichtet, über den beabsichtigten oder ausgeführten Zweikampf der Staatsbehörde anders, als auf deren Aufforderung Anzeige zu machen.

[Entw. § 160]. Vgl. § 170. 39. 155.

§. 173. Die Kartellträger bleiben straffrei, wenn sie ernstlich bemüht gewesen sind, den Zweikampf zu verhindern.

[Entw. § 160a]. Vgl. § 166. 167.

§. 174. Wer einen Anderen zum Zweikampfe mit einem Dritten absichtlich, insonderheit durch Bezeugung oder Androhung von Verachtung, anreizt, wird, wenn der Zweikampf stattgefunden hat, mit Gefängniß von drei Monaten bis zu zwei Jahren bestraft.

[Entw. § 159].

---

2. Da es sich hier von einem Verbrechen handelt, so ist die Möglichkeit eines strafbaren Versuchs grundsätzlich nicht zu bestreiten. Das Gegentheil läßt sich nicht (mit TL. s. 826) aus der fakultativen Fassung des § herleiten.

§ 171.

1. Nur im Falle der vorsätzlichen, nicht auch der kulposen Uebertretung der Duellregeln wird dieser § maaßgebend.

2. Die „vereinbarten" Regeln des Zweikampfs umfassen die herkömmlichen mit, weil sie, in Ermangelung ausdrücklicher Ausschließung als stillschweigend verabredet anzusehen sind; vgl. AKO. v. 27. Sept. 1845 Nr. 3 (GS. s. 682).

§ 172.

1. Die Secundanten rc. sind strafbar, insoweit § 174 auf sie Anwendung findet.

2. Im Falle der Uebertretung der Duellregeln (§ 171) treten für die wissenden Theilnehmer die allgemeinen Grundsätze von der Theilnahme ein: TL. s. 827.

3. Ueber die Möglichkeit einer anderweitigen Theilnahme am Duell vgl. § 166 n. 4.

§ 173. — — — — — — — — — — — —

§ 174.

1. Durch diese Spezialvorschrift ist an den allgemeinen Grundsätzen von der Anstiftung Nichts geändert; man wollte einen Fall berücksichtigen, der nicht immer unter den Begriff der intellektuellen Urheberschaft oder Beihülfe fallen mochte: GM. II, 362; TL. s. 827.

Funfzehnter Titel.

Verbrechen und Vergehen wider das Leben.

§. 175. Wer vorsätzlich und mit Ueberlegung einen Menschen tödtet, begeht einen Mord, und wird mit dem Tode bestraft.

Neben der Todesstrafe ist zugleich auf Verlust der bürgerlichen Ehre zu erkennen, wenn der Mord an einem leiblichen Verwandten der aufsteigenden Linie oder an dem Ehegatten begangen wird.

[Entw. § 161]. Vgl. § 61. 144. 169. 171. 180. 183. 185. 194. 195. 197. 285. 290. 294. 297. 304; Ges. v. 4. Juni 1851 § 10 (GS. s. 452).

---

§ 175.

Inhalt.

1. Tödtung ist eine rechtswidrige Handlung, durch welche Jemand den Tod eines andern Menschen verursacht: TL. s. 786. Ob der todtliche Erfolg mit Nothwendigkeit eintreten mußte, oder in irgend einer Weise abgewendet werden konnte, ist gleichgültig; vgl. § 185.

2. Der Dolus bei der Tödtung besteht im Bewußtsein der Unrechtmäßigkeit der vorgenommenen Handlung, verbunden mit dem Vorsatze durch diese Handlung den Tod des Menschen herbeizuführen; vgl. n. 9.

3. Es genügt, wenn der Vorsatz zu tödten, sich im Augenblicke der That auf dasjenige Individuum richtete, welches von demselben wirklich betroffen wurde, sollte dieses Individuum auch in Folge einer Personenverwechslung nicht dasjenige sein, welches der Handelnde zu tödten beabsichtigte (error in persona): ZII. 5. Mai 59 c. Rose (JMbl. s. 223; GA. VII, 332); TL. s. 194; Zachariä Abh. in GA. V, 586 Note 2; HS. I, 167 ff.; id. Abh in GA. VII, 433; BGr. § 94; Geßler Dolus s. 235. 240; vgl. Böhlau Abh. der Prozeß Rose Rosal, Weimar 1859; id. Abh. in GA. VIII, 157. In einem solchen Falle ist die den Geschwornen vorzulegende Frage so konkret zu fassen, daß die Lösung der obigen Rechtsfrage dem Gerichtshofe vorbehalten bleibt; es empfiehlt sich folgende Fassung: „Ist der Angeklagte schuldig, — — (Zeit, Ort, mit dem [überlegten, vgl n. 5] Vorsatze den A zu tödten, den B, welchen er irriger Weise für den A hielt, getödtet zu haben?" Vgl. S. 87 n. 15 (dort auch über den Fall, wo Jemand, in der Absicht ein bestimmtes Individuum zu tödten, gegen eine Mehrheit von Personen eine in einem größeren Umkreise zerstörend wirkende Gewalt in Bewegung setzt).

4. Dagegen ist die Handlung nicht als eine vorsätzliche aufzufassen, wenn dasjenige Individuum, gegen welches sich die Thätigkeit des Handelnden im Augenblicke der Begehung richtete, verfehlt, und dafür ein anderes außerhalb der Willensrichtung des Handelnden liegendes Individuum getroffen wird (Aberration). Die Tödtung des letztern ist dann keine vorsätzliche, kann vielmehr nur geeigneten Falles) als fahrlässige betrachtet werden, während in Betreff des Verfehlten ein (ideell konkurrirender) Versuch der vorsätzlichen Tödtung vorliegt Ob beides, oder eins von beiden anzunehmen sei, unterliegt der thatsächlichen Prüfung: Beschl. I. 23. Sept. 59 c. Knopf (GA. VII, 835); BII. 5. Sept. 61 c. Ohle (RdO. I, 523); HS. I, 131. 163. 187; BGr. § 96—98; vgl. die Fälle in GA. I, 707; III, 105 und oben S. 87 n. 15.

5. Unter **Ueberlegung** ist eine bei Fassung des Vorsatzes obwaltende ruhige besonnene Verstandesthätigkeit, im Gegensatze zu der durch den Affekt hervorgerufenen Aufgeregtheit zu verstehen: VL f. 153. Sie ist daher nicht eine vom Vorsatze verschiedene, neben demselben und von ihm getrennt wirkende Willensthätigkeit, sondern sie qualifizirt den Vorsatz in der Weise, daß dieser aus ihr hervorgegangen sei. Beim Morde muß daher der Vorsatz das Produkt der Ueberlegung sein; vgl. n. 8; ALR. II, 20 § 826. Hiernach entspricht es ganz den Voraussetzungen des §, wenn der Richter der Thatfrage einen „überlegten Vorsatz" feststellt. Aus demselben Grunde würde es einen Widerspruch in sich schließen, wenn die Geschwornen die Frage nach der Ueberlegung bejahten, die in Betreff des Vorsatzes aber verneinten. — Daraus folgt, daß derjenige, welcher mit dem überlegten Vorsatze, einen bestimmten Menschen zu tödten, sich bei der Ausführung irrt, und nun einen Andern, den er irriger Weise für jenen hält, tödtet, nicht nur vorsätzlich, sondern auch mit Ueberlegung die That vollbringt: ZII. 5. Mai 59 (cit. n. 3); HS. Abh. in GA. VII, 433; *contra*: Böhlau Abh. (cit. n. 3; aus ungenügenden Gründen); id. Abh. in GA. VIII, 157; Geßler l c. f. 240.

6. Aus gleichem Grunde hat auch der **Anstifter** einer mit überlegtem Vorsatze verübten Tödtung die Strafe des § 175 verwirkt, sollte auch der angestiftete Thäter sich bei der Ausführung in der Person geirrt, und also einen Andern getödtet haben, als er selbst und der Anstifter beabsichtigt hatten: ZII. 5. Mai 59 (cit. n. 3); BGr. § 33; VL. f. 181; *contra:* Böhlau Abh. (cit. n. 3).

7. Daß die Ueberlegung der That **lange Zeit vorhergegangen** sei, ist nicht erforderlich.

8. Es genügt, wenn der Vorsatz im Zustande der **Ueberlegung** gefaßt ist; es ist nicht erforderlich, daß auch die Ausführung in diesem Zustande Statt gefunden habe: TL. f. 794. Daher reicht zur Anwendung des § die Feststellung hin, daß die Tödtung mit Ueberlegung beschlossen und in Folge dieses Beschlusses ausgeführt worden sei, sollte auch bei der Ausführung der Affekt hinzugetreten sein: VI. 25. Jan. 54 c. Kabuß (GA. II, 358); *contra:* Mittermaier in GA. II, 302; vgl. § 190 n. 2; VL. f. 154.

9. Sowohl die **Ueberlegung** als der **Vorsatz** muß auf die Tödtung gerichtet sein, es kann daher eine Feststellung nicht genügen, nach welcher nur die äußere Handlung (z. B. das Schlagen) jenen Voraussetzungen entsprach: VI. 12. Juni 57 c. Heinze (GA. V, 668). Das gilt auch da, wo die Feststellung dahin geht: der Angeklagte habe in der Absicht zu tödten vorsätzlich und mit Ueberlegung Körperverletzungen zugefügt, welche den Tod des Verletzten zur Folge hatten, weil hiernach die Ueberlegung nur bei der Körperverletzung, nicht auch beim Vorsatze der Tödtung obwaltete: VII. 24. Nov. 59 c. Dornfeld (JMbl. f. 366; GA. VIII. 198).

10. Es entspricht den Voraussetzungen des Vorsatzes sowohl als denen der Ueberlegung, wenn die Ausführung der That nur unter einer **Bedingung** beschlossen war, wenn z. B. der Vorsatz dahin ging, denjenigen zu tödten, welcher sich der Ausführung einer andern beabsichtigten Strafthat widersetzen würde: ZI. 25. Jan. 44 c. Kabuß (GA. II, 358); ZI. 7. Jan. 59 c. Kretzschmer (GA. VII, 209); ZI. 18. März 59 c. Kyrms (GA. VII, 363).

11. Daher liegt auch kein Widerspruch in der Feststellung, eine vorsätzliche Tödtung sei mit **Ueberlegung** und bei **Unternehmung eines Verbrechens**, um ein der Ausführung entgegentretendes Hinderniß zu beseitigen rc. (§ 178), verübt worden. Es steht daher Nichts im Wege, auf beide gleichzeitig die Fragstellung zu richten: ZI. 7. Jan. 59 c. Kretzschmer (GA. VII, 209); *contra* (beil.): ZI. 18. März 59 c. Kyrms (GA. VII, 363); ZI. 11. Febr. 65 c. Grothe (RdO. V, 494), welche nur eine alternative Fragstellung für angemessen erachteten, ohne gleichwohl die Zusammenfassung in einer Frage als einen Nichtigkeitsgrund anzusehen. Diese Auffassung würde indessen nur dann richtig sein, wenn sich beide Umstände wechselseitig mit Nothwendigkeit ausschlössen; vgl Strafverf. Art. 84 n. 7.

12. In prozessualischer Beziehung bildet bei der Anklage des Mordes das Moment der Ueberlegung einen **erschwerenden Umstand** im Sinne des Art. 91 Abs. 4 des Ges. v. 3. Mai 1852; es bedarf daher einer besonderen Abstimmung der Geschwornen über denselben und der Angabe des betr. Stimmenverhältnisses im Wahrspruche: VPl. 17. Dez. 55 c. Koch (JMbl. 56. f. 27; Entsch. 32. f. 296;

§. 176. Wer vorsätzlich, jedoch nicht mit Ueberlegung, einen Menschen tödtet, begeht einen Todtschlag, und soll mit lebenslänglichem Zuchthaus bestraft werden.

[Entw. § 162]. Vgl. § 177—179.

GA. IV, 96). Dasselbe muß auch in Betreff einer die Theilnahme am Morde betreffenden Frage gelten: selbst wenn dieselbe lediglich auf die rücksichtlich des Thäters gestellte Hauptfrage verweist, muß die Antwort das Stimmenverhältniß angeben, mit welchem die Geschwornen das Vorhandensein der Ueberlegung beim Thäter annehmen; es genügt nicht, wenn dieses in dem den Thäter betreffenden Wahrspruche ausgesprochen ist: *contra:* ZI. 27. Febr 56 c. Falkenstein; ähnlich im Grundsatze: ZI. 24. Okt. 60 c. Kirst (RdO. I, 139). Vgl. Strafverf. Art. 91 n. 15. — Diese Grundsätze sind auch im Rhein. Verfahren maaßgebend: Vdn. v 31. Dez. 1833 Nr. 2. 3 (GS. 34. S. 3).

13. Der Aufnahme der einzelnen Handlungen oder des Mittels, durch welche die Tödtung bewirkt worden ist, in die den Geschwornen vorgelegte Frage bedarf es nicht: ZI. 13. März 57 c. Herbst. Das gilt namentlich dann, wenn Mehrere der gemeinschaftlichen Tödtung angeklagt sind, weil dann das Maaß des Antheils eines Jeden rechtlich gleichgültig ist: ZI. 18. März 59 c. Kyrms (GA. VII, 363).

14. Das Verbrechen des Mordes kann nicht nur durch positive Handlungen, sondern auch durch Unterlassungen verübt werden, insoweit eine besondere Rechtspflicht zum Handeln vorhanden war: VI. 9. Mai 55 c. Graff.

15. Der § unterscheidet nicht zwischen dem Falle, wo die That mit Zustimmung des Getödteten begangen wird, und den Fällen der Tödtung in feindseliger Absicht: ZI. 18. April 53 c. Kühne (GA. I, 331); ZI. 21. März 60 c. Vater (GA. VIII, 415); Böhlau Abh. in GA. V, 489; HS. I, 232. 237; BL. S. 133; *contra:* Dorn Abh. in GA. I, 325.

16. Dagegen ist die Beihülfe zum Selbstmorde, wie der Selbstmord oder der Versuch desselben, straflos: Lion Abh. in GA. VI, 454; BGr. § 31. 57.

17. Auf die (fernere) Lebensfähigkeit des Getödteten kommt es nicht an; auch an einem unheilbaren Todtkranken kann das Verbrechen begangen werden, selbst wenn nicht festzustellen ist, ob nicht auf natürlichem Wege der Tod eben so rasch eingetreten sein würde: ZI. 3. Okt. 66 c. Müller (RdO. VII, 504); TL. S. 787.

18. Zur Bestrafung der wissentlichen Hülfeleistung bedarf es der Feststellung nicht, daß auch der Hülfeleistende vorsätzlich und mit Ueberlegung gehandelt habe: ZI. 23 März 55 c. Kath; vgl. § 34 n. 4. 5; § 35 n. 5.

19 Im Falle des zweiten Absatzes hat der Instanzrichter das Verwandtschafts- 2c. Verhältniß selbstständig zu prüfen, ohne in dieser Beziehung an die civilrechtlichen Vermuthungen und Beweismittel gebunden zu sein; vgl. § 141 n. 4. 5. 10; § 180 n. 2; Strafverf. Art. 22 n. 73. 75. 76. 83.

20. Auch der fremde Theilnehmer am Morde eines Ascendenten oder Ehegatten wird von der Strafe des zweiten Absatzes betroffen, insofern ihm nicht § 44 zu Statten kommt; vgl. § 35 n. 3.

21. Umgekehrt unterliegt der Sohn, welcher an der durch einen Fremden verübten Ermordung des Vaters im Sinne des § 34 Theil nimmt, wie der Urheber der That, nur der Strafe des ersten Absatzes. Das gilt selbst im Falle der Anstiftung; vgl. § 35 n. 4. Ein ZII. 14. April 53 c. Specht (GA. II, 208) hat eine im entgegengesetzten Sinne ergangene instanzgerichtliche Entscheidung stillschweigend gebilligt; die Frage war in der Nichtigkeits-Instanz nicht angeregt worden.

§ 176.

1. In Betreff des Vorsatzes vgl. § 175 n. 3 ff.

2. Der in den Entwürfen von 1829 und 1843 gemachte Vorschlag: der negativen Fassung „nicht mit Ueberlegung“ die positive „in plötzlicher leidenschaftlicher Aufwallung“, oder „im Affekte“ hinzuzusetzen, ward bei der Revision von 1845 beseitigt, weil das Erforderniß des Affekts den Thatbestand zu sehr beenge, und es denkbar bleibe, daß der Richter Vorsätzlichkeit, daneben aber weder Ueberlegung noch Affekt als vorhanden annehme. Jene Worte, „nicht mit Ueberlegung“

§. 177. War der Todtschläger ohne eigene Schuld durch eine ihm selbst oder seinen Angehörigen zugefügte Mißhandlung oder schwere Beleidigung von dem Getödteten zum Zorne gereizt und dadurch auf der Stelle zur That hingerissen worden, so bleibt die lebenslängliche Zuchthausstrafe ausgeschlossen, und es soll auf Gefängniß nicht unter zwei Jahren erkannt werden.

[Entw. § 163]. Vgl. § 177. 196. 41; EG. Art. XXIV; Ges. v. 3. Mai 1852 Art. 84.

---

bezeichnen jetzt nur den Gegensatz gegen den Thatbestand des Mordes (§ 175); sie sind daher nicht als ein wesentliches Begriffsmerkmal des Todtschlags aufzufassen, vielmehr stellt die Ueberlegung einen erschwerenden Umstand dar, durch dessen Hinzutritt das einfache Verbrechen des Todtschlags qualifizirt wird; vgl. § 175 n. 12. Daraus folgt, daß es bei einer Anklage wegen Todtschlags der Aufnahme der Negative „nicht mit Ueberlegung" in die Feststellung nicht bedarf, und daß der § auch dann anwendbar bleibt, wenn sie in die Frage mit aufgenommen, von den Geschwornen aber als nicht erwiesen beseitigt sind; ebenso trifft der § zu, wenn die Geschwornen aus einer einen Mord betreffenden Frage die „Ueberlegung" als nicht erwiesen ausscheiden.

3. Die Möglichkeit eines Gifttodtschlags läßt sich nicht in Abrede stellen: GM. II, 428 n. 3 und die Citate desselben in Note 2; *contra*: TL. s. 839 Note 2.

4. Der Versuch eines Todtschlags ist möglich, da mit der Ausführung des ohne Ueberlegung gefaßten Vorsatzes zu tödten sehr wohl ein Anfang gemacht sein kann, welcher nur durch äußere rc. Umstände ohne Erfolg blieb: B. 2. Jan 52 c. Kokot (GA. I, 85); TL. s. 800.

§ 177.

1. Dieser § bezieht sich auf den Fall des § 179 nicht mit: KBl. s. 27.

2. Ebensowenig ist er auf den Fall des § 175 anszudehnen; gleichwohl kann auch bei einer auf Mord lautenden Anklage eine Frage nach den Voraussetzungen des § 177 beantragt und gestellt werden, weil sie für den eventuellen Fall, wo die Ueberlegung verneint, somit nur ein Todtschlag angenommen würde, von Bedeutung sein müßte: JII. 19 März 60 c. Brinkhoff (RS.; GA. VIII, 525); vgl. EG. Art. XXIV n. 6.

3. Eine eigne Schuld braucht nicht nothwendig darin gefunden zu werden, daß der Todtschläger einen entfernten oder unzureichenden Anlaß zum Streite gegeben hatte: Bes. s. 352a.

4. Unter Angehörigen sind nur solche zu verstehen, welche in einem persönlichen Verhältnisse zum Thäter stehen; ein bestehendes verwandtschaftliches Verhältniß ist dagegen nicht das einzige zu berücksichtigende; auch Brautleute, Pflegebefohlene u. dgl. können hierher gerechnet werden. Dasselbe gilt von Dienstboten: Cass. 15. mess. XIII (SN. 2. 1. s. 134).

5. „Schwere Beleidigung" ist hier nicht der Gegensatz gegen „einfache Beleidigung" (EG. Art. XVI; § 343); es ist daher in jedem Einzelfalle thatsächlich zu prüfen, inwiefern eine Beleidigung sich als schwere darstellt.

6. Die befugte Thätigkeit eines Beamten darf nie als eine „Mißhandlung oder schwere Beleidigung" angesehen werden, welche als Reiz einen Todtschlag als minder strafbar erscheinen lassen könnte.

7. Das gilt selbst dann, wenn der Beamte bei seiner dienstlichen Thätigkeit über die Grenzen seiner Befugniß hinausgegangen, und Handlungen vorgenommen hat, welche an sich unter den Begriff einer Mißhandlung oder schweren Beleidigung fallen würden; so ist die Praxis des franz. Kassationshofs, welche nach anfänglichem Schwanken zuletzt in diesem Sinne sich festgestellt zu haben scheint; vgl. Gilb. C. pén. art. 321 n. 11—14. 16; *contra*: die französischen Rechtslehrer citirt bei Gilb. l. c. n. 15. 17. 18. Zu vergleichen sind die Bemerkungen § 89 n. 12—19; § 102 n. 32.

8. Der Ehebruch, in welchem ein Ehegatte den andern ertappt, ist unzweifelhaft als schwere Beleidigung anzusehen.

§. 178. Wer bei Unternehmung eines Verbrechens oder Vergehens, um ein der Ausführung desselben entgegentretendes Hinderniß zu beseitigen, oder um sich der Ergreifung auf frischer That zu entziehen, vorsätzlich einen Menschen tödtet, wird mit dem Tode bestraft.

[Entw. § 164].

---

9. Die Worte „auf der Stelle" sind nicht auf den Ort zu beziehen, sondern bezeichnen die Kontinuität der Handlungen. Wie lang der dazwischen fallende Zeitabschnitt sein dürfe, ist Gegenstand der thatsächlichen Beurtheilung; es wird darauf ankommen, wie lange bei einem vernünftigen Menschen das erste Auflodern des Zorns in dem hier erforderlichen Grade anhalten könne; vgl. Gilb. C. pén. art. 321 n. 20.

10. Ueber die Kompetenz im Falle der Anwendbarkeit des § vgl. EG. Art. XIII n. 9.

11. In Betreff der Verjährung vgl. § 46 n. 2; § 1 n. 3.

12. Dem Antrage auf Stellung einer die Voraussetzungen des § 177 betreffenden Frage an die Geschwornen muß bei Nichtigkeitsstrafe entsprochen werden: VI. 25. März 61 c. Martin.

13. Sind die Voraussetzungen des § festgestellt, so kann nur auf Gefängnißstrafe erkannt werden: VI. 18. April 60 c. Schreier.

§ 178.

1. Das Wort Unternehmung umfaßt nicht nur die Ausführung des vollendeten Verbrechens rc., sondern auch den Versuch, und zwar selbst bei solchen Vergehen, bei welchen der Versuch nicht strafbar ist: TL. f. 801. Dieser Versuch braucht auch nicht den Voraussetzungen des § 31 zu entsprechen: Z. 29. Juni 52 c. Zülke.

2. In der den Geschwornen vorgelegten Frage muß der Thatbestand des „Verbrechens rc." genau angegeben werden, damit der Gerichtshof prüfen könne, ob wirklich ein solches vorliege: VI. 30. Jan. 61 c. Rappier (RdO. I, 184); *contra:* ZI. 25. Mai 64 c. Uszpelkat (RdO. IV, 539), welches die generische Bezeichnung (z. B. „Diebstahl") für genügend erachtete.

3. Auf den bei Unternehmung einer Uebertretung verübten Todtschlag ist der § nicht auszudehnen; das gilt auch in Betreff eines Holzdiebstahls, welcher nur eine das Maaß des § 1 Abs. 3 des StGB nicht übersteigende Strafe nach sich zieht: ZI. 9. Juni 54 c. Garbaszus (GA. II, 552); ähnlich: VI. 21. Dez. 53 c. Glinecki (GA. II, 237. 257).

4. Das Hinderniß braucht kein wirkliches zu sein, es genügt, wenn der Angeklagte ein solches für vorhanden erachtete; vgl. n. 5. 7.

5. Ebendeshalb brauchen die Umstände, in welchen der Angeklagte das Hinderniß der Ausführung fand, nicht in die Fragstellung aufgenommen zu werden: ZI. 8. Okt. 58 c. Kuschel.

6. Ueber den Begriff der frischen That vgl. § 230 n. 12.

7. Auch dann, wenn der Todtschlag verübt ward, um sich der Ergreifung auf frischer That zu entziehen, ist es gleichgültig, ob wirklich eine Gefahr der Ergreifung vorlag, wenn nur der Thäter von der Absicht geleitet wurde, sich vor einer alsbaldigen Anzeige und Entdeckung sicher zu stellen, und so einer Gefahr zu entgehen, die in der Regel ungleich größer sein wird, wenn der Verbrecher das Leben des Verletzten schont, als wenn er den letztern tödtet: Ungedruckte JMVerf. v. 6. Dez. 1852; vgl. n. 4.

8. Die Voraussetzungen des § 178 bilden einen den Todtschlag im Sinne des Art. 91 Abs. 4 des Ges. vom 3. Mai 1852 begleitenden Umstand; es bedarf daher einer besondern Abstimmung der Geschwornen über dieselben, und der Angabe des Stimmen-Verhältnisses im Wahrspruche: ZI. 8. Okt 58 c. Kuschel; VII. 18. Nov. 58 c. Naumann. Ist jener Umstand zum Gegenstande einer besondern Frage gemacht worden, so braucht diese nicht mit den Worten: Ist der Angeklagte schuldig — zu beginnen: ZI. 25. Mai 64 (cit. n. 2).

§. 179. Der Todtschlag an einem leiblichen Verwandten der aufsteigenden Linie wird mit dem Tode bestraft.

[Entw. § 165]. Vgl. § 175. 176.

§. 180. Eine Mutter, welche ihr uneheliches Kind in oder gleich nach der Geburt vorsätzlich tödtet, wird wegen Kindesmordes mit Zuchthaus von fünf bis zu zwanzig Jahren bestraft.

Wird die vorsätzliche Tödtung des Kindes von einer anderen Person als der Mutter verübt, oder nimmt eine andere Person an dem Verbrechen des Kindesmordes Theil, so kommen gegen dieselbe die Bestimmungen über Mord oder Todtschlag, sowie über die Theilnahme an diesem Verbrechen zur Anwendung.

[Entw. § 166]. Vgl. § 181—183. 186. 34. 35.

---

9. Ueber die Fragstellung in dem Falle, wo die Voraussetzungen des § 178 mit einem Morde konkurriren, vgl. § 175 n. 11.

10. Tödtung eines Zeugen, um sich der Bestrafung zu entziehen, fällt nicht unter diesen §: Koch n. 9.

11. Eine vorsätzliche Körperverletzung, welche den nicht beabsichtigten Tod des Verletzten zur Folge hatte, ist nie aus § 178, sondern stets nur aus § 194 zu bestrafen.

§ 179.

1. Auf den hier vorgesehenen Fall findet § 177 keine Anwendung; vgl. § 177 n. 1.

2. Unter leiblichen Verwandten sind auch die unehelichen zu verstehen; vgl. § 141 n. 4—6.

3. Ueber den Beweis des verwandtschaftlichen Verhältnisses vgl. § 175 n. 19.

4. In Betreff der Theilnahme vgl. § 35 n. 3. 4; § 175 n. 20. 21.

§ 180.

1. Subjekt des „Kindesmords" kann nur die Mutter sein; auf andere Ascendenten ist nur Abs. 2 anwendbar.

2. Als uneheliches Kind ist hier jedes zu betrachten, welches nicht von dem Ehemanne der Mutter erzeugt ist; auf die in Betreff der Vaterschaft im Civilrechte geltenden Vermuthungen kommt weiter Nichts an; wesentlich ist nur, ob das Kind für das Bewußtsein der Mutter ein uneheliches war; vgl. ALR. II, 20 § 983. Demgemäß sind in Betreff der Beweisfrage hier nicht die civilrechtlichen Grundsätze, sondern nur die des Strafverfahrens maaßgebend: ZII. 10. Febr. 53 c. Koppe (Entsch. 24. s. 460; GA. I, 242); BPl. 9. Nov. 57 c. Köppe (JMbl. s. 442; Entsch. 37. 2. s. 69; GA. V, 745; ein Fall des § 186); vgl. § 186 n. 10; Strafverf. Art. 22 n. 76.

3. Temme (Lehrb. s. 808) will dasselbe auch von einem in nichtiger Ehe erzeugten und gebornen Kinde gelten lassen; es unterliegt das indessen erheblichen Bedenken, zumal in einem Falle, wo die Nichtigkeit der Ehe der Mutter unbekannt ist; vgl. ALR. II, 2 § 50. 56.

4. Auch der Art. 340 des Rh. BGB.s kann hiernach der Untersuchung, ob das Kind ein eheliches oder uneheliches gewesen sei, nicht entgegenstehen.

5. Das vom Ehemanne vor der Ehe erzeugte Kind ist ehelich.

6. Die Tödtung setzt voraus, daß das Kind gelebt habe; daß es auch geathmet habe, ist nicht erforderlich: Orthmann Abh. in GA. V, 3; Löwenhardt Abh. in GA. V, 433; *contra:* Gutachten der wissenschaftlichen Deputation für das

§. 181. Eine Schwangere, welche durch äußere oder

Medizinalwesen in Caspers Zeitschrift IX, 193. Auch ein von der Mutter getrenntes Leben wird nicht vorausgesetzt.

7. Auf die Lebensfähigkeit des getödteten Kindes kommt Nichts an: Löwenhardt Abh. in GA. V, 450; Skrzeczka Abh. in GA XIV, 514.

8. Die Worte „in der Geburt" beziehen sich auf die Zeit der begonnenen, aber noch nicht vollendeten Geburt.

9. Die Tödtung ist als „gleich nach der Geburt" verübt anzusehen, wenn sie geschah, so lange der durch den Akt der Geburt selbst hervorgerufene aufgeregte Zustand andauert, so lange also der fortdauernde unmittelbare Zusammenhang zwischen dem Seelenzustande und dem organischen Akte zu erweisen ist; vgl. Motive z. Entw. v. 1833 s. 216. Hiernach ist die betr. Frage eine wesentlich thatsächliche, welche in jedem Falle durch die Geschwornen zu lösen ist: BI. 9. Okt. 63 c. Thiemann (RdO. IV, 102). Wenn daher eine des Mordes (§ 175) ihres unehelichen Kindes angeklagte Mutter behauptet, sie habe die That „gleich nach der Geburt" begangen, und könne deshalb nur wegen Kindesmords bestraft werden, so muß einem auf Stellung einer hierauf bezüglichen Frage gerichteten Antrage nach Art. 84 des Ges. v. 3. Mai 1852 bei Nichtigkeitsstrafe statt gegeben werden; die Ablehnung eines solchen Antrags würde nur dann gerechtfertigt sein, wenn der Instanzrichter aus der Evidenz der Unrichtigkeit die Folgerung herleitete, daß die ganze Aufstellung gar nicht ernstlich gemeint, und etwa nur auf Verhöhnung des Gerichts oder des Verfahrens berechnet gewesen sei (z. B. bei einem mehrjährigen Alter des Kindes); *contra:* BI. 6. Jan 58 c. Krüger (GA. VI, 77), welches selbst (das dreizehntägige Alter des Kindes aus den Akten feststellte, und nun erwog: auf einen solchen Fall finde § 180 keine Anwendung; vgl. Strafverf. Art. 84 n. 6.

10. Es ist statthaft, die Frage an die Geschwornen dahin zu richten, ob die Angeklagte ihr uneheliches Kind in oder gleich nach der Geburt vorsätzlich getödtet habe: Abh. in JMbl. 52. s. 186. Ueber die Statthaftigkeit solcher alternativen Fragen im Allgemeinen vgl. § 34 n. 23; Strafverf. Art. 80 n. 12.

11. Das Gesetz verlangt hier als Dolus nur die Vorsätzlichkeit. Ob Ueberlegung obgewaltet habe, ist für den Thatbestand gleichgültig, und kommt nur als Zumessungsgrund in Betracht; auch im Falle des Vorhandenseins derselben bleibt § 175 ausgeschlossen: BI. 9. Okt 63 (cit. n. 9); vgl. aber n. 16.

12. Das Tödten kann auch durch ein Unterlassen geschehen: BI. 25. Mai 53 c. Neumann (GA. I, 396); vgl. § 175 n. 14.

13. Verheimlichung der Schwangerschaft und Niederkunft bilden jetzt weder ein Begriffserforderniß des Thatbestandes des Kindesmords, noch stellen sie ein selbstständiges Vergehen dar.

14. Ueber das Zusammentreffen des Kindesmords mit der unbefugten Bei-Seite-Schaffung des Leichnams vgl. § 186 n. 13.

15. Wenn die Mutter an der durch einen Andern bewirkten Tödtung ihres neugebornen unehelichen Kindes Theil nimmt, so scheidet § 180 aus, und es können nur die §§ 175. 176. 34 und 35 maaßgebend sein; das gilt selbst vom Falle der Anstiftung; *contra:* Antr. d. OStAnw's zu BPl. 12. Nov. 60 c. Müller (RdO. I, 12); HS. I, 372; Marcinowski Abh. in GA. XI, 744; vgl. § 35 n. 1 ff.; Abh. in GA. IX, 595.

16. Dritte Personen, welche an dem durch die Mutter verübten Kindesmorde Theil nehmen, werden je nachdem diese mit oder ohne Ueberlegung handelte, als Theilnehmer an einem Morde oder einem Todtschlage bestraft: BII 18. März 58 c. Bußmann. (Die Fassung „an diesem Verbrechen" statt „an diesen" beruht offenbar auf einem Druckfehler. In einem solchen Falle bedarf es sonach eventuell auch der ausdrücklichen Feststellung, daß die Mutter mit Ueberlegung gehandelt hat; vgl. n. 11.

§ 181.

1. Das Verbrechen kann an einer vor der That bereits abgestorbenen Frucht oder gar an einer Mole nicht begangen werden; sobald aber die Frucht noch lebt, kommt auf ihre fernere Lebensfähigkeit Nichts an: Abh. in GA V, 638.

innere Mittel ihre Frucht vorsätzlich abtreibt oder im Mutterleibe tödtet, wird mit Zuchthaus bis zu fünf Jahren bestraft.

Derjenige, welcher mit Einwilligung der Schwangeren die Mittel angewendet oder verabreicht hat, wird mit der nämlichen Strafe belegt.

[Entw. § 167]. Vgl. § 182 35.

---

2. Zum vollendeten Verbrechen gehört, daß das Kind entweder im Mutterleibe getödtet, oder in Folge der erwirkten Fehlgeburt gestorben sei; bleibt es nach der Geburt am Leben, so kann nur ein Versuch vorliegen: Mittermaier Abh. im Gerichtssaal 1855 I s. 33.

3. Der Versuch dieses Verbrechens ist unbedenklich sowohl für die Mutter, als für die handelnde dritte Person strafbar: V. 28. Jan. 52 c. Zenner; VI. 7. Jan. 53 c. Schmidt; *contra* in Beziehung auf Abs. 1: Bes s. 359 Note 5; Mittermaier Abh. (cit. n. 2); der letztere stützt sich vorzugsweise auf die Praxis der französischen Gerichte, deren Entscheidungen aber durch die Fassung und Entstehungsgeschichte des Art. 317 des C. pén. gerechtfertigt werden, während für uns Nichts darauf hindeutet, daß der Gesetzgeber hier von der allgemeinen Regel des § 32 habe abweichen wollen.

4. Auch bei einem Versuche des Verbrechens bedarf es nicht der ausdrücklichen Hervorhebung, daß das Mittel ein taugliches gewesen sei; jedenfalls genügt die Feststellung, daß dasselbe nicht absolut untauglich war: ZII. 30 März 65 c. Möllmann (RdO. VI, 39); vgl. § 31 n. 27.

5. Der im § vorausgesetzte Dolus muß auf Tödtung der Frucht oder auf Herbeiführung einer Fehlgeburt, welche den Tod zur Folge hat, gerichtet sein.

6. Derselbe Vorsatz (n. 5) ist auch im Abs. 2 bei der Handlung des Dritten erforderlich. Derjenige, welcher durch eine vorsätzliche Mißhandlung, ohne es zu wollen, eine Fehlgeburt herbeiführt, unterliegt nicht der Strafe des §.

7. Die im zweiten Absatze vorgesehene That des mit Einwilligung der Schwangern handelnden Dritten ist nicht eine bloße Theilnahme am Verbrechen der Schwangern, sondern ein selbstständiges Verbrechen, welches unabhängig von den Handlungen der letztern, und ebendeshalb auch dann bestraft wird, wenn die Schwangere aus irgend einem Grunde straffrei bleibt: V. 29. Okt. 52 c. Schmiedeke (GA. I, 242); VPl. 9. März 57 c. Seyffert (JMbl. s. 170; Entsch 36. s. 401; GA. V, 210); vgl. Abh. in GA. V, 201.

8. Der zweite Absatz sieht genau denselben Thatbestand wie der erste, nur mit verändertem Thäter, vor. Bei dem Worte „anwenden" ist daher an äußere (mechanisch auf den Leib der Schwangern wirkende) Mittel oder an psychische Einwirkungen, bei „verabreichen" aber an innere Mittel gedacht. Verabreichen bezeichnet sonach hier das Eingeben, oder sonstige unmittelbare Einbringen des Mittels in den Körper der [dabei selbst nicht thätig mitwirkenden, sondern nur duldenden] Schwangern: VPl. 9. März 57 (cit. n. 7); vgl. Abh. in GA. V, 201. Demgemäß ist derjenige, welcher einer Schwangern ein Abtreibungsmittel zum Gebrauche einhändigt, nicht als Verabreicher im Sinne dieses § anzusehen; eine derartige Handlung kann nur vom Gesichtspunkte der Theilnahme nach § 34 Nr. 2, d. h. nur dann strafbar sein, wenn die Schwangere sich demnächst des ihr eingehändigten Mittels bedient, und so sich des im ersten Absatze vorgesehenen Verbrechens, oder des Versuchs desselben schuldig macht: VPl. 9. März 57 (n. 7); ZI. 15. April 63 c. Kohnke (RdO. III, 389); *contra:* V. 29. Okt. 52 c. Schmiedeke (GA. I, 242; V, 202); ähnlich: VII. 10 Nov. 53 c. Pütz (GA. V, 203). Vgl. Abh. in GA. V, 201.

9. Unter der „nämlichen Strafe" ist das nämliche Strafgesetz zu verstehen; innerhalb der durch dasselbe bestimmten Grenzen ist für jeden Angeklagten die Zumessung selbstständig zu bewirken.

§. 182. Wer die Leibesfrucht einer Schwangeren ohne deren Wissen oder Willen vorsätzlich abtreibt oder tödtet, wird mit Zuchthaus von fünf bis zu zwanzig Jahren bestraft.

Wird dadurch der Tod der Schwangeren herbeigeführt, so tritt lebenslängliche Zuchthausstrafe ein.

[Entw. § 168]. Vgl. § 175. 181.

§. 183. Wer ein Kind unter sieben Jahren oder eine wegen Gebrechlichkeit oder Krankheit hülflose Person aussetzt, oder ein solches Kind oder eine solche Person, wenn sie unter seiner Obhut stehen, in hülfloser Lage vorsätzlich verläßt, wird mit Gefängniß nicht unter drei Monaten bestraft.

Ist in Folge der Handlung der Tod der ausgesetzten oder verlassenen Person eingetreten, so trifft den Schuldigen Zuchthaus bis zu zehn Jahren.

Ist die Handlung mit dem Vorsatz zu tödten verübt, so kommen die Strafen des Mordes oder Kindesmordes, oder des Versuches dieser Verbrechen zur Anwendung.

[Entw. § 169]. Vgl. § 204. 175. 180.

---

§ 182.

1. Die Worte „ohne deren Wissen und Willen" bezeichnen (ebenso wie in § 176 die Worte: „nicht mit Ueberlegung") nur den Gegensatz gegen den im § 181 Abs. 2 vorgesehenen Thatbestand; die von einem Dritten verübte vorsätzliche Abtreibung ist in jedem Falle strafbar, die Einwilligung der Schwangeren ist ein strafmilderndes Moment; wo dieselbe fehlte, trifft § 182 zu; ebendeshalb bedarf es in der thatsächlichen Feststellung nicht der ausdrücklichen Hervorhebung, daß die That „ohne Wissen oder Willen der Schwangeren" geschehen sei; ebenso schließt die Beseitigung dieses Momentes durch die Geschwornen als „nicht erwiesen" die Strafe des § 182 nicht aus, vielmehr trifft derselbe zu, sobald die vorsätzliche Handlung selbst und nicht gleichzeitig die Einwilligung der Schwangeren festgestellt werden, mag die letztere in der Fragstellung gänzlich mit Stillschweigen übergangen oder von den Geschwornen für „nicht erwiesen" erklärt worden sein; vgl. Antr. d. GStA. zu Zl. 5. Dez. 66 c Heinze (RdO. VII, 687); vgl. § 176 n. 2.

2. Die fahrlässige Abtreibung oder Tödtung der Leibesfrucht wird als solche nicht bestraft, sie kann nur als fahrlässige Verletzung der Mutter unter § 198 fallen; vgl. § 184 n. 9.

3. Der zweite Absatz setzt voraus, daß der herbeigeführte Tod der Schwangern vom Thäter nicht beabsichtigt gewesen sei; war der Dolus auf diesen gerichtet, so ist § 175 anwendbar.

§ 183.

1. Das Vergehen des Aussetzens kann nicht blos von demjenigen verübt werden, welcher eine Obhut über das Kind 2c hat, sondern von Jedem: Bl. 21. April 58 c. Majunke.

2. „Aussetzen" bezeichnet das Hinschaffen an einen Ort, wo die hülflose Person sich selbst überlassen wird, und fremder Hülfe nur durch Zufall theilhaftig werden kann, während ihr bis dahin eine solche Fürsorge geleistet wurde, oder doch gesetzlich zu leisten war. Demgemäß gehört auch der Fall hierher, wo ein hülflos Vorgefundener aus dem Bereiche einer bereits veranlaßten obrigkeitlichen Fürsorge anderswo hingeschafft und dem Zufalle überlassen wird, sollte auch der die Polizei verwaltende Gutsherr selbst es gewesen sein, welcher nach erlangter Kenntniß von der Hülflosigkeit die Wegschaffung bewirken ließ: Zl. 21. April 58 c. Majunke.

§. 184. Wer durch Fahrlässigkeit den Tod eines Menschen herbeiführt, wird mit Gefängniß von zwei Monaten bis zu zwei Jahren bestraft.

Wenn der Thäter zu der Aufmerksamkeit oder Vorsicht, welche er bei der fahrlässigen Tödtung aus den Augen setzte, vermöge seines Amtes, Berufes oder Gewerbes besonders verpflichtet war, so kann derselbe zugleich auf eine bestimmte Zeit, welche die Dauer von fünf Jahren nicht übersteigen darf, oder für immer zu einem solchen Amte für unfähig oder der Befugniß zur selbstständigen Betreibung seiner Kunst oder seines Gewerbes verlustig erklärt werden.

[Entw. § 170]. Vgl. § 144. 182. 183. 194. 198. 201. 202. 205. 301—304; Gew.-Ordn. v. 17. Jan. 1845 (Ges. v. 22. Juni 1861 Art. II. § 172—174.

---

3. Das „Verlassen" ist auf eine örtliche Entfernung zu beziehen; die Entziehung oder Vorenthaltung der nöthigen und schuldigen Pflege reicht dazu nicht hin: Beschl I. 11. Jan. 60 c. Reiser (12B.

4. Strafgrund ist nur die objektive Gefahr, nicht etwa die Absicht des Thäters, sich der ihm obliegenden Pflicht der Obhut rc. zu entledigen, oder den Personenstand der betr. Person zu verdunkeln, da auch andere Motive (z. B. Haß, Bosheit rc.) obgewaltet haben können: ZI. 4. März 57 c. Gerlach (GA. V, 421). Hiernach ist die Gefährlichkeit der Lage des Ausgesetzten rc. ein nothwendiges Begriffserforderniß, sie kann aber unbedenklich im hülflosen Zustande allein gefunden werden.

5. Demgemäß genügt der auf das Verlassen gerichtete Dolus, verbunden mit dem Bewußtsein der Gefährlichkeit der Lage.

6. Ist eine Körperverletzung die Folge des Aussetzens rc. gewesen, so liegt, mag dieselbe als vorsätzliche oder als fahrlässige sich darstellen, ein Fall der idealen Konkurrenz vor.

7. Die Verneinung einer auf vorsätzliche Tödtung gerichteten Frage schließt die Möglichkeit des im Abs. 2 dieses § vorgesehenen Thatbestandes nicht aus; es kann daher hierauf eine Eventualfrage gerichtet werden, deren Bejahung die Strafverhängung nach sich zieht: VI. 9. Mai 55 c. Graff (GA. III, 551); ZI. 1. Mai 57 c. Nicolaus.

§ 184.

1. Das Gesetz macht hier keine Unterscheidung zwischen verschiedenen Graden der Fahrlässigkeit: ZII. 18. Jan. 66 c. Schmidt (RdO. VII, 35); TL. s. 818; *contra*: BL. s. 156, welcher nur grobes und mäßiges Versehen für strafbar erachtet.

2. Ebensowenig unterscheidet das Gesetz zwischen mittelbarer oder unmittelbarer Fahrlässigkeit: Z. 14. Juli 52 c. Kühn. Insbesondere kommt nichts darauf an, ob der Angeklagte unmittelbar die tödtende Handlung vornahm: ZII. 17. Juli 56 c. Kaupe; VII. 15. Mai 58 c. Klaucke.

3. Bei Lösung der Frage, ob der Tod durch die Fahrlässigkeit eines Anderen herbeigeführt sei, ist es nicht entscheidend, ob die Handlung rc. des Letztern an und für sich (objektiv) eine unvorsichtige oder gar verbotene war; vielmehr ist jene Frage mit Rücksicht auf den demnächst eingetretenen Erfolg zu prüfen. Es kommt sonach darauf an, ob die Möglichkeit dieses Erfolges eine so nahe liegende war, daß der Angeklagte sie hätte berücksichtigen und danach sein Thun und Lassen hätte einrichten müssen. Daher genügt es nicht, festzustellen, daß der Angeklagte durch seine Handlung ein polizeiliches Verbot übertreten habe, oder daß er vermöge seiner Stellung zu einer besonderen Sorgfalt verpflichtet gewesen sei: VI. 8. Juli 59 c. Richter.

4. Dagegen ist es nicht erforderlich, daß die betr. Handlung 2c. für sich allein den Tod herbeigeführt habe, und daß sie ihn unter allen Umständen habe herbeiführen müssen; vielmehr kommt in dieser Beziehung der Grundsatz des § 185 zur Anwendung: ZI. 14. Sept. 66 c. Pennis (RdO. VII, 477). Das Nähere siehe § 185 n. 4—7.

5. Demgemäß kann es sehr wohl geschehen, daß bei einer vorsätzlich verübten Tödtung auch noch die mitwirkende Fahrlässigkeit eines Andern konkurrirte. Es steht dann Nichts im Wege, den Einen als den dolosen, den Andern als den kulposen Urheber zu bestrafen; vgl. § 34 n. 1. 2. 28. Ebenso kann auch neben einem eigenen freien und bewußten (vorsätzlichen oder fahrlässigen) Handeln des Getödteten selbst noch die strafbare Fahrlässigkeit eines Dritten konkurriren: cit. Z. 20. Juni 66 c. Stackfleth (RdO. VII, 375; *contra*: ZI. 16. Nov. 66 c. Pinzke (RdO. VII, 642); Böhlau Abhh. in GA. XIV, 536. 728. Die civilrechtlichen Grundsätze der §§ 18—21 I, 6 ALR. sind hier unanwendbar.

6. Auch hier kommt auf die ferneren Lebensfähigkeiten des Getödteten weiter Nichts an; vgl. § 175 n. 17.

7. Auch derjenige, welcher sich in der Ausübung eines Rechts befindet, kann sich durch Ueberschreiten seiner Befugnisse einer Fahrlässigkeit schuldig machen: ZI. 28. Sept. 60 c. Weiß (GA. VIII, 784).

8. Das Vergehen kann auch durch Unterlassung einer durch eine Pflicht gebotenen Handlung begangen werden: ZII. 17. Juni 58 c Büscher; vgl. § 198 n. 3.

9. Der § ist nur auf die Tödtung eines selbstständig existirenden Menschen, nicht auf die einer ungebornen Leibesfrucht anwendbar: ZI. 15. Dez. 54 c. Reusche (GA. III, 262; Arnsb. Arch. 16. f. 437); vgl. § 183 n. 2.

10. Dagegen ist fahrlässige Tödtung eines unehelichen Kindes durch die Mutter, auch wenn sie in oder gleich nach der Geburt stattfindet, nach diesem § zu beurtheilen: Z. 14. Juni 52 c. Schmidt (Arnsb. Arch. 16. f. 436); ZI. 20. Jan. 58 c. Brandenburg (GA. VI, 246); ZII. 17. Juni 58 c. Büscher; JMVerf. v. 25. Mai 1851 (JMbl. f. 195). In diesem Falle kann auch ein vor der Geburt stattgehabtes Verhalten die „Fahrlässigkeit" in sich schließen: ZI. 23. Nov. 59 c. Ehrich (GA. VIII, 128).

11. Die Strafe des § trifft auch denjenigen, welcher durch seine Fahrlässigkeit den Tod eines Todtkranken herbeiführt, selbst wenn dieser an seinem Leiden nothwendig und ebenso rasch hätte sterben müssen: ZI. 3. Okt. 66 c. Müller (RdO. VII, 504); vgl. § 175 n. 17.

12. War die Handlung, durch welche der Tod herbeigeführt ward, auch an und für sich strafbar, so liegt ein Fall der idealen Konkurrenz vor.

13. Vorsätzlichkeit und Fahrlässigkeit schließen sich wechselseitig aus; daher kann der Richter, welcher die Vorsätzlichkeit der Handlung für erwiesen erachtet, nicht wegen fahrlässiger Verübung derselben strafen, wenn bereits rechtskräftig von der Anklage der vorsätzlichen Verübung freigesprochen ist: ZI. 4. Dez. 63 c. Madaiski (RdO. IV, 237).

14. Die Verlustigerklärung der Befugniß zur selbstständigen Betreibung der Kunst oder des Gewerbes ist nicht auf die Fälle beschränkt, wo diese Betreibung durch eine staatliche Genehmigung (Konzession 2c.) bedingt ist: Oppenhoff Ress.-Gess. f. 456 n. 43.

15. Insbesondere sind auch die mit der Leitung eines Bergwerksbetriebs beauftragten Personen (Berggef. v. 24. Juni 1865 § 73) als selbstständige Gewerbtreibende anzusehen; § 6 der Gew.-Ordn. v. 17. Jan. 1845 steht dem nicht entgegen.

16. Dagegen kann nur der selbstständige Gewerbebetrieb untersagt werden, nicht also die Befugniß, im Gewerbe eines Andern als Arbeiter thätig zu sein; das gilt auch von einem Dampfkesselwärter, obgleich er nach dem Ges v. 8. Mai 1856 (GS. S. 295) zu einer besonderen Vorsicht verpflichtet ist: ZII. 12. Mai 66 c. Dümont (RdO. VII, 292).

17. Ueber die Berechnung der Dauer der nach Abs. 2 zu verhängenden zeitigen Unfähig- oder Verlustig-Erklärung vgl. § 25 n. 2.

§. 185. Bei Feststellung des Thatbestandes der Tödtung kommt es nicht in Betracht, ob der tödtliche Erfolg einer Verletzung durch zeitige oder zweckmäßige Hülfe hätte verhindert werden können, oder ob eine Verletzung dieser Art in anderen Fällen durch Hülfe der Kunst geheilt worden, ingleichen ob die Verletzung nur wegen der eigenthümlichen Leibesbeschaffenheit des Getödteten, oder wegen der zufälligen Umstände, unter welchen sie zugefügt wurde, den tödtlichen Erfolg gehabt hat.

[Entw. § 171]. Vgl. Crim.-Ordn. § 169.

---

§ 185.

1. Der hier aufgestellte Grundsatz gilt für alle Fälle der vorsätzlichen oder fahrlässigen Tödtung und analog auch bei erheblichen schweren und tödtlichen Körperverletzungen; vgl § 192a n. 6; § 193 n. 3; § 194 n. 5.

2. Die Vorschrift dieses § bezweckte, die bedenklichen, in der Praxis zu unlösbaren Schwierigkeiten führenden Unterscheidungen zu beseitigen, welche die Crim.-Ordn. im § 169 aufstellte (vgl. für das Rheinische Verfahren Instr. v. 4. Febr. 1818 und JMVerf. v. 15. März 1833, RS. I, 488; III, 594. Vgl. jetzt Instruktion f. d. obduzirenden Medizinalpersonen v. 15. Nov. 1858 § 22 (JMbl. 59. S. 16).

3. Hiernach ist jetzt nur noch der durch die Verletzung wirklich herbeigeführte Erfolg für den Thatbestand entscheidend; darauf, ob dieselbe diesen Erfolg nothwendig herbeiführen mußte, ob der letztere nur durch die Individualität des Verletzten eingetreten ist, und ob er möglicher Weise abgewendet werden konnte, kommt Nichts mehr an.

4. Stets aber wird vorausgesetzt, daß die vom Angeklagten zugefügte Verletzung es gewesen sei, welche den tödtlichen Erfolg herbeigeführt hat, daß also dazu nicht andere vom Angeklagten nicht zu vertretende Schädlichkeiten mitgewirkt haben, ohne deren Hinzutritt der Tod nicht erfolgt wäre. Insbesondere haftet der Angeklagte nicht für dasjenige, was erst nach seiner That geschehen ist, z. B. wenn die zugefügte Verletzung durch das spätere ungeeignete Verhalten des Verletzten selbst verschlimmert, und erst durch diese Verschlimmerung die Ursache des eingetretenen Todes geworden ist: Beschl. I. 10. Okt. 55 c. Adamszent (GA. III, 839); vgl. n. 5.

5. Wenn der Schluß des § es für gleichgültig erklärt, ob die Verletzung nur wegen der eigenthümlichen Leibesbeschaffenheit des Getödteten, oder wegen der zufälligen Umstände, unter welchen sie zugefügt wurde, den tödtlichen Erfolg hatte, so ist aus der Gleichstellung der „zufälligen Umstände" mit der „eigenthümlichen Leibesbeschaffenheit des Getödteten" und aus dem unter n. 4 Gesagten zu folgern, daß unter jenen „Umständen" nicht anderweitige bereits früher vorhandene Schädlichkeiten zu verstehen sind, welche auch für sich geeignet waren, das Leben zu gefährden, weil sonst die unbedeutendste einem Schwerverletzten vorsätzlich (aber ohne Kenntniß von seinem Zustande) zugefügte Thätlichkeit als tödtliche Körperverletzung anzusehen wäre, sobald sie nur irgendwie zur Herbeiführung oder Beschleunigung des Todes mitgewirkt hätte. Man darf daher unter jenen zufälligen Umständen zunächst nur solche Vorkommnisse verstehen, welche für sich allein für das Leben nicht schädlich, erst durch die Handlung des Angeklagten eine Wirksamkeit in der Weise erlangten, daß durch sie die zugefügte Verletzung geeignet wurde, den Tod herbeizuführen. Wirkliche Schädlichkeiten (z. B ein Krankheitszustand oder eine andere von einem Dritten früher zugefügte Verletzung) nehmen nur dann den Charakter eines Umstandes an, unter welchem der Angeklagte die Verletzung zufügte, wenn derselbe mit der Kenntniß von ihrem Vorhandensein handelte; vgl. Thl. I Tit. 3 n. 13. Diese Kenntniß von dem Vorhandensein genügt dann aber auch; insbesondere bedarf es nicht außerdem auch noch des Nachweises, daß der Angeklagte gewußt habe, oder es habe wissen müssen, wie seine That in Ver-

§. 186. Wer ohne Vorwissen der Behörde einen Leichnam beerdigt oder bei Seite schafft, wird mit Geldbuße bis zu zweihundert Thalern oder mit Gefängniß bis zu sechs Monaten bestraft.

---

bindung mit der bereits vorhandenen Schädlichkeit den Tod herbeiführen könne oder werde; *contra*: VI. 22. Mai 57 c. Beritsch (GA. V, 390.); VI. 27. Jan. 58 c. dies. (GA. VI, 242); ZII. 5. Febr. 63 c. Jacobs (RdO. III, 253); Abh. in GA. V, 385, alle in Beziehung auf eine tödtliche Körperverletzung (§ 194). Diese letztere Auffassung findet in der Fassung des Gesetzes überall keinen Anhaltspunkt; ebensowenig läßt sich aber auch sagen, daß sie aus der Natur der Sache folge. Man darf nicht übersehen, daß § 185 zunächst den Fall der vorsätzlichen (oder fahrlässigen) Tödtung vor Augen hat; ging aber der Vorsatz auf Tödtung, so ist nicht abzusehen, warum es nicht genügen sollte, wenn der Angeklagte den von ihm beabsichtigten Erfolg durch die Zufügung einer Verletzung erreichte, indem dabei eine bereits früher vorhandene ihm bekannte anderweite Schädlichkeit mitwirkte, und warum es außerdem noch des schwierigen (oft kaum zu führenden) Beweises bedürfen sollte, daß er gewußt habe, oder habe wissen müssen, wie jener Erfolg durch ein solches Zusammenwirken herbeigeführt werden könne oder werde. Handelte dagegen der Angeklagte ohne den Vorsatz zu tödten (wie in den citt. Fällen), so kann es noch weniger auf die eben erwähnte „Wissenschaft rc." ankommen, da § 194 überhaupt eine Kenntniß oder ein Bewußtsein von der Möglichkeit eines tödtlichen Erfolges in keiner Weise voraussetzt, sondern die Vorsätzlichkeit der verletzenden Handlung, verbunden mit dem objektiv eingetretenen tödtlichen Erfolge, genügen läßt. — Für diese Auffassung spricht auch § 195 Abs. 2, welcher ebenfalls außer dem Bewußtsein des gleichzeitigen Handelns einen weitergehenden Dolus nicht erheischt.

6. Aus dem unter n. 5 Gesagten folgt, daß es in Betreff der zu dem eingetretenen Erfolge mitwirkenden eigenthümlichen Leibesbeschaffenheit und sonstiger Umstände des Verletzten einer Kenntniß des Angeklagten von ihrem Vorhandensein und des Bewußtseins von der Möglichkeit des Erfolges nicht bedarf; dasselbe gilt von den an und für sich unschädlichen „Umständen", durch welche aber die Verletzung geeignet wurde, den Tod herbeizuführen: ZII. 6. Dez. 66 c. Kickuth (RdO. VII, 693).

7. Diese Grundsätze (n. 4—6) gelten auch im Falle einer fahrlässigen Tödtung. Insoweit es hier bei der Prüfung der „Fahrlässigkeit" darauf ankommt, ob der Angeklagte die Möglichkeit des demnächst eingetretenen Erfolges vorhersehen konnte (vgl. § 184 n. 3), ist da, wo zu diesem Erfolge noch eine andere Schädlichkeit mitwirkte, die Kenntniß des Angeklagten vom Vorhandensein der letzteren von wesentlicher Bedeutung.

§ 186.

1. Heimlichkeit der Handlung wird weiter nicht erfordert; es genügt, wenn sie ohne Vorwissen der Behörde geschah.

2. Die Behörde, deren „Vorwissen" hier verlangt wird, ist vorzugsweise diejenige, welcher die Führung der den Personenstand betreffenden Register übertragen ist; d. h. also im Gebiete des Rheinischen Rechts der Civilstandsbeamte (BGB. Art. 77), in den übrigen Provinzen der Pfarrer (vgl. ALR. II, 11 § 469 ff.).

3. Die in der n. 2 angeführten Gesetzesstellen schreiben eine Anzeige bei den genannten Beamten vor, während § 186 nur ein Handeln ohne Vorwissen der Behörde mit Strafe bedroht; daraus folgert TL. f 819, daß selbst bei unterlassener Anzeige die Strafe wegfalle, sobald die Behörde anderweitig vom Todesfalle Kenntniß erlangt hat; diese Auslegung würde indessen das Interesse der richtigen Führung der Personenstandsregister wesentlich gefährden, und namentlich für das Rheinische Recht eine Lücke der Gesetzgebung offen legen, da nach ihr dem Verbote des Art. 77 cit. die seine Handhabung sichernde Strafbestimmung fehlen würde (§ 345 Nr. 1 reicht hierzu nicht aus, hat auch eine ganz andere Bedeutung).

4. Ist die Anzeige beim Pfarrer erfolgt, so begründet die Verabsäumung der durch die §§ 149. 150 der Crim.-Ordn. für den Fall eines gewaltsamen Todes rc.

Die Strafe ist Gefängniß bis zu zwei Jahren, wenn eine Mutter den Leichnam ihres unehelichen neugebornen Kindes ohne Vorwissen der Behörde beerdigt oder bei Seite schafft.
[Entw. § 172]. Vgl. § 345 Nr. 1; ALR. II, 11 § 469—473; Cr.-O. § 149. 150; Rh. BGB. Art. 77; (Rh.) Arrêté 28. fruct. IX (v. Dan Samml 6. p. 868); (Rh.) Dekr. v. 4. therm. XIII (ebendas. 5. p. 27); (Rh.) Dekr. v. 3. Jan. 1813 Art. 18 (ebendas 5. p. 838).

---

vorgeschriebenen Anzeigen bei den Polizeibehörden nicht die Anwendung des § 186: Beschl. I 6. Jan. 58 c Bonn (GA VI, 279).

5. „Leichnam" bezeichnet hier den Körper eines todten Menschen. Als solcher ist eine unreife Leibesfrucht, welche noch nicht so weit ausgetragen ist, daß sie außer der Mutter hätte leben können, nicht anzusehen; an dieser ist daher das Vergehen nicht möglich: BI. 25. Mai 53 c Neumann (GA. I, 396); ZI. 21. Sept. 53 c. Grunow (GA. I, 571); Beschl. I. 4. Jan. 67 c Grabe (RdO. VIII, 6). Ist dagegen eine Frucht ausgetragen, so daß also der Grad ihrer Reife der Möglichkeit eines Lebens außer der Mutter nicht entgegensteht, so kommt es weiter nicht darauf an, ob sie lebend geboren wurde, und ob sie auch in jeder anderen Beziehung lebensfähig war: ZI. 3. Mai 61 c. Mager RdO I, 384); ZI. 23. Mai 62 c. Zulager; u. ö.; Abh. in GA. V, 636; IX, 489; Skrzeczka Abh. in GA. XIV, 513. Etwas Anderes wollen auch die etwas zu allgemein gefaßten Gründe der citt. BI. 25. Mai 53 und ZI. 21. Sept. 53 nicht besagen.

6. Auch auf todtgeborne Kinder findet der § Anwendung: BI. 25. Mai 53 (cit. n. 5); ZI 14. März 59 c. Fischer; *contra*: TL. s. 819.

7. Unter dem Ausdrucke: „bei Seite schaffen" sind, wie die Gleichstellung desselben mit „beerdigen" ergiebt, solche Handlungen zu verstehen, welche geeignet sind, der zuständigen Behörde die Besichtigung der Leiche unmöglich zu machen, oder doch wesentlich zu erschweren: ZI. 15. April 53 c. Plogst. Als solches ist daher ein Verstecken der Leiche nur dann anzusehen, wenn dasselbe mit dem Bewußtsein geschehen ist, daß dadurch die Leiche den Augen Anderer, namentlich der Kenntniß der Behörde entzogen werde: ZII. 28. Mai 53 c Overmann (GA. I, 571). Dagegen ist es gleichgültig, ob der Leichnam an dem Orte, wohin er gebracht worden, belassen werden sollte oder nicht: Beschl. I. 9. Jan. 63 c. Schlagowska (RdO. III, 203).

8. Der Todtengräber, welcher bei einer Beerdigung, wissend, daß sie ohne Vorwissen der betr. Behörde erfolge, behülflich ist, unterliegt als Theilnehmer derselben Strafe; *contra*: Gilb. C. pén. art. 358 n. 9.

9. Ein Gleiches gilt nicht von dem der Beerdigung assistirenden Geistlichen, weil seine Thätigkeit nicht als eine Hülfeleistung zum eigentlichen Beerdigen (d. h. dem Einscharren) angesehen werden kann; *contra*: B. KH. 9 Okt. 48 (RA. 43. 2A. s. 95) mit Rücksicht auf den Art. 358 des Rh StGB., welcher diejenigen bestrafte, qui auront fait inhumer etc.; Gilb. C. pén. art. 358 n. 8. 10—12. Für die mit Frankreich verbunden gewesenen Theile der Rheinprovinz verbot ein Dekr. v. 4. therm. XIII den Geistlichen die Assistenz bei einer ohne Autorisation des Civilstandsbeamten bewirkten Beerdigung, ohne besondere Strafandrohung, während ein Gleiches für die vier Rheinischen Departements schon ein Beschl. des Reg. Commissars Jolivet v. 28 fruct. IX, unter Androhung einer Geldbuße von 100 bis 500 Francs, und Gefängniß von einem Monate bis zu zwei Jahren, gethan hatte. In Frankreich haben Cass. 27. janv. 1832 und 12. oct. 1850 (Sir. 32. 1. 386) das Dekret vom J XIII als noch gültig anerkannt, und da dieses keine Strafe androhe, die Strafen der Art. 605 und 606 des Code v. 3. brum. IV, später aber die des (neuen Art. 471 Nr. 15 des C. pén. angewendet, welchen für die Rheinprovinz der § 33 des Ress.-Regl v. 20. Juli 1818 entsprechen würde. Dagegen erachteten eine JMVerf. v. 8. Dez. 1842 und eine Verf. d. Min. d. geistl. Ang. v. 28. Juli 1843 (Jahrb. 62. s. 247) jene ältern französischen Vorschriften für aufgehoben (durch Einführung des Rh. BGB.), und die betreffenden Geistlichen für straflos, während das oben cit. B. 9. Okt. 48 die Strafen des Art. 358 des Rh. StGB. auf sie anwendete. Zu vergleichen ist ThdCp. 3 p. 274.

Sechszehnter Titel.

Körperverletzung*).

10. Für die Feststellung, ob ein Kind ein uneheliches sei, sind auch hier die im Civilrechte aufgestellten Grundsätze und Vermuthungen (z. B. ALR. II, 2 § 1 ff.; Rh. BGB. Art 312 ff; 340) nicht maaßgebend, vielmehr findet Abs. 2 gegen jede Ehefrau Anwendung, welche den Leichnam ihres thatsächlich aus unehelichem Beischlafe erzeugten neugebornen Kindes bei Seite schafft: Z. 19. Mai 52 c. Rosinger (GA. I, 85); BPl 9. Nov. 57 c. Köppe (JMbl. s. 442; Entsch. 37. 2. s. 69; GA. V, 749); ZI. 3. Nov. 65 c. Körth (GA. XIV, 61). Sonach kommt es auch hier nur darauf an, ob das Kind für das Bewußtsein der Mutter ein uneheliches war; vgl. § 180 n. 2; Abh. in GA. V, 745 ff.; Strafverf. § 22 n. 75. 76.

11. Der Absatz 2 greift auch dann Platz, wenn die Mutter ihre [Schwangerschaft und] Niederkunft nicht verheimlicht hatte: KBII. s. 107.

12. Wie lange ein Kind als ein neugebornes anzusehen sei, ist wesentlich Gegenstand thatsächlicher Beurtheilung. Jedenfalls aber trifft der Begriff da nicht mehr zu, wo die Existenz, und besonders wo das Leben des Kindes offenkundig geworden, und der Behörde davon Anzeige gemacht war.

13. Da der § einen Leichnam voraussetzt, so ist es kaum denkbar, daß der im Abs. 2 vorgesehene Thatbestand ideell mit einem Kindesmorde konkurrire. Jede Tödtung hat, auch wenn sie durch eine Handlung verübt wird, welche gleichzeitig den Körper des Kindes den Nachforschungen entzieht (z. B. durch Werfen in einen Fluß oder in eine Abtrittsgrube rc.), doch nothwendig ein lebendes Kind, also keinen Leichnam zum Gegenstande; es bleibt daher § 186 ausgeschlossen. Wird dagegen das getödtete Kind demnächst durch eine neue selbstständige Handlung bei Seite geschafft, so liegt unzweifelhaft ein Fall der realen Konkurrenz vor, und § 56 wird anwendbar; die Identität des Zwecks kann hieran Nichts ändern: Beschl. I. 3. Juni 59 c. Finck (GA. VII, 546); ZII. 26. Sept. 61 c. Braun (RdO. I, 588); Beschl. I. 21. Okt. 63 c. Tessen (RdO. IV, 126); VI 9 Febr. 64 c. Perkuhn (RdO. V, 344, ein Fall der fahrlässigen Tödtung); *contra*: ZI. 21. Okt. 53 c Ziegler (GA I, 709); VI. 20. Jan. 58 c. Brandenburg (GA. VI, 246); Abh. in GA. XII, 91; in der letzteren wird aus dem Umstande, daß der Gesetzgeber durch § 186 Abs. 2 dem Kindesmorde habe vorbeugen wollen, gefolgert, daß da, wo es zum letztern gekommen sei, die Strafe des ersteren ausgeschlossen bleiben müsse [?]. Vgl. § 56 n. 2. 4. 5.

*) **Sechszehnter Titel.**

1. Als Körperverletzung (Mißhandlung) kann nur eine unberechtigte oder über die Grenzen der Berechtigung hinausgehende Handlung strafbar sein: ZI. 15. März 61 c. Hoppe; vgl. n. 4 fgg..

2. Dagegen kann die Zustimmung des Verletzten Straflosigkeit nicht herbeiführen: HS. II, 232. 237; vgl. § 175 n. 15.

3. Insoweit eine Handlung die Grenzen eines begründeten Züchtigungsrechtes nicht überschreitet, bleiben die §§ 187 ff. ausgeschlossen, sollte auch von diesem Rechte ohne genügende Veranlassung Gebrauch gemacht sein; auf eine Erörterung der letzteren Frage hat sich daher der Strafrichter nicht einzulassen: VI. 7. April 64 c. Seligmann (RdO. IV, 441). Dagegen stellt jede Ueberschreitung des durch den Zweck der Züchtigung begrenzten Maaßes eine Mißhandlung dar: ZI. 19. Mai 54 c. Schönke (GA. II, 553); VII. 5. Okt. 65 c. Lehmann (RdO. VI, 361). Ob eine solche Ueberschreitung vorliege, ist Gegenstand der thatsächlichen Beurtheilung des Instanzrichters: ZI. 8. Nov. 65 c. Pokatis (RdO. IV, 445).

4. Eine „Züchtigung" ist auch dann straflos, wenn der sie Zufügende in der (wenn auch irrigen) Ueberzeugung handelte, daß bei ihm die Voraussetzungen eines vom Gesetz anerkannten Zuchtigungsrechtes vorhanden seien: ZII. 5. Juli 66 c. Banneier (RdO. VII, 414); vgl. n. 1.

5. Dagegen ist auch die von einem Berechtigten ausgegangene Züchtigung strafbar, wenn sie nicht zum Zwecke einer solchen, sondern um zu mißhandeln vorgenommen wurde: VII. 5. Okt. 65 (cit. n. 3).

6. Dem **Ehemanne** steht gegen die Ehefrau ein Züchtigungsrecht nicht zu; die Ausschließung der Ehescheidung wegen geringer Thätlichkeiten zwischen Eheleuten gemeinen Standes (ALR. II, 1 § 701) macht eine strafrechtliche Verfolgung wegen solcher Handlungen nicht unzulässig: ZI. 23. Sept. 53 c. Klär (GA. I, 710); ZI. 19. Mai 54 (cit. n. 3); ZI. 11. März 59 c. Schmidt; *contra:* GA. II, 326; Abh. in GA. VII, 388; vgl. Tit. XIII (f. 251) n. 4.

7. Ueber das Züchtigungsrecht bei der **Kinder-Erziehung** vgl. ALR. II, 2 § 86—91. Exzesse, welche dabei vorkommen, haben nicht nur die im § 91 cit. erwähnten Folgen, sondern ziehen auch Bestrafung nach sich: ZI. 5. Febr. 58 c. Plengsken; ZI. 6. April 64 c. Pohl; ZI. 23. Jan. 67 c. Bräunig.

8. In Betreff der **Schulzucht** und des Züchtigungsrechtes der **Lehrer** vgl. ALR. II, 12 §§ 50 53; AKO. v. 14. Mai 1825 Nr. 4—6 (GS. f. 149). Jenes Recht steht nicht blos den öffentlich angestellten, sondern auch den konzessionirten **Privatlehrern** zu; vgl. AKO. v. 10. Juni 1834 (GS. f. 135); St.-Min.-Instr. v. 30. Dez. 1839 (VMbl. 40. f. 94); ALR. II, 12 § 2—5; Verfass. v. 31. Jan. 1850 Art. 22. 23. — **Ueberschreitungen** des Züchtigungsrechtes, durch welche aber dem Kinde keine wirkliche Verletzung zugefügt wird, können weder im Civil- noch im Criminalwege gerichtlich verfolgt werden, sondern unterliegen nur der disciplinarischen Ahndung: B. KH. 28. Sept. 42 Schneider c. Kurz (Jnt. d. Ges.; RA. 33. 2A. f. 15); vgl. Erk. Komp.-GH. 5. April 56; id. 7. März 57; id. 21. Nov. 57 (JMbl. 57. f. 67 u. 75); VII. 8. Nov. 60 Bolles c. Wischmeier (GA. IX, 136). Dasselbe gilt auch in Beziehung auf den Präses des Schulvorstandes: Erk. Komp.-GH. 30. Jan 58 (JMbl. f. 282). Vgl. Oppenhoff Ress.-Ges. f. 531 n. 25. — Dagegen begründet eine Ueberschreitung des Züchtigungsrechtes, durch welche dem Kinde eine wirkliche Verletzung (d. h. eine die Gesundheit gefährdende Beschädigung: Erk. Komp.-GH. 7. März 57, JMbl. 58. f. 77) zugefügt wird, die Anwendbarkeit der §§ 187 ff. und die gerichtliche Kompetenz. Die Prüfung, ob ein solcher Fall vorliege, steht auch hier dem befaßten Gerichte zu; es läßt sich nicht aufstellen, daß hierüber die vorgesetzte Verwaltungsbehörde vorweg in bindender Weise zu entscheiden habe; ihr steht nur eventuell die Erhebung des Konflikts nach Anleitung des Ges. v. 13. Febr. 1854 zu; vgl. das Nähere Oppenhoff l. c. f. 530 n. 25.

9. **Lehrlinge** unterliegen dem Züchtigungsrecht des Lehrherrn: Gew.-Ordn. v. 17. Jan. 1845 § 151; VI. 7. April 64 (cit. n. 3). Aus dem cit. § 151 ist nicht zu folgern, daß auch dem den Lehrherrn vertretenden Gesellen ein Züchtigungsrecht zustehe; die dieses bestimmenden §§ 298. 300 II, 8 ALR. sind durch § 190 der Gew.-Ordn. beseitigt: ZII. 25. Sept. 62 Born c. Koppe (GA. X, 846; StA. 46. f. 239). — Die Vorschrift des § 151 cit. ist auf Wirthschaftslehrlinge nicht auszudehnen: VI. 11. Mai 61 c. Warnecke; vgl. n. 11.

10. Der **Dienstherrschaft** steht ein Züchtigungsrecht gegen gemiethetes **Gesinde** nicht zu; der § 227 II, 7 ALR. bezog sich nur auf das Unterthänigkeitsverhältniß und hat mit diesem seine Geltung verloren; der § 77 der Gesinde-Ordn. v 8. Nov. 1810, welcher dem Gesinde das Recht auf eine gerichtliche Genugthuung versagt, wenn es die Herrschaft durch ungebührliches Betragen zum Zorn reizt und nun von dieser mit Scheltworten oder geringen Thätlichkeiten behandelt wird, — schließt die Strafverfolgung der StA.-schaft in keiner Weise aus: Beschl. I. 5. Juni 61 c. Bortel (RdO. I, 415); ZI. 17. Febr. 64 c. Tyballa; Verf. d. Min. d. J. u. d. P. v. 7. Nov. 1833 (v. K. Ann. XVII, 1000).

11. Dagegen wird durch den cit. § 77 (n. 10) in den dort vorgesehenen Fällen die **Privatklage des Gesindes** gegen die Herrschaft wegen Ehrverletzung oder Mißhandlung ausgeschlossen. Die betr. Vorschrift stellt aber eine nicht auszudehnende Ausnahme dar, welche einerseits auf die Herrschaft selbst (mit Ausschließung anderer Familienglieder ꝛc.), andererseits auf die im Miethsverhältnisse stehenden Personen zu beschränken ist, welche unter den gesetzlichen Begriff des Gesindes fallen: VI. 3. Juni 53 Knorr c. Kalohr (GA. I, 572; StA. X, 72). Der § 77 ist sonach aktiv nicht auf Hausoffizianten, z. B. einen Guts-Inspektor auszudehnen: ZI. 3. März 54 c. Naujocks (GA. II, 543); ZI. 8. April 59 Ewanowski c. Borowski; eine Ausnahme tritt nur da ein, wo der Hausoffiziant die Verwaltung in der Weise selbstständig führt, daß er im Verhältnisse zum Gesinde die Stelle der Herrschaft einnimmt, wenn er z. B. auch den Dienstvertrag im eignen Namen abschließt, das

§. 187. **Wer vorsätzlich einen Anderen stößt oder schlägt, oder demselben eine andere Mißhandlung oder Verletzung des Körpers zufügt, wird mit Gefängniß bis zu zwei Jahren bestraft.**

Wird festgestellt, daß mildernde Umstände vorhanden sind, so ist auf Geldbuße bis zu dreihundert Thalern zu erkennen.

[Entw. § 173]. Vgl. § 188—196. 203. 346 Nr. 3; EG Art. XVI—XVIII; Frankf. Vdn. v. 25. Febr. 1867 (GS. s. 279).

Gesinde entläßt ɿc. (vgl. Gesinde-Ordn. § 1. 117 ff. 171 ff.): BI. 3. Febr. 60 c. Weber (GA. VIII, 278); ähnlich: ZI. 8. Juli 59 Bauer c. Reitsch; ZI 9. Sept. 59 Tiedeke c. Weber. — Passiv ist § 77 nicht auf Wirthschaftslehrlinge anzuwenden: BI. 11 Mai 61 c. Warneke; vgl. n. 9. Ebenso läßt sich nicht aufstellen, daß der § dem Dienstherrn auch ohne Weiteres ein Recht gegen das Gesinde des Gesindes (z. B. gegen einen Gärtnerlehrling) beilege: BI. 3. Mai 65 Krug c. Arnold (GA. XIII, 510). — Im Uebrigen ist nicht jede leichte Mißhandlung als „geringe Thätlichkeit" im Sinne des § 77 zu betrachten; vielmehr unterliegt es der thatsächlichen Prüfung des Einzelfalles, ob die Provokation Seitens des Gesindes und das Maaß der zugefügten Thätlichkeit von der Art waren, wie dort vorausgesetzt wird: ZI. 11. Juli 56 c. Borngräber.

12. Die Ausübung des Hausrechts (z. B. die gewaltsame Entfernung eines Andern aus dem Hause ɿc. nach vergeblicher Aufforderung sich zu entfernen) ist nicht als Körperverletzung anzusehen: BI. 31. Mai 54 Lesser c. Amman. Nur der Exzeß in der Ausübung jenes Rechtes kann unter diesen Begriff fallen: ZII. 12. April 60 c. Paul.

13. In Betreff des Begriffs der Körperverletzung und der Mißhandlung vgl. im Uebrigen § 187 n. 8—11; über die s. g. Real-Injurie vgl. Tit. XIII (s. 252) n. 15.

§ 187.

1. Dem Begriffsmerkmal der Vorsätzlichkeit ist nicht genügt, wenn nur die äußere Handlung mit Vorsatz vorgenommen wurde. Vielmehr wird erfordert, daß der letztere sich gegen das von der Handlung betroffene Individuum richtete; das Nähere hierüber siehe zu Thl. I Tit. 3 (s. 87) n. 15. Außerdem aber muß hier auch noch das Bewußtsein hinzutreten, daß durch die Handlung das körperliche Wohlbefinden des davon Betroffenen gestört werde: ZII. 11. Nov. 58 c. Dankelmann; BII. 9. Nov. 65 c. Hippert (RdO. VI, 449).

2. Dagegen bedarf es einer weiter gehenden Absicht des Thäters nicht; insbesondere also auch nicht der Absicht zu verletzen, zu beschädigen, Schmerz oder körperliches Unbehagen zuzufügen oder zu beleidigen: ZI. 3. Nov. 60 c. Richter; ZII. 5. Dez. 61 c. Viefhaus (RdR. II. 120).

3. Ebenso wird die Anwendbarkeit des § dadurch nicht ausgeschlossen, daß neben jener Vorsätzlichkeit (n 1) noch eine anderweitige Absicht obwaltete, z. B. die zu beleidigen (vgl s. 252 n. 15), oder die der Befriedigung des Geschlechtstriebes: BI. 21. Okt. 64 c Unger (RdO. V, 184); ZI. 2. Nov. 66 c. Knack (RdO. VII, 604); ZII. 14. Febr 67 c Venhoff (RdO VIII, 124); *contra:* TO. s. 833.

4. Inwiefern Straflosigkeit eintritt, wenn die Handlung geschah, um einen vermeintlich rechtswidrigen Angriff abzuwehren, vgl. § 41 n. 2; Thl. I Tit. 3 (s. 88) n. 18.

5. Der Vorsatz zu tödten schließt den Vorsatz zu beschädigen als das Geringere in sich: Z. 28. April 52 c. Kirsch.

6. Ueber den Fall der Aberration und des error in corpore vgl. § 175 n. 3. 4. Das dort Gesagte gilt auch bei der Körperverletzung: BII. 5. Sept. 61 c. Ohle (RdO. I, 523); ZI. 21. März 66 c. Straszewski (GA. XIV, 360).

7. Eine vom Berechtigten ertheilte Züchtigung ist immer eine vorsätzliche Handlung; eine Ueberschreitung fällt daher nothwendig unter § 187: BI. 29. April

53 c. Prätorius; vgl. s. 289 n. 3ff. Eine solche wird auch durch den guten Glauben, daß man innerhalb der Grenzen des Rechtes verblieben sei, nicht straflos.

8. Unter Mißhandlung ist eine (vorsätzliche, unbefugte) auf den Körper eines Andern ausgeübte Einwirkung zu verstehen, welche bei dem letzteren ein körperliches Mißbehagen zur Folge hat: ZII. 5. Dez. 61 (cit. n. 2); VII. 5 Okt. 65 c. Lehmann (RdO. VI, 361); VII. 9. Nov. 65 (cit. n. 1). Fehlt es an dem letzteren Erfordernisse, so kann nur (unter Umständen) der Thatbestand der (Real-) Injurie, oder der des § 346 Nr. 3 vorliegen. Dagegen braucht jenes Mißbehagen nicht nothwendig in einem körperlichen Schmerze zu bestehen: ZI. 3. Juli 63 c. Lindau (RdO. III, 548); vielmehr können auch andere auf den Körper zurückwirkende Gemüthsaffektionen genügen, z. B. Erregung von Ekel durch Beschütten mit einer schmutzigen Flüssigkeit: Z. 24. März 52 c. Gütte; ZI. 1. Mai 63 c. Rothmann (RdO. III, 423); oder eine unzüchtige körperliche Betastung: ZII. 16. April 66 c. Dörheit (RdO. VII, 232); ZII. 14. Febr. 67 c. Bennhoff (RdO. VIII, 124). Ebenso kann eine Mißhandlung auch in einer das körperliche Wohlbefinden störenden psychischen Einwirkung (z. B. Erschrecken) gefunden werden; vgl. VII. 9. Nov. 65 (cit. n. 1). Dagegen würde es nicht genügen, wenn die Einwirkung ausschließlich eine psychische, den Körper weiter nicht berührende wäre.

9. Als Mißhandlung ist auch die Beschädigung zu betrachten, welche in einer pflichtwidrigen Vernachlässigung, in der Nichterfüllung einer positiven gesetzlichen Verpflichtung ihren Grund hat: ZII. 5. Okt. 65 c. Lehmann (RdO. VI, 361).

10. Das Wort „Mißhandlung" deutet gleichzeitig die Vorsätzlichkeit an; eine „fahrlässige Mißhandlung" ist nicht denkbar; Dalke Abh. in GA. VI, 446. Anders verhält es sich mit der „Körperverletzung"; in Betreff dieser bedarf es daher jedesmal der ausdrücklichen Feststellung, daß sie vorsätzlich statt gefunden hat.

11. Der Begriff der Körperverletzung ist auch insofern enger als der der Mißhandlung, als er eine Verletzung oder Beschädigung des körperlichen Organismus voraussetzt. Eine auf Körperverletzung lautende Anklage wird daher durch die Feststellung: „die That stelle keine Mißhandlung dar" vollständig erledigt: ZII. 19. Juni 56 c. Arentzen (GA IV, 668).

12. Auch wenn eine leichte Mißhandlung im Wege des Civilprozesses verfolgt wird, zieht dieselbe die Strafe des § 187 (und nicht die der Beleidigung) nach sich: ZI. 13. Dez. 54 Masteit c. Schlingelhof.

13. Ebenso verjähren die im Wege des Civil-Prozesses verfolgten leichten Mißhandlungen als Vergehen nur in der durch § 46 vorgeschriebenen Frist, nicht als Beleidigungen nach § 343 in sechs Monaten: ZI. 1. Nov. 54 Reibe c Schröder (StA. XVI, 1); ZI. 13. Nov. 54 Tost c. Bauch (GA. III, 131); ZII. 14. April 59 Quambusch c. Rothschild (Entsch. 42. s. 16).

14. Die StA.-schaft kann leichte Mißhandlungen ohne Antrag des Verletzten verfolgen: ZPl. 27. Juni 53 c. Jettke (JMbl. s. 245; Entsch. 26. s. 140; GA. I, 572); ZI. 16. März 66 c. Wehrstadt (RdO. VII, 182); u. ö. (feste Praxis); Stumpe Abh. in GA. I, 141; *contra* früher: B. 6. Okt. 52 c. Siebert; VII. 17. Febr 53 c. Wannig. — Hiernach erleidet § 50 auf Mißhandlungen nur insofern Anwendung, als die Verfolgung im Wege der Privatklage erfolgt; vgl. § 189 n. 2. — Im Frankfurter Gebiete findet auch wegen leichter Körperverletzungen und Mißhandlungen die Privatklage nach Maaßgabe des StPGes. v. 16. Sept. 1856 § 48 Abs. 3. 4 Statt: Vdn. v. 25. Febr. 1867.

15. Aus dem unter n. 14 Gesagten folgt, daß die Zurücknahme des vom Verletzten gestellten Antrags der Strafverfolgung des StA.s nicht entgegensteht; das Gegentheil ist nicht aus Art. XVII des EG.s zu folgern: ZII. 25. Sept. 56 c. Pilk; ZI. 15. Febr. 65 c. Mianowicz (RdO. V, 506).

16. Wird das Vorhandensein „mildernder Umstände" festgestellt, so darf nicht auf Gefängniß, sondern nur auf Geldbuße erkannt werden: VI. 29. April 64 c. Helbig (RdO. IV, 485). Das ist indessen auf mildernde Strafzumessungsgründe nicht auszudehnen: ZII. 30. Sept. 58 c Grumm.

17. Die Annahme des Instanzrichters: der Angeklagte sei zu einer Mißhandlung durch beleidigende Schimpfworte gereizt worden, involvirt nicht nothwendig die Feststellung mildernder Umstände: ZII. 17. Juni 54 c. Schulte.

§. 188. Wenn leichte körperliche Verletzungen oder Mißhandlungen auf der Stelle erwiedert werden, so soll der Richter ermächtigt sein, für beide Theile oder für einen derselben eine, der Art oder dem Maaße nach mildere Strafe, oder gar keine Strafe eintreten zu lassen.

[Entw. § 173a]. Vgl. § 153 343.

§. 189. *) Wenn wegen vorsätzlich zugefügter leichter Körperverletzungen oder Mißhandlungen die Privatklage erhoben ist, so kommen die im dreizehnten Titel bei den Ehrverletzungen über den Antrag auf Bestrafung und die Zurücknahme des Strafantrages gegebenen Bestimmungen zur Anwendung.

[Entw. § 173a]. Vgl. § 160—162; 50—54; EG. Art. XVI—XVIII; Ges. v. 11. März 1850 § 5 (GS. s. 174); Frankf. Vdn. v. 25. Febr. 1867 (GS. s. 279).

*) In der ursprünglichen Fassung hieß es irriger Weise „zwölften" statt „dreizehnten Titel". Die Berichtigung dieses Versehens erfolgte in der GS. v. 1856 s. 220.

§ 188.

1. Aus der Fassung und Stellung der §§ 188 und 189 ergiebt sich, daß unter „leichten körperlichen Verletzungen oder Mißhandlungen" nur die im § 187, nicht auch die in den §§ 190—192 vorgesehenen ausgezeichneten Fälle der Körperverletzung zu verstehen sind; in Betreff der letzteren findet daher ebensowenig eine Aufrechnung als eine Privatklage des Verletzten Statt: ZI. 10. Juni 64 c. Emmerich (RdO. IV, 564); ZI. 16. März 66 c. Wehrstadt (RdO. VII, 182); cf. EG. Art. XVI (welcher die §§ 190—192 nicht mit anführt) und dort n. 1.

2. Der § ermächtigt den Instanzrichter in dem vorgesehenen Falle die Strafe zu mildern, oder ganz in Wegfall zu bringen, verpflichtet ihn aber nicht dazu; er braucht sich daher über die Gründe, welche ihn bestimmen, von jener Befugniß keinen Gebrauch zu machen, nicht auszusprechen: ZII. 25. Okt. 66 c. Send (RdO. VII, 579).

3 Ein ZI. 10. Okt. 62 c. Zöllner (GA. X, 845) ließ die Aufrechnung auch in einem Falle zu, wo wegen Mißhandlung eines Kindes geklagt und festgestellt war, daß das mißhandelte Kind kurz vorher das Kind des Verklagten geschlagen habe; vgl. § 153 n. 4.

4. Ueber die Statthaftigkeit der Aufrechnung in dem Falle, wo von der einen Seite eine Beleidigung, von der andern Seite eine Mißhandlung zugefügt worden ist, vgl. § 153 n. 2.

5. Die Erwiderung der Mißhandlungen gehört zu denjenigen Thatsachen, in Betreff deren bei schwurgerichtlichen Verhandlungen nach Art. 81 d. Ges. v. 3. Mai 1852 die Feststellung nur durch die Geschwornen erfolgen kann: VI. 12. Mai 54 c. Rietz.

6. Liegt ein Fall des § 188 vor, so stellt es keine Gesetzesverletzung dar, wenn der Instanzrichter von der Anklage freispricht, oder den Angeklagten für „nicht schuldig erklärt": ZII. 28. Juni 60 c. Eggert (GA VIII, 697); ZII. 11. Okt. 60 c. Marbaise (Rh. S.).

7. Im Uebrigen sind die Noten zu § 153 zu vergleichen.

§ 189.

1. Die im dreizehnten Titel gegebenen Bestimmungen, auf welche hier verwiesen wird, sind in den §§ 160—162 enthalten.

2. Mit dem § 160 wird bezüglich des Strafantrags auch § 50 anwendbar; ist daher die dort vorgeschriebene dreimonatliche Frist nicht gewahrt, so ist die Privatklage wegen leichter Mißhandlung (§ 187) ausgeschlossen: ZPl. 16. Juni 62 Pritz-

§. 190. Die vorsätzliche Mißhandlung oder Körperverletzung, welche mit Ueberlegung verübt wird, ist mit Gefängniß bis zu drei Jahren zu bestrafen.

[Entw. § 174]. Vgl. § 187. 175.

§. 191. Vorsätzliche, gegen leibliche Eltern oder Großeltern verübte Mißhandlung oder Körperverletzung soll Gefängnißstrafe nicht unter drei Monaten nach sich ziehen.

[Entw. § 174a]. Vgl. § 187. 196. 179.

§. 192. Wer gegen ein Mitglied der Kammern, einer anderen politischen Körperschaft oder einer öffentlichen Behörde, einen öffentlichen Beamten, einen Religionsdiener, ein Mitglied der bewaffneten Macht, einen Geschworenen, einen Zeugen oder

---

laff c. Ott (GA. X, 577); BI. 1. Nov. 54 Tost c. Bauch (StA. XVI, 1 u. 4); *contra* früher: ZII. 14. Dez. 54 Telsing c. Verbücheln (StA. XVI, 99); vgl. Abh. in GA. IX, 98. Zur Wahrung jener Frist ist es aber nicht unerläßlich, daß die Klage innerhalb derselben angestellt sei; es genügt, wenn rechtzeitig bei einer der zu § 50 n 11 genannten Behörden ein Antrag angebracht wurde, sollte auch die Anstellung der Privatklage erst später erfolgen: ZI 8. Febr. 65 Stabenow c. Krüger (GA. XIII, 291); vgl. § 50 n. 13.

3. Ueber die Verjährung der Privatklage wegen leichter Mißhandlung vgl. EG. Art. XVIII Abs. 2; § 187 n. 13.

§ 190.

1 In Betreff der Ueberlegung vgl. § 175 n. 5—12.

2. Affekt und Ueberlegung schließen sich wechselseitig nicht aus; eine Handlung kann daher mit überlegtem Vorsatze ausgeführt sein, selbst wenn im Augenblicke der Ausführung der Affekt hinzutrat: ZI. 15. Jan. 58 c. Kleist; ZI. 16. März 66 c. Wehrstadt (RdO. VII, 182); vgl. § 175 n. 8.

3. Unanwendbarkeit des § 188 vgl. dort n. 1.

4. Unstatthaftigkeit der Privatklage des Verletzten in den Fällen der §§ 190—192; vgl. § 188 n. 1; *contra*: Bes. s. 371 I.

§ 191.

1. Als „leibliche" Verwandtschaft ist hier die natürliche Blutsverwandtschaft zu verstehen; sie umfaßt sonach auch die uneheliche: ZII. 25. Febr. 64 c. Ahrends (RdO. IV, 394); ZI. 26. April 65 c. Hamster (RdO. VI, 72); vgl. § 141 n. 4. 6.

2. Die Beweisfrage in Betreff dieses Verhältnisses hat der Instanzrichter nach seiner freien Ueberzeugung zu würdigen; die im Civilrecht geltenden Vermuthungen sind sonach für ihn nicht bindend; dagegen ist es ihm unbenommen, auf die betr. Momente bei der Beweiswürdigung zu rücksichtigen: ZII. 25. Febr. 64 (cit. n. 1); vgl. § 141 n. 5; § 175 n. 19.

3. Adoptiveltern sind keine leiblichen Verwandten.

4. Unanwendbarkeit des § 188 vgl. dort n. 1.

5. Reiz und sonstige mildernde Umstände (§ 196) können ein Herabgehen unter das Maaß einer dreimonatlichen Gefängnißstrafe nicht rechtfertigen.

6. Unstatthaftigkeit der Privatklage des Verletzten vgl. § 188 n. 1.

§ 192.

1. Der § findet — ebenso wie die §§ 89 und 91 — auch auf die von einem Preußen im Auslande gegen einen ausländischen Beamten verübten Körperverletzungen ꝛc. Anwendung: Beschl. Pl. 16. April 55 c. Zapka (JMbl. s. 184; Entsch. 30. s. 303; GA. III, 563); vgl. Thl. II Tit. 5 (s. 158) n. 1.

Sachverständigen, während sie in der Ausübung ihres Berufs begriffen sind, oder in Beziehung auf ihren Beruf einer vorsätzlichen Mißhandlung oder Körperverletzung sich schuldig macht, wird mit Gefängniß von vier Wochen bis zu drei Jahren bestraft.

[Entw. § 175]. Vgl. § 192a ff. 89. 102.

§. 192a. *) Hat eine vorsätzliche Mißhandlung oder Körperverletzung erhebliche Nachtheile für die Gesundheit oder die Gliedmaaßen des Verletzten, oder eine länger andauernde Arbeitsunfähigkeit zur Folge gehabt, so tritt Gefängniß nicht unter sechs Monaten ein.

Vgl. § 187. 193—196. 203.

*) Dieser § ist durch das Gesetz vom 14. April 1856 (GS. s. 210) zugesetzt worden.

2. In Beziehung auf die Frage, wann ein Beamter ꝛc. in der Ausübung seines Berufs begriffen sei, ist hier dasjenige maaßgebend, was zu § 89 n. 13 fgg. in Betreff der „Amtshandlungen" ausgeführt ist.

3. Ebenso gilt in Betreff der Forstbeamten und ihrer amtlichen Thätigkeit das zu § 89 n. 46. 47 Gesagte auch hier.

4. Die vom Beamten zu seiner Amtshandlung zugezogenen Privatpersonen stehen hier nicht (wie im Falle des § 89) dem Beamten gleich.

5. Unter „Zeugen und Sachverständigen" sind hier nicht blos die gerichtlichen, sondern überhaupt alle zu verstehen, welche durch eine befugte Behörde als solche gehört werden: ZI. 21. März 60 c. Heinrich (GA. VIII, 416); ZI. 22. Jan. 62 c. Dembowski (RdO. II, 214).

6. Die Allgemeinheit des Ausdrucks umfaßt auch die zu Akten der freiwilligen Gerichtsbarkeit oder zu Civilstandsakten zugezogenen Instrumentszeugen.

7. Ein Zeuge kann eine Mißhandlung in Beziehung auf seinen Beruf erleiden, sollte er sein Zeugniß auch noch nicht abgelegt haben, sondern nur erst als solcher vorgeladen sein: ZII. 12. Mai 59 c. Schaper.

8. Die Umstände, welche bei einer Körperverletzung die Anwendung des § 192 rechtfertigen, sind erschwerende Umstände im Sinne des § 91 Abs. 4 des Ges. v. 3. Mai 1852; es müssen daher bei schwurgerichtlichen Verhandlungen die Geschwornen darüber besonders abstimmen, und das Stimmenverhältniß dieser Abstimmung angeben: BII. 11. Sept. 56 c. Dieckhof.

9. Ueber die Konkurrenz der in den §§ 89 und 192 vorgesehenen Vergehen vgl. § 89 n. 43.

10. Mildernde Umstände kommen hier nur als Strafzumessungsgründe in Betracht; der sie besonders berücksichtigende § 196 findet hier keine Anwendung: ZI. 4. Nov. 59 c. Dodot.

11. Die Vorschrift des § 103, nach welcher es im Falle der Beleidigung eines Kammermitgliedes eines Strafantrages des Letztern bedarf, ist auf den Fall dieses § nicht auszudehnen.

12. Unanwendbarkeit des § 188 vgl. dort n. 1.

13. Unstatthaftigkeit der Privatklage des Verletzten vgl. § 188 n. 1.

§ 192a.

1. Das hier vorgesehene Vergehen ist als „erhebliche" Mißhandlung ꝛc. qualifizirt; vgl. § 195. 196.

2. Es ist nicht erforderlich, daß die für die Gesundheit ꝛc. entstandenen Nachtheile bleibend seien: ZI. 5. Nov. 58 c. Kayser; ZPl. 24. Sept. 60 c. Hollenhorst (JMbl. s. 421; GA. VIII, 667); ZI. 21. Febr. 66 c. Häse.

3. Da die Arbeitsunfähigkeit besonders vorgesehen ist, so kann ihre Dauer nicht als ein erheblicher Nachtheil für die Gesundheit aufgefaßt werden; so:

Erk. AG. Münster 24. Febr. 1860 c. Höving. Das Gegentheil darf aber jedenfalls da angenommen werden, wo die Arbeitsunfähigkeit eine bleibende ist.

4. Ob die entstandenen Nachtheile „erheblich", oder die Arbeitsunfähigkeit eine „länger andauernde" gewesen sei, ist eine wesentlich thatsächliche Frage: ZI. 5. Nov. 58 c. Kayser; ZII. 27. Sept. 66 c. Striegnitz. Sie ist daher den Geschwornen nach den Worten des Gesetzes zu unterbreiten. Dieselben können auch eine Arbeitsunfähigkeit von geringerer als 20tägiger Dauer als eine länger andauernde betrachten: ZI. 21. Sept. 60 c. Dohms.

5. „Arbeitsunfähigkeit" bezeichnet hier (ebenso wie im früheren § 193) die Unfähigkeit zur Verrichtung gewöhnlicher, körperlicher, durch erhöhten Kraftaufwand nicht bedingter Arbeit im Allgemeinen. Dieses Begriffsmerkmal darf in Beziehung auf verschiedene Personen und auf die Verschiedenheit des Berufes, dem sie sich widmen, nicht verschieden aufgefaßt werden; es ist nicht maaßgebend, ob der Verletzte die Fähigkeit behalten habe, seine Berufsarbeiten zu verrichten, oder nicht: VII. 6. Juli 54 c. Leydecker (Entsch. 28. s. 169; GA. III, 133); VI. 4. Dez. 63 c. Dittmann (GA. XII, 139); u. ö.; *contra* früher: VII. 23. Juni 53 c. Bornhausen (GA. I, 542); VII. 13. Okt. 53 c. Korff (GA. II, 120); Gutachten der wissenschaftlichen Deputation für das Medizinalwesen v. 17. Nov. 1852 (JMbl. 53. s. 48); vgl. Böcker Abh. in d. D. StRZtg. 1861 s. 250. — Dagegen muß man sich hüten, hier von einer „absoluten" Arbeitsunfähigkeit zu sprechen, da eine gänzliche Unfähigkeit zu irgend einer geschäftlichen Thätigkeit keineswegs erheischt wird: ZI. 1. Mai 63 c. Krause.

6. Auch in dem hier vorgesehenen Falle wird § 185 anwendbar; es kommt daher lediglich darauf an, ob der eingetretene Erfolg durch die Handlung des Angeklagten herbeigeführt ist, nicht aber ob derselbe nothwendig eintreten mußte, oder irgendwie abzuwenden gewesen wäre rc.: VII. 9. Juli 63 c. Fricke (RdO. III, 559); ZI. 4. Nov. 64 c. Günther (RdO. V, 232); ZI. 6. Dez. 66 c. Kickuth (RdO. VII, 693). In Betreff des Näheren vgl. die Bemerkungen zum cit. § 185.

7. Inwiefern es statthaft sei, die im § durch „oder" alternative neben einandergestellten Fragen auch in der richterlichen Feststellung oder in den den Geschwornen vorgelegten Fragen alternative zusammenzufassen, darüber vgl. Strafverf. Art. 31 n. 6; Art. 80 n. 12. Für den vorliegenden Fall haben VII. 13. Okt. 53 c. Korff (GA. II, 120); VII. 17. Nov. 53 c. Lange (GA. II, 94) eine Frage oder Feststellung, die es zweifelhaft ließ, welche Alternative als erwiesen angenommen sei, für nicht genügend erachtet; vgl. auch § 34 n. 23.

8. Ob im Falle dieses § die Handlung mit oder ohne Ueberlegung begangen worden sei, kommt nur als Strafzumessungsgrund in Betracht.

9. Als Dolus ist hier nur der bei der leichten Körperverletzung vorausgesetzte Vorsatz erforderlich (vgl. § 187 n. 1); ist dieser vorhanden, so hängt es lediglich vom eintretenden Erfolge ab, ob die That als leichte, erhebliche, oder als schwere Verletzung anzusehen sei; es kommt sonach Nichts darauf an, ob jener Dolus auch auf die eingetretene Folge mitgerichtet war: Beschl. II. 30. Juli 53 c. Lauenstein (GA. I, 572); ZI. 11. Jan. 54 c. Laacke (JMbl. s. 119); ZII. 1. Juni 61 c. Reinhardt (RdO. I, 414); VI. 30. April 62 c. Friedrich (RdO. II, 362); Dalcke Abh. in GA. VI, 449; *contra*: TL. s. 834.

10. Ebenso folgt aus dem unter n. 9 Gesagten, daß auch der Theilnehmer mit der vollen Strafe des § zu belegen ist, sollte er auch nur zu einer leichten Mißhandlung rc. angestiftet, oder bei seiner Hülfeleistung nur von einer zu begehenden leichten Mißhandlung Kunde gehabt haben: VII. 17. April 56 c. Rumpf (Liebetrau u. Gen.; JMbl. s. 159; GA IV, 568). Auch ihm kann die nachgewiesene Unkenntniß von dem auf Herbeiführung der Folge gerichteten Dolus des Thäters nicht nützen, weil § 44 nur der Unkenntniß eines die Strafbarkeit bedingenden Umstandes eine Bedeutung beilegt; *contra*: ZI. 12. Mai 58 c. Pautzke (Häse u. Gen.; GA. VI, 423); ähnlich: VI. 4. März 59 c. Reinert (GA. VII, 366).

11. Ob die Handlung mit oder ohne Ueberlegung verübt worden sei, kommt nur als Strafzumessungsgrund in Betracht.

12. Da zum Thatbestande objektiv der Eintritt der im § gedachten Folge gehört, so liegt das Vergehen da nicht vor, wo zwar nach der Natur der Verletzung eine länger dauernde Arbeitsunfähigkeit rc. hätte eintreten müssen, wo dieselbe aber

§. 193.*) **Ist bei einer vorsätzlichen Mißhandlung oder Körperverletzung der Verletzte verstümmelt, oder der Sprache, des Gesichts, des Gehörs oder der Zeugungsfähigkeit beraubt, oder in eine Geisteskrankheit versetzt worden, so ist die Strafe Zuchthaus bis zu funfzehn Jahren.**

[Entw. § 176]. Vgl. § 187. 194—196. 203; Ges. v. 14. April 1856 (GS. s. 210); AKO. v. 21. April 1856 (GS. s. 220).

---

*) Die obige Fassung erhielt der § durch das Ges. v. 14. April 1856 (GS. s. 210); in der ursprünglichen Fassung lautete er:

§ 193. Hat eine vorsätzliche Mißhandlung oder Körperverletzung eine Arbeitsunfähigkeit von einer längeren als zwanzigtägigen Dauer zur Folge gehabt, oder ist der Verletzte verstümmelt, oder der Sprache, des Gesichts, des Gehörs oder der Zeugungsfähigkeit beraubt, oder in eine Geisteskrankheit versetzt worden, so tritt Zuchthaus bis zu funfzehn Jahren ein.

---

dennoch nicht eintrat, weil der Verletzte vorher aus irgend einem andern Grunde starb: Beschl. II. 30. Juli 53 (cit. n. 9). Selbst von einem Versuche könnte hier nicht die Rede sein, wenn derselbe auch nach allgemeinen Grundsätzen strafbar wäre.

13. Ueber den Fall, wo die im § vorgesehenen Folgen durch ein gemeinschaftliches Handeln Mehrerer herbeigeführt sind, vgl. Thl. I Tit. 3 (s. 85) n. 7—11; § 194 n. 6; § 195 n. 1.

14. Die Umstände, welche eine Körperverletzung zu einer „erheblichen" machen, sind als erschwerende im Sinne des § 91 Abs. 4 des Ges. v. 3. Mai 1852 zu betrachten; bei schwurgerichtlichen Verhandlungen müssen daher die Geschwornen besonders darüber abstimmen, und das Stimmenverhältniß der Abstimmung besonders angeben: VII. 11. Sept. 56 c. Dieckhof.

15. In Betreff der zu berücksichtigenden mildernden Umstände ist § 196 maaßgebend.

§ 193.

Inhalt.

1. Das hier vorgesehene Verbrechen ist als „schwere" Körperverletzung rc. qualifizirt; vgl. § 195. 196.

2. Aus der Fassung: „Ist bei einer Mißhandlung...." darf nicht gefolgert werden, als müsse die Verstümmlung rc. sofort und unmittelbar durch die Mißhandlung bewirkt sein; das ergeben die frühere Fassung des § und die dieser entsprechende Fassung des § 192a, von welcher in dieser Beziehung nicht abgewichen werden sollte; auch ist es kaum denkbar, daß die Versetzung in eine Geisteskrankheit sofort und unmittelbar durch die Mißhandlung selbst bewirkt werden könne; daher genügt es, wenn die Verstümmelung rc. später als Folge der erlittenen Mißhandlung und eines dadurch hervorgerufenen Krankheitsprozesses oder auch einer nothwendig eingetretenen Amputation eingetreten ist: ZII. 8. April 58 c. Neuhaus (GA. VI, 422); ZI. 1. Dez. 64 c. Kastel (RdO. V, 330); vgl. § 233 n. 5. Die Frage an die Geschwornen kann unbedenklich in dieser Weise gefaßt werden; vgl. GA. VIII, 94. 129.

3. Der Grundsatz des § 185 findet auch hier Anwendung: ZII. 1. Dez. 59 c. Probsthain; ZI. 5. April 64 c. Lange; u. ö.

4. Verstümmelung ist der gewaltsam herbeigeführte Verlust eines Körpertheils, wenn derselbe eine erhebliche Erschwerung, oder die theilweise Störung einer

wesentlichen Körperfunktion zur Folge hat: Beschl. II. 16. Juli 57 c. Arntz; Gutachten der wissensch. Deputation f. d. Medizinalwesen v. 14. Jan. 1857 (Caspers Vierteljahrsschr. f. ger. Med. XI, 193; GA. V, 279). Ein solcher Verlust setzt nicht nothwendig die Trennung des betr. Gliedes vom Körper voraus, es genügt, wenn ein zu einer wesentlichen Körperfunktion bestimmtes Glied seiner Thätigkeit vollständig oder in seinen Hauptbeziehungen beraubt worden ist: ZPl. 24. Sept. 60 c. Hollenhorst (JMbl. f. 421; Entsch. 44. 2. f. 77; GA. VIII, 673); Beschl. II. 25. Okt. 60 c. Hohndorf (59 B; GA. IX, 136); ZI. 25. Jan. 67 c. Michalowski (RdO. VIII, 54); Antr. des GStAnw.s z. cit. Beschl. v. 16. Juli 57; *contra* früher: ZII. 3. März 59 c. Schellhardt. Es gehört zur thatsächlichen Beurtheilung, ob die aufgehobenen Funktionen von solcher Wichtigkeit sind, wie die im § ausdrücklich hervorgehobenen Fälle unterstellen lassen: cit. ZPl. 24. Sept. 60. Ebendeshalb muß einem Antrage, in der den Geschwornen vorzulegenden Frage den Begriff der Verstümmelung aufzulösen, mit Nothwendigkeit Statt gegeben werden: VI. 6. Sept. 65 c. Schmoldt (RdO. VI, 282). In Ermangelung eines Bestreitens ist dagegen die Auflösung nicht unerläßlich: ZII. 1. Dez. 64 (cit. n. 2).

5. Nur der Verlust (n. 4) eines „Gliedes oder äußeren Körpertheils" kann als Verstümmelung angesehen werden, nicht also eine innere, wenngleich unheilbare, Krankheit, sollte dieselbe auch darin ihren Grund haben, daß ein innerer Körpertheil zu seinen Funktionen untauglich geworden ist: ZII. 8. April 58 c. Neuhaus (GA. VI, 422).

6. Noch weniger stellt eine bloße Verunstaltung eine Verstümmelung dar: ZI. 25. Jan. 67 (cit. n. 4).

Hiernach ward als Verstümmelung angesehen:

7. .... der Verlust eines Auges, oder die Zerstörung der Sehkraft auf demselben: VII. 26. Okt. 54 c. Steinbuß (Entsch. 28. f. 475; GA. III, 110); Beschl. II. 25. Okt. 60 (cit. n. 4); ZI. 21. Dez. 66 c. Voigt (RdO. VII, 743); ZI. 1. Febr. 67 c. Uhlig (RdO. VIII, 94); *contra:* ZII. 3. März 59 c. Schellhardt (GA. VII, 388). Dagegen ist die bloße Störung der Sehkraft eines Auges keine Verstümmelung: Beschl II 16. Juli 61 c. Jörke (RdO. I, 516); vgl. n. 15.

8. .... ebenso der Verlust des Gehörs auf einem Ohr: VI. 6. Sept. 65 c. Schmoldt (RdO. VI, 282).

9. .... ebenso der Verlust eines Fingers: Beschl. I 30. Sept. 63 c. Kusch (GA. XI, 865); ZII. 1. Dez. 64 (cit. n. 2: „er könne als Verstümmelung angesehen werden"

10. Dagegen ward der Verlust mehrerer Zähne, zumal wenn dadurch das Gebiß des Verletzten nicht zu seinen natürlichen Funktionen unbrauchbar geworden, nicht für eine Verstümmelung erachtet: Beschl. II. 8. Sept. 53 c. Nölle (GA. II, 553).

11. .... ebenso ein geheilter Armbruch: Beschl. I. 8. Mai 57 c. Sägert.

12. .... ebenso die Steifheit und Unbrauchbarkeit des vordern Gelenks eines oder mehrerer Finger, „weil dadurch der Gebrauch der Finger nur beeinträchtigt werde": Beschl. II. 6. Nov. 56 c. Reese; Beschl. II. 10. Juli 57 c. Meischke; Beschl. I. 30. Jan. 57 c. Krebs (GA. V, 101); Beschl. I. 20. Okt. 65 (259 B; GA. XIV, 62).

13. .... ebenso sei ein unheilbarer Leistenbruch keine schwere, wohl aber eine erhebliche Körperverletzung: Beschl. II. 7. Jan. 57 c. Steinbeck.

14. Dasselbe nahm das unter n. 4 cit. Gutachten der wissenschaftlichen Deputation f. d. Medizinalwesen v. 14. Jan. 1857 vnn einem durch eine stattgehabte Verletzung herbeigeführten Gebärmuttervorfalle an; vgl. n. 5.

15. Als „Beraubung des Gesichts [oder Gehörs]" ist nur der gänzliche Verlust des betr. Vermögens anzusehen; der Verlust der Kraft eines Auges oder Ohres genügt hierzu nicht, so lange das andere noch unversehrt ist: ZII. 3. März 59 c. Schellhardt (GA. VII, 388); dagegen ward eine solche als Verstümmelung angesehen; vgl. n. 7. 8.

16. Der Entwurf von 1850 heb auch noch die theilweise Beraubung der Sprache rc. hervor; das hat die Kommission der II. K. (Ber. f. 110) als überflüssig

§. 194. Hat die vorsätzliche Mißhandlung oder Körperverletzung den Tod des Verletzten zur Folge gehabt, so ist die Strafe Zuchthaus von zehn bis zu zwanzig Jahren.

[Entw. § 177]. Vgl. § 176. 185. 196.

---

gestrichen, weil eine solche theilweise Beraubung entweder unter den Begriff einer Verstümmelung, oder unter den einer Krankheit von längerer als zwanzigtägiger Dauer fallen werde. Hiernach bedarf es jetzt einer vollständigen Beraubung der Sprache ꝛc.: Z. 22. Dez. 52 c. Stüting; liegt diese und auch eine Verstümmelung nicht vor, so kann nur ein „erheblicher Nachtheil für Gesundheit und Gliedmaßen" (§ 192a) angenommen werden.

17. Zur Annahme einer „Geisteskrankheit" bedarf es einer wirklichen Krankheit des Geistes, es genügt nicht jede in Folge einer Gehirnerschütterung entstandene vorübergehende Betäubung; dagegen kommt es auf die Dauer und Heilbarkeit der Geisteskrankheit weiter nicht an.

18. Der Fall, wo die Geisteskrankheit nicht Folge der mechanischen Einwirkung auf den Körper, sondern die des physischen Eindrucks gewesen, ist nicht ausgeschlossen.

19. Hinsichtlich des erforderlichen Dolus gilt vollständig das zum § 192a unter n. 9—11 Bemerkte auch hier. Es muß daher die den Geschwornen vorgelegte Frage klar ergeben, daß die verlangte Vorsätzlichkeit sich auf den eingetretenen Erfolg nicht mit erstrecke. Das geschieht am besten durch Stellung einer besondern, den erschwerenden Umstand betreffenden Frage, oder durch Hervorhebung des letztern am Schlusse der Hauptfrage vermittelst eines „und zwar so daß ...." in der durch JMVerf. v. 29. März 1853 A. Nr. 1 empfohlenen Weise (JMBl. s. 134); vgl. die in GM. II, 534 u. 668 erwähnten JMVerfügungen.

20. Aus der unter n. 19 erwähnten Natur des Dolus folgt, daß ein Versuch des hier vorgesehenen Verbrechens gar nicht denkbar ist; zum Thatbestande desselben würde nothwendig ein auf Herbeiführung der im § gedachten Folge gerichteter Vorsatz gehören; da aber dieser zum vollendeten Verbrechen nicht erforderlich ist, so kann er nicht Begriffs-Merkmal des Versuchs sein: Beschl. II. 30. Juli 53 c. Lauenstein (GA. I, 572); Dalcke Abh. in GA. VI, 449; *contra:* TL s. 835; Jesse Abh. in GA. II, 496; GM. II, 415; der letztere erachtet den strafbaren Versuch einer Verstümmelung, oder Beraubung der Sprache ꝛc., nicht aber den einer Verletzung, welche eine längere Krankheit ꝛc. zur Folge hatte, für möglich; vgl. Zachariä Abh. in GA. III, 174 Note 2, und ebendas. I, 48 Note.

21. Ob die Handlung mit Ueberlegung geschah, ist nur Strafzumessungsgrund.

22. In Betreff des Falles, wo der im § vorgesehene Erfolg durch ein gemeinschaftliches Handeln Mehrerer herbeigeführt ist, vgl. Thl. I Tit. 3 (s. 85) n. 7—11; § 194 n 6; § 195 n. 1.

23. Mildernde Umstände sind hier nach Maaßgabe des § 196 zu berücksichtigen.

24. Nach Art. II des Ges. v. 14. April 1856 ist überall, wo sich in den Gesetzen, und insbesondere im StGB. selbst eine Hinverweisung auf (den früheren) § 193 vorfindet, der jetzt geltende § 193 [und nicht etwa auch § 192a] als maaßgebend zu betrachten.

§ 194.

1. In Betreff der Vorsätzlichkeit vgl. das zu § 175 n. 3. 4 Gesagte.

2. Vorausgesetzt wird, daß der Vorsatz nur auf die Mißhandlung, nicht auch auf den Tod gerichtet gewesen sei; wäre letzteres der Fall, so läge das Verbrechen des Todtschlags oder Mordes (§ 175. 176) vor: Motive s. 51. Hiernach ist es ganz zweckmäßig, die Frage nach dem Erfolge von der die vorsätzliche Mißhandlung betreffenden zu trennen, damit den Geschwornen klar werde, daß der Vorsatz auf jenen nicht mit zu beziehen sei. Dagegen ist es nicht erforderlich, daß dieses auch in seiner negativen Form weiter ausdrücklich hervorgehoben werde; vgl. § 193 n. 19.

3. Die erhöhte Strafbarkeit ist nicht durch das Vorhandensein einer mit der

§. 195.*) Wenn bei einer Schlägerei oder bei einem von mehreren Personen verübten Angriffe ein Mensch getödtet

---

*) Der § erhielt seine jetzige Fassung durch das Ges. v. 14. April 1856 (GS. s. 210); die ursprüngliche Fassung lautete:

§ 195. Wenn bei einer Schlägerei oder bei einem von Mehreren verübten Angriff ein Mensch getödtet wird, oder eine schwere Körperverletzung (§ 193) erleidet, so ist jeder Theilnehmer an der Schlägerei oder dem Angriff schon wegen dieser Theilnahme mit Gefängniß nicht unter drei Monaten zu bestrafen, insofern nicht festgestellt wird, daß er ohne sein Verschulden hineingezogen worden.

Vorsätzlichkeit der Mißhandlung konkurrirenden Fahrlässigkeit in Beziehung auf die Herbeiführung des Todes bedingt; selbst der Nachweis, daß eine solche nicht obgewaltet habe, befreit nicht von der Strafe des §. Daher ist es auch gleichgültig, ob der Tod vorhergesehen werden konnte.

4. Da beim Thäter das Nichtvorhandensein eines auf Herbeiführung des Todes gerichteten Dolus vorausgesetzt wird, so kann es eines solchen auch beim Theilnehmer nicht bedürfen; er unterliegt daher der Strafe des § selbst dann, wenn nachgewiesen wird, daß er nur an einer leichten Mißhandlung habe Theil nehmen wollen; vgl. § 192 a n. 10.

5. Auch hier findet der Grundsatz des § 185 Anwendung: ZII. 3. Mai 56 c. Nadermacher (Entsch. 33. s. 202; GA. IV, 694); ZI. 18. Juni 58 c. Manzke; ZII. 8. Dez. 64 c. Graas (RdO. V, 338). In Betreff des Falles, wo der Tod nicht durch die vom Angeklagten zugefügte Verletzung allein, sondern auch noch durch eine andere mitwirkende Ursache herbeigeführt worden ist, vgl. § 185 n. 3. 4. 5.

6. Ist der Tod nur durch das Zusammenwirken mehrerer durch verschiedene gemeinschaftlich handelnde Mitthäter zugefügter Verletzungen 2c. herbeigeführt worden, so hat jeder der Thäter als Urheber der ganzen That die Strafe des § 194 verwirkt; § 195 bleibt sonach in einem solchen Falle ausgeschlossen: ZII. 3. Mai 56 (cit. n. 5); ZI. 15. Sept. 58 c. Kobleski; ähnlich: ZII. 22. März 55 c. Kübbeler (JMbl. s. 152; GA. III, 567). Das Nähere siehe Thl. I Tit. 3 (s. 85) n. 7—13.

7. Der in Folge der Mißhandlung eingetretene Tod ist ein erschwerender Umstand im Sinne des Art. 91 des Ges. v. 3. Mai 1852; er muß daher von den Geschwornen besonders festgestellt werden: VI. 12. Juni 57 c. Wagener (GA. V, 664); VII. 21. Dez. 65 c. Höttgen (RdO. VI, 564).

8. Mildernde Umstände finden nach Maaßgabe des § 196 Berücksichtigung.

9. Der Versuch des im § vorgesehenen Verbrechens ist undenkbar, weil er einen auf Herbeiführung des Todes gerichteten Dolus voraussetzen würde, dessen es zum vollendeten Verbrechen nicht bedarf, und der, wenn vorhanden, die That als Versuch des Mordes oder Todtschlags qualifiziren müßte: Jesse Abh. in GA. II, 496; vgl. § 193 n. 20.

§ 195.

Inhalt.

1. Der § bezieht sich (in den Abss. 1 und 2) nicht auf den Fall eines gemeinschaftlichen Handelns mehrerer Personen, weil in einem solchen Jeder die

wird, oder eine schwere (§. 193.) oder erhebliche (§. 192 a.) Mißhandlung oder Körperverletzung erleidet, so ist jeder, welcher sich an der Schlägerei oder dem Angriffe betheiligt hat, schon wegen dieser Betheiligung mit Gefängniß nicht unter drei Monaten zu bestrafen, insofern nicht festgestellt wird, daß er ohne sein Verschulden hineingezogen worden.

Sind mehreren Theilnehmern solche Verletzungen zuzuschreiben, welche nicht einzeln für sich, sondern nur in ihrer Gesammtheit den Tod oder die schwere Körperverletzung zur Folge gehabt haben, so ist jeder dieser Theilnehmer mit Zuchthaus bis zu zehn Jahren zu bestrafen.

Die Anwendung der Gesetze gegen diejenigen, welche als Anstifter oder Urheber eines Mordes, oder eines Todtschlages, oder einer schweren Körperverletzung, oder als Theilnehmer an diesen Verbrechen schuldig sind, ist hierdurch nicht ausgeschlossen.

Gesammthandlung und den durch das Zusammenwirken Aller hervorgebrachten Erfolg zu vertreten hat: ZII. 2. Febr. 65 c. Frve (RdO. V, 444); vgl. Thl. I Tit. 3 (S. 85) n. 7—13; § 194 n. 6. Bei einem solchen gemeinschaftlichen Handeln kann daher nur Abs. 3 anwendbar werden: ZII. 28. Mai 64 c. Wahren (RdO. IV, 548).

2. Dagegen wird vorausgesetzt, daß die betr. Vorgänge und Thätlichkeiten äußerlich in einem erkennbaren Zusammenhange stehen, welcher sie objektiv als ein Ganzes erscheinen läßt: ZII. 2. Febr. 65 (cit. n. 1). Hierzu gehört vor Allem die Gleichzeitigkeit des Handelns der verschiedenen Thäter: VI. 22. Mai 57 c. Borisch (GA. V, 390); ZII. 28. Mai 64 (cit. n. 1). Im Falle eines successiven Handelns kann nur das zu § 185 n. 5 Gesagte Anwendung finden.

Zum Absatz 1.

3. Unter „Schlägerei" ist hier, im Gegensatze gegen eine wechselseitige Mißhandlung zweier Personen, ein in Thätlichkeiten ausgebrochener Streit unter mehreren (mindestens drei) Personen zu verstehen: ZII. 14. April 64 c. Richard (RdO. IV, 456). Daß auch der Verletzte dabei thätig gewesen sei, wird nicht erfordert: cit. Z. 14. April 64.

4. Der Angriff muß von mindestens zwei Personen ausgegangen sein. Daß dieses der Fall war, muß aus der Feststellung hervorgehen: VII. 31. Jan. 67 c. Klute (RdO. VIII, 82).

5. Von einem „Angriffe" kann nicht die Rede sein, wenn die betr. Thätigkeit eine berechtigte war; ist dieses der Fall, so steht für einen Exceß nur derjenige ein, von welchem derselbe ausging.

6. Auch in Betreff des Angriffs gilt das oben n. 1. 2 Gesagte: ZII. 28. Mai 64 (cit. n. 1).

7. Die Worte: „wenn ein Mensch getödtet rc. wird" sind auch auf den Fall zu beziehen, wo der Tod rc. die Folge zugefügter Körperverletzungen oder Mißhandlungen (§ 194. 185) gewesen ist: ZI. 29. Mai 61 c. Huckwitz (RdO. I, 412).

8. In dem Falle, wo Jemand bei einer Schlägerei rc. nur eine leichte Mißhandlung rc. erlitten hat, bleibt Abs. 1 außer Anwendung: V. 20. Okt. 52 c. Oczipka.

9. Als „betheiligt" bei der Schlägerei ist Jeder anzusehen, welcher sich unter den Streitenden befunden hat und irgendwie dabei thätig gewesen ist; er muß sich in die Schlägerei „gemischt haben": KBII. z. Ges. v. 14. April 1856 (GA. IV, 117); ZII. 8. Mai 62 c. Frohmeier (RdO. II, 384). Dagegen dürfte ZI. 31. Okt. 62 c. Tempel (RdO. III, 98) zu weit gehen, wenn es die bloße Anwesenheit unter den Streitenden für genügend erachtet, um den Betreffenden als „Betheiligten" zu betrachten, so lange nicht feststehe, daß er ohne sein Verschulden hineingezogen sei. Dagegen genugt jede Art der streitenden Thätigkeit (z. B. selbst Worte, Schreien rc.); es bedarf nicht der Feststellung, daß der Angeklagte selbst mit geschlagen oder sonstige Verletzungen zugefügt habe: ZII. 3. Dez. 57 c. Korte.

Sind mehreren Betheiligten solche Verletzungen zuzuschreiben, welche nicht einzeln für sich, sondern nur in ihrer Gesammtheit den Tod oder die schwere, oder die erhebliche Mißhandlung oder Körperverletzung zur Folge gehabt haben, so ist jeder dieser Betheiligten in den Fällen der §. 194. und 193. mit Zuchthaus bis zu zehn Jahren zu bestrafen; im Falle einer erheblichen Mißhandlung oder Körperverletzung tritt die Strafe des §. 192a. ein.

10. Demgemäß beschränkt sich die Strafvorschrift nicht auf diejenigen Betheiligten, welche Gegner des Getödteten 2c. gewesen sind, oder mit ihm gerauft haben; auch die Streitgenossen des letzteren werden mit betroffen.

11. Dagegen bleibt derjenige, welcher bei einer Schlägerei 2c. selbst die betr. Körperverletzung 2c. erlitten hat, trotz seiner Betheiligung an der ersteren, von der Strafe befreit: BI. 13. Mai 59 c. Borczyn JMBl. s. 187; GA. VII, 549).

12. Vorausgesetzt wird, daß die Betheiligung zu der Zeit stattgefunden habe, wo die Verletzung zugefügt wurde; wer sich vorher entfernte oder erst später hinzukam, ist nicht strafbar: ZI. 17. Dez. 62 c. Jahnke; BII 12. Dez. 63 c. Ortmann (RdO. IV, 228); KBII s. 111.

13. Der Dolus besteht hier in der Vorsätzlichkeit der konkreten, von dem Einzelnen vorgenommenen Handlung, verbunden mit dem Bewußtsein einer Betheiligung an der Schlägerei: ZI. 10. Febr. 54 c. Haamann (GA. II, 670). Es wird also keineswegs erheischt, daß die Betheiligung eine vorsätzliche gewesen sei: ZII. 24. März 66 c. Ellerbrock (RdO. VII, 99).

14. Ebensowenig wird erfordert, daß in Beziehung auf den eingetretenen Erfolg dem Angeklagten speziell oder überhaupt irgend einem der Betheiligten eine Vorsätzlichkeit oder auch nur eine Fahrlässigkeit zur Last falle, da der § einen vorwiegend polizeilichen Charakter hat: ZI. 29. Mai 61 (cit. n. 7); ZI. 27. Nov. 63 c. Wiebach (RdO. IV, 221). Straflosigkeit kann daher nur dann eintreten, wenn erwiesen ist, daß jene Folge lediglich einem, von keinem der Betheiligten zu vertretenden Zufalle zuzuschreiben sei; die bloße Möglichkeit einer solchen Veranlassung reicht dazu nicht hin: ZI. 11. Sept. 57 c. Nehmer. *Contra*: TL. s. 804, welcher auch bei einem zufällig erfolgten Tode 2c. den § anwenden will, während GM. II, 421 II, wie es scheint, erheischt, daß die Tödtung 2c. von irgend einem der Betheiligten vorsätzlich bewirkt sei.

15. Auch der von einem einzelnen Betheiligten geführte Nachweis, daß er die betr. Verletzung gar nicht habe zufügen können, befreit denselben nicht von der Strafe des Abs. 1.

16. Ebenso ist es für die Bestrafung der an der Schlägerei Betheiligten aus Abs. 1 gleichgültig, ob der Urheber der Tödtung 2c. ermittelt ist: ZI. 31 Okt. 62 c. Tempel (RdO. III, 98), BI. 3. Juli 63 c. Ziesmann (RdO. III, 543); ZI. 1. März 67 c. Cornelius.

17. Ein Hineinziehen ohne eignes Verschulden ist bei einer Schlägerei, nicht aber bei einem Angriffe denkbar; ein solches ist vorzugsweise bei solchen Personen anzunehmen, welche entweder selbst angegriffen worden sind, oder sich lediglich zu einem berechtigten Zwecke, z. B. um Frieden zu stiften, um Beschädigungen abzuwenden oder um Verletzte wegzuschaffen, unter die Streitenden begeben und dann lediglich vertheidigungsweise sich an den Thätlichkeiten betheiligt haben. Dagegen ist die Bestimmung nicht auf diejenigen anzuwenden, welche anfänglich ohne Verschulden hineingezogen, sich demnächst freiwillig, also ohne Noth, an der Schlägerei betheiligt haben.

18. Steht die Betheiligung bei der Schlägerei fest, so ist Strafbarkeit anzunehmen, so lange nicht ein Hineinziehen ohne Verschulden erwiesen ist; es bedarf also zur Bestrafung nicht der Feststellung, daß ein solches Hineinziehen nicht stattgefunden habe: ZI. 7. Juli 54 c. Fischer (GA. II, 673); ZII. 7. Jan. 58 c. Mecklenbrauk.

Die Anwendung der Gesetze gegen diejenigen, welche als Urheber eines Mordes oder Todtschlags, oder einer schweren oder erheblichen Körperverletzung oder als Theilnehmer an diesen strafbaren Handlungen schuldig sind (§. 34. Nr. 1. 2.), ist hierdurch nicht ausgeschlossen.

[Entw. § 178] Vgl. § 192a—194. 196. 185; A.K.O. v. 21. April 1856 (GS. s. 220).

19. Dem in einem schwurgerichtlichen Verfahren auf Stellung einer das „Hineinziehen ohne eignes Verschulden" betreffenden Frage gerichteten Antrage muß bei Nichtigkeitsstrafe (: EG. Art. XXIV; Ges. v. 3. Mai 1852 Art. 84) stattgegeben werden: VI. 7 Juli 54 c. Fiedler (GA. II, 673).

20. Auch wenn ein unverschuldetes Hineinziehen festgestellt, und daher eine Bestrafung aus § 195 ausgeschlossen ist, kann doch Jeder wegen der gegen ihn persönlich erwiesenen Handlungen aus § 187 rc. bestraft werden: Zl. 18. Okt. 56 c. Gandera (GA. IV, 840); vgl. n. 27.

21. In dem durch Abs. 1 vorgesehenen Falle findet der (nur auf den Urheber einer Mißhandlung rc. bezügliche § 196 keine Anwendung; mildernde Umstände können daher nur als Strafzumessungsgrund eine Berücksichtigung finden; eine Strafermäßigung bis unter drei Monate findet nicht Statt: Zl. 4. Okt. 54 c. Demuth; Zl. 20. Jan. 58 c. Guntzel (JMbl. s. 123; GA. VI, 280); Zl. 14. Sept. 66 c. Densow; vgl. n. 30.

Zum Absatz 2.

22. Abs 2 setzt ebenso wie Abs. 1 voraus, daß die betreffenden Handlungen bei einer Schlägerei, oder bei einem von Mehreren verübten Angriffe stattgefunden haben; liegt ein solcher Fall nicht vor, so kann Jeder nur nach Maaßgabe des ihm persönlich zur Last Fallenden bestraft werden, es sei denn, daß eine Gemeinschaftlichkeit der Handelnden (vgl. n. 1) nachgewiesen wäre: VII. 19. Mai 59 c. Holtey (GA. VII, 713).

23. Der Tod rc. soll durch mehrere, von verschiedenen Urhebern herrührende Verletzungen in ihrer Gesammtheit, d. h. also durch ihr Zusammenwirken herbeigeführt sein; die Urheber solcher Verletzungen, welche zur Herbeiführung jener Folge nicht mitgewirkt haben, können daher nicht von der Strafe des zweiten, sondern nur von der des ersten Absatzes betroffen werden.

24. „Verletzungen" bezeichnet hier nicht blos äußere Wunden oder Beschädigungen im Innern des Körpers, sondern umfaßt alle der Gesundheit nachtheiligen thätlichen Einwirkungen auf den Körper: Beschl. I. 2 April 62 c. Motyl (RdO. II, 331). Vorausgesetzt wird aber, daß die Art dieser Einwirkung insoweit speziell nachweisbar sei, daß in ihr eine wenigstens mitwirkende Ursache des eingetretenen Todes rc. erkannt werden könne.

25. Daß die Verletzungen vorsätzlich zugefügt sein müssen, ist selbstverständlich.

26. Liegen mehrere Verletzungen vor, welche nicht einzeln, sondern nur in ihrer Gesammtheit den Tod rc. zur Folge hatten, sind aber nur die Urheber einzelner derselben, nicht aller ermittelt, so unterliegen die ermittelten unbedenklich der Strafe des Abs. 2; *contra*: TGU. s. 253 n. 9

Zum Absatz 3.

27. Abs. 3 spricht den selbstverständlichen Grundsatz aus, daß jeder Einzelne für diejenigen Handlungen, welche ihm persönlich zur Last fallen, und als solche gegen ihn erwiesen werden, einzustehen hat, und daß die dadurch verwirkte Strafe nicht deshalb wegfällt, weil mit jener Handlung auch die Betheiligung an der Schlägerei rc. (ideell konkurrirt. Ebendeshalb ist auch der aufgestellte Grundsatz nicht auf die speziell hervorgehobenen Fälle zu beschränken, sondern auch auf die der leichten und der tödtlichen Mißhandlungen (§§ 187. 194) anzuwenden; vgl. n. 20.

28. Dasselbe gilt auch vom Falle einer fahrlässigen Tödtung oder Verletzung (§§ 184. 198). Da aber die Strafen der citt. §§ geringer sind, als die des ideell konkurrirenden Vergehens der Betheiligung an der Schlägerei (§ 195 Abs. 1), so wird die letztere nach dem Grundsatze des § 55 wirksam.

§. 196.*) War bei einer Mißhandlung oder Körperverletzung der Thäter ohne eigne Schuld durch eine ihm selbst oder seinen Angehörigen zugefügte Mißhandlung oder schwere Beleidigung von dem Verletzten zum Zorn gereizt, und dadurch auf der Stelle zur That hingerissen worden, oder wird festgestellt, daß andere mildernde Umstände vorhanden sind, so ist im Falle der Tödtung (§. 194. 195.) auf Gefängniß nicht unter sechs Monaten, im Falle einer schweren Mißhandlung oder Körperverletzung (§. 193.) auf Gefängniß nicht unter drei Monaten, und im Falle der erheblichen Mißhandlung oder Körperverletzung (§. 192a.), auf Gefängniß nicht unter vier Wochen zu erkennen.

Diese Ermäßigung der Strafe bleibt ausgeschlossen, wenn das Verbrechen gegen leibliche Verwandte in aufsteigender Linie begangen wird.

[Entw. § 179]. Vgl. § 177. 41. 191; EG. Art. XXIV; Ges. v. 3. Mai 1852 Art. 84; AKO. v. 21. April 1856 (GS. s. 220).

*) Seine jetzige Fassung erhielt der § durch das Gesetz vom 14. April 1856 (GS. s. 210); die ursprüngliche Fassung lautete:

§ 196. War bei einer Mißhandlung oder Körperverletzung der Thäter ohne Schuld durch eine ihm selbst oder seinen Angehörigen zugefügte Mißhandlung oder schwere Beleidigung von dem Verletzten zum Zorne gereizt, und dadurch auf der Stelle zur That hingerissen worden, oder wird festgestellt, daß andere mildernde Umstände vorhanden sind, so ist im Falle einer schweren Körperverletzung (§ 193) auf Gefängniß nicht unter sechs Monaten und im Falle der Tödtung (§ 194 und § 195) auf Gefängniß nicht unter Einem Jahre zu erkennen.

Diese Ermäßigung der Strafe bleibt aber ausgeschlossen, wenn das Verbrechen gegen leibliche Verwandte in aufsteigender Linie begangen wird.

29. Sind von verschiedenen Personen verschiedene Verletzungen zugefügt, von welchen an sich jede geeignet war, den wirklich eingetretenen Tod 2c. herbeizuführen, ist aber nicht mehr zu ermitteln, welche von ihnen in Wirklichkeit die Veranlassung des Todes 2c. gewesen ist, so kann nur die Strafe des Abs. 1 Platz greifen, insofern nicht der Thatbestand des Abs. 2 festgestellt wird; *contra:* Koch n. 34, welcher in Betreff eines Jeden die Strafe des § 194 für verwirkt erachtet.

Zu den Absätzen 2 und 3.

30. In den hier vorgesehenen Fällen findet an und für sich § 196 unbedenklich Anwendung; die Strafe einer zugefügten erheblichen Körperverletzung würde daher beim Vorhandensein mildernder Umstände eine Ermäßigung bis auf vier Wochen Gefängniß erfahren können; da aber hier mit diesen Vergehen die Betheiligung an der Schlägerei ideell konkurrirt, bei welcher mildernde Umstände keine Berücksichtigung finden (n. 21), so wird § 55 maaßgebend; es kann daher in einem solchen Falle nicht unter das geringste Strafmaaß des § 195 Abs. 1 (3 Mon. Gefängniß) hinabgegangen werden: VII. 14. Febr. 61 c. Schwenken (RdO. I, 251); ZII. 2. Okt. 62 c. Starke (RdO III, 41); VI. 22. Febr. 65 c. Schildberg (RdO. VI, 570); vgl. Abh. in GA. VII, 550.

§ 196.

1. Ueber den Fall des Reizes vgl § 177 und die Bemerkungen zu demselben.
2. In Betreff der andern mildernden Umstände, deren Berücksichtigung hier gestattet wird, gilt das zum EG. Art. XXIV n. 13 Gesagte.

§. 197. Wer vorsätzlich einem Andern Gift oder andere Stoffe beibringt, welche die Gesundheit zu zerstören geeignet sind, wird mit Zuchthaus bis zu zehn Jahren bestraft.

Hat die Handlung eine schwere Körperverletzung (§. 193.) zur Folge gehabt, so besteht die Strafe in Zuchthaus von zehn bis zu zwanzig Jahren.

Hat die Handlung den Tod zur Folge gehabt, so tritt lebenslängliche Zuchthausstrafe ein.

Diese Bestimmungen berühren nicht den Fall, wo der Thäter die Absicht zu tödten hatte.

[Entw. § 180]. Vgl. § 304. 175 ff.

---

3. Wenn auch für die Fälle der erheblichen und schweren Körperverletzung nur auf den § 192a und 193 verwiesen ist, so gehören doch unbedenklich auch die Fälle hierher, wo eine derartige Verletzung unter die Strafbestimmung des § 195 (Abs. 2) fällt: ZII. 18. Sept. 63 c. Starke (RdO. III, 41; beil.); das Nähere siehe § 195 n. 21. 30.

4. Im Falle des § 192 bleibt § 196 ausgeschlossen: ZI. 4. Nov. 59 c. Dodot.

5. Der Abs. 2 bezieht sich nicht nur auf den Fall, wo die That ein Verbrechen, sondern auch auf den Fall, wo sie ein Vergehen (§ 192a) darstellt.

§ 197.

1. Die „Vorsätzlichkeit" ist hier lediglich auf die Handlung des „Beibringens rc." zu beziehen, setzt aber zugleich die Kenntniß voraus, daß der Stoff zu den im § genannten gehöre (vgl. § 304): VI. 21. Mai 62 c. Viereck (RdO. II, 411). Daher genügt nicht die allgemeine Kenntniß von der Schädlichkeit des Stoffs; das zum § 192a n. 9 Gesagte findet hier keine Anwendung: VI. 20. Juni 56 c. Frinke (Entsch. 33. s. 218; GA. IV, 697). An sich schließt die Feststellung der „Vorsätzlichkeit" jene Kenntniß in sich: KVI. s. 29; dagegen hat der Angeklagte das Recht, in Betreff seiner Unkenntniß einen ausdrücklichen Zusatz in der Fragstellung zu beantragen: ZI. 22. Mai 63 c. Mäder (RdO. III, 463).

2. Demgemäß bedarf es hier nicht der Absicht, die Gesundheit zu zerstören oder zu beschädigen; die in dieser Beziehung in den früheren Entwürfen gemachten Vorschläge sind beseitigt worden: VI. 21. Mai 62 (cit. n. 1); vgl. auch ZI. 11. April 56 c. Licht (Entsch. 33. s. 214; GA. IV, 841). Geschah die That in der Absicht zu tödten, so liegt der Versuch der Tödtung (§ 175 oder 176) vor, und § 197 wird ausgeschlossen.

3. „Gift" bezeichnet hier einen Stoff, welcher geeignet ist in kleiner Dosis durch seine chemische Beschaffenheit die Gesundheit resp. das Leben eines (gesunden, erwachsenen) Menschen zu zerstören: Skrzeczka Abh. in d. D StRZ. 1866 s. 258. 262; Lion Abh. in GA. XIV, 797; TL. s. 838. Es liegt sonach im Begriffe des „Gifts", daß es geeignet sei, die Gesundheit zu zerstören; ist daher die Qualität eines Stoffs als Gift festgestellt, so bedarf es der fernern Feststellung jener Eigenschaft nicht mehr: ZI. 11. April 56 c. Licht (cit. n. 2); ZI. 5. Nov. 56 c. Schleicher.

4. Eine wegen ihrer Kleinheit durchaus unschädliche Quantität eines an und für sich zu den giftigen zählenden Stoffes ist kein „Gift": ZII. 16. Mai 63 c. Danziger (RdO III, 396). Dagegen ist die Anwendung einer nur unzureichenden Quantität als ein Versuch mit einem relativ untauglichen Mittel anzusehen, es unterliegt daher der thatsächlichen Prüfung, ob derselbe den Anfang der Ausführung des Verbrechens enthalte: ZII. 16. Nov. 54 c. Rauchfuß (JMbl. 55 s. 34; GA. II, 823); cit. ZII. 16. Mai 63; vgl n. 8; § 31 n. 12; Böcker Abh. in d. D. StRZ. 1861 s. 254. — Steht fest, daß irgend eine Quantität eines zu den giftigen zählenden Stoffes als „Gift" anzusehen, somit geeignet sei, die Gesundheit zu zerstören, so kommt auf die Kleinheit derselben Nichts weiter an; auch die kleinste Quantität genügt dann: ZI. 11. April 56 (cit. n. 2); VI. 17. Jan. 62 c. Patzke (RdO. II, 207); VI. 21 Mai 62 (cit. n. 1).

§. 198. Wer durch Fahrlässigkeit einen Menschen körperlich verletzt, oder an der Gesundheit beschädigt, soll mit Geldbuße von zehn bis zu Einhundert Thalern oder mit Gefängniß bis zu Einem Jahre bestraft werden.

Diese Bestrafung soll nur auf den Antrag des Verletzten stattfinden, insofern nicht eine schwere Körperverletzung (§ 193.) vorliegt, oder die Verletzung mit Uebertretung einer Amts- oder Berufspflicht verübt worden ist.

[Entw. § 181]. Vgl. § 184. 203. 50 ff.

---

5. Unter den andern Stoffen, welche die Gesundheit zu zerstören geeignet sind, sind namentlich Ansteckungsstoffe zu verstehen: Skrzeczka l. c. (n. 3).

6. Die Heimlichkeit ist kein Begriffserforderniß des Verbrechens; Beispiel: gewaltsame Beibringung: Dalcke Abh. in GA. VI, 447; *contra*: TL. s. 839.

7. Ebensowenig bedarf es einer wirklich stattfindenden nachtheiligen Einwirkung auf die Gesundheit; das Verbrechen ist durch die Beibringung des Giftes vollendet: ZI. 11. April 56 (cit. n. 2); VI. 21. Mai 62 (cit. n 1).

8. Auch ein Versuch des im Abs. 1 vorgesehenen Verbrechens ist möglich, und unterliegt den allgemeinen Bestimmungen des § 31: ZII. 16. Nov 54 (cit. n. 4); Z. (V.) I 21. Mai 62 (cit. n. 1); vgl. n. 4; *contra*: Dalcke Abh. in GA. VI, 445, welcher sich dabei auf Zachariä Abh. in GA. III, 170 beruft. Dagegen ist ein Versuch der in Abs. 2 und 3 erwähnten Verbrechen aus den zu § 192a n. 9; § 193 n. 20 entwickelten Gründen undenkbar; vgl. Dalcke l. c.

§ 198.

1. Die Ausdrücke „körperliche Verletzung" und „Gesundheitsbeschädigung" umfassen auch hier den Fall mit, wo die nachtheilige Einwirkung auf den Körper des Andern nicht durch eine auf den Körper des letzteren gerichtete Thätlichkeit, sondern durch psychische Affektionen, z. B. durch ein Erschrecken, hervorgebracht wird; vgl. § 187 n. 8; *contra*: TL. s. 840.

2. Der Strafe des § unterliegt auch derjenige, welcher wissend, daß er an der Syphilis leidet, mit einer andern Person den Beischlaf vollzieht, und diese ansteckt: ZI. 7. März 55 c. Renner; ZI. 6. Sept. 61 c. Hoffmann.

3. Auch Unterlassungen können da, wo ein besonderer Rechtsgrund (Gesetz, Vertrag 2c.) das Recht eines Andern auf die Thätigkeit begründet, den Thatbestand des § darstellen: ZPl. 24. Sept. 60 c. Hollenhorst (JMbl. s. 421; GA. VIII, 667); ZI. 8. Juni 59 c. Korycki (GA. VII, 551; ein Gastwirth versagte einem Reisenden die Aufnahme).

4. Demgemäß trifft der § auch einen Arzt, welcher durch Vernachlässigungen bei einer übernommenen ärztlichen Behandlung eine Gesundheitsbeschädigung veranlaßt: ZII. 31. Okt. 61 c. Hoffmann. Dasselbe gilt, wenn der Arzt durch gänzliche Verabsäumung der Hülfeleistung jene Folge herbeiführt. Es konkurriren dann ideell die Thatbestände der §§ 198 und 200.

5. Im Abs. 2 ist unter „schwerer Körperverletzung" (nach Art. II des Ges. v. 14. April 1856) eine solche zu verstehen, welche dem neuen § 193 entspricht: ZI. 22 Okt. 56 c Wollkopf. Erhebliche Körperverletzungen können sonach nur auf den Antrag des Verletzten verfolgt werden.

5a. Berufspflicht bezieht sich auch auf Gewerbtreibende; vgl. § 203.

6. Der Uebertretung einer Amts- oder Berufspflicht kann nur derjenige sich schuldig machen, welcher ein Amt oder einen Beruf ausübt, bei welchem eine besondere gesetzliche Verpflichtung zur Aufmerksamkeit, Vorsicht und Sorgfalt obwaltet, so daß die Verabsäumung dieser Pflicht den Verlust des Amtes oder des Berufes (Gewerbes) nach sich ziehen kann. Daher bleibt Abs. 2 ausgeschlossen, wenn Jemand ein solches Amt 2c. oder einen solchen Beruf gar nicht hat, sondern vielleicht nur unbefugter Weise eins von beiden ausübt, oder wenn der betriebene Beruf zu denjenigen gehört, bei welchen eine solche besondere Verpflichtung zur Aufmerksamkeit 2c. in den betr. Gesetzen nicht vorausgesetzt wird: Beschl. I. 18. Sept.

§. 199. Wer, ohne vorschriftsmäßig approbirt zu sein, gegen Belohnung, oder einem besonderen, an ihn erlassenen polizeilichen Verbote zuwider, die Heilung einer äußeren oder inneren Krankheit oder eine geburtshülfliche Handlung unternimmt, wird mit Geldbuße von fünf bis zu funfzig Thalern oder mit Gefängniß bis zu sechs Monaten bestraft.

Diese Bestimmung findet keine Anwendung, wenn eine solche Handlung in einem Falle vorgenommen wird, in welchem zu dem dringend nöthigen Beistande eine approbirte Medizinalperson nicht herbeigeschafft werden kann.

[Entw. § 182]. Vgl. § 345 Nr. 2 u. 4; Gew.-Ordn. v. 17. Jan. 1845 § 42. 177; Ges. v. 22. Juni 1861 Art. I § 71. 72 (GS. S. 442). Sanitätspolizeil. Vorschr. genehmigt durch AKO. v. 8. Aug. 1835 § 17. 72 (GS. S. 240).

---

60 c. Köhn (70 B; GA. VIII, 698). — Hiernach findet Abs. 2 auf Eltern keine Anwendung.

7. Muß den Geschwornen eine auf eine fahrlässige Körperverletzung bezügliche Frage vorgelegt werden, so ist der Begriff der „schweren" oder „erheblichen" Körperverletzung in seine wesentlichen Merkmale nach § 193 und 192a aufzulösen, und nicht in der Abstraktion jener Ausdrücke allein aufzunehmen: VI. 6. Juli 54 c. Schmidt (GA. II, 667).

8. Vgl. im Uebrigen die Noten zu § 184.

§ 199.

Inhalt.

1. Insoweit § 199 zutrifft, hat er die Vorschriften der §§ 42 und 177 der Gew.-Ordn. v. 17. Jan. 1845 beseitigt und ersetzt. Er greift weiter als die letzteren, weil er auch den einzelnen nicht gewerbsmäßig, aber gegen Belohnung betriebenen Fall umfaßt (vgl. n. 12. 23): VI. 4. Jan. 56 c. Vieck (JMbl. S. 42). Auf der andern Seite sind aber auch Fälle denkbar, welche nicht unter § 199 fallen, wohl aber den Voraussetzungen der Gew.-Ordn. entsprechen; für diese ist die letztere in Kraft verblieben; vgl. n. 2. 22.

2. Derjenige, welcher „vorschriftsmäßig approbirt", dessen Befähigung also anerkannt ist, kann nicht aus § 199 strafbar sein, sollte er auch anderen, seine Befähigung nicht betreffenden Beschränkungen zuwider gehandelt haben; Beispiele: wenn eine mit dem Befähigungszeugnisse der Regierung versehene Hebeamme über den ihr vorgeschriebenen örtlichen Bezirk hinaus geht: ZI. 16. Nov 60 c. Käfer (RdO. I, 131); dagegen dürfte in einem solchen Falle die Strafe des § 177 der Gew.-Ordn. zutreffen; vgl. n. 1; Antr d. GStAnw. z. cit. Z. 16. Nov. 60 (l. c).

3. Aehnlich verhält es sich mit ausländischen Aerzten, welche die Ermächtigung erlangt haben, in einem begrenzten Bezirke des Inlandes die Heilkunde auszuüben; die Strafbarkeit erkannte nach der früheren Gesetzgebung ein V. KH. 23. Nov. 40 c. Mavrich (RA. 30. 2 A S. 109) an.

4. Dagegen wird § 199 unbedenklich da anwendbar, wo die Approbation selbst (sachlich) beschränkt ist, und die in ihr gezogenen Grenzen überschritten sind; z B. wenn derjenige, welcher die Approbation zur Vornahme kleiner chirurgischer

Operationen (vgl. n. 22) und für den Fall einer ärztlichen Anordnung erlangt hat, über diese Beschränkung hinausgeht: ZI. 20. Juni 66 c. Huth (RdO. VII, 374); vgl. n. 7.

5. Aus dem Gesagten (n. 3. 4) folgt, daß für einen vorschriftsmäßig approbirten Arzt die Vornahme von Kuren durch ein an ihn ergangenes polizeiliches Verbot nicht strafbar werden kann: KVII. s. 112. Anders verhält sich die Sache, sobald ihm die Approbation im Verwaltungswege wieder entzogen worden ist; von diesem Augenblicke an ist er als nicht approbirt anzusehen: ZII. 8. Jan. 57 c. Herzberg; ZI. 7. Okt. 57 c. Herzberg; ZI. 7. Okt. 57 c. Niegelsohn; *contra:* TL. s. 842 Note. Die Gerichte sind auch nicht befugt, über die Rechtsbeständigkeit einer solchen Entziehung zu entscheiden: Z. 8. Jan. 57 cit.; ZI. 11. Febr. 63 c. Ceynowa (RdO. III, 274).

6. Wundärzte erster Klasse sind an sich zur Ausübung der inneren Heilkunde qualifizirt, es findet daher § 199 auf sie keine Anwendung. Die AKO. v. 17. Juni 1837 ist in Verbindung mit den Min.-Verfggn. v. 24. Aug. 1825 (AKO. v. 28. Aug. 1825) und v. 30. Juni 1837 (v. K. Ann. 21. s 558) dahin auszulegen, daß jenen Wundärzten erster Klasse nicht die Heilung innerer Krankheiten, sondern nur, bei Verlust ihrer Approbation, die Domizilirung an Orten, in welchen ein promovirter Arzt wohnt, untersagt ist. Erst wenn in einem solchen Falle nach Anleitung der cit. Verf. v. 30. Juni 1837 ihre Approbation in die eines Wundarztes zweiter Klasse umgeschrieben worden ist, beginnt, mit dem Mangel der Approbation zur ärztlichen Praxis, auch die Strafbarkeit aus § 199. Folgerichtig steht es den Wundärzten erster Klasse, welche sich an einem Orte niederlassen, an welchem ein promovirter und approbirter Arzt nicht ansässig ist, zu, von diesem Orte aus, auch an solchen Orten, an welchen promovirte und approbirte Aerzte ansässig sind, die innere ärztliche Praxis zu betreiben: ZII. 10. Febr. 53 c. Kuhle (Entsch. 25. s. 343; GA. I, 244); ähnlich: V. 27. Sept. 52 c. Schmidt (GA. l. c.); ZII. 20. Okt. 53 c. Weitzmann (GA. II, 121); vgl. § 105 n. 12.

7. Dagegen sind Wundärzte zweiter Klasse zur Ausübung der innern Heilkunde nicht qualifizirt; sie unterliegen daher geeigneten Falles der Strafe des §: V. KH. 16. Dez. 37 c. Bauduin (RA. 26. 2A. s. 63).

8. Personen, welche die Approbation als praktischer Arzt nicht besitzen, können nur ausnahmsweise die Erlaubniß erhalten, Wasserkuren innerhalb der von ihnen errichteten Anstalten anzuwenden; außerhalb der Anstalt ist diesen Personen jede ärztliche Praxis versagt: Regl. v. 15. Juni 1842 (GS. s. 243). Eine Zuwiderhandlung fällt unter die Bestimmung des § 199: VI 4. Jan. 56 c. Vieck (IMbl. s. 42); ZI. 10 Jan. 62 c. dens. (RdO. II, 195).

9. Zur Ausübung der Thierheilkunde bedarf es einer Approbation nicht, indem die Gew.-Ordn. die thierärztliche Praxis ganz frei geben wollte; vgl. Verf. d. Min. d. Med.-Ang. v. 31. März 1847 (VMbl. s. 52), und eine Erklärung des Regierungs-Kommissars in der Kommission der II. K. f. Handel u. Gewerbe in der Sitzungs-Periode 1853/54, relatirt im Berichte III. dieser Kommission (Nr. 239). Ausübung der Thierheilkunde ohne Approbation ist daher weder aus § 199, noch aus § 177 der Gew.-Ordn. strafbar; vgl. § 105 n. 14. Aehnlich verhält es sich in Oldenburg: Erk. AG. Oldenb. 4. Okt. 59 (Old. Arch. VII, 44).

10. Die Strafbarkeit ist bedingt durch das Bewußtsein der mangelnden Approbation: ZII. 20. Sept. 60 c. Brakelmann (GA. VIII, 836). Daher schließt die irrige Ueberzeugung von einer vorhandenen genügenden Approbation die Strafe aus, sollte der Angeklagte es auch verabsäumt haben, sich über die Legalität seiner Approbation Gewißheit zu verschaffen: VI. 17. März 58 c. Ginschor.

11. Die Heilung muß gegen Belohnung unternommen sein. In dieser Beziehung genügt es aber, wenn die Heilung in der Erwartung einer solchen, also ohne die Absicht der Unentgeltlichkeit unternommen ist: ZI. 4. Juli 62 c. Sommer (RdO. II, 514). Ebenso ist es gleichgültig, in welcher Form und unter welcher Bezeichnung der Lohn gefordert oder gegeben wurde; daher kann auch in dem hohen Preise des verabreichten Mittels die „Belohnung" für die unternommene Heilung gefunden werden: VI. 8. Febr. 61 c. Erbe (RdO. I, 211); ähnlich: ZII.

20. Sept. 60 c. Baunscheidt. Dagegen kann dem Angeklagten der Beweis der Absicht der unentgeltlichen Behandlung nicht auferlegt werden, da das Gegentheil zu dem ihm nachzuweisenden Thatbestande gehört: ZI. 11. Mai 55 c. Hanko. Auch macht ein nachträglich gegebenes freiwilliges Geschenk die unentgeltlich vorgenommene Handlung nicht strafbar.

12. Eine Gewerbsmäßigkeit der Handlung wird nicht erheischt; auch das einmalige Unternehmen der Heilung gegen Belohnung ꝛc. ist strafbar; eine Mehrheit gleichartiger Handlungen begründet reale Konkurrenz; *contra*: TGA. s. 255 n. 2; die Motive (s. 52) sind hier nicht ganz genau.

13. Das polizeiliche Verbot kann sowohl von der Orts-, als von der Provinzial- oder Centralbehörde ausgehen: ZII. 8. Jan. 57 c. Herzberg. Ein solches Verbot gilt allgemein, und nicht blos für den Verwaltungsbezirk der betr. Behörde: ZII. 18. Okt. 60 c. Heilmann; ZI. 26. Juni 61 c. Thom (RdO. I, 465).

14. Als Krankheit ist jede Störung der Gesundheit, jedes Uebelbefinden (selbst wenn es die Folge eines an sich naturgemäßen Zustandes z. B. einer Schwangerschaft ist) und jede Abweichung vom normalen Körper- oder Seelenzustande anzusehen, sollte damit auch keine Störung des Wohlbefindens verbunden sein, z. B. äußere Entstellungen: Warzen, Sommersprossen, Kahlköpfigkeit: Liman Abh. in GA. XIV, 469; ZI. 4. Juli 62 c. Sommer (RdO. II, 514). Sonach gehören auch geringere Leiden hierher, welche die Natur ohne Kunsthülfe zu heben pflegt: ZI. 13. Mai 63 c. Sachs (RdO. III, 446). Ja selbst eine durchaus eingebildete Krankheit ist nicht ausgeschlossen, auch bei ihr kann eine Heilung „unternommen" werden.

15. Demgemäß ist als die „Unternehmung einer Heilung" jede Thätigkeit anzusehen, welche in Beziehung auf den Gesundheitszustand eines bestimmten Menschen Mittel und Wege der Behandlung an die Hand giebt oder ins Werk setzt, sobald dieselben sich äußerlich als solche kund geben, welche auf die Hebung einer Krankheit im gedachten (n. 14) Sinne oder auf Erleichterung des Zustandes abzielen. Es bedarf daher nicht der Verabreichung von Mitteln oder der Anwendung einer chirurgischen Operation, vielmehr genügt ein ertheilter Rath: ZI. 15. Okt. 62 c. Gerhardt (RdO. III, 79); ZII. 17. Sept. 66 c. Helbing.

16. Stets aber wird vorausgesetzt, daß die Handlung sich auf einen als vorhanden angenommenen speziellen Krankheits-Zustand beziehe; der bloße Verkauf eines im Allgemeinen als Heilmittel angepriesenen Gegenstandes reicht dazu nicht hin: Beschl. II. 14. Sept. 65 c. Schneider (RdO. VI, 308). Dagegen ist die Anwendbarkeit des § nicht durch eine vorgängige Untersuchung, noch auch durch die Gegenwart des Kranken bedingt; es genügt, wenn ein bestehender Krankheitszustand vorausgesetzt wurde: ZII. 20. Sept. 60 c. Brakelmann (GA. VIII, 836); ZI. 11. Febr. 63 c. Buchholtz (RdO. III, 273). Es kann daher auch in der Zusendung von wirklichen oder angeblichen Heilmitteln und einer hinzugefügten Gebrauchsanweisung das Unternehmen einer Heilung gefunden werden: ZII. 28. Juni 60 c. Baunscheidt.

17. Die Natur der angewendeten oder angerathenen Mittel ist gleichgültig. Insbesondere ist der § nicht auf Heilversuche durch pharmazeutische Mittel beschränkt: ZI. 17. Sept 58 c. Petsch (GA. VII, 104); auch die Anwendung ꝛc. eines diätetischen Mittels kann genügen: ZI. 16. Febr. 59 c. Strozyk (GA. VII, 390); ZI. 15. Okt. 62 (cit. n. 15). Insbesondere darf nicht gefordert werden, daß die Behandlung die charakteristischen Eigenschaften eines ärztlichen Handelns in sich schließe, da sich für ein solches schwerlich unbedingt maaßgebende Merkmale aufstellen lassen; *contra*: Liman Abh. in GA. XIV, 471. Nur das ist unerläßlich, daß der Heilversuch sich als eine materielle Einwirkung auf den leidenden (oder als leidend gedachten) Körper (Geist) kund gebe, sollten dieselben auch in der Benutzung einer Kraft bestehen, welche nicht für sich selbst, sondern lediglich in ihren Wirkungen und Folgen zu Tage tritt (Elektrizität, thierischer Magnetismus); es kann sonach auch ein bloßes Bestreichen zur Anwendung des § hinreichen: ZII. 28. Juni 66 c. Alberts (RdO. VII, 383). Dagegen bleiben alle Thätigkeiten ausgeschlossen, welche lediglich auf eine überirdische Hülfe abzielen, z. B. bloße Gebete oder Zaubermittel, insofern sie nicht mit einer materiellen Einwirkung verbunden sind. Das Gegentheil ist nicht daraus zu folgern, daß die Motive (s. 53) der Gefährlichkeit s. g. Wunder-

doktoren Erwähnung thun; auch in Betreff ihrer wird eine materielle Einwirkung vorausgesetzt.

18. Im Uebrigen kommt es nicht darauf an, ob der Angeklagte in der Absicht handelte, eine Heilung herbeizuführen, oder ob er selbst von der Nutzlosigkeit seines Unternehmens überzeugt war.

19. Ebenso schließt die Schwierigkeit der Befolgung des ertheilten Raths die Strafbarkeit nicht aus, insofern nur nicht eine Unmöglichkeit vorliegt: ZII. 14. März 58 c. Theile (GA. V, 854).

20. Liegt der Thatbestand des § vor, so wird die Strafbarkeit auch dadurch nicht abgewendet, daß der Ertheilung eines Rezepts gleichzeitig die Anweisung hinzugefügt ist, dasselbe vor der Benutzung durch einen Arzt prüfen und genehmigen zu lassen; *contra*: BII. 24. Sept. 57 c. Theile (GA. V, 854) für den Fall, wo diese Anweisung ernstlich gemeint sei.

21. Ausgeschlossen ist dagegen Alles, was lediglich einen kosmetischen Zweck verfolgt (z. B. bei Behandlung der Haare, der Haut, der Zähne ꝛc.), oder was ausschließlich dahin abzielt, dem Eintritte eines noch gar nicht vorhandenen Krankheitszustandes vorzubeugen (Schutzmittel gegen Erkältungen u. dgl.). Ebenso fällt dasjenige nicht unter den §, wodurch ein körperlicher Mangel nicht geheilt, sondern durch eine mechanische Vorrichtung ersetzt werden soll, z. B die Anfertigung einer Brille oder einer Perrücke, das Einsetzen eines falschen Zahnes: Gutachten d. Med.-Koll. d. Prov. Brandenburg cit. in d. D. StRZ. 1866 S. 314; Abh. in GA. XV, 22; vgl. Liman l. c. Inwiefern in derartigen Fällen gleichzeitig die Heilung eines Krankheitszustandes unternommen wurde (z. B. beim Behandeln der Zähne ꝛc), ist Gegenstand der thatsächlichen Beurtheilung.

22. Schröpfen, Aderlassen, Blutegelsetzen und Zahnausziehen sind chirurgische Operationen; ihre Vornahme ohne Approbation ꝛc. ist daher selbst dann strafbar, daß sie auch nur auf jedesmalige Anweisung eines Arztes erfolgte, da der § nicht nur der zweckwidrigen Anwendung solcher Mittel, sondern auch der kunstwidrigen Ausführung derselben vorbeugen will: ZI. 2. Febr. 55 c. Kühne; ZI. 20. Juni 66 c. Huth (RdO. VII, 373); *contra*: BI. 28. Juni 54 c. Kaminsky; ebenso: BI. 9. März 60 c. Stolpien (GA. VIII, 416); ZI. 21. Febr. 62 c. Dittmar (RdO. II, 270), welche dagegen in einem solchen Falle die Anwendbarkeit der §§ 42 und 177 der Gew.-Ordn. annahmen, sobald ihre Voraussetzungen vorhanden seien

23. Die successive Anwendung verschiedener Mittel zur Hebung eines und desselben Krankheitszustandes wird in der Regel nur als ein einheitliches Heilungs-Unternehmen anzusehen sein. Dagegen macht sich derjenige, welcher bei verschiedenen Personen zu verschiedenen Malen die Heilung von Krankheiten ꝛc. unternimmt, des wiederholten Vergehens schuldig, und unterliegt den Vorschriften des § 56: ZII. 11. Nov. 58 c. Heilmann; BI. 13. Juli 64 c. Fritz (RdO. V, 65); BII. 8. Juni 65 c. Heilmann.

24. Eine frühere Verurtheilung auf Grund des § 707 II, 20 des ALR. rechtfertigt jetzt die Anwendung der Rückfallsstrafe (§ 58): Z. 24. Nov. 52 c. Reining.

25. Ein approbirter Arzt verwirkt die Strafe der §§ 34. 35. 199, wenn er als Gehülfe an der Medizinalpfuscherei eines Nichtarztes Theil nimmt: ZI. 6. Okt. 65 c. Stanelli (RdO. VI, 373).

26. Der im Abs. 2 erwähnte Strafausschließungsgrund stellt einen vom Angeklagten zu behauptenden Einwand dar: ZI. 11. Mai 55 c. Hanko. Daraus folgt aber keineswegs, daß demselben auch der Beweis dieses Einwandes in dem Sinne obliege, daß der Richter nicht auch von Amtswegen Ermittelungen darüber anstellen könnte.

27. Die Instanzrichter können ohne Rechtsirrthum annehmen, daß bei jeder Entbindung der Beistand einer Hebeamme für dringend nöthig zu erachten sei: ZI. 15. Juli 64 c. Hartrumpf (RdO. V, 80).

§. 200. Medizinalpersonen, welche in Fällen einer dringenden Gefahr ohne hinreichende Ursache ihre Hülfe verweigern, sollen mit Geldbuße von zwanzig bis zu fünfhundert Thalern bestraft werden.

[Entw. § 183]. Vgl § 340 Nr. 7; Gew.-Ordn. v. 17. Jan. 1845 (Ges. v. 22. Juni 1861 Art. I) § 71 (GS. s. 442).

§. 201. Hebeammen, welche verabsäumen, einen approbirten Geburtshelfer herbeirufen zu lassen, wenn bei einer Entbindung Umstände sich ereignen, die eine Gefahr für das Leben der Mutter oder des Kindes besorgen lassen, oder wenn bei der Geburt die Mutter oder das Kind das Leben einbüßt, werden mit Geldbuße bis zu funfzig Thalern oder mit Gefängniß bis zu drei Monaten bestraft.

[Entw. § 184]. Vgl. Gew.-Ordn. v. 17. Jan. 1845 (Ges. v. 22. Juni 1861 Art. I) § 71 (GS. s. 442).

---

§ 200.

1. Zu den „Medizinalpersonen" gehören auch Hebeammen.

2. .... nicht aber Apotheker: TL. s. 843 Note 3.

3. Ebensowenig sind Thierärzte als „Medizinalpersonen" zu betrachten, da die thierärztliche Praxis grundsätzlich freigegeben ist: Min.-Verf. v. 20. Nov. 1825 (v. K. Ann. IX, 1096); vgl. § 199 n. 9.

4. Die dringende Gefahr muß objektiv, nicht etwa blos nach der Ansicht des Hülfesuchenden obwalten; außerdem muß dem Arzt ꝛc. das Vorhandensein derselben und die Nothwendigkeit der Hülfe glaubhaft gemacht sein.

5. Das „Verweigern" der Hülfe setzt voraus, daß dieselbe gefordert worden sei. Hat ein solches Fordern Statt gefunden, so kann auch in der Unterlassung der Hülfeleistung eine Verweigerung derselben gefunden werden: Z. 25. Juni 52 c. Munk (ind.).

6. Behauptet der Angeklagte das Vorhandensein hinreichender Ursachen zur Verweigerung, so wird das zu § 199 n. 26 Gesagte anwendbar.

7. Daß für den Kranken ein Nachtheil entstanden sei, ist zur Anwendung des § nicht erforderlich: KVII. s. 113. Ist ein solcher eingetreten, so liegt auch der Thatbestand der in den §§ 184 oder 198 vorgesehenen Vergehen in idealer Konkurrenz vor.

8. Auf einen bestimmten Dolus des Thäters kommt Nichts an, da eben die unterlassene Erfüllung der Berufspflicht den Thatbestand ausmacht: Z. 25. Juni 52 c. Munk.

§ 201.

1. Das bloße Verlangen der Herbeirufung beseitigt die Strafbarkeit nicht; auf der andern Seite kann aber auch nicht gefordert werden, daß die Hebeamme die Herbeiholung selbst bewirke.

2. Bedingung der Strafbarkeit ist auch hier, daß die Hebeamme die Gefahr erkannt habe; vgl. § 200 n. 4.

3. Nach erfolgtem Tode der Mutter oder des Kindes ist die Herbeiholung des Geburtshelfers deshalb für nöthig erachtet worden, um die Schuld oder Schuldlosigkeit der Hebeamme konstatiren zu lassen.

4. Auch hier trifft die Strafe die Culpa wie den Dolus.

5. Treffen beide im § vorgesehenen Fälle der Verabsäumung zusammen, so liegen zwei selbstständige Vergehen in realer Konkurrenz vor.

6. Vgl. im Allgemeinen Verf. der Regierung zu Arnsberg v. 26. Juli 1852 (VMbl. s. 216; v. Rönne s. 129).

§. 202. Baumeister und Bauhandwerker, welche bei der Ausführung eines Baues wider die allgemein anerkannten Regeln der Baukunst dergestalt gehandelt haben, daß hieraus für Andere Gefahr entsteht, sollen mit Geldbuße von funfzig bis zu dreihundert Thalern oder mit Gefängniß von sechs Wochen bis zu sechs Monaten bestraft werden.

Im Rückfalle können sie zugleich der Befugniß zur selbstständigen Betreibung ihrer Kunst oder ihres Gewerbes verlustig erklärt werden.

[Entw. § 185]. Vgl. § 345 Nr. 11. 12.

§. 203. Wenn bei einer vorsätzlich verübten Körperverletzung der Thäter die ihm vermöge seines Amtes, Berufes oder Gewerbes obliegenden besonderen Pflichten übertreten hat, so soll derselbe zugleich auf eine bestimmte Zeit, welche die Dauer von fünf Jahren nicht übersteigen darf, oder für immer zu einem solchen Amte für unfähig, oder der Befuguiß zur selbstständigen Betreibung seiner Kunst oder seines Gewerbes verlustig erklärt werden.

Auch bei fahrlässig verübten Körperverletzungen kann der Thäter wegen Vernachlässigung der besonderen Amts-, Berufs- oder Gewerbspflichten, wenn sich derselbe im Rückfalle befindet,

---

§ 202.

1. Da hier nicht blos von Baumeistern, sondern allgemein von Bauhandwerkern und von Zuwiderhandlungen gegen die Regeln der Baukunst die Rede ist, so trifft die Strafe auch denjenigen, welcher ohne die erforderliche Konzession die Ausführung eines Baues unternommen, oder dabei die Grenzen der ihm ertheilten Konzession überschritten hat: ZI. 18. Jan. 54 c. Böhme.

2. Der Baumeister muß die von ihm beschäftigten Arbeiter überwachen; er trägt daher für sie die strafrechtliche Verantwortlichkeit mit: ZII. 15. Febr. 66 c. Voßkühler (RdO. VII, 105); vgl. ALR. I, 10 § 930.

3. Zum Baue gehört auch die Aufstellung eines Baugerüstes; ist ein solches in kunstwidriger und gemeingefährlicher Weise errichtet worden, so wird der § anwendbar: VI. 26. Mai 65 c. Beidel (RdO. VI, 148).

4. Der § läßt den Eintritt einer jeden Gefahr für Andere genügen, ohne zu unterscheiden, ob das drohende Unglück sogleich eintreten könne, oder ob es durch künftige aber naheliegende Eventualitäten bedingt sei: Beschl. I. 9. Mai 55 c. Krebs. Es fällt hierbei Vieles in das thatsächliche Ermessen des Instanzrichters; er kann unbedenklich eine den beim Bau beschäftigten Arbeitern drohende Gefahr für genügend erachten: ZI. 9. Sept. 59 c. Laudien. Ebenso kann er aber auch bei einem kunstwidrig errichteten Bau das Vorhandensein einer Gefahr für die späteren Bewohner aus dem Grunde negiren, weil es nach polizeilichen Vorschriften vor der Benutzung erst noch einer Prüfung durch Bauverständige bedurft habe, wobei sich die Mängel zeigen mußten: ZI. 9. Jan. 56 c. Krebs (GA. IV, 252).

5. Daß der Bauherr die Ausführung des Baues in der stattgehabten Weise verlangt habe, schließt die Strafbarkeit des Baumeisters nicht aus.

6. Ob Dolus oder Culpa vorliege, ist gleichgültig.

§ 203.

1. Vgl. die Bemerkungen zu § 184 n. 14—16.

zugleich auf eine bestimmte Zeit, welche die Dauer von fünf Jahren nicht übersteigen darf, oder für immer zu einem solchen Amte für unfähig, oder der Befugniß zur selbstständigen Betreibung seiner Kunst oder seines Gewerbes verlustig erklärt werden.

[Entw. § 186]. Vgl. § 184; Gew.-Ordn. v. 17. Jan 1845 (Ges. v. 22. Juni 1861 Art. I) § 172—174 (GS. s. 444).

Siebenzehnter Titel.

Verbrechen und Vergehen wider die persönliche Freiheit.

§. 204. Wer einen Menschen durch List oder Gewalt entführt, um ihn entweder in hülfloser Lage auszusetzen, oder ihn in Sklaverei oder Leibeigenschaft, oder in auswärtige Kriegsdienste oder Schiffsdienste zu bringen, begeht einen Menschenraub und soll mit Zuchthaus von fünf bis zu zwanzig Jahren bestraft werden.

[Entw. § 187]. Vgl. § 69 Nr. 1. 3; 111. 210.

---

2. Diese Spezialvorschrift für Körperverletzungen ist durch die allgemeine Bestimmung der §§ 172. 173 Art. I des Ges. v. 22. Juni 1861 (Gew.-Ordn. v. 17. Jan. 1845) nicht abgeändert worden.

§ 204.

1. Auf Alter und Selbstständigkeit des entführten Menschen kommt Nichts an: Motive s. 54.

2. Es ist nicht unerläßlich, daß die List oder Gewalt gegen die Person des Entführten angewendet seien; es genügt, wenn dieselben überhaupt nur das Mittel darstellen, durch welches die Entführung ermöglicht wurde, sollten sie auch gegen dritte Personen ausgeübt sein.

3. Gewalt ist auch ohne die Ueberwindung eines geleisteten Widerstandes, oder ohne daß ein entgegengesetzter Wille des Entführten obgewaltet habe, möglich (z. B. bei Personen, welche keinen Willen haben).

4. Gewalt umfaßt auch die Drohung: Bes. s. 393 III.

5. Das „Entführen" setzt die Entfernung vom jeweiligen Aufenthaltsorte voraus. Die bloße Bemächtigung zum Zweck der Entführung kann nur einen Versuch darstellen.

6. Entfernung aus dem Preußischen Staatsgebiete ist nicht erforderlich: Motive s. 54.

7. Die „hülflose Lage" ist nicht im Sinne des § 190 auf den Fall zu beschränken, wo Jemand ohne fremde Hülfe seine Existenz nicht ferner fristen kann; doch verlangt Temme (L. s. 874) eine erhebliche Gefahr für Leib oder Leben.

8. Die Erreichung der verbrecherischen Absicht, also z. B. des Menschenverkaufs, der Aussetzung ꝛc., gehört nicht zum Thatbestande dieses Verbrechens: Motive s. 55. Daher ist die Freigebung vor Erreichung der Absicht nicht als ein freiwillig aufgegebener Versuch zu betrachten.

9. Das Verbrechen besteht hier wesentlich in der Freiheitsberaubung, setzt sich also so lange fort, als diese dauert; demgemäß kann erst mit dem Ende derselben der Lauf der Verjährung beginnen: BGr. § 109; John Abh. in GA. IX, 508; *contra:* Gilb. C. d'instr. art. 637 n. 23. 24. Vgl. § 46 n. 10; § 206 n. 10. Anders verhält es sich mit der fortdauernden hülflosen Lage; das Verbrechen ist mit Beendigung der Aussetzung vollendet und die Verjährung beginnt.

§. 205. Wer einen Menschen unter sechszehn Jahren durch List oder Gewalt entführt, um ihn zum Betteln oder zu gewinnsüchtigen oder unsittlichen Zwecken oder Beschäftigungen zu gebrauchen, wird mit Zuchthaus bis zu funfzehn Jahren bestraft.

[Entw. § 188]. Vgl. § 118. 147. 341. 206.

§. 206. Wer eine minderjährige Person durch List oder Gewalt ihren Eltern oder Vormündern entführt, wird mit Gefängniß nicht unter Einem Jahre bestraft.

[Entw. § 189]. Vgl. § 138. 204. 205. 207 ff.

---

§ 205.

1. In Beziehung auf die List und Gewalt gilt das zu § 204 n. 2 Gesagte: Zl. 4. Jan. 60 c. Donat (GA. VIII, 279).

2. Ebendeshalb schließt auch die Einwilligung des Entführten die Anwendbarkeit des § nicht nothwendig aus, z. B. wenn die Einwilligung durch List erzielt war, oder wenn die Entführung gegen den Willen derjenigen geschah, welche ein Aufsichtsrecht über das Kind hatten, vgl. § 206; *contra*: TL. S. 876.

3. Ob die Entführung aus der Obhut der Eltern, Vormünder 2c. geschehe, ist gleichgültig; nicht minder, ob Eltern oder Vormünder 2c. eingewilligt haben.

4. Der Dolus muß dahin gehen, die entführte Person nicht als Mittel zur Erreichung anderweiter gewinnsüchtiger Zwecke (z. B um dadurch von den Eltern 2c. etwas zu erpressen), sondern sie selbst als das eigentliche Objekt der strafbaren That zu gebrauchen, und dadurch ihr Wohlergehen namentlich in sittlicher Beziehung zu gefährden (vgl. Entw. v. 1843 § 356 Nr. 2): Zl. 4. Jan. 60 c. Donat (GA. VIII, 279).

5. Im Uebrigen sind die Bemerkungen zu § 204 zu vergleichen.

§ 206.

1. Hier wird die Entführung mit Strafe bedroht, durch welche das Erziehungs- und Beaufsichtigungsrecht der Eltern und Vormünder vereitelt wird: Motive S. 55.

2. Daher schließt die Einwilligung der Eltern 2c. die Anwendbarkeit dieses § aus; liegt sie vor, so ist es gleichgültig, ob das Kind gezwungen oder durch List zur Einwilligung gebracht worden ist: Zl. 4. Juli 66 c. Storch (RdO. VII, 412).

3. Fehlt es an der Einwilligung der Eltern, so ist es gleichgültig, gegen wen die List oder die Gewalt angewendet worden sind, ob gegen die Eltern selbst, gegen dritte Personen (z. B. solche, welche das Kind im Auftrage der Eltern beaufsichtigen) oder auch gegen das Kind selbst; vgl. § 204 n. 2; § 205 n. 1. 2.

4. Die Frage der Minderjährigkeit ist nach den an jedem Orte geltenden Civilgesetzen zu beurtheilen; die daraus folgende Verschiedenheit in der Anwendung rechtfertigt sich dadurch, daß hier eben die Verletzung der durch das Civilrecht anerkannten Rechte der Eltern 2c. geahndet werden soll.

5. Als „minderjährig" ist diejenige Person nicht anzusehen, welche nach Rheinischem Rechte emancipirt ist: Gilb. C. pén. art. 354 n. 11.

6. Den Minderjährigen sind hier Blödsinnige und andere unter Vormundschaft oder Kuratel stehende Personen nicht gleich zu achten: TOA. S. 259 n. 5.

7. Ueber den Begriff der „Eltern" vgl. § 208 n. 5.

8. Nicht jede momentane Entfernung aus der Gewalt der Eltern 2c. ist eine Entführung; der Instanzrichter hat in jedem Einzelfalle zu prüfen, ob nach den Umständen eine „Entführung aus der Gewalt der Eltern" anzunehmen sei; er kann daher eine solche verneinen, wenn er findet, daß die momentan gestörte elterliche Gewalt sofort durch Benutzung der zu Gebote stehenden obrigkeitlichen Hülfe wieder hergestellt werden kann: Zl. 23. Juni 58 c. Wesener (GA. VI, 707).

§. 207. Wer eine Frauensperson durch List oder Gewalt entführt, um sie zur Unzucht oder zur Ehe zu bringen, wird mit Zuchthaus bis zu zehn Jahren bestraft.

[Entw. § 190]. Vgl. § 207. 208.

§. 208. Wer eine minderjährige unverehelichte Frauensperson mit ihrem Willen, jedoch ohne die Einwilligung ihrer

---

9. Als Dolus werden, außer der Vorsätzlichkeit der Handlung an und für sich, die Kenntniß von der Minderjährigkeit des Entführten und das Bewußtsein vorausgesetzt, daß derselbe der Gewalt der Eltern ꝛc. entzogen werde: ZVI. 4. Juli 66 (cit. n. 2). Es ist sonach nicht erforderlich, daß letzteres bezweckt sei; die Ausdrucksweise der Motive (s. 55) ist in dieser Beziehung nicht genau. Ebenso kommt auf den sonstigen Zweck der Handlung Nichts an.

10. Mit Rücksicht auf den Grund der Strafvorschrift (n. 1) setzt sich das Vergehen so lange fort, als der Entführte seinen Eltern vorenthalten wird; so lange diese Vorenthaltung dauert, kann sonach auch der Lauf der Verjährung nicht beginnen: Gilb. C. d'instr. art. 637 n. 23. 24; vgl. § 204 n. 9.

§ 207.

1. Subjekt dieses Verbrechens kann auch eine Frauensperson sein, z. B. eine Kupplerin; vgl. n. 11.

2. Daß die entführte Frauensperson unbescholten sei, wird nicht erfordert.

3. Ebensowenig ist der § auf die Entführung großjähriger oder selbstständiger Frauenspersonen beschränkt; es kann daher auch die Ehefrau eines Andern entführt werden, ebenso die eigene Braut, nicht aber die eigene Ehefrau.

4. Aus dem Gegensatze zwischen § 207 und 208 ergiebt sich, daß im Falle des ersteren die List oder die Gewalt gegen die Person der Entführten angewendet sein müssen, daß also ihre freie Einwilligung die Anwendbarkeit des § beseitigt, so daß nur noch geeigneten Falles § 208 Platz greifen kann; vgl. § 204 n. 2; § 205 n. 1; § 206 n. 3. Dagegen versteht es sich von selbst, daß eine durch List (Täuschung) herbeigeführte Einwilligung nicht frei und eben deshalb nicht geeignet ist, die Strafbarkeit zu beseitigen.

5. Auch eine an einer Geistesstörung leidende oder interdicirte Person kann durch List entführt werden: ZII. 3. Juli 62 c. Cleff (RdO. II, 509).

6. Ueber den Begriff der Entführung vgl. § 204 n. 5. 6.

7. Unzucht ist hier gleichbedeutend mit „Beischlaf"; vgl. § 141 n. 1.

8. Ein „Bringen zur Unzucht" bleibt auch da möglich, wo derselbe Zweck früher bereits ohne Entführung erreicht war; es ist Gegenstand der thatsächlichen Beurtheilung, ob solches anzunehmen sei; *contra*: Beschl. App.-Ger. Glogau 19. Jan. 58 c. Finger.

9. Es wird nicht erfordert, daß der Zweck des Entführers dahin gehe, für sich selbst die Entführte zur Unzucht oder Ehe zu bringen; vgl. n. 1.

10. Das Verbrechen ist vollendet durch die Wegführung, sollte auch der geschlechtliche Zweck nicht erreicht sein. Dagegen setzt sich dasselbe so lange fort, als die durch die List hervorgerufene Täuschung oder die Vergewaltigung andauern. Sonach kann erst mit der Beendigung der letztern der Lauf der Verjährung beginnen: John Abh. in GA. IX, 509; vgl. § 204 n. 9.

§ 208.

1. In Betreff der Minderjährigkeit vgl. § 206 n 4. 5.

2. Zu den „unverehelichten" Frauenspersonen gehören hier auch die Wittwen.

3. Die Entführung einer minderjährigen Ehefrau mit ihrem Willen soll nur als Ehebruch strafbar sein: Motive s. 57.

4. Die einwilligende Entführte ist nicht als Theilnehmerin anzusehen, und überhaupt nicht strafbar.

Eltern oder ihres Vormundes entführt, um sie zur Unzucht oder zur Ehe zu bringen, wird mit Gefängniß nicht unter drei Monaten bestraft.

[Entw. § 191]. Vgl. § 207. 209.

§. 209. Hat der Entführer (§§. 207. 208.) die Entführte geheirathet, so kann gegen denselben nur auf den Antrag derjenigen Personen verfahren werden, welche auf die Ungültigkeitserklärung der Ehe anzutragen befugt sind; auch darf derselbe nicht eher verurtheilt werden, als bis die Ehe vorher für ungültig erklärt worden ist.

[Entw. § 192]. Vgl. § 50—54; ALR. II, 1 § 44—58; 984—988; Rh. BGB. Art. 182. 183.

---

5. Unter „Eltern" sind alle diejenigen zu verstehen, welche elterliche Rechte ausüben: Motive s. 57, d. h. alle diejenigen, deren Einwilligung erforderlich ist, wenn der Minderjährige eine gültige Ehe abschließen will; daher irrt Temme (Gll. s. 262 n. 10; Lehrb. s. 736), wenn er glaubt, daß auch die Einwilligung eines der beiden Eltern, oder eines von mehreren Vormündern, oder endlich der Mutter, welche nicht Vormünderin ist, die Strafbarkeit ausschließe.

6. Eine genügende, die Strafbarkeit ausschließende Einwilligung der Eltern rc. ist nicht anzunehmen, wenn dieselbe nur durch listige Täuschung herbeigeführt worden ist; vgl. § 207 n. 4.

7. Ueber den Begriff des „Entführens" vgl. § 204 n. 5. 6.

8. Eine Entführung ist nicht anzunehmen, wenn Jemand die Frauensperson nicht selbst weggebracht, sondern sie nur beredet hat, allein ihren Eltern rc. zu entfliehen: Gilb. C. pén. art. 354 n. 9.

9. Ueber den Begriff der „Unzucht" vgl. § 207 n. 7; § 141 n. 1.

10. In Betreff der Verjährung gilt hier das zu § 206 n. 10 Gesagte.

§ 209.

1. Unter „denjenigen Personen, welche auf die Ungültigkeitserklärung der Ehe anzutragen befugt sind", sind hier nur diejenigen zu verstehen, deren Recht darauf beruht, daß es zur Verheirathung der Entführten ihrer Einwilligung bedurft hätte. Daher ist die Vorschrift des § auf die StA.-schaft nicht auszudehnen, sollte ihr auch ein derartiges Recht zustehen.

2. Kann die Entführte selbst, nachdem sie den Entführer geheirathet hat, auf Ungültigkeitserklärung der Ehe antragen, so ist sie — wenigstens im Falle des § 207 unbestreitbar — auch zur Beantragung der Bestrafung befugt.

3. Sind mehrere Personen zur Beantragung des Strafverfahrens berechtigt, so genügt der Antrag einer einzelnen.

4. Die Klage auf Ungültigkeitserklärung der Ehe schließt nicht stillschweigend den Antrag auf Bestrafung in sich; vgl. Gilb. C. pén. art. 357 n. 4.

5. Der Antrag auf Bestrafung kann auch von einem Andern als demjenigen ausgehen, welcher die Klage auf Ungültigkeitserklärung angestellt hat.

6. Die dreimonatliche Frist, in welcher (nach § 50) der Antrag auf Bestrafung gestellt sein muß, beginnt erst mit der Kenntniß von der stattgefundenen Heirath, weil erst von diesem Augenblicke an die Nothwendigkeit und Statthaftigkeit eines Antrages eintritt: KBl. s. 29.

7. Dagegen ist die Stellung des Antrags durch die Ungültigkeitserklärung der Ehe nicht bedingt; der Lauf der dreimonatlichen Frist beginnt daher, sollte auch die Ungültigkeitserklärung noch nicht erfolgt, und selbst die betr. Klage noch nicht angestellt sein.

8. Ist der Antrag rechtzeitig gestellt, so schadet es nicht, wenn die Klage auf Ungültigkeitserklärung auch erst nach Ablauf der dreimonatlichen Frist angehoben worden ist; vgl. aber GM. II, 447.

§. 210. Wer vorsätzlich und widerrechtlich einen Menschen einsperrt, oder auf andere Weise des Gebrauchs der persönlichen Freiheit beraubt, wird mit Gefängniß nicht unter drei Monaten bestraft.

Die Strafe ist Zuchthaus bis zu funfzehn Jahren:

1) wenn für den der Freiheit Beraubten die Freiheitsentziehung oder die ihm während derselben widerfahrene Behandlung eine schwere Körperverletzung (**§. 193.**) zur Folge gehabt hat;

2) wenn die Freiheitsberaubung über einen Monat gedauert hat;

3) wenn das Verbrechen gegen leibliche Verwandte in aufsteigender Linie verübt worden ist.

[Entw. § 193] Vgl. § 211. 317; Ges. v. 12. Febr. 1850 (GS. s. 45).

---

9. Nicht blos die Verurtheilung, sondern überhaupt die Strafverfolgung ist nicht eher stattbaft, bis die Ehe (rechtskräftig) für ungültig erklärt ist; es kann daher früher auch nicht zur Verhaftung des Entführers geschritten werden. Dasselbe lehrte, in Beziehung auf die wörtlich gleichlautende Vorschrift des art. 357 des C. pén.: Mangin act publ. n. 147.

10. Die Strafverfolgung ist in Betreff der Theilnehmer des Entführers an dieselben Bedingungen geknüpft, wie in Betreff des letztern selbst: Gilb. C. pén. art. 357 n. 2. 3.

§ 210.

1. Als Dolus wird hier außer der Vorsätzlichkeit der äußern Handlung auch das Bewußtsein von der Widerrechtlichkeit vorausgesetzt (vgl. § 317): B. 25. Febr. 52 c. Herder (GA I, 87); VI. 26. Jan. 59 c. Bernstein (GA. VII, 393); ZI. 27 Mai 57 c. Dorzewski; ZI. 7. Mai 58 c. Hirsch; ZI. 11. Mai 60 c. Maichereck; u. ö. Insoweit indessen dieses Bewußtsein nicht bestritten ist, genügt die Feststellung der „Vorsätzlichkeit": ZII. 5. Dez. 57 c. Zacher; VI. 7. Nov. 60 c. Schulz (GA. VIII, 839).

2. Wenn dagegen der Angeklagte dieses Bewußtsein bestreitet, so muß es ihm nachgewiesen und festgestellt werden; es läßt sich nicht behaupten, daß ihm der Beweis des Gegentheils obliege; *contra* wie es scheint: ZII. 5. Dez. 57 c. Zacher.

3. Eines weitergebenden Dolus n. 1) bedarf es nicht; insbesondere ist es nicht erforderlich, daß der Vorsatz auch dahin gehe, dem Damnifikaten außer der Freiheitsberaubung noch einen andern positiven Nachtheil zuzufügen: ZI. 26. April 61 c. Soeppliet (RdO. I, 362); ZI 10. März 65 c. Finke (RdO. V, 551). Es kommt überhaupt auf den entfernteren Zweck der Handlung nicht an. Demgemäß wird der § anwendbar, wenn Jemand einen Beamten einsperrt, um ihn an der Vornahme einer Amtshandlung zu verhindern, sollte er auch eine anderweitige Beeinträchtigung der Rechte desselben nicht beabsichtigt haben: ZII. 4. April 67 c. Weckbrodt (RdO. VIII,); Gilb. C. pén. art. 341 n. 6; *contra:* ZI. 14. Nov. 56 c. Barz. In einem solchen Falle liegt außerdem in idealer Konkurrenz auch noch der Thatbestand des § 89 oder 90 vor: cit. Z. 4. April 67; vgl. § 89 n 30.

4. Ebendeshalb trifft der § auch da zu, wo der verfolgte Zweck ein erlaubter war, oder wenigstens vom Angeklagten für einen erlaubten gehalten wurde: VI. 26. Jan. 59 c. Bernstein (GA. VII, 393).

5. Der Begriff der „Widerrechtlichkeit" bedarf in Ermangelung eines darauf gerichteten Antrags in der den Geschwornen vorgelegten Frage nicht der Auflösung in Gemäßheit der Sachlage des Einzelfalles: ZI. 17. Nov. 65 c. Sternberg (RdO. VI, 474).

6. Widerrechtlich ist eine Freiheitsberaubung auch dann, wenn sie in

Ueberschreitung einer vorhandenen Befugniß vorgenommen wird: Motive S. 57; BI. 19. Okt. 55 c. Thilow; ZI. 17. Juli 57 c. Rieger; *contra* wie es scheint: B. 19. März 52 c. v. Rudowski. Der Angeklagte muß sich dann aber dieser Ueberschreitung bewußt gewesen sein; auch ein Rechtsirrthum über die Ausdehnung der eigenen Befugnisse kann die Strafbarkeit ausschließen: ZI. 6. Jan. 58 c. Hillert.

7. Ebenso begreift der § auch den Fall, wo gegen Personen, deren Freiheit schon beschränkt ist, diese Beschränkung in widerrechtlicher Weise ausgedehnt wird: ZI. 17. Juli 57 c. Rieger.

8. Dagegen genügt es nicht, wenn bei einer an sich berechtigten Freiheitsberaubung nur in formeller Beziehung von den bestehenden Vorschriften abgewichen ist. Daher verwirkt ein zu einer Verhaftung berufener Beamter nicht etwa dadurch die Strafe des § 210, daß er dieselbe in vorschriftswidriger Weise, z. B. bei Nacht oder an einem Orte vollstreckt, wo er nicht zu fungiren berufen ist; ein solcher Fall eignet sich nur zur disciplinarischen Ahndung.

9. Der Ehemann hat kein Recht, seine Frau einzusperren: ZI. 7. Febr. 66 c. Krzisch (RdO. VII, 88).

10. Ein Einsperren liegt da vor, wo dem in einem umschlossenen Raume Befindlichen das Verlassen desselben durch Versperren der Ausgänge verwehrt ist. Dieser Zustand muß objektiv vorhanden sein; es genügt daher nicht, wenn der Andere sich irriger Weise eingesperrt glaubt, und nur deshalb in einem umschlossenen Raume verbleibt, weil er gar nicht den Versuch gemacht hat, ob ihm nicht der Ausgang frei stehe: BI. 20. Mai 59 c. Jakobi (GA. VII, 714; dessen Gründe nur etwas zu weit gehen). Auf der andern Seite bedarf es aber auch nicht einer absoluten Unmöglichkeit, sich einen Ausgang zu verschaffen; es reicht hin, wenn wirklich erhebliche sachliche Hindernisse dem freien Ausgange entgegengesetzt sind. Ist dieses der Fall, so unterliegt es der thatsächlichen Beurtheilung des Einzelfalles, ob die dadurch der Erlangung der Freiheit entgegenstehenden Schwierigkeiten für den Betreffenden so bedeutend sind, daß man die obwaltende Beschränkung als Freiheitsberaubung qualifiziren könne: ZI. 10. März 65 c. Finke (RdO. V, 551), z. B. wenn es sich fragt, ob der Ausgang aus einem verschlossenen Zimmer durch das unverwahrte Fenster genommen werden konnte. Unbedenklich kann eine Einsperrung da angenommen werden, wo die Freiheit nur durch besondere Geschicklichkeit oder (durch ein gefährliches Klettern zu erlangen war: ZI. 27. Mai 64 c. Schwidrowski RdO. IV, 515). Ebenso ist es Gegenstand der thatsächlichen Prüfung, ob eine Einsperrung da vorliege, wo der dem Betreffenden allein bekannte Ausgang versperrt, außerdem aber noch ein anderer ihm unbekannter unverwehrter Ausgang vorhanden war, den er weder gesucht, noch zu benutzen versucht hatte; es fragt sich, ob für denselben eine Veranlassung vorlag, noch nach einem andern unversperrten Ausgange zu suchen; *contra*: BI. 26. Jan. 59 c. Bernstein (GA. VII, 393), welches hier zu weit geht.

11. Nicht jede momentane Behinderung oder Beschränkung ist als „Beraubung der persönlichen Freiheit" anzusehen; es wird vielmehr vorausgesetzt, daß Jemand durch einen gegen ihn ausgeübten Zwang in einen Zustand versetzt sei, in welchem ihm der Gebrauch seiner persönlichen Freiheit unmöglich gemacht ist; ob dieses im Einzelfalle anzunehmen sei, unterliegt auch hier wesentlich der thatsächlichen Beurtheilung: BI. 23. Febr. 59 c. Wolff (GA. VII, 390); ZI. 7. Nov. 60 c. Schulz (GA. VIII, 837); ZII. 19. Jan. 65 c. Rommerswinkel (RdO. V, 426). Hierbei ist selbstverständlich auch die Dauer der Beschränkung mit zu berücksichtigen; dagegen ist sie für sich allein nicht entscheidend, vielmehr kann unter Umständen auch eine augenblickliche Haftnahme den Thatbestand herstellen: BI. 17. Juni 59 c Werner.

12. In welcher Weise eine Freiheitsberaubung ausgeübt wird, ist gleichgültig; eine solche kann auch durch psychischen Zwang erfolgen: ZI. 16. Dez. 59 c. Bernis. Welches Maaß des Zwanges in diesem Falle für erforderlich zu erachten, unterliegt der thatsächlichen Beurtheilung; es kommt darauf an, ob derselbe überhaupt nicht, oder nicht ohne persönliche Gefahr abgewendet werden konnte, ob diese Gefahr nicht eine blos eingebildete war, und ob sie auch auf einen Beherzten Eindruck machen konnte oder mußte: Ibid.

13. Auch derjenige macht sich des Vergehens schuldig, welcher durch falsche

§. 211. Eine widerrechtliche Freiheitsberaubung ist nicht vorhanden, wenn eine Person vorläufig ergriffen und festgenommen wird, welche, bei Ausführung einer strafbaren Handlung oder gleich nach derselben betroffen oder verfolgt, die Flucht ergreift oder der Flucht dringend verdächtig ist, oder wenn in einem solchen Falle Grund zu der Besorgniß vorliegt, daß die Identität der Person sonst nicht festzustellen sein werde. Der Ergriffene muß sofort einer Polizeibehörde oder einem anderen Beamten, welchem nach den Gesetzen die Pflicht obliegt, Verbrechen und Vergehen nachzuforschen, behufs der Bestimmung über die vorläufige Festnahme übergeben, oder einer Wachtmannschaft zugeführt werden.

Angaben die ungerechtfertigte Arretirung, oder die ungerechtfertigte Aufnahme eines Andern in ein Irrenhaus bewirkt; hierbei kann das im § 133 vorgesehene Vergehen ideell konkurriren; vgl. Tbl. I Tit. 3 f. 84) n. 2; *contra*: TGU. f. 262 n 2, und, wie es scheint, B. 25. Febr. 52 c. Herder (GA. I, 87).

14. Ueber die Verjährung vgl. § 46 n. 10; John Abh. in GA. IX, 505.

15. Der Zwang oder die Nöthigung zu einer Handlung oder Unterlassung fällt nicht unter den § 210, sondern unter § 212: B. 22. März 52 c. Kühn.

Zu Nr. 1 und 2.

16. In den unter Nr. 1 und 2 vorgesehenen Spezialfällen ist der Thatbestand des Verbrechens bedingt durch das wirkliche Eintreten der gemachten Voraussetzungen; es ist also hier ein strafbarer Versuch eben so wenig denkbar, wie bei einer schweren Körperverletzung; vgl. § 193 n. 20; TL. f. 879. Anders im Falle der Nr. 3.

Zu Nr. 2.

17 In Ermangelung einer die Dauer eines „Monats" für den ganzen Umfang des Staats gleichmäßig bestimmenden Vorschrift, ist der Kalendermonat maaßgebend; § 15 erleidet hier keine analoge Anwendung; *contra:* TGU. f. 263, welcher nach dem ALR. I, 9 § 550 eine dreißigtägige Dauer annimmt.

§ 211.

1. Die Freiheitsberaubung hört auf strafbar zu sein, wenn sie eine berechtigte war, oder wenn dem Handelnden das Bewußtsein der Widerrechtlichkeit, also der im Falle des § 210 erforderliche Dolus, fehlt Ebendeshalb ist § 211 nicht als limitativ aufzufassen; andere Fälle, wo Widerrechtlichkeit nicht anzunehmen, bleiben sehr wohl denkbar, z. B. Fälle der Nothwehr, oder die bona mente bewirkte Einsperrung eines hülfsbedürftigen oder gefährlichen Menschen, welche zur Verhinderung von Aergernissen und Freveln geschieht: ZI 22. Jan. 64 c. Lindner (RdO. IV, 315); KBl. f. 30, vgl. Ges. v. 12. Febr. 1850 § 6.

2. Die Freiheitsbeschränkung, welche nach Art und Dauer auf der eignen fortwährenden Willensbestimmung des Beschränkten selbst beruht, kann auch, wenn zu ihrer Herbeiführung eine andere Person mit thätig war, in Betreff der letztern nicht den Thatbestand einer widerrechtlichen Freiheitsberaubung darstellen; dagegen kann die Einwilligung einer Person, sich für bestimmte oder unbestimmte Zeit unfrei dem Willen eines Andern zu unterwerfen, eine demnächst wider sie verhängte wirkliche Freiheitsberaubung nicht straflos machen: HS. I, 232.

3. Nur im Falle der Betreffung bei Ausführung einer strafbaren Handlung gestattet der § 211 die Festnahme, nicht also im Falle einer blos beabsichtigten Strafthat.

4. Der § spricht allgemein von der Betreffung bei Ausführung einer strafbaren Handlung; es sind daher auch Uebertretungen nicht ausgeschlossen; vgl. Ges. v 12. Febr. 1850 § 2; *contra*: ZI. 25. Okt. 54 c. Skopnick.

Ebenso ist eine widerrechtliche Freiheitsberaubung nicht vorhanden, wenn die Fürsorge für einen Geisteskranken die Beschränkung seiner Freiheit nothwendig macht. Versäumt in einem solchen Falle derjenige, welcher diese Maaßregel trifft, der Polizeibehörde ohne Verzug von der getroffenen Maaßregel Anzeige zu machen, so soll er mit Gefängniß bis zu sechs Monaten oder mit Geldbuße bis zu Einhundert Thalern bestraft werden.

[Entw. § 194]. Vgl. § 210. 317; Ges. v. 12. Febr. 1850 § 2. 3 (GS. s. 45).

§. 212. Wer einen Anderen zu einer Handlung oder Unterlassung dadurch zwingt oder zu zwingen versucht, daß er denselben schriftlich oder mündlich mit der Verübung eines Verbrechens oder Vergehens bedroht, hat Gefängniß bis zu Einem Jahre verwirkt.

[Entw. § 195]. Vgl. § 34. 83. 84. 90. 213. 234. 236. 315.

---

5. Wird Jemand bei Verübung eines Ehebruchs betroffen, so ist seine Festnahme nicht deshalb für widerrechtlich zu erachten, weil zur Zeit die thatsächlichen Voraussetzungen nicht vorliegen, von welchen § 140 die Verhängung der Ehebruchsstrafe abhängig macht: VII. 6. April 54 c. Wölfel (GA. II, 693).

6. Wird die am Schlusse des ersten Absatzes vorgeschriebene sofortige Uebergabe des Festgehaltenen an die Polizeibehörde verabsäumt, so nimmt die Fortsetzung der ursprünglich rechtmäßigen Freiheitsberaubung den Charakter des im § 210 vorgesehenen Vergehens an.

§ 212.

1. Tritt zu dem hier vorgesehenen Vergehen der Nöthigung die Absicht der Verschaffung eines rechtswidrigen Vortheils hinzu, so liegt Erpressung (§ 234) vor.

2. Erheischt wird ein Zwang zu einem bestimmten (konkreten) künftigen Thun oder Unterlassen: ZI. 30. April 62 c. Heling (RdO. II, 366). Welcher Art dieses Thun sein sollte, ist gleichgültig: ZI. 6. Juni 60 c. Adomeit. In Beziehung auf das Unterlassen wird dagegen vorausgesetzt, daß nicht eine unstatthafte Handlung (z. B. eine unberechtigte Züchtigung) in Frage stehe: Beschl. I. 5. Juni 61 c. Bortel (GA. IX, 588).

3. Es ist nicht erforderlich, daß der Bedrohte gezwungen werden soll, einen bereits gefaßten Entschluß aufzugeben; es reicht hin, wenn der Zwang sich auf einen demnächst erst zu fassenden Entschluß bezog: ZI. 30. April 62 (cit. n. 2).

4. Da es sich hier von der strafbaren Einwirkung auf den Willen eines Andern handelt, so braucht der „Versuch zu zwingen" nicht den Voraussetzungen des § 31 zu entsprechen: VI. 12. Sept. 55 c. Kunde (JMbl. s. 356; GA. III, 816. 845); vgl. § 31 n. 30.

5. Gleichgültig ist, ob der Zwang ein direkter oder ein indirekter war; entscheidend ist nur, ob durch die Drohung die Freiheit des Bedrohten hinsichtlich der betr. Handlung oder Unterlassung aufgehoben wurde, ob dieselbe also der Art war, daß sie nach den obwaltenden Umständen den Bedrohten bestimmen konnte, dem Zwange nachzugeben: ZII. 9. April 57 c. Aschert; ZI. 5. Juni 57 c. Kühnel.

6. Ebendeshalb kommt auch Nichts darauf an, ob die Drohung Seitens des Angeklagten ernstlich gemeint war; es genügt, wenn sie auf den Bedrohten den Eindruck einer ernstlich gemeinten machte, d. h. wenn sie sich für ihn als eine wirkliche „Drohung" darstellte, und wenn sich der Angeklagte dieser Eigenschaft der Drohung bewußt war: ZI. 11. Nov. 63 c. Knuth (RdO. IV, 164).

7. Durch die Worte „schriftlich oder mündlich" soll nur die gleiche Strafbarkeit der schriftlichen Bedrohungen ausgesprochen werden; Bedrohung durch

§. 213. Wer einen Anderen mit Brand oder Ueberschwemmung bedroht, wird mit Gefängniß von zwei Monaten bis zu Einem Jahre bestraft.

[Entw. § 196]. Vgl § 212. 234. 236.

Handlungen wird daher in keiner Weise ausgeschlossen: ZI. 17. Nov. 65 c. Sternberg (RdO. VI, 474); ZII. 19. Jan. 64 c. Eichhoff (RdO. V, 424).

8. Die Bedrohung und die dadurch bezweckte Einwirkung auf den Willen eines Andern setzen voraus, daß dieser Kenntniß sowohl von der Drohung als von demjenigen erlange, was von ihm gefordert wird. Erfolgt daher die Bedrohung durch einen Brief, so wird das Vergehen erst dann und an dem Orte vollendet, wenn und wo der Bedrohte Kunde von dem Inhalte erhält; vgl. § 3 n. 4.

9. Dagegen ist es nicht erforderlich, daß der Bedrohte im Augenblicke der Drohung bereits weiß, was ihm zugemuthet wird; es reicht hin, wenn er im Augenblicke seiner gewährenden oder ablehnenden Willensäußerung die Bedingungen kennt, unter welchen er sich von dem angekündigten Uebel befreien kann; in einem solchen Falle wird aber das Vergehen erst mit der Erlangung dieser Kenntniß vollendet: ZI. 13. April 60 c. Sasse.

10. Im Uebrigen sind in Betreff des Begriffs der Drohung die Bemerkungen zu § 89 n. 35—37 zu vergleichen.

11. Zum Thatbestande gehört, daß die Drohung die Verübung eines Verbrechens ꝛc. zum Gegenstande habe. Drohungen mit straflosen Handlungen, z. B. mit einer gerechtfertigten Verhaftung, mit einer Civilklage, mit der Anbringung einer begründeten Denuntiation gehören nicht hierher: VII. 6. April 54 c. Wölfel (GA. II, 693).

12. Dagegen ist der § nicht auf die Bedrohung mit solchen Verbrechen ꝛc. zu beschränken, welche schon an und für sich und unmittelbar eine Benachtheiligung mit sich bringen; es genügt, wenn das Verbrechen ꝛc. einen Nachtheil in seinen weiteren Folgen nach sich ziehen konnte, und die Drohung dadurch den unter n. 5 erwähnten Charakter annimmt. Demgemäß gehört auch eine Drohung mit einer falschen Anschuldigung hierher: ZI. 1. März 61 c. Lindner. In einem solchen Falle ist es auch gleichgültig, ob die Anschuldigung sich als falsch habe widerlegen lassen, und ob der Bedrohte objektiv einen Nachtheil davon zu erwarten gehabt hätte: ZI. 4. April 55 c. Tetzlaff.

13. Die Drohung muß so geartet sein, daß der Bedrohte daraus erkennen konnte, welches Verbrechen ꝛc. in Aussicht gestellt werde; daß dieses unter genauer und ausdrücklicher Benennung oder Bezeichnung des betr. Straffalles geschehen sei, ist nicht erforderlich; es unterliegt der thatsächlichen Beurtheilung, ob dem Bedrohten die Natur des in Aussicht gestellten Verbrechens ꝛc. genügend erkennbar gemacht sei: VI. 24. Sept. 56 c. Lenz (GA. IV, 811). Ebendeshalb ist es auch nicht unerläßlich, in die richterliche Feststellung die einzelnen zum Thatbestande des angedrohten Verbrechens gehörenden Begriffsmerkmale ausdrücklich mit aufzunehmen: ZII. 19. Jan. 64 (cit. n. 7). — Dagegen genügt es nicht, wenn die Feststellung nur dahin lautet: der Bedrohte habe erkennen können, daß er „mit irgend einer gegen seine Person oder sein Vermögen gerichteten strafbaren Handlung, welche mindestens den Charakter eines Vergehens an sich trage" bedroht werde: VII. 29. Juni 65 c. Schiffer (RdO. VI, 221).

14. Gleichgültig ist es, ob das Verbrechen ꝛc. gegen den zu Zwingenden oder gegen einen Dritten verübt werden sollte, sobald nur die Drohung gegen den ersteren gerichtet war und ihm gegenüber den unter n. 5 erwähnten Voraussetzungen entsprach: ZII. 9. April 57 c. Aschert.

15. Wer zuerst einen Zwangsversuch durch Bedrohung mit einem Verbrechen ꝛc. macht, und dann durch eine neue selbstständige Handlung zum Zwecke derselben Erzwingung das Verbrechen ꝛc. selbst begeht, macht sich in realer Konkurrenz zweier strafbarer Handlungen schuldig; *contra:* Erk. Kamm.-Ger. 2. Dez. 62 c. Heere (GA. I. 87); John d. fortges. Verbr. s. 93.

§ 213.

1. Unter Brand sind die in den §§ 285 und 287 vorgesehenen Verbrechen

§. 214. Wenn mehrere Personen sich zusammenrotten und in die Wohnung, das Geschäftszimmer oder das befriedigte Besitzthum eines Anderen, oder in abgeschlossene Räume, welche zum öffentlichen Dienste bestimmt sind, widerrechtlich eindringen, so werden dieselben mit Gefängniß von Einer Woche bis zu Einem Jahre bestraft.

[Entw. § 197]. Vgl. § 91. 284. 318. 346 Nr. 1.

(vgl. § 212), und die im § 289 den letzteren gleichgestellte vorsätzliche Zerstörung von Gebäuden rc. durch explodirende Stoffe zu verstehen: Beschl. I. 12. Jan. 66 c. Wendt (RdO. VII, 21).

2. Ueberschwemmung bezeichnet die in den §§ 290—292 vorgesehenen Strafthaten.

3. Auf die Bedrohung mit anderen gemeingefährlichen Verbrechen ist der Thatbestand des hier vorgesehenen Vergehens des Landzwangs nicht auszudehnen; *contra:* TL s. 881.

4. Der Grund der Strafandrohung liegt hier in der durch die Bedrohung hervorgebrachten Störung oder Beunruhigung des Rechtsfriedens eines Anderen: ZI. 26. Okt. 53 c. Reuschel; ZII. 13. Mai 54 c. Nagel (GA. II, 690). Dieser Andere muß der Bedrohte sein; es reicht nicht hin, wenn ein Dritter, gegen welchen sich die Drohung in keiner Weise mit richtete, durch die Gemeingefährlichkeit der in Aussicht gestellten Handlung in seinem Rechtsfrieden gestört wurde; *contra:* ZI. 4. Nov. 59 c. Reimann.

5. Im Uebrigen ist es gleichgültig, ob die Drohung ernstlich gemeint war: ZI. 26. Okt. 53 c. Reuschel. Ebensowenig ist es unerläßlich, daß der Bedrohte dieselbe für eine ernstlich gemeinte gehalten habe, da die Strafbarkeit des Drohenden nicht durch die nicht blos von seinem Thun und Wollen abhängende Wirkung abhängen kann, welche er bei dem Andern hervorbringt; es genügt, wenn der Bedrohte die Drohung für eine ernstlich gemeinte halten konnte: ZI. 6. Febr. 63 c. Schäfler (RdO. III, 271); vgl. n. 7; § 212 n. 9.

6. Auf einen durch die Bedrohung zu erzielenden Nebenzweck kommt hier Nichts an; insbesondere gehört hier nicht (wie im Falle des § 212) eine beabsichtigte Nöthigung zum Thatbestande; das Gegentheil ist nicht aus der Ueberschrift des Tit. XVII zu folgern: V. 18. Okt. 52 c. Febram (GA. I, 88); ZII. 18. Mai 54 c. Nagel (GA. II, 690); ZII. 24. April 56 c. Rudolph.

7. Demgemäß wird als Dolus nur das Bewußtsein vorausgesetzt, daß die Drohung geeignet sei, den Rechtsfrieden des Andern zu stören: ZI. 26. Okt. 53; ZII. 18. Mai 54 (citt. n. 4).

8. Zur Vollendung des Vergehens gehört wesentlich, daß die Drohung zur Kenntniß des Bedrohten gelangt sei, weil nur durch diese Kenntniß der Rechtsfriede desselben gestört werden kann (n. 4). Erfolgt daher die Drohung nicht in Gegenwart des Bedrohten, so muß dieselbe anderweitig zu seiner Kunde gelangen, widrigenfalls nur ein (strafloser) Versuch vorliegen könnte. Außerdem ist in einem solchen Falle die Strafbarkeit noch durch die Absicht des Angeklagten bedingt, daß der Bedrohte Kenntniß von der Bedrohung erlangen solle: ZI. 10. Jan. 53 c. Keßler; ZII. 24. April 56 c. Rudolph; vgl. § 212 n. 8.

§ 214.

1. Auch hier werden mehrere Personen vorausgesetzt, zwei genügen nicht: vgl. § 91 n. 1.

2. Ueber den Begriff des „Zusammenrottens" vgl. § 91 n. 3.

3. Unter „Wohnung" sind hier die zum Bewohnen bestimmten Räumlichkeiten zu verstehen; es gehört daher unter der gedachten Voraussetzung auch ein Schiff dazu; ebenso kann das Vergehen unbedenklich auch zwischen den verschiedenen Bewohnern desselben Hauses begangen werden.

4. Ein „befriedigtes Besitzthum" setzt eine Befriedigung, d. h. eine Vorrichtung voraus, welche den Zweck und die Bestimmung hat, das Besitzthum

Achtzehnter Titel.

Diebstahl und Unterschlagung.

§. 215. Einen Diebstahl begeht, wer eine fremde bewegliche Sache einem Anderen in der Absicht wegnimmt, dieselbe sich rechtswidrig zuzueignen.

[Entw. § 198]. Vgl. § 28. 228. 229. 265. 271. 349 Nr. 3; Ges. v. 22. Mai 1852 Art. III (GS. s. 251); Ges. v. 14 April 1856 Art. I § 3 (GS. s. 208; oben s. 23); FPO. v. 1. Nov. 1847 § 41—45.

---

von andern daran grenzenden abzuschließen, und welche gleichzeitig sich als dieser Bestimmung dienend äußerlich darstellt. Die im § 221 a. E. aufgestellte Begriffsbestimmung des „umschlossenen Raumes" gilt nur für den Diebstahl; sie kann daher hier zur Bestimmung des Begriffs eines „befriedigten Besitzthums" oder „abgeschlossenen Raums" zwar im Allgemeinen berücksichtigt, aber nicht als unbedingt maaßgebend betrachtet werden. Insbesondere kommt es hier weniger auf die Vollständigkeit der Umschließung (vgl. § 221 n. 9) als vielmehr vorzugsweise darauf an, ob der betr. Raum durch äußere Kennzeichen als ein zu besonderen Zwecken vorbehaltener bezeichnet ist: Zl. 23. Nov. 53 c. Müller (GA. II, 122). — Demgemäß ist unter dem „befriedigten Besitzthum" nicht nur der zur Wohnung gehörige Hof und Garten, sondern auch ein getrennt liegender eingehegter Raum zu verstehen.

5. Der Begriff des „Eindringens" in Verbindung mit der „Zusammenrottung" deutet auf die gewaltsame Form der Handlung; das Gewaltsame kann aber auch in dem Eindringen gegen den erkennbaren Willen des Besitzers, oder in der tumultuösen Art der Ausführung gefunden werden; vgl. GM. II, 456 n. 6.

6. Im Falle des berechtigten Eindringens kann das Verweilen gegen den kundgegebenen Willen des Bewohners nur unter § 346 Nr 1, nicht unter § 214 fallen; *contra*: TL. s. 882.

§ 215.

Inhalt.

1. Der Begriff „Diebstahl" (Stehlen) ist an sich ein allgemein bekannter; die im gemeinen Leben demselben beigelegte Bedeutung stimmt mit der gesetzlichen Definition überein. Daher ist es nach Rheinischem Verfahren nicht unzulässig, diesen Ausdruck auch in der richterlichen Feststellung des Thatbestandes, sowie in den Fragen an die Geschworenen beizubehalten. Anders verhält es sich nach dem Ges v. 3. Mai 1852, weil hier die Artt. 31 und 81 die Aufnahme der zu den wesentlichen Merkmalen der betr. Strafthat gehörenden Thatsachen in die Fest- und Fragstellung ausdrücklich vorschreiben, und die im Art. 81 angedrohte Nichtigkeitsstrafe nach den Materialien auch im Falle des Art. 31 als selbstverständlich anzunehmen ist; vgl. Strafverf. Art. 31 n. 22. Hier ist es sonach unerläßlich, den Begriff „Diebstahl" ꝛc in seine wesentlichen Merkmale nach Anleitung des § 215 aufzulösen; insbesondere ist dabei festzuhalten, daß Art. 82 l. c. hier nicht zutrifft, da er sich nur auf die fernere Auflösung dieser wesentlichen Merkmale in die thatsächlichen Umstände des Einzelfalls bezieht; *contra:* ZII 11 Jan. 55 c. Hosse; ZI. 12. Jan. 55 c. Probst; ähnlich in Beziehung auf den Ausdruck „Entwenden"; ZI. 18. März 53 c. Birkholz; ZII. 3. Jan. 60 c. Beisemann. Vgl. in Betreff des Näheren Strafverf. Art. 81 n. 19a; Art. 82 n. 3. Rücksichtlich des Frankfurter Verfahrens vgl. StGO. Art. 66. 167. 232.

2. Als „Sache" ist hier jeder körperliche Gegenstand zu betrachten; daß er einen nach Geld schätzbaren Werth habe, ist nicht erforderlich, sobald er nur nicht in jeder Beziehung werthlos ist.

3. Demgemäß können auch Wasser, Luft (z. B. erwärmte Luft, Leuchtgas) gestohlen werden: VI. 9. Jan 63 c. Pascal (RdO. III, 201); ZII. 8. Sept. 65 c. Lehmann (RdO. VI, 339); ZI. 11. April 66 c. Bernstein (RdO. VII, 213). Dabei wird aber vorausgesetzt, daß sich das Wasser ꝛc. in fremder Gewahrsam befunden habe; der Eingriff in das ausschließliche Okkupationsrecht eines Andern (z. B. Schöpfen von Wasser aus einem Privatflusse an einer Stelle, wo dieses Recht einem Andern ausschließlich zusteht) ist kein Diebstahl; vgl. n. 33 fgg.

4. Auch an einer Urkunde oder einem sonstigen Schriftstücke ꝛc., selbst wenn sie nicht als geldwerthes Papier oder als merkwürdige Handschrift einen Werth haben, ist ein Diebstahl möglich: VI. 24. Juni 53 c. Lantzke (D. einer telegraphischen Depesche); ZI. 13. Febr. 54 c. Benze (D. einer Paßkarte); ZI. 24 Febr. 58 c. Lehmann (D. eines Wechsels); ZI. 29. Okt. 62 c. Kuthnik (RdO. III, 91); ZI. 6. März 63 c. Hackbarth (RdO. III, 322); ZII. 5. Okt. 65 c. Hölken (RdO. VI, 360); *contra*: TL. f. 899; Koch n. 65 IV, welche hier Betrug annehmen. — Geschieht die Wegnahme einer Urkunde nicht in der Absicht rechtswidriger Zueignung, sondern in der, sie dem Andern zu entziehen, so wird § 243 Nr. 8 anwendbar: VI. 16. Mai 60 c Beer; ZI. 6. März 63 cit.; vgl. § 243 n. 55; John Kritiken f. 135.

5. Unkörperliche Sachen können nicht Gegenstand eines Diebstahls sein.

6. In der thatsächlichen Feststellung bedarf es einer konkreten Bezeichnung der Sache nicht; die Feststellung nach dem Wortlaute des § genügt: ZI. 21. Dez. 60 c. Pinkert.

7. Die Sache muß eine fremde sein, d. h. sie muß im Eigenthume eines Andern stehen. An herrenlosen Sachen ist kein Diebstahl möglich; vgl. n. 33—36. Dagegen kann die Wegnahme der eignen Sache zum Nachtheile eines andern Berechtigten nur unter § 271 fallen. Ebenso erkennt das StGB. einen Gebrauchsdiebstahl nicht an; vgl. n. 46; § 265. — Die Wegnahme von Früchten aus dem eignen an einen Dritten verpachteten Garten ist Diebstahl, weil die Früchte vom Augenblicke an, wo sie vom Boden getrennt werden, dem Pächter ge-

hören; vgl. n. 11. — Kommt es bei der Entscheidung der streitig gewordenen Eigenthumsfrage darauf an, ob eine Uebergabe der Sache stattgefunden habe, so kann der Instanzrichter eine solche in dem Zuwägen der nach dem Gewichte verkauften Sache finden: ZII 15. Nov. 66 c. Uhde (RdO. VII, 633).

8. Auch der Miteigenthümer oder Miterbe kann an der ihm mit andern Personen gemeinschaftlichen Sache einen Diebstahl begehen: VI. 4. Nov. 57 c. Rnddigkeit (JMbl 58. s. 26; GA. VI, 118); ZI. 10. Okt. 62 c. Thoren (RdO. III, 76); ZII. 3. Jan. 67 c. Schröt (RdO. VIII, 6); BL. s. 326. Vorausgesetzt wird nur, daß sich die Sache nicht in der Gewahrsam des Angeklagten befand (weil sonst das Wegnehmen nicht denkbar wäre). Befand sich die gemeinschaftliche Sache auch nur in seinem Mitbesitze, so kann seine eigenmächtige Verfügung über dieselbe eine Unterschlagung, nicht aber Diebstahl sein: B. 2. Juli 52 c. Joseph; ZII. 26. Jan. 54 c. Maternus (beil.); *contra:* ZI. 10. Okt. 62 cit., welches Diebstahl annahm, wenn der Angeklagte die Sache nicht in seiner ausschließlichen Gewahrsam habe; vgl. § 225 n. 11.

9. Es genügt die Feststellung, daß die Sache eine fremde war; eine nähere Bezeichnung des Eigenthümers ist nicht unerläßlich: ZI. 17 April 57 c. Hähnchen.

10. Beweglich ist jede Sache, welche weggenommen oder weggetragen werden kann; die civilrechtlichen Vorschriften sind hier nicht maaßgebend. Es gehören daher auch alle nach dem Civil-Gesetz für unbeweglich erachteten bewegbaren Pertinenzstücke eines Immobiles hierher.

11. Zum Thatbestande des Diebstahls ist nicht erforderlich, daß die Sache vorher schon als für sich bestehender bewegbarer Gegenstand existirt habe; Diebstahl liegt auch dann vor, wenn dieselbe bis dahin mit einer andern (unbeweglichen oder beweglichen) Sache verbunden war und erst durch den Wegnehmenden selbst von dieser getrennt und dadurch zu einer für sich bestehenden beweglichen Sache gemacht wird: ZII. 22. Febr. 66 c. Knebel (RdO. VII, 123); BL. s. 327; vgl. § 225 n. 12. Daher ist das Ausmelken einer fremden Kuh und die widerrechtliche Zueignung der Milch Diebstahl und nicht Vermögensbeschädigung: ZII. 7. Juli 53 c. Lehmann.

12. Dagegen gehören ähnliche Handlungen, durch welche von einem Grundstücke Theile desselben getrennt werden, ohne ihnen die Eigenschaft der Unbeweglichkeit zu nehmen, nicht hierher; z. B. das Verrücken von Grenzsteinen (§ 243 Nr. 7), Abgraben und Abpflügen (§ 349 Nr. 1). Ebenso ist es kein Diebstahl, wenn ein Waldeigenthümer einzelne aufstehende Bäume veräußert und sie dann, noch ehe der Käufer sie vom Boden trennt, zum zweiten Mal an einen Dritten verkauft, der letztere sie dann fällt und an sich nimmt: Beschl. I. 18. Jan 54 c. Schiemang (GA. II, 257); vgl. n. 47; § 225 n. 25; § 241 n. 51.

13. Die Sache muß einem Andern weggenommen werden; dieser muß sie also in diesem Augenblicke in seiner Gewahrsam (Detention), d. h. thatsächlich in seiner Gewalt haben: VII 3. Juli 62 c. Manch (RdO. II, 508); VI. 12. Dez. 66 c. Glaser (RdO. VII, 703). Gleichwohl bedarf es nicht nothwendig in der Feststellung der namentlichen Bezeichnung dieses Andern: ZI. 4. Okt. 61 c. Kollmann (RdO. I, 575).

14. Die Gewahrsam ist nicht nothwendig durch die Wissenschaft bedingt, daß die Sache überhaupt und wo sie existire, sobald sie sich nur objektiv in einer Lage befindet, in der sie unserer ausschließlichen Gewalt unterworfen ist. Daher hat der Besitzer einer Räumlichkeit gleichzeitig den Besitz von allen darin befindlichen, auch den dort verlegten und nicht sofort aufzufindenden Sachen, insofern nicht ein Anderer sie dort thatsächlich in seiner Gewalt hat; so: ZI. 16. März 66 c. Marcus (RdO. VII, 181: der Gastwirth hat die Gewahrsam an den von einem abgereisten Gaste vergessenen und im Gasthause zurückgelassenen Sachen); vgl. § 217 n. 70).

15. Die Gewahrsam setzt nicht nothwendig die unmittelbare Nähe des Inhabers voraus; vgl. § 217 Nr. 1—3. Es unterliegt der thatsächlichen Beurtheilung, inwiefern man durch eine größere oder geringere Entfernung die thatsächliche Gewalt über die Sache verliere: ZI. 10. Sept. 58 c. Gallinat; ZI. 9. Mai 62 c. Duwe. Der Instanzrichter kann daher ohne Rechtsirrthum die Fortdauer der Gewahrsam annehmen, wenn Jemand Sachen an einem Andern zugänglichen Orte mit der erkennbaren Absicht zurückgelassen hat, sie binnen Kurzem abzuholen: ZII. 6. Dez. 55 c. Korte; z. B. die an einer Arbeitsstelle zurückgelassenen Arbeits-

geräthe (: Beschl AG. Ratibor 2. Okt. 52 c. Mielczarek, GA. I, 246), oder das von einem Fuhrmann angebundene Pferd (: ZI. 17. April 57 c. Hähnchen). Ebenso verletzt die Annahme, daß das in den Hauptröhren befindliche Leuchtgas, so lange es nicht die Gasuhr des einzelnen Abonnenten passirt hat, in der Gewahrsam der Gasanstalt verbleibe, kein Gesetz: ZII 28. Sept. 65 c. Lehmann (RdO. VI, 339).

16. Aehnlich verhält es sich mit solchen Sachen, welche aus Irrthum, Vergeßlichkeit ꝛc. an einem nahen Orte zurückgelassen sind. Die Fortdauer der Gewahrsam kann angenommen werden, insofern nur der Verbleib der Sachen dem Gedächtnisse nicht entschwunden ist, und keine äußeren Hindernisse obwalten, dieselben sofort zurückzuholen: VI. 8. Okt. 56 c. Meyer; ZI. 19. Juni 57 c. Meyer; ZI. 8. Okt. 58 c. Kittlitz; ZI. 9. März 60 c. Bernert.

17. Dasselbe gilt von Thieren, welche die Räumlichkeiten ihres Herrn zeitweise verlassen, sobald sie nur die Gewohnheit der Wiederkehr haben (ALR. I, 9 § 109): ZII. 12. Febr. 63 c. Becker (GA. XI, 363). Umgekehrt geht die Gewahrsam eines Stückes Vieh verloren, wenn es sich von der Heerde des Eigenthümers verlaufen hat: VI. 28. Okt. 64 c. Lukowski (RdO. V, 221).

18. Nach dem unter n. 17 Gesagten verbleiben die aus einem Bienenstocke ausfliegenden Bienen in der Gewahrsam des Herrn desselben. Dasselbe gilt von einem ausgeschwärmten zahmen Bienenschwarme, welcher sich noch auf dem Grundstücke des Eigenthümers des Mutterstocks befindet: ZI. 20. April 66 c. Mauck (RdO. VII, 242); vgl. Rh. Rur.-Ges. v. 28. Sept. — 6. Okt. 1791 Tit. 1 Abs. 3 Art. 5.

19. Dagegen verbleiben (arg. ALR. I, 9 § 110—113) Tauben, welche aus dem Schlage des Eigenthümers ausfliegen, nicht in der Gewahrsam des letzteren; das Wegfangen derselben ist daher kein Diebstahl; hatte der Eigenthümer das Recht, Tauben zu halten, so begründet das Wegfangen nur einen Civilanspruch; im entgegengesetzten Falle sind die im Freien (d. h. außerhalb des Aufbewahrungsortes) betroffenen Tauben Gegenstand des freien Thierfangs (vgl. n. 35): ZI. 23. Jan. 57 c. Gerlach (GA. V, 565); vgl. FPO. v. 1. Nov. 1847 § 40; für das Gebiet des Rh. Rechts: BGB. Art. 564, und für das linke Rheinufer: Dekr. v. 4. Aug. 1789 Art. 1 (v. Dan I, 114); Dekr. v. 4—11. Aug. 1790 Kap. 3 Art. 2 (ibid I, 114); Instr. v. 20. Aug. 1790 Kap. 3 Art. 7 (ibid. I, 114 Note 3); Rh. Rur.-Ges. v. 28. Sept. — 6. Okt. 1791 Tit. 2 Art. 12.

20. Die Gewahrsam geht auch dadurch nicht nothwendig verloren, daß man die betr. Sachen in den eignen Räumlichkeiten dritten Personen zur Ausführung einer aufgetragenen Arbeit, zur Beaufsichtigung, Verwahrung oder zur zeitweisen Benutzung überläßt; vgl. ALR. I, 7 § 11; Abh. in GA. IV, 362. Das gilt vor Allem von der Ueberlassung an Dienstboten: VI. 6. Dez. 54 c. Kipke (GA. III, 133); und zwar selbst dann, wenn den Dienstboten die Schlüssel zu den die Sachen enthaltenden Gelassen anvertraut sind: VI. 21 Jan 61 c. Stewert (RdO. I, 186); ZII. 1. Okt. 63 c Schmidt (RdO. IV, 87); sowie nicht minder in einem Falle, wo der Dienstbote die Sache gegen das Verbot des Herrn in Gebrauch genommen hat: ZI. 23. Sept. 59 c. Bolin (GA. VII, 837). Vgl. n. 27.

21. Aehnlich verhält es sich mit den zum Verkaufe ermächtigten Ladengehülfen: ZI. 20. Mai 59 c. Latzel (319; JMbl s. 291). Ein solcher begeht daher einen Diebstahl, wenn er das für seinen Herrn von einem Kunden erhobene Geld sich zueignet, sollte er das Geld auch sofort mit dieser Absicht in Empfang genommen haben, sobald nur der Kunde die Absicht hatte, Besitz und Eigenthum auf den Herrn zu übertragen: ZII. 28. Sept. 65 c. Kindler (RdO VI, 337); VI. 12. Dez. 66 c. Glaser (RdO. VII, 703).

22. .... ebenso mit dem Dienstpersonal in der Landwirthschaft, z B. mit Dreschern: ZI. 19. April 63 c. Rentwich; ZI. 23. Sept. 63 c. Ramm (RdO. IV, 67); vgl. GA. I, 397.

23. .... ebenso mit Handwerksgesellen und sonstigen Arbeitern, welche die Stoffe des Arbeitsherrn in den Räumen des letzteren oder an den von diesem angewiesenen Arbeitsstellen verarbeiten: ZII. 14. Febr. 61 c. Mackrodt; ZI. 14. Dez. 64 c. Aßmann; Präj. OAG. Oldenb. c. Claussen (Old. Arch. IX, 25).

24. .... ebenso mit den Eisenbahnbediensteten, welche Transportgegenstände in den Räumlichkeiten der Gesellschaft beaufsichtigen: ZI. 26. Sept. 56 c. Grasse.

25. Dasselbe gilt auch von den Sachen, welche eine Gefängnißverwaltung einem Gefangenen zum Gebrauche in der Anstalt überläßt: B. 2. Juli 52 c. Rettig (GA. I, 91); VI. 28. Juni 61 c. Kleist (RdO. I, 468); *contra*: TL. s. 901 Nr. 6; s. 950 Note 3; Köstlin Abhh. § 25 — Das Gegentheil kann da angenommen werden, wo dem Gefangenen Sachen zum Verbrauche (z. B. Oel) ohne Kontrolle übertragen werden: ZI. 17. März 57 c. Müller.

26. . . . ebenso von den Sachen, welche ein Gastwirth einem eingekehrten Gaste zum Gebrauche in dem ihm angewiesenen Zimmer überläßt: VII. 12. April 55 c. Karlsheim; *contra*: Köstlin Abhh. § 25.

27. Dasselbe (n. 20) kann endlich unter Umständen auch da gelten, wo die betr. Sachen nicht in den Räumen des Eigenthümers verblieben, sondern im Einverständnisse desselben von den Personen, welchen sie anvertraut worden, auswärts verwaltet, beaufsichtigt oder benutzt werden, insofern dabei ähnliche Verhältnisse obwalten, wie unter n. 15—18 erwähnt worden ist. Auch hier ist es vorzugsweise Gegenstand der thatsächlichen Beurtheilung, ob die Sachen trotz der Entfernung des Eigenthümers in seiner Gewalt verblieben sind, oder ob er das Verfügungsvermögen über dieselben verloren habe. Demgemäß kann der Instanzrichter die Gewahrsam des Eigenthümers als fortdauernd betrachten, wenn z. B. ein Dienstbote einen Regenschirm oder dgl. des Herrn zum augenblicklichen Gebrauche mitnimmt (: ZI. 23. Nov. 59 c. Bolin, GA. VII, 837), oder wenn ein Arbeiter die im Eisgange weggetriebenen Hölzer seines Herrn birgt (: ZI 16. Febr. 59 c. Azmon), oder wenn ein Waldeigenthümer in seinem Walde Bäume durch dritte Personen fällen läßt: ZI. 2. Jan. 57 c. Jettke; oder wenn Jemand einem gedungenen Fuhrmanne Sachen zum Transport (auf eine kurze Strecke) übergiebt: ZI. 22. Febr. 60 c. Dziobeck. Ebensowenig schließt es aber auch einen Rechtsirrthum in sich, wenn umgekehrt thatsächlich angenommen wird, die Gewahrsam sei auf den Dienstboten ꝛc. übergegangen, derselbe könne sonach an den betr. Gegenständen nicht einen Diebstahl, sondern nur eine Unterschlagung begehen; z. B. wenn ein Handlungsdiener die für seinen Prinzipal auswärts erhobenen Gelder bei Seite schafft: ZI. 17. Juli 57 c. Färber; ZI. 12. Mai 66 c. Schwetz; oder wenn ein Dienstbote das zu einem Einkaufe zu verwendende Geld selbst verzehrt: ZI. 2. März 53 c. Engel.

28. Aehnlich verhält es sich, wenn Jemand Sachen außerhalb der eignen Räume unter die Aufsicht eines Dritten gestellt hat: ZI. 3 Juli 57 c. Müller; ZII. 9. Juli 60 c. Drömer (GA. VIII, 700); oder wenn eine Heerde der Obhut eines Schäfers anvertraut wird: ZI. 11. März 57 c. Bergmann.

29. Aus demselben Grunde erlangt auch ein bestellter Forstaufseher dadurch nicht ohne Weiteres die Gewahrsam des Waldes und der darin befindlichen Bäume. Wenn er daher unter solchen Umständen unbefugter Weise Bäume abhaut und sich zueignet, so begeht er keine Unterschlagung, sondern einen Holzdiebstahl; findet er dagegen im Walde Bäume, welche ein Anderer im Frevel gefällt hatte, so begeht er durch ihre Zueignung einen (einfachen) Diebstahl: VII. 12. April 55 c. Wirtz (Entsch 30. s. 353; GA III, 840); ZI. 2. Mai 66 c. Hengst (RdO. VII, 264). Waren endlich die Bäume im Auftrage des Herrn gefällt, oder durch denselben nach der Fällung in Besitz genommen worden, so begeht auch der Forstaufseher, welcher sich dieselben zueignet, einen Diebstahl im Sinne des § 217; vgl. n. 74. 75; § 217 n. 27.

30. Derjenige, welcher die Gewahrsam einer fremden Sache erlangt hat, kann an derselben nicht einen Diebstahl, sondern nur etwa eine Unterschlagung begehen. Das gilt selbst von demjenigen, welchem ein verschlossenes Behältniß ohne den zugehörigen Schlüssel anvertraut ist; die Zueignung der darin befindlichen Sachen ist kein Diebstahl: ZPl 12. Dez. 53 c. Benkert (JMbl. 54. s. 90; Entsch. 26. s. 41); GA. II, 122); VI. 12. April 54 (GA. II, 245); *contra* früher: VI. 6. April 53 c. Rieck (Entsch. 25. s. 247; GA. I, 573); vgl Abh. in GA. II, 211.

31. Ueber die Wegnahme der Sachen, welche einer Leiche mit ins Grab gegeben sind, vgl. § 137 n. 2.

32. Beim Diebstahl kommt auf die Rechtmäßigkeit der Gewahrsam desjenigen, welchem die Sache weggenommen wird, Nichts an: ZI. 19. März 58 c. Kowski. Auch dem Diebe kann die Sache wieder gestohlen werden: ZI. 23. Nov. 60 c. Koschke (RdO. I, 43); und zwar selbst von demjenigen, welcher sich an dem

ersten Diebstahle betheiligt hatte; dieser stiehlt dann dieselbe Sache zweimal: TL. s. 902.

33. Sachen, welche in Niemandes Gewahrsam stehen, können nicht gestohlen werden, sollte auch ein Anderer zu ihrer Besitzergreifung eine ausschließliche Berechtigung haben. Das gilt namentlich von den im Thl. II Tit. 16 des ALR. behandelten Regalien; Eingriffe in diese können nur nach den sie betr. Spezialgesetzen geahndet werden; vgl. ZPl. 28. März 59 c Stolze (JMbl. s. 170; Entsch. 40. 2. s. 482; GA. VII, 821). Vgl. Ges. v. 26. März 1856 § 2 (GS. s. 203), die unbefugte Aneignung von Mineralien betr.; EG. Art. II n. 28; § 226 n. 5—9.

34. Demgemäß gehört die unbefugte Besitznahme der dem Jagd- und Fischerei-Rechte unterworfenen Thiere nicht hierher, ist vielmehr zum Gegenstande besonderer Strafvorschriften in den §§ 273—277 gemacht worden. Dagegen ist es Diebstahl, wenn Wild aus umzäunten Gehegen, oder Fische aus Teichen oder Behältern, d. h. also aus der Gewahrsam eines Andern weggenommen werden (vgl. § 217 Nr. 1). Dasselbe gilt von den Fischen, welche sich in einer fremden Reuse ꝛc. gefangen hatten, sollte auch der Eigenthümer der Reuse von dem Fange noch keine Kenntniß erlangt haben: BI. 1. Dez. 55 c. Quillisch (GA. VI, 116; arg. ALR. I, 9 § 129. 116; I, 7 § 1. 3. 138); ZI. 19. März 58 c. Kowski.

35. Ebenso ist die Zueignung der dem freien Thierfange nicht entzogenen Thiere, sowie der Nester und Eier nicht jagdbarer Vögel kein Diebstahl. Das gilt auch von den in einem fremden See befindlichen Blutegeln; dagegen ist es Diebstahl, wenn Blutegel aus einem zur Zucht bestimmten Teiche weggenommen werden: Beschl. I. 29. Nov. 54 c. Segebarth GA III, 133); ZI. 21. März 55 c. Beyer (GA. III, 718); vgl. § 273 n. 7. Aehnlich verhält es sich mit dem Honig und dem Wachs wilder Bienen; auch sie sind Gegenstände der freien Okkupation, sollten sie sich auch in einer mehr oder weniger festen Verbindung mit einem fremden Baum befinden; sie werden dadurch nicht ein Zuwachs des Baumes und gelangen nicht in die Gewahrsam des Besitzers des letztern: ZI. 2. Okt. 57 c. Dibszies (GA. V, 856); vgl. n 7.

36. Dagegen ist ein Diebstahl an solchen der freien Okkupation unterliegenden Sachen von dem Augenblicke an möglich, wo ein Anderer sie in Besitz genommen hat; z. B. wenn ein Anderer den Kehricht oder Koth auf der Straße für sich zusammengefegt hat; es bleiben dann § 349 Nr. 2 und § 41 Nr. 6 der FPO. v. 1. Nov. 1847 ausgeschlossen: Erk. Kamm.-G. c. Hammersky (GA. I, 89).

37. Zum Thatbestande gehört wesentlich die Wegnahme der fremden Sache aus der Gewahrsam des Andern; eine solche liegt nur da vor, wo die Handlung ohne die Zustimmung des bisherigen Inhabers geschah, vgl. ALR. I, 7 § 58; die (ausdrückliche oder stillschweigende) Einwilligung des Letzteren beseitigt den Diebstahl: Motive s 61; BI. 31 Okt. 60 c. Schlacheit (GA. VIII, 840); Abh. in GA. V, 694; TL. s. 904; *contra*: Bes. s. 409, welcher die Frage erörtert, ob der die Wegnahme gegen den Willen des Eigenthümers gestattende Inhaber Theilnehmer am Diebstahle sei; vgl. n. 56. — Im Uebrigen darf das bloße Wissen und Geschehenlassen nicht mit einer Einwilligung verwechselt werden, z. B. wenn der Inhaber das Treiben des Diebs beobachtet und geschehen läßt, um ihn zu ertappen.

38. Die Einwilligung des Inhabers hat die erwähnte (n. 37) Wirkung aber nur dann, wenn sie als solche rechtlich wirksam sein konnte; daher genügt die Einwilligung eines „Kindes" oder eines „Unmündigen" (§ 25 I, 1; § 21 I, 4; § 58 I, 7 ALR.) nicht, um den Thatbestand des Diebstahls zu beseitigen: ZII. 18. Juni 57 c. Hasse (GA. V, 697); vgl. § 218 n. 57.

39. Dagegen ist es gleichgültig, ob die Einwilligung freiwillig ertheilt oder erzwungen war; die Annahme des erzwungen Gegebenen kann Erpressung, nicht aber Diebstahl sein: ZII. 13. Nov. 56 c. Schorn (GA. V, 64).

40. Heimlichkeit der Wegnahme ist kein Begriffserforderniß des Diebstahls, und zwar weder in objektiver (vgl. n. 37), noch auch in subjektiver Beziehung. Vom Falle des gewaltsamen Diebstahls abgesehen, ist es sehr wohl denkbar, daß der Dieb entweder durch die Offenkundigkeit seiner Handlungsweise jeden Verdacht von sich abzulenken, oder durch seine Schnelligkeit sich und die öffentlich weggenommene fremde Sache in Sicherheit zu bringen sucht; *contra*: TL. s. 903, „weil der nicht

mit Gewalt ausgeführte Diebstahl nur auf eine hinterlistige, also auch in irgend einer Beziehung nur auf heimliche Weise geschehen könne."

41 Vollendet ist die Wegnahme, sobald die Sache aus der fremden in die eigene Gewahrsam gebracht ist. Dazu ist es nicht unerläßlich, daß sie aus den Räumen (dem Bereiche) des Bestohlenen weggeschafft sei; es kommt vielmehr wesentlich darauf an, wer thatsächlich die Gewalt über die Sache hat: ZI. 12. Okt. 58 c. Hülsbach; ZI. 25. Jan. 60 c. Samm; Zachariä Abh. in GA. III, 292 D; BL. f. 330. Hiernach unterliegt es der thatsächlichen Prüfung, ob und wann die Wegnahme vollendet oder wenigstens versucht sei. Der Instanzrichter kann nach den obwaltenden Umständen einen vollendeten Diebstahl annehmen, wenn die Sache in den Räumen des bisherigen Inhabers so versteckt worden ist, daß der letztere dadurch jede Kenntniß von ihrem Verbleibe und die Möglichkeit einer willkürlichen Einwirkung verloren hat: BI. 28. Juni 61 c. Kleist (RdO. I, 468); ZI 29. Okt 62 c. Krebs (RdO. VIII, 91). Auch kann er in einem solchen Falle selbst dann die Gewahrsam des Diebs als fortdauernd betrachten, wenn dieser sich demnächst mit Zurücklassung der Sachen aus den betr. Räumlichkeiten entfernt hat und die letzteren vom Eigenthümer verschlossen worden sind; das spätere Wegholen der versteckten Sachen durch den Dieb stellt dann nicht einen zweiten Diebstahl dar: ZI. 23. Sept 63 c. Ramm (RdO. IV, 67). Ebensowenig macht sich aber der Instanzrichter eines Rechtsirrthums schuldig, wenn er nach den Umständen des Einzelfalles das Zurechtlegen oder Verstecken einer Sache in den Räumen des bisherigen Inhabers nicht für einen vollendeten Diebstahl, die Gewahrsam des letzteren also noch für fortdauernd, und demgemäß das spätere Wegholen der Sache für einen selbstständigen und geeigneten Fall für einen schweren Diebstahl erachtet: ZI. 12. Dez. 62 c. Schönfeldt (RdO. III, 171). — Das Alles gilt auch in Betreff eines Dienstboten: es kann als Diebstahl angesehen werden, wenn ein solcher Sachen in den Wohnungsräumen der Herrschaft wegnimmt und in den ihm überlassenen Räumen derselben Wohnung verschließt: ZI. 10 Nov. 66 c. Schmeling (RdO. VII, 622).

42. Ob ein Einsteigen, ein Einbruch oder ein Einschleichen in der Absicht um zu stehlen, für sich allein den Thatbestand eines Diebstahlsversuchs darstelle, unterliegt der thatsächlichen Beurtheilung; vgl. § 31 n. 17.

43. Ob ein strafbarer Diebstahlsversuch da vorliegt, wo ein Diebstahl beabsichtigt war und nur deshalb nicht zur Ausführung kam, weil an der betr. Stelle der zu stehlende Gegenstand gar nicht existirte, darüber vgl. § 31 n. 13. Jedenfalls bedarf es zur Bestrafung eines Diebstahlversuchs nicht der Ermittelung und Feststellung desjenigen, was der Angeklagte zu stehlen Willens gewesen sei; es genügt die Feststellung: „daß er zu stehlen versucht habe ꝛc.": ZI. 24. April 57 c. Kern; ZII. 4. Juni 57 c. Grubé; u. ö.

44. Haben sich mehrere Personen an der Ausführung eines Diebstahls betheiligt, so sind diejenigen, welche eine zum Thatbestande gehörende Handlung mit dem zur Selbstbegehung erforderlichen Dolus vornehmen, Mitthäter, während die übrigen nur als Gehülfen betrachtet werden können; vgl. Thl. I Tit. 3 (f. 85) n. 6 fgg. Ob das eine oder das andere anzunehmen sei, unterliegt der thatsächlichen Beurtheilung. Die Instanzrichter können daher ohne Rechtsirrthum Mitthäterschaft annehmen, wenn der Eine die fremde Sache aus der Gewahrsam des Inhabers wegnimmt, ein Anderer aber sie sofort aus den Händen des Ersten in Empfang nimmt und in Sicherheit bringt: ZI. 16. Juni 65 c. Voth (RdO. VI, 187), oder, wenn der Eine die Sache allein aus einem Gebäude heraus holt, draußen aber ein Zweiter, der bis dahin gewartet hatte, sich an dem Wegtragen betheiligt: ZI. 12. Jan. 55 c. Hartphiel (Entsch. 29. f. 418; GA. III, 706). Vgl. § 217 n. 77. 78.

45. Die Absicht muß auf eine rechtswidrige Zueignung der fremden Sache gerichtet sein; es bedarf daher des Bewußtseins, daß die Sache eine fremde sei, welche zu nehmen man kein Recht hat: ZI. 17. April 61 c. Kern (GA. IX, 418). Derjenige, welcher in dem Glauben an eine nicht vorhandene Berechtigung handelte, ist selbst dann kein Dieb, wenn jener Irrthum aus einer Rechtsunkenntniß hervorging: BI. 1. März 65 c. Dzialosse (RdO. V, 529). Ebenso genügt es nicht, wenn der Angeklagte wußte, daß sein Recht ein bestrittenes oder gefährdetes war, oder

Beziehung (z. B. als Selbsthülfe) widerrechtlich sei: BII. 9. Sept. 58 c. Koch (JMbl. S. 23; GA. VII, 105).

46. Die Absicht, sich die Sache zuzueignen, muß dahin gerichtet sein, sich zum Herrn derselben zu machen, die Rechte eines Eigenthümers über dieselbe auszuüben: ZI. 29. Okt. 62 c. Kuthnick (RdO. III, 91). Daher ist die Wegnahme mit der Absicht die Sache sofort zu zerstören oder sie zu beschädigen und dann zurückzugeben, kein Diebstahl: Motive zum Entw. v. 1843 Bd. 3 S. 3; BI. 14. Sept. 60 c. Beer; vgl. n. 4. Dasselbe gilt, wenn die Absicht nur auf einen momentanen Gebrauch und demnächstige Rückgabe gerichtet war, insofern jener Gebrauch nicht gleichzeitig einen gänzlichen oder theilweisen Verbrauch in sich schloß: ZI. 21. Sept. 60 c. Zilkowski. Als ein solcher Verbrauch ist es dagegen anzusehen (und Diebstahl liegt vor), wenn ein fremdes Werthpapier (z. B. ein Sparkassenbuch) weggenommen wird, um dasselbe ganz oder theilweise zu verwerthen und dann zurückzugeben: ZI. 8. Sept 57 c. Kuhn (Entsch. 34. S. 333; GA. V, 424). Ebenso ist die Wegnahme, in der Absicht die Sache zu verpfänden, selbst dann Diebstahl, wenn spätere Wiedereinlösung und Rückgabe erfolgen sollte. Umgekehrt genügt es nicht, wenn die Wegnahme in der Absicht geschah, die Sache selbst als Pfand für eine vermeintliche Forderung zu behalten: Köstlin Abhh. S. 244.

47. Die Absicht der Zueignung liegt auch da vor, wo der Dieb die Sache einem Dritten zuwenden, z. B. diesem schenken will; um so über die Sache verfügen zu können, mußte er sie sich zunächst selbst zueignen: Motive S. 60; ZI. 14. April 58 c. Wendriner; ZI. 29 Okt. 62 c. Kuthnik (RdO. III, 91); ZI. 9. Okt. 63 c. Hoffschildt (RdO. IV, 102). Dagegen ist es kein Diebstahl, wenn Jemand eine fremde Sache einem Dritten verkauft, und diesen so veranlaßt, dieselbe in gutem Glauben wegzunehmen und sich zuzueignen; eine solche Handlung stellt vielmehr einen Betrug dar: BI. 14. Mai 58 c. Bertz (GA. VI, 567); vgl. n. 12; § 241 n. 51.

48. Wegen Mangels der erforderlichen Absicht kann es nicht als Diebstahl angesehen werden, wenn ein entweichender Gefangener Gegenstände nur deshalb mitnimmt, weil sie zwangsweise mit seinem Körper so in unmittelbare Verbindung gesetzt waren, daß er sich ihrer nicht entledigen konnte (z. B. die Fesseln, oder die Gefangenentracht, wenn er keine andere Kleidung besaß): Abegg Abh. in GA. IV, 289 ff.

49. Durch das Erforderniß der „Absicht sich die Sache rechtswidrig zuzueignen," wollte der Gesetzgeber diejenige Willensrichtung, welche die römische und die gemeinrechtliche Begriffsbestimmung des Diebstahls als „gewinnsüchtige Absicht" charakterisiren, treffender und richtiger bezeichnen; der Begriff selbst sollte dadurch nicht geändert werden: Motive z. Entw. v. 1843 Thl. III S. 3. Demgemäß erachteten der vereinigte ständische Ausschuß und die Motive des Entw. v. 1850 (S. 60) eine gewinnsüchtige Absicht für „nicht essentiell bei Feststellung des Begriffs des Diebstahls," während die Kommission der II. Kammer (KB. S. 116) zwar annahm, daß in der Regel die rechtswidrige Zueignung als Zweck der Handlung eine gewinnsüchtige Absicht voraussetze, die Aufnahme einer derartigen Bestimmung in das Gesetz aber wegen der Schwierigkeit der betr. Ermittlung als bedenklich ablehnte. Hieraus hat das OTr. gefolgert, daß die Gewinnsucht auch jetzt noch als (selbstverständliches) Begriffsmerkmal des Diebstahls anzusehen sei, welches ebendeshalb in der Regel einer ausdrücklichen Feststellung nicht bedürfe, daß aber diese Feststellung unerläßlich sei, sobald das Vorhandensein jener Absicht bestritten werde: BI. 18. März 57 c. Barz (GA. V, 397); BI. 9. Jan. 63 c. Pascal (RdO. III, 201); ZII. 18. Febr. 64 c. Fricke (GA. XII, 285); BI. 11. Jan. 67 c. Smentek (RdO. VIII, 25). — Hält man an dieser Anschauung fest, so muß man sich nur hüten, jene Gewinnsucht als eine außer und neben der Absicht rechtswidriger Zueignung erforderliche Willensrichtung aufzufassen; insbesondere ist dabei nicht nothwendig an eine beabsichtigte Bereicherung zu denken (vgl. Motive z. Entw. v. 1843 l. c.); vielmehr genügt es, wenn der gesuchte Gewinn gerade in der Erlangung der thatsächlichen Herrschaft über die Sache (n. 46) ohne entsprechenden sofortigen und vollständigen Entgelt besteht. Es kann daher beim Vorhandensein der Absicht rechtswidriger Zueignung der gewinnsüchtige Charakter dieser Absicht nur dann negirt werden, wenn die Wegnahme gegen einen gleichzeitigen unmittelbaren und vollständigen Werthersatz bewirkt wurde, z. B. wenn Jemand sich einer fremden beweglichen Sache rechtswidrig

bemächtigt, zugleich aber ihren vollen Werth als Preis an die Stelle legt, oder wenn ein Gläubiger seinem Schuldner eine Sache wegnimmt, um sich damit für seine (unbestrittene) Forderung bezahlt zu machen: ZII. 14. Juni 60 c. Knoop; BL. s. 329; vgl. Erk. Kamm.-Gericht 17 Jan. 52 c. Bochow (GA. I, 89); ein anderes Beispiel vgl n. 51. Dagegen kann die Absicht eines später zu leistenden Ersatzes die Gewinnsucht nicht beseitigen, da auch die unentgeltliche Erlangung der zeitweiligen Herrschaft über die Sache einen Gewinn darstellt. — In keinem Falle darf aber der Mangel der Gewinnsucht als ein Einwand angesehen werden, dessen Nachweis dem Angeklagten obläge; wird die (bestrittene) Gewinnsucht nicht nachgewiesen, so liegt (nach der Ansicht des OTr.) kein Diebstahl vor: ZI. 24. Sept. 58 c. Wunschmann. — A. M. als das OTr. sind Köstlin Abhh. s. 243 fgg.; Hälschn. Abh. in GA. XV, 8; beide betrachten (auch nach gemeinem Rechte) die Absicht der rechtswidrigen Zueignung als eine unbedingt genügende gewinnsüchtige Absicht und nehmen selbst dann Diebstahl an, wenn jene nur gegen sofortigen Entgelt bezweckt war. — In Betreff des Verhältnisses des § 215 zu § 349 Nr. 3, welcher bei der Entwendung von Früchten &c. die Verhängung der Diebstahlsstrafe von dem Vorhandensein der gewinnsüchtigen Absicht abhängig macht, vgl. dort n. 16. 22. Das an dieser Stelle Gesagte gilt auch für die Vorschriften der §§ 41—43 und 45 der FPO. v. 1. Nov. 1847 (in der neuen Fassung des Ges. v. 13. April 1856) sowie der Einf.-Vdn. v. 25. Juni 1867 Art. III a. E. In Betreff des Falles des § 349 Nr. 7 vgl. unten n. 53, und im Uebrigen n. 68. 71.

50. Im schwurgerichtlichen Verfahren ist die Befragung der Geschwornen über das Vorhandensein der gewinnsüchtigen Absicht nur da unerläßlich, wo dieses ausdrücklich beantragt worden ist; das bloße Bestreiten genügt dazu nicht: ZI. 5. Dez. 62 c. Wollny (RdO. III, 161); vgl. Strafverf. Art. 81 n. 21. Ist ein solcher Antrag gestellt, so empfiehlt es sich, den Begriff der gewinnsüchtigen Absicht in der unter n 49 angedeuteten Weise aufzulösen („— in der Absicht der rechtswidrigen, ohne einen gleichzeitigen vollständigen Entgelt zu bewirkenden Zueignung &c.").

51. 52. Gewinnsucht liegt vor, wenn die Wegnahme geschieht, um dadurch einen anderweitig erlittenen Verlust auf Kosten eines Dritten zu ersetzen; die Meinung: „das sei erlaubt" ist dann ein auf das Dasein des Strafgesetzes bezüglicher und daher nicht entschuldigender Irrthum: ZII. 14. Juni 60 c. Knoop. Dagegen ist Gewinnsucht nicht anzunehmen, wenn Jemand, um sich einen Ersatz für eine verlorene Sache zu verschaffen, einem Dritten einen Gegenstand wegnimmt, mit der Ueberzeugung, daß dieser dafür in einem ihm (dem Angeklagten) gehörenden Vermögensstücke ein Aequivalent besitze: VII. 13. Juli 65 c. Böttcher (RdO. VI, 261).

53. Nach § 349 Nr. 7 soll die unberechtigte Wegnahme von Futter &c., welche durch die Knechte des Bestohlenen zur Verfutterung an das Vieh des letzteren, ohne eigene gewinnsüchtige Absicht bewirkt wird, nicht als Diebstahl angesehen werden (weil der Eigenthümer den Ersatz in der Zuwendung an sein Vieh finde), sondern nur als Uebertretung strafbar sein. Vor Verkündung jener Nr. 7 des § 349 durch das Ges. v. 30. Mai 1859 hat das OTr. angenommen, daß die Feststellung: „die Wegnahme des Futters sei geschehen zum Zwecke der Verfutterung an das Vieh des Eigenthümers" den zum Diebstahle erforderlichen Dolus weder in sich, noch ausschließe, daß es daher in jedem Einzelfalle der ausdrücklichen Feststellung der „Absicht rechtswidriger Zueignung" bedürfe: VI. 16. Febr. 53 c. Ammerpohl (JMbl. s. 267; Entsch. 24. s. 449; GA. I, 245); u. ö. Das neue Gesetz hat jetzt die Verhängung der Diebstahlsstrafe von der ausdrücklichen Feststellung der „gewinnsüchtigen Absicht" abhängig gemacht. Diese Gewinnsucht ist indessen wesentlich verschieden von der durch das OTr. als Begriffsmerkmal des Diebstahls allgemein erforderten gewinnsüchtigen Absicht; sie muß überall als vorhanden angenommen werden, wo der Angeklagte nicht blos aus Fürsorge für die Thiere, sondern auch in irgend einer Weise im eignen Interesse handelte, sollte dieses letztere auch nur in der Befriedigung seiner Eitelkeit (durch das bessere Aussehen der von ihm gepflegten Thiere) oder dergl. bestanden haben; vgl. § 349 n. 22. — In der großen Mehrzahl der Fälle ist die Behauptung: „die Wegnahme sei zum Zweck der Verfutterung &c. geschehen" gewiß nur ein leerer Vorwand; der Instanzrichter hat daher alle Veranlassung, ihre Richtigkeit sorgfältig zu prüfen, und die Abwesenheit der gewinnsüchtigen Absicht nur da anzunehmen, wo feste Anhaltspunkte dafür vor-

liegen, daß der Angeklagte das vom Eigenthümer bestimmte Futterquantum für ungenügend gehalten, und deshalb lediglich aus Fürsorge für die Thiere gehandelt habe. Dagegen läßt sich auch hier nicht aufstellen, daß demselben der Nachweis seiner Behauptung obliege.

54. 55. Das unter n. 53 Gesagte trifft nur da zu, wo die Absicht der Wegnahme auf Verfutterung an das Vieh des Eigenthümers des Futters gerichtet war; fand daher die Wegnahme vom Grundstücke eines Dritten Statt, so schließt die Absicht der Verfutterung an das Vieh des Dienstherrn die Diebstahlsstrafe nicht aus; es wird vielmehr dann das unter n. 47 Gesagte anwendbar; *contra*: Beschl. I. 19. Sept. 55 c. Tietze, welcher in einem solchen Falle nur den § 42 Nr. 6 (jetzt Nr. 2) der FPO. v. 1. Nov. 1847 für zutreffend erachtete; vgl. jetzt § 349 Nr. 7.

56. Da die Absicht der rechtswidrigen Zueignung ein wesentliches Begriffsmerkmal darstellt, so beseitigt die Einwilligung des Eigenthümers den Thatbestand des Diebstahls selbst dann, wenn die Wegnahme aus der Gewahrsam eines dritten Inhabers und zu dessen Nachtheil bewirkt wird: ZPl. 14. Sept. 57 c. Helm (GA. V, 651, beil.); Abh. in GA. V, 644; HS. I, 232. 236; Böhlau Abh. in GA. V, 493 (welcher übrigens den Sinn der vorstehenden Bemerkung mißverstanden hat). Jene Wirkung tritt auch da ein, wo der Wegnehmende jene Einwilligung nicht kennt, seinerseits also mit dem zum Diebstahle erforderlichen Dolus handelt: VI. 4. Nov. 59 c. Rohde (GA. VIII, 132; der Angeklagte hatte einen Dienstboten zu bestimmen gesucht, ihm Abends Sachen seines Herrn aus dem Fenster zuzuwerfen; der Dienstbote theilte dieses seinem Herrn mit, und warf dann auf Anweisung des letztern dem Angeklagten die Sachen wirklich zu; es lag sonach eine mit Zustimmung des Herrn erfolgte Besitzübertragung vor). Man muß sich nur hüten, das Geschehenlassen, um den Dieb zu ertappen, mit einer Einwilligung zu verwechseln; vgl. n. 37. Daher ist es Diebstahl, wenn in einem analogen Falle der Dienstbote im Auftrage seines Herrn die Sache in der Nähe des Hauses des letztern niederlegt und der Angeklagte sie von dort in diebischer Absicht wegholt: Erk. AG. Oldenburg 8. April 61 c. Warns (Oldenb. Arch. VIII, 113).

56a. Auch derjenige, welcher vom Berechtigten die Erlaubniß erhalten hat, mit der Sache irgend eine Maaßnahme vorzunehmen (z. B. einen Baum zu fällen), begeht einen Diebstahl, wenn er jene Handlung vornimmt, nicht in der Absicht jenen Auftrag zu vollziehen, sondern um sich die Sache zuzueignen: VI. 11. Nov. 59 c. Kanter (GA. VIII, 129); ZI. 23. Jan. 63 c. Arnoldt (RdO. III, 238).

57. Den Dieb und den Theilnehmer am Diebstahle kann nicht neben der hierdurch verwirkten Strafe auch noch die Strafe der Hehlerei treffen; vgl. § 237 n. 36. 37.

58. Ueber die fortdauernde Gültigkeit der Vorschriften der Feld-Polizei-Ordnung v. 1. Nov. 1847 und des Rh. Rural-Gesetzes v. 28. Sept. — 6. Okt. 1791 in Betreff der Entwendung von Früchten und andern Bodenerzeugnissen vgl. Ges. v. 22. Mai 1852 Art. III; EG. Art. II n. 25.

59. Die in der FPO. vorgesehenen Entwendungen unterliegen (arg. Ges. v. 22. Mai 1852 Art. III, welcher die §§ 215—224 ausschließt) den Strafen dieses Spezial-Gesetzes auch dann, wenn sie unter den Umständen des schweren Diebstahls begangen sind: VI. 8. Febr. 54 c. Gutfeld; VII. 14. Sept. 65 c. Stielhoff (RdO. VI, 308); vgl. KB. Herren-H. zur FPO. § 42 Nr. 2 (GA. IV, 150). Das dürfte indessen auf den Fall des Raubes nicht auszudehnen sein; vgl. § 230 n. 3. Für die neu erworbenen Provinzen vgl. Einf.-Vdn. v. 25. Juni 1867 Art. III.

60. Im § 41 Nr. 6 der FPO. v. 1. Nov. 1847 ist unter „Aufsammeln von Dünger" das allmälige Zusammenbringen des auf dem Felde zerstreut liegenden Düngers zu verstehen; die Wegnahme einer Quantität aufgeschütteten Düngers ist Diebstahl: ZII. 3. Okt. 61 c. Henschler (RdO. I, 567); vgl. n. 36.

61. Im § 42 Nr. 2 (früher Nr. 6) der FPO., welcher die Entwendung von Früchten und anderen Bodenerzeugnissen aus Gärten 2c. mit einer Geldbuße bedroht, bezeichnet der Ausdruck „Entwendung" den vollständigen Thatbestand des Diebstahls; vgl. § 349 n. 16. 22; das dort Gesagte gilt auch hier: VII. 11. Sept. 56 c. Dieckhoff (Entsch. 33. s. 481; GA. IV, 325); VII. 21. Jan. 58 c. Merschhaus (GA. IV, 365); *contra* früher: ZI 5. April 54 c. Krause.

62. Zu den in der cit. Nr. 2 § 42 erwähnten Bodenerzeugnissen ist Torf nicht zu zählen; Wegnahme von bereits gestochenem Torf fällt daher (da auch § 349 Nr. 3 StGB. hier ausgeschlossen bleibt: ZI. 4. Dez. 61 c. Küster, RdO. II, 116) unter § 215: ZII. 12. Dez. 61 c. Wanning (RdO. II, 147); vgl. § 217 n. 19.

63. Die cit. Vorschrift des § 42 Nr 2 der FPO. bezieht sich auch auf bereits geerntete und gesammelte Früchte: VPl. 30 Nov. 57 c Wördehoff (JMbl. 58. s. 45; Entsch. 37. 2. s. 1); VII. 17. Dez. 57 c. Hachenev; VI. 25. Okt. 61 c. Kötsch (RdO. II, 24) (feste Praxis); vgl. eine Abh. in GA. V, 762, und ZII. 7. Febr. 56 c. Voget (GA. IV, 253).

64. Auch durch das Ausdreschen der geernteten Feldfrüchte wird die Anwendbarkeit des § 42 Nr. 2 cit. nicht beseitigt; insbesondere kann dann das übrigbleibende Stroh nicht als ein Produkt weiterer Bearbeitung der Früchte angesehen werden, vielmehr bleibt es nach wie vor ein Boden-Erzeugniß: ZI. 21. Dez. 60 c. Gillert (RdO. I, 194).

65. Ebenso wird § 42 Nr. 2 cit nicht dadurch ausgeschlossen, daß die Boden-Erzeugnisse zur Abfuhr auf einen Wagen geladen, oder auch von dem Orte, wo sie geerntet wurden, weggeschafft sind; derselbe bleibt anwendbar, so lange sich dieselben noch auf irgend einem Felde rc. befinden: ZI. 30. Okt. 63 c. Zabe (RdO. IV, 140); VI. 16. Juli 58 c. Schubert (GA. VI, 689).

66. Dasselbe gilt selbst dann noch, wenn die Früchte (auf dem Felde) in Schober (Mieten, Gruben oder dgl.) untergebracht sind, sobald dieses nur geschehen ist, um dieselben vor den Einflüssen der Witterung zu bewahren; die Diebstahlsstrafe greift daher nur dann Platz, wenn jenes Unterbringen geschah, um die Früchte rc. gegen Dritte zu schützen: ZI. 22. Okt. 58 c. Gruhn (GA. VII, 92); ZI. 21. Dez. 60 (cit. n. 64); VI. 25. Okt. 61 (cit. n. 63); vgl. § 217 n. 20.

67. Dagegen darf diese Nr. 2 nicht auf andere als die darin genannten Oertlichkeiten ausgedehnt werden; sie ist daher auf einen aus einem Hofraume verübten Diebstahl unanwendbar: VII. 25. April 61 c Simon (RdO. I, 327).

68. Die Vorschrift des § 42 Nr. 2 greift Platz, sobald entweder der Werth ein unbedeutender oder die Quantität eine geringe war; daß beides zusammentreffe, wird nicht erfordert: VI. 25. Okt. 61 c. Kötsch (RdO. II, 24); ZI. 9. März 64 c. Pratsch (RdO. IV, 414); ZPl. 13. Nov. 65 c. Schröder (RdO. VI, 456); *contra:* ZII. 29. März 60 c. Retting (GA. VIII, 549).

69. Das Abhauen rc. von Bäumen oder Sträuchen in Gärten rc. (außerhalb eines Forstes) zieht auch dann die Strafe des § 42 Nr. 3 (früher § 43 Nr. 2) der FPO. nach sich, wenn es in der Absicht geschah, sich dieselben rechtswidrig zuzueignen; die Diebstahlsstrafe greift jetzt nur dann Platz, wenn die Wegnahme in gewinnsüchtiger Absicht geschah (§ 45 ibid): Beschl. II. 5. Juni 56 c. Weber; früher *contra:* VPl. 12. Dez. 53 c. Manthe (JMbl 54. s. 92; Entsch. 26. s. 440). — Im Uebrigen macht es keinen Unterschied, ob der Baum abgehauen, abgesägt, mit den Wurzeln ausgerissen oder in anderer Weise vom Boden getrennt oder endlich nur beschädigt wird. Vgl. n. 76.

70. Aehnlich verhält es sich mit den im § 43 Nr. 1—4 der FPO. vorgesehenen Handlungen, insbesondere mit dem Beschädigen von Einfriedigungen, Brücken rc. (§ 43 Nr. 1). Selbst wenn sich an jene Handlungen die Wegnahme der abgetrennten rc Theile in der Absicht rechtswidriger Zueignung anschließt, ist doch die Diebstahlsstrafe nur dann verwirkt, wenn dabei eine gewinnsüchtige Absicht vorwaltete: VII. 13. Okt. 64 c. Uphoff (RdO. V, 171); VII. 24. Nov. 65 c. Fasthöfer (RdO. V, 287).

71. In allen Fällen, wo das Gesetz die „Wegnahme in der Absicht rechtswidriger Zueignung" zur Verhängung der Diebstahlsstrafe nicht für ausreichend erachtet, diese vielmehr von der ausdrücklichen Feststellung der gewinnsüchtigen Absicht abhängig macht, beim Mangel derselben aber eine geringere Strafe androht, d. h. also in den Fällen des § 349 Nr. 3 und 7, sowie der §§ 41—43 der FPO., muß der Instanzrichter, wenn er im Uebrigen den Thatbestand des § 215 feststellt, sich ausdrücklich über das Vorhandensein der gewinnsüchtigen Absicht aussprechen; es tritt daher Nichtigkeit ein nicht nur, wenn ohne die Feststellung der letztern wegen Diebstahls bestraft ist, sondern auch dann, wenn auf die geringere Strafe erkannt wird, ohne daß die Gewinnsucht für ausgeschlossen erklärt

§. 216. Der Diebstahl und der Versuch des Diebstahls wird mit Gefängniß nicht unter Einem Monate und mit zeitiger Untersagung der Ausübung der bürgerlichen Ehrenrechte bestraft. Der Schuldige kann zugleich unter Polizei-Aufsicht gestellt werden.

Wird festgestellt, daß mildernde Umstände vorhanden sind, so kann die Strafe bis auf Eine Woche Gefängniß ermäßigt werden.

[Entw. § 199]. Vgl. § 349 Nr. 2. 3. 7.

§. 217. In folgenden Fällen soll die Gefängnißstrafe nicht unter drei Monaten sein:

---

worden wäre: VI. 25. Okt. 61 (cit. n. 63); ZI. 16. Sept. 63 c. Krügermann (RdO. IV, 46); VII. 28. Jan. 64 c. Henschel (RdO. IV, 334); VII 14 Sept. 65 c. Stielhoff (RdO. VI, 308); vgl. n. 49. 50

72. Aehnlich verhält es sich, wenn die Wegnahme gewisser Gegenstände in geringer Quantität oder von unbedeutendem Werthe (z. B. § 349 Nr. 3; FPO. v. 1. Nov. 1847 § 42 Nr. 2) mit milderen Strafen bedroht ist: VII. 28. Jan. 64 (cit. n. 71); vgl. n. 68.

73. Ueber die prozessualische Behandlung der in § 349 Nr. 3 (und 7) und in der FPO. v. 1. Nov. 47 §§ 41—43 vorgesehenen Uebertretungen vgl. Ges. v. 14. April 1856 Art. I § 3 (oben S. 23) und EG. Art. XIII n. 16.

74. Soweit das Holz-Diebstahl-Gesetz v 2. Juni 1852 für die dort vorgesehenen Fälle besondere Strafvorschriften enthält, bleiben die Bestimmungen des StGB.s ausgeschlossen.

75. Dagegen greift die Diebstahlsstrafe Platz, sobald der Waldeigenthümer das Holz „geschlagen" oder die anderweitig vom Boden getrennten Holztheile (Waldprodukte), sollten sie auch an und für sich (wie z. B. Spähne, Abraum 2c.) den Bestimmungen des HDGes.s unterliegen, für sich in Besitz genommen hat; vgl. das Nähere § 217 Nr. 3 und dort n. 27 fgg. und oben n. 29.

76. Wegnahme von Baumpflanzen aus einer Baumschule fällt nicht unter das HDGes., ist vielmehr, je nachdem die Handlung in gewinnsüchtiger Absicht geschah oder nicht, als Diebstahl oder aus § 42 Nr. 3 der FPO. zu bestrafen: Beschl. I. 30. Sept. 64 c. Liebelt (RdO. V, 147); vgl. n. 69. Das Gegentheil soll in Beziehung auf einen s. g. Saatkamp gelten, „wenn dieser zu den im § 1 des HDGes. erwähnten Grundstücken gehöre": ZI. 19. Nov. 56 c Budach (GA. V, 21).

77. Nach dreimaliger Bestrafung wegen Holzdiebstahls zieht zwar ein fernerer Holzdiebstahl die Strafe des § 216 nach sich; er wird aber dadurch nicht zum gewöhnlichen Diebstahle; es bleiben daher bei abermaligen Rückfällen die §§ 58—60 und 219 des StGB.s ausgeschlossen: ZI. 25. Okt. 61 c. Daubert (RdO. II, 22).

§ 216.

1. Die Geringfügigkeit des Objekts kann unbedenklich als mildernder Umstand angesehen werden: KBII. S. 117.

2. Beim Vorhandensein mildernder Umstände wird der Instanzrichter nicht das höchste Maaß der im § angedrohten Strafe verhängen dürfen. Im Uebrigen aber ist die Strafermäßigung durchaus fakultativ; es kann daher im gedachten Falle den Umständen nach die Untersagung der Ausübung der bürgerlichen Ehrenrechte ausgesprochen oder auch davon abgesehen werden: ZI. 10. Juni 53 c. Klebeck (GA. I, 573); ZI. 11. Mai 53 c. Dabers (GA. I, 398); Präj. OG. Oldenburg 4. Jan. 59 (Oldenb. Arch. VI, 228); HS. I, 488; vgl. KBII. S. 117; KBI. S. 33. — Dasselbe gilt von der Polizeiaufsicht: TL. S. 909; Präj. OAG. Oldenburg (B. 17).

§ 217.

1. 2. In den hier vorgesehenen Fällen ist die Strafe des § 216 nur in der

1) wenn Ackergeräthschaften oder Thiere, welche zum Ackerbau gebraucht werden, von dem Felde, Thiere von der Weide, Wild aus umzäunten Gehegen, Fische aus Teichen oder Behältern, Bienenstöcke von dem Stande, Tuche, Linnen, Gewebe oder Garne von dem Rahmen oder von der Bleiche gestohlen werden;

[Entw. § 200 Nr 1]. Vgl. § 215 216. 273—277.

Schlußsatz: Wird festgestellt, daß mildernde Umstände vorhanden sind, so kann die Strafe bis auf vierzehn Tage Gefängniß ermäßigt werden.

Weise abgeändert, daß das geringste Maaß der Gefängnißstrafe erhöht worden ist; hiernach ist neben der letztern auch auf zeitige Untersagung der Ausübung der Ehrenrechte und geeigneten Falles auf Stellung unter Polizei-Aufsicht zu erkennen; vgl. § 216 n. 2.

Zu Nr. 1.

3. Wenn gleich hier von Ackergeräthen, Thieren 2c. in der Mehrzahl die Rede ist, so fällt doch schon der Diebstahl eines einzelnen Stückes unter den §.

4. In Betreff der Ackergeräthschaften ist jetzt nicht mehr (wie nach ALR. II, 20 § 1143) zwischen solchen, welche auf dem Felde stehen zu bleiben pflegen, und andern zu unterscheiden; auch ist es unerheblich, ob sie grade zur Arbeit gebraucht, und nur einstweilen auf dem Felde zurückgelassen sind: ZI. 14. Dez. 55 c. Bluhm; ebensowenig kommt etwas auf die An- oder Abwesenheit eines Wächters an; vgl. n. 8.

5. Unter Feld ist jedes ländliche Besitzthum zu verstehen, auf welchem Gegenstände der fraglichen Art der öffentlichen Treue anvertraut werden, also namentlich auch Wiesen, Holzungen u. s. w.: Gilb. C. pén. art. 388 n. 3.

6. Der Ausdruck „Thiere" umfaßt alle Arten von Vieh, ohne Beschränkung auf Zug- oder Nutzvieh.

7. Als „auf der Weide" befindlich sind futtersuchende Hühner und Enten auf dem Wasser nicht anzusehen: TL f. 911 Note; *contra*: GM. II, f. 471.

8. Gleichgültig ist es, ob die Thiere auf der Weide von einem Hirten beaufsichtigt sind: ZI. 12. Juni 63 c. Wiese (RdO. III, 496).

9. Wild in umzäunten Gehegen, Fische in Teichen, Behältern, Fischreusen 2c. befinden sich in der Gewahrsam des Inhabers dieser Gehege 2c., und zwar selbst dann, wenn der letztere von dem stattgehabten Fange 2c. noch keine Kenntniß erlangt hat: BI. 15. Jan. 58 c. Weißschnur (GA. VI, 129). Demgemäß ist Wegnahme solcher Thiere Diebstahl, und nicht blos ein Eingriff in das Okkupationsrecht eines Andern (§ 273 ff); vgl. § 215 n. 17—19; § 273 n. 1; ALR. I, 9 § 176 ff.

10. Was hier vom Wilde gesagt ist, gilt auch von andern eingehegten Thieren.

11. Ein Gehege setzt zwar an und für sich eine Umschließung nach allen Seiten voraus; gleichwohl wird der betr. Begriff durch einzelne Lücken in der Umzäunung noch nicht aufgehoben; es kommt in jedem Einzelfalle darauf an, ob die dadurch gebotene Möglichkeit der Entfernung des Wildes eine so nahe liegende sei, daß deshalb die Gewahrsam des Besitzers des Geheges für aufgehoben erachtet werden müsse: ZII. 18. Jan. 65. c. Lauenroth (RdO. VII, 30). — Noch weniger darf gefordert werden, daß das Gehege den Voraussetzungen eines umschlossenen Raumes (§ 221) entspreche, da in dasselbe Thüren führen können, welche den Menschen auch ohne den Gebrauch eines Schlüssels, nicht aber den Thieren den Ein- und Austritt gestatten: ZII. 17. Dez 57 c. Gericke (GA VI, 117).

12. Führt der Dieb eine Waffe bei sich, so ist er, auch wenn die Waffe nur zur Erlegung des Wildes 2c. bestimmt war, nach § 218 Nr. 6 zu bestrafen; vgl. dort n. 63.

13. Unter „Teichen" sind umschlossene Wasserräume zu verstehen, welche entweder künstlich angelegt sind, oder, wenn von Natur entstanden, doch ebenfalls zur Aufbewahrung von Fischen dienen und regelmäßig dazu bestimmt sind: BI. 17. März

§. 217. In folgenden Fällen soll die Gefängnißstrafe nicht unter drei Monaten sein.

2) **wenn Früchte oder andere Bodenerzeugnisse, welche bereits geerndtet sind, von Feldern oder Wiesen oder aus Gärten gestohlen werden;**

[Entw. § 200 Nr. 2]. Vgl. § 215. 216. 349 Nr. 3; FPO. v. 1. Nov. 1847 § 42 Nr. 2.

Schlußsatz: Wird festgestellt, daß mildernde Umstände vorhanden sind, so kann die Strafe bis auf vierzehn Tage Gefängniß ermäßigt werden.

---

65 c. Mühmel (RdO. VI, 9); VII. 30. März 65 c. Räkers (RdO. VI, 41). Denselben sind andere geschlossene Gewässer, welche sich nicht über die Grenze des Grundstücks erstrecken, in welchem sie liegen (ALR I, 9 § 176), z. B. Privatseen, oder ein Wasserpfuhl, nicht gleich zu stellen. Der Eigenthümer eines solchen Gewässers hat an den in demselben befindlichen Fischen keine Gewahrsam (L 3 § 14 D. 41, 2), obgleich ihm nach § 177 I, 9 ALR. Eigenthum an denselben zusteht. Die Wegnahme durch einen Dritten ist sonach kein Diebstahl, also weder aus § 217 noch aus § 216, sondern nur aus § 273 zu bestrafen: ZPl. 11. Jan. 58 c. Wolle (JMbl. S. 98; Entsch. 39. 2. 17; GA. VI, 49); *contra* früher: VI. 21. März 55 c. Laurent (GA. III, 427), welches in einem solchen Falle den § 216 für anwendbar erachtete.

14. Was hier von Fischen gesagt ist, darf auf Krebse in Teichen nicht ausgedehnt werden; vgl. § 273 n. 2.

15. Konkurrirt beim Diebstahle eines Bienenstocks vom Stande einer der im § 218 erwähnten erschwerenden Umstände, so kommt der letztere als der strengere zur Anwendung: V. 4. Juli 52 c. Zemla.

16. Die die Gewebe ꝛc. auf der Bleiche ꝛc. betreffende Bestimmung ist nicht auf Wäsche auszudehnen, welche im Betriebe gewöhnlicher Hauswirthschaft zum Trocknen oder zum Bleichen ausgelegt ꝛc. wird: Z. 12. Mai 52 c. Eschau; ZI. 2. März 53 c. Rösner (GA. I, 710); Erk. OG. Oldenburg 7. Dez. 58 (Oldenb. Arch. VII, 120).

17. Dadurch, daß eine Bleiche sich in einem hinter dem Hause des Bestohlenen liegenden Garten befindet, und daher sehr wohl zu beaufsichtigen ist, wird die Anwendbarkeit des ganz allgemein lautenden § nicht beseitigt; *contra:* Z. 12. Mai 52 c. Eschau.

18. Was von den der öffentlichen Treue übergebenen Sachen gilt, muß auch von den wesentlichen Bestandtheilen derselben gelten: VI. 28. Okt. 53 c. Milde; z. B. von dem im Bienenkorbe sich findenden Honig: VI. 29. April 53 c. Krasscyk (GA. I, 574); VI. 10. Sept. 56 c. Schmidt (GA. IV, 834); VI. 29. Okt. 56 c. Lerche; u. ö.; ebenso von der Wolle eines auf der Weide ꝛc. sich befindenden Schafes; *contra:* ZI. 12. Juli 54 c. Niqué.

§ 217 Nr. 2.

19. Die Vorschrift ist auf andere Gegenstände, welche nicht zu den Boden-Erzeugnissen gehören, z. B. auf gestochenen und auf dem Moore stehenden Torf nicht auszudehnen, da dieser kein Erzeugniß, sondern ein Bestandtheil des Bodens ist, eine Ernte dabei nicht stattfindet, und ein Torfmoor den Feldern ꝛc. nicht gleich steht: Z. 15. Sept. 52 c. Kompakischkies; ZI. 26. Okt. 53 c. Arnaszus (GA. II, 122); vgl. § 215 n. 62. In Betreff der Erde, Plaggen ꝛc. vgl. § 349 Nr. 2, und dort n. 12.

20. Der Begriff der „geernteten" Früchte ꝛc. ist nicht auf die schon zusammen gebrachten, d. h. in Haufen (Schober, Mandeln ꝛc.) gesetzten oder gesammelten Früchte zu beschränken, umfaßt vielmehr alle vom Halme oder Boden durch eine Handlung des Berechtigten getrennten Früchte, welche sich noch auf Feldern, Wiesen, oder in Gärten befinden, mögen sie nur vom Boden getrennt daliegen, oder schon durch eine fernere Behandlung oder Bearbeitung weiter zum Einernten vorbereitet sein: V. 24. Mai 52 c. Jäger; ZII. 7. Febr. 56 c. Voget (GA. IV, 253); ZI. 22. Mai 57 c. Richter; vgl. n. 24. Daher steht auch umgekehrt der Umstand, daß die Früchte bereits zur Abfuhr auf einen Wagen geladen (: ZI. 30. Okt. 63 c.

§. 217. In folgenden Fällen soll die Gefängnißstrafe nicht unter drei Monaten sein.

3) **wenn geschlagenes Holz aus dem Walde oder von der Ablage, oder wenn Schwemm- oder Floßholz gestohlen wird;**

[Entw. § 200 Nr. 3]. Vgl. § 215. 216; HDG. v. 2. Juni 1852 § 1; Rh. AKO. v. 26. Sept. 1845 (GS. s. 777; Rh. Samml. 9. s. 53).

Lade, RdO. IV, 140), oder in eine Miete (Grube, Kaule) gebracht waren, der Anwendbarkeit des § nicht entgegen: VI. 14. März 62 c. Jahnke (RdO. II, 304); VI. 26. Juni 63 c. Majewski (RdO. III, 526); vgl. § 215 n. 66.

21. Es macht keinen Unterschied, ob die Früchte noch auf demselben Felde 2c. sich befinden, auf welchem sie geerntet waren, oder ob sie auf ein anderes Feld gebracht sind: V. 10. März 52 c. Schweitzer (GA. I, 92); vgl. n. 33.

22. Den Feldern 2c. können hier andere Grundstücke, z. B. Wälder, nicht gleich gestellt werden. Dagegen behält ein Feld 2c. diesen Charakter auch dann, wenn es sich an einer gerodeten Stelle eines Waldes, und ganz von diesem umgeben, befindet.

23. Der Umstand, daß die gestohlenen Früchte bereits geerntet waren, schließt die Anwendbarkeit des § 42 Nr. 2 der FPO. nicht aus; vgl. § 215 n. 63. 64. Insoweit daher dieser § zutrifft, ist § 217 Nr. 2 unanwendbar.

§ 217 Nr. 3.

24. Geschlagenes Holz ist das vom Boden getrennte, sobald es vom Berechtigten zu einem perzipirten Theile der Forstnutzung gemacht worden ist: VI. 25. Febr. 57 c. Bernhardt (JMbl. s. 135; GA. V, 269); ZII. 29. Sept. 63 c. Mangel. Den Gegensatz bilden, abgesehen von dem noch ausstehenden Holze, einmal das durch einen Zufall oder durch einen Unberechtigten vom Boden getrennte Holz, und sodann die Spähne, der Abraum und die Borke (HDGes. v. 2. Juni 1852 § 1), beide jedoch nur so lange, als sie nicht vom Berechtigten nachträglich in Besitz genommen worden sind. Letzteres ist anzunehmen, sobald das Holz 2c. eingesammelt oder aufgestellt, oder sobald mit der Zurichtung desselben der Anfang gemacht ist. Ist dieses geschehen, so scheidet das HDGes. aus und § 217 wird anwendbar. Behauptet der Angeklagte dann, er habe die Besitznahme des Berechtigten nicht gekannt, so wird § 44 anwendbar: ZI. 18. März 59 c. Stärke.

25. Das Gesagte (n. 24 a E.) gilt von dem durch Zufall vom Boden getrennten Holze, z. B. von den s. g. Windbrüchen: ZI. 6. April c. Linke.

26. ..... ebenso von den Spähnen, dem Abraum und der Borke. Hierunter sind die zufälligen Abfälle der Holzbearbeitung zu verstehen, und zwar selbst dann, wenn sie sich in Holzablagen befinden, vorausgesetzt, daß die letzteren nicht umschlossen sind: HDGes. § 1. Daher gehören ganze Theile eines Baumes, z. B. das Zopfende (: ZI. 26. Juni 61 c. Nezel), ebensowenig hierher als die absichtlich zum Zwecke der Benutzung als Lohe abgelöste Baumrinde: VI. 25. Febr. 57 (cit. n. 24); VII. 21. Dez. 54 c. Schmitz (JMbl. 55. s. 79; Entsch. 29. s. 453; RA. 50. 2A. 58; GA. III, 254). — Auch auf diesen Abraum 2c. wird § 217 anwendbar, sobald er eingesammelt 2c. ist, sollte er sich auch noch auf einer nicht umschlossenen Ablage befinden: V. 23. Jan. 52 c. Stephan (Entsch. 22. s. 83); VI. 1. April 59 c. Hollstein. — Werden Spähne 2c. vor der Einsammlung weder aus einem Walde noch von einer (nicht umschlossenen) Ablage, sondern z. B. von dem Bearbeitungsplatze (vgl. n. 36) oder von einer umschlossenen Ablage gestohlen, so wird § 216 anwendbar.

27. ..... ebenso von dem im Frevel gefällten im Walde zurückgelassenen Holze. Derjenige, welcher die unberechtigte Fällung vorgenommen hat, begeht sonach auch dann nur einen Holzdiebstahl, wenn er dasselbe erst nach einiger Zeit (vor der Besitznahme durch den Berechtigten) abholt: VI. 11. Nov. 59 c. Kanter (GA. VIII, 129); ZI. 2. Mai 66 c. Hengst (RdO. VII, 264). Der Dritte, welcher derartiges noch im Walde liegendes Holz (vor der Besitznahme durch den Berechtigten) sich zueignet, begeht dagegen einen einfachen Diebstahl (§ 216): ZI. 1. Juni 59 c. Krull; cit. ZI. 2. Mai 66 c. Hengst; vgl. § 215 n. 29.

28. Für die Anwendung des § 217 Nr. 3 ist es im Uebrigen gleichgültig, von welchen Holztheilen es sich handelt; es gehören daher auch Wurzelstöcke hierher: VI. 25. Febr. 57 (cit. n. 24). Daher trifft der § auch denjenigen, welcher unberechtigter Weise von einem „geschlagenen" Baume einzelne Theile (z. B. Aeste) abtrennt, um sie sich zuzueignen: VI. 2. Nov 59 c. Kaminski; und zwar selbst dann, wenn die abgetrennten Theile solche sind, welche, wenn sie in Folge der regelmäßigen, Bearbeitung des Baumes abgefallen wären, nur als Abraum anzusehen sein würden: ZI. 5. Okt. 59 c. Irrgang; *contra*: Z. 15. Dez. 52 c. Ridzick.

29. Ebenso ist es gleichgültig, ob die Holzfällung vom Berechtigten zunächst nicht zum Zwecke der Holznutzung, sondern aus einer andern Veranlassung (z. B. behufs Ziehung einer Grenzlinie) bewirkt worden war: ZI. 12. Okt. 66 c. Eichhorn (RdO. VII, 533).

30. Nicht minder ist es (von dem unter n 24 Gesagten abgesehen) gleichgültig, ob das Holz in Klafter oder dgl aufgestellt oder zugerichtet ist: ZI. 11. Mai 61 c. Pagel (RdR. I, 395).

31. Dasselbe gilt von der Frage, ob das Holz dem Waldeigenthümer oder einem Dritten gehört: ZI. 25. Okt. 65 c. Fallenski (RdO. VI, 142; *contra*: für Oldenburg: Erk. OG. Oldenburg 8. April 61 c. Eilers (Oldenb. Arch. VIII, 103).

32. Ein Forstgrundstück ist so lange als „Wald" anzusehen, als es forstwirthschaftlich benutzt wird; insbesondere behält es jenen Charakter auch nach der Fällung sämmtlicher aufstehender Bäume, so lange noch gefälltes Holz zur Abfuhr im Schlage liegt: VI. 24. Jan. 66 c. Schlender (RdO. VII, 49).

33. Endlich kommt auch Nichts darauf an, ob das Holz noch in demselben Walde, in welchem es gefällt worden, oder in einem andern Walde lagerte; das Gegentheil kann nicht aus der Fassung: „aus dem Walde" (statt: „aus einem Walde") gefolgert werden; heißt es doch auch: „von der Ablage": ZI. 23. Nov. 60 c. Koschke (RdO. I, 44). Dagegen dürfte dieses Erk. zu weit gehen, wenn es die Nr. 3 auch da für anwendbar erachtet, wo es sich von dem Diebstahle von Holz handelt, welches ein anderer Dieb früher in einem Walde gestohlen und dann in einem andern Walde versteckt hatte; in seiner Hand war dann dieses Holz nicht mehr „geschlagenes" (n. 24): John Kritiken S. 86.

34. Die Anwendbarkeit des § wird dadurch nicht ausgeschlossen, daß der Dieb selbst im Auftrage des Eigenthümers die Fällung des Holzes bewirkt hatte: ZI. 23. Jan. 63 c. Arnoldt (RdO. III, 238); vgl. § 215 n. 56.

35. Dagegen wird der § unanwendbar, sobald mit dem Holze durch eine Verarbeitung solche Veränderungen vorgenommen sind, daß nicht mehr das Holz als Rohmaterial, sondern das Ergebniß der Verarbeitung als der wesentliche Gegenstand des Rechts in Betracht kommt; der Instanzrichter kann daher annehmen, daß die aus dem gefällten Holze geschnittenen Dielen, selbst wenn sie im Walde liegen geblieben sind, kein „geschlagenes Holz" seien: ZI. 17. Juni 64 c. Hey (RdO. V, 13).

36 Unter Ablage ist ein Ort zu verstehen, wohin bestimmungsmäßig geschlagenes Holz zur vorläufigen Aufbewahrung und zum Zwecke des demnächstigen Weitertransports gebracht wird; auf die Art der Aufstellung kommt dabei Nichts an; ebensowenig ist es für den Begriff wesentlich, ob sich der Ort in der Nähe von Forsten, Flüssen oder Landstraßen befinde, und ob das Holz dorthin unmittelbar aus dem Walde, oder aus größerer Entfernung gebracht worden sei: ZI. 17. März 58 c. Lenkait; vgl. GA. I, 92. Nicht minder ist es (vom Falle des HDGes. v. 2. Juni 1852 § 1 Nr. 3 abgesehen; vgl. n. 26) gleichgültig, ob die Ablage umschlossen ist oder nicht. — Dagegen ist nicht jede „Abladestelle" einer Ablage gleichzustellen: VI. 5. Jan. 53 c. Zick. Noch weniger sind die Plätze, wo das Holz bearbeitet wird, hierher zu rechnen.

37. Wird geschlagenes Holz weder aus dem Walde, noch von der Ablage, sondern von einem andern Grundstücke gestohlen, auf welchem es hauptsächlich der Holznutzung wegen gezogen war (HDG. v. 2. Juni 1852 § 1), so ist § 216 anwendbar.

38. Als Schwemm- oder Flößholz ist nur dasjenige zu betrachten, welches sich in dem zur Flößung 2c. dienenden Wasser findet; das auf dem Ufer lie-

§. 217. In folgenden Fällen soll die Gefängnißstrafe nicht unter drei Monaten sein:

4) wenn eine Person, welche für Lohn oder Kost dient, den Diebstahl gegen ihre Herrschaft oder gegen einen Dritten verübt, welcher sich in der Wohnung der Herrschaft befindet; ingleichen wenn ein Arbeiter, Geselle oder Lehrling den Diebstahl in der Wohnung, der Werkstätte oder dem Waarenlager des Meisters oder Arbeitsgebers begeht, oder wenn eine Person, welche in einer Wohnung gewöhnlich arbeitet, in dieser Wohnung stiehlt;

[Entw. § 200 Nr. 4]. Vgl. § 215. 216. 217 Nr. 5.

Schlußsatz: **Wird festgestellt, daß mildernde Umstände vorhanden sind, so kann die Strafe bis auf vierzehn Tage Gefängniß ermäßigt werden.**

---

gende Holz gehört nur dann hierher, wenn die betreffende Stelle als Ablage (n. 36) anzusehen ist.

39. Auf den Werth-Ersatz des gestohlenen Holzes hat der Strafrichter nur da zu erkennen, wo besondere gesetzliche Bestimmungen (z. B. HDG. v. 2. Juni 1852 § 18) dieses vorschreiben; nur auf diese Fälle ist auch die betr. Anweisung im FMR. v. 8. Juni 1854 (JMbl. s. 306) zu beziehen: ZI. 4. Febr. 59 c. Lokowandt. Eine solche Vorschrift hat die AKO. v. 26. Sept. 1845 für den Bezirk des AGH.s zu Köln gegeben, nach welcher die Beamten der StA.-schaft in Untersuchungen wegen Entwendung gefällten Holzes aus Staatswaldungen neben der Bestrafung auch die Verurtheilung des Beschuldigten zum Ersatze des Werthes des entwendeten Holzes in Antrag bringen, und die Gerichte über diesen Antrag erkennen sollen. Vgl. Abh. in GA. VII, 347.

§ 217 Nr. 4.

Inhalt.

40. Nicht jedes Dienstverhältniß rechtfertigt die Anwendung des §; vielmehr wird ein Dienen gegen Kost und Lohn vorausgesetzt; daher genügt nicht die Feststellung: der Diebstahl sei zum Nachtheile „des Dienstherrn" verübt: VII. 30 Juni 59 c. Pfeiffer; VI. 25. Sept. 63 c. Siegert (RdO. IV, 84).

41. Ein solches Dienen ist nur da anzunehmen, wo dasselbe einen bleibenden Charakter an sich trägt; ein vorübergehendes, jeden Augenblick auflösbares Tagelöhnerverhältniß genügt nicht.

42. Dagegen wird nicht erfordert, daß das betr. Verhältniß unter den Begriff des Gesindedienstes falle, und daß die Bestimmungen der Gesindeordnung darauf Anwendung finden: ZI. 27. Mai 59 c Sczycka (GA. VII, 552); daher gehört auch eine Amme hieher; *contra*: Erk. LG. Aachen 27. Mai 64 c. Brangs.

43. Ebensowenig ist eine Hausgenossenschaft oder eine Beköstigung im Hause der Herrschaft wesentlich: VI. 8. Dez. 54 c. Kammer.

44. Gleichgültig ist es auch, ob der das Verhältniß begründende Dienstvertrag civilrechtlich für beide Theile rechtsbeständig sei; der § trifft daher auch da zu, wo ein minderjähriger Dienstbote das Verhältniß ohne Einwilligung seines Vormunds ꝛc. eingegangen ist: ZI. 2. Dez. 53 c. Hruby.

45. Demgemäß gehören auch kaufmännische Kommis hierher: ZI. 27. Mai 59 c. Sczyska (GA. VII, 552); ebenso Wirthschafts-Inspektoren, Schreiber zc: Gilb. C. pén. art. 386 n. 16 ff.

46. Dagegen ist der § auf einen Oekonomielehrling, welcher selbst ein Kostgeld zahlt, nicht anwendbar: VII. 7. Mai 57 c. Otto.

47. .... ebensowenig auf die Instleute in der Provinz Preußen (vgl. AKO. v. 8. Aug. 1837, Königsb. Amtsbl. s. 215; Ges. v. 24. April 1854 § 2 c): ZI. 31. März 54 c. Porschke (GA. IX, 114); ZI. 14. Dez. 60 c. Roszinski (GA. IX, 115).

48. Ueber die Möglichkeit eines Diebstahls an solchen Sachen, welche eine Dienstherrschaft in- oder außerhalb ihrer Wohnungsräume einem Dienstboten anvertraut hat, vgl. § 215 n. 20 fgg. 27. 41.

49. Ueber den s. g. Futterdiebstahl vgl. § 215 n. 53. 54. 73; § 349 Nr. 7.

50. Da der Grund der Strafschärfung hier in dem Mißbrauche des Zutrauens und in der größern Schwierigkeit der Beaufsichtigung liegt, so ist ein Diebstahl dann als gegen die Herrschaft verübt anzusehen, wenn die Sache aus ihrer Gewahrsam weggenommen ist, sollte dieselbe auch einem Dritten gehören, welcher sie der Herrschaft anvertraut hatte: ZPl. 14. Sept. 57 c. Helm (JMbl. s. 410; Entsch. 37. 2. s. 10; GA. V, 651). Umgekehrt bleibt der § ausgeschlossen, wenn eine der Herrschaft gehörige Sache aus der Gewahrsam eines Dritten, dem sie von jener anvertraut war, gestohlen wird. — Einen andern Sinn hat der Ausdruck „Diebstahl gegen eine Person" in den §§ 228. 229; vgl. § 228 n. 3. 4; § 229 n. 17.

51. Geschieht der Diebstahl zum Nachtheile der Herrschaft, so ist es gleichgültig, wo derselbe verübt ward; vgl. Gilb. C. pén. art. 386 n. 28.

52. Dagegen wird vorausgesetzt, daß der zum Nachtheile eines Dritten begangene Diebstahl in der Wohnung der Herrschaft, in welcher sich der Dritte befindet, stattgefunden habe; gleichwohl bedarf es der unmittelbaren Anwesenheit des Bestohlenen im Hause zur Zeit des Diebstahls nicht, es genügt, wenn er sich zur fraglichen Zeit dort aufzuhalten pflegte.

53. Ueber den Begriff der Wohnung vgl. § 220 n. 10 ff. Derselbe umfaßt hier auch den zu der Wohnung gehörigen umschlossenen Raum: VII. 23. Mai 61 c. Wagner (RdO. I, 408). Dagegen geht ein VI. 24. Nov. 58 c. Joreczick (GA. VII, 107) zu weit, wenn es jedes zum Wohnhause gehörige befriedigte Besitzthum hierher rechnet, ohne daß es darauf ankomme, ob dasselbe einen umschlossenen Raum im Sinne des § 221 bilde. — Auch bewohnte Schiffe gehören hierher. Dagegen scheiden die im § 221 Nr. 2 und 9 aufgezählten Gebäude hier aus.

54. Unter Arbeitern sind nur solche Personen zu verstehen, welche zum Arbeitgeber in einem dauernden (: ZI. 9. Sept. 53 c. Diekow) Verhältnisse stehen, in welchem dieser die Arbeit jener zu Erwerbszwecken empfängt; daher ist der § auf solche Verhältnisse nicht anwendbar, in welchen ohne solchen Zweck, von der Arbeit des Arbeiters ein vorübergehender, nur unter den Gesichtspunkt des Vertrags über Handlungen fallender Gebrauch gemacht wird; das folgt aus der Gleichstellung mit „Gesellen und Lehrlingen", und aus dem Gegensatze gegen die gewöhnlich in einer Wohnung arbeitenden Personen: VII. 17. März 53 c. Sprecker (GA. I, 398): vgl. n. 60.

55. Daher gehören landwirthschaftliche Hülfs-Arbeiter, z. B. Drescher, nicht hierher: Z. 27. Okt. 52 c. Stirkatis; VI. 19. Jan. 53 c. Zigeuner; vgl. n. 58.

56. Das Verhältniß muß auch durch freie Uebereinkunft zu Stande gekommen sein; der Gefangene, welcher in der betr. Anstalt einen Diebstahl begeht, unterliegt nicht der strengeren Strafe des § 217.

57. Als „Werkstätte" ist jede Räumlichkeit zu betrachten, in welcher die gewerblichen Arbeiten des Arbeiters zc. regelmäßig verrichtet zu werden pflegen; daß dieselbe mit der Wohnung in räumlicher Verbindung stehe, ist nicht erforderlich: VII. 23. Mai 61 c. Wagner (RdO. I, 408; beil.). Es kann daher unter Umständen auch ein offener Platz, oder der zu einem Werkstattsgebäude gehörende Hof hierher gerechnet werden; *contra:* Koch n. 70.

58. Da die nicht in einem festen Dienstverhältnisse stehenden Drescher nicht als „Arbeiter" im Sinne des § anzusehen sind (n. 55), so kann die Scheune, in welcher sie beschäftigt sind, auch nicht als Werkstätte gelten: ZPl. 9. Okt. 54 c.

§. 217. In folgenden Fällen soll die Gefängnißstrafe nicht unter drei Monaten sein:

5) **wenn ein Gastwirth oder ein Dienstbote desselben Sachen eines aufgenommenen Gastes, oder wenn ein aufgenommener Gast in dem Gasthause stiehlt;**

[Entw. § 200 Nr. 5]. Vgl. § 215. 216. 217 Nr. 4.

Schlußsatz: Wird festgestellt, daß mildernde Umstände vorhanden sind, so kann die Strafe bis auf vierzehn Tage Gefängniß ermäßigt werden.

Schibolski (Entsch. 29. s. 260; GA. III, 97); ZI. 24. Nov. 54 c. Radau (GA. III, 258); Abh. in GA. III, 95.

59. Aehnlich verhält es sich mit einer Kohlengrube: ZI. 27. Sept. 54 c. Neuhaus (GA. II, 831).

60. Unter „Arbeitgeber" ist, — wie aus der Gleichstellung mit „Meister", und aus der besonderen Erwähnung „der in einer Wohnung gewöhnlich arbeitenden Personen" hervorgeht, — nicht jeder zu verstehen, der eine Handwerksarbeit in seiner Wohnung verrichten läßt; vielmehr ist dieser Ausdruck in dem technischen engeren Sinne aufzufassen, in welchem er auch in der Gew.-Vdn. v. 9. Febr. 1849 § 5 (GS. s. 93), und in der Vdn. v. 9. Febr. 1849 § 4 (GS. s. 110) zur gemeinsamen Bezeichnung der Handwerksmeister und Fabrikinhaber gebraucht wird, und in welchem die Gew.-Ordn. v. 17. Jan. 1845 mehrfach von „Arbeitsherrn" spricht; daher fällt der Diebstahl, welchen ein Handwerker (Geselle rc.) bei Gelegenheit einer in der Wohnung eines Kunden verrichteten Arbeit verübt, nicht unter die Strafbestimmung des § 217 Nr. 4: ZII. 11. Okt. 55 c. Schneiderling (Entsch. 31. s. 248; GA. IV, 254); VII. 15. Sept. 64 c. Lange.

61. Zum Begriffe des „gewöhnlich Arbeiten" ist es nicht erforderlich, daß die Person dort täglich beschäftigt sei; umgekehrt rechtfertigen aber einzelne geringfügige, nach längeren Zwischenräumen, wenn auch regelmäßig wiederkehrende Dienstleistungen die Anwendung des § nicht: Gilb. C. pén. art. 386 n. 46. 47.

62. Im Uebrigen kommt es bei den gewöhnlich in einer Wohnung arbeitenden Personen auf die Natur der Arbeit weiter nicht an: Gilb. l. c. n. 48—50.

63. Gleichgültig ist es auch, ob der Dieb zu einer Zeit, wo er in der Wohnung arbeitete, den Diebstahl verübte: Gilb. l. c. n. 46.

64. Der fremde Theilnehmer an dem von einem Dienstboten gegen seine Herrschaft rc. verübten Diebstahle wird wie dieser von der Strafe des § betroffen: ZI. 24. Nov. 54 c. Radau (GA III, 258). Umgekehrt ist der Dienstbote, welcher an dem Diebstahle, den ein Dritter gegen die Herrschaft verübt, Theil nimmt, nur nach dem auf jenen anwendbaren Gesetze zu bestrafen. Vgl. § 35 n. 1.

§ 217 Nr. 5.

65. „Gastwirth" ist derjenige, welcher aus der Beherbergung von Fremden ein Gewerbe macht: ZI. 17. Jan. 62 c. Brader; vgl. Gew.-Steuer-Ges. v. 30. Mai 1820 § 9a. § 10c; AKO. v. 7. Febr. 1835; ALR. II, 8 § 444. Daher kann die Vorschrift des § nicht auf den Fall bezogen werden, wo in einem bloßen Schanklokale von einem Trink- oder Zehrgaste gestohlen wird: ZII. 13. Juli 54 c. Manz (Entsch. 28. s. 379; GA. II, 831); ZII. 15. Sept. 54 c. Nolte; ZII. 10. Nov. 55 c. Vollrath (GA. III, 840); in den beiden Erkenntnissen gegen Nolte und Vollrath handelte es sich zwar von einem „Gast- und Schanklokal", der Angeklagte war aber nur eingekehrt, um einen Schnaps zu trinken; vgl. n. 68. Aehnlich entschied Erk. OG. Oldenburg 4. Jan. 59 (Old. Arch. VI, 263); ebenso: Bargmann Abh. im Old. Arch. IX, 264. *Contra*: V. 21. Mai 52 c. Klar; Z. 10. Dez. 52 c. Heinrich; Erk. OG. Oldenburg (Old. Arch. VII, 256); Erk. OG. Oldenburg c. Landi (Old. Arch. IX, 275); Schloiser Abh. im Old. Arch. IX, 1. Vgl. Abh. in GA. III, 530; Gilb. C. pén. art. 386 n. 53. 54. 57.

66. Den Gasthäusern sind s. g. hôtels garnis gleichzustellen: Gilb. C. pén. art. 386 n. 52.

67. Als Dienstbote ist nur derjenige anzusehen, welcher in einem nicht durchaus vorübergehenden Verhältnisse steht; die Ausführung einer einzelnen aufgetragenen dienstlichen Verrichtung genügt dazu nicht.

6) *) wenn der Diebstahl in einem bewohnten Gebäude entweder zur Nachtzeit oder von zwei oder mehreren Personen begangen wird.

[Entw. § 201 Nr. 2]. Vgl. § 215. 216. 220. 221; AKO. v. 21. April 1856 (GS. f. 220).

*) Diese Bestimmung fand sich in der ursprünglichen Fassung im § 218 unter Nr. 2; ihre jetzige Stelle erhielt sie durch Ges. v. 14. April 1856 (GS. f. 210).

68. Entsprechend dem Begriffe des Gastwirths (n. 65) ist Gast nur derjenige, welcher in dem Gasthause herbergt, dort ein Unterkommen gefunden hat; ein bloßer Zehrgast, welcher also nur einkehrt, um eine Erfrischung zu sich zu nehmen, ist nicht als solcher anzusehen: ZII. 15. Sept. 54 c. Nolte; ZII. 10. Nov. 55 c. Vollrath (GA. III, 840).

69. Vorausgesetzt wird, daß der Gast als solcher aufgenommen worden sei; es genügt daher nicht, wenn Jemand in ein Gasthaus einkehrt mit der Absicht aufgenommen zu werden: ZI 24. Juni 53 c. Schulz; ZII. 10. Nov. 55 c. Baumann. Zur Aufnahme bedarf es aber nicht einer ausdrücklichen Erklärung; dieselbe kann auch stillschweigend (durch den Wirth oder seinen Stellvertreter) erfolgen.

70 Sobald der Gast das Gasthaus wieder verlassen hat, ist er dort nicht mehr „aufgenommen"; hat er daher aus Irrthum Sachen zurückgelassen, so fällt die Aneignung derselben durch den Wirth ꝛc. nicht mehr unter diesen §, ist vielmehr nur als einfacher Diebstahl oder als Funddiebstahl (§ 226) anzusehen, je nachdem angenommen wird, daß der Gast die Gewahrsam behalten habe oder nicht; vgl. § 215 n. 14. 16; *contra*: Gilb. C. pén. art. 386 n. 61, welcher die geschärfte Diebstahlsstrafe für verwirkt erachtet.

71. Als „Sachen des Gastes" sind auch diejenigen zu betrachten, welche ihm von einem Dritten anvertraut sind, und sich in seiner Gewahrsam befinden, vorausgesetzt, daß sie als seine Sachen in das Gasthaus gebracht sind; vgl. n. 50.

72. Eignet sich der Wirth eine ihm vom Gaste zur Aufbewahrung übergebene Sache zu, so begeht er eine Unterschlagung: Gilb. C. pén. art. 386 n. 58. 59.

§ 217 Nr. 6.

73. Ueber den Begriff des bewohnten Gebäudes und der ihm gleichgestellten Räumlichkeiten vgl. §§ 220 und 221 und die Bemerkungen zu denselben.

74. Der § setzt voraus, daß der Diebstahl in einem bewohnten Gebäude verübt sei; er findet daher keine Anwendung, wenn der Dieb sich während des Diebstahls nicht innerhalb des Gebäudes befunden, ihn vielmehr mittelst Hineinlangens in dasselbe von außen her ausgeführt hat: VI. 15. Juni 53 c. Borczykowski (Entsch. 26. f. 150; GA I, 574). Daher genügt die Feststellung: „der Diebstahl sei aus einem ꝛc. Gebäude verübt", nicht: VII. 3. Jan. 56 c. Müller; VI. 15. Febr. 56 c. Pech (GA. IV, 216); ZII. 28. Febr. 56 c. Gerst; u. ö.; *contra*: V. KG. 28. Sept. 52 c. Trautes (RA. 47. 2A. f. 120: „es genüge, wenn nur die gestohlene Sache sich im Gebäude befunden habe"). Ueber das Erforderniß, daß sich die beiden den Diebstahl verübenden Personen innerhalb des Gebäudes befinden, vgl. unten n. 77. 78.

75. Für die Feststellung des Begriffs der Nachtzeit ist die Bestimmung des § 28 nicht maaßgebend, da dieser nur eine Fiktion für einen bestimmten Fall aufstellt: Z. 2. Jan. 52 c. Stitz (JMbl. f. 110; Entsch. 22. f. 65); VI. 24. Febr. 54 c. Geschke; u. ö; *contra*: Bes. 419.

76. Der Grund der Vorschrift des § liegt in der größern Gefahr, welcher der Bestohlene und seine Hausgenossen nicht blos in Folge ihrer eignen nächtlichen Ruhe, sondern auch in Folge der größeren Sicherheit des Thäters bei dem Mangel bereiter Hülfe ausgesetzt sind Ob daher eine bestimmte Stunde im Sinne des § als Nachtzeit zu betrachten sei, hängt nicht von den zufälligen Umständen des Einzelfalles und von den speziellen Lebensgewohnheiten der Bewohner des Hauses ab, in welchem der Diebstahl begangen worden, ist vielmehr nach der Jahreszeit

Wird festgestellt, daß mildernde Umstände vorhanden sind, so kann die Strafe bis auf vierzehn Tage Gefängniß ermäßigt werden.

[Entw. § 200].

§. 218. Zuchthausstrafe bis zu zehn Jahren und Stellung unter Polizei-Aufsicht tritt in folgenden Fällen ein:

---

und nach den Gewohnheiten des Orts und der Gegend zu beurtheilen; demgemäß ist Nachtzeit die Nachtschlafenszeit der betr Gegend, d. h. diejenige Zeit der Dunkelheit, welche die Bewohner jener Gegend in der Allgemeinheit der nächtlichen Ruhe zu widmen pflegen. Hiernach kann die Nachtzeit in einem Gast- oder Schanklokale, in welchem sich zur späten Stunde noch Gäste aufzuhalten pflegen, nicht anders bestimmt werden, als in jedem anderen Hause: ZII. 9 Juni 55 c. Kunze (Entsch. 31. s. 250; GA. III, 568); BI. 10. Okt. 55 c. Stock (GA. III, 842); *contra:* Erk. AG. Oldenburg (Old. Arch. VII, 256).

77. Erfordert wird, daß die zwei Personen sich als Urheber (Thäter) am Diebstahle betheiligt haben; daher reicht es nicht hin, wenn einer allein als Thäter den Diebstahl verübte, und ein zweiter an diesem Vergehen im Sinne des § 34 Nr. 2 (z. B. durch Wachehalten) Theil nahm: BI. 18. Febr. 53 c. Jankowski (GA I, 399); ZI. 5. Mai 55 c. Günther (GA. III, 666); vgl. n. 78; *contra:* die französische Rechtsprechung; sie hält zwar nicht Anstiftung oder sonstige Beförderung, wohl aber die Theilnahme an der Ausführung selbst für genügend; vgl. Gilb. C. pén. art. 381 n. 10. 11; ThdCp 4. p. 46. — Mit Rücksicht hierauf bedarf es in Beziehung auf jeden einzelnen Angeklagten der Feststellung, daß er „gemeinschaftlich" mit einem Andern den Diebstahl verübt habe; vgl. Thl. I. Tit. 3 (s. 85) n. 6 fgg; Abh. in JMbl. 52. s. 53.

78. Noch weiter gingen Z. 14. Juli 52 c. Victor; B. 3. Sept. 52 c. Geisler; ZI. 27. Mai 53 c. Kamille (GA. I, 399); ZI. 22. März 58 c. Türck (GA. VI, 282), welche den § nur da für anwendbar erachteten, wo beide den Diebstahl gemeinschaftlich verübende Personen sich auch wirklich im Gebäude befanden. Von derselben Auffassung scheint ZI. 18. Jan. 54 c. Müller auszugehen; vgl. § 215 n. 44.

79. Das StGB. legt, abweichend von dem ALR. (II, 20 § 1166) kein Gewicht darauf, ob der Dieb, in der Absicht zu stehlen, während der Nacht in ein bewohntes Gebäude eingedrungen, oder dort aus einer andern Ursache anwesend ist, sondern bedroht jeden in einem bewohnten Gebäude zur Nachtzeit verübten Diebstahl mit der Strafe des § 217, sollte auch die Anwesenheit des Diebes im Gebäude eine durchaus berechtigte gewesen sein, z. B. wenn er selbst Mitbewohner desselben ist: ZI. 25. Febr. 53 c. Hillert; ZPl. 9. Mai 53 c. Ihrke (JMbl. 54. s. 12; Entsch. 25. s. 335; GA. I, 398); ZI. 29. Sept. 54 c. Iden (GA. II, 832); Gilb. C. pén. art. 368 n. 3; *contra* früher: Z. 9 Jan. 52 c. Becker (Entsch. 22. s. 72); B. 27. Sept. 52 c. Schlamm (Entsch. 23. s. 471); u. ö; TO. s. 917.

80. Aus dem in n. 79 aufgestellten Grundsatze folgt auch, daß es gleichgültig ist, ob der Eintritt in das Gebäude in der Absicht um zu stehlen geschah; auch wenn diese Absicht erst nach dem Eintritte entstand, greift der § Platz: ZI. 28. März 56 c. Böhning; ähnlich: B. 29. Okt. 52 c. Richlewski.

Zum Schlußsatze.

81. Liegen mildernde Umstände vor, so sind die Untersagung der bürgerlichen Ehren-Rechte und die Verhängung der Polizei-Aufsicht fakultativ; das Nähere vgl. § 216 n. 2.

§ 218.

1. Konkurriren bei einem Diebstahle mehrere der hier unter verschiedenen Nummern vorgesehenen erschwerenden Umstände, so kommt das nur als Strafzumessungsgrund in Betracht.

2. In Betreff der Fragstellung vgl. § 222 n. 1; § 223 n. 1; § 221 n. 15.

2a. Es ist statthaft, eine Frage an die Geschwornen alternative dahin zu

§. 218. Zuchthausstrafe bis zu zehn Jahren und Stellung unter Polizei-Aufsicht tritt in folgenden Fällen ein:

1) wenn aus einem zum Gottesdienste bestimmten Gebäude Gegenstände gestohlen werden, welche dem Gottesdienste gewidmet sind;

[Entw § 201 Nr. 1]. Vgl. § 221 Nr. 2. 4; AKO. v. 21. April 1856 (GS. s. 220).

2)*) wenn in einem Gebäude oder in einem umschlossenen Raume vermittelst Einbruchs oder Einsteigens gestohlen wird;

[Entw. § 201 Nr. 3]. Vgl. § 215. 217 Nr. 6; 220 - 223; AKO. v. 21. April 1856 (GS. s. 220).

Schlußsatz: Wird festgestellt, daß mildernde Umstände vorhanden sind, so ist auf Gefängniß nicht unter sechs Monaten, sowie auf zeitige Untersagung der Ausübung der bürgerlichen Ehrenrechte zu erkennen.

*) In der ursprünglichen Fassung fand sich diese Vorschrift unter Nr. 3; die Abänderung erfolgte durch Ges. v. 14 April 1856 (GS. s. 210.)

richten, ob ein schwerer Diebstahl in einer oder der andern der durch § 218 vorgesehenen verschiedenen Weisen begangen worden sei, z. B. ob der Angeklagte den Diebstahl mittelst Einsteigens oder mittelst Gebrauchs eines falschen Schlüssels begangen habe, sobald die Fassung es klar macht, daß die Geschwornen nicht entscheiden sollen, welche dieser Alternativen vorliege, daß vielmehr nur darüber ein Ausspruch erwartet wird, ob sie überzeugt seien, daß der Diebstahl nicht anders als in einer der erwähnten Weisen ausgeführt sein könne: Zl. 20. Febr. 67 c. Klotz (RdO. VIII, 133); vgl. Strafverf. Art. 80 n. 12; Rubo Abh. in GA. XIV, 379. Für die unbedingte Statthaftigkeit sprechen sich aus (wegen der gleichen Strafandrohung): Zl. 6. Juli 53 c. Langhoff (GA. I, 537); Zl. 11. Juni 58 c. Schmidt; vgl GA. II, 668IV; so auch die Praxis des Pariser KH.s: Rej. (Cass.) 27. janv. 1827; Rej. 8. juill. 1830 (SN. 8. 1. p. 512; 9. 1. p. 554); Gilb. C. d'instr. art. 337 n. 65. Vgl. indessen § 34 n. 23, und für das französische Recht: SN. 5. 1. p. 105 Note; 8. 1. p. 512 Note 3.

3. Kompetenz und Verfahren; vgl. Ges. v. 22. Mai 1852 Art. I (oben s. 21).

§ 218 Nr. 1.

4. Es wird hier zwischen den verschiedenen Religionsgesellschaften nicht unterschieden; der Gottesdienst einer jeden im Staate befindlichen Gesellschaft (vgl. § 136) wird hier geschützt. Es kommt daher Nichts darauf an, ob die Religionsgesellschaft Korporationsrechte habe.

5. Durch die Wortfassung „aus einem rc. Gebäude" sind die allgemeinen, in Betreff der Vollendung eines Diebstahls geltenden Grundsätze (vgl. § 215 n. 41) nicht abgeändert; daher fällt auch der in einer Kirche verübte Diebstahl unter diesen §.

6. Umgekehrt genügt es hier auch, wenn der Dieb selbst gar nicht im kirchlichen Gebäude ist, sondern den Diebstahl durch Hineinlangen in dasselbe von außen her verübt; vgl. § 217 n. 74.

7. Gleichgültig ist es, ob die Gegenstände mittel- oder unmittelbar dem Gottesdienste gewidmet, ob sie sakramentaler Natur und ob sie geweiht sind, oder nicht: Zl. 24. Juni 64 c. Dittmann (RdO. V, 28). Jedenfalls wird aber erfordert, daß sie zu einem liturgischen Zwecke oder doch zur Erhöhung der kirchlichen Feierlichkeit bestimmt sind; Gegenstände, welche blos zur Bequemlichkeit der die Kirche Besuchenden dienen, gehören nicht hierher, z. B. Kirchensitze und alle Zubehör derselben.

§ 218 Nr. 2.

8. Ueber den Begriff des Gebäudes vgl. die §§ 220. 221 und die Noten.

9. Daß das Gebäude bewohnt, oder auch nur zum Bewohnen bestimmt sei, wird hier nicht verlangt.

10. Ebensowenig bedarf es des Nachweises und der Feststellung, daß das Gebäude zur Zeit des Einbruchs 2c. gehörig befriedigt oder verschlossen gewesen sei: ZI. 1. März 54 c. Kosmella; ZI. 14 Jan. 59 c. Gartner (GA. VII, 236); Beschl. I. 9. Febr. 59 c. Ermich (13 B; GA. VII, 714); u. ö.

11. In Betreff des umschlossenen Raumes vgl § 221 n. 6 ff. Die Strafbestimmung des § bezieht sich auf jeden, auch den nicht zu irgend einem Gebäude gehörigen umschlossenen Raum im Sinne des § 221 am Schlusse: VI. 8. Febr. 54 c Gutfeld; ZII. 16. März 54 c. Tübbesing (JMbl. s. 236; Entsch. 27. s. 404); vgl. FA. I, 247.

12. Ein verschließbarer Raum genügt nicht, er muß wirklich verschlossen gewesen sein.

13. Ebensowenig reicht es hin, wenn der Dieb irriger Weise einen offenen Raum für ver- oder umschlossen haltend, in denselben eingestiegen 2c. ist.

14. Auf den Wilddiebstahl aus einem umzäunten Gehege ist, wenn das letztere den Voraussetzungen eines umschlossenes Raumes entspricht, dieser § anwendbar; er wird dann nicht durch § 217 Nr. 1 ausgeschlossen: VII. 10. Okt. 61 c. Vieth (RdO. II, 2); VII. 9. Jan. 62 c. Höstmann; vgl. § 217 n. 11.

15. Der Diebstahl kann nicht vermittelst Einbruchs oder Einsteigens verübt sein, wenn die letztern erst nach Vollendung des erstern stattfanden; vgl. § 222 n. 7 a; § 223 n. 2. 15.

16. Ueber den Begriff des Einbruchs vgl. § 223 und die Noten.

17. Einem Einbruche steht es nicht gleich, wenn der Dieb vor Verübung des Diebstahls die zum Verschlusse bestimmten Vorrichtungen beschädigt, und dadurch den demnächstigen Verschluß unmöglich macht: VI. 3. Juli 57 c. Schirdewahn (GA. V, 698). Anders verhält sich die Sache, wenn die frühere Beschädigung selbst schon den Charakter eines Einbruchs an sich trägt, der Diebstahl dann aber erst nach einem Zwischenraume unter Benutzung des früher bewirkten Einbruchs erfolgt; dadurch wird § 218 nicht ausgeschlossen.

18. Wenngleich der § von einem in einem Gebäude 2c. verübten Diebstahle spricht, genügt es im Falle eines Einbruchs, wenn die Sache sich in dem Gebäude befand, und der Dieb etwa mittelst Durchgreifens durch eine gemachte Oeffnung dieselbe wegnahm; vgl. § 223 Nr. 1 a. E. und dort n. 7.

19. Ein Diebstahl ist auch dann „vermittelst" Einbruchs bewirkt, wenn der zu einem andern Zwecke oder von einer ganz fremden dritten Person bewirkte Einbruch vom Dieb bewußter Weise zur Ausführung des Diebstahls benutzt worden ist: ZII. 12. April 56 c. Fromm (GA. III, 546); ähnlich: ZI. 19. Sept. 56 c. Mühle; *contra:* Beschl. Pl. 14. Sept. 57 c. Wessel (Entsch. 37. 2. s. 22; GA. V, 700); VII. 10. Febr. 59 c. Röse (GA. VII, 214), welche den § nur dann für zutreffend erachteten, wenn der Dieb oder ein Theilnehmer am Diebstahl die gewaltsame Erbrechung 2c. in der Absicht, den Diebstahl auszuführen, vorgenommen hätten. Vgl. übrigens n. 23. 25. 28. 45; § 230 n. 5; GA. VIII, 391.

20. Auch derjenige, welcher befugt ist, unter gewissen Voraussetzungen ein Behältniß zu öffnen, um vom Inhalte Kenntniß zu nehmen, begeht einen schweren Diebstahl im Sinne des § 218 Nr. 2, wenn er die Eröffnung in diebischer Absicht gewaltsam vornahm: ZI 26. Sept. 56 c. Grasse.

21. Ueber den Begriff des Einsteigens vgl. § 222 und dort die Bemerkungen.

22. Im Falle des Einsteigens bedarf es des Eintritts in ein Gebäude 2c.; vgl. § 222 n. 3 ff Dagegen ist es nicht erforderlich, daß der Diebstahl aus demselben Gebäude, in welches eingestiegen worden, bewirkt werde; es ist daher der § auch dann anwendbar, wenn der Dieb in einen umschlossenen Garten einstieg, und von da aus den Diebstahl durch Ueberlangen in einen andern, gleichfalls umschlossenen Raum verübte: ZII. 24. April 56 c. Redecker (GA. IV, 542); ZI. 6. April 64 c. Wetzel RdO. IV, 437).

23. Ist der Diebstahl mittelst Einsteigens verübt worden, so ist es gleichgültig, ob das letztere zum Zwecke der Verübung des Diebstahls stattfand, oder ob der Gedanke zu stehlen erst nach dem aus einer andern Veranlassung bewirkten) Einsteigen entstand: V. 29. Okt. 52 c. Richlewski; *sic:* Gilb. C. pén. art. 397

§. 218. Zuchthausstrafe bis zu zehn Jahren und Stellung unter Polizei-Aufsicht tritt in folgenden Fällen ein:

3)*) **wenn der Diebstahl dadurch bewirkt wird, daß zur Eröffnung eines Gebäudes oder der Zugänge eines umschlossenen Raumes, oder zur Eröffnung der im Innern befindlichen Thüren oder Behältnisse falsche Schlüssel angewendet werden;**

[Entw. § 201 Nr. 4]. Vgl. § 215. 216. 218 Nr. 4. 221 224; AKO. v. 21. April 1856 (GS. s. 220).

---

* In der ursprünglichen Fassung fand sich diese Bestimmung unter Nr. 4; die Abänderung erfolgte durch Ges. v. 14. April 1856 (GS. s. 210).

---

n. 10; *contra* im Grundsatze: Beschl. Pl. 14. Sept. 57 (cit. n. 19). Vgl. n. 19; GA. I, 711.

24. Der Diebstahl ist auch dann mittelst Einbruchs oder Einsteigens verübt, wenn der Dieb sich auf diesem Wege nur des „echten" Schlüssels bemächtigt hat, dessen er sich zum Eröffnen des Gelasses bediente, aus welchem demnächst die gestohlenen Sachen weggenommen worden sind: VII. 17. März 64 c. Fritze (RdO IV, 426); vgl. n. 37.

25. Haben zu einem Diebstahle mehrere Personen mitgewirkt, so genügt es, wenn auch nur einer der gemeinschaftlich handelnden Diebe oder ein Theilnehmer zum Zwecke der Verübung eingebrochen oder eingestiegen ist: ZI. 27. Febr. 56 c. Raabe; Beschl. Pl. 14. Sept. 57 (cit n 19). Im ersteren Falle bedarf es dann aber der ausdrücklichen Feststellung der gemeinschaftlichen Ausführung des Diebstahls; vgl. Thl. I. Tit. 3 (s. 85) n. 6. 7. 13.

26. Inwieweit Einbruch oder Einsteigen in der Absicht zu stehlen für sich allein als Versuch des Diebstahls anzusehen seien, darüber vgl. § 31 n. 18. 23—25.

27. Ein Diebstahlsversuch zieht auch dann die Strafe des § 218 nach sich, wenn derselbe vermittelst eines nur im Stadium des Versuchs verbliebenen (also nicht vollendeten) Einsteigens ausgeführt wurde: VII. 1. Febr. 66 c. Hoppe (RdO VII, 67); *contra:* TL. s. 922.

§ 218 Nr. 3.

28. Die Eröffnung durch einen falschen Schlüssel muß das Mittel zur Ausführung des Diebstahls gewesen sein; es genügt daher nicht die Feststellung: der Angeklagte habe den Diebstahl verübt, „nachdem die Thüre durch einen falschen Schlüssel eröffnet worden war": VII. 27. April 54 c. Lenzer (GA. II, 533); vgl. n. 35. Inwiefern es genüge, wenn der Dieb die durch einen Dritten Unbetheiligten mittelst falschen Schlüssels bewirkte Eröffnung bewußter Weise benutzte, darüber vgl. n. 19.

29. Hat sich der Thäter zur Oeffnung mittelst falschen Schlüssels eines Andern in gutem Glauben Handelnden als seines Werkzeugs bedient, so ist er strafrechtlich so anzusehen, als habe er diese Handlung selbst vorgenommen: ZII. 23. Febr. 60 c. Sattler; vgl Thl. I. Tit. 3 (s. 84) n. 2.

30. Ueber den Begriff des Gebäudes vgl. § 220 n. 1ff.

31. Ueber den Begriff des umschlossenen Raumes vgl. § 221 n. 6ff.

32. Das „Innere" bezieht sich hier sowohl auf die umschlossenen Räume als auf die Gebäude.

33. Unter „Behältnissen" sind Schränke, Kisten oder ähnliche Verschlußgegenstände zu verstehen; vgl. § 223 Nr. 3; auch ein Nachtsack kann hierher gezählt werden: ZI. 23. Febr. 53 c. Levy.

34. Vorausgesetzt wird, daß das Gebäude rc verschlossen war, daß es also der Benutzung des falschen Schlüssels bedurfte, um den Zugang zu erlangen. Das folgt in Betreff des umschlossenen Raumes aus der Begriffsbestimmung desselben (§ 221). Dasselbe muß aber auch von den übrigen hier aufgezählten Gegenständen (Gebäuden, Thüren, Behältnissen) gelten. Gleichwohl genügt bei diesen die vorhandene Möglichkeit eines Eindringens auf anderem Wege noch nicht, um die An-

4)*) wenn auf einem öffentlichen Wege, einer Straße, einem öffentlichen Platze, einer Wasserstraße oder Eisenbahn, oder in einem Postgebäude oder dem dazu gehörigen Hofraume, oder auf einem Eisenbahnhofe, eine zum Reisegepäck oder zu anderen Gegenständen des Transports gehörende Sache, mittelst Abschneidens oder Ablösens der Befestigungs- oder Verwahrungsmittel oder durch Anwendung falscher Schlüssel gestohlen wird;

[Entw. § 201 Nr. 5]. Vgl. § 218 Nr. 3. 224; AKO. v. 21. April 1856 (GS. s. 220).

Schlußsatz: Wird festgestellt, daß mildernde Umstände vorhanden sind, so ist auf Gefängniß nicht unter sechs Monaten, sowie auf zeitige Untersagung der Ausübung der bürgerlichen Ehrenrechte zu erkennen.

* In der ursprünglichen Fassung fand sich diese Vorschrift unter Nr. 5; die Abänderung erfolgte durch Ges. v. 14. April 1856 (GS. s. 210).

wendbarkeit des § zu beseitigen, insoweit nicht jene anderweite Zugänglichkeit offenkundig war: ZI. 9. März 61 c Witt (RdO. II, 393).

35. Der erwähnte Verschluß (n 34) muß in einem Schlosse bestehen, zu dessen Oeffnung der falsche Schlüssel benutzt wird; vgl. das Nähere § 224 n. 3. 4. Die Eröffnung des Schlosses mittelst des falschen Schlüssels muß aus der thatsächlichen Feststellung hervorgehen; daher genügt es nicht, wenn die letztere nur dahin lautet: „der Diebstahl sei verübt aus einer verschlossenen Stube mittelst Eröffnung derselben durch ein anderes Instrument als den dazu gehörigen Schlüssel": BI. 18. Okt 54 c. Zirbel; vgl. n. 28.

36. Im Uebrigen sind in Betreff des Begriffs des „falschen Schlüssels" § 224 und die Bemerkungen zu demselben zu vergleichen.

37. Ein Diebstahl ist auch dann mittelst falschen Schlüssels verübt, wenn durch denselben nur das Behältniß geöffnet wurde, welches den richtigen Schlüssel enthielt, und wenn dann mit diesem das die gestohlenen Sachen enthaltene Behältniß geöffnet worden ist: Beschl. I 7. Sept. 53 c. Freede (GA. II, 124); ZI. 11. Aug. 59 c. Karpa (GA. VII, 715); BII. 27 Sept. 60 c. Probst; vgl. n. 24.

38. Die Eröffnung fremder in der eignen Wohnung des Diebs befindlicher Behältnisse mittelst falscher Schlüssel fällt nicht unter den §; so: BI. 6. April 53 c. Rieck (Entsch 25. s. 247; GA. I, 573); vgl. § 215 n. 30.

39. Behauptet der Angeklagte, er habe den gebrauchten Schlüssel irriger Weise für den richtigen gehalten, so wird § 44 anwendbar.

§ 218 Nr. 4.

40. Der Ausdruck „Postgebäude" ist nicht auf die speziell zum Postdienste bestimmten Räumlichkeiten zu beschränken, umfaßt vielmehr auch alle anderen mit dem letzteren in unmittelbarer Verbindung stehenden Räume desselben Gebäudes, z. B. den Flur, die Treppen, und die zur Wohnung des betr. Postbeamten bestimmten Gelasse.

41. Der Eisenbahnhof umfaßt die Eisenbahngebäude mit.

42. Damit eine Sache als „Gegenstand des Transports" anzusehen sei, ist es nicht erforderlich, daß sie im Augenblicke des Diebstahls fortbewegt werde; der § ist anwendbar, selbst wenn das Schiff, von welchem die zu transportirende Sache gestohlen wurde, vor Anker lag: (ZKH. 30. Sept. 51 c. Hoffmann, IMbl. s. 364), oder wenn der Diebstahl von einem Wagen erfolgte, welcher nach beendeter Fahrt am Orte seiner Bestimmung noch auf der Straße stand: ZI. 19. Okt. 53 c. Mizerka (GA. I, 714). Ebenso kann eine zum Transporte bestimmte Sache auch vor dem Beginne jenes, und noch ehe sie auf ein Transportmittel gebracht ist, als Transportgegenstand angesehen werden, wenn sie sich an einer Stelle befindet, von welcher unmittelbar der Weitertransport erfolgen soll. Dasselbe gilt noch unzweifelhafter

§. 218. Zuchthausstrafe bis zu zehn Jahren und Stellung unter Polizei-Aufsicht tritt in folgenden Fällen ein:

5) *) wenn Sachen, welche eine blödsinnige Person oder

* In der ursprünglichen Fassung fand sich diese Vorschrift unter Nr. 6; die Abänderung erfolgte durch Ges. v. 14. April 1856 (GS. S. 200).

im Falle einer momentanen Unterbrechung der Beförderung, z. B. wenn eine aus einem Schiffe entlöschte auf einem Wege befindliche Sache in dem Augenblicke gestohlen wird, wo sie zum Weitertransporte auf ein anderes Transportmittel geladen werden sollte: Beschl. I. 26. Juni 65 c. Zirbel (RdO. VI, 220).

43. Wird das ganze Transportmittel, z. B. ein Wagen mit seiner Ladung, gestohlen, so trifft der § nicht zu, weil dann nicht leicht von dem Abschneiden 2c. eines Befestigungsmittels 2c. die Rede sein wird: TL. S. 929.

44. Jedenfalls gehört zu den Gegenständen des Transportes auch das eigne Reisegepäck des Fuhrmanns, z. B. das zum Verfuttern auf der Reise bestimmte Futter: BII. 25. April 61 c. Küster (RdO. I, 357).

45. Ein Diebstahl von Gegenständen des Transportes ist nur dann mittelst Abschneidens 2c der Befestigungsmittel 2c. verübt, wenn das letztere durch einen der Diebe oder Theilnehmer und in der Absicht bewirkt worden ist, die Ausführung des Diebstahls zu erleichtern; so: BI. 25. März 63 c. Heidenreich (RdO. III, 367); vgl. n. 19.

46. „Befestigungsmittel" sind diejenigen Vorkehrungen, welche dazu dienen sollen, einen Transportgegenstand 2c. mit dem Transportmittel oder auf demselben mit andern Transportgegenständen in eine feste Verbindung zu bringen, damit die Sicherheit des Transports erhöht werde. Dagegen scheidet dasjenige aus, was nur den Zweck hat, die Reibung zweier neben einander gepackter Gegenstände zu verhindern. Es kann daher nicht ohne Weiteres als ein Befestigungsmittel angesehen werden, wenn ein Transportgegenstand auf eine Karre in der Art verpackt ist, daß er mit Säcken und dgl. umstopft war: vgl. Beschl. I. 13. Sept. 54 c. Bennin.

47. „Verwahrungsmittel" sind alle Umhüllungen, welche dazu dienen, den Gegenstand während des Transports vor Einwirkungen und Eingriffen von außen und vor dem Auseinanderfallen oder Fließen zu verwahren: ZII. 7. Juni 66 c. Marscheider (RdO. VII 330). Dasselbe umfaßt daher alle Transportbehältnisse, z. B. Kisten, Säcke, Fässer u. dgl.: ZII. 10. März 53 c. Hünteler (GA. I, 711); Beschl. I. 16. März 55 c. Ewert (GA. III, 569); Beschl. I. 18. Juli 55 c. Sommer (GA. IV, 845); ZI. 25. März 63 c. Heidenreich (RdO. III. 367); u. ö.

48. Mit Rücksicht auf die Bedeutung der Worte „Befestigungs- oder Verwahrungsmittel" (n. 46. 47) sind auch die Worte „Abschneiden und Ablösen" dahin zu deuten, daß sie alle Arten der Eröffnung oder Beseitigung jener Mittel umfassen. Es gehört daher auch ein Erbrechen (der Kisten) hierher: ZII. 10. März 53 (cit. n. 47); Beschl. I. 1. Juli 63 c. Wisniewski (RdO. III, 351); ebenso das Anbohren eines Fasses: Beschl. I. 16. März 55 (cit. n 47); oder das Aufschneiden eines Sacks: BI. 25. März 63 (cit. n. 47); oder das Durchschneiden eines Stricks, mit welchem die die gestohlenen Gegenstände enthaltende Kiste zugebunden war: ZI. 19. Okt. 53 c. Mizerka (GA. I, 714); oder ein Losknoten: TL. S. 929. *Contra*: B. 13. Okt. 52 c. Hempel; BI. 18. Juli 55 c. Grapenthin (GA. III, 704), von welchen jenes das Aufschlagen eines Fasses, dieses das Aufbinden eines Sackes nicht für genügend erachtete; ähnlich Koch n. 80.

49. Dagegen genügt es zur Anwendung des § nicht, wenn von einem Transportgegenstande ein Theil abgeschnitten und gestohlen ist: Beschl. I. 22. Sept. 65 c. Witulski (RdO. VI, 327).

50. Aus der Gleichstellung „der Anwendung falscher Schlüssel" mit dem Abschneiden 2c. der Befestigungsmittel 2c. erhellt, daß jener Ausdruck nur auf die mittelst falscher Schlüssel bewirkte Eröffnung der Verwahrmittel, z. B. der verschlossenen Eisenbahnwagen, oder der verschlossenen Kisten zu beziehen ist, nicht also auf die Eröffnung verschlossener Räume auf Post- und Eisenbahnhöfen 2c.; liegt eine solche vor, so wird Nr. 3 anwendbar.

51. Gleichgültig ist, ob der Diebstahl von einem Mitreisenden, oder einem Dritten verübt wird: ZI. 19. Okt. 53 c. Mizerka (GA. I, 714).

ein Kind unter zwölf Jahren an oder bei sich führt, gestohlen werden;

[Entw. § 201 Nr. 6]. Vgl. AaO. v. 21. April 1856 (GS. s. 220).

6)*) wenn der Dieb oder einer der Diebe, oder einer der Theilnehmer am Diebstahle Waffen bei sich führt;

[Entw. § 201 Nr. 7]. Vgl. 230. 231 Nr. 1; AaO. v. 21. April 1856 (GS. s. 220).

Schlußsatz: Wird festgestellt, daß mildernde Umstände vorhanden sind, so ist auf Gefängniß nicht unter sechs Monaten, sowie auf zeitige Untersagung der Ausübung der bürgerlichen Ehrenrechte zu erkennen.

---

*) In der ursprünglichen Fassung fand sich diese Vorschrift unter Nr. 7; die Abänderung erfolgte durch Ges. v. 14. April 1856 (GS. s. 210).

---

§ 218 Nr. 5.

52. Hier soll die durch Verstandesschwäche hervorgebrachte Widerstandsunfähigkeit gegen ein auch nicht gewaltsames Wegnehmen geschützt werden: ZII. 3. Nov. 53 c. Trubig (GA. II, 125). Daher sind den blödsinnigen andere geistesschwache Personen gleichzustellen, bei welchen mit Rücksicht auf diesen Zustand ebenfalls eine solche Widerstandsunfähigkeit anzunehmen ist: vgl. TL. s. 930.

53. Dagegen ist die Vorschrift auf Personen, welche nur durch Alter oder Krankheit in eine hülflose Lage versetzt sind, nicht auszudehnen.

54. Daß sich der Blödsinnige 2c. in einer schutzlosen Lage befunden habe, ist nicht erforderlich; *contra*: TL. s. 930. Stand indessen der Blödsinnige unter dem Schutze eines Andern, so ist es Gegenstand der thatsächlichen Beurtheilung, ob die Dinge, welche jener an oder bei sich führte, nicht eben deshalb sich in der Gewahrsam des Andern befanden, so daß der Diebstahl gegen den letztern verübt wurde.

55 Die Worte „an oder bei sich führt" bezeichnen eine nähere Verbindung mit der Sache, als der allgemeine Begriff der Gewahrsam; ob eine solche nahe Verbindung der Person mit der Sache anzunehmen, daß nur durch einen Mißbrauch der Widerstandslosigkeit die Zueignung möglich geworden, ist Gegenstand der thatsächlichen Beurtheilung: ZII 3. Nov 53 c. Trubig (GA. II, 125; die Angeklagte hatte eine Gießkanne weggenommen, welche ein eilfjähriger Knabe augenblicklich niedergesetzt, und sich auf drei Schritte davon entfernt hatte); vgl. GA. I, 94. Jedenfalls genügt zur Rechtfertigung der Anwendung des § nicht die Feststellung: die Sache sei einem 2c. Kinde weggenommen worden; es muß auch feststehen, daß dieses die Sache an oder bei sich geführt hat: GA. I, 212.

56. Behauptet der Angeklagte jenen Zustand des Bestohlenen nicht gekannt zu haben, so wird § 44 anwendbar; vgl. TL. s 930.

57. Ein Kind, ein Unmündiger oder ein Geisteskranker kann nicht in rechtlich wirksamer Weise die Gewahrsam auf einen Andern übertragen; vgl. § 215 n. 38. Deshalb ist es ein unter § 218 Nr 5 fallender schwerer Diebstahl und nicht bloße Unterschlagung, wenn Jemand Sachen, die ein Blödsinniger oder ein Kind 2c. an oder bei sich führt, sich von demselben schon in der Absicht, sich dieselben rechtswidrig zuzueignen, unter dem Vorwande sie für ihn zu tragen oder zu halten 2c., geben läßt, und nun dieselben in solcher Absicht fortschafft: Beschl. Pl. 29. Sept. 56 c. Winneguth (JMbl. s. 331; Entsch. 34. s. 341; GA. 4 s. 776); BII. 21. Jan. 58 c. Lieb (Entsch. 37. 2. s. 17; GA. VI, 281; TGA. s. 279; *contra*: ZI. 25. Mai 53 c. Körner (GA. I, 400). Dagegen liegt unzweifelhaft nur Unterschlagung (§ 226) vor, wenn die diebische Absicht erst nach der Erlangung der Gewahrsam entstand; vgl. Abh. in GA. IV, 769. — Im entgegengesetzten Sinne hat sich ein Beschl. OG. Oldenburg 15. Juni 60 (Old Arch. VII, 216) ausgesprochen.

§ 218 Nr. 6.

58. Unter den hier bezeichneten Theilnehmern können nur solche verstanden werden, welche bei der That gegenwärtig gewesen sind: KBII. s. 118.

59. Inwieweit den nicht bewaffneten Betheiligten das Waffenführen der

§. 218. Zuchthausstrafe bis zu zehn Jahren und Stellung unter Polizei-Aufsicht tritt in folgenden Fällen ein:

7) *) wenn zu dem Diebstahle zwei oder mehrere Personen

*) In der ursprünglichen Fassung fand sich diese Vorschrift unter Nr. 8; die Abänderung erfolgte durch Ges. v. 14. April 1856 (GS. s. 210).

übrigen zuzurechnen sei, ist nach den oben Thl. I Tit. 3 s. 85 n. 6 fgg. entwickelten Grundsätzen zu beurtheilen; ev. wird § 44 anwendbar: BII. 9. Jan. 61 c. Höftmann.

60. Das Bei-sich-Führen einer Waffe ist als Strafschärfungsgrund behandelt worden, weil daraus auf einen gefährlicheren Willen und auf die Geneigtheit, eventuell von der Waffe Gebrauch zu machen, geschlossen werden kann. Ebendeshalb ist als Waffe jedes Werkzeug anzusehen, welches seinen gewöhnlichen Wirkungen nach dazu geeignet ist, um damit Körperverletzungen zuzufügen, sollte es auch an und für sich zu einer solchen Benutzung nicht bestimmt sein, z. B. ein Messer, ein Knittel. In dieser Beziehung ist nur wesentlich, daß für den Dritten, gegen welchen sich die gesetzwidrige Handlung des Angeklagten richtete, die Sache das Ansehen gewann, als könne wenigstens ein eventueller Gebrauch des Werkzeugs als Waffe in der Absicht des Diebs liegen, und daß der Angeklagte sich dessen bewußt war, daß der Besitz des Werkzeugs einen derartigen Eindruck auf den Dritten machen könne. Treffen diese Voraussetzungen zu, so ist es gleichgültig, ob die Absicht des Angeklagten dahin ging, das Werkzeug als Waffe zu benutzen, oder ob er sich z. B. des Messers nur dazu bedienen wollte, den zu stehlenden Gegenstand abzuschneiden; vgl. KVII. s. 119. Hiernach fällt es wesentlich in die thatsächliche Beurtheilung, ob irgend ein Gegenstand, z. B. ein Rappier (: Beschl. II. 31. März 64 c. Steinkopf, RdO. IV, 433), ein auseinandergelegtes Gewehr (: ZI. 20 Dez. 61 c. Jahre, RdO. II, 173) als Waffe anzusehen sei; ähnlich verhält es sich mit einer ungeladenen Schußwaffe (es fragt sich, ob der Andere wußte, daß sie nicht geladen sei).

61. Als „Bei sich Führen" der Waffen ist an und für sich jeder thatsächliche Besitz derselben anzusehen: Beschl. II. 29. Sept. 53 c. Horn (GA. II, 122); Abh. in GA X, 408. In dieser Beziehung kann es genügen, wenn die Waffen sich nur so in der Nähe des Angeklagten befinden, daß er sie sofort ergreifen und benutzen kann: TL. s. 932. Ebensowenig ist erforderlich, daß der Angeklagte dieselben mitgebracht habe; es reicht hin, wenn der Dieb während der Ausführung des Diebstahls zu einer fremden Waffe greift: GA. I. 248; *contra*: Koch n. 82, 2. Demgemäß kann der § auch da anwendbar werden, wo der Dieb erst eine Waffe, und dann eine andere Sache stiehlt.

62. Ging die Absicht des Diebs dahin, eventuell von der Waffe Gebrauch zu machen, so genügt selbst der Besitz einer äußerlich nicht sichtbaren Waffe. Im entgegengesetzten Falle ist die Anwendbarkeit des § dadurch bedingt, daß der Besitz der Waffe nach außen erkennbar, und daß sich der Angeklagte des Besitzes der Waffe, sowie der Möglichkeit bewußt war, daß daraus der Dritte auf einen beabsichtigten Gebrauch der Waffe schließen könne (n. 60). In einem solchen Falle bleibt sonach der § nur dann ausgeschlossen, wenn die Abwesenheit einer auf Benutzung der Waffe gerichteten Absicht und die vollständige Unverfänglichkeit ihres Besitzes äußerlich so erkennbar sind, daß jedem moralischen Eindrucke des Anblicks derselben auf den Bestohlenen oder dritte Personen dadurch vorgebeugt wird; wenn z. B. eine zum Wegbringen eines Uniformdegens ausgesendete Dienstmagd im Vorbeigehen einen Diebstahl begeht (Beisp. angeführt vom Justiz-Min. v. Savigny: Verhh. d. vereinigten stänb. Aussch. IV. s. 185). Vgl. GA. I, 247; III, 817.

63. Treffen die obigen Voraussetzungen (n. 60—62) zu, so fällt auch der Wilddiebstahl (§ 217 Nr. 1) unter den § 218 Nr. 6, wenn der Dieb bei der Verübung eine Waffe bei sich führte, sollte dieselbe auch nur zur Erlegung des Wildes bestimmt gewesen sein und gedient haben: Beschl. II. 29. Sept. 53 (cit. n. 61); BII. 10. Okt. 61 c. Vieth (RdO. II, 2); u. ö.; *contra*: B. 1. Dez. 52 c. Mohr (GA. I, 398); GM. II, 471; John Kritiken s. 95.

§ 218 Nr. 7.

64. Inwiefern diejenigen der Thäter und Theilnehmer, welche sich an der Verbindung zur fortgesetzten Verübung 2c. nicht betheiligt hatten, von der schwe-

als Urheber oder Theilnehmer mitwirken, welche sich zur fortgesetzten Verübung von Raub oder Diebstahl verbunden haben;

[Entw. § 201 Nr. 8]. Vgl. § 232 Nr. 2; AKO. v. 21 April 1856 (GS. s. 220).

8)*) wenn der Diebstahl während einer Feuers= oder Wassersnoth an den gefährdeten oder geflüchteten Sachen begangen wird.

[Entw. § 200 Nr. 6]. Vgl. AKO. v. 21. April 1856 (GS. s. 220).

Schlußsatz: Wird festgestellt, daß mildernde Umstände vorhanden sind, so ist auf Gefängniß nicht unter sechs Monaten, sowie auf zeitige Untersagung der Ausübung der bürgerlichen Ehrenrechte zu erkennen.

*) In der ursprünglichen Fassung fand sich diese Vorschrift unter Nr. 9; die Abänderung erfolgte durch Ges. v. 14. April 1856 (GS. s. 210).

reren Strafe des § betroffen werden, wenn zwei der so Verbundenen zum Diebstahle mitgewirkt haben, richtet sich nach den oben Thl. II. Tit. 3 (s. 85) n. 6 fgg. entwickelten Grundsätzen; eventuell wird § 44 anwendbar: KVI. s. 33; *contra:* KVII. s. 119, welcher (mit Unrecht) davon ausgeht, daß § 218 in Betreff der nicht zur Verbindung gehörenden Betheiligten ausgeschlossen bleibe; ebenso: HS. I, 429.

65. Die an der Verbindung Betheiligten, welche zum Diebstahle **nicht mitwirkten**, werden von der Strafe nicht betroffen: HS. I, 428.

66. Die Nr. 7 unterscheidet nicht, ob die Verbindung eine Mehrheit individuell vorher bestimmter Diebstähle 2c. zum Gegenstande hat, oder ob in dieser Beziehung Alles späteren Bestimmungen und den sich darbietenden Gelegenheiten überlassen ist; der Umstand, daß eine Verbindung der letzteren Art eine weniger begränzte und deshalb gefährlichere ist, genügt nicht, um hier den ersten Fall auszuschließen. Dagegen fällt es der thatsächlichen Beurtheilung anheim, inwiefern eine Verbindung zur Verübung mehrerer vorher individuell bestimmter Diebstähle 2c. als eine Verbindung zur fortgesetzten Verübung 2c. anzusehen sei. *Contra:* BI. 14. Jan. 59 c. Schuster (GA. VII, 359), welches den § nur auf den „Diebstahl in Banden" d. h. auf solche Verbindungen anwenden wollte, welche die Verübung der Zahl, der Zeit und dem Orte nach noch unbestimmter Diebstähle 2c. bezweckte; vgl. GM. II, 487 n. 2.

§ 218 Nr. 8.

67. Eine Ausdehnung auf **andere Nothfälle** als die genannten ist unstatthaft.

68. Das Vorhandensein einer **Feuersnoth** hängt nicht davon ab, wie nahe das Haus, aus welchem die Sachen geflüchtet werden, der wirklichen Brandstätte gelegen, und ob dasselbe objektiv der Gefahr, vom Feuer ergriffen zu werden, ausgesetzt war oder nicht; es genügt die Thatsache, daß man wegen der ausgebrochenen Feuersbrunst sich veranlaßt sah, die Sachen zu flüchten: BII. 31. Jan. 56 c. Brandt.

69. Unter **Wassersnoth** ist unzweifelhaft nicht blos Ueberschwemmung, sondern auch Strandung, Schiffbruch, Eisgang u. dgl. zu verstehen: BI. 6. Dez. 54 c. Grünwald (GA. III, 263; ein Fall der Strandung).

70. Die **Noth** ist für den Bestohlenen so lange vorhanden, als ihn die durch das Unglück entstandene Verwirrung, die öffentliche Unruhe hindert, sein Eigenthum zu sammeln und zu beaufsichtigen. Daher ist eine Feuersnoth nicht nothwendig mit dem Augenblicke beseitigt, wo ein weiteres Um-sich-Greifen des Feuers nicht mehr zu befürchten ist, dieselbe kann vielmehr für fortdauernd erachtet werden, so lange nicht die erforderliche Ruhe wieder eingetreten ist, um die geflüchteten Sachen anderweit in Sicherheit zu bringen: BII. 31. Jan. 56. c. Brandt.

Wird festgestellt, daß mildernde Umstände vorhanden sind, so ist auf Gefängniß nicht unter sechs Monaten, sowie auf zeitige Untersagung der Ausübung der bürgerlichen Ehrenrechte zu erkennen.*)

[Entw. § 201].

§. 219.) Wer bereits zweimal oder mehrere Male rechtskräftig durch einen Preußischen Gerichtshof wegen Diebstahls oder Raubes verurtheilt worden ist, soll wegen neuen Diebstahls bestraft werden, wie folgt:**

---

*) Der Schlußsatz erhielt seine jetzige Fassung durch das Ges. v. 14. April 1856 (GS. s. 210); ursprünglich lautete derselbe:
Wird festgestellt, daß mildernde Umstände vorhanden sind, so ist auf Gefängniß nicht unter Einem Jahre, sowie auf zeitige Untersagung der Ausübung der bürgerlichen Ehrenrechte zu erkennen.

**) Fassung des Ges. v. 9. März 1853 (GS. s. 78); die ursprüngliche Fassung lautete:
§ 219. Wer bereits zweimal oder mehrere Mal rechtskräftig durch einen Preußischen Gerichtshof wegen Diebstahls oder Raubes verurtheilt worden ist, soll wegen neuen einfachen Diebstahls (§§ 216 und 217) mit Zuchthaus bis zu funfzehn Jahren und wegen schweren Diebstahls (§ 218) mit Zuchthaus von fünf bis zu zwanzig Jahren, sowie in beiden Fällen mit Stellung unter Polizei-Aufsicht bestraft werden.
Die Straferhöhung tritt nicht ein, wenn seit dem Zeitpunkte, an welchem die Strafe des zuletzt begangenen früheren Verbrechens oder Vergehens abgebüßt oder erlassen worden ist, zehn Jahre verflossen sind.

---

71. Eine Sache ist gefährdet nicht nur, wenn das drohende Uebel in einer Vernichtung, sondern auch, wenn es in einer bloßen Beschädigung bestehen würde; es gehört daher auch das aus einer Feuersbrunst gerettete Metall-Geld hierher, wenngleich das Metall im Feuer schmilzt, aber nicht zu Grunde geht: ZII. 31. März 53 c. Dietrich.

72. Gleichgültig ist es auch, ob das „Flüchten“ der Sachen bereits vollendet war, oder nicht: ZII. 31. März 53 c. Dietrich.

Zum Schlußsatze;

73. Wegen schweren Diebstahls ist auch beim Vorhandensein mildernder Umstände stets auf Stellung unter Polizei-Aufsicht zu erkennen: V. Pl. 11. April 53 c. Salmen (JMbl. s. 226; Entsch. 25. s. 250; GA. I, 574); VII. 8. Jan. 57 c. Oster (RA. 52. 2A. s. 51); VI. 1. Juni 66 c. Borchard (RdO. VII, 319; u. ö. (feste Praxis). Dieser Grundsatz hat weder in Folge der dem § durch das Ges. v. 14. April 1856, noch der durch Ges. v. 9. März 1853 dem § 219 Nr. 2 gegebenen anderweitigen Fassung eine Abänderung erfahren: VI. 12. Sept. 56 c. Luschner; VI. 7. Nov. 56 c. Hoffmeister; u. ö.

§ 219.

Inhalt.

1. Im Allgemeinen sind hier die Bemerkungen zu den Artt. VI und XXVI des EG.s, und zu den §§ 58 bis 60 des StGB.s zu vergleichen.

1) Wenn der neue Diebstahl ein einfacher ist (§§. 216. 217.), mit Zuchthaus bis zu funfzehn Jahren.

Wird festgestellt, daß mildernde Umstände vorhanden sind, so ist auf Gefängniß nicht unter sechs Monaten, sowie auf zeitige Untersagung der Ausübung der bürgerlichen Ehrenrechte zu erkennen.

2) Wenn der neue Diebstahl ein schwerer ist (§. 218.), so ist die Strafe Zuchthaus von fünf bis zu zwanzig Jahren.

Wird festgestellt, daß mildernde Umstände vorhanden sind, so ist auf Zuchthaus bis zu fünf Jahren oder auf Gefängniß nicht unter Einem Jahre und auf zeitige Untersagung der Ausübung der bürgerlichen Ehrenrechte zu erkennen.

In allen Fällen (Nr. 1. und 2.) soll zugleich Stellung unter Polizei-Aufsicht eintreten.

---

2. Das Ges. v. 9. März 1853 enthält keine Deklaration des § 219 (§ 15 Einl. z. ALR.), ist vielmehr als neues abänderndes Gesetz anzusehen: ZI. 15. Juli 53 c. Richter (Entsch. 25. s. 351; GA. I, 575).

3. Damit der § Anwendung finde, muß die zweite Bestrafung den Charakter des thatsächlichen Rückfalls an sich tragen; es wird daher vorausgesetzt, daß die Handlung, wegen welcher die zweite Verurtheilung erfolgte, nach der Rechtskraft der ersten Verurtheilung begangen sei: V. 14. Juni 52 c. Liedtke (JMbl. s. 351; Entsch. 23. s. 235; GA. I, 95); VII. 8. Sept. 53 c. Schunner (RA. 49. 2 A. s. 47); ZI. 14. Juni 54 c. Effner (GA. II, 832); ebenso für Oldenburg: Erk. OAG. Oldenburg c. Hülsemann (Oldenb. Arch. IX, 35). Dagegen ist es gleichgültig, ob im zweiten Falle ausdrücklich die Verurtheilung wegen „Rück- oder zweiten Falles" erfolgt, und ob damals wirklich die wegen des Rückfalls geschärfte Strafe verhängt worden ist; es genügt, daß thatsächlich die zweite Verurtheilung einen nach rechtskräftiger Verurtheilung wegen des ersten Falles verübten Diebstahl rc. zum Gegenstande hatte, daß also damals wegen Rückfalls hätte erkannt werden können oder sollen: VI. 23. Jan. 56 c. Gabriel (GA. IV, 833); ZII. 19. April 60 c. Peters (RA. 55. 2 A. s. 78); ZI. 8. Juli 64 c. Marx (RdO. V, 63); Präj. OAG. Oldenburg (M. 8).

4. Bei Prüfung der Frage, ob die früher bestraften Thaten wirklich Raub, resp. Diebstahl darstellten, sind für jeden Fall lediglich die früher ergangenen Entscheidungen maaßgebend; das Nähere vgl. Einf.-Ges. Art. VI n. 2.

5. Die Voraussetzungen des Rückfalls müssen vom Instanzrichter ausdrücklich und so festgestellt werden, daß danach der Nichtigkeitsrichter die Richtigkeit der Gesetzesanwendung vollständig zu beurtheilen im Stande ist: VII. 1. Juni 66 c. Stumm (RdO. VII, 77); VII. 10. Jan. 67 c. Schwarz (RdO. VIII, 21). Ueber die Form dieser Feststellung vgl. JMVerf. v. 14. Okt. 1859 (JMbl. s. 378); Strafverf. Art. 31 n. 9. Aus derselben muß hervorgehen, daß der zweite Diebstahl erst nach rechtskräftiger Entscheidung wegen des ersten stattgefunden habe, und daß weder in Beziehung auf den zweiten, noch auf den jetzt vorliegenden Fall inzwischen die Frist des § 60 verstrichen gewesen sei: VI. 7. Dez. 59 c. Dubbeck (JMbl. 60. s. 92).

6. Ueber den Eintritt der Rechtskraft einer Verurtheilung vgl. § 58 n. 17. 18.

7. Auch die von Einzelrichtern verhängten Diebstahlsstrafen begründen den Rückfall: V. 19. März 52 c. Biermann; Z. 14. Juni 52 c. Boost; u. ö.; vgl. § 58 n. 13; Ges. v. 14. April 1856 Art. I § 3 (oben s. 22).

8. Dasselbe gilt von einer während der Strafunmündigkeit erlittenen Verurtheilung; vgl. § 43 n. 7.

9. Da der Raub alle Begriffserfordernisse des Diebstahls in sich schließt, so ist bei Anwendung des § 219 eine frühere Verurtheilung wegen Raubes der wegen

Die vorstehenden Bestimmungen finden keine Anwendung, wenn entweder in Ansehung der letzten oder in Ansehung des früheren Verbrechens oder Vergehens die Straferhöhung wegen Rückfalls gesetzlich ausgeschlossen ist (§. 60.).

[Entw. § 202]. Vgl. § 58—60. 233 Nr 1; EG. Art. VI. XXVI; AKO. v. 21. April 1856 (GS. s. 250); Ges. v. 22. Mai 1852 Art I (GS. s. 250); HDGes. v. 2. Juni 1852 § 16; (Rh.) Ges. v. 4. Mai 1853 (GS. s. 176).

Diebstahls völlig gleich zu achten: ZI. 14. Mai 58 c. Dombrowski; ZI. 14. Mai 58 c. Kochanowicz (RdO. IV, 136). Das gilt aber selbstredend nicht umgekehrt im Falle des § 233 Nr. 1. Dem Raube steht die gewaltsame Erpressung gleich; vgl. § 236 n. 7.

10. Gleichgültig ist, ob die früheren Verurtheilungen Fälle des einfachen oder des schweren Diebstahls zum Gegenstande hatten; § 219 Nr. 2 wird bei einem neuen schweren Diebstahle auch dann anwendbar, wenn die früheren Fälle nur einfache Diebstähle betrafen; dem steht nicht entgegen, daß das Ges. v. 22. Mai 1852 Art. I § 1 neben dem § 58 auch den § 219 anführt: Beschl. 19. Sept. 52 c. Krüger (GA. I, 76); ZI. 14 April 58 c. Stolzmann; vgl. Abh. in JMbl. 1852 s. 214.

10a. Ein schwerer, im zweiten Rückfalle begangener Diebstahl, zieht die Strafe der Nr. 2 auch dann nach sich, wenn er gleichzeitig die Merkmale des Raubes an sich trägt; *contra:* VI. 3. Mai 67 c. Förster (RdO. VIII,).

11. Auch Vorbestrafungen wegen Versuchs, selbst die unter der früheren Gesetzgebung ergangenen, kommen bei Anwendung des § in Betracht (§ 59): Z. 5. Sept. 51 c. Teichert (Entsch. 22. s. 73); ZII. 8. Sept. 53 c. Wegener; vgl. EG. Art. VI n. 3; § 59 n. 3.

12. Vorbestrafungen wegen kleinen Diebstahls nach § 1124 II, 20 des ALR., begründen den Rückfall: VI. 23. Mai 56 c. Gabriel (ind).

13. Die nach dem ALR. II, 20 § 1350 als Hausdiebstahl „anzusehenden" und zu bestrafenden „Veruntreuungen" des Gesindes „durch Unterschlagung" sind als Diebstähle zu betrachten, und begründen später eventuell die Anwendung des § 219: V. 8. Juli 52 c. Schubert; VI. 28. April 54 c. Müller; Beschl. I. 8. Mai 57 c. Langer; *contra*: GM. II, 488 n. 2, und TL. s. 942.

14. Die nach § 349 Nr. 3 als bloße Uebertretungen zu ahndenden Entwendungen begründen den Rückfall nicht; vgl. n. 15. Dasselbe gilt von ähnlichen unter dem alten Rechte ergangenen Verurtheilungen: TL. s. 942. Insbesondere ist eine nach ALR. II, 20 § 1122. 1123 bestrafte Entwendung von Eßwaaren, bei welcher die im § 1108 vorausgesetzte gewinnsüchtige Absicht fehlt, hier nicht für einen Diebstahl zu erachten: Z. 9. Jan. 52 c. Müller (Entsch. 22. s. 74); VI. 19. Juli 57 c. Schimoreck; u. ö. Das gilt selbst von einem nach § 1170 ibid. bestraften gewaltsamen Diebstahle an Eßwaaren: V. 18. Juni 52 c. Pietsch (Entsch. 23. s. 279); VII. 19. Juli 55 c. Pfützenreuter. Dagegen begründet eine Verurtheilung wegen eines gewaltsamen Diebstahls von Eßwaaren gegen einen Kameraden, welche auf Grund des 61. Kriegsartikels ausgesprochen ist, den Rückfall: Z. 16. Juni 52 c. Nerger.

15. Frühere Holzdiebstähle (selbst die im dritten oder ferneren Rückfall begangenen) werden bei Anwendung des § 219 nicht in Betracht gezogen: HDG. v. 2. Juni 1852 § 16: ZI. 15. Juli 64 c. Saremba (RdO. V, 85); vgl. früher JMbl. 1852 s. 207. Dasselbe muß von früheren auf Grund der Feld-Polizei-Ordnung erfolgten Verurtheilungen gelten. Vgl. n. 14.

16. Auf Polizeiaufsicht ist nothwendig zu erkennen, selbst beim Vorhandensein mildernder Umstände: VII. 3. April 62 c. Jordan (RdO. II, 333); vgl. Ges. v. 4. Mai 1853 (oben s. 26).

17. Liegen mehrere im wiederholten Rückfalle begangene Diebstähle vor, so tritt die Strafschärfung für jeden einzelnen ein (vorbehaltlich der Bestimmungen des § 56); vgl. § 56 n. 15.

18. Im Schlußsatze sind die Worte des letzten Verbrechens 2c. nicht auf den jetzt zur Aburtheilung vorliegenden, sondern auf den unmittelbar vorhergegangenen Diebstahl zu beziehen: VI. 1. Juni 53 c. Stief (GA. I, 576); VII. 8. Sept. 53 c. Schmines

§. 220. Die strengere Strafe des in einem bewohnten Gebäude begangenen Diebstahls wird dadurch nicht ausgeschlossen, daß zur Zeit desselben die Bewohner in dem Gebäude nicht anwesend waren.

[Entw. § 203]. Vgl. § 217 Nr. 6; 218 Nr. 2; 285.

(Tr. Ann. VII, 289); u. ö. — Demgemäß wird die Anwendbarkeit der That nur dann ausgeschlossen, wenn zwischen der Verübung des jetzt zu bestrafenden Falles und der Abbüßung der für den letztvorhergegangenen Diebstahl verhängten Strafe, oder wenn zwischen der Verübung dieses zuletzt erwähnten Diebstahls und der Abbüßung der für den letzten diesem vorhergegangenen Fall verhängten Strafe zehn Jahre liegen. Es wird also keineswegs vorausgesetzt, daß die beiden Vorbestrafungen, resp. die Abbüßung der durch sie verhängten Strafen in die letzten zehn Jahre vor Verübung des jetzt abzuurtheilenden Falles hineinreichen: BII. 11. Juli 53 c. Ostmeier (Entsch. 25. s. 444; GA. I, 576; ZI. 14. Mai 60 c. Skielka; vgl. Motive s. 62; *contra*: für Oldenburg: Präj. OAG. c. Ulfers (Old. Arch. IX, 30).

19. Für die Frage der Verjährung des Rückfalls ist der Tag der Begehung der neuen Strafthat, nicht der der Aburtheilung maaßgebend; daher wird § 219 anwendbar, wenn der zweite Diebstahl vor, die Verurtheilung wegen desselben aber erst nach Ablauf der zehn Jahre erfolgt, und dann binnen ferneren zehn Jahren der dritte Diebstahl verübt ist: Abh. in GA. X, 687; ZII. 18. Aug. 62 c. Emich (GA. l. c.; ind.).

20. In Betreff des Strafmaaßes, welches den Theilnehmer am Diebstahle eines rückfälligen Thäters trifft, wenn bei ihm selbst die Voraussetzungen der Rückfälligkeit nicht zutreffen, vgl. § 35 n. 2.

21. Kompetenz und Verfahren vgl. Ges. v. 22. Mai 1852 Art. I § 1 Nr. 1. 2 (oben s. 21); (Rh. Ges. v. 4. Mai 1853 (oben s. 26); Vdn. v. 12. Dez. 1866 (Frankf.) Art. VII Nr. 1. 2; durch die letztere Vorschrift ist Art. 39 der Frankf. StPO. modifizirt.

§ 220.

1. Der Begriff eines „bewohnten Gebäudes" ist kein rein thatsächlicher; er fällt daher wesentlich auch in das Gebiet der Gesetzesauslegung: ZPl. 23. Jan. 54 c. Krause (Entsch. 27. s. 102; GA. II, 527); u. ö.; *contra*: Zachariä Abh. in GA. V, 579 Note 3, beil.).

2. Nicht jedes für sich bestehende zur Wohnung oder zum zeitweisen Aufenthalte von Menschen, oder zur Aufbewahrung von Sachen bestimmte Bauwerk ist ein „Gebäude", vielmehr wird als wesentliches Merkmal auch seine unmittelbare feste, oder dauernde Verbindung mit dem Boden, und die durch diese Verbindung bedingte Eigenschaft der Unbeweglichkeit erfordert: ZI 4. Mai 53 c. Schwarz (JMbl. s. 367; Entsch. 25. s 347; GA I, 575; ZI. 8. Juli 53 c. Klein (JMbl. s. 368); ZI. 15. Sept. 58. c. Roszinski; ähnlich: ZII. 18. Dez. 56 c. Voßdorf.

3. Demgemäß ist eine zum Gebrauche für einen Schäfer hergestellte, und als Schlafstelle für denselben eingerichtete bewegliche Bretterbude (Schäferkarre) kein Gebäude: Z. 4. Mai 53; Z. 8. Juli 53 (beide cit. n. 2); *contra*: GM. II, 490 n. 1.

4. Dasselbe gilt von einer beweglichen Marktbude: Z. 12. Mai 52 c. Born; vgl. aber § 221 n. 9.

5. Dagegen ist unbedenklich ein in den nackten Wänden dastehender Neubau als Gebäude anzusehen: ZII. 21. Juni 62 c. Heudrichs (RdO. II, 458); ZI. 13. Febr. 63 c. Bahrtsch (RdO. III, 290).

6. Windmühlen sind im ständischen Ausschusse ausdrücklich als Gebäude anerkannt worden.

7. Ebenso ist ein Backofen ein Gebäude: ZI. 22. März 54. c. Mörke.

8. Ein zum Fangen und Aufbewahren von Aalen bestimmter großer hölzerner aus Planken gezimmerter, mit dem Erdboden fest verbundener sog. Aalfang ist kein Gebäude, sondern nur ein Behältniß: BI. 15. Jan. 58 c. Weißschnur (GA. VI, 120); vgl. § 221 n. 7.

9. Da ein bewohntes Schiff einem bewohnten Gebäude nach § 221 Nr. 1 gleichgestellt ist, so hat es jedenfalls auch den Charakter eines Gebäudes im Allgemeinen: BII. 29. Sept. 59 c. Giensch (GA. VII, 838).

§. 221. Den bewohnten Gebäuden werden gleichgestellt:

1) Schiffe, welche bewohnt werden;
2) die zum Gottesdienste bestimmten Gebäude;
3) diejenigen öffentlichen Gebäude, welche zum Geschäftsbetriebe oder zur Aufbewahrung von Sachen bestimmt sind;
4) der zu einem bewohnten oder demselben gleichgestellten (Nr. 2. und 3.) Gebäude gehörige umschlossene Raum und alle darin befindliche Gebäude jeder Art.

Ein Raum ist umschlossen, wenn man in denselben nur durch den Gebrauch von Schlüsseln oder durch Einbrechen oder Einsteigen gelangen kann.

[Entw. § 204]. Vgl. § 217 Nr. 6; 218 Nr. 1 bis 3

---

10. Als bewohnt ist jedes Gebäude zu betrachten, welches regelmäßig (nicht blos vorübergehend) zum Aufenthalte, insbesondere zur Nachtruhe benutzt wird: VI. 1. Juli 53 c. Pagel (GA. I, 574); VII 31. Mai 55 c. Kohnert. Demgemäß gehört auch ein Stall hierher, in welchem die Knechte ihre gewöhnliche Schlafstelle haben: 3Pl. 23. Jan. 54 c. Krause (Entsch. 27. s. 102; GA. II, 527); Beschl. I. 15. April 53 c. Gregorczyk (JMbl. s. 231); GM. II, 489. Ob sich im Augenblicke des Diebstahls Jemand in dem Gebäude befindet, ist gleichgültig: TL. s. 918. Dagegen genügt es nicht, wenn ein Gebäude nur „zum Bewohnen bestimmt ist": GM. II, 489; vgl. § 285 Nr. 1.

11. Das Vorhandensein eines Feuerheerds, Schornsteins und Ofens ist zum Begriffe des bewohnten Gebäudes nicht unerläßlich: Beschl. I. 15. Apr. 53 c. Gregorczyk (JMbl. s. 231); VI. 1. Juli 53 c. Pagel (GA I, 574).

12. Ein mit einem Wohngebäude unter einem Dache liegender Stall ist nur dann als ein Theil des erstern (und deshalb für mit bewohnt) zu erachten, wenn auch im Inneren eine Verbindung vorhanden ist: ZI. 5. Okt. 53 c. Kaschubs (GA. I, 710); ZI. 2. Juni 58 c. Zirkler. Dagegen wird auch ein getrennt liegender Stall einem bewohnten Gebäude gleich geachtet, sobald die Voraussetzungen des § 221 Nr. 4 bei ihm zutreffen; vgl. n. 10.

13. Ist das Gebäude „bewohnt", so ist es gleichgültig, in welcher Beziehung der Bestohlene oder der Dieb zu demselben steht; insbesondere kommt Nichts darauf an, ob jener sich nur augenblicklich und ohne eine Berechtigung dort aufhielt, während letzterer die Wohnung in erlaubter Weise, oder gar aus einem rechtlichen Titel inne hatte: ZI. 29. Sept. 54 c. Volkmann (der Diebstahl war in der Wohnung des einen der beiden Diebe zum Nachtheile eines nur augenblicklich eingekehrten Dritten verübt worden); *contra*: GM. 2. s. 489; TL. s 918 Note 1, welche den § 218 Nr. 2 da für unanwendbar erachteten, wo der Diebstahl in der Wohnung des Diebes selbst geschehen ist, und Koch (n 90), welcher verlangt, daß das Gebäude außer dem Diebe auch noch Bewohner habe.

§ 221.

Zu Nr. 1.

1. Ueber den Begriff „bewohnt" vgl. § 220 n. 10 fg.

2. Haben mehrere Winterlage haltende Schiffe nur einen Wächter, so ist nur dasjenige Schiff bewohnt, auf welchem der letztere sich gewöhnlich aufhält und namentlich seine Schlafstelle hat: KB. II, s. 120.

Zu Nr. 2.

3. Vgl. § 218 Nr. 1.

Zu Nr. 3.

4. Auf Privat-Speicher, Magazine und Kaufmannsgewölbe ist diese Bestimmung nicht auszudehnen.

Zu Nr. 4.

5. Als zu einem ꝛc. Gebäude „gehörig“ ist nur der in unmittelbarer Verbindung mit demselben stehende umschlossene Raum, nicht auch der davon getrennte, aber ein Pertinenzstück desselben bildende zu betrachten: KB I, 33. Es wird daher vorausgesetzt, daß die Umschließung eine räumliche Verbindung mit dem ꝛc. Gebäude vermittle.

6. Die am Schlusse der Nr. 4 gegebene Definition des „umschlossenen Raumes“ bezieht sich nicht nur auf den zu einem bewohnten Gebäude gehörigen, sondern auf jeden Raum dieser Art; vgl. § 218 n. 11 Dagegen kann ein verschlossenes Gelaß in einem Gebäude nicht als „umschlossener Raum“ angesehen werden, da dieser Ausdruck einen Gegensatz gegen „Gebäude“ bildet; vgl. § 222 n. 5.

7. Von einem umschlossenen Raume kann nur da die Rede sein, wo es sich von einem Theile der Erdoberfläche handelt; den Gegensatz bildet in dieser Beziehung ein Behältniß (§ 223 Nr. 2); daher ist eine Schäferkarre (vgl. § 220 n. 3) kein umschlossener Raum: Zl. 4. Mai 53 c. Schwarz (JMbl. s. 367; Entsch. 25. s. 347; GA. I, 575); dasselbe gilt von einem verschlossenen Bienenkorbe: Zl. 28. Okt. 53 c. Milde (GA. II, 133); ebenso von einem gedielten Fischkasten: Zl. 25. Nov. 63 c. Schöpke (RdO. IV, 215), und von einem sogenannten Aalfange, sollte er auch gezimmert und mit der Erde fest verbunden sein; vgl. § 220 n. 8. Dagegen ist ein umschlossenes Bassin ein umschlossener Raum: Zl. 14. Mai 58 c. Welke. Dasselbe ist anzunehmen in Betreff einer verschlossenen hölzernen Bude, welche an Chausseen, Promenaden ꝛc. zur Aufbewahrung der Arbeitsutensilien der Wächter steht: Z. 12. Mai 52 c. Born; vgl. n. 8. Ein Zl. 14. Juli 64 c. Pape (RdO. V, 86) wollte, wie es scheint, die Frage lediglich als eine thatsächliche behandelt wissen.

8. Für den Begriff des umschlossenen Raumes ist es nicht entscheidend, ob die umschließende Einfriedigung mit dem Boden in fester unauflöslicher Verbindung steht, oder ob das Ganze mehr oder weniger leicht mit größerer oder geringerer Veränderung in seiner Gestalt und Zusammensetzung von einer Stelle zur anderen bewegt werden kann: Bl. 30. Okt. 61 c. Feind (RdO. II, 28); Zl. 14. Juli 64 c. Pape (RdO. V, 86); vgl. n. 7; § 220 n. 2.

9 Die Umschließung des Raumes muß eine vollständige sein, sie darf also keine Unterbrechung haben, welche den Zutritt zum Innern gestattet. Dagegen nimmt bei vorhandener vollständiger Umschließung eine in derselben befindliche Oeffnung, welche ein unter den Begriff des Einsteigens (§ 222) fallendes Eindringen zuläßt, dem Raume nicht den Charakter eines umschlossenen. Das gilt z. B. von einer mehrere Fuß über der Erde befindlichen Oeffnung in dem den Raum umgebenden Schaalzaune: Zl. 11. März 57 c. Klampe (GA. VII, 396); ähnlich: Beschl. II. 7. Juli 59 c. Zänker 45 II B); Beschl. II. 6. Okt. 59 c. Zänker (60 B). In derartigen Fällen kommt Vieles auf die thatsächliche Beurtheilung, besonders auf die Natur der Umschließung und auf die Größe und Höhe der Oeffnung an. Es kann daher auch eine vorne theilweise offene Marktbude unter Umständen als ein umschlossener Raum angesehen werden; vgl. Z. 12. Mai 52 c. Born; § 220 n. 4.

10. Auch dann, wenn das Wohnhaus und die dazu gehörigen Gebäude in unmittelbarer Verbindung selbst die Umfriedigung bilden, liegt ein, die Gebäude selbst mit umfassender, umschlossener Raum vor.

11. Als Schlüssel ist hier wie im § 224 nur ein zum Oeffnen eines Schlosses geeignetes Instrument zu verstehen; daraus ist indessen nicht mit Beschl. I. 6. Jan. 61 c. Stähr (RdO. I, 198) zu folgern, als genüge hier ein auf der innern Seite des Raumes durch Vorschieben eines Riegels oder durch Vorstecken eines Pflocks bewirkter Verschluß nicht zur Umschließung, da auch ein solcher jedes Eindringen von Außen ausschließt, insofern es nicht durch Einbruch oder Einsteigen bewirkt wird; vgl § 224 n. 3. Dagegen reicht es nicht hin, wenn die den Zugang vermittelnde Thüre von Innen nur durch vorgelegte, leicht zu entfernende Steine verwahrt ist: Beschl. I. 4. Okt. 65 c. Kaminski (RdO VI, 355).

12. Nach der gegebenen Begriffsbestimmung genügt die Einfriedigung durch Gräben, Bäche und Flüsse nicht, um die Einschließung eines Raumes zu bewirken: GM. II, 492 n. 5.

13. Sind die Merkmale des Schlußsatzes des § vorhanden, so begründet es weiter keinen Unterschied, wenn der umschlossene Raum mehreren Eigenthü-

§. 222. **Einsteigen ist vorhanden, wenn der Eintritt in Gebäude oder umschlossene Räume über Dachwerk, Thüren, Mauern, Hecken oder andere Einfriedigungen, oder durch Fenster, Kellerlöcher oder andere nicht zum Eingang bestimmte, unter oder über der Erde befindliche Oeffnungen bewirkt wird.**

[Entw. § 205]. Vgl. § 218 Nr. 2.

---

mern in abgetrennten Parzellen gehört; auch dann muß der Umschließung der gesetzlichen Schutz gegen Eingriffe dritter von Außen eindringender Personen zu Theil werden: Beschl. I. 25. Apr. 55 c. Frese (GA. III, 569).

14. Die Voraussetzungen des Schlußsatzes des § müssen im Augenblicke des Diebstahls zutreffen, damit der Raum als umschlossen gelte; es mussen daher alle Zugänge verschlossen sein, damit durch das stattgehabte Einsteigen die Straferhöhung herbeigeführt werde; es genügt nicht, wenn der Dieb irriger Weise die Zugänge für verschlossen hielt: Z. 10. März 52 c Runschke; V. 17. Dez. 52 c. Müller; u. ö. Daher ist die Umschließung nicht anzunehmen, wenn zur Zeit des Diebstahls der Zugang durch das unverschlossene Gebäude selbst offen stand: ZI. 10. Febr. 60 c. Schmiehl. Insbesondere kann auch die Anwesenheit von wachenden Personen in einem unverschlossenen Zimmer, durch welches allein der Eingang ohne Einbruch oder Einsteigen möglich ist, als Schließung des Eingangs im Sinne des § nicht gelten: ZI. 14. Sept. 53 c. Strzelski; vgl. TB. s. 921 Note 1.

15. Da wo das Ges. v. 3. Mai 1852 Geltung hat, ist der Begriff des „umschlossenen Raumes" in der den Geschwornen vorgelegten Frage, nach Anleitung der im § gegebenen Merkmale, aufzulösen; vgl. Strafverf. Art. 81 n. 19 a; *contra*: ZI. 25. Juni 58 c. Radtke für den Fall, wo der Begriff nicht bestritten ist; vgl. BI. 7. Jan. 63 c. Bilchner (RdO. III, 190).

§ 222.

Inhalt.

1. In Betreff der Fragestellung gilt auch hier das zu § 221 n. 15 Gesagte; *contra*: ZI. 10. Juni 53 c. Schmidt; JMVerf. v. 14. Mai 1856 (GA. IV, 541). Jedenfalls ist die Auflösung unerläßlich, sobald sie von einer Seite beantragt ist: BI. 7. Jan. 63 c. Büchner (RdO. III, 190); *contra*: ZI. 20. Sept. 54 c. Güttschow (GA VI, 398), welches die betr. Frage aus dem Gesichtspunkte des Art. 82 des Ges. v. 3. Mai 1852, und nicht aus dem des allein zutreffenden Art. 81 beurtheilte.

2. Das den Diebstahl beim Einsteigen qualifizirende Moment ist hier im „Hausfriedensbruche", nicht in der größeren Gefährlichkeit zu suchen; es fragt sich daher immer, ob eine Verletzung des Hausfriedens (Haus im weiteren Sinne von Haus und Hof genommen, vgl. § 214 n. 4) vorliege; von einer besonderen „Gefährlichkeit" oder „Verwegenheit" ist dabei gänzlich abzusehen: vgl. KBI. s. 34.

3. Das Gesetz erheischt hier nur einen „Eintritt", nicht also nothwendig ein Steigen, von welchem z. B. da keine Rede sein kann, wo der Eintritt durch eine in der Mauer befindliche, nicht zum Eingange bestimmte Oeffnung genommen wird; *contra*: TL. s. 921.

4. Noch weniger ist erforderlich, daß zum Eintritte irgend ein Hülfsmittel, z. B. eine Leiter, benutzt worden sei; auch das Einsteigen durch ein niedriges Fenster gehört hierher.

5. Nur der von außen in ein Gebäude, oder einen umschlossenen Raum bewirkte Eintritt stellt ein „Einsteigen" dar, nicht das im Innern eines dem Diebe

zugänglichen Gebäudes bewirkte Eindringen in eine verschlossene Abtheilung desselben: B. 23. Apr. 52 c. Theel (JMbl. s. 239; Entsch. 22. s. 458); VII. 3. Mai 55 c. Röder; Beschl. I. 24. Febr. 65 c. Bekehr (74 B); u. ö. Insbesondere kann auch eine solche verschlossene Abtheilung im Innern eines Gebäudes nicht als ein „umschlossener Raum" angesehen werden, weil dieser letztere Ausdruck einen Gegensatz gegen „Gebäude" ausdrückt: ZI. 9. Juli 62 c. Krössel (RdO. II, 516); Beschl. I. 13. März 67 c. Griehl (RdO. VIII, 166). Dasselbe gilt auch von den Abtheilungen eines Schiffes oder Kahnes: VII. 29. Sept. 59 c. Giensch (GA. VII, 838). Das Umgekehrte greift aber Platz, wenn der Dieb in eine abgesondert gelegene Scheune auf dem übrigens nicht umschlossenen Vorwerkshofe, also in ein ganz für sich bestehendes Gebäude einsteigt: Z. 29. Sept. 52 c. Tunnas (GA. I, 94); ähnlich: Beschl. I. 12. Okt. 55 c. Staude (GA. III, 842), wo der Dieb aus einem Gebäude in ein anderes anstoßendes in verschiedenen Umfassungsmauern liegendes eingedrungen war.

6. Ein Heransteigen von außen bis an eine Oeffnung, und Verübung des Diebstahls vermittelst Durchgreifens durch letztere ist kein „Eintritt in ein Gebäude", also kein Einsteigen: B. 7. Apr. 52 c. Pohl (GA. I, 94); vgl. aber § 218 n. 22. Dagegen liegt ein Einsteigen vor, wenn der Dieb auch nur mit einem Fuße in das Gebäude rc. eingetreten ist, den andern z. B. noch auf der Leiter hat, und in dieser Stellung stiehlt.

7. Noch weniger ist ein Einsteigen anzunehmen, wenn blos ein Hinaufsteigen statt gefunden hat, um etwas von den äußeren Bestandtheilen des Gebäudes, z. B. das Blei der Dachrinnen, zu stehlen: Gilb. C. pén. art. 397 n. 2.

7a. Ebenso verhält es sich, wenn der Dieb, welcher in anderer Weise in das Gebäude gelangt war, nach vollbrachtem Diebstahle seinen Ausgang durch ein Hinaussteigen bewirkt hat: Beschl. I. 13. März 67 (cit. n. 5); vgl. § 218 n. 15; § 223 n. 2. 15.

8. In Betreff eines Gebäudes ist es gleichgültig, ob zur betr. Zeit die Zugänge zu demselben verschlossen waren oder nicht: ZI. 10. Febr. 60 c. Schmiehl; anders in Betreff des „umschlossenen Raumes", vgl. § 221 n. 9 ff.

9. Ueber die Bedeutung des Ausdrucks „umschlossener Raum" vgl. § 221 und die Bemerkungen dazu n. 6 ff., und oben n. 5.

10. Unter „Einfriedigungen" sind hier nur solche Anstalten zu verstehen, welche die Verhinderung des „Einsteigens", d. h. des mittelst Uebersteigens zu bewirkenden Eindringens von Menschen bezwecken: Beschl. I. 1. Apr. 53 c. Blank (GA. I, 714); Beschl. I. 17. Juli 54 c. Maciak (GA. II, 692). Es kann sich daher nur von solchen Hindernissen handeln, welche im gewöhnlichen Leben als solche gelten, durch welche jener Zweck zu erreichen ist: KB. II. s. 34; daher genügt eine nur zur Bezeichnung der Grenze hingesetzte Umschließung nicht. Ob hiernach eine genügende „Einfriedigung" vorliege, ist Gegenstand thatsächlicher Beurtheilung. Es ist statthaft, einem Zaune wegen seiner geringen Höhe jene Eigenschaft abzusprechen: cit. Beschl. I. 1. Apr. 53 und I. 17. Juli 54; *contra*: Koch n. 93; er erachtet es für gleichgültig, ob der Zaun hoch oder niedrig, ob er fest oder leicht zu beseitigen sei. Dagegen ist eine Hecke, wenn sie die oben erwähnte Eigenschaft hat, auch in Oldenburg für eine Einfriedigung zu erachten, obgleich dort die ausdrückliche Aufzählung der Hecken aus dem Gesetze gestrichen worden ist, weil diese Art der Einfriedigungen oft in einem so mangelhaften Zustande angetroffen werde, daß der Eintritt dadurch gar kein Hinderniß finde: Oldenb. Ausschuß-Bericht s. 422.

11. Uebrigens ist es nicht erforderlich, daß eine solche Schutzwehr dem Eindringenden ein schwer zu beseitigendes physisches Hinderniß bereite; es genügt, wenn aus der Art und Weise der Einrichtung der Zweck erkannt werden kann: ZI. 1. März 54 c. Kosmella; KB. II. s. 120.

12. Ob hiernach ein Graben eine genügende Umschließung darstelle, fällt der thatsächlichen Beurtheilung anheim: KB. II. s. 120; vgl. aber § 221 n. 12. Einen zugefrorenen Bach betrachtete der französische Kassations-Hof nicht als Einschließung; vgl. Gilb. C. pén. art. 397 n. 8.

13. „Zum Eingange bestimmt" sind nur solche Oeffnungen, welche nach der erkennbaren Absicht des Inhabers des betreffenden Gebäudes in bleibender Weise dazu dienen sollen, den Eingang der Menschen zu vermitteln; die derselben gewöhnlich beigelegte Benennung (z. B. „Thüre") ist dabei nicht entscheidend: ZI.

§. 223. Einbruch ist vorhanden:

1) wenn der Thäter mittelst Gewalt an den Einfriedigungen oder an Gegenständen oder Vorrichtungen, welche

---

16. Dez. 53 c. Preugszas (GA. II, 124). Insbesondere gehören die nur zum Eingange des Viehs bestimmten Stallthüren nicht hierher: ZII. 27. Mai 58 c. Zuschlag (ind.). Stellt eine Oeffnung sich nach der baulichen Einrichtung als „zum Eingange bestimmt" dar, so ist es gleichgültig, ob der Besitzer ihr eine beschränktere Bestimmung gegeben hat. Ist jenes aber nicht der Fall, so erlangt sie jene Bedeutung durch die ihr durch den Besitzer gewordene Bestimmung auch nur insoweit, als eben jene Bestimmung reicht; war daher diese nur eine beschränkte (ging sie z. B. nur dahin, daß die Hausgenossen bei gewissen Verrichtungen den Eintritt durch die Oeffnung nahmen), so erlangt die letztere dadurch nicht allgemein und objektiv die Eigenschaft „zum Eingange bestimmt" zu sein; der auf diesem Wege erfolgte Eintritt eines Fremden bleibt daher ein „Einsteigen": ZI. 20. Jan. 65 c. Batowski (RdO. V, 427); vgl. n. 16.

14. Hat eine Oeffnung die allgemeine Bestimmung zum Eingange von Menschen zu dienen, so verliert sie dieselbe auch nicht durch zeitweiligen oder theilweisen Verschluß. Daher liegt kein „Einsteigen" vor, wenn der Eingang in der Weise bewirkt wird, daß die beiden Flügel eines verschlossenen Thores durch Gegenstämmen so weit aus einander gedrückt werden, daß ein Durchkriechen möglich wird: VI. 12. Jan. 55 c. Hartphiehl (Entsch. 29. s. 418; GA. III, 706); VI. 15. Juni 55 c. Ristow (GA. III, 705); vgl § 223 n. 4. Dasselbe ist auch da anzunehmen, wo eine Thüre nicht bis zum Boden reicht, sondern, wenn geschlossen, unten doch noch einen offen bleibenden Raum läßt, durch welchen ein Hineinkriechen möglich ist; *contra*: ZII. 12. Aug 57 c. Borgmann (GA V, 750); ebenso da, wo eine Thüre aus zwei horizontal von einander geschiedenen Theilen besteht: der Verschluß des unteren Theiles macht den Eintritt durch den unverschlossenen oberen Theil (mittelst Uebersteigens des unteren) nicht zum „Einsteigen"; derselbe ist dann nicht „über die Thüre" bewirkt; *contra:* ZI. 6. Jan. 54 c. Jetschmann (GA. II, 258). Aehnlich verhält es sich endlich auch in dem Falle, wo der Eintritt durch ein ausgebrochenes Feld einer verschlossenen Thüre genommen ist; *contra:* ZI. 19. Sept. 56 c. Mühle (GA. IV, 810). In allen derartigen Fällen kann es sich daher nur noch fragen, ob ein „Einbruch" vorliege; vgl. § 223 n. 4.

15. Ist eine Oeffnung zum Eingange bestimmt, so ist es gleichgültig, ob sie nach der Konstruktion des Gebäudes von Anfang an vorhanden, oder ob sie später durch den Besitzer selbst angebracht, oder ob sie durch Zufall oder durch Nachlässigkeit des Besitzers entstanden, oder endlich durch den Dieb selbst (mittelst Einbruchs) hervorgebracht ist: VII. 17. Febr. 59 c. Brochwitz (JMbl. s. 123; GA. VII, 236).

16. Nach der oben (n. 13) gegebenen Begriffsbestimmung ist ein Fenster auch dann nicht „zum Eingange bestimmt", wenn es von den Hausgenossen zeitweise des Nothbehelfs wegen (z. B. weil der Hausschlüssel verloren ist) zum Eintritt benutzt worden: Z. 17. Sept. 52 c. Schalthöfer.

17. Das Besteigen eines Schiffes durch Uebersteigen des Bordes stellt ein Einsteigen nicht dar: VII. 29. Sept. 59 c. Giensch (GA. VII, 838).

18. Inwiefern ein Einsteigen als Diebstahlsversuch anzusehen sei, vgl. § 31 n. 17.

§ 223.

Inhalt.

das Eindringen verhindern, einen vorher nicht vorhanden gewesenen oder einen verschlossenen Eingang sich öffnet, oder eine schon vorhandene Oeffnung zum Eindringen erweitert, oder sonst eine Oeffnung macht, mittelst welcher er den Eingang zum Eindringen sich öffnet, oder auch ohne einzudringen, den Diebstahl vollbringen kann;

2) wenn der Thäter im Innern eines Gebäudes in vorstehender Weise Thüren, Wände, Eingänge oder Durchgänge, Schränke, Kisten oder andere Behältnisse eröffnet.

[Entw. § 206]. Vgl. § 218 Nr. 2.

---

1. In Betreff der Fragstellung gilt auch hier das zu § 221 n. 15 Gesagte: Zl. 10. Juni 53 c. Schmidt.

Zu Nr. 1.

2. Einbruch ist nur anzunehmen, wenn er geschah, um Zugang zu der zu stehlenden Sache zu erlangen; er liegt also nicht vor, wenn nach vollbrachtem Diebstahle der Dieb die Gewalthandlungen vornimmt, um sich einen Ausgang zu verschaffen, oder wenn ein Abbrechen stattfand, nur um sich dadurch der abgebrochenen Gegenstände zum Zwecke der Wegnahme zu bemächtigen.

3. Gewalt ist die Anwendung von Körperkräften, um dadurch einen dem eigenen Willen entgegenstehenden Widerstand zu überwinden: Zl. 15. Aug. 60 c. Kollmorgen. Sie muß als thatsächliches Moment vom Richter der Thatsachen festgestellt werden: Zl. 21. Sept. 53 c. Neuendorf. Es kann dieses nicht durch die Feststellung ersetzt werden, daß die Eröffnung „mittelst eines Instrumentes" geschehen sei, zumal da zur Anwendung von Gewalt die Benutzung eines Instrumentes nicht unerläßlich ist: TL. f. 925.

4. Erforderlich ist, daß die Gewalt an den Einfriedigungen ꝛc. verübt, und daß dadurch ein verschlossener Eingang geöffnet worden sei ꝛc.; dagegen darf man bei dem Vorhandensein der gesetzlichen Begriffsbestimmung über diese nicht hinausgehen, und nicht etwa aus dem Worte „Einbruch" schließen, daß es dazu nothwendig eines Brechens, also einer Verletzung der Einfriedigungen bedürfe; die Anwendung der Gewalt genügt; daher kann der Richter der Thatfrage unbedenklich auch in dem Ausheben eines verschlossenen Thorflügels, welches ohne alle Beschädigung erfolgte, das mittelst Gewalt an den Einfriedigungen bewirkte Eröffnen eines verschlossenen Eingangs erkennen: Beschl. Pl. 5. Mai 56 c. Lein (JMbl. f. 183; Entsch. 33. f. 224; GA. IV, 352); Beschl. II. 8. Mai 56 c. Würzig; VI. 22 Jan. 64 c. Pluta; u. ö. Dasselbe ist anzunehmen, wenn z. B. das Schloß durch Loslösen der Befestigungsnägel oder Schrauben ohne Beschädigung abgenommen, oder wenn eine Fensterscheibe durch Zurückbiegen der Blei-Einfassung herausgenommen, oder wenn eine Thüre durch anhaltendes Rütteln geöffnet, oder wenn die beiden Flügel eines verschlossenen Scheunenthores durch Gegenstämmen ohne Beschädigung so weit aus einander gedrückt worden sind, daß ein Durchkriechen möglich wurde; *contra* früher: Z. 4. Juni 52 c. Ristow (GA. III, 705); V. 27. Okt. 52 c. Herrmann; VI. 12. Jan. 55 (cit. § 222 n. 14); VI. 15. Juni 55 (cit. ibid.); vgl. GA. II, 123; Abh. in GA. IV, 347. Vgl. § 222 n. 14.

5. Das Maaß der anzuwendenden Kraftanstrengung (Gewalt) ist mit Rücksicht auf den zu bewältigenden Widerstand (n. 3) zu bemessen; das Zerbrechen einer Fensterscheibe ist unzweifelhaft Einbruch: V. 5. Sept. 51 c. Ritter; VI. 24. Febr. 60 c. Lehmann. Der Richter der Thatfrage kann dasselbe unbedenklich auch von dem Zerreißen eines Gazefensters oder der Papierverklebung annehmen, welche den leeren Raum einer fehlenden Fensterscheibe verschließt, wenn diese die Bestimmung hatte, das Eindringen von Außen zu verhindern; *contra:* V. 5. Sept. 51 (cit.); V. 22. März 52 c. Rumpelt; TL. f. 925. Aehnlich verhält es sich mit dem Durchschneiden eines die Eingangsthüre zuhaltenden Strickes, oder mit dem Zerschneiden oder Ausziehen eines Fadens: VI. 8. Jan. 58 c. Retzat; Zl. 8. Nov. 61 c. Krätke (RdO. II, 46); vgl. Abh. in GA. X, 15.

§. 224. Unter falschen Schlüsseln werden verstanden: nachgemachte, veränderte oder solche Schlüssel, welche für das

---

6. Dasselbe gilt, wenn Jemand den Beschuß eines Kornbodens, auf welchem Getreide lagert, mit einem Bohrer durchbohrt und so eine Oeffnung macht, durch welche das Getreide durchsickert: ZII. 15. Sept. 53 c. Buddenbieck (GA. I. 711); ähnlich: ZII. 14. Juli 53 c. Welter; vgl. n. 7.

7. Daß der Dieb durch die gemachte Oeffnung selbst in die so geöffnete Räumlichkeit eingedrungen sei, oder dieses auch nur beabsichtigt habe, ist nicht erforderlich; es genügt, wenn der Diebstahl mittelst Durchgreifens oder dgl. beabsichtigt resp. ausgeführt wurde; VI. 10. Okt. 55 c. Taube (GA. III, 843; ZII. 28. Febr. 56 c. Gerst; u. ö.; vgl. n. 6.

Zu Nr. 2.

8. Diese Nr. thut der umschlossenen Räume keine Erwähnung; die hier erwähnten Handlungen gelten daher nur dann als Einbruch, wenn sie im Innern eines Gebäudes, oder einer diesem gleichgestellten Räumlichkeit (§ 221) geschehen sind; dazu ist ein umschlossener Raum nur dann zu rechnen, wenn er zu einem bewohnten oder demselben gleichgestellten Gebäude gehört.

9. Erbrechung eines an der Außenseite eines Gebäudes angebrachten, mit dem Innern des letztern in keiner Verbindung stehenden Schaukastens ist kein Einbruch: ZI. 8. Juli 53 c. Perplies.

10. Ueber den Begriff eines „Behältnisses" vgl. § 221 n. 7; wesentlich ist dabei, daß die betr. Vorrichtung zur Aufbewahrung der darin befindlichen Sachen dient; daher ist dasjenige kein Behältniß, was selbst mit den darin befindlichen Sachen ein Ganzes bildet und für die Benutzung derselben wesentlich ist, z. B. ein Kissen und die darin enthaltenen Federn: Beschl. I 12. Dez. 62 c. Steinchen (RdO. III, 174).

11. Dagegen macht es keinen Unterschied, ob die Vorrichtung nur zur Aufbewahrung von Sachen, oder auch zum Schutz gegen den Diebstahl dienen sollte; daher ist auch ein Faß als ein solches anzusehen und Einbruch liegt vor, wenn ein Weindiebstahl durch Anbohren des Fasses ins Werk gesetzt worden ist: ZI. 7. Apr. 54 c. Thiele (GA. II, 555); ZI. 16. Febr. 55 c. Schulze; ZI. 7. Juni 55 c. John; vgl. § 218 n. 46.

12. Ebenso ist es gleichgültig, ob das Behältniß transportabel ist oder nicht.

13. Hiernach kann als ein „Behältniß" angesehen werden: ein mit Lehm zugeklebter Bienenkorb: VI. 28. Okt. 53 c. Milde (GA. II, 123); ebenso ein verschlossener Nachtsack: ZI. 23. Febr. 53 c. Lewy; ebenso ein zugeschnürter und versiegelter Sack: Beschl. I. 16. Sept. 59 c. Klose (128B); GM. II, 459 n. 3.

14. Dagegen gehören bloße Zeugumhüllungen, welche lediglich zur Versendung dienen, oder das Auseinanderfallen verhindern sollen, nicht hierher: ZI. 12. Okt. 59 c. Sattelberg (GA. VII, 839).

15. Es ist kein den Diebstahl erschwerender Einbruch, wenn verschlossene Kisten, Behältnisse ꝛc. in diesem Zustande gestohlen, und erst später nach vollbrachtem Diebstahle gewaltsam eröffnet werden: Beschl. I. 21. Dez. 55 c. Flasch; Beschl. I. 4. Juni 58 c. Jänicke; TGA. s. 284 (der Diebstahl ist dann nicht „vermittelst" des Einbruchs verübt: § 218 Nr 2).

16. In Betreff der Frage, ob Erbrechung eines verschlossen anvertrauten Behältnisses in der eignen Wohnung, und Aneignung der darin enthaltenen Gegenstände Diebstahl (mit Einbruch), oder Unterschlagung sei, vgl. § 215 n. 30.

17. Inwiefern ein Einbruch für sich allein den Thatbestand eines Diebstahlsversuchs darstelle, vgl. § 31 n. 17.

§ 224.

1. Ein Schlüssel ist für ein Schloß bestimmt, wenn er nach der Absicht des Besitzers bleibend zur Eröffnung ꝛc. desselben dienen soll. Das ist von einem Hauptschlüssel in Beziehung auf alle Schlösser anzunehmen, für welche er eingerichtet ist, sollte er auch bei dem einzelnen Schlosse nur ausnahmsweise zur Anwendung kommen: ZI. 21. Dez. 53 c. Kudlicka (GA. II. 125). Dagegen genügt die

Schloß, bei welchem der Thäter sie anwendet, nicht bestimmt sind, sowie Dietriche, Haken und andere zum Oeffnen von Schlössern brauchbare Werkzeuge.

[Entw. § 207]. Vgl. § 218 Nr. 3; 348 Nr. 1.

§. 225. Wer eine fremde bewegliche Sache, deren Besitz oder Gewahrsam er mit der Verpflichtung erlangt hat, sie zu verwahren, zu verwalten, zurückzugeben oder abzuliefern, zum Nachtheile des Eigenthümers, Besitzers oder Inhabers veräußert, verpfändet, verbraucht oder bei Seite schafft, macht sich einer Unterschlagung schuldig.

[Entw. § 208]. Vgl. § 226—229. 324. 325. 237. 241.

---

nur gelegentlich und aushülfsweise erfolgte Benutzung eines Schlüssels für ein anderes Schloß noch nicht, um ihn als auch für dieses mitbestimmt zu betrachten. Es fällt hier Vieles der thatsächlichen Beurtheilung anheim.

2. Der verlorene oder entwendete echte Schlüssel hört damit nicht sofort auf, für das Schloß „bestimmt" zu sein: Motive s. 62. Es kommt vielmehr hier wesentlich darauf an, ob der (zur Bestimmung berufene) Inhaber des Verschlußobjektes durch eine äußerlich erkennbare Handlung seinen Willen, daß jener Schlüssel in Zukunft nicht mehr für dieses Schloß dienen solle, geäußert hat. Als eine solche äußerlich erkennbare Handlung kann vorzugsweise die Ersetzung des Schlüssels durch einen neuen angesehen werden. Gleichwohl ist aus einer solchen Ersetzung jene Aenderung der Bestimmung nicht mit Nothwendigkeit zu folgern, sowie auch umgekehrt der Richter der Thatfrage eine Aenderung der Bestimmung annehmen kann, noch ehe der Schlüssel durch einen neuen ersetzt ist: ZI. 19. Jan. 55 c. Peichert (GA. III, 263); ZI. 14. Dez. 60 c. Zimpel; ZII. 26. Sept. 61 c. Dohle (RdO. I, 550); *contra*: ZI. 28. Juni 54 c. Knätsch (GA. II. 691), welches als falschen Schlüssel nur denjenigen betrachten wollte, welcher nie für das Schloß bestimmt war.

3. Die Benutzung eines falschen Schlüssels ꝛc. setzt ein „Schloß", einen Verschluß voraus, d. h. einen besonderen Mechanismus, welches bei einer normalen Behandlung die Eröffnung nur demjenigen gestattet, welcher sich dazu des für denselben hergerichteten Werkzeuges (Schlüssel) bedient. Ist dieses der Fall, so kommt im Uebrigen Nichts darauf an, ob der Verschluß ein mehr oder minder mangelhafter ist: ZI. 4. Jan. 67 c. Michaelis (RdO. VIII, 9). Dagegen reicht hier ein vorgeschobener Riegel, Pflock ꝛc. nicht hin, insofern derselbe nicht mit einem Schlosse in der Art in Verbindung gesetzt ist, daß derselbe von der Außenseite her nur durch den Schloßmechanismus in Bewegung zu setzen ist; vgl. § 218 n. 34. 35; § 221 n. 11.

4. Ebendeshalb (n. 3) sind unter den „anderen zum Oeffnen von Schlössern brauchbaren Werkzeugen" nur solche zu verstehen, durch welche jener Schloßmechanismus in Bewegung gesetzt wird. Werkzeuge, die lediglich zur Zerstörung dienen, um dadurch die Schließvorrichtung zu beseitigen, gehören nicht hierher; ihre Benutzung ist als Einbruch aufzufassen.

5. In Betreff der Nothwendigkeit, den Begriff des falschen Schlüssels in der den Geschwornen vorzulegenden Frage in seine wesentlichen Merkmale aufzulösen, gilt auch hier das zu § 221 n. 1 Gesagte.

§ 225.

Inhalt.

1. Mit Rücksicht auf die Vorschriften der Artt. 31 und 81 des Ges. v. 3. Mai 1852 genügt es nicht, eine stattgehabte „Unterschlagung" festzustellen; vielmehr ist (zumal in schwurgerichtlichen Sachen) die ausdrückliche Feststellung sämmtlicher im § angegebener Begriffsmerkmale unerläßlich: BI 9. März 53 c. Schaffran (GA III, 400; BI. 31. Okt. 63 c. Nerlich (RdO. IV, 144; BI 15. Juni 66 c. Fischer (RdO. VII, 363; *contra:* ZI. 20. Sept. 54 c. Viol (GA. II, 801); vgl. Strafverf. Art. 31 n. 22; Art. 81 n. 19a Dasselbe gilt auch nach Rhein. Verfahren, da der Begriff der Unterschlagung in seiner juristischen Bedeutung keineswegs zu denjenigen gehört, welche auch im gemeinen Leben eine klare und richtige Auffassung gefunden haben: BII. 4 Febr. 64 c. Wahlscheid (Zucht-Pol. Sache: RdO. IV, 343).

1a. Ueber den Begriff der Sache vgl. § 215 n. 2—6.

1b. Vorausgesetzt wird eine körperliche Sache; vgl. § 215 n. 5. Ein Recht kann ebensowenig unterschlagen werden als eine Idee (eine solche kann nicht zurückgegeben werden). Daher bleibt der § unanwendbar, wenn Jemand ein anvertrautes Geheimniß (z. B. eine gemachte Erfindung betreffend) weiter verbreitet oder sonst mißbraucht: Gilb. C. pén. art. 408 n. 64.

2. Die Sache muß auch hier eine fremde sein, d. h. sie muß im Eigenthume eines Andern stehen; vgl. § 215. n. 7. Dagegen ist es nicht erforderlich, daß die im Besitze des Angeklagten befindliche Sache durch den dritten Eigenthümer vindizirt werden könne: BI. 12. Sept. 55. c. Tempski; BI. 19. Dez. 55 c. Schalla (GA. IV, 255); ebendeshalb steht auch Art. 2279 des Rh. BGB. der Anwendung des § nicht entgegen.

3. Eine Sache, welche Jemand mit der Verpflichtung der Erstattung in genere erhält, geht als Spezies in sein Eigenthum über; er macht sich daher durch ihren Verbrauch nicht einer Unterschlagung schuldig Eine derartige, auf die Erstattung in genere beschränkte Pflicht ist aber nicht ohne Weiteres da anzunehmen, wo es sich von einer fungibeln Sache, z. B. von Geld handelt. Das Gegentheil ist auch nicht aus § 324 zu folgern, welcher bei der Beamten-Unterschlagung „Gelder" speziell neben den „andern Sachen" aufführt. Zwar wird es in solchen Fällen dem Berechtigten regelmäßig gleichgültig sein, ob er die Erstattung in denselben oder in anderen gleichwerthen Spezies erhält, und er wird daher Nichts dagegen einwenden, wenn der zur Erstattung Verpflichtete die empfangenen Spezies gegen andere gleichwerthe austauscht oder umwechselt, ja er wird nicht selten (grade bei Geldern) eine solche Umwechslung selbst wünschen und dazu Anweisung ertheilen. Aus allem dem folgt aber noch keineswegs, daß der Erstattungspflichtige sofort mit dem Besitze Eigenthum an den erhaltenen Spezies erwerbe; seine Befugniß geht vielmehr nur dahin, eine Umwechslung vorzunehmen, in Folge welcher dann die neuen Stücke an die Stelle der ausgewechselten treten und statt der letzteren in das Eigenthum des Berechtigten übergehen. — Eine Verausgabung ohne gleichzeitige Ersetzung durch andere gleichwerthe liegt sonach nicht in den Befugnissen des Er-

stattungspflichtigen, insofern nicht der Wille der Parteien grade dahin gerichtet war, ihn ohne Weiteres zum Eigenthümer der erhaltenen Gegenstände zu machen, während der Berechtigte nur eine persönliche Forderung auf dereinstige Rückzahlung eines künftig erst zu beschaffenden gleichen Betrages erlangen sollte: ZII. 25. Sept. 56 c. Althof (JMbl. f. 330); ZII. 15. Sept. 60 c. Balthasar; ZI. 27. Sept. 61 c. Deutschmann (RdO. I, 563); Hälschn. Abh. in GA. XV, 9. — Alles dieses gilt selbst dann, wenn der Erstattungspflichtige, sei es mit, sei es ohne Zustimmung des Berechtigten die empfangenen Gelder mit seinen eignen vermischt hat, so daß eine Scheidung der ursprünglich erhaltenen Spezies von den übrigen nicht mehr möglich ist; der gesammte Geldvorrath steht dann in dem natürlichen Miteigenthume beider Personen, so daß der Inhaber durch einseitige Verfügung über das Ganze sich in Betreff des Antheils des Andern sehr wohl einer Unterschlagung schuldig machen kann: VI. 9. Dez. 55 c Schalla (GA. IV, 255); ZI. 6. Dez. 61 c Herz; ZI. 8. Okt. 62 c. Jansch; vgl n 10. — Nach diesen Grundsätzen ist in jedem Einzelfalle thatsächlich zu prüfen, ob nach der beiderseitigen Absicht der Betheiligten das Eigenthum an den Spezies ohne Weiteres übergehen, oder ob dasselbe so lange beim Berechtigten verbleiben sollte, bis andere gleichwerthe Spezies an ihre Stelle gesetzt und so zum Eigenthume des letzteren gemacht woren sind.

4. Ueberhaupt ist hier in Betreff der Eigenthumsfrage (d h. ob die Sache für den zur Ablieferung Verpflichteten eine fremde war) zunächst und vorzugsweise die zwischen den Betheiligten getroffene Uebereinkunft maaßgebend, da die Strafbestimmung des § 225 wesentlich dahin abzielt, Treue und Glauben im geschäftlichen Verkehr zu sichern und zu wahren. Ging daher jenes Uebereinkommen dahin, daß der Berechtigte das Eigenthum an der Sache behalten oder erlangen und daß der zur Ablieferung Verpflichtete sie nur für jenen zeitweise besitzen sollte, so ist die Sache für diesen eine fremde, sollte er auch nach außen hin als legitimirter Eigenthümer erscheinen und als solcher zu wirksamen Verfügungen über dieselbe qualifizirt sein (§ 62 I, 13 ALR.); VI 9. Nov. 66 c Bechtold (RdO. VII, 612); vgl. die Citate unter n. 5. 20.

5. Das Gesagte (n. 4) gilt namentlich in Beziehung auf den Bevollmächtigten und den Verwalter fremder Güter. Sachen, deren Gewahrsam sie auf Grund des gedachten Vertragsverhältnisses für den Mandanten rc. resp. mit den Mitteln desselben erlangen, sind als ihnen „fremde" zu betrachten, sobald sie bei einer gewissenhaften Vertragserfüllung nicht in ihr Eigenthum übergegangen wären: ZII. 25. April 56 c. Althof (JMbl. f. 330; ZI. 27. Sept. 61 (cit. n. 3); ZI. 27. März 63 c. Bittner (RdO. III, 379); VI. 20 Jan. 64 c. Kruschinski (RdO. IV, 306); ZII. 25. Okt. 66 c. Scheiler (RdO. VII, 576); ZI. 2. Nov. 66 c. Gusovius (RdO. VII, 602); Hälschn. Abh. GA. XV, 12. An diesen Grundsätzen kann sonach der Bevollmächtigte auch durch ein doloses vertragsbrüchiges Verhalten bei der Erlangung der Gewahrsam Nichts ändern, z. B. dadurch daß er dabei mit der Absicht handelt, den Besitz und das Eigenthum für sich zu erwerben. Ebensowenig kommt darauf etwas an, ob der die Gewahrsam auf ihn übertragende Dritte sein Verhältniß zum Auftraggeber kannte, und ob daher derselbe den letzteren oder den Bevollmächtigten zum Eigenthümer rc. machen wollte. Daher ist es Unterschlagung, wenn der von einem Andern mit der Verwerthung eines Wechsels oder eines auf den Inhaber lautenden Werthpapiers (z. B. eines Lotteriegewinnlooses) Bevollmächtigte die erhobenen Beträge zum Nachtheile des Auftraggebers bei Seite schafft, obgleich er als Inhaber (Indossatar) nach außen hin vollständig zur Verfügung über das Papier befugt war (: Erk. Pl. 2. Okt. 48, Entsch. 17. f. 79), und der darauf Zahlung Leistende in der Regel auch mit der Absicht handeln wird, ihn zum Eigenthümer des betr. Betrages zu machen: B. 3. Nov. 52 c. Fröhndrich; VI. 30. Okt. 61 c. Zappel (GA. X, 6); VI. 10. Nov. 65 c. Kallinka (RdO. VI, 450); n 8. (feste Praxis); v. Zastrow Abh. in GA. XI, 150; *contra*: v. Diepenbroick-Grüter Abh. in Gruchot's Beitr. VI, 220. Dasselbe gilt da, wo der Indossatar den Wechsel, welcher nach dem mit dem Indossanten getroffenen Uebereinkommen im Eigenthume des Letzteren verbleiben und für ihn aufbewahrt werden sollte, zum Nachtheile desselben weiter begiebt: ZII. 13. Juni 61 c. Römmer (RdO. I, 440). — Dieselben Grundsätze sind bei Handlungsbevollmächtigten (Handlungsgehülfen) anzuwenden, welche für ihren Prinzipal Gelder rc. erheben, insofern dieses nicht unter solchen Umständen geschieht, daß

die Gewahrsam sofort auf den Prinzipal überging, ist letzteres der Fall, so stellt die Wegnahme durch den Gehülfen zc. einen Diebstahl dar; vgl. § 215 n 21. 27, und im Allgemeinen D. HGB. Art. 49. 50. 52. 58.

6. Das unter n. 5 vom Bevollmächtigten Gesagte gilt auch vom Kommissionär und zwar selbst dann, wenn er für den Kommittenten einsteht: ZI. 21. Jan. 57 c. Bithorn; ZI. 9 Mai 60 c. Stern; ZI. 31. März 54 c. Oldekop (ind.); ZII. 24. Jan. 61 c. Dietz (ind.); *contra:* Köstlin Abh. in GA. IV, 155. Vgl. übrigens D. HGB. Art. 376 und in Betreff des Pfandrechts des Kommissionärs an dem noch in seinem Besitze befindlichen Kommissionsgute sowie seines Rechts sich wegen seiner Ansprüche aus den durch das Geschäft begründeten noch ausstehenden Forderungen vorzugsweise bezahlt zu machen: ibid. Art. 374.

7. Das Eigenthum an einer Sache geht auch nicht durch die einem Andern aufgetragene Verarbeitung verloren; die Grundsätze der Spezifikation bleiben bei einer vertragsmäßig vorgenommenen Verarbeitung ausgeschlossen; daher trifft den Müller, welcher das aus fremdem Korn auftragsmäßig gemahlene Mehl bei Seite schafft, die Strafe des §: ZII. 25. Okt. 55 c. Däumchen; vgl. KBI. s. 35.

8. Ist der Besitz einer Sache durch einen simulirten Kauf auf einen Andern übertragen, so verbleibt das Eigenthum dem angeblichen Verkäufer; der Schein-Käufer kann sich sonach in Betreff jener einer Unterschlagung schuldig machen: ZI. 30. Jan. 67 c. Rosenberg (RdO. VIII, 79). Aus diesem Urtheile ist aber nicht zu folgern, als gelte dasselbe nothwendig auch da, wo ein wucherisches Darlehen in die Form eines Kaufs auf Wiederkauf eingekleidet ist; ging die Absicht der Parteien dahin, daß wirklich Eigenthum übergehe, so konnte der Erwerber der Sache später daran nicht mehr eine Unterschlagung begehen.

8a. Der Neben-Erwerb, welchen ein Gewerbegehülfe ohne Auftrag seines Meisters zc. durch Handlungen derselben Art, wie die speziell aufgetragenen macht, wird dadurch nicht von Rechtswegen Eigenthum des Meisters, und Bei-Seite-Schaffung desselben durch den Gehülfen stellt nicht ohne Weiteres eine Unterschlagung dar; § 367 II, 8 ALR. (auch wenn er neben der Gew.-Ordn. v. 17. Jan. 1845 noch geltend wäre) rechtfertigt eine solche Annahme nicht: ZI. 2. Juni 58 c. Berndt. Ebensowenig kann es in dieser Beziehung genügen, wenn der Gehülfe vertragsmäßig verpflichtet war, jeden derartigen Neben-Erwerb an den Meister abzuliefern, weil dadurch eben nur eine persönliche Verbindlichkeit begründet wird; *contra:* ZI. 30. März 59 c. Hopf. In einem solchen Falle kommt es darauf an, ob der Gehülfe bei Uebernahme des Geschäfts als Vertreter des Meisters handeln, und für diesen den Lohn in Empfang nehmen wollte; war dieses der Fall, so hat der Letztere durch ihn das Eigenthum erworben, und eine nachträgliche Bei-Seite-Schaffung zc. stellt Unterschlagung dar.

9. Durch Zahlung einer Nichtschuld geht das Eigenthum an den gezahlten Geldstücken auf den Empfänger mit der Verpflichtung zur Erstattung in genere (§ 179. 180 I, 16 ALR.) über, wissentliche Annahme einer solchen Zahlung und der Verbrauch des Geldes stellt daher keine Unterschlagung (§ 225. 226) dar: ZII. 3. Febr. 59 c. Becker (JMbl. s. 114; Entsch. 40. 2. s. 52; GA. VII, 397). Anders verhält sich die Sache, wenn aus Irrthum ein anderer Gegenstand oder an eine andere Person geleistet wird, als beabsichtigt war, weil dann ein Eigenthumsübergang nicht erfolgt; das Nähere siehe § 226 n. 11.

10. Ein Miterbe oder Miteigenthümer kann an den in seinem Besitze befindlichen Gemeinschafts-Sachen in Betreff des Antheils der übrigen eine Unterschlagung begehen: ZII. 26. Jan. 54 c. Maternus; VII. 16. Febr. 54 c. Klein (Entsch. 27. s. 408; GA. II, 561); ZI. 10. Juli 63 c. Wobith. Ebenso verhält es sich mit dem Gesellschafter, welcher die für die Gesellschaft erhobenen Gelder zum Nachtheile der übrigen Gesellschafter für sich verwendet: VI. 17. Juni 63 c. Zappel (RdO. III, 499); vgl. n. 5.

11. Haben zwei Personen gemeinschaftlich die Gewahrsam einer Sache, so kann jede von ihnen daran eine Unterschlagung begehen: ZII. 24. Nov. 59 c. Theves. Ob ein Mitbesitzer auch einen Diebstahl an der betr. Sache verüben könne, darüber vgl. § 215 n. 8.

12. 13. Die Sache muß beweglich sein. Hierbei ist das oben zu § 215 n. 10—12 Bemerkte analog anzuwenden. Als beweglich sind daher auch solche Sachen anzu-

sehen, welche als Pertinenzstücke oder als mobil zu machende Theile einer unbeweglichen Hauptsache durch Besitzergreifung der letztern in die Gewahrsam des Gebrauchenden mit der Verpflichtung kommen, sie mit der Hauptsache zurückzugeben (z B. die zur Bedielung in einem vermietheten Hause dienenden Bretter); daß diese Sachen dem Betreffenden speziell übergeben worden seien, ist nicht erforderlich: BII. 3. Nov. 55 c. Spilker (GA. III, 844).

14. Nur derjenige kann eine Sache unterschlagen, welcher dieselbe thatsächlich in seiner Gewahrsam (Besitz) hat; mit welchem Rechte und in welcher Absicht diese Gewahrsam erlangt worden, ist im Allgemeinen gleichgültig; daher genügt auch ein „unvollständiger Besitz" (ALR. I. 7 § 6): ZI. 26. Sept. 60 c. Fischer; z. B. der des Faustpfandgläubigers: ZII. 1. Mai 62 c. Lißner (RdO. II, 375).; vgl. n. 15.

15. Vorausgesetzt wird nur, daß diese Gewahrsam nicht durch eine strafbare Handlung, z. B. durch Betrug ꝛc. erlangt sei; wäre letzteres der Fall, so könnte nur wegen jener Handlung, nicht auch wegen der demnächstigen Bei-Seite-Schaffung der Sache Bestrafung eintreten: ZI. 26. Jan. 60 c. Witt (GA. VIII, 282); ZI. 8. März 61 c. Klapper (GA. IX, 646); BL. s. 318.

16. Dagegen ist es nicht erforderlich, daß der Besitz in Folge eines mit dem Eigenthümer abgeschlossenen Rechtsgeschäfts durch ein besonderes geschenktes Vertrauen erlangt sei: ZI. 31. Jan. 62 c. Schulz. Daher genügt es, wenn die Erstattungspflicht auf gesetzlicher Vorschrift beruht (Beisp.: Vieh, welches auf Grund der FPO. v. 1. Nov. 1847 § 4 gepfändet worden): ZI. 14. Sept. 55 c. Jastock.

17. Ebensowenig wird umgekehrt erfordert, daß der Besitz durch eine heimliche, dem Eigenthümer unbekannte Handlung erlangt sei: ZII. 15. Dez. 53 c. Rieseberg.

18. Inwiefern Sachen, welche einem Dienstboten, Arbeiter, Gefangenen oder einem eingekehrten Gaste anvertraut werden, in den Besitz dieser Personen übergehen, oder in dem der Herrschaft ꝛc. verbleiben, ob also jene daran einen Diebstahl oder eine Unterschlagung begehen können, darüber vgl. § 215 n. 20—29.

19. Ueber den Besitz an solchen Sachen, welche in einem einem Anderen anvertrauten verschlossenen Behältnisse enthalten sind, vgl. § 215 n. 30.

20. Die Verpflichtung der Rückgabe ꝛc. braucht nicht nothwendig gleichzeitig mit der Erlangung des Besitzes ꝛc. entstanden zu sein; der § wird auch da anwendbar, wo trotz der Fortdauer des Besitzes das Eigenthum durch ein neues Rechtsgeschäft auf einen Andern übergeht, und damit gleichzeitig die Verpflichtung zur demnächstigen Rückgabe begründet wird; z. B. wenn ein Wechsel-Inhaber nach erlangter Zahlung den in seinen Händen verbliebenen Wechsel nicht, seiner Verpflichtung gemäß, dem Zahlenden aushändigt, sondern weiter begiebt: Gilb. C. pén. art. 408 n. 40. Dem steht es auch nicht entgegen, wenn nach civilrechtlichen Grundsätzen der Eigenthumsübergang durch die Besitzübertragung bedingt ist, sobald nur zwischen den Parteien der sofortige Eigenthumsübergang beabsichtigt war; vgl. n. 4. 5. Dagegen gehört derjenige, welcher eine Erbschaft in der irrigen Meinung: er sei nächster Erbe, in Besitz genommen hat, auch dann, wenn er später vom bessern Rechte eines Andern Kenntniß erlangt, nicht hierher; in Betreff seiner wird vielmehr eventuell § 226 anwendbar; vgl. dort n. 12.

21. Die Vorschrift des § ist nicht auf den Fall beschränkt, wo die Rückgabe ꝛc. an denjenigen erfolgen soll, von welchem der Angeklagte sie selbst erhalten hatte; es genügt, wenn die Ablieferung an einen Dritten erfolgen sollte; z. B. wenn Jemand Geld mit dem Auftrag erhält, dafür Waaren zu kaufen: BI. 20. Febr 56 c. Ochmann (GA. IV, 396).

22. Derjenige, welcher den Besitz einer Sache durch einen Tröbelvertrag (ALR. I, 11 § 511. 514) erlangt, überkommt dadurch nicht die Verpflichtung der Rückgabe; er kann sich daher nicht einer Unterschlagung derselben schuldig machen: ZI 12. Febr. 62 c. Lesser (RdO. II, 247); ZII. 1. März 66 c. Thiele (GA. XIV, 362).

23. Der Ehemann überkommt die von seiner Frau mit der Verpflichtung der Rückgabe erlangten Sachen, wenn er selbst nur durch das eheliche Verhältniß in ihren Besitz gelangt, und Kenntniß von jener Verpflichtung hat, mit derselben der Sache anklebenden Verpflichtung; dabei ist es gleichgültig, welches Güterverhältniß zwischen den Eheleuten besteht und ob der Mann das betr. Rechtsgeschäft der Frau hätte anfechten können (z. B. wegen des Mangels seiner Zustimmung),

sobald er nur von dieser Befugniß keinen Gebrauch gemacht hat: ZII. 19. Juni 56 c. Rösing (die Frau hatte eine von ihr in die allgemeine Gütergemeinschaft eingebrachte Sache verkauft, aber miethweise im Besitz behalten, und darauf der Mann, obgleich das Geschehene kennend, dieselbe Sache an einen Dritten verkauft; er ward wegen Unterschlagung bestraft).

24. Ein Frachtführer überkommt die Verpflichtung, das ihm zum Transporte anvertraute Gut vollständig wieder abzuliefern; an dieser Verpflichtung wird durch die Ausstellung eines Ladescheins und durch die darin enthaltene Angabe des an den Adressaten abzuliefernden Quantums Nichts geändert; zeigt es sich bei der Ablieferung, daß er ein größeres Quantum erhalten hatte, als nach dem Ladescheine abzuliefern ist, so kann es sich nur fragen, ob der Ueberschuß dem Versender oder aber dem Adressaten nach dem zwischen Beiden bestehenden Vertragsverhältnisse gebühre; der Frachtführer muß, je nachdem das eine oder das andere anzunehmen ist, die Ablieferung bewirken; er macht sich daher einer Unterschlagung schuldig, wenn er einen solchen Ueberschuß sich selbst zueignet. Das gilt selbst dann, wenn der Adressat das geringere Quantum angenommen und die Fracht bezahlt hatte; der Umstand, daß dadurch nach Art. 408 Abs. 1 des D. HGB.s jeder civilrechtliche Anspruch gegen den Frachtführer erlischt, beseitigt den Thatbestand einer dem Letzteren zur Last fallenden Unterschlagung nicht, wenn sich der Adressat in Betreff der vollständig bewirkten Ablieferung in einem Irrthum befunden hatte: BI. 3. Mai 65 c. Pflugradt (RdO. VI, 84).

25. Ein Grundeigenthümer, welcher die auf dem Stamme stehenden Bäume verkauft, überkommt dadurch nicht nothwendig die Verpflichtung zur Verwahrung 2c., und begeht deshalb durch einen nochmaligen Verkauf an einen Dritten nicht ohne Weiteres eine Unterschlagung: Beschl. I. 18. Jan. 54 c. Schiemang (GA. II, 257; vgl. § 215 n. 12; § 241 n 51.

26. Der Käufer eines Grundstücks erlangt zwar durch die Besitzergreifung desselben auch die Gewahrsam an dem darauf lagernden gefällten Holze, dessen Eigenthum sich der Verkäufer vorbehalten hat, er überkommt aber dadurch noch nicht nothwendig die Verpflichtung der Verwahrung 2c. desselben; er kann daher an demselben weder einen Diebstahl, noch auch (in Ermanglung besonderer jene Verpflichtung begründender Umstände) eine Unterschlagung begehen: ZI. 8. April 57 c. Pallas (GA. V, 564). Dagegen kann die Beiseiteschaffung des Holzes leicht unter § 226 fallen.

27. Zehnten haben die Natur öffentlicher Abgaben; Einfahren des zehntpflichtigen Gegenstandes ohne vorgängige Verzehntung ist eine Zuwiderhandlung gegen diese Verpflichtung, nicht aber Unterschlagung, da der Zehntberechtigte nicht als Miteigenthümer der vom Boden getrennten Sachen anzusehen ist: ZII. 26. Jan. 54 c. Maternus.

28. Die Worte „zum Nachtheile" umfassen jede ungünstigere Gestaltung der Rechtsstellung eines Anderen. Daß der Nachtheil ein bleibender sei, wird nicht erfordert; auch die Entziehung der augenblicklichen Verfügung über eine Sache schließt einen solchen in sich: ZI. 16. Jan. 57 c. Demuth (GA. V, 270); ZI. 11. Jan. 67 c. Kliemt (RdO. VIII, 22); u. ö. Daher gereicht die Verwendung von Kassengeldern zum eignen Nutzen durch einen Kassenbeamten selbst dann „zum Nachtheile der Kasse 2c.", wenn die vom Beamten gestellte Kaution zur Abwendung jedes Schadens ausreicht (vgl. n. 30): ZII. 18. Jan. 55 c. Rohden (JMbl. S. 102; GA. III, 264); ZI. 14. Okt. 62 c. Pege; u. ö. — Selbst die Gefahr einer dereinstigen Beschädigung kann als eine Benachtheiligung angesehen werden: ZI. 21. Jan. 53 c. Leiser; ZI. 8. Febr. 66 c. Mangelsdorf (RdO. VII, 92); vgl. § 243 n. 41; Abh. in GA. III, 536; *contra*: Hälschner Abh. GA. XV, 7. 13.

29. Dasselbe gilt auch von einem entgangenen Gewinne (§ 5, I. 6 ALR.): ZI. 15. Febr. 60 c. Markau.

30. Demgemäß schließt auch die Möglichkeit oder Wahrscheinlichkeit eines demnächst zu leistenden Ersatzes die Benachtheiligung nicht aus, und zwar selbst dann nicht, wenn der Angeklagte vorher schon (z. B. durch Kautionsbestellung, vgl. n. 28), oder gleich bei der That für einen solchen künftigen Ersatz Sicherheiten gewährt hat (z. B. wenn ein Beamter statt des aus der Kasse genommenen Geldes eine antezipirte Quittung über künftig fällig werdendes Gehalt eingelegt hat): ZII.

25. Okt. 55 c. Däumichen; ZI. 31. Okt. 63 c Nerlich. — Ebenso macht ein später wirklich erfolgender Ersatz die früher vollendete Unterschlagung nicht straflos: ZI. 16. Jan. 57 c. Demuth (GA. V, 270); ZI. 27. März 63 c. Bittner, (RdO. III, 379). Demgemäß kann die Benachtheiligung nicht lediglich aus dem Grunde negirt werden, weil der Erstattungspflichtige noch nicht zur Ablieferung aufgefordert gewesen sei: VII. 9. Mai 67 c. Tillmann (RdO. VIII,). Das Gegentheil ist nicht aus Gilb. C. pén. art. 408 n. 4 ff. herzuleiten; vgl. dort n 17. 18.

31. Aus dem unter n. 28 bis 30 Gesagten ist gleichwohl nicht zu folgern, daß jede Verwendung zu eignem Nutzen nothwendig eine Benachtheiligung in sich schließe, und daß es daher einer besonderen Prüfung und Feststellung in dieser Beziehung nicht bedürfe. Es unterliegt vielmehr in jedem Einzelfalle der thatsächlichen Beurtheilung, ob nach den obwaltenden Umständen die Rechtsstellung eines Anderen benachtheiligt worden sei, und eventuell der ausdrücklichen Feststellung dieser Benachtheiligung. Das gilt namentlich auch von der Verwendung von Kassengeldern durch einen Beamten: VI. 10. Febr. 54 c. Elvers (GA. II, 255); VII. 15. Juli 54 c. Görwitz (RA. 50. 2 A. s. 10); VI. 31. Jan. 55 c. Schalla (GA. IV, 255).

32. Die Ausdrücke: „Eigenthümer, Besitzer oder Inhaber" sind nicht limitativ aufzufassen; es kann genügen, wenn der Schaden einen Anderen trifft, welchem ein Recht an der Sache zusteht, z. B. einen Gläubiger, welcher die Sache mit Beschlag belegt hat: ZI. 12. Mai 66 c. Busse (RdO. VII, 291). Natürlich wird aber auch hier vorausgesetzt, daß die Sache für den Unterschlagenden eine fremde war; dadurch erledigen sich die Bedenken v. Diepenbroick-Grüter's (Abh. in Gruchot's Beitr. VI, 220) und Hälschner's (Abh. in GA. IX, 7) gegen das Gesagte.

33. Ebensowenig sind die Ausdrücke „veräußert, verpfändet, verbraucht, oder bei Seite schafft" limitativ; auch andere die Behandlung der Sache als einer eignen enthaltende Verfügungen, welche dahin abzielen, dieselbe dem Eigenthümer rc. zu entziehen, gehören hierher: TGA. s. 285; TL. s. 950; *contra*: GM. II, 501 n. 3. Dagegen ist die unbefugte Benutzung einer fremden Sache keine Unterschlagung, insofern dieselbe nicht ein Verbrauchen in sich schließt (z. B. bei baarem Gelde): ZI. 16. Jan. 57 c. Demuth (GA. V, 270); vgl. n. 35. 36.

34. Auch der zu einer bestimmten Verfügung über die Sache Berechtigte macht sich einer Unterschlagung schuldig, wenn er zum Nachtheile des Berechtigten eine andere Verfügung über dieselbe trifft; z. B. ein Bevollmächtigter, welcher eine auftragswidrige Verwendung vornimmt: ZI. 16. Mai 62 c. Seiler (GA. X, 580).

35 Eine Verpfändung ist, selbst wenn sie mit der Absicht der späteren Wiedereinlösung erfolgt, nicht blos ein unbefugter Gebrauch (n. 33), sondern eine Verfügung über die Sache, durch welche die Sache mit einem dinglichen Rechte belastet wird: ZI. 17. Sept. 65 c. Sachs. Der Thatbestand der Unterschlagung kann daher nicht lediglich deshalb negirt werden, weil die Wiedereinlösung rc. beabsichtigt war und demnächst wirklich erfolgt ist: ZI. 8. März 65 c. Hoff; *contra*: BL. s. 319; vgl. n. 28. 30; ALR. I, 20 § 127 ff. Dabei ist es auch gleichgültig, ob die Sache bei der Verpfändung als eine eigne, oder als eine fremde bezeichnet war; der Umstand, daß im letzteren Falle der Eigenthümer die unentgeltliche Herausgabe fordern kann (§ 17 ff. I, 15 ALR.), schließt eine Benachtheiligung und somit den Thatbestand der Unterschlagung nicht aus: ZI. 5. Mai 65 c. Detzer (beil.); *contra*: Abh. in GA. IX, 360 und XIII, 379 arg. § 89 I, 20 ALR., welcher aber einen Schluß e contratio nicht zuläßt, auch unzweifelhaft durch § 225 des gleichmäßig für den ganzen Staat erlassenen StGB.s außer Kraft gesetzt ist.

36. Das „Verbrauchen" setzt nicht nothwendig eine Verzehrung oder Zerstörung der Substanz voraus. Es gehört daher auch das Verausgaben des Geldes, die Verwerthung eines Werthpapiers, oder die Verwendung eines Schriftstückes, durch welche eine abermalige Verwendung ausgeschlossen wird (z. B. die unbefugte Ausfüllung und Weiterbegebung eines Wechselblanketts) hierher: VI. 21. Jan. 63 c Bösenberg (RdO. III, 225); ZI. 30. Mai 66 c. Jacobsohn (RdO. VII, 317).

37. Das Ableugnen wider besseres Wissen stellt an und für sich, und vom Spezialfalle des § 226 abgesehen, den Thatbestand der Unterschlagung nicht dar; vgl. KBl. s. 225; Köstlin Abh. in GA. IV, 160; vgl. n. 38. Dagegen kann unbedenklich im Einzelfalle aus einem solchen Ableugnen auf ein bereits stattgehabtes

Bei-Seite-Schaffen geschlossen werden: BI. 6 Mai 64 c. Leß (RdO. IV, 491); vgl. § 226 n. 18; § 243 n. 53.

38. Auch zum Begriffe des Bei-Seite-Schaffens gehört eine äußere, eine Verfügung über die Sache in sich schließende Handlung, durch welche dieselbe der Wahrnehmbarkeit für den Eigenthümer ꝛc. in einer die Geltendmachung seiner Rechte unmöglich machenden oder doch wesentlich erschwerenden Weise entzogen wird: BI. 19. Dez. 55 c. Schmidt; BII. 17. Okt. 57 c. Böß (GA. VI, 121); u. ö. Daher genügt die Unterlassung oder Verweigerung der verschuldeten Rückgabe nicht, sollte dabei auch die Absicht der Zueignung obwalten, so lange nicht eine äußere Handlung der erwähnten Art hinzugetreten ist: BI. 20. Jan. 60 c. Wendriner; BI. 15. Juni 60 c dens. (GA. IX, 385); BI. 28. Febr. 62 c. Berliner (RdO. II, 277); BI. 16. Juni 65 c. Sutor (RdO. VI, 186). Diese äußere Handlung braucht aber nicht nothwendig mit einem Aufhören der Gewahrsam des Angeklagten verbunden zu sein; ebensowenig ist es unerläßlich, daß die Sachen den Nachforschungen örtlich entzogen oder verborgen worden seien, noch weniger bedarf es des Eintritts der Unmöglichkeit der Rückgabe: cit. B. 17. Okt. 57. Vielmehr kann ein Bei-Seite-Schaffen auch in der Mitnahme einer Sache an einem anderen Orte gefunden werden: BI. 22. Dez. 65 c Fehrendorf; ebenso im Verstecken der Sache: BII. 14. Okt. 58 c. Trolsch (GA. VII, 108); ebenso in der Beseitigung eines das Eigenthum des Berechtigten andeutenden Zeichens: BI. 5. Juli 65 c. Laudahn (GA. XIII, 709). Dagegen darf zur Auslegung jenes Begriffs nicht auf die andere Thatbestände voraussetzenden §§ 106 und 186 zurückgegangen werden.

39. Gleichgültig ist, ob der zur Rückgabe ꝛc. Verpflichtete die Sache unmittelbar selbst bei Seite schafft, oder ob er dieses durch dritte Personen, Diener ꝛc. thun läßt; auch dann ist er selbst, und nicht etwa der beauftragte Dritte der Unterschlager, weil dieser nicht die Verpflichtung der Rückgabe hatte: BI. 3. Febr. 60 c. Albrecht; vgl. Thl. I. Tit 3 (s. 84 n. 2.

40. Als Dolus wird hier außer der Vorsätzlichkeit der Handlung selbst nur das Bewußtsein vorausgesetzt, daß dadurch der Eigenthümer (in dem oben n. 28 ff. angegebenen Sinne) benachtheiligt werde; es genügt daher das Bewußtsein des Eintritts der Gefahr eines dereinstigen Schadens: BII. 14. Juli 53 c. Steinbecker (Entscheid. 26. s. 152; GA. II. 126); BII. 18. Jan. 55 (cit. n. 28); BII. 25. Sept. 56 c. Althoff (GA. V, 102); BI. 13. Okt. 58 c. Siegroth; u. ö.; KB I. s. 35. Dagegen fällt der Thatbestand der Unterschlagung da weg, wo der Angeklagte mit der (wenn auch objektiv irrigen) Ueberzeugung handelte, daß seine Handlung eine Benachtheiligung des Eigenthümers ꝛc. (im angegebenen Sinne) nicht zur Folge haben, oder, daß der Berechtigte mit seiner Handlungsweise einverstanden sein werde: BII. 5. April 66 c. Kampe (RdO. VII, 202); vgl. Hälschn Abh. GA. XV, 12 ff. Ebenso kann eine bloße Unachtsamkeit (Fahrlässigkeit) zum Thatbestande der Unterschlagung nie genügen: BI. 7. März 60 c. Schulz.

41. Hiernach bedarf es bei der Unterschlagung nicht einer auf Beschädigung gerichteten Absicht: BI. 17. Juni 54 c. Elliot (GA II, 692); BI. 27. Juni 60 c. Bulwien; u. ö; und ebensowenig einer Absicht „zu unterschlagen": Beschl. II. 23. Mai 61 c. Ehrlin (RdO. I, 406).

42. Ebenso bedarf es nicht neben dem Bewußtsein der Benachtheiligung auch noch einer auf Erlangung eines eigenen Gewinnes gerichteten Absicht, da das StGB. nach dem Vorbilde der P. HGO. (Art. 170 bei der Unterschlagung überhaupt von der Absicht einer rechtswidrigen Zueignung abgesehen, und das Wesentliche lediglich in der Verfügung über die fremde Sache zum Nachtheile des Berechtigten gefunden hat, ohne dabei zu unterscheiden aus welchem Beweggrunde dieses geschehe; vgl. Antr. des GStAnw s zu BPl. 30. März 67 (RdO. VIII,); *sic:* BII 16. April 58 c. Herzog; BI. 30 Nov. 64 c. Stockhausen; *contra:* BI. 6. März 63 c. Hackbarth (RdO. III, 322); BPl. 30. März 67 c. Wollberg (RdO VIII,); das letztere hielt hier eine gewinnsüchtige Absicht in demselben Umfange wie beim Diebstahle (vgl. § 215 n. 49 ff.) für erforderlich. Jedenfalls braucht der gesuchte Gewinn nicht in der endgültigen Aneignung der fremden Sache zu bestehen; vielmehr muß dann jeder augenblickliche durch die unbefugte Verfügung über die Sache gesuchte Vortheil genügen: BI. 16. Jan. 57 c. Demuth (GA. V, 270). Vgl. Hälschn.

§. 226. Einer Unterschlagung wird es gleich geachtet, wenn derjenige, welcher eine fremde bewegliche Sache gefunden oder durch Zufall in seine Gewahrsam bekommen hat, dieselbe

---

Abh. in GA. XV, 7, welcher die Absicht der widerrechtlichen Aneignung der fremden Sache für genügend erachtet, selbst wenn der Zweck gar nicht auf eine Bereicherung, sondern etwa nur auf Beschädigung des Eigenthümers ꝛc. gerichtet war. — In keinem Falle kann verlangt werden, daß dem Angeklagten wirklich demnächst ein Vortheil verblieben sei: ZI. 18. Juli 60 c. Kübler.

43. Daraus folgt, daß die Absicht eines dereinstigen Ersatzes und die Ueberzeugung, zur Leistung desselben im Stande zu sein, für sich allein nicht genügen, um den Thatbestand der Unterschlagung zu beseitigen: ZI. 21. Jan. 53 c. Leiser; ZI. 12. Sept. 55 c. Benisch; Hälschn. Abh. in GA. XV, 13; *contra*: Köstlin Abh. GA. IV, 157; vgl. bei. § 324 n. 17

44. Eine den Worten des § entsprechende thatsächliche Feststellung schließt an sich die Feststellung des erforderlichen Dolus in sich: ZI. 16 Jan. 57 c. Schmalstich; ZI. 26. Febr. 58 c. Ruppin. Nur dann, wenn der Angeklagte das Vorhandensein einzelner Merkmale des erforderlichen Dolus bestreitet, bedarf es einer ausdrücklichen Feststellung über dieselben: VII. 15. Juli 54 c. Görwitz (RA. 50. 2A. s. 10); VI. 6. Sept. 65 c. Dieckow (MdO. VI, 277); *contra*: ZI. 17. Nov. 54 c. Biernath (GA. III, 142); vgl. Strafverf. Art. 82 n. 8.

45. Mehrere von einem Individuum zum Nachtheile derselben Person durch verschiedene selbstständige Handlungen verübte Unterschlagungen bilden ebenso viele (in realer Konkurrenz verübte Vergehen, sollte auch die Besitzerlangung des Angeklagten in Betreff aller Gegenstände auf demselben dauernden Verhältnisse beruhen, z. B. die wiederholten Unterschlagungen, welche ein Dienstbote zum Nachtheile seines Herrn begeht; vgl. Gilb. C. pen. art. 408 n. 117.

46. Ebenso liegt reale Konkurrenz vor, wenn Jemand zur Verdeckung einer Unterschlagung eine Urkundenfälschung begeht; vgl. § 247 n. 44.

47. Die französische Rechtsprechung und Rechtslehre halten durchweg an dem Grundsatze fest, daß da, wo der Thatbestand eines Vergehens ꝛc. die Existenz eines vertragsmäßigen Verhältnisses voraussetzt, oder in sich schließt, der erforderliche Beweis des letztern auch im Strafverfahren nur in derjenigen Weise statthaft sei, wie er vor dem Civilrichter geführt werden könnte, daß also z. B. der Zeugenbeweis über dieses civilrechtliche Verhältniß von dem Strafrichter nur da zuzulassen sei, wo er auch vor dem Civilrichter statthaft sein würde: Gilb. C. pén. art. 408 n. 93ff. 98ff. Die Rheinischen Gerichte haben diesen Grundsatz mit Recht nie anerkannt, und die Zulässigkeit der Beweismittel überall nur nach den für das Strafverfahren geltenden allgemeinen Regeln beurtheilt, sonach stets den Zeugenbeweis unbeschränkt zugelassen. Vgl. über diese Frage § 125 n. 20; § 157; Strafverf. Art. 22 n. 10. 73—75

48 Die Verjährung des Vergehens der Unterschlagung beginnt mit der Vollendung desselben, d. h. also mit dem wirklichen Verbrauchen ꝛc., nicht aber mit dem Augenblicke, wo der Thäter den Besitz der Sache erlangt hatte; vgl. Gilb. C. pén. art. 408 n. 116.

§ 226.

Inhalt.

1. Die hier behandelten Fälle (der s. g. „Funddiebstahl") werden der Unterschlagung gleich geachtet; wenngleich sie daher an und für sich einen andern

zum Nachtheile des Eigenthümers, Besitzers oder Inhabers veräußert, verpfändet, verbraucht oder bei Seite schafft, oder die Gewahrsam derselben der Obrigkeit wider besseres Wissen ableugnet.

[Entw. § 209]. Vgl. § 225. 227—229. 349 Nr. 5; ALR. I, 9 § 19 ff.

Thatbestand voraussetzen, so begründen sie doch für eine spätere Unterschlagung den Rückfall im Sinne des § 58; *contra*: GM. II, 500 n. 1.

2. Nur Derjenige, welcher selbst die Sache gefunden, oder durch Zufall in seine Gewahrsam bekommen hat, kann an derselben eine Unterschlagung im Sinne dieses § begehen; ein Dritter, welcher die Gewahrsam an einer durch einen Andern gefundenen Sache durch ein ihn zur Verwahrung verpflichtendes Rechtsgeschäft erlangt, kann daran nur eine Unterschlagung im Sinne des § 225 verüben, resp. an einer solchen Unterschlagung Theil nehmen: VI. 21. Dez. 66 c. Wandrey (RdO. VII, 747.)

3. Auch hier wird, wie beim Diebstahle, eine fremde, d. h. eine im Eigenthume eines Anderen stehende Sache vorausgesetzt. Vgl. über diesen Begriff § 215 n. 7—9. 33; § 225 n. 2—10.

4. Dagegen ist der § nicht auf solche Sachen zu beschränken, welche früher bereits in der Gewahrsam eines Anderen gewesen sind: VI. 30. Okt. 57 c. Adam (GA. VII, 552).

5. An herrenlosen und derelinquirten Sachen ist ein Funddiebstahl nicht möglich: V. 7 April 52 c. Zibulski (Entsch. 22. s 464). Das gilt selbst dann, wenn einem Dritten das ausschließliche Okkupationsrecht an denselben zusteht; vgl. § 215 n. 3. 33; Hälschn. Abh. in GA. XV, 6.

6. Eine verlorene, demnächst von einem Dritten gefundene Sache ist, wenn später im vorgeschriebenen Aufgebotsverfahren (§ 31 ff. I, 9 ALR.) der Eigenthümer derselben nicht ermittelt wird, darum noch nicht von Anfang an als eine derelinquirte zu betrachten; sie erlangt diesen Charakter erst durch die im Zuschlagserkenntnisse ausgesprochene Präklusion und wird erst von diesem Augenblicke an für den redlichen Finder zum Gegenstande einer Eigenthumserwerbung: ZII. 17. März 59 c. Radunz (JMbl. s. 139; GA. VII, 552). Umgekehrt folgt aber aus dem Umstande, daß eine Sache verloren worden, noch nicht nothwendig, daß sie eine (dem Finder) „fremde" sei; es bedarf daher der ausdrücklichen Feststellung dieses Merkmals: VI. 4. Mai 60 c. Hübner (GA. VIII, 565).

7. Ein Schatz ist, wenn der ursprüngliche Eigenthümer desselben nicht mehr ermittelt werden kann, als im Eigenthume Niemandes stehend anzusehen; der Finder erlangt ein Recht an demselben nur durch Okkupation: Erk. I. Civ.-Sen. 11. Mai 55 (Entsch. 30. s. 421). Nach dem unter n. 4 aufgestellten Grundsatze ist daher ein Funddiebstahl an einem in einem fremden Grundstücke gefundenen Schatze nicht möglich. Der Anspruch des Eigenthümers des Fundortes auf die Hälfte des Gefundenen kann nur auf einem persönlichen Forderungsrechte beruhen: GM. II, 508 n. 3; Köstlin Abh. in GA. IV, 159; Hälschn. Abh. in GA XV, 6; *contra*: ZI. 24. Febr. 55 c. Behrendt (Entsch. 30. s. 359; GA. III, 707), „weil der Eigenthümer des Ortes der Auffindung als der Besitzer anzusehen sei, dessen Benachtheiligung zum Thatbestande genüge". — Dieselben Grundsätze dürften auch nach Rheinischem Rechte (BGB. Art. 716) maaßgebend sein. — Jedenfalls ist an einem auf dem eigenen Grundstücke gefundenen Schatze weder ein Diebstahl noch eine Unterschlagung denkbar, da es an einem Berechtigten fehlt, der dadurch benachtheiligt werden könnte; wird die vorgeschriebene Anzeige (§ 75 I, 9 ALR.) verabsäumt, so findet nur die im § 103 l. c. angedrohte Strafe Anwendung: VI. 30. Juni 66 c. Berg (RdO. VIII, 396).

8. Aehnlich verhält es sich mit der Aneignung des gefundenen Bernsteins. Er steht vor der Auffindung im Eigenthume Niemandes; die unbefugte (unter Verletzung eines fremden Okkupations-Rechtes) erfolgende Aneignung desselben ist daher nicht Funddiebstahl, sondern nach dem Ges. v. 22. Febr. 1867 (GS. s. 272) zu bestrafen; *contra* früher: ZI. 7. April 65 c. Kronheim (RdO. VI, 55), welches den § 226 für anwendbar erachtete, während ZPl. 28. März 59 c. Stolzke (JMbl. s. 170; Entsch. 42. 2. s. 66; GA. VII, 821) und VPl. 10. Okt. 59 c. Bussas (GA. VII, 819)

für Ostpreußen ꝛc. die Strafbestimmungen des Ost-Preuß.-Prov.-Rechtes Zus. 228 n. 8—10 noch für geltend erachteten. Diese Vorschriften sind jetzt durch das cit. Ges. v 1867 außer Kraft gesetzt und durch andere ersetzt worden.

9. Nur solche Sachen können gefunden werden, an welchen zur Zeit Niemand den Besitz hat: B. 7. April 52 c. Zibulski (Entsch. 22. S. 464). Ueber die Voraussetzungen des Besitzes (der Gewahrsam) vgl. § 215 n. 14 ff.

10 Das Finden braucht nicht ein rein zufälliges zu sein; insbesondere schließt ein auf eine gewisse Möglichkeit hin stattgehabtes Suchen jenen Begriff nicht aus; das Gegentheil ist nicht aus den Worten: „oder durch Zufall in seine Gewahrsam bekommen hat" zu folgern, da diese Worte nicht das „Finden" erläutern, sondern einen selbstständigen Fall neben dem Finden hinstellen: B. 7. April 52 c. Zibulski (Entsch. 22. S. 464); ZI. 29. Juli 64 c. Szkulardz (beil.).

11. Den Gegensatz des Bekommens der Gewahrsam durch „Zufall" bildet nicht die Erlangung derselben durch menschliches Zuthuen; jener Ausdruck umfaßt vielmehr auch die Fälle, wo eine Uebertragung der Gewahrsam durch einen Anderen stattgefunden hat, wo aber das von dem Uebertragenden gewollte Rechtsgeschäft wegen eines dabei obwaltenden wesentlichen Irrthums (z. B. wegen einer Personen- oder Sachenverwechslung) nicht wirksam, und eben deshalb eine bei jenem Rechtsgeschäfte nicht bezweckte Verbindlichkeit zur Rückgabe der übertragenen Sache begründet wurde. Demgemäß gehört auch der Fall hierher, wo Jemand bei der Leistung einer Zahlung aus Versehen ein Werthpapier höheren Betrages hingiebt, als er zu geben Willens war: ZI. 11. Juli 62 c. Siebert (RdO. II, 522); ZII. 23. Juni 64 c. Döring (RdO. V, 18); ZI. 15. Dez. 65 c. Schultze (RdO. VI, 552); oder wenn Jemand eine abzuliefernde Sache in Folge einer Personenverwechslung nicht dem Berechtigten, sondern einem unbetheiligten Dritten übergiebt: ZII. 4. Mai 65 c. Wilke (RdO. VI, 87). Anders gestaltet sich die Sache, wenn das Rechtsgeschäft an und für sich in der beabsichtigten Weise zur Ausführung kommt, diese Ausführung aber auf einem irrigen Motive beruht, z. B. wenn eine Nichtschuld bezahlt wird; vgl. § 225 n. 9; oder wenn Derjenige, welcher einen Thaler zu empfangen hatte, auf einen hingegebenen Fünfthalerschein neun Thaler herausgiebt, weil er irriger Weise glaubt, er habe eine Zehnthalernote erhalten: ZI. 30. März 59 c. Hentschel (GA. VII, 399); oder wenn Derjenige, welcher ein aus Irrthum in Zahlung gegebenes Werthpapier höheren Betrages in derselben irrigen Meinung des Minderwerthes (also ohne den die Strafbarkeit bedingenden Dolus) weiter verausgabt, vom Empfänger die richtige höhere Herausgabe, und damit zugleich Kenntniß von dem früher stattgehabten Irrthume erhält: ZI 7. März 62 c. Fink (RdO. II, 289). In allen diesen Fällen kann zwar die Erlangung der Gewahrsam auch als eine zufällige angesehen werden; da aber jedesmal der die letzte Zahlung Leistende den Empfänger zum Eigenthümer der hingegebenen Summen machen wollte, so ging auch wirklich (trotz des Irrthums im Motive) das Eigenthum über, so daß also das Geld in den Händen des Empfängers keine „fremde Sache" war; demgemäß fällt die spätere Verausgabung jenes Geldes nicht unter § 226, wenn gleich auch in diesen Fällen eine obligatorische Pflicht zur Rückerstattung begründet wurde.

12. Aus dem unter n. 11 an die Spitze gestellten Grunde ist auch die Besitznahme in der irrigen Meinung einer vorhandenen Berechtigung als eine zufällige anzusehen; z. B. Besitznahme einer Erbschaft, in der irrigen Meinung, man sei nächster Erbe; *contra*: GM II, 508 n. 3.

13. Dasselbe gilt von dem Falle, wo Jemand eine in der Gewahrsam eines Anderen befindliche Sache in der irrigen Meinung, sie sei verloren, als gefunden in Besitz und also jenem wegnimmt. Ein Diebstahl liegt dann nicht vor, weil das Wegnehmen kein bewußtes war.

14. Ueber die Begriffe „veräußern, verpfänden, verbrauchen oder bei Seite schaffen" vgl. § 225 n. 33—39. Das bloße Nichtabliefern genügt nicht, es wird eine wirkliche Disposition verlangt: KBII. S. 122.

15. Sucht der Finder eines Pfandscheins die verpfändete Sache einzulösen, so macht er sich eines Unterschlagungsversuches in Betreff des Scheines schuldig: BI. 19. Dez. 55 c. Schmidt (GA. IV, 256); vgl. 225 n. 36.

§. 227. Die Unterschlagung, sowie der Versuch der Unterschlagung wird mit Gefängniß nicht unter Einem Monate und mit zeitiger Untersagung der Ausübung der bürgerlichen Ehrenrechte bestraft.

---

16. Der § wird anwendbar, wenn der Finder ꝛc. die Gewahrsam der Sache der Obrigkeit ableugnet; das ist aber nicht auf den Fall auszudehnen, wo die Gewahrsam zugestanden; zugleich aber das Finden bestritten und eine andere Erwerbsart behauptet wird: ZI. 21. Febr. 62 c. Reimer (RdO. II, 269).

17. Als „Obrigkeit" im Sinne des Schlußsatzes sind nur solche Beamten anzusehen, welche den Beruf haben, den Finder verlorner Sachen auszumitteln; vgl. GA. II, 556. Als solcher kann jeder Polizei-Beamte, selbst ein Polizei-Diener angesehen werden: ZI. 25. Mai 53 c Langner; ZII. 14. Okt. 58 c. Trolsch (GA. VII, 108); ZII. 15. Nov. 66 c. Hausmann (RdO. VII, 630); nicht aber der Strafrichter; § 73 I, 9 ALR. ist durch § 225 außer Kraft gesetzt: Z. 14. Okt. 58 cit.; *contra:* Wenzel Ergg. s. 66.

18. Das Ableugnen dem Verlierer gegenüber stellt an und für sich den Thatbestand des § 226 nicht dar: VI. 21. Juni 54 c. Elliot GA. II, 692; ZI. 8. Juli 59 c. Schekel. Es kann indessen aus einem solchen Ableugnen auf ein früher stattgehabtes Bei-Seite-Schaffen geschlossen werden: ZI. 6. Mai 64 c. Leß (RdO. IV, 491); ZI. 20. Jan. 65 c. Düsing (RdO. V, 429); vgl. § 225 n. 37.

19. Daß die betr. Handlungen „zum Nachtheile" des Eigenthümers ꝛc. geschehen seien, bedarf der ausdrücklichen Feststellung; es läßt sich nicht aufstellen, daß jede Verpfändung, weil sie möglicher Weise den Eigenthümer ꝛc. in die nachtheilige Lage des Einlösens versetze, nothwendig als zum Nachtheile des Eigenthümers verübt anzusehen sei: VI. 10. Febr. 54 c. Elwers (GA. II, 555); vgl. n. 20; § 225 n. 35.

20. Was zum § 225 n. 40—44 über den erforderlichen Dolus gesagt worden, gilt auch für den hier vorgesehenen Fall; auch hier genügt es, wenn der Angeklagte sich bewußt war, daß unter den obwaltenden Umständen aus seiner Disposition über die gefundene Sache dem Eigenthümer ein Nachtheil erwachsen werde oder erwachsen könne: VI. 21. Juni 54 c. Elliot (GA. II, 692); VI. 5. Juni 57 c. Beschorner (GA. II, 701); ZII. 17. März 59 c. Radunz (JMbl. s. 139; GA. VII, 552).

21. Wenn Jemand eine gefundene Sache ankauft, wissend, daß sie gefunden ist, so liegt nicht der Thatbestand der Hehlerei einer unterschlagenen Sache vor, insofern die Unterschlagung erst durch den Ver- und Ankauf vollendet wird, weil die Hehlerei ein selbstständiges, demjenigen Vergehen ꝛc, durch welches der Hauptthäter die Sache erlangte, nachfolgendes Vergehen ist. In einem solchen Falle kann daher der Ankauf nur als Theilnahme an der Unterschlagung, d. h. an der Handlung angesehen werden, durch welche die Unterschlagung (der Funddiebstahl) vollendet wird: VI. 21. April 54 c. Dittrich (GA. II, 558); VI. 16. Febr. 55 c. Ernst (GA. III, 710); ZI 28. Febr. 55 c. Bielschowski (GA. III, 264); ZI. 11. Febr. 57 c. Hein (GA. V, 271); u. ö.; *contra* für Oldenburg: Lehmann Abh. im Oldenb. Arch. VIII. s. 242. Anders verhält sich die Sache, wenn der Finder schon vor dem Verkaufe eine Handlung vorgenommen hat, welche ein Bei-Seite-Schaffen darstellte; als eine solche kann unter Umständen auch das Anbieten zum Verkaufe angesehen werden; wo der Instanzrichter dieses, sowie die Kenntniß des Käufers von der sonach früher vollendeten Unterschlagung ausdrücklich feststellt, muß er wegen Hehlerei, und nicht wegen Theilnahme an der Unterschlagung strafen. Vgl. § 225 n. 38; und im Allgem. § 237 n. 5; GA. I, 53.

§ 227.

1. Ein Anfang der Ausführung des Versuchs einer Unterschlagung ist nicht denkbar, so lange die betr. Sache noch nicht in die Gewahrsam des Angeklagten gekommen ist; daher ist der Versuch, eine fremde Sache in seine Gewahrsam zu bekommen, um sie demnächst zu unterschlagen, nicht strafbar: ZPl. 28. März 59 c. Stolzke (JMbl. s. 170; Entsch. 40. 2. s. 482; GA. VII, 821); VI. 17. Okt. 60 c. Fridrichowicz (GA. VIII, 841); vgl. § 31 n. 10. 11.

Wird festgestellt, daß mildernde Umstände vorhanden sind, so kann die Strafe bis auf Einen Tag Gefängniß ermäßigt werden.

[Entw. § 210]. Vgl. § 228. 229.

§. 228. Entwendungen oder Unterschlagungen, welche von Eltern oder Großeltern gegen ihre Kinder oder Enkel, oder von einem Ehegatten gegen den anderen begangen werden, sollen nicht bestraft werden.

Diese Bestimmung findet keine Anwendung auf andere Personen, welche als Theilnehmer oder Hehler schuldig sind.

[Entw. § 211]. Vgl. § 229. 37. 271.

---

2. Dagegen kann ein Anfang der Ausführung vor dem Eintritte eines Nachtheils für den Anderen angenommen werden: ZI 24. März 54 c. Fuhrmann.

3. Beim Vorhandensein mildernder Umstände kann von der Untersagung der Ausübung der bürgerlichen Ehrenrechte abgesehen werden; der Richter kann dieselbe aber auch in diesem Falle verhängen, wenn er es für angemessen erachtet: Z. 15. Sept. 52 c. Kalthöfer.

§ 228.

1. Unter „Entwendung" sind hier alle Diebstähle, auch die schweren, einschließlich des Raubes, zu verstehen. Die Ausdehnung der Vorschrift auf den Betrug ist nicht für gerechtfertigt erachtet worden: KBI, s. 49. Ebenso dürfte es bedenklich sein, sie bei der Hehlerei zur Anwendung zu bringen. Dasselbe gilt von der Untreue (§ 246), sollte sie auch den Thatbestand eines Diebstahls oder einer Unterschlagung in sich schließen: GM. II, 511 n. 4; s. 562 n. 4; *contra*: BII. 23. Febr. 54 c. Klein (Entsch. 27. s. 408; GA. II, 561).

2. Dagegen greift der § unbedenklich auch bei der Theilnahme eines Ascendenten an den zum Nachtheile des Descendenten von einem Dritten verübten Entwendungen 2c. Platz.

3. Eine Entwendung 2c. ist gegen diejenige Person verübt, welche durch die Handlung in ihren Rechten beeinträchtigt wird („der Verletzte": § 229): ZI. 15. Juni 64 c. Lehmann (RdO. IV, 565). Das gilt zunächst von dem Eigenthümer der Sache, sollte er auch zur Zeit nicht die Gewahrsam gehabt und gegen den gewesenen Inhaber einen Ersatzanspruch haben: ZPl. 14. Sept. 54 c. Helm (JMbl. s. 410; Entsch. 34. 2. s. 10; GA. V, 651); Beschl. II. 31. Mai 55 c Wachendörfer (Entsch. 30 s. 261; GA. III, 708; V, 648); BII. 9. Febr. 60 c. Pesch (RA. 55. 2 A. s. 42; GA. VIII, 417; GA. II, 693. Daher ist § 228 da unanwendbar, wo eine Ehefrau die einem Dritten gehörende Sache aus der Gewahrsam ihres Ehemannes, wegnimmt: BI. 19 Nov. 56 c Sperling (GA. V, 101). — In Betreff des Versuchs vgl. § 229 n 3.

4. Eine Entwendung ist auch gegen den Inhaber der Sache begangen, wenn dieser durch die That benachtheiligt wird, z. B. wenn der Eigenthümer gegen ihn einen Ersatzanspruch hat: BII. 9. Febr 60 (cit. n 3); BI. 19. Nov. 56 (cit. n. 3). In Ermanglung eines solchen gekränkten eigenen Rechtes ist dagegen der Inhaber nicht als „Verletzter" zu betrachten: ZPl. 14. Sept. 54 (cit. n. 3; beil.); z. B. der unredliche Besitzer: BI. 1 Juli 64 c. Trost (RdO. V, 43) — Das (unter n. 3 cit.) ZI. 15. Juni 64 erachtete es für gerechtfertigt, daß der Instanzrichter die Ehefrau des Eigenthümers gestohlener Lebensmittel wegen ihres Anrechts auf den Mitgenuß als mit verletzt angesehen hatte. Im Uebrigen kommt hier wesentlich der Dolus des Thäters in Betracht, d. h. ob er wußte, daß die Sache einem Andern als dem Inhaber resp. wem sie gehörte; vgl. § 229 n. 18; Abh. in GA. V, 643.

5. Unter Eltern und Großeltern sind hier, zumal mit Rücksicht auf die abweichende Fassung des § 229, nur die leiblichen Ascendenten, einschließlich der un-

§. 229. Wer sich eines Diebstahls oder einer Unterschlagung gegen Eltern oder Großeltern, Stiefeltern oder Stiefkinder, gegen Schwiegereltern oder Schwiegerkinder, gegen Geschwister, ingleichen gegen Pflegeeltern, Vormünder oder Erzieher schuldig macht, ist nur auf Antrag des Verletzten zur Untersuchung zu ziehen.

[Entw. § 211a]. Vgl § 228. 37. 50—54. 271.

---

ehelichen zu verstehen. Dagegen gehören Adoptiveltern nicht hierher: KBI. s. 36.

6. Zwischen Ehegatten wird der § wirksam, sobald die betreffende Handlung zur Zeit des Bestehens der Ehe statt fand, sollte die letztere auch seitdem aufgelöst worden sein.

7. Die Ehescheidung beseitigt für die Zukunft die Anwendbarkeit des § 228. Das ist auf die Trennung von Tisch und Bett und auf die als zeitweilige Maßregel angeordnete Trennung nicht auszudehnen, da sie das Band der Ehe fortbestehen läßt; *contra*: GM. II, 511 n. 6.

8. Der § 228 bleibt ausgeschlossen, wenn der Descendent oder Ehegatte nicht alleiniger, sondern nur Miteigenthümer der gestohlenen rc. Sache war, außer ihm also noch andere Personen in ihren Rechten gekränkt sind: ZI. 25. Sept. 57 c. Figge (GA. V, 653); VII. 9. Febr. 60 (cit. n. 3; vgl. § 229 n. 14.

9. Die Straflosigkeit des Diebstahls ist auf einen den letzteren begleitenden und qualifizirenden Umstand (z. B. den Einbruch), wenn dieser für sich allein ein selbstständiges Vergehen (z. B. der Vermögensbeschädigung, darstellt, nicht auszudehnen, zumal wenn dieses Vergehen gegen eine dritte Person (z. B. den fremden Eigenthümer des vom Bestohlenen bewohnten Hauses) verübt ist; *contra*: ZI. 24. Sept. 58 c. Hensel (GA. VI, 845).

10. Die hier vorgesehenen Fälle haben an sich den Charakter eines Verbrechens oder Vergehens nicht verloren, das Gesetz hat nur ausnahmsweise hier Straflosigkeit vorgeschrieben; vgl. KBII. s. 124. Ebendeshalb ist diese Bestimmung auf dritte Personen, welche sich der Theilnahme oder der Hehlerei schuldig gemacht haben, nicht auszudehnen: ZII. 23. Febr. 54 c. Klein (Entsch. 27. s. 408; GA. II, 561); *contra*: TL. 938. 939. 965 Note 5. Das Gesagte muß auch von Mitthätern gelten; vgl. Thl. I Tit. 3 s. 86 n 8; ebenso von dem Begünstiger, welcher dem Thäter die Vortheile des Verbrechens rc. sichern wollte; dabei ist es gleichgültig, daß die andere Art der Begünstigung (um den Thäter der Bestrafung zu entziehen) hier nicht vorkommen kann: VII. 24. April 56 c. Söchting (GA. IV, 691).

11. Die Vorschrift dieses § steht der Statthaftigkeit einer Privatentschädigungsklage in keiner Weise entgegen.

§ 229.

1. „Diebstahl" umfaßt alle Arten des Diebstahls, also auch den schweren Diebstahl.

2. Was hier von Diebstahl und Unterschlagung gesagt ist, gilt auch von der Theilnahme an diesen Vergehen rc.

3. Ebenso verhält es sich mit dem Versuche des Diebstahls rc.; derjenige, gegen welchen ein solcher Versuch gerichtet war, ist als „Verletzter" anzusehen, wenngleich er keinen wirklichen Nachtheil erlitten hat.

4. Dagegen findet (zumal mit Rücksicht auf die abweichende Fassung des § 228, und den dort gebrauchten Ausdruck „Entwendungen") eine Ausdehnung auf andre Strafthaten, z. B. auf Raub, Hehlerei u. s. w., nicht statt; in Betreff des Betruges vgl. KBI. s. 39; ZI. 5. März 62 c. Uelsmann.

5. Auf Feldfrevel findet der § nur dann Anwendung, wenn die betreffende Handlung den Thatbestand eines Diebstahls oder einer Unterschlagung darstellt, welcher nur ausnahmsweise nicht nach dem StGB., sondern nach den betreffenden Spezialgesetzen zu beurtheilen ist; dasselbe gilt von Holzdiebstählen.

6. Ueber die Strafbarkeit der den Diebstahl rc. qualifizirenden Umstände, diese als selbstständige Vergehen aufgefaßt, vgl. § 228 n 9.

7. Uneheliche Verwandtschaft reicht hin, um den § 229 auf die entsprechenden Verhältnisse anwendbar zu machen; auch kommt Nichts darauf an, inwiefern die verschiedenen, in den einzelnen Theilen des Staats geltenden Civilgesetzgebungen ein solches Verwandtschaftsverhältniß anerkennen, da das StGB. für den ganzen Staat gleichmäßig zur Anwendung zu bringen ist; vgl. § 141 n. 4; § 228 n. 5; GA. I, 542 und 577.

8. Auf Stiefgroßeltern ist der § nicht auszudehnen: ZI. 4. Sept. 61 c. Kuhnke (RdO. I, 518).

9. ..... ebensowenig auf den Mann der Stieftochter: ZII. 9. Jan. 62 c. Rüdiger (JMbl. s. 150).

10. Ein schwägerschaftliches Verhältniß ist (arg. ALR. II, 1 § 6) auch nach Auflösung der dasselbe begründenden Ehe als fortbestehend anzusehen; der § ist daher auch in einem solchen Falle zu beobachten; so: VI. 15. Mai 57 c. Ulke (GA. V, 566); *contra*: Z. 2. April 52 c. Schmidt; vgl. § 141 n. 8. 9; § 228 n. 6. 7.

11. Der Ausdruck Geschwister umfaßt auch Halbgeschwister: VI. 11. März 57 c. Stechy (GA. V, 273); ZI. 29. Mai 61 c. Quassowski (RdO. I, 411).

12. „Pflegeeltern" sind (im Geltungsbereiche des ALR.) nur diejenigen, welche ein verlassenes Kind in Pflege genommen haben; der § ist daher auf andere ähnliche, rein vertragsmäßige Verhältnisse (ALR. II, 2 § 772) nicht auszudehnen: ZI. 4. Sept. 61 (cit. n. 8). Nach Rheinischem Rechte dürfte die s. g. tutelle officielle (Rh. BGB. Art. 361) der Pflegeelternschaft gleich zu achten sein — Der § bleibt wirksam, sollte auch das Verhältniß der Pflege vorher schon sein Ende erreicht haben: ZI. 24. Mai 65 c. Kötel (RdO VI, 146).

13 Unter „Erziehern" sind Lehrherrn und Lehrmeister nicht mit zu verstehen, wenn gleich das ALR. II, 8 § 292—294 den Handwerkslehrherrn gewisse mit der Erziehung der Lehrlinge in Verbindung stehende Rechte und Pflichten beilegt. Schon der Umstand, daß § 217 Nr. 4 den Diebstahl des Lehrlings gegen den Lehrherrn strenger bestraft, spricht gegen eine solche Auslegung.

14. Des Antrags bedarf es nicht, wenn der Verwandte nur Miteigenthümer neben dritten Personen war, z. B. wenn eine der Schwester des Diebes gemeinschaftlich mit ihrem Ehemanne gehörige Sache gestohlen wurde: VI. 25. Sept. 57 c. Figge (GA. V, 653); ZI. 29. Mai 61 (cit. n. 11); vgl. § 228 n. 8. Sind mehrere Personen verletzt und alle im Sinne des § 229 verwandt, so genügt der Antrag eines einzigen.

15 Auf dritte Personen, welche sich an einem von einem Verwandten begangenen Diebstahle rc. als Mitthäter oder Theilnehmer betheiligen, oder später die betreffenden Gegenstände verhehlen, bezieht sich § 229 nicht mit; es bedurfte der Wiederholung des Schlußabsatzes des § 228 nicht, weil hier von einer Straflosigkeit der Handlungen überhaupt keine Rede ist, sondern nur von einem durch ein subjektives Verhältniß bedingten Strafantrage, dessen Nichtanwendbarkeit auf dritte Personen sich von selbst versteht: KBl. s. 30; B. 21. Jan. 52 c. Büttner (JMbl. s. 111; GA. I, 233); ZI 23. Dez. 53 c. Goslinski (GA. II, 255).

16. In Beziehung auf die Stellung des Antrags sind die Grundsätze der §§ 50 bis 54 maaßgebend; das gilt namentlich auch von der Untheilbarkeit desselben, wenn mehrere Personen konkurriren, bei welchen es eines Antrags bedurfte.

17. In Betreff der Person des Verletzten vgl. § 228 n. 3; als solcher ist auch hier der in seinen Rechten Gekränkte, vorzugsweise also der Eigenthümer, nicht aber der Inhaber als solcher zu verstehen: Beschl. II. 31. Mai 55 c. Wachendörfer (Entsch. 30. s. 361; GA. III, 708; welcher gleichzeitig erwägt, daß das Gesagte auch da Anwendung finde, wo der Grundsatz gilt „Hand muß Hand wahren", weil dieser Satz nur dem Eigenthümer das Recht versage, die Sache in der Hand eines Dritten zu vindiziren, ohne im Uebrigen dem Eigenthume seine Bedeutung und Wirkung zu entziehen); VII. 9. Febr. 60 c. Pesch (RA. 55. 2A. s. 42; GA. VIII, 417).

18. Bei der Anwendung des § 229 ist lediglich das Bestehen oder Nichtbestehen des Verwandtschaftsverhältnisses entscheidend; auf die Kenntniß des Angeklagten von diesem Verhältnisse oder auf sein Vermeinen kommt es hier (abweichend vom

Neunzehnter Titel.
Raub und Erpressung.

§. 230. Einen Raub begeht, wer mit Gewalt gegen eine Person, oder unter Anwendung von Drohungen mit gegenwärtiger Gefahr für Leib oder Leben, eine fremde bewegliche Sache einem Anderen in der Absicht wegnimmt, sich dieselbe rechtswidrig zuzueignen.

Wer, bei einem Diebstahl auf frischer That betroffen, gegen eine Person Gewalt verübt oder Drohungen mit gegenwärtiger Gefahr für Leib oder Leben anwendet, um sich im Besitze des gestohlenen Gutes zu erhalten, ist einem Räuber gleich zu achten.

[Entw. § 212]. Vgl. § 215. 231—233. 236. 28 39; Ges. v. 31. März 1837 (GS. S. 67); Ges. v. 4. Juni 1851 § 10 (GS. S. 453).

Falle des § 228, vgl. dort n. 3) nicht an; der § bleibt daher ausgeschlossen, wenn das Vergehen gegen einen Dritten verübt wird, sollte der Angeklagte auch irriger Weise geglaubt haben, die betr. Sache gehöre einer der im § genannten Personen; *contra:* Zl. 17. Mai 58 c. Hohensee (GA. VI, 710); ebenso wird umgekehrt der § anwendbar, wenn der Verletzte (ohne daß der Angeklagte es wußte) ein Verwandter ist: VI. 1. Juli 64 c. Trost (RdO. V, 43).

§ 230.

1. Die hier gegebene Begriffsbestimmung des Raubes umfaßt den vollständigen Thatbestand des Diebstahls mit dem hinzutretenden erschwerenden Umstande der Gewalt 2c.: Zl. 20. Dez. 61 c. Jahre (RdO. II, 175); Zl. 12. Mai 66 c. Lippeck (RdO. VII, 294). Es ist daher hier das zu § 215 Bemerkte zu vergleichen.

2. Demgemäß liegt ein Raub nicht vor, wenn der bisherige Inhaber der Sache, wenn auch nur gezwungen, die Gewahrsam aufgiebt und auf den die Gewalt 2c. Ausübenden überträgt, weil es dann an der „Wegnahme" fehlt. Dagegen ist dieser Fall (der Erpressung) durch § 236 dem Raube gleichgestellt.

3. Dagegen genügt es, wenn die Handlung unter den allgemeinen Begriff des Diebstahls fällt; es gehören sonach auch solche Fälle hierher, welche im Uebrigen von den allgemeinen Vorschriften über den Diebstahl ausgesondert und zum Gegenstande spezieller milderer Bestimmungen gemacht sind, z. B. Feld- und Holzdiebstähle; das Ges. v. 22. Mai 1852 Art. III enthält für den Raub keine abweichende Bestimmung; vgl. n. 11; § 215 n. 59.

3a. Die gewaltsame Besitznahme unbeweglicher Sachen ist nie Raub und nur insofern strafbar, als sie den Thatbestand eines andern Straffalles (z. B. des § 214 oder des § 284) enthält.

4. Die angewendete Gewalt muß eine solche sein, welche geeignet war, einen Zwang zur Duldung der Wegnahme der Sache auszuüben; dazu ist es aber keineswegs erforderlich, daß dieselbe eine in dem Maaße unüberwindliche gewesen sei, daß der Angegriffene sie unter Aufwendung aller seiner Kräfte nicht habe bewältigen können: Zl. 27. März 67 c. Muschinski (RdO. VIII, 204). — Dagegen ist es nicht als Gewalt anzusehen, wenn eine Sache einer Person entrissen wird, ehe sie dieselbe schützen kann.

5. Es ist nicht unerläßlich, daß die Gewalt zum Zwecke des Diebstahls angewendet worden sei; vielmehr ist Raub auch dann anzunehmen, wenn jene zunächst zu einem andern strafbaren Zwecke stattfand, sie gleichwohl demnächst das benutzte Mittel war, durch welches der Diebstahl möglich wurde; *contra:* Zl. 20. Dez 61 c Jahre (RdO. II, 175); GM. II, 517 n. 7; vgl. § 218 n. 19. 23. 25. 28.

§. 231. Der Raub wird mit Zuchthaus von fünf bis zu funfzehn Jahren, sowie mit Stellung unter Polizei-Aufsicht bestraft.

[Entw. § 213].

---

6. Die Gewalt muß gegen eine Person angewendet sein; dagegen ist es nicht nothwendig, daß diese Person grade der zu Beraubende sei, wenn nur der Kausalnexus feststeht: GA. II, 511 n. 2. *contra*: TL f. 955.

7. Es ist nicht erforderlich, daß die Gewalt mit gegenwärtiger Gefahr für Leib oder Leben verbunden gewesen sei; dieses Merkmals bedarf es nur bei der Drohung: ZI. 12. März 58 c. Grieger

8. Ueber den Begriff der Drohung vgl. § 89 n. 35—37.

9. Ein von mehreren (Mitthätern gemeinschaftlich ausgeführter Diebstahl nimmt den Charakter des Raubes an, wenn auch nur einer von ihnen selbst ohne eine vorherige hierauf gerichtete Verabredung Gewalt rc anwendet: B. 13. Sept. 52 c. Kowsky; ZII. 19 März 63 c. Pumenau (RdO. III, 353); ZI. 22. Mai 63 c. Habisch (RdO. III, 468); ZII. 18. Jan. 66 c. Schrewe (RdO. VII, 36); BI. 27. April 66 c Michaelis (RdO. VII, 252). Dasselbe gilt dann, wenn die Gewalthandlung rc. nicht von einem Mitthäter, sondern von einem Gehülfen ausging; die That nimmt dann im Ganzen den Charakter des Raubes an, der Thäter hat daher auch den von ihm nicht ausgegangenen erschwerenden Umstand mit zu vertreten, vorausgesetzt, daß er bei der That Kenntniß von demselben hatte. Vgl. über diese Fragen oben Thl. I. Tit. 3 (f. 85) n. 7. 13.

10. Mit Rücksicht auf das oben n. 1 Gesagte sind die angewendete Gewalt (Drohungen) auch prozessualisch als erschwerende Umstände zu behandeln. Das gilt namentlich von der Abstimmung der Geschwornen (Ges. v. 3. Mai 1852 Art. 91 Abs. 4): BI 15. Juli 57 c Szymankiewicz (GA. V, 663). — Aus demselben Grunde kann bei einer Anklage wegen Raubes nicht eine Eventualfrage wegen einfachen Diebstahls gestellt werden; dagegen ist die Strafe aus § 216 zu verhängen, wenn auf die den Raub betreffende Frage nur die Merkmale des Diebstahls unter Verneinung der Gewalt rc. festgestellt werden: ZI. 2. Jan. 56 c. Großmann (GA. IV, 207). Vgl. EG. Art. XXV n 9; Strafverf. Art. 84 n. 5. 8; Art. 86 n. 7.

11. Abs. 2 setzt eine wirklich als „Diebstahl" zu qualifizirende Handlung voraus; er bleibt daher ausgeschlossen, wenn es sich nur von einer nach der FPO. v. 1. Nov. 1847 als Uebertretung strafbaren Entwendung oder von einem einfachen Holzdiebstahle handelt: Z. 20. Mai 52 c. Favre (GA. I, 95); vgl. n. 3; § 178 n. 3.

12. Ob ein „Betreffen auf frischer That" vorliege, ist hier (und im Falle des § 178) nicht nach § 2 des Ges. v. 12. Febr. 1850 zum Schutz der pers. Freiheit (GS. f. 45 zu beurtheilen, weil dieses Gesetz einen ganz andern Zweck verfolgt: TL. f. 956. Jenes ist vielmehr nur da anzunehmen, wo zwischen dem Diebstahle und dem Betreffen ein solcher sachlicher Zusammenhang, eine solche objektive Kontinuität obwaltet, daß das Ganze als ein zusammenhängender Vorfall (vgl. § 56 n. 2 aufgefaßt werden muß: ZI. 27. März 67 c. Muschinski (RdO. VIII, 204). Es wird sonach keineswegs vorausgesetzt, daß das Betreffen geschehen sei, noch ehe der Diebstahl (das „Wegnehmen") vollendet war; es genügt, wenn der Dieb bei einer unmittelbar nach der That eingetretenen Verfolgung angehalten wurde. Es fällt hier Vieles der thatsächlichen Beurtheilung anheim. Daher liegt beispielsweise nicht nothwendig ein Rechtsirrthum vor, wenn der Instanzrichter ein Betreffen auf frischer That nicht annimmt, wenn dasselbe geschah, nachdem der Dieb die Sache in seine Gewalt gebracht hatte, und bei einer später vorgenommenen Durchsuchung im Besitze derselben gefunden wurde, als er die (sehr ausgedehnten) Räume des Bestohlenen verließ: ZII. 12. April 55 c. Bullert.

13. Der Fall, wo die Gewalt rc. nur zum eignen Schutze, z. B. gegen eine beabsichtigte Verhaftung, und nicht deshalb geschah, um sich im Besitze des gestohlenen Guts zu erhalten, gehört nicht hierher: Beschl. I 7. Jan. 57 c. Knoll.

§ 231. — — — — — — — — — — — — — — —

§. 232.*) Der Raub wird mit Zuchthaus von zehn bis zu zwanzig Jahren, sowie mit Stellung unter Polizei-Aufsicht bestraft:

1) wenn der Räuber, oder einer der Räuber oder Theilnehmer am Raube Waffen bei sich führt;
2) wenn zu dem Raube zwei oder mehrere Personen als Urheber oder Theilnehmer mitwirken, welche sich zur fortgesetzten Verübung von Raub oder Diebstahl verbunden haben;
3) wenn der Raub auf einem öffentlichen Wege oder Platze verübt wird;
4) wenn bei einem Raube einem Menschen eine erhebliche Mißhandlung oder Körperverletzung (§. 192a.) zugefügt wird.

[Entw. § 214]. Vgl. § 218 Nr. 6. 7. 4; 192a; A.KO. v. 21. April 1856 (GS. s. 220).

§. 233.**) Der Raub wird mit lebenslänglichem Zuchthaus bestraft:

---

*) Fassung des Ges. v. 14. April 1856 (GS. s. 210); in der ursprünglichen Fassung fehlte die Nr. 4.

**) Fassung des Ges. v. 14. April 1856 (GS. s. 210); früher lautete:
§ 233. Der Raub wird mit lebenslänglichem Zuchthaus bestraft:
1) wenn der Räuber schon einmal wegen Raubes oder gewaltsamer Erpressung durch einen Preußischen Gerichtshof rechtskräftig verurtheilt worden ist; der § 60 findet hier keine Anwendung;

---

§ 232.

Zu Nr. 1.

1. Dem Raube stehen auch hier die Fälle des § 230 Abs. 2 gleich: BI. 16. Sept. 57 c. Auer (GA. V, 702).
2. Im Uebrigen vgl. § 218 Nr. 6 und dort die Bemerkungen.

Zu Nr. 2.

3. Vgl. § 218 Nr. 7 und dort die Bemerkungen.

Zu Nr. 3. Vgl. § 218 Nr. 4; ALR. I, 22 § 63; II, 15 § 1—37.

4. Unter öffentlichen Wegen sind hier nicht blos die Land- und Heerstraßen (ALR. II. 15 § 1—37), sondern alle zu Jedermanns Benutzung stehenden Wege, auch wenn sie über ein Privatgrundstück führen, zu verstehen; es kann daher ein bloßer Fußweg genügen: ZII 7. Juli 53 c. Kilper (Entsch. 26. s. 157; GA. II, 126; ZI. 2. März 55 c. Schmidt; vgl. Gilb. C. pén. art. 383 n. 1. 2.
5. Demgemäß sind auch Straßen in Ortschaften als öffentliche Wege anzusehen; *contra*: die französische Rechtsprechung, welche die entsprechende Strafbestimmung des art. 383 des C. pén. da ausschließt, wo ein öffentlicher Weg von Häusern eingefaßt ist; vgl. Gilb. l. c. n. 3.
6. Auf Eisenbahnen ist der § nicht auszudehnen, weil ihre Benutzung nicht Jedem ebenso wie die eines Weges freisteht; *contra*: GM. III, 519.
7. Ebenso findet der § auf Wasserstraßen keine Anwendung: KBII s. 125; *contra*: TL. s. 957.

Zu Nr. 4.

8. Vgl. § 233 n. 10.

1) wenn der Räuber schon einmal wegen Raubes oder gewaltsamer Erpressung durch einen Preußischen Gerichtshof rechtskräftig verurtheilt worden ist; der §. 60. findet hier keine Anwendung;

2) wenn bei dem Raube ein Mensch gemartert oder verstümmelt, der Sprache, des Gesichts, des Gehörs oder der Zeugungsfähigkeit beraubt, oder durch Mißhandlung oder Körperverletzung in eine Geisteskrankheit versetzt worden ist;

3) wenn bei dem Raube der Tod eines Menschen durch Mißhandlung oder Körperverletzung verursacht ist.

[Entw. § 215]. Vgl. § 58—60. 219. 193. 194. 175 ff.; AKO. v. 21. April 1856 (GS. f. 220).

---

2) wenn bei dem Raube ein Mensch gemartert oder verstümmelt, der Sprache, des Gesichts, des Gehörs oder der Zeugungsfähigkeit beraubt oder durch Mißhandlung oder Körperverletzung in eine Geisteskrankheit versetzt, oder länger als zwanzig Tage krank oder arbeitsunfähig geworden ist;

3) wenn bei dem Raube der Tod eines Menschen durch Mißhandlung oder Körperverletzung verursacht ist.

---

§ 233.

Zu Nr. 1.

1. Vgl. § 58. 59 219 und die Bemerkungen zum letztern.

2. Eine Vorbestrafung nach § 1206. 1198. II, 20 des ALR. ist als Bestrafung wegen Straßenraubs aufzufassen: ZII 22. Okt. 57 c. Greulich.

3. Unter „gewaltsamer Erpressung" ist hier die im § 236 vorgesehene Handlung zu verstehen.

4. Ein früherer Diebstahl, wäre es auch ein schwerer, begründet hier die Rückfallsstrafe nicht; vgl. aber § 219 n 10a — Ueber ein hiernach eintretendes Mißverhältniß in Betreff der Höhe des Strafmaaßes vgl. GM. II, 519 n. 1.

Zu Nr. 2 und 3.

5. Die betr. Handlung muß „bei" dem Raube verübt sein, dagegen macht es keinen Unterschied, wenn der Erfolg (die Verstümmelung ꝛc. nur als demnächstige unmittelbare oder mittelbare Folge jener Handlung eingetreten ist: ZI. 14. Dez. 59 c. Langer (GA. VIII, 93; vgl. § 193 n. 2.

6. Der § wird auch da anwendbar, wo der Raub nur versucht ist, wenn die Gewaltthätigkeiten gegen Personen die hier vorgesehene Wirkung gehabt haben.

Zu Nr. 2.

7. Unter „Martern" sind schmerzhafte Mißhandlungen zu verstehen, welche grade in der Absicht der Schmerzenszufügung stattfinden, sei es, daß diese der alleinige Zweck ist, oder daß durch sie der Mißhandelte zu irgend einem Thun oder Lassen gezwungen werden soll.

8. Ueber die Verstümmelung, die Beraubung der Sprache ꝛc. vgl. § 193 und die Bemerkungen zu demselben.

9. Auch hier ist der Fall nicht ausgeschlossen, wo die Geisteskrankheit nicht Folge der mechanischen Einwirkung auf den Körper, sondern des psychischen Eindruckes war: TL. f. 958 Note; *contra*: GM. II, 519 n 2; vgl. § 193 n. 18.

10. Vorausgesetzt wird, daß die Verstümmelung ꝛc. eine Folge derjenigen Gewalthandlungen waren, durch welche der Diebstahl den Charakter des Raubes annahm; in Ermangelung eines ausdrücklichen in dieser Richtung gestellten Antrags genügt indessen eine dem Wortlaute der Nr. 2 entsprechende Frag- und Feststellung: ZI. 4. Jan. 56. c. Jalocha.

11. Die Strafschärfung trifft auch diejenigen Mitthäter, von welchen die

§. 234. **Wer, um sich oder Dritten einen rechtswidrigen Vortheil zu verschaffen, einen Anderen zu einer Handlung oder Unterlassung dadurch zwingt oder zu zwingen versucht, daß er denselben schriftlich oder mündlich mit der Verübung eines Verbrechens oder Vergehens bedroht, macht sich der Erpressung schuldig.**

[Entw. § 216]. Vgl. §. 83 84. 90. 212. 213. 215; Ges. v. 4. Juni 1851 § 10 (GS. s. 220).

Thätlichkeiten gegen die Person selbst nicht ausgegangen sind unbeschadet der Vorschrift des § 44): ZI. 1. März 54 c. Langner; ähnlich: ZI. 3. April 57 c. Kietzer; vgl. n. 13; Thl. I. Tit. 3 (s. 85) n. 7; § 230 n. 9.

Zu Nr. 3.

12. Vgl. § 175 ff 194 und die Bemerkungen zu diesem.

13. Auch hier wird die Abwesenheit der Absicht zu tödten vorausgesetzt, weil sonst ein mit dem Raube konkurrirender Mord oder Todtschlag vorliegt; KBl. s. 37

14. Zur Bestrafung des Theilnehmers am Raube nach Anleitung dieser Nr. 3 genügt es, wenn bei der Verübung des Raubes, und in Folge der von einem der Betheiligten bewirkten Körperverletzungen ein Mensch das Leben verliert, die Tödtung mag gegen einen der Betheiligten speziell erweisbar sein oder nicht, und sie mag für den Fall des Nachweises der Schuld gegen den wirklichen Thäter Mord, Todtschlag oder tödtliche Körperverletzung sein: ZI. 25. Jan. 55 c. Beversdorf (GA. II, 357; es handelte sich von einer durch Wachehalten verübten Theilnahme); vgl. oben n. 11.

§ 234.

1. Die Erpressung setzt den vollständigen Thatbestand der Nöthigung (§ 212) mit dem hinzutretenden Umstande der auf Verschaffung eines rechtswidrigen Vortheils gerichteten Absicht voraus. Es sind daher die Bemerkungen zu § 212 zu vergleichen; sie treffen hier überall vollständig zu.

2. Daß der Vortheil auch für Dritte gesucht sein durfe, hielt man auszudrücken für nöthig, weil die Zuwendung an andere Personen hier unmittelbar bewirkt werden könne, während beim Diebstahle die Zueignung des Diebes vorhergehen müsse, ehe Zuwendung an einen Dritten möglich ist.

3. Der gesuchte Vortheil braucht nicht ein Vermögensvortheil zu sein. Dem steht nicht entgegen, daß das Vergehen unter den gegen das Vermögen gerichteten strafbaren Handlungen seine Stelle gefunden hat, da in den bei weitem meisten Fällen nur Vermögensvortheile in Frage stehen; es genügt daher, wenn z. B. Abschließung einer Ehe oder eines Verlöbnisses erzwungen werden soll: ZII. 7. Juli 59 c. Meitsch; Koch n. 15; *contra*: GM. II, 522; TL. s. 962 Note 3; BL. s. 348.

4. Die Abwendung eines bereits eingetretenen Nachtheils ist ein Vortheil; die hierauf gerichtete Absicht genügt daher eventuell zum Thatbestande des §: VI. 6. Dez. 65 c. Schröder (RdO. VI, 521); vgl. § 241 n. 5.

5. Ebenso kann es als rechtswidriger Vortheil angesehen werden, wenn zur Abschließung eines Kaufs 2c. gegen vollständiges Aequivalent gezwungen wird; die Erlangung des Eigenthums an einer fremden Sache, welche sonst nicht zu erwerben gewesen wäre, kann unbedenklich einen Vortheil darstellen: GM. II, 522. Dasselbe ist ebenso unbedenklich im Falle eines Zwanges zur Hergabe eines Darlehns anzunehmen, sollte auch wirklich der Zwingende die spätere Rückerstattung beabsichtigen, und demnächst leisten, und selbst das höchste Maaß der statthaften Zinsen gewähren.

6. Mit Rücksicht auf das unter n. 1 Gesagte ist die im § vorausgesetzte Absicht als ein erschwerender Umstand anzusehen, welcher im schwurgerichtlichen Verfahren eine besondere Abstimmung und Feststellung durch die Geschwornen nöthig macht: Ges. v. 3. Mai 1852 Art. 91 Abs. 4.

§. 235. Die Erpressung wird mit Gefängniß nicht unter drei Monaten und zeitiger Untersagung der Ausübung der bürgerlichen Ehrenrechte bestraft. Der Schuldige kann zugleich unter Polizei-Aufsicht gestellt werden.

Besteht das angedrohte Verbrechen in Mord, Brandstiftung oder Verursachung einer Ueberschwemmung, so wird der Thäter mit Zuchthaus bis zu fünf Jahren und Stellung unter Polizei-Aufsicht bestraft.

[Entw. § 217]. Vgl. § 212. 213; Ges. v. 4. Juni 1851 § 10 (GS. s. 453).

§. 236. Geschieht die Erpressung durch Drohungen mit gegenwärtiger Gefahr für Leib oder Leben, oder durch Gewalt gegen eine Person, so ist der Thäter gleich einem Räuber (§§. 231., 232., 233.) zu bestrafen.

[Entw. § 218]. Vgl. § 230—233. 234; Ges. v. 4. Juni 1851 § 10 (GS. s. 453).

---

7. Der Zwangsversuch stellt hier ebenso wie der erfolgreiche Zwang das vollendete Vergehen der Erpressung, und nicht blos einen (im § 235 gar nicht mit Strafe bedrohten) Versuch der letzteren dar; die Verhängung der Strafe ist daher nicht durch die Feststellung der Voraussetzungen des § 31 bedingt: ZI. 29. Juni 55 c. v. Köller; ZI. 3 Sept. 56 c. Lammich; ZII. 19. April 57 c. Aschert; ZI. 17. Nov. 65 c. Sternberg (RdO. VI, 474); *contra:* GM. II, 525 n. 5; TL. s. 963. Vgl. das Nähere § 212 n. 4; § 31 n. 30.

§ 235.

1. Ueber den Versuch der einfachen Erpressung vgl. § 234 n. 7.

§ 236.

1. Den hier vorgesehenen Fall bezeichnet § 233 Nr. 1 als „gewaltsame Erpressung".

2. Da der § eine „Erpressung" voraussetzt, so müssen die Begriffserfordernisse des § 234 vorliegen: VII 25 Febr. 64 c Michi (GA. XII, 286). Insbesondere muß die Bedrohung die Verübung eines Verbrechens ꝛc. zum Gegenstande haben; es genügt daher eine Feststellung nicht, welche nur auf „Bedrohung mit gegenwärtiger Gefahr für Leib oder Leben" lautet; sonst würde auch der Fall hierher gehören, wo Jemand einen in Lebensgefahr Schwebenden dadurch zu zwingen sucht, daß er denselben mit Versagung der begehrten Hülfeleistung bedroht, was offenbar unstatthaft ist; *contra:* ZII. 28 April 59 c. Gaspers, welches die Feststellung einer „Drohung mit gegenwärtiger Gefahr ꝛc." für ausreichend erachtete.

3. Dagegen ist die im § 234 gegebene Begriffsbestimmung der Erpressung hier insoweit erweitert, als auch Gewalt gegen eine Person als Mittel des Zwanges genügt, so daß es also dann der Bedrohung mit der Verübung eines Verbrechens ꝛc. nicht bedarf; die Gewalt stellt dann das schon verübte Vergehen dar, resp. sie wird als stillschweigende Bedrohung mit ferneren Gewaltthätigkeiten angesehen; gleichwohl bedarf es nicht der Feststellung, daß die Gewalt wirklich diesen letztern Charakter gehabt habe: Erk. Schw.-GH. Aachen 21. Dez. 65 c. Boyer.

4. Ueber die Voraussetzungen der hier erheischten qualifizirten Drohungen, sowie der Gewalt vgl. § 230 n. 4—8.

5. Die Gewalt braucht keine vorher überlegte zu sein: ZI. 7. Sept. 59 c. Ramm (GA. VII, 802).

6. Sind durch eine und dieselbe Gewalthandlung verschiedene Erpressungen ausgeführt worden, so liegt nur ein einziges Verbrechen vor; *contra:* ZI. 7. Sept. 59 (cit. n. 5), welches diese Frage als Gegenstand der thatsächlichen Beurtheilung betrachtete.

7. Wenngleich der § nur besagt, daß in dem vorgesehenen Falle der Thäter

Zwanzigster Titel.
Hehlerei.

§. 237.*) Wer Sachen, von denen er weiß, daß sie gestohlen, unterschlagen oder mittelst anderer Verbrechen oder Vergehen erlangt sind, verheimlicht, ankauft, zum Pfande nimmt, oder sonst an sich bringt, oder zu deren Absatze bei Anderen mitwirkt, es sei um seines eigenen Vortheils willen oder nicht, ingleichen wer Personen, die sich eines Diebstahls, einer Unter-

*) Neue Fassung des Ges. v. 14. April 1856 (GS. s. 210); die ursprüngliche Fassung lautete:

§ 237. Wer Sachen, von denen er weiß, daß sie gestohlen, unterschlagen oder mittelst anderer Verbrechen oder Vergehen erlangt sind, ankauft, zum Pfande nimmt oder verheimlicht, ingleichen wer Personen, die sich eines Diebstahls, einer Unterschlagung oder eines ähnlichen Verbrechens oder Vergehens schuldig gemacht haben, in Beziehung auf das ihm bekannte Verbrechen oder Vergehen um seines eigenen Vortheils willen begünstigt, ist mit Gefängniß nicht unter Einem Monate und mit zeitiger Untersagung der Ausübung der bürgerlichen Ehrenrechte zu bestrafen; auch kann derselbe zugleich unter Polizei-Aufsicht gestellt werden.

Wird festgestellt, daß mildernde Umstände vorhanden sind, so kann die Strafe bis auf Eine Woche ermäßigt werden.

gleich einem Räuber bestraft werden solle, so geht doch aus § 238 hervor, daß die Handlung überhaupt dem Raube gleich zu achten ist; vgl. auch § 233 Nr. 1. Daher begründet eine frühere gewaltsame Erpressung auch für einen folgenden Diebstahl den Rückfall, sollte jene auch nicht die Hingabe einer fremden beweglichen Sache zum Gegenstande gehabt haben; sic: TGll. s. 289, welcher den Satz aber auf den zuletzt erwähnten Fall beschränken will.

8 Die gewaltsame Erpressung kann in derselben Weise wie der Raub (§ 232. 233) qualifizirt werden: ZII. 28 April 59 c. Gaspers. In einem solchen Falle werden alle, die erschwerenden zc Umstände betreffenden strafprozeßrechtlichen Vorschriften anwendbar: cit. VI. 7. März 66 c. Bogaczyk (RdO. VII, 146).

§ 237.

Inhalt.

1. Bei der in Beziehung auf Sachen verübten Hehlerei wird vorausgesetzt, daß sie durch ein Verbrechen (Vergehen) erlangt seien. Welcher Natur dieses Verbrechen gewesen, ist an sich gleichgültig; insbesondere läßt sich nicht mit TL. s 966 sagen, daß unter den „andern Verbrechen" nur Delikte gegen das Vermögen, in gewinnsüchtiger Absicht verübt, zu verstehen seien; vgl. n. 4. War die Sache durch eine Uebertretung erlangt, so ist die Verhehlung nicht strafbar: ZI. 20. Jan. 58 c. Düntzel; unbeschadet jedoch der Vorschrift des § 6 des HDGes. v. 2. Juni 1852.

schlagung oder eines ähnlichen Verbrechens oder Vergehens schuldig gemacht haben, in Beziehung auf das ihm bekannte Verbrechen oder Vergehen um seines eigenen Vortheils willen begünstigt, ist mit Gefängniß nicht unter Einem Monate und mit zeitiger Untersagung der Ausübung der bürgerlichen Ehrenrechte zu bestrafen; auch kann derselbe zugleich unter Polizei-Aufsicht gestellt werden.

Wird festgestellt, daß mildernde Umstände vorhanden sind, so kann die Strafe bis auf Eine Woche Gefängniß ermäßigt werden.

[Entw. § 34. 218a]. Vgl. § 238—240. 37. 38. 28. 228; Holzdiebst.-Ges. v. 2. Juni 1852 § 6; AKO. v. 21. April 1856 (GS. s. 220).

---

2. Da die Erlangung durch ein Verbrechen ꝛc. zu den Begriffsmerkmalen der Hehlerei gehört, so ist es unerläßlich, daß auch der volle Thatbestand des betr. Verbrechens festgestellt werde; es genügt daher nicht, wenn nur der allgemeine Gattungsbegriff angegeben ist, z. B. die Sache sei „gestohlen," oder wenn gar nur ganz allgemein gesagt ist, die Sache sei „durch ein Verbrechen erlangt"; *contra:* ZI. 9. März 55 c. Lüdtke; ZI. 26. Nov. 58 c. Wohlgemuth, welche die Feststellung: „die Sache sei gestohlen" oder „unterschlagen" für genügend erachteten; vgl. § 34 n. 24.

3. Dagegen bedarf es nicht der ausdrücklichen Feststellung: wer das betr. Verbrechen ꝛc. begangen, und wer durch dasselbe benachtheiligt worden, z. B. wer der Dieb und wer der Bestohlene gewesen sei: ZI. 23. Mai 55 c. Hoffmann; u. ö.; vgl. § 34 n. 14.

4. Die Sache muß durch das Verbrechen ꝛc. erlangt, d. h. das Verbrechen muß das Mittel zur Erlangung gewesen sein; hierzu ist es nicht unerläßlich, daß die erlangte Gewahrsam sich als unmittelbare Folge oder Frucht der That, diese letztere also als alleinige Ursache derselben darstelle; es kann daher auch an einer mittelst einer Fälschung (Bezahlung mit einem falschen Wechsel) erlangten Sache begangen werden: ZII. 21. Dez. 54 c. Falke.

5. Da die Sache durch das Verbrechen ꝛc. erlangt sein muß, so ist es unerläßlich, daß jenes Verbrechen vollendet war, ehe diejenige Handlung erfolgte, welche den Thatbestand der Hehlerei darstellen soll; vgl. die Fassung des § 238. Jede frühere Thätigkeit eines Dritten in Beziehung auf die Sache kann daher nur dann strafbar sein, wenn sie sich entweder als Mitthäterschaft oder als Theilnahme an der Hauptthat darstellt. Der wissentliche Ankauf einer gefundenen Sache kann daher nicht Hehlerei, sondern nur Theilnahme an der Unterschlagung (§ 226) sein, vorausgesetzt, daß diese letztere eben erst durch diese Veräußerung begangen wurde; vgl. § 226 n. 21.

6. Es ist auch keineswegs erforderlich, daß derjenige, von welchem der Angeklagte die Sache zunächst empfing, sie durch ein Verbrechen ꝛc. erlangt habe; vielmehr liegt Hehlerei auch dann vor, wenn ein Vorbesitzer des letzteren durch ein Verbrechen ꝛc. in den Besitz gekommen war: ZI. 1. April 57 c. Beyer.

7. Der Angeklagte muß die Erlangung durch ein Verbrechen ꝛc. wissen, d. h. er muß in dieser Beziehung eine mit der objektiven Wahrheit übereinstimmende Ueberzeugung (vgl. n. 9) haben: ZII. 30. Okt. 56 c. Pasch (GA. V, 103), mag diese Ueberzeugung auf eigner Sinneswahrnehmung oder auf einer Schlußfolgerung beruhen: ZI. 1. Juli 59 c. Ugoreck; ZI. 29. Okt. 62 c. Lüske. Dagegen genügt eine bloße Vermuthung nicht, sollte sie sich auch auf mehrfache Verdachtsgründe stützen: ZII. 16. Febr. 54 c. Erhard; ZII. 27. Nov. 56 c. Lindner.

8. Da die Hehlerei nach dem StGB. nicht Theilnahme an dem Verbrechen ꝛc., durch welches die Sache erlangt war, sondern eine selbstständige Straftbat ist, so bedarf es zu ihrem Thatbestande auch nicht der Kenntniß des bestimmten konkreten Verbrechens ꝛc., oder der Art von Verbrechen ꝛc., durch welches die Sache

erlangt war, vielmehr genügt das Wissen, daß die Sache überhaupt von einem Verbrechen herrühre: VII. 3. Jan. 56 c. Röstel (Entsch. 32. s. 379; GA. IV, 572); ZI. 10. Okt. 60 c. Raabe; ZI. 21. März 66 c. Hintze (RdO VII, 183); u. ö. (feste Praxis). Ebenso bedarf es bei der schweren Hehlerei nur der allgemeinen Kenntniß, daß die Sache durch irgend eins der im § 238 genannten Verbrechen rc. erlangt sei: VI. 8. April 57 c. Wisniewski (GA. V, 403). Hiernach genügt eine den Worten des § entsprechende alternative Feststellung: der Angeklagte habe gewußt, daß die Sache mittelst Diebstahls, Unterschlagung oder eines anderen Vergehens erlangt sei: ZI. 4. Juli 62 c. Paul (RdO. II, 515); vgl. n. 32. Dagegen muß in objektiver Beziehung genau festgestellt werden, durch welches Verbrechen die Sache erlangt worden war; vgl. n. 2.

9. Demgemäß (n. 8) ist es für den Thatbestand unwesentlich, wenn der Hehler sich über die Natur des Verbrechens rc., durch welches die Sache erlangt war, im Irrthume befindet. Wissen und objektive Wahrheit müssen nur insoweit übereinstimmen, als es für den Thatbestand von Erheblichkeit ist, d. h. also daß die Sache überhaupt durch ein Verbrechen rc. erlangt gewesen sei. Daher liegt auch dann Hehlerei vor, wenn der Angeklagte glaubte, die gestohlene Sache sei unterschlagen: VPl. 23. März 57 c. Böttcher (JMbl. s. 172; Entsch. 36. s. 409; GA. V, 241); VI. 13. Jan. 60 c. Gierth (1005); u. ö. Dagegen genügt selbstverständlich die irrige Meinung des Angeklagten: die That sei durch ein Verbrechen erlangt, nicht, wenn dieses objektiv nicht der Fall war; vgl. n. 5. Hiernach kann nur der Fall Bedenken erregen, wo Jemand eine gestohlene rc. Sache in der irrigen Meinung verhehlt, sie sei gefunden; dann würde er, nach seiner Auffassung der Sache, sich nicht der Hehlerei, sondern der Theilnahme an der Unterschlagung im Sinne des § 226 schuldig machen, es kann ihn daher weder die Strafe der einen noch der andern treffen, nicht die der Hehlerei, weil der dazu erforderliche Dolus (das Wissen, daß die Sache durch ein zur Zeit bereits vollendetes Vergehen rc. erlangt war) fehlt, und ebensowenig die der Unterschlagung, weil eine solche nicht stattgefunden hat: VI. 21. April 54 c. Dittrich (GA. II, 559).

10. Im Falle eines solchen Irrthums kann den Angeklagten nur insoweit Strafe treffen, als der objektive Thatbestand mit seinem Wissen und Meinen im Einklange steht. Daher liegt nur leichte Hehlerei vor, wenn der Hehler geglaubt hatte, die von einem schweren Diebstahle herrührende Sache sei durch einen leichten Diebstahl erlangt worden: § 238; dasselbe gilt aber auch umgekehrt, wenn der Hehler in Betreff der von einem leichten Diebstahle herrührenden Sache glaubte, sie sei durch einen schweren Diebstahl erlangt: VI. 8. April 57 c. Wisniewski (GA. V, 403); ähnlich: ZII. 17. Okt. 57 c. Zorn. Ebenso trifft denjenigen, der Holz, welches durch einen gewöhnlichen Diebstahl erlangt war, in der irrigen Meinung verhehlt: es rühre von einem Holzdiebstahle her, nur die Strafe des § 6 des HDGes.s vom 2. Juni 1852; es tritt dann aber an die Stelle der eventuellen Forstarbeit Gefängnißstrafe, weil es hier an Demjenigen fehlt, welchem Forstarbeit geleistet werden könnte: Z(V)I. 21. März 66 c. Hintze (RdO. VII, 183).

11. Die Wissenschaft von der Erlangung der Sache durch ein Verbrechen rc. muß in dem Augenblicke des Erwerbes obwalten; derjenige, welcher erst nach dem redlichen Erwerbe der Sache erfährt, daß sie gestohlen rc. war, begeht durch die Verheimlichung derselben keine Hehlerei: ZI. 20. Jan. 54 c. Rauth (Entsch. 27. s. 119; GA. II, 559); VI. 13. Jan. 58 c. Levy (GA. VI, 123); ZII. 5. Jan. 65 c. Hennecke; u. ö. Jener „Erwerb" fällt indessen nicht nothwendig mit der Erlangung der Gewahrsam zusammen, vielmehr gehört zu demselben auch noch die Absicht auf die Sache ein Recht auszuüben; daher ist auch derjenige als Hehler anzusehen, welcher eine Sache, in deren Besitz er ohne Kenntniß von der strafbaren Art ihrer Erlangung gekommen ist, demnächst mit jener Kenntniß „an sich bringt", d. h. mit der Absicht, über sie ein Recht auszuüben, erwirbt: VI. 14. Okt. 59 c. Tautenhahn (1026); vgl. n. 18.

12. Der Ausdruck „Verheimlichen" umfaßt jede Handlung, welche dahin abzielt, die Existenz der durch ein Verbrechen rc. erlangten Sache zu verbergen, und die Rückerstattung derselben an den Eigenthümer, oder die Beschlagnahme zu vereiteln, — insofern nicht einer der übrigen mit angeführten Begriffe zutrifft: VI. 26. Jan. 53 c. Biermann (GA. I, 405); vgl. Funke Abh. in GA. II, 613. Wesent-

lich ist dabei nur, daß ein positives Handeln stattgefunden habe; eine bloße Unterlassung, z. B. ein Verschweigen, oder die Nichtanzeige des Verbrechens rc., selbst die Weigerung, den Ort des gestohlenen Guts anzugeben, genügt nicht: cit. B. 26. Jan. 53; Funke Abh. in GA. II, 612. Dagegen bedarf es nicht nothwendig einer eigenen körperlichen Besitznahme; es kann daher ein Verheimlichen angenommen werden, wenn z. B. der Dieb rc. die Sache im Hause eines Andern mit Vorwissen desselben verborgen hat, und dieser letztere der die Herausgabe fordernden Behörde den Besitz bestreitet: ZI. 21. Jan. 57 c. Seiffert.

13. Der Verheimlichung braucht nicht eine darauf gerichtete Verabredung mit dem Diebe rc. vorhergegangen zu sein: ZI. 27. Mai 53 c. Haase (GA. I, 408).

14. Die bloße Hülfeleistung zu der vom Diebe selbst bewirkten Verheimlichung ist weder Hehlerei noch Theilnahme an einer solchen (weil der Dieb nicht gleichzeitig Hehler sein kann; vgl. n. 36): ZI. 17. Juni 63 c. Kanisch (RdO. III, 502). Eine solche Handlung kann daher nur als Begünstigung des Diebes strafbar sein. Dagegen würde die Hülfeleistung zu einer vom Diebe vorgenommenen Veräußerung als „Mitwirkung zum Absatze" den Thatbestand der Hehlerei darstellen; vgl. n. 21.

15. Die durch Ankauf oder Pfandannahme bewirkte Hehlerei setzt nicht ein rechtsgültiges klagbares Geschäft dieser Art voraus: Z. 12. Dez. 52 c. Opet (GA. I, 408).

16. Zur Hehlerei durch Ankauf reicht die Abschließung des Kaufvertrags nicht hin; der Angeklagte muß vielmehr auch die Gewahrsam der Sache erlangt haben: ZI. 9. Juli 58 c. Reimer (Entsch. 39. 2. s. 25; GA. VI, 847). In dieser Beziehung genügt es aber, wenn er thatsächlich die Gewalt über die Sache erlangt hat; die in den verschiedenen Theilen des Staats geltenden civilrechtlichen Bestimmungen über Gewahrsam, Besitz und Uebergabe können dabei nicht maaßgebend sein: ZII. 28. Okt. 58 c. Neumann (336; GA. VII, 109).

17. Jeder Ankauf rc., nicht allein der vom Urheber der betr. strafbaren Handlung stattgehabte, genügt zur Herstellung des Thatbestandes: ZI. 6. Mai 53 c. Behnfeld; ZI. 31. Okt. 56 c. Graveur; ZI. 5. Dez. 56 c. Mader; vgl. n. 6.

18. „An sich bringen" ist nicht gleichbedeutend mit „Empfangen", „in Besitz nehmen" oder „sich zueignen"; vielmehr deutet dasselbe auf eine abgeleitete Erwerbsart, die ihren Grund im früheren fehlerhaften (weil durch ein Verbrechen erlangten) Besitze eines Andern hat; wer daher eine gestohlene Sache findet, und mit Kenntniß vom Diebstahle sich aneignet, wird dadurch nicht zum Hehler, sondern kann nur nach § 226 bestraft werden; dasselbe gilt von demjenigen, welcher eine gestohlene rc. Sache dem Diebe wieder stiehlt, er ist nur als Dieb, nicht als Hehler der früher gestohlenen Sache zu strafen, sollte er dieselbe auch demnächst weiter veräußern: BII. 26. Nov. 57 c. Lückmann (JMbl. 1858 s. 4; GA. VI, 121). Außerdem gehört zum Begriffe des „An sich Bringens" wesentlich auch die Absicht auf die Sache ein Recht auszuüben; vgl. n. 11. 24.

19. Demgemäß sind das Eintauschen einer Sache, und ihre Annahme als Geschenk oder an Zahlungsstatt unbedenklich als „An sich Bringen" anzusehen.

20. Dagegen ist die bloße Theilnahme an den Vortheilen nicht als Hehlerei zu betrachten; vgl. § 37 n. 15. Ob das Mitgenießen von einer gestohlenen Sache eine Verheimlichung durch Geschenknahme oder nur eine Theilnahme an den Vortheilen darstelle, ist Gegenstand thatsächlicher Beurtheilung; *sic*: Beschl. I. 17. Juli 57 c. Bothe; ZI. 27. Sept. 61 c. Bendel (GA. X, 241).

21. Die Mitwirkung zum Absatze der Sache bei Anderen ist hauptsächlich deshalb in den § mit aufgenommen worden, weil eine solche helfende Thätigkeit nicht immer unter den Begriff einer (selbstständigen) Verheimlichung fällt, und weil eine dem Diebe rc. beim Absatze geleistete Hülfe auch nicht als Theilnahme bestraft werden kann, da die von jenem über die gestohlene Sache getroffenen Verfügungen nicht eine neue Strafthat desselben darstellen; vgl. n. 14. 22. 36. 37.

22. Aus dem unter n. 21 Gesagten dürfte folgen, daß die Mitwirkung zu dem (durch einen Andern bewirkten) Absatze nur dann unter § 237 falle, wenn dieser Absatz selbst nicht den Thatbestand einer strafbaren Handlung darstellt, sei es, weil der den Absatz Bewirkende sich durch eine Strafthat in den Besitz der Sache gesetzt hatte und also durch eine spätere Verfügung sich nicht abermals straf-

bar machen konnte, sei es, weil der Absatz durch einen Dritten in gutem Glauben bewirkt wurde. Der einem andern Hehler zum Absatze geleistete Beistand ist daher stets nur nach den Grundsätzen von der Theilnahme zu behandeln.

23. Ebenso dürfte aus dem Gesagten (n. 21) folgen, daß eine Mitwirkung zum Absatze nur da anzunehmen sei, wo es wirklich zum Absatze gekommen ist; eine erfolglose Aufforderung zum Ankaufe gehört nicht hierher; *contra*: VI. 9. März 60 c. Radtke (GA. VIII, 422); ZPl. 30. März 67 c. Rolf (RdO. VIII, 219); vgl. n. 24. 40.

24. Nur die Mitwirkung zum Absatze, nicht der selbstständige Absatz, fällt unter die Strafbestimmung. Derjenige, welcher selbst in den ausschließlichen Besitz der Sache gekommen ist, kann nur durch die Art und Weise, wie er die Sache an sich brachte, strafbar sein: VII. 26. Nov. 57 c. Lückmann (JMbl. 1858, s. 4; GA. VI, 121). Wer die Sache in gutem Glauben erworben hat, wird nicht dadurch zum Hehler, daß er sie nach erlangter Kenntniß von dem verbrecherischen Erwerbe des Vorbesitzers weiter veräußert; vgl. n. 11. 18. 36. 40.

25. Ein Absatz kann auch im Versetzen der Sache gefunden werden.

26. Nach der neuen Fassung des § bedarf es zu der durch Verheimlichung ꝛc. stattfindenden Hehlerei einer eigenen gewinnsüchtigen Absicht nicht: ZI. 17. April 57 c. Beyer; *contra* früher: VI. 26. Jan. 53 c. Popielska (Entsch. X, 493); u. ö.

27. Die (durch Ankauf ꝛc. der durch das Verbrechen ꝛc. erlangten Sachen bewirkte) Hehlerei ist nicht eine bloße Spezies der Begünstigung; es bedarf daher auch nicht der Voraussetzungen einer solchen; insbesondere ist es nicht erforderlich, daß bei der Verheimlichung bezweckt worden sei, den Vortheil des Diebes zu befördern, ihm die verhehlte Sache zu sichern: ZI. 27. Mai 53 c. Haase (GA. I, 408); *contra*: Z. 11. Okt. 51 c. Scheurich; TL. s. 966.

28. Die durch Verheimlichung ꝛc. bewirkte Hehlerei wird nicht dadurch straflos, daß sie verübt ward, um seinen nahen Angehörigen der Strafe zu entziehen; § 37 bleibt hier ausgeschlossen, weil die Hehlerei sich auf die Sachen, nicht auf die Person bezog: ZI. 9. Dez. 57 c. Dreesen; ZI. 3. Juni 64 c. Rothe.

29. Im Uebrigen ist aber auch hier der im § 37 aufgestellte Begriff der Begünstigung maaßgebend: ZII. 16. Juni 53 c. Freitag (GA. I, 578); vgl. n. 30.

30. Auf die in Beziehung auf Diebstahl ꝛc. um eignen Vortheils willen dem Thäter gewährte Begünstigung sind die §§ 237. 238 des StGB. auch dann anwendbar, wenn die Begünstigung bezweckt hat, dem Thäter die Vortheile des Vergehens ꝛc. zu sichern: ZPl. 9. Okt. 54 c. Cornelius (Entsch. 29. s. 252); ZII. 16. Juni 53 c. Freitag (GA. I, 578); ZI. 27. Jan. 58 c. Maaß; *contra* früher: ZI. 11. Febr. 53 c. Thomas (Entsch. 24. s. 493; GA. I, 406); vgl. Abh. in GA. II, 777.

31. Die in Folge einer vor der Hauptthat genommenen Abrede gewährte Begünstigung (§ 38) ist, auch wenn die Voraussetzungen des § 237 ff. vorliegen, stets als Theilnahme, also nicht als Hehlerei zu bestrafen; vgl. n. 37.

32. Auch bei der durch Begünstigung des Diebes ꝛc. verübten Hehlerei reicht es zur Begründung der Strafbarkeit hin, wenn dem Angeklagten nur im Allgemeinen bekannt war, daß sich der Begünstigte eines der hier gedachten Verbrechen ꝛc. schuldig gemacht habe; spezielle Kenntniß von der Natur dieses Verbrechens kann auch hier nicht verlangt werden; *contra*: VII. 3. Jan. 56 (cit. n. 8; beil.). Es hat schwerlich in der Absicht des Gesetzgebers gelegen, für diesen Fall einen anderen Grundsatz aufzustellen, als für die durch Verheimlichung ꝛc. der Sachen verübte Hehlerei; vgl. n. 8 ff.

33. Die Strafbarkeit der Begünstigung, insbesondere auch der im § 237 ff. gedachten, ist weder durch die Bekanntschaft des Begünstigenden mit der Person des Begünstigten oder des Bestohlenen ꝛc., noch durch die Ermittlung dieser Person bedingt: ZI. 30. Jan. 56 c. Neumann; vgl. n. 3; § 37 n. 12.

34. Zur Vollendung der Begünstigung bedarf es der Erreichung des beabsichtigten Zweckes nicht; vgl. § 37 n. 8.

35 Unter „ähnlichen Vergehen" und Verbrechen sind hier Delikte gegen das Vermögen, in rechtswidriger gewinnsüchtiger Absicht verübt, zu verstehen: TL. s. 965; vgl. n. 1.

36. Nur dritte Personen können sich der Hehlerei schuldig machen, nicht auch derjenige, welcher das Verbrechen ꝛc., durch welches die fremde Sache erlangt

§. 238.*) Wer Sachen, von denen er weiß, daß sie von einem Raube oder einer dem Raube gleich zu achtenden Erpressung (§. 236.) oder einem schweren Diebstahle (§. 218.) herrühren, verheimlicht, ankauft, zum Pfande nimmt oder sonst an sich bringt, oder zu deren Absatz bei Andern mitwirkt, es sei um seines eignen Vortheils willen oder nicht, ingleichen, wer Personen, die sich eines der genannten Verbrechen schuldig gemacht haben, in Beziehung auf das verübte und ihm bekannte Verbrechen um seines eigenen Vortheils willen begünstigt, ist mit Zuchthaus bis zu zehn Jahren und Stellung unter Polizei-Aufsicht zu bestrafen.

---

*) Neue Fassung des Ges. v. 14. April 1856 (GS. s. 210); die ursprüngliche Fassung lautete:

§ 238. Wer Sachen, von denen er weiß, daß sie von einem Raube oder einer dem Raube gleich zu achtenden Erpressung (§ 236) oder einem schweren Diebstahle (§ 218) herrühren, ankauft, zum Pfande nimmt oder verheimlicht, ingleichen wer Personen, die sich eines der genannten Verbrechen schuldig gemacht haben, in Beziehung auf das verübte und ihm bekannte Verbrechen um seines eignen Vortheils willen begünstigt, ist mit Zuchthaus bis zu zehn Jahren und Stellung unter Polizei-Aufsicht zu bestrafen.

Wird festgestellt, daß mildernde Umstände vorhanden sind, so ist auf Gefängniß nicht unter Einem Jahre, sowie auf zeitige Untersagung der Ausübung der bürgerlichen Ehrenrechte zu erkennen.

---

worden, selbst verübt hat: ZII. 15. Sept. 53 c. Terstappen; VPl. 29. Okt. 55 c. Frieseke (GA. III, 751).

37. Auch der wegen „Theilnahme" an einem Diebstahle Bestrafte kann in Beziehung auf den nämlichen Diebstahl nicht noch außerdem mit der Strafe der Hehlerei belegt werden: VPl. 29. Okt. 55 c. Burchardt (Entsch. 31. s. 241; GA. III, 758); VII. 7. April 64 c. Rengers (RdO. IV, 442); u. ö.; vgl. § 34 n. 18; *contra* früher: ZI. 6. Okt. 54 c. Jockisch (GA. III, 753); ZI. 20. Juni 58 c. Kairies (GA. III, 753), welche im Falle einer Theilnahme durch Anstiftung, und demnächstiger Hehlerei reale Konkurrenz annahmen; *sic*: Antr. d. GStAnw.s z. cit. VPl. (GA. III, 757); vgl. Abh. in GA. III, 753.

38. Da die Hehlerei im StGB. als selbstständiges Vergehen aufgefaßt ist, so ist es grundsätzlich bedeutungslos, welche Strafe der Hauptthäter verwirkt hat; es kann sonach leicht geschehen, daß seine Handlung unter ein milderes Strafgesetz fällt: ZI. 5. Jan. 64 c. Heider; vgl. Hartmann Abh. in GA. II, 773.

39. Aus demselben Grunde ist es unerheblich, wenn der Hauptthäter dem Strafgesetze gar nicht anheimfällt (vgl. § 228), oder wenn seine Handlung, z. B. weil sie im Auslande von einem Ausländer verübt worden, wenigstens in Preußen und nach Preußischen Gesetzen nicht zu bestrafen ist: ZI. 7. Sept. 53 c. Riemann (GA. I, 579).

40. Ein Versuch der einfachen Hehlerei ist nicht strafbar: ZI. 9. Juli 58 c. Reimer (GA. VI, 848; beil.); unbeschadet jedoch des oben (n. 34) Gesagten. Stellt dagegen die Hehlerei ein Verbrechen dar, so wird auch der Versuch derselben bestraft.

41. Theilnahme an einer Hehlerei, selbst im Sinne des § 34 Nr. 2, ist jetzt sehr wohl denkbar; *contra*: TL. s. 965.

§ 238.

1. Die Worte: „die Sachen rühren von einem Raube ꝛc. her" sind gleichbedeutend mit dem im § 237 gebrauchten Ausdrucke: „die Sachen sind durch ein Verbrechen ꝛc. erlangt".

2. Ebenso hat auch die abweichende Fassung des Schlusses des Absatzes 1

Wird festgestellt, daß mildernde Umstände vorhanden sind, so ist auf Gefängniß nicht unter sechs Monaten, sowie auf zeitige Untersagung der Ausübung der bürgerlichen Ehrenrechte zu erkennen.

[Entw. § 34. 218b]. Vgl. § 237; Ges. v. 22. Mai 1852 Art. I (GS. s. 250); AKO. v. 21. April 1856 (GS. s. 220).

§. 239. Wer die Hehlerei (§§. 237. und 238.) gewohnheitsmäßig betreibt, soll mit Zuchthaus bis zu funfzehn Jahren und Stellung unter Polizei-Aufsicht bestraft werden.

[Entw. § 34. 218c]. Vgl. Ges. v. 22. Mai 1852 Art. I (GS. s 250).

---

dieses §: „in Beziehung auf das verübte und ihm bekannte Verbrechen" im Vergleiche mit der des § 237 an der Bedeutung der Vorschrift Nichts geändert; vgl. § 237 n. 5.

3. Auch hier wird nicht erfordert, daß der Hehler speziell gewußt habe, ob die Sache von einem Raube, oder einer gewaltsamen Erpressung, oder einem schweren Diebstahle herrühre, wenn ihm nur allgemein bekannt war, daß die Sache durch eins dieser Verbrechen erworben sei; vgl. § 237 n. 8 ff.

4. Der Umstand, daß die Sachen von einem Raube rc. herrühren, sowie die Kenntniß des Angeklagten von dieser Erwerbung sind als erschwerende Umstände anzusehen und demgemäß prozessualisch zu behandeln.

5. Beim Vorhandensein mildernder Umstände muß auch hier nothwendig auf Stellung unter Polizei-Aufsicht erkannt werden: VI. 5. Nov. 58 c. Nickel (GA. VII, 110); VI. 26. Nov. 58 c. Borkowski; vgl. § 218 n. 73.

§ 239.

1. Die Gewohnheitsmäßigkeit setzt wesentlich eine Mehrheit von Fällen derselben Art voraus: VI. 9. Nov. 59 c. Baumann. Ist eine solche vorhanden, so fällt es der thatsächlichen Beurtheilung des Einzelfalles anheim, ob aus derselben auf eine Gewohnheit zu schließen sei: ZI. 26. Sept. 66 c. Constabel (RdO. VII, 494). Dabei können zwei Fälle für genügend erachtet werden: VII. 30. Nov. 54 c. Hölters; VI. 4. Sept. 61 c. Barst.

2. Zur Annahme der Gewohnheitsmäßigkeit bedarf es nicht nothwendig der Einlassung mit mehreren Personen: VII. 30. Nov. 54 c. Hölters; ZI. 30. April 56 c. Schulz; vgl. § 263 n. 5.

3. Ebensowenig läßt sich behaupten, daß in Betreff verschiedener von einem einzigen Diebstahle rc. herrührender Sachen nicht eine wiederholte, und also auch (in Ermangelung sonstiger Fälle) nicht eine gewohnheitsmäßige Hehlerei möglich sei; das Gegentheil folgt vielmehr daraus, daß jetzt die Hehlerei ein selbstständiges Vergehen rc. darstellt.

4. Bei Feststellung der Gewohnheitsmäßigkeit darf der Instanzrichter auch auf solche Fälle rücksichtigen, welche wegen Ablaufs der zehnjährigen Frist des § 60 und 240 zur Begründung des Rückfalls nicht dienen könnten: ZII. 12 Okt. 54 c. Iblow. Dasselbe gilt von solchen Fällen, wegen welcher, weil sie von einem Ausländer im Auslande verübt waren, in Preußen eine Strafverfolgung unzulässig sein würde; vgl. § 3 n. 8. Ebenso ist es unbedenklich, auch solche Fälle zu berücksichtigen, welche früher bereits durch Verurtheilung erledigt waren: ZII. 12. Nov. 57 c. Schäfer.

5. Da, wo die Gewohnheitsmäßigkeit ein wesentliches Merkmal des Thatbestandes eines Straffalles darstellt, bilden alle vorkommenden Einzelhandlungen in ihrer Gesammtheit das einmalige Vergehen rc., und § 56 bleibt nothwendig ausgeschlossen; vgl. § 56 n. 8. Wollte man diesen Grundsatz auch hier zur Anwendung bringen, wo die Gewohnheitsmäßigkeit einen erschwerenden Umstand der auch ohne denselben strafbaren Einzelhandlung bildet, so würde daraus folgen, daß eine zwei- oder mehrmalige schwere Hehlerei, welche nicht gewohnheitsmäßig stattgefunden, höher (nach § 238 mit Zuchthaus bis zu zwanzig Jahren) bestraft werden könnte, als wenn das erschwerende Moment der Gewohnheitsmäßigkeit hinzuträte. Gleich-

§. **240.** *) Wer bereits zweimal oder mehrere Male rechtskräftig durch einen Preußischen Gerichtshof wegen Hehlerei verurtheilt worden ist, soll, wenn er sich von Neuem der Hehlerei schuldig macht, bestraft werden, wie folgt:

1) Wegen einfacher Hehlerei (§. 237.) mit Zuchthaus bis zu funfzehn Jahren.

Wird festgestellt, daß mildernde Umstände vorhanden sind, so ist auf Gefängniß nicht unter sechs Monaten, sowie auf zeitige Untersagung der Ausübung der bürgerlichen Ehrenrechte zu erkennen.

2) Wenn die Hehlerei eine schwere ist (§. 238.), so ist die Strafe Zuchthaus von fünf bis zu zwanzig Jahren.

Wird festgestellt, daß mildernde Umstände vorhanden sind, so ist auf Zuchthaus bis zu fünf Jahren oder auf Gefängniß nicht unter Einem Jahre und auf zeitige Untersagung der Ausübung der bürgerlichen Ehrenrechte zu erkennen.

In allen Fällen (Nr. 1. und 2.) soll zugleich Stellung unter Polizei-Aufsicht eintreten.

---

*) Neue Fassung des Ges v. 9. März 1853 (GS. s. 78); die ursprüngliche Fassung lautete:

§ 240. Wer bereits zweimal oder mehrere Male rechtskräftig durch einen Preußischen Gerichtshof wegen Hehlerei verurtheilt worden ist, soll, wenn er sich von Neuem der einfachen Hehlerei (§ 237) schuldig macht, mit Zuchthaus bis zu funfzehn Jahren, und wenn er sich der schweren Hehlerei (§ 238) schuldig macht, mit Zuchthaus von fünf bis zu zwanzig Jahren, sowie in beiden Fällen mit Stellung unter Polizei-Aufsicht bestraft werden.

Die Straferhöhung tritt nicht ein, wenn seit dem Zeitpunkte, an welchem die Strafe des zuletzt begangenen früheren Verbrechens oder Vergehens abgebüßt oder erlassen worden ist, zehn Jahre verflossen sind.

---

wohl haben Zl. 17. März 58 c Schenk und Zl. 24. Juni 64 c. Rosenbrecher angenommen, daß auch hier die Gesammtheit aller Fälle nur als ein einziges Verbrechen anzusehen sei, und nur einmalige Verhängung der im § angedrohten Strafe nach sich ziehen könne.

6. Bei Anwendung des § 239 kann es nur als Strafzumessungsgrund von Erheblichkeit sein, ob Fälle der leichten oder schweren Hehlerei vorliegen.

7. Trifft die Gewohnheitsmäßigkeit mit der Rückfälligkeit zusammen, so ist die Strafe des § 239 in Gemäßheit des § 58 zu verschärfen; *contra*: Bes. s. 456. — Dasselbe muß da gelten, wo eine gewohnheitsmäßige (einfache) Hehlerei im zweiten Rückfalle verübt wird, da § 240 diesen Fall nicht besonders vorsieht, der zweite Rückfall aber in der Bestrafung dem ersten Rückfalle wenigstens gleich zu stellen ist. In beiden Fällen kann daher die Strafe bis zu zwanzigjährigem Zuchthaus (§ 10) gesteigert werden.

§ 240.

1. Nur frühere Verurtheilungen wegen Hehlerei, nicht auch solche wegen Diebstahls, Raubes oder dergl. können hier den Rückfall begründen.

2. Ueber den Fall, wo die Gewohnheitsmäßigkeit mit dem Rückfalle konkurrirt, vgl. §. 239 n. 7.

Die vorstehenden Bestimmungen finden keine Anwendung, wenn entweder in Ansehung des letzten oder in Ansehung des früheren Verbrechens oder Vergehens die Straferhöhung wegen Rückfalls gesetzlich ausgeschlossen ist (§. 60).

[Entw. § 34. 218d]. Vgl. § 58—60. 290. 233 Nr. 1; Ges. v. 22. Mai 1852 Art. I (GS. s. 250); Ges. v. 4. Mai 1853 (oben s. 26); AKO. v. 21. April 1856 (GS. s. 220).

Einundzwanzigster Titel.

Betrug.

§. 241. Wer in gewinnsüchtiger Absicht das Vermögen eines Anderen dadurch beschädigt, daß er durch Vorbringen falscher oder durch Entstellen oder Unterdrücken wahrer Thatsachen einen Irrthum erregt, begeht einen Betrug.

[Entw. § 219]. Vgl. § 242—245; Ges. v. 8. Mai 1837 § 17. 28.

---

3. Im Uebrigen finden die Bemerkungen zu § 219 hier analoge Anwendung.
4. Kompetenz und Verfahren vgl. § 219 n. 21.

§ 241.

Inhalt.

1. Der hier aufgestellte Begriff des Betrugs weicht von der Bedeutung, welche jenem Ausdrucke im gemeinen Leben beigelegt wird, wesentlich ab; er ist daher als ein positiv rechtlicher zu betrachten. Demgemäß bedarf es auch nach Rheinischem (und Frankfurter) Verfahren sowohl bei den Anklagen (Beschuldigungen), als bei den thatsächlichen Feststellungen, insbesondere aber bei den Fragstellungen der ausdrücklichen Hervorhebung aller wesentlichen Begriffs-Merkmale: VII. 5. Okt. 54 c. Kniprath (Rh. Schw.-G.-S.; GA. II, 807); *contra:* ZII. 24. Mai 56 c. Scheib (zuchtpolizeiliche Sache). Da, wo das Ges. v. 3. Mai 1852 Geltung hat, folgt die Nothwendigkeit der angegebenen Verfahrungsweise aus Art. 31 und 81 cit.

2. Die gewinnsüchtige Absicht muß auf unberechtigte Erzielung eines Gewinnes gerichtet sein; es genügt daher nicht die Absicht, dasjenige zu erlangen, was zu fordern man das Recht hat: ZI. 2. Okt. 57 c. Wolff; ZI. 30. Nov. 66 c. Brederlow (RdO. VII, 677); vgl. n. 5; § 247 n. 5.

3. Die Erwerbung einer fremden Sache gegen gleichzeitigen vollständigen Ersatz kann nicht als „Gewinn", und also die auf eine derartige Erwerbung gerichtete Absicht nicht als gewinnsüchtige gelten; vgl. n 215 n. 49. Der Instanzrichter kann daher den Thatbestand des Betrugs verneinen, wenn z. B. Jemand sich durch Täuschung den einem Andern zugedachten Auftrag zur Verrichtung einer gegen entsprechende Vergütung zu leistenden Arbeit zuwendet, sobald er annimmt, daß die geleistete Arbeit den vollen Ersatz gegen die Vergütung bildet: ZI. 28. März 56 c. Werner (GA. IV, 700; V, 571); vgl. n. 12. Ebenso unbedenklich kann er aber Gewinnsucht annehmen, wenn Jemand durch Täuschung eine (gewinnbringende) Kundschaft sich zu verschaffen, oder den rascheren Absatz seiner verkäuflichen Waaren zu erzielen bestrebt ist: ZI. 19. Nov. 58 c. Krug; ZI. 27. Juni 60 c. Aronssohn.

4. Als „Gewinn" kann jede Verbesserung der Vermögenslage angesehen werden; es genügt daher die Erwerbung eines rechtlichen Anspruchs, sollte derselbe auch nicht vollständig durch ein Klagerecht geschützt sein: ZII. 11. Okt. 60 c. Schramm; ebenso die Erlangung eines Besitzstandes oder die Möglichkeit zeitweilig über eine fremde Sache zu verfügen: ZI. 1. März 67 c. Theo (RdO. VIII, 150). Demgemäß kann auch in der Erlangung eines Darlehens und in der käuflichen Erwerbung einer Sache auf Kredit ein Gewinn gefunden werden, sollte auch die spätere Zahlung beabsichtigt und durch die Vermögenslage des Betreffenden genügend gesichert sein: ZI. 12. Juli 57 c. Boschan; ZI. 14. Dez. 59 c. Hake.

5. Wer nur dasjenige zu erlangen sucht, was ihm rechtlich gebührt und nur so, wie es ihm gebührt, sucht keinen „Gewinn"; vgl. n. 2. 26. Die auf Abwendung oder Ersetzung eines Schadens gerichtete Absicht ist daher keine gewinnsüchtige, insofern sie nur dahin abzielt, den Erfolg von dem dazu Verpflichteten in der durch diesen verschuldeten Weise zu erlangen; VII. 13 Juli 65 c. Böttcher (RdO. VI, 162). Dagegen ist Gewinnsucht anzunehmen, sobald die Absicht dahin geht, sich den Ersatz eines (drohenden oder erlittenen) Schadens von einem dazu nicht Verpflichteten oder in einer über die Verpflichtung hinausgehenden lästigeren Weise zu verschaffen: VII. 23. Nov. 65 c. Etzinger (RdO. VI, 485); vgl. ZI. 5. Okt. 60 c. Marcusy; ZII. 9. April 63 c. Weber. Ebenso kann der Instanzrichter unbedenklich eine Gewinnsucht (und eine Vermögensbeschädigung) darin finden, wenn sich Jemand durch Täuschung die Ausstellung eines sofort zahlbaren Zahlungsversprechens verschafft, während er sonst zur Begründung seines Anspruchs einen ihm obliegenden Nachweis hätte führen müssen: ZI. 30. Nov. 66 c. Brederlow (RdO. VII, 678); vgl. n. 26; § 247 n. 7.

6. Ebenso ist die Absicht, den Aufschub einer verhängten Exekution zu erlangen, unter allen Umständen eine gewinnsüchtige: Z. 19. Juli 52 c. Grabert; ZI. 9. Sept. 53 c. Lampe; ZI. 13. März 67 c. Nebls (RdO. VIII, 171); *contra:* VPl. 20. Jan. 55 c. Weidner (Entsch. 30. S. 380; GA. III, 196: ein Fall des § 247); ZI. 29. Febr. 56 c. Müller, welche jenen Satz nicht unbedingt annehmen, sondern es der jedesmaligen Prüfung des Richters der Thatsache überlassen wollte, ob im Einzelfalle Gewinnsucht anzunehmen sei; vgl. Voitus Abh. in GA. I, 488. In Betreff des Betrugs ist der obige Grundsatz für die große Mehrzahl der Fälle durch die positive Vorschrift der neuen Nr. 6 des § 243 anerkannt worden.

7. Gleichgültig ist es, ob der Betrüger den Gewinn für sich oder für Andere sucht: ZI. 6. Jan. 60 c. Buddrius (GA. X, 283); ZII. 7. Juni 66 c. Bleeser

(RbO. VII, 330); u. ö. Es bedarf daher auch nicht nothwendig der namentlichen Bezeichnung desjenigen, für welchen der Gewinn gesucht wurde: ZI. 25. Juni 62 c. Bartholb.

8. Es kommt Nichts darauf an, ob der gesuchte Gewinn demnächst erlangt wird: ZI. 24. Juni 63 c. Klix.

9. Einer auf Beschädigung des Vermögens eines Andern gerichteten Absicht bedarf es beim Betruge nicht; es genügt, wenn der Angeklagte sich des Erfolgs der Vermögensbeschädigung bewußt war: VII. 29. Nov. 55 c. Jäger; ZII. 25. Sept. 62 c. Näggel (RbO. III, 32); ZI. 9. Nov. 64 c. Haack (RbO. V, 248); u. ö.

10. Ebensowenig ist es erforderlich, daß der beabsichtigte Gewinn, und die einem Andern verursachte Vermögensbeschädigung in einer Wechselbeziehung stehen, daß also der gesuchte Vortheil in demjenigen bestehe, was dem Vermögen des Andern entzogen wird: ZII. 11. Okt. 60 c. Schramm; ZI. 5. Juli 65 c. Kayser (RbO. VI, 23); ähnlich: VI. 14. Mai 58 c. Bertz (GA. VI, 567); *contra*: VI. 22. März 54 c. Fizur (GA. II, 694), welches wegen des Mangels jener Wechselbeziehung einen Betrug da nicht annahm, wo Jemand gegen Belohnung sich zur Abbüßung der einem Andern zuerkannten Freiheitsstrafe unter dem Namen des Letztern gestellt, und durch seine Verpflegung dem Fiskus Auslagen veranlaßt hatte; vgl. übrigens § 252 n. 20.

11. Als Vermögensbeschädigung ist jede Verschlimmerung des Vermögensstandes, jede Beeinträchtigung eines Vermögensrechtes anzusehen; ob dasselbe durch eine Klage geschützt gewesen sei, ist gleichgültig: ZI 23. Juni 58 c. Karpinski.

12. Ebensowenig kommt etwas darauf an, ob das verletzte Vermögensrecht einen Geldgewinn gewähren konnte: VI. 7. Juli 54 c. Rauchhaupt (GA. V, 761: betr. die Abschließung eines einen Geldgewinn nicht darbietenden Jagdpachtvertrags); ZII. 1. Juni 61 c. Dange.

13. War das verletzte Recht ein wirklich erworbenes, so ist es unwesentlich, ob die Beschädigung desselben sich als Zufügung eines positiven Schadens oder als Entziehung eines zu machenden Gewinnes darstellt: ZI. 23. Juni 58 c. Karpinski. Dagegen reicht die Entziehung einer bloßen spes nicht hin, z. B. die Nichterlangung eines zugedachten Geschenks: ZI. 8. Sept. 54 c. Riedel (GA. VII, 716); oder die Entziehung der Möglichkeit, ein in das getriebene Gewerbe einschlagendes Geschäft abzuschließen, und daraus einen Gewinn zu ziehen: ZII. 25. März 58 c. Henke; vgl. n. 3.

14. Aus demselben Grunde ist auch die Nichterlangung des Vortheils, den der durch Täuschung zur Abschließung eines Rechtsgeschäfts Veranlaßte grade aus diesem Geschäfte zu ziehen hoffte, für sich allein noch nicht als eine „Vermögensbeschädigung" zu betrachten, z. B. wenn Jemand diejenige Sicherheit, die ihm wegen einer übernommenen fremden Verbindlichkeit durch das betreffende Rechtsgeschäft gewährt werden sollte, in Folge einer dabei vorgekommenen Täuschung nicht erlangt: ZII. 10. Jan. 67 c. Hahndorf (RbO. VIII, 20); oder wenn Jemand bei einem Kaufgeschäfte in Folge der Täuschung eine (nicht unpreiswürdige) Waare geringerer Qualität erwirbt, als er erwartet hatte. Vielmehr ist es erforderlich, daß durch den Abschluß des Rechtsgeschäfts im Ganzen seine vorherige Vermögenslage verschlimmert worden sei: VII. 19. Mai 64 c. Dreyer (RbO. IV, 512). Daraus ist indessen keineswegs zu folgern, als wenn bei einem abgeschlossenen zweiseitigen Vertrage eine Vermögensbeschädigung dann nicht vorliegen könne, wenn Leistung und Gegenleistung objektiv in einem geeigneten Verhältnisse zu einander stehen, z. B. wenn durch die Werthschätzung von Sachverständigen dargethan wird, daß die verkaufte Sache wirklich soviel werth gewesen sei, als der gezahlte Kaufpreis betrug. Es kommt vielmehr hier wesentlich auf die konkreten Verhältnisse des Erwerbenden an: ob für ihn die erworbene Sache dienlich und brauchbar, resp. (wenn dieses nicht der Fall), ob er in der Lage ist, dieselbe sofort wieder zum vollen Werthe zu veräußern, oder ob nicht aus dem Erwerbe der Sache für ihn andere Vermögensnachtheile entstehen, welchen er sich in der Erwartung des aus dem Geschäfte gehofften Gewinnes auszusetzen bereit war, während er sie ohne den letzteren abgelehnt haben würde. Auf dieser Anschauung beruhen: VI. 19. Nov. 58 c. Krug; ZI. 7. Juni 60 c. Aronssohn; ZII. 30. März 65 c. Goldenberg (RbO. VI, 32), welche indessen in ihrer Begründung zu weit gehen, wenn sie eine Vermögens-

beschädigung ohne Weiteres da annehmen, wo Jemand weniger an Werth erhalten hat, als er vertragsmäßig beanspruchen konnte.

15. Hiernach kann es bei der Abschließung eines zweiseitigen Vertrages sehr wohl geschehen, daß sich beide Kontrahenten wechselseitig eine Vermögensbeschädigung zufügen; es ist dann nicht etwa nur derjenige strafbar, der dem Andern den größeren Schaden zugefügt hat.

16. Beim Abschlusse eines gewagten Geschäfts kann es als Vermögensbeschädigung angesehen werden, wenn objektiv die Aussichten auf ein günstiges Ergebniß desselben geringer sind, als nach den gemachten täuschenden Vorspiegelungen anzunehmen war: ZI. 27. Sept. 65 c. Ehrmann (RdO. VI, 333).

17. Der Umstand, daß die in einem Vertrage übernommene Gegenleistung noch nicht gezahlt worden ist, steht der Annahme einer durch den Vertragsabschluß erlittenen Vermögensbeschädigung nicht entgegen: ZII. 1. Juni 61 c. Dange.

18. Die Vermögensbeschädigung ist vollendet, sobald eine Verschlimmerung der Vermögenslage eingetreten ist: ZII. 11. Okt. 55 c. Adams; VII. 29. Nov. 55 c. Täger. Die Möglichkeit des späteren Ersatzes ist dabei ebenso gleichgültig, als die später etwa wirklich erfolgende Ausgleichung des Nachtheils: Z. 9. Juli 52 c. Grabert; VI. 18. Juni 58 c. Kneffel; *contra*: VII. 23. April 53 c. Gäbler, welches die Simulation eines Vertrages, um dadurch einem Gläubiger ein Exekutionsobjekt zu entziehen, deshalb nicht für einen Betrug erachtete, weil die Rechte des Gläubigers dadurch unberührt blieben, und durch Anfechtung des Scheinvertrags selbst das Objekt desselben der Exekution wieder unterworfen werden könne. Vgl. n. 21.

19. Demgemäß genügt zum Thatbestande des vollendeten Betrugs auch eine nur vorübergehende Beeinträchtigung eines Vermögensrechtes, z. B. die zeitweilige Entziehung des Verwaltungs- oder Verfügungsrechts über eine Sache: VI. 27. Juni 57 c. Reuschel (GA. V, 425); VI. 30. Sept. 64 c. Stölzel (RdO. V, 144); ZI. 1. März 67 c. Theo (RdO. VIII, 150); *contra*: VI. 25. Febr. 59 c. Klingberg (GA. VII, 400); oder die Verzögerung einer fälligen Zahlung: ZI. 5. Okt. 60 c. Marcusy; ZI. 6. Nov. 63 c. Buschenbeu (RdO. IV, 161); oder die zeitweilige hypothekarische Belastung eines Grundstücks: ZI. 5. Juli 61 c. Werbelow (RdO. I, 506); oder die zeitweilige (später rückgängig gemachte) Uebernahme einer fremden Schuld: cit. ZI. 1. März 67.

20. Dasselbe gilt auch von der Hinausschiebung einer verhängten Exekution und von der Entziehung eines Exekutionsobjekts in der Exekutionsinstanz: Z. 9. Juli 52 c. Grabert; ZI. 9. Sept. 53 c. Lampe; VI. 13. Nov. 61 c. Wegner (RdO. II, 49); ähnlich: ZI. 2. Febr. 55 c. Prietzel; VII. 4. April 61 c. Knecht; ZII. 9. April 63 c. Weber (RdO. III, 382); ZI. 13. März 67 c. Nehls (RdO. VIII, 171); welche die Frage aber für eine thatsächliche, nach der Belegenheit des Einzelfalles zu lösende betrachteten; vgl. jetzt § 243 Nr. 6 und dort n. 25.

21. Ebenso stellt die Uebernahme einer Verbindlichkeit, z. B. die Ausstellung oder Acceptation eines Wechsels für eine Nichtschuld, oder die Acceptation zweier Wechsel über den vollen Betrag einer nur einmal verschuldeten Summe (:cit. ZI. 5. April 67 c. Mendelsohn, RdO. VIII,), eine Vermögensbeschädigung dar, da sie den Bestand desselben verringert. Die spätere Wiederaufhebung dieser Verbindlichkeit beseitigt zwar die Beschädigung für die Zukunft, da sie aber in der Zwischenzeit bestanden hat, so bleibt auch in einem solchen Falle eventuell ein vollendeter und nicht blos versuchter Betrug bestehen: ZPl. 30. Nov. 57 c. Mulert JMbl. f. 43; Entsch. 37. 2. f. 29; GA. V, 761); ZI. 13. März 57 c. Raymond (JMbl. f. 200; GA. V, 426); ZII. 19. März 57 c. Edelbruck (GA. V, 732); TL. f. 980; *contra*: Beschl. I. 11. März 57 c. Meyer (GA. V, 425. 753); GM. II, 546 n. 5; Abh. in GA. V, 751, welche hier nur einen Betrugsversuch annahmen und den Anfang der Ausführung in der Weiterbegebung des Wechsels oder in der Anstellung der Wechselklage fanden; vgl. n. 18. — Nur, wenn die Uebernahme eine durchaus unverbindliche wäre, könnte die Vermögensbeschädigung und damit der Thatbestand des Betrugs negirt werden; in dieser Weise betrachtete ein VI. 10. Dez. 62 c. Busche (RdO. III, 166) die Uebernahme einer Wechselverbindlichkeit durch einen Minderjährigen.

22. Nicht minder kann auch die bloße Gefährdung eines Vermögensrechts als Vermögensbeschädigung angesehen werden; z. B. die Erlangung eines Schuld-

ners, dessen Zahlungsfähigkeit zweifelhaft ist (: ZI. 14. Dez. 59 c. Hacke), oder die Verwicklung in einen Prozeß, und die daraus folgende Nothwendigkeit zur Verausgabung von Kosten: ZI. 9. Okt. 63 c. Adam; ZI. 5. Juli 65 c. Kayser (RdO. VI, 233).

23. ..... ebenso die Entziehung eines Beweismittels; vgl. § 243 n. 53; ingleichen die Erlangung eines Beweismittels für eine vermögensrechtlich erhebliche aber unwahre Thatsache durch den Gegner, z. B. einer Quittung für eine nicht bezahlte Schuld: VI. 18. Juni 58 c. Kneffel.

24. ..... ebenso die Ziehung eines Wechsels auf eine nicht existirende Person und Hingabe desselben an Zahlungsstatt; vgl. § 251 n. 37; GA. II. 562.

25. Ebenso begründet die Weiterbegebung eines bereits bezahlten Wechsels eine Vermögensbeschädigung für den Wechselverpflichteten: ZI. 10. Nov. 58 c. Kroll; vgl. n. 42.

26. Die Erfüllung einer rechtlich begründeten Verbindlichkeit stellt eine Vermögensbeschädigung nicht dar. Es ist daher kein Betrug, wenn Jemand es durch Täuschung zu Wege bringt, daß ihm das geleistet wird, was er zu fordern berechtigt war: ZI. 2. Okt. 57 c. Wolf; vgl. n. 2. 5. Dabei wird aber vorausgesetzt, daß die Erlangung nicht in einer für den Anderen nachtheiligeren Weise stattfand, als es in seiner Verpflichtung begründet war: VI. 17. Febr. 60 c. Szafran (Entsch. 44. 2. 93; GA. VIII, 535). Daher kann es als Betrug angesehen werden, wenn Jemand sich durch Täuschung ein sofort klagbares Zahlungsversprechen oder eine Wechselklage verschafft, während er sonst zur Begründung seines Anspruchs noch einen ihm obliegenden Nachweis hätte führen müssen: ZI. 9. Okt. 63 c. Szafran; ZI. 30. Nov. 66 c. Brederlow (RdO. VII. 677).

27. Die Bestrafung wegen Betruges ist nicht durch die Feststellung des Betrages bedingt, um welchen das Vermögen des Anderen beschädigt worden ist: ZII. 3. Mai 55 c. Panse; ZI. 16. Dez. 59 c. Kliche.

28. Auf die Beschädigung anderer nicht zum Vermögen gehöriger Rechte ist der § nicht auszudehnen; z. B. auf die durch Täuschung herbeigeführte Einwilligung zur Abschließung einer Ehe: GM. II, 539 n. 4; vgl. TL. s. 979 Note 2.

29. Die Vermögensbeschädigung muß durch die Erregung eines Irrthums herbeigeführt sein. Es ist kein Betrug, wenn Jemand sich durch Täuschung Etwas verschafft, was der Andere auch ohnedies zu leisten Willens und bereit war: VI. 12. März 57 c. Clemens. Demgemäß bedarf es in jedem Falle der Feststellung jenes Kausalzusammenhanges: ZII. 23. Febr. 54 c. Neuhaus (GA. III, 611); Abh. in GA. III, 608.

30. Dagegen ist es nicht erforderlich, daß die in Folge der Täuschung wirklich eingetretene Vermögensbeschädigung für den davon Betroffenen unvermeidlich gewesen sei: ZI. 19. Sept. 55 c. Baum. Insbesondere wird der Thatbestand des Betruges dadurch nicht ausgeschlossen, daß der Getäuschte die beschädigende Handlung selbst und aus freier Entschließung vornahm, sobald nur das Motiv, durch welches er zu derselben bestimmt wurde, in jener Täuschung lag: ZII. 15. Mai 56 c. Fels; ZI. 12. Dez. 62 c. Bormann. Auch genügt es, wenn der Kausalzusammenhang zwischen Täuschung und Vermögensbeschädigung ein nur mittelbarer war: ZI. 17. Sept. 58 c. Taubenheim.

31. Demgemäß wird zum Thatbestande des Betruges keineswegs vorausgesetzt, daß der in Folge einer Täuschung Handelnde sich zur Vornahme dieser Handlung für rechtlich verpflichtet gehalten habe; vielmehr trifft an sich der § auch da zu, wo Jemand durch täuschende Vorspiegelungen veranlaßt worden ist, einem Andern einen Vortheil zuzuwenden, zu dessen Leistung er nicht verpflichtet zu sein sich bewußt war: ZI. 8. Juni 66 c. Spohr (RdO. VII, 338), z. B. wenn Jemand, welcher baare Zahlung fordern kann, Kredit giebt, oder einen Zahlungsausstand bewilligt: ZI. 6. Nov. 63 c. Buschenhen (RdO. IV, 161); oder wenn Jemand durch Täuschung zur Hingabe eines Geschenkes, oder einer Unterstützung, oder zur Ausübung einer Mildthätigkeit veranlaßt wird: ZII. 6. März 56 c. Jaspert (JMbl. s. 115; GA. IV, 573); ZI. 14. Sept. c. Günther; TL. s. 292; BL. s. 312; das gilt namentlich dann, wenn die Täuschung sich auf die Person bezieht, welcher das Geschenkte zugewendet wird, (Beisp.: angebliches Kollektiren für milde Zwecke rc.): ZI. 22. Febr. 54 c. Czekay (GA. II, 424); ZI. 8. Juli 59 c. Riedel (GA. VII, 716); ZII.

6. Sept. 60 c. Dietz; vgl. ZI. 15. Nov. 61 c. Bartsch (RdO. II, 73). Hiernach würde auch eine unter falschen Vorspiegelungen ausgeführte Bettelei an und für sich unbedenklich den Thatbestand eines Betruges oder Betrugsversuches in sich schließen. Da aber das StGB. im § 118 Nr. 1 diese Handlung besonders vorgesehen und mit einer geringeren Strafe bedroht hat, so muß angenommen werden, daß insoweit der cit. § 118 zutrifft, die Betrugsstrafe ausgeschlossen werde, weil sonst nach dem Grundsatze des § 55 jener nie zur Anwendung kommen könnte; vgl. § 55 n. 8. Das kann aber nur da gelten, wo die betreffende Handlung den Charakter der Bettelei (vgl. § 118 n. 1 ff.) an sich trägt, und demgemäß unter den cit. § fällt; ist dieses nicht der Fall, so wird unbedenklich § 241 anwendbar. Anders ist die Sache aufgefaßt in BII. 22. Sept. 53 c. Grossekettler (Entsch. 26. s. 155; GA. II, 127); ZI. 12. Sept. 56 c. Ansorge; ZI. 17. Okt. 62 c. Boche (RdO. III, 82; beil.); GM. II, 544, welche annehmen, daß eine „durch Täuschung herbeigeführte Mildthätigkeit" überhaupt nicht unter den Begriff eines Betrugs falle.

32. Die Anwendbarkeit des § wird auch nicht durch die obwaltende Möglichkeit beseitigt, daß der Beschädigte dasselbe Vermögensrecht durch irgend ein anderes künftiges Ereigniß gleichfalls verloren haben würde: ZI. 11. Mai 59 c. Wasielewski.

33. Die Irrthumserregung muß durch das Vorbringen oder Unterdrücken von Thatsachen bewirkt sein. Thatsache ist hier nur dasjenige, was als solches erkennbar in die Außenwelt tritt oder getreten ist; es muß also zum äußern Dasein gekommen, oder in einer Weise vorgebracht sein, als sei es zum äußern Dasein gelangt („factum"). Dagegen ist jener Ausdruck nicht auf solche Dinge beschränkt, welche objektiv durch die Sinne wahrgenommen, festgestellt oder widerlegt werden können; ebensowenig wird jener Begriff durch die rationelle Unmöglichkeit des behaupteten Zustandes 2c. (z. B. der Hexerei) ausgeschlossen: BII. 15 Dez. 65 c. Wegner (RdO. V, 365). Noch weniger kommt etwas darauf an, ob die Thatsache der Vergangenheit angehört oder zur Zeit noch besteht: ZII. 17. Sept. 57 c. Harff; BI. 12. Okt. 60 c. Günther.

34. Hiernach kann auch das Vorhandensein eines Rechtes, obgleich es an und für sich nur in den Gedanken existirt, als Thatsache gelten: BI. 21. Jan. 63 c. Bösenberg (RdO. III, 225).

35. ..... ebenso das Bestehen einer Rechtsregel; ein Betrug kann daher durch Erregung eines Rechtsirrthums verübt werden, trotz der gesetzlichen Vermuthung, daß Jedem das Gesetz bekannt sei: BI. 13. März 57 c. Raymond (IMbl. s. 200; GA. V, 426); ZI 20. Nov. 62 c. Rost (RdO. II, 83); u ö.: KBI. 38.

35a. ..... ebenso das absichtliche Ziehen einer falschen (thatsächlichen) Schlußfolgerung aus richtigen Voraussetzungen, z. B. die Angabe eines falschen Ergebnisses einer in ihren einzelnen Aufstellungen richtigen Berechnung: ZI. 8. Febr. 67 c. Freymann (RdO. VIII, 107).

36. ..... ebenso die vorgegebene Nichtkenntniß eines dem Gebiete des Thatsächlichen angehörenden Umstandes: ZI. 12. April 61 c. Dahlström.

37. Anders verhält es sich mit einer angeblich vorhandenen eigenen Willensrichtung in Beziehung auf ein später erst vorzunehmendes Thun, oder mit Verheißungen oder Zusagen künftiger Leistungen. Sie sind an sich zu unsicher und schwankend, und zu sehr dem augenblicklichen Wechsel ausgesetzt, als daß sie für etwas bereits Fertiges, objektiv Existentes gelten könnten. Daher fällt das unwahre Vorgeben einer beim Versprechenden angeblich obwaltenden Absicht, z. B. die vertragsmäßige Uebernahme einer Verbindlichkeit, welche nicht zu erfüllen man von Anfang an entschlossen war, nicht unter den Begriff des Betruges: ZI. 17. Juni 53 c. Schulz (GA. I, 579); BII. 30 Juni 53 c. Richter (GA. I, 580); ZII. 24. Nov. 53 c. Bretzmann (Entsch. 26. s. 418); BI. 22. Sept. 65 c. Vollring (RdO. VI, 326); u. ö.; vgl. BK. s. 311 Note 3. Dagegen kann die wahrheitswidrige Versicherung: „ein Dritter werde Zahlung leisten", als das Vorbringen einer falschen Thatsache (daß der Dritte sich zur Zahlung verpflichtet habe) angesehen werden: BI. 18. Juni 58 c. Kneffel.

38. Die Thatsachen müssen insoweit spezieller Natur sein, als man ausdrücklich allgemeine Urtheile und Anpreisungen in Betreff gewisser, Personen oder Sachen angeblich beiwohnender, durchaus relativer und ebendeshalb objektiv gar

nicht festzustellender Eigenschaften ausscheiden wollte; vgl. BL. s. 311 Note 3. Dagegen kann unbedenklich in der Versicherung bestimmter angeblich vorhandener Eigenschaften, welche, wenn sie Sachen betreffen, Gegenstand der Gewährleistung sein würden, das Vorbringen falscher Thatsachen gefunden werden: ZI. 10. Sept. 58 c. Neubauer; z. B. in Versicherungen über die Vermögenslage oder die Zahlungsfähigkeit einer Person (§ 207 I, 14 ALR. steht dem nicht entgegen): ZII. 4. Juni 57 c. Koch; ZI. 10. Okt. 66 c. Weniger (RdO. VII, 523); oder über den Ursprung oder eine spezielle Qualität einer Waare, z. B. über die Gesundheit eines verkauften Stückes Vieh: ZII. 2 Nov. 55 c. Ehrenberg (GA. IV, 257); ZII. 27. Okt. 66 c. Franzen (RdO. VII, 588). Ob durch ein solches Vorbringen wirklich ein Irrthum erregt worden sei, ist selbstverständlich in jedem Einzelfalle Gegenstand der thatsächlichen Beurtheilung. Gerade hier muß berücksichtigt werden, daß im kleinen kaufmännischen Verkehre unzählige Anpreisungen und Empfehlungen unter Hervorhebung spezieller Eigenschaften und Thatsachen vorkommen, welche kaum auf Glauben Anspruch machen und regelmäßig nicht geglaubt werden, durch die also auch eine Täuschung und in Folge derselben eine Vermögensbeschädigung nicht herbeigeführt werden können.

39. Die Thatsachen müssen objektiv falsch sein; wer eine wahre Thatsache, in der irrigen Meinung, sie sei falsch, vorbringt, begeht, selbst wenn er dadurch täuscht, keinen Betrug.

40. Dem Vorbringenden muß die Falschheit der Thatsachen bekannt sein; wird indessen diese Kenntniß nicht bestritten, so bedarf es einer ausdrücklichen Feststellung rücksichtlich derselben nicht: ZI. 19. Jan. 55 c. Schneider; ZII. 16. Okt. 62 c. Reinecke (RdO. III, 79).

41. Besteht die vorgebrachte falsche Thatsache in der Annahme eines falschen Namens, so liegt ein Fall der idealen Konkurrenz (§ 55) vor, und es kann nicht neben der Strafe des Betruges auch die des § 105 verhängt werden.

42. Nicht allein durch Aeußerungen, sondern auch durch bloße Handlungen können unwahre Thatsachen vorgebracht, und wahre entstellt oder unterdrückt werden: ZI. 16. Febr. 66 c. Tettenborn (RdO. VII, 107); ZI. 14. Sept. 66 c. Jakobi (RdO. VII, 471), z. B. durch die Herrichtung einer verkäuflichen Waare, welche von Außen besserer Qualität ist als im Innern: ZI. 17. Jan. 66 c. Wachholz (GA. XIV, 227); durch die Hingabe eines werthlosen, oder durch die Weiterbegebung eines bereits bezahlten Wechsels: ZII. 25. Sept. 62 c. Räggel (RdO. III, 32); ZI. 15. Nov. 54 c. Maaß (vgl. n. 25); durch falsches Spiel: ZI. 12. Dez. 62 c. Bormann; durch die Benutzung unrichtiger Würfel Seitens des Inhabers einer Glücksbude: ZI. 7. Juli 58 c. Studer. Aehnlich verhält es sich, wenn ein Apotheker statt der vom Arzte verschriebenen schlechtere und wohlfeilere Droguen dispensirt, diese sich aber nach dem Preise der echten bezahlen läßt. Vgl. auch ZII. 19. März 57 c. Edelbruck (GA. V, 752: der Beschuldigte hatte an einem Orte, wo die Kohlenhändler herkömmlich die bestellten Kohlen in Karrenladungen von einem bestimmten Gewichte zu liefern pflegten, stillschweigend eine Ladung von geringerem der Bestellung nicht entsprechendem Gewichte abgeliefert).

43. Nicht blos das Vorbringen, sondern auch das Entstellen und Unterdrücken von Thatsachen setzt ein positives Handeln voraus; ein lediglich negatives Verhalten, ein Unterlassen, ein Verschweigen von Thatsachen genügt für sich allein nicht: ZI. 26. Okt. 53 c. Bretzmann (GA. II, 126); ZII. 5. Juni 58 c. Beyrich; BL. s. 311. Dagegen reicht es hin, wenn jenes Verschweigen mit Handlungen des Angeklagten in Verbindung stand, durch welche für denselben die Verbindlichkeit begründet wurde, die ganze Wahrheit zu sagen: VI. 28. Okt. 53 c. Krause; Beschl. I. 11. Sept. 63 c. Schindler (RdO. IV, 37); ZII. 2. März 65 c. Sonnenberg (RdO. V, 538); ZI. 14. Dez. 66 c. Alwins (RdO. VII, 715); ZI. 16. Jan. 67 c. Lehrbaß (RdO. VIII, 29); VI. 1. Febr. 67 c. Kujinska (RdO. VIII, 91). Jene Verbindlichkeit braucht auch nicht auf einer rechtlich zwingenden Pflicht zu beruhen; es genügt, wenn sie (nach der allgemeinen Rechtsanschauung) durch die Rücksichten der Redlichkeit im Verkehr, der Moral rc. geboten war: vgl. cit. Z. 14. Dez. 66 und 16. Jan. 67, Beschl. I. 1. März 67 c. Klein (RdO. VIII, 142). Ob diese Voraussetzung zutreffe, ist wesentlich Gegenstand der thatsächlichen Beurtheilung. — Außerdem ist zu berücksichtigen, daß in sehr vielen Fällen das Verschweigen einer Thatsache sich als

das Entstellen einer anderen vorgebrachten, im Uebrigen wahren, oder als das Vorbringen einer unvollständigen und eben deshalb nicht wahrheitsgetreuen Thatsache auffassen läßt.

44. Hiernach (n. 43) ist es zu beurtheilen, ob z. B. das Vorlesen einer Schrift, bei welcher absichtlich ein Theil des Inhaltes ausgelassen wird, als das Vorbringen einer falschen, oder als das Entstellen (Unterdrücken) einer wahren Thatsache anzusehen sei; vgl. ZI. 7. Juli 58 c. Meinecke; ZI. 27. März 67 c. Flick (RdO. VIII, 200; der Angeklagte hatte einem Andern eine Schrift zur Unterschrift vorgelegt, indem er ihn über den Inhalt durch theilweises Verschweigen täuschte). Ebenso verhält es sich, wenn Jemand beim Abschlusse eines Vertrages (z. B. beim Zehren in einem Wirthshause) seine Zahlungsunfähigkeit verschweigt; auch hier ist thatsächlich zu prüfen, ob der Angeklagte etwas gethan hat, um bei dem Anderen die Meinung: er sei zahlungsfähig, hervorzurufen, und ob der Letztere hierdurch veranlaßt worden ist, auf das ihn benachtheiligende Geschäft einzugehen; vgl. ZII. 24. Nov. 53 c. Bretzmann (Entsch. 26. f. 418; GA. II, 127); ZII. 8. Dez. 53 c. Jakobs, welche zu weit gehen, wenn sie prinzipiell aussprechen, daß der Zehrgast in einem Wirthshause, welcher seine Zahlungsunfähigkeit verschweigt, sich dadurch noch keines Betruges schuldig mache.

45. Die Annahme einer Nichtschuld stellt unbedenklich ein positives Handeln dar. Der Instanzrichter kann daher in einem solchen das Unterdrücken einer wahren Thatsache rc. finden: Köstlin Abh. in der Zeitschr. f. Civ.-R. rc., Neue Folge XV, 74; *contra*: GMt. II, 546 n. 4. Dagegen wird durch eine solche Annahme nicht leicht ein Irrthum erregt werden; vgl. n. 46.

46. Durch das Vorbringen (Unterdrücken rc.) der Thatsachen muß ein Irrthum erregt sein; die bloße Benutzung eines bei dem Andern schon bestehenden Irrthums genügt nicht: ZI. 5. Jan. 53 c. Kuhn (GA. I, 248); BI. 15. Sept. 54 c. Baranowitz (GA. II, 833); ZII. 25. Febr. 58 c. Fischer; BL. f. 311.

47. Der erregte Irrthum braucht nicht in einer hervorgerufenen festen Ueberzeugung zu bestehen, welche jeden Zweifel ausschloß; es genügt jedes Meinen, Für wahr halten, kurz jede irrige Anschauung über irgend einen thatsächlichen Umstand. Dagegen reicht ein bloßer Zweifel, was wahr sein möge, nicht hin, wenn der Andere nur durch den Wunsch, jenen Zweifel zu lösen, zur beschädigenden Handlung veranlaßt worden ist: BII. 2. März 65 (cit. n. 43).

48. Eine Irrthumserregung, und sonach ein Betrug, liegen nicht vor, wenn ein Chausseegelderheber, zum Nachtheile der betreffenden Kasse, es unterläßt, von einzelnen, die Chaussee passirenden Fuhrwerken das verschuldete Chausseegeld zu erheben; oder wenn ein Eisenbahnschaffner einem Andern heimlich gegen Belohnung die freie Fahrt gestattet: ZI. 26. Okt. 53 c. Bergmann (GA. II, 126); BI. 15. Sept 54 (cit. n. 46). Dagegen fallen diese Handlungen, wenn die Angeklagten Beamten sind, geeigneten Falles unter § 310; vgl. dort n. 6.

49. Gleichgültig ist es, ob der Irrthum ein leicht vermeidlicher gewesen, sobald nur feststeht, daß er durch die Entstellung der Wahrheit rc. erregt worden ist: ZI. 12. Okt. 53 c. Gutzeit (GA. II, 127); ZII. 29. Nov. 60 c. Stein. Wenn daher eine durch ein wahrheitswidriges Vorbringen rc. bewirkte Irrthumserregung feststeht, so kann der Thatbestand des (vollendeten) Betruges nicht deshalb verneint werden, weil das dazu angewendete Mittel nicht geeignet gewesen sei, jenen Erfolg herbeizuführen (von der Untauglichkeit des Mittels kann nur bei einem erfolglosen Versuche die Rede sein): Beschl. I. 31. Jan. 66 c. Lesser (RdO. VII, 64). Aus demselben Grunde bedarf es auch nicht einer besonderen Arglist bei der Entstellung der Wahrheit: ZI. 15. Okt. 56 c. Heinsius.

50. Es ist nicht erforderlich, daß durch die Irrthumserregung die Eingehung eines Rechtsgeschäftes herbeigeführt worden sei, vielmehr kann ein Betrug auch in Beziehung auf ein schon abgeschlossenes Rechtsgeschäft und das hieraus hervorgehende Rechtsverhältniß vorkommen: BI. 26. Okt. 53 c. Neils (GA. II, 832); Beschl. I. 31. Okt 60 c. Jänichen; u. ö.

51. Ebensowenig ist erforderlich, daß derjenige, in welchem der Irrthum erregt worden, auch der Beschädigte sei: ZII. 23. Febr. 54 c. Hoppe (GA. III, 611); BI. 4. Okt. 55 c. Maisbern (JMbl. f. 269); ZI. 5. Juli 61 c. Werbelow (RdO. I, 506); u. ö.; Abh. in GA. III, 607; vgl. Motive z. Entw. v. 1847, § 293

f. 77, und GA. I, 96; *contra:* TL. f. 978; id. in GA. III, 808. Hiernach ist es unbedenklich als Betrug zu betrachten, wenn Jemand eine fremde, nicht in seiner Gewahrsam befindliche Sache einem Dritten verkauft, und diesen so veranlaßt, in gutem Glauben die Sache wegzunehmen: VI. 14. Mai 58 c. Bertz (GA. VI, 567); es liegt dann nicht ein vom Ersteren durch Benutzung des Andern als Werkzeug verübter Diebstahl vor, weil die Sache nicht ihm, sondern dem Wegnehmenden selbst zugeeignet wird; vgl. § 215 n. 47.

52. Hiernach kann ein Betrug sehr wohl in der Weise verübt werden, daß im Prozesse durch eine Täuschung des Richters eine für die eine Partei nachtheilige, ihre Rechte beeinträchtigende Entscheidung oder Verfügung herbeigeführt wird. Zwar schenkt der Richter in der Regel dem einseitigen Vorbringen der einzelnen Parteien keinen Glauben, sondern entscheidet nach den vorgebrachten Beweisen. Wird aber gerade durch ein Beweismittel die Täuschung des Richters herbeigeführt, z. B. durch einen antedatirten Wechsel, oder durch eine simulirte oder erschlichene Urkunde, so kann unbedenklich ein Betrug angenommen werden: ZI. 6. Jan. 60 c. Buddrius (GA. VIII, 283); ZI. 11. Sept. 61 c. Zillmann (RdO. I, 268); ZI. 9. Nov. 64 c. Lang; ZI. 5. Juli 65 (RdO. VI, 233). Dasselbe gilt da, wo der Richter auf Grund des einseitigen Vorbringens einer Partei eine für die andere nachtheilige Verfügung trifft, z. B. einen Arrest verhängt, oder eine verfügte Exekution einstweilen aussetzt: ZI. 16. Sept. 56 c. Lehmann; ZII. 9. April 63 c. Weber (RdO. III, 382); ZI. 13. März 67 c. Sehr (RdO. VIII, 171). Sind dagegen derartige Täuschungsmittel nicht angewendet worden, so kann die Aufstellung einer unwahren Behauptung im Prozesse nicht als Betrug aufgefaßt werden, sollte auch demnächst eine unrichtige richterliche Entscheidung darauf gefolgt sein; vielmehr werden das „frevelhafte Leugnen" und die „muthwilligen Chikanen" im Prozesse nur von den durch die AGO. I, 23 § 52. 53; I, 24 § 40 bedrohten Civilstrafen betroffen: ZII. 23. Febr. 54 c. Hoppe (GA. III, 611); VI. 16. Sept. 57 c. Weinberg; Voitus Abh. in GA. I, 490; Abh. ibid. III, 605; XIII, 71; vgl. EG. Art. II n. 9.

53. Ebenso kann unbedenklich die durch das Zusammenwirken beider Prozeßgegner bewirkte Erschleichung eines materiell unrichtigen Urtheils den Thatbestand eines zum Nachtheile eines Dritten verübten Betruges darstellen: ZI. 5. Juli 61 c. Werbelow (RdO. I, 506); vgl. § 247 n. 35.

54. Auch die Täuschung des einen Akt aufnehmenden Notars kann, wenn die übrigen Voraussetzungen des § vorliegen, den Thatbestand des Betruges herstellen. Es muß dann aber feststehen, daß durch jene Täuschung die Vermögensbeschädigung herbeigeführt ist; daher genügt es nicht, wenn beide Parteien im Einverständnisse den Notar getäuscht haben, und es sich demnächst herausstellt, daß eine derselben durch den Vertragsabschluß einen Nachtheil erlitten habe: VI. 22. Mai 57 c. Sandler. Ist durch die Täuschung des Notars die Beurkundung einer für Rechtsverhältnisse erheblichen unwahren Thatsache rc. zu Stande gekommen, so kann es in Frage kommen, ob das im § 252 vorgesehene Verbrechen vorliege.

55. Ist ein Betrug durch eine Urkundenfälschung bewirkt worden, so liegt ein Fall der idealen Konkurrenz vor.

56. An und für sich enthalten Steuer- (Zoll-) Defrauden in der Regel den Thatbestand des Betrugs, da dabei eines Theils eine Täuschung der Beamten, andern Theils eine Vermögensbeschädigung des Fiskus durchweg vorzukommen pflegt. Da aber die Gesetzgebung diesen Thatbestand ausgesondert und mit besondern (meistentheils geringeren) Strafen bedroht hat, so muß die Betrugsstrafe hier für ausgeschlossen erachtet werden, insofern das Gesetz das Gegentheil nicht ausdrücklich vorgeschrieben hat: VI. 27. Febr. 63 c. Pfuhl (RdO. III, 315; beil.); vgl. § 55 n. 8. Dagegen greift die Betrugsstrafe Platz, wenn ein derartiger Thatbestand vorliegt, den die Gesetzgebung nicht mit einer besonderen Steuerstrafe bedroht hat; *contra:* Erk. OAG. Oldenburg 23. Febr. 61 c. Fasting (Oldenb. Arch. VIII, 29), welches die durch Täuschung der Gemeindeverwaltung herbeigeführte Herabsetzung eines Armenbeitrags nicht für einen Betrug erachtete, weil (arg. des früheren Oldenb. StGB s) die betrügliche Verletzung einer Staatsbürgerpflicht nicht als Vermögensbeschädigung anzusehen sei.

57. Die Simulation eines niedrigeren Preises als des verabredeten in der über einen Vertrag aufgenommenen Urkunde ist weder als Stempelsteuerde-

§. 242. Der Betrug, sowie der Versuch des Betruges wird mit Gefängniß nicht unter Einem Monate und zugleich mit Geldbuße von funfzig bis zu Eintausend Thalern, sowie mit zeitiger Untersagung der Ausübung der bürgerlichen Ehrenrechte bestraft.

Wird festgestellt, daß mildernde Umstände vorhanden sind, so kann die Strafe bis auf Eine Woche Gefängniß oder auch auf bloße Geldbuße von mindestens fünf Thalern ermäßigt werden.

[Entw. § 220]. Vgl. § 241. 245.

---

fraude noch als ein zum Nachtheile des Stempelfiskus verübter Betrug zu bestrafen, da die Stempelsteuer nicht von dem Rechtsgeschäfte, sondern von dem Akte, d. h. von dem Beweismittel erhoben, also auch nur insofern verschuldet wird, als die Urkunde einen Beweis liefert: ZII. 3. Mai 56 c. Walter (GA. V, 214); ZPl. 9. März 57 c. Hartung (Entsch. 36. S 430; GA. V, 221).

58. Wenn ein Kommissionär unbefugter Weise (vgl. jetzt D. HGB. Art. 360 ff. 376) das für den Kommittenten zu kaufende Gut selbst liefert, oder das zu verkaufende selbst als Verkäufer behält, so macht er sich eines Betrugs schuldig, wenn er unter dem falschen Vorgeben, er habe von einem Dritten gekauft oder an einen Dritten verkauft, sich die vorbedungene Provision oder die Preisdifferenz zahlen läßt: ZI. 29. Okt. 56 c. Link.

59. Ein Minderjähriger, welcher durch das falsche Vorgeben: er sei großjährig, einen Andern täuscht und dadurch an seinem Vermögen beschädigt, verwirkt die Betrugsstrafe, obgleich nach dem Civil-Gesetz ALR. I, 5 § 31—36; I, 4 § 21. 22; II, 2 § 131—133) ein unter solchen Umständen abgeschlossener Vertrag dem Minderjährigen gegenüber unwirksam ist: ZI. 9. Okt. 63 c. Adam; ZI. 27. Nov. 63 c. Meyersohn (RdO. IV, 221); *contra:* ZI. 13. Febr. 57 c. Lehne.

60. Nach dem Ges. v. 8 Mai 1837 § 17 und 28 zieht die in böslicher Absicht erfolgte Aufstellung einer den wirklich erlittenen Verlust übersteigenden Brandentschädigungsforderung bei der betr. Mobiliarfeuerversicherungsgesellschaft die Strafe des Betrugs, also jetzt die des § 242, nach sich; es brauchen dann die Begriffserfordernisse des Betrugs nach § 241 weiter nicht vorzuliegen, vielmehr genügt es, wenn der Thatbestand des § 28 cit. festgestellt wird: ZII. 28. Okt. 58 c. Meusel; ZI. 19. April 61 c. Seyler (RdO. I, 354); ZI. 5. Sept. 62 c. Stringe (RdO. II, 548); ZI. 24. Jan. 64 c. Hartke (RdO. IV, 322). Ebensowenig bedarf es der Feststellung der Merkmale eines Betrugsversuchs (§ 31): ZPl. 26. Nov. 55 c. Torges (Entsch. 31. S. 344; GA IV, 45); ZI. 19. Dez. 66 c. Geppner (RdO. VII, 734), welches gleichzeitig aussprach, daß eine gewinnsüchtige Absicht jedenfalls eine bösliche im Sinne des cit. § 28 sei. — Als „Aufstellung" einer Entschädigungsforderung kann es angesehen werden, wenn der Versicherte dem Vertreter der Gesellschaft gegenüber seine Angaben über den erlittenen Verlust abgegeben hat, sollte er auch noch nicht eine bestimmte Summe gefordert, oder die geforderte später ermäßigt haben: ZI. 5. Sept. 62 (cit.). — Auch die Theilnahme an diesem Vergehen ist strafbar: cit. Z. 27. Jan. 64.

61. Die Vorschriften der Ges.-Ordn. v. 8. Nov. 1810 § 31 und der Rhein. Ges.-Ordn. v. 19. Aug. 1844 § 12, welche das gleichzeitige Vermiethen eines Dienstboten bei mehreren Herrschaften mit Strafe bedrohen, sind nicht aufgehoben (vgl. EG. Art. II. n. 14); sie schließen indessen die Betrugsstrafe nicht aus, wenn der Thatbestand dieses Vergehens festgestellt wird: Beschl. II. 24. Nov. 59 c. Niewind (72 B); ZI. 9. April 62 c. Fölz (RdO. II, 338).

§ 242.

1. Damit der Versuch eines Betruges angenommen werden könne, bedarf es weder der Vollbringung der Täuschung, noch des Anfangs des Erfolgs der Vermögensbeschädigung; es genügt, wenn mit der Ausführung einer zur Herbeiführung einer Vermögensbeschädigung geeigneten Täuschung begonnen ist: ZII. 24. Sept. 63

§. 243.*) Mit Gefängniß nicht unter drei Monaten und zugleich mit Geldbuße von funfzig bis zu Eintausend Thalern, sowie mit zeitiger Untersagung der Ausübung der bürgerlichen Ehrenrechte wird bestraft:

---

*) Fassung der Gess. v. 14. April 1856 und v. 30. Mai 1859 (GS. 56. s. 210; 59. s. 320). In der ursprünglichen Fassung fehlten die jetzige Nr. 6 und der Schlußsatz; die Nummern 7 und 8 waren damals als Nr. 6 und 7 aufgeführt.

---

c. Michaelis (RdO. IV, 78); ZI. 9. Mai 66 c. Dethleffs (RdO. VII, 281). Es kann daher auch in dem bloßen Vorbringen der falschen Thatsache der Anfang der Ausführung des Betrugs gefunden werden: ZII. 31. Mai 55 c. Wirtz; ZII. 6. Jan. 59 c. Gerlach; ZI. 2. März 60 c. Müller; vgl. § 31 n. 14. 15.

2. Der Versuch eines Betrugs wird dadurch nicht ausgeschlossen, daß der zu Täuschende vorher schon die Wahrheit, also das Gegentheil der falschen Angaben, kennt, weil es dann immer noch auf die Stärke der Ueberzeugung von der Wahrheit und auf die Kraft der Ueberredung desjenigen, welcher täuschen will, ankommt, somit nie von einem absolut untauglichen Mittel die Rede sein kann: ZI. 15. Febr. 61 c. Hoff (RdO. I, 255); BI. 26. April 61 c. Gregor (RdO. I, 338); ZI 24. Okt. 66 c. Dolze (RdO. VII, 566).

3. Beim Vorhandensein mildernder Umstände kann der Richter auf Untersagung der Ausübung der bürgerlichen Ehrenrechte erkennen, er ist aber nicht dazu verpflichtet: Z. 21. Nov. 52 c. Fitschulsky.

§ 243.

1. Die hier aufgezählten Vergehen sind sowohl nach der Stellung des § in dem vom „Betruge" handelnden Tit. 21, als nach der ausdrücklichen Vorschrift des § 245 als besonders ausgezeichnete Arten des Betrugs aufgefaßt worden. Hieraus hat der KBI. (s. 39) beiläufig gefolgert, daß auch bei ihnen die allgemeinen Begriffsmerkmale des Betrugs nach § 241 vorhanden sein müßten; ebenso: Bes. s. 464; GM II, 550; TGA. s. 293; ähnlich: ZPl. 12. Juni 54 c. Ramm (Entsch. 28. s. 174; GA. II, 650); ZI. 8. Okt. 56 c. Blütchen (GA. V, 104); ZI. 27. Nov. 57 c. Seffler mit der Maaßgabe, daß an sich eine der Wortfassung der einzelnen Nrn. des § entsprechende Feststellung genüge, indem dann das Vorhandensein der Begriffsmerkmale des § 241 vorausgesetzt werde. Hiernach würde eine ausdrückliche Feststellung der letzteren wenigstens da unerläßlich sein, wo ihr Vorhandensein bestritten ist. Gegen diese Auffassung spricht aber, daß die Nrn. 1—8 selbstständige Thatbestände hinstellen und (als „Betrug") bestrafen, ohne auf die Definition des § 241 irgendwie hinzuverweisen; daß sodann die Nrn. 3. 4. 7 und 8 sich in den früheren Entwürfen in gleichlautender Fassung an andern Stellen fanden, und daß sie erst im Entw. v. 1850 lediglich mit Rücksicht auf die Zweckmäßigkeit der Anordnung hier ihre Stelle gefunden haben, ohne daß irgend etwas darauf deutete, daß dadurch auch der Begriff modifizirt werden sollte; daß ferner die Nrn. 1. 7 und 8 ein Handeln „zum Nachtheile eines Andern" voraussetzen, welches eventuell mit der durch § 241 erheischten Vermögensbeschädigung zusammenfiele, daß ebenso die Nrn. 3. 4 und 5 sich speziell über die Strafbarkeit des Versuchs aussprechen, während es dessen nicht bedurft hätte, wenn hier gleichzeitig § 241 und somit auch § 242 maaßgebend wäre; und daß endlich die Nr. 6 durch das Ges. v. 14. April 1856 grade deshalb in den § eingeschoben worden ist, um dadurch zu erkennen zu geben, daß der betr. Thatbestand für sich allein zur Anwendung der Strafe genüge, und daß es nicht außerdem auch noch einer weiter gehenden gewinnsüchtigen Absicht und Vermögensbeschädigung bedürfen solle; vgl. unten n. 25. 26. Demgemäß hat denn auch das OTr., wenn gleich es den oben erwähnten allgemeinen Grundsatz mehrfach als Regel hingestellt hat, doch in Beziehung auf einzelne der aufgezählten Spezialfälle ausdrücklich anerkannt, daß bei ihnen von diesem oder jenem Begriffsmerkmale des § 241 gänzlich abzusehen, oder daß ein solches durch andere Voraussetzungen ersetzt sei; vgl. n. 6. 7. 26—28. 39- 41. 47—50. Ist dem aber so, so

1) wer sich wissentlich unrichtiger, zum Messen oder Wiegen bestimmter Werkzeuge zum Nachtheile eines Anderen bedient;

---

kann auch jener Grundsatz als ein allgemein geltender nicht anerkannt werden; vielmehr ist eine Ergänzung der vorgesehenen Thatbestände aus § 241 nur in denjenigen Fällen statthaft und geboten, aus deren Fassung oder Entstehungsgeschichte zu erkennen ist, daß sie der Gesetzgeber als solche angesehen hat, welche dem allgemeinen Begriffe des Betrugs (Vermögensbeschädigung durch Täuschung) vollständig entsprechen, und auch bei diesen nur insofern, als nicht einzelne Begriffsmerkmale des Betrugs in den betr. Nrn. des § 243 durch andere Voraussetzungen ersetzt sind. Das gilt vorzugsweise nur von den unter Nr. 1. 2 und 5 vorgesehenen Fällen. Das Nähere hierüber ist bei den einzelnen Nrn. anzugeben; vgl. § 244 n. 2 und im Allgemeinen: Abh. in GA II, 643; John Kritiken s. 110 fgg.

2. Da das Gesetzbuch die hier behandelten Fälle unter den generellen Begriff des Betrugs gebracht hat, so ist arg. § 242 auch der Versuch einer der vorgesehenen Handlungen für strafbar zu erachten; auch er zieht dann die Strafen der §§ 243 und 245 nach sich. Das Gegentheil folgt nicht daraus, daß die Nrn. 3—5 die Strafbarkeit des Versuchs ausdrücklich aussprechen, da dieses darin seinen Grund hat, daß die gedachten Nrn. in derselben Fassung in den früheren Entwürfen ihre Stelle im Titel von den Münzverbrechen ꝛc. gefunden hatten: ZII. 14. Juni 55 c. Bienert; VI. 4. Juli 56 c. Collier (GA. IV, 701; ZI. 22. März 66 c. Rosenberger (RdO. VII, 192). Zu bemerken ist indessen, daß durch die Fassung mehrerer der aufgezählten Nrn. der Versuch der Täuschung mit in den Begriff des vollendeten Vergehens gezogen ist, so daß also hier von einem besondern Versuche des Vergehens kaum noch die Rede sein kann. Das Nähere siehe unter n. 6. 7. 27. 28. 40.

3. Da die hier vorgesehenen Handlungen als ausgezeichnete Fälle des Betrugs behandelt und mit geschärften Strafen bedroht sind, so bleibt Abs. 2 des § 242 hier ausgeschlossen; mildernde Umstände können daher (vom Falle der Nr. 6 abgesehen) eine Ermäßigung der Strafe unter drei Monate Gefängniß ꝛc. nicht rechtfertigen: ZII. 14. Juni 55 c. Bienert; ZI. 11. Nov. 58 c. Hisgen.

Zu Nr. 1. Vgl. Ges. v. 7. Mai 1856 § 7 (GS. s. 546).

4. Zur Anwendung dieser Nr. genügt im Allgemeinen die Feststellung des hier vorgesehenen Thatbestandes; es bedarf nicht außerdem noch der Feststellung der Begriffsmerkmale des § 241: ZPl. 12. Juni 54 (cit. n. 1); ZII. 14. Juni 55 c. Bienert; ZI. 17. Okt. 55 c. Becker.

5. Gleichwohl qualifizirt sich dieser spezielle Thatbestand als ein dem allgemeinen Begriffe des Betrugs entsprechender. Es ist daher zunächst das Merkmal der gewinnsüchtigen Absicht als ein dabei stillschweigend vorausgesetztes aufzufassen. Demgemäß bedarf dasselbe der ausdrücklichen Feststellung, sobald sein Vorhandensein vom Angeklagten bestritten wird (: ZPl. 12. Juni 54, cit. n. 1), und Freisprechung wird nothwendig, wenn dasselbe verneint wird: ZI. 3. Febr. 58 c. Hamscher.

6. Dagegen ersetzt der „wissentliche Gebrauch der unrichtigen Meßwerkzeuge" vollständig das Merkmal der „Erregung eines Irrthums durch Vorbringung falscher oder durch Entstellen oder Unterdrücken wahrer Thatsachen": ZPl. 12. Juni 54 (cit. n. 1). Insbesondere bedarf es hier nicht einer gelungenen Irrthumserregung; der wissentliche Gebrauch der Werkzeuge wird als ein Versuch der Täuschung angesehen, welcher hier in den Thatbestand des vollendeten Vergehens hineingezogen ist; es bedarf daher auch nicht der Feststellung der Voraussetzungen des § 31. Die Nr. 1 bleibt daher nur da ausgeschlossen, wo der Angeklagte mit der Ueberzeugung handelt, daß der Andere vollständige Kenntniß von der Unrichtigkeit des Werkzeugs habe, und daß also eine Irrthumserregung bei ihm nicht Statt finden könne; in einem solchen Falle wird freilich die Handlung nicht leicht „zum Nachtheile des Andern" gereichen.

7. Ebenso ist das Begriffsmerkmal der Vermögensbeschädigung hier durch die Worte „zum Nachtheile eines Andern" ersetzt. Es wird nur vorausgesetzt, daß das „Sich Bedienen" Seitens des Angeklagten „zum Nachtheile des Andern", d. h. mit der Absicht der Benachtheiligung und in der Weise geschehen

§. 243. Mit Gefängniß nicht unter drei Monaten und zugleich mit Geldbuße von funfzig bis zu Eintausend Thalern, sowie mit zeitiger Untersagung der Ausübung der bürgerlichen Ehrenrechte wird bestraft:

---

sei, daß es zu einer Benachtheiligung geführt haben würde, wenn der Andere die Unrichtigkeit nicht erkannt hätte: ZII. 14. Juni 55 c. Bienert; *contra*: ZI. 13. März 66 c. Rosenberger (RdO. VII, 192), welches da, wo eine vollendete Vermögensbeschädigung nicht eingetreten ist, die Feststellung der Voraussetzungen des strafbaren Versuchs (§ 31) erheischt; vgl. aber hierüber n. 6. 41. und Beschl. II. 7. Juni 66 c. Meyer (RdO. VII, 331).

8. Ein Handeln „zum Nachtheile" liegt auch da vor, wo Jemand durch die Benutzung eines unrichtigen Werkzeugs den Glauben erregt: er gewähre ein Uebergewicht, sollte auch nominell das verlangte Gewicht gewährt sein (der Andere erwartete in Wirklichkeit, auf Veranlassung des Angeklagten, ein höheres Gewicht als das mündlich angegebene): VI. 26. Jan. 53 c. Noock (GA. I, 580); ZI. 23. April 58 c. Gelbrich.

9. Vorausgesetzt wird, daß ein zum Messen ꝛc. bestimmtes Werkzeug benutzt sei, d. h. ein solches, welchem diese Bestimmung objektiv in einer äußerlich erkennbaren Weise beiwohnt; es reicht daher nicht hin, wenn irgend ein beliebig gewählter Gegenstand, z. B. ein Stein, durch Uebereinkunft der Parteien, als Einheit gebraucht und das gefundene Resultat demnächst durch Berechnung auf die gebräuchliche Einheit zurückgeführt wird; eine hierbei hervorgerufene Täuschung und Benachtheiligung kann nur aus § 241 242 strafbar sein: VI. 6. Juli 59 c. Lessing (627; GA. VII, 717).

10. Das Meß- ꝛc. Werkzeug muß unrichtig sein; auch diese Eigenschaft muß ihm selbst, objektiv, beiwohnen, weil der Grund der erhöhten Strafbarkeit grade darin gefunden wurde, daß ein Werkzeug, welches bestimmungsmäßig dazu dienen soll, die Richtigkeit und Gewissenhaftigkeit des geschäftlichen Verkehrs zu vermitteln und sicher zu stellen, in einer Weise abgeändert worden ist, daß es das Gegentheil herbeiführen muß. Es genügt daher nicht, wenn bei Benutzung an sich richtiger Werkzeuge die Benachtheiligung durch anderweite Täuschung zugefügt wird, z. B. dadurch, daß man den Andern glauben macht, das Werkzeug repräsentire ein höheres Gewicht ꝛc. als es wirklich thut (dann ist nicht das Werkzeug, sondern nur das Zumessen ꝛc. falsch); vielmehr treffen in einem solchen Falle nur die §§ 241. 242 zu: ZPl. 13. Nov. 65 c. Häse (RdO. VI, 452); VI. 17. Nov. 65 c. Dorowski (RdO. VI, 469). — Die Unrichtigkeit kann einem Meß- ꝛc. Werkzeuge objektiv in der Weise beiwohnen, daß es schon seiner Einrichtung nach bei normalmäßigem Gebrauche ein unrichtiges Resultat ergiebt, z. B. wenn die Schalen einer Wage nicht in dem durch die Einrichtung derselben gebotenen richtigen Verhältnisse zu einander stehen. In diesem Falle genügt es, wenn die ursprünglich richtige Waage durch Anbringung eines mechanischen Hülfsmittels beim Verwiegen zum unrichtigen Werkzeuge gemacht wird; es ist nicht unerläßlich, daß diese Anbringung in einer bleibenden Weise bewirkt sei: ZI. 24. Febr. 58 c. Stöhr; ZI. 6. Dez. 66 c. Meyer (RdO. VII, 697). — Andere Werkzeuge dagegen sind von der Art, daß sie nur das ihnen von Natur beiwohnende Maaß repräsentiren können, z. B. Gewichtstücke, Hohlmaaße ꝛc. Als objektiv unrichtig können diese sich nur dann darstellen, wenn die an ihnen angebrachte Bezeichnung nicht mit dem ihnen von der Natur beigelegten Maaßquantum übereinstimmt. In dieser Beziehung kann nun aber nicht jede in mehr oder minder bleibender und sichtbarer Weise angebrachte Privatbezeichnung genügen, weil es an jedem Anhalte dafür fehlen würde, warum und unter welchen Voraussetzungen eine solche in den verschiedensten Weisen an dem Stücke anzubringende Privatbezeichnung demselben objektiv angehöre, ob dazu eine feste und bleibende körperliche Verbindung mit dem Stücke selbst nothwendig sei, und ob nicht ev. eine mündliche Versicherung oder eine eine solche Versicherung thatsächlich in sich schließende stillschweigende Handlung dieselbe Wirkung hervorbringen könne. Es wird daher bei derartigen Werkzeugen eine amtliche Bezeichnung vorausgesetzt, welche mit dem natürlichen dem Stücke beiwohnenden Maaße nicht überstimmt, sei es daß diese amtliche Bezeichnung von Anfang an eine irrthümliche gewesen, oder später verändert, oder aber daß der am Stücke angebrachten Bezeichnung

2) wer einen Ankäufer von Gold oder Silber über die Eigenschaften dieser Waare hintergeht, indem er ihm geringhaltigeres Gold oder Silber für vollhaltigeres verkauft;

3) wer ächte, zum Umlauf bestimmte Metallgeldstücke durch Beschneiden, Abfeilen oder auf andere Art verringert und als vollgültig ausgiebt oder auszugeben versucht;

4) wer solche verringerte Münzen gewohnheitsmäßig oder im Einverständnisse mit dem, welcher sie verringert hat, als vollgültig ausgiebt oder auszugeben versucht;

---

wahrheitswidrig der Schein des amtlichen Charakters beigelegt worden sei: Antr. des GStAnw.s zum ZPl. 13. Nov. 65 (l. c.).

11. Dagegen ist es für den Thatbestand gleichgültig, ob die amtliche Bezeichnung dem jetzt geltenden Maaß- und Gewichtssystem entspricht. Das Vergehen kann daher auch mit einem veralteten oder mit einem ausländischen Werkzeuge begangen werden, welches als solches beiden Parteien bekannt war, sobald nur bei dem Anderen die Meinung bestand, daß dieses veraltete 2c. Werkzeug an sich richtig sei: ZPl. 10. Mai 58 c. Wunsch (Entsch. 39. 2. S. 31; ind.).

12. Der § wird aber auch da anwendbar, wo Jemand dadurch (zu täuschen und zu benachtheiligen sucht, daß er sich statt des jetzt geltenden eines veralteten nach dem früheren Systeme geaichten Werkzeuges bedient: Ges. v. 17. Mai 1856 § 7.

13. Die Vorschrift dieser Nr. ist nicht auf Gewerbtreibende beschränkt, auch unterliegt ihr geeigneten Falles der Käufer ebensowohl wie der Verkäufer: ZI. 24. Febr. 58 c. Stöhr.

14. Wenn gleich § 1 der Mühlen-Ordn. vom 28. Okt. 1810 die Bestimmung des Mahllohnes der freien Uebereinkunft zwischen Müller und Mahlgästen überläßt, so unterliegt doch der Müller, welcher sich bei Abmessung des Lohnes wissentlich eines unrichtigen Meßwerkzeuges bedient, der Strafe des § 243, sobald dieser Lohn nach dem Uebereinkommen der Parteien in einem bestimmten Quantum von Getreide bestehen sollte: ZPl. 10. Mai 58 c. Wunsch (Entsch. 39. 2. S. 31).

Zu Nr. 2.

15. Alles dasjenige, was oben n. 4—7 zu Nr. 1 in Betreff der Begriffsmerkmale des § 241 gesagt ist, findet hier analoge Anwendung. Die gewinnsüchtige Absicht wird vorausgesetzt; sie muß festgestellt werden, wenn sie bestritten wird. Es wird indessen kaum ein Fall denkbar sein, wo sie bei dem in Nr. 2 vorgesehenen Thatbestande fehlen könnte Die Irrthumserregung und die Art derselben ist in der Nr. klar ausgedrückt. Einer besonderen Vermögensbeschädigung bedarf es dagegen hier weiter nicht; es genügt, daß der Käufer geringhaltigeres Gold 2c. erhielt, als er erwarten mußte.

16. Auch diese Vorschrift ist nicht auf Gewerbtreibende zu beschränken.

17. Sie greift nicht nur beim Verkaufe von Gold 2c. als Rohmaterial Platz, sondern auch beim Verkaufe von verarbeitetem Metall: ZI. 29. Juni 64 c. Eitig (RdO. V, 31).

18. Auch der Versuch des hier vorgesehenen Vergehens ist strafbar; vgl. n. 2.

19. Die Nr. 2 ist auch auf den Fall anzuwenden, wo im Innern der Waare schlechteres oder geringhaltigeres Metall angebracht ist; *contra*: ZI. 10. Febr. 65 c. Neumann (RdO. VI, 557).

Zu Nr. 3. Vgl. Nr. 4; § 122. 123.

20. Das oben zu Nr. 2 unter n 15 Gesagte gilt in vollem Maaße auch hier.

Zu Nr. 4. Vgl. Nr. 3; § 122 123.

21. Auch hier gilt das unter n. 15 Gesagte.

22. Ueber den Begriff „gewohnheitsmäßig" vgl. § 239 n. 1.

§. 243. Mit Gefängniß nicht unter drei Monaten und zugleich mit Geldbuße von funfzig bis zu Eintausend Thalern, sowie mit zeitiger Untersagung der Ausübung der bürgerlichen Ehrenrechte wird bestraft:

5) wer Geldpackete, die mit einem öffentlichen Siegel verschlossen und mit Angabe des Inhaltes versehen sind, zu ihrem vollen Inhalte ausgiebt oder auszugeben versucht, obgleich er weiß, daß sie eröffnet und ihr Inhalt verringert worden;

6) wer in der Absicht, eine verhängte Exekution abzuwenden oder hinauszuschieben, von einem Postscheine über eine Versendung von Geld oder andern Werthgegenständen Gebrauch macht, obgleich er weiß, daß der versendete Brief, oder das versendete Packet dasjenige nicht enthält, was durch den Postschein als abgesendet nachgewiesen werden soll;

Schlußsatz: Wird in dem Falle der Nr. 6 festgestellt, daß mildernde Umstände vorhanden sind, so kann die Strafe bis auf Eine Woche Gefängniß oder auch auf bloße Geldbuße von mindestens fünf Thalern ermäßigt werden.

Zu Nr. 5. Vgl. AKO. v. 20. Sept. 1826 (GS. s. 122).

23. Das unter n. 15 Bemerkte findet auch hier Anwendung.

24. Unter „Geld-Packeten" sind nicht blos Geld-Tuten und Beutel, sondern auch verschlossene Papiergeld-Packete zu verstehen: KBl. s. 39.

Zu Nr. 6. Vgl. AGO. I, 24 § 46.

25. Diese Nr. ist durch das Ges. v. 14. April 1856 in den § deshalb eingeschoben worden, um die in der Praxis laut gewordenen Zweifel zu beseitigen, ob der vorgesehene Thatbestand die Begriffsmerkmale des Betruges vollständig erschöpfe, ob er insbesondere die gewinnsüchtige Absicht, und eine Vermögensbeschädigung mit Nothwendigkeit in sich schließe (vgl. § 241 n. 1. 6. 20). Diese Frage sollte bejaht, und die unbedingte Strafbarkeit der Handlung ausgesprochen werden; vgl. Motive des Entw. zum Ges. v. 14. April 1856 s. 22 (GA. III, 859). Es kann daher der hier aufgestellte Thatbestand nicht mehr einer Ergänzung aus § 241 bedürfen; *contra* (beil.): VI. 26. März 63 c. Schenk (RdO. III, 372).

26. Demgemäß genügt die Absicht, eine verhängte Exekution abzuwenden oder hinauszuschieben; einer weiter gehenden Gewinnsucht bedarf es in keiner Weise; selbst die ausdrückliche Feststellung: ein fernerer Gewinn sei nicht gesucht worden, kann die Anwendung des § nicht beseitigen: ZII. 18. Dez. 56 c. Köbel (JMbl. 57. s. 35); ZII. 2 Febr. 59 c. Fornaçon; ZI. 18. Juni 62 c. Zander (GA. X, 645); ZII. 27. April 65 c. Hengsbach (RdO. VI, 78); vgl § 241 n. 6.

27. Ebenso ersetzt der Gebrauch des Postscheins ꝛc. zu dem angegebenen Zwecke hier vollständig die Irrthumserregung durch Vorbringung falscher Thatsachen ꝛc. Eine weitere Täuschung wird nicht erfordert; vgl. n. 33. Auch liegt, selbst wenn durch den Gebrauch des Postscheins eine Täuschung nicht herbeigeführt wird, das vollendete Vergehen und nicht ein bloßer Versuch vor; es bedarf daher auch nicht der Feststellung der Voraussetzungen des § 31. Ebenso kann es, wenn der Postschein den Voraussetzungen des § entspricht, weiter nicht in Frage kommen, ob er ein taugliches Mittel zur Erreichung des gewollten Zweckes war, ob z. B. der angeblich versendete Gegenstand mit demjenigen, auf welchen die Exekution sich bezog, übereinstimmte, oder diesen zu ersetzen geeignet war: Beschl. I. 4. Febr. 59 c. Krüger (30 B; JMbl. s. 98)

28. In gleicher Weise ist hier das Begriffsmerkmal der Vermögensbeschädigung durch die Verletzung des Rechtes des Exekutionssuchers: auf dem Wege der jetzt verhängten Exekution und mittelst ungehemmten Fortgangs derselben, so-

weit möglich, seine Befriedigung zu erlangen, ersetzt: ZII. 8. Okt. 57 c. Rick (Entsch. 37. 2. 34); ZI. 22. Febr. 65 c. Webowski; ZII. 27. April 65 (cit. n. 26); vgl. § 241 n. 20. Diese Rechtsverletzung braucht auch gar nicht wirklich eingetreten zu sein; es genügt, wenn der Angeklagte mit der im § vorausgesetzten Absicht von dem Postscheine Gebrauch machte, und wenn durch die Erreichung jener Absicht das erwähnte Recht des Exekutionssuchers verletzt worden wäre. Es liegt daher, auch wenn die Absicht nicht erreicht wird, doch das vollendete Vergehen, und nicht blos ein Versuch vor; vgl. n. 27. Sonach kommt auf den Erfolg des Gebrauches des Postscheines Nichts an; insbesondere ist es unerheblich, ob nach §§ 45. 46 I, 24. AGO., und nach § 38 der Instr. vom 2. Aug. 1850 der Exekutor genügende Veranlassung hatte, von der Exekution abzustehen: ZII. 1. Okt. 57 c. Griesemann; Beschl. I. 4. Febr. 59 (cit. n. 27); vgl. n. 32. 35. Ebenso wird der Thatbestand des Vergehens durch eine später erfolgende anderweite Befriedigung des Gläubigers in keiner Weise beseitigt: cit. ZII. 8. Okt 57.

29. Mit Rücksicht auf das unter n. 28 Gesagte darf das Vorhandensein der hier erforderlichen Rechtsverletzung nur da negirt und demgemäß Straflosigkeit angenommen werden, wo das erwähnte Recht des Exekutionssuchers auf ungestörten Fortgang der Exekution deshalb nicht verletzt werden konnte, weil er inmittelst bereits anderweitig befriedigt war oder weil er sich selbst mit der Hinausschiebung der Exekution einverstanden erklärt hatte: ZII 8. Okt. 57 (cit. n. 28); VII. 8. April 58 c. Schröder; VI. 10. Juli 61 c. Theiß (RdO. I, 509). Sonach kann die Hoffnung oder Vermuthung des Schuldners: der Gläubiger werde demnächst seine Handlungsweise billigen, den Thatbestand des Vergehens und die Strafbarkeit desselben nicht beseitigen: ZI. 18. Juni 62 (cit. n. 26). Aehnlich verhält es sich, wenn der Schuldner Gegenforderungen zu haben vermeint, mit welchen er kompensiren will: ZII. 15. Mai 58 c. Schulze.

30. Der § unterscheidet nicht in Betreff der Person des Thäters. Auch ein Anderer, als der mit der Exekution bedrohte Schuldner kann sich des Vergehens schuldig machen: ZI. 15 Mai 57 c. Grünthal (GA. V, 568). Hat sich der Schuldner zur Vornahme der Handlung eines in gutem Glauben befindlichen Dritten als seines Werkzeuges bedient, so ist er selbst als Thäter anzusehen; vgl. §. 84 n. 2. Handelt dagegen der Beauftragte des Schuldners mit der im § vorausgesetzten Absicht und Kenntniß, so ist er der Thäter, der Schuldner kann dann nur als Anstifter oder Theilnehmer strafbar sein; *contra:* ZI. 17. Juli 62 c. Oppenheim (RdO. II, 206), welches es auch in einem solchen Falle für statthaft erachtete, den Schuldner selbst als Thäter, und den Beauftragten als dessen Gehülfen anzusehen.

31. Der § erheischt die Absicht, eine „verhängte" Exekution abzuwenden. Im Geltungsbereiche der AGO ist eine Exekution verhängt, wenn der Exekutor vom Richter die Anweisung zur Vollstreckung (§ 45. 46 I, 24. l. c.; Gesetz vom 20. März 1854 § 15) erhalten hat. Es ist daher keineswegs erforderlich, daß der Exekutor seinerseits schon Schritte zur Ausführung des erhaltenen Auftrages gethan habe. Ebendeshalb können Unregelmäßigkeiten, welche sich der Exekutor bei dieser Ausführung zu Schulden kommen läßt (z. B. wenn er die durch § 37 der Instr. v. 2. Aug. 1850 vorgeschriebene Vorzeigung des Exekutionsbefehles unterlassen, und sich mit einer bloßen Ansagung der Exekution begnügt hat), die Strafbarkeit desjenigen nicht beseitigen, welcher sich demnächst der hier vorgeschriebenen Handlung schuldig macht: VII. 2 Juli 63 c. Himmelreich (RdO. III, 535). — Im Gebiete des AGHofs zu Köln ist analoger Weise die Exekution für verhängt zu erachten, sobald dem Gerichtsvollzieher der Auftrag zur Vollstreckung ertheilt und zu diesem Ende die exekutorische Ausfertigung des Titels eingehändigt ist.

32. Der § ist nicht auf den Fall beschränkt, wo der Gebrauch des Postscheins einem Beamten gegenüber Statt gefunden hat; es genügt, wenn von dem Postscheine bei irgend einem Dritten Gebrauch gemacht ist, welcher den Fortgang der Exekution zu hemmen im Stande ist, z. B bei dem Bevollmächtigten des Gläubigers.

33. Ebensowenig wird erheischt, daß der Gebrauch demjenigen gegenüber Statt finde, dessen Recht eventuell verletzt werden würde; vgl. § 241 n. 51. Insbesondere ist es gleichgültig, ob durch die Postsendung der Gläubiger selbst in einen Irrthum versetzt, oder ob ihm, z. B. in dem versendeten Briefe, der Sachverhalt vollständig aufgeklärt wird: ZI. 18. Febr. 59 c. Abomeit.

§. 243 Mit Gefängniß nicht unter drei Monaten und zugleich mit Geldbuße von funfzig bis zu Eintausend Thalern, sowie mit zeitiger Untersagung der Ausübung der bürgerlichen Ehrenrechte wird bestraft:

7) wer Grenzsteine oder andere zur Bezeichnung einer Grenze oder des Wasserstandes bestimmte Merkmale zum Nachtheile eines Anderen wegnimmt, vernichtet, unkenntlich macht, verrückt oder fälschlich setzt;

---

34. In Betreff des Postscheines ist nur wesentlich, daß er etwas Anderes besage, als die Sendung enthält; es ist daher gleichgültig, ob vielleicht die Inhaltsdeklaration auf der Adresse der Sendung anders lautete, und den Inhalt richtig bezeichnete: VII. 26. Nov. 57 c. Sefert; Zl. 10 Dez. 62 c. Groß; nicht minder, ob der Angeklagte die Ausstellung des unrichtigen Postscheins veranlaßt hat, oder ob die Verschuldung in dieser Beziehung nur den Postbeamten trifft: Zl. 2. Juni 58 c. Klemm; Zl. 3. Mai 61 c. Wasservogel; vgl. n. 36.

35. Lautet ein Postschein nicht über eine Baar-, sondern über die Sendung eines „Werthgegenstandes", oder eines „Werthes", so ist den Voraussetzungen des § genügt, wenn der versendete Gegenstand nicht objektiv, und durch sich selbst den angegebenen Werth repräsentirt, z. B. wenn die Sendung nur einen, nicht sofort und unbedingt realisirbaren Wechsel (zumal wenn er nur einen Wechsel des unter Exekution stehenden Schuldners) enthält: Zl. 18. Sept. 63 c. Cornitius (RdO IV, 65); Zl. 24. Febr. 65 c. Hintzmann. Dagegen gehen diese Urtheile zu weit, wenn sie unter „Werthgegenstand" nur solche Dinge verstehen, welche, gleich dem Gelde, ein baares Zahlungsmittel darstellen. Dasselbe gilt von einem VI. 10. Okt. 66 c. Katz (RdO. VII, 519), wenn es zum Thatbestande des § einen die Versendung von Geld oder anderen geldgleichen Werthgegenständen deutlich erklärenden Postschein erfordert. Lautete z. B der Schein über die Versendung „eines goldenen Ringes 10 Thlr. werth", so wird der § anwendbar, sobald die Sendung nicht einen Ring von dem angegebenen Werthe enthielt, während umgekehrt die Strafe ausgeschlossen bleiben muß, wenn Inhalts- und Werthsangabe sich (objektiv) als richtig erweisen. Ob der Exekutionsbeamte nach den Gesetzen und seinen Instruktionen sich durch einen derartigen Schein von der Fortsetzung der Exekution abhalten lassen konnte oder durfte, ist hierbei nicht entscheidend (vgl. n. 27. 28), zumal da das Vergehen nicht blos einem Beamten, sondern auch einem Dritten gegenüber begangen werden kann (vgl. n. 32. 33).

36. Außer der in der Nr. 6 ausdrücklich erheischten Absicht wird als Dolus beim Angeklagten auch die Kenntniß vorausgesetzt, daß der Inhalt der Sendung mit der im Postschein enthaltenen Angabe nicht übereinstimme: VII 26. Nov. 57 c. Sefert. Diese Kenntniß bedarf indessen (als selbstverständliches Begriffsmerkmal) der ausdrücklichen Feststellung nur dann, wenn sie vom Angeklagten bestritten worden ist: VII. 26. März 63 c. Schenk (RdO. III, 372).

37. Liegen mildernde Umstände vor (Schlußs.), so kann von der Untersagung der Ausübung der Ehrenrechte gänzlich abgesehen werden.

Zu Nr. 7.

38. Auch hier gilt in Betreff der Begriffserfordernisse des § 241 das oben (n. 1) Gesagte: Zl. 6. Juli 59 c. Czwielung. Es läßt sich daher nicht mit einem VII. 7. Febr. 56 c. Broicher (JMbl. s. 64) allgemein aufstellen, daß hier unbedingt jene Erfordernisse als (selbstverständliche) Merkmale vorausgesetzt werden.

39. Als gewinnsüchtige Absicht (§ 241) genügt es hier, wenn der Thäter durch die Handlung die nachtheiligen Folgen beseitigen will, welche für ihn oder für einen Dritten aus dem durch die betr. Merkmale zu Gunsten eines Anderen festgestellten Besitzstande entspringen; es wird sonach keineswegs vorausgesetzt, daß er sich außerdem irgend etwas habe zueignen wollen, was ihm nach seiner eigenen Ueberzeugung nicht gebühre.

40. Die Irrthumserregung 2c. ist auch hier durch die speziell vorgesehene Handlung ersetzt; einer weiter gehenden Täuschung bedarf es sonach nicht; auch stellt jene Handlung, selbst wenn sie keine Täuschung zur Folge hat, das

vollendete Vergehen, und nicht blos einen (durch die Feststellung der Voraussetzungen des § 31 bedingten) Versuch dar; vgl. n. 7. 27. 28.

41. An die Stelle der Vermögensbeschädigung ist auch hier das Handeln zum Nachtheile eines Anderen getreten. In dieser Beziehung genügt es indessen hier nicht (wie im Falle der Nr. 1, vgl. dort n. 7), wenn die Handlung mit der Absicht einer Benachtheiligung geschah, vielmehr wird hier, wo von der in Nr. 1 noch immer in einem gewissen Sinne vorausgesetzten Täuschung des Andern (vgl. n. 6) abzusehen ist, ein wirklich in Folge der Handlung für den Andern eingetretener Nachtheil erfordert. Ein solcher Nachtheil liegt indessen vor, sobald die Rechtsstellung des Andern dadurch beeinträchtigt worden ist, daß die aus einem rechtlich begründeten Besitz- oder Rechtszustande entspringenden Vortheile ihm entzogen oder gefährdet werden: Beschl. II. 7 Juni 66 c. Meyer (RdO. VII, 331); ZII. 28. März 67 c. dens. (RdO. VIII, 213). Außer jenem Nachtheile bedarf es nicht etwa noch eines besonderen Schadens durch wirkliche Aneignung oder Benutzung eines jenseits des alten Grenzzeichens liegenden Raumes: ZI. 5. Mai 66 c. Kordaß (RdO. VII, 280). Ebenso ist es unwesentlich, ob die Grenzbestimmung die richtige war, oder ob vielleicht der Vertrag, auf welchem sie beruhte, aus irgend einem Grunde angefochten werden konnte; *contra*: VI. 14. Mai 58 c. Blum (GA. VI, 427).

41a. Auch bedarf es beim Angeklagten nicht der Absicht, dem Andern einen Nachtheil (im Sinne der n. 41) zuzufügen; es genügt, wenn er die äußere Handlung vorsätzlich und mit dem Bewußtsein vornahm, daß sie eine Benachtheiligung der erwähnten Art für den Andern herbeiführen werde: ZII 28. März 67 (cit. n. 41).

42. Die Strafandrohung der Nr 7 steht (ebenso wie die im Wesentlichen gleichlautende Bestimmung des § 1403 II, 20. ALR.) mit den civilrechtlichen Bestimmungen über „Grenzscheidungen" (ALR. I, 17 § 362 f ꝛc.) im engsten Zusammenhange. Sie bezieht sich daher, wie diese, nur auf diejenigen Grenzmerkmale ꝛc., welche dazu bestimmt sind, zur Abgrenzung bleibender (fortwährend bestehender) Berechtigungen zu dienen, und die eben deshalb auch eines größeren Schutzes bedürfen. Das gilt vorzugsweise nur da, wo durch die betr. Merkmale die Abgrenzung dinglicher Berechtigungen am Grunde und Boden, also insbesondere des Eigenthums bezweckt worden ist; nicht also da, wo die betreffenden Berechtigungen lediglich obligatorischer Natur sind, und wo ebendeshalb die Grenzbestimmung nur eine vorübergehende und durchaus individuelle Bedeutung hat. Auf dieser Auffassung beruht VI. 18. Dez. 57 c. Schonitz (GA. IX, 127), welches den § für unanwendbar hielt, wenn der Eigenthümer zweier aneinanderstoßender Grundstücke ein zwischen beiden sich findendes Grenzmerkmal zum Nachtheile eines Dritten verrückt, welchem an einem jener Grundstücke eine Dienstbarkeit zusteht; als Grund ward angeführt: der Eigenthümer habe zur Wegnahme des ihm allein gehörenden Merkmals ein Recht; (anders würde sich die Sache gestalten, wenn das Grenzmerkmal die Bestimmung gehabt hätte, zur Abgrenzung der Realberechtigung des Dritten zu dienen); — *contra*: ZII. 10. Jan. 67 c. Buhl (RdO. VIII, 17), welches den § in einem Falle für zutreffend erachtete, wo durch die gesetzte (später verrückte) Grenze die (für ein Jahr gewährten) Nutzungsberechtigungen zweier Haubergsgenossen geschieden wurden; vgl. Antr. d. GStA.-schaft l. c.

43. Als Grenzmerkmal kann im Uebrigen jeder Gegenstand dienen, welcher an sich geeignet ist, die Grenze zwischen zwei Grundstücken ꝛc. zu bezeichnen. Dabei ist es gleichgültig, ob derselbe von Natur vorhanden war, oder durch Menschenhand hingesetzt worden ist Insbesondere kann auch eine zwischen beiden Nachbarn belassene gemeinschaftliche Bodenfläche (z. B. ein Grenzrain, ein Grenzgraben) jene Bedeutung haben: ZI. 8. April 66 c. Woszny (RdO. VII, 220).

44. Dagegen ist es unerläßlich, daß dem betr. Gegenstande durch irgend einen Willensakt die Bestimmung, die Grenze zu bezeichnen, beigelegt worden sei, und daß er diese Bestimmung demnächst nicht wieder verloren habe. Zu jenem Willensakte bedarf es indessen nicht nothwendig einer Amtshandlung, oder eines Setzens ꝛc. unter amtlicher Autorität: VII. 28. Jan. 64 c. Ackermann (RdO. IV, 329); vielmehr genügt es, wenn der Gegenstand von den Nachbarn selbst als Grenzmerkmal einmal ausdrücklich oder stillschweigend anerkannt worden ist: ZI. 6. Juli

§. 243. Mit Gefängniß nicht unter drei Monaten und zugleich mit Geldbuße von funfzig bis zu Eintausend Thalern, sowie mit zeitiger Untersagung der Ausübung der bürgerlichen Ehrenrechte wird bestraft.

8) wer Urkunden, welche ihm entweder gar nicht, oder nicht ausschließlich gehören, zum Nachtheile eines Anderen vernichtet, beschädigt oder unterdrückt.

---

59 c. Czwielung; ZI. 16. Dez. 64 c. Markus (RdO. V, 369). Das gilt in gleicher Weise auch von den zur Bezeichnung der Höhe des Wasserstandes dienenden Zeichen; dem steht § 2 des Ges. v. 15. Nov. 1811 nicht entgegen, da hier eben nur die zwangsweise erfolgende Bestimmung des Wasserstandes geregelt worden ist; *contra*: GM. II, 554. — So lange es dagegen an einer solchen beiderseitigen Anerkennung fehlt, hat ein von einem der Grenznachbarn einseitig gesetztes Merkmal jenen Charakter nicht, zumal wenn die Grenze streitig war: Gilb. C. pén. art. 456 n. 19.

45. Durch eine Amtshandlung erlangt ein Gegenstand die Bedeutung eines Grenzmerkmals nur dann, wenn dem betr. Beamten die Befugniß beiwohnte, eine derartige Bestimmung in einer für die Parteien wenigstens vorläufig maaßgebenden Weise zu treffen. Das gilt auch dann, wenn es sich von der Grenze zwischen einem Grundstücke und dem benachbarten Wege handelt; die einseitig von der Ortsbehörde erfolgende Bezeichnung der streitigen Grenze durch einen Stein giebt diesem nicht den Charakter eines Grenzsteins, insofern nicht besondere Gesetze jener Behörde ausdrücklich das fragliche Recht ertheilt haben. Auf dem linken Rheinufer steht ein solches Recht (nach arr. 23 mess. V; Ges. v. 9. vent. XIII art. 6; Min.-Instr. v. 7. prair. XIII; Dekr. v. 16. Okt. 1813; StRG. v. 8. Nov. 1813; Ress.-Regl. v 20. Juli 1818 § 2) nicht den Bürgermeistern, sondern nur den Regierungen zu, da nur sie die Breite der Vicinalwege ohne Einwilligung der Angrenzenden festzustellen, und somit den die festgestellten Grenzen bezeichnenden Steinen die Eigenschaft von Grenzsteinen beizulegen berufen sind: VII. 7. Febr. 56 (cit. n. 31).

46. Zu den Grenzsteinen ꝛc. gehören auch die zur Bezeichnung der Bergwerksfeldes-Grenzen auf der Erdoberfläche gesetzten Lochsteine; vgl. Bergw.-Ges. v. 24. Juni 1865 § 39. 40.

46a. Zu den Wasserstandsmerkmalen sind nicht allein die eigentlichen Merkpfähle, sondern auch die nach dem Vorfl.-Edikt v. 15. Nov. 1811 zur Vergleichung bestimmten s. g. Fixpunkte zu zählen: ZII. 28. März 67 c. Meyer (RdO. VIII, 213).

Zu Nr. 8. Vergl. § 106. 323. 281. 282.

47. Auch in Beziehung auf diese Nr. hat das OTr. wiederholt angedeutet, daß dabei die Begriffsmerkmale des § 241 vorausgesetzt würden, so daß es also im Falle eines ausdrücklichen Bestreitens ihrer Feststellung bedürfe; so: ZI. 8. Okt. 56 c. Blütchen (GA. V, 104); ZI. 21. Jan. 57 c. Többicke; ZI. 10. Febr. 60 c. Forst; u. ö. Andere Entscheidungen haben dagegen ausdrücklich anerkannt, daß z. B. eine Irrthumserregung hier in keiner Weise erforderlich sei; vgl. n. 49. Es muß indessen auch hier das oben n. 1 Gesagte gelten. Es kommt dabei wesentlich in Betracht, daß der vorgesehene Thatbestand mit dem des Betruges gar keine Verwandtschaft hat, daß die betr. Bestimmung in gleicher Fassung in früheren Entwürfen ihre Stelle bei einer ganz anderen Rechtsmaterie gefunden hatte, und daß Nichts dafür spricht, daß durch diese Platzveränderung auch der ganze Thatbestand eine so wesentliche Aenderung habe erfahren sollen.

48. Demgemäß bedarf es hier einer gewinnsüchtigen Absicht in keiner Weise; vielmehr wird nur die Absicht vorausgesetzt, dem Andern die Vortheile zu entziehen, welche für ihn aus der Existenz (dem Besitze) eines beweisfähigen Schriftstückes entspringen: ZI. 6. März 63 c. Hackbarth (RdO. III, 322); John Kritiken S. 110; *contra:* VI. 24. Juni 63 c. Vogel (RdO. III, 516); VI. 16. Sept. 63 c. Korycki (RdO. IV, 44), von welchen das Letztere beim Mangel der gewinnsüchtigen Absicht nur den § 281 für anwendbar erachtete. Demgemäß gehört auch der Fall hierher, wo Jemand einen ihm irrthümlich zugegangenen, an einen Anderen gerichteten Waarenbestellbrief unterdrückt, um selbst die Bestellung zu effektuiren, und dadurch den gebotenen Handelsgewinn zu ziehen; vgl. ZI. 19. Okt. 66 c. Aßmann

(RdO. VII, 558); vgl. n. 53. — Jedenfalls ist aber die Gewinnsucht als vorhanden anzunehmen, wenn die Absicht des Thäters dahin ging, sich (oder einen Andern) den nachtheiligen Folgen zu entziehen, welche aus der Existenz einer Urkunde entstehen können: VII. 22. Okt. 63 c. Fink (RdO. IV, 127). Es wird sonach keineswegs erfordert, daß die Absicht dahin gegangen sei, die Geltendmachung der durch die Urkunde zu beweisenden Verbindlichkeit &c gänzlich zu verhindern; es genügt, wenn nur der Beweis erschwert, oder die Geldendmachung verzögert werden soll: ZI. 22. Juni 64 c. Korucki. Auch wird die Anwendbarkeit des § dadurch nicht ausgeschlossen, daß der Angeklagte sich zur Vernichtung der Urkunde deshalb für berechtigt erachtete, weil er durch Täuschung zu ihrer Ausstellung und Aushändigung veranlaßt worden sei, sobald er sich nur bewußt war, daß die zu Stande gekommene Urkunde jetzt nicht ihm, sondern dem Andern gehöre, und in den Händen desselben diesem zum Vortheile, ihm aber zum Nachtheile gereiche: cit. VII. 22. Okt. 63.

49. Daß hier eine Irrthumserregung überall nicht erforderlich sei, hat das OTr. stets angenommen: ZI. 4. Okt. 54 c. Fleischer; ZII. 2. Sept. 58 c. Koch; VI. 16. Sept. 63 (cit. n. 48); u. ö.

50. Ebenso ist hier das Erforderniß der Vermögensbeschädigung dadurch ersetzt, daß die Handlung zum Nachtheile eines Andern gereichen muß. In dieser Beziehung gilt hier Alles, was oben zu No. 7 (n. 41) gesagt ist. Es genügt daher der Nachtheil, welcher aus der Entziehung eines Beweismittels und aus der dadurch bewirkten Behinderung oder Erschwerung der Geltendmachung eines Rechts hervorgeht: ZI. 23. März 59 c. Matthei; ZI. 13. März 61 c. Puder (RdO I, 307); ZII. 19. Febr. 62 c. Schäfer (GA. X, 268); VI 24. Juni 63 c. Vogel (RdO. III, 516); ZI. 16. März 66 c. Wuschovius. Trifft diese Voraussetzung zu, so ist es gleichgültig, ob der Beweis anderweitig z. B. durch Zeugen erbracht werden kann: ZI. 2. Nov. 66 c. Barillot (RdO. VII, 597). Auch wird jener einmal eingetretene Nachtheil durch die spätere Wiederbeseitigung desselben, z. B. durch die Wiederherstellung der Urkunde nicht aufgehoben; die That bleibt dessenungeachtet strafbar: ZI. 18. Mai 57 c. Kienast; ZII. 21. Sept. 58 c. Koch; ZI. 24. Juni 63 c. Klix

51. Der Begriff der Urkunde ist aus § 247 zu erläutern: ZII. 3. März 53 c. Höneke (GA. I, 409; II, 261); ZI. 11. Mai 66 c. Schulz; vgl. dort n. 16 ff. 128.

52. Die Löschung der Unterschrift einer Urkunde kann als Beschädigung oder Vernichtung der letzteren angesehen werden: ZI. 30. März 59 c. Semmler.

53. Die „Unterdrückung" einer Urkunde kann in jeder Handlung gefunden werden, durch welche dieselbe dem Berechtigten (wenn auch nur für eine Zeit lang: ZI. 2. Nov. 66 c. Barillot, RdO. VII, 597) entzogen wird: ZI. 19. April 61 c. Heinze (RdO. I, 350); z. B. in der Wegnahme derselben, wenn diese geschah, um dem Andern die Benutzung der Schrift als Beweismittel ganz oder zeitweise unmöglich zu machen: VI. 11. Febr 59 c. Stöhrer (GA. VII, 394); oder in der rechtswidrigen Vorenthaltung der Urkunde, nachdem man dieselbe Gewahrsam derselben in irgend einer erlaubten Weise erlangt hatte: ZII. 18. Mai 55 c. Krüger; ZII. 14. Sept. 65 c. Voigt (RdO. VI, 309); ZI. 10. Jan. 66 c. Czischke (GA. VI, 228). Hierzu kann es genügen, wenn Jemand einen ihm irrthümlich zugegangenen Bestellbrief zurückbehält, damit er nicht an den richtigen Adressaten gelange; vgl. ZI. 19. Okt. 66 c. Aßmann (RdO. VII, 558). *Contra*: Abh. in GA. IX, 384.

54. Einer Heimlichkeit der betr. Handlung bedarf es nicht: VI. 24. Juni 63 c. Vogel (RdO. III, 516). Ebensowenig ist es unerläßlich, daß die Urkunde der Wissenschaft des Berechtigten entzogen werde; es kann daher für ein Unterdrücken erachtet werden, wenn Jemand eine Urkunde vor den Augen des Berechtigten an eine Stelle bringt, wo sie der Letztere nicht wieder ergreifen kann: ZI. 2. Nov. 66 (cit. n. 53). Das Gegentheil ist nicht aus § 241 zu folgern, da dort das Wort „Unterdrücken" sich nicht auf eine körperliche Sache, sondern auf einen ideellen Begriff (die Wahrheit) bezieht.

55. Ueber den Unterschied des Thatbestandes der Nr. 8 von dem Diebstahle oder der Unterschlagung einer Urkunde vgl. § 215 n. 4. Ueber den Unterschied zwischen der Vernichtung oder Beschädigung einer Urkunde, und einer durch theilweises Auslöschen der Schrift bewirkten Urkundenfälschung vgl. § 247 n. 22.

Wird in dem Falle der Nr. 6 festgestellt, daß mildernde Umstände vorhanden sind, so kann die Strafe bis auf Eine Woche Gefängniß oder auch auf bloße Geldbuße von mindestens fünf Thalern ermäßigt werden.

[Entw. § 221]. Vgl. § 341. 342. 344. 345. 347. 106.

§. 244. **Wer in betrügerischer Absicht eine gegen Feuersgefahr versicherte Sache in Brand setzt, oder ein Schiff, welches als solches oder in seiner Ladung versichert ist, sinken oder stranden macht, wird mit Zuchthaus bis zu zehn Jahren und zugleich mit Geldbuße von Einhundert bis zu zweitausend Thalern bestraft.**

[Entw. § 222]. Vgl. § 283. 285 289. 303.

Zum Schlußsatze.

56. Vgl. n. 37.

§ 244.

1. Es ist hier zunächst an solche Fälle gedacht, bei welchen eine gemeine Gefahr nicht entstehen konnte: KBl. s. 39. Wo letzteres hinzutritt, wird der Thatbestand eines der in den §§ 285—287. 289 und 303 vorgesehenen Verbrechen vorliegen, welches dann mit dem hier mit Strafe bedrohten ideell konkurrirt: Beschl. II. 15. (22.) Sept 53 c. Fißmer (GA. II, 560); Bl. 6. Jan. 58 c. Müller (GA. VI, 135); *contra:* John Abh. in GA. III, 58; id. fortges. Verbr. s. 96 (aus ungenügenden Gründen).

2. Auch hier wiederholt sich die Frage (vgl. § 243 n. 1), ob bei dem vorgesehenen Thatbestande die Begriffsmerkmale des Betrugs (§ 241) als selbstverständlich vorausgesetzt werden, ob es also ihrer ausdrücklichen Feststellung bedürfe, wenn ihr Vorhandensein bestritten wird. Da indessen ausdrücklich der § nur ein in betrügerischer Absicht bewirktes In-Brand-Setzen ꝛc. erheischt, mit diesem also auch das Verbrechen vollendet ist, so leuchtet es ein, daß nicht außerdem noch ein Vorbringen falscher Thatsachen, eine Irrthumserregung und eine durch diese bewirkte Vermögensbeschädigung gefordert werden können, daß also jene Frage hier unbedingt zu verneinen ist; stets bedarf es nur der Feststellung des im § selbst vorgesehenen Thatbestandes; vgl. Zachariä Abh. in GA. III, 293.

3 Unter der „betrügerischen Absicht" ist hier die Absicht zu verstehen, die Versicherungssumme für sich oder für einen Andern ganz oder theilweise rechtswidrig zu gewinnen: Z. 10. Dez. 52 c. Alberts; Zachariä Abh. in GA. III, 293. Daher bleibt der § ausgeschlossen, wenn Jemand eine Brandstiftung aus irgend einer andern Ursache, z. B. zur Verdeckung eines begangenen andern Vergehens, verübt, vielleicht ohne von der Versicherung etwas zu wissen: ZI. 6. Mai 53 c. Saul.

4. Gleichgültig ist es, ob die in Brand gesetzte ꝛc. Sache eine eigene oder eine fremde war: Z. 10. Dez. 52 c. Alberts.

5. Vorausgesetzt wird, daß die versicherte Sache selbst in Brand gesetzt ꝛc. worden sei; nur da, wo es hierzu wirklich gekommen ist, liegt das vollendete Verbrechen vor; daher reicht es nicht hin, wenn nur das Gebäude ꝛc. in Brand gesetzt ist, in welchem sich die versicherten Sachen befanden; dagegen ist es unbedenklich, in einem Falle dieser Art einen strafbaren Versuch anzunehmen: GM. II, 558 n. 4; *contra:* TL. s. 981 Note 4. — Waren dagegen die versicherten Sachen vor der Anzündung des Gebäudes ꝛc. bereits in Sicherheit gebracht, so daß in Betreff ihrer ein Versuch der In-Brand-Setzung nicht angenommen werden kann, so scheidet § 244 nothwendig aus; die Anzündung des Gebäudes ꝛc. ist dann geeigneten Falles aus §§ 285—287 oder aus § 281 zu bestrafen und die demnächstige Liquidirung des (fingirten) Brandschadens aus dem Ges. v. 8. Mai 1837 §§ 17. 28, resp. aus §§ 241. 242; vergl. n. 7; *contra:* TL. s. 981 und zum Theil GM. II, 558 n. 4; vgl. Zachariä Abh. in GA. III, 293.

§. 245. In allen Fällen des Betruges (§§. 241. bis 244.) kann auf Stellung unter Polizei-Aufsicht erkannt werden.

[Entw. § 222a]. Vgl. § 241–244.

Zweiundzwanzigster Titel.

Untreue.

§. 246. Wegen Untreue werden mit Gefängniß nicht unter drei Monaten, sowie mit zeitiger Untersagung der Ausübung der bürgerlichen Ehrenrechte bestraft:

1) Vormünder, Kuratoren, Sequester, Testaments-Exekutoren und Verwalter von Stiftungen, wenn sie vorsätzlich zum Nachtheile der ihrer Aufsicht anvertrauten Personen oder Sachen handeln;

---

6. Zum Thatbestande des § 244 gehört die Einforderung oder Empfangnahme der Versicherungssumme in keiner Weise; vgl. n. 1. 5. 7.

7. Ist der Brandstiftung rc. eine Ueberversicherung vorhergegangen, und ist eine in böslicher Absicht bewirkte Aufstellung einer zu hohen Entschädigungssumme auf dieselbe gefolgt (Ges. v. 8. Mai 1837 § 17 20. 28), so bildet jede dieser drei Handlungen, wenn sie auch alle aus derselben Absicht hervorgingen, die Versicherungssumme rechtswidrig zu gewinnen, — eine selbstständige Handlung; es liegt sonach reale Konkurrenz (§ 56) und nicht ein s. g. fortgesetztes Verbrechen vor: Beschl. II. 15. (22.) Sept. 53 c. Fißmer (GA. II, 560); *contra* (ind.): Beschl. II. 5. Jan. 57 c. Roth (GA. V, 406); John fortges. Verbr. s. 97.

§ 245.

1. Die Verhängung der Polizei-Aufsicht fällt in das Gebiet der Strafzumessung, es bedarf daher einer besondern Motivirung derselben nicht: ZII. 29. Nov. 1860 c. Stein.

2. Auf Stellung unter Polizei-Aufsicht kann auch beim Vorhandensein mildernder Umstände erkannt werden: ZII. 29. Nov. 1860 c. Stein.

§ 246.

1. Die Benachtheiligung, von welcher der § spricht, muß das Vermögen zum Gegenstande haben; dafür spricht die Stelle des Titels unter den Vergehungen gegen das Vermögen und seine historische Bedeutung. Andere Vergehen rc., z. B. Körperverletzung, Freiheitsberaubung, Unzucht u. dgl. [sollten sie auch, wie die beiden erstern, in der Eigenschaft als Vormund rc. verübt werden können], gehören nicht hierher: TL. s. 984. 985; BL. s. 292 Note 1; *contra*: GM. II, 561 n. 2.

2. Wird festgestellt, daß die Handlung in gewinnsüchtiger Absicht verübt sei, so liegt darin mit Nothwendigkeit auch die Feststellung der Vorsätzlichkeit; diese braucht dann nicht noch ausdrücklich hervorgehoben zu werden: ZI. 4. Juli 55 c. Mund.

3. Auch durch Unterlassungen kann das Vergehen begangen werden, z. B. durch vorsätzliche Verabsäumung einer Hypothekeneintragung, eines Rechtsmittels rc.

4. Vollendet wird das Vergehen durch wirkliche Zufügung des Nachtheils; der Versuch wird nicht bestraft.

Zu Nr. 1.

5. Die Nr. 1 ist auf andere Personen als die genannten, insbesondere auf solche, welche in einem blos vertragsmäßigen, eine freie Wahl der Personen gestattenden Privatverhältnisse stehen, z. B. auf Haus- und Wirthschafts-Beamte, Beamte von Aktien-, Handels- und anderen Gesellschaften, Gewerbgehülfen und Dienstboten nicht auszudehnen: KVII. s. 128.

6. Ebensowenig ist diese Nr. 1 auf Rechtsbeistände anwendbar: TL. s. 985

2) Mäkler, Güterbestätiger, Schaffner und andere Gewerbtreibende, welche zur Betreibung ihres Gewerbes von der Obrigkeit besonders verpflichtet sind, wenn sie bei den ihnen übertragenen Geschäften vorsätzlich diejenigen benachtheiligen, deren Geschäfte sie besorgen.

Wird die Untreue in der Absicht verübt, sich oder Anderen Gewinn zu verschaffen, so soll neben der Freiheitsstrafe zugleich auf Geldbuße von funfzig bis zu Eintausend Thalern erkannt werden.

Ist durch die Handlung eine härtere Strafe begründet, so tritt nach den Grundsätzen des §. 55. diese härtere Strafe ein.

[Entw. § 222b]. Vgl. § 314; Gew.-Ordn. v. 17. Jan. 1845 (Ges. v. 22. Juni 1861 Art. I) § 174; EG. z. D. HGB. v. 24. Juni 1861 Art. 9; HGB. Art. 66 ff.

Note 2, welcher die Untreue dieser Personen als Amtsvergehen nach § 314 behandelt wissen will; vgl. aber zu diesem § n. 2 und § 329.

7. Auch der Vater, insofern er nicht Vormund ist, und als solcher handelt, unterliegt dieser Vorschrift nicht. Dagegen irrt Temme, wenn er (Gl. s. 295) vermeint, der Vater sei nie Vormund; nach Rheinischem Rechte wird er beim Tode der Mutter von Gesetzeswegen zur Vormundschaft berufen.

8. Die Untreue setzt die Verletzung solcher Pflichten voraus, welche dem Vormunde als solchem obliegen; daher ist die kontraktwidrige Weigerung, eine Schuld zu zahlen, für welche jetzt der Mündel angegangen werden kann, noch keine Untreue: JI. 6. Nov. 57 c. Hellwig (GA. VI, 130).

9. Die in Nr. 1 geforderte Vorsätzlichkeit braucht nicht in der Beabsichtigung der Benachtheiligung zu bestehen; es genügt das Bewußtsein der Widerrechtlichkeit und des daraus hervorgehenden Nachtheils für das Vermögen des Mündels: JI. 6. Nov. 57 c. Hellwig (GA. VI, 130); JI. 25. März 59 c. Stonner.

10. Begehen Aeltern [oder Großältern] gegen Kinder als Vormünder der letztern eine Untreue durch Diebstahl oder Unterschlagung, so findet der § 228 Abs. 1 Anwendung, da die gleichzeitige Eigenschaft als Vormund die Anwendbarkeit dieses § nicht beseitigen kann: VII. 23. Febr. 54 c. Klein (Entsch. 27. s. 408; GA. II, 561); Bes. s. 470; *contra*: GA. II, 562 n. 4; vergl. KBl. s. 40. Die Bestrafung der Theilnehmer wird dadurch nicht ausgeschlossen, weil § 228 die That in Betreff der Aeltern 2c. zwar für straflos erklärt, nicht aber ihren Begriff beseitigt: cit. JII. 23. Febr. 54 c. Klein. Der oben ausgesprochene Grundsatz ist auf solche Fälle der Untreue nicht auszudehnen, welche nicht durch Entwendung oder Unterschlagung begangen werden.

Zu Nr. 2.

11. Ueber die Anstellung der Mäkler, Güterbestätiger und Schaffner vgl. ALR. II, 8 § 1305 ff.; Ed. v. 2. Nov. 1810 § 21 Nr. 9. 15 (GS. s. 84); Gew.-Ges. v. 7. Sept. 1811 § 110. 113 (GS. s. 274); AKO. v. 9. Dez. 1822 (GS. 1823 s. 2); Gew.-Ordn. v. 17. Jan. 1845 § 51. 52 (GS. s. 51); EG. z. D. HGB. Art. 9 § 2. 60; D. HGB. Art. 66 ff. 84.

12. Als Mäkler sind nur die für die Vermittlung kaufmännischer Geschäfte förmlich angestellten und vereideten Personen zu betrachten; eine bloße Konzessionirung oder Anstellung durch die Lokal-Polizei-Behörde genügt dazu nicht: VII. 24. Mai 56 c. Buhl (vergl. ALR. II, 8 § 1035 ff. 1311; Arr. 29. germ. IX art. 9; D. HGB. Art. 66 ff.). Im Uebrigen beziehen sich die Worte: „welche ... besonders verpflichtet sind" nur auf die andern Gewerbtreibenden, nicht auf die Schaffner 2c.

13. Bei den übrigen, nicht speziell aufgezählten Gewerbtreibenden wird dagegen vorausgesetzt, daß sie zur Betreibung ihres Gewerbes von der Obrigkeit besonders verpflichtet sind; das Erforderniß einer vorgängigen Konzession reicht dazu also nicht aus: TL. s. 985 Note 1; vgl. Gew.-Ordn. v. 17. Jan. 1845 (Ges. v. 22. Juni 1861 Art. I) § 174, in Verbindung mit § 42 ff.

Dreiundzwanzigster Titel.

Urkundenfälschung.

§. 247. Wer in der Absicht, sich oder Anderen Gewinn zu verschaffen oder Anderen Schaden zuzufügen, eine Urkunde verfälscht oder fälschlich anfertigt, und von derselben zum Zwecke der Täuschung Gebrauch macht, begeht eine Urkundenfälschung.

---

14. Auktionatoren gehören unbedenklich zu den in Nr. 2 gedachten Personen: B. 26. Mai 52 c. Maunig. In Betreff ihrer steht § 33 des Regl. v. 15. Apr. 1848, nach welchem sie in eine Ordnungsstrafe verfallen, wenn sie nicht den Auktions-Erlös binnen 8 Tagen abliefern, der Anwendbarkeit des § nicht entgegen, wenn sie das empfangene Geld zu andern Zwecken verwendet haben: Zl. 25. März 59 c. Stonner.

15. Kaufmännische Kommissionäre gehören nicht hierher: Erk. Kammer-Ger. 12. Nov. 53 c. Oldekop (GA. III, 137).

16. Die Worte: „bei den übertragenen Geschäften" sind nicht gleichbedeutend mit: „durch die rc. Geschäfte"; es ist daher nicht erforderlich, daß die Benachtheiligung durch die Art und Weise herbeigeführt werde, in welcher das übertragene Geschäft ausgeführt wird, es genügt, wenn sie in anderer Weise bei der aufgetragenen Handlung und in Betreff des Gegenstandes erfolgte, auf welche sich die Gewerbsthätigkeit bezog; es kann dann sehr wohl geschehen, daß das Vergehen ideell mit einem anderen, z. B. mit Diebstahl konkurrirt (vgl. Schlußsatz): Bl. 22. Juni 59 c. Rayer (GA. VII, 557; der Angeklagte, ein verpflichteter Kornmesser, hatte einen Theil des zu vermessenden Getreides gestohlen).

17. In der Disposition über erhobene Gelder und in ihrer geraume Zeit dauernden Vorenthaltung kann der Instanzrichter eine Benachtheiligung des Auftraggebers finden: Zl. 25. März 59 c. Stonner; vgl. übrigens § 225 n. 21.

§ 247.

Inhalt.

Unter Urkunde ist jede Schrift zu verstehen, welche zum Beweise von Verträgen, Verfügungen, Verpflichtungen, Befreiungen oder überhaupt von Rechten oder Rechtsverhältnissen von Erheblichkeit ist.

[Entw. § 223]. Vgl. § 249. 250—252. 254—256. 121—124. 259 Nr. 4. 269. 243 Nr. 8.

---

1. Das Gesetz verlangt hier die Absicht, sich oder Anderen Gewinn zu verschaffen oder Anderen Schaden zuzufügen; daraus folgerte ein ZI. 22. Apr. 53 c. Schröder, daß die objektive Möglichkeit der Erreichung jener Absicht vorausgesetzt werde. Da indessen der § eben nur jene Absicht erheischt, so erscheint der aufgestellte Grundsatz als nicht unbedenklich; insbesondere kann die Unmöglichkeit der Erreichung der Absicht nicht (mit GM. II, 566) als ein Versuch mit einem untauglichen Mittel angesehen werden, da die Fälschung verbunden mit dem demnächstigen Gebrauche das vollendete Verbrechen darstellt, selbst wenn die Absicht nicht erreicht wird. Vergl. im Uebr. Bes. s. 476; Gilb. C. pén. a. 145 n. 65 ff. — In jedem Falle reicht aber die Möglichkeit der Erreichung der Absicht hin; auf die Wahrscheinlichkeit des Gelingens kommt Nichts an: ZI. 5. Juni 60 c. Langer.

2. In Ermanglung eines ausdrücklichen darauf gerichteten Antrags bedarf es in der Fragstellung einer Auflösung der Begriffe des „Gewinnes" und des „Schadens" in die thatsächlichen Umstände des Einzelfalles nicht: ZI. 14. Sept. 53 c. de Peterse (JMbl 54. s. 67; GA. II. 97); ZII. 20. Oct. 53 c. Stäcker (GA. l. c.); ZII. 19. Apr. 66 c. Sudheim (RdO. VII, 233); u. ö. Ebensowenig braucht in einer nach den Worten des § gefaßten Frage ausdrücklich hervorgehoben zu werden, in welcher Weise der Gewinn verschafft werden sollte: ZI. 24. Okt. 55 c. Marschall. — Dagegen ist umgekehrt eine solche Auflösung jener Begriffe in die thatsächlichen Umstände des Einzelfalles durchaus statthaft, vorausgesetzt, daß aus den letztern die im § vorausgesetzte Absicht mit rechtlicher Nothwendigkeit folgt, ohne daß es dabei noch der Berücksichtigung sonstiger thatsächlicher Umstände oder Verhältnisse bedürfte: BPl. 29. Jan. 55 c. Weidner (Entsch. 30. s. 380); BI. 17. Sept. 62 c. Kornmesser (RdO III, 7). Ueber die Zweckmäßigkeit einer solchen Auflösung im Allgemeinen vgl. JMVerf. in JMbl. 1852 s. 187; id. v 29. März 1853 A. Nr. 6 (JMbl. s. 136); id. v. 9. Jan. 1853 (GA. I, 210); Strafverf. Art. 81 n. 5. — Die Auflösung wird unerläßlich, sobald sie aus dem Grunde beantragt wird, weil der gewinnsüchtige ꝛc. Charakter der obwaltenden Absicht bestritten wird; dabei wird indessen vorausgesetzt, daß im konkreten Falle darüber ein Zweifel nicht bestehe, daß nicht außer der konkret bezeichneten Absicht eine andere obgewaltet haben könne; *contra:* ZI 23. Jan. 57 c. Majewski; vgl. Strafverf. Art. 82 n. 8; RdO. V, 221.

3. Ueber den Begriff des „Gewinnes" vgl. § 241 n. 3—8. Das dort Gesagte gilt auch hier, jedoch mit der Maaßgabe, daß der Ausdruck hier nicht auf Vermögensgewinn beschränkt ist; er erstreckt sich auch auf Freiheit, Ehre, Familien- und andere Rechte, bezeichnet also die Verbesserung der Lage in Beziehung auf eins dieser Rechtverhältnisse: BI. 15. Juli und 9. Dez. 53 c. Ritter (GA. II, 265); BII. 7. Dez. 54 c. Naumann; BI. 12. Dez. 55 c. Hoffmann (GA. IV, 213); Beschl. II. 5. Jan. 65 c. Stuckas (RdO. V, 400); BL. s. 315.

4. Demgemäß ist auch die auf Erlangung einer besonderen Stellung in der bürgerlichen Gesellschaft gerichtete Absicht eine gewinnsüchtige, sobald diese Stellung eine solche ist, welche nach der gesetzlich bestehenden Einrichtung besondere Rechte gewährt und ebendeshalb nur durch spezielle Verleihung oder durch Erfüllung gewisser Bedingungen oder Förmlichkeiten zu erreichen ist, z. B. die Erlangung des preußischen Indigenats oder des Adels (vgl. ZI. 18. Oct. 54 c Budzynski); oder der Qualifikation zu einer amtlichen oder gewerblichen Stellung, z. B. als Landwehroffizier, Arzt, Handwerksmeister (vgl. BI. 12. Dez. 55 c. Hoffmann, GA. IV, 213; Beschl. I. 18. Jan. 60 c. Beigel, 9 B, GA. VIII, 426; BI. 22. Feb. 44 c. Nagurny). Dasselbe gilt, wenn die Absicht dahin ging, eine Heirath abzuschließen (vgl. BI. 15. Juli und 9. Dez. 53 cit. n. 3; ZI. 7. April 53 c. Dietrich). In allen diesen Fällen kann die Qualifizirung der Absicht als einer gewinnsüchtigen auch nicht davon abhängen, ob durch jene Stellung eine Versorgung, ein Unterkommen

oder ein besseres Fortkommen erzielt werden sollte. Wenn mehrere der citt. Entscheidungen diese Ansicht aufstellen, so fassen sie den Begriff des Gewinnes zu enge (als bloßen Vermögensgewinn) auf. Dagegen ist die Absicht, irgend eine andere Stellung zu erlangen, mit welcher gesetzlich keine besonderen Rechte verknüpft sind, nicht unbedingt als eine gewinnsüchtige aufzufassen, indem der Gewinn dann nur in anderweitig konkurrirenden Umständen seinen Grund haben kann; daher genügt es in solchen Fällen nicht, die spezielle Absicht in die Fragstellung aufzunehmen, vielmehr muß die Frage allgemein auf das Vorhandensein einer „gewinnsüchtigen Absicht" gerichtet werden; z. B. wenn die Absicht dahin ging, in einer Lehranstalt oder in einem Bordelle Aufnahme zu finden; vgl. Z. 13. Okt. 52 c. Breß (GA. II, 267); ZI. 21. Dez. 55 c. Thieme.

5. Die Absicht muß auch hier auf Erzielung eines unberechtigten Vortheils gerichtet sein; Erlangung desjenigen, was zu fordern man das volle Recht hat, ist kein Gewinn; so: VII. 8. Sept. 53 c. Böddeker (GA. II, 97). Demgemäß würde an und für sich die Absicht, einen wirklich begründeten Anspruch zu realisiren, ohne erst die sonst erforderliche Klage anzustellen, nicht eine gewinnsüchtige sein; sie wird aber zur gewinnsüchtigen, wenn dadurch gleichzeitig ein der Geltendmachung der Anspruchs entgegenstehendes oder drohendes rechtlich begründetes Hinderniß beseitigt werden soll; das nahm VII. 5. Jan. 65 c. Kohlhepp (RdO. V, 396) in einem Falle an, wo die Erlangung der Zahlung deshalb gesucht wurde, um der Anlegung eines Arrestes zuvorzukommen. — Im Uebrigen wird durch die Möglichkeit, den Vortheil auf anderm gesetzlichen Wege zu erlangen, die Gewinnsucht nicht ausgeschlossen, sobald nicht ein Recht bestand, denselben zu fordern: VII. 7. Dez. 54 c. Naumann.

6. Gleichgültig ist es, ob der gesuchte Gewinn ein dauernder oder ein nur vorübergehender war: VI. 17. Sept. 62 c. Kornmesser (RdO. III, 7). Es genügt daher die Absicht, sich zeitweilig in den Besitz baarer Geldmittel zu setzen, sollte es auch nicht bezweckt sein, dieselben für immer zu behalten: ZII. 19. Apr. 66 c. Sudheim (RdO. VII, 233; beil.).

7. Ueber die Voraussetzungen, unter welchen die Absicht, einen Schaden abzuwenden oder Ersatz dafür zu erlangen, für eine gewinnsüchtige zu erachten sei, vgl. § 241 n. 5. Nach der dort gemachten Unterscheidung ist auch die Absicht, eine gesetzlich verwirkte Strafe (z. B. den Verlust eines Amtes) oder die Erfüllung einer rechtlich begründeten Verbindlichkeit abzuwenden oder hinauszuschieben, für eine gewinnsüchtige zu erachten: ZII. 8. Sept 53 c. Peter; VI. 18. Jan. 54 c. Marx (GA. II, 265); ZII. 8 Febr. 55 c. Friedhoff (GA. III, 845); VI. 17. Sept. 62 c. Kornmesser (RdO. III, 7); *contra:* VI. 2. Apr. 56 c. Hanslowitz (JMbl. s. 122). Dasselbe gilt von der Absicht, sich von einer anhängigen Untersuchung zu befreien: ZI. 14. Mai 58 c. Stern (GA. VI, 536); *contra:* Z. 23. Jan. 52 c. Ravers; ZI. 10. Jan. 55 c. Jenssen (in Betreff einer erst einzuleitenden Untersuchung), welche auch hier eine thatsächliche Beurtheilung des Einzelfalles für entscheidend erachteten.

8. Nach denselben Grundsätzen ist die Absicht, eine drohende oder verhängte Exekution abzuwenden oder hinauszuschieben, unbedingt als eine gewinnsüchtige zu betrachten; es genügt daher hierauf speziell die Frage an die Geschworenen zu richten: Z. 22. Sept. 52 c. Strache (ind.); ZII. 7. Mai 53 c. Palm; *contra:* VPl. 19. Jan. 55 c. Weidner (Entsch. 30. s. 380; GA. III, 196); VII. 4. April 61 c. Knecht; u. ö. Vgl. § 241 n. 6; JMVerf. v. 5. Jan. 1853 (GA. I, 210); id. v. 29. März 1853 A. Nr. 6 (JMbl. s. 136); Voitus Abh. in GA. I, 488. — Dasselbe gilt von der Absicht, eine drohende Klage abzuwenden und so einen Zahlungsausstand zu erlangen; vgl. GA. II, 833.

9. 10. Dagegen ist (arg. § 254) die Absicht, sich einen Reisepaß zu verschaffen, nicht [unbedingt] als eine gewinnsüchtige anzusehen: Beschl. I. 8. Juli 59 c. Lüdtke (129 B); vgl. § 254 n. 2.

11. Auch bei der beabsichtigten Schadenszufügung ist es nicht erforderlich, daß dieser Schaden das Vermögen betreffe: ZI. 28. Jan. 53 c. Wehrmeister (GA. II, 264); VI. 15. Juli 53 c. Ritter (GA. II, 265); Beschl. I. 6. Feb. 56 c. Lesnick.

12. Die Verletzung eines öffentlichen Interesses ist als ein zugefügter Schaden anzusehen, z. B. wenn ein Militärpflichtiger sich dem Militärdienste zu ent-

ziehen sucht: GA. II, 571 II; *contra:* TL. s. 991; vgl. Gilb. C. pén. art. 145 n. 49; art. 147 n. 41 ff.

13. In der thatsächlichen Feststellung bedarf es nicht nothwendig der namentlichen Bezeichnung des Dritten, welchem ein Schaden zugefügt werden sollte: Z. 24. Sept. 52 c. Weitzker.

14. Die Abwendung oder Verzögerung einer verhängten Exekution ist für denjenigen, welcher ihre unverzügliche Vornahme fordern kann, eine Verletzung dieses seines Rechts, also nothwendig ein Schaden; *contra:* ZI 25. Jan. 54 c. Schiller (GA. II, 266); VI. 31. März 54 c. Hensel, welche die Feststellung der betr. Absicht nicht für genügend erachteten, das Begriffsmerkmal der beabsichtigten Schadenszufügung zu erfüllen; vgl. n. 8; § 241 n. 20.

14a. Die bei der Fälschung vorhandene Absicht, Gewinn zu verschaffen oder Schaden zuzufügen, muß auch demnächst bei dem Gebrauche der Urkunde noch vorwalten, damit § 247 zutreffe; vgl. § 249.

15. Der Grund der schweren Strafandrohung gegen die Urkundenfälschung liegt darin, daß dabei das nach der Idee des Gesetzgebers vorzugsweise zur Feststellung und zum Nachweise der Rechtsverhältnisse bestimmte Mittel in strafbarer Absicht dazu mißbraucht wird, eine Täuschung herbeizuführen. Es ist daher unerläßlich, daß der zum Thatbestande erforderliche Dolus gerade dahin gerichtet sei, in Beziehung auf das durch die Schrift zu beweisende Rechtsverhältniß zu täuschen: glauben zu machen, dasselbe verhalte sich nicht so, wie es in Wirklichkeit begründet ist, sondern so, wie es sich nach der (wahrheitswidrigen) Schrift darstellt. Demgemäß muß auch die Absicht, sich oder Andern Gewinn zu verschaffen oder Andern Schaden zuzufügen, dahin abzielen, diesen Erfolg durch die Benutzung der Schrift zu einer Täuschung der gedachten Art zu erreichen. Dasselbe gilt von der beim demnächstigen Gebrauche erforderlichen Absicht zu täuschen. Hiernach reicht es nicht hin, wenn Absicht und Zweck zwar auf eine Täuschung gerichtet waren, nicht aber in Beziehung auf die Existenz oder die Beschaffenheit desjenigen Rechtsverhältnisses, zu dessen Nachweis die Urkunde nach ihrer Fassung objektiv bestimmt erscheint, sondern in Beziehung auf andere Thatsachen, für welche dieselbe nur zufällig oder indirekt beweisfähig sein kann; z. B. wenn in einem Geburtsakte die richtig benannte Mutter des Kindes wahrheitswidrig als Ehefrau eines namhaft gemachten Mannes bezeichnet wird (vgl. § 252 n. 17), oder wenn eine amtliche Urkunde über einen Vertragsabschluß der Parteien nur zu dem Ende gefälscht ꝛc. wird, um dadurch später die zeitweilige Anwesenheit einer an einem bestimmten Orte und so für einen andern Ort ein alibi darzuthun; oder wenn eine Quittung über die Zahlung des Kaufpreises eines gefallenen Stückes Vieh nur deshalb fälschlich angefertigt und gebraucht wird, um daraus der Viehversicherungsgesellschaft gegenüber den Nachweis herzuleiten, daß das Thier gefallen sei (*contra:* ZII. 22. Juni 54 c. v. Semmern). Dagegen wird keineswegs erfordert, daß der Gewinn ꝛc. durch eine Geltendmachung des betr. Rechtsverhältnisses oder durch eine unternommene Realisirung desselben gesucht werde. Es ist daher auch gleichgültig, ob der Gebrauch demjenigen gegenüber geschehen soll, welcher nach der Urkunde in jenem Rechtsverhältnisse steht. Ebensowenig wird erheischt, daß zwischen demjenigen, dem gegenüber der Gebrauch gemacht wird, und den durch die Schrift zu beweisenden Rechtsverhältnissen ein bestimmter Rechtsnexus, also ein auf jenes Verhältniß sich beziehendes Recht des ersteren begründet werde; es genügt, wenn der Glaube an die Richtigkeit der durch die Urkunde zu beweisenden Thatsache hervorgerufen und wenn durch diese Täuschung ein Gewinn erzielt ꝛc. werden soll; vgl. n. 85. Demgemäß kann auch nicht gefordert werden, daß zwischen der Handlung des Urkundenfälschers (sei es der Fälschung selbst oder des Gebrauchs der gefälschten Schrift) und dem durch die letztere zu beweisenden Rechtsverhältnisse nach Absicht und Zweck noch eine besondere Beziehung stattfinde; insbesondere wird nicht erheischt, daß jene Handlung auf jenes Rechtsverhältniß von Einfluß sei oder umgekehrt. — In dieser letzteren Beziehung hat das OTr., welches im Uebrigen die oben ausgeführte Ansicht theilt, sich durch Beschl. Pl. 30. Juni 56 c. Meyer (Entsch. 34. s. 346; GA IV, 530), und durch Beschl. Pl. 13. Juli 57 c. Hellwitz (Entsch. 36. s. 424; GA. V, 608) im entgegengesetzten Sinne ausgesprochen, indem es einen solchen Einfluß der Handlung des Fälschers auf jenes Rechtsverhältniß für uner-

läßlich erachtete. Der zuletzt erwähnte Beschluß nahm indessen gleichzeitig an, daß auch eine entfernte und indirekte Beziehung zwischen der Fälschung und dem Gebrauche der Urkunde einer-, und jenem Rechtsgeschäfte andererseits genüge, und hielt den § in einem Falle für zutreffend, wo der Angeklagte einen Andern zur Eingehung eines Rechtsgeschäftes dadurch bestimmt hatte, daß er ihm gefälschte, zu seinen eigenen Gunsten sprechende Schulddokumente dritter Personen vorgelegt und dadurch bei jenem die Meinung hervorgerufen hatte, daß er sich wegen eines aus jenem Rechtsgeschäfte etwa zu besorgenden Schadens an diese vorgespiegelten Forderungen werde halten und aus ihnen einen Ersatz werde erlangen können, obgleich ihm besondere Befugnisse in Beziehung auf jene Forderungen nicht eingeräumt worden waren. Nach dieser Auffassung stellt sich aber das betr. Merkmal als völlig unbestimmt und undefinirbar dar; nur in den seltensten Fällen wird der ermittelte Sachverhalt Anhaltspunkte dafür bieten, ob dasselbe anzunehmen sei. Auch gewährt weder die Natur der Sache noch die Wortfassung des § für dieselbe einen genügenden Anhalt. Es ist daher gewiß richtiger, von jenem Erfordernisse vollständig abzusehen. — Demgemäß ist es als Urkundenfälschung anzusehen, wenn Jemand ein Schulddokument fälschlich anfertigt und von demselben Gebrauch macht, um als Gläubiger einer bedeutenden Forderung reich zu erscheinen und dadurch die zur Verheirathung mit einem Mädchen erforderliche Einwilligung ihres Vaters zu erlangen, (so: VII. 7. Dez. 54 c. Naumann), oder wenn umgekehrt Jemand sich in einer gefälschten Schrift als Schuldner darstellt, um als ärmer zu erscheinen und dadurch die Herabsetzung einer Einkommen- oder Klassensteuereinschätzung herbeizuführen, (so: ZII. 11. Mai 54 c. Maestrup, GA. II, 659). Dasselbe muß gelten, wenn Jemand eine Urkunde nur im Datum in einer für den Aussteller der Urkunde in concreto gleichgültigen (oder sogar vortheilhaften) Weise lediglich zu dem Zwecke fälscht, um der Steuerbehörde gegenüber den Ablauf der Frist zur Nachkassirung des Stempels zu verdecken, und die sonst verwirkte Stempelstrafe abzuwenden (*contra*: cit. Beschl. Pl. 30. Juni 56 c. Meyer; das Datum ist ein objektiv für das betr. Rechtsverhältniß wesentlicher Theil der Urkunde; es trifft also in diesem Falle das oben Gesagte zu; vgl. n. 19). — Nicht minder ist es Urkundenfälschung, wenn ein Grenzaufseher durch einen auf den Namen eines Anderen gefälschten Brief Waaren im Auslande bestellt und ihre Einschwärzung über die Grenze in Auftrag giebt, lediglich um dann seinerseits die Beschlagnahme derselben vorzunehmen (so: VII. 19. Okt. 54 c. Wölke). — Dagegen gehört die Täuschung eines Dritten durch eine simulirte Urkunde, oder die Abwendung einer Exekution durch Vorlegung eines wahrheitswidrigen Postscheins nicht hierher, weil in beiden Fällen die betr. Urkunde nicht „falsch" ist; vgl. n. 19. 20. 26; § 252 n. 27. — Vergl. über diese Frage im Allgemeinen Antr. d. GStAnw. zum cit. Beschl. Pl. 13. Juli 57 (GA. V, 606); Abh. ibid. IV, 424; V, 598.

16. Einer weiter gehenden Absicht, als der im § ausdrücklich erwähnten bedarf es nicht; insbesondere nicht der Absicht: „eine Urkunde anzufertigen rc.": Beschl. I. 5. Dez. 60 c. Weidle (RdO. I, 159); in dieser Beziehung genügt ein bewußtes Handeln.

17. Die Verfälschung einer Urkunde setzt voraus, daß eine solche vorher schon existirt habe. Daß dieselbe echt gewesen sei, wird nicht erfordert; auch eine fälschlich angefertigte oder verfälschte Urkunde kann weiter verfälscht werden; vgl. Gilb. C. pén. art. 147 n. 24; *contra*: GM. II, 573 n. 2 in Betreff einer fälschlich angefertigten Urkunde.

18. Verfälschung einer Urkunde ist eine unberechtigte Abänderung derselben in einem für den Beweis erheblichen Punkte, durch welche ihr Charakter als Urkunde nicht aufgehoben wird. Ob diese Abänderung durch ein Auslöschen, Hinzufügen oder Verändern geschiebt, ist gleichgültig.

19. Die Abänderung muß eine unberechtigte sein; daher ist eine im Einverständnisse aller bei der Urkunde Betheiligten vorgenommene, den wahren Sachverhalt entstellende Veränderung (Simulation), selbst wenn dadurch ein dritter Unbetheiligter getäuscht werden soll, nie als Urkundenfälschung zu betrachten; vgl. n. 15. 26. Als „betheiligt" ist aber auch der Fiskus in Betreff der ihm gebührenden Stempelabgabe zu betrachten; die Parteien dürfen daher an der Ur-

kunde keine das erworbene Stempelinteresse des Staates gefährdende Aenderung vornehmen; vgl. n. 15. *Contra*: Cass. 24. prair. XIII (SN. 2. 1. p. 124); ThdCp. 2. p. 102.

20. Die Aenderung muß eine solche sein, welche, wie die Urkunde selbst, in irgend einem Punkte für den Beweis eines Rechtsverhältnisses erheblich ist, sollte sie im Uebrigen auch noch so geringfügig erscheinen: BI. 30. Sept. 57 c. Brettschneider (GA. V, 832); BI. 28. Febr. 62 c. Wolff (RdO. II, 278). Ob eine vorgenommene Veränderung einen erheblichen Punkt betroffen habe, ist nach der Belegenheit des Einzelfalles zu beurtheilen. Es kann die Hinzufügung einer Wohnungsangabe, oder irgend einer Charakterisirung nach Stand 2c., bei dem Namen oder der Unterschrift einer Partei als Verfälschung angesehen werden, z. B. wenn dadurch die Identitätsfrage in Betreff der Person berührt wird: ZI. 22. Dez. 58 c. Reisewitz (GA. VII, 114); ZI. 5. Jan. 59 c. Bauer (GA. VII, 114); vgl. n. 28. Umgekehrt kann der Abänderung der mit Ziffern geschriebenen Summenangabe in einem Wechsel der Charakter einer Verfälschung abgesprochen werden, wenn der Wechsel außerdem noch eine in Buchstaben geschriebene (nach Art. d. D.WO. dann allein maaßgebende) Angabe der Summe enthielt, welche keine Aenderung erlitten hat: ZI. 13. Jan. 60 c. Vallentin. — Ist es zweifelhaft, ob irgend eine vorgenommene Aenderung einen wesentlichen Punkt betroffen habe, so gehört es zur Aufgabe des Richters der Thatfrage, also der Geschworenen, festzustellen, in welcher Weise die Aenderung vorgenommen worden sei, und welche Bedeutung sie für das zu beweisende Rechtsverhältniß habe; es muß daher einem Antrage, die den Geschworenen vorzulegende Frage in diesem Sinne zu spezialisiren, mit Nothwendigkeit Statt gegeben werden. In Ermangelung eines derartigen Antrages aber begründet es keine Nichtigkeit, wenn die Frage allgemein dahin lautete, ob der Angeklagte die betr. Schrift „verfälscht" habe, da das Gesetz selbst eine Definition dieses Begriffes nicht aufgestellt hat; *contra*: cit. BI. 30. Sept. 57; BI. 16. Juli 58 c. Czeppan (JMbl. f. 316; GA. VI, 673); vgl. Strafverf. Art. 83. n. 5.

21. In wiefern anzunehmen sei, ob wirklich eine Abänderung vorgenommen und somit die Verfälschung vollendet sei, z. B. wenn der ursprüngliche Inhalt mehr oder weniger erkennbar geblieben ist, unterliegt der thatsächlichen Beurtheilung: Gilb. C. pén. art. 147 n. 12.

22. Die „Verfälschung einer Urkunde" liegt nur dann vor, wenn dieselbe durch die an ihr vorgenommenen Aenderungen den Charakter als Urkunde nicht gänzlich verloren hat: ZI. 14. Dez. 59 c. Puhlmann (GA. VIII, 285; ind.); Beschl. I. 29. Mai 61 c. Milling (RdO. I, 409); ZI. 4. Dez. 61 c. Zommack (RdO. II, 115). Wenn dagegen die Schrift in Folge jener Veränderungen aufgehört hat, eine Urkunde zu sein, z. B. wenn die Unterschrift gelöscht, oder der ganze Inhalt unleserlich gemacht ist, so liegt eine Vernichtung (Beschädigung) derselben, und nicht eine Urkundenfälschung vor; es kann daher eventuell nur § 243 Nr. 8 anwendbar werden: ZI. 30. März 59 c. Semmler; Beschl. I. 13. Jan. c. Zletawski (13 B). — Dagegen ist es für die Unterscheidung zwischen der Verfälschung und der Vernichtung (Beschädigung) einer Urkunde gleichgültig, ob die Aenderung nur die Schriftzüge, oder den Körper des die Schriftzüge tragenden Papieres 2c. betrifft; eine Verfälschung kann unter Umständen ebensowohl durch eine Handlung der letzteren Art (z. B. durch Abschneiden eines Theiles des Papieres) bewirkt werden, als eine Vernichtung 2c. durch Auslöschung der Schriftzüge erfolgen kann: *contra* mit Unrecht: Abh. in GA. VII, 746; VIII, 285; IX, 385.

23. „Fälschliche Anfertigung" einer Urkunde bezeichnet die Herstellung einer bis dahin noch nicht existirenden Urkunde durch einen dazu nicht Berechtigten.

24. Demgemäß ist als Anfertiger einer Urkunde derjenige zu betrachten, durch dessen bewußte Thätigkeit dieselbe zu Stande gebracht wird. Dazu gehört aber keineswegs, daß alle wesentlichen Bestandtheile der Urkunde von ihm allein ausgegangen sind; es kann sehr wohl geschehen, daß dazu noch andere Personen mitgewirkt haben. Handelten dann alle mit dem zum Thatbestande erforderlichen Dolus, so sind sie, wenn sie dabei gemeinschaftlich (in dem oben S. 85 n. 7 ff. erwähnten Sinne) thätig waren, alle als Mitthäter anzusehen. Fehlt es dagegen an dieser Voraussetzung, so können als Anfertiger nur diejenigen gelten, welche die

die Urkunde vollendende Handlung vorgenommen, oder zu dieser Handlung als Mitthäter mitgewirkt haben. Die Anderen können dann nur als Theilnehmer oder eventuell wegen Versuchs strafbar sein. — Im Uebrigen ist es gleichgültig, in welcher Weise Jemand bei Herstellung der Urkunde thätig war, ob er den Text oder die Unterschrift geschrieben hat, sobald nur die vorerwähnten Voraussetzungen zutreffen. Demgemäß ist auch derjenige der Anfertiger einer falschen Urkunde, welcher (dolose) über eine von einem Unberechtigten aber ohne Dolus geschriebene fremde Namensschrift eine Schrift setzt, welche in Verbindung mit jener Namensschrift sich als Urkunde darstellt, (§ 248 trifft dann nicht zu, da er eine echte Namensschrift voraussetzt, vgl. § 248 n. 2): VII. 29. Okt. 57 c. Schäfski (GA. VI, 135).

25. Auch hier gilt der Grundsatz, daß Jeder dasjenige, was er durch einen ohne Dolus, lediglich als Werkzeug handelnden Dritten vornehmen läßt, als seine eigne Handlung zu vertreten hat: VI. 24. Febr 60 c. Krüger. Das trifft selbst dann zu, wenn derjenige, welcher durch die Urkunde verpflichtet erscheint, durch Täuschung zu einer von ihm nicht gewollten Mitwirkung, z. B. zur Unterzeichnung derselben ohne Kenntniß des Inhalts veranlaßt worden ist. Das Nähere über diese Frage siehe § 252 n. 33; § 254 n. 20.

26. Die fälschliche Anfertigung muß durch einen Unberechtigten bewirkt sein. Daher ist es keine Urkundenfälschung, wenn Jemand im Einverständnisse mit einem Anderen eine Urkunde mit dem Namen des Letzteren unterzeichnet, sollte es auch geschehen, um dadurch einen Dritten zu täuschen: Beschl. I 1. März 67 c. Klein (RdO. VIII, 142). Ebenso verhält es sich, wenn eine Urkunde über ein simulirtes Rechtsgeschäft von den dabei Betheiligten aufgenommen wird, sollte auch die Absicht dahin gehen, mit derselben einen dritten Unbetheiligten zu täuschen und zu benachtheiligen; vgl. n. 15. 19.

27. Die Feststellung: „der Angeklagte habe eine Urkunde mit einem fremden Namen unterzeichnet" genügt nicht, um eine unberechtigte und somit fälschliche Anfertigung anzunehmen, da der Inhaber des Namens dazu seine Einwilligung gegeben haben könnte; es muß daher noch außerdem festgestellt werden, daß jene Unterzeichnung mit fremdem Namen „fälschlich", oder „ohne den Willen des Inhabers" erfolgt sei: VI. 4. Febr. 58 c. Schulze (GA. VI, 244); ZI. 18. März 57 c. Goger (GA. VI, 82).

28. Von dem unter n. 27 vorgesehenen Falle des Einverständnisses des Namensinhabers abgesehen, genügt es zum Thatbestande der fälschlichen Anfertigung einer Urkunde, wenn die derselben zugefügte Unterschrift nicht diejenige Person bezeichnet, von welcher dieselbe ausgegangen ist. Daher stellt auch die Unterzeichnung mit dem Namen einer gar nicht existirenden Person eine fälschliche Anfertigung dar: VI. 28. Febr. 62 c. Wolff (RdO II, 278); ZI. 8. Okt 62 c. Siewert (RdO. III, 64). Ebenso kann der Gebrauch eines falschen Vornamens genügen: ZII. 4. Okt. 55 c. Trommen; ZII. 24. März 59 c. Bongard; u. ö. Ja selbst die Unterzeichnung mit dem richtigen Namen kann den Thatbestand der Fälschung herstellen, wenn demselben eine unrichtige Qualifizirung (nach Stand, Wohnort ꝛc.) hinzugefügt ist, nach welcher die Gesammtbezeichnung auf eine andere Person paßt. Dasselbe tritt ein, wenn diese andere Qualifizirung sich in der Urkunde an einer anderen Stelle unter solchen Umständen vorfindet, daß sie auf die Namensunterschrift bezogen werden muß; z. B. wenn ein Wechsel auf eine nach Namen und Charakter (Wohnort ꝛc) genau bezeichnete (existirende oder nicht existirende) Persönlichkeit gezogen ist, und nun eine andere gleichnamige Person, auf welche aber jener Charakter ꝛc. nicht paßt, ein Accept hinzufügt, und dasselbe nur mit ihrer Namensschrift unterzeichnet: ZI. 5. Jan. 59 c. Bauer (GA. VII, 114); ZI. 7. Sept. 60 c. Below (GA. VIII, 676); vgl. n. 21. — Da wo die Untersiegelung einer Urkunde eine wesentliche Förmlichkeit darstellt, kann selbst die Hinzufügung eines falschen Siegels zu einer den richtigen Namen wiedergebenden Unterschrift den Thatbestand der fälschlichen Anfertigung herstellen, wenn dadurch die Identität der Person geändert wird: GM. II, 573 n. 1.

29. Nach dem unter n. 28 Gesagten ist es offenbar gleichgültig, ob der falschen Unterschrift ein täuschender Schein der Echtheit gegeben ist: VI. 7. Dez. 54 c. Naumann.

30. Ebenso kommt Nichts darauf an, ob die Person, deren Namen fälschlich gebraucht ist überhaupt schreiben kann oder nicht: Gilb. C. pén. art. 147 n. 9.

31. Die Unterzeichnung einer Urkunde mit einem falschen Namen wird dadurch nicht straflos, daß bei der Handlung der zu Täuschende selbst mitgewirkt hat, und daß die zu Stande gebrachte Schrift die mit jenen getroffenen Vereinbarungen im Uebrigen wahrheitsgetreu wiedergiebt. Daher wird der § anwendbar, wenn Jemand unter Annahme des Namens eines Anderen mit einem Dritten einen Vertrag abschließt, und die der getroffenen Vereinbarung gemäß abgefaßte Schrift mit jenem falschen Namen unterzeichnet: VII. 4. Okt. 55 c. Hybotter (JMbl. S. 377; GA. III, 789); Beschl. II. 13. Nov. 56 c. Pulferich; Abh. in GA. III, 786.

32. Die Urkundenfälschung wird erst dann vollendet, wenn der Fälscher von der gefälschten Schrift zum Zwecke der Täuschung Gebrauch macht. So lange dieses nicht geschehen ist, kann nur ein Versuch vorliegen; vgl. n. 24. Macht nicht der Fälscher, sondern ein Dritter von der Urkunde Gebrauch (§ 249), so trifft den Ersteren die Strafe des Theilnehmers, wenn der Thatbestand des § 34 gegen ihn festgestellt wird.

33. Der Gebrauch muß die Urkunde als solche (d. h. den für den Beweis erheblichen Inhalt des Schriftstückes) zum Gegenstande haben, dieser muß das Mittel der bezweckten Täuschung sein; vgl. n. 15. 36. Ist dieser Voraussetzung genügt, so kommt im Uebrigen auf die Art des Gebrauches Nichts an; insbesondere ist der § nicht auf solche Gebrauchshandlungen beschränkt, durch welche einem Dritten ein wirksames Recht auf das durch die Schrift zu beweisende Rechtsverhältniß übertragen wird. Ebensowenig bedarf es zum „Gebrauchmachen" nothwendig der augenblicklichen Gewahrsam an der Urkunde; man kann etwas benutzen, was ein Anderer z. B. der Getäuschte in seiner Gewahrsam hat: Beschl. I. 22. Mai 66 c. Blank (RdO. VII, 257). — Demgemäß bedarf es in der Fragestellung nicht nothwendig der Angabe der speziellen Handlungen, in welchen das Gebrauchmachen gefunden wird, sollten sie auch im Anklagebeschlusse speziell hervorgehoben sein: ZI. 5. Jan. 59 c. Bauer (GA. VII, 75).

34. Der Gebrauch muß zum Zwecke der Täuschung, also einem Anderen gegenüber gemacht werden, welcher dadurch in Irrthum versetzt werden soll. Es versteht sich aber von selbst, daß diesem Erfordernisse auch dann genügt ist, wenn sich der Gebrauch zwar ostensibel an einen Dritten (vielleicht vollständig eingeweihten) richtete, die Absicht aber gerade dahin ging, dadurch auf einen Anderen einzuwirken und ihn zu täuschen.

35. In Beziehung auf die Person desjenigen, welchem gegenüber zum Zwecke der Täuschung Gebrauch gemacht wird, unterscheidet das Gesetz nicht. Insbesondere wird nicht erheischt, daß derselbe bei dem durch die Urkunde zu beweisenden Rechtsverhältnisse selbst irgendwie betheiligt sei; es reicht jeder einem Dritten gegenüber gemachte Gebrauch hin: Beschl. II. 4. Okt. 55 c. Spielberg.

35a. Ebensowenig wird erfordert, daß der zu Täuschende identisch mit demjenigen sei, welcher beschädigt werden soll, oder von welchem der Fälscher den Gewinn zu ziehen sucht. Daher reicht es hin, wenn zur Abwendung einer Exekution der damit beauftragte Exekutor oder das Gericht durch Vorlegung einer falschen Urkunde getäuscht wird, während der Gewinn auf Kosten des extrahirenden Gläubigers gesucht wird: ZII. 7. Mai 53 c. Palm (vgl. § 241 n. 51). Ebenso entspricht der Gebrauch vor Gericht unbedingt den gesetzlichen Voraussetzungen, da der Richter ein vorgelegtes Beweisstück nothwendig berücksichtigen muß: ZII. 30. Sept. 54 c. Schmuck; ZI. 18. Dez 57 c. Gloger; vgl. § 241 n. 53. — Demgemäß ist die namentliche Bezeichnung der zu täuschenden Person in der thatsächlichen Fest- (Frag-) stellung nicht unerläßlich: ZI. 25. April 55 c. Mangau.

36. Mit Rücksicht auf den unter n 33 an die Spitze gestellten Grundsatz ist es nicht als ein die Anwendung des § rechtfertigender Gebrauch anzusehen, wenn der Fälscher die Urkunde einem Anderen lediglich zu dem Ende übergiebt, damit dieser sie einem Dritten gegenüber gebrauche. Kannte dann der Empfänger die Falschheit der Urkunde, so ist er gar nicht getäuscht; gebraucht er seinerseits später die Urkunde, so macht er sich aus § 249 strafbar, und der Fälscher kann nur als sein Theilnehmer angesehen werden (vgl. n. 8. 32): ZII. 7. Dez. 54 c. Limburg; ähnlich: ZI. 12. Dez. 55 c. Hoffmann (GA. IV, 213). Befindet sich dagegen der beauftragte

Empfänger der Urkunde in gutem Glauben, so kann er zwar möglicher Weise als getäuscht angesehen werden (insofern anzunehmen ist, daß er den Auftrag nicht angenommen haben würde, wenn er Kenntniß von der Fälschung gehabt hätte); diese Täuschung ist dann aber nicht sowohl durch den beweisenden Inhalt des Schriftstückes (den er gar nicht zu kennen brauchte), als durch den ertheilten Auftrag bewirkt worden. Erst, wenn er demnächst den aufgetragenen Gebrauch von der Urkunde macht, wird das Verbrechen des Fälschers vollendet, indem dieser so anzusehen ist, als habe er selbst die Gebrauchshandlung (durch die Benutzung des Anderen als seines Werkzeuges) vorgenommen.

37. Die Anwendbarkeit des § wird dadurch nicht ausgeschlossen, daß außer der Urkunde auch noch andere Mittel zur Herbeiführung der Täuschung benutzt werden, sobald nur der Gebrauch der Urkunde mit zur Erreichung dieses Zweckes dienen sollte: Beschl. I. 5. Dez. 60 c. Pilz (RdO. I, 171). Dagegen ist der § unanwendbar, wenn bei einer lediglich durch andere Mittel (z. B. durch mündliche Vorspiegelungen) bewirkten Täuschung nachträglich auch noch eine falsche Urkunde benutzt wird, nicht um durch sie abermals zu täuschen, sondern lediglich um die Entdeckung des früher vollendeten Betruges ꝛc. zu verhindern; ein Beispiel: B. 26. Mai 52 c. Orschinsky (GA. II, 264).

38. Inwiefern es erforderlich sei, daß der zum Zwecke der Täuschung gemachte Gebrauch sich auf dasselbe Rechtsverhältniß beziehe, für dessen Beweis die Schrift von Erheblichkeit ist, darüber vgl. n. 15.

39. Jedenfalls ist es gleichgültig, ob durch den Gebrauch für den Getäuschten nach den Civilgesetzen Rechte hätten entstehen können: ZI. 11. Juli 55 c. Spitzbarth (der Angeklagte hatte einen fälschlich unter dem Namen eines Anderen ausgestellten auf eigne Ordre lautenden, aber mit keinem Giro versehenen Wechsel einem Dritten zum Unterpfande gegeben). Es genügt, wenn die Urkunde ein taugliches Mittel war, um dadurch zu täuschen.

40. Darauf, ob der Zweck der Täuschung erreicht, oder ob demnächst der beabsichtigte Gewinn erzielt, oder der Schaden wirklich zugefügt sei, kommt Nichts an. Hat der Gebrauch zu jenem Zwecke Statt gefunden, so ist das Verbrechen vollendet: ZI. 28. Jan. 53 c. Wehrmeister (GA. II, 264); Beschl. I 2. Mai 66 c. Blank (RdO. VII, 257).

40a. *Auch beim Gebrauche der Urkunde muß die auf Verschaffung eines Gewinnes oder Zufügung eines Schadens gerichtete Absicht noch vorwalten: vgl. n. 14a.

41. Ein Versuch ist nur dann strafbar, wenn mit der Ausführung des betreffenden Verbrechens der Anfang gemacht ist. Gehört indessen zur Ausführung eine Mehrheit von Handlungen, so genügt der Beginn der Ausführung einzelner dieser Handlungen (vgl § 31 n 14). Demgemäß kann der Instanzrichter einen Versuch der „Urkundenfälschung" (einschließlich des Gebrauchs) auch da annehmen, wo nur mit der Verfälschung oder fälschlichen Anfertigung der Anfang gemacht ist: Beschl. I. 6. Jan. 64 c. Wenkowski (RdO IV, 270). Insbesondere wird keineswegs erheischt, daß auch bereits ein Anfang des Gebrauches hinzugekommen sei: ZI. 13. Mai 57 c. Wustrow (GA. V, 666; ZI. 11. Mai 59 c. Neumann (GA. VII, 558). Dagegen wird vorausgesetzt, daß der Angeklagte bei der begonnenen Fälschung den späteren Selbstgebrauch beabsichtigt habe; es ist kein Versuch des im § vorgesehenen Verbrechens, wenn Jemand die fälschende Handlung vornimmt, nur um einem Anderen ein Werkzeug zum Gebrauche zu liefern. Daher gehen GM. (II, 575, VI.) und TL. (s. 992) zu weit, wenn sie die Fälschung unbedingt als einen Versuch des ganzen Verbrechens ansehen. — Ein verübter Versuch wird durch freiwilligen Rücktritt (vgl. § 31 n. 18. 22) straflos. Ob ein solcher anzunehmen sei, ist eine thatsächliche Frage; es läßt sich nicht mit GM. l. c. aufstellen, daß ein solcher nur in der Vernichtung der gefälschten Urkunde gefunden werden könne.

42. Da jede Art des Gebrauches zur Herstellung des Thatbestandes genügt, so kann in jeder den Anfang der Ausführung des Gebrauches enthaltenden Handlung das vollendete Verbrechen gefunden werden. Es steht aber auch Nichts im Wege, in einem solchen Falle nur den Versuch des Gebrauches und somit des ganzen Verbrechens anzunehmen: VI. 12. Dez. 55 c. Hoffmann.

43. Macht der Fälscher von der gefälschten Urkunde wiederholt durch verschiedene selbstständige Handlungen Gebrauch, so liegt ein Fall der realen Konkurrenz vor. Zwar kann ihn die Strafe des § 247 nur einmal treffen, weil zum Thatbestande der „Urkundenfälschung" wesentlich die Fälschung gehört, deren er sich nur einmal schuldig gemacht hat. Dagegen ist es unbedenklich, die übrigen Gebrauchshandlungen aus § 249 zu bestrafen, welcher dadurch, daß diese Handlungen vom Fälscher selbst verübt wurden, nicht ausgeschlossen wird, vielmehr überall da zutrifft, wo nicht wegen des Zusammentreffens des Gebrauches mit der strafbaren Fälschung § 247 anwendbar wird; dadurch, daß hier die wiederholte Bestrafung der Fälschung ausgeschlossen wird, kann § 249, dessen Thatbestand durch den wiederholten Gebrauch vollständig hergestellt wird, nicht unanwendbar werden; vgl. § 249 n. 2. *Contra*: VI. 9. Febr. 53 c. Seemann, welches in einem solchen Falle ein „fortgesetztes Verbrechen" annahm; von einem solchen kann indessen jedenfalls da keine Rede sein, wo der Fälscher bei der Fälschung nur einen einmaligen Gebrauch beabsichtigte, der später wiederholte Gebrauch also auf einem neuen Entschlusse beruhte; vgl. § 56 n. 2. 3. 12.

44. Ist eine Urkundenfälschung lediglich zur Verdeckung einer anderen früher vollendeten Strafthat begangen worden, so liegt unbedenklich reale Konkurrenz vor: VI 28. Febr. 62 c. Wolff (RdO. II, 278). Dagegen kann es auch sehr wohl geschehen, daß ein anderes Vergehen ideell mit einer Urkundenfälschung konkurrirt; das gilt namentlich vom Betruge, wenn die gefälschte Urkunde das Mittel zur Täuschung und zu der dadurch verursachten Vermögensbeschädigung war.

45. Eine früher aus § 1380 II, 20 ALR. erfolgte Verurtheilung begründet für eine unter der Herrschaft des StGB. erfolgende neue Verurtheilung wegen Urkundenfälschung den Rückfall: ZI. 17. Juni 53 c. Petroll.

Urkunde.

46. Der im Abs. 2 aufgestellte Begriff einer „Urkunde" ist ein spezifisch rechtlicher; die Entscheidung darüber, ob derselbe zutreffe, muß daher nach den von den Geschworenen festzustellenden thatsächlichen Voraussetzungen vom Schwur-GH. ausgehen. Es darf daher die Fragestellung an die Ersteren nicht lediglich dahin gerichtet werden, ob die Schrift „zum Beweise von Rechten, Rechtsverhältnissen 2c. von Erheblichkeit sei", sondern es müssen in derselben diejenigen thatsächlichen, der Lage des Einzelfalles entlehnten Momente, auf welche es bei der Lösung jener Rechtsfrage ankommt, speziell hervorgehoben werden, damit unter Zugrundelegung derselben der GH. die Entscheidung treffen könne: V. 25. Febr. 52 c. Baumgarten (JMbl. s. 187); ZI. 14. Sept. 53 c. de Peterse (JMbl. 54. s. 67; GA. II, 127); VII. 10. April 62 c. Stein (RdO. II, 340); VII. 5. Juli 66 c. Burg (Rh. S., RdO. VII, 416) (feste Praxis). Vgl. JMVerf. im JMbl. 1852 s. 187; id. v. 5. Jan. 1853 (GA. I, 209. 210); Strafverf. § 122 n. 6. Der GH. darf dann bei seiner Entscheidung nur die von den Geschworenen festgestellten Momente berücksichtigen und nicht etwa zur Ergänzung derselben auf die Akten zurückgehen. Umgekehrt ist er bei seiner Entscheidung durch einen Seitens der Geschworenen über die Rechtsfrage selbst etwa gefällten Spruch in keiner Weise gebunden; trotz eines solchen muß er dieselbe ganz selbstständig prüfen: VII. 14. April 53 c. Gladigow; VI. 2. Nov. 53 c. Jung; u. ö.

47. Hiernach muß die den Geschworenen vorgelegte Frage den Inhalt der Schrift, so weit es auf ihn Behufs Beurtheilung der Urkundenqualität der letzteren ankommt, genau wiedergeben. Dabei ist es nicht unstatthaft, den Gattungsbegriff des verbrieften Rechtsgeschäftes beizubehalten, zumal wenn über die Bedeutung des Inhalts ein Streit nicht obwaltet; es kann daher gefragt werden, ob z. B. eine „Quittung", eine „Schuldverschreibung", ein „schriftlicher Kaufvertrag" 2c. verfälscht worden sei: ZI. 8. April 57 c. Ziemann; ZI. 4. Sept. 57 c. Döring. Selbst die Beibehaltung der Bezeichnung: „Wechsel" (§ 251 Nr. 5) ist nicht unzulässig, wenn über diese Qualität des betr. Schriftstückes ein Zweifel von keiner Seite angeregt worden ist; vgl. § 251 n. 24; Strafverf. Art. 82 n. 5.

48. Wird dagegen eine speziellere Fassung der Frage beantragt, so ist es unerläßlich, jenen Gattungsbegriff durch eine genaue Angabe des Inhaltes zu ersetzen.

Das gilt namentlich dann, wenn es streitig ist, welcher Sinn der Schrift beiwohne; es gehört dann wesentlich auch zur Aufgabe der Geschworenen, festzustellen, wie die in der Schrift gebrauchten Worte aufzufassen und auszulegen seien: ZII. 27 Jan. 59 c. Rosenthal; VII. 3. Jan. 61 c. Gude (RdO. I, 133); *contra*: ZI. 1. April 59 c. Gewiß; vgl. VI. 21. Nov. 66 c. Pohl (RdO. VII, 652). — Ist dagegen nicht der thatsächliche Sinn, sondern nur die rechtliche Bedeutung des feststehenden Sinnes zweifelhaft, so empfiehlt es sich, den Inhalt der Schrift, wo möglich, wörtlich in die Frage aufzunehmen. In dieser Weise ist vorzugsweise da zu verfahren, wo zum Wesen und zur Gültigkeit der betr. Gattung der Urkunde auch gewisse formelle Voraussetzungen gehören, welche eben deshalb ebenfalls durch die Geschworenen festzustellen sind; also namentlich bei Wechseln. — Dagegen kann es nicht genügen, wenn statt der Angabe des Inhals in die Frage nur eine Hinverweisung auf diejenige Stelle der Akten aufgenommen wird, wo sich das betr. Schriftstück eingeheftet findet, da die Frage und der von den Geschworenen darauf gefällte Spruch in sich selbst vollständig und erschöpfend sein müssen; vgl. Strafverf. Art. 80 n. 7.

49. Hiernach kann die Feststellung: „eine Schrift habe als Rechnungsbelag z. B. als Einnahmebelag, mithin zum Nachweise der Höhe des in Rechnung gesetzten Betrages gedient", nicht genügen, um die Qualität derselben als einer Urkunde zu begründen: ZII. 12. Juni 56 c. Holzerland; vgl. § 254 n. 13; § 323 n. 11.

50. Bei der Prüfung der Qualität einer Schrift als Urkunde ist der GH. an früher ergangene civilgerichtliche Entscheidungen in keiner Weise gebunden: ZI. 18. April 55 c. Helle.

51. Die Begriffsbestimmung des § verlangt eine Schrift. Daher sind ein Kerbholz, das Zeichen eines eingeschlagenen Waldhammers, Stempel und Siegel (auf Waaren), sowie Grenzsteine (selbst wenn diese besondere Zeichen tragen, welche unmittelbar erkennbar die Grenze anzeigen), nicht als Urkunden zu betrachten; *contra:* TL. s. 989; BL. s. 297. Dasselbe gilt vom Abdrucke eines Poststempels: Beschl. I. 7. Sept. 64 c. Trzebny (RdO. V, 91).

52. Welches Mittel zur Herstellung der Schrift gebraucht worden, ist an sich gleichgültig. Daher stellt auch eine mit Bleistift gefertigte Schrift geeigneten Falles eine Urkunde dar: ZI. 14. Dez. 59 c. Pohlmann.

53. Zur Feststellung des Thatbestandes einer Urkundenfälschung ist die jeweilige Existenz der gefälschten Schrift nicht unerläßlich, wenn der betr. Nachweis auf anderem Wege geführt werden kann: Beschl. II. 12. Juli 55 c. Lindner; ZI. 20. Febr. 66 c. Harder (RdO. VIII, 130). Zu diesem Ende bedarf es nicht nothwendig der genauen Ermittlung des Wortlauts, vielmehr unterliegt es dem thatsächlichen Ermessen, ob nach den vorgebrachten Beweismitteln die Voraussetzungen der Urkunde für dargethan zu erachten sind: ZII. 6. Dez. 66 c. Stude (RdO. VII, 699).

54. Das Gesetz hat als Kriterion für die Urkundenqualität einer Schrift aufgestellt, daß sie zum Beweise 2c. erheblich sei. Es genügt sonach nicht, wenn sie beim Vorhandensein sonstiger anderweitig zu beweisender Umstände möglicher Weise einmal eine solche Erheblichkeit erlangen kann, zumal da sich kaum eine Schrift oder eine sonstige Thatsache wird denken lassen, die nicht unter der Konkurrenz irgend welcher sonstiger Umstände möglicher Weise für einen zu führenden Beweis erheblich werden könnte; vielmehr muß der Schrift jene Beweiserheblichkeit an und für sich, d. h. so beiwohnen, daß dieselbe lediglich aus dem Inhalte derselben erkennbar sei, ohne daß es dazu noch der Berücksichtigung der besonderen Umstände, welche bei der Entstehung oder Benutzung der Schrift obwalteten, oder der Verhältnisse und Beziehungen bedürfte, in welchen die betr. Personen zu einander standen. Die Beweiserheblichkeit muß sonach der Schrift objektiv beiwohnen. Insbesondere ist es nicht entscheidend, welchen Sinn der Getäuschte (nach den ihm bekannten sonst konkurrirenden Umständen) derselben beilegen zu müssen glaubte, da es nur darauf ankommen kann, als was sich die Schrift für sich allein darstellt: Lüder Abh. in GA. XII, 854. Dagegen ist es nicht erforderlich, daß die Schrift die beweiserhebliche Verfügung 2c. ausdrücklich ausspreche; es reicht hin, wenn sie sich aus dem Zusammenhange klar ergiebt: ZII. 23. April 53 c. Krause. — Ist der Sinn der Schrift zweifelhaft, so hat der Richter der Thatsachen derselben festzu-

stellen (vgl. n. 48. 63); er kann dann die Urkundenqualität annehmen, sobald er findet, daß der Inhalt eine Deutung zuläßt, nach welcher er beweiserheblich sein würde: ZII 18. Dez. 62 c. Flaswinkel (RdO. III, 183). - Aus dem Gesagten erhellt, daß die Aufgabe des Strafrichters bei der Beurtheilung der Beweiserheblichkeit einer Schrift wesentlich verschieden von der des Civilrichters ist, welcher in einem zu entscheidenden Rechtsstreite die Bedeutung eines produzirten Schriftstücks für die Beurtheilung der Sache prüft; vgl. n. 62. — In dem oben entwickelten Sinne (daß der Charakter der Schrift objektiv zu beurtheilen sei) hat sich auch das OTr wiederholt grundsätzlich ausgesprochen: Beschl. I. 8. Okt. 56 c. Kaselow (JMbl. S. 339); ZI. 1. April 59 c. Elias; VI. 21. Juni 61 c. Will; Beschl. I. 1. Okt. 61 c. Heyse (RdO. II, 37), wenn gleich es bei seinen Entscheidungen im Einzelnen nicht immer daran festgehalten zu haben scheint; vgl. ZI. 14. Mai 58 c. Fröse (GA. VI, 775); ZII. 11 Mai 65 c. Glaß (RdO. VI, 106).

55. Bedingung der Urkundenqualität ist, daß die Schrift zum Beweise erheblich sei. Dazu wird aber nicht erfordert, daß dieselbe für sich allein den vollständigen Beweis eines ganzen Rechtsgeschäfts &c. liefere: ZPl. 29. Jan. 55 c. Tellien (Entsch. 30. S. 308; GA. III, 569); VI. 31. Mai 61 c. Schulze (RdO. I, 420); ZI. 17. Jan. 62 c. Sudau (RdO. II, 209); u. ö. Eine Erheblichkeit für den Beweis hat eine Schrift (objektiv) auch dann, wenn aus derselben ein einzelnes für die Existenz eines Rechtsverhältnisses &c. wesentliches Moment hervorgeht, sollte es auch zum Begriffe jenes Rechtsverhältnisses im Ganzen noch des Hinzutritts anderer Momente bedürfen, welche eben deshalb noch anderweitig nachzuweisen sind. Dagegen ist es für unerläßlich zu erachten, daß die Schrift für sich allein und selbstständig ein für das Bestehen oder Nichtbestehen eines Rechts &c. wesentliches Moment, d. h. ein Begriffsmerkmal eines bestimmten Rechtsverhältnisses darthue, weil sich nur dann, wenn diesem Erfordernisse genügt ist, sagen läßt, die Schrift sei an und für sich (objektiv) für den Beweis jenes Rechtsverhältnisses erheblich (n. 54); vgl. Antr. d. GStA.s zu Beschl. I. 1. Nov. 61 c. Heyse (RdO. II, 37). Mit Recht hat daher das OTr. gelegentlich ausgesprochen, daß aus der Schrift das betr. Rechtsverhältniß (seiner Natur nach) insoweit erkennbar werden müsse, daß die Bedeutsamkeit des einzelnen nachgewiesenen Moments für jenes Verhältniß beurtheilt werden könne: VI. 15. Juli 59 c. Fischer (GA. VII, 848); VI. 16. Mai 62 c. Wiesecke (RdO. II, 404); ZII. 26. Jan. 65 c. Berger (RdO. V, 439, ind.). Demgemäß ist eine Schrift, welche lediglich das Resultat einer stattgehabten Taxe ausspricht, für sich allein keine Urkunde, sollte auch von ihrem Ausfalle nach einem anderweitig zu beweisenden Uebereinkommen zweier Parteien der Abschluß eines Vertrages abhängig gemacht sein: VI. 29. Okt. 62 c. Knappe (RdO. III, 94). — Indessen ist auch diese Auffassung nicht immer für das OTr bei der Entscheidung der Einzelfälle maaßgebend gewesen; vgl. ZII. 4. April 61 c. Steubing (RdO. I, 331); ZII. 11. Mai 65 c. Glaß (RdO. VI, 106), welche bei der Beurtheilung der Urkundenqualität mehr oder weniger davon absehen, ob die Schrift für sich allein ein Begriffsmerkmal des angeblich dadurch zu beweisenden Rechtsgeschäfts darthue.

56. Mit Rücksicht auf das unter n. 55 Gesagte, und auf D. HGB. Art. 34 sind Handelsbücher nicht als Urkunden zu betrachten, da sie für sich allein zum Beweise für irgend ein thatsächliches Moment nicht geeignet sind.

57. Dasselbe gilt von den im § 592 II, 8 ALR. erwähnten Gegenbüchern, da ihre Beweisfähigkeit durch verschiedene äußere Umstände bedingt ist, eine solche ihnen also nicht objektiv beiwohnt: ZI. 12. Mai 54 c. Fritsch.

58. ..... ebenso von den Schriften, welche als Anfang eines schriftlichen Beweises im Sinne des Art. 1347 des Rh. BGB. dienen können; vgl. Cass. 27. Sept. 1816 (SN. V, 1. 239 und die Note).

59. ..... ebenso von beiläufigen Erwähnungen über Rechtsverhältnisse, welche in einem zu einem ganz andern Zwecke abgefaßten Schriftstücke vorkommen, wenn gleich sie zur Führung des Beweises in Betreff jener Verhältnisse benutzt werden können; auch ihnen wohnt diese Beweisfähigkeit nicht objektiv bei; vgl. n. 131.

60. ..... ebenso von schriftlichen Bescheinigungen dritter, bei einem Rechtsverhältnisse persönlich nicht betheiligter Personen; die ihnen durch § 158 a b I, 10 AGO. zuerkannte beschränkte und bedingte Beweisfähigkeit genügt dazu nicht;

vgl. Beschl. I. 18. April 55 c. Hardt; § 254 n. 10. 11; *contra:* ZII. 4. April 61 c. Steubing (RdO. I, 331). — Dasselbe gilt noch unzweifelhafter nach Rheinischem Rechte: BII. 1. Okt. 57 c. Cremer (RA. 53. 2 A. s. 47; GA. VI, 132). Inwiefern bei amtlichen Schriften etwas Anderes gelte, darüber vgl. § 251 n. 1. 12.

61. ..... ebenso nach gemeinem Rechte von den Abschriften einer Urkunde: BI. 28. Jan. 53 c. Gutzmann (GA. II, 260).

62. Wenn auch der Strafrichter bei der Beurtheilung der Urkundenqualität einer Schrift insofern eine andere Aufgabe hat, als der zur Entscheidung über das betr. Rechtsverhältniß berufene Civilrichter, als er seine Prüfung nothwendig auf den Inhalt der Schrift und ihre objektive Bedeutung beschränken und dabei von allen sonst konkurrirenden Umständen absehen muß (n. 54), so hat er sich doch bei jener ihm obliegenden Prüfung auf denselben Standpunkt zu stellen, wie der Civilrichter, dem jene Schrift als Beweisstück vorgelegt ist; er muß daher, ebenso wie dieser, jene Frage nach der für die Schrift maaßgebenden Civilgesetzgebung lösen: ZPl. 29. Jan. 55 c. Tellien (Entsch. 30. s. 308); ZI. 1. April 59 c. Elias.

63. Aus dem unter n. 55 aufgestellten Grundsatze folgt, daß nur eine solche Schrift als Urkunde betrachtet werden kann, welche für sich allein einen verständlichen Sinn hat. Es genügt daher nicht, wenn aufgezeichnete Worte, Buchstaben, Zahlen oder sonstige Zeichen nur dadurch für ein Rechtsverhältniß erheblich sind, daß ihnen durch eine Uebereinkunft der Interessenten eine ihnen an sich nicht beiwohnende konventionelle Bedeutung beigelegt worden ist: BII. 7. Juli 55 c. Mund (Entsch. 31. s. 256; RA. 51. 2 A. s. 50, GA. III, 711); ZI. 26. Sept. 55 c. Weiß (GA. III, 712); BI. 17. April 63 c. Kruck (RdO. III, 402). Gleichwohl ist es nicht erforderlich, daß jener verständliche Sinn durch vollständige Satzbildungen ausgedrückt sei; auch einzelne Wörter &c. können ausreichen, sobald die betr. Form für ein bestimmtes Rechtsgeschäft so allgemein üblich und demzufolge auch so allgemein bekannt ist, daß eben wegen dieser Notorietät der Sinn des Schriftstücks und seine Beweiserheblichkeit aus ihm selbst ohne Zuhülfenahme anderer dem Einzelfalle angehöriger Umstände sofort erkennbar werden. Demgemäß kann ein Eisenbahn-Fahrbillet, welches die zu durchfahrende Strecke, den Preis und die betr. Zeitangabe enthält, unbedenklich für eine Urkunde erachtet werden: ZII. 9. Febr. 65 c. Schulz (RdO. V, 478). Ob jene Form wirklich so allgemein gebräuchlich ist, daß dadurch die Bedeutung des Schriftstücks für sich allein genügend erkennbar werde, ist Gegenstand der thatsächlichen Beurtheilung; vgl. n. 54. Daher schließt es keinen Rechtsirrthum in sich, wenn einem nicht unterzeichneten Theaterbillet die Urkundenqualität abgesprochen wird: BI. 23. Nov. 55 c. Moores (GA. IV, 258); ähnlich verhält es sich mit dem auf der Adresse einer Postsendung oder eines Posteinlieferungsscheines sich findenden Frankaturzeichen; es läßt sich nicht aufstellen, daß dasselbe mit Nothwendigkeit und unter allen Umständen der Post gegenüber die erfolgte Zahlung des Portos beweise, und daher unbedingt eine Urkunde darstelle: ZI. 5. Juni 57 c. Kippnase (GA. V, 569).

64. Zum Wesen einer Urkunde gehört es, daß aus ihr diejenige Person erkennbar sei, welche für ihren Inhalt haftbar ist. Gleichwohl bedarf es hierzu nicht nothwendig einer Unterschrift, wenn gleich durch eine solche der haftbare Aussteller am häufigsten sich kundgiebt. Es genügt, wenn die Haftbarkeit sowie die Person des Haftbaren in anderer Weise aus der Schrift hervorgehen. Auch hier sind für den Strafrichter die civilrechtlichen Grundsätze über den Beweis maaßgebend; ein Beispiel gewährt: ZII. 9. Febr. 65 c. Schulze (cit. n. 61: ein nicht unterzeichnetes Eisenbahnfahrbillet).

65. Aus demselben Grunde ist es auch nicht unerläßlich, daß die Unterschrift eine Namensschrift oder Firma darstelle, auch eine andere Bezeichnung der betr. Persönlichkeit kann genügen, zumal bei Behörden: Z. 18. Okt. 52 c. Heldge (GA. II, 260); ZI. 19. Okt. 53 c. Hillger (hier lautete die Unterschrift: „die Verwaltung der Dauermühle"). Ebenso kann eine gedruckte Unterschrift für ausreichend erachtet werden, wenn dadurch die Richtigkeit der Schrift unter den obwaltenden Umständen nach civilrechtlichen Grundsätzen in genügendem Maaße beglaubigt wird: ZI. 19. Okt. 53 c. Hillger; ZI. 5. Okt. 59 c. Paulig (GA. VII, 845); ZII. 4. April 61 c. Steubing (RdO. I, 331); ZII. 25. Okt. 66 c. Mauerhof (RdO. VII, 572); ZI. 13. März 67 c. Nehls (RdO. VIII, 171). Daß eine gedruckte Unterschrift nicht veri-

fixirt werden kann, ist dabei ebenso unerheblich, als der Grundsatz der §§ 131. 133. 134 I, 5 ALR., daß die Gültigkeit der den Werth von 50 Thlr. übersteigenden Verträge an die schriftliche Form gebunden ist; vgl. n. 78.

66. Findet sich eine Namensschrift über oder zur Seite des Textes einer Schrift, so unterliegt es der Prüfung des Richters der Thatfrage, ob nach der Gestalt des Ganzen jene Namensschrift zum Inhalte in einer solchen Beziehung stehe, daß sich annehmen lasse, derjenige, welcher die Schrift mit seiner Namensschrift versehen, habe durch dieselbe den Inhalt als richtig und gegen sich verbindlich anerkennen wollen: BII. 29. Okt. 57 c. Schäffski (GA. VI, 135).

67. Nach dem unter n. 64 Gesagten ist auch die Frage zu lösen, ob eine unvollständige Unterschrift genüge, um eine Schrift zu einer Urkunde zu machen. Sie ist zu bejahen, wenn jene unvollständige Unterschrift, für sich allein, oder unter Zu-Hülfenahme anderer durch die Schrift selbst an die Hand gegebener Umstände, den haftbaren Aussteller genügend erkennbar macht: ZII. 2. Nov. 65 c. Daub (RdO. VI, 435: ein Steuer-Empfänger hatte unter einen seine gedruckte Unterschrift tragenden Steuerzettel eine Quittung gesetzt und diese nur mit den Anfangsbuchstaben seines Namens unterzeichnet).

68. Nach gemeinem und Preußischen Rechte kann auch eine nur unterkreuzte Schrift als Urkunde gelten, vorausgesetzt daß dabei diejenigen Förmlichkeiten erfüllt sind, von welchen die Beweisfähigkeit abhängig gemacht ist: Beschl. I. 15. Mai 63 c. Schmidt (RdO. III, 446); Beschl. I. 5. Febr. 62 c. Speck (RdO. II, 287); Beschl. I. 15. Juli 64 c. Lewkiewicz (RdO. V, 89); ZI. 8. Sept. 65 c. Sowinski (RdO. VI, 294). — Nach Rheinischem Rechte hat die Unterkreuzung einer Schrift gar keine Bedeutung: Gilb. C. pén. art. 145 n. 70.

69. Dem unter n. 64 erwähnten Erfordernisse ist durch eine einer Schrift hinzugefügte Unterschrift nur dann genügt, wenn sie sich äußerlich als eine solche darstellt, welche vom Träger des betr. Namens ausgegangen ist. Daher reicht dieselbe nicht hin, sobald in irgend einer Weise aus der Schrift selbst erkennbar wird, daß statt des Trägers des Namens ein Dritter als dessen Vertreter jenen Namen unterzeichnet hat. Das gilt namentlich von dem Falle, wo sich bei der Namensschrift noch ein eine solche Vertretung andeutendes Zeichen, z. B. ein vorgesetztes „pro" findet; ist dann nicht außerdem auch noch die Unterschrift dieses Vertreters hinzugefügt, so liegt keine Urkunde vor: BII. 12. März 57 c. Schramm; BII. 14. Okt. 61 c. Werner (RdO. II, 12); vgl. in Betreff des Prokuristen: D. HGB. Art. 41. 44. — Aus demselben Grunde ist ein die Unterschrift des angeblichen Absenders wiedergebendes, von der Telegraphenanstalt an den Adressaten befördertes Telegramm nicht als Urkunde zu betrachten; die Telegraphenanstalt hat nicht den Beruf, abgegebene Erklärungen zu „beurkunden" (§ 252), sie ist nur Beförderungsanstalt; vgl. Abh. in GA. XI, 766; Entsch. 45. s. 57 und unten n. 111a.

70. Der Mangel des Datums nimmt der Schrift in der Regel den Charakter der Urkunde nicht: ZI. 14. Dez. 59 c. Pohlmann; BI. 16. Mai 62 c. Wieseke (RdO. II, 404). Ist aber die Angabe des Datums Bedingung der formellen Gültigkeit eines Rechtsgeschäfts (Beisp.: Wechsel: DWO. Art. 4. 96), so fragt es sich, ob der Schrift nicht nach einer andern Richtung die Beweiserheblichkeit bleibt; vgl. n. 71. 82.

71. Da die Beweiserheblichkeit Bedingung der Urkundenqualität ist, so fällt diese letztere weg, sobald der Akt wegen irgend eines aus demselben erkennbaren formellen oder materiellen Mangels absolut nichtig und wirkungslos und eben deshalb unter allen Umständen zur Beweisführung unbrauchbar ist: Beschl. I. 29. Febr. 56 c. Wilkens (GA. IV, 396). Wohnt ihm aber trotz jenes Mangels noch immer irgend eine Beweisfähigkeit bei, so hört er nicht dadurch auf eine „Urkunde" zu sein, daß seine und des verbrieften Rechtsgeschäfts Gültigkeit und Rechtsbeständigkeit durch eine Einrede, z. B. wegen eines Mangels in der Form oder in der Rechtsfähigkeit der disponirenden Personen, angefochten werden kann, und wenn deshalb eine Vernichtung oder Ungültigkeitserklärung erfolgt: ZI. 20. Jan. 58 c. Hirsch; ZI. 18. Juni 58 c. Kienast; Antr. des GStA.s 9. Juli 59 c. Quednow (142 B; GA. VI, 853).

72. Das gilt zunächst in allen Fällen, wo die Schrift einzelne, aber nicht sämmtliche zur Gültigkeit eines Rechtsgeschäfts nöthigen Erfordernisse darthut; vgl. oben n. 55. — Demgemäß sind als Urkunden anzusehen:

73. ..... ein Schuldschein, durch welchen sich Jemand zu einer bestimmten Leistung verpflichtet, sollte darin auch die Angabe des Verpflichtungsgrundes fehlen: ZII. 9. Febr. 65 c. Beisen (RdO. V, 472); ZI. 15. Sept. 65 c. Töppe (RdO. VI, 314); ZI. 11. Mai 66 c. Schulz (RdO. VII, 290); Beschl. I. 10. April 67 c. Pätzold (RdO. VIII,).

74. ..... ebenso ein zweiseitiger, aber nur von einem der Kontrahenten unterzeichneter schriftlicher Vertrag: ZII. 3. März 53 c. Höneke (GA. I, 409; II, 261); ZII. 12. Juni 56 c. Holzmann.

75. ..... ebenso die einseitige Bescheinigung eines Kontrahenten, daß ein zweiseitiger Vertrag wieder aufgelöst sei, oder daß er von demselben zurücktreten wolle: ZII. 17. Mai 54 c. Meyer.

76. ..... ebenso eine auf einen unvollständigen Wechsel gesetzte eventuell eine Wechselverbindlichkeit begründende Erklärung, z. B. ein auf eine nicht unterschriebene Tratte gesetztes Accept: ZII. 26. Jan. 65 c. Beyer (RdO. V, 439); VI. 3. Mai 65 c. Grünheid (RdO. VI, 80); oder ein auf eigene Ordre gestellter, aber zur Zeit noch nicht mit einem Giro versehener trockner Wechsel: ZI. 15. Sept. 65 c. Töppe (RdO. VI, 314).

77. ..... ebenso eine Schrift, durch welche die Zahlung einer Geldsumme an „den Inhaber" versprochen wird, sollte es auch an der zur Ausstellung solcher Papiere erforderlichen landesherrlichen Genehmigung fehlen: ZII. 9. Febr. 65 c. Beisen (RdO. V, 472).

78. In allen solchen Fällen macht es auch keinen Unterschied, ob es sich von einem den Werth von funfzig Thalern übersteigenden Geschäfte handelt, dessen Gültigkeit von der (vollständigen) schriftlichen Abfassung abhängig gemacht ist (ALR. I, 5 § 131. 133. 134). Es handelt sich hier nur von der Beweisfähigkeit der betreffenden Schrift; sie erfüllt für die durch sie festgestellten Merkmale das Erforderniß jener Gesetze; das Geschäft würde also gültig sein, wenn die übrigen Merkmale außerdem schriftlich festgestellt sind; auch kann der Mangel der schriftlichen Form durch einseitige Erfüllung (§ 156 l. c.) ersetzt werden.

79. Das oben (n. 71 a. E.) Gesagte wird ebenso da anwendbar, wo eine in ihrer Dispositionsfähigkeit beschränkte Person ohne den erforderlichen Beistand ein Rechtsgeschäft abgeschlossen hat. Die ihre Einwilligung beweisende Schrift ist eine Urkunde, da diese Einwilligung ein wesentliches Erforderniß für das Zustandekommen jenes Geschäftes ist; auch hier können die übrigen Erfordernisse durch andere Beweismittel ergänzt werden; eventuell begründen solche Schriften ein Rückforderungsrecht des dem Dispositionsunfähigen Gegebenen, insofern es noch vorhanden oder nützlich verwendet ist (ALR. II, I § 334); vgl. n. 82. Dieses gilt:

80. ..... von Ehefrauen, wenn sie ohne Einwilligung des Mannes Verträge schließen: Beschl. II. 17. Juli 56 c. Werner; VI. 31. Jan. 66 c. Krüger (RdO. VII, 62); namentlich auch von einer ertheilten Vollmacht, sollte auch nicht feststehen, daß einer der Spezialfälle vorliege, in welchen die Ehefrau ohne den Mann dazu befugt ist: ZII. 23. April 53 c. Krause; ZII. 19. Mai 59 c. Hornung. Ebenso muß es auch von einer Verbürgung der Frau gelten, sollte auch die vorher erfolgte Verwarnung nicht nachgewiesen sein (ALR. I, 14 § 221—226); *contra*: VI. 6. Nov. 53 c. Weber (GA. II, 261); Beschl. II. 17. Juli 56 c. Weber (beil.).

81. ..... ebenso von einem Minderjährigen oder Haussohne: ZI. 26. Okt. 59 c. Schrammeck (GA. VII, 845).

82. Selbst wenn eine Schrift für den Zweck, für welchen sie nach der Intention der Parteien dienen sollte, durchaus ungültig, und daher nicht beweisfähig ist, kann sie doch als Urkunde gelten, sobald ihr in einer anderen Richtung jene Eigenschaft beiwohnt, z. B. wenn aus ihr eine Pflicht zur Rückgabe einer Sache, oder zur Gewährleistung hergeleitet werden kann: ZII. 22. April 53 c. Hohmann; VI. 5. Mai 54 c. Schädel (GA. II, 694); Beschl. I. 8. Okt. 56 c. Kaselow (JMbl. S. 339); ZI. 27. März 63 c. Kucharski (GA. XI, 367: Cession einer nichtigen Forderung); vgl. n. 70. 79.

83. Demgemäß kann eine Schrift, welche wegen eines Formfehlers als Wechsel keine Geltung hat, doch als schriftlicher Zahlungsauftrag oder als acceptirte Anweisung für den Beweis erheblich, also eine Urkunde sein: ZI. 18. April 55 c. Boltze (GA. III, 711); ZI. 30. Jan. 57 c. Ulrich.

84. Die Rechte und Rechtsverhältnisse ꝛc., für deren Beweis die Schrift erheblich ist, brauchen nicht nothwendig vermögens- oder privatrechtlicher Natur zu sein; auch Verhältnisse des öffentlichen Rechtes (z. B. die Steuerpflichtigkeit) kommen in Betracht: Beschl. I. 28. Juli 55 c. Burchardt (GA. III, 712). Demgemäß kann eine Schrift, durch welche sich Jemand eines Vergehens (i. c. einer Steuerdefraude) schuldig bekennt, als Urkunde angesehen werden: ZII. 12. Okt. 54 c. Holzerland. Andere Beispiele vgl. n. 96 ff.

85. Ebensowenig wird erfordert, daß sich die Schrift auf Rechtsverhältnisse ꝛc. des Angeklagten oder des zu Täuschenden beziehe; es genügt die Beweiserheblichkeit für irgend ein Rechtsverhältniß: ZI. 11. Juli 55 c. Spitzbarth; ZII. 27. Nov. 56 c. Rauch; ZI. 7. Jan. 63 c. Magnus (RdO. III, 196); vgl. n. 15.

Hiernach sind als Urkunden und zwar als öffentliche Urkunden anzusehen:

86. ein gerichtlicher Vorladungs-, Erscheinungs-, Verwahr- oder Haftbefehl: ZI. 28. Febr. 62 c. Wolff (RdO. II, 278). Dasselbe muß von dem einem Gerichtsdiener amtlich ertheilten schriftlichen Auftrage gelten, Jemand zur Haft zu bringen.

87. ..... ebenso gerichtliche Untersuchungsverhandlungen, insbesondere die gerichtlichen Beschlüsse und Urtheile, sowie die Sitzungsprotokolle: VI. 14. Sept. 53 c. de Peterse (JMbl. 54. S. 67; GA. II, 97. 127); ZI. 13. Nov. 61 c. Großmann (RdO. II, 53).

88. ..... ebenso eine gerichtlich aufgestellte Kostenliquidation und die Eintragung eines Gebührenbetrages in den „Soll-Einnahme-Belag": Z. 18. Okt. 52 c. Heldge (GA. II, 260); ZI. 14. Sept. 60 c. Hopff.

89. ..... ebenso eine gerichtliche Zahlungsaufforderung: ZI. 27. Jan. 58 c. Dittmann (GA. VI, 430); ZII. 25. Juni 59 c. Dieckmann. Dasselbe gilt von einem, zum Zwecke einer im Verwaltungswege zu bewirkenden exekutivischen Beitreibung in Gemäßheit des Ges. v. 30 Juli 1853 § 8. 9. erlassenen Mandate und der darauf befindlichen Gebühren-Note: ZI. 25. Jan. 67 c. Schröder (RdO. VIII, 59).

90. ..... ebenso eine richterliche Gebührenfeststellung: ZI. 14. Sept. 60 c. Hopff.

91. ..... ebenso eine richterliche Zahlungsanweisung: VI. 9. Febr. 53 c. Eckert.

92. Dagegen hat ein Deposital-Annahme-Befehl nur Bedeutung für den geschäftlichen Verkehr des Gerichts, und ist keine Urkunde: VI. 8. April 53 c. Neumann (Entsch. 25. S. 261); *contra:* ZII. 12. Juni 56 c. Holzmann, in Betreff der Annahme-Ordre, welche ein Gemeindevorstand an den Gemeindeempfänger erlassen hatte.

93. Ebenso ist eine amtliche Benachrichtigung über die Lage eines Prozesses, sowie ein Rath in Betreff seiner Weiterbetreibung keine Urkunde: V. 25. Jan. 52 c. Baumgarten.

94. Die Pfändungsverhandlungen eines Exekutors sind Urkunden: VI. 20. Nov. 57 c. Schwartz; und zwar selbst dann, wenn dabei Instruktionswidrigkeiten vorgekommen sind: ZI. 8. Sept. 58 c. Klimaug (GA. VI, 717); ZI. 9. Juli 58 c. Quednow (142 B; Entsch. 39. 2. S. 60; GA. VI, 852); Beschl. I. 9. Mai 62 c. Garski (RdO. II, 394); ZII. 14. Juli 63 c. Friese (RdO. IV, 8). Ebenso verhält es sich mit der Verhandlung eines Exekutors über die ihm aufgetragene Versteigerung abgepfändeter Sachen: ZI. 17. Dez. 58 c. Schinkat (GA. VII, 120). Dagegen gilt nicht dasselbe von den Berichten und Anzeigen, welche ein Exekutor über die ihm aufgetragenen Exekutionen an seine Dienstbehörde erstattet, insofern dieselben nicht eine förmliche Pfändungsverhandlung enthalten (: Beschl. I. 9. Mai 62 c. Garski, RdO. II, 394), so: VI. 7. Sept. 53 c. Budig (GA. II, 130); ZI. 26. Mai 54 c. Rohr (GA. II, 696); Beschl. I. 16. Nov. 64 c. Bock (RdO. V, 267); ähnlich in Betreff des Berichtes eines Gerichtsschulzen an das Kreisgericht über das Ergebniß einer dem Dorfgerichte aufgetragenen Auktion: V. 18. Okt. 52 c. Wagner.

95. Ebenso ist die durch einen Magistratsdirigenten aufgenommene Auktionsverhandlung eine Urkunde: ZI. 25. Sept. 57 c. Kordenat.

96. Dasselbe gilt von den Kirchenbüchern und von den durch die Pfarrer daraus ertheilten Zeugnissen über geschehene Taufen 2c.: V. 10. März 52 c. Geiling (GA. II,266); ZII. 26. Juni 56 c. Wieschmann; u. ö. Dabei wird aber vorausgesetzt, daß sich jene Zeugnisse als Auszüge aus den Kirchenbüchern zu erkennen geben; andere „Bescheinigungen" desselben Inhalts sind keine Urkunden: ZI. 3 Nov. 54 c. Hoppe (GA. III, 140); vgl. AGO. I, 10. 128. — Ebenso sind die solchen Auszügen beigefügten, die Unterschrift und die Amtseigenschaft des Ausstellers beglaubigenden Atteste öffentliche Urkunden: cit. Z. 26. Juni 56. — Das Gesagte ist auf die von dem Lehrer einer Mennonitengemeinde ausgestellten Zeugnisse nicht auszudehnen: VI. 14. Okt. 63 c. Daniels (RdO. IV, 106). Auch findet es im Gebiete des Rheinischen Rechtes überhaupt keine Anwendung, da hier die Kirchenbücher gar nicht beweisen: Gilb. C. pén. art. 145 n. 23. 30.

97. Ebenso stellt ein amtlicher Präsentationsvermerk eine öffentliche Urkunde dar, wenn dadurch eine für ein Rechtsverhältniß erhebliche Thatsache festgestellt wird: z. B. das Präsentatum auf einer bei der Bergbehörde eingereichten Muthung; vgl. Berggeś. v. 24. Juni 1865 § 12. 25.

98. ..... ebenso die Grundsteuermutterrolle und die daraus amtlich ertheilten Auszüge: VII. 1. Febr. 55 c. Kappert; vgl. § 251 Nr. 3; ebenso die Einkommensteuerrollen, sobald sie von der Regierung festgestellt sind (Ges. v. 1. Mai 1851 § 10); so lange es aber an dieser Feststellung fehlt, sind die betr. Einschätzungen nicht als Urkunden zu betrachten: ZI. 14. Nov. 55 c. Kittelmann (GA. IV, 260).

99. ..... ebenso die Verhandlung, welche ein Steuerbeamter über die ihm aufgetragene Vermessung eines Maischbottichs aufnimmt, wenn das Resultat derselben für die Steuerberechnung bei künftigen Einmaischungen maaßgebend und sonach beweisend ist; vgl. § 252 n. 22.

100. ..... ebenso die Eintragung, welche ein mit der Verwiegung der zur Zuckerbereitung bestimmten Rüben beauftragter Steuerbeamter über das Resultat dieser Verwiegung in den vorgeschriebenen Notirbüchern macht (Instr. d. Gen.-Dir. d. St. v. 19. Aug. 1846, VMbl. s. 149): ZII. 26. April 60 c. v. Kotze (JMbl. s. 362).

101. ..... ebenso der von einem Branntweinbrenner aufgestellte, von einer Steuerhebestelle festgestellte Betriebsplan einer Brennerei: ZII. 6. April 54 c. Beckmann.

102. ..... ebenso der von einem Steuerbeamten in das Revisionsbuch eines Bäckers oder Mehlhändlers eingetragene Vermerk über die bei der Revision vorgefundenen Mehlbestände: ZI. 24. Okt. 55 c. Marschall; ZI. 23. Nov. 59 c. Streitz (GA. VIII, 139).

103. ..... ebenso die von einem Flußschiffer der Steuerbehörde eingereichte von dieser ausgefertigte Proviantdeklaration; die spätere Abänderung des darin enthaltenen (vom Schiffer selbst angefertigten) Proviantverzeichnisses stellt eine Verfälschung der amtlichen Ausfertigung dar: ZII. 5. Juli 55 c. Thürnagel.

104. ..... ebenso der über die Tragfähigkeit 2c. eines Flußschiffes von der Steuerbehörde ausgestellte Meßbrief. Wird später unter einen solchen Meßbrief von derselben Behörde ein Vermerk über einen stattgehabten Wechsel des Eigenthums am Schiffe gesetzt, so bildet dieser mit dem Briefe ein Ganzes; Beseitigung desselben ist daher Verfälschung des Meßbriefes: VI. 23. Sept. 63 c. Riemer (RdO. IV, 70).

105. ..... ebenso ein nach § 83 und 87 d der Zoll-Ordn. v. 23. Jan. 1838 auszustellender Versendungs-Legitimations-Schein (er beweist eine für die Zollfreiheit erhebliche Thatsache): VII. 14. Dez. 54 c. Lennartz (GA. III, 137). Das gilt selbst dann, wenn ein solcher Schein in erkennbarer Weise von einem dazu ermächtigten Inhaber einer größeren Gewerbeanlage ausgegeben ist: Z. 3. Dez. 52 c. Pieper, welches aber mit Unrecht annahm, auch in diesem Falle liege eine öffentliche Urkunde vor.

106. ..... ebenso die unter einem Feuerversicherungsantrage sich findende Bescheinigung der Ortspolizeibehörde, daß der Aushändigung der Police in

polizeilicher Hinsicht kein Bedenken entgegenstehe (Ges. v. 8. Mai 1837 § 14); da das Gesetz den (durch die Aushändigung der Police erfolgenden) Abschluß des Versicherungsvertrages von jener Bescheinigung abhängig gemacht hat, so ist dieselbe unbedenklich für eine Urkunde zu erachten: ZI. 6. Jan. 56 c. Ebel (GA. VI, 135, dessen Begründung indessen nicht überall zuzustimmen sein dürfte).

107. ..... ebenso ein Posteinlieferungsschein, d. h. eine Bescheinigung der Postbehörde über die geschehene Aufgabe einer Postsendung: ZPl. 29. Jan. 55 c. Weidner (Entsch. 30. s. 380); BI. 16. Jan. 63 c. Müller (RdO. III, 222). Ein solcher Schein verliert die Eigenschaft einer (öffentlichen) Urkunde auch nicht durch den Ablauf der Frist, an welche die Gewährleistungspflicht der Postbehörde gebunden ist: Z. 24. Okt. 52 c. Oberndorff (GA. II, 266). Ebenso ist es gleichgültig, ob der ausstellende Postbeamte selbst Aufgeber der Sendung war: Beschl. II. 5. April 66 c. Micklinghoff (RdO. VII, 205).

108. ..... ebenso eine Postanweisung zur Auszahlung eines an die Post eingezahlten Betrages an einem andern Orte. Sie ist als amtlich ausgefertigte Urkunde anzusehen, sobald die postamtliche Bescheinigung über die erfolgte Einzahlung hinzugefügt ist; § 251 Nr. 2 wird daher anwendbar, selbst wenn nicht diese Bescheinigung, sondern die darüber befindliche (die Summenangabe enthaltende) vom Adressaten herrührende Anweisung verfälscht ist: ZI. 8. Nov. 65 c. Voigt (RdO. VI, 448). Das Gesagte gilt selbst dann, wenn die Annahme der Einzahlung reglementsmäßig nicht hätte erfolgen dürfen: Beschl. I. 4. Juli 56 c. Scheibe.

109. Ein unterzeichneter Postauslieferungsschein, d. i. die Quittung des Adressaten über die von der Post bewirkte Ablieferung einer Sendung, ist unzweifelhaft eine Urkunde, nicht aber eine öffentliche Urkunde: B. 22. Okt. 51 c. Kornitzki; BI. 21. Dez. 53 c. Stüber.

110. Ebenso verhält es sich mit dem vom Aufgeber eines Briefes auf diesem gemachten und unterzeichneten Vermerke über die Entnahme eines Postvorschusses; er beweist den der Post ertheilten Auftrag zur Einziehung des betr. Betrages, und außerdem in der Hand der Postanstalt die Auszahlung des letzteren an den Absender, sowie demnächst in der Hand des Adressaten die jenem Auftrage gemäß an die Postanstalt geleistete Zahlung: BII. 28. Mai 63 c. Sachse (RdO. III, 470); ZI. 13. März 67 c. Nehls (RdO. VIII, 171). Dabei ist es gleichgültig, ob bei der Abfassung jenes Vermerkes, und bei der Annahme des Briefes auf der Post instruktionsmäßig verfahren sei, nicht minder, ob von Seiten der Postanstalt auf Grund jenes Vermerkes die Auszahlung des Vorschusses geleistet zu werden pflegt, oder geleistet worden ist, weil dadurch der Sinn und das Wesen der Schrift selbst nicht verändert werden: BPl. 20. Dez. 58 c. Meusel (JMibl. 59. s. 67; Entsch. 40. 2. s. 26; GA. VII, 401); ZI. 16. Dez. 63 c. Henzschel; *contra* früher: Beschl. I. 8. Febr. 54 c. Jagusch; ZI. 13. Sept. 54 c. Hoffmann (GA. II, 694); vgl. Voitus Abh. in GA. I, 488.

111. Die Aufzeichnung, welche einem Telegraphenbüreau zum Telegraphiren an einen Andern eingehändigt wird, ist, wenn sie inhaltlich den Voraussetzungen des Abs. 2 des § genügt und eine Unterschrift trägt, für eine (Privat-) Urkunde zu erachten, da sie unzweifelhaft in einem zwischen dem Adressaten und dem Absender entstandenen Rechtsstreite als Beweismittel für die von dem Letzteren ausgegangene Erklärung benutzt werden könnte; vgl. Erk. IV. Civ.-Sen. 2. Mai 61 (Entsch. 45. s. 56), welches annahm, daß durch die dem Telegraphenbüreau übergebene schriftliche Aufgabedepesche dem Erforderniße der schriftlichen Errichtung eines Vertrages genügt werde. Ob in der Aushändigung derselben an den Telegraphenbeamten ein Gebrauch zum Zwecke der Täuschung zu finden sei, unterliegt der thatsächlichen Prüfung, wird aber in der Regel zu bejahen sein, da jeder Telegraphenbeamte Anstand nehmen wird, ein aufgegebenes Telegramm zu befördern, sobald er die Ueberzeugung hegt, daß es nicht von demjenigen ausgehe, dessen Unterschrift es trägt, sondern widerrechtlich von einem Dritten mit dieser Unterschrift versehen worden sei; der Gebrauch zielt dann unzweifelhaft auf eine Täuschung des Beamten ab; vgl. n. 69.

111a. Die zur Kontrolle der Einnahmen und Ausgaben bestimmten Bücher eines Beamten sind an und für sich noch keine Urkunden, insofern ihnen nicht anderweitig, z. B. durch eine Unterschrift, ein Anerkenntniß, einen Beglaubigungsvermerk, eine besondere Beweiskraft beigelegt worden ist: VI. 11. März 59 c. Lindt; VI. 4. Dez. 61 c. Zommack (RdO. II, 115); Beschl. I, 26. März 62 c. Erbrich (RdO. II, 316). Das gilt z. B. von der zur Kontrolle des Transportes der Geldbriefe dienenden Postgeldkarte: ZI. 19. Dez. 56 c. Bratsch.

112. Die Zeugnisse der Handwerker-Prüfungs-Kommissionen (Gew.-Vdn. v. 9. Febr. 1849 § 39 43) sind öffentliche Urkunden: ZII. 8. Febr. c. Friedhoff; ZI. 27. Juni 56 c. Krempin (GA. IV, 703). Erfolgt die Fälschung eines solchen Zeugnisses ohne gewinnsüchtige Absicht, so wird jetzt § 254 (neue Fassung) anwendbar.

113. Die von einem Unberechtigten unter dem Namen einer Behörde erlassene Bekanntmachung einer angeblichen Polizeiverordnung ist nicht als Urkunde zu betrachten: ZI. 7. März 62 c. Rolle (RdO. II, 291).

114. Dasselbe gilt von solchen Bescheinigungen, welche lediglich zur Handhabung der polizeilichen Beaufsichtigung vorgeschrieben sind, und zur Legitimation der Polizei gegenüber dienen. Ihre Verfälschung ist nur aus § 254 (neue Fassung) zu bestrafen. Zu diesen Bescheinigungen gehören Jagdscheine (Ges. v. 7. März 1850 § 14): Beschl. I. 23. Mai 55 c. Winkler (GA. IV, 261); ebenso Passirscheine für Wild: VII. 26. Jan. 54 c. Berbig; ebenso Holztransportatteste (vgl. Forst-Ordn. für Ostpreußen rc. v. 3. Dez. 1775 § 14 Nr. 14; Publ. v. 4. Juni 1783; Vdn. v. 30 Juni 1839, GS. s. 223): Beschl. I. 14. Nov. 55 c. Steppat; ebenso Pferde-Legitimationsatteste (Vdn. v. 13. Febr. 1843 § 5. 7, GS. s. 75): VI. 1. Juni 55 c. Grigat (GA. III, 370). Vgl. aber § 323 n. 8.

115. Die (nichtunterzeichnete) Inhaltsangabe auf einem mit einem öffentlichen Siegel verschlossenen Geldpackete (§ 243 Nr. 5) ist keine Urkunde; *contra:* TL. s. 980 Note 6.

116. Ebenso verhält es sich mit dem zur Kontrolle und Berechnung des Arbeitsverdienstes eines Lohnschreibers geführten Verzeichnisse, so lange nicht seine Richtigkeit amtlich beglaubigt ist: ZI. 3 Febr. 54 c. Masur.

Zu den nicht öffentlichen Urkunden sind zu rechnen:

117. ein Frachtbrief (D. HGB. § 391. 392). Dagegen ist diese Eigenschaft auf die nicht vom Absender in den Frachtbrief aufgenommene, sondern vom Frachtführer (der Versendungsanstalt, demnächst an einer anderen Stelle hinzugefügte Frachtberechnung nicht auszudehnen; sie ist nur als eine aufgestellte Rechnung anzusehen; *contra*: ZI. 12. Jan. 66 c. Kowalski (RdO. VII, 17); vgl. n. 125. 127.

118 ..... ebenso die Benachrichtigung, welche der Inhaber eines Mangels Zahlung protestirten Wechsels an seinen Vormann absenden muß (D.WO. Art. 45). Auch dieses ist auf eine in dasselbe Schreiben mit aufgenommene (nicht quittirte) Retourrechnung nicht auszudehnen: VII. 8. Okt. 63 c. Gumpertz (RdO. IV, 93).

119. Eine Vollmacht ist, selbst wenn sie auf einen nicht näher bezeichneten Ueberbringer lautet, eine Urkunde: VI. 11. Febr. 53 c. Wache (GA. II, 263); ZPl. 29. Jan. 55 (cit. n. 55); VII. 3. Jan. 61 c. Gude (RdO. I, 133); ZI. 17. Jan. 62 c. Subau (RdO. II, 108); u. ö. Dabei ist es gleichgültig, ob aus der Schrift die Annahme des Auftrages durch den Bevollmächtigten hervorgeht: Beschl. I. 22. April 54 c. Zippel. — Das Gesagte gilt auch von einer Vollmacht zur Empfangnahme von milden Beiträgen, zu deren Leistung gleichzeitig aufgefordert wird: Beschl. I. 31. Mai 65 c. Krampe (RdO. VI, 164); vgl. n. 123. Ebenso gilt es von dem an einen Dritten gerichteten Auftrage: „an eigne Ordre" (d. h. also an einen künftig erst zu benennenden Dritten) auszuzahlen, sowie von dem darunter gesetzten Acceptationsvermerke des Adressaten (§ 251 I, 16 ALR. trifft in einem solchen Falle nicht zu): ZI. 18. April 55 c. Boltze (GA III, 713).

120. Bestellbriefe (Bestellzettel) sind, auch wenn sie keine Bevollmächtigung enthalten, Urkunden (sie enthalten die Zustimmung zu einem abzuschließenden Kaufgeschäfte): VII. 19. Okt. 54 c. Wölke; ZI. 8. Okt. 62 c. Siewert (RdO. III, 64). Ob die Bestellung mit gleichem Erfolge auch mündlich hätte bewirkt werden können, ist dabei gleichgültig: Beschl. I. 5. Dez. 60 c. Weidle (RdO. I, 159). Ebenso ist es nicht unerläßlich, daß der Bestellbrief an einen namentlich bezeichneten Adressaten gerichtet sei, sobald nur aus demselben ersichtlich ist, daß der Aussteller die Aus-

führung der Bestellung durch irgend einen dazu Befähigten gutheißen wolle: BII. 3. Jan. 61 c. Gude (RdO. I, 133); ähnlich indirekt: ZI. 4. Febr. 53 c. Burow; Beschl. II. 12. Juli 55 c. Lindner; ZI. 17. Jan. 62 c. Sudau (RdO. II, 208); *contra:* Beschl. I. 4. Jan. 56 c. Brehmer. — Ist der Adressat bezeichnet, so schaden kleine Ungenauigkeiten in der Rechtschreibung seines Namens ꝛc. nicht: cit. Z. 8. Okt. 62. — Der Bestellbrief verliert die Eigenschaft einer Urkunde auch dadurch nicht, daß für die Erfüllung der Bestellung eine gesetzwidrige Verfahrungsweise (z. B. Einschwärzung der betr. Sache) ausbedungen wird; dadurch wird die Beweiskraft der Schrift nicht berührt: BII. 19. Okt. 54 c. Wölke; vgl. n. 15.

121. Ein schriftliches Darlehnsgesuch ist, selbst wenn es nicht gleichzeitig eine Bevollmächtigung zur Empfangnahme des Darlehns enthält, eine Urkunde; zwar beweist es nicht die Hergabe des Darlehens, wohl aber, daß der Betreffende seiner Seits seine Zustimmung zu einem abzuschließenden pactum de mutuo dando gegeben habe, aus welcher möglicher Weise gegen ihn Schadensersatzansprüche hergeleitet werden könnten, wenn er später die Annahme des Darlehens verweigerte: Z. 2. Aug. 52 c. Mahn (GA. II, 261); ZI. 3. Febr. 53 c. Kümmelmann (GA. ibid.); BI. 22. Jan. 60 c. Müller (GA. VIII, 425); Beschl. I. 1. Febr. 61 c. Wruck (GA. IX, 211); ZI. 10. April 61 c. Mokrasche; ZI. 15. Febr. 67 c. Stuff (RdO. VIII, 127), welche indessen alle darauf Gewicht legen, daß im Falle der Hingabe und Annahme einer Geldsumme aus jenem Schreiben ihre Qualität als Darlehen gefolgert werden könne; das dürfte aber, da es nicht objektiv durch die Schrift dargethan ist, zur Annahme der Urkundenqualität nicht genügen.

122. Aus dem unter n. 121 a. E. angeführten Grunde erscheint es auch bedenklich, das Schreiben, wodurch ein Sohn seinen Vater um eine Geldsendung oder ein Rechtsanwalt seinen Klienten um einen Vorschuß bittet, als Urkunde zu betrachten. Gleichwohl bejahten: ZI. 1. Mai 67 c. Ihlow (RdO. VIII,), und ZI. 25. Nov. 64 c. Müller (RdO. V, 305) auch diese Fragen aus ähnlichen Gründen, wie die unter n. 121 citt. Urtheile.

123. Ein schriftliches Gesuch um ein Almosen ist keine Urkunde: ZI. 16. Febr. 53 c. Fey (GA. II, 261); vgl. n. 119; § 241 n. 31.

124. Eine Schrift, welche eine Verbürgung enthält, ist selbst dann eine Urkunde, wenn sie die sicher zu stellende Schuld nicht genau bezeichnet: ZI. 16. Mai 62 c. Wieseke (RdO. II, 404). Eine Verbürgung kann unter Umständen in einer schriftlichen Bitte „einem Dritten Kredit zu geben" gefunden werden: BI. 21. Nov. 66 c. Pohl (RdO. VII, 652). Ueber die ohne die vorgeschriebene gerichtliche Verwarnung (ALR. I, 14 § 221 ff.) stattgehabte Verbürgung einer Frau vgl. n. 80.

125. Eine Rechnung ist die einseitig aufgestellte Behauptung eines Rechtsanspruches, und sonach keine Urkunde: ZI. 19. Okt. 53 c. Behrendt (GA. II, 281); vgl. n. 117.

126. Dasselbe gilt von einem Mahnbriefe: ZI. 27. Jan. 58 c. Wiegand (GA. VI, 138); BI. 27. Mai 59 c. Dobrabies.

127. ..... ebenso vom Avisbriefe, welchen eine Eisenbahnverwaltung an den Adressaten eines angekommenen Frachtstückes sendet, um ihn zum Abholen zu veranlassen. Derselbe ist wenigstens in Betreff der darin enthaltenen Angabe des Frachtbetrages keine Urkunde: ZI. 12. Jan. 66 c. Kowalski (RdO. VII, 17).

128. Eine Quittung ist, auch wenn sie nur als Rechnungsbeleg gefordert war, eine Urkunde: ZI. 12. März 56 c Vork; ZI 16. Mai 60 c Vallentin. Das gilt selbst dann, wenn sie ersehen läßt, daß die Zahlung nicht an den zur Empfangnahme berechtigten Gläubiger, sondern an irgend einen Dritten geleistet ist; sie beweist doch immer die geschehene Zahlung und kann eventuell einen Anspruch auf Rückzahlung begründen: ZI. 23. März 55 c. Wegner; BI. 21 Febr. 55 c. Rudolph (GA. III, 714); *contra:* BI. 27. Okt. 54 c. Ohlrich (GA. II, 833); BI. 27. April 64 c. Lehmann (RdO. IV, 477); in beiden Fällen handelte es sich um die Vernichtung der Quittung; auch hier konnte indessen nicht die Urkundenqualität, sondern nur die Frage zweifelhaft sein, ob die Vernichtung „zum Nachtheile" eines Anderen geschehen sei (§ 243 Nr. 8).

129. Ebenso ist eine schriftliche Ausstandsbewilligung für die Erfüllung einer Obligation auch dann eine Urkunde, wenn sie ohne Angabe einer Fristbe-

§. 248. **Einer Urkundenfälschung wird es gleich geachtet, wenn Jemand in der Absicht, sich oder Anderen Gewinn zu verschaffen oder Anderen Schaden zuzufügen, ein mit der Unterschrift eines Anderen versehenes Papier ohne dessen Willen ausfüllt und von einer solchen Urkunde Gebrauch macht.**

[Entw. § 224]. Vgl. § 249. 250.

---

stimmung erfolgt, und daher jeden Augenblick widerruflich ist: ZI. 8. Sept. 58 c. Brömel; ähnlich: ZI. 6. März 63 c. Fragstein

130. Dasselbe gilt von einer Abrechnung, welche die gegenseitige Aufrechnung dokumentirt, und den danach dem Einen zukommenden Saldo feststellt, sollte dieselbe auch die einzelnen zur Berechnung gekommenen Posten nicht enthalten: BI. 17. Sept. 62 c. Kornmesser (RdO. III, 7).

131. Eine Schrift, durch welche die Auflösung eines bestandenen Dienstverhältnisses bescheinigt, oder (trotz eines bestehenden Dienstverhältnisses) die Erlaubniß zu einer anderweitigen Vermiethung des Dienstboten ertheilt wird, ist unzweifelhaft eine Urkunde; *contra*: Beschl. I. 27. März 63 c. Kruszewski (RdO. IV, 225). Das ist aber auf bloße Führungsatteste nicht auszudehnen, sollte darin auch der erfolgten Auflösung des Dienstverhältnisses beiläufig Erwähnung geschehen, sobald aus demselben zu ersehen ist, daß es außerhalb der Absicht des Ausstellers lag, in Betreff dieser Auflösung eine bindende Erklärung abzugeben; vgl. n. 59.

132. Ein ärztliches Rezept ist keine Urkunde: Bes. s. 474.

§ 248.

1. In Betreff der „Absicht, sich oder Anderen Gewinn zu verschaffen, oder Anderen Schaden zuzufügen" vgl. § 247 n. 1—14.

2. Vorausgesetzt wird, daß die Namensschrift echt oder doch vom Angeklagten für echt gehalten worden sei, weil im entgegengesetzten Falle Urkundenfälschung im Sinne des § 247 anzunehmen wäre: ZI. 15. April 63 c. Besser (RdO. III, 393); daher genügt hier eine gedruckte Namensschrift nicht: ZII. 25. Okt. 66 c. Mauerhof (RdO. VII, 572); vgl. § 247 n. 24.

3. Als ein „mit der Unterschrift eines Andern versehenes Papier" (Blankett) ist jedes die Namensschrift eines Andern enthaltende Schriftstück anzusehen, ohne Unterschied, ob es noch andere schriftliche Aufzeichnungen enthält, auf die sich die Namensschrift bezieht oder nicht; vorausgesetzt wird nur, daß diese anderweitigen Aufzeichnungen nicht den Charakter einer Urkunde besitzen, weil, wenn letzteres der Fall ist, anderweitige Zusätze oder Veränderungen geeigneten Falles unter § 247 fallen: Beschl. I. 17. Sept. 56 c. v. d. Recke (JMbl. s. 320; GA. IV, 845); ZI. 6. Okt. 58 c. Budow (GA. VI, 850; VII, 849). Im Uebrigen ist es gleichgültig, zu welchem Zwecke das Papier mit der Namensschrift versehen worden ist.

4. Ebenso ist es gleichgültig, ob das Papier dem Angeklagten anvertraut oder ob es unmittelbar aus der Hand des Unterzeichners in die des Ausfüllenden übergegangen ist: BI. 9. Febr. 59 c. Rosenbaum (GA. II, 408); vgl. Motive s. 252.

5. Ein Ausfüllen ist in jedem Hinzufügen von Schriftzeichen zu finden, wodurch das Ganze den ihm früher nicht beiwohnenden Charakter einer Urkunde erlangt: Beschl. I. 17. Sept. 56 (cit. n. 3); vgl. die Schlußworte des §.

6. Daher fällt die widerrechtliche Ausfüllung eines Wechsel-Formulars, auf welchem sich ein von einem Dritten unterzeichneter Annahmevermerk findet, unter diesen §, wenn auch der jetzt erst entstehende Wechsel selbst vom Ausfüllenden mit dem eigenen Namen unterzeichnet wird, weil sich das Accept des Dritten jetzt auf den Inhalt des Wechsels mit bezieht, also gleichzeitig mit ausgefüllt wird; gleichgültig ist es dabei, ob sich die Ausfüllung des Formulars räumlich über der dem Accepte zugefügten Unterschrift befindet: Beschl. I. 17. Sept. 56; ZI. 6. Okt. 58 (beide cit. n. 3); ZII 21. Nov. 61 c. Robden (RdO. II, 84); ZI. 13. Dez. 61 c. Jacob (RdO. II, 156); BI. 30. Jan. 63 c. Basch (RdO. III, 250); ZI. 5. Jan. 65 c. Kuhnert.

§. 249. **Wer von einer falschen oder verfälschten Urkunde, wissend, daß sie falsch oder verfälscht ist, in der Absicht Gebrauch macht, sich oder Anderen Gewinn zu verschaffen oder Anderen Schaden zuzufügen, wird dem Fälscher gleich geachtet.**
[Entw. § 225]. Vgl. § 247. 248. 250.

---

7. Sind bei der Ausfüllung andere früher schon über der Namensschrift befindliche Schriftzeichen mit benutzt, so kommt es nicht darauf an, welche Bedeutung diese Zeichen ursprünglich hatten, sobald sie nur nach der Ausfüllung so zu lesen sind, daß das Ganze den Charakter einer Urkunde annahm: Jl. 21. Dez. 64 c. Rousseau (RdO. V, 383; hier war dem ursprünglich sich vorfindenden undeutlich geschriebenen Worte „Ihr" das Wort „echsel" hinzugefügt, so daß nun das Ganze als „Wechsel" zu lesen war).

8. Dagegen fällt die widerrechtliche Ausfüllung eines Blanko-Indossaments wenigstens dann nicht unter § 248, wenn der (unberechtigte) Besitzer seinen eigenen Namen als Indossatar einschreibt, weil er auch durch das unausgefüllte Blanko-Indossament als Inhaber genügend legitimirt war (D. WO. Art. 12).

9. Ein Ausfüllen ohne den Willen des Unterzeichners liegt auch da vor, wo der zur Ausfüllung Bevollmächtigte über seinen Auftrag hinausgeht, z. B. wenn er einen höheren Betrag einschreibt: Beschl. I. 17 Sept. 56 (cit. n. 3); Jl. 18. Nov. 64 c. Möser (RdO. V, 276); Jl 13. Febr. 67 c. Schier.

10. Inwiefern es einen Unterschied begründe, wenn die so zu Stande gekommene Urkunde wegen eines Mangels in der Form oder in der Qualifikation des Unterzeichneten nichtig ist, darüber vgl. § 247 n. 71—78.

11. Dieser § erheischt nicht, wie § 247, daß von der Urkunde „zum Zwecke der Täuschung" Gebrauch gemacht sei. Man muß indessen dieses Merkmal aus § 247 ergänzen, da in der Sache kein Grund vorhanden ist, warum hier der Thatbestand anders konstruirt sein sollte, als in jenem Falle; zwar liegt bei der unbefugten Ausfüllung eines Blanketts die Sache für den Urheber der Unterschrift schlimmer als bei der fälschlichen Anfertigung einer Urkunde, weil er die Richtigkeit seiner Unterschrift nicht bestreiten kann und daher seinerseits den Beweis des stattgehabten Mißbrauchs derselben führen muß; das gilt aber in gleichem Maaße auch bei der verfälschten Urkunde, deren Unterschrift ebenfalls echt zu sein pflegt. Da auch die Entstehungsgeschichte des § keinen Anhaltspunkt dafür bietet, daß und warum man hier von jenem Merkmale habe absehen wollen, so wird es um so unbedenklicher sein, an demselben festzuhalten, als auch § 249 an derselben Unvollständigkeit leidet. Da indessen der § dasselbe nicht mit aufführt, so wird es seiner ausdrücklichen Feststellung nur da bedürfen, wo es bestritten und demzufolge seine Aufnahme in die Fragstellung beantragt worden ist: Jl. 5. Okt. 59 c. Paulig (GA. VII, 845). *Contra*: Beschl. I. 17. Sept. 56 (cit. n. 3), welches, wie es scheint, von jenem Merkmale gänzlich absieht.

12. Wird durch die unbefugte Ausfüllung eine der im § 251 erwähnten Urkunden hergestellt, so wird die Strafandrohung dieses letzteren § anwendbar.

13. Ueber die Strafbarkeit der Ausfüllung eines Blanketts ohne hinzutretenden Gebrauch vgl. § 247 n. 51.

§ 249.

1. Der Ausdruck „falsche Urkunde" umfaßt hier die fälschlich angefertigte (247) und die durch unbefugte Ausfüllung eines Blanketts hergestellte (§ 248).

2. Es genügt, wenn die Urkunde objektiv den Charakter einer fälschlich angefertigten, oder verfälschten an sich trägt; es ist keineswegs erforderlich, daß derjenige, von welchem die Verfälschung ꝛc. ausging, mit Dolus gehandelt habe. Daher trifft die Strafe des § auch denjenigen, welcher die Fälschung selbst ohne Dolus oder sonst straflos (z. B. als Ausländer im Auslande) verübt hat, demnächst aber von dem so entstandenen Schriftstücke in strafbarer Absicht im Inlande Gebrauch macht.

3. Aus demselben Grunde trifft auch den Fälscher, welcher von der gefälschten Urkunde Gebrauch gemacht und somit die Strafe der §§ 247. 250 verwirkt hat,

§. 250. *) Die Urkundenfälschung wird mit Zuchthaus bis zu fünf Jahren und zugleich mit Geldbuße von funfzig bis zu Eintausend Thalern bestraft.

Wird festgestellt, daß mildernde Umstände vorhanden sind, so ist die Strafe Gefängniß nicht unter drei Monaten und zugleich Geldbuße nicht unter fünf Thalern; auch kann auf zeitige Untersagung der Ausübung der bürgerlichen Ehrenrechte erkannt werden.

[Entw. § 226]. Vgl. § 247—249; AKO. v. 21. April 1856 (GS. s. 220).

§. 251. **) Die Urkundenfälschung wird mit Zuchthaus bis zu zehn Jahren und zugleich mit Geldbuße von Einhundert bis zu Zweitausend Thalern bestraft, wenn das Verbrechen eine der folgenden Arten von Urkunden zum Gegenstande hat:

*) In der ursprünglichen Fassung des § fehlte der zweite Absatz; die Zusetzung erfolgte durch das Ges. v. 9. März 1853 (GS. s. 78).

**) In der urspünglichen Fassung dieses § fehlte der letzte Absatz; die Zusetzung erfolgte durch das Ges. v. 14. April 1856 (GS. s. 210).

noch die Strafe des § 249 (nach den Grundsätzen von der realen Konkurrenz), wenn er demnächst durch eine neue selbstständige Handlung von derselben Urkunde abermals Gebrauch macht; vgl. § 247 n. 43.

4. Gleichgültig ist es, ob der Gebrauchende die Urkunde als echt empfangen hatte; die Unterscheidung der §§ 122. 123 greift hier nicht Platz.

5. Ueber die gewinnsüchtige, oder auf Schadenszufügung gerichtete Absicht, und den Gebrauch sind die betreffenden Bemerkungen zu § 247 zu vergleichen.

6. Auch hier wird an sich vorausgesetzt, daß der Gebrauch „zum Zwecke der Täuschung" geschehe: VII. 1. Febr. 55 c. Kappert. Gleichwohl bedarf es auch hier in Ermangelung eines Bestreitens der ausdrücklichen Feststellung jenes Merkmals nicht: ZII. 10. Nov. 55 c. v. Gansewinkel (Entsch. 31. s. 280; GA. IV, 213); ZII 3. April 62 c. Michaelis (RdO. II, 334); ZI. 15. April 64 c. Besser (RdO. III, 393). Dagegen muß einem Antrage, dasselbe in die Fragstellung mit aufzunehmen, nothwendig Statt gegeben werden. Vgl. § 248 n. 11.

7. Handelt es sich von einer der in dem § 251 erwähnten Urkunden, so trifft auch den Gebrauchmacher die Strafe dieses letztern §: ZI. 23. Nov. 59 c. Streitz (GA. VIII, 139).

§ 250.

1. Das Gesetz vom 9. März 1853 enthält keine Deklaration der davon berührten §§, ist vielmehr als neues abänderndes Gesetz anzusehen: ZI. 15. Juli 53 c. Richter (GA. I, 575); ZI. 2. Nov. 53 c. Gellrich.

2. In dem hier vorgesehenen Falle kann nicht auf Polizei-Aufsicht erkannt werden; der § 245 erleidet keine Anwendung: VII. 14. Juli 54 c. Drügpott; VI. 7. Nov. 56 c. Emig.

§ 251.

Inhalt.

1) Urkunden, welche mit der Unterschrift des Königs oder mit dem Königlichen Insiegel ausgefertigt sind;

2) Urkunden, welche von Staatsbehörden, Gemeinden oder Korporationen des Inlandes oder Auslandes, von inländischen oder ausländischen Beamten, oder von solchen Personen, welche nach den Gesetzen des Inlandes oder Auslandes öffentlichen Glauben haben, aufgenommen, ausgefertigt oder beglaubigt werden;

---

1. Der § setzt eine „Urkundenfälschung" voraus; es wird daher vor Allem erheischt, daß das betr. Schriftstück der Begriffsbestimmung des § 247 Abs. 2 entspreche: BI. 22. Febr. 54 c. Nagurny (beil.); Bes. s. 478 II; *contra*: BI. 29. Okt. 62 c. Knappe (RdO. III, 94), welches einer amtlichen Schrift, wegen des derselben für alle Verhältnisse des Verkehrs zukommenden öffentlichen Glaubens, auch dann die Urkundenqualität zuerkennen wollte, wenn sie nicht eine Beziehbarkeit auf ein als solches erkennbares Rechtsverhältniß hat (vgl. § 247 n. 55); schwerlich mit Recht: der der öffentlichen Urkunde vom Gesetz zuerkannte höhere Glaube ist der Grund der Strafschärfung; stets wird aber vorausgesetzt, daß die Schrift den allgemeinen Bedingungen einer Urkunde entspreche; erst wenn dieses feststeht, kann es sich weiter fragen, ob sie eine öffentliche Urkunde sei; ein Beispiel siehe n. 6.

2. Damit § 251 zutreffe, muß der betr. Schrift außer der Urkundenqualität auch noch einer der unter Nr. 1 — 5 aufgezählten Charaktere beiwohnen. Es kann nun geschehen, daß eine Schrift zwar den Voraussetzungen des § 247 in der Weise entspricht, daß sie für den Beweis eines der im § 251 erwähnten Rechtsgeschäfte, z. B. eines Wechsels erheblich ist, ohne aber sämmtliche Begriffserfordernisse desselben vollständig zu umfassen. Dann muß § 251 ausgeschlossen bleiben, da er einen wirklichen, d. h. also vollständigen Wechsel voraussetzt; dagegen werden in einem solchen Falle unbedenklich die §§ 247. 250 anwendbar, da die betr. Schrift immer noch eine Urkunde bleibt. Außerdem hat der Instanzrichter zu prüfen, ob nicht der Versuch einer Wechsel- rc. Fälschung vorliegt. Beispiele: vgl. n. 26—33. 38.

3. Ob die Urkunden im In- oder im Auslande, sowie eventuell von in- oder ausländischen Behörden aufgenommen sind, macht keinen Unterschied; vgl. § 252 n. 10.

4. Derjenige, welcher von einer gefälschten rc. Urkunde der hier erwähnten Art in strafbarer Absicht wissentlich Gebrauch macht, unterliegt nach § 249 ebenfalls der Strafe des § 251: ZI. 23. Nov. 59 c. Streitz (GA. VIII, 139).

Zu Nr. 1.

5. Der Ausdruck „ausgefertigt" ist nicht auf eine bestimmte äußere Form zu beziehen; auch Königliche Kabinets- oder Handschreiben, wenn sie die wesentlichen Merkmale einer Urkunde an sich tragen, gehören hierher; vgl. n. 12.

Zu Nr. 2.

6. Vorausgesetzt wird, daß die Behörde rc., von welcher die Urkunde (angeblich oder wirklich) ausgegangen ist, im Allgemeinen zur Aufnahme rc. derselben qualifizirt war. Geht daher aus der Schrift selbst hervor, daß sie, ihre Richtigkeit vorausgesetzt, von einem Beamten rc. herrühre, welchem jede Qualifikation

zur Aufnahme, Beglaubigung zc. einer solchen Urkunde abgeht, so kann die Schrift nicht als Urkunde gelten; z. B. wenn ein Polizei-Beamter eine Bescheinigung über das Absterben eines Menschen ausgestellt hat: ZI. 3. März 54 c. Tabel; oder wenn ein Dorfschulze eine Unterschrift beglaubigt hat: VI. 18 Dez. 61 c. Maschoreck (RdO. II, 159); vgl n. 2.

7. Inwiefern die Nichtbeobachtung der für Urkunden der fraglichen Art vorgeschriebenen Form einer Schrift den Urkundencharakter nehme, vgl. § 247 n. 71; Gilb. C. pén. art. 145 n. 27 ff.

8. Die Untersiegelung ist für den Begriff einer amtlichen Urkunde nicht wesentlich (vgl. AGO. I, 10 § 123): ZII. 8. Sept. 53 c. Böddeker (GA. II, 97).

9. Daß die Urkunde wirklich von einer Behörde zc. herrühre, ist nicht erforderlich, da recht eigentlich auch der Fall getroffen werden sollte, wo wahrheitswidrig der Schein erregt wird, sie sei von einer Behörde zc. ausgegangen. Es genügt daher, wenn Jemand zwar unter seinem richtigen Namen, aber unter unberechtigter Beilegung eines Amtscharakters eine Urkunde ausstellt; vgl. § 247 n. 28; § 323 n. 14.

10. Ebendeshalb ist es auch hier gleichgültig, ob die Behörde oder der Beamte zc., deren Namen mißbraucht worden ist, wirklich existirt; es genügt, wenn die Bezeichnung eine solche ist, daß daraus (die Existenz der Behörde zc. und die Richtigkeit der Urkunde vorausgesetzt) die Befugniß der ersteren zur Aufnahme zu entnehmen wäre: ZI. 30. Juni 54 c. Weiß; ZI. 25. Nov. 64 c. Müller (RdO. V, 305).

11. Für die amtliche Qualität der Urkunde ist die ausdrückliche Hervorhebung des Amtscharakters der Person, von welcher sie ausgegangen sein soll, nicht unerläßlich; es reicht hin, wenn derselbe in der Schrift irgendwie so erkennbar gemacht ist, daß daraus die Befugniß jener Person zur Aufnahme entnommen werden kann: VI. 19. Nov. 62 c. Prost (RdO. III, 133). Diese Frage ist eine wesentlich thatsächliche. Insbesondere ist aus der Beidrückung eines Amtssiegels nicht mit rechtlicher Nothwendigkeit auf die Annahme eines Amtscharakters zu schließen: ZII. 17. Juni 65 c Erbsmehl (RdO. VI, 194).

12. Aus den am Schlusse der Nr. 2 gebrauchten Ausdrücken: „aufgenommen, ausgefertigt, oder beglaubigt" ist nicht zu folgern, daß hier nur solche Urkunden gemeint seien, bei welchen eine Behörde zum Zwecke einer erhöhten Glaubwürdigkeit mitgewirkt hat, vielmehr gehört (arg. Nr. 3) auch jede Urkunde hierher, welche von einer Behörde zc als solcher ausgegangen ist, sollte sie dabei auch nur berufen gewesen sein, ein ihr anvertrautes Privatinteresse zu vertreten. Das gilt namentlich auch von den durch die Gemeindevertretung über Privatangelegenheiten der Gemeinden ausgestellten Urkunden: Bes. S. 478; *contra:* VI. 4. Juni 56 c. Drachmann (: die Verfügung eines Stadtmagistrats an die Kommunalkasse, daß eine gewisse Summe für die Verpflegung eines Armen in Rechnung passire, sei keine Urkunde, weil eine „Aufnahme zc." dabei nicht erforderlich gewesen sei").

13. Zu den hier erwähnten Urkunden gehören alle Amtsschriften, welchen gesetzlich eine formelle Beweiskraft für Rechte und Rechtsverhältnisse beiwohnt. Das gilt nach Rheinischem Rechte auch von den Anzeigeprotokollen der Förster, Wald- und Feldhüter zc., ohne Unterschied, ob sie bis zum Beweise des Gegentheils oder bis zur Fälschungsklage beweisen.

14. Privat-Schriftstücke, deren Inhalt durch einen Beamten beglaubigt, festgestellt oder genehmigt ist, haben den amtlichen Charakter auch rücksichtlich derjenigen Thatumstände, welche in der beglaubigten zc. Privatschrift enthalten sind, sollte auch die letztere ohne den amtlichen Zusatz gar nicht eine Urkunde gewesen sein; Beispiele siehe § 247 n. 101—103.

15. Zu den Korporationen sind auch Aktiengesellschaften, nicht aber andere Handelsgesellschaften zu rechnen.

16. Die von Gemeinden und Korporationen ausgestellten zc. Urkunden bedürfen, um als amtliche Urkunden zu gelten, nur der Unterzeichnung durch den Vorstand: Bes. S. 478. Sind zur Verwaltung einer Gemeindeanstalt, z. B. eines städtischen Leihhauses, besondere Beamten angestellt, so genügt ihre alleinige Unterschrift.

3) Bücher, Register, Kataster und Inventarien, welche unter amtlichem Glauben geführt werden;
4) Verfügungen von Todeswegen;
5) Wechsel.

---

17. Beispiele amtlicher Urkunden sind zu § 247 unter n. 86—116 aufgezählt worden.

Zu Nr. 3.

18. Auch bei den hier erwähnten Büchern, Registern ꝛc. wird vorausgesetzt, daß ihnen eine urkundliche Beweiskraft im Sinne des § 247 Abs. 2 beiwohne; vgl. n. 1; § 247 n. 111a; § 323 n. 8.

Zu Nr. 4.

19. 20. Zu den Verfügungen von Todeswegen gehören auch Erbverträge: KVII. s. 130.

Zu Nr. 5.

21. Unter „Wechseln" sind hier sowohl die eigenen, als die gezogenen zu verstehen: ZI. 18. April 55 c. Helle.

22. Ein Wechsel, welcher sich als „Prima-Wechsel" qualifizirt, gehört selbst dann hierher, wenn auch ein Sekunda-Wechsel ꝛc. gar nicht existirt: ZII. 20 Nov. 56 c. Reichert (GA. V, 105).

• 23. Der Ausdruck „Wechsel" umfaßt hier den ganzen Inhalt der betr. Schrift, mit Einschluß der in dieselbe eingetragenen Nebengeschäfte: des Accepts, des Giros, der Prolongation ꝛc.; eine Fälschung derselben in diesen Theilen ist daher als Wechselfälschung anzusehen: ZII. 14. Juni 55 c. Cleff; ZI. 11. Juni 58 c. Vetter; u. ö.

24. Die Frage, ob eine Schrift als Wechsel anzusehen, ist unzweifelhaft rechtlicher Natur, und nicht durch die Geschwornen, sondern durch den Schw.-GH. zu lösen, nachdem die bei Beantwortung dieser Frage in Betracht kommenden thatsächlichen Momente durch die Geschwornen festgestellt worden sind: ZII 5. Jan. 54 c. Springmann (GA. II, 267); ZII. 14 Juni 55 c. Cleff; VI. 5. Febr. 64 c. Mielke (RdO. IV, 346); u. ö. Es muß daher einem Antrage, in der Fragstellung den Begriff „Wechsel" in seine thatsächlichen Merkmale nach der Belegenheit des Einzelfalles aufzulösen, nothwendig Statt gegeben werden: VI. 9. Nov. 64 c. Stärk (RdO. V, 245). Ueber die zweckmäßige Fassung dieser Frage vgl § 247 n. 47. In Ermanglung eines solchen Antrages ist dagegen die Beibehaltung des technischen Wortes „Wechsel" in der Fragstellung nicht unstatthaft, da dann angenommen werden darf, daß über die Qualität des betr. Schriftstückes als Wechsel von keiner Seite ein Zweifel angeregt worden sei: ZII. 12. April 55 c Hermann; ZI. 24. Sept 58 c. Lange; u. ö.; vgl. Strafverf. Art. 82 n. 5.

25. Die Frage, ob eine Schrift einen Wechsel darstelle, ist lediglich nach ihrem Inhalte zu beurtheilen. Insbesondere kommt hier auf die Wechselfähigkeit der sich darin verpflichtenden Personen Nichts an, insofern nicht der betreffende Mangel aus der Schrift selbst zu ersehen ist; vgl. § 247 n. 78 — 81. Jedenfalls aber begründet eine sich äußerlich als Wechsel darstellende von einem Wechselunfähigen ausgestellte Schrift für den wechselfähigen Acceptanten und Giranten eine wechselmäßige Verpflichtung, ist also für diese als Wechsel anzusehen: ZI. 25. Febr. 59 c. Paul.

26. Eine Schrift, welche nicht als formell gültiger Wechsel anzusehen ist, kann immer noch eine Urkunde sein, z. B. als schriftlicher Zahlungsauftrag, oder als acceptirte Anweisung: ZI. 10. Dez. 56 c Nietsche; ZI. 30. Jan. 57 c. Ulrich. Dasselbe gilt da, wo die betr. Schrift zwar nicht einen vollständigen Wechsel, wohl aber ein wesentliches Erforderniß desselben enthält, und sonach durch spätere Zusätze zum gültigen Wechsel gemacht werden kann; vgl. n. 2.

27. Ein auf eigne Ordre gezogener vom Bezogenen acceptirter Wechsel hat, auch wenn er noch nicht girirt ist, zum Vortheile des Ausstellers volle Wirkung (D.WO. Art. 23), ist daher unzweifelhaft als wirklicher Wechsel anzusehen: ZII. 17. Juli 62 c. Elbers (RdO. II, 542).

Wird festgestellt, daß mildernde Umstände vorhanden sind, so ist auf Gefängniß nicht unter sechs Monaten und zugleich auf Geldbuße nicht unter zehn Thalern, sowie auf zeitige Untersagung der Ausübung der bürgerlichen Ehrenrechte zu erkennen.

[Entw. § 227]. Vgl. § 247; AGO. I, 10 § 123 ff; Rh. BGB. Art. 1317 ff.; AKO. v. 21. April 1856 (GS. S. 220).

---

28. Ist dagegen ein solcher auf eigne Ordre gezogener Wechsel weder mit einem Giro noch mit einem Accepte versehen, so begründet er nach keiner Seite hin eine Verbindlichkeit, kann also als fertiger „Wechsel" nicht angesehen werden. Dagegen entspricht er unzweifelhaft den Voraussetzungen, von welchen § 247 die Qualität einer Urkunde abhängig macht, da aus dem Inhalte der Schrift die Natur des betr Rechtsgeschäftes vollkommen erkennbar wird, und die Unterschrift des Ausstellers eins der wesentlichen Merkmale für die vollgültige Abschließung desselben darstellt, vgl. § 247 n. 54. 55. Mit Recht hat daher ein ZI. 11. Juli 55 c. Spitzbarth ein solches Schriftstück für eine Urkunde erachtet; vgl. auch ZII. 26. Jan. 65 c. Berger (RdO. V, 439); *contra*: ZI. 15. Febr. 56 c. Bocke; ZII. 19. Juni 56 c. Müller, welche ausführen: ein solches Schriftstück begründe weder ein Recht noch eine Pflicht, insbesondere sei aus der durch Art. 18 der D.WO. dem bloßen Besitzer eines Wechsels ertheilten Befugniß zur Präsentation und Protesterhebung Mangels Annahme für unsern Fall ein wirkliches durch die Schrift gewährtes Recht nicht herzuleiten; es kommt indessen gar nicht darauf an, ob die Schrift wirklich für sich allein ein Recht oder eine Pflicht, und somit ein vollständiges Rechtsverhältniß begründe (§ 247 n. 55); sondern nur, ob sie für den (wenn auch nur theilweisen) Beweis eines solchen Rechtsverhältnisses erheblich sei, was nach dem Obigen nicht bezweifelt werden kann. — Außerdem kann der Richter der Thatfrage in der falschen Anfertigung oder Verfälschung einer solchen Schrift unbedenklich den Versuch einer Wechselfälschung finden; vgl. n. 2.

29. Aus den unter n. 28 entwickelten Gründen ist auch ein auf einem unvollständigen Wechsel, z. B. auf dem ausgefüllten, aber nicht unterzeichneten Formulare eines gezogenen Wechsels sich findendes Accept, zwar kein (vollständiger) Wechsel, wohl aber eine Urkunde, die Fälschung eines solchen sonach aus § 250 zu bestrafen: BI. 2. März 64 c. Gierlich (RdO. IV, 398); BI. 3. Mai 65 c. Grünheid (RdO. VI, 80, zum Theil aus andern minder zutreffenden Gründen); *contra*: BI. 15. Juli 59 c Fischer (GA. VII, 847, ein Fall des § 243 Nr. 8); BI. 14. Sept. 59 c. Freund (GA. VII, 849), beide aus dem (nicht maaßgebenden) Grunde, daß ein solches Accept noch keine Verbindlichkeit begründe; vgl. n. 28. Außerdem kann auch hier vom Instanzrichter der Versuch einer Wechselfälschung angenommen werden. — Vgl. übrigens n. 31.

30. Dasselbe muß da gelten, wo ein unterzeichnetes Accept auf ein unausgefülltes Wechselformular oder auch auf ein im Uebrigen leer gelassenes Papier gesetzt ist; auch in diesem Zustande entspricht es den Voraussetzungen des § 247. Ein Gleiches ist anzunehmen, wenn auf die Vorderseite eines unausgefüllten Wechselformulars eine bloße Namensschrift gesetzt ist, da eine solche auf einem Wechsel als Annahme gilt (D. WO. Art. 21) und aus dem Formulare zu erkennen ist, daß es sich von der Acceptation eines Wechsels handelt. Dagegen verhält sich die Sache anders, wenn sich auf einem leeren Papiere eine bloße Namensschrift findet; wenn gleich dieser letzteren möglicher Weise durch spätere Beschreibung des Papiers mit einem Wechsel die Bedeutung eines Accepts beigelegt werden kann, so ist doch die Natur des betr. Rechtsgeschäfts in keiner Weise zu erkennen, so lange nur die Namensschrift sich auf dem Blatte findet.

31. In den unter n. 29 und 30 vorgesehenen Fällen kann es in Frage kommen, ob nicht wenigstens dann eine vollendete Wechselfälschung anzunehmen sei, wenn zur Zeit, wo die Fälschung vorgenommen und von dem Schriftstücke Gebrauch gemacht wurde, die Parteien darüber einverstanden waren, daß der Wechsel durch nachträgliche Hinzufügung des Fehlenden vervollständigt und dadurch auch dem Accepte die wechselmäßige Bedeutung beigelegt werden sollte, und wenn demgemäß jene Vervollständigung erfolgt ist. In einem solchen Falle kann unbe-

denklich die Handlung desjenigen, welcher in gutem Glauben und befugter Weise die Vervollständigung vornahm, so aufgefaßt werden, als sei sie vom Fälscher selbst (durch Benutzung des Andern als seines Werkzeugs) ausgegangen, so daß derselbe nunmehr als der Urheber des zu Stande gekommenen vollständigen, in einem wesentlichen Theile gefälschten Wechsels erscheint. Gleichwohl liegt auch in diesem Falle eine vollendete Wechselfälschung nicht vor, da die Schrift zur Zeit des gemachten Gebrauchs noch kein Wechsel war, und es bedenklich erscheint, die später (auf Veranlassung des Fälschers) erfolgte Vervollständigung des Wechsels auch auf jenen Gebrauch zurückzubeziehen und auch ihn als dadurch vervollständigt zu betrachten; *contra*: ZI. 1. Dez. 53 c. Fürstenheim (GA. VII, 847); BI. 14. Sept. 59 (cit. n. 29), welche die Annahme einer vollendeten Wechselfälschung für statthaft erachteten; ebenso, wie es scheint, ZII. 26. Jan. 65 c. Berger (RdO. V, 439).

32. Ein vom Ehemanne auf die Ordre seiner mit ihm in Gütergemeinschaft lebenden Ehefrau ausgestellter, von der Letzteren auf einen Dritten girirter „Wechsel", ist, wenn auch kein wirklicher Wechsel, doch eine Urkunde: ZI. 5. Okt. 64 c. Stübner (RdO. V, 153).

33. Ein auf eigene Ordre gestellter eigener Wechsel begründet keine Wechselverbindlichkeit (D. WO. Art. 6), ist also kein wirklicher Wechsel: Erk. OTr. 22. Okt. 57; id. 17. Juli 58 (StA. 26. S. 298; 28. S. 371); *contra*: Volkmar und Löwy Wechsel-Ordn. S. 46. 360. Da derselbe aber bei hinzutretendem vollständigen Giro geeignet sein würde, einen Anspruch des Indossatars gegen den Aussteller zu begründen, so kann dem Schriftstücke auch dann, wenn es zur Zeit an einem solchen Giro fehlt, (nach dem zu § 247 n. 55 Ausgeführten) der Charakter einer Urkunde nicht abgesprochen werden; die Fälschung einer solchen Schrift fällt daher unter § 247. Dagegen hat das einem solchen (mit einem Giro des Ausstellers versehenen) Schriftstücke hinzugefügte weitere Indossament für den Beweis eines Rechtsverhältnisses keine Bedeutung, da der durch die Schrift zu begründende Anspruch nicht durch bloßes Giro übertragen werden kann; vgl. BII. 9. Dez. 58 c. Becker (JMbl. 59 S. 58; GA. VII, 112).

34. Die Unterzeichnung eines Accepts mit dem richtigen Namen kann eine Wechselfälschung darstellen, wenn der Wechsel auf eine andere gleichnamige Person gezogen war. Ebenso ist es Wechselfälschung, wenn erst nach hinzugefügtem Accepte die Adresse auf eine andere gleichnamige Person ausgefüllt wird: ZI. 7. Sept. 60 c. Below (GA. VIII, 876); vgl. § 247 n. 28.

35. Derjenige, welcher unbefugter Weise ein auf einem Wechsel befindliches Blanko-Giro ausfüllt, begeht eine Wechselfälschung, da nur der redliche Inhaber zu einer solchen Ausfüllung berechtigt ist: ZII. 4. Dez. 62 c. Brüning (RdO. III, 155).

36. Auch die Löschung eines unter einem Blanko-Indossament befindlichen ausgefüllten Indossaments stellt (arg. WO. Art. 36) unter den geeigneten Voraussetzungen den Thatbestand einer Wechselfälschung dar: ZII. 4. Dez. 62 (cit. n. 35; beil.).

37. Ziehung eines Wechsels auf eine nicht existirende Person ist keine Urkundenfälschung, sondern kann nur unter den Begriff des Betruges fallen: Erk. AG. Hamm in GA. II, 562 [der Wechsel ist in diesem Falle echt, und der Zieher haftet nach Wechselrecht; die Nichtexistenz des Bezogenen hat keine andere Wirkung, als die verweigerte Acceptation durch den wirklich existirenden Bezogenen]. Natürlich tritt das Gegentheil ein, wenn einem Wechsel ein falsches Accept ꝛc unter dem Namen einer nicht existirenden Person hinzugefügt wird.

38. Die Handlung desjenigen, welcher in gewinnsüchtiger Absicht ein unausgefülltes Wechselformular mit einer falschen Unterschrift versieht und von dem Schriftstücke in dieser Gestalt ꝛc. Gebrauch macht, kann unbedenklich als Versuch einer Wechselfälschung angesehen werden; dem steht es nicht entgegen, daß der Gebrauch einen nicht fertigen Wechsel zum Gegenstande hatte, da die Fälschung der Unterschrift auch ohne hinzutretenden Gebrauch einen Versuch darstellen kann: Beschl. I. 6. Jan. 64 c. Wenkowski (RdO. IV, 270); vgl. § 247 n. 41, und oben n. 30, nach welchem jene Handlung unbedenklich auch eine vollendete Urkundenfälschung (§ 247) darstellt.

§. 252. Wer in der Absicht, sich oder Anderen Gewinn zu verschaffen oder Anderen Schaden zuzufügen, bewirkt, daß Verhandlungen, Erklärungen oder Thatsachen, welche für Rechte oder Rechtsverhältnisse von Erheblichkeit sind, in öffentlichen Urkunden, Büchern oder Registern als abgegeben oder geschehen beurkundet werden, während sie gar nicht oder in anderer Weise oder von anderen Personen abgegeben oder geschehen sind, wird mit Zuchthaus bis zu zehn Jahren und zugleich mit Geldbuße von Einhundert bis zu zweitausend Thalern bestraft.

Dieselbe Strafe trifft denjenigen, welcher zum Nachtheil eines Anderen von solchen falschen Beurkundungen, wissend, daß sie falsch sind, Gebrauch macht.

[Entw. § 228]. Vgl. § 255. 323

---

§ 252.

Inhalt.

1. Der § hat die Handlung desjenigen im Auge, welcher weder eine bereits existirende Urkunde verfälscht, noch selbst eine solche fälschlich anfertigt, der aber durch Täuschung eines Beamten es herbeiführt, daß ein authentisches Beweisstück für eine Unwahrheit geschaffen wird (intellektuelle Urkundenfälschung): ZII. 9. Juli 57 c. Flesch (GA. V, 704)

2. In Betreff der Absicht, „sich oder Anderen Gewinn zu verschaffen, oder Anderen Schaden zuzufügen" ist hier das zu § 247 n. 1—14 Gesagte anwendbar; vgl. n. 30—32.

3. Strafbar ist derjenige, welcher die wahrheitswidrige Beurkundung bewirkt, d. h., welcher mit dem erforderlichen Dolus den Beamten durch Täuschung dazu veranlaßt, daß er jene Beurkundung vornehme. Das braucht nicht nothwendig derjenige zu sein, welcher die wahrheitswidrige Erklärung vor dem Beamten abgiebt, vielmehr ist es sehr wohl denkbar, daß auch dieser ohne Dolus handle und von einem Dritten als Werkzeug mißbraucht werde; vgl. n. 4.

4. Haben sich Mehrere an der den Thatbestand darstellenden Handlung betheiligt, so sind alle als Mitthäter anzusehen, vorausgesetzt, daß ihr Thuen ein gemeinschaftliches in dem zu Thl. I. Tit. 3 (S. 85) n 7 entwickelten Sinne gewesen ist. Hiernach ist einem ZI. 7. Jan. 63 c. Köhler (RdO. III, 192) und einer Abh. in GA. XII, 527 nicht zuzustimmen, welche grundsätzlich annehmen, daß da, wo der Erklärende als Thäter anzusehen ist, dritte Personen, welche sich an der Handlung durch Täuschung des Beamten betheiligten, nie als Mitthäter, sondern stets nur als Gehülfen des Ersteren anzusehen seien; vielmehr kommt es hierbei wesent-

lich auf die Natur ihres Dolus an. Es darf daher in einem solchen Falle die beantragte Stellung einer Frage an die Geschworenen, ob jene dritte Personen als Thäter anzusehen seien, nicht aus dem Rechtsgrunde beseitigt werden, daß sie grundsätzlich nur als Gehülfen des Erklärenden angesehen werden könnten; ein Beispiel n. 16.

5. Als Dolus wird neben der gewinnsüchtigen rc. Absicht die Vorsätzlichkeit im Allgemeinen und das Bewußtsein vorausgesetzt, daß dadurch eine falsche Beurkundung herbeigeführt werde: ZI. 5. Okt 60 c. Boas (GA. VIII, 804). Daß diese falsche Beurkundung beabsichtigt gewesen sei, ist nicht erforderlich; *contra*: Beschl. I. 14. April 58 c. Grotha (GA. VI, 658); Beschl. I. 17. Nov. 65 c. Spillert (RdO. VI, 473).

6. Wesentliche Bedingung ist, daß das strafbare Verschulden (der Dolus) nicht den die Beurkundung vornehmenden Beamten, sondern einen Dritten treffe, von welchem der Beamte getäuscht worden ist. Handelte der Beamte selbst dolose, so würde ihn die Strafe des § 323 treffen, und derjenige, welcher ihn dazu bestimmte, oder anderweitig zu seinem Verbrechen mitwirkte, könnte nur als Theilnehmer angesehen werden.

7. Vorausgesetzt wird ein Beamter, welcher dazu berufen ist, durch seine amtliche Thätigkeit ein authentisches beweisendes Schriftstück über einen stattgehabten Vorfall herzustellen (den letzteren zu „beurkunden"). Ist dieses der Fall, so kommt im Uebrigen auf die Qualität seiner Stellung Nichts an. Es kann daher geeigneten Falles auch ein Aktuar hierher gerechnet werden: Beschl. I. 11. Mai 60 c. Gaziorowski (GA. VIII, 703). — Dagegen bleibt der § ausgeschlossen, wo der beurkundenden Person jede Beamtenqualität, oder doch die Befugniß zur Beurkundung eines Rechtsgeschäftes der fraglichen Art gänzlich abging: ZI. 3. März 54 c. Tabel (ein Polizeibeamter hatte eine Bescheinigung über das erfolgte Absterben eines Menschen ausgestellt). Das gilt nach Rheinischem Rechte von den Kirchenbüchern der Pfarrer; sie haben dort keine beweisende Kraft. — Wird eine Urkunde fälschlich unter dem Namen eines zur Aufnahme berufenen Beamten angefertigt, so kann nur Art. 251 Nr. 2 oder 3 zutreffen.

8. Die Worte: „öffentliche Urkunden, Bücher oder Register" bezeichnen in Verbindung mit den vorhergehenden Worten: „Verhandlungen rc., welche rc. von Erheblichkeit sind", solche Urkunden, Bücher und Register, auf welche sich § 251 Nr. 2 und 3 beziehen, d. h. solche, welche „öffentlichen („amtlichen") Glauben" haben: ZI. 3. März 54 c. Tabel; ZII. 14. Dez 54 c. Schenk. Es muß also auch den Büchern und Registern die urkundliche Beweiskraft im Sinne des § 247 Abs. 2 beiwohnen; vgl. § 251 n. 1. 18. — Ein Weiteres wird dagegen nicht erfordert; ist daher die amtliche Protokollirung einer von einem Privaten abgegebenen Erklärung im gedachten Sinne beweisend, so wird eventuell der § anwendbar, sollte es im Uebrigen auch nicht mehr der Bewirkung anderweitiger auf Grund jener Erklärung vorzunehmender Einregistrirungen oder förmlicher Ausfertigungen bedürfen; vgl. Abh. in GA. III, 788.

9. Ebensowenig ist es unerläßlich, daß jene Urkunden rc. bestimmungsmäßig in amtlicher Verwahrsam verbleiben müßten; der § trifft auch da zu, wo eine solche Urkunde in der Urschrift (en brevet) an eine Partei abgegeben wird: ZII. 14. Dez. 54 c. Schenk.

10. Auch ausländische Urkunden rc. gehören hierher, bei welchen die Voraussetzungen des § nach den am Orte ihrer Entstehung geltenden gesetzlichen Vorschriften zutreffen.

11. Die Unterzeichnung der amtlichen Beurkundung durch den sie dolose „Bewirkenden" ist für den Thatbestand nicht wesentlich. Tritt eine solche mit einem unrichtigen Namen hinzu, so kann in idealer Konkurrenz auch der Thatbestand des § 247 vorliegen, nicht aber der des § 251 No. 2 oder 3, da die authentische Beweiskraft der Schrift nicht auf dieser Unterschrift, sondern auf der amtlichen Aufnahme beruht.

12. Entspricht die Urkunde rc. denjenigen formellen Bedingungen nicht, von welchen das Gesetz ihre Beweiserheblichkeit abhängig macht, so bleibt der § ausgeschlossen: ZI. 3. Nov. 54 c. Hoppe (GA III, 140); vgl. § 247 n. 71—78.

13. Da für den Begriff der Urkunden rc. ihre Beweiserheblichkeit wesentlich ist (n. 7), so bleibt der § da ausgeschlossen, wo den unwahren Beur-

kundungen jede derartige Erheblichkeit abgeht. Das gilt zunächst von allen Fällen, wo die Unrichtigkeit nur einen das Wesen des betr. Rechtsgeschäftes ꝛc. nicht berührenden Nebenpunkt zum Gegenstande hat, z. B. wenn sich Jemand bei Aufnahme eines Aktes eine falsche Qualität, Rang oder Titel beilegen läßt, insofern diese Bezeichnung nicht für das Geschäft selbst eine wesentliche Bedeutung hat: Gilb. C. pén. art. 147 n. 71 ff. Wäre dagegen eine solche falsche Bezeichnung in Betreff der Personen-Identität erheblich, so würde der § unbedenklich anwendbar sein. Dasselbe muß da gelten, wo in der Beurkundung als erklärende Person zwar dasjenige Individuum bezeichnet wird, von welchem die betr. Erklärung wirklich ausgegangen ist, wo aber dieser Bezeichnung gleichzeitig eine unrichtige Qualifikation hinzugefügt wird, welche die Rechtsfähigkeit jenes Individuums, und somit die rechtliche Gültigkeit des beurkundeten Rechtsgeschäftes wesentlich modifizirt, z. B. wenn eine Ehefrau als unverehelicht und nach ihrem Elternnamen aufgeführt wird; es ist dann anzunehmen, daß die Beurkundung „eine andere Person“ als erklärend aufführe, da das Wort „Person“ hier nicht allein die individuelle Persönlichkeit, sondern die Persönlichkeit als Rechtssubjekt bezeichnet, und alle für die Rechtsfähigkeit desselben erheblichen Momente mit umfaßt: *contra*: ZI. 12. Mai 58 c. Kalesse (Schöneck und Gen., GA. VI, 712).

14. Aus demselben Grunde (n. 13) kann der § nur da zutreffen, wo etwas Unwahres beurkundet worden, d. h. wo gerade dasjenige unwahr ist, wofür durch die Mitwirkung des dazu berufenen Beamten ein amtliches Beweismittel geschaffen ist. Ein solcher Fall liegt da nicht vor, wo die auf der amtlichen Thätigkeit beruhende Beweiskraft für das wahrheitswidrig Bekundete nicht wirksam wird. Jene Beweiskraft bezieht sich in der Regel nur auf dasjenige, was der Beamte als durch seine eigenen Sinne wahrgenommen konstatirt hat. Daher bleibt der § ausgeschlossen, wenn die Beurkundung wahrheitsgetreu dahin geht, daß Jemand vor ihm eine bestimmte Erklärung abgegeben habe, sollte auch der Inhalt dieser Erklärung unwahr sein; z. B. die amtliche Konstatirung eines von den Parteien simulirten Rechtsgeschäftes; sie fällt ebensowenig unter § 252, als die Anfertigung einer Privaturkunde über ein von den Parteien simulirtes Geschäft den Thatbestand des § 247 herstellt: Beschl. II. 3. Nov. 55 c. Grimm (GA. III, 845); Voitus Abh. in GA. I, 489; *contra* mit Unrecht: Koch n. 34. Eine solche Handlung kann nur als Betrug strafbar sein; vgl. § 247 n. 15. 19. 26. — Wenn dagegen das Gesetz ausnahmsweise dem Inhalte einer amtlichen Verhandlung den authentischen Glauben auch in Betreff solcher Thatsachen beilegt, welche der Beamte nicht selbst wahrgenommen hat, die vielmehr nur vor ihm erklärt worden sind, so findet § 252 auch auf diese Anwendung; ein Beispiel siehe n. 17.

Als Beispiele solcher Beurkundungen, auf welche sich der § bezieht, können angeführt werden:

15. ..... die Akte der freiwilligen Gerichtsbarkeit, bei welchen ein zur Beurkundung von Privatrechtsgeschäften berufener Beamter durch Täuschung veranlaßt wird, eine Unwahrheit zu konstatiren; z. B. wenn sich Jemand unter falschem Namen vor einem Notar gestellt, und durch diesen eine über eine rechtserhebliche Thatsache abgegebene Erklärung (auf jenen Namen) beurkunden läßt: ZII. 14. Dez. 54 c. Schenk; ZII. 12. Juli 56 c. Pechtold; oder wenn die Parteien vor den Augen des Notars eine Zahlung mit Scheinmünzen bewirken, und ihn dadurch veranlassen, die wirklich geschehene Zahlung als in seiner Gegenwart geschehen zu beurkunden. Anders würde es sich verhalten, wenn das wirklich gezahlte Geld später in Abwesenheit des Notars zurückgegeben würde.

16. Dasselbe gilt, wenn die Identität der vor einem Notar disponirenden, ihm unbekannten Personen nach Anleitung der Rh. Not.-Ordn. v. 25. April 1822 Art. 24 oder des Ges. v. 11. Juli 1845 § 10 Nr. 2 durch zugezogene Rekognitionszeugen wahrheitswidrig zum Protokolle des Notars versichert worden ist. Da in diesem Falle die Identität nach dem Gesetze als festgestellt angesehen wird, so stellt die betr. Handlung den Thatbestand des § dar. Thäter (Mitthäter) ist derjenige, welcher mit dem erforderlichen Dolus die wahrheitswidrige Beurkundung veranlaßt hat; das kann sowohl derjenige sein, welcher (unter Annahme des falschen Namens) die Erklärungen vor dem Notar abgegeben, als derjenige, welcher wahrheitswidrig die Identität des Erklärenden bekundet hat; ebenso können Beide ge-

meinschaftliche Thäter sein; *contra:* Zl. 7. Jan. 63 c. Köhler (RdO. III, 192); vgl. oben n 4.

17. Sodann gehören zu den Beurkundungen der hier fraglichen Art die Rheinischen Civilstandsakte und in den übrigen Provinzen des Staats die beweisenden Eintragungen in den Kirchenbüchern über die stattgehabten Taufen, Trauungen, Beerdigungen &c.: Zl 26. Sept. 62 c Sudmants (RdO. III, 35). Ebenso verhält es sich mit den durch die Gerichte in Gemäßheit der Gess. v. 30. März 1847 und v. 23. Juli 1847 § 16 (GS. s. 127. 266) bewirkten Beglaubigungen der Geburten &c. der Mitglieder geduldeter Religionsgesellschaften: Beschl. I 8. Juli 57 c. Meyer (GA. V, 695). Bei allen diesen Urkunden gilt das oben n. 14 a. E. Gesagte. Sie beweisen nicht nur dasjenige, was der Beamte als von ihm selbst wahrgenommen beurkundet hat, sondern auch die Wahrheit desjenigen, was von den erschienenen Personen dem Beamten über die zu konstatirenden Personenstandsverhältnisse zu Protokoll erklärt worden ist: Rh. BGB. Art. 45; cit Ges. v. 30. März 1847 § 10. Daher wird § 252 anwendbar, wenn Jemand wider besseres Wissen dem berufenen Beamten eine wahrheitswidrige Erklärung über eine stattgehabte Geburt oder den erfolgten Tod eines Menschen zu einer der gedachten Urkunden erklärt, oder eine unrichtige Person als die Mutter eines gebornen Kindes bezeichnet, oder wenn Jemand unter Annahme eines falschen Namens ein uneheliches Kind als Vater anerkennt, oder bei der Abschließung eines Trauungsaktes als angeblicher Ascendent einer der sich verehelichenden Personen die erforderliche Einwilligung zur Heirath ertheilt: Gilb. C. pén. art. 147 n. 50—52. 58. — Das Gesagte gilt aber nicht weiter, als die Beweiskraft der betr. Urkunde reicht. Daher trifft der § nicht zu, wenn bei einer beim Civilstandsbeamten bewirkten Geburtsanzeige die Mutter des Kindes wahrheitsgemäß angegeben, gleichzeitig aber eine unrichtige Angabe in Betreff der Person des (Dritten) Vaters, oder des Ehemannes der Mutter erfolgt, wenn z. B. der Deklarant die Mutter wahrheitswidrig als seine Ehefrau bezeichnet; ebenso wenn im richtig aufgenommenen Sterbeakte die Aeltern des Verstorbenen unrichtig angegeben werden (insofern nicht hierdurch die Identität des letzteren selbst eine Aenderung erleidet): Gilb. l. c. art. 145a n. 14. 15; art. 147 n. 53. 69. 70. 57. In allen diesen Fällen wird die Vaterschaft (Aelternschaft) sowie das eheliche Verhältniß nicht durch die Relatirung im Geburts- oder Sterbeakte bewiesen. — In der Regel wird mit einer solchen bei Aufnahme eines Civilstandsaktes begangenen intellektuellen Urkundenfälschung gleichzeitig das Verbrechen der Veränderung oder Unterdrückung des Personenstandes § 138 ideell konkurriren. Ist dieses der Fall, so kann nach Rh. Rechte (Rh. BGB. Art. 327) die Strafverfolgung auch wegen der Urkundenfälschung nicht eher erfolgen, bis im Civilverfahren endgültig über die Personenstandsfrage entschieden ist: Gilb. C. pén. art. 345 n. 9; vgl. § 138 n. 13.

18. Das unter n. 17 von den Civilstandsurkunden Gesagte ist auf die nach Art. 71 des Rh. BGB. aufzunehmenden Notorietäts-Akte, welche jene unter Umständen ersetzen können, nicht auszudehnen. Das Gesetz legt ihnen an und für sich noch keine Beweiskraft bei, vielmehr bedürfen sie vorher der Bestätigung des Gerichts, welche von diesem nach den Umständen ertheilt oder versagt werden kann. Es ist daher nicht entscheidend, daß durch dieselben möglicher Weise das Gericht getäuscht wird. Demgemäß ist die Bekundung einer Unwahrheit durch die vernommenen Zeugen nicht als intellektuelle Urkundenfälschung zu betrachten: Gilb. C. pén. art. 147 n. 62; vgl. § 126 n. 5.

19. Es ist intellektuelle Urkundenfälschung, wenn Jemand den einem Andern auferlegten Eid unter Annahme des Namens desselben vor Gericht ausschwört, und es so bewußter Weise bewirkt, daß durch eine amtliche Verhandlung wahrheitswidrig festgestellt wird, dieser Andere habe den Eid geleistet; vgl. RdO. I, 70 Note.

20. ..... ebenso, wenn Jemand sich unter dem Namen eines Andern zur Abbüßung einer dem letztern zuerkannten Freiheitsstrafe gestellt, und es so bewirkt, daß in den Registern oder Verhandlungen des Vorstehers der Strafanstalt, sowie der zur Vollstreckung der Strafe berufenen gerichtlichen Behörde die Abbüßung der Strafe durch den Verurtheilten wahrheitswidriger Weise beurkundet wird. In Frankreich war die Frage mit Rücksicht auf die Fassung des art. 147 des C. pén. streitig; vgl. Gilb. l. c. n. 87—89; ThdCp. 2. p. 114. Unter die Fassung

des § 252 fällt dagegen die Handlung unbedenklich, vorausgesetzt, daß dabei das unter n. 5 erwähnte Bewußtsein obwaltete; vgl. Beschl. I. 17. Nov. 65 c. Spillert (RdO. VI, 473).

21. ..... ebenso, wenn Jemand sich einem Rheinischen Gerichtsvollzieher als diejenige Person vorstellt, welcher derselbe eine Zustellung zu machen hat, und die behändigte Abschrift in Empfang nimmt, um dadurch zu verhindern, daß derjenige, für den sie bestimmt ist, Kenntniß davon erlange: Gilb. C. pén. art. 147 n. 81.

22. ..... ebenso, wenn ein mit der Vermessung eines Maischbottichs beauftragter Steuer-Beamter getäuscht, und so veranlaßt wird, eine unrichtige, bei der späteren Berechnung der Maischsteuer zum Grunde zu legende Thatsache in seinem Protokolle zu konstatiren; ZI. 18. Febr. 59 c. Boas (GA. VII, 409); ZI. 5. Okt. 60 c. dens. (GA. VIII, 804).

23. ..... ebenso, wenn Jemand eine Ortsbehörde durch Täuschung veranlaßt, eine thatsächlich unrichtige Versendungs-Legitimationsbescheinigung nach Anleitung der §§ 83 und 87d der Zollordnung v 23. Jan. 1838 auszustellen: BII. 14. Dez. 54 c. Lennartz (GA. III, 137).

24. ..... ebenso, wenn Jemand sich unter dem Namen eines Andern zu einer Prüfung oder zu einer Militäraushebung vor den von Staatswegen dazu berufenen Personen gestellt, und es so bewirkt, daß durch diese in wahrheitswidriger Weise bescheinigt oder berichtet wird, als habe jener Andere die Prüfung bestanden, oder als sei der Militärpflichtige als untauglich befunden worden; vgl. Gilb. C. pén. art. 147 n. 14; ThdCp. 2. p. 113.

25. ..... ebenso, wenn Jemand bei einer protokollarischen gerichtlichen Vernehmung sich für eine andere Person ausgiebt, um dadurch den Glauben zu erregen, daß diese andere Person die betr. (beweiserhebliche) Aussage abgegeben habe; vgl. § 247 n. 87. Dagegen ist nicht jede Unterzeichnung eines Vernehmungsprotokolls mit einem fremden Namen hierher zu rechnen; z. B. wenn sich der Beschuldigte einen falschen Namen beilegt, lediglich um die Ermittlung seiner wahren Persönlichkeit zu verdecken; vgl. Gilb. C. pén. art. 145 n. 17; *contra*: GM. II, 579. Ob in einem solchen Falle ein Meineid vorliege, darüber vgl. § 126 n. 8—10.

26. In gleicher Weise fällt die Bekundung der Unwahrheit bei einer gerichtlichen Vernehmung durch eine Partei oder einen Zeugen nicht unter die Bestimmung des §, da durch das aufgenommene Protokoll nicht die Wahrheit des Bekundeten bewiesen wird.

27. ..... ebenso, wenn Jemand einen Brief mit einem unwahren Vermerke, als enthalte derselbe Geld, zur Post giebt, und sich darüber eine Empfangsbescheinigung ausstellen läßt, weil dieser Schein nicht die Wahrheit der Inhaltsangabe, sondern nur die Einlieferung eines so bezeichneten Briefs beweist; vgl. § 247 n. 15; Boitus Abh. in GA. I, 488.

28. Die Uebergabe eines versiegelten Testaments zum gerichtlichen Protokoll (ALR. I, 12 § 66 ff.; 101 ff.; 139) sowie die Uebergabe eines mystischen Testaments an einen Rheinischen Notar (BGB. Art. 976) bewirkt nur, daß die Erklärung des Testators: „der übergebene Aufsatz sei sein Testament ꝛc", nicht aber daß auch der Inhalt der letztwilligen Erklärung selbst beurkundet werde; daher ist es keine intellektuelle Urkundenfälschung, wenn Jemand in ein für einen Andern niedergeschriebenes Testament ohne dessen Wissen und Willen andere Verfügungen mit aufnimmt, und es sodann bewirkt, daß jener diese Schrift ohne Kenntniß von den Zusätzen als sein Testament zu Protokoll übergiebt: Beschl. II. 5. März 57 c. Wolters. Dagegen ist eine solche Handlung als Urkundenfälschung im Sinne des § 247 anzusehen; vgl. n. 33; § 254 n. 20.

29. Der § 252 setzt nicht, wie § 247, zur Vollendung des Verbrechens voraus, daß der Urheber der Fälschung auch Gebrauch von dem Schriftstücke gemacht habe. Käme indessen ein solcher Gebrauch von seiner Seite hinzu, so könnte darin doch nicht ein zweites selbstständiges Verbrechen im Sinne des zweiten Absatzes des § gefunden werden, da aus §§ 247. 249 gefolgert werden muß, daß auch hier derjenige, welcher von der Strafe der Fälschung betroffen wird, sich durch den späteren Gebrauch der gefälschten Urkunde nicht abermals strafbar mache: Bes. s. 480; GM. II, 580 n. 2. Dagegen gehen diese Schriftsteller zu weit, wenn sie überhaupt den Abs. 2 in Betreff des Urhebers der Fälschung für unanwendbar erachten; viel-

mehr macht sich auch der Fälscher durch den Gebrauch strafbar, wenn aus irgend einem Grunde die Fälschung an ihm nicht gestraft werden kann, sei es, weil er bei derselben ohne Dolus handelte, sei es, weil er sie als Ausländer im Auslande verübt hatte: Präj. OAG. Oldenburg (B 18); vgl. § 249 n. 3.

30. Abs. 2 thut einer gewinnsüchtigen oder auf Schadenszufügung gerichteten Absicht keine Erwähnung. Da aber eine solche sowohl im Abs. 1 als im § 249 ausdrücklich erheischt wird, so ist dieselbe auch hier als selbstverständliches Begriffsmerkmal anzusehen. Es muß daher einem Antrage dieselbe in die den Geschwornen vorzulegende Frage mit aufzunehmen, nothwendig Statt gegeben werden; *contra*: Zl. 18. Juli 55 c. Skelnick (GA. III, 714). Dagegen ist in Ermanglung eines solchen Antrags jene Aufnahme nicht unerläßlich; vgl. Strafverf. Art. 81 n. 21—23.

31. Die Worte „zum Nachtheile eines Andern" beziehen sich, ebenso wie im § 243 Nr. 7 und 8 nicht auf die beim Angeklagten vorwaltende Absicht, sondern auf den herbeigeführten Erfolg. Als Nachtheil ist aber auch hier jede Beeinträchtigung in der Rechtsstellung des Andern aufzufassen. Vgl. § 243 n. 41.

32. Hat die intellektuelle Urkundenfälschung oder der Gebrauch der gefälschten Schrift zur Ausführung einer Steuerdefraude gedient, so sind, selbst wenn beide Strafthaten nicht durch verschiedene selbstständige Handlungen begangen wurden, die Strafen wegen beider zu kumuliren: Steuer-Ordn. v. 8. Febr. 1819 § 86; Zl. 18. Febr. 59 c. Boas (GA. VII, 409); Zl. 5. Okt. 60 c. dens. (GA. VIII, 804).

33. Der § 252 bezieht sich nur auf den Fall, wo ein Beamter durch Täuschung veranlaßt worden ist, eine unwahre Thatsache amtlich zu beurkunden (n. 6. 7). Derselbe bleibt daher ausgeschlossen, wenn ein Nichtbeamter getäuscht und dadurch veranlaßt worden ist, in gutem Glauben eine objektiv falsche Urkunde anzufertigen ꝛc., sollte derselben dabei auch der äußere Schein einer amtlichen Urkunde beigelegt sein. In Fällen dieser Art greift vielmehr der allgemeine Grundsatz Platz, daß derjenige, welcher doloser Weise es bewirkt, daß ein Anderer in gutem Glauben die äußere zum Thatbestande einer Strafthat gehörende Handlung vornimmt, so anzusehen ist, als habe er doloser Weise die That selbst (durch den als Werkzeug benutzten Anderen) verübt; vgl. Thl. I Tit. 3 (§ 34) n. 2. Das muß auch dann gelten, wenn Jemand durch Täuschung veranlaßt wird, eine ihn selbst verpflichtende Urkunde anzufertigen, z. B. sie mit seiner Unterschrift zu versehen; auch dann ist die Urkunde falsch, denn sie ist nicht der Ausdruck desjenigen, was derjenige, welcher als ihr Urheber gilt, gewollt hat; sie ist fälschlich von einem Unberechtigten angefertigt, weil als ihr wirklicher Urheber derjenige anzusehen ist, welcher den Andern durch Täuschung zur Unterzeichnung bewogen hat; wenn daher dieser mit dem erforderlichen Dolus handelte, und demnächst von der Schrift ꝛc. Gebrauch machte, so ist nicht abzusehen, warum jener allgemeine Grundsatz hier nicht zutreffen sollte. Gegen diese Ansicht spricht auch nicht, daß man bei Abfassung des § 252 und bei der Aufstellung des Begriffs der intellektuellen Urkundenfälschung an Fälle dieser Art nicht gedacht hat; denn der § 252 hat nicht den Zweck, die Anwendung jenes Grundsatzes auf die Urkundenfälschung erschöpfend zu regeln, wofür es auch an jeder Veranlassung fehlte, vielmehr wollte er nur den sonst möglichen Zweifel heben, ob der spezielle hier vorgesehene Thatbestand als Fälschung einer amtlichen Urkunde anzusehen sei, obgleich die Urkunde wirklich unter Mitwirkung des betr. Beamten zu Stande gekommen war, die Fälschung also den amtlichen Charakter derselben unberührt ließ. Daß dadurch die Anwendung des mehrerwähnten allgemeinen Grundsatzes auf andere Fälle nicht ausgeschlossen werden sollte, geht daraus hervor, daß sonst auch derjenige straflos bleiben müßte, welcher dolose einen Dritten zur Verübung einer Urkundenfälschung veranlaßt. In diesem Sinne steht auch die (freilich nicht unbestrittene) Praxis des franz. KH.s fest; vgl. Gilb. C. pén. art. 150 n. 13ff; SN. 2. 1. p. 501; 9. 1. p. 339 und die Noten. Bei dem OTr. hat dagegen diese Meinung bisher nicht Eingang gefunden; vgl. Beschl. I. 7. Jan. 57 c. Witt (GA. V, 273); Beschl. II. 5. März 57 c. Walter (GA. V, 570); Zl. 24. Sept. 58 c. Weinberg; Zl. 17. Mai 65 c. Irmer, welche alle in einem solchen Falle nur Betrug annehmen; ebenso: GM. II, 574; Abh. in GA. III, 784. 787; V, 273.

§. 253. Wer unächtes Stempelpapier anfertigt, oder ächtes Stempelpapier verfälscht, ingleichen wer wissentlich von falschem oder verfälschtem Stempelpapier Gebrauch macht, wird mit Gefängniß nicht unter drei Monaten, so wie mit zeitiger Untersagung der Ausübung der bürgerlichen Ehrenrechte bestraft.

Eine gleiche Strafe hat derjenige verwirkt, welcher sich einer dieser Handlungen in Beziehung auf Postfreimarken oder gestempelte Briefcouverts schuldig macht.

[Entw. § 229]. Vgl. Postges. v. 5. Juni 1852 § 35 Nr. 6; Ges. v. 2. Sept. 1862 § 4 (GS. S. 295).

---

§ 253.

1. Die Vorschrift dieses § ist durch das Ges. v. 2. Sept. 1862 § 4 auf die Anfertigung unechter und auf die Verfälschung echter Stempelmarken sowie auf den wissentlichen Gebrauch falscher oder verfälschter Stempelmarken für anwendbar erklärt; derselbe § 4 enthält außerdem Strafbestimmungen gegen die wissentliche Verwendung oder Veräußerung schon einmal verwendeter Stempelmarken.

2. Das Verbot des § 253 ist auf inländisches Stempelpapier zc. nicht zu beschränken: Bes. S. 481. Von der entgegengesetzten Ansicht scheint ein ZI. 17. Juni 57 c. Berg auszugehen.

3. Die hier vorgesehene Handlung hat eigentlich mit der „Urkundenfälschung" keine Verwandtschaft, steht vielmehr der Münzfälschung weil näher, da das Stempelpapier zc. eine Art Werthzeichen darstellt. Es darf daher der Thatbestand nicht aus den §§ 247 ff. ergänzt werden. Insbesondere bedarf es hier der dort erheischten gewinnsüchtigen, oder auf Schadenszufügung gerichteten Absicht nicht; ebensowenig einer „betrügerischen" Absicht: ZI. 11. Febr. 57 c. Schmidt (JMbl. S. 115); ZII. 25. März 58 c. Binternagel.

4. Dagegen wird bei der Anfertigung als selbstverständliches Merkmal die Absicht vorausgesetzt, das Stempelpapier zc. demnächst zu benutzen, oder Andern zur Benutzung zu überlassen. Es wird daher hier das zu § 121 n. 9. 10 Gesagte analog anwendbar.

5. Als ein Anfertigen falschen Stempelpapieres ist es anzusehen, wenn von einem (benutzten oder unbenutzten) echten Stempelbogen der obere weiß gebliebene Theil mit dem Stempelabdrucke abgeschnitten und auf einen leeren Bogen aufgeklebt wird: ZI. 15. Juni 55 c. Ahlwardt (GA. III, 716).

6. Das Auslöschen eines die bereits erfolgte Verwendung eines Stempelbogens konstatirenden Kassationsvermerkes, oder des durch eine verbrauchte Postfreimarke gezogenen Entwerthungsstriches ist weder als Verfälschung des echten Stempelpapieres noch als Anfertigung unechten Stempelpapieres anzusehen: ZPl. 11. Juni 66 c. Froning (RdO. VII, 340); BI. 19. Dez. 66 c. Gregor (RdO. VII, 735); *contra:* ZI. 27. Jan. 54 c. Tempski (Entsch. 27. S. 124; GA. II, 268); ZII. 25. März 58 c. Binternagel; Antr. d. GStA. z. cit. ZPl. (l. c.); die beiden ersteren betrachteten den Stempel und den darauf bezüglichen Kassationsvermerk als ein Ganzes, und demgemäß die Auslöschung des letzteren als eine „Verfälschung des Stempelpapiers", während der letztere ausführte: das mit einem Kassationsvermerke versehene Stempelpapier habe aufgehört verwendbares Stempelpapier zu sein, die Auslöschung des Kassationsvermerkes, und die dadurch herbeigeführte Wiederherstellung des vernichteten Stempelpapieres sei daher als Anfertigung unächten Papieres anzusehen. — Auf dieser letzteren Auffassung scheint auch ZI. 11. Febr. 57 c. Schmidt (JMbl. S. 115; GA. V, 275) zu beruhen, welches die Vertilgung des durch eine Postfreimarke zc. gezogenen Entwerthungsstriches als eine „Fälschung" im Sinne des § 253 betrachtete. Auch diese Ansicht muß nach dem cit. ZPl. als aufgegeben angesehen werden. Vgl. Abh. in GA. XIV, 543.

7. Dagegen kann die Benutzung entwertheter Stempelbogen (Postfreimarken), sowie die Benutzung halbirter Freimarken als Betrug bestraft werden, wenn die Voraussetzungen desselben vorliegen; insbesondere wird die Anwendbarkeit der §§ 241. 242 auch in Betreff der Postfreimarken durch § 35 Nr. 6 des

§. 254.*) Wer ohne die Absicht, sich oder Anderen Gewinn zu verschaffen oder Anderen Schaden zuzufügen, jedoch zu dem Zwecke, Behörden oder Privatpersonen zu täuschen, einen Reisepaß, einen Legitimationsschein, ein Wanderbuch oder eine andere öffentliche Urkunde oder ein auf Grund bestehender

---

*) Dieser § ist durch das Ges. vom 14. April 1856 (GS. s. 210) an die Stelle der ursprünglichen §§ 254 und 255 gesetzt worden, welche folgender Maaßen lauteten:

§ 254. Mit Gefängniß von Einer Woche bis zu drei Monaten wird bestraft:

1) wer einen falschen Reisepaß anfertigt, einen ächten Reisepaß verfälscht, oder von einem falschen oder verfälschten Reisepasse wissentlich Gebrauch macht;
2) wer sich einen Reisepaß auf einen falschen Namen ausstellen läßt, von einem auf einen anderen Namen ausgestellten Reisepasse, als sei er für ihn ausgestellt, wissentlich Gebrauch macht, einen für ihn ausgestellten Reisepaß einem Anderen zum Gebrauche überläßt oder als Zeuge dazu mitwirkt, daß ein Reisepaß unter falschem Namen verabfolgt wird.

Dieselbe Strafe tritt ein, wenn die vorstehend bezeichneten Handlungen in Beziehung auf Wanderbücher oder sonstige Legitimationspapiere, welche die Stelle der Reisepässe vertreten, begangen werden.

§ 255. Mit Gefängniß von vierzehn Tagen bis zu sechs Monaten wird bestraft:

1) wer unter dem Namen eines Beamten oder einer Behörde ein Zeugniß über gute Aufführung, Armuth oder sonstige Umstände anfertigt, welche geeignet sind, die darin bezeichnete Person dem Wohlwollen Anderer zu empfehlen, und ihr Unterkommen oder Unterstützung zu verschaffen;
2) wer ein ursprünglich ächtes Zeugniß dieser Art verfälscht, um es für eine andere Person, als für welche es ausgestellt war, passend zu machen;
3) wer von einem derartigen falschen oder verfälschten Zeugnisse wissentlich Gebrauch macht.

Postges. v. 5. Juni 1852 nicht ausgeschlossen: ZII. 30. Juni 64 c. Heyne (RdO. V, 33); *contra* wie es scheint: VI. 19. Dez. 66 c. Gregor (RdO. VII, 735).

8. Der § bedroht die Fälschung und Verfälschung mit Strafe; eines hinzutretenden Gebrauches bedarf es hier nicht: ZI. 27. Jan. 54 (cit. n. 6); vgl. n. 3; § 252 n. 29; *contra*: TL. s. 993 Note 3 und s. 996.

9. Der strafbare Fälscher (Verfälscher), welcher demnächst von den Falsifikaten Gebrauch macht, verwirkt dadurch nicht zum zweiten Male die Strafe. Dagegen wird der zweite Satz auch auf den Urheber der Fälschung anwendbar, wenn er wegen dieser nicht zu bestrafen ist; vgl. § 252 n. 29.

§ 254.

Inhalt.

Vorschriften auszustellendes sonstiges Zeugniß, oder ein Führungs- oder Fähigkeitszeugniß falsch anfertigt oder verfälscht, oder von einer solchen falschen oder verfälschten Urkunde wissentlich Gebrauch macht, ist mit Gefängniß bis zu sechs Monaten oder mit Geldbuße bis zu Einhundert Thalern zu bestrafen.

Auf dieselbe Strafe ist gegen den zu erkennen, welcher zu gleichem Zwecke von solchen für einen Anderen ausgestellten ächten Urkunden, als seien sie für ihn ausgestellt worden, Gebrauch macht, oder welcher solche für ihn ausgestellte Urkunden einem Andern zu dem gedachten Zwecke überläßt.

[Entw. § 330. 331]. Vgl. § 247. 249. 251. 256. 269; AKO. v. 21. April 1838 (v. Kamptz Jahrbb. 52. s. 438); Min.-Verf. v. 11. Febr. 1828 (Jahrbb. 31. s. 198); Ges. v. 14. Apr. 1856 Art. I (GS s. 208); AKO. v. 21. Apr. 1856 (GS. s. 220).

---

1. Bei der Revision des StGB.s (1856) erachtete man die frühere Fassung der §§ 254 und 255 aus dem Grunde für ungenügend, weil durch die gewählte Aufzählung einzelner Urkunden der Kreis der Fälle, in welchen eine strafbare Urkundenfälschung ohne betrügerische Absicht vorliege, nicht erschöpft sei; deshalb wählte man die allgemeinere Fassung des jetzigen §: Motive z. Ges. v. 14. April 1856 s. 23 (GA. III, 860).

2. Auch hier bezeichnen die Worte: „ohne die Absicht, sich oder Anderen Gewinn zu verschaffen oder Anderen Schaden zuzufügen", nur den Gegensatz gegen den Thatbestand des § 247. Die Abwesenheit jener Absicht ist daher kein Begriffsmerkmal; das Vorhandensein derselben schließt die Anwendbarkeit des § nicht aus, sobald aus irgend einem anderen Grunde die §§ 250 und 251 keine Anwendung finden; vgl. über ähnliche Fragen § 176 n. 2; § 182 n. 1. — Im Uebrigen sind in Betreff jener Absicht und ihrer Voraussetzungen § 247 n. 1 — 10 und 11 — 14 zu vergleichen.

3. Eine andere Absicht, als die: Behörden oder Privatpersonen zu täuschen, wird hier nicht erheischt.

4. Zu einem Reisepasse gehören auch die demselben beigefügten Visa; daher fällt Verfälschung eines solchen auch unter den §: Gilb. C. pén. art. 153 n. 2.

5. Als Legitimationsscheine sind nur solche anzusehen, welche zum Ausweise der Person dienen; vgl. n. 16.

6. Ein Paß rc. verliert durch den Ablauf der Frist, für welche er ertheilt worden, nicht den Charakter eines Legitimationsscheines: ZI. 14. Sept. 60 c. Günther.

7. Ein militärischer Urlaubspaß ist ein Legitimationspapier; vgl. Erk. Kamm.-Ger. 2. März 52 c. Schulze (GA. I, 248); Beschl. I. 15. März 67 c. Herforth (RdO. VIII, 182; ind.)

8. Der § nennt nur öffentliche Urkunden, er ist daher auf Privaturkunden nicht auszudehnen: VI. 3. Juli 61 c. Krupke (RdO. I, 479); vgl. n. 17.

9. Da aber neben den Reisepässen rc., und anderen öffentlichen Urkunden, auch noch sonstige auf Grund bestehender Vorschriften auszustellende Zeugnisse, sowie Führungs- und Fähigkeits-Zeugnisse genannt werden, so ist anzunehmen, daß diese Zeugnisse den Charakter einer Urkunde nicht zu haben brauchen; es darf daher auf die Worte: „oder von einer solchen — — Urkunde wissentlich Gebrauch machen — —", sowie auf die entsprechende Bezeichnung in den Motiven (GA. III, 860) kein zu großes Gewicht gelegt werden: ZI. 23. Okt. 54 c. Grickscheit; vgl. n. 11.

10. „Zeugniß" bezeichnet hier die Bescheinigung eines unbetheiligten Dritten, welche nach bestehenden (besonderen) Vorschriften dazu bestimmt ist, die Stelle eines mündlich abgelegten Zeugnisses zu vertreten, und demgemäß einem Anderen zum Nachweise einer diesen betreffenden Thatsache zu dienen; vgl. § 247 n. 60.

11. Nach dieser Begriffsbestimmung sind wirkliche Urkunden nicht zu den „Zeugnissen" zu rechnen. Das gilt zunächst von den Urkunden, welche bestimmungsmäßig gegen den Aussteller rücksichtlich eines diesen selbst betreffenden Rechtsverhältnisses beweisendsind, z. B. von einer Quittung: VI. 3. Juli 61 c. Krupke (RdO. I, 479). Sodann gilt es aber ebenso von amtlichen Urkunden, welche eine einen Dritten betreffende Thatsache (z. B. ein Statusverhältniß) feststellen; sie vertreten nicht ein mündlich abzulegendes Zeugniß; Beisp. ein Taufzeugniß: B. 15. Okt. 52. c. Breß (GA. II, 267).

12. Anzeigen, welche Jemand lediglich für sich selbst, um einer polizeilichen Vorschrift zu genügen, bei der Behörde macht, sind, selbst wenn sie sich auf einen Dritten beziehen, keine „Zeugnisse", insofern sie nicht auch gleichzeitig dazu bestimmt sind, diesem Andern zu einem ihm obliegenden Nachweise zu dienen; z. B. die Anzeige, welche ein Handwerksmeister über die erfolgte Annahme oder Entlassung eines Gesellen, oder ein Schlafstellenvermiether über die Aufnahme eines Miethers an die Polizei zu machen hat; die Verfälschung und Benutzung einer solchen Schrift durch den Gesellen oder Miether, z. B. zu dem Zwecke, um dadurch in den Besitz seiner bei der Polizei deponirten Papiere zu gelangen, fällt nicht unter § 254: Beschl. I. 27 Febr. 61 c. Wegener (RdO. I, 269); ZII. 6. Juli 65 c. Millinghaus (RdO. VI, 244). Anders würde sich die Sache gestalten, wenn z. B. die Anzeige nach bestehenden Vorschriften dem Gesellen ꝛc. zu dem Nachweise eines gefundenen Unterkommens dienen sollte.

13. Ebenso gehören Bescheinigungen, welche nicht den Zweck haben, für Andere zum Nachweise zu dienen, sondern nur eigene Handlungen des Ausstellers betreffen, und lediglich als Belag für seine Rechnungsführung eine Bedeutung haben, nicht hierher; z. B. die von einem Beamten auszustellende Bescheinigung, daß er eine von ihm zu amtlichen Zwecken erhobene Summe „bestimmungsmäßig verwendet habe": Beschl. I. 30. Jan. 61 c. Spiegelthal (RdO. I, 232); eine solche Schrift ist auch keine Urkunde, vgl. § 247 n. 49; § 323 n. 11.

14. Nur solche „Zeugnisse" kommen hier in Betracht, welche auf Grund bestehender Vorschriften auszustellen sind. In Ermanglung solcher Vorschriften gehören sonach ärztliche Zeugnisse nicht hierher; in Betreff ihrer wird eventuell § 256 anwendbar.

15. Wo dagegen Vorschriften der fraglichen Art bestehen, genügt auch ein diesen entsprechendes von einem Nicht-Beamten ausgegangenes Zeugniß den Voraussetzungen des §.

16. Zu den amtlichen Zeugnissen dieser Art gehören unter anderen Jagdscheine, Passirscheine für Wild, Holz-Transport-Atteste, Pferde-Legitimations-Scheine u. dgl.; vgl. § 247 n. 114.

17. Unter den „Führungs- und Fähigkeits-Zeugnissen" sind hier vorzugsweise die von Privatpersonen ertheilten zu verstehen; andere Privatschriften, sollten es auch Urkunden sein, gehören nicht hierher: Motive s. 23 (GA. III, 860).

18. Insbesondere fällt jetzt die Verfälschung eines von einem Privaten ausgestellten Dienstzeugnisses unter die Vorschrift des §: Beschl. I. 27. Nov. 63 c. Kruszewski (RdO. IV, 225).

19. Ueber die Begriffe des „falsch Anfertigens" oder „Verfälschens" vgl. § 247 n. 23—31 und 17—22.

20. Auch derjenige ist als Anfertiger eines falschen Zeugnisses anzusehen, welcher, einen Anderen durch Täuschung veranlaßt, eine Schrift, deren Inhalt ein wahrheitswidriges Zeugniß darstellt, unter Verkennung dieses ihres Inhaltes mit seiner Unterschrift zu versehen; vgl. § 247 n. 25; § 252 n. 33; *contra:* Z. 11. Juni 52 c. Pindel.

21. Auch hier kann der Gebrauch eines falschen Vornamens die Verfälschung darstellen; vgl. § 247 n. 28; *contra:* GM. II, 586 n. 2.

22. Der Anfertiger oder Verfälscher der Schrift ist hier selbst dann strafbar, wenn er keinen Gebrauch von derselben gemacht hat: Erk. Kamm.-Ger. 8. Nov. 52 c. Weiße (GA. I, 248).

23. Inwiefern ein Beamter, welcher die ihm obliegende Ausstellung der hier genannten Schriftstücke wissentlich falsch bewirkt, nach diesem §, oder nach § 323 zu bestrafen sei, darüber vgl. § 323 n. 10.

§. 255. *) Wer vorsätzlich, jedoch nicht in der Absicht, sich oder Anderen Gewinn zu verschaffen, oder Andern Schaden zuzufügen, bewirkt, daß Verhandlungen, Erklärungen oder Thatsachen in öffentlichen Urkunden, Büchern oder Registern als abgegeben oder geschehen beurkundet werden, während sie gar nicht oder in anderer Weise oder von anderen Personen abgegeben oder geschehen sind, wird mit Gefängniß bis zu sechs Monaten oder mit Geldbuße bis zu Einhundert Thalern bestraft.

Vgl. § 252.

§. 256. **) Wer unter dem Namen eines Arztes, Wundarztes oder einer anderen Medizinalperson ein Zeugniß über seinen oder eines Andern Gesundheitszustand ausstellt, oder ein derartiges ächtes Zeugniß verfälscht und davon zur Täuschung von Behörden oder Versicherungs-Gesellschaften Gebrauch macht, wird mit Gefängniß von Einem Monate bis zu Einem Jahre bestraft; auch kann gegen denselben auf zeitige Untersagung der Ausübung der bürgerlichen Ehrenrechte erkannt werden.

[Entw. § 232]. Vgl. § 241. 247. 257. 258; Ges. v. 21. April 1856 (GS. s. 220).

---

*) Dieser § ist durch das Ges. v. 14. April 1856 (GS. s. 210) zugesetzt, und der ursprüngliche § 255 durch den abgeänderten § 254 ersetzt worden; seinen Wortlaut siehe bei § 254.

**) Fassung des Ges. v. 14. April 1856 (GS. s. 210); ursprünglich lautete § 256: Wer unter dem Namen eines Arztes, Wundarztes oder einer anderen Medizinalperson ein Zeugniß über seinen oder eines Anderen Gesundheitszustand ausstellt, und davon zur Täuschung von Behörden oder Versicherungsgesellschaften Gebrauch macht, wird mit Gefängniß von Einem Monate bis zu Einem Jahre bestraft; auch kann gegen denselben auf zeitige Untersagung der Ausübung der bürgerlichen Ehrenrechte erkannt werden.

---

24. Die Handlung desjenigen, welcher sich einen Reisepaß auf einen falschen Namen ausstellen läßt, sowie desjenigen, welcher als Zeuge dazu mitwirkt, fällt jetzt nicht mehr unter § 254, sondern unter den neuen § 255 (und 34); vgl. § 255 n. 2.

25. Kompetenz und Verfahren vgl. Ges. v. 14. April 56 Art. I § 1 (oben s. 22).

§ 255.

1. Der Thatbestand dieses § entspricht genau dem des § 252 unter Beseitigung der gewinn- oder schadensüchtigen Absicht und des Erfordernisses der Erheblichkeit der betr. Thatsachen ꝛc. für Rechte und Rechtsverhältnisse. Es sind daher die dort gemachten Bemerkungen, sowie § 252 n. 2 hier zu berücksichtigen.

2. Ob nach diesem § auch derjenige zu bestrafen sei, welcher sich einen Reisepaß auf einen falschen Namen ausstellen läßt, hängt davon ab, ob man einen Paß für den ausstellenden Beamten als eine Urkunde ansieht (vgl. § 323 n. 10); im Bejahungsfalle ist die Identität der Person die unwahre Thatsache, welche beurkundet wird. Wer als Zeuge zur Ausstellung und Verabfolgung eines solchen Passes mitwirkt, würde Theilnehmer im Sinne des § 34 Nr. 2 sein; vgl. den früheren § 254 Nr. 2.

§ 256.

1. Vorausgesetzt wird, daß das Zeugniß als Unterschrift den Namen eines

§. 257. Aerzte, Wundärzte oder andere Medizinalpersonen, welche unrichtige Zeugnisse über den Gesundheitszustand eines Menschen zum Gebrauche bei einer Behörde oder Versicherungsgesellschaft wider besseres Wissen ausstellen, werden mit Gefängniß von drei bis zu achtzehn Monaten, sowie mit zeitiger Untersagung der Ausübung der bürgerlichen Ehrenrechte bestraft.

[Entw. § 233]. Vgl. § 258.

§. 258. Wer, um eine Behörde, oder eine Versicherungsgesellschaft über seinen oder eines Anderen Gesundheitszustand zu täuschen, von einem Zeugnisse der in den §§. 256. und 257. erwähnten Art Gebrauch macht, wird mit Gefängniß von Einem Monate bis zu Einem Jahre bestraft; auch kann gegen denselben auf zeitige Untersagung der Ausübung der bürgerlichen Ehrenrechte erkannt werden.

[Entw. § 234]. Vgl. § 256. 257.

Vierundzwanzigster Titel.

Bankerutt.

§. 259. Handelsleute, Schiffsrheder und Fabrikbesitzer, welche ihre Zahlungen eingestellt haben, werden, als des be-

---

wirklichen Arztes rc. trage, es gehört daher der Fall nicht hierher, wo ein Anderer ein solches Zeugniß unter seinem wahren Namen ausstellt, sich aber fälschlicher Weise dabei den Charakter als Arzt beilegt; vgl. Gilb. C. pén. art. 159 n. 2.

§ 257.

1. Das Zeugniß muß materiell unrichtig sein; Bezeugung der Wahrheit, welche der Aussteller irriger Weise für unwahr hielt, gehört nicht hierher.

2. Als ein Zeugniß über einen „Gesundheitszustand" ist auch dasjenige anzusehen, welches lediglich die Thatsache einer Schwangerschaft oder einer stattgehabten Entbindung zum Gegenstande hat: Zl. 1. Febr. 67 c. Carus (RdO. VIII, 89).

3. Gleichgültig ist es, ob das Zeugniß von der Behörde selbst, oder von einem Privaten zum Zwecke des Gebrauchs bei der Behörde erfordert worden ist: Beschl. I. 1. März 61 c. Stich (RdO. I, 272; beil.).

4. Dagegen muß der Arzt rc. wissen, daß das Zeugniß zum Gebrauche bei einer Behörde rc. bestimmt sei: Beschl. I. 1. März 61 (cit. n. 3).

5. Der Thatbestand dieses § ist nicht aus § 247 zu ergänzen; es ist daher nicht erforderlich, daß das Zeugniß für und im Interesse eines Dritten, um diesem einen Vortheil zu verschaffen, resp. Schaden von ihm abzuwenden, ausgestellt sei; vielmehr genügt die wissentlich unwahre Ausstellung zu dem im § angegebenen Zwecke: Beschl. I. 1. März 61 (cit. n. 3).

§ 258. — — — — — — — — — — — — —

§ 259.

Inhalt.

trüglichen Bankerutts schuldig, mit Zuchthaus bis zu funfzehn Jahren bestraft:

1) wenn sie ihr Vermögen ganz oder theilweise verheimlicht oder bei Seite geschafft haben;

1. Die Ausdrücke: „Handelsleute, Schiffsrheder und Fabrikbesitzer“ sind durch das Einf.-Ges. z. D. HGB. v. 24. Juni 1861 Art. 18 und durch Art. 4 des D. HGB. (unten S. 462) dahin deklarirt, daß darunter „Kaufleute“, d. h. solche Personen zu verstehen sind, welche gewerbsmäßig Handelsgeschäfte treiben. Denselben Sinn hatte auch früher der Ausdruck: „Handelsleute“; vgl. die ältere Fassung des EG. Art. XII Nr. 2 („Handeltreibende“); insbesondere war derselbe nicht auf diejenigen beschränkt, welche im Sinne des (jetzt aufgehobenen) § 475 II, 8. ALR. als „Kaufleute“ anzusehen waren: ZII. 23. Mai 57 c. Aßmann; ZI. 5. Febr. 60 c. Blümmer. Die Bestimmungen des Hausir-Regul. v. 28. April 1824 sind für die Eigenschaft eines „Kaufmannes“ in keiner Weise maaßgebend; insbesondere ist aus § 1 l. c. nicht zu folgern, daß ein Gewerbtreibender, welcher Jahrmärkte bezieht, als Kaufmann anzusehen sei: ZI. 10. Mai 67 c. Scherler (RdO. VIII,); vgl. EG. z. HGB. Art. 18 (S. 462) n. 3.

2. Der Handel muß als eignes Gewerbe betrieben sein; Handlungsgehülfen, Kommis ꝛc. sind als solche nicht Kaufleute.

3. Der Handel braucht nicht das ausschließliche, selbst nicht einmal das Hauptgeschäft zu sein, sobald er nur gewerbsmäßig betrieben wird: ZII. 19. Nov. 57 c. Richter; ZI. 11. März 29 c. Schier; u. ö.

4. Noch weniger ist die Eigenschaft als Kaufmann durch den Beitritt zu einer kaufmännischen Korporation bedingt; vgl. EG. z. D. HGB. Art. 3 Nr. 4; KB. HH. S. 5.

5. Die Gewerbesteuerpflichtigkeit, sowie die Zahlung der betr. Steuer sind für den Begriff eines Kaufmannes nicht maaßgebend: D. HGB. Art. 11; ZII. 23. Mai 57 c. Aßmann; vgl. Einf.-Ges. z. D. HGB. Art. 18 n. 6 (unten S. 463).

6. Treffen die Voraussetzungen der n. 1 zu, so ist es gleichgültig, ob der die Handelsgeschäfte Treibende die betr. Handlungen selbst vornimmt, oder sie durch einen Anderen, z. B. durch einen Prokuristen, vornehmen läßt; vgl. D. HGB. Art. 6 Abs. 3. Ebenso ist es unerheblich, ob er dabei unter eigenem Namen auftritt, oder ob ein Anderer dazu seinen Namen hergegeben und diesen in das Firmenregister hat eintragen lassen: ZI. 28. Febr. 65 c. Brody (RdO. VII, 28).

7. Ist die Eigenschaft des Angeklagten als Kaufmann nicht bestritten, so ist es statthaft, diesen Begriff in die den Geschworenen vorzulegende Frage aufzunehmen. Dagegen wird die Auflösung desselben unerläßlich, sobald dieselbe be-

2) wenn sie Schulden oder Rechtsgeschäfte anerkannt oder aufgestellt haben, welche ganz oder theilweise erdichtet sind;

---

antragt worden ist; das einen Fall aus der Zeit vor Einführung des D. HGB. betreffende ZI. 17. Sept. 62 c. Bourgeois (RdO. III, 2), welches eine solche Auflösung nicht für unbedingt nöthig erachtete, kann jetzt nicht mehr maaßgebend sein.

8. Die Handwerker, welche gewerbsmäßig Handelsgeschäfte treiben (z. B. der s. g. marchand tailleur, sind jetzt unzweifelhaft als Kaufleute zu betrachten; vgl. unten EG. z. D. HGB. Art. 18 n. 9. (s. 464).

9. Dasselbe gilt von den im Art. 10 des D. HGB. genannten Hökern, Trödlern ꝛc. Das Nähere siehe EG. z D. HGB. Art. 18 n. 3—5 (s. 462).

10. Der Verkauf selbstgewonnener Naturprodukte stellt selbst dann, wenn diese vorher be- oder verarbeitet werden, ein Handelsgeschäft nicht dar: BII. 22. Juni 65 c. de Haas (RdO. VI, 207). Ein Gutsbesitzer, welcher ein Handelsgeschäft zwar gewerbsmäßig, aber doch nur als landwirthschaftliches Nebengewerbe betreibt, ist nicht als Kaufmann zu betrachten: EG. z. Konk.-Ordn. v. 8. Mai 1855 Art. XIV (GS. S. 320; EG. z. D. HGB. Art. 31. Diese sprechen den betr. Grundsitz zwar nur in Beziehung auf die Anwendung der Vorschriften der Konkurs-Ordnung aus; da indessen zum Thatbestande des Bankerutts ebenso wie zum kaufmännischen Konkurse eine „Zahlungseinstellung" gehört, welche wiederum bei beiden durch die Eigenschaft als Kaufmann bedingt ist (vgl. Konk.-Ordn. v. 8. Mai 1855 § 113. 322), so würde es bedenklich sein, einen Mann im Strafverfahren als Kaufmann und seine Vermögensunzulänglichkeit hier als Zahlungseinstellung zu betrachten, während in civilrechtlicher Beziehung sich beides als unstatthaft darstellt; *contra* wie es scheint: cit. BII. 22. Juni 65.

11. Apotheker sind Kaufleute: Heimsöth Abh. i. Centralorg. f. d. Handelsstd. 1862 s. 143; *contra:* ibid. s. 269. — Das Gegentheil gilt von den Besitzern einer Leihanstalt, z. B. von Leihbibliothekaren; vgl. Makower HGB. S. 11 n. 2b.

12. Die Mitglieder einer offenen Handelsgesellschaft, sowie die persönlich haftenden Mitglieder einer Kommanditgesellschaft sind Kaufleute, nicht aber die bloßen Kommanditisten, die stillen Gesellschafter und die Theilhaber an einer Aktiengesellschaft; vgl. D. HGB. Art. 112. 122. 165. 207. 252. 256; Konk.-Ordn. v. 8. Mai 1855 § 307; Makower HGB. (2. Ausg.) S. 11. Jenes gilt selbst dann, wenn die für die Errichtung der betr. Gesellschaft gesetzlich vorgeschriebenen Förmlichkeiten nicht beobachtet worden sind; die Gesellschafter können sich dann zwar der Rechte einer Handelsgesellschaft gegen Dritte nicht bedienen, machen sich aber durch die Geschäfte gegen Dritte verbindlich (ALR. II, 8 § 625. 626), und sind Kaufleute, können sich daher auch eines Bankerutts schuldig machen: ZII. 23. Mai 57 c. Aßmann; ZI. 16 Febr. 59 c. Träger. Dasselbe gilt unbedenklich auch jetzt noch nach dem D. HGB.

13. Eine Handelsgeschäfte gewerbsmäßig betreibende Frau (Handelsfrau) hat jetzt alle Rechte und Pflichten eines Kaufmanns, sollte sie auch ihr Gewerbe durch einen Prokuristen ꝛc. betreiben lassen: D. HGB. Art. 6; *contra* früher: ZI. 8. Mai 57 c. Geiser, für die in den §§ 491 492. 497 II, 8. ALR. vorgesehenen Fälle; vgl. n. 6.

14. Minderjährige können nur dann als Handelsleute sich eines Bankerutts schuldig machen, wenn die Bedingungen erfüllt sind, von welchen das Gesetz die Zulässigkeit eines Handelsbetriebs durch sie abhängig macht: Gilb. C. de Comm. Art. 591 n. 3. Vgl. D. HGB. v. 24. Juni 1861 Art. 37. 38.

15. Es wird nicht erfordert, daß zur Zeit der Eröffnung des Strafverfahrens der Angeklagte noch Kaufmann sei: ZII. 14. Nov. 61 c. Cürten (RdO. II, 68).

16. Zahlungseinstellung bezeichnet den Zustand eines Kaufmannes, welcher seine Verbindlichkeiten nicht erfüllt, mag diese Nichterfüllung in einer wirklichen oder auch nur in einer fingirten Zahlungsunfähigkeit ihren Grund haben, (vgl. § 259 Nr. 1. 2), oder auch lediglich durch eine Unordnung in der Geschäftsführung herbeigeführt sein; vgl. Konk.-Ordn. v. 8. Mai 1855 § 113. Inwiefern eine einmalige Zahlungsverweigerung hinreiche, um daraus eine Zahlungseinstellung zu folgern, ist Gegenstand der thatsächlichen Beurtheilung: BII. 7. Mai 64 c. Pöttgen (RdO. IV, 498); ZI. 8. Mai 67 c. Goldstein (RdO. VIII,). Jedenfalls

3) wenn sie in der Absicht, ihre Gläubiger zu benachtheiligen, Handelsbücher zu führen unterlassen haben, obgleich deren Führung gesetzlich vorgeschrieben, oder nach der Beschaffenheit ihres Geschäfts erforderlich war;

---

kann aber als solche eine Zahlungsweigerung nicht angesehen werden, welche lediglich im Bestreiten der Schuld ihren Grund hat: Matt. z. Konk.-Ordn. s. 290.

17. Nach dem Gesagten (n. 16) ist der Ausdruck „Zahlungseinstellung" nicht gleichbedeutend mit „Vermögensunzulänglichkeit" (vgl. Konk.-Ordn. § 322); insbesondere kann auch ein blos momentanes Unvermögen, den begründeten Ansprüchen Anderer zu genügen, die Annahme einer Zahlungseinstellung rechtfertigen: ZI. 11. Juli 56 c. Schweitzer (GA IV, 574); ZI. 17. Juni 57 c. Richter (GA. V, 707). Ebenso ist aus einer später geleisteten Zahlung nicht mit Nothwendigkeit zu folgern, daß früher eine Zahlungseinstellung nicht statt gefunden haben könne: ZI. 14. Dez. 55 c. Manowsky; ZI. 30. Jan. 61 c. Cohn. Umgekehrt ist aber auch trotz einer vorhandenen Vermögensunzulänglichkeit eine Zahlungseinstellung nicht anzunehmen, so lange der Kaufmann vermittelst seines Kredits noch den gegen ihn erhobenen Ansprüchen zu entsprechen vermag: BI. 3. Febr. 60 c. Opfer (GA. VIII, 565); ähnlich cit. ZI. 30. Jan. 61.

18. In Betreff der Zahlungseinstellung kommt nur der thatsächliche Zustand in Betracht; wie er veranlaßt worden sei, und ob dabei dem Angeklagten ein Verschulden zur Last falle, ist gleichgültig: ZI. 6. April 64 c. Rosenfeld. Insbesondere ist es nicht erforderlich, daß jene Einstellung durch die in den §§ besonders hervorgehobenen Handlungen herbeigeführt worden sei; vgl. § 261, welcher ebenfalls Zahlungseinstellung voraussetzt; *contra*: TL. s. 1009 III.

19. Die Annahme einer Zahlungseinstellung ist nicht durch eine ausdrückliche Erklärung des Angeklagten: er sei insolvent, bedingt: BII. 7. Mai 64 (cit. n. 16).

20. Ebensowenig ist eine vorgängige gerichtliche Falliterklärung oder Konkurseröffnung erforderlich: Beschl. 22. Okt. 52 c. Honerlagen-Grete (JMbl. 53. s. 218; GA. I, 253); ZI. 11. Juli 56 (cit. n. 17); u. ö. Der Strafrichter darf daher das Strafverfahren nicht aussetzen, bis im Civilverfahren der Zustand der Zahlungseinstellung festgestellt worden sei: Gilb. C. pén. art. 402 n. 14. Auch bleibt die Verfolgung und Bestrafung wegen Bankerutts statthaft, selbst wenn der Civilrichter die Konkurseröffnung für unzulässig erachtet hat (z. B. weil er den Betreffenden nicht als Theilhaber am Geschäfte betrachtete: ZII. 23. Mai 57 c. Aßmann), oder wenn das eröffnete Konkurs- (Fallit-) Verfahren durch Akkord (Vergleich, Konkordat) seine Erledigung gefunden, oder wenn das (Rh.) Handelsgericht die Entschuldbarkeit des Falliten anerkannt hat: ZI. 27. Sept. 65 c. Bernstein (RdO. VI, 332); Gilb. C. pén. art. 402 n. 18; id. C. de comm. art. 584 n. 3.

21. Demgemäß muß im Strafverfahren, trotz einer erfolgten civilgerichtlichen Falliments- oder Konkurs-Eröffnung, noch immer ausdrücklich und selbstständig festgestellt werden, daß die Zahlungseinstellung erfolgt sei: ZII. 14. Nov. 61 (cit. n. 15); ZI. 11 Dez. 61 c. Nitzsche (RdO. II, 413); ZI. 13. Juni 66 c. Täppe (RdO. VII, 358); BII. 6. Dez. 66 c. Köster (RdO. VII, 695). Insbesondere ist auch die civilrichterliche Entscheidung über den Zeitpunkt der erfolgten Zahlungseinstellung (Konk.-Ordn. § 122; Rh. HGB. Art. 441) für den Strafrichter nicht maaßgebend: BII. 17. Febr. 59 c. Krüger; ZII. 14. Nov. 61 (cit. n. 15).

22. Der § wird auch dann anwendbar, wenn die Zahlungseinstellung erst nach der Aufgabe des Handelsgeschäfts, aber innerhalb eines Jahres eingetreten ist (arg. Konk.-Ordn. § 114 Nr. 1): ZII. 28. Sept. 65 c. Pöttgen (RdO. VI, 342).

23. Eine Zahlungseinstellung erstreckt sich nothwendig auf die ganze vermögensrechtliche Lage; es ist daher unstatthaft, sie in Beziehung auf ein Geschäft anzunehmen, während sie in Betreff eines anderen gleichzeitig betriebenen verneint wird: ZII. 18. Sept. 62 c. Stöcks (209; beil.); ebensowenig darf sie auf die Handelsgeschäfte beschränkt werden.

24. Eine Mehrheit von Gläubigern gehört nicht zu den unerläßlichen

4) wenn sie in gleicher Absicht ihre Handelsbücher verheimlicht oder vernichtet oder so geführt oder verändert haben, daß dieselben keine Uebersicht des Vermögenszustandes gewähren.

Voraussetzungen eines Bankerutts; ebensowenig bedarf es eines „Mißbrauchs des öffentlichen Kredits"; *contra:* TL. s. 1008.

25. Zum Thatbestande des betrüglichen Bankerutts gehören nicht außer den Erfordernissen des § auch noch die Begriffsmerkmale des Betrugs (§ 241): ZI. 29. März 54 c. Szameitke (GA. II, 565); ZI. 19. Febr. 56 c. Kämmlitz. Insbesondere bedarf es weder einer gewinnsüchtigen Absicht (ZI. 4. April 55 c. Friedrich, Entsch. 30 s. 365; vgl. n. 26, noch einer eingetretenen Beschädigung des Vermögens der Gläubiger. Die Bezeichnung „betrügerischer Bankerutt" bezweckt nur, die hier vorgesehenen Fälle von denen des § 261 durch einen kurzen technischen Ausdruck zu unterscheiden.

26. Als Dolus erheischen die Nrn. 3 und 4 die Absicht die Gläubiger zu benachtheiligen. In den Fällen der Nr. 1 und 2 muß dagegen an und für sich das Bewußtsein genügen, daß die Handlung eine Benachtheiligung der Gläubiger zur Folge haben werde: ZI. 2. Nov. 66 c. Caro (RdO. VII, 600); *contra:* ZI. 2. April 62 c. Kirberger (RdO. II, 331), welches (beiläufig auch hier die Absicht der Benachtheiligung für ein (selbstverständliches) Begriffsmerkmal erachtete. Jedenfalls ist aber eine über diesen Dolus hinausgehende betrügerische Absicht nicht erforderlich. Wenn verschiedene Erkenntnisse eine solche ebenfalls als ein selbstverständliches Begriffsmerkmal angesehen und daher im Falle eines ausdrücklichen Antrags die Stellung einer hierauf bezüglichen Frage für unerläßlich und für den Fall ihrer Verneinung Straflosigkeit angenommen haben (z. B.: ZI. 29. März 54 c. Szameitke, GA. II, 565; ZI. 3. Juli 56 c. Rabe, GA. IV, 669; Beschl. II. 24. Nov. 59 c. Engelhardt, 71 B; BI. 5. Jan. 59 c. Eichenberg, GA. VII, 214; ZII. 3. Okt. 61 c. Engelhardt (RdO. I, 568); ZI. 22. Jan. 64 c. Bölke (RdO. IV, 313); ZI. 11. April 66 c. Reichwald (RdO. VII, 214), — so muß diese „Absicht die Gläubiger zu betrügen," eben auf jene Absicht, resp. das Bewußtsein der Benachtheiligung der Gläubiger beschränkt werden; das erkennen ZI. 4. Sept. 61 c. Hirsch (RdO. I, 520) und cit. Z. 22. Jan. 64 ausdrücklich an. — Dagegen setzen die in der Nr. 1 gebrauchten Ausdrücke „verheimlichen oder bei Seite schaffen" eine besondere Willensrichtung in Betreff der einzelnen Sachen voraus; das Nähere siehe n. 40.

27. Mit Rücksicht auf diesen Dolus (n. 26) ist auch die Frage zu lösen, ob die Anerkennung resp. Zahlung einer durch einen früheren Akkord getilgten Schuld unter Nr. 1 und 2 falle: es kommt darauf an, ob der Angeklagte sich dabei bewußt war, daß er durch seine Handlung seine jetzigen Gläubiger gefährde; ist dieses der Fall, so kann er sich auf § 311 der Konk.-Ordn. nicht berufen, welcher die Erlangung der Wiedereinsetzung in den vorigen Stand an die Zahlung der alten Schulden knüpft; vgl. n. 45.

28. Nur solche Handlungen gehören hierher, welche dahin abzielen, die Gesammtheit der Gläubiger zu benachtheiligen, nicht also solche, durch welche nur einzelne derselben benachtheiligt werden, z. B. Unterschlagungen, oder betrügerisches Verleiten zum Kreditgeben: Motive s. 67. Hierauf muß also auch der Dolus gerichtet sein.

29. Als Absicht die Gläubiger zu benachtheiligen ist es anzusehen, wenn den Gläubigern die Liquidirung der Masse und die Flüssigmachung der Aktiva erschwert werden sollte.

30. Ein Versuch des betrüglichen Bankerutts ist sehr wohl denkbar, wenn z. B. nach erfolgter Zahlungseinstellung eine der unter Nr. 1. 2 und 4 gedachten Handlungen versucht wird: Gilb. C. de comm. art. 591 n. 5; *contra*; TL. s. 1010 Note 1.

31. Die Aufzählung der Einzelhandlungen, durch welche im Falle einer Zahlungseinstellung der betrügliche Bankerutt begangen wird, ist limitativ; Ausdehnung auf andere ähnliche Fälle ist unstatthaft: Motive s. 69; ZII. 14. Nov. 61 c. Cürten (RdO. II, 68).

Wird festgestellt, daß mildernde Umstände vorhanden sind, so ist die Strafe Gefängniß nicht unter drei Monaten; zu-

32. Für den Thatbestand ist es gleichgültig, ob die betr. Einzelhandlung vor oder nach der Zahlungseinstellung stattgefunden hat, insoweit das eine oder das andere überhaupt thatsächlich möglich ist: VI. 5. Jan. 59 c. Eichenberg (GA. VII, 214; ein Fall der Nr. 1); ZII. 14. Nov. 61 (cit. n. 32; ein Fall der Nr. 2); ZI. 22. Okt. 62 c. Groß (RdO. III, 84; ein Fall der Nrn. 1. 2 4); ZII 30. Jun. 64 c. Gemmerschulte (238, ein Fall der Nr. 1). Die unter Nr. 3 erwähnte Unterlassung kann füglich der Zahlungseinstellung nur vorhergehen. Stets aber wird vorausgesetzt, daß die Handlung selbst, oder daß ihre Folgen mit der Zahlungseinstellung zusammentreffen. Insofern daher die Handlung der letzteren vorhergegangen ist, müssen ihre Folgen beim Eintritte der Zahlungseinstellung noch fortdauern. Daher stellt die früher erfolgte Bei-Seiteschaffung von Vermögensstücken den Thatbestand der Nr. 1 nicht dar, wenn dieselben vor dem Eintritte der Zahlungseinstellung wieder herbeigeschafft worden sind; in einem solchen Falle kann daher nur etwa ein Versuch vorliegen: ZI. 17. Juni 59 c. Krause (GA. VII, 496). Demgemäß muß die Fragestellung an die Geschworenen in einer Fassung erfolgen, daß daraus jenes Zusammentreffen erkennbar wird: VII. 17. Febr. 59 c. Krüger; ZII. 4. Nov 61 (cit. n. 31).

33. Auch dann, wenn ein Kaufmann, welcher seine Zahlung eingestellt hat, sich mehrerer der hier vorgesehenen Handlungen (1 – 4) schuldig macht, liegt stets nur ein einziger Bankerutt und nicht ein Fall der realen Konkurrenz vor: ZII. 15. März 60 c. Steinbeck; ZI. 18. Mai 60 c. Härtter. Demgemäß ist es statthaft, da, wo die Versetzung in den Anklagestand nur aus einer Nr. des § erfolgt ist, eine besondere Frage in Beziehung auf den Thatbestand einer andern Nr. desselben § zu stellen: ZI. 15. Juli 64 c. Blankenburg (RdO. V, 87).

34. Dagegen sind die Fälle des einfachen und des betrüglichen Bankerutts, insofern es sich dabei nicht um dasselbe positive oder negative äußere Verhalten handelt (wie in den Fällen des § 259 Nr. 3 und 4 im Vergleiche mit § 261 Nr. 2), von einander unabhängige selbstständige Handlungen, wenngleich das Merkmal der Zahlungseinstellung für alle identisch ist; es ist daher reale Konkurrenz anzunehmen, und sonach auch derjenige, welcher bereits wegen einfachen Bankerutts bestraft ist, demnächst noch wegen betrüglichen Bankerutts zu verfolgen und zu bestrafen: V. Pl. 12. Mai 62 c. Möller (RdO. II, 395).

35. Ueber die Verjährung vgl. § 261 n 5.

36. Theilnahme am betrüglichen Bankerutt, vgl. § 260 n. 6. 7.

Zu Nr. 1 und 2.

37. Ueber den hier erforderlichen Dolus vgl. n. 25. 26. Das dort erwähnte Bewußtsein ist als ein selbstverständliches Begriffsmerkmal anzusehen; es muß daher einem Antrage, dasselbe in die Fragestellung mit aufzunehmen, mit Nothwendigkeit entsprochen werden: ZI. 2. April 64 c. Kirberger (RdO. II, 331); ZI. 11. April 66 c. Reichwald (RdO. VII, 214). Im Uebrigen siehe n. 40.

Zu Nr. 1.

38. Als ein „Verheimlichen" kann unbedenklich die Abschließung simulirter Geschäfte betrachtet werden, welche dahin abzwecken, Vermögensstücke den Gläubigern zu entziehen.

39. Als ein Bei-Seite-Schaffen ist jede Handlung anzusehen, mittelst welcher die Sache der Wahrnehmbarkeit der Gläubigerschaft in der Weise entzogen wird, daß ihr dadurch die Geltendmachung ihrer Rechte unmöglich gemacht oder erschwert wird; vgl. § 225 n. 38. 39; es bedarf daher nicht nothwendig einer Heimlichkeit der Handlung oder einer Entfernung der Sache von ihrem Orte: Präj. OAG. Oldenb. c. Decker (Oldenb. Arch. IX, 36).

40. Sowohl das „Verheimlichen" als das „Bei-Seite-Schaffen" setzt die Absicht voraus, die Sache der Gesammtheit der Gläubiger zu entziehen; vgl. n. 28. Daher fällt eine Handlung, welche dahin abzielt, die von einem Einzelgläubiger versuchte Exekutionsvollstreckung zu verhindern und dadurch die Sache der Gesammtheit zu erhalten, nicht unter den §: GM. II, 594 n. 2. — Dagegen ist es nicht unerläßlich, daß die Absicht dahin gerichtet sei, die Sache den Gläubigern für immer zu entziehen; auch eine zeitweilige Vorenthaltung kann genügen.

gleich kann auf zeitige Untersagung der Ausübung der bürgerlichen Ehrenrechte erkannt werden.

[Entw. § 235]. Vgl. § 260—262; EG. Art XII § 2; Cr.-O. § 201; Konk.-Ordn. v. 8. Mai 1855 § 307—309 und § 340. 341; EG. z. D. HGB. v. 24. Juni 1861 Art. 18 (unten s. 462); D. HGB. Art. 4. 10. (s. 462, 28—40.

---

41. An und für sich gehört auch der Fall hierher, wo die Bei-Seite-Schaffung zc. die Befriedigung eines Einzelgläubigers zum Nachtheile der übrigen bezweckte; auch dann wird das Recht der Gesammtheit auf ratirliche Befriedigung Aller verletzt; dabei ist es auch gleichgültig, ob der Angeklagte nur im Interesse des Einzelgläubigers handelte, oder ob er gleichzeitig einen Gewinn für sich suchte, da Gewinnsucht zum Thatbestande des § nicht gehört; vgl. n. 25. Da indessen eine solche Handlung, wenn sie nach der Zahlungseinstellung geschieht, durch § 308 der Konk.-Ordn. v. 8 Mai 1855 mit einer besonderen Strafe bedroht ist, so muß für diesen Fall § 259 ausscheiden: ZII 3. Okt. 61 c. Engelhardt (RdO. I, 568); vgl. Beschl. II. 24. Nov. 59 c. deus. (71B Dagegen muß § 259 geeigneten Falles anwendbar bleiben, wenn § 308 cit. keine Anwendung findet, sei es, weil die Konk.-Ordn. im betr. Landestheile (z. B. im Gebiete des AGH.s zu Köln) nicht gilt, sei es, weil die That vor der Zahlungseinstellung verübt wurde.

42. Die Begriffe „verheimlichen" und „bei Seite schaffen" schließen sich wechselseitig nicht in der Weise aus, daß es durchaus unstatthaft wäre, eine Frage an die Geschworenen alternative dahin zu richten, ob der Angeklagte sein Vermögen „verheimlicht" oder „bei Seite geschafft" habe: ZI. 15. Juli 64 c. Blankenburg (RdO. V, 87); vgl. n. 55; Strafverf. Art. 80 n. 12.

Zu Nr. 2.

43. Gleichgültig ist es, ob die Anerkennung direkt oder indirekt (z B. durch ein Nichtbestreiten im Prozesse) erfolgt: ZII. 14. Nov. 61 cit. n. 31.

44. Das Verbrechen kann auch vor dem Eintritte der Zahlungseinstellung begangen werden, sobald dabei nur das oben n. 26 erwähnte Bewußtsein obwaltete.

45. Auch die Anerkennung oder Berichtigung einer älteren, durch eine frühere Zahlungseinstellung, demnächstigen Akkord und durch Zahlung der akkordmäßigen Rate, getilgten Schuld fällt, beim Vorhandensein des erforderlichen Dolus, unter diese Nr.: ZI. 13. Jan. 65 c. Semper (RdO. V, 420); vgl. n. 27.

46. Dem Angeklagten muß die Erdichtung, also die Nichtexistenz der Schuld zc. bewiesen werden: Beschl. II. 4. April 61 c. Pöttgen.

Zu Nr. 3 und 4.

47. Der Ausdruck „Handelsbücher" umfaßt hier die Bilanz mit. Das war nach dem Rh. HGB. Art. 9 unzweifelhaft, und muß daher jetzt allgemein gelten, zumal da die Bestimmungen der Nrn. 3 und 4 wesentlich aus dem gedachten GB Art. 593 Nr. 7 und Art. 594 entlehnt sind, das ALR. aber bindende Vorschriften über die Führung von Handelsbüchern zc. nicht enthielt, weshalb hier die Beschaffenheit des Geschäftes als entscheidend angesehen wurde. Zwar hat § 261 in den Nrn. 2 und 3 zwischen den Handelsbüchern und der Bilanz unterschieden; das ist indessen nur geschehen, weil man die unterlassene und die unordentliche Führung der Bücher in einer Nr. zusammenfassen wollte, während es im Begriffe der Bilanz lag, daß nur eine vollständige Aufstellung als solche zu betrachten war. Auch das D. HGB. hat im vierten, von „den Handelsbüchern" handelnden Titel die Vorschriften über die zu führenden Bücher über die Inventur und die Bilanz zusammengefaßt; vgl. dort Art. 28; und Konk.-Ordn. § 116. 29. 33.

48. Unter Handelsbüchern sind ordnungsmäßig eingerichtete, der kaufmännischen Praxis entsprechende zu verstehen: ZI. 6. März 61 c. Holzinger.

49. Die früher nur durch Art. 8 des Rh. HGB. vorgeschriebene Führung von Handelsbüchern ist durch Art. 28 des D. HGB. allen Kaufleuten, mit Ausnahme der im Art. 10 erwähnten, zur Pflicht gemacht. Einem Antrage auf Stellung einer Frage über die Voraussetzungen des Art. 10 muß nothwendig Statt gegeben werden.

50. Zahl und Gattung der zu führenden Bücher ist nicht vorgeschrieben; die betr. Frage ist in jedem Einzelfalle nach den Umständen zu beurtheilen: Motive z. HGB. S. 20; Protok. S. 44. Der § wird anwendbar, sobald auch nur

Einf.-Gesetz z. D. Handelsgesetzbuche v. 24. Juni 1861. Art. 18. Unter der Bezeichnung: „Fabrikbesitzer, Schiffsrheder und Handelsleute“ in den §§. 259. bis 262.

---

eins der zur vollständigen Vermögensübersicht erforderlichen Bücher nicht geführt ist: ZI. 17. Mai 58 c. Harklotz; ZI. 29. März 65 c. Salinger.

51. Inwiefern vor der Verkündung des HGB.s eine Buchführung erforderlich gewesen sei, hatte (außerhalb des Gebietes des Rh. Rechtes) der Richter der Thatfragen zu prüfen.

52. Seit der Einführung des D. HGB.s trifft die Pflicht zur Buchführung und zur Ziehung der Bilanz auch diejenigen Kaufleute, welche ihren Geschäftsbetrieb bereits früher begonnen hatten, und zwar selbst dann, wenn jener Geschäftsbetrieb ihnen damals den Charakter eines Kaufmannes nicht beilegte: ZII. 27. Mai 65 c. Egeln (RbO. VI, 153); ZII. 19. Okt. 65 c. Fiseck (RbO. VI, 399); ZII. 12. April 66 c. Neugebauer (RbO. VII, 227); ZII. 21. März 67 c. Sternberg (RbO. VIII, 196).

Zu Nr. 4.

53. Da diese Nr. die Bedingung der Nr. 3, daß die Führung der Bücher vorgeschrieben oder nach der Beschaffenheit des Geschäftes erforderlich gewesen sei, nicht wiederholt, so ist dieselbe hier auch nicht zu ergänzen. Die in der Absicht, die Gläubiger zu benachtheiligen, vorgenommene Verheimlichung ꝛc. der geführten Bücher fällt daher selbst dann unter die Strafvorschrift, wenn es der Führung derselben nicht nothwendig bedurft hätte: ZI. 4. April 55 c. Friedrich (Entsch. 30. S. 365; GA. III, 574). Dasselbe muß auch von der in gleicher Absicht stattgehabten unordentlichen Buchführung gelten, da die Nr. nicht unterscheidet. Vgl. § 261 n. 19.

54. Ein „Verheimlichen“ der Bücher kann auch in einer nur temporären Vorenthaltung gefunden werden, z. B. wenn der Gemeinschuldner dieselben nicht in der vom Gesetze vorgeschriebenen Frist vorlegt (vgl. Konk.-Ordn. v. 8. Mai 1855 § 116): ZI. 8. Juni 59 c. Katzer; vgl. n. 40; Abh. in GA. II, 657.

55. Es ist nicht unstatthaft, die Geschworenen alternative zu befragen, ob der Angeklagte seine Bücher verheimlicht oder vernichtet habe: ZI. 15. Sept. 58 c. Schlesinger. Das Nähere hierüber vgl. n. 42; Strafverf. Art. 80 n. 12.

56. Die Uebersicht über den Vermögenszustand muß durch die Bücher objektiv einem sachverständigen Dritten gewährt werden; der § wird sonach dadurch nicht ausgeschlossen, daß der Angeklagte selbst aus denselben einen genügenden Ueberblick zu erlangen vermag: ZI. 2. Okt. 57 c. Hering; ZII. 11. April 61 c. Cohn.

57. Die durch die Bücher zu gewährende Uebersicht muß die ganze Vermögenslage umfassen; die Buchführung darf sich daher nicht auf einen Theil der betriebenen Geschäfte beschränken, muß sich vielmehr auf alle Geschäfte erstrecken, sollten sie auch gänzlich von einander unabhängig sein: Beschl. I. 19. Sept. 60 c. Bauke (JMbl. S. 391; GA. VIII, 842).

58. Auch s. g. Gefälligkeits-Accepte unterliegen der Nothwendigkeit der Buchung: ZII. 11. Okt. 60 c. Nauwald.

Zum Schlußsatze.

59. Die Unbedeutendheit des betriebenen Geschäfts kann als mildernder Umstand angesehen werden: Motive S. 67.

Einf.-Ges. z. D. Hand.-Ges.-Buche Art. 18. Vgl. JMin.-Instr. v. 12. Dez. 1861 (JMbl. S. 330).

1. Ueber den Begriff der Handelsgeschäfte vgl. HGB. Art. 272—277.

2. Auch die im Art. 10 des HGB.s erwähnten Höker ꝛc. sind Kaufleute; nur die Pflicht zur Führung von Handelsbüchern (vgl. § 259 n. 47—52) ꝛc. und damit die Anwendbarkeit des § 261 Nr. 2. 3 fallen bei ihnen weg: ZII. 8. Sept. 64 c. Dörffling (RbO. V, 95).

3. Im cit. Art. 10 sind die Ausdrücke: „Höker, Trödler, Hausirer“ nicht aus der Spezialgesetzgebung der einzelnen deutschen Staaten, sondern aus dem allgemeinen Sprachgebrauche zu erläutern. Insbesondere ist für den Begriff eines

des Strafgesetzbuchs sind fortan diejenigen Personen zu verstehen, welche nach der Bestimmung des Artikels 4. des Handelsgesetzbuchs als Kaufleute anzusehen sind.

Deutsches Handelsgesetzbuch.

Art. 4. Als Kaufmann im Sinne dieses Gesetzbuchs ist anzusehen, wer gewerbemässig Handelsgeschäfte treibt.

Vgl. D. HGB. Art. 272—277.

Art. 10. Die Bestimmungen, welche dieses Gesetzbuch über die Firmen, die Handelsbücher und die Prokura enthält, finden auf Höker, Trödler, Hausirer und dergleichen Handelsleute von geringem Gewerbebetriebe, ferner auf Wirthe, gewöhnliche Fuhrleute, gewöhnliche Schiffer, und Personen, deren Gewerbe nicht über den Umfang des Handwerksbetriebs hinausgeht, keine Anwendung. Den Landesgesetzen bleibt es vorbehalten, im Falle es erforderlich erscheint, diese Klassen genauer festzustellen.

Vereinigungen zum Betriebe eines Handelsgewerbes, auf welches die bezeichneten Bestimmungen keine Anwendung finden, gelten nicht als Handelsgesellschaften.

Vgl. EG. z. D. HGB. v. 24. Juni 1861 Art. 31; Gew.-Steuer-Ges. v. 14. Juli 1861 § 12 ff. (GS. S. 701).

„Hausirers" das Preuß. Regulativ v. 28. April 1824 nicht maaßgebend: ZII. 21. März 67 c. Stein (RdO. VIII, 194); vgl. § 259 n. 1. — Man wird daher unter den aufgezählten Personen nur solche verstehen dürfen, welche mit angekauften (und im Wesentlichen unverarbeitet gelassenen, vgl n. 9) Waaren einen kleinen Detailhandel treiben. Hausirer sind diejenigen, welche derartige Waaren selbst mit sich führen, und im Umherziehen wieder verkaufen. Daß nur ein kleiner Detailhandel hierher gehöre, geht aus der Gleichstellung mit anderen „dergleichen Handelsleuten von geringem Gewerbebetriebe" hervor; vgl. ZI. 10. Mai 67 c. Scherler (RdO. VIII,).

4. Im Uebrigen sind die Worte „von geringem Gewerbebetriebe" sprachlich nur auf die unmittelbar vorhergenannten „dergleichen Handelsleute", nicht auch auf die zuvor speziell aufgezählten „Höker ꝛc." zu beziehen. Es ist daher nicht zwischen Hökern ꝛc. von geringem und solchen von größerem Gewerbebetriebe zu unterscheiden; vielmehr sind alle Höker ꝛc. unbedingt von der Pflicht der Buchführung ꝛc. entbunden; die Größe ihres Gewerbebetriebes kommt daher nur insoweit in Betracht, als es auf diese bei der Entscheidung der Frage ankommt, ob sie überhaupt als Höker, Trödler oder Hausirer anzusehen sind; vgl. Makower HGB. S. 20 n. 40a (2. Ausg.); *contra:* ZI. 25. Jan. 67 c. Primo (RdO. VIII, 56).

5. Nicht jeder Handelsmann von geringem Gewerbebetriebe ist von der Pflicht der Buchführung ꝛc. entbunden, sondern nur derjenige, welcher einen den Geschäften der Höker ꝛc. ähnlichen („dergleichen") Handel treibt: ZI. 8. März 67 c. Silberberg (RdO. VIII, 160). Es wird daher auch bei diesen Personen ein kleiner Detailhandel vorausgesetzt, bei welchem die gekauften Waaren wieder verkauft werden, ohne daß sie in der Zwischenzeit eine wesentliche Verarbeitung erfahren hätten; vgl. n. 9.

6. Die Prüfung, ob ein Gewerbebetrieb ein geringer gewesen sei, ist von dem Strafrichter selbstständig nach dem Umfange der wirklich betriebenen Ge-

§. 260. Mit Zuchthaus bis zu zehn Jahren wird bestraft:

1) wer im Interesse eines Handelsmannes, Schiffsrheders oder Fabrikbesitzers, welcher seine Zahlungen eingestellt hat, dessen Vermögen ganz oder theilweise verheimlicht oder bei Seite geschafft hat;

---

schäfte vorzunehmen. Er ist dabei an frühere in Betreff derselben Geschäftsführung ergangene civilrechtliche Entscheidungen nicht gebunden; ebensowenig sind der gezahlte Steuersatz und der Umstand, ob der Betreffende früher in das Firmenregister eingetragen sei, maaßgebend: ZI 5. Juli 65 c. Neumann; ZI. 14. Sept. 66 c. Jakoby; ZI. 16. Nov. 66 c. Klose (RdO. VII, 642); vgl. JMin.-Instr. v. 12. Dez. 1861 II, (JMBl. S. 329), welche als Anhalt für die Nothwendigkeit der Eintragung in das Handelsregister das Gew.-Steuer-Ges. v. 19. Juli 1861 empfahl: die in der Klasse B. dieses Gesetzes veranlagten Personen seien in der Regel vom Handelsregister auszuschließen. Vgl. § 259 n. 9.

7. Zu den von der Pflicht der Buchführung entbundenen Personen gehören Wirthe aller Art, also auch große Gasthofsbesitzer: ZI. 30 Nov. 64 c. Meyer (RdO. V, 311); ZI. 8. März 67 c Rosenthal (RdO. VIII, 160). Bei der Berathung wurde dem anfänglich aufgenommenen Worte „Schenkwirthe" später der generelle Ausdruck „Wirthe" substituirt.

8. Als gewöhnliche Fuhrleute und Schiffer sind diejenigen zu betrachten, welche einen geringfügigen, nicht kaufmännisch eingerichteten Geschäftsbetrieb haben; dagegen ist es gleichgültig, ob die letzteren mit eignen oder mit gemietheten Schiffen die Frachtschifffahrt betreiben: Prot. z. HGB. S. 533. 1275 ff.

9. Die Frage, ob ein Gewerbe über den Umfang des Handwerksbetriebs hinausgehe, kann nur bei solchen Geschäften aufgeworfen werden, welche in der Bearbeitung oder Verarbeitung und dem demnächstigen Wiederverkaufe gekaufter oder anderweitig angeschaffter Sachen (HGB. Art. 271 Nr. 1) bestehen. Werden dagegen die Sachen in unveränderter Gestalt wieder verkauft, so tritt eine Befreiung von der Buchführung nur dann ein, wenn die oben unter n. 4. 5 erwähnten Voraussetzungen zutreffen. Bei dem nach geschehener Verarbeitung stattfindenden Verkaufe genügt dagegen zur Ausschließung des Art. 10 die Feststellung, daß der Geschäftsbetrieb über den Umfang des Handwerksbetriebes hinausgegangen sei; es bedarf dann nicht noch außerdem der Prüfung: ob der Gewerbebetrieb ein geringer gewesen: ZI. 23. Jan. 67 c. Pfeifer (RdO. VIII, 46).

10. Hat einer der im Art. 10 genannten Handeltreibenden vor Einführung des HGB. die ihm damals obliegende Buchführung verabsäumt, so trifft geeigneten Falles ihn die Strafe des § auch dann, wenn er erst nach jener Einführung seine Zahlungen einstellt; vgl. EG. Art. IV n 4; *contra*: ZI. 30. Nov. 64 (cit. n. 7).

§ 260.

1. Deklaration der Ausdrücke: „Handelsmann rc." durch Art. 18 des Einf.-Ges. z. D. HGB. (S. 462). Vgl im Uebrigen § 259 n. 1—15.

2. Die Kenntniß des Angeklagten von der Zahlungseinstellung wird vorausgesetzt; einem Antrage, dieselbe in die Fragestellung aufzunehmen, muß nothwendig Statt gegeben werden; in Ermangelung eines Antrages ist dagegen diese Aufnahme nicht unerläßlich: ZII. 14. Nov. 61 c. Ellrten (RdO. II, 68).

3. In Betreff des vorausgesetzten Dolus gilt das zu § 259 n. 26 und 40 Gesagte auch hier. Die Absicht muß dahin gehen, die betr. Sachen der Gesammtheit der Gläubiger zu entziehen; außerdem wird das Bewußtsein vorausgesetzt, daß die Handlung eine Benachtheiligung der Gläubiger zur Folge haben werde. Einem Antrage diesen Dolus in der Fragstellung besonders hervorzuheben, muß mit Nothwendigkeit entsprochen werden: VI. 5. Jan. 59 c. Castan (GA. VII, 214).

4. Eine konkurrirende Strafbarkeit des Kaufmanns selbst ist nicht erforderlich, (vgl. Abs. 3); daher bildet bei gleichzeitiger Verfolgung Beider die Freisprechung

2) wer im Interesse eines solchen Gemeinschuldners, oder um sich oder Anderen Vortheil zu verschaffen, erdichtete Forderungen im eigenen Namen oder durch zwischengeschobene Personen geltend gemacht hat.

Wird festgestellt, daß mildernde Umstände vorhanden sind, so ist die Strafe Gefängniß nicht unter drei Monaten; zugleich kann auf zeitige Untersagung der Ausübung der bürgerlichen Ehrenrechte erkannt werden.

Hat der Thäter im Einverständnisse mit dem Gemeinschuldner gehandelt, so kommen die allgemeinen Vorschriften über die Theilnahme an Verbrechen zur Anwendung.

[Entw. § 236]. Vgl. § 35; EG. z. D. HGB. v. 24. Juni 1861 Art. 18; D. HGB. Art. 4 (s. 462 463).

§. 261. Handelsleute, Schiffsrheder und Fabrikbesitzer, welche ihre Zahlungen eingestellt haben, werden wegen einfachen Bankerutts mit Gefängniß bis zu zwei Jahren bestraft:

---

des letzteren kein Hinderniß für die Bestrafung des in seinem Interesse handelnden Dritten.

5. Derjenige, welcher die unter Nr. 1 erwähnte Handlung nicht im Interesse des Kaufmannes begeht, kann nur geeigneten Falles wegen Diebstahls oder Unterschlagung bestraft werden, während unter der gleichen Voraussetzung die unter Nr. 2 vorgesehene Handlung in der Regel den Charakter des Betruges annehmen wird.

6. Denjenigen, welcher eine der speziell vorgesehenen Handlungen im Einverständnisse mit dem Gemeinschuldner begeht, trifft die Strafe der Theilnahme, selbst wenn im Uebrigen die Voraussetzungen des § 34 nicht zutreffen: ZII. 14. Nov. 61 (cit. n 2).

7. Durch die Vorschrift des Abs. 3 wird die Strafbarkeit der Theilnahme im Sinne des § 34 nicht ausgeschlossen, sobald ihre Voraussetzungen festgestellt sind: ZII. 11 Dez. 56 c. Lechtenfeld; ZI. 8. April 57 c. Krems (GA. V, 401); ZI. 13. April 60 c. Kosterlitz (373); ZII. 30. Juni 64 c. Gemmerschulte (238).

§ 261.

Inhalt.

1. Deklaration der Ausdrücke: „Handelsleute ꝛc." durch Art. 18 des EG. z. D. HGB. (s. 462). Vgl. im Uebrigen § 259 n. 1—15.

2. In Betreff der Zahlungseinstellung gilt auch hier das zu § 259 n. 16—23 Gesagte: ZI. 11. Juli 56 c. Schweitzer (GA. IV, 574); ZI. 16. Juli 58

1) wenn sie durch Ausschweifungen, Aufwand, Spiel oder Differenzhandel mit Waaren oder Börsen-Effekten übermäßige Summen verbraucht haben oder schuldig geworden sind;

2) wenn sie Handelsbücher zu führen unterlassen haben, obgleich deren Führung gesetzlich vorgeschrieben oder nach

---

c. Fürstenheim. Vgl. Konk.-Ordn. v. 8. Mai 55 § 113ff.; Erk. IV. Civ.-Sen. 31. Mai 56 (StA. 20. s. 361); Abh. in GA. IV, 798.

3. Insbesondere bedarf es auch hier nicht des Nachweises, daß die Zahlungseinstellung durch die speziell aufgezählten Handlungen rc. herbeigeführt worden sei: ZII. 4. April 61 c. Schirmer (RdO. I, 346); ZI. 1. Juli 64 c. Busse (RdO. V, 42). Es ist sogar kaum denkbar, wie dieselbe durch Verheimlichung der Handelsbücher herbeigeführt werden könnte. Vgl. n. 8; § 259 n. 18; Abh. in GA. II, 657; *contra*: TL. s. 1016. 1020; Köstlin Abh. in GA. V, 743 und Note 3; VI, 294.

4. Ebenso ist es an und für sich für den Thatbestand gleichgültig, ob die Zahlungseinstellung vor oder nach den Einzelhandlungen erfolgt ist; vgl. § 259 n. 22.

5. Da zum Thatbestande des einfachen Bankerutts die Zahlungseinstellung als wesentliches Merkmal gehört, so kann, so lange die letztere nicht eingetreten ist, die Verjährung des Vergehens nicht beginnen, sollten auch die unter Nr. 1—4 erwähnten Handlungen lange Zeit vorhergegangen sein: ZI. 1. Juli 64 (cit. n. 3).

6. Eines Dolus bedarf es zum Thatbestande dieses § nicht; das Gesetz will hier das leichtsinnige fahrlässige Handeln bestrafen, ein solches wird in den speziell vorgesehenen Fällen von Gesetzes wegen vermuthet: ZI. 7. Okt. 57 c. Hanke; ZI. 23. Febr. 66 c. Lebin (RdO. VII, 124); *contra* zum Theil TL. s. 1016. 1020.

7. Ueber die Möglichkeit der realen Konkurrenz eines einfachen mit einem betrügerischen Bankerutt vgl. § 259 n. 34.

Zu Nr. 1.

8. Mit Rücksicht auf das unter n. 5 Gesagte bleibt die Nr. 1 auch da anwendbar, wo neben den Ausschweifungen rc. auch andere Ursachen zum Vermögensverfalle mitgewirkt haben: ZII. 23. Mai 57 c. Aßmann. Aus demselben Grunde ist es auch unerheblich, ob der Schuldner habe voraussehen können oder müssen, daß die Ausschweifungen rc. die Zahlungseinstellung herbeiführen würden; *contra*: TL. s. 1017.

9. Der Ausdruck „Aufwand“ ist nicht auf das außergeschäftliche Leben zu beschränken; auch solche Aufwendungen können hierher gerechnet werden, welche aus Anlaß der geschäftlichen Verhältnisse gemacht werden, z. B. Reisekosten, Bewirthungen von Geschäftsfreunden: ZI. 2. Juli 58 c. Schröder (Entsch. 39. 2. s. 35).

10. Als „Differenzhandel“ sind nur solche Geschäfte anzusehen, welche nur scheinbar einen wirklichen Kauf (Lieferung) zum Gegenstande haben, die vielmehr von vorne herein nur auf Zahlung der am Verfalltage (Stichtage) sich herausstellenden Preis- oder Coursdifferenz gerichtet sind. Daher bleibt der § da ausgeschlossen, wo die betr. Lieferungsgeschäfte ernstlich gemeint, die wirkliche Lieferung der Waare und Zahlung des stipulirten Preises alio beiderseitig beabsichtigt waren: Antr. d. GStA. zu ZII. 21. März 67 c. Sternberg (RdO. VIII, 197); *contra*: BI. 21. März 62 c. Lickfett (RdO. II, 306); ZI. 30. Jan. 67 c. Jacobsohn (RdO. VIII, 77); ZII. 21. März 67 c. Sternberg (RdO. VIII, 196); Erk. IV. Civ.-Sen. 24. Febr. 59 (GA. VIII, 755); Abh. in GA. l. c. Diese nahmen an, ein Differenzhandel liege auch da vor, wo die wirkliche Lieferung der Waare beabsichtigt war, demnächst aber Zahlung der Differenz an die Stelle trat, oder wo die gelieferte Waare sofort wieder veräußert wurde.

11. Als Differenzhandel kann auch der Abschluß eines einzigen Differenzgeschäfts angesehen werden: ZI. 7. Mai 58 c. Heideprim.

12. Die Uebermäßigkeit der verbrauchten rc. Summen ist vorzugsweise mit Rücksicht auf die Vermögenslage des Angeklagten zu bemessen: ZI. 10. Febr. 58 c. Sittig.

der Beschaffenheit ihres Geschäfts erforderlich war, oder wenn sie diese Handelsbücher verheimlicht oder vernichtet oder so unordentlich geführt haben, daß dieselben keine Uebersicht des Vermögenszustandes gewähren;

Zu Nr. 2 und 3.

13. Auf die im Art. 10 des D. HGB. genannten Personen finden die Nr. 2 und 3 keine Anwendung; vgl. EG. z. HGB. Art. 18 (s. 462) n. 2.

Zu Nr. 2.

14. Ueber die gesetzliche Nothwendigkeit der Buchführung vgl. § 259 n. 49—58.

15. Liegt der Thatbestand dieser Nr. vor, so ist es gleichgültig, ob die Handelsbücher Beweiskraft haben: ZI. 9. Mai 56 c. Panke; vgl. EG. z. D. HGB. Art. 22. 8; D. HGB. Art. 34.

16. Da das Gesetz einem jeden Kaufmanne die Buchführung zur Pflicht gemacht hat, so kann die Unterlassung sowie die Mangelhaftigkeit der Führung weder durch die Schwierigkeit dieser Aufgabe, noch durch den Mangel der dazu erforderlichen Kenntnisse und Fähigkeiten entschuldigt werden; wer diese Kenntnisse nicht besitzt, soll kein Geschäft der fraglichen Art treiben: ZI. 27. Mai 59 c Lewin (GA. VII, 560); ZI. 19. April 61 c. Sommerfeldt (RdO. I, 356); ZI. 10. Mai 67 c. Scherbel (RdO. VIII,); vgl. n. 6.

17. Aus demselben Grunde trifft die Verantwortlichkeit wegen der unterlassenen oder mangelhaften Buchführung alle kaufmännischen Theilhaber eines Geschäfts (vgl. § 259 n. 12), sollten dieselben die Arbeiten auch in der Weise unter sich vertheilt haben, daß einer allein die Sorge der Buchführung übernommen hatte. Dem steht D. HGB. Art. 99 nicht entgegen (vgl. Art. 105. 112 ibid.): ZI. 23. Febr. 66 c. Lebin (RdO. VII, 124); ZI. 18. Mai 66 c. Naphtali (RdO. VII, 306).

18. Ebenso steht jeder Kaufmann für die Ordnungsmäßigkeit der Buchführung auch dann ein, wenn er dieselbe einem Dritten übertragen hat: ZII. 1. Juli 58 c. Topf; ZI. 27. Mai 59 (cit. n. 16). Das gilt jetzt auch von einer Handelsfrau, selbst wenn sie ordnungsmäßig einen Prokuristen bestellt hat: D. HGB. Art. 6; *contra* früher: ALR. II, 8 § 492. 497; VI. 23. März 60 c. Zyrowska (GA. VIII, 566).

19. Der zweite Satz der Nr. 2 lautete in dem den Kammern vorgelegten Entwurfe: „oder wenn sie die Handelsbücher so unordentlich geführt haben, daß ꝛc." Die Kommission der II. Kammer wollte diese Nr. mehr in Uebereinstimmung mit § 259 Nr. 4 bringen, und schlug daher vor, dieselbe auf die Verheimlichung der Bücher auszudehnen; vgl. KBII. s. 133. In der durch sie entworfenen Fassung ist das Wort „die" in „diese" verwandelt worden. Daraus folgt, daß man den Sinn der ganzen Vorschrift dahin auffaßte, daß auch die Verheimlichung, Vernichtung und unordentliche Führung der Bücher die Strafe des § nur insoweit nach sich ziehen sollte, als es sich von den gesetzlich vorgeschriebenen oder nach der Beschaffenheit des Geschäfts erforderlichen Büchern handelt. Wenn im Falle des § 259 Nr. 4 das Gegentheil gilt (vgl. dort n. 53), so beruht das wesentlich auf dem dort vorausgesetzten Dolus und auf der ausdrücklichen Fassung jener Nr. 4, während es hier an jedem Anhalte dafür fehlt, eine (ohne allen Dolus) vorgenommene unordentliche Buchführung auch da zu bestrafen, wo es einer Buchführung gar nicht bedurfte (z. B. in den Fällen des Art. 10 des D. HGB.); gilt dieses aber im Falle der unordentlichen Buchführung, so kann bei der Verheimlichung oder Vernichtung (mit Rücksicht auf die alle Fälle gleichmäßig behandelnde Fassung des §) nicht etwas Anderes gelten; die nach dem cit. KBII. bezweckte Uebereinstimmung mit § 259 Nr. 4 bezog sich nur auf die Aufnahme der „Verheimlichung ꝛc." in den §. *Sic*: TL. s. 1018; *contra*: ZI. 11. Okt. 61 c. Goldenring (RdO. II, 6).

20. Ueber den Begriff der Verheimlichung vgl. § 259 n. 54. 55.

21. Ueber die Erfordernisse einer eine Uebersicht des Vermögenszustandes gewährenden Buchführung vgl. § 259 n. 56—59.

22. Der Ausdruck „so unordentlich" deutet nicht auf ein für sich beste-

3) wenn sie unterlassen haben, die Bilanz ihres Vermögens jährlich zu ziehen, obgleich dies gesetzlich vorgeschrieben oder nach der Beschaffenheit ihres Geschäfts erforderlich war;

---

hendes Merkmal, welches von der Mangelhaftigkeit der Bücher, vermöge deren sie keine Uebersicht des Vermögenszustandes gewähren, verschieden wäre; vielmehr ist da, wo letzteres der Fall, eine Unordentlichkeit der Buchführung selbstverständlich: Bl. 29. April 59 c. Grünbaum.

23. Die entsprechende Nr 4 des § 259 spricht auch noch von der Veränderung der Bücher; eine solche würde geeigneten Falles hier als unordentliche Buchführung anzusehen sein.

Zu Nr. 3.

24. Die früher nur durch Art. 9 des Rh. HGB. vorgeschriebene jährliche Ziehung der Bilanz ist durch die Art. 29—31 des D. HGB. in der Regel jedem Kaufmanne zur Pflicht gemacht. Vgl. in Betreff dieser Verbindlichkeit § 259 n. 47—53, und oben n. 17. 18. Das dort in Beziehung auf die Handelsbücher Gesagte bezieht sich auf die Bilanz mit. — Daher sind von der betr. Verpflichtung auch hier die im Art. 10 des HGB. (s. 463) genannten Personen ausgenommen.

25. Der Ausdruck Bilanz umfaßt das beim Beginne des kaufmännischen Geschäfts aufzustellende Vermögens-Inventar (D. HGB. Art. 29. 30) mit; die Unterlassung dieser Aufstellung zieht daher geeigneten Falles die Strafe des § nach sich: Bl. 7. November 66 c. Perwo (RdO. VII, 608).

26. Die jetzt alljährlich zu ziehende Bilanz muß auch den Bestand solcher Waarenlager umfassen, in Betreff deren es nur alle zwei Jahre der Aufnahme eines genauen Inventars bedarf (D. HGB. Art. 29 Abs. 2): Bl. 5. Okt. 66 c. Edler (RdO. VII, 509). In diesem Falle muß das vorigjährige Inventar mit den erkennbaren Aenderungen zum Grunde gelegt werden: Makower z. D. HGB. Art. 29 n. 7.

27. Die Bilanz muß in jedem Jahre, und zwar spätestens am Schlusse des mit der Eröffnung des Geschäfts beginnenden Betriebsjahres erfolgen: Bl. 16. Mai 66 c. Hirschfeld (RdO. VII, 302; Makower Abh. in GA. XIV, 529. Die Frist, binnen welcher die Aufnahme zu bewirken ist, unterliegt dem richterlichen Ermessen: Bl. 18. Mai 60 c. Härtter; Bl. 5. Okt. 66 (cit. n. 26); vgl. Bl. 2. Juli 58 c. Schröder (Entsch. 39 2. s. 45).

28. Der Lauf der Jahresfrist für die Bilanzziehung wird durch den Eintritt eines neuen Gesellschafters nicht unterbrochen, wenn dadurch nicht gleichzeitig in den Verhältnissen des Geschäftes zu den Gläubigern etwas geändert wird: Bl. 16. Mai 66 (cit. n. 27).

29. Die Bilanz muß schriftlich gezogen werden: D. HGB. Art. 29; eine Ziehung im Kopfe genügt also nicht: Bl. 21 Okt. 57 c. Lange; Konk.-Ordn. § 116. Auch kann die Bilanz nicht durch einen Abschluß der übrigen Konti ersetzt werden: Bl. 2. Juli 58 (cit n 27).

30. Die Bilanz muß den Werth der Vermögensstücke angeben und einen das Verhältniß des Vermögens und der Schulden darstellenden Abschluß enthalten: D. HGB. Art. 29. 31. Demgemäß ist es unerläßlich, daß sie die ganze Vermögenslage vollständig umfasse, insbesondere auch alle Schulden, ohne Unterschied, ob sie aus den Handelsgeschäften herrühren oder nicht. Das gilt auch von einer Handelsgesellschaft; es sind daher auch die Privatschulden der persönlich haftenden Gesellschafter (vgl. § 259 n. 12) in das beim Beginne des Geschäfts aufzunehmende Vermögensverzeichniß und in jede Bilanz aufzunehmen; *contra*: Bl. 18. Mai 66 c. Naphtali (RdO. VII, 306). Ebenso sind s. g. Gefälligkeitsaccepte im Passivum nach ihrem vollen Betrage und gleichzeitig im Aktivum nach ihrem präsumtiven Werthe zu berücksichtigen: Bl. 17. Juli 63 c. Berger (RdO. IV, 14). — Eine den vorstehenden Erfordernissen nicht entsprechende oder wissentlich unrichtig aufgenommene Uebersicht ist keine „Bilanz“, kann also von der Strafe nicht schützen: Bl. 23. Jan. 67 c. Pfeifer (RdO. VIII, 46).

31. Auch die Bilanz muß so gezogen werden, daß sie objektiv, d. h. also

4) wenn sie, obgleich das Vermögen nach der letzten Bilanz nicht die Hälfte der Schulden deckte, neue Schulden gemacht oder Waaren oder Kreditpapiere unter dem Werthe verkauft haben.

[Entw. § 237]. Vgl. § 259. 262; Rh. HGB. Art. 586 Nr. 2. 3; 587; 8ff; Konk. Ordn. v. 8. Mai 1855 § 307—309. 340. 341; EG. z. D. HGB. v. 14. Juni 1861 Art. 18; D. HGB. Art 4. 10. 28—40 (s. 462. 463).

§. 262. Wenn Mäkler oder Notarien Handelsgeschäfte betreiben, so sollen dieselben, im Falle sie ihre Zahlungen ein-

---

nicht blos dem Kaufmanne selbst, sondern auch anderen befähigten Personen und Behörden eine Uebersicht über die Vermögenslage gewähre: ZI. 8. Juni 59 c. Katzer; ZI 23. Jan. 67 c. Pfeifer (RdO. VIII, 46).

Zu Nr. 4.

32. Ist die rechtzeitige Ziehung der Bilanz gänzlich unterlassen worden, so bleibt Nr. 4 ausgeschlossen; es bedarf derselben nicht, weil dann Nr. 3 Platz greift.

33. Als letzte Bilanz ist diejenige anzusehen, welche dem Schuldenmachen unmittelbar vorherging, nicht die letzte Bilanz vor der Zahlungseinstellung: BI. 17. Juli 63 c. Berger (RdO. IV, 14).

34. Auch das beim Beginne eines neuen Geschäfts aufzunehmende Vermögensverzeichniß (HGB. Art. 29) ist als „letzte Bilanz" im Sinne der Nr. 4 aufzufassen; die Strafe trifft sonach auch denjenigen, welcher trotz seiner Ueberschuldung ein neues Geschäft beginnt: ZI 13. April 66 c. Tepper (RdO. VII, 229).

35. Der Ausdruck „Schulden" ist nicht auf Gelddarlehen zu beschränken: Motive s. 68. Ebenso ist es gleichgültig, ob die Schulden aus dem jetzt oder aus einem früher betriebenen Geschäfte herrühren: ZI. 13. April 66 (cit. n. 34).

36. Als ein Machen von „neuen Schulden" ist es anzusehen, wenn neue Waaren-Ankäufe auf Kredit stattfinden: Motive s. 68.

37. Gleichgültig ist es, ob die älteren Gläubiger mit dem Machen der neuen Schulden einverstanden waren, da durch eine solche Handlungsweise auch die neuen Gläubiger gefährdet werden: ZI. 6. Juli 60 c. Voß (GA. VIII, 704); ZI. 13. April 66 (cit. n. 34).

38. Ebenso ist es gleichgültig, ob die neuen Schulden mit Verheimlichung der Vermögensumstände (§ 1466. II, 20 ALR.) gemacht worden sind: ZI. 6. Juli 60 (cit. n. 37).

39. Das Machen neuer Schulden wird dadurch nicht straflos, daß der Kaufmann gegründete Hoffnung zu haben glaubt, seine Insolvenz zu heben: Köstlin Abh. in GA. VI, 293; vgl. KBII. s. 134. Dagegen fällt die Strafbarkeit weg, wenn die Vermögenslage sich später wirklich in dem Maaße bessert, daß die Aktiva die Hälfte der Passiva decken, sollte auch demnächst eine Zahlungseinstellung erfolgen: BI. 17. Juli 63 c. Berger (RdO. IV, 14); ZI. 16. Dez. 64 c. dens. (RdO. V, 370); BII. 28. Juni 66 c. Nitzschke (RdO. VII, 386).

40. Als Werth der Kreditpapiere ist hier nicht der nominelle, sondern nur der wahre Werth zu betrachten: KBII. s. 134.

41. Nicht jeder Verkauf unter dem zeitlichen Werthe, welcher in der Befürchtung bevorstehender schlimmer Konjunkturen stattfindet, ist strafbar, sondern nur ein wahrhaft leichtsinniges unwirthschaftliches Verfahren: KBI. s. 42.

42. Hat einer von mehreren Handelsgesellschaftern eine der in der Nr 4 vorgesehenen Handlungen verübt, so trifft die Strafe auch den Mitgesellschafter, welcher es verabsäumt hat, jenen von seinem gesetzwidrigen Verfahren abzuhalten: ZI 3. Juni 64 c. Steinhaus (RdO IV, 556); ZI. 18. Mai 66 c. Naphtali (RdO. VII, 306).

43. Im Uebrigen sind hier die Bemerkungen zu § 259 zu vergleichen.

§ 262.

1. Mäkler und Notarien werden von der Strafe dieses § beim Eintritte

stellen und der in diesem Titel erwähnten Handlungen schuldig sind, denselben Strafen, wie Handelsleute unterliegen.

[Entw. § 239]. Vgl § 259—261; Rh. HGB. Art. 85. 89; EG. z. D. HGB. v. 24. Juni 1861 Art. 18; D. HGB. Art 4 (s. 462. 463).

Fünfundzwanzigster Titel.

Strafbarer Eigennutz.

§. 263. Wer sich von seinen Schuldnern höhere Zinsen, als die Gesetze zulassen, vorbedingt oder zahlen läßt und entweder diese Ueberschreitung gewohnheitsmäßig betreibt oder das Geschäft so einkleidet, daß dadurch die Gesetzwidrigkeit versteckt wird, ist wegen Wuchers mit Gefängniß von drei Monaten bis zu Einem Jahre und zugleich mit Geldbuße von funfzig bis zu Eintausend Thalern, so wie mit zeitiger Untersagung der Ausübung der bürgerlichen Ehrenrechte zu bestrafen.

[Entw. § 240]. Vgl. EG. Art. XI; ALR. I, 11 § 803 ff. 855 ff.; (Rh.) Ges. v. 3. Sept. 1807; (Berg.) Dekr. v. 12. Nov. 1809; Vdn. v. 27. Nov. 1857 (GS. s. 884); Vdn. v. 12. Mai 1866 (GS. s. 225).

---

des vorgesehenen Falles betroffen, sobald sie nur überhaupt Handelsgeschäfte betrieben haben, sollte dieses auch nicht gewerbsmäßig geschehen sein (vgl. § 259 n. 1): GM. II, 601; *contra*: TL. s. 1006 Note 3.

2. Dieselben sind daher auch zur Buchführung ꝛc. verpflichtet, selbst wenn sie nicht die Eigenschaft eines „Kaufmanns" haben.

3. Auch die Vorschriften des § 260 sind unter den geeigneten Voraussetzungen beim Handeln dritter Personen im Interesse eines Mäklers oder Notars anwendbar: GM. II, 602 n. 2.

§ 263.

Inhalt.

---

1. Die Vdn. v. 12. Mai 1866 hat die bestehenden Beschränkungen des vertragsmäßigen Zinssatzes und der Höhe der statt der Zinsen bedungenen Verzugskonventionalstrafen für Darlehen, zu deren Sicherheit nicht unbewegliches Eigenthum verpfändet wird, aufgehoben. Wenn gleich nun hierdurch die Strafvorschrift des § 263 ihre Wirksamkeit zum größten Theile verloren, und für die Zukunft nur in Betreff der hypothekarischen Forderungen bewahrt hat, so sind doch die Erläuterungen zu demselben hier vollständig aufgenommen worden, weil sie für ältere Fälle noch immer Anwendung finden können, auch die Gesetzgebung in Betreff des Maaßes der statthaften Zinsen noch nicht zum Abschlusse gelangt sein dürfte. — Für das Gebiet der ehemaligen freien Stadt Frankfurt hat ein Ges. v. 2. Febr. 1864 alle Zinsbeschränkungen aufgehoben. Hier bleibt sonach § 263 außer Anwendung.

1a. Durch die Vdn. v. 27. Nov. 1857, welche die Beschränkungen des Zinsfußes zeitweise aufhob, und durch Art. 292 des D. HGB., welche einem Kaufmanne Zinsen in unbeschränktem Maaße zu versprechen gestattet, war die Strafbarkeit des früher verübten Wuchers nicht beseitigt, sollte der Schuldner auch früher schon Kaufmann gewesen sein; vgl. EG. Art. IV n. 4. — Dasselbe gilt jetzt auch von der durch die Vdn. v. 12. Mai 1866 (n. 1) bewirkten Aufhebung der Zinsbeschränkungen; ein früher verübter Wucher ist sonach auch jetzt noch strafbar: ZI. 28. Nov. 66 c. Ruprecht (RdO. VII, 669); u. ö. Vgl. AKO. v. 19. Mai 1866 (JMbl. s. 142), welche gerade für solche Fälle eine Begnadigung in Aussicht stellt.

1b. Die Worte: „wer sich von seinen Schuldnern höhere Zinsen vorbedingt ꝛc." wollen nur besagen: „wer für eine Forderung .... Zinsen vorbedingt". Es ist daher nicht unerläßlich, daß der Vortheil der übermäßigen Zinsen dem Angeklagten selbst zu Gute komme; vielmehr trifft die Strafe auch denjenigen, welcher für einen Anderen, aber ohne dessen Vorwissen, Wuchergeschäfte treibt; durch die Abschließung des Vertrages hat er sich die Zinsen vorbedungen, resp. sich zahlen lassen. Das gilt jedenfalls von einem Vater, welcher aus dem Vermögen seiner Kinder wucherische Darlehen giebt, wenn ihm auf Grund seines gesetzlichen Nießbrauchsrechtes die Zinsen zufließen: ZI. 6. Febr. 57 c. Tzschaschel.

2. Hat Jemand eine Forderung für sich erworben, und für sich die Zinsen vorbedungen oder die Zahlung derselben angenommen, so ist es gleichgültig, ob er selbst in der über die Schuld zu Stande gekommenen Urkunde (z. B. einem Wechsel) persönlich genannt, und ob daher das Geschäft für ihn klagbar geworden, oder ob ein Anderer dabei vorgeschoben ist: ZI. 17. Sept. 62 c. Sander (RdO. III, 4); vgl. n. 8. Es muß daher bei der Prüfung der Frage, wer beim Wucher als Thäter oder Theilnehmer anzusehen sei, § 671 I, 11 ALR. außer Betracht bleiben: BI. 15. Jan. 62 c. Seemann (RdO. II, 199).

3. Ebenso ist es gleichgültig, ob der Gläubiger die Forderung mit eigenen oder mit fremden Mitteln erworben hat: ZI. 13. Okt. 58 c. Leubuscher; BI. 4. Juli 66 c. Scharnitzki (RdO. VII, 411).

4. Aus dem unter n. 1b an die Spitze gestellten Grunde sind die Worte „von seinen Schuldnern" nicht zu sehr zu betonen; der § wird daher auch da anwendbar, wo die Zinsen nicht vom Schuldner des Kapitals, sondern für diesen von einem Dritten versprochen oder gezahlt worden sind: ZI. 20. April 60 c. Horn.

5. Ebenso ist aus dem Ausdrucke: „von seinen Schuldnern" nicht zu folgern, daß nothwendig eine Mehrheit von Personen erforderlich sei, welche zu hohe Zinsen versprochen oder geleistet hätten, zumal da beim eingekleideten Wucher ein Fall genügt: ZII. 24. Sept. 57 c. Mutschler; ZI. 31. Okt. 63 c. Lindner. Es steht daher Nichts entgegen, einen strafbaren gewohnheitsmäßigen Wucher auch da anzunehmen, wo der Angeklagte mit einem Schuldner mehrere wucherische Geschäfte gemacht hat: BII. 5. Mai 59 c. Belke (GA. VII, 560); ZII. 9. Sept. 61 c. Hecht; u. ö.

6. Die Strafbestimmung bezieht sich nicht blos auf Darlehnsschulden,

sondern auf verzinsliche Schulden jeder Art: VII. 22. März 55 c. Simon; ZI. 12. Okt. 66 c. Köhler (RbO. VII, 535). Es gehört daher unbedenklich auch das uneigentliche Darlehen hierher: ZII. 13. Sept. 55 c. Heimann (beil.).

7. Auch gegen einen Real-Schuldner kann ein Wucher ausgeübt werden: ZI. 21. Dez. 59 c. Gutknecht.

8. Zum Thatbestande genügt jedes Vorbedingen (Zahlenlassen). Ob im Uebrigen das betr. Rechtsgeschäft rechtsbeständig sei, ob es eine Klage gewähre, und ob diese durch irgend einen Einwand (z. B. durch den der nicht vollständig gezahlten Valuta) abgewehrt werden könne, ist gleichgültig: ZII. 19. Sept. 61 c. Hecht; ZI. 17. Sept. 62 c. Sander (RbO. III, 4); ZI. 6. Febr. 63 c Riebatsch (RbO. III, 272). Demgemäß genügt auch eine vom schreibensunkundigen Schuldner nur unterkreuzte Schrift, um den Thatbestand des eingekleideten Wuchers darzustellen: ZI. 21. Jan. 57 c. Birnbaum; ZII. 15. März 60 c. Scharf.

9. Ebenso wird umgekehrt die Strafbarkeit des Wuchers dadurch nicht ausgeschlossen, daß das formell abgeschlossene Geschäft, in welches derselbe eingekleidet worden, durch die Vorschriften des Civilrechtes gegen Anfechtung geschützt ist: Z. 30. Juni 52 c. Hirschfeld; Z. 5. Nov. 52 c. Goldberg.

10. Ist das wucherische Geschäft in die Form einer Cession eingekleidet worden, so schließt § 390 I, 11 ALR., welches die Bestimmung des Cessionspreises der Bestimmung der Parteien überläßt, die Strafbarkeit nicht aus: ZI 13. Nov. 61 c. Bärmann (RbO. II, 52).

11. Auf den Wechselverkehr findet das Wuchergesetz keine Anwendung, da der Wechsel als Waare betrachtet wird, dessen Werth und Preis sich nach den Umständen richtet. Anders gestaltet sich die Sache, wenn ein anderes Geschäft nur in ein Wechselgeschäft eingekleidet und dadurch die Zinsüberhebung versteckt wird. Insbesondere verliert ein verzinsliches Darleben diese seine rechtliche Natur nicht dadurch, daß der Schuldner über die Schuld einen Wechsel unterschreibt: VI. 4. Juli 66 c. Scharnitzki (RbO. VII, 411). Es kommt daher in jedem Einzelfalle wesentlich darauf an, ob der Zweck des Geschäftes dahin ging, den Unterzeichner des Wechsels in den Besitz von Geldmitteln zu setzen, welche demnächst von ihm zu erstatten sind: VII. 26. Juni 56 c. Rother (GA. IV, 703); ZII 1. Dez. 58 c. Allerdt; u. ö; BL f. 442. Dabei ist es gleichgültig, ob der Schuldner den Wechsel als Aussteller, als Acceptant, als Indossant oder als Wechselbürge unterzeichnet. Nicht minder ist es gleichgültig, ob der Wechsel gleich Anfangs zu Gunsten des Gläubigers ausgestellt, oder erst nachträglich auf ihn girirt ist, sobald diese Form zur Verdeckung des von ihm hergegebenen zinstragenden Darlehens diente; sowie endlich, ob die erste Ausstellung des Wechsels auf seine des Gläubigers Veranlassung, oder auf die des Schuldners erfolgt ist: ZI 10. Febr. 60 c. Schärpke; ZI. 2. Okt. 61 c. Borngräber (RbO. I, 562).

12. Unter den Begriff der Zinsen fällt hier jeder Vortheil, welchen sich der Gläubiger vom Schuldner für die Hergabe oder Belassung einer Quantität fungibler Gegenstände vorbedingt oder leisten läßt: § 803 I, 11 ALR.; ZI. 6. Jan. 54 c. Schüller; VII. 22. März 54 c. Simon; VII. 11. Jan. 55 c Wolff (Rh. S.). Dabei ist die Bezeichnung, welche die Parteien einem solchen Vortheile gegeben haben, und die Form, in welcher er dem Gläubiger zugewendet wird, ganz gleichgültig; vgl. n. 23. Demgemäß ist es als „Zahlenlassen von Zinsen" anzusehen, wenn ein Gläubiger die Hergabe eines Darlehens von der Bedingung abhängig macht, daß ihm der Schuldner eine Quantität Waaren oder sonstige Gegenstände zu einem ihm einen Gewinn gewährenden Preise abkaufe: VII. 11. Jan. 55 c. Wolff; ZII. 25. Okt. 55 c. Hölscher. — Dasselbe gilt auch dann, wenn ein Vortheil als „freiwilliges Geschenk" qualifizirt worden ist, sobald die Gewährung desselben in Wahrheit nur in Folge der ausdrücklichen oder stillschweigenden Vereinbarung der Parteien, also nicht als Akt der freien einseitigen Entschließung des Schuldners erfolgte: ZII. 31. Jan. 56 c. Wilhelm; ZI. 24. Okt. 56 c. Mai (GA. V, 707).

13. Läßt sich der Gläubiger eine höhere Kapitalsumme verschreiben, als er wirklich gegeben hat, so nimmt der Ueberschuß den Charakter der Zinsen, und das

Geschäft eventuell den des Wuchers an (Kapitalwucher): BL. s. 442. Dem steht es nicht entgegen, daß die diesen Satz ausdrücklich aussprechenden §§ 1278. 1279 II, 20 ALR. nicht wie die civilrechtlichen Vorschriften der §§ 1271. 1272 ibid. (durch EG. Art. XI) ausdrücklich aufrecht erhalten worden sind: ZI. 22. April 53 c. Reppen (GA. II, 128; ZII. 24. Jan. 56 c. Herzfeld; vgl. Motive s. 69. Dabei ist es auch gleichgültig, ob sofort mehr verschrieben wurde, als gegeben war, oder ob der Gläubiger wirklich die verschriebene Summe voll ausbezahlt, dann aber einen Theil derselben zurückgenommen oder zurückerhalten hat. Nur insoweit das Gesetz (§ 817 I, 11 ALR.) unter Umständen es gestattet, einjährige Zinsen von dem verschriebenen Kapital vorweg abzuziehen, bleibt das Wuchergesetz ausgeschlossen; in einem solchen Falle ist daher nicht die wirklich gezahlte, sondern die verschriebene Summe als das dargeliehene Kapital zu betrachten und danach der zuläßige Zinssatz zu berechnen: ZI. 12. März 58 c. Borsutzki.

14. Als Zinsen ist auch Alles anzusehen, was für die Beschaffung des Kapitals (Mühewaltung, Unkosten in Anrechnung gebracht wird: vgl. Reskr. v. 26. Mai 1804 (v. Rabe VIII, 63; Neues Arch. III, 257); *contra*: Abh. in GA. VIII, 840).

15. Dasselbe gilt vom Versprechen einer Konventionalstrafe für den Fall verspäteter Rückzahlung (ALR. I, 11 § 825 ff.); *contra*: Erk. III. Civ.-Sen. 11. Sept. 57 (StA. 27. s. 24; id. 15. Sept. 57 (ibid. 32); vgl. jetzt Vdn. v. 12. Mai 1866 (n. 1).

16. ..... ebenso von den für einen Zahlungsausstand (z. B. für die Prolongation eines Wechsels, oder die Ersetzung eines Wechsels durch einen anderen später fälligen) bewilligten Vortheilen: ZI. 23. Dez. 53 c. Michaelis; BII. 11. Jan. 55 c. Wolff; u. ö.; vgl. Reskr. v. 13. Aug. 1798 (v. Rabe V, 181). Das gilt selbst dann, wenn der Gläubiger gleichzeitig auf ein (durch eine begonnene Exekutionsvollstreckung erworbenes) Pfandrecht verzichtet, und gerade hierfür jener Vortheil ausbedungen war: ZII. 15. April 58 c. Glaser. — In einem solchen Falle ist jede Prolongation als ein selbstständiger Wucherfall anzusehen: ZI. 13. Nov. 61 c. Schwartze (RdO. II, 46; ZI. 20 Sept. 65 c. Allerdt.

17. Früher betrug der durchweg statthafte Zinsensatz 5 Procent: ALR. I, 11 § 804; (Rh.) Ges. v. 3. Sept. 1807; (Berg.) Dekr. v. 12. Nov. 1809; und für das Gebiet des gemeinen Rechtes: Reichs-Pol.-Ordn. v. 1577 Tit. 17 § 9; JRAbsch. § 174; für Hohenzollern-Hechingen: Landes-Ordn. v. 1698 Tit. 35 (vgl. ZII. 24. Sept. 57 c. Mutschler); vgl jetzt Vdn. v. 12. Mai 1866 (oben n. 1).

18. In Schlesien, Ost- und West-Preußen war es gestattet, 6 Prozent zu nehmen: BI. 17. Juni 57 (GA. V, 708); v. Rönne Ergänzz. z. ALR. I, 387.

19. Bei Handelsgeschäften (Handelssachen) war der gesetzliche und zuläßige Zinssatz sechs Prozent: D. HGB. Art. 287. 292 und 293; EG. z. dems. Art. 14. Bei Darlehen, welche ein Kaufmann empfängt, und bei allen Schulden eines Kaufmannes aus seinen Handelsgeschäften ist der Zinssatz unbeschränkt der Vereinbarung der Parteien überlassen: D. HGB. Art. 292.

20. Ueber den Zinsfuß für Pfandleiher vgl. Regl. v. 13. März 1787 § 90 ff.

21. Bei der Prüfung, ob zu hohe Zinsen vorbedungen ꝛc. worden seien, ist jedes Rechtsgeschäft im Ganzen ins Auge zu fassen, und danach zu beurtheilen, ob das Gesammtmaaß der Zinsen für alle durch jenes Geschäft begründeten Forderungen das zuläßige Maaß übersteigen; ist dieses nicht der Fall, so liegt kein Wucher vor, sollte auch für einen Theil jener Forderungen das statthafte Maaß überschritten sein: BPl. 30. Nov. 57 c. Mulert (JMbl. 58 s. 43; GA. V, 857); vgl. n. 48. Dagegen wird die bei einem Rechtsgeschäfte stattgehabte Zinsüberschreitung nicht dadurch beseitigt, daß derselbe Gläubiger gegen denselben Schuldner auch aus anderen Rechtsgeschäften Forderungen hat, für welche dieser nicht das volle Maaß der stattgehabten Zinsen erreicht, und daß bei einer Zusammenrechnung beider Forderungen das Gesammtmaaß der Zinsen das zuläßige Maaß nicht übersteigt, es sei denn, daß das Uebereinkommen der Parteien dahin gerichtet gewesen wäre, durch das Uebermaaß der Zinsen bei dem einen Geschäfte das Mindermaaß derselben bei dem anderen zu ergänzen: ZI. 25. Febr. 57 c. Neumann (GA. V, 276).

22. Mit Rücksicht auf den unter n. 21 an die Spitze gestellten Grundsatz ist jede Anklage wegen Wuchers dahin aufzufassen, daß sie die Verzinsung des ganzen zur Sprache gebrachten Geschäfts umfasse; der Richter kann daher unbedenklich das Wucherische des Geschäftes in anderen Umständen finden, als es die Anklage gethan hatte, ohne dadurch über die letztere hinauszugehen: ZII. 25. Okt. 55 c. Hölscher; vgl. n. 48.

23. Als „Vorbedingen der Zinsen" ist jede Vereinbarung zwischen Gläubiger und Schuldner über die zu zahlenden Zinsen anzusehen: ZI. 16. März 60 c. Göbel; es bedarf daher der Zustimmung des Schuldners: VI. 19. Nov. 62 c. Richter (RdO. III, 131). Ob dieses Vorbedingen der Begründung der Hauptforderung vorherging oder auf dieselbe folgte, ist gleichgültig, sobald es nur vor der Zahlung stattfand. Auf die Art und Weise, wie jene Vereinbarung zu Stande kam, kommt Nichts an; insbesondere, ob der Gläubiger die Zinsen gefordert, oder ob der Schuldner selbst sie angeboten hat; es reicht hin, wenn beide in irgend einer Weise zu einem Einverständnisse über die Verzinsung gelangt sind: ZI. 20. Okt. 53 c. Müller (GA. II, 129); ZII. 9. Febr. 60 c. Ohrenschall; u. ö.; vgl. n. 12. Demgemäß kann es genügen, wenn der Gläubiger stillschweigend den die höheren Zinsen versprechenden Schuldschein mit Kenntniß seines Inhalts angenommen hat: ZI. 20. April 60 c. Horn.

24. Gleichgültig ist es, ob das Vorbedingen in einer rechtsverbindlichen Weise geschah, z. B. bei Summen über 50 Thlr. schriftlich; vgl. n. 8.

25. Das Vorbedingen genügt zur Herstellung des Thatbestandes; es bedarf nicht außerdem auch noch der Einforderung oder Einklagung der Zinsen: Z. 31. März 52 c. Ulbrich.

26. Auch das Zahlenlassen setzt ein Einverständniß der Parteien, insbesondere also auch den Willen des Schuldners voraus, den betr. Vortheil dem Gläubiger als Vergütung für die Hergabe oder die Belassung des kreditirten Betrages zukommen zu lassen; fehlt es an diesem Willen des Schuldners, hat sich vielmehr der Gläubiger den ungesetzlichen Vortheil durch Täuschung des letzteren verschafft, so kann nur Betrug vorliegen: ZI. 19. Sept. 55 c. Baum; VI. 19. Nov. 62 c. Richter (RdO III, 131); ZII. 18. Juni 63 c. Sees; ZII. 26. Nov. 63 c. Zimmermann. Ein Betrug könnte nur dann ideell mit einem Wucher konkurriren, wenn das Einverständniß des Schuldners zur Versprechung oder Zahlung übermäßiger Zinsen durch Täuschung desselben herbeigeführt worden wäre.

27. Der Gläubiger „läßt sich Zinsen zahlen", wenn er bewußter Weise von dem Schuldner Vortheile annimmt, welche dieser für die Hergabe oder Belassung kreditirter Beträge in der Meinung leistet, dadurch eine durch das Einverständniß beider begründete Verbindlichkeit zu erfüllen: ZI. 9. Febr. 53 c. Schulze; ZI. 16. Mai 56 c. Steinmeier. Sonach ist auch hier nicht erforderlich, daß der Gläubiger die Leistung gefordert habe: ZII. 21. Febr. 56 c. Saligmann. Dagegen kann die Annahme eines aus der freien Entschließung des Schuldners hervorgegangenen Geschenkes, selbst wenn es mit Rücksicht auf das erhaltene Darlehen gegeben war, nicht als Zahlenlassen von Zinsen angesehen werden. So ist es zu verstehen, wenn Koch (n. 64) ein faire payer und nicht ein bloßes laisser payer fordert.

28. Als Dolus wird beim Wucher die Vorsätzlichkeit der Handlung an und für sich, verbunden mit dem Bewußtsein der Rechtswidrigkeit, erfordert: ZII. 6. Sept. 60 c. Belke; VI. 18. Juli 66 c. Sylla (RdO. VII, 434) (beide beil.). Dabei ist festzuhalten, daß die die Höhe des zulässigen Zinsfußes bestimmenden civilgesetzlichen Bestimmungen als ein Theil der Strafvorschrift des § 263 anzusehen sind, daß daher die Unkenntniß oder irrige Auffassung jener Bestimmungen eine Straflosigkeit nicht begründen kann, zumal da das Verbot des Wuchers wesentlich einen polizeilichen Charakter an sich trägt.

29. Außer jenem Dolus (n. 28) bedarf es nicht noch einer besonderen gewinnsüchtigen Absicht. Der Wucher wird daher dadurch nicht straflos, daß der Gläubiger selbst die betr. Kapitalsumme gegen gleich hohe Zinsen von einem Dritten angeliehen hatte. Anders kann sich die Sache gestalten, wenn Jemand, um einem Geldbedürftigen behülflich zu sein, für diesen bei einem Dritten gegen

übermäßige Zinsen ein Darlehen aufnimmt, und zur Sicherheit des letzteren das Geschäft so einkleidet, daß er sich diesem gegenüber selbst als Schuldner darstellt, und sich seinerseits von dem Anderen die Erstattung des Kapitals, sowie die zu leistenden Zinsen versprechen und zahlen läßt. Dann ist für ihn das Geschäft als Ganzes zu behandeln; er ist nur als Mittelsmann, nicht als Gläubiger anzusehen, und kann daher als Theilnehmer an dem Wucher des Dritten, nicht aber als Selbstwucherer strafbar sein; vgl. n. 52. 53; nur in diesem Sinne kann einem VI. 26. Juni 63 c. Steinbach (RdO. III, 528) beigetreten werden.

30 Ueber den Begriff der Gewohnheitsmäßigkeit vgl. § 239 n. 1 ff. Es gehört dazu wesentlich eine Mehrheit von Fällen, in welchen das zulässige Maaß der Zinsen überschritten worden ist. Daher müssen solche Fälle, in welchen das Gesetz das Nehmen höherer Zinsen zuließ, außer Berücksichtigung bleiben: VII. 2. März 65 c. Huth (RdO. V, 537). Ueber das wiederholte Zahlenlassen der einzelnen Zinsposten für eine und dieselbe Schuld vgl. n. 48.

31. Einer Vorbestrafung wegen (eingekleideten) Wuchers bedarf es zur Annahme eines Gewohnheitswuchers nicht: ZI. 6. Febr. 61 c. Hardt.

32. Bei der Beurtheilung der Frage, ob ein Gewohnheitswucher vorliegt, sind auch Fälle des strafbaren versteckten Wuchers zu berücksichtigen: VI. 17. Juli 63 c. Braun (RdO. IV, 12); vgl. n. 47.

33. Da beim Gewohnheitswucher nicht der einzelne Fall, sondern eben die Gewohnheit die Strafbarkeit begründet, so bilden auch alle Einzelfälle zusammen nur ein Vergehen; § 56 bleibt daher ausgeschlossen: nur einmalige Strafverhängung ist statthaft: ZI. 15. Mai 57 c. Grambsch; Berner Abh. in GA. III, 491. Ueber die Verjährung des Gewohnheitswuchers vgl. n. 51.

34. Aus dem angeführten Grunde (n. 33) kann der mit der Anklage des Gewohnheitswuchers befaßte Richter auch solche Einzelfälle in den Kreis seiner Beurtheilung ziehen, welche in der Anklage nicht speziell erwähnt waren: ZI. 13. März 57 c. Ebell. Umgekehrt ist es, nach erfolgter Aburtheilung über eine solche Anklage, nicht mehr statthaft, andere früher nicht berücksichtigte, derselben Gewohnheit angehörende Einzelfälle zum Gegenstande einer neuen Anklage zu machen: Berner Abh. in GA. III, 491; *contra*: ZI. 22. Febr. 59 c. Zacharias. Dagegen steht Nichts im Wege, die nach der erfolgten Aburtheilung (selbst der nur in erster Instanz ergangenen) verübten neuen Wucherfälle in einem neuen Verfahren zu verfolgen; es ist dann nicht eine Fortsetzung, sondern eine Erneuerung der alten Gewohnheit anzunehmen; vgl. § 56 n. 8. Das Alles gilt beim eingekleideten Wucher nicht, da hier jeder Einzelfall für sich strafbar ist.

35. Der Wucher ist durch Einkleidung versteckt, wenn dem Geschäfte eine äußere Form gegeben ist, welche den in den näheren Sachverhalt nicht Eingeweihten verhindert, die stattgehabte Ueberschreitung des zulässigen Zinssatzes zu erkennen: ZII. 21. Febr. 56 c. Saligmann (GA. IV, 848); ZI. 20. Okt. 58 c. Schröder; u. ö. Ist dieses der Fall, so ist es gleichgültig, wie die Einkleidung bewirkt ist, insbesondere wird nicht erfordert, daß sie den Schein einer anderen Art von Rechtsgeschäft annehme (wie § 1273 II, 20 ALR. anzudeuten scheint): ZI. 7. März 63 c. Heinrich (RdO. III, 427).

36. Vorausgesetzt wird, daß der Angeklagte diese Einkleidung gewollt habe, und daß er sich dabei der dadurch bewirkten Versteckung des Wuchers bewußt gewesen sei; der ausdrücklichen Feststellung dieses Dolus bedarf es indessen nur, wenn er bestritten worden ist: ZI. 9. Nov. 60 c. Otto. Die Zustimmung des Schuldners zur Einkleidung beseitigt die Strafbarkeit des Gläubigers nicht, sie wird vielmehr regelmäßig vorliegen: ZII. 21. Febr 56 (cit. n. 35); ZI. 20. Juni 58 c. Melzig. Ebenso ist es gleichgültig, von wem der betr. Vorschlag ausging, und wer den die Einkleidung darstellenden Akt vorgenommen hat; der Gläubiger, welcher auf den Vorschlag eingeht, und sich auf das einkleidende Geschäft einläßt, betheiligt sich dadurch an der Einkleidung, z. B. wenn er die betr. nur vom Schuldner ausgegangene Urkunde (mit Kenntniß von ihrem Inhalte) annimmt: ZII. 28. Febr. 56 c. Spanier; VI. 30. April 60 c. Krams (GA. VIII, 704).

37. Die Einkleidung braucht nicht in einer Simulation zu bestehen; es wird im Gegentheile die Absicht der Parteien vorausgesetzt, das Geschäft so, wie es

sich nach außen darstellt, wirksam werden zu lassen, damit gerade dadurch der Gläubiger den ungesetzlichen Vortheil erlange: VII. 26. Juni 56 c. Rother (GA. IV, 703); ZII. 6. Juli 65 c. Franke (RdO. VI, 241).

38. Ist bei einer nur mündlich getroffenen Verabredung an „Zinsen" zwar nur das gesetzliche Maaß, daneben aber unter einer andern Bezeichnung noch ein jenes Maaß übersteigender Vortheil gewährt, so liegt ein eingekleideter Wucher nicht vor, sobald die nicht zu trennende mündliche Verabredung in ihrer Gesammtheit erkennen läßt, daß die zugesicherten Vortheile (mit Rücksicht auf den gesetzlichen Begriff der Zinsen: n. 12) im Ganzen das gesetzliche Zinsenmaaß übersteigen: VII. 21. Febr. 56 c. Saligmann (GA. IV, 848); VI. 14. Okt 56 c. Mai (GA V, 106); VI. 13. April 64 c. Glücksmann (RdO. IV, 451). Daraus darf indessen nicht gefolgert werden, als bedürfe es zur Annahme eines eingekleideten Wuchers nothwendig der schriftlichen Form; das Gesagte gilt vielmehr nur von solchen mündlichen Vereinbarungen, welche in ihrer Totalität die Zuwendung von Vortheilen für den Gebrauch ꝛc. des Geldes als solche erkennen lassen, und es sonach dem Rechtskundigen möglich machen, aus der gesammten Verabredung die Natur derselben als Zinsen festzustellen; wenn dagegen das Ganze von vorne herein in die Form eines onerosen Geschäfts eingekleidet, und also nicht ohne Weiteres zu ersehen ist, daß es sich hier von einem dem Gläubiger zugewendeten Vortheile handle (z. B. in den oben n. 12 erwähnten Fällen), oder wenn neben dem Darlehen unter einem andern davon verschiedenen Titel (scheinbar also durch ein anderes Rechtsgeschäft) besondere Vortheile stipulirt werden, so steht Nichts entgegen, auch den mündlichen Vertrag für einen eingekleideten Wucher zu erachten: ZII. 15. März 60 c. Scharf; cit. VI. 13. April 64; ein Beispiel vgl ZII. 12. April 66 c. Illies (RdO. VII, 225).

39. Die Einkleidung kann auch in der Weise erfolgen, daß über das Geschäft eine Urkunde errichtet wird, welche dasselbe nicht vollständig sondern nur theilweise wiedergiebt, und grade dadurch die Zinsüberschreitung verdeckt; z. B. wenn der Schuldschein (Wechsel) die dargeliehene Summe richtig angiebt, der sofort im Voraus baar bezahlten „Zinsen" aber keine Erwähnung thut (das Darlehen ist dann als ein unverzinsliches dargestellt): ZI. 7. März 63 c. Heinrich (RdO. III, 427); VI. 16. Dez. 64 c. Popp (RdO. V, 372); ZI. 20. Dez. 65 c. Wallmann (RdO. VI, 561); *contra:* VII. 8. Dez. 59 c. Belke (GA. VIII, 567).

40. Gleichgültig ist es, ob die Einkleidung gleichzeitig mit dem Abschlusse des betr. Rechtsgeschäfts oder zu einer andern Zeit erfolgt ist; daher wird die Anwendbarkeit des § dadurch nicht ausgeschlossen, daß die die Einkleidung enthaltende Urkunde (z. B. ein Wechsel) vor der Hingabe des Darlehens hergestellt worden ist: ZI. 4. Jan. 65 c. Alscher (RdO. V, 386). Dasselbe gilt, wenn ein früher mündlich und unversteckt versprochener Zinsenbetrag später bei Abschluß eines andern Geschäfts wiederholt stipulirt und nunmehr durch Einkleidung versteckt wird: ZI. 20. Jan. 65 c. Schulz (RdO. V, 435).

41. Ein eingekleideter (versteckter) Wucher wird dadurch nicht straflos, daß das Geschäft in Gegenwart von Zeugen abgeschlossen worden ist, welche von dem wahren Sachverhalte Kunde erlangt haben: ZII. 13. Nov. 55 c. Heymann; vgl. n. 38.

42. Der s. g. Kapitalswucher (n. 13) ist unbedenklich als eingekleideter Wucher anzusehen, insofern nicht aus der Urkunde genau zu ersehen ist, wieviel von der verschriebenen Summe wirklich als Darlehen gegeben sei: ZII. 8. Nov. 60 c. Löwenstein; ZI. 7. Mai 63 c. Heinrich (RdO. III, 427).

43. Ebenso kann die Einkleidung des Wuchers in einem mit einem Darlehen im Zusammenhange stehenden antichretischen Vertrage gefunden werden: ZI. 2. April 54 c. Reich.

44. Die Abschließung eines Differenzgeschäfts kann für einen eingekleideten Wucher erachtet werden, obgleich bei demselben Gewinn und Verlust vom Zufalle abhängen: ZI. 12. April 54 c. Reinbach.

45. Dasselbe gilt von dem Verkaufe eines Staatspapiers, Pfandbriefs ꝛc., bei welchem der vereinbarte Preis den Courswerth weit übersteigt: ZI. 25. Nov. 57 c. Schmidt; *contra:* VI. 19. Sept. 55 c. Parlow (GA. III, 716: „weil die Dekl. v. 4. April 1811 [GS. s. 169] in einem solchen Falle das Rechtsverhältniß genau regulire, und deshalb auf die stattgehabte Einkleidung Nichts ankomme"; vgl. aber n. 9. 10).

46. Auch im Falle des eingekleideten Wuchers genügt zur Strafbarkeit das „Sich-Zahlen-Lassen" der übermäßigen Zinsen; es bedarf dann nicht der Feststellung, daß diesem Zahlenlassen ein eingekleidetes Vorbedingen vorhergegangen sei: ZI. 8. Nov. 65 c. Rosenbaum (RdO. VI, 447).

47. Da beim eingekleideten Wucher jeder Einzelfall strafbar ist, so begründet eine Mehrheit solcher Fälle reale Konkurrenz und § 56 wird anwendbar: ZII. 3. April 62 c. Fleer (RdO. II, 336); ZI. 16 Nov. 66 c. Zenner. Diese reale Konkurrenz mehrerer eingekleideter Wucherfälle und die Anwendbarkeit des § 56 werden auch nicht durch die Feststellung beseitigt: der Angeklagte habe den Wucher gewohnheitsmäßig betrieben: BI. 9. Nov. 64 c. Redlich (RdO. V, 245); ZI. 21. Febr. 66 c. Seehase (GA. XIV, 231).

48. Ein wucheriges Geschäft ist stets als ein untrennbares Ganze aufzufassen; vgl. n. 21 22. Das wiederholte Zahlenlassen übermäßiger ein für alle Male stipulirter Zinsen stellt daher nicht eine Mehrheit von Wucherfällen dar, und kann eben so wenig (für sich allein) einen Gewohnheitswucher, als (im Falle einer Einkleidung) eine reale Konkurrenz und die Anwendung des § 56 rechtfertigen. Das Gegentheil würde nur da gelten, wo das wiederholte Zahlenlassen übermäßiger Zinsen für eine und dieselbe Schuld nicht auf einem einmaligen Vorbedingen, sondern auf besonderen zu den verschiedenen Zeiten wiederholten Vereinbarungen beruht: BI. 8. Dez. 59 c. Balke (GA. VIII, 567); vgl. BPl. 26. Nov. 55 c. Krüger (Entsch. 31. s. 271; GA. III, 807).

49. Aus dem unter n. 48 angeführten Grunde dauert ein Wucher so lange, als das durch das Vorbedingen begründete Rechtsgeschäft fortgesetzt wird: ZII. 16. Nov. 54 c. Herzberg. Hat daher das eingekleidete Vorbedingen wucherischer Zinsen vor Einführung des StGB. zu einer Zeit Statt gefunden, wo diese Einzelhandlung (zwar ungesetzlich, aber) noch nicht mit Strafe bedroht war, so wird § 263 anwendbar, wenn nach Einführung des StGB. das Geschäft fortgesetzt, und durch „Zahlenlassen" der Zinsen ausgeführt wird: ZII 30 Sept. 54 c Rieth (Rh. S.); ZI 14. Jan. 58 c. Knepper; auf derselben Auffassung beruht BPl. 26. Nov. 55 (cit. n. 48); Abh. in GA. III, 803; *contra:* GM. II, 437 IV.

50. Aus demselben Grunde wird bei demjenigen Wucher, bei welchem die vorbedungenen Zinsen durch Einkleidung versteckt sind, der Lauf der Verjährung durch jede neue Zinszahlung unterbrochen, weil jede derartige Zahlung das Vergehen erneuert. Demgemäß beginnt beim eingekleideten Wucher der Lauf der Verjährung mit dem Tage, an welchem der ungesetzliche Vortheil zuletzt angenommen worden ist: BPl. 26. Nov. 55 (cit n 48); ZII. 8. Nov. 60 c. Löwenstein; u. ö.; Abh. in GA. VII, 313; *contra:* GM. II, 437 IV. Dagegen stellt das bloße Einfordern (Einklagen) der Zinsen eine Erneuerung des Vergehens nicht dar; dasselbe könnte nur als (strafloser) Versuch eines „sich zahlen Lassens" angesehen werden.

51. Da beim Gewohnheitswucher die Gewohnheit wesentlich die Strafbarkeit begründet, und demgemäß alle Einzelfälle zusammen nur ein Vergehen darstellen (n. 33), so kann auch der Lauf der Verjährung erst mit dem Aufhören der Gewohnheit, also mit dem Tage beginnen, an welchem zum letzten Male für irgend eins der betr. Geschäfte übermäßige Zinsen angenommen worden sind: ZII. 30. Sept. 54 (cit. n. 49); BL. s. 254; Abh. in GA. VII, 312; *contra:* GM. II, 437 IV; Gilb. C. d'instr. art. 637 n. 35 ff.; John Abh. in GA. IX, 510.

52. Auch am Gewohnheitswucher ist Theilnahme, insbesondere auch eine dem Gläubiger geleistete Hülfe, sehr wohl denkbar: ZII. 14. Febr. 56 c. Haupt; ZI. 16. Sept. 59 c. Grünberg (767); vgl. § 35 n. 2.

53. Der Theilnahme am Wucher kann sich auch derjenige schuldig machen, welcher selbst Mitschuldner des betr. Betrages (z. B. als Girant des ausgestellten Wechsels) ist; seine Strafbarkeit wird auch dadurch nicht beseitigt, daß er etwa später selbst zur Zahlung angehalten wird: ZI. 12. Jan. 59 c. Kaiser; vgl. n. 29.

54. Ob eine ungesetzliche Zinsenüberhebung und eine Einkleidung derselben stattgefunden habe, hat der Strafrichter nach den strafprozeßrechtlichen Grundsätzen zu prüfen; er ist dabei an die civilrechtlichen Beweisregeln (z. B. ALR. I, 11 § 323 ff. 671 738. 739; I, 20 § 425. 426; Hyp.-Ordn. Tit. 2 § 278) nicht

§. 264. Wer ohne Erlaubniß der Behörde gewerbsmäßig auf Pfänder leiht, wird mit Gefängniß von Einer Woche bis zu zwei Monaten bestraft.

[Entw. § 241]. Vgl. § 349 Nr. 6; Pfand-Leih-Reglement v. 13. März 1787; ALR. I, 20 § 263 ff.; Gew.-Ordn. v. 17. Jan. 1845 § 49. 57. 61; Ges. v. 22. Juni 1861 Art. I § 49. 57 (GS. S. 442); (Rh.) Ges. v. 16. pluv. XII.

---

gebunden: ZI. 12. Okt. 60 c. Kirsten (RdO. I, 73); VI. 15. Jan. 62 c. Seemann (RdO. II, 199).

55. Konkurrirt der Wucher mit dem unerlaubten Betriebe des Pfandleihgewerbes, so kann sich der Angeklagte gegen die Strafe des ersteren nicht durch den Einwand schützen, daß er, wenn er die Erlaubniß zu jenem Betriebe gehabt hätte, zur Erhebung der höheren Zinsen befugt gewesen sein würde; vielmehr wird § 55 anwendbar: VI. 9. Febr. 53 c. Schulze; VI. 24. Febr. 65 c. Mentzel.

56. Ueber die Konkurrenz des Betrugs mit dem Wucher vgl. n. 26.

57. Da das einzelne nicht versteckte wucherische Geschäft, für sich allein betrachtet, kein Vergehen ist, so kann derjenige, der durch ein solches benachtheiligt worden, nach Rheinischem Verfahren nicht als Civilkläger auftreten, um vor dem Strafrichter seinen Civilersatzanspruch zu verfolgen, sollte auch wirklich Gewohnheitsmäßigkeit des Wucherbetriebs behauptet werden: Gilb. C. d'instr. art. 3 n. 4 ff. Daraus folgt, daß die Klage auf Erstattung der gezahlten wucherischen Zinsen hier nicht gleichzeitig mit der öffentlichen Klage wegen Gewohnheitswuchers (nach EG. Art. XII § 1) verjährt: Mangin Act. publ. n. 368. Dieselben Grundsätze gelten auch dann, wenn der Gewohnheitswucher gegen eine und dieselbe Person getrieben ist: Cass. 5. sept. 1840 (Sir. 40. 1. p. 914); *contra*: Rauter Dr. crim. 1. p. 588. — Beim versteckten Wucher ist dagegen Verfolgung durch den Civilkläger statthaft.

§ 264.

1. In Betreff des Pfandleihgeschäfts ist § 264 an die Stelle der §§ 177 und 179 der Gew.-Ordn. v. 17. Jan. 1845 getreten: Beschl. I. 26. Jan. 59 c. Landsberger (GA. VII, 412); VI. 9. Nov. 59 c. dens. (GA. VIII, 140).

2. Rücksichtlich des Erfordernisses einer obrigkeitlichen Erlaubniß zum betr. Gewerbebetriebe vgl. jetzt Gew.-Ordn. v. 17. Jan. 1845 (Ges. v. 22. Juni 1861 Art. I) § 49. 57. Die Erlaubniß muß eine ausdrückliche sein; sie wird durch ein Geschehenlassen der Behörde nicht ersetzt: VI. 9. Nov 59 (cit. n. 1). Auch da, wo ein besonderes das Pfandleihgewerbe von einer obrigkeitlichen Erlaubniß abhängig machendes Gesetz nicht existirt, ist eine solche auf Grund des § 264 als unerläßlich anzusehen: OAG. Oldenburg c. Hartung (Oldenb. Arch. IX, 37).

3. Gleichgültig ist es, ob der Gewerbebetrieb als selbstständiger, oder als der eines Stellvertreters für einen Andern stattgefunden habe, da auch der Stellvertreter der polizeilichen Erlaubniß bedarf (cit. Gew.-Ordn. § 61): VI. 9. Nov. 59 (cit. n. 1).

4. Ueber den Begriff eines Gewerbes und der Gewerbsmäßigkeit vgl. § 146 n. 5 ff. Die Absicht muß dabei auf einen Erwerb gerichtet sein; als solcher ist jeder vom Pfandgeber für den Gebrauch des Geldes dem Pfandleiher gewährte Vortheil anzusehen (: Zinsen: ALR. I, 11 § 803; vgl. § 263 n. 12). In dieser Beziehung kann es genügen, wenn der dargeliehene Betrag nicht ganz in Geld, sondern zum Theil in Waaren gegeben, und grade hierin ein Gewinn gesucht war; dem steht auch § 265 I, 20 ALR. nicht entgegen, welcher sich überhaupt nicht auf ein gewerbsmäßiges Leihen auf Pfänder bezieht: ZI. 22. März 60 c. Feldmeyer.

5. Die Strafandrohung ist nicht auf den Fall eines heimlichen Gewerbebetriebs zu beschränken: VI. 9. Nov. 59 (cit. n. 1); vgl. n. 2.

6. Der Instanzrichter kann auch in einem in eine andere Rechtsform eingekleideten Geschäfte ein Leihen auf Pfänder erkennen, z. B. in einem Kauf auf Rückkauf: Gilb. C. pén. art. 411 n. 4.

7. Ueber die Möglichkeit der idealen Konkurrenz des Leihens auf Pfänder, und des Wuchers vgl. § 263 n. 55.

§. 265. Oeffentliche Pfandleiher, welche die von ihnen in Pfand genommenen Gegenstände unbefugt in Gebrauch nehmen, werden mit Gefängniß von Einem Monate bis zu Einem Jahre und zugleich mit Geldbuße von zwanzig bis zu fünfhundert Thalern bestraft.

[Entw. § 242].

§. 266. Wer vom Hazardspiel ein Gewerbe macht, soll mit Gefängniß von drei Monaten bis zu zwei Jahren und zugleich mit Geldbuße von Einhundert bis zu zweitausend Thalern, sowie mit zeitiger Untersagung der Ausübung der bürgerlichen Ehrenrechte bestraft werden.

Ist der Angeschuldigte ein Ausländer, so kann zugleich auf Landesverweisung erkannt werden.

[Entw. § 243]. Vgl. § 267. 340 Nr. 11; Dekl. v. 8. Febr. 1817 (GS. s. 31); Vdn. v. 22. Dez. 1843 (GS. s. 16).

---

§ 265.

1. Dem Strafverbote dieses § unterliegen nicht blos die konzessionirten Pfandleiher; macht sich ein unkonzessionirter der betr. Handlung schuldig, so liegt reale Konkurrenz der in den §§ 264 und 265 vorgesehenen Vergehen vor.

2. Einer gewinnsüchtigen Absicht bedarf es zu diesem Vergehen nicht, es genügt ein bewußtes Handeln.

3. Ist der Gebrauch mit einem Verbrauchen verbunden, so wird in der Regel Unterschlagung ideell konkurriren.

§ 266.

1. Unter Hazardspiel sind alle Spiele zu verstehen, welche nicht durch überlegende Anordnung und Leitung nach einem auf bestimmte Regeln gegründeten Plane, mit gleichem Vortheile unter gleich geschickten Spielern gespielt werden, sondern wo der Ausgang des Spiels und der davon zu hoffende Gewinn lediglich vom Zufalle abhängen: Beschl. 20. Nov. 51 c. Thielecke; ZI. 16. Juni 64 c. Krämer.

2. Das Hazardspiel unterscheidet sich von einer Lotterie (Ausspielung, § 268) dadurch, daß es sich bei dieser stets um ein vorher genau bestimmtes und begrenztes Objekt handelt, und daß dem entsprechend auch die Einsätze des Spielers sich in bestimmten Grenzen bewegen, während beim Hazardspiele nach der Idee des Spiels die Einsätze ungemessen sind, von der Willkür des Spielenden abhängen und ebendeshalb eine erhöhte Gefahr großer Verluste mit sich führen. Dagegen läßt sich nicht aufstellen, daß bei der Lotterie dem Unternehmer nothwendig gleichzeitig eine Mehrheit von Spielern gegenüberstehen, und daß die Objekte unter allen Umständen an einzelne der Spieler fallen müßten, während der Unternehmer durch die Gesammtbeträge der Einsätze abgefunden werde: ZII. 27. Okt. 59 c. Hedermann (JMbl. 60. s. 23; GA. VIII, 568). — Beispiele von Hazardspielen zählt § 1299 II, 20 ALR. auf; vgl. Koch n. 69. — Glücksbuden sind keine „Hazardspiele", sondern Ausspielungen; vgl. § 268 n. 8.

3. Wetten schließen den Begriff des Hazardspiels nicht nothwendig aus; wird in einer Handlung der Thatbestand des letztern erkannt, so wird sie nicht dadurch straflos, daß sie zugleich eine Wette in sich schließt: ZII. 9. Okt. 62 c. Heinemann (RdO. III, 71).

4. Ueber den Begriff des Gewerbes vgl. § 146 n. 5 ff. Der beim Hazardspiel bezweckte Erwerb kann hier nur in einem Spielgewinne bestehen; ebendeshalb ist hier die auf Erzielung eines Gewinnes gerichtete Absicht eine wesentliche Voraussetzung des „Gewerbe-Machens": ZI. 22. April 57 c. Pohse. Sie wird

§. 267. Inhaber öffentlicher Versammlungsörter, welche Hazardspiele an diesen Orten gestatten oder zur Verheimlichung solcher Spiele mitwirken, sind mit Geldbuße von zwanzig bis zu fünfhundert Thalern zu bestrafen

Im zweiten Rückfalle ist zugleich auf den Verlust der Befugniß zum selbstständigen Betriebe des Gewerbes zu erkennen.

[Entw. § 244]. Vgl. § 266. 340 Nr. 11; Dekl. v. 8. Febr. 1817 (GS. S. 31); Ges. v. 22. Juni 1861 Art. I, § 21 (GS. S. 441).

---

aber durch die Feststellung: es sei vom Spiel ein Gewerbe gemacht, genügend mit ausgedrückt; dagegen wird ausdrückliche Feststellung nothwendig, sobald ihr Vorhandensein bestritten ist; *contra:* ZI. 14. Jan. 57 c. Weidemann; ZI. 21. März 62 c. Meyer. — Im Uebrigen wird auch hier nicht erfordert, daß der gesuchte Erwerb (Gewinn) zur Gewährung des Lebens-Unterhalts, oder bei anderweitiger Deckung desselben, zur Erhöhung der Einnahme bestimmt sei: ZII. 9. Juli 63 c. Tessaro (RdO. III, 557); ZI. 16. Dez. 63 c. Kornecker; u. ö. Ebensowenig braucht der gesuchte Gewinn ein unerlaubter zu sein.

5. Es genügt, wenn die gewinnsüchtige Absicht beim Angeklagten obwaltete; ob dasselbe auch bei seinen Mitspielern stattfand, ist gleichgültig: ZI. 16. Jan. 63 c. Kadlofski (RdO. III, 221).

6. Außer der Gewinnsucht gehört zum Begriffe des Gewerbes auch eine fortgesetzte Beschäftigung; es genügt daher ein einmaliges „aus Eigennutz (Gewinnsucht)" oder „des Erwerbes wegen" gespieltes Hazardspiel nicht: VI. 8. Febr. 56 c. Lorenz; VII. 22. April 58 c. Otto Dagegen kann aus einem einmaligen Spiele auf eine Gewerbsmäßigkeit geschlossen werden; es gilt hier Alles, was zu § 146 n. 5—7 gesagt ist: VII. 21. Dez. 54 c. Trinkauf; ZI. 9. Nov. 64 c. Kempe (GA. XIII, 72). Es unterliegt sonach wesentlich der thatsächlichen Beurtheilung, inwieweit im Einzelfalle ein Gewerbemachen anzunehmen sei; insbesondere ist es dazu nicht erforderlich, daß in Jahresfrist wenigstens drei Fälle vorgekommen seien; § 266 I, 20 ALR. kann hier jedenfalls keine Anwendung finden: ZI. 25. Febr. 57 c. Rudolph; VII. 14. Okt. 58 c. Naßmacher.

7. Der Strafe unterliegen alle (gewerbsmäßig handelnden) Mitspieler, ohne Unterschied, ob sie Bank gehalten, oder nur eingesetzt haben. Der Croupier wird in der Regel nur als Theilnehmer des Bankhalters anzusehen sein, insofern er nicht auch selbst mit der Absicht handelte, aus dem Spiele selbst für sich einen Gewinn zu ziehen; der vom Bankhalter ihm gezahlte Lohn ist dagegen nicht als ein solcher Gewinn zu betrachten; in dieser Beziehung dürfte ZI. 11. Juni 56 c. Horn zu weit gehen.

8. Außer den im § angedrohten Strafen greift auch die Konfiskation nach der allgemeinen Vorschrift des § 19 Platz; derselben unterliegen diejenigen Gelder, welche als Mittel zur Ausübung des gewerbsmäßigen Spiels gedient haben, nicht also (wie im Falle des § 340 Nr. 11) alle auf dem Spieltische und in der Bank befindlichen Gelder: KVII. S. 136.

9. Hat Jemand öffentlich Hazardspiel gehalten, und dabei das Spiel aus Gewinnsucht gewerbsmäßig betrieben, so liegt sowohl der Thatbestand des § 266 als der des § 340 Nr. 11 in idealer Konkurrenz vor, es muß daher nach § 55 die Strafe des erstern § verhängt werden: VI. 21. Nov. 55 c. Wenig.

10. Ueber die Verjährung vgl. § 46 n. 8. 9.

§ 267.

1. Unter „Inhabern öffentlicher Versammlungsörter" sind, wie sich aus Abs. 2 und aus der Dekl. v. 5. Febr. 1817 Nr. 2 ergiebt, diejenigen zu verstehen, welche gewerbsmäßig ein solches, dem Publikum geöffnetes, Lokal halten, also vorzugsweise die Wirthe; vgl. § 1304 II, 20 ALR. Daß der betr. Inhaber zu seinem Gewerbebetriebe einer Konzession bedürfe, ist nicht erforderlich und insbesondere nicht aus Abs. 2 zu folgern: ZI. 3. Okt. 62 c. Sahm (RdO. III, 44). Ebenso

ist es gleichgültig, ob der Inhaber die zum Betriebe erforderliche Konzession hat oder nicht: ZI. 20 Sept. 65 c. Teichmann (RdO. VI, 318).

2. Dagegen gehört das Lokal einer geschlossenen Gesellschaft (Klubb ꝛc.) nicht hierher; der Wirth einer solchen wird auch regelmäßig nicht in der Lage sein, Handlungen der Mitglieder zu „gestatten" oder zu verhindern, da er gewöhnlich in den Diensten der Gesellschaft zu stehen pflegt: Erk. OAG. Oldenburg c. Kahlstedt (Oldenb. Arch. IX, 44).

3. Begriff des Hazardspiels vgl. § 266 n. 1. 2.

4. Die Vorschrift dieses § ist nicht, wie § 266, auf gewerbsmäßiges Hazardspiel zu beschränken, bezieht sich vielmehr auf jedes Hazardspiel: KBII. s. 136; BPl. 12. Dez. 53 c. Hinterlach (Entsch. 27. s 134); GA. II, 268); ZI. 30. Jan. 56 c. Bartsch (JMbl. s. 68); ZII. 12. Febr. 57 c. Martini; ZI. 10. März 64 c. Brandenburger; u. ö. (feste Praxis).

5. Mit dem Erfordernisse der Gewerbsmäßigkeit fällt auch das einer beim Spiele vorwaltenden gewinnsüchtigen Absicht (§ 266 n. 4) weg, zumal da die ganze Vorschrift wesentlich polizeilicher Natur ist; ein Wirth macht sich daher auch dann strafbar, wenn er ein blos zur Unterhaltung oder zum geselligen Vergnügen gespieltes Glücksspiel gestattet, vorausgesetzt, daß es sich dabei um irgend ein Objekt handelt, welchem ein wirklicher (wenn auch geringer) Werth beiwohnt, da ohne ein solches Objekt das Spiel nicht als „Hazardspiel" anzusehen wäre: Beschl. 26. Nov 51 c. Thieleke; ZI. 8. Juni 53 c. Fersenheim; *contra:* BPl. 12. Dez. 53 c. Hinterlach (cit. n. 4); BI 1. Juli 57 c. Kettinger (GA. V, 708); BI. 30. Juni 65 c. Pirney; u. ö. Zur Begründung dieser letzteren Ansicht wird auf den allgemeinen Sprachgebrauch, auf die Entstehungsgeschichte der § 266. 267 und 340 Nr. 11 und auf das Rubrum des Tit. 25 verwiesen. Die beiden erstern rechtfertigen indessen eine solche Schlußfolgerung keineswegs, während das OTr. in Betreff mehrerer zu demselben Titel gehöriger §§ anerkannt hat, daß das Rubrum desselben nicht zur Ergänzung eines Begriffsmerkmals benutzt werden dürfe (vgl. § 268 n. 12; § 270 n. 14; § 272 n. 30; § 274 n. 17; § 278 n. 2; § 280 n. 3; siehe auch § 271 n. 8; BII. 16. Mai 63 c. Kligge (RdO. III, 449). — Wird nichts desto weniger an dieser Auslegung festgehalten, so muß der Instanzrichter in jedem Einzelfalle prüfen und feststellen, ob mit Rücksicht auf die Bestimmungen des Spiels und auf die Verhältnisse der Spieler bei diesen ein Spielen aus Gewinnsucht anzunehmen sei; zugleich bedarf es dann aber auch der Feststellung, daß der das Spiel duldende Wirth von dieser gewinnsüchtigen Absicht der Spieler Kenntniß gehabt habe. — Dagegen steht Nichts im Wege ein gewinnsüchtiges Spiel auch da anzunehmen, wo die Gewerbsmäßigkeit verneint wird: ZII. 22. Nov. 66 c. Huth (RdO. VII, 661).

6. Jedenfalls aber ist die Strafbarkeit des das Spiel gestattenden ꝛc. Wirths ꝛc. bedingt durch seine Kenntniß, daß das Spiel ein Hazardspiel sei; zwar ist hier ein Unterlassen mit Strafe bedroht, auch dieses setzt aber die Kenntniß von den Eigenschaften der geduldeten Handlung, welche sie zu einer strafbaren oder verbotenen machen, voraus.

7. Der Wirth ꝛc., der das Spiel nicht gestatten darf, thut nicht genug, wenn er sich passive verhält; er muß vielmehr die ihm zu Gebote stehenden Mittel zur Verhinderung des Spiels anwenden; vgl. § 342 n. 7. Ebendeshalb wird es ihn in der Regel nicht straflos machen, wenn er sich auf die Erklärung beschränkt: „er könne das Spiel nicht gestatten" oder dgl. Das Nähere fällt der thatsächlichen Beurtheilung anheim: ZI. 28. Nov. 56 c. Krause.

8. Die Mitwirkung zur Verheimlichung des Spiels durch den Inhaber eines öffentlichen Versammlungsorts ist auch dann strafbar, wenn das Spiel nicht an einem öffentlichen Orte stattfand, z. B. wenn ein Wirth dazu ein besonderes, dem Publikum nicht allgemein zugängliches Zimmer hergiebt: BI. 1. Juli 57 c. Kettinger (GA. V, 708); vgl. § 1305 II. 20 ALR. (die Quelle des § 267).

9. Der Wirth ꝛc., welcher wiederholt durch verschiedene selbstständige Handlungen Hazardspiele duldet, verwirkt durch jede derselben die Strafe; es liegt sonach reale Konkurrenz vor und § 56 wird anwendbar: BI. 1. März 65 c. Hauschulz (RdO. V, 532).

10. Das Gewerbe, dessen Betrieb dem betr. Inhaber zu untersagen, ist

§. 268. Wer ohne obrigkeitliche Erlaubniß öffentliche Lotterien veranstaltet, wird mit Geldbuße bis zu fünfhundert Thalern bestraft.

Den Lotterien sind hierbei alle öffentlich veranstaltete Ausspielungen beweglicher oder unbeweglicher Sachen gleich zu achten.

[Entw. § 245]. Vgl. § 266; 340 Nr. 11; ALR. I, 11 § 547—576; Vdn. v. 7. Dez. 1816 (GS. 1817 s. 4); AKO. v. 26. März 1825 (GS. s. 22); AKO. v. 20 März 1827 (GS. s. 29); AKO. v. 6. Juni 1829 (GS. s. 53); AKO. v. 5. Nov. 1835 (GS. s. 236); AKO. v. 27. Juni 1837 (GS. s. 129); Vdn. v. 5. Juli 1847 (GS. s. 261).

---

dasjenige, vermöge dessen er das öffentliche, dem Publikum zugängliche Lokal hält; vgl. Gew.-Ordn. v. 17. Jan. 1845 (Ges. v. 22. Juni 1861 Art I) § 21.

§ 268.

1. Die hier erforderte obrigkeitliche Erlaubniß kann nur von den Ministerien des Inneren und der Finanzen ertheilt werden: AKO. v. 20. März 1827 Nr. 3; Vdn. v. 5. Juli 1847 § 1; Min.-Verf. v. 6. Dez. 1852 (VMbl. 53. s. 39).

2. Der Ausdruck Lotterie umfaßt jede Veranstaltung, nach welcher gegen Zahlung eines Preises das Anrecht gewährt wird, je nach dem Ausfalle einer Loosenziehung entweder einen vorausbestimmten größeren Geldgewinn zu erlangen, oder aber den Einsatz ganz oder theilweise zu verlieren; vgl. Koch Recht der Forderungen § 286 II (III. s. 779). In Betreff des Unterschiedes der Lotterien (Ausspielungen) von „Hazardspielen" vgl § 266 n. 2.

3. Die durch den Besitz von auf jeden Inhaber lautenden (inländischen oder ausländischen) Anleihe-Obligationen bedingte Theilnahme an der mit einer Prämienziehung verbundenen Auslosung derselben, bei welcher jedenfalls der Nennwerth der Obligation dem Inhaber zu Theil wird, ist keine Lotterie: Jl. 8. Okt. 58 c. Behrendt (JMbl. s. 351; ind.); vgl. AKO. v. 27. Juni 1837.

4. Der Handel mit s. g. Promessen zu andern (erlaubten oder nicht erlaubten) Lotterien oder Prämienziehungen (n. 3) ist als die selbstständige Veranstaltung einer Privat-Lotterie anzusehen; vgl. AKO. v. 27. Juni 1837. „Promesse" bezeichnet hier das Versprechen, durch welches sich Jemand gegen eine Vergütung in Beziehung auf ein bezeichnetes Loos ꝛc. und für eine bestimmte Loosen- (Prämien-) Ziehung einer anderweitig veranstalteten Lotterie oder Prämienausloosung einem Anderen gegenüber verbindlich macht, für den Fall der Ausloosung jenes Looses ꝛc., entweder dieses letztere zum Behufe der eignen Realisirung des darauf gefallenen Gewinnes zu verschaffen, oder selbst die Auszahlung eines gleichen Betrages zu bewirken; dabei ist es gleichgültig, ob der Versprechende das Loos ꝛc. zur Zeit besitzt oder nicht: VII. 3. Febr. 59 c. Bauer (JMbl. s. 91). Da hier der Begriff der Lotterie (n. 2) vollständig zutrifft, so gilt das Gesagte unbedingt auch in denjenigen Landestheilen, in welchen die AKO. v. 27. Juni 1837 nicht verkündet worden ist.

5. Dasselbe gilt, von der Verheuerung derartiger Loose für eine oder mehrere Loosenziehungen, und zwar selbst dann wenn sie in die Form eines Verkaufs eingekleidet ist, bei welchem sich der Verkäufer zum späteren Rückkaufe des Looses verpflichtet, falls nicht auf dasselbe in einer bestimmten Ziehung ein Gewinn fallen möchte: Jl. 8. Okt. 58 c. Behrendt (JMbl. s. 351); VII. 3. Febr. 59 (cit. n. 4); vgl. Verf. d. Min. d. Inn. u. d. Fin. v. 17. Okt. 1848; 28. Febr. 1851; 31. Jan. 1853 (VMbl. 48. s. 352; 51. s. 65; 53. s. 71).

6. Dagegen ist es nicht untersagt, daß Jemand aliquote Theile eines in seinem Besitze befindlichen Looses einer erlaubten Lotterie [für immer] Anderen überlasse, und diesen einen entsprechenden Antheil am künftigen Gewinne zuzusichere: Beschl. I. 16. Juni 65 c. Dannemann (RdO. VI, 184).

7. Eine Ausspielung unterscheidet sich von einer Lotterie nur dadurch, daß diese Geldgewinne, jene andere Sachen zum Gegenstande hat.

8. Zu den Ausspielungen gehören auch die sog. „Glücksbuden": VI. 24.

§. 269. Wer Waaren oder deren Verpackung fälschlich mit dem Namen oder der Firma und mit dem Wohn- oder

---

Mai 54 c. Meyer (GA. II, 834). Das gilt selbst dann, wenn dabei kein eigentliches Ausspielen unter mehreren Spielern Statt findet, bei ihrem Betriebe vielmehr der Unternehmer mit jedem einzelnen Spieler wettet; selbst der Umstand, daß dem gewinnenden Spieler von Anfang an die Wahl gelassen wird, statt der gewonnenen Sachen eine vorher bestimmte Geldsumme zu fordern, macht ein solches Spiel nicht zum „Hazardspiel": ZII. 27. Okt. 59 c. Hedermann (JMbl. 60 s. 23; GA. VIII, 568); vgl. Vdn. v. 5. Juli 1847, welche die Glücksbuden ausdrücklich neben den Lotterien nannte. *Contra*: GM. II, 612 n. 1; TGA. s. 304; TL. s. 1028 Note 3; Koch n. 72. Im Uebrigen haben sich zwei Verff. der Min. d. J. u. d. F. v. 18. Mai u. 2. Juli 1852 (VMbl s. 120. 222) dahin ausgesprochen, daß Würfelspiele um Eßwaaren und andere unbedeutende Gegenstände in Verbindung mit einem kleinen Handel auf Jahrmärkten und dergl. von den Orts-Polizeibehörden gestattet werden können; vgl. Cirk.-Erl. v. 21. April 1817; v. 14. Juli 1818; v. 12. Jan. und v. 15. Okt. 1848 (VMbl. 1848 s. 41. 346).

9. **Verloosungen**, behufs der Auseinandersetzung und **Theilung** gemeinschaftlicher Sachen, fallen nicht unter das Strafverbot: AKO. v. 20. März 1827 Nr. 4.

10. Eine Lotterie (Ausspielung) ist „**veranstaltet**", sobald das Objekt derselben (die Gewinne) bezeichnet und die Loose Anderen zur Erwerbung zugänglich gemacht worden sind: V. KH. 8. Juni 33 c. Kleutgen (RA. 18. 2 A. s. 28). Es genügt sonach das In-Umlauf-Setzen einer Lotterie-Liste: V. KH. 5. Juli 41 c. Hülser (RA. 31. 2 A. s. 51); ebenso der Verkauf einzelner Loose: ZI 5. Mai 54 c. Rasch; ZII. 8. Jan. 57 c. Hirschmann.

11. Eine Lotterie (Ausspielung) ist **öffenlich** veranstaltet, sobald der Erwerb der Loose der Allgemeinheit zugänglich gemacht ist. Diese Allgemeinheit braucht gleichwohl nicht unbedingt Alle zu umfassen, welche geneigt sein möchten, sich zu betheiligen; vielmehr bildet auch hier der enge vertraute Kreis den Gegensatz; vgl. AKO. v. 20. März 1827 Nr. 1. 2 („Privatzirkel"); § 150 n. 6. Die in der cit. AKO. ertheilte Auslegung des Ausdrucks „Privat-Ausspielung" als Gegensatz gegen „öffentliche Ausspielung" („solche, welche in Privatzirkeln zum Zwecke eines geselligen Vergnügens oder der Mildthätigkeit veranstaltet werden") kann jetzt als eine gesetzlich bindende nicht mehr angesehen werden, da jene Gesetzesvorschrift, soweit sie sich auf das Verbot öffentlicher Ausspielungen bezieht (arg. EG. Art. II), durch § 268 außer Wirksamkeit gesetzt ist; dagegen muß dieselbe, als Quelle des § 268, zur Auslegung desselben unzweifelhaft berücksichtigt werden.

12. Der § setzt nicht voraus, daß die Veranstaltung in der **Absicht** stattgefunden habe, für sich selbst einen **Gewinn** zu erzielen; aus der Stellung desselben im Tit. 25 („strafbarer Eigennutz"), kann das Erforderniß dieses Merkmals nicht hergeleitet werden: ZI. 30. Nov. 55 c. Bönigk (GA. IV, 263). Demgemäß trifft die Strafe auch denjenigen, welcher lediglich zu einem wohlthätigen Zwecke die öffentliche Veranstaltung vorgenommen hat: ZI. 5. Mai 54 c. Rasch.

13. Durch diesen § 268 ist die Vdn. v. 5. Juli 1847, soweit sich diese auf das **Spielen in auswärtigen**, nicht durch Königliche Genehmigung in Preußen zugelassenen **Lotterien** bezog, nicht aufgehoben worden: KVII. s. 6; Z. 9. Jan. 52 c. Römmer (JMbl. s. 103; Entsch. 22. s 74); V. KH (Int. d. Ges.) 9. Juni 52 c. Krapp (JMbl. s. 314; RA. 47. 2 A. s. 90); ZI. 16. Juli 56 c. Block; u. ö.; Koch n. 72; vgl. Min.-Verf. v. 4. Sept. 1851 (VMbl. s. 214) und Ges. v. 7. Mai 1853 (GS. s. 180), durch welches jene Vdn. in den Hohenzollernschen Landen eingeführt wird. Ebensowenig ist die AKO. v. 27. Juni 1837 aufgehoben: V. KH. 16. Juni 52 c. Kuhlenkamp; ZII. 27. März 56 c. Rosenfeld. Anderer Ansicht ist Wenzel Ergänzz. s. 246.

§ 269.

1. Vorausgesetzt wird, daß die Bezeichnung nicht nur mit dem Namen rc., sondern auch mit dem Wohnorte rc. eines Anderen bewirkt sei: ZII. 1. März 66 c. Schütz (RdO. VII, 143). Dagegen ist es nicht erforderlich, daß **beide** falsch

Fabrikorte eines inländischen Fabrik-Unternehmers, Produzenten oder Kaufmanns bezeichnet, oder wissentlich dergleichen fälschlich bezeichnete Waaren in den Verkehr bringt, soll mit Geldbuße von funfzig bis zu Eintausend Thalern, und im Rückfalle zugleich mit Gefängniß bis zu sechs Monaten bestraft werden.

Dieselbe Strafe tritt ein, wenn die Handlung gegen die Angehörigen eines fremden Staates gerichtet ist, in welchem nach publizirten Verträgen oder Gesetzen die Gegenseitigkeit verbürgt ist.

Die Strafe wird dadurch nicht ausgeschlossen, daß bei der Waarenbezeichnung der Name oder die Firma, und der Wohn- oder Fabrikort mit geringen Abänderungen wiedergegeben werden, welche nur durch Anwendung besonderer Aufmerksamkeit wahrgenommen werden können.

[Entw. § 247]. Vgl. AKO. v. 16. Okt. 1831 (GS. s. 247); Ges. v. 4. Juli 1840 (GS. s. 224); Ges. v. 18. Aug. 1847 § 12—14 (GS. s. 335); Ges. v. 24. April 1854 (GS. s. 213); D. HGB. Art. 15ff.

---

seien, daß also der Angeklagte weder selbst den betr. Namen führe, noch an dem genannten Orte wohne, weil es sonst an jedem Schutze gegen alle Gleichnamigen und gegen alle Mitbewohner desselben Ortes fehlen würde; es genügt daher, wenn auch nur eins von beiden falsch ist: VII. 5. Febr. 63 c. Friedländer (RdO. III, 252).

2. Die Anwendbarkeit des § ist nicht dadurch bedingt, daß der inländische Fabrikunternehmer 2c. selbst seine Waaren besonders, namentlich daß er sie mit Namen (Firma) und Wohnort bezeichne: VII. 20. Nov. 62 c. Böning (RdO. III, 135); *contra*: ZI. 5. April 67 c. Simon (RdO. VIII, 239), welches nur demjenigen Produzenten 2c. den Schutz des § zuerkennen wollte, welcher seine Waaren mit seinem eignen Namen (Firma) und mit seinem eignen Wohn (Fabrik-) Orte bezeichne; wo eins dieser Erforderniße nicht zutreffe, werde der Dritte, welcher den fremden Namen 2c. zu seinen Waarenbezeichnungen gebrauche, nicht strafbar.

3. Der Gebrauch eines fremden Namens bei Waarenbezeichnungen wird durch die Einwilligung eines Dritten, Gleichnamigen, nicht straflos: ZII. 28. Febr. 61 c Hahn (RdO. I, 283); vgl. D. HGB. Art. 23.

4. Die Befugniß, seine Waaren mit dem eignen Namen zu bezeichnen, fällt fort, sobald ein Anderer diesen Namen als Firma angenommen hat; der Gleichnamige muß dann dem Namen einen Zusatz beifügen, durch welchen sich derselbe von der eingetragenen Firma unterscheidet (D. HGB. Artt. 15. 20); vgl. ZII. 19. Mai 64 c. Schäfer (RdO. IV, 509).

5. Firma ist der Name, unter welchem ein Kaufmann im Handel seine Geschäfte betreibt und die Unterschrift abgiebt: D. HGB. Art. 15. Ueber den Erwerb und die Sicherung vgl. dass. Art 19ff Eine von dem Namen des Geschäftsinhabers verschiedene Firma, bei deren Annahme die cit. Vorschriften nicht beobachtet sind, dürfte jetzt auf den Schutz des § keinen Anspruch haben; *contra*: ZI. 13. Sept. 65 c. Haase (RdO. VI, 299). — Handelt es sich von der Berechtigung eines (durch Reziprozitätsverträge geschützten) Ausländers zur Führung einer Firma, so ist diese nach dem betr. ausländischen Gesetze zu beurtheilen. Dagegen ist für die Beurtheilung, inwiefern eine Bezeichnung überhaupt als „Firma" angesehen werden könne, stets nur das inländische Gesetz maaßgebend; vgl. ZI. 5 April 67 (cit. n. 2).

6. Eine Firma kann nur mit dem Handelsgeschäft, für welches sie bisher geführt wurde, veräußert werden: D. HGB. Art. 23; ähnlich früher: ZII. 28. Febr. 61 (cit. n. 3).

7. Die Strafbestimmung des § wird dadurch nicht ausgeschlossen, daß die mißbrauchte Firma nicht die von dem betr. Dritten regelmäßig gebrauchte, sondern eine ältere, bei Bezeichnung einzelner Waaren beibehaltene, und bei der Eintragung ins Handelsregister mit angemeldete war: ZII. 14. Jan. 64 c. Heye (RdO. IV, 289).

8. Der Wohn- (Fabrik-) Ort kann nicht blos durch Angabe des Namens der betr. Stadt ꝛc., sondern auch auf andere den Ort deutlich kundmachende Weise bezeichnet werden (z. B. durch Angabe eines allgemein bekannten Stadtheils, eines Platzes ꝛc.): VII. 20. Nov. 62 (cit. n. 2); VII. 5. Febr. 63 (cit. n. 1).

9. Es ist nicht erforderlich, daß Namen (Firma) und Wohn- ꝛc. Ort durch verschiedene Bezeichnungen angegeben sind; der Instanzrichter kann vielmehr in einer Kollektivbezeichnung die Angabe beider finden: ZI. 13. Sept. 65 (cit. n. 5). Insbesondere kann eine örtliche Bezeichnung sehr wohl einen Theil der Firma bilden (vgl. D. HGB. Art. 16) und gleichzeitig den Wohn- ꝛc. Ort benennen: VII. 20. Nov. 62 (cit. n 2); ZII. 29. Sept. 59 c. Aldenbrück (Rh. S.).

10. In welcher Weise die Bezeichnung mit dem fremden Namen ꝛc. bewirkt worden, ist für den Thatbestand gleichgültig; vgl. ZI. 13. Sept. 65 (cit. n. 5).

11. Daher genügt es, wenn echte Fabrikzeichen, Etiketten ꝛc. von der echten Waare abgenommen, und einer andern angeheftet ꝛc. sind: TL. f. 1034 Note 2; *contra*: GM. II, 614 n. 3; Koch n. 73.

12 Die Worte: „in den Verkehr bringen" sind nicht gleichbedeutend mit „verkaufen"; sie beziehen sich nur auf denjenigen, welcher die Sache zuerst im Inlande zum Gegenstande des Handelsverkehrs macht.

13. Als Dolus genügt das Bewußtsein, daß man sich des Namens ꝛc. eines Andern bediene. Der § trifft daher unbedenklich zu, wenn die Handlung geschah, um bei dem abnehmenden Publikum den Glauben zu erregen, die Waare stamme vom Inhaber der Firma ꝛc. her: ZII. 19. Mai 64 c. Schäfer (RdO. IV, 509).

14. Sind amtliche Stempelungen gefertigter Waaren gesetzlich angeordnet oder gestattet (z. B. durch Ges. v. 16. Mai 1816 § 32; Ges. v. 3. Juli 1818; Vdn. v. 5. Jan. 1823; Vdn. v. 2. Jan. 1827; die Legge-Ordnungen v. 15. und 16. Mai 1853; GS. 1816 f. 142; 1818 f. 153; 1823 f. 2; 1827 f. 87; 1853 f. 229. 233), so fällt ihre Nachbildung nicht unter den §. Es können daher nur die auf sie bezüglichen Spezialbestimmungen Anwendung finden.

15. Im zweiten Absatze ist das Wort „publizirten" nur auf die Verträge, nicht auf die Gesetze zu beziehen, durch welche der auswärtige Staat die Reziprozität gewährt; die letzteren bedürfen der Publizirung in Preußen nicht: VII. 12. Okt. 54 c. Wilms (JMbl. 1855 f. 4; GA III, 93); vgl. § 78 n. 8; Abh. in GA. III, 91. Im Uebrigen genügt die für Preußen erfolgte Publikation der die Gegenseitigkeit verbürgenden Verträge auch in Betreff der erst später mit Preußen vereinigten Provinzen; es bedarf nicht auch noch einer besonderen Verkündung für diese, da die betr. Verträge als solche in Betracht kommen, also nicht selbst Gesetzeskraft zu haben brauchen.

16. Das Wort „Gesetz" setzt nur einen nach der Verfassung des betreffenden Landes mit Gesetzeskraft versehenen Erlaß voraus, ohne daß derselbe nothwendig den Namen „Gesetz" führen müßte; ob jenes der Fall, und ob durch diesen Erlaß die Reziprozität wirklich verbürgt sei, ist eine von den Instanzrichtern endgültig zu lösende Frage: VII. 12. Okt. 54 (cit. n. 15); vgl. 78 n. 8.

17. Ob die Abänderungen den Voraussetzungen des Abs. 3 entsprechen, ist eine thatsächliche Frage: ZII. 28. Febr. 61 c. Hahn (RdO. I, 283).

18. Für den Schutz der Fabrikzeichen an Eisen- und Stahlwaaren sind in Westphalen und der Rheinprovinz die Vdn. v. 18. Aug. 1847 und das Ges. v. 24. April 1854 maaßgebend. An die Stelle der im § 12 jener Vdn. für anwendbar erklärten Strafbestimmungen des Ges. v. 4. Juli 1840 ist jetzt § 269 getreten: VII. 1. Febr. 66 c. Vitte (RdO. VII, 78).

19. In Betreff der Bestrafung des eigenmächtigen Gebrauchs und der Abbildung des Königlichen Wappens zur Bezeichnung von Waaren auf Aushängeschildern oder Etiketten vgl. AKO. v. 16. Okt. 1831 (GS. f. 247).

§. 270. Wer Andere vom Mitbieten oder Weiterbieten bei den von öffentlichen Behörden oder Beamten vorgenommenen Versteigerungen, dieselben mögen Verkäufe, Verpachtungen, Lieferungen, Unternehmungen oder Geschäfte irgend einer Art betreffen, durch Gewalt oder Drohung, oder durch Zusicherung oder Gewährung eines Vortheils abhält, wird mit Geldbuße bis zu dreihundert Thalern oder mit Gefängniß bis zu sechs Monaten bestraft.

[Entw. § 248]. Vgl. Ges. v. 14. Juli 1797 (Ed.-Samml. 10. s. 1313; v. Rabe 4. s. 204).

---

§ 270.

1. Aus der Fassung: „Wer Andere — — abhält" ist nicht zu folgern, daß es hier einer Mehrheit von Personen bedürfe; auch die Abhaltung eines Einzelnen fällt unter die Strafvorschrift; vgl. Gilb. C. pén. art. 412 n. 8.

2. Das Wort „bei" bezieht sich auf das „Mitbieten rc.", nicht auf das „abhält"; es ist daher für die Strafbarkeit der Handlung gleichgültig, ob sie bei oder vor der Versteigerung statt fand: ZII. 14. Nov. 61 c. Fricke (RdO. II. 73).

3. Ob die Versteigerung eine nothwendige oder freiwillige, eine von Amtswegen oder auf den Antrag einer Privatperson veranlaßte gewesen, ist gleichgültig, sobald sie nur von einer Behörde oder einem Beamten vorgenommen wurde, also unter öffentlicher Autorität statt fand.

4. Auch eine Verdingung ist, wie aus den Worten „Lieferungen, Unternehmungen oder Geschäfte rc" folgt, als Versteigerung anzusehen: ZI. 28. Jan. 57 c. Rawitzscher.

5. Daß die Versteigerung öffentlich vorgenommen werde, ist nicht erforderlich.

6. Wenn die Gesetze nach beendigtem Versteigerungsakte noch die Abgabe eines Uebergebots gestatten (z. B. Rh. HGB. Art. 565), so findet § 270 auch auf das Abhalten von diesem Anwendung; vgl. Gilb. C. pén. art. 412 n. 15. Das ist gleichwohl auf den Fall des Art. 2185 des Rh. BGB. nicht auszudehnen, weil hier eine Versteigerung in der Regel noch gar nicht statt gefunden hat, und erst durch das Uebergebot nothwendig wird; vgl. Gilb. C. pén. art. 412 n. 12 ff.

7. Der Gewalt oder Drohung steht die Erregung eines Irrthums nicht gleich; sie war in den frühern Entwürfen mit aufgezählt, ward aber später absichtlich beseitigt. Ein durch Irrthumserregung bewirktes Abhalten kann daher nur geeigneten Falles als Betrug strafbar sein.

8. Der zugesicherte oder gewährte Vortheil muß ein solcher sein, welchen der Abhaltende selbst, oder durch einen Anderen für sich gewährt: ZII. 24. Febr. 53 c. Fahrenholz (GA. I, 411); vgl. n. 13.

9. Dagegen genügt auch eine bedingte Zusicherung: ZII. 14. Sept. 65 c. Dietzgen (RdO. VI, 302).

10. Auch die Zusicherung eines Ersatzes für den bei einer Versteigerung zu besorgenden Verlust, z. B. die Zusicherung der theilweisen oder gänzlichen Befriedung eines Realgläubigers, fällt, wenn dadurch der letztere vom Mitbieten abgehalten wird, unter das Strafverbot: KBII. s. 137.

11. Nur das wirkliche Abhalten vom Bieten, nicht der Versuch eines solchen ist strafbar; es muß daher feststehen, daß der Entschluß des Andern, nicht zu bieten, das Resultat der auf ihn ausgeübten Einwirkungen gewesen sei: ZII. 14. Sept. 65 (cit. n. 9).

12. Demgemäß findet der § keine Anwendung, wenn der Abzuhaltende bereits vorher entschlossen war, nicht zu bieten, weil dann sein Nichtbieten nicht durch die Thätigkeit des Angeklagten veranlaßt worden ist. Dagegen ist ein wirkliches Abhalten nicht nur bei solchen Personen möglich, welche bereits den festen Entschluß zum Mitbieten gefaßt haben, sondern auch bei solchen, in welchen ein

§ 271. Wer seine eigne bewegliche Sache dem Nutznießer, Pfandgläubiger oder demjenigen, welchem an der Sache das Zurückbehaltungsrecht zusteht, in rechtswidriger Absicht wegnimmt oder wegzunehmen versucht, wird mit Gefängniß von Einer Woche bis zu drei Jahren bestraft; auch kann gegen denselben auf zeitige Untersagung der Ausübung der bürgerlichen Ehrenrechte erkannt werden.

Die Bestimmungen der §§. 228. und 229. finden hier gleichfalls Anwendung.

[Entw. § 249]. Vgl. § 215. 265. 228. 229.

---

solcher Entschluß mit Rücksicht auf die sich bietende Möglichkeit einer wohlfeilen Erwerbung entstehen konnte; ob blos ein solcher Mangel des gereiften Entschlusses, oder die feststehende Absicht, nicht zu bieten, vorlag, ist Gegenstand der thatsächlichen Beurtheilung: Z. 13. Sept. 52 c. Völker (GA. I, 410).

13. Die Einigung mehrerer Bietlustigen, bei einer Versteigerung durch einen gemeinsamen Bevollmächtigten Gegenstände für gemeinschaftliche Rechnung (etwa um sie später unter sich zu vertheilen oder abermals zu versteigern) anzusteigern, fällt nicht unter das Strafverbot, da alle als Mitbieter anzusehen sind, keiner also abgehalten wird; das gilt selbst dann, wenn der Bietende nur in eignem Namen gehandelt hat; ältere, diesen Fall vorsehende Strafvorschriften sind durch § 270 unwirksam geworden: ZII. 24. Febr. 53 c. Fahrenholz (GA. I, 411); VII. 21. April 53 c. Straube-Kögler (GA ibid.). Dasselbe muß auch von Lieferungen und Verdingungen gelten, insoweit bei diesen eine derartige Einigung und Ansteigerung für alle gemeinschaftlich möglich ist; es macht dann auch keinen Unterschied, wenn demnächst die übernommenen Leistungen unter die bei der Verabredung Betheiligten in der Weise vertheilt werden, daß jeder einen bestimmten Antheil für sich übernimmt, und aus demselben den Vortheil und Schaden allein trägt; *contra:* ZI. 28. Jan. 57 c. Rawitscher.

14. Einer gewinnsüchtigen Absicht bedarf es zum Thatbestande nicht; daher wird der § auch da anwendbar, wo der Zweck auf die Beschädigung eines Anderen gerichtet war. Das Gegentheil ist nicht aus dem Rubrum des Tit. 25 („strafbarer Eigennutz") zu folgern.

15. Gleichgültig ist es, ob das Abhalten vom Bieten auf das Endergebniß der Versteigerung von Einfluß war: Gilb. C. pén. art. 412 n. 9.

16. Derjenige, welcher sich durch die Zusicherung oder Gewährung eines Vortheils vom beabsichtigten Bieten abhalten läßt, macht sich dadurch nicht strafbar, insbesondere kann er nicht als Theilnehmer am Vergehen des Abhaltenden angesehen werden.

17. Das französische Dekret vom 17 mess. XI, welches Strafen gegen den Beamten androhte, welcher sich an einem solchen Vergehen betheiligte, war schon durch den Art. 412 des C. pén. beseitigt; vgl Gilb. C. pén. art. 412 n. 18.

§ 271.

1. Dieser § bestraft das früher sog. furtum possessionis, welches jetzt unter den Begriff des Diebstahls, wie er im § 215 bestimmt ist, nicht mehr fällt.

2. Die Vorschrift trifft nur den Eigenthümer, welcher die eigene Sache, nicht also auch den Dritten, welcher dieselbe im Interesse des Eigenthümers, ohne eigne gewinnsüchtige Absicht, wegnimmt; da dieser auch nicht der Diebstahlsstrafe unterliegt, so enthält hier das Gesetz eine Lücke. Dagegen verwirkt derjenige, welcher eine von ihm verpfändete fremde Sache dem Pfandgläubiger wegnimmt, die Diebstahlsstrafe.

3. Es ist nicht erforderlich, daß das Nutznießungs- oder Pfandrecht in durchaus rechtsverbindlicher Weise begründet sei; es muß vielmehr genügen, wenn das betr. Rechtsgeschäft in einer nicht absolut nichtigen Weise zu Stande gekommen

und demzufolge die Sache in die Gewahrsam des Berechtigten gelangt ist. Der § wird daher auch dann anwendbar, wenn ein Kind unter väterlicher Gewalt ein solches Recht ohne Zustimmung des Vaters bestellt hatte (vgl. § 103 I, 4 ALR); *contra:* BI. 19. März 58 c. Singer (GA. VI, 569).

4. Der Vermiether erlangt durch die (ohne Mitwirkung des Gerichts vorgenommene) Zurückbehaltung der Sachen des Miethers ein wirkliches Pfandrecht, und den Schutz des § 271 (vgl. ALR. I, 21 § 395; den jetzt aufgehobenen § 382a. I, 50 der AGO.; Konk.-Ordn. v. 8. Mai 1855 § 33 Nr. 4): ZII. 28. Nov. 61 c. Schimmel (RdO. II, 104); nur wenn ein Streit über den Werth der Sachen und das Quantum der zurückzubehaltenden Sachen entsteht, tritt nach Anh. z. AGO. § 302 die Mitwirkung des Gerichts ein: ZI. 20. Juni 56 c. Rösler (GA. IV, 849); vgl. BI. 29. Okt. 58 c. Müller (GA. VII, 115).

5. Unter Zurückbehaltungsrecht ist hier, wie aus der Gleichstellung mit dem Nutznießungs- und Pfandrechte hervorgeht, nur dasjenige Recht zu verstehen, vermöge dessen der Inhaber einer fremden Sache diese in seiner Gewahrsam behalten darf, bis er wegen eines Forderungsrechtes befriedigt ist (ALR. I, 20 § 536 ff.). Es gehört daher das (aus Veranlassung eines erlittenen Schadens) durch einseitige Pfändung an einer fremden Sache erworbene Recht nicht hierher, zumal der § 272 den Eingriff in eine amtlich vorgenommene Beschlagnahme mit einer weit geringeren Strafe bedroht. Der Eingriff in eine solche Privatpfändung (z. B. die ohne Gewaltthätigkeit erfolgende Wiederinbesitznahme der einem Holzfrevler von einem Privatwaldhüter abgepfändeten und noch nicht der Ortsobrigkeit übergebenen Transportmittel: HDGes. v. 2. Juni 1852 § 22. 23) ist nur als eine jetzt straflose eigenmächtige Selbsthülfe zu betrachten (vgl. ALR. I, 14, §§ 462—465; FPO. v 1. Nov. 1847 § 53 ff. 75): BI 2 Jan. 56 c. Roszeck (GA. IV, 264); ZI. 9. Okt. 57 c. Smolewski (GA. VI, 283); ZI. 7. März 66 c. Krämer (RdO. VII, 153); *contra:* Koch n. 79.

6. Durch eine nützliche Verwendung wird ein Zurückbehaltungsrecht nicht begründet: BI. 19. März 58 c Singer (GA. VI, 569).

7. Die rechtswidrige Absicht muß auf Verletzung des wenigstens formell begründeten Nutznießungs-, Pfand- oder Zurückbehaltungsrechtes gerichtet sein. Ein Weiteres wird nicht erfordert; insbesondere braucht die Absicht keineswegs auf eine Verkürzung oder Gefährdung des durch das Pfand- 2c. Recht gesicherten fremden Forderungsrechtes zu gehen: ZI. 2. Okt. 57 c. Mendelssohn; *contra:* ZI. 24. Nov. 58 c. Tackmann (GA. VII, 116). Hiernach wird die Strafbarkeit durch den Besitz ausreichender Mittel zur Deckung jener Forderung nicht ausgeschlossen; vgl. § 272 n. 29. 30.

8. Ebensowenig bedarf es einer gewinnsüchtigen Absicht; der Entw. v. 1847 (§ 335) hatte die Gewinnsucht als einen erschwerenden Umstand aufgeführt; das ward im Entw. v. 1850 beseitigt, ohne daß irgend etwas dafür spräche, daß man jetzt die Gewinnsucht als allgemeines Begriffsmerkmal habe hinstellen wollen: ZI. 24. Nov. 58 (cit. n. 7); *contra:* Z 26. April 52 c. Klesczinski (JMbl. S. 284; GA. I, 255); ZI. 2. Okt. 57 c. Mendelssohn.

9. Auch dieser § verlangt eine Wegnahme, d. h. ein Entfernen der zurückbehaltenen Sache aus der Gewahrsam des Zurückbehaltenden. Wegschaffen der eigenen Sachen aus einer gemietheten Wohnung in der Absicht, den Vermiether an der Ausübung seines Zurückbehaltungsrechtes zu hindern, fällt, so lange dies Recht noch nicht ausgeübt, und so die Sache in die Gewahrsam des Vermiethers übergegangen ist, nicht unter diese Vorschrift: ZI. 22. Nov. 54 c. Comouth (GA. III, 140); ZII. 28. Nov. 61 c. Schimmel (RdO. II, 104); KBI. S. 44.

10. Von einer Wegnahme kann nicht die Rede sein, wenn sich der Angeklagte auch nur im Mitbesitze der Sache befand: ZI. 25. Nov. 64 c. Kiehn (RdO. V, 301); vgl. § 215 n. 8.

11. Erschwerende Umstände des Diebstahls kommen, wenn sie bei der hier vorgesehenen Handlung obwalten, nur als Strafzumessungsgründe in Betracht. Ebenso liegt, wenn das Vergehen mit Gewalt verübt wird, nicht Raub, sondern nur das im § 271 vorgesehene Vergehen vor, mit welchem dann die durch die Anwendung der Gewalt verübte Strafthat (z. B. Körperverletzung) ideell konkurriren kann. Wird die Herausgabe der Sache durch Bedrohung mit der Verübung eines

§. 272.*) **Wer Sachen, welche durch die zuständigen Behörden oder Beamten gepfändet oder in Beschlag genommen worden sind, vorsätzlich bei Seite schafft, verbringt oder zerstört, oder in anderer Weise der Pfändung oder Beschlagnahme ganz oder theilweise entzieht, wird mit Gefängniß bis zu Einem Jahre bestraft.**

[Entw. § 271]. Vgl. § 271; Rh. BPO. Art. 600; AKO. v. 11. Dez. 1833 (GS. f. 296); AKO. v. 21. April 1856 (GS. f 220).

*) Fassung des Gesetzes v. 14. April 1856 (GS. f. 210); in der ursprünglichen Fassung lautete:

§. 272. Wer Sachen, welche durch die zuständigen Behörden oder Beamten gegen ihn gepfändet oder in Beschlag genommen worden sind, vorsätzlich ganz oder theilweise der Pfändung oder Beschlagnahme entzieht, bei Seite schafft, verbringt oder zerstört, wird mit Gefängniß bis zu Einem Jahre bestraft.

Mit der nämlichen Strafe werden bestraft:

1) der Ehegatte des Gepfändeten, dessen Verwandte oder Verschwägerte in auf- oder absteigender Linie, welche mit Kenntniß der Pfändung oder Beschlagnahme sich einer der gedachten Handlungen schuldig machen;
2) der von der Behörde oder dem Beamten bestellte Hüter, welcher im Interesse des Gepfändeten eine der gedachten Handlungen selbst verübt, oder daß sie von einem Dritten verübt wird, gestattet;
3) ein Dritter, welcher im Interesse des Gepfändeten, mit Kenntniß der Pfändung oder Beschlagnahme, eine der gedachten Handlungen verübt.

Verbrechens ꝛc. in der Absicht, sich oder Andern einen rechtswidrigen Vortheil zu verschaffen, erzwungen, so liegt Erpressung (§ 234) vor.

§ 272.

Inhalt.

1. Nach der neuen ganz allgemeinen Fassung des § wird jeder Thäter von der Strafe betroffen, ohne daß es auf das Verhältniß, in welchem er zur Sache oder zu ihrem Eigenthümer steht, ankäme: Zl. 28. Okt. 57 c. Schönherr. Insbesondere gilt das Strafverbot auch für den Eigenthümer selbst, sollte auch die Sache nicht gegen ihn, sondern mit Unrecht gegen einen Dritten, in dessen Hand sie sich zeitweise befand, gepfändet sein; er muß im geeigneten gerichtlichen Verfahren zunächst die Aufhebung der Pfändung erwirken, ehe er sich einen Eingriff in die letztere erlauben darf.

2. Daher macht es den Gepfändeten nicht straflos, wenn er die gegen ihn ge-

pfändete fremde Sache dem Eigenthümer zurückgiebt, er muß vielmehr diesen zum gerichtlichen Wege verweisen: VII. 4. Okt. 55 c. Maisborn (JMbl. s. 369; Entsch. 31. s. 282; GA. IV, 265); ZI. 31. März 65 c. Gallinat (RdO. VI, 44); ZI. 30. Mai 65 c. Schubert. Das gilt selbst dann, wenn das Gericht bei demjenigen, an den der Angeklagte die Sache abgegeben hatte, eine neue Beschlagnahme verhängen kann: ZII. 9. Okt. 56 c. Maisborn.

3. Der Ausdruck „Sachen" umfaßt Gegenstände aller Art, welche ihrer Natur nach einer angelegten Beschlagnahme entzogen werden können. Insoweit letzteres zutrifft, findet daher der § auch auf Immobilien Anwendung, z. B. wenn ein zum Zwecke der Subhastation in Beschlag genommenes Gebäude abgebrochen und die so beweglich gemachten Materialien bei Seite gebracht werden: VI. 1. März 67 c. Petke (RdO. VIII, 145); vgl. n. 9a. Aehnlich verhält es sich mit den auf einem in Beschlag genommenen Grundstücke sich findenden Früchten auf dem Halme, von dem Holz auf dem Stamme, wenn sie von dem Boden getrennt, und so der sie mit umfassenden Beschlagnahme entzogen werden: ZI. 27. Mai 53 c. Jeltsch. Noch unbedenklicher ist es, daß der § auf bewegliche Pertinenzstücke eines Grundstückes unbedingte Anwendung findet: ZI. 24. Okt. 55 c. Schulz (GA IV, 266); vgl. ZI. 26. Okt. 66 c. Schmidt (RdO. VII, 583).

4. Dagegen gehört die Wiederbesitznahme eines unter Sequester gestellten Grundstückes nicht hierher, da das letztere dadurch weder bei Seite geschafft noch der gerichtlichen Maaßnahme entzogen wird: Z. 22. Dez. 51 c. Rabe (Entsch. 22. s. 75; GA. I, 256); ZI. 24. Okt. 55 c. Schulz (GA. IV, 266).

5. Der Ausdruck „Sachen" umfaßt auch Forderungen. Insoweit sie einer stattgehabten Beschlagnahme entzogen werden können, wird auch § 272 gegen den Thäter anwendbar: VPl. 31. März 56 c. Meißner (JMbl. s. 146; Entsch. 33. s. 229; GA. IV, 344); *contra:* Koch n. 80. Ein solcher Fall kann im Geltungsbereiche der AGO. vorkommen, wenn vor der beim Drittschuldner bewirkten Arrestanlage an den Exequendus das Verbot, über die Forderung zu verfügen, ergangen ist, und er in der Zwischenzeit gegen dieses Verbot verstößt, oder wenn er eine in Beschlag genommene Hypothekenforderung an einen gutgläubigen Dritten cedirt, ehe die betreffenden Urkunden ihm abgenommen und zum gerichtlichen Depositum gebracht worden sind; vgl AGO. I, 24 § 101; ALR. I, 11 § 395. 397; I, 10 § 23—25; Hyp.-Ordn. § 234. — Dagegen kann in Beziehung auf eine nicht verhypothezirte Forderung von einer Entziehung der Beschlagnahme nicht mehr die Rede sein, sobald dem Schuldner derselben untersagt worden ist, an den Exequendus Zahlung zu leisten. Eine trotz dieses Verbotes rc. erfolgende Zahlung rc. würde den Schuldner nicht entlasten, die Forderung gegen ihn würde zu Gunsten des Exekutionssuchers fortbestehen, sie wäre also der Beschlagnahme nicht entzogen; *contra:* ZII. 26. Febr. 63 c. Schenke (RdO. III, 310); ZI. 26. Mai 65 c. Scholz (RdO. VI, 150), welche darauf Gewicht legen, daß durch jene Zahlung das Recht des Exekutionssuchers insofern gefährdet erscheine, als der Drittschuldner daraus Einwendungen gegen die nochmalige Zahlung herleiten und dadurch die letztere verzögern, oder gar zu ihrer Leistung außer Stande sein könnte. Diese Gründe sind indessen nicht durchgreifend, da eben nur die Forderung in Beschlag genommen ist, diese aber für den Exekutionssucher vollständig unverkümmert bleibt; unberechtigte Einreden des Drittschuldners können daran ebensowenig etwas ändern, als eine Zahlungsunfähigkeit, welche die Existenz der Forderung gar nicht berührt. — Dieses gilt nach Rheinischem Rechte unbedingt, da hier die Beschlagnahme von Forderungen wesentlich mit der Arrestanlage beim Drittschuldner beginnt, und diesem jede gültige Zahlung unmöglich macht.

5a. Was von Forderungen gilt, ist auch auf arrestirte Gehaltstheile (§ 106 I, 24 AGO.) anzuwenden; insoweit hier eine Entziehung der Beschlagnahme möglich ist, greift auch die Strafe des § 272 Platz: ZI. 8. Juni 59 c. Lübke (GA. VII, 561).

6. Unter „zuständigen Behörden oder Beamten" sind solche zu verstehen, welche im Allgemeinen zur Vornahme einer solchen Maaßregel berufen sind; die Kompetenz im Einzelfalle ist nicht entscheidend: GM. II, 619 n. 3; vgl. Erk. Kamm.-Ger. 27. Sept. 52 (GA. I, 255); *contra:* TL. s. 1036; Z. 20. Febr. 52 c. Steinhauer (ind.); VII. 19. Juli 55 c. Blattner (GA. III, 718). Das Nä-

here siehe n. 12. — Als ein solcher zuständiger Beamter ist ein Postbeamter anzusehen, welcher instruktionsmäßig falsches bei seiner Amtsführung in seine Hände gelangtes Geld „anhält“: BI. 6. März 67 c Boas (RdO. VIII, 152); vgl. Ges. v. 8. April 1823 § 6. 7 (GS. s. 44). Ebenso kann als zuständiger Beamter auch ein Landschaftsbeamter (auf Grund eines General-Landschafts-Beschlusses) betrachtet werden: ZI. 26. Okt. 66 c. Schmidt (RdO. VII, 583). — Dagegen hat ein Gemeindebediener, welcher nicht gleichzeitig Polizeidiener ist, nicht die Zuständigkeit, polizeiliche Beschlagnahmen vorzunehmen: ZII. 19. April 60 c. Wegener.

7. Der § unterscheidet nicht, ob die Beschlagnahme ꝛc. zur Sicherung eines Privat- oder eines öffentlichen Interesses, z. B. als Vorbereitung zu einer strafgerichtlichen Verfolgung bewirkt sei; das Gegentheil kann weder aus dem Rubrum des Tit. 25, noch aus der engern Fassung der AKO. v. 11. Dez. 1833 gefolgert werden: Beschl. I. 23. Jan. 56 c. Fäcknitz (GA. IV, 265); ZI. 10 März 58 c. Kuba. Demgemäß gehört auch der Fall hierher, wo ein Scharfrichter auf den Grund einer Polizei-Verordnung einen Hund eingefangen hat; § 271 bleibt dann ausgeschlossen: BI. 24. Sept. 62 c Andrieß (RdO III, 25).

8. Die Beschlagnahme eines Gegenstandes durch die Polizeibehörde ist an keine bestimmte Form gebunden; es genügt der ausdrücklich erklärte Wille, eine solche Beschlagnahme vorzunehmen, verbunden mit der Wegnahme oder Sicherung des Gegenstandes selbst: ZII 4. Dez. 56 c. Deerberg (JMbl. 57. s. 11); ZI. 26. März 58 c. Krafft.

9. Die Stellung einer Sache unter Sequester ist als eine Beschlagnahme anzusehen; sic: BPl. 31. März 56 (cit. n. 5); ZI. 26 Okt. 66 c. Schmidt (RdO. VII, 583). In einem solchen Falle ist das Bei-Seite-Schaffen strafbar, wenn es geschah, nachdem der Thäter durch die Eröffnung des betr. Verfahrens die Gewißheit erlangt hatte, die Sequestration sei eingetreten; sollte auch das aufgenommene Protokoll noch nicht abgeschlossen sein: BI. 2. Okt. 61 c. Wegner (RdO. I, 559). Vgl. n. 4.

9a. Auch eine Subhastation stellt eine Beschlagnahme dar: BI. 1. März 67 c. Petke (RdO. VIII, 145); vgl. n. 3. 4.

10. Dasselbe gilt von dem Verbote, eine Sache zu veräußern (AGO I, 24 § 71); vgl. n. 12.

11. Es ist statthaft, einen quantitativen Theil aus einem größeren Ganzen fungibler oder nicht fungibler Sachen (z. B. eine Anzahl nicht individuell bezeichneter Stücke aus einer Heerde) in Beschlag zu nehmen und die Disposition darüber zu untersagen; auch in einem solchen Falle wird eventuell der § anwendbar: ZI. 24. Okt. 60 c. Gensichen (GA. VIII, 843); ZI. 2. März 64 c. Neumann (RdO. IV, 396).

12. Sobald formell eine wirkliche Pfändung ꝛc. vorliegt, ist die Anwendbarkeit des § nicht dadurch bedingt, daß bei jener überall die gesetzlichen Voraussetzungen zutreffen, und daß bei der Anlegung alle vorgeschriebenen Förmlichkeiten beobachtet sind. Auch hier ist an dem Grundsatze fest zu halten, daß eine Amtshandlung als solche zu respektiren ist, und, wenn fehlerhaft, nur auf dem gesetzlich geregelten Wege unwirksam gemacht werden darf: ZI. 5. Juli 65 c. Schulz (RdO. VI, 237); ZI. 13. Juli 66 c. Stiller. Demgemäß wird die Strafbarkeit dadurch nicht ausgeschlossen, daß die Beschlagnahme vom Gerichte den gesetzlichen Vorschriften zuwider angeordnet, oder vom Exekutor nicht auftragsgemäß (z. B. gegen eine unrichtige Person) zur Ausführung gebracht worden ist: ZI. 31. März 65 c. Gallinat (RdO. VI, 44); *contra*: BII. 19. Juli 55 c. Blattner (GA. III, 718). Dasselbe gilt da, wo der mit der Abpfändung von Mobilien beauftragte Exekutor sich darauf beschränkt hat, dem Gepfändeten nur die Veräußerung der Sachen zu untersagen (n. 10): ZI. 9. Nov. 54 c. Klocke (Entsch. 29. s. 263; GA. III, 141); ZI. 5. Juli 61 c. Mintzlaff (GA. IX, 715). Ebenso ist es unwesentlich, ob die angelegte Beschlagnahme formell allen gesetzlichen Vorschriften entspricht: ZI 16. Sept. 64 c. Schubert (RdO. V, 119); ZI. 5. Juli 65 c. Schulz (RdO. VI, 257); *contra*: BI. 27. Mai 59 c. Bernsee (GA. VII, 562). Insbesondere kommt es für den Thatbestand des § 272 nicht darauf an, ob der betr. Gegenstand dem Angeklagten gegenüber in Beschlag genommen werden durfte: ZII. 1. Juni 61 c. Hartung (RdO. I, 422); ZI. 26 Okt. 66 c. Schmidt (RdO. VII, 583); *contra*: B. 27. Sept. 52 c.

Grunow (Entsch. 23. s. 474; GA. I, 256); ZI. 11. Mai 55 c. Hahn (GA. III, 717); cit. VI. 27. Mai 59. — Jedenfalls aber kann die Verabsäumung unwesentlicher Förmlichkeiten, zumal der nur reglementarisch vorgeschriebenen, eine demnächstige Bei-Seite-Schaffung der Pfandstücke nicht straflos machen: VI. 2. Sept. 59 c. Moritz (GA. VII, 717); VI. 6. Juli 60 c. Marisch (GA. VIII, 707). In dieser Beziehung ward selbst die Aufnahme eines Pfändungsprotokolls durch den Exekutor nicht für eine wesentliche Förmlichkeit, sondern nur als ein Beweismittel angesehen, welches durch andere Beweismittel ersetzt werden könne: VI. 15. Mai 61 c. Willkomm (RdO. I, 404); ZI. 2. März 64 c. Naumann (RdO. IV, 396). Ebenso ist es unbedenklich, daß die Anwendbarkeit des § dadurch nicht ausgeschlossen wird, daß im Pfändungs-Protokolle die Gründe nicht angegeben sind, aus welchen der Exekutor von der Wegnahme der gepfändeten Sachen aus der Gewahrsam des Gepfändeten abgesehen hat, oder daß es unterlassen worden ist, die gepfändeten Sachen mit dem Dienstsiegel zu belegen: VI. 2. Sept. 59 c. Moritz (GA. VII, 717). Dasselbe muß da angenommen werden, wo bei einem Veräußerungsverbote (n. 10) die schriftliche Spezifikation der Sachen (§ 71 I, 24 AGO.) verabsäumt worden ist: ZI. 5. Dez. 60 c. Hagen (GA. IX, 144); TL. s. 1036 Note 5; Koch n. 80; *contra*: Erk. Kamm.-G. cit. bei GM. II, 620 n 6.

13. Ebenso ist die Strafbarkeit in keiner Weise durch eine vorherige Verwarnung bedingt: VI. 1 März 67 c. Petke (RdO. VIII, 145).

14. Noch weniger kann der Angeklagte mit dem Einwande gehört werden, daß die Forderung, wegen welcher die Pfändung rc. in der vorgeschriebenen Weise erfolgt war, nicht begründet oder getilgt sei; die formell bestehende Pfändung rc. ward dadurch nicht ungültig, es konnte nur im gesetzlichen Wege die Wiederaufhebung nachgesucht werden. Selbst durch eine nach der Beschlagnahme bewirkte Zahlung, und durch die Zustimmung des Exekutionssuchers zu der Aufhebung des Verfahrens, wird das Pfandstück nicht ohne Weiteres frei; es kann daher auch dann noch das Vergehen begangen werden: ZI. 13. Febr. 61 c. Michael (RdO I, 260); VI. 9. Mai 66 c. Korch (RdO. VII, 284). Dagegen tritt Straflosigkeit ein, wenn der Angeklagte in einem solchen Falle in dem guten Glauben handelte, er sei jetzt in seinen Verfügungen über die Sache nicht weiter beschränkt: ZI. 4. Juli 60 c. Hilse (GA. VIII, 706).

15. Nur die Bei-Seite-Schaffung rc. wirklich in Beschlag genommener Sachen fällt unter den §; derjenige, welcher die Vornahme der Beschlagnahme durch den Beamten verhindert, kann nur aus § 89 strafbar sein: VI. 14. Jan. 59 c. Silber. In welchem Augenblicke die Beschlagnahme als bewirkt anzusehen sei, fällt im Allgemeinen der thatsächlichen Beurtheilung anheim. In dieser Beziehung kann es für genügend erachtet werden, sobald der Beamte eine Sache als Pfandobjekt an sich genommen hat; die sofortige Wiederentreißung derselben fällt dann unter den §: ZI. 8. Dez. 65 c. Sieg (RdO. VI, 537). Dasselbe gilt von der Stellung einer Sache unter Sequester, sollte auch dem Dritten, welcher seinerseits Eigenthümer derselben zu sein behauptet, noch kein Arrestatorium zugestellt sein: ZI. 26. Okt. 66 c. Schmidt (RdO. VII, 583). Eine Forderung ist in Beschlag genommen, sobald dem Exequendus die Arrestverfügung behändigt ist, sollte auch das Inhibitorium an den Drittschuldner noch nicht ergangen sein: ZI. 16. Sept. 64 c. Schubart (RdO. V, 119); vgl. n. 5. Eine in Abwesenheit des Exequendus vorgenommene Beschlagnahme gilt im Sinne des § sofort, und noch ehe an jenen die gesetzlich vorgeschriebene Bekanntmachung erfolgt ist, für vollendet; es genügt dann zum Thatbestande, wenn der Angeklagte anderweitig Kenntniß von der Beschlagnahme erlangt hatte: Gilb. C. pén. art. 400 n 12.

16. Das Vergehen kann nur so lange verübt werden, als die Sache der Beschlagnahme unterliegt; ist daher eine Sache der angelegten Beschlagnahme gänzlich entzogen worden, so kann sie nicht abermals Gegenstand des Vergehens sein: *contra*: ZI. 10. Sept. 62 c. Hoffmann (RdO. II, 553: der Angeklagte hatte in gutem Glauben ein in Beschlag genommenes Pferd vom Exequendus gekauft und überliefert erhalten, sodann aber dasselbe weiter verkauft, obgleich ihm der Exekutor inzwischen die frühere Beschlagnahme und seine Absicht, das Pferd zu verkaufen, mitgetheilt hatte).

17. Als ein „Bei-Seite-Schaffen" kann es angesehen werden, wenn

Jemand sich weigert, dem Beamten den Ort anzugeben, an welchem sich die in seinem Besitze belassene Sache befindet: ZI. 22. Jan. 64 c. Wagner (RdO. IV, 316).

18. Als ein „Entziehen" aus der Beschlagnahme ist jede freiwillige Handlung zu betrachten, durch welche die erfolgte Beschlagnahme für immer oder zeitweise, gänzlich oder theilweise unwirksam gemacht, oder auch nur beeinträchtigt ist, oder durch welche die Sache in ihrer Integrität oder Identität der Verfügung der Behörde ꝛc. (dauernd oder vorübergehend) entfremdet wird. Dazu bedarf es nicht nothwendig einer Ortsveränderung, sie kann daher auch in der Weise erfolgen, daß die Sache gleichzeitig mit dem Gebäude, in welchem sie sich befindet, einem Dritten überlassen wird: VI. 14. Mai 58 c. Tresper (GA. VI, 715).

19. Das „Entziehen" ist auch nicht durch eine Verheimlichung (Verbringung ꝛc.) bedingt; es genügt daher auch eine solche Verfügung über die Sache, durch welche sie dem Pfand- oder Retentionsrechte eines Anderen unterworfen wird: VI. 10. Dez. 60 c. Pabst (RdO. I, 111 ; ZI. 22. Sept. 61 c. dens.

20. Der Eigenthümer gepfändeter in seiner Verwahrung belassener Mobilien, macht sich strafbar, wenn er dieselben bei einem Wohnortswechsel mitnimmt und dadurch der Beschlagnahme entzieht: V RH. 19. Mai 42 c. v. Schellart (RA. 33. 2 A. s. 34).

21. Dagegen ist es dem Eigenthümer gepfändeter Sachen nicht untersagt, über dieselben durch Verkauf ꝛc. zu verfügen, insofern er sie nur nicht dem Dritterwerber übergiebt und dadurch der Beschlagnahme entzieht: VI. 14. Mai 58 (cit. n. s. 18).

22 Wenn ein „Entziehen der Beschlagnahme ꝛc." stattgefunden hat, so ist es für den Thatbestand gleichgültig, ob die Handlung im Uebrigen die Benachtheiligung eines Andern zur Folge hatte: VI. 1 März 67 c. Petke (RdO. VIII, 145). Daher ist es gleichgültig, ob die Sache später zur Beschlagnahme wieder zurückgebracht, oder ob der betr. Gläubiger nachträglich irgendwie befriedigt worden ist: VI 14 Mai 58 c. Tresper (GA. VI, 715).

23. Als Dolus wird außer der Vorsätzlichkeit der Handlung im Allgemeinen das Bewußtsein vorausgesetzt, daß die getroffene Verfügung eine Beeinträchtigung der Beschlagnahme (in dem n. 18 erwähnten Sinne) zur Folge habe oder haben könne: VII. 10. Dez. 60 c. Pabst RdO. I, 111 ; ähnlich: ZII. 9. Okt. 56 c. Maisborn; VI. 10. März 60 c. Kuba (GA. VI, 284); ZII. 1. Juni 61 c. Hartung (RdO. I, 422). Ist dieser Dolus vorhanden, so kann ein wirkliches oder vermeintliches Recht an der Sache die Handlung nicht straflos machen: VII. 5. Jan. 54 c. Baur (GA. VII, 717); ZI. 26. Okt. 66 c. Schmidt (RdO. VII, 583

24. Dagegen bedarf es nicht einer über das erwähnte (n. 23) Bewußtsein hinausgehenden Absicht; insbesondere nicht der Absicht, die Sache der Beschlagnahme zu entziehen: ZI 7. März 55 c Wilke; ZI. 21 Okt. 57 c. Kalkowski; (das Gegentheil hat auch VI. 16. Dez. 63 c. Buchholz, RdO. IV, 260, nicht aussprechen wollen). Ebensowenig bedarf es einer gewinnsüchtigen (eigennützigen) Absicht: ZI. 1. April 53 c. Loch; ZI. 14. Dez. 60 c. v. Itzenplitz (RdO. I, 181) ; ZI. 23. Mai 62 c. Becker; (das Gegentheil läßt sich nicht aus der Titel-Ueberschrift herleiten). Endlich wird auch die Absicht, einen Andern (z. B. den Exekutionssucher) zu benachtheiligen in keiner Weise erheischt: ZI. 4. Juli 60 c. Hilse (GA. VIII, 706); cit. ZI. 14. Dez. 60; cit. ZI. 23. Mai 62. — Durch den Hinzutrit einer über den oben erwähnten Dolus hinausgehenden Absicht kann die That leicht den Charakter eines anderen Vergehens (z. B. den des Diebstahls) annehmen.

25. Die Strafbarkeit der im § vorgesehenen Handlung wird dadurch, daß die Wegnahme oder Bei-Seite-Schaffung ꝛc. der Sache mittelst Einbruchs oder Einsteigens oder dgl. bewirkt worden war, nicht erhöht; insbesondere wird dadurch noch nicht die Anwendung der Strafe des schweren Diebstahls gerechtfertigt, insofern nicht der volle Thatbestand des Diebstahls vorliegt; vgl. Gilb. C. pén. art. 400 n. 15. 16.

26. Auf Privatpfändungen (ALR. I, 14 § 413 ff. ist der § nicht anwendbar; Eingriffe in dieselben sind nur geeigneten Falles aus § 214 oder 346 Nr. 1 zu bestrafen.

§. 273. Wer unberechtigt fischt oder krebst, soll mit Geldbuße bis zu funfzig Thalern oder mit Gefängniß bis zu drei Monaten bestraft werden.

Die polizeilichen Bestimmungen der besonderen Fischerei-Ordnungen werden dadurch nicht berührt.

[Entw. § 252]. Vgl. § 217 Nr. 1; ALR. I, 9 § 170 - 192; II, 15 § 73—78; (Rh.) Ges. v. 14. flor. X; (Rh.) StRG. v. 30. pluv. XIII; (Rh.) Ges. v. 23. Juni 1833 (GS. S. 78); (Bergisches) Pol.-Edikt v. 1594 und 1596; Ges. v. 14. April 1856 Art. I (GS. S. 208; oben S. 22).

---

§ 273.

1. Dieser § bestraft den Eingriff in das einem Andern zustehende Recht, Fische rc., welche sich nicht in seiner Gewahrsam befinden, mit Ausschließung Dritter zu okkupiren, während § 217 Nr. 1 die Gewahrsam eines Andern an den Fischen voraussetzt. Zu den nicht in der Gewahrsam befindlichen Fischen (Krebsen) werden auch diejenigen gerechnet, welche sich in solchen geschlossenen Privatgewässern befinden, die keine Teiche sind. Die unberechtigte Aneignung derartiger Fische fällt daher unter § 273, nicht unter § 216. Das Nähere siehe § 217 n. 13.

2. Dagegen ist die Entwendung von Krebsen aus Teichen und Behältnissen aus § 216 zu bestrafen, da auf sie § 217 Nr. 1 keine Anwendung findet, in Betreff ihrer aber eine Gewahrsam des Besitzers des Teiches rc. angenommen werden muß; vgl. TGA. S. 306.

3. Fischen und Krebsen bezeichnet hier die Vornahme von Handlungen zur unmittelbaren Besitznahme von Fischen oder Krebsen in einem offenen Gewässer. Hierzu bedarf es des wirklichen Einfangens oder Erlegens der Fische rc. ebensowenig, wie zum Begriffe der Jagd des Erlegens des Wildes; vgl. § 274 n. 6.

4. In Betreff der Berechtigung zu fischen vgl. ALR I, 9 §§ 172—192, II, 15 §§ 73—78; für das linke Rheinufer: Ges. v. 14. flor. X; StRG. v. 30. pluv. XIII und Ges. v. 23. Juni 1833; für das ehemalige Herzogthum Berg die Pol.-Vdn. von 1594 und 1596; die letztere verbot nicht nur das Fischen, sondern auch das Krebsen in fremden nicht gemeinen Gewässern: B. KH. 27. Nov. 48 c. vom Dorf (RA. 43. 2 A. S. 63).

5. Ein unberechtigtes Fischen liegt auch da vor, wo Jemand, welcher ein beschränktes Recht zu fischen hat, über die Grenzen dieses Rechtes hinausgeht: VI. 9. Mai 66 c. Meyen (RdO. VII, 286).

6. Dagegen macht sich derjenige, welcher mit Erlaubniß des Fischereipächters fischt, nicht straffällig, sollte auch dem Pächter im Pachtvertrage die Uebertragung des Rechts auf Dritte untersagt sein; es kann dieses nur privatrechtliche Folgen für den Pächter haben: VII. 16. Nov. 54 c Schäfer (Rh S.).

7. Der § 273 bedroht nicht jede Beeinträchtigung der Fischereigerechtigkeit, sondern nur das unberechtigte Fischen und Krebsen mit Strafe; daher ist die unbefugte Ausübung des Blutegelfangs, wenn gleich derselbe zur Fischereigerechtigkeit gehört (ALR. I, 9 § 170), ebensowenig ein Vergehen gegen diesen §, als ein Diebstahl: Beschl. I. 29. Nov. 54 c. Segebarth (GA. III, 133); ZI. 21. März 55 c. Beyer (GA. III, 718); u. ö.; vgl. 215 n. 35.

8. Als Dolus wird das Bewußtsein der mangelnden Befugniß vorausgesetzt: VI. 22. Jan. 62 c. Lübbeke (RdO. II, 213).

9. Die Konfiskation der Fischereigeräthe ist nach Maaßgabe des § 19 auszusprechen; § 190 I, 9 ALR. ist als solcher außer Wirksamkeit gesetzt.

10. Mit den im Abs. 2 aufrecht erhaltenen polizeilichen Bestimmungen der besonderen Fischerei-Ordnungen sind auch die auf diese Bestimmungen bezüglichen Strafandrohungen in Kraft geblieben, soweit der Thatbestand der Handlung nicht unter den § 273 fällt: ZI. 18. Nov. 53 c Kolipost (Entsch. 26. S. 437); VII. 16. Nov. 54 c. Schäfer; ZII. 18. Nov. 55 c. Beckers; *contra*: Koch n. 82.

11. Kompetenz und Verfahren; vgl. Ges. v. 14. April 1856 Art. I (oben S. 22).

12. Kompetenz der Polizeirichter in der Rheinprovinz für die durch beson-

§. 274. Wer auf seinem eigenen Grundstücke, auf dem die Jagd an einen Dritten verpachtet ist, oder auf dem ein Jäger für gemeinschaftliche Rechnung der bei einem Jagdbezirke betheiligten Grundbesitzer die Jagd zu beschießen hat, ohne Einwilligung des Jagdpächters oder der Gemeindebehörde jagt, oder wer auf fremden Grundstücken, ohne eine Berechtigung dazu zu haben, die Jagd ausübt, wird mit Geldbuße bis zu Einhundert Thalern oder mit Gefängniß bis zu drei Monaten bestraft.

[Entw. § 252a]. Vgl. § 275—277; 347 Nr. 11. 12; 217 Nr. 1; 345 Nr 7; ALR. I, 9 § 107 ff.; II, 16 § 30 ff.; Ges. v. 9. Dez. 1842 (GS. 1843 s. 2); Dekl. v. 7. März 1843 (GS. s. 92); Ges v. 31. Jan. 1845 (GS. s. 95); Ges. v. 31. Okt. 1848 (GS. s. 343); Jagd-Pol.-Ges. v. 7. März 1850 (GS. s. 165); Ges v. 31. Jan. 1845 (GS. s. 95); Ges. v. 14. April 1856 Art. II (GS. s. 208; oben s. 24); Ges. v. 14. April 1856 Art. I (GS. s. 208).

---

dere Fischerei-Ordnungen vorgesehenen strafbaren Handlungen; vgl. E.-G. Art. XX n. 7.

13. Macht der Angeklagte die Einrede: er habe die Berechtigung zu der ihm als strafbar zur Last gelegten Handlung, so hat der Strafrichter darüber zu entscheiden, das Ges. v. 31. Jan. 1845 (GS. s. 65; vgl. Ges. v. 14 April 1856 Art. II, oben s. 24) findet bei Fischereifreveln keine Anwendung (insofern nicht einzelne Fischerei-Ordnungen, z. B. die für das Oder-Haff v. 2. Juli 1859 § 49, GS. s. 68, das Gegentheil aussprechen); so: ZI 1. Juni 59 c Hoppe (GA. VII, 526); VI. 9. Mai 66 (cit n. 5); ZI. 16 Nov 66 c Woldcow (RdO. VII, 645). Das Gegentheil muß für das Gebiet des Rheinischen Rechtes angenommen werden, da es hier als allgemeiner Grundsatz anerkannt war, daß die Einreden einer dinglichen Berechtigung an einem Immobile durch den Civilrichter zu lösen sein (vgl. Mang. Act. publ. n. 200 sqq.), und das cit. Ges. v. 1845 diesen Grundsatz nicht aufgehoben, sondern nur das Verfahren geregelt hat.

§ 274.

Inhalt.

1. Das Jagdrecht besteht nach ALR. II, 16 § 30 in dem Rechte, jagdbare wilde Thiere aufzusuchen und sich zuzueignen; ähnlich (mit Rücksicht auf die Bestimmungen des gemeinen Rechts): Beschl. I. 25. Jan. 56 c Brunnemann (GA. IV, 267). Ein Eingriff in dieses Recht stellt den Thatbestand des § dar; vgl. § 273 n. 1.

2 Sonach wird auch hier die Verletzung des Okkupationsrechtes eines Dritten bestraft, während § 217 Nr. 1 die Verletzung des Eigenthums und der Gewahrsam an den Thieren rc. vorsieht: V. 7. Aug. 51 c. Bitzky (Entsch. 22 s. 72).

3. Ueber die Berechtigung zur Jagd sind das Ges. v. 31. Okt. 1848 §§ 1 bis 3, über ihre Ausübung das Jagdpol.-Ges. v. 7. März 1850 §§ 2—13, über die Verpachtung der Jagd dasselbe Ges. v. 7. März 1850 §§ 10—13. 25. 26, und über die Beschießung der Jagd durch einen gemeinschaftlichen Jäger ibid. § 10

zu vergleichen. Aus dem Ges. v. 7. März 1850 § 17 Abs. 3 ist § 274 fast wörtlich übernommen.

4. Die Jagdfolge ist durch das Ges. v. 31. Okt. 1848 aufgehoben, und durch das JPol.-Ges. v. 7. März 1850 nicht wieder hergestellt worden: ZI. 15. Jan. 62 c. Wirsig; wer daher ein angeschossenes Wild aus seinem Revier in ein anderes verfolgt, ist Jagdfrevler: VI 19. Okt. 53 c. Görlitzer (GA. II, 129); VII. 14. Juni 60 c. Kochs.

5. Die Ausdrücke: „jagt“ und „die Jagd ausübt“ sind gleichbedeutend.

6. Die Jagd wird ausgeübt durch das Aufsuchen und Verfolgen des Wildes. Es bedarf daher zur Vollendung der That nicht der wirklichen Okkupation, oder auch nur der Abfeuerung eines Schusses 2c.: Beschl. 2. Jan. 52 c. Beck (GA. I, 261); ZII. 13. Sept. 55 c. Streubel; ZI 10. Febr. 64 c. Preuß (RdO. IV, 361); u. ö. — Auch in dem „Stehen auf Anstand“ kann der Instanzrichter ein Aufsuchen (Verfolgen) des Wildes und somit ein Jagen finden: ZI. 27. März 63 c. Link (RdO. III, 380); *contra*: VI 3. Okt. 55 c. Knabe, welches im Falle eines bloßen „Sich-Aufstellens“ nur den Thatbestand des § 347 Nr. 11 finden wollte; während ZI. 8. Mai 67 c. Kliche (RdO. VIII, 294) das „Stehen auf dem Anstande“ unbedingt als einen Akt der Ausübung der Jagd betrachtete. Die Frage ist wesentlich thatsächlich.

7. Es kann als die gemeinschaftliche Ausübung der Jagd auf fremdem Reviere angesehen werden, wenn ein Jäger das Wild aus dem fremden Reviere auf das eigene zurücktreibt, damit es dem hier aufgestellten zweiten Jäger zum Schusse komme: ZI. 22. Febr. 65 c. Nest (RdO. V, 521).

8. Auch die Aneignung (lebendigen oder gefallenen) Wildes stellt eine Ausübung der Jagd dar. Das gilt, wenn Jemand ein verwundetes noch lebendes Stück Wild auf einem fremden Jagdreviere sich zueignet, sollte dasselbe auch von einem Hunde ergriffen sein; obgleich dasselbe sich in diesem Falle nicht mehr im Zustande der Freiheit befindet, unterliegt es doch noch immer dem ausschließlichen Okkupationsrechte des Jagdberechtigten: V. 14. Juni 52 c. Schendziolorz. Aehnlich verhält sich die Sache, wenn Jemand sich auf fremdem Jagdreviere Wild aneignet, welches sich in Schlingen gefangen hatte, die durch eine dritte nicht jagdberechtigte Person gelegt waren, weil in diesem Falle weder dieser Dritte noch der Jagdberechtigte selbst die Gewahrsam am Wilde erlangt hatte, also ein Diebstahl an demselben nicht möglich war: VII. 10. Nov. 63 c. Heyer.

9. Dasselbe (n. 8) gilt aber auch nicht minder im Falle der Aneignung von Fallwild; vgl. ALR. I, 9 § 127; II, 16 § 30: VI. 25. Febr. 53 c. Mahnkopf (GA. I, 260); VI. 27. Juni 56 c. Jahnke (Entsch. 33. s. 236); ZI. 5. Jan. 65 c. Heider (GA. XIII, 307); und zwar selbst dann, wenn der Angeklagte dasselbe auf seinem eigenen Reviere angeschossen hatte (vgl. n. 4): ZII. 19. Mai 59 c. Wolff; ZI. 20. Febr. 63 c. Woggan; *contra*: GM. II, 623 IV, 3. Koch n. 83; TL. s. 1030 Nr. 3. — Diese Grundsätze sind auch in den Gebieten des gemeinen und des Rheinischen Rechtes maaßgebend: Beschl. I. 4. Okt. 54 c. Dähn (GA. II, 835); VII. 26. März 57 c. Felten (RA. 52. 2 A. s. 76; GA. V, 573); ZII. 17 Juli 59 c. Schneider.

10. Das Fortschaffen des von einem Jagdfrevler erlegten Wildes aus dem Jagdreviere ist, wenn es durch den Frevler selbst bewirkt wird, kein neuer Jagdfrevel, sondern eine Fortsetzung der unbefugten Aneignung. Wird sie von einem Dritten im Einverständnisse mit dem Frevler bewirkt, so ist sie eine Hilfeleistung zum Vergehen des letzteren. Nimmt ein Dritter die Handlung für sich vor, so ist sie eine neue Aneignung, und das unter n. 8 Gesagte wird anwendbar.

11. Das Ausnehmen (aus dem Lager) oder das Aufgreifen von Jungen von jagdbaren vierfüßigen wilden Thieren stellt ein „Jagen“ dar. Der § 347 Nr. 12, welcher das Ausnehmen der Jungen von „jagdbarem Federwild“ als Uebertretung qualifizirt, ist eine Ausnahme, aus welcher die Straflosigkeit derselben Handlung in Beziehung auf die Jungen des vierfüßigen Wildes nicht folgt: Beschl. 2. Jan. 52 c. Beck (GA. I, 261); VI. 26. Jan. 55 c. Bründlow.

12. Eine Seitens des Berechtigten ertheilte Erlaubniß schließt die Bestrafung aus. Das gilt selbst dann, wenn der Berechtigte verpflichtet gewesen war, die Jagd zur Zeit ruhen zu lassen; in einem solchen Falle kann daher nur eine Be-

strafung aus § 17 des JPol.-Ges. v. 7. März 1850 Platz greifen: VII. 6. Juli 65 c. Schneider (RdO. VI, 245).

13. Der in Besitz gesetzte Jagdpächter verstößt durch Ausübung der Jagd nicht gegen § 274, sollte auch die Gemeinde bei der Verpachtung gesetz- oder vorschriftswidrig verfahren sein, und die (durch Ministerial-Instruktion vorgeschriebene) höhere Genehmigung fehlen; die unterlassene Einholung dieser Genehmigung könnte zwar die Gemeinde verantwortlich machen, würde aber den Handlungen des Pächters nicht den Charakter einer Beeinträchtigung des Jagdnutzungsrechtes des Eigenthümers verleihen, wie es dieser § voraussetzt: VI. 5. April 54 c. Dräger. Wenn dagegen dem Pachtvertrage die darin vorbehaltene landräthliche Genehmigung versagt, und dieses dem Pächter bekannt gemacht worden ist, so hat der Vertrag seine Bedeutung und der Pächter sein Recht verloren, sollte er auch das Pachtgeld bereits im Voraus bezahlt haben: ZI. 6. Juli 59 c. Makullik.

14. Auch derjenige, welcher über die Grenzen der ihm ertheilten beschränkten Erlaubniß hinaus die Jagd ausübt, fällt unter die Strafbestimmungen des §: Z. 11. Okt. 52 c. Meyer.

15. Da der § einen Eingriff in das fremde Okkupationsrecht voraussetzt (n. 2), so dürfte er da unanwendbar sein, wo der Jagdberechtigte erlegtes Wild in Besitz genommen, und so zu seinem Eigenthum gemacht, der Angeklagte aber demnächst in der Unkenntniß von jener Besitznahme sich das Wild in der Absicht der unbefugten Jagd angeeignet hat; *contra:* VII 15. März 60 c. Nieser (RA. 55. 2 A. f. 65).

16. Als Dolus genügt neben der Vorsätzlichkeit der Handlung im Allgemeinen das Bewußtsein von der Widerrechtlichkeit derselben: ZI. 20. Juni 55 c. v. Sulkowski; ZII. 7. April 59 c. Martels. Dagegen bleibt der § ausgeschlossen, wenn Jemand im guten Glauben an seine Berechtigung handelte, z. B. wenn er unbewußt über die Grenzen seines Reviers hinausging, oder wenn er sich irrthümlich aus einem vermeintlichen besonderen Rechtsgrunde zur Ausübung der Jagdfolge für befugt hielt: VII. 6. Sept. 60 c. Schrader. Eine Fahrlässigkeit, oder die Vermeidlichkeit des Irrthums genügt nicht, die Bestrafung zu rechtfertigen: VII. 12. März 63 c. Wormstall (RdO. III, 351); VII. 7. Juli 64 c. Bacmeister (RdO. V, 52). Dagegen kann der Instanzrichter jenen guten Glauben da negiren und den erforderlichen Dolus annehmen, wenn Jemand frevelhafter Weise sich selbst in der Unkenntniß über die Grenzen seines Revieres gehalten, und es darauf ankommen gelassen hat, ob er dieselben überschreite: ZII. 14. Sept. 54 c. Roßkotten (GA. II, 835).

17. Eine über den erwähnten (n. 16) Dolus hinausgehenden Absicht wird nicht erheischt; insbesondere bedarf es (trotz der Titelüberschrift) nicht einer gewinnsüchtigen (eigennützigen) Absicht: KVII. f. 139. Ebensowenig ist die Absicht, sich das Wild zuzueignen, erforderlich. Daher genügt das Verfolgen (Hetzen) des Wildes, sollte auch der Zweck nur dahin gehen, sich des Thieres vorübergehend zu bemächtigen, und es dann wieder in Freiheit zu setzen (Parforcejagd, Reiherbeize): ZI. 20. Juni 55 c. v. Sulkowski. Insbesondere ist § 128 I, 9 ALR. hier nicht maaßgebend, da er nur civilrechtlich Bestimmung darüber trifft, wann der Besitz des Thieres erworben sei.

18. Aus demselben Grunde trifft die Strafe auch den Grundbesitzer, welcher lediglich zur Abwehr des Wildschadens von seinen Feldern das Wild jagt oder erlegt: Beschl. I. 25. Jan. 56 c. Brunnemann (GA. IV, 267); vgl. JPol.-Ges. vom 7. März 50 § 21. 22. 24. Nur ein wirklicher Nothstand würde in einem solchen Falle Straflosigkeit herbeiführen können.

19. In Betreff der Frage, welche Thiere jagdbar sind, verweist ALR. II, 16 § 31 auf die Gesetze einer jeden Provinz. In Ermangelung solcher provinzialrechtlicher Bestimmungen sind diejenigen vierfüßigen wilden Thiere und dasjenige wilde Geflügel für jagdbar zu erachten, welche zur Speise benutzt zu werden pflegen: § 32 — 34 l. c. Dagegen schließt ein Provinzialgesetz, welches die von ihm als jagdbar angesehenen wilden Thiere speziell aufzählt, dadurch den § 32 II, 16 ALR. aus: ZII. 13. Nov. 62 c. Allers (RdO. III, 116); vgl. v. K. Jahrbb. 59. f. 41.

20. Die Gesetze, welche gewisse Thiere für jagdbar erklären, unterliegen nicht der Abänderung durch Verträge: VII. (Int. d. Ges.) 16. Okt. 62 c. Schröder (RdO. III, 80).

21. Der Dachs ist [im Gebiete der Oestr.-Bairischen (Wormser) Jagd-Vdn. v. 20. Sept. 1815] ein jagdbares Thier, das Dachsgraben ein Jagdfrevel: V. KH. 17. Jan. 35 c. Doppelmann (Volkmar s. 391). Das Gegentheil gilt im Fürstenthum Paderborn (arg. Paderb. Holz-Ordn. v. 1. März 1669 Art. 39. 40): ZII. 1. Febr. 66 c. Prigge.

22. Die Fischotter ist in der Mark Brandenburg jagdbar: Beschl. I. 28 Juni 61 c. Thiele (RdO. I, 476); vgl. ALR. I, 9 § 172; das Gegentheil gilt im Kanton Wadern (Reg.-Bez. Trier): Z. KH. 4. Nov. 37 c. Hoff (Volkmar s. 390).

23. Fischreiher sind auf dem linken Rheinufer nicht jagdbar; so Erk. LG. Aachen 23. Aug. 64 c. Fischenich.

24. Füchse sind in Pommern (Forst-Ordn. v. 24. Dez. 1777 Tit. 12 § 2) Raubthiere, also nicht jagdbar: VI. 26. April 56 c. Lüpke; ebenso in der Rheinprovinz im Geltungsgebiete der Gen.-Gouv.-Vdn. v. 18. Aug. 1814 (vgl. dort § 12): ZII. 3. Dez. 63 c. Porten (RdO. IV, 233); ebenso im Fürstenthum Paderborn: ZII. 1. Febr. 66 c. Prigge.

25. Der Hamster ist kein jagdbares Thier: ALR. II, 16 § 35; das gilt auch in der Provinz Sachsen, da das im entgegengesetzten Sinne sich aussprechende Kursächsische Mandat v. 8. Sept. 1717 kein in der Provinz Sachsen geltendes Provinzial-Gesetz ist: Beschl. II 17. April 56 c. Stöcklein.

26. Aus § 23 des Jagd-Pol.-Ges. v. 7. März 1850 ist nicht zu folgern, daß das Kaninchen ein jagdbares Thier sei, es wird vielmehr als ein schädliches Thier dem Wilde entgegengesetzt. Im Herzogthum Magdeburg links der Elbe giebt es auch keine provinzialrechtlichen Vorschriften, nach welchen dasselbe als jagdbar anzusehen wäre: VII. 12. Juli 56 c. Lauenroth (GA. VII, 603).

27. Der Krametsvogel ist auf dem linken Rheinufer im Bezirke der Gen.-Gouv.-Vdn. v. 18. Aug 1814 (§ 7 b) jagdbar; der Krametsvögelfang darf daher nur von demjenigen ausgeübt werden, welcher im Besitze eines Jagdscheins (Jagd-Pol.-Ges. v. 7. März 1850 § 14) ist, da dieses Ges. sich nicht blos auf die Jagdnutzung durch Schießgewehre beschränkt: VII. 16. Febr. 54 c. Sieken. Dasselbe gilt für das ehemalige Herzogthum Berg (vgl. Berg. Forst- und Jagd-Satzungen vom 8. Mai 1761 Kap. 1 § 16. 31 Taxa ꝛc.): VII. 4. März 58 c. Franzen (RA. 54. 2 A. s. 40; GA. VI, 265). In gleichem Sinne sprach sich ganz allgemein eine Verf. d. Min. d. Inn. v. 25. März 1852 (VMbl. s. 102) aus

28. Lerchen sind nicht jagdbar: ZI. 15. Febr. 54 c. Lasse; das gilt namentlich auch in der Rheinprovinz: Z. KH. 27. Okt. 30 c. Kantzler (Volkm. s. 388).

29. Der Marder ist nicht jagdbar: ZI. 10. Sept. 56 c. Lehmann. Das gilt namentlich in Ost-Preußen und Litthauen (Forst-Ordn. v. 3. Dez. 1775 Tit. 12 § 2): ZI. 6. Juni 66 c. Schulz (GA. XIV, 579).

30. Das Jagdrecht bezieht sich nach ALR. I, 9 § 127; II, 16 § 30. 39 ff. nur auf jagdbare wilde Thiere, während die nicht jagdbaren Gegenstand des freien Thierfangs sind (II, 16 § 33). Wenn § 35 ibid. bestimmt, daß nicht jagdbare wilde Thiere in fremden Jagdrevieren nicht aufgesucht und daß noch weniger Jagden darauf angestellt werden sollen, so ist dieses nur eine jagdpolizeiliche Vorschrift, um anderweitige Beeinträchtigungen des Jagdrechts unter dem Vorwande der Verfolgung nicht jagdbarer Thiere zu verhüten (ALR I, 9 § 148; II, 17 § 10), das Jagdrecht wird dadurch nicht auf die letzteren ausgedehnt; daher bildet das Aufsuchen ꝛc. derselben nicht den Thatbestand des § 274: ZPl. 31. März 56 c. Fischer (Entsch. 34. s. 355; GA. IV, 510); ZI. 19. Juni 57 c. Krüger; u. ö.; *contra* früher: ZII. 15. Sept. 53 c. Hering (Entsch. 25. s. 445); vgl. Abh. in GA. IV, 505.

31. Wenn Jemand unberechtigt, und zugleich ohne Lösung eines Jagdscheins (JPol.-Ges. v. 7. März 1850 § 14. 16) jagt, so liegt ideale Konkurrenz vor, es kann daher nach § 55 nur die schwerere Strafe des § 274 Platz greifen: ZI. 8. Febr. 54 c. Zwicknapp (GA. II, 416); VI. 19 Febr. 62 c. Dölle (RdO. II, 264).

32. Macht der Angeklagte den Einwand, er sei zur Ausübung der Jagd berechtigt, so kommen die Vorschriften des Ges. v. 31. Jan. 1845 (Ges. v. 14. April 1856 Art. II; oben s. 24) zur Anwendung. Vorausgesetzt wird aber, daß die geltend gemachte Berechtigung eine objektiv zustehende im Rechtswege zu verfolgende sei; den Einwand des Angeklagten, er habe vom Berechtigten die Erlaubniß zur Vornahme der Handlung gehabt, hat der Strafrichter zu prüfen: ZII. 18. Okt. 66 c. Wessel (RdO. VII, 556). Vgl. aber EG. Art. XIII n. 20.

§. 275. Die Strafe kann bis zu sechs Monaten erhöht werden, wenn dem Wilde nicht mit Schießgewehr oder Hunden, sondern mit Schlingen, Netzen, Fallen oder andern Vorrichtungen nachgestellt, oder wenn das Vergehen während der gesetzlichen Schonzeit oder in Wäldern oder zur Nachtzeit oder gemeinschaftlich von zwei oder mehreren Personen begangen wird.

[Entw. § 252 b]. Vgl. § 274. 276. 277; Jagd-Pol.-Ges. v. 7. März 1850 § 18 (GS. s. 169); AKO. v. 18. Nov. 1841 (RS. VIII, 3); Vdn. v. 9. Dez. 1842 § 1. 2 (GS. 1843 s. 2); Publ. v. 7. März 1843 (GS. s. 92); Ges. v. 2. Mai 1853 (für Hohenzollern; GS. s. 178); Ges. v. 14. April 1856 Art I (GS. s. 208).

---

33. Durch die §§ 274—277 und 347 Nr. 11 sind nur diejenigen Handlungen vorgesehen, welche eine Verletzung der Ausschließlichkeit des Jagdrechtes durch unbefugtes Jagen, oder Anstalten zum unbefugten Jagen enthalten, nicht aber Uebertretungen der Vorschriften, welche nur die Schonung der Jagden (Ges. v. 7. März 1850 § 18), und die Jagdpolizei im Allgemeinen betreffen, daher sind die hierauf bezüglichen besonderen Strafbestimmungen in Kraft verblieben, z. B. die Vorschrift der GOVdn. f. d. NMRh. v. 18. Aug. 1814 § 9 Nr. 3, das freie Umherlaufen der Hunde betreffend: VII. 19. Mai 53 c. Roßbach (RA. 48. 2A. s. 60); VII. 7. Juli 59 c. Vongen.

34. Kompetenz und Verfahren; vgl. Ges. v. 14. Apr. 1856 Art. I (oben s. 22).

35. Kompetenz der Polizei-Gerichte in der Rheinprovinz für die Zuwiderhandlungen gegen Spezial-Jagd-Gesetze; vgl. Einf.-Ges. Art. XX n. 7.

§ 275.

1. Unter „Wild" sind jagdbare wilde Thiere zu verstehen; vgl. § 274 n. 19.

2. Mit Rücksicht auf die fakultative Fassung dieses § ist es statthaft, auf bloße Geldstrafe zu erkennen: Z. 15. Sept. 52 c. Hill.

3. In Betreff der Schonzeit sind die oben angeführten besonderen gesetzlichen Bestimmungen zu vergleichen.

4. Wenn § 275 wegen unberechtigten Jagens während der Schonzeit Platz greift, so kann selbstredend nicht außerdem die Strafe des § 18 des Ges. v. 7. März 1850 verhängt werden.

5. Die hier für die Jagdfrevler als Strafschärfungsgrunde hervorgehobenen Handlungen sind — mit Ausnahme der Verletzung der Schonzeit — für den Jagdberechtigten erlaubt. Auch sind die durch ältere Vorschriften in Betreff der Ausübung der Jagd für den Jagdberechtigten eingeführten Beschränkungen (soweit sie nicht den Schutz der öffentlichen Sicherheit, und die Schonung der Feldfrüchte bezwecken) durch das Ges. v. 31. Okt. 1848 § 4 und 8 (GS. s. 344) aufgehoben, und durch das Ges. v. 7. März 1850 § 18 (GS. s. 169) nur in Betreff der Schon- und Hegezeit wieder hergestellt worden. Zu diesen für aufgehoben zu erachtenden Bestimmungen gehören diejenigen, welche das Schießen des weiblichen Reh- oder Rothwildes unbedingt untersagen; z. B. das Publ. v 27. Okt. 1784 und das Edikt v. 30. Juli 1749: ZI. 7. Dez. 53 c. Reimer (Entsch. 26. s. 446); ebenso die Schles. Holz-Mast- und Jagd-Ordn. v. 19 April 1756 Tit. 16 § 5; Tit. 17 § 1: ZI. 10. Juli 63 c. Seifert (RdO. III, 560); u. ö.; ebenso die GOVdn. f. d. NMRh. § 9 Nr. 1: ZII. 9. Sept 58 c. Reimbold (RA. 54. 2A. s. 7). Dasselbe gilt von dem Verbote des Jagens mit Bracken, z. B. cit. GOVdn. § 9 Nr. 2: ZII. 15. Jan. 57 c. Herrmann (RA. 52. 2A. s. 53); ebenso von den Schlesischen Verordnungen vom 15. April und v. 13. Okt. 1774, welche gewissen Personen das Schießen ꝛc. von Fasanen gänzlich untersagen: ZI. 8. Mai 67 c. Klingberg (RdO. VIII, 295). Aus demselben Grunde ist eine auf Grund des Ges. v. 7. März 1850 erlassene Polizei-Verordnung, welche neuerdings eine Beschränkung in der Ausübung der Jagd anordnet, z. B das Jagen mit Bracken verbietet, und nicht angiebt, daß der Schutz der öffentlichen Sicherheit oder Schonung der Feldfrüchte dabei bezweckt werde, so anzusehen, als habe sie die Schonung des Wildes zum Zwecke, und steht mit den nicht aufgehobenen Bestimmungen des Ges. v. 31. Okt. 1848 im Widerspruche, sie ist daher unverbindlich: ZII. 6. Sept. 55 c. Dresing (Entsch. 30. s. 475).

§. 276. Wird das Vergehen (§. 274 und §. 275.) gewerbsmäßig betrieben, so tritt Gefängniß nicht unter drei Monaten, so wie zeitige Untersagung der Ausübung der bürgerlichen Ehrenrechte ein. Zugleich ist auf Stellung unter Polizei-Aufsicht zu erkennen.

[Entw. § 252 c]. Vgl. § 274. 275. 277.

§. 277. Das Gewehr, das Jagdgeräth und die Hunde, welche der Thäter bei dem unberechtigten Jagen bei sich geführt hat, ingleichen die im §. 275. erwähnten Schlingen, Netze, Fallen oder anderen Vorrichtungen sind dem Fiskus im Strafurtheile zuzusprechen, ohne Unterschied, ob sie dem Angeschuldigten gehören oder nicht.

[Entw. § 252 d]. Vgl. § 274—276. 19.

---

6. Kompetenz und Verfahren; vgl. Ges. v. 14. April 1856 Art. I (oben S. 22).

§ 276.

1. Auch hier ist die Gewerbsmäßigkeit durch eine fortgesetzte auf einen Erwerb gerichtete Thätigkeit bedingt: ZI. 20. März 67 c. Bocke (RdO. VIII, 186); es kann aber eine solche aus einem Einzelfalle gefolgert werden: ZI. 20. Juni 60 c. Engel; ZI. 2. April 62 c. Krieger; vgl. § 146 n. 5—7.

2. Die Gewerbsmäßigkeit ist hier ein erschwerender Umstand der an sich schon strafbaren That. Ob mit Rücksicht hierauf bei einer Mehrheit von Fällen jeder derselben mit der verschärften Strafe des § zu belegen, oder ob die Gesammtheit aller Fälle nur als ein einziges Vergehen zu betrachten und zu bestrafen sei, ist nach denselben Grundsätzen zu entscheiden, wie im Falle einer gewohnheitsmäßigen Hehlerei; vgl. § 56 n. 8; § 239 n. 5.

3. Ueber die Bestrafung desjenigen, welcher an der von einem Andern gewerbsmäßig betriebenen Jagd Theil nimmt, vgl. § 35 n. 2 a. E.

§ 277.

1. Die Konfiskation ist hier unbedingt angeordnet. Sie ist daher nicht dadurch bedingt, daß es zur Ausübung der Jagd im betr. Falle des Gebrauchs eines Gewehres zc. bedurft habe, vielmehr genügt es, wenn der Jagdfrevler ein Gewehr zc. bei sich führte. Demgemäß tritt die Konfiskation auch im Falle der Aneignung von Fallwild ein: ZI. 20. Febr. 63 c. Woggan (RdO. III, 307). Stets aber wird vorausgesetzt, daß der Angeklagte das Gewehr bei dem Frevel, d. h. bei der das unberechtigte Jagen darstellenden Handlung bei sich führte; daher bleibt der § außer Anwendung, wenn Jemand unter Zurücklassung seines Gewehrs in (unberechtigter) Jagdfolge sich in ein fremdes Jagdrevier begiebt, oder wenn er ein angeschossenes in ein fremdes Jagdrevier übergelaufenes Wild durch seinen Hund verfolgen läßt, während er selbst mit seinem Gewehre im eignen Jagdreviere verbleibt (in diesem Fall ist nur der Hund zu konfisziren): ZII. 27. Juni 67 c. Bittkow (RdO. VIII,); *contra*: ZI. 4. Nov. 59 c. Benske. Dagegen ist es nicht unerläßlich, daß das Gewehr zc. mit in das fremde Jagdrevier gebracht worden sei; z. B. wenn der Frevel in der Weise verübt wurde, daß ein Jagdberechtigter aus seinem Jagdreviere nach einem im fremden Nachbarreviere sich befindenden Wilde schoß.

1a. Gleichgültig ist es auch, ob eine Abnahme der betr. Gegenstände auf frischer That stattgefunden hat oder nicht, und ob sonach die demnächstige Ausführung des Spruches schwierig oder leicht ist: B. 15. Sept. 52 c. Hill (GA. I, 562); B. 17. Dez. 52 c. Dreyer.

2. Die Abweichung von der Regel des § 19, nach welcher die zur Begehung des Vergehens gebrauchten Gegenstände, nur wenn sie dem Thäter oder einem Theilnehmer gehören, zu konfisziren sind, ward von der Kommission der II. K. (Bericht

§. 278. Reisende oder Schiffsleute, welche ohne Vorwissen des Schiffers, ingleichen Schiffer, welche ohne Vorwissen des Rheders Gegenstände an Bord nehmen, welche das Schiff gefährden, indem sie dessen Konfiskation oder Beschlagnahme veranlassen können, sind mit Gefängniß bis zu zwei Jahren zu bestrafen.

[Entw. § 253]. Vgl. Preuß. Seerecht Kap. 4 Art. 31.

§. 279. Ein Schiffsmann, der mit der empfangenen Heuer entläuft oder sich verborgen hält, um sich dem übernommenen Dienste zu entziehen, soll mit Gefängniß bis zu Einem Jahre bestraft werden.

Es macht hierbei keinen Unterschied, ob das Vergehen im Inlande oder Auslande begangen ist.

[Entw. § 253a]. Vgl. § 4 Nr. 3; ALR. II, 8 § 1542; Ges. v. 20. März 1854 § 1. 2 (GS. s. 137).

---

s. 141) durch die „Erfahrung" gerechtfertigt, daß Jagdfrevler sich gegenseitig ihre Geräthschaften zum Gebrauche überlassen, und weil den Jagdfreveln am wirksamsten dadurch gesteuert werden könne, daß denjenigen, welche sich damit befassen, die Mittel zur fernern Ausübung solcher Vergehen genommen werden. Mit Rücksicht hierauf wird man in Fällen, wo festgestellter Maaßen der Jagdfrevler sich eines fremden Gewehrs ohne Einwilligung des Eigenthümers bedient, z. B. wo er dieses Gewehr vorher gestohlen hat, und er gleichzeitig wegen des Diebstahls bestraft wird, von dieser Konfiskation absehen müssen. Das gilt jedenfalls da, wo eine andere gesetzliche Vorschrift (z. B. Art. 366 der Rh. StPO.) die Rückgabe der in Beschlag genommenen Sache an den Eigenthümer anordnet; vgl. Erk. Komp.-GH. 30. Mai 57 (JMbl. 1858 s. 15).

3. Die zu konfiszirenden Gegenstände sind speziell im Urtheile zu bezeichnen; es dürfte nicht genügen, nur allgemein „die gebrauchten Gegenstände" dem Fiskus zuzusprechen; eine solche Verurtheilung könnte ein demnächstiges Exekutionsverfahren, und die Abnahme eines Manifestationseides zur Ermittelung der betr. Gegenstände (vgl. § 19 n. 12) nicht rechtfertigen.

4. In Betreff der Vollstreckung der die Konfiskation aussprechenden Erkenntnisse vgl. JMVerf. v. 28. Nov. 1860 (JMbl. s. 435), nnd in Betreff der über die konfiszirten Gewehre zc. zu treffenden Verfügungen: JMVerf. v. 6. Juli 1854 (JMbl. s. 294).

§ 278.

1. Es ist hier vorzugsweise an die Mitnahme von Kontrebande gedacht.

2. Zum Thatbestande gehört das Bewußtsein des Handelnden, daß die betr. Gegenstände nicht an Bord genommen, oder nicht in denjenigen Hafen gebracht werden dürfen, wohin das Schiff bestimmt ist; eines weiteren Dolus bedarf es nicht, da die Vorschrift polizeilicher Natur ist. Insbesondere wird eine eigennützige Absicht (trotz der Titelüberschrift) nicht erheischt.

§ 279.

1. Mit Rücksicht auf § 1534 II, 8 des ALR. und §§ 136 und ff. der Gesinde-Ordn. v. 8. Nov 1810 darf ein Schiffsmann unter gewissen Voraussetzungen (z. B. wegen Mißhandlung) den Dienst ohne vorherige Aufkündigung, und trotz der empfangenen Heuer verlassen. Wenn daher der Angeklagte aus einem solchen gesetzlichen Aufhebungsgrunde, und nicht, um sich dem Dienste aus eigennütziger Absicht zu entziehen, das Schiff verlassen hat, so ist er straflos; ein hierauf bezüglicher Einwand ist daher vom Instanzrichter thatsächlich zu prüfen: B. 15. Sept. 52 c. Lenz.

§. 280. Wer versiegelte Briefe oder andere versiegelte Urkunden, die nicht zu seiner Kenntnißnahme bestimmt sind, vorsätzlich und unbefugterweise eröffnet, soll mit Geldbuße bis zu Einhundert Thalern oder mit Gefängniß bis zu drei Monaten bestraft werden.

[Entw. § 254]. Vgl. § 328; Verf. v. 31. Jan. 1850 Art 33; Krim.-Ordn. § 123 ff.

Sechsundzwanzigster Titel.

Vermögens-Beschädigung.

§. 281. Wer vorsätzlich und rechtswidrig fremde Sachen beschädigt oder zerstört, wird mit Gefängniß bis zu zwei Jahren bestraft.

Wird festgestellt, daß mildernde Umstände vorhanden sind, so ist auf Geldbuße bis zu funfzig Thalern zu erkennen.

[Entw. § 255]. Vgl. § 282—284. 301; FPO. v. 1. Nov. 1847 § 43. 45.

---

2. Der Schlußsatz stellt eine Ausnahme von § 4 Nr. 3 dar; die Strafbarkeit der von einem Preußen im Auslande begangenen That ist hier nicht dadurch bedingt, daß dieselbe auch am Orte der Verübung strafbar sei: KBI. s. 44.

§ 280.

1. So lange nicht auf Grund des Art. 33 der Verfassung neue die Beschränkung des Briefgeheimnisses regelnde Gesetze ergehen, sind die frühern hierauf bezüglichen Vorschriften in Kraft geblieben; die Krim.-Ordn hat in den §§ 123 ff. den Untersuchungsrichter allgemein für befugt erklärt, die zur Verfolgung der Spuren eines Verbrechens geeigneten Maaßregeln, insbesondere auch Beschlagnahmen vorzunehmen, ohne hiervon in Betreff der Briefe eine Ausnahme zu machen: Beschluß II. 17. Febr. 54 c. Loepp (JMbl. s. 138; GA II, 247); *contra* TArch. II, 464; vgl. Straf. Art. 4 n. 7; § 43 n. 35.

2. Als Dolus genügt hier die Vorsätzlichkeit der Handlung des Eröffnens; insbesondere bedarf es nicht eines auf Verletzung des Briefgeheimnisses durch Kenntnißnahme vom Inhalte gerichteten Dolus: ZI. 15. März 54 c. Stößel (GA. II, 839; betr. einen nach § 328 zu beurtheilenden Fall); *contra*: Koch n. 88.

3. Es bedarf hiernach auch nicht des Nachweises einer eigennützigen Absicht (vgl. Ueberschrift des Tit. 25): ZI. 30 Sept. 53 c. Bredull.

4. Der Ehemann ist befugt, die von seiner Frau geschriebenen Briefe, so lange sie noch nicht in die Hand des Adressaten gelangt sind, zu öffnen, ohne Unterschied, wie er in ihren Besitz gelangt ist; ebenso kann er die Briefe derselben von der Postbehörde reklamiren und an sich behalten, Alles ohne dazu der Mitwirkung einer Behörde zu bedürfen: ZII. 21. Okt. 58 c. Baute (GA. VII, 118).

§ 281.

1. Der Vorsatz muß auf Beschädigung oder Zerstörung der Sache gerichtet sein; der § ist daher nicht anwendbar, wenn die Beschädigung zufällig bei Gelegenheit eines rechtswidrigen Gebrauchs der Sache oder aus Fahrlässigkeit stattgefunden hat: Beschl. 9. Okt. 51 c. Dudbeck; BII. 13. Sept. 66 c. Hilleringmann (RdO. VII, 457).

2. Gleichwohl braucht dieser Vorsatz nicht in der Absicht zu bestehen, die Sache zu beschädigen ꝛc.: BI. 28. Jan. 59 c. Stober (Entsch. 40. 2. s. 21; GA. VII, 413). Es genügen die Vorsätzlichkeit der Handlung an und für sich, und das Bewußtsein, daß nach dem gewöhnlichen Laufe der Dinge die Beschädigung ꝛc. die Folge der Handlung sein werde: ZI. 5. Okt. 53 c. Mehlberg; ZI. 11. Juli 66 c. Lunther (RdO. VII, 423); *contra*: TL. s. 1039 III. Jedenfalls aber braucht die Beschädigung nicht der Endzweck der Handlung zu sein, vielmehr trifft der § auch

da zu, wo die Beschädigung nur das Mittel zur Erreichung eines an sich nicht strafbaren Zwecks war: BI 19. Sept. 60 c. Nadü (GA. VIII, 844); ZI. 4. März 63 c. Wigand (RdO. III, 319). Ist die Beschädigung zur Erreichung eines strafbaren Zwecks vorgenommen, so liegt ideale Konkurrenz vor: ZI. 11. Febr. 58 c. Hasenkamp; Beschl. I. 16. Mai 60 c. Lehmann (JMbl. s. 273; GA. VIII, 558); *contra:* Lüder Vermögensbeschädigung s. 96.

3. Dagegen setzt die Vorsätzlichkeit auch das **Bewußtsein der Rechtswidrigkeit** voraus: ZII. 14. Jan. 58 c. Spingorum. Ein Handeln im Glauben an eine vermeintliche Befugniß oder in der Voraussetzung einer demnächstigen Billigung durch den Eigenthümer der Sache ist straflos: ZI. 10. Mai 60 c. Vollrath; BI. 23. Febr. 65 c. Klapper (RdO. V, 462); BI. 20. April 66 c. Langsch. Das gilt selbst dann, wenn jener Glaube auf einer unrichtigen Rechtsanschauung beruhte: ZI. 14. Febr. 67 c. Kämper (RdO. VIII, 119).

4. Die Handlung muß **rechtswidrig** sein. In dieser Beziehung ist an dem Grundsatze festzuhalten, daß die statthafte Ausübung der eignen Rechte einen Eingriff in fremde Rechte nicht rechtfertigen kann, daß also Niemand fremde Sachen deshalb beschädigen darf, weil er ohne eine solche Beschädigung sein eignes Recht nicht auszuüben vermag. Kein Gesetz erkennt ein so weit gehendes Recht der **Selbsthülfe** an: Lüder Vermögensbesch. s. 131; vgl. ALR. Einl. § 76—78; I, 7 § 142—145. Diese Gesetzesstellen gestatten die Anwendung von Gewalt zum Schutze des eignen Rechts nur da, wo die Hülfe des Staats zur Abwendung eines unwiederbringlichen Schadens zu spät kommen würde, und verbieten außerdem ausdrücklich, den Gegner in seinen anderweitigen Gerechtsamen zu beeinträchtigen. Demgemäß kann auch hier die Verletzung des fremden Rechts nur dann als berechtigt und deshalb als straflos angesehen werden, wenn die Voraussetzungen der **Nothwehr** oder des **Nothstandes** vorliegen; vgl. Lüder l. c. s. 47 n. 10. Fehlt es an diesen, oder werden die Grenzen einer statthaften Rechtsvertheidigung überschritten, so tritt Strafbarkeit ein: ZII. 9. Juni 53 c. Bußmann; ZII. 4. Jan. 58 c. Springorum; ZII. 21. Jan. 58 c. Oberste-Berg; ZI. 10. Sept. 58 c. Sommer (GA. VII, 119); ZI. 10. Apr. 61 c. Stachinczka; ZI. 18. Mai 66 c. Schmidt (RdO. VII, 308). Das Gegentheil ist nicht daraus zu folgern, daß jetzt die „unerlaubte Selbsthülfe," als solche nicht mehr (wie nach ALR. II, 20 § 157—159) mit Strafe bedroht ist; dadurch wird die durch eine andere zutreffende Gesetzesstelle begründete Strafbarkeit nicht ausgeschlossen. — Das Alles gilt selbst dann, wenn die zum Zwecke der Selbsthülfe zerstörte Sache polizeilichen Anordnungen nicht entsprach und ihre Beseitigung polizeilich angeordnet war; auch das giebt einem Privaten nicht das Recht, jene Sache zu zerstören: ZI. 21 Dez. 55 c. Swabina; ZI. 23. Jan. 63 c. Scheer (RdO. III, 239).

5. Eine spezielle Gestattung einer durch Beschädigung ꝛc. fremder Sachen zu bewirkenden Selbsthülfe enthalten die Gesetze, welche den **Jagdberechtigten** unter gewissen Voraussetzungen für befugt erklären, fremde im Jagdreviere umherlaufende Hunde zu tödten: ZI. 4. Okt. 54 c. Supplieth. Eine solche Gestattung ist auf ihren Wortlauf zu beschränken, gilt daher regelmäßig nur so lange, als der Hund im Reviere umherläuft, nicht aber, nachdem derselbe das Revier wieder verlassen hat, oder von seinem Herren festgenommen worden ist: ZI. 3. Febr. 65 c. Klapper (RdO. V, 462). Solche Vorschriften enthält das ALR. II, 16 § 64—67; es gestattet dem Jagdberechtigten (nicht anderen Personen) die ungeknüppelt frei umherlaufenden gemeinen (nicht die übergelaufenen Jagd-) Hunde zu tödten: ZII. 29. Nov. 60 c. Dieckmann; ZII. 16. Mai 63 c. Gellert. Dasselbe gilt in Westpreußen und dem Netz-Distrikte (Forst-Ordn. v. 8. Okt. 1805 Tit. 3 § 9. 10. 12): Erk. I. Civ.-Sen. 29. Sept 62 (StA. 45. s. 347). In Ostpreußen dürfen die Forstbedienten und Jagdberechtigten die umherlaufenden Hunde tödten (Forst-Ordn. v. 3. Dez. 1775 Tit. 10 § 10, Tit. 14 § 32): BI. 11. Mai 61 c. Feller (RdO. I, 375). In der Provinz Posen (mit Ausschluß des Netz-Distrikts) ist den Jagdberechtigten das Tödten der in ihrem Reviere umherlaufenden Jagd- und Windhunde gestattet: Erk. I. Civ.-Sen. 18. Nov. 61 (StA. 43. s. 201). In Schlesien ist es den Königlichen Forstbedienten erlaubt, ungeknüppelte Hunde nach vorheriger Verwarnung der Besitzer zu erschießen, insofern sie nicht ohne Verschulden der Letzteren übergelaufen sind; die ungeknüppelten Hunde der Schäfer und Bauern können von den Forstbedienten ohne Weiteres erschossen werden: Schles. ꝛc. Jagd-Ordn. v. 19. April 1756 Tit. 15 § 8;

§. 282. Wer Gegenstände der Verehrung einer im Staate bestehenden Religionsgesellschaft, oder Sachen, die dem

Tit. 20 § 1; Tit. 19 § 1. 2; vgl. Cirk.-Vdn. v. 12. Dez. 1779 und Edikt v. 20. Febr. 1767 § 11 (Korn Ed.-Samml. 16. s. 199; 10. s 41); Erk. d. OTr. 2. Mai 38 (Koch Schles. Arch. 3 s. 224); VI. 20. Juni 62 c. Werner (GA. X, 637). Auf dem linken Rheinufer im Gebiete des ehemaligen GG. f. d. NMRh. ist das Erschießen der frei umherlaufenden Hunde den Förstern gestattet (GGVdn. v. 18. Aug. 1814 § 9 Nr. 3). Der Jagdberechtigte hat auf dem linken Rheinufer und im ehemaligen Großherzogthume Berg eine solche Befugniß nicht: V. KH. 12. Okt. 40 c. Zahn (RA. 30. 2A. s. 75; Volkm. s. 389); Erk. AH. Köln 15. März 53 c. Schillings (Tr. Ann. VII, s. 278); *contra:* Z. KH. 31. Mai 54 c. v. d. Bosch (Volkm. s. 392).

6. Der Polizeiverwalter, welcher einen die öffentliche Sicherheit gefährdenden Hund tödtet, verstößt nicht gegen den §: ZI. 29. Jan. 62 c. Sänger.

7. Vorausgesetzt wird eine fremde Sache; der Eigenthümer kann das Vergehen nicht begehen, sollten auch durch die von ihm vorgenommenen Beschädigungen (dingliche oder persönliche) Rechte Dritter (z. B. des Hypothekengläubigers, Pfandgläubigers, Pächters rc.) beeinträchtigt werden: VI. 8. Dez. 57 c. Schönitz; Lüder Vermögensbeschädigung s. 48. Was vom Eigenthümer gilt, gilt auch von seinem Stellvertreter, z B vom Ehemanne, insoweit er die Eigenthumsrechte seiner Frau ausübt: B 5. Nov. 51 c. Leinung.

8. Dagegen kann Jeder sich des Vergehens schuldig machen, welcher nicht ausschließlicher Eigenthümer der Sache ist, insbesondere also der Miteigenthümer: ZI. 16. Okt. 61 c. Westphal.

9. Nur körperliche Sachen, nicht Rechte, können Gegenstand des Vergehens sein. Daher gehört der Nachdruck nicht hierher. Zu den körperlichen Sachen gehören aber auch die luftförmigen (z. B. Dampf, Gas rc.): Lüder l. c. s. 53.

10. Daß die Sache einen Geldwerth habe, ist nicht erforderlich; es genügt, wenn sie für den Eigenthümer irgend einen Werth hat, sollte es auch nur ein Affektionswerth sein: Lüder l. c. s. 63.

11. Als Zerstörung rc. sind nur körperliche Einwirkungen anzusehen; dagegen ist es gleichgültig, ob diese mechanisch oder chemisch wirksam sind: Lüder l. c. s. 65. Auch ist es nicht erforderlich, daß die Handlung in die Integrität der Substanz eingreife; es genügt, wenn die Sache in eine solche äußere Lage gebracht ist, daß sie dadurch dem Berechtigten in einer die Wiedererlangung ausschließenden Weise entzogen wird (z. B. durch Werfen in einen tiefen Fluß): Lüder l. c. s. 73. 81. Dagegen gehört eine nur vorübergehende Entziehung nicht hierher, sollte auch der Urheber derselben die gänzliche Entziehung beabsichtigt haben und die Wiedererlangung lediglich die Folge eines nicht zu erwartenden Zufalls gewesen sein: ZI. 6. März 67 c. Kauß (RdO VIII, 254).

12. Dasselbe gilt unbedenklich auch dann, wenn eine künstlich zusammengesetzte Sache in ihre einzelnen Theile zerlegt wird, sollten diese letzteren auch nicht verletzt sein; oder wenn eine Sache dadurch unbrauchbar gemacht wird, daß man fremde Körper in einer nicht mehr zu scheidenden Weise darunter mischt (z. B. Sand unter das Getreide, Wasser unter den Wein): Lüder l. c. s. 82.

13. Die Strafe trifft auch denjenigen, welcher die Handlung nicht selbst vornimmt, sondern sich dazu eines gutgläubigen Dritten als seines Werkzeugs bedient; vgl. Thl. I. Tit. 3 (s. 84) n. 2. Das gilt selbst dann, wenn in dieser Weise der Eigenthümer durch Täuschung veranlaßt wird, eine von ihm als solche nicht gewollte Beschädigung seiner Sache vorzunehmen, insofern derselbe dabei nur nicht in strafbarer Absicht handelte; *contra:* TL. s. 1039; Lüder l. c. s. 71.

14. Ueber das Verhältniß dieses § zu den Bestimmungen der Feld-Pol.-Ordn. v. 1. Nov. 1847 § 41—43 vgl. dort § 45.

§ 282.

1. Dieser § sieht, ebenso wie § 281, eine „vorsätzliche Zerstörung oder Beschädigung" vor, spricht aber nicht wie jener davon, daß die betr. Gegenstände „fremde" und daß die Handlung eine „rechtswidrige" sein müßten. Beide Merkmale sind indessen unzweifelhaft aus § 281 zu ergänzen, da sich die hier vorgesehenen Hand-

Gottesdienste gewidmet sind, oder Grabmäler, öffentliche Denkmäler, Gegenstände der Kunst, der Wissenschaft oder des Gewerbes, welche in öffentlichen Sammlungen aufbewahrt werden oder öffentlich aufgestellt sind, oder Gegenstände, welche zum öffentlichen Nutzen oder zur Verschönerung öffentlicher Wege oder Anlagen dienen, vorsätzlich zerstört oder beschädigt, wird mit Gefängniß nicht unter vierzehn Tagen bestraft. Auch kann auf zeitige Untersagung der Ausübung der bürgerlichen Ehrenrechte erkannt werden.

[Entw. § 256]. Vgl. § 281. 106. 135; FPO. v. 1. Nov. 1847 § 42. 43. 45.

---

lungen nur als ausgezeichnete (unter einem erschwerenden Umstande verübte) Fälle des in jenem mit Strafe bedrohten Vergehens darstellen. Das folgt nicht allein aus der Stellung des § in dem (von der Beschädigung fremder Vermögensstücke handelnden) Tit. 26, sondern war auch im § 342 des Entw. v. 1847 ausdrücklich ausgesprochen und in den Motiven zu demselben (S. 121) näher hervorgehoben. Die damalige Fassung ist zwar im Entwurfe von 1851 durch die jetzige ersetzt worden, Nichts deutet aber darauf hin, daß man dabei den Begriff in einer so wesentlichen Beziehung habe abändern wollen. Es muß daher auch hier an der Voraussetzung, daß die Sache eine fremde, und daß die Handlung eine rechtswidrige sei, festgehalten werden, so daß Alles anwendbar wird, was zu § 281 n. 3. 4. 7. 8 gesagt ist. Die Uebergehung jener Merkmale im § 282 erklärt sich eines Theils dadurch, daß der betr. Thatbestand als ein Spezialfall des im vorhergehenden § aufgestellten angesehen wurde, und weil es nur in seltenen Fällen vorkommen wird, daß die betr. Gegenstände sich im Eigenthume eines Privaten befinden, oder daß er sonst zu ihrer Beschädigung rc. ein Recht haben könnte. Wenn aber ein solches Eigenthums- rc. Recht besteht (wenn z. B. ein Privater eine ihm unbestrittener Maaßen gehörende Privatkapelle oder ein Grabmal besitzt), so fehlt es gewiß an jedem denkbaren Grunde, die von ihm berechtigter Weise vorgenommene Zerstörung des Gegenstandes für strafbar zu erachten. Die konsequente Anwendung des aufgestellten Grundsatzes würde sogar dahin führen, daß selbst die Staats- rc. Verwaltung Anstalten der fraglichen Art (z. B. einen öffentlichen Weg mit den dabei angebrachten Verschönerungen) nicht unterdrücken dürfe, ohne daß die betr. Beamten gegen § 282 verstießen. Vgl. Lüder Vermögensbesch. S. 174. Hiernach kann dem OTr. nicht beigepflichtet werden, wenn es in einer Reihe von Entscheidungen hier von dem Erfordernisse jener beiden Merkmale grundsätzlich abgesehen, und demgemäß auch das Bewußtsein von der Rechtswidrigkeit der Handlung nicht als eine Voraussetzung der Strafbarkeit angesehen hat; so: ZI. 10. Sept. 58 c. Sommer (GA. VII, 119); VI. 28. Jan. 59 c. Stober (Entsch. 40 2. S. 21; GA. VII, 413); ZII. 18. Okt. 60 c. Merk; ZI. 24. Sept. 62 c. Pust (RdO. III, 27); VII. 16. Mai 63 c. Kligge (RdO. III, 447); ZI. 9. Dez. 63 c. Kohlmeier; ZI. 10. Okt. 66 c. Rechenberg (RdO. VII, 522); ZI. 12. April 67 c. Weckwarth (RdO. VIII, 264); *contra*: VI. 7. März 66 c. Rechenberg (GA. XIV, 310), welches wenigstens das Bewußtsein der Rechtswidrigkeit für nothwendig erachtete. Die meisten jener Entscheidungen rechtfertigen sich indessen dadurch, daß es sich auch damals in Wirklichkeit von einer unberechtigten Beschädigung rc. fremder Sachen handelte, und daß die Strafbarkeit derselben nur deshalb bestritten war, weil sie als Akt einer Selbsthülfe zum Schutze oder behufs Ausübung eines anderweitigen eignen Rechts dargestellt wurde. In dieser Beziehung muß aber hier das zu § 281 n. 4 Gesagte in erhöhtem Maaße gelten, da die Selbsthülfe hier in der Regel sich gegen die Handhabung der Staatsgewalt richten wird, um so weniger also statthaft sein kann; vgl. ZI. 18. Mai 66 c. Schmidt (RdO. VII, 308: „ein Privater sei nicht berechtigt eine im öffentlichen Interesse auf seinem Grunde und Boden gemachte Anlage eigenmächtig zu beseitigen“).

2. Der § bezieht sich auf die Gegenstände der Verehrung aller im Staate bestehenden Religionsgesellschaften, ohne Unterschied, ob diese Korporationsrechte erlangt haben oder nicht: KBII. S. 142.

§. 283. Wer vorsätzlich ein Gebäude, ein Schiff, eine Brücke, einen Damm, eine gebaute Straße, eine Eisenbahn oder ein sonstiges Bauwerk, welche fremdes Eigenthum sind, ganz oder theilweise zerstört, soll mit Gefängniß nicht unter zwei Monaten bestraft werden.

[Entw. § 257]. Vgl. § 281. 244. 285. 289. 301. 303.

---

3. Bei den dem Gottesdienste gewidmeten Gegenständen bedarf es einer Weihe nicht.

4. Kirchen sind unbedenklich als dem Gottesdienste gewidmet zu betrachten: ZI. 17. Okt. 60 c. Kelch (GA. VIII, S. 845).

5. Theile eines solchen Gegenstandes werden nach den Rechten, die das Ganze hat, beurtheilt; es ist daher kein Rechtsirrthum, wenn der Instanzrichter den § auf die Beschädigung eines Kirchenfensters für anwendbar erachtet: ZI. 17. Okt. 60 (cit. n. 4); vgl. aber n. 10.

6. Ein Grabhügel ist nicht als ein Grabmal anzusehen; *contra:* VI. 8. April 53 c. Göldner (Entsch. 25. S. 236); Lüder Vermögensbesch. S. 165 n. 65; vgl. § 137 n. 3.

7. Insoweit es sich von Gegenständen der Kunst rc. handelt, ist rücksichtlich des Verhältnisses dieses § zu § 106 die Bemerkung zu § 106 n. 2 zu vergleichen.

8. Zur Anwendung des § genügt es, wenn die betr. Gegenstände zum öffentlichen Nutzen rc. bestimmt sind; ist dieses der Fall, so ist es gleichgültig, ob sie dem gedachten Zwecke entsprechen: VII. 19. Dez. 61 c. Heinrich (RdO. II, 165).

9. Wenn Bäume und Sträucher rc. zur Verschönerung eines öffentlichen Weges rc. dienen, so wird im Falle ihrer Zerstörung rc. die FPO. v. 1. Nov. 47 (§ 42 Nr. 3) durch § 282 ausgeschlossen: VI. 10. Febr. 54 c. Podach (GA. II, 565); ZII. 11. Febr. 58 c. Hasenkamp; VII. 19. Dez. 61 (cit. n. 8); vgl. KVII. S. 142.

10. Nicht jede an einer Sache vorgenommene, ihren körperlichen Zustand betreffende Veränderung ist eine Beschädigung; es fragt sich, ob dadurch das Wesentliche derselben berührt, oder ob die Bestimmung, welcher sie jeweilig dient, beeinträchtigt wird. Daher ist das Abpflücken von Blumen oder Blättern, das Abschneiden einzelner Ruthen aus einer Weidenpflanzung rc. nicht nothwendig als „Beschädigung" der betr. Anlage zu betrachten: Beschl. I. 4. Sept. 57 c. Schneider; VI. 6. Mai 64 c. Grzonka (RdO. IV, 493); ZI. 20. März 67 c. Trapp (RdO. VIII, 189). Ebenso verhält es sich mit dem Abbrechen eines abgestorbenen Baumes: ZI. 19. Jan. 59 c. Müller. Dagegen kann das Umstürzen eines aufgestellten Wegweisers, selbst ohne sonstige Verletzung desselben, unbedenklich als eine Beschädigung (Zerstörung) angesehen werden: ZI. 8 Okt. 62 c. Radonski (RdO. II, 59).

11. Ueber die Vorsätzlichkeit vgl. § 281 n. 2. 3.

§ 283.

1. Der Thatbestand dieses § kann leicht mit einem der in den §§ 244. 285. 289 oder 301 vorgesehenen Verbrechen ideell konkurriren.

2. Im Allgemeinen, insbesondere rücksichtlich der Vorsätzlichkeit, sind die Bemerkungen zu § 281 n. 2—4 zu vergleichen.

3. Theilweise Zerstörung des Gefängnisses zum Zwecke der Selbstbefreiung Seitens eines Gefangenen fällt unter diesen §; vgl. 281 n. 2; § 94 n. 4.

4. Als „Bauwerk" kann nur eine unbewegliche Sache angesehen werden; eine bewegliche, auf einem Schlitten ruhende Hirtenbude fällt daher nicht unter diesen Begriff; vgl. Beschl. I 24. Nov. 54 c. Olzewski (GA. III, 141).

5. Im Uebrigen gehört es zur thatsächlichen Beurtheilung, was als „Bauwerk" zu betrachten sei: ZI. 12. Sept. 62 c. Miethke; unbedenklich kann ein Mühlenwehr hierher gerechnet werden: ZI. 21. Dez. 55 c. Swabina.

6. Der § spricht nicht wie die vorhergehenden von einem „Beschädigen oder Zerstören", sondern von einem gänzlichen oder theilweisen Zerstören. Daraus muß gefolgert werden, daß nicht jede Beschädigung (vgl. § 282 n. 10) als ein theilweises Zerstören anzusehen ist; vielmehr wird eine Handlung vorausgesetzt,

§. 284. Wenn sich mehrere Personen zusammenrotten und bewegliche oder unbewegliche Sachen eines Andern plündern, verwüsten oder zerstören, so werden dieselben mit Zuchthaus bis zu funfzehn Jahren bestraft; zugleich kann auf Stellung unter Polizei-Aufsicht erkannt werden.

[Entw. § 258]. Vgl. § 91. 92. 96. 214; Ges. v. 4. Juni 1851 § 10 (GS. s. 453).

Siebenundzwanzigster Titel.

Gemeingefährliche Verbrechen und Vergehen *).

§. 285. Wegen Brandstiftung wird mit zehnjähriger bis lebenslänglicher Zuchthausstrafe, und wenn durch den Brand ein Mensch das Leben verloren hat, mit dem Tode bestraft:

---

durch welche das Gebäude ꝛc. ganz oder theilweise zu seiner Bestimmung unbrauchbar gemacht wird: Lüder Vermögensbesch. s. 93. Geringere Beschädigungen können nur unter § 281 fallen.

§ 284.

1. In Betreff des hier aufgestellten Thatbestandes (des sog. „Landfriedensbruchs") sind namentlich § 91 und die Bemerkungen zu demselben zu vergleichen.

2. Zwei Personen genügen nicht: der § verlangt „mehrere"; vgl. § 91 n. 1.

3. Begriff des „Zusammenrottens" vgl. § 91 n. 3.

4. Daß die Zusammenrottung auch hier, wie im Falle des § 91, öffentlich stattgefunden habe, wird nicht erfordert; es läßt sich nicht mit Temme (Lehrb s. 1040) behaupten, daß ein Zusammenrotten ohne Oeffentlichkeit nicht denkbar sei; vgl. § 96.

5. Die mit Strafe bedrohten Handlungen müssen vermittelst der Zusammenrottung verübt sein. In dieser Beziehung genügt es aber, wenn nur Einzelne im Beisein der zusammengerotteten Menge die Handlungen begehen: ZII. 20. Dez. 55 c. Niermann (JMbl. 56. s. 18; Entsch. 32. s. 284; GA. IV, 208). Das Nähere siehe § 91 n. 8; § 96 n. 9.

6. Ob das Verbrechen gegen öffentliches oder Privateigenthum gerichtet sei, ist fur den Thatbestand gleichgültig.

7. Es ist nicht unstatthaft, die verschiedenen im § vorgesehenen Handlungen des Plünderns, Verwüstens oder Zerstörens alternative in der den Geschwornen vorgelegten Frage zusammen zu fassen; es genügt dann, wenn die letztere in dieser alternativen Fassung einfach bejaht wird: ZII. 20. Dez. 55 (cit. n. 5); vgl. § 34 n. 23; Strafverf. Art. 81. n. 12.

8. Dieser § enthält nicht (wie § 91 und 96) eine strengere Strafandrohung für diejenigen, welche selbst die Gewaltthätigkeiten verübt haben; auf alle bei der Zusammenrottung Betheiligten wird daher dieselbe Strafandrohung anwendbar.

9. Dem Plündern, Verwüsten, Zerstören steht ein bloßes Beschädigen nicht gleich: KBII. s. 143; ein solches kann daher, auch wenn es von mehreren zusammengerotteten Personen bewirkt wird, nur nach § 281 bestraft werden; vgl § 283 n. 6.

10. Ein Landfriedensbruch kann leicht in einen Aufruhr (§ 91) übergehen, wenn der Zweck der Plünderung ꝛc mit Widerstand gegen die einschreitende öffentliche Macht verfolgt wird.

*) Siebenundzwanzigster Titel.

1. Die Bezeichnung der in diesem Titel behandelten Straffälle als „gemeingefährliche Verbrechen ꝛc." darf nicht zur Ergänzung des Thatbestandes der in den einzelnen §§ vorgesehenen Strafthaten benutzt werden. Insoweit daher die speziellen Begriffsbestimmungen einer solchen Gemeingefährlichkeit keine Erwähnung thun, bedarf es derselben auch zur Feststellung des Thatbestandes nicht; selbst der Nachweis, daß eine Gemeingefahr nicht obgewaltet habe, würde die Anwendbarkeit des betr. § nicht ausschließen; *contra*: TL. s 1045.

1) wer vorsätzlich ein Gebäude, ein Schiff oder eine Hütte, welche zur Wohnung von Menschen dienen, oder ein zum Gottesdienste bestimmtes Gebäude in Brand setzt;

---

2. Auch in den Fällen, wo die objektive Gefährlichkeit ein Begriffserforderniß des einzelnen Straffalles ist, braucht der Dolus nicht auf die Herbeiführung dieser Gefahr gerichtet zu sein; vielmehr genügt in den gedachten Fällen das Bewußtsein von der Gefährlichkeit: KBII. zu § 302 [Entw. § 274] s. 150; VI. 7. Jan. 57 c. Lubeck (JMbl. s. 44; GA. V, 69). Einer ausdrücklichen Feststellung dieses Bewußtseins bedarf es dann, aber auch nur dann, wenn dasselbe bestritten, resp. wenn die Aufnahme desselben in die Fragstellung ausdrücklich beantragt worden ist: Riedel Abh. in GA. II, 339; Zachariä Abh. in GA. III, 294. Vgl. übrigens § 285 n. 9.

§ 285.

1. Die Brandstiftung ist vollendet, sobald der Brand von dem Zündstoffe dem zu entzündenden Gegenstande mitgetheilt ist; daß derselbe in eine Flamme ausgebrochen sei, kann nicht verlangt werden; vgl. § 288 n. 3. Die Feststellung, es sei Feuer „angelegt" worden, genügt daher nicht: VI. 3. Febr. 53 c. Gartmann (GA. II, 242). Bei der vorsätzlichen Brandstiftung ist die ganze Frage minder erheblich, da sie ein Verbrechen, der Versuch also mit der gleichen Strafe bedroht ist.

2. Eine Gemeingefährlichkeit gehört nicht zum Thatbestande dieses Verbrechens; vgl. Tit. 27 n. 1.

3. Die Feststellung der speziellen Handlung oder des Mittels, durch welche der Brand herbeigeführt wurde, ist nicht unerläßlich: ZI. 11. April 56 c. Marode. Dasselbe gilt von der Fragestellung: ZII. 23. Nov. 54 c. Schrör (GA. III, 114).

4. Erfolgt die Brandstiftung in betrügerischer Absicht an einer gegen Feuersgefahr versicherten Sache der im § 285 (286 oder 287) erwähnten Art, so liegt ideale Konkurrenz mit dem im § 244 vorgesehenen Verbrechen vor, und § 55 wird anwendbar; vgl. § 244 n. 1.

5. Wird auf Grund des § auf zeitige Zuchthausstrafe erkannt, so darf dieselbe (nach § 10) eine zwanzigjährige Dauer nicht übersteigen: VI. 18. April 53 c. Bartusch (Entsch. 25, s. 253; GA. I, 581).

6. Neben der zeitigen Zuchthausstrafe kann auch auf Stellung unter Polizei-Aufsicht erkannt werden; vgl. § 305.

7. Begeht ein Strafunmündiger die im § vorgesehene Handlung mit Unterscheidungsvermögen, so ist nicht § 43 Nr. 2, sondern Nr. 3 anwendbar, weil aus der Gleichstellung der lebenslänglichen Zuchthausstrafe mit der Todesstrafe hervorgeht, daß Nr. 2 jenes § sich nur auf solche Fälle bezieht, für welche die lebenslängliche Strafe unbedingt angedroht ist: V. 28. April 52 c. Bußmann (JMbl. s. 246; Entsch. 22. s. 455; GA. I, 74).

8. Damit die Todesstrafe eintrete, genügt der unmittelbare Zusammenhang zwischen Brand und Tod; daher ist es gleichgültig, ob der Verunglückte bereits in Sicherheit war, und dann zurückkehrte, z. B. um Sachen zu retten; ebenso genügt es, wenn eine zum Retten herbeigeeilte Person dabei ihren Tod findet: ZI. 1. Juli 57 c. Schröder; ZI. 27. Jan. 58 c. Kumm. Es wird auch keineswegs erfordert, daß der Tod durch das Feuer selbst herbeigeführt worden sei, vielmehr gehört auch das Verunglücken durch herabstürzende Balken, durch Springen aus dem Fenster und dergl. hierher, nicht aber, wenn Jemand beim Wasserholen ertrinkt, oder wenn Jemand beim Löschen sich erkältet und an den Folgen stirbt; vgl. KBII s. 145.

9. Daß der Vorsatz auf Tödtung gerichtet gewesen sei, wird nicht erfordert; wo ein solcher obwaltet, liegt (in idealer Konkurrenz) Mord oder Todtschlag vor. Zum Thatbestande des § 285 genügt es daher, wenn thatsächlich in einem der unter Nr. 1—3 vorgesehenen Fälle durch den angestifteten Brand der Tod eines Menschen herbeigeführt ist (n. 8): ZPl. 26. April 58 c. Raden (JMbl. s. 203); insbesondere kann die festgestellte Abwesenheit des Vorsatzes zu tödten die Todesstrafe nicht abwenden: VI. 7. Jan. 57 c. Lubeck (JMbl. s. 44; GA. V, 69). Selbst des Bewußtseins, daß durch die Brandstiftung Gefahr für Menschenleben

2) wer vorsätzlich ein Gebäude, ein Schiff oder eine Hütte, welche zeitweise zum Aufenthalt von Menschen dienen, zu einer Zeit in Brand setzt, in welcher darin Menschen sich aufzuhalten pflegen;

3) wer vorsätzlich Eisenbahnwagen, Bergwerke oder andere zum Aufenthalt von Menschen zeitweise dienende Räumlichkeiten zu einer Zeit in Brand setzt, zu welcher sich Menschen darin aufzuhalten pflegen.

In allen diesen Fällen macht es keinen Unterschied, ob die in Brand gesetzten Gegenstände im Eigenthum des Thäters sind oder nicht.

[Entw. § 259]. Vgl. § 286 ff. 289. 305. 244. 213. 347 Nr. 4—9; Ges. v. 4. Juni 1851 § 8. 9 (GS. s. 402).

---

herbeigeführt werde, bedarf es nicht; vielmehr reicht neben dem auf die Brandstiftung gerichteten Dolus das Bewußtsein hin, daß es sich von einer der in den Nrn. 1—3 aufgezählten Sachen unter den dort erwähnten Umständen (Dienen zur Wohnung von Menschen ꝛc.) handle; daher kann auch die ausdrückliche Feststellung: „der Angeklagte habe nicht das Bewußtsein einer für Menschenleben herbeigeführten Gefahr gehabt," die Todesstrafe nicht beseitigen: VI. 29. Mai 67 c. Sieg (RdO. VIII,); ähnlich cit. ZPl. 26. April 58, welches (nicht ganz korrekt) erwägt: „das Gesetz erachte hier jene Gefahr für Menschenleben für eine so offenkundige, daß sie dem Thäter nicht habe verborgen bleiben können;" *contra:* cit. VI. 7. Jan. 57; ZI. 13. März 57 c. Jankowsky; ZI. 23. Dez. 63 c. Behmer, welche jenes Bewußtsein für ein (selbstverständliches) Begriffsmerkmal erachteten; ähnlich: ZI. 13. Mai 57 c. Mönch, welches gleichwohl annahm: das Bewußtsein brauche sich nicht speziell auf das später umgekommene Individuum zu beziehen, es genüge die Kenntniß von einer allgemeinen für irgend ein Menschenleben drohenden Gefahr. — Mit Rücksicht auf das oben Ausgeführte bleibt auch § 44 (in Betreff der vorherzusehenden Gefahr für Menschenleben) hier ausgeschlossen.

10. Wenn auch in den Nrn. 1—3 vom Aufenthalte von Menschen in der Mehrzahl die Rede ist, so genügt doch der Aufenthalt eines einzigen Menschen.

11. Die unter Nr. 1. 2 und 3 aufgezählten Umstände sind nicht erschwerende (begleitende) im Sinne des Art. 91 des Ges. v. 3. Mai 1852, da es kein allgemeines Verbrechen der Brandstiftung giebt, welches sich durch den Hinzutritt der betr. besonderen Umstände verschieden gestaltete, vielmehr bildet jeder der vorgesehenen Fälle einen für sich bestehenden Thatbestand, für welchen jeder Umstand ein wesentliches Merkmal darstellt; es bedarf daher einer besonderen Abstimmung über jene Umstände nicht, vielmehr wird Art 91 l. c. nur da anwendbar, wo ein Mensch durch den Brand das Leben verloren haben soll: ZI. 24. Febr. 58 c. Riegel (GA. VI, 239); ZI. 15. Aug. 58 c. Jakobus (GA VIII, 679); ZII 2. Juni 64 c. Behnike (GA. XII, 530); vgl. § 287 n. 9

Zu Nr. 1.

12. Das Gebäude ꝛc. muß hier augenblicklich wirklich zur Wohnung dienen, es muß also ein „bewohntes Gebäude" sein, ein zum Bewohnen bestimmtes genügt nicht: Z. 30. Juni 52 c. Rettig; VII. 4. Dez. 56 c. Wahl.

13. Es reicht hin, wenn das Gebäude auch nur dem Angeklagten allein zur Wohnung dient: Z. KH. 7. Sept. 52 c. Völker (JMbl. s. 379); *contra:* TL. s. 1050 Note 6.

14. Auch das gottesdienstliche Gebäude muß dieser Bestimmung zur Zeit wirklich dienen, da die Heiligkeit des Ortes und nicht die aus dem Brande einer Kirche entspringende große Gefahr das Motiv für die Vorschrift abgiebt.

Zu Nr. 2 und 3.

15. Es reicht zur Anwendung der Nr. 2 oder 3 nicht hin, wenn nur festgestellt ist: „es sei ein einem Andern zeitweise zum Aufenthalte dienendes Gebäude ꝛc.

§. 286. **Wer vorsätzlich Schiffe, Gebäude, Hütten, Bergwerke, Magazine, Vorräthe von landwirthschaftlichen Erzeugnissen, Bau- oder Brennmaterialien, Früchte auf dem Felde, Waldungen oder Torfmoore, welche fremdes Eigenthum sind, in Brand steckt, wird mit Zuchthaus bis zu zehn Jahren bestraft.**

[Entw. § 260]. Vgl. § 284. 286. 289. 305. 313. 347 Nr. 4 - 9; Ges. v. 4. Juni 1851 § 8. 9 (GS. s. 452).

---

eines Tages, als dieser in demselben nächtigte, vorsätzlich in Brand gesetzt worden," weil daraus nicht hervorgeht, daß zur Zeit sich ein Mensch darin aufzuhalten pflegte: VI. 8. Nov. 54 c. Quast (GA. III, 113); VI. 18. April 56 c. Gruhn.

16. Ist dagegen der Thatbestand, wie ihn die Nrn. 2 und 3 voraussetzen, festgestellt, so ist es gleichgültig, ob sich zur Zeit der That wirklich ein Mensch im fraglichen Gebäude rc. aufhielt, oder nicht.

§ 286.

1. Eine bewegliche Hirtenbude (Schäferkarre) ist selbst, wenn sie dem Hirten als Schlafstelle dient, keine „Hütte": Beschl. I. 24. Nov. 54 c. Olszewski (GA. III, 441).

2. Nicht jede unbedeutende Quantität von Früchten rc. ist als ein Vorrath anzusehen; vielmehr wird ein erhebliches Quantum vorausgesetzt: KBII. s. 147; V. 16. Jan. 52 c. Springstubbe (Entsch. 22. s. 75; GA. I, 262). Mit Rücksicht hierauf ist jedesmal durch den Geschwornenspruch festzustellen, daß die in Brand gesteckte Quantität den Charakter eines „Vorraths" habe; ist dieses geschehen, so kann ein Bestreiten in der Nichtigkeitsinstanz nicht mehr Berücksichtigung finden: ZI. 11. April 62 c. Wauczura (RdO. II, 346). Es versteht sich übrigens von selbst, daß es nicht auf die wirklich verbrannte, sondern auf diejenige in unmittelbarem Zusammenhange sich findende Quantität ankommt, welcher das Feuer mitgetheilt worden ist.

3. Der Ausdruck „landwirthschaftliche Erzeugnisse" ist gewählt, um sowohl Feld- und Wiesen- als Gartenfrüchte, insbesondere auch Heu und Stroh zu umfassen: KBII. s. 146. Dieselben verlieren jenen Charakter, sobald sie insoweit verarbeitet worden sind, daß aus dem reinen Naturprodukte ein veränderter Gegenstand entstanden ist, z. B. zum Verspinnen bereit gestellter Flachs: Erk AH. Paderborn 11. Juli 65 c. Vahrenholt (RdO. VI, 512); vgl. n. 6.

4. Als Gegensatz gegen die „Vorräthe landwirthschaftlicher Erzeugnisse" sind unter „Früchten auf dem Felde" solche zu verstehen, welche noch nicht vom Boden getrennt, oder doch wenigstens noch nicht zusammengebracht sind: V. 16. Jan. 52 c. Springstubbe (Entsch. 22. s. 75; GA. I, 262).

5. „Waldungen" umfaßt hier kleinere Holzungen mit: KBII. s. 146.

6. Die Aufzählung der einzelnen Gegenstände, welche der § enthält, ist auf andere Gegenstände nicht auszudehnen, sollte auch ein gleicher Grund für sie sprechen; es ist daher der § auf Brücken (: Osenbrügger Brandstiftg. s. 188) oder auf die Vorräthe anderer Waaren, welche sich nicht in Gebäuden oder Magazinen befinden, nicht auszudehnen; *contra*: TL. s. 1052 Note 2.

7. Der § setzt eine fremde Sache, also die Verletzung des Eigenthumsrechts eines Andern voraus; er ist daher unanwendbar, wenn die Handlung im Einverständnisse mit dem Eigenthümer, oder gar in seinem Auftrage erfolgte; auch fehlt es in einem solchen Falle am erforderlichen Dolus: Beschl. I. 21. Nov. 55 c. Beidel (GA. IV, 267); ZI. 25 Sept. 61 c Schröder (RdO. I, 548).

8. Auch wenn der Stellvertreter des Eigenthümers, der also ein Recht hat, über die Sache zu verfügen (z. B. der Ehemann in Betreff der Sachen der Frau), die Handlung vornimmt, bleibt der § ausgeschlossen; vgl. § 281 n. 7.

9. Dagegen kann sich der Miteigenthümer der Sache sehr wohl des Verbrechens schuldig machen: ZI. 24. Febr. 60 c. Ziebe (GA. VIII, 205).

10. Die Existenz eines einem Dritten an der Sache zustehenden dinglichen Rechts oder eine im Wege der Exekution erfolgte Beschlagnahme, hebt das

§. 287. Wer vorsätzlich eigene oder fremde Sachen, welche vermöge ihrer Beschaffenheit und Lage geeignet sind, den in den §§. 285. und 286. genannten Gegenständen das Feuer mitzutheilen, in Brand setzt, soll ebenso bestraft werden, wie derjenige, welcher jene Gegenstände unmittelbar in Brand setzt.

[Entw. § 261]. Vgl. § 289. 305. 347 Nr. 7.

Eigenthum nicht auf; eine durch den Eigenthümer erfolgende Brandstiftung kann daher auch in einem solchen Falle nicht strafbar sein; vgl. § 281 n. 7.

11. Einer Gemeingefährlichkeit der Handlung bedarf es auch hier nicht: vgl. Tit. 27 n. 1.

12. Statthaftigkeit der Stellung unter Polizei-Aufsicht neben der zeitigen Zuchthausstrafe; vgl. § 305.

§ 287.

1. Der Vorsatz braucht hier nicht dahin gerichtet zu sein, den in den §§ 285 und 286 genannten Gegenständen das Feuer mitzutheilen; vgl. Tit. 27 n. 1. Eine diese Absicht ausdrücklich erheischende Bestimmung des Entwurfs von 1843 § 529 ist aus dem StGB. beseitigt worden: ZI. 29. Juni 53 c. Weinert (GA. II, 836); ZI. 20. Sept. 54 c. Böhmke (ibid.); VPl. 26. April 58 c. Raden (JMbl. s. 203; Entsch. 39. 2. s. 44; GA. VI, 337); ZII. 9. Jan. 62 c. Jäger (RdO. II, 189); ZII. 9. Juni 64 c. Erven (RdO. IV, 561); *contra*: TL. s. 1054; John Abh. in GA. III, 58; Zachariä Abh. in GA. III, 294. Nach der Auffassung dieser Schriftsteller würde der § gänzlich überflüssig sein, weil beim Vorhandensein einer solchen auf Weiterverbreitung des Feuers gerichteten Absicht unzweifelhaft der Versuch des in den vorhergehenden §§ vorgesehenen Verbrechens vorliegen würde; vgl. Abh. in GA. VI, 307.

2. Der Entwurf von 1847 (§ 360) hatte neben der Vorsätzlichkeit der Handlung auch noch die Kenntniß (das Bewußtsein) des Angeklagten davon, daß die betr. Sachen geeignet seien, den in den §§ 285 und 286 genannten Gegenständen das Feuer mitzutheilen, als ein wesentliches Merkmal des Thatbestandes hingestellt. Das ist im StGB. beseitigt worden, offenbar, weil man annahm, dieses Merkmal sei in dem Begriffe der „Vorsätzlichkeit" mit enthalten. Ebendeshalb bedarf es in der Regel einer besonderen Feststellung desselben neben der Vorsätzlichkeit nicht: V. Pl. 26. April 58 (cit. n. 1); ZI. 27. Sept. 51 c. Jaworski (GA. VI, 312); ZI. 15. Jan. 61 c. Gercke (RdO. II, 79); ZII. 9. Juni 64 (cit. n. 1); VI. 29. Mai 67 c. Sieg (RdO. VIII,). Dagegen ist es unerläßlich, auch dieses Moment in die Fragestellung mit aufzunehmen, sobald ein ausdrücklicher Antrag darauf gerichtet wird: VI. 15. Aug. 60 c. Potempa. Auch genügt es in einem solchen Falle nicht, die Frage (nach Anleitung des § 44 n. 2) dahin zu fassen: ob dem Angeklagten die Gefahr für die anderen Gegenstände „unbekannt" gewesen sei, da jenes Bewußtsein ein wirkliches (in der Vorsätzlichkeit mit enthaltenes) Begriffsmerkmal darstellt; *contra*: ZI. 13. Juni 60 c. Hent; ZI eod. c. Zawadda (GA. VIII, 527); ähnlich ind.: ZII. 26. Nov. 57 c. Backhove (JMbl. 58, s. 28); VPl. 26. April 58 (cit. n. 1); ZI. 9. Sept 59 c. Hoppe; vgl. Strafverf. Art. 81 n. 23.

3. Es kommt selbstverständlich nur darauf an, ob dem Angeklagten im Augenblicke der That die erwähnte Kenntniß (Bewußtsein) beiwohnte. Neben einer dieses Bewußtsein betr. Frage hat daher eine zweite Frage, ob dem Angeklagten die betr. Eigenschaft der in Brand gesetzten Sache im Allgemeinen (also zu einer anderen Zeit) bekannt war, für den Thatbestand keine Bedeutung; ihre Stellung ist sonach unstatthaft; vgl. VI. 25. Jan. 67 c. Ketzler (RdO. VIII, 49).

4. Der Ausdruck „Sachen" umfaßt alle Gegenstände, insbesondere auch solche, wie sie in den §§ 285 und 286 aufgezählt sind: Z. 19. Sept. 51 c. Peters (Entsch. 22. s. 76).

5. In Betreff der Gefahr einer Weiterverbreitung des Feuers kommt es lediglich auf die Natur der in Brand gesetzten Sache an, nicht also darauf, ob das angelegte Feuer geeignet war, sich weiter zu verbreiten. Auch macht es keinen Unter-

§. 288. Wer durch Fahrlässigkeit einen Brand der in den §§. 285. bis 287. erwähnten Art verursacht, wird mit Gefängniß bis zu sechs Monaten, und wenn durch den Brand ein Mensch das Leben verloren hat, mit Gefängniß von zwei Monaten bis zu zwei Jahren bestraft.

[Entw. § 262]. Vgl. § 285—287. 347 Nr. 4—9.

---

schied, ob jene Gefahr durch die Beschaffenheit der betr. Sache, oder durch ihre Lage oder durch beide gemeinschaftlich begründet wird; *contra*: GM. II, 646 n. 7.

6. Ob den gefährdeten Gegenständen das Feuer wirklich mitgetheilt worden, ist für den Thatbestand gleichgültig. Ebenso ist es unwesentlich, ob der Thäter das Feuer freiwillig gelöscht oder gehütet hat, um eine Weiterverbreitung zu verhindern; war objektiv eine Gefahr der Weiterverbreitung vorhanden, so wird der § anwendbar: ZII. 9. Jan. 62 (cit. n. 1); *contra*: Zachariä Abh. in GA. III, 297.

7. Das Gesagte (n. 6) gilt auch da, wo ein Mensch durch den Brand das Leben verloren hat; ist letzteres der Fall, so tritt die Todesstrafe ein, selbst wenn das Feuer gar nicht einem der in den §§ 285. 286 genannten Gegenstände mitgetheilt, wo vielmehr der Tod durch das unmittelbar angelegte Feuer herbeigeführt worden ist, oder wo das Feuer sich nur einem anderen nicht in den §§ 285. 286 erwähnten Gegenstände mitgetheilt hatte, und hierdurch ein Mensch sein Leben verloren hat.

8. Auch hier ist die Todesstrafe verwirkt, wenn der Verlust eines Menschenlebens objektiv die Folge der That gewesen ist; es bedarf daher beim Angeklagten nicht des Bewußtseins von einer für Menschenleben herbeigeführten Gefahr, selbst die ausdrückliche Verneinung dieses Bewußtseins könnte die Todesstrafe nicht beseitigen: VI. 29. Mai 67 c. Sieg (RdO. VIII, ; vgl. § 285 n. 9.

9. An sich ist der Thatbestand des § 287 nicht ein durch den Hinzutritt eines erschwerenden Umstandes qualifizirter. Wenn aber die in Brand gesetzte fremde Sache zu den im § 286 aufgezählten, und diejenige, welcher das Feuer mitgetheilt werden kann, zu den im § 285 Nr. 1—3 erwähnten gehört, so nimmt der Umstand, daß die erstere geeignet ist der letzteren das Feuer mitzutheilen, den Charakter eines erschwerenden Umstandes an, über welchen die Geschworenen besonders abstimmen müssen (Ges. v. 3. Mai 1852 Art 91 Abs. 4). Ebenso verhält es sich, wenn die in Brand gesetzte eigene Sache, welche das Feuer einer der in den §§ 285—286 genannten mittheilen kann, versichert war (§ 244). Vgl. ZI. 27. April 66 c. Berwig und Antr. der EStA.-schaft zu dems. (RdO. VII, 249).

10. Statthaftigkeit der Stellung unter Polizei-Aufsicht neben der zeitigen Zuchthausstrafe; vgl. § 305.

§ 288.

1. Der § umfaßt jede Fahrlässigkeit, ohne zu unterscheiden, ob dabei besondere Verbotsgesetze übertreten worden sind, oder nicht: ZI. 18. Jan. 60 c. Eisenstädt.

2. Der § bezieht sich auch auf den Fall des § 287: In-Brand-Setzung einer Sache, welche 2c. geeignet ist, den in den §§ 285 und 286 genannten Gegenständen das Feuer mitzutheilen. Diese Eigenschaft wohnt indessen unzweifelhaft jeder im Innern eines Gebäudes befindlichen Sache bei, so daß also jede fahrlässige In-Brand-Setzung eines solchen Gegenstandes, selbst die unbedeutendste, mit Gefängniß zu bestrafen wäre. Da dieses unmöglich in der Absicht des Gesetzgebers gelegen haben kann, so ist es richtiger, hier die Anwendbarkeit des § von der wirklich erfolgten Mittheilung des Feuers an einen der in den §§ 285 und 286 genannten Gegenstände abhängig zu machen; *contra*: ZI. 1. Juli 57 c. Kleyer; ZII. 4. März 58 c Bomheuer (JMbl. s. 172; ind.).

3. Zum Thatbestande genügt die Mittheilung des Feuers an einen der im § gedachten Gegenstände, sollte dasselbe auch nicht in eine Flamme ausgebrochen sein, sondern nur glimmen, zumal da bei manchen brennenden Gegenständen ein Flammenausbruch nicht erfolgt: VII. 4. März 58 c. Bomheuer (JMbl. s. 172); BL. s. 439; *contra*: Z. 17. Nov. 52 c. Kemnitz (Entsch. 24. s. 196); vgl. § 285 n. 1.

4. Eine Gemeingefährlichkeit wird auch hier nicht vorausgesetzt; vgl. Tit. 27 (s. 507) n. 1.

§. 289. Die in den §§. 285. bis 288. bestimmten Strafen kommen nach den dort aufgestellten Unterscheidungen auch gegen denjenigen zur Anwendung, welcher durch Gebrauch von Pulver oder anderen explodirenden Stoffen Gebäude, Hütten, Schiffe, Magazine oder andere Räumlichkeiten zerstört.

[Entw. § 263] Vgl § 345 Nr. 3. 4.

§. 290. Wer mit Gefahr für das Leben Anderer vorsätzlich eine Ueberschwemmung verursacht, soll mit zehnjähriger bis lebenslänglicher Zuchthausstrafe, und wenn in Folge der Ueberschwemmung ein Mensch das Leben verliert, mit dem Tode bestraft werden.

[Entw. § 264]. Vgl. § 285. 291—293. 305; Ges. v. 28. Febr. 1843 § 4. 13 (GS. s. 41); Vdn. v. 9. Jan. 1845 (GS. s. 35); Ges. v. 4. Juni 1851 § 8. 9. 10 (GS. s. 452); (Rh.) Rural-Ges. v. 28. Sept. — 6. Okt. 1791 Tit. 2 Art. 15.

§. 291. Wer mit gemeiner Gefahr für das Eigenthum, jedoch nicht mit Gefahr für das Leben Anderer, vorsätzlich eine Ueberschwemmung verursacht, soll mit Zuchthaus von fünf bis zu zwanzig Jahren bestraft werden.

[Entw. § 264a]. Vgl. § 286. 290. 292. 301. 305 und die zu § 290 citirten Gesetze.

---

5. Auch hier ist die höhere Strafe des Schlußsatzes dadurch bedingt, daß durch den Brand ein Mensch sein Leben verloren habe; vgl. § 285 n. 8.

§ 289.

1. Unter „andere Räumlichkeiten" sind die im § 285 Nr. 3 genannten zu verstehen: KVII. s. 147.

2. Auf die im § 286 noch aufgezählten Vorräthe, Waldungen und Torfmoore ist § 289 nicht zu beziehen.

3. Hier wird eine (gänzliche oder theilweise) Zerstörung vorausgesetzt, eine bloße Beschädigung reicht daher nicht hin: Jl. 29. Juni 53 c. Markiewicz (GA. I, 546). Ob im Einzelfalle eine theilweise Zerstörung oder nur eine Beschädigung anzunehmen sei, ist Gegenstand thatsächlicher Beurtheilung.

§ 290.

1. In Betreff des Vorsatzes vgl. Tit. 27 (s. 508) n. 2. Zu bemerken ist, daß hier die Fassung des §, welche der Vorsätzlichkeit der Handlung erst nach der (objektiven) Gefährlichkeit Erwähnung thut, entschieden für jene Auffassung spricht.

2. Ueber die Dauer der zeitigen Zuchthausstrafe vgl. § 285 n. 5.

3. Statthaftigkeit der Stellung unter Polizei-Aufsicht neben der zeitigen Zuchthausstrafe; vgl. § 305.

4. Die Fassung dieses § weicht insofern von der des entsprechenden § 285 ab, als hier der Verlust eines Menschenlebens nicht durch, sondern nur in Folge der Ueberschwemmung erheischt wird; es reicht deshalb hin, wenn der Tod auch nicht sofort und unmittelbar durch die Ueberschwemmung bewirkt ist, sobald er nur in ursächlichem Zusammenhange mit derselben steht: KVII. s. 148.

5. Unterschied des hier vorgesehenen Falls von dem des § 301; vgl. dort n. 1.

§ 291.

1. Unter „gemeiner Gefahr" ist die Gefährdung des Eigenthums einer Mehrheit zu verstehen. Die Gefährdung des Eigenthums eines Einzelnen würde auf dem linken Rheinufer nach Art. 15 Tit 2 des Nur.-Ges. zu bestrafen sein.

2. Rücksichtlich des Vorsatzes vgl. Tit. 27 (s. 508) n. 2; § 290 n. 1.

3. Statthaftigkeit der Stellung unter Polizei-Aufsicht; vgl. § 305.

4. Verhältniß des § zum § 301: vgl. zu diesem n. 1.

§. 292. Gegen den, welcher eine solche Ueberschwemmung (§. 290. und §. 291.) vorsätzlich, aber nur in der Absicht verursacht, sein Eigenthum vor Gefahr zu schützen, soll auf Gefängniß nicht unter zwei Jahren erkannt werden.

[Entw. § 264b]. Vgl. § 290. 291.

§. 293. Wer eine Ueberschwemmung durch Fahrlässigkeit verursacht, wird mit Gefängniß bis zu sechs Monaten, und wenn in Folge der Ueberschwemmung ein Mensch das Leben verloren hat, mit Gefängniß von zwei Monaten bis zu zwei Jahren bestraft.

[Entw. § 265]. Vgl. § 288. 290. 291. 295. 301.

§. 294. Wer vorsätzlich an Eisenbahnanlagen, deren Transportmitteln oder anderem Zubehör solche Beschädigungen verübt, oder auf der Fahrbahn durch Aufstellen, Hinlegen oder Hinwerfen von Gegenständen, oder durch Verrückung von Schienen oder auf andere Weise solche Hindernisse bereitet, daß dadurch der Transport auf der Bahn in Gefahr gesetzt wird, hat Zuchthaus bis zu zehn Jahren verwirkt.

Hat die Handlung die schwere Körperverletzung eines Menschen (§. 193.) zur Folge gehabt, so tritt Zuchthausstrafe von zehn bis zu zwanzig Jahren, und hat in Folge der Handlung ein Mensch das Leben verloren, die Todesstrafe ein.

[Entw. § 266]. Vgl. § 295. 299. 300. 305 (Vdn. v. 30. Nov. 1840; GS 1841 s. 9; Ges. v. 4. Juni 1851 § 10 (GS. s. 453); Ges. v. 14. Apr. 1856 Art. II (GS. s. 219).

---

§ 292.

1. Das Gesetz faßt den hier erwähnten Umstand nicht als einen wirklichen Nothstand, sondern nur als einen Milderungsgrund auf; vgl. § 40 n. 14.

2. Im Uebrigen sind die Bemerkungen zu § 290. 291 zu vergleichen.

3. Verhältniß des § zum § 301: vgl. zu diesem n. 1.

§ 293.

1. Dieser § verweist nicht, wie § 288, auf die entsprechenden §§, welche von der vorsätzlichen Verursachung einer Ueberschwemmung handeln. Es hat indessen offenbar nicht in der Absicht des Gesetzgebers gelegen, hier jede Ueberschwemmung, auch wenn sie nicht gemeingefährlich ist, mit der angedrohten Strafe zu belegen, da ja selbst die Strafbarkeit der vorsätzlichen Handlung durch den gemeingefährlichen Charakter derselben bedingt ist; es wird dieses auch durch die Fassung des § 295, und insbesondere durch die des § 301 (welcher für den Fall der Fahrlässigkeit dasselbe Strafmaaß bestimmt) bestätigt. Daher bedarf es auch hier der Feststellung einer eingetretenen Gefahr nach Maaßgabe der §§ 290 oder 291: VI. 27. Febr. 56 c. Skazidroga (GA. IV, 394).

2. Der Verlust eines Menschenlebens braucht auch hier nicht durch die Ueberschwemmung eingetreten zu sein, es genügt, wenn er in Folge derselben stattfand; vgl. §. 290 n. 4.

3. Im Uebrigen sind die Bemerkungen zu § 288. 290. 291 zu vergleichen.

4. Verhältniß dieses § zum § 301: vgl. zu diesem n. 1.

§ 294.

1. In Betreff des Dolus gilt auch hier das zu Tit. 27 (s. 508) n. 2 Gesagte. Der Vorsatz braucht nur auf die Vornahme der betr. Handlung an der

§. 295. Wer fahrlässigerweise durch Handlungen der im §. 294. bezeichneten Art den Transport auf einer Eisenbahn in Gefahr setzt, wird mit Gefängniß bis zu Einem Jahre, und wenn dadurch ein Mensch das Leben verloren hat, mit Gefängniß von zwei Monaten bis zu drei Jahren bestraft.

Eine gleiche Strafe haben die zur Leitung der Eisenbahnfahrten und zur Aufsicht über die Bahn und den Transportbetrieb angestellten Personen (Eisenbahnbeamten) verwirkt, wenn sie durch Vernachlässigung der ihnen obliegenden Pflichten einen Transport in Gefahr setzen.

[Entw. § 267]. Vgl. § 294. 288. 293. 299. 300; (Vdn. v. 30. Nov. 1840; GS. 1841 s. 9).

§. 296. Wer gegen eine Telegraphenanstalt des Staates oder einer Eisenbahngesellschaft vorsätzlich Handlungen verübt,

---

Eisenbahnanlage rc. gerichtet zu sein; dagegen genügt in Betreff der Gefährdung eines Transports das Bewußtsein, daß eine solche Gefahr entstehen könne: VI. 15. April 59 c. Schwessin (GA. VII, 683). Daß insbesondere die Herbeiführung der Gefahr nicht beabsichtigt zu sein braucht, ergiebt die Vdn. v. 30. Nov. 1849, deren § 1 fast wörtlich mit § 294 übereinstimmte, während § 3 eine Strafschärfung für den Fall vorschrieb, wo der Thäter die Hervorbringung der Gefahr beabsichtigt hatte; *contra:* Erk. Kamm.-Ger. 17. März 56 c. Freiert.

2. Vorausgesetzt wird die Gefährdung eines ganzen Transports; daher trifft der § nicht zu, wenn nur eine einzelne Person auf dem Transporte, z. B. ein auf dem Tritte stehender Schaffner in Gefahr gesetzt ist; vgl. § 295 n. 1.

3. Im Fortschaffen einer Lokomotive mit Tender ohne angehängte Wagen kann ein Transport gefunden werden: ZI. 11. März 57 c. Eitner (GA. V, 709).

4. Statthaftigkeit der Stellung unter Polizei-Aufsicht: vgl. § 305.

5. Rücksichtlich des in Folge der Handlung eingetretenen Verlustes eines Menschenlebens vgl. § 290 n. 4. Zu bemerken ist, daß § 295 wieder die Fassung hat: „wenn dadurch ein Mensch das Leben verloren hat;" diese Ungenauigkeit erklärt sich dadurch, daß bei Eisenbahnunglücken die Unterscheidung, auf welche beim § 290 gerücksichtigt worden, nicht leicht eintreten wird.

§ 295.

1. Ueber den Begriff eines Transports vgl. § 294 n. 2. 3.

2. Die Gefahr muß durch Bereitung eines objektiven Hindernisses an der Eisenbahnanlage rc. oder auf der Fahrbahn herbeigeführt sein; daher genügt es nicht, wenn der Grund der Gefährdung lediglich darin gefunden wird, daß eine unqualifizirte Persönlichkeit als Lokomotivführer, Weichensteller rc. angestellt worden ist: VI. 25. März 59 c. Buschmann (GA. VII, 563). Dagegen geht dieses Erkenntniß zu weit, wenn es verlangt, daß das Hinderniß vom Augenblicke seiner thatsächlichen Begründung bis zur Ankunft des Transports fortbestehe; nichts steht im Wege thatsächlich die Gefährdung eines erwarteten Transports auch da anzunehmen, wo das bereitete Hinderniß noch rechtzeitig entdeckt und beseitigt worden ist.

3. Ist die Gefahr durch das Zusammentreffen der Fahrlässigkeit mehrerer Personen herbeigeführt worden, so ist jeder strafbar, sollte auch sein fahrlässiges Thun oder Unterlassen ein selbstständiges, mit dem des andern nicht zusammenhängendes gewesen sein, sobald nur feststeht, daß die entstandene Gefahr wirklich ihren Grund (mit) in seiner Fahrlässigkeit hatte: ZI. 31. Okt. 66 c. Wernicke (RdO. VII, 595).

4. Ueber den ursächlichen Zusammenhang zwischen der Handlung und dem stattgehabten Verluste eines Menschenlebens vgl. § 294 n. 5; § 290 n. 4.

§ 296.

1 Ueber die Vorsätzlichkeit vgl Tit. 27 (s. 508) n. 2; § 290 n. 1.

welche die Benutzung dieser Anstalt zu ihren Zwecken verhindern oder stören, wird mit Gefängniß von drei Monaten bis zu drei Jahren bestraft.

Handlungen dieser Art sind insbesondere: die Wegnahme, Zerstörung oder Beschädigung der Drahtleitung, der Apparate und sonstigen Zubehörungen der Telegraphenanlagen, die Verbindung fremdartiger Gegenstände mit der Drahtleitung, die Fälschung der durch den Telegraphen gegebenen Zeichen, die Verhinderung der Wiederherstellung einer zerstörten oder beschädigten Telegraphenanlage, die Verhinderung der bei der Telegraphenanlage angestellten Personen in ihrem Dienstberufe.

[Entw. § 268]. Vgl. § 297—300; (Vdn. v. 15. Juni 1849; GS. s. 217); (Bekanntm. v. 4. Jan. 1850; GS. s. 7); Ges. v. 4. Juni 1851 § 10 (GS. s. 453).

§. 297. Ist in Folge der vorsätzlich verhinderten oder gestörten Benutzung der Telegraphenanstalten ein Mensch am Körper oder an der Gesundheit beschädigt worden, so trifft den Schuldigen Zuchthaus bis zu zehn Jahren, und wenn ein Mensch das Leben verloren hat, Zuchthaus von zehn bis zu zwanzig Jahren.

[Entw. § 269]. Vgl. 296. 298—300. 305; (Vdn. v. 15. Juni 1849; GS. s. 217); (Bekanntm. v. 4 Jan. 1850; GS. s. 7); Ges. v. 4. Juni 1851 § 10 (GS. s. 453).

§. 298. Wer gegen eine Telegraphenanstalt des Staates oder einer Eisenbahngesellschaft fahrlässigerweise Handlungen verübt, welche die Benutzung dieser Anstalt zu ihrem Zwecke verhindern oder stören, wird mit Gefängniß bis zu sechs Monaten, und wenn dadurch ein Mensch das Leben verloren hat, mit Gefängniß von zwei Monaten bis zu zwei Jahren bestraft.

Eine gleiche Strafe haben die zur Beaufsichtigung und Bedienung der Telegraphenanstalten und ihrer Zubehörungen angestellten Personen (Telegraphenbeamten) verwirkt, wenn sie durch Vernachlässigung der ihnen obliegenden Pflichten die Benutzung der Anstalt verhindern oder stören.

[Entw. § 270]. Vgl. § 296. 297. 299. 300; (Vdn. v. 15. Juni 1849; GS. s. 217); (Bekanntm. v. 4. Jan. 1850; GS. s. 7).

---

§ 297.

1. Die Körper- oder Gesundheitsbeschädigung braucht nicht, wie im Falle des § 294 Abs. 2, eine schwere zu sein; auch § 2 der Vdn. v. 15. Juni 1849 enthielt nichts Aehnliches; *contra:* TL. s. 1063 Note 1.

2. Statthaftigkeit der Stellung unter Polizei-Aufsicht: vgl. § 305.

§ 298.

1. Ueber den ursächlichen Zusammenhang zwischen der That und dem Verluste eines Menschenlebens vgl. § 290 n. 4; § 294 n. 5.

§. 299. Eisenbahnbeamte und Telegraphenbeamte, welche wegen eines der in den §§. 294. bis 298. bezeichneten Verbrechen oder Vergehen verurtheilt werden, sollen zugleich zu einer Beschäftigung im Eisenbahn- und Telegraphen-Dienste für unfähig erklärt werden.

[Entw. § 271]. Vgl. § 294—298. 300; (Vdn. v. 30. Nov. 1840 § 6; GS. 1841 s. 10); (Vdn. v. 15. Juni 1859 § 5; GS. s. 218).

§. 300. Die Vorsteher einer Eisenbahngesellschaft, sowie die Vorsteher der Telegraphenanstalt einer Eisenbahngesellschaft, welche die Entfernung des verurtheilten Beamten nach der Mittheilung des rechtskräftigen Erkenntnisses nicht sogleich bewirken, sollen mit einer Geldbuße von zehn bis zu Einhundert Thalern oder mit einer Gefängnißstrafe bis zu drei Monaten bestraft werden.

Gleiche Strafe trifft den für unfähig erklärten Eisenbahn- oder Telegraphen-Beamten, wenn er sich nachher bei einer Eisenbahn- oder Telegraphenanstalt wieder anstellen läßt, sowie diejenigen, welche ihn wieder angestellt haben, obwohl denselben die Unfähigkeitserklärung bekannt war.

[Entw. § 272]. Vgl. § 294—299; (Vdn. v. 30. Nov. 1840 § 7; GS. s. 1841 s. 10); (Vdn. v. 15. Juni 1849 § 6; GS. s. 218).

§. 301. Wer vorsätzlich Wasserleitungen, Schleusen, Wehre, Deiche, Dämme oder andere Wasserbauten, oder Brücken, Fähren, Wege oder Schutzwehre zerstört oder beschädigt, oder wer in schiffbaren Strömen, Flüssen oder Kanälen das Fahrwasser stört, und durch eine dieser Handlungen Gefahr für das Leben oder die Gesundheit Anderer herbeiführt, wird mit Gefängniß nicht unter drei Monaten bestraft.

---

§ 299.

1. Wer hier unter „Eisenbahn- und Telegraphen-Beamten" zu verstehen sei, ergiebt sich aus den zweiten Absätzen der §§ 295 und 298. Danach bedarf es keineswegs einer Anstellung im mittel- oder unmittelbaren Staatsdienste.

2. Die Unfähigkeitserklärung bezieht sich sofort auf beide Arten von Dienststellungen. Sie hat selbstverständlich den Verlust der zur Zeit bekleideten Stelle zur Folge; vgl. § 300. 22.

§ 300.

1. Die Vorschrift dieses § bezieht sich auf Staatsbeamten nicht mit; gegen sie ist im Disziplinarwege einzuschreiten.

§ 301.

1. In Betreff der Vorsätzlichkeit vgl. Tit. 27 (s. 508) n. 2.

2. Insofern die vorgesehene Handlung sich als Versuch eines der in den §§ 290 ff. verpönten Verbrechen darstellt, werden diese §§ sowie die §§ 31. 32 anwendbar.

3. Die Vorschrift des § bezieht sich auf Privatwege ebensowohl, wie auf öffentliche: ZU. 15. Nov. 55 c. Bittmann. Es darf daher auch der Eigenthümer

Hat in Folge einer dieser Handlungen ein Mensch eine schwere Körperverletzung (§. 193.) erlitten, so tritt Zuchthaus bis zu funfzehn Jahren, und hat in Folge einer dieser Handlungen ein Mensch das Leben verloren, zehnjährige bis lebenslängliche Zuchthausstrafe ein.

Liegt einer solchen Handlung Fahrlässigkeit zum Grunde, und ist dadurch ein Schaden entstanden, so ist auf Gefängniß bis zu sechs Monaten, und wenn in Folge derselben ein Mensch das Leben verloren hat, auf Gefängniß von zwei Monaten bis zu zwei Jahren zu erkennen.

[Entw. § 273]. Vgl. § 290—293. 283. 184. 198. 349 Nr. 1. 2; Ges. v. 14. April 1856 Art. II (GS. s. 219). FPO. v. 1. Nov. 1847 § 43 Nr. 1. 3.

§. 302. Wer vorsätzlich die zur Sicherung der Schifffahrt bestimmten Feuerzeichen oder andere zu diesem Zwecke aufgestellte Zeichen zerstört, wegschafft oder unbrauchbar macht, oder dergleichen Feuerzeichen auslöscht, oder falsche Zeichen, welche geeignet sind, die Schifffahrt unsicher zu machen, aufstellt, insbesondere zur Nachtzeit auf der Strandhöhe Feuer anzündet, welches die Schifffahrt zu gefährden geeignet ist, wird mit Zuchthaus bis zu zehn Jahren bestraft.

Ist in Folge der Handlung ein Schiff gestrandet, so tritt Zuchthaus von zehn bis zu zwanzig Jahren, und hat dadurch ein Mensch das Leben verloren, die Todesstrafe ein.

---

eines solchen Privatwegs denselben nicht in einer Weise zerstören oder beschädigen, daß dadurch für das Leben oder die Gesundheit Anderer eine Gefahr herbeigeführt wird; vgl. n. 5.

4. Obgleich hier von einer für Andere (in der Mehrzahl) herbeigeführten Gefahr die Rede ist, so genügt es doch, wenn das Leben oder die Gesundheit auch nur eines Einzigen gefährdet ist; einer Gemeingefährlichkeit (vgl. Rubr. des Tit. 27) bedarf es hier entschieden nicht.

5. Ob der Andere, für dessen Leben rc. eine Gefahr herbeigeführt wird, ein Recht zur Benutzung der betr. Anlage (z. B. des Privatwegs) hatte, ist gleichgültig: JII. 15. Nov. 55 c. Bittmann.

6. Im Falle eines Handelns aus Fahrlässigkeit (Abs. 3) bildet der Eintritt eines Schadens die Bedingung der Strafbarkeit. Dieser Schaden muß arg. Abs. 2 mindestens in einer schweren Körperverletzung bestehen; eine andere genügt nicht, weil sonst die fahrlässige Handlung höher (bis zu 6 Mon. Gefängniß) zu bestrafen wäre, als (nach Abs. 1) die vorsätzliche.

7. Der § schließt die Anwendung der §§ 184 und 198, da wo der Thatbestand derselben vorliegt, nicht aus. Der Unterschied zwischen diesen und dem Thatbestande des § 301 ist darin zu suchen, daß der letztere überhaupt nur eine Fahrlässigkeit voraussetzt, während die §§ 184 und 198 eine Fahrlässigkeit in Beziehung auf den eingetretenen Erfolg (des Todes rc.) erheischen.

8. Im Falle des Abs. 3 ist die Strafverfolgung durch einen Antrag des Verletzten nicht bedingt.

§ 302.

1. In Betreff der Vorsätzlichkeit vgl. Tit. 27 (s. 508) n. 2; KBII. s. 150.

Liegt der Handlung Fahrlässigkeit zum Grunde, und ist dadurch ein Schaden entstanden, so ist auf Gefängniß bis zu sechs Monaten, und wenn in Folge der Handlung ein Mensch das Leben verloren hat, auf Gefängniß von zwei Monaten bis zu zwei Jahren zu erkennen.

[Entw. § 274]. Vgl. § 301. 303. 305. 244; West-Preuß. Strand-Ordn. v. 31. Dez. 1801 I. § 3 (v. Rabe 6. f. 701).

§. 303. Wer vorsätzlich die Strandung oder das Sinken eines Schiffes bewirkt, und dadurch Gefahr für das Leben eines Andern herbeiführt, wird mit Zuchthaus von zehn bis zu zwanzig Jahren, und wenn in Folge der Handlung ein Mensch das Leben verloren hat, mit dem Tode bestraft.

Liegt der Handlung Fahrlässigkeit zum Grunde, und ist dadurch ein Schaden entstanden, so ist auf Gefängniß bis zu sechs Monaten, und wenn in Folge der Handlung ein Mensch das Leben verloren hat, auf Gefängniß von zwei Monaten bis zu zwei Jahren zu erkennen.

[Entw. § 275]. Vgl. § 302. 305. 244. 283.

§. 304. Wer vorsätzlich Brunnen oder Wasserbehälter, welche zum Gebrauche Anderer dienen, oder Waaren, welche zum öffentlichen Verkaufe oder Verbrauche bestimmt sind, vergiftet, oder denselben Stoffe beimischt, von denen ihm bekannt ist, daß sie die menschliche Gesundheit zu zerstören geeignet sind, ingleichen wer solche vergiftete oder mit gefährlichen

---

2. Die Vorschrift dieses § bezieht sich nicht allein auf die Seeschifffahrt, sondern allgemein auf jede Schifffahrt.

3. Statthaftigkeit der Stellung unter Polizei-Aufsicht neben der zeitigen Zuchthausstrafe: vgl. § 305.

§ 303.

1. Der § trifft nicht zu, wenn die Strandung vorsätzlich in höchster Noth zur Rettung der Mannschaft bewirkt wird, weil dann ein Nothstand vorliegt; vgl. § 40 n. 14 (ALR. II, 8 § 1821); D. HGB. Art. 702. 708 Nr. 3.

2. War das Schiff oder seine Ladung versichert, und geschah die Handlung in betrügerischer Absicht, so wird in idealer Konkurrenz auch § 244 anwendbar.

§ 304.

1. In Betreff der Vorsätzlichkeit vgl. Tit. 27 (f. 508) n. 2.

2. Ueber den Begriff des Gifts vgl. § 197 n. 3 ff.

3. Unter „Waaren" sind hier nicht blos Handelswaaren, sondern alle beweglichen verkäuflichen oder verbrauchbaren Sachen zu verstehen; vgl. Riedel Abh. in GA. II, 339. Ebenso gehören hierher nicht nur solche Sachen, welche genossen werden, sondern unbedenklich auch Kleidungsstücke, Tapeten rc.

4. Die Vergiftung rc. einer zum Verkaufe rc. bestimmten Waare ist, wenn sie von einem Dritten, welchem selbst eine Verfügung über die Waare nicht zusteht, ausgeht, sofort strafbar. Insoweit dagegen die Handlung durch denjenigen verübt wird, welcher über die Sache zu verfügen hat, der also auch jeder Zeit ihre „Bestimmung" ändern kann, wird das Verbrechen erst durch ein wirklich erfolgtes

Stoffen vermischte Sachen wissentlich und mit Verschweigung dieser Eigenschaft verkauft oder feilhält, wird mit Zuchthaus von fünf bis zu funfzehn Jahren bestraft.

Hat in Folge der Handlung ein Mensch das Leben verloren, so tritt die Todesstrafe ein.

Liegt der Handlung Fahrlässigkeit zum Grunde, und ist dadurch ein Schaden entstanden, so ist auf Gefängniß bis zu sechs Monaten, und wenn in Folge der Handlung ein Mensch das Leben verloren hat, auf Gefängniß von zwei Monaten bis zu zwei Jahren zu erkennen.

[Entw. § 276]. Vgl. § 305. 197. 345 Nr. 5.

§. 305. Gegen diejenigen, welche wegen eines der in den §§. 285, 286, 287, 289, 290, 291, 294, 297, 301, 302, 303, 304 genannten Verbrechen zu zeitiger Zuchthausstrafe verurtheilt werden, kann zugleich auf Stellung unter Polizei-Aufsicht erkannt werden.

[Entw. § 277]. Vgl. § 26.

§. 306. Wer die Absperrungs- oder Aufsichts-Maaßregeln oder Einfuhrverbote, welche von der Regierung zur Verhütung des Einführens oder Verbreitens einer ansteckenden Krankheit angeordnet worden sind, übertritt, wird mit Gefängniß bis zu zwei Jahren bestraft.

Ist in Folge der Uebertretung ein Mensch von der ansteckenden Krankheit ergriffen worden, so tritt Gefängniß von zwei Monaten bis zu drei Jahren ein.

[Entw. § 278]. Vgl. § 307; Patent v. 2. April 1803; Vdn. v. 8. Aug. 1835 nebst Regul. v. 28. Okt. 1835 (GS. s. 240); Min.-Verf. v. 3. Juli 1863 (VMbl. s. 163).

Feilhalten (Verkauf) vollendet; dagegen ist es gleichgültig, ob dieses Feilhalten rc. durch den Vergifter selbst, oder mit seinem Wissen durch einen Dritten erfolgt ist. Inwiefern die Vergiftung ohne hinzutretendes Feilhalten als Versuch des Verbrechens angesehen werden könne, unterliegt der thatsächlichen Beurtheilung.

5. Durch die Bestimmung zum öffentlichen Verkaufe oder Verbrauche unterscheidet sich der Fall des § 304 von dem im § 197 vorgesehenen, resp. dem Versuche dieses Verbrechens; es bezieht sich daher das Erforderniß der Oeffentlichkeit nicht blos auf den Verkauf, sondern auch auf den Verbrauch. Eine solche Bestimmung für den öffentlichen Verkauf oder Verbrauch ist anzunehmen, wenn die Waare nicht blos einer einzelnen im Voraus genau erkennbaren Person, sondern überhaupt den dazu Lusttragenden unter den geeigneten Bedingungen zugänglich gemacht ist.

6. Statthaftigkeit der Stellung unter Polizei-Aufsicht neben der zeitigen Zuchthausstrafe: vgl. § 305.

§ 305. — — — — — — — — — — — — — —

§ 306.

1. Unter „Regierung" ist die vollziehende Gewalt im Staate, im Gegensatz gegen die gesetzgebende zu verstehen. Daher sind die §§ 306 und 307 nicht

auf solche Maaßregeln und Verbote anzuwenden, welche unmittelbar von der Gesetzgebung ausgegangen sind, wie z. B. das Regul. v. 8. Aug. 1835; die in älteren Gesetzen enthaltenen Strafbestimmungen sind daher (mit der Maaßgabe des im EG. Art. III aufgestellten Grundsatzes) in Kraft verblieben und durch die §§ 306 und 307 nicht außer Wirksamkeit gesetzt: ZPl. 26. Febr. 55 c. Köhnk (JMbl. s. 128; Entsch. 30. s. 314; GA. III, 265); ZI. 13. Jan. 64 c. Müller (RdO. IV, 284); *contra*: GM. II, 662 Note 1; TL. s. 1068 Note 2.

2. Sodann deutet der Ausdruck „Regierung" darauf hin, daß hier nicht jedes Organ der Vollziehungsgewalt zum Erlasse derartiger strenger Strafverbote berufen sein soll, daß vielmehr die betr. Anordnungen nur von der „Landespolizeibehörde", d. h. also von dem betr. Ministerium oder den Bezirksregierungen ausgehen können: ZI. 13. Jan. 54 c. Handtke (Entsch. 27. s. 142; GA. II, 268); ZPl. 26. Febr. 55 (cit. n. 1); ZI. 18. Nov. 64 c. Severin (RdO. V, 269). Die Lokalbehörden können die Befolgung ihrer sanitätspolizeilichen Anordnungen nur nach Anleitung des Regul. v. 8. Aug. 1835 § 23 und des Pol.-Ges. v. 11. März 1850 § 6f. sicher stellen: ZII. 3. Mai 56 c. Herbertz (RA. 54. 2A. s. 6); *contra*: TL. s. 1068.

3. Die §§ setzen allgemeine, nach allen Seiten hin und für alle Personen wirksame Maaßregeln, z. B. Cordons, Kontumazanstalten, Einfuhrverbote voraus, welche die Abwehr einer bestimmten drohenden Epidemie bezwecken, und die ebendeshalb als Gesammtmaaßregel verletzt („übertreten") werden können; daher gehören solche Polizeiverordnungen nicht hierher, welche nur dem Einzelnen für gewisse Eventualitäten gewisse Vorsichtsmaaßregeln, Anzeigen rc. zur Pflicht machen: ZI. 13. Jan. 64 (cit. n. 1); ZI. 18. Juli 66 c. Hirsch (GA. XIV, 652). Ebensowenig genügt es, wenn eine Regierungsverordnung allgemein für den Fall des Ausbruchs einer Krankheit gewisse Vorschriften getroffen hat; vielmehr muß die Anordnung den (irgendwo) erfolgten Ausbruch einer bestimmten Krankheit konstatiren, und mit Rücksicht auf die daraus drohende Gefahr die nöthigen Maaßregeln neuerdings treffen, oder auf frühere für derartige Eventualitäten gegebene Vorschriften verweisen; so: ZI. 18. Nov. 64 (cit. n. 2).

4. Die Einführung eines Gegenstandes, dessen Einfuhr verboten ist, stellt eine Kontrebande, also ein Zollvergehen dar: ZStr.-Ges. v. 23. Jan. 1838 § 1; das gilt auch dann, wenn das Verbot lediglich auf polizeilichen Rücksichten beruht: Zoll.-Ges. v. eod. § 3. Der cit. § 1 bedroht die Kontrebande mit der Konfiskation des betreffenden Gegenstandes und, „insofern nicht in speziellen Gesetzen eine höhere Strafe festgesetzt ist", außerdem mit einer Geldbuße; als solche besondere Gesetze sind die §§ 306. 307 anzusehen, es muß daher die hier angedrohte Gefängnißstrafe und neben derselben nach § 1 cit. die Konfiskation verhängt werden: VI. 16. Juni 58 c. Baguda; ZI. 8. Juli 63 c. Stams (RdO. III, 549); VI. 23. Okt. 63 c. Mrozeck; VI. 10. Febr. 64 c. Schneider (RdO. IV, 358). Von einer idealen Konkurrenz und von der Anwendbarkeit des § 55 kann hier keine Rede sein, da die betr. Handlung nicht den Thatbestand verschiedener Straffälle in sich vereinigt, sondern derselbe Thatbestand in zwei verschiedenen Gesetzen vorgesehen ist, von welchen das eine das andere ergänzt.

5. Die Kontrebande ist durch die Einführung über die Grenze vollendet, ohne daß es dabei auf die Absicht der Verzollung oder auf Umgehung oder Ueberschreitung der Zollstätte ankäme: VI. 10. Febr. 64 (cit. n. 4).

6. Neben der Kontrebande kann nicht auch noch eine Zolldefraude konkurriren; die Strafe der letzteren wird daher durch die der ersteren ausgeschlossen, sollte auch der eingeführte Gegenstand zu einer Zeit, wo seine Einfuhr nicht verboten ist, zollpflichtig sein: VI. 10. Febr. 64 (cit. n. 4); ZI. 23. Sept. 64 c. Marin (RdO. V, 135).

7. Im § 306 ist nur von Krankheiten die Rede, welche Menschen befallen; gleichgültig ist es dagegen, ob nur die Menschen denselben ausgesetzt, oder ob sie diesen und Thieren gemein sind, oder endlich, ob sie vielleicht nur bei Thieren entstehen, aber sei es in derselben, sei es in einer anderen Form auf Menschen sich übertragen können (z. B. Milzbrand und schwarze Blatter): VI. 14. Juli 55 c. Dreyer (GA. II, 837).

8. Wegen des polizeilichen Charakters der ganzen Vorschrift, ist es gleich-

§. 307. Wer die Absperrungs- oder Aufsichts-Maaßregeln oder Einfuhrverbote, welche von der Regierung zur Verhütung des Einführens oder Verbreitens von Viehseuchen angeordnet worden sind, übertritt, wird mit Gefängniß bis zu Einem Jahre bestraft.

Ist in Folge der Uebertretung Vieh von der Seuche ergriffen worden, so tritt Gefängniß von Einem Monate bis zu zwei Jahren ein.

[Entw. § 279]. Vgl. § 306; und die Citate zu § 306; (Rh.) Rur.-Ges. v. 28. Sept. - 6. Okt. 1791 Tit. 2 Art. 25.

§. 308. Wer die mit einer öffentlichen Behörde geschlossenen Lieferungsverträge über Bedürfnisse des Heeres zur Zeit eines Krieges, oder über die Zufuhr von Lebensmitteln zur Abwendung und Beseitigung eines Nothstandes, vorsätzlich entweder nicht zur bestimmten Zeit, oder nicht in der vorbedungenen Weise erfüllt, soll mit Gefängniß nicht unter sechs Monaten bestraft werden; auch kann gegen denselben auf zeitige Untersagung der Ausübung der bürgerlichen Ehrenrechte erkannt werden.

Liegt der Nichterfüllung des Vertrages Fahrlässigkeit zum Grunde, und ist ein Schaden dadurch wirklich entstanden, so ist auf Gefängniß bis zu zwei Jahren zu erkennen.

Dieselben Strafen finden auch gegen die Unterlieferanten, Agenten und Bevollmächtigten des Lieferanten Anwendung, welche mit Kenntniß des Zwecks der Lieferung das Unterbleiben derselben vorsätzlich oder aus Fahrlässigkeit verursachen.

[Entw. § 280]. Vgl. Vdn. v. 26. Dez. 1808 § 42 Nr. 5.

---

gültig, ob der Vorsatz auf Uebertretung der betr. Maaßregeln ꝛc. gerichtet war oder nicht.

9. Im Abs. 2 bezieht sich das Wort „Uebertretung" auf das „übertritt" im ersten Absatze; es ist daher gleichbedeutend mit Zuwiderhandlung; an die technische Bedeutung desselben (§ 1) ist dabei nicht zu denken; die Handlung ist ein Vergehen.

§ 307.

1. Es sind hier die zum § 306 gemachten Bemerkungen zu vergleichen.

2. Zu den Absperrungs-Maaßregeln gehört unbedenklich auch die Untersagung der Abhaltung öffentlicher Viehverkäufe, wenn dieselbe zu dem angegebenen Zwecke erfolgt ist.

§ 308.

1. Bei den über Bedürfnisse des Heeres zur Zeit eines Krieges abgeschlossenen Verträgen braucht nur die Lieferung der Vereinbarung gemäß in die Kriegszeit zu fallen; daß auch die Abschließung des Vertrages in derselben Zeit erfolgt sei, ist nicht erforderlich.

2. Kenntniß des Zweckes der Lieferung wird beim Lieferanten vorausgesetzt: Motive s. 76.

Achtundzwanzigster Titel.
Verbrechen und Vergehen im Amte *).

§. 309. Ein Beamter, welcher für eine in sein Amt einschlagende, an sich nicht pflichtwidrige Handlung oder Unterlassung Geschenke oder andere Vortheile annimmt, fordert oder sich versprechen läßt, zu denen er gesetzlich nicht berechtigt ist, wird mit Geldbuße bis zu Einhundert Thalern oder mit Gefängniß bis zu sechs Monaten bestraft, und zur Herausgabe des Empfangenen oder des Werths desselben an den Fiskus verurtheilt; es kann zugleich auf zeitige Unfähigkeit zu öffentlichen Aemtern erkannt werden.

[Entw. § 281]. Vgl. § 310—313. 331. 326. 327. 25.

---

*) Achtundzwanzigster Titel.

1. Rücksichtlich der Frage, wer als Beamter anzusehen sei, vgl. § 331 und die Bemerkungen zu demselben.

2. Das Disziplinarverfahren gegen richterliche und nicht richterliche Beamte ist geregelt durch die Gesetze v. 7. Mai 1851 (GS. s. 218) und v. 21. Juli 1852 (GS. s. 465).

3. Ueber die Statthaftigkeit eines Disziplinarverfahrens wegen solcher Handlungen, welche bereits Gegenstand eines strafgerichtlichen Verfahrens sind, oder gewesen sind, und umgekehrt vgl. Ges. v. 7. Mai 1851 § 3. 4; Ges. v. 21. Juli 1852 § 4. 5; Strafverf. Art. 1 u. 68.

4. Die disziplinarische Verfolgung wird durch den Ablauf der im Strafgesetzbuche vorbestimmten Verjährungsfrist nicht ausgeschlossen: Erk. des OTr.s V. Civ.-Sen. 29. Mai 55; Erk. I. Civ.-Sen. 2. Nov. 57; Erk. I. Civ.-Sen. v. 18. Febr. 61 (RdO. I, 285); vgl. Erk. KH 16. März 52 (JMBl s. 164).

5. In Betreff der Konflikte bei gerichtlichen Verfolgungen wegen Amts- und Diensthandlungen vgl. Ges. v. 13. Febr. 1854 (GS. s. 86).

6. Ueber die Wirkung, Dauer und Berechnung der in diesem Titel mehrfach angedrohten zeitigen Unfähigkeit zu öffentlichen Aemtern vgl. § 25.

§ 309.

1. Die Annahme rc. des Vortheils rc. muß für die Amtshandlung oder ihre Unterlassung stattgefunden haben, d. h. sie muß mit derselben in einem ursächlichen Zusammenhange stehen, und der Angeklagte muß sich dieses Zusammenhanges bewußt sein: Zl. 15. Febr. 61 c. Wendtlandt. Hiernach trifft der § offenbar nicht zu, wenn Unterbeamte für kleine dem Publikum geleistete Gefälligkeiten, welche, wenn auch während der Ausübung des Amts geleistet, doch in keiner Weise ins Amt einschlagen, s. g. Trinkgelder annehmen.

2. Gleichgültig ist es, ob die Amtshandlung (oder Unterlassung) eine bereits stattgehabte, oder eine noch bevorstehende, künftige ist: Zl. 8. Juli 59 c. Wachlin (GA. VII, 564).

3. Ebenso ist es gleichgültig, ob der Beamte wirklich auf die betreffende Angelegenheit einen Einfluß auszuüben hat; es genügt daher, wenn das Geschenk rc. für eine vermeintliche amtliche Thätigkeit gegeben oder versprochen wird: Beschl. I. 11. Jan. 61 c. Flogertzy (RdO. I, 204).

4. Nicht minder ist es gleichgültig, ob die betr. Handlung eine nur erlaubte, oder eine gesetzlich vorgeschriebene ist: Zl. 12. Juli 61 c. Moldenhauer.

5. Unter „Vortheilen" sind nicht blos Vermögensvortheile zu verstehen, vielmehr gehört dazu Alles, was zur Befriedigung der Genußsucht, der Eitelkeit, des Ehrgeizes rc. beiträgt; insbesondere sind auch vorübergehende Genüsse (z. B. Bewirthungen) hierher zu zählen; *contra*: TOA. s. 316. Dasselbe gilt von einem

§. 310. Ein Beamter oder Schiedsrichter, welcher für eine Handlung oder Unterlassung, die eine Verletzung einer amtlichen Pflicht enthält, Geschenke oder andere Vortheile annimmt, fordert oder sich versprechen läßt, wird mit Zuchthaus bis zu fünf Jahren bestraft, und zur Herausgabe des Empfangenen oder des Werths desselben an den Fiskus verurtheilt.

Wird festgestellt, daß mildernde Umstände vorhanden sind, so soll auf Gefängniß nicht unter sechs Monaten und zugleich auf zeitige Unfähigkeit zu öffentlichen Aemtern erkannt werden.

[Entw. § 282]. Vgl. § 309. 311—313. 331. 25.

---

versteckten Vortheile, z. B. vom Verkaufe einer Sache für einen überaus geringen Kaufpreis.

6. Der Thatbestand des § 309 unterscheidet sich von dem des § 326 dadurch, daß jener eine Zuwendung aus freiwilliger Entschließung voraussetzt, so daß also der Gebende weiß, daß er dazu nicht verpflichtet ist, während § 326 nur da zutrifft, wo die Zuwendung in der irrigen Meinung einer bestehenden rechtlichen Verpflichtung erfolgt: VII. 17. Juli 62 c. Jakobs (RdO. II, 537). Demgemäß sind Gebührenüberhebungen eines Beamten, z. B. eines Rechtsanwaltes, stets nur nach § 326 und nicht nach § 309 zu ahnden: VI. 12. Juli 61 c Sabarth (RdO. I, 512); *contra*: GM. II, 670 n. 4.

7. Wesentlich ist, daß der Beamte zur Annahme 2c. der Vortheile nicht berechtigt sei; daher bleibt der § ausgeschlossen, insoweit die bestehende Gesetzgebung die Annahme bei hinzutretender Genehmigung der vorgesetzten Dienstbehörde gestattet: KBl. f. 47. Fehlt es an einer solchen gesetzlichen Bestimmuug, so kann selbst die vorgängige Genehmigung des Vorgesetzten die unberechtigte Annahme 2c. nicht straflos machen. Noch weniger ist eine erst nachträglich erfolgende Genehmigung der gedachten Art zu berücksichtigen: ZI. 6. Sept. 61 c. Prüfer (GA. IX, 788). Die Berechtigungsfrage ist als Rechtsfrage vom Gerichtshofe, nicht von den Geschwornen zu lösen: ZII. 15. März 60 c. Emonds.

8. Ob die Annahme durch den Beamten selbst, oder aber mit seinem Wissen und Willen durch einen Dritten für ihn, insbesondere durch seine Angehörigen erfolgt, ist gleichgültig; selbst ein durchaus passives Dulden der Annahme durch einen Angehörigen ist strafbar. Ebenso ist es als Annahme anzusehen, wenn ein Beamter das ohne sein Wissen ihm Zugewendete (an seine Angehörigen Abgegebene) nach erlangter Kenntniß nicht zurückgiebt, oder für das vor dieser Kenntnißnahme bereits Verzehrte nicht den in seinen Kräften stehenden Ersatz leistet: ZI. 2. März 53 c. Deutsch.

9. Ist das Vergehen vollendet, so schließt eine nachträgliche Zurückgabe des Empfangenen die Strafe nicht aus: ZI. 12. Juli 61 c. Moldenhauer.

10. Die Verurtheilung zur Herausgabe des Empfangenen oder seines Werths an den Fiskus stellt eine Strafe (der Konfiskation) dar: ZI. 12. Juli 61 c. Moldenhauer. Es muß daher vom Strafrichter auf dieselbe erkannt, und nicht etwa der Anspruch des Fiskus einem Civilverfahren vorbehalten werden. Diese Strafe wird auch durch die Rückgabe des Empfangenen an denjenigen, der es gegeben, nicht abgewendet: ZI. 13. Okt. 65 c Fischer (GA. XIV, 68).

11. Die betreffende Vorschrift bezieht sich nur auf das Empfangene, ist also auf das Geforderte oder Versprochene nicht auszudehnen.

12. Theilnahme an dem hier vorgesehenen Vergehen durch Nichtbeamte ist nicht strafbar; vgl. § 331.

§ 310.

1. Unter den „Schiedsrichtern" sind hier „Schiedsmänner" mit zu verstehen: KBl. f. 47.

2. Die Vorschrift ist auch hier nicht auf den Fall beschränkt, wo die Annahme 2c. in Beziehung auf eine künftige Amtshandlung stattfindet; auch derjenige, welcher für eine bereits stattgehabte Verletzung seiner Amtspflicht Geschenke

§. 311. Wer durch Anbieten, Versprechen oder Gewähren von Geschenken oder anderen Vortheilen einen Beamten, ein Mitglied der bewaffneten Macht oder einen Schiedsrichter zu einer Handlung oder Unterlassung, die eine Verletzung einer amtlichen Pflicht enthält, bestimmt oder zu bestimmen versucht, wird mit Gefängniß bestraft; es kann zugleich auf zeitige Untersagung der Ausübung der bürgerlichen Ehrenrechte erkannt werden.

Die zum Zwecke der Bestechung gegebenen Geschenke oder der Werth derselben sind dem Fiskus im Urtheile zuzusprechen.

[Entw. § 283]. Vgl. § 309. 310. 312 313. 331. 34 Nr. 1; Steuer-Ordn. v. 8. Febr. 1819 § 88; Zoll-Str.-Ges. v. 23. Jan. 1838 § 25; Ges. v. 17. Mai 1856 § 33 (GS. s. 451).

---

fordert, oder annimmt rc., fällt unter den §; daß § 311 sich nur auf eine künftige Handlung bezieht (vgl. dort n. 4), läßt einen Schluß auf § 310 nicht zu; *contra*: TL. s. 1074 und Note 5.

3. Geschah die Annahme rc. für eine künftige rc. Handlung, so ist das Verbrechen vollendet, ohne daß es auch noch der wirklichen Begehung der Pflichtwidrigkeit bedürfte; vgl. n 7; § 311 n. 13.

4. Der Dolus liegt hier in dem Bewußtsein der Annahme rc. eines Vortheils, welcher für eine vom Bestechenden gewollte Pflichtwidrigkeit gewährt wird; daß der Beamte die Begehung der zugemutheten Pflichtwidrigkeit beabsichtige, ist nicht erforderlich. Dagegen fällt es offenbar nicht unter die Strafvorschrift, wenn der Beamte das Gebotene nur hinnimmt, um sich ein Beweismittel gegen den Bestechenden zu sichern, weil er es in diesem Falle überhaupt nicht „annimmt".

5. Ueber die Verurtheilung zur Herausgabe des Empfangenen rc. vgl. § 309 n. 10. 11. — Eine Verurtheilung zur Herausgabe des Werths des Empfangenen kann hier nur dann erfolgen, wenn dieser Werth durch den Geschwornenspruch festgestellt ist; *contra*: ZII. 15. März 60, welches diese Werthbestimmung als Strafzumessungsgrund auffaßte, und daher dem Gerichtshofe überlassen wollte.

6. Der § ist anwendbar, wenn ein Chausseegeld-Erheber es unterläßt, von einzelnen Personen das verschuldete Chausseegeld zu erheben, und als Entgelt dafür sich von diesen Personen Dienste in seinem Privat-Interesse leisten läßt: IMin.-Verf. v. 28. Jan. 1854; vgl. Entw. von 1843 § 606, und Revision Pensum III s. 112 ff.; vgl. § 241 n. 48; § 324 n. 23.

7. Trifft die Begehung einer unter ein Strafgesetz fallenden Pflichtwidrigkeit mit einer (vorhergegangenen, oder darauf folgenden) Bestechung zusammen, so liegt in der Regel reale Konkurrenz vor, weil jede Handlung für sich selbstständig dasteht und die Strafthat vollendet ist, ohne daß es des Hinzutrittes der andern bedürfte; nur dann, wenn zum Begriffe des durch die Pflichtwidrigkeit begangenen Verbrechens rc. eine gewinnsüchtige Absicht gehört und der gesuchte Gewinn eben nur in der Erlangung des angenommenen, geforderten oder versprochenen Vortheils liegt, ist blos ideale Konkurrenz anzunehmen; *contra*: GM.II, 673 n. 9, welcher unter allen Umständen nur ideale Konkurrenz erkennen will.

8. Im Uebrigen sind die Bemerkungen zu § 309 zu vergleichen.

§ 311.

1. Gleichgültig ist es, ob das Anbieten rc. eines Geschenkes an den Beamten persönlich, oder nur mittelbar, z. B. durch Uebersendung an seine Frau, stattgefunden hat, sobald nur feststeht, daß dadurch der Versuch gemacht wurde, den Beamten selbst zu bestimmen: ZI. 14. Juli 52 c. Arndtheim; vgl. n. 11.

2. Der § unterscheidet nicht zwischen mittelbaren und unmittelbaren Staatsbeamten: BII. 14. Mai 57 c. Schwabe.

3. Auch hier ist unter „Schiedsrichter" ein Schiedsmann mit zu verstehen; vgl. § 310 n. 1.

4. Die Handlung 2c., zu welcher bestimmt werden soll, kann hier nur eine künftige sein; wer einem Beamten für eine bereits begangene Pflichtwidrigkeit etwas anbietet, oder gewährt, ist straflos; vgl. 310 n. 2.

5. Es ist nicht unerläßlich, daß die zu begehende pflichtwidrige Handlung ganz individuell bezeichnet sei; es genügt, wenn nur irgend ein pflichtwidriges Handeln herbeigeführt werden soll, mochte der Bestechende es auch dem Beamten überlassen haben, wie er handeln wolle: ZI. 11. Febr. 59 c. Arndt (153; GA. VII, 414); ZI. 26. Okt. 66 c. Peukert (RdO. VII, 581).

6. Es bedarf der Feststellung nicht, daß der Beamte, wenn er die ihm zugemuthete Handlung 2c. vorgenommen haben würde, nothwendig seine Amtspflichten verletzt hätte, sobald nur feststeht, daß die Bestechung zu dem Zwecke geschehen oder versucht ist, den Beamten für den Fall zur Vornahme jener Handlung 2c. zu bestimmen, wo er sie für pflichtwidrig erachtet haben würde: Erk. AG. Arnsberg v. 24. Mai 55 c. Siepe; ZII. 11. Okt. 55 c. dens. (ind.). Demgemäß trifft der § da zu, wo ein Beamter bestimmt werden soll, die ihm obliegende Anzeige von einer zu seiner Kunde gelangten, auf die Verübung eines Straffalles hindeutenden Thatsache zu unterlassen, ohne daß es weiter darauf ankäme, ob zur Zeit die wirkliche Verübung jenes Straffalles schon feststeht, oder ob sogar der entstandene Verdacht gänzlich widerlegt werden kann: VI. 12. Okt. 55 c. Kreil (GA. IV, 268); ZI. 15. Juni 60 c. Klose; Präj. OAG. Oldenburg c. Schröder (Oldenb. Arch. IX, 46).

7. Aus demselben Grunde wird der § auch da anwendbar, wo das Ermessen des Beamten wirksam werden muß, wenn der Zweck dahin ging, daß derselbe nicht nach seinem unparteiischen Ermessen, sondern nach einer hervorzurufenden Geneigtheit zu Werke gehen sollte: ZI. 21. Jan. 59 c. Adler.

8. Es gehört zu den amtlichen Pflichten eines Beamten, über Gegenstände und Wahrnehmungen seines Amtes vor Gericht die Wahrheit zu sagen; das gilt namentlich von solchen Beamten, welchen das Gesetz die Pflicht auferlegt, entdeckte Gesetzesübertretungen zur Anzeige zu bringen (z. B. von Feldhütern, vgl. FPO. v. 1. Nov. 1847 § 51); das Versuchen, einen Beamten durch Geschenke zu einer derartigen unwahren — wenn auch unbeeidigten — Aussage vor Gericht zu bestimmen, fällt daher unter die Strafvorschrift des §: ZII. 4. Febr. 58 c. Dörfler.

9. In einer den Geschworenen vorgelegten Frage bedarf es einer weiteren Spezialisirung: welcher Beamte, und zu welcher Pflichtwidrigkeit er habe bestimmt werden sollen, nicht nothwendig: ZI. 25. Febr. 57 c. Friedländer.

10. Der Ausdruck „bestimmt" hat den Fall im Auge, wo der Beamte zur wirklichen Begehung der Pflichtwidrigkeit veranlaßt ist; vgl. n. 13.

11. Damit ein strafbares „Versuchen" zu bestimmen angenommen werden könne, bedarf es der Feststellung der Voraussetzungen des § 31 nicht; vielmehr genügt eine der Fassung des § 311 entsprechende Feststellung: ZII. 11. Febr. 58 c. Habsch; ZI. 20. Jan. 64 c. Frost (RdO. IV, 307); u. ö.; vgl. § 31 n. 30; KBII. s. 155 I, (welcher indessen sich nicht ganz klar ausspricht). — In diesem Falle kommt auf die Geneigtheit des Beamten zur Annahme des Angebotenen 2c. Nichts an; nur der Dolus des Bestechenden ist entscheidend: ZI. 21. Jan. 59 c. Adler.

12. Wenn der Beamte das ihm für eine Pflichtverletzung Angebotene annimmt, und sich also des im § 310 vorgesehenen Verbrechens schuldig macht, so könnte die Handlung des Bestechenden füglich als Theilnahme an der passiven Bestechung des Beamten (§ 34 Nr. 1) angesehen werden; diese Auffassung hat § 311, welcher für jenen Fall eine besondere Strafe bestimmt, beseitigen wollen. Man muß sonach jetzt die Handlung des Bestechenden als ein selbstständiges Vergehen auffassen, und folgerichtig auch Theilnahme eines Dritten an diesem Vergehen für möglich erachten: ZI. 20. Febr. 56 c. Meyer (GA. IV, 469); ZI. 4. April 55 c. Tetzlaff; vgl. KBII. s. 166; Abh. in GA. IV, 165.

13. Das unter n. 12 Gesagte gilt aber nur insoweit, als es sich von demjenigen Verbrechen handelt, dessen sich der Beamte durch Annahme 2c. des Vortheils schuldig macht, sowie von der dem Andern zur Last fallenden „Bestimmung" zu dieser Annahme; wenn dagegen der Beamte in Folge der Bestechung die ihm zugemuthete Pflichtwidrigkeit wirklich begeht, so nimmt, wenn die letztere unter ein Strafgesetz fällt, die aktive Bestechung den Charakter einer Anstiftung an; es

§. 312. Hat sich ein Richter in einem Strafverfahren, welches ein Verbrechen oder Vergehen betrifft, zu Gunsten oder zum Nachtheile des Angeschuldigten bestechen lassen, so soll derselbe mit Zuchthaus bestraft werden.

Gleiche Strafe wie den Richter trifft denjenigen, welcher den Richter besticht oder zu bestechen versucht.

Die zum Zwecke der Bestechung gegebenen Geschenke oder der Werth derselben sind dem Fiskus im Urtheile zuzusprechen.

[Entw. § 284]. Vgl. § 309–311. 313. 331.

§. 313. Ein Geschworener, welcher in einer Sache, in welcher er Verrichtungen als Geschworener auszuüben hat, Ge-

---

liegt dann unzweifelhaft ein Fall der idealen Konkurrenz vor, und § 55 wird anwendbar: ZI. 4. April 55 c. Tetzlaff; Beschl. II. 15. Dez. 59 c. v. Kotze (74 B; GA. VIII, 553); *contra* mit Unrecht: GM. II, 675, welcher anzunehmen scheint, daß § 311 da, wo der Beamte zur Pflichtwidrigkeit wirklich bestimmt worden ist, gar nicht zur Anwendung gelangen könne; sein Argument, daß der KBII. (s. 166) selbst den § 311 als eine Ausnahme von den allgemeinen Regeln der Theilnahme bezeichne, trifft nicht zu, da diese Bemerkung sich auf einen andern Fall bezieht. Richtig ist es dagegen, daß das französische Strafrecht die Sache in diesem Sinne auffaßt; vgl. Gilb. C. pén. art. 179 n. 2.

14. Durch § 311 ist § 88 der Steuer-Ordn. v. 8. Febr. 1819, das Anbieten ꝛc. eines Geschenks an einen Steuerbeamten betr., insoweit aufgehoben und ersetzt, als es sich davon handelt, den Beamten zu einem pflichtwidrigen Handeln oder Unterlassen zu bestimmen; dagegen bleibt derselbe wirksam, wenn durch das Geschenk nicht zu einer Pflichtwidrigkeit bestimmt werden sollte: VPl. 9. Dez. 62 c. Holstein (RdO. II, 137); Beschl. II. 15. Dez. 59 (cit. n. 13); VII. 4. Dez. 62 c. Schmitz. Dasselbe gilt von dem entsprechenden § 25 des Zoll-Str.-Ges. v. 23. Jan. 1838; vgl. auch das Hohenzoll. Ges. v. 17. Mai 1856 § 33. *Contra* früher: ZI. 30. Mai 57 c. Franke (Entsch. 30. s. 471; GA. III, 559); ZII. 17. April 56 c. Wolters (JMbl. s. 175; RA. 54. 2 A. s. 3; GA. IV, 686).

15. Auch hier sind nur die wirklich gegebenen, nicht auch die versprochenen Geschenke dem Fiskus zuzusprechen; vgl. § 309 n. 11; dagegen ist hier die Maaßregel nicht dadurch bedingt, daß der Beamte das Gegebene angenommen habe.

§ 312.

1. Der § spricht allgemein von Richtern in einem Strafverfahren ꝛc.; es wird also zwischen dem untersuchenden und erkennenden Richter nicht unterschieden.

2. Als Richter ist hier auch jeder nichtrichterliche Beamte anzusehen, welcher vom Gesetze berufen ist, in einem Strafverfahren wegen eines Verbrechens oder Vergehens eine Entscheidung zu treffen; (z. B. wenn es sich von Erlassung einer Strafverfügung oder eines Strafresoluts handelt).

3. Handelt es sich von einem auf eine Uebertretung bezüglichen Strafverfahren, so können nur die §§ 310 und 311 Anwendung finden.

4. Die Ausdrücke: „bestechen lassen" und „bestechen" sind aus den §§ 310 und 311 zu erläutern; es ist daher auch hier nicht nothwendig, daß die betreffende pflichtwidrige Handlung ganz genau und individuell bezeichnet worden sei, sobald nur erkennbar gemacht ist, daß dem Beamten ein pflichtwidriges Verhalten angesonnen worden sei, resp. daß er für ein solches einen Vortheil angenommen habe: Beschl. I. 17. Juli 57 c. Hennig (GA. V, 709); *contra*: TL. s. 1075 und Note 2. Vgl. § 311 n. 5; § 313 n. 1.

5. Ueber den Bestechungsversuch vgl. § 311 n. 11.

6. Im Uebrigen sind die Bemerkungen zu §§ 309—311 zu vergleichen.

§ 313.

1. Abweichend von der Fassung des § 312 setzt dieser § nur ein Annehmen

schenke annimmt, wird mit Zuchthaus bestraft. Gleiche Strafe trifft denjenigen, welcher den Geschworenen zu diesem Verbrechen verleitet oder zu verleiten versucht.

Die gegebenen Geschenke oder der Werth derselben sind dem Fiskus im Urtheile zuzusprechen.

[Entw. § 287. 284a]. Vgl. § 309—311. 331.

§. 314. Ein Beamter, welcher bei der Leitung oder Entscheidung von Rechtssachen vorsätzlich, zur Begünstigung oder Benachtheiligung einer Partei, sich einer Ungerechtigkeit schuldig macht, wird mit Zuchthaus bis zu fünf Jahren bestraft.

Zu gleicher Strafe ist ein Schiedsrichter zu verurtheilen, welcher bei der ihm übertragenen Leitung oder Entscheidung von Rechtsstreitigkeiten vorsätzlich, zur Begünstigung oder Benachtheiligung einer Partei, sich einer Ungerechtigkeit schuldig macht.

[Entw. § 285]. Vgl. § 315. 317—321. 331.

---

von Geschenken in einer Sache, in welcher der Geschworne als solcher thätig sein soll, voraus. Es wird nicht erfordert, daß es sich dabei um ein bestimmtes Thun oder Lassen von Seiten des Geschwornen handle; vielmehr genügt es, wenn nur im Allgemeinen ein ursächlicher Zusammenhang zwischen dem Geschenke und der Thätigkeit als Geschworner in einer bestimmten Sache obwaltet; vgl. § 312 n. 4.

2. Zur Anwendung des § wird nicht erfordert, daß bereits die Bildung des Schwurgerichts für die einzelne Sache erfolgt, und daß der Betreffende dabei als Haupt- oder Ersatzgeschworner gezogen worden sei; das Verbrechen kann vielmehr auch vor der Bildung des Schwurgerichts für die einzelne Sache von jedem auf der Dienstliste als Haupt- oder als Ergänzungsgeschworner Stehenden verübt werden.

3. Dagegen muß aus den Worten: „auszuüben hat" gefolgert werden, daß das Verbrechen nur so lange begangen werden kann, als die Thätigkeit des Geschwornen in der betreffenden Sache noch nicht vollständig erledigt ist; spätere Annahme eines Geschenks fällt nicht unter den §.

4. Die „Geschenke" umfassen hier die in den vorhergehenden §§ erwähnten „anderen Vortheile" mit.

5. Ebenso ist der § nicht auf das wirkliche „Annehmen" eines bereits gegebenen Geschenks zu beschränken, vielmehr fällt auch jedes „Versprechen-Lassen", d. h. also die Annahme eines geleisteten Versprechens, unter jenen allgemeinen Ausdruck; dagegen ist es bedenklich, auch das einseitige Fordern (wie im § 309) der Annahme gleich zu stellen.

6. Unter dem „Verleiten" zu diesem Verbrechen ist hier das „Anbieten, Versprechen oder Gewähren" eines solchen Geschenks (§ 311) zu verstehen.

7. Ueber den Verleitungs-Versuch vgl. § 311 n. 11.

§ 314.

1. Die Vorschrift bezieht sich auf alle Beamten, welche gesetzlich zur Leitung oder Entscheidung einer Rechtssache berufen sein können; sie ist also auf eigentlich richterliche Beamten nicht zu beschränken. Als derartige nicht gerichtliche Rechtssachen sind anzusehen: das Setzen eines Merkpfahls in Vorfluthangelegenheiten, die Regulirung eines Interimistici in Kirchenbausachen: KVII. s. 156; ebenso die Kognition der Polizeibehörden in Gesindesachen, die Untersuchungen und die Strafresolute der Verwaltungsbehörden in Defraudations- und Kontraventions-, in Disziplinarsachen 2c.: TL. s. 1078 Note 4.

2. Auf Rechtsanwalte ist dieser §, wie aus § 329 hervorgeht, nicht anzuwenden; *contra:* TL. s. 985 Note 2.

3. Unter Schiedsrichtern sind hier bloße Schiedsmänner nicht mit zu verstehen, wenn gleich auch von ihren Vergleichsvermittelungen sich sagen ließe, daß sie eine „Leitung" der Rechtssache darstellen; *contra:* GA. II, 679 n. 3.

§. 315. Ein Beamter, welcher seine Amtsgewalt mißbraucht, um Jemand zu einer Handlung, Duldung oder Unterlassung widerrechtlich zu nöthigen, wird mit Gefängniß nicht unter Einem Monate bestraft; zugleich kann auf zeitige Unfähigkeit zu öffentlichen Aemtern erkannt werden.

[Entw. § 288]. Vgl. § 90. 212. 234. 314. 319. 331. 25.

§. 316.*) Ein Beamter, welcher in Ausübung oder in Veranlassung der Ausübung seines Amtes vorsätzlich Mißhandlungen oder Körperverletzungen verübt oder verüben läßt, wird mit Gefängniß nicht unter drei Monaten bestraft, auch kann gegen denselben auf zeitige Unfähigkeit zu öffentlichen Aemtern erkannt werden.

---

*) Fassung des Ges. v. 30. Mai 1859 (GS. s. 321). In der frühern Fassung fehlte der zweite Absatz.

---

§ 315.

1. In Betreff der Nöthigung sind im Allgemeinen die §§ 212. 234 und die Bemerkungen zu denselben zu vergleichen. Jener Begriff ist hier insoweit abgeändert, als an die Stelle der „Bedrohung" der Mißbrauch der Amtsgewalt gesetzt ist. Eine Bedrohung gehört daher nur insoweit hierher, als auch sie sich als Mißbrauch der Amtsgewalt darstellt: VI. 15. März 61 c. Niederstetter (RdO. I, 257).

2. Ein Mißbrauch der Amtsgewalt liegt überall da vor, wo dieselbe bewußter Weise zu Unrecht zur Anwendung gebracht oder außer Anwendung gelassen wird; insbesondere also auch da, wo eine im Allgemeinen in den Befugnissen des Beamten liegende Handlung vorgenommen wird, ohne daß die Voraussetzungen derselben vorhanden sind: VI. 30. Juli 60 c. Trogula (GA. VIII, 708; Vornahme einer Exekutionsmaaßregel durch einen Vollstreckungsbeamten ohne den erforderlichen höheren Auftrag).

3. Als Dolus genügt die Vorsätzlichkeit der Handlung 2c. im Allgemeinen verbunden mit dem Bewußtsein, daß sie zu Unrecht geschehe: Erk. Komp.-GH. 12. Jan. 56 (JMbl. s. 90). Eine gewinnsüchtige oder auf Schadenszufügung gerichtete Absicht wird sonach nicht erfordert.

4. Auf die Erreichung des Zwecks der Nöthigung kommt auch hier nichts an; der Nöthigungsversuch ist nicht durch das Vorhandensein der Voraussetzungen des § 31 bedingt; vgl. § 31 n. 30.

§ 316.

1. Auch hier gilt der Grundsatz, daß nur eine rechtswidrige Handlung unter den § fallen kann: vgl. Tit. 16 (s. 289) n. 1 fgg. Insoweit daher ein Beamter gesetzlich dazu befugt oder berufen ist, einen Zwang gegen andere Personen auszuüben, können die zu diesem Behufe nothwendigen Thätlichkeiten nicht unter den Begriff einer „Mißhandlung 2c." fallen: KBII. s. 162. Dagegen gehören Ueberschreitungen der gesetzlichen Befugniß hierher: ZI. 27. Jan. 60 c. Nentwig. In dieser Hinsicht sind die über den Waffengebrauch gewisser Beamten ergangenen Gesetze und Instruktionen zu berücksichtigen und zwar:

für Militärpersonen: Ges. v. 20. März 1837 (GS. s. 60); Instr. v. 14. Juni 1844 (JMbl. s 98); Instr. für die Wachen v. 27. Juli 1850, genehmigt durch AKO. v. 8. Aug. 1850 (JMbl. s. 350).

für Grenzaufsichtsbeamten: Ges. v 28. Juni 1834 (GS. s. 83); Instr. v. 6. Juli 1835 (RS. V, 159).

für Forst- und Jagdbeamten: Ges. v. 31. März 1837 (GS. s. 65); Instr. v. 17. April 1837 (RS. VI, 168); Instr. v. 21. Nov. 1837 (RS. VI, 334).

für Gefängnißaufsichtsbeamten: Instr. v. 11. März 1839 (JMbl. s. 114); Ges. v. 11. April 1854 § 6 (GS. s. 143).

Wird festgestellt, daß mildernde Umstände vorhanden sind, so kann auf Gefängniß auch unter drei Monaten oder auf Geldbuße bis zu dreihundert Thalern erkannt werden.

Ist die Mißhandlung oder Körperverletzung eine schwere (§. 193.), und findet keiner der im §. 196. vorgesehenen Milderungsgründe statt, so tritt Zuchthaus nicht unter drei Jahren ein.

[Entw. § 289]. Vgl. § 187. 193. 196. 25; Ges. v. 14. Apr. 1856 Art. II (GS. s. 219).

§. 317. Ein Beamter, welcher mit Vorsatz eine rechtswidrige Verhaftung oder vorläufige Ergreifung und Festnahme vornimmt oder vornehmen läßt, oder die Dauer der Haft verlängert, wird mit Gefängniß nicht unter drei Monaten bestraft; auch kann gegen denselben auf zeitige Unfähigkeit zu öffentlichen Aemtern erkannt werden.

---

2. In Betreff des Begriffs der Mißhandlung oder Körperverletzung vgl. die Bemerkungen zu § 187 ff.

3. Auf die in Ausübung oder in Veranlassung der Ausübung eines Amts verübten Ehrenkränkungen ist der § nicht auszudehnen; für sie gelten die allgemeinen diesen Gegenstand betreffenden Vorschriften.

4. Im Falle des Abs. 1 fällt jetzt beim Vorhandensein mildernder Umstände die Befugniß, auf zeitige Unfähigkeit zu öffentlichen Aemtern zu erkennen, weg.

5. Der § sieht den Fall einer erheblichen Körperverletzung (§ 192a) nicht besonders vor; es kann daher in einem solchen Falle die Strafe nur nach Abs. 1 und 2 bemessen werden, da Abs. 3 nach Art. II des Ges. v. 14. April 1856 ausgeschlossen bleibt. Dabei kommt es weiter nicht in Betracht, daß § 192a die durch einen Nichtbeamten verübte erhebliche Körperverletzung mit einer höhern Gefängnißstrafe bedroht als § 316, da der letztere außerdem noch die Verhängung einer Ehrenstrafe gestattet. Ein solcher Fall ist nicht nach den Grundsätzen der idealen Konkurrenz zu behandeln, da die §§ 192a und 316 nicht verschiedene Thatbestände vorsehen, der letztere vielmehr einen Spezialfall hervorhebt und mit einer besonderen Strafe bedroht; liegt daher sein Thatbestand vor, so bleibt § 192a ausgeschlossen; vgl. § 55 n. 8. Demgemäß ist es beim Vorhandensein mildernder Umstände dem Instanzrichter nicht verwehrt, unter das geringste Strafmaaß des § 196 (vierwöchentliches Gefängniß) hinabzugehen, da grade dem Beamten möglicher Weise gewichtigere Milderungsgründe zur Seite stehen können als einem Nichtbeamten: ZII. 24. Nov. 64 c. Opry (RdO V, 278).

6. Aus demselben Grunde ist im Falle einer unter mildernden Umständen zugefügten schweren Mißhandlung rc. die Strafe lediglich nach Abs. 1 zu bemessen; insbesondere kann auch in einem solchen Falle auf zeitige Untersagung zu öffentlichen Aemtern erkannt werden; der durch das Ges. v. 30. Mai 1859 eingeschobene Abs. 2 hat hieran Nichts ändern wollen; § 196 bleibt sonach in dem gedachten Falle gänzlich außer Anwendung.

§ 317.

1. Es handelt sich hier von den im § 210 vorgesehenen Vergehen und Verbrechen, welche wegen der dabei konkurrirenden Beamtenqualität des Schuldigen strenger bestraft werden. Wenn auch die Fassung von der des § 210 etwas abweicht, so ist doch der Begriff derselbe. — Vgl. die Bemerkungen zu § 210. 211.

2. Der Vorsatz umfaßt auch hier das Bewußtsein der Rechtswidrigkeit: Beschl. I. 30. März 60 c. Skrodzki (56 B); ZI. 28. Sept. 60 c. Wendenburg. Ueber die Feststellung dieses Vorsatzes vgl. § 210 n. 2. Im Falle einer Fahrlässigkeit tritt nur disziplinarische Ahndung ein: Motive s. 79; KBl. s. 48.

3. Wegen des Erfordernisses der Rechtswidrigkeit bleibt der § da ausge-

Die Strafe ist Zuchthaus bis zu funfzehn Jahren:

1) wenn für den der Freiheit Beraubten die Freiheitsentziehung oder die ihm während derselben widerfahrene Behandlung eine schwere Körperverletzung (§. 193.) zur Folge gehabt hat;

2) wenn die Freiheitsentziehung rechtswidrig über Einen Monat gedauert hat.

[Entw. § 290]. Vgl. § 210. 211. 320. 25; Ges. v. 12. Febr. 1850 (GS. s. 45); Ges. v. 14. April 1856 Art. II (GS. s. 219).

§. 318. Ein Beamter, welcher mit Vorsatz rechtswidrig in eine Wohnung eindringt, soll mit Geldbuße bis zu Einhundert Thalern oder mit Gefängniß bis zu zwei Monaten bestraft werden.

[Entw. § 290a]. Vgl. § 214. 346 Nr. 1; Ges. v. 12. Febr. 1850 § 7—9 (GS. s. 45).

---

schlossen, wo die Handlung nicht zur Beeinträchtigung des Rechts des Verhafteten auf Freiheit geschah, sondern um ihn vor Gewaltthätigkeiten zu schützen.

4. Rechtswidrig (widerrechlich vgl. § 210) ist die Verhaftung 2c. auch dann, wenn sie mit vorsätzlicher Ueberschreitung einer an sich vorhandenen Befugniß geschah, z. B. wenn der an sich zur Haftnahme nach eignem Ermessen befugte Beamte bewußter Weise zu derselben nicht aus einer amtlichen Veranlassung, sondern lediglich zur Erreichung eines Privatzweckes übergeht: VI. 19. Okt. 55 c. Thilow; VI. 17. Jan. 59 c. Werner (GA. VII, 355).

5. Unter „Verhaftung" ist hier (arg. Ges. v. 12. Febr. 1850 § 1. 2) die Festnahme auf Grund eines richterlichen Befehls, unter „vorläufiger Ergreifung" jede andere Festnahme zu verstehen: ZI. 5. März 58 c. Rohrmoser; ZI. 7. März 60 c. Giseviu s.

6. Als Verhaftung (Ergreifung) kann es unbedenklich angesehen werden, wenn der Beamte Jemandem erklärt: „er sei arretirt", und zugleich seine Bewachung anordnet; ein Anfassen, oder körperliches Berühren ist nicht unbedingt nothwendig: ZI. 5. März 58 c. Rohrmoser; noch weniger bedarf es eines förmlichen Einsperrens: ZI. 7. März 60 c. Giseviu s. Es genügt sonach eine s. g. Sistirung.

7. Nimmt die Freiheitsberaubung den Charakter der unstatthaften Vollstreckung einer Freiheitsstrafe an, so wird § 320 anwendbar.

8. Die Wiederholung des Wortes „rechtswidrig" in der Nr. 2 des Abs. 2 will den Fall ausschließen, wo vor Ablauf des Monats die anfänglich rechtswidrige Verhaftung zu einer rechtsgültigen wird: KBII. s. 163.

§ 318.

1. Ueber die Befugniß der Beamten, in fremde Wohnungen einzudringen, vgl § 27 und das Ges. v. 12. Febr. 1850 § 7 ff.

2. Der § spricht, in Uebereinstimmung mit dem cit. Ges. v. 12. Febr. 1850, nur von dem Eindringen in eine Wohnung, nicht auch (wie § 214 und 346 Nr. 1) von dem Eindringen in fremde Geschäftszimmer und befriedigte Besitzthümer, auf diese ist er daher nicht auszudehnen; ebensowenig auf das im letztern § noch erwähnte Verweilen nach geschehener Aufforderung sich zu entfernen; *contra*: TOA. s. 319.

3. Als „Eindringen" ist jeder Eintritt wider den Willen des Bewohners, oder mit Ueberwindung der demselben entgegengesetzten Hindernisse anzusehen: Erk. App.-Ger. Paderborn 9. Juni 57 c. Gödsche.

4. Im Uebrigen sind die Bemerkungen zu § 214 zu vergleichen.

§. 319. Wenn ein Beamter in einer strafgerichtlichen Untersuchung Zwangsmittel anwendet oder anwenden läßt, um Geständnisse oder Aussagen zu erpressen, so wird derselbe mit Zuchthaus bis zu fünf Jahren bestraft.

[Entw. § 291]. Vgl. § 315. 316; Cr.-Ordn. § 285—297; Vdn. v. 3 Jan. 1849 § 18.

§. 320. Ein Beamter, welcher vorsätzlich zum Nachtheile einer Person, deren Unschuld ihm bekannt ist, die Eröffnung oder Fortsetzung einer strafgerichtlichen Untersuchung beantragt oder beschließt, soll mit Zuchthaus bestraft werden.

Eine gleiche Strafe trifft den Beamten, welcher vorsätzlich eine Strafe vollstrecken läßt, die entweder gar nicht, oder nicht in dem Maaße, wie er sie vollstrecken läßt, rechtskräftig ausgesprochen ist.

Ist im letzteren Falle die Handlung aus Fahrlässigkeit begangen, so tritt Gefängniß bis zu einem Jahre ein; auch kann gegen den Beamten auf zeitige Unfähigkeit zu öffentlichen Aemtern erkannt werden.

[Entw. § 292]. Vgl. § 133. 25; Cr.-Ordn. § 312; Vdn. v. 3. Jan. 1849 § 159.

---

§ 319.

1. Die Vorschrift trifft alle Beamten, welche irgendwie bei einer strafgerichtlichen Untersuchung amtlich thätig sind.

2. Der Begriff der strafgerichtlichen Untersuchung ist nicht auf ein bei einem Gerichte anhängiges Strafverfahren zu beschränken, umfaßt vielmehr jedes befugte amtliche Einschreiten, welches auf Herbeiführung einer Bestrafung wegen einer Strafthat oder eines Dienstvergehens abzielt. Demgemäß gehören auch das administrative Strafverfahren, das gerichtliche oder administrative Strafverfügungs-Verfahren und das Disziplinarverfahren hierher. Ein Gleiches gilt von dem Einschreiten eines Polizeibeamten, welcher berufsmäßig Nachforschungen nach einem verübten Straffalle (Vdn. v. 3. Jan. 1849 § 4) anstellt, zumal nach Rheinischem Rechte, wo jene Beamten als gerichtliche Polizei- oder als Hülfsbeamten des Ober-Prokurators thätig sind; *contra:* TL. s. 1079.

3. Auf die Natur der Zwangsmittel kommt Nichts an, insbesondere gehören auch psychische Mittel hierher.

4. Der § bezieht sich nicht blos auf die Erpressung von Geständnissen des Angeklagten, sondern überhaupt auf die Erpressung von Aussagen einer vernommenen Person, z. B. eines Zeugen: Beschl. I. 18. Okt. 54 c. Koch (GA. II, 838).

5. Dagegen verbietet der § nur die Erpressung bestimmter von dem Beamten beabsichtigter, und dem Vernommenen untergelegter Aussagen, nicht aber die Anwendung der gesetzlichen Zwangsmittel, um einen Zeugen zum Erscheinen, sowie dazu anzuhalten, daß er seiner Pflicht, sich überhaupt vernehmen zu lassen (Crim.-Ordn. § 311) genüge, und auf die vorgelegten Fragen Rede und Antwort stehe: Beschl. 18. Okt. 54 (cit. n. 4).

§ 320.

1. Auch hier umfaßt der Ausdruck „strafgerichtliche Untersuchung" das administrative und disziplinarische Strafverfahren mit; vgl. § 319 n. 1.

2. Wesentlich ist, daß die Beantragung ꝛc. der Untersuchung zum Nachtheile des Verfolgten stattgefunden habe, weil es denkbar ist, daß absichtlich gegen einen Unschuldigen eine Untersuchung gerichtet wird, um seine Unschuld ins klare Licht zu

§. 321. Ein Beamter, welcher vermöge seines Amtes bei Ausübung der Strafgewalt oder bei Vollstreckung der Strafe mitzuwirken hat, wird mit Zuchthaus bis zu fünf Jahren bestraft, wenn er in der Absicht, Jemanden der gesetzlichen Strafe rechtswidrig zu entziehen, die Verfolgung einer strafbaren Handlung unterläßt, eine Handlung oder Unterlassung begeht, welche geeignet ist, eine Freisprechung oder eine dem Gesetze nicht entsprechende Bestrafung zu bewirken, oder die Vollstreckung der ausgesprochenen Strafe nicht betreibt, oder eine gelindere als die erkannte Strafe zur Vollstreckung bringt.

Wird festgestellt, daß mildernde Umstände vorhanden sind, so tritt Gefängniß bis zu zwei Jahren ein; auch kann auf zeitige Unfähigkeit zu öffentlichen Aemtern erkannt werden.

[Entw. § 293]. Vgl. § 25.

§. 322. Ein Beamter, welchem die Aufbewahrung, Begleitung oder Bewachung eines Gefangenen anvertraut ist,

---

stellen, oder um dadurch die Verfolgung eines Andern wegen falscher Anschuldigung oder Verleumdung (§ 133 Abs. 2, 159) besser zu begründen.

3. Abs. 2 und 3 beziehen sich nicht nur auf denjenigen, welcher den amtlichen Auftrag zur Vollstreckung ertheilt, vielmehr treffen sie auch denjenigen, welcher durch seine anderweitige amtliche Thätigkeit es veranlaßt, daß der zum Strafvollzuge berufene Beamte in gutem Glauben eine unrichtige Vollstreckung bewirkt. Es gehört sonach auch die Handlung eines Rheinischen Gerichtsschreibers hierher, welcher der (zum Strafvollzuge berufenen) StA schaft einen Urtheilsauszug verabfolgt, in welchem (vorsätzlicher oder fahrläsiger) Weise eine schwerere Strafe vermerkt ist, als gegen den Verurtheilten erkannt war, und der es so zu Wege bringt, daß diese nicht ausgesprochene Strafe vollstreckt wird. Außerdem kann dann in idealer Konkurrenz auch noch der Thatbestand des § 323 vorliegen.

4. Die Anwendung der gesetzlichen Zwangsmaaßregeln, um einen Zeugen dazu anzuhalten, daß er sich vernehmen lasse (Crim.-Ordn. § 312), fällt nicht unter die Vorschrift des § 320 Absatz 2, weil jene Maaßregel nicht den Charakter einer Strafe an sich trägt: Beschl. I. 6. Dez. 54 c. Koch.

§ 321.

1. Dieser § ist gleichmäßig auf alle Beamten der hier vorgesehenen Art anzuwenden: Zl. 27. Febr. 56 c. Kalender.

§ 322.

1. Vgl. im Allgemeinen § 95 und die Bemerkungen zu demselben.

2. Vorausgesetzt wird, daß dem Beamten die „Aufbewahrung ꝛc." des Gefangenen anvertraut sei. Das ist anzunehmen, sobald der Beamte amtlich berufen ist, die Aufbewahrung ꝛc. zu bewirken; diese ist ihm dann durch das Gesetz oder durch den ihm gewordenen höheren Befehl (Auftrag, Anweisung, Anstellung) „anvertraut" (übertragen). Es bedarf sonach nicht einer speziellen Uebergabe der Person des Gefangenen durch irgend eine dritte Person; vielmehr trifft der § auch da zu, wo ein Beamter befugter Weise selbst zur Haftnahme geschritten und nun berufen ist, denselben aufzubewahren oder abzuliefern (: Zl. 27. Sept. 61 c. Grigo GA. IX, 789); ebenso findet derselbe auf die Unterbeamten in größeren Haftanstalten Anwendung, obgleich eine Uebergabe der Person nicht an sie, sondern nur an den vorgesetzten Oberbeamten zu erfolgen pflegt. Demgemäß verwirkt auch derjenige Beamte die Strafe, welcher — zur Uebernahme und Aufbewahrung eines ihm zugeführten Gefangenen verpflichtet, diese aus ungenügenden Vorwänden ablehnt,

wird im Falle der Entweichung oder Befreiung des Gefangenen mit Zuchthaus bis zu fünf Jahren bestraft, wenn er dieselbe vorsätzlich bewirkt oder befördert hat.

Ist die Entweichung nur durch Fahrlässigkeit befördert oder erleichtert worden, so tritt Gefängniß bis zu sechs Monaten ein; auch kann auf zeitige Unfähigkeit zu öffentlichen Aemtern erkannt werden.

[Entw. § 294]. Vgl. § 94. 95. 25.

§. 323. Ein Beamter, welcher, um sich oder Anderen Gewinn zu verschaffen, oder um Anderen zu schaden, Urkunden, deren Aufnahme oder Ausstellung ihm vermöge seines Amtes obliegt, unrichtig aufnimmt oder ausstellt, oder ächte Urkunden, welche ihm vermöge seines Amtes anvertraut worden oder zugänglich sind, verfälscht, wird mit Zuchthaus bis zu zehn Jahren und zugleich mit Geldbuße von Einhundert bis zu zweitausend Thalern bestraft.

Dieselbe Strafe hat ein Beamter verwirkt, welcher in gleicher Absicht die ihm amtlich anvertrauten oder zugänglichen Urkunden beschädigt, vernichtet oder bei Seite schafft.

[Entw. § 295]. Vgl. § 247. 251. 252. 71 Nr. 2; 106. 243 Nr. 8; 325.

---

und dadurch die Entweichung desselben befördert oder erleichtert; *contra*: Beschl. I. 3. Nov. 65 c. Kersten (RdO VI, 436), welcher zwar nicht eine Uebergabe von Person zu Person, aber doch eine Uebernahme der Person des Gefangenen für unerläßlich erachtet; vgl. den Antr. d. GStA. l. c.

3. Da die hier vorgesehene That ein Verbrechen darstellt, so ist auch der Versuch derselben strafbar; es ist daher nicht erforderlich, daß die Entweichung oder Befreiung des Gefangenen vollendet worden sei: ZII. 15. Sept. 53 c. Witthöft.

4. Nimmt ein Nichtbeamter Theil an der durch einen Beamten verübten Befreiung eines Gefangenen, so trifft ihn (nach § 331) die Strafe des § 322 und nicht die des § 94: ZI. 16. Jan. 56 c. Ludneit (GA. IV, 269).

§ 323.

1. Im Allgemeinen sind hier die §§ 247. 252. 254. 106 und 243 Nr. 8, sowie die Bemerkungen zu denselben zu vergleichen.

2. In Betreff der Absicht, sich oder Andern Gewinn zu verschaffen, oder Andern Schaden zuzufügen, vgl. § 247 n. 1—14.

3. Auch hier braucht der gesuchte Gewinn nicht nothwendig ein Vermögensgewinn zu sein: ZI. 18. Okt. 54 c. Budzynski; VI. 1. April 59 c. Elias (GA. VII, 387); vgl. § 247 n. 3. 4.

4. Für den Begriff einer Urkunde ist auch hier die Vorschrift des § 247 Abs. 2 maaßgebend: VI. 18. April 53 c. Neumann (Entsch. 25. s. 260; GA. I, 581); VI. 14. Sept. 53 c. de Peterse (JMbl. 54. s. 68; GA. II, 97); Beschl. I. 26. März 62 c. Erbrich (RdO. II, 316).

5. Zu den Urkunden, deren Aufnahme oder Ausstellung dem Beamten obliegt, gehören alle amtlich erfolgenden Vermerke, Bescheinigungen und Beurkundungen, sowie alle verbindlichen schriftlichen Erklärungen, welche zu dem Zwecke geschehen, damit sie, sei es für oder gegen Dritte, sei es gegen diejenige moralische Person, welche der Beamte vertritt, als Beweismittel für Rechte und Rechtsverhältnisse dienen Sie werden vom Beamten aufgenommen, wenn eine vor ihm durch einen Dritten abgegebene Erklärung oder eine vor ihm stattgehabte Verhand-

lung; zum Zwecke des künftigen Beweises festgestellt werden soll (vgl. § 252); sie werden ausgestellt, wenn es sich von der Beschaffung eines Beweismittels für andere Thatsachen handelt. — Daß diese Urkunden als „öffentliche Urkunden" im Sinne des § 123 I, 10 AGO. anzusehen seien, ist nicht unerläßlich: Beschl. I. 20. Apr. 59 c. Feist (82 B).

6. Auf die Qualität des Beamten kommt Nichts an; es genügt, wenn er zur Aufnahme der Urkunde amtlich berufen ist. Das gilt namentlich von dem Falle, wo er von Staatswegen dazu bestellt ist, um den betr. Urkunden durch seine Mitwirkung einen amtlichen Glauben beizulegen: Beschl. I. 11. Mai 60 c. Gazioworski (75 B; GA. VIII, 703).

7. Für den Begriff der Urkunde ist es nicht wesentlich, daß sie von dem betr. Beamten unterschrieben sei, sobald dadurch ihre Beweiskraft nicht bedingt ist: ZII. 26. April 60 c v Kotze (JMbl f. 362).

8. Demgemäß gehören zu den hier behandelten Urkunden auch die amtlichen Vermerke über geschehene Thatsachen, welche in Bücher oder Register eingetragen werden, sobald sie nicht blos zum Zwecke des inneren amtlichen Verkehrs erfolgen, sondern auf Grund der amtlichen Aufnahme für oder gegen dritte Personen beweisende Kraft haben: ZII. 26. April 60 (cit n. 7); Beschl. I. 30. Jan. 61 c. Spiegelthal (RdO. I, 332); Beschl. I. 26. März 62 (cit. n. 4); vgl. § 251 Nr. 3. Dagegen sind die von einem Beamten zur Kontrolle seiner eignen Einnahmen und Ausgaben geführten Register deshalb noch keine Urkunden: cit. Beschl. 26. März 62; ZI. 4 Dez. 62 c. Zomack (RdO. II, 115); vgl. § 247 n. 111.

9. Beispiele amtlich aufgenommener ꝛc. Urkunden siehe § 247 n. 86 fgg.

10. Reisepässe, Legitimationspapiere und sonstige Bescheinigungen, welche lediglich zur Handhabung der polizeilichen Beaufsichtigung vorgeschrieben sind, und also zur Legitimation der Polizei gegenüber dienen, sind zwar für den sie benutzenden Privaten nicht als Urkunden zu betrachten (vgl. § 247 n. 114; § 254); für den mit der Ausstellung betrauten und somit zur Wahrung des polizeilichen Interesses berufenen Beamten aber nehmen sie diese Eigenschaft an; die wissentlich falsche Ausstellung eines solchen Schriftstücks durch den gedachten Beamten fällt sonach unter § 323; so: ZI. 24. Febr 54 c. Prehn (Entsch. 27. f. 128; GA. II, 262); VI. 29. April 57 c. Tietz (GA. V, 575); VI. 20. Nov. 57 c. Schwartz (GA. VI, 138); Beschl. I. 9 Juli 58 c. Quednow (142 B; Entsch. 39. 2. f. 60; GA. VI, 852). — Das ist aber auf andere Bescheinigungen, zu deren Ausstellung der Beamte nicht durch eine bestehende Vorschrift berufen ist (z. B. auf die Bescheinigung eines Schulzen, daß eine Person aus der Gemeinde verzogen sei), nicht auszudehnen: Beschl. I. 5. Nov. 62 c. Kajuth (RdO. III, 111).

11. Ebenso gehören solche Bescheinigungen nicht hierher, welche ein Beamter blos im eignen Interesse, als reglementsmäßigen Belag für eine von ihm aufgestellte Kostenliquidation (z. B. in Betreff einer gemachten Dienstreise) ausstellt: VI. 8. Dez 65 c. Ginning (RdO. VI, 532); vgl. § 254 n. 13.

12. Die unrichtige Aufnahme eines amtlich zu führenden Registers ꝛc. liegt auch da vor, wo eine zu bewirkende Eintragung unterlassen wird, sobald dadurch die in den Registern ꝛc. zu kontastirenden Thatsachen im Ganzen unrichtig dargestellt werden: ZII. 26. April 60 c. v. Kotze (JMbl. f. 362).

13. Ebenso ist eine unbefugte Post- oder Antedatirung einer Urkunde als unrichtige Aufnahme ꝛc. (Verfälschung) anzusehen, sollte sie auch nur zum Nachtheile eines fiskalischen Rechts (z. B. zur Abwendung einer Stempelstrafe) geschehen: Gilb. C. pén. art. 145 n. 64; vgl. § 247 n. 19.

14. Dagegen bleibt § 323 ausgeschlossen, wenn ein früherer Beamter, unter Annahme der verlorenen Eigenschaft, eine in das Gebiet seines früheren Berufs einschlagende Urkunde aufnimmt und ihr ein in die Zeit seiner Amtsführung fallendes älteres Datum giebt; es trifft dann nur § 251 Nr. 2 (vgl. dort n. 9) zu: Gilb. l. c. n. 38.

15. Die zweite im Abs. 1 vorgesehene Alternative, welche die Verfälschung ächter Urkunden zum Gegenstande hat, bezieht sich auch auf anvertraute ꝛc. Privaturkunden: ZII. 27. Okt. 64 c. Götze (RdO. V, 215).

16. Es bedarf in jedem Falle der thatsächlichen Feststellung, daß dem Beamten die Aufnahme ꝛc. der Urkunde vermöge seines Amtes oblag, oder daß

§. 324. **Ein Beamter, welcher Gelder oder andere Sachen, die er in amtlicher Eigenschaft empfangen oder in Gewahrsam hat, unterschlägt oder zu unterschlagen versucht, wird mit Gefängniß nicht unter sechs Monaten, sowie mit zeitiger Untersagung der Ausübung der bürgerlichen Ehrenrechte bestraft.**

[Entw. § 296]. Vgl. § 225. 227. 325. 331; Vdn. v 24. Jan. 1844 (GS. s. 52).

---

sie ihm vermöge seines Amtes zugänglich ꝛc. war: VI. 23. Jan. 61 c. Gläsmer (GA. IX, 182); gleichwohl genügt es, wenn dieses Merkmal aus dem angegebenen Amtscharakter oder den sonst festgestellten Umständen mit Nothwendigkeit folgt.

17. Abs. 1 setzt nicht, wie § 247, voraus, daß der betreffende Beamte von der falschen Urkunde auch Gebrauch gemacht habe.

18. Ueber die Konkurrenz der Urkundenfälschung mit der qualifizirten Unterschlagung (§ 325) vgl. dort n. 6. 7.

§ 324.

Inhalt.

1. Ueber die Frage, wer als **Beamter** anzusehen sei, sind § 331 und die Bemerkungen zu demselben zu vergleichen.

2. Die Vorschrift des § ist nicht auf **Kassen-Beamte** und Kassenverwaltungen beschränkt: ZI. 27. Juni 60 c. Bulwien; die Strafe trifft daher auch einen **Lehrer**, welcher die in dieser Eigenschaft erhobenen Schulgelder unterschlägt: ZI. 12. Juli 65 c. Kempke (RdO. VI, 260)

2a. Der § 324 ist auch auf einen **ausländischen** Beamten anwendbar, welcher in Preußen fremde Gelder unterschlägt, die er zur Kasse seines Staates abzuliefern hatte: VII. 13. Juli 65 c. Colonius (RdO. VI, 265)

3. Ueber die den **Geschwornen** in Betreff der Beamtenqualität vorzulegende **Frage** vgl. § 331 n. 10. Im Falle des § 324 bildet diese Qualität einen erschwerenden Umstand, über welchen die Geschwornen besonders abstimmen müssen (: Ges. v. 3. Mai 1852 Art. 91 Abs. 4): VI 8. Sept. 65 c. Hentig (RdO. VI, 291); VI. 7. Febr. 66 c. Hohaus (RdO. VII, 86).

4. Der Begriff der „**Unterschlagung**" ist aus § 225 zu entlehnen; es müssen daher alle Begriffserfordernisse dieses § **festgestellt** werden: VI. 24. März 54 c. Fuhrmann (GA. II, 696); VII 20. Okt. 59 c. Meyer; VI 31. Okt. 63 c. Nerlich (RdO. IV, 144); u. ö.; *contra*: GA. II, 131.

5. Durch die spezielle Aufzählung der „**Gelder**" neben den „**Sachen**" sollte hervorgehoben werden, daß Gelder (und sonstige fungible Gegenstände), welche ein Beamter in amtlicher Eigenschaft und mit der Verpflichtung der Verwahrung ꝛc. empfängt, nie in sein Eigenthum übergehen, daß er sie vielmehr stets in specie aufzuheben und abzuliefern hat, und daß jede Verwendung der erhaltenen Spezies zu andern Zwecken eine Pflichtwidrigkeit darstelle. Daneben kann Umwechslung des Geldes gegen anderes gleichwerthes an sich sehr wohl statthaft, und möglicherweise sogar instruktionsmäßig vorgeschrieben sein; dann muß aber die wirkliche Umwechslung jeder anderen Verwendung nothwendig vorhergehen, damit die eingewechselten

Spezies sofort an der Stelle der ausgewechselten Eigenthum des Berechtigten werden; vgl. § 225 n. 3.

6. Gleichgültig ist es, ob es sich von „öffentlichen" Geldern und Sachen handelte, oder ob dieselben einer Privatperson zustanden; es kommt daher Nichts darauf an, ob die unterschlagenen Gelder zu einer öffentlichen Kasse fließen sollten, diese also beschädigt wurde, oder ob sie z. B. zu den Emolumenten eines andern Beamten gehörten: ZI. 14. Febr. 55 c. Scharff

7. Vorausgesetzt wird, daß die Gelder ꝛc. fremde sind (§ 225 n. 2 ff.); als solche sind sie auch dann zu betrachten, wenn sie dem Beamten mit einem speziellen Auftrage in Betreff der Verwendung übergeben waren. Das gilt namentlich von dem einem Rechtsanwalt oder Notar zur Deckung von baaren Auslagen, z. B. zur Anschaffung von Stempeln, gegebenen Vorschusse (: Ges. v. 11. Mai 1851 § 17): ZI. 13. Okt. 58 c. Siegroth; ZI 3. Juli 63 c. Deschner (RdO. III, 544). Dabei ist es weiter nicht entscheidend, ob der Rechtsanwalt ꝛc den betr. Vorschuß instruktionsmäßig in sein Rechnungsbuch einzutragen gehalten ist: ZII. 8 Febr. 66 c. Mangelsdorf (RdO. VII, 92); *contra:* JMVerf. v. 14. Juni 1839 (JMbl. S. 210), welches annahm, ein solcher Vorschuß gehe sofort in das unbeschränkte Eigenthum des Rechtsanwalts über. Jedenfalls gilt das Gesagte von solchen Geldern, welche nicht als Vorschuß für die bei einem künftig vorzunehmenden Geschäfte erforderlichen baaren Auslagen, sondern behufs Anschaffung des Stempels zu einem bereits aufgenommenen Akte gegeben sind: ZII. 25. Okt. 66 c. Scherler (RdO. VII, 576).

8. Legt ein Kassenbeamter bei einer Revision Gelder, welche er zur Vervollständigung der Kasse leihweise von Dritten beigeschafft hat, dem Revisor als Kassengelder vor, so werden sie dadurch Kassengelder; er ist nicht befugt, sie später wieder herauszunehmen, sollte er dieses auch von Anfang an beabsichtigt und dem Darleiher zugesagt haben: ZII 28. April 64 c. Schmidt (RdO. IV, 478).

9. Ein Beamter hat Gelder ꝛc. „in amtlicher Eigenschaft" empfangen, sobald dieselben ihm durch einen Andern zu dem Zwecke übergeben worden sind, damit er eine Berufshandlung seines Amtes ausübe. War dieses der Fall, so ist es unerheblich, ob er derjenige Beamte war, an welchen im regelrechten Geschäftsgange die Zahlung ꝛc. zu bewirken gewesen wäre, ob er überhaupt zur Empfangnahme befugt war oder sich dabei einer Amtsausschreitung oder gar einer Täuschung (eines Betrugs) schuldig machte; es genügt, wenn nur der Zahlende dabei von der Meinung ausging, daß er an einen berechtigten Beamten zahle, und daß er dadurch den Zweck der Leistung erfülle und wenn der Beamte selbst bei der Empfangnahme sich jener Meinung des Anderen bewußt war: ZI. 18. April 53 c. Neumann (Entsch. 25. S. 260; GA. I, 581); Beschl II. 23. Mai 61 c. Ehrling (RdO. I, 406); ZI. 10. Nov. 65 c. Spletstösser (RdO. VI, 451); ZI. 5. Okt. 66 c. Milkau (RdO. VII, 515); ZI. 2. Nov. 66 c. Gusovius (RdO. VII, 602); ZI. 30. Jan. 67 c. Milkau (RdO. VIII, 78); ZI. 10. April 67 c. Roggenbuck (RdO. VIII, 251). Demgemäß ist es auch unwesentlich, ob durch eine solche Zahlung der zur Erhebung berufenen Behörde gegenüber Rechte erworben wurden: BI. 22 Dez. 58 c. Fricke (GA. VII, 121). — Dagegen bleibt der § ausgeschlossen, wenn die Uebergabe zur Ausführung eines dem Beamten ertheilten Privat-Auftrags erfolgt ist, z. B. wenn der Zahlende sich des Beamten nur als eines Boten bediente, um die Zahlung an den zur Empfangnahme berufenen Beamten gelangen zu lassen, sollte er dabei auch die amtliche Stellung des ersteren insoweit berücksichtigt haben, daß er ihn deshalb für zuverlässiger hielt, sobald er nur nicht von der Meinung ausging, daß derselbe zur Annahme amtlich berufen sei: ZI. 1 März 61 c. Parpart; BI. 22 Mai 65 c. Schieweck (RdO. VIII,).

10. Nach diesem Grundsatze (n. 9) wird ein mit der Beitreibung von Geldern beauftragter Exekutor von der Strafe des § betroffen, wenn er (vorschriftswidriger Weise) eine ihm angebotene Zahlung annimmt, und das betr. Geld demnächst unterschlägt, sobald der Zahlende ihn zur Empfangnahme der Zahlung für berufen erachtet hatte: ZI. 16. Dez. 56 c. Grzanka (GA II, 132); Beschl. II. 23. Mai 61 (cit n. 9); ZII. 18. Sept. 62 c. Ehrling (RdO. III, 16); BI. 2. Nov. 60 c. Dambitz (betr. einen Gemeinde-Exekutor).

11. Dasselbe gilt von einem Hauptsteueramts-Assistenten, welcher statt des Rendanten eine zur Kasse geleistete Zahlung in Empfang nimmt.

12. ..... ebenso von einem Postillon, welcher (unberufener Weise) das gezahlte Passagierfahrgeld in Empfang nimmt: VI. 15. April 59 c. Klein.

13. ..... endlich von jedem Beamten, an welchen ein Anderer eine für eine Behörde bestimmte Sache in der irrigen Meinung abliefert, derselbe sei vermöge seines Amtes zur Empfangnahme berufen: ZII. 2. Nov. 54. c. Fahle (GA. III, 144); ZI. 10. Nov. 65 c. Spletstösser (RdO. VI, 451); z. B. wenn Jemand einem Landbriefträger einen Geldbrief in der Meinung übergiebt, derselbe sei zur Annahme von Postsendungen bestellt: VI. 21. Okt. 59 c. Wircinski (GA. VII, 853); vgl. VI. 22. Mai 67 c. Schieweck (RdR. VIII,).

14. Die Gewahrsam an den betr. Sachen muß mit der Verpflichtung erlangt sein, sie zu verwahren, zu verwalten, zurückzugeben oder abzuliefern (§ 225). Gleichwohl ist die ausdrückliche Feststellung dieses Merkmals dann nicht unerläßlich, wenn diese Verbindlichkeit aus der angegebenen amtlichen Stellung des Angeklagten mit Nothwendigkeit hervorgeht: ZI. 18. Jan. 61 c. Räther.

15. Ueber die zum Begriffe der Unterschlagung erforderliche Benachtheiligung des Eigenthümers ꝛc. vgl. § 225 n. 28—31.

16. Ist die Unterschlagung durch Bei-Seite-Schaffen der ꝛc. Sachen bewirkt worden, so ist mit dieser das Vergehen vollendet; es kommt dann weiter nicht mehr darauf an, ob und wann auch noch ein Verbrauch derselben erfolgt ist: ZII. 23. Febr. 54 c. Fillinger.

17. In Betreff des Dolus gilt auch hier das zu § 225 n. 40—44 Gesagte. Hier tritt nur noch hinzu, daß der Angeklagte sich bewußt sein muß, daß er die Gegenstände „in amtlicher Eigenschaft“ (in dem unter n. 9 entwickelten Sinne) empfangen habe: VI. 6. Sept. 65 c. Dieckow (RdO. VI, 277). Nach dem an den citt. Stellen Gesagten wird der Dolus durch die Absicht einer dereinstigen Wiedererstattung, oder durch die Ueberzeugung, daß die Verausgabung ꝛc. und sonach die zeitweilige Entziehung der Gelder ꝛc. im Endresultate nicht zu einer Benachtheiligung des Berechtigten führen werde, daß vielmehr ein dereinstiger Ersatz gesichert sei, — nicht beseitigt: ZI. 17. Nov. 54 c. Viernath. Hierzu würde es vielmehr der Ueberzeugung bedürfen, daß die Erstattung aus bereiten Mitteln sofort und in jedem Augenblicke erfolgen könne und werde.

18. Ueber die Feststellung des Dolus vgl. § 225 n. 44.

19. Der Beamte, welcher zur Kasse eingezogene Gelder unterschlägt und dann zur Deckung des Ausfalls von den Zahlungspflichtigen zu viel einzieht, begeht in realer Konkurrenz die beiden in den §§ 324 und 327 vorgesehenen Vergehen: ZII. 3. Mai 56 c. Brüggemann.

20. Ein Beamter, welcher wider besseres Wissen die Erstattung eines von ihm in einer Amts-Angelegenheit angeblich gemachten Vorschusses erwirkt, macht sich nicht der Unterschlagung, sondern (unter den geeigneten Voraussetzungen) eines Betrugs schuldig: Beschl. I. 30. Jan. 61 c. Spiegelthal (RdO. I, 232); *contra*: ZKH. 16. Juni 52 c. Koch.

21. Es ist keine Unterschlagung, wenn ein Forstaufseher Bäume in dem seiner Obhut anvertrauten Walde frevelt, oder Bäume, welche andere Personen ohne seine Mitwirkung gefrevelt hatten, sich aneignet, sondern Holzdiebstahl, resp. Diebstahl: VII. 12. April 55 c. Wirtz (Entsch. 30. s. 354; GA. III, 840); vgl. § 215 n. 29.

22. Ebensowenig ist es Unterschlagung, wenn ein Chausseegelderheber es unterläßt, von einzelnen Personen das verschuldete Chausseegeld zu erheben, und als Entgelt dafür sich von diesen Personen Dienste in seinem Privat-Interesse leisten läßt: ZI 26. Okt. 53 c. Benzmann; vgl. § 241 n. 48; § 310 n. 6.

23. Die in Gemäßheit der Vdn. v. 24. Jan. 1844 (GS s. 52) im Verwaltungswege erfolgte Festsetzung des bei einer Kasse ꝛc. entstandenen Defekts bindet den Strafrichter nicht. Auch ist aus § 16 Abs. 3 l. c. nicht zu folgern, daß dem Beamten der Gegenbeweis gegen die administrative Festsetzung obliege; vielmehr ist vor dem Strafrichter das Vorhandensein eines Defekts selbstständig zu erweisen: Oppenhoff Ressortges. s. 438 n. 35.

§. 325. Sind in Beziehung auf die Unterschlagung die zur Eintragung oder Kontrole der Einnahmen oder Ausgaben bestimmten Rechnungen, Register oder Bücher unrichtig geführt, verfälscht oder unterdrückt, oder sind unrichtige Abschlüsse oder Auszüge aus diesen Rechnungen, Registern oder Büchern, oder unrichtige Beläge zu denselben vorgelegt, oder ist auf den Fässern, Beuteln oder Packeten der Geldinhalt fälschlich bezeichnet, so ist die Strafe Zuchthaus von drei bis zu zehn Jahren.

[Entw. § 297]. Vgl. § 324. 247 ff. 323. 243 Nr. 5 und 7.

---

§ 325.

Inhalt.

1. Auch dieser § ist nicht auf eigentliche Kassenbeamten beschränkt; dagegen wird ein Beamter vorausgesetzt, welcher selbst eine ihm anvertraute Verwaltung von Geldern oder sonstigen Sachen und zur Kontrolle dieser Verwaltung Register rc. zu führen hat: ZPl. 11. Dez. 54 c. Fischer (JMbl. 55. s. 335; Entsch. 29. s. 421; GA. III, 143). Hierzu genügt es nicht, wenn Jemand über die Ausführung der ihm gewordenen Aufträge rc. Aufzeichnungen vornehmen muß, um sich durch dieselben seiner vorgesetzten Behörde gegenüber in Betreff der Erledigung der ihm zugetheilten Geschäfte in jedem Einzelfalle auszuweisen; es ist vielmehr erforderlich, daß jene Aufzeichnungen dazu bestimmt sind, die fortlaufende Thätigkeit des mit der betr. Verwaltung betrauten Beamten im Zusammenhange zu kontrolliren, so daß sie nicht blos augenblicklich, sondern bleibend, und auch für die spätere Zukunft ein Mittel darbieten, den früheren Geschäftsbetrieb und seine Resultate im Einzelnen und im Ganzen zu konstatiren, zu übersehen und zu prüfen. — Dagegen ist es nicht wesentlich, ob dem Beamten die Buchführung von Gesetzeswegen obliegt, oder von seinen Vorgesetzten zur Pflicht gemacht ist: ZI. 4. Sept. 61 c. Wodtkiewicz (RdO. I, 522). — Demgemäß gehört ein Exekutor nicht hierher, welcher eine Mehrheit von Aufträgen erhalten, und in einer ihm übergebenen tabellarischen Liste über die Ausführung derselben zu berichten hat: cit. ZPl. 11. Dez. 54 c. Fischer; BII. 18. Jan. 55 c. Stallknecht (GA. III, 719); *contra* früher: ZII. 7. Sept. 54 c. Weidling (Entsch. 28. s. 454). Dasselbe gilt von einem Rheinischen Gerichtsvollzieher, welcher in Betreff der von ihm eingezogenen Gelder falsche Eintragungen in sein Repertorium macht (er hat keine Verwaltung).

2. Ebenso bezieht sich der § 325 keineswegs ausschließlich auf Gelder; es sind daher auch die Ausdrücke: „Einnahme und Ausgabe“ nicht zu enge, sondern als gleichbedeutend mit „Empfang und Wiederablieferung“ aufzufassen.

3. Die vorgesehenen Handlungen sind in Beziehung auf eine Unterschlagung verübt, wenn die letztere durch jene vorbereitet, erleichtert, vollendet oder verdeckt werden sollte: ZII. 18. Febr. 64 c. Müller.

4. Die Worte „die Unterschlagung“ enthalten eine Verweisung auf den § 324: BII. 18. Jan. 55 c. Stallknecht (GA. III, 719); es ist daher auch der Versuch der Unterschlagung hierher zu rechnen.

5. Ueber die Bedeutung der Rechnungen, Register und Bücher vgl. n. 1.

6. Diese Rechnungen rc. brauchen nicht den Charakter einer Urkunde an sich zu tragen: ZII 27. März 62 c. Hille (RdO. II, 318); ZI. 3. Dez. 62 c. Brauer (RdO. III, 147); vgl § 323 n. 8. Ist dieses aber der Fall, so liegt ideale Konkurrenz mit dem Thatbestande des § 323 vor, und § 325 als der strengere wird anwendbar.

7. Wenn dagegen eine andere Urkundenfälschung mit der Unterschlagung zusammentrifft, so liegt eine reale Konkurrenz vor: VI. 3. Dez. 62 (cit n. 6).

8. Die zur Kontrolle der Einnahmen eines Orts-Steuer-Erhebers bestimmten Register gehören zu den im § erwähnten: ZI. 11. März 59 c. Hennig.

9. Dasselbe gilt von dem durch die Postbeamten über die Einlieferung von Geldbriefen zu führenden Annahmebuche: ZI. 24. Mai 63 c. Franz (RdO. III, 470).

10. Dagegen gehört die Kosteneinziehungsliste eines Exekutors nicht hierher (vgl. n. 1).

11. Dasselbe gilt von den Repertorien der Rheinischen Gerichtsvollzieher (vgl. n. 1).

12. .... ebenso von der (zur Kontrolle einer einzelnen Postversendung dienenden) Postgeldkarte: ZI. 19. Dez. 56 c. Bratsch (GA. V, 277); *contra:* ZI. 30. März 59 c. Gewiß.

13. ..... ebenso von dem durch den Schirrmeister oder Postillon zu führenden Personenzettel, und von der unrichtigen Eintragung des erhobenen Passagierfahrgeldes in denselben; *contra:* Beschl. II 30. Juni 64 c. Plügge (RdO. V, 35); vgl. v. Kräwell Abh. in GA. XV, 153.

14. ..... ebenso von dem Auktionsprotokolle eines Auktions-Kommissars (Gerichtsvollziehers rc.); *contra:* ZI. 16. Sept. 59 c. Schrabach; VI. 26. April 61 c. Mentzel (RdO. I, 360); Beschl I. 25. Mai 64 c. Loch (RdO. IV, 524), welches aber anerkennt, daß die gänzliche Unterlassung der Aufnahme eines solchen Protokolls nicht als unrichtige Führung desselben (vgl. n. 16) anzusehen sei). In allen diesen Fällen fehlt der bleibende und zusammenhängende Charakter der eine ganze Verwaltung umfassenden Buchführung (vgl. n. 1)

15. Die unrichtige Führung der Rechnungen rc. kann nur von demjenigen Beamten ausgehen, dem die Führung obliegt. Dagegen ist es gleichgültig, ob er sie selbst vornimmt oder durch Dritte vornehmen läßt: ZI. 4. Sept. 61 c. Wodtkiewicz (RdO. I, 522). Vgl. n. 18.

16. Als unrichtige Führung der Bücher ist auch die absichtliche Unterlassung einer durch das Amt gebotenen Eintragung anzusehen: ZI. 24. Febr. 54 c. Prehn (Entsch. 27 S. 128; GA. II, 262); ZII 27. März 62 c. Hille (RdO. II, 318); ZI 22. Mai 63 c. Franz (RdO. III, 470).

17. Es ist rechtlich unerheblich, ob die unrichtig geführten Bücher rc. von dem betr. Beamten unterzeichnet sind oder hätten unterzeichnet werden müssen: VII. 23. Febr. 54 c. Fillinger.

18. Die Verfälschung oder Unterdrückung von Büchern rc. gehört auch dann hierher, wenn ihre Führung nicht dem betr. Beamten selbst oblag; es genügt, wenn sie nur zur Kontrolle seiner Einnahmen und Ausgaben bestimmt waren: ZI. 8. Febr. 61 c. Kasischke (RdO. I, 247); *contra:* VI. 4. Nov. 53 c. Neubert. Ebendeshalb genügt auch eine Verfälschung in den von einem Andern (z. B. von dem Amtsvorgänger) geführten Stellen des Buchs rc.

19. Mit Rücksicht auf das unter n. 1 Gesagte ist auch als „Belag" nur dasjenige anzusehen, was zur Rechtfertigung der eigenen Verwaltung des Angeklagten dienen soll; es genügt sonach nicht, wenn ein Schriftstück einem andern Beamten, dem es auszuhändigen ist, als Belag für die von ihm zu führende Verwaltung und Buchführung dienen soll: VI. 3. Dez. 62 c. Brauer (RdO III, 147).

20. Demgemäß trifft der § nicht zu, wenn ein Briefträger, welcher einen Geldbrief unterschlägt, einen gefälschten Auslieferungsschein vorlegt: VI. 27. Mai 53 c. Grenz; VI. 4. Nov. 53 c. Neubert; VI. 3. Dez. 62 (cit. n. 19). In einem solchen Falle liegt sonach eine realiter mit der Unterschlagung konkurrirende Urkundenfälschung vor.

21. Die Worte: „auf den Fässern, Beuteln oder Paketen" sind nur auf die in der Kasse befindlichen, zum Kassenbestande gehörigen Fässer rc. zu beziehen;

§. 326. Ein Beamter, welcher Gebühren oder andere Vergütungen für amtliche Verrichtungen zu seinem Vortheile zu erheben hat, wird, wenn er Gebühren oder Vergütungen erhebt oder zu erheben versucht, von denen er weiß, daß die Zahlenden sie gar nicht oder nur in geringerem Betrage verschulden, mit Geldbuße bis zu Einhundert Thalern oder mit Gefängniß bis zu Einem Jahre bestraft; es kann zugleich auf zeitige Unfähigkeit zu öffentlichen Aemtern erkannt werden.

[Entw. § 298]. Vgl. § 327. 309. 25.

§. 327. Ein Beamter, welcher Steuern, Gebühren, oder andere Abgaben für eine öffentliche Kasse zu erheben hat, wird, wenn er Abgaben, von denen er weiß, daß der Zahlende

---

es reicht daher die Feststellung einer fälschlichen Bezeichnung „auf einem Geldpakete" zur Anwendung des § nicht hin: Zl. 2. März 59 c. Koschnick.

22. Die Voraussetzungen des § 325 bilden in Beziehung auf die Unterschlagung einen erschwerenden Umstand, über welchen die Geschwornen besonders abstimmen müssen: VI 22. Dez. 65 c. Rudolph (RdO. VI, 570); VII. 26. April 66 c. Henze (RdO. VII, 245).

23. Wiederholte Fälschungen ꝛc. der Bücher ꝛc. zur Verdeckung einer einmaligen Unterschlagung begründen keine reale Konkurrenz; das Ganze bleibt stets nur ein einziges, unter mehreren erschwerenden Umständen verübtes Verbrechen.

§ 326.

1. Zum Unterschiede von dem Falle des (ein freiwilliges Geschenk voraussetzenden) § 309 erheischt § 326 eine Zahlung, welche in der Meinung einer bestehenden Verpflichtung geleistet wird: VII. 17. Juli 62 c. Jacobs (RdO. II, 537).

2. Der § bezieht sich auch auf Rechtsanwalte. Er wird daher anwendbar, wenn ein Rechtsanwalt, dem die Praxis bei einem andern Gerichte als dem seines Wohnorts unter der Bedingung gestattet worden ist, den Parteien dafür keine Reiseunkosten in Rechnung zu bringen, dieser Beschränkung zuwider handelt: Zl. 23. Mai 56 c. Richter; Zl. 7. März 60 c. Harbarth. Dagegen bleibt derselbe ausgeschlossen, insoweit das Ges v. 12. Mai 1851 § 9 (GS. s. 658) unter Aufhebung des § 116 I, 7 der AGO. den Rechtsanwalten gestattet, nach Zustellung der Liquidation ihrer Gebühren und Auslagen ein den Betrag derselben übersteigendes Honorar anzunehmen. Jene Vorschrift setzt indessen voraus, daß das Honorar freiwillig dargeboten sei.

3. Der § ist gänzlich unanwendbar auf die Honorarforderungen der Rheinischen Advokaten, da diese nach Art. 43 des Dekr. v. 14. Dez. 1810 ihre Honorarien, vorbehaltlich einer dem Disziplinarrathe und eventuell dem Gerichte zustehenden Ermäßigung, selbst taxiren dürfen. Anders verhält es sich dagegen mit Rheinischen Anwalten, Notarien und Gerichtsvollziehern.

4. Taxüberschreitungen bei Erhebung von Mäklergebühren sind, da Mäkler keine Beamten sind (vgl. Gew.-Ordn. v. 17. Jan. 1845 §§ 51. 93), nicht nach § 326, sondern nach § 186 der cit. Gew.-Ordn. zu bestrafen, welcher an die Stelle der AKO. v. 23. Nov. 1837 (GS. s. 218) getreten ist; *contra*: GM. II, 697 n. 4. Vgl. D. HGB. Art. 82.

5. Als Dolus genügt hier das Bewußtsein, daß die betr. Gebühren nicht verschuldet werden; im Uebrigen ist es gleichgültig, ob sich der Beamte dadurch bereichern, oder ob er sich dadurch vor sonstigen Verlusten bewahren will.

6. Das Abfordern zu hoher Gebühren kann unbedenklich als ein Versuch der Erhebung angesehen werden.

7. Die Häufung unnöthiger Kosten, sowie das Erheben zu hoher Gebühren zum Vortheile der Kasse ist nur disziplinarisch zu ahnden.

sie gar nicht oder nur in geringerem Betrage verschuldet, erhebt und das rechtswidrig Erhobene ganz oder zum Theil nicht zur Kasse bringt, mit Gefängniß nicht unter drei Monaten bestraft; auch kann gegen denselben auf zeitige Unfähigkeit zu öffentlichen Aemtern erkannt werden.

Eine gleiche Strafe hat ein Beamter verwirkt, welcher bei amtlichen Ausgaben an Geld oder Naturalien dem Empfänger vorsätzlich und rechtswidrig Abzüge macht und die Ausgaben als vollständig geleistet in Rechnung stellt.

[Entw. § 299]. Vgl. § 326. 25; Ges. v. 20. März 1837 (GS. s. 57).

§. 328. Ein Postbeamter, welcher die der Post anvertrauten Briefe und Packete in anderen als den im Gesetz vorgesehenen Fällen eröffnet oder unterdrückt, oder einem Anderen bei einer solchen Handlung wissentlich Hülfe leistet, wird mit Gefängniß nicht unter drei Monaten bestraft; auch soll gegen denselben auf zeitige Unfähigkeit zu öffentlichen Aemtern erkannt werden.

[Entw. § 300]. Vgl. § 280. 25; Verf. v. 31. Jan. 1850 Art. 33; Post-Ges. v. 5. Juni 1852 §. 48. 49 (GS. s. 357).

---

§ 327.

1. Konkurrirt mit dem hier vorgesehenen Vergehen eine Urkundenfälschung, so wird § 56 anwendbar.

§ 328.

1. Der Dolus braucht hier nur auf die unbefugte Eröffnung ꝛc. gerichtet zu sein; es ist keineswegs erforderlich, daß Kenntnißnahme vom Inhalte des geöffneten Briefs bezweckt sei: ZI. 15. März 54 c. Stössel (GA. II, 839). Ebensowenig bedarf es einer auf Erlangung eines Gewinnes oder auf Zufügung eines Schadens gerichteten Absicht: ZI. 15. Febr. 64 c. Friederichs (RdO. V, 504).

2. Die Ausnahmefälle können nicht durch ein bloßes Reglement, sondern nur durch ein Gesetz bestimmt werden: KBII. s. 165.

3. Die Eröffnung eines unbestellbaren Briefs zur Ermittelung des Absenders fällt, als in den Zwecken der Versendung liegend, auch wenn sie nur auf Grund und in Gemäßheit eines Reglements erfolgt, nicht unter den §.

4. Jedes Eröffnen ist strafbar, sollte der Verschluß auch ein unvollkommener gewesen sein: ZII. 28. Jan. 64 c. Polig (RdO. IV, 332).

5. Das Unterdrücken setzt nicht nothwendig ein dauerndes Entziehen voraus; ein zeitweiliges Vorenthalten kann genügen, zumal wenn es geschah, um den Adressaten an einer rechtzeitigen Benutzung zu hindern: Z. 28. Jan. 64 (cit. n. 3). Demgemäß schließt auch die Möglichkeit der Wiedererlangung die Strafe nicht aus: Z. 15. Febr. 64 (cit. n. 1).

6. Als eine Unterdrückung kann die rechtswidrige, d. h. bewußte Ausantwortung an einen nicht berechtigten Dritten betrachtet werden; dem stehen die §§ 48. 49 des Post-Ges. v. 5. Juni 1852 nicht entgegen.

7. Ein Post-Beamter kann auch an einem an ihn selbst adressirten Brief eine Unterdrückung begehen, wenn derselbe nur gegen Erlegung eines Postvorschusses ausgegeben werden durfte: ZI. 25. Nov. 64 c. Schrimpf (RdO. V, 304).

§. 329. Ein gerichtlicher Anwalt oder ein anderer Rechtsbeistand, welcher bei den ihm vermöge seiner amtlichen Eigenschaft anvertrauten Angelegenheiten in derselben Rechtssache beiden Parteien durch Rath oder Beistand pflichtwidrig dient, wird mit Gefängniß nicht unter drei Monaten bestraft.

Handelt derselbe vorsätzlich im Einverständniß mit der Gegenpartei zum Nachtheil seines Klienten, so tritt Zuchthaus bis zu fünf Jahren ein.

[Entw. § 301]. Vgl. § 155.

§. 330. Ein Amtsvorgesetzter, welcher seine Untergebenen zu einem Verbrechen oder Vergehen im Amte vorsätzlich verleitet oder zu verleiten versucht, oder ein solches Verbrechen oder Vergehen seiner Untergebenen wissentlich geschehen läßt, soll zu der auf dieses Verbrechen oder Vergehen angedrohten Strafe verurtheilt werden; in allen Fällen ist zugleich auf zeitige Unfähigkeit zu öffentlichen Aemtern zu erkennen.

§ 329.

1. Zu den „andern Rechtsbeiständen" sind z. B. Rheinische Advokaten, die Syndiken einer Stadtgemeinde, nicht aber, wie TL. s. 1085 Note 2 glaubt, auch die Justitiarien der höhern Verwaltungsbehörden zu zählen, welche nicht selten amtlich berufen sind, in Beziehung auf beide Parteien (z. B. auf zwei streitende Gemeinden ihres Bezirks) amtlich thätig zu sein.

2. Als „Rechtssache" ist jede Rechts-Angelegenheit anzusehen, bei welcher Personen mit widerstreitenden Interessen betheiligt sind; daß dieselbe an ein Gericht gebracht worden sei, oder auch nur gebracht werden könne, ist nicht erforderlich: BL. s. 536.

3. Vorausgesetzt wird, daß beiden Parteien Beistand ꝛc. geleistet sei; daher bleibt der § unanwendbar, wenn ein Anwalt bei dem nur der einen Partei geleisteten Beistande Dinge benutzt, welche ihm von der andern anvertraut worden waren, als diese ihn (vergeblich) um Beistand anging; in einem solchen Falle greift nur das Disziplinarverfahren Platz, insofern nicht § 155 zutrifft: BL. s. 536.

4. Beistand kann auch durch Unterlassung geleistet werden.

5. Nur das pflichtwidrige Dienen für beide Parteien ist strafbar; d. h. ein solches, bei welchem der Anwalt das von der einen Partei in ihn gesetzte Vertrauen mißbrauchend zu ihrem Nachtheile für die andere thätig ist: Beschl. I. 14. Dez. 67 c. Pezenburg (RdO. VII, 718); BL. s. 536. Es gehört daher der Fall nicht hierher, wo beiden im gemeinsamen Interesse, z. B. zur Herbeiführung eines Vergleichs, ein Rath ꝛc. ertheilt ist.

6. Dagegen macht es keinen Unterschied, ob dasselbe gleichzeitig oder successive stattfand; auch im letzteren Falle tritt, wenn die Handlung pflichtwidriger Weise verübt wurde, Strafbarkeit ein: ZII. 8. Febr. 66 c. Wehmeier (RdO. VII, 94).

7. Der Eintritt eines wirklichen Nachtheils wird nicht erfordert: TGll. s. 321; *contra:* TL. s. 1085, wo derselbe mit Unrecht zum Thatbestande des § 329 den vollen Thatbestand der Untreue (§ 246) verlangt.

8. Das Gesagte (n. 7) gilt auch im Falle des Abs. 2; es genügt ein Handeln mit dem Bewußtsein der Schädlichkeit. Jedenfalls aber kann ein solches als Versuch des Verbrechens angesehen werden.

§ 330.

1. Der Verleitungs-Versuch braucht hier nicht den Bedingungen des § 31 zu entsprechen; vgl. § 31 n. 30.

Dieselbe Bestimmung findet auch auf einen Beamten Anwendung, welchem eine Aufsicht oder Kontrole über die Amtsgeschäfte eines Mitbeamten übertragen ist, sofern das von diesem letztern Beamten verübte Verbrechen oder Vergehen die zur Aufsicht oder Kontrole gehörenden Geschäfte betrifft.

[Entw. § 302]. Vgl. § 34. 35.

§. 331. Die Vorschriften dieses Titels finden Anwendung auf alle öffentliche Beamte, sie mögen in unmittelbarem oder mittelbarem Staatsdienste stehen, auf Lebenszeit oder nur zeitweise oder vorläufig angestellt sein, einen Diensteid geleistet haben oder nicht.

Nehmen Personen, welche keine Beamte sind, an einem der in diesem Titel bezeichneten Verbrechen oder Vergehen Theil, so sollen, soweit keine Ausnahmen bestimmt sind, die allgemeinen Grundsätze über Theilnahme gelten. Auf den im §. 309. vorgesehenen Fall findet diese Bestimmung keine Anwendung.

[Entw. § 303]. Vgl. § 34. 35; ALR. II, 10 § 1 ff.; AKO. v. 11. Aug. 1832 (GS. S. 204).

§ 331.

Inhalt.

1. Die Vorschriften dieses § finden nicht nur bei den im Amte begangenen Verbrechen ꝛc., sondern auch da Anwendung, wo es sich von einem gegen einen Beamten begangenen Verbrechen ꝛc., d. h. also um den Schutz des Beamten handelt: ZII. 2. Juli 57 c. Brick.

2. Oeffentlicher Beamter ist jeder, dem ein öffentliches Amt von der dazu berechtigten Behörde provisorisch oder definitiv anvertraut worden ist: AKO. v. 11. Aug 1832. Hierzu kann eine mündliche Uebertragung (Bestätigung) genügen: ZII. 21. März 67 c. Luce (RdO. VIII, 193); ebenso kann es für ausreichend erachtet werden, wenn Jemand auch ohne ausdrückliche Bestallung amtliche Geschäfte mit dem Wissen und Willen der zur Anstellung berufenen Oberbehörde wahrnimmt. —

Auf die Dauer der Uebertragung kommt Nichts an; auch eine blos vorübergehende reicht aus: BI. 17. Juni 53 c. Fröhlich (GA. II, 566); BI. 6. Sept. 65 c. Dieckow (RdO. VI, 277); ZI. 26. Okt. 66 c. Müller (RdO. VII, 581); Präj. OAG. Oldenburg c. Bruß (Oldenb. Arch IX, 17).

3. Hiernach ist die Beamtenqualität keineswegs dadurch bedingt, daß die Anstellung in dem Grade eine rechtsbeständige sei, daß der Betreffende dadurch dem Staate gegenüber alle Rechte und Vorzüge eines Beamten erlange.

4. Ebenso ist es nicht unerläßlich, daß die Uebertragung allen vorgeschriebenen Förmlichkeiten entspreche: BI. 17. März 54 c. Grabosch; es genügt daher die von einer Provinzialbehörde ausgegangene Bestallung, selbst wenn es zur Zeit an der zur definitiven Ernennung erforderlichen höheren Genehmigung noch fehlt; sie ist wenigstens provisorisch wirksam: ZI. 16. Juli 58 c. Advena (einen Ortsvorsteher betr.); *contra:* BII. 28. Sept. 65 c. Storbeck (RdO. VI, 346; betr. einen vom Magistrat angestellten, vom Landrath noch nicht bestätigten Feldhüter).

5. Die Beamtenqualität ist auch nicht durch die Ableistung eines Amtseides bedingt: AKO. v. 11. Aug. 1832; ZI 18. Sept. 63 c. Weber (831); u. ö.

6. Ebenso ist es gleichgültig, ob der Angeklagte im Besitze der Ehrenrechte ist, und ob ihm also ein Amt übertragen werden konnte: BI. 6. Sept. 65 (cit. n. 2).

7. ..... ebenso, ob und in welcher Weise er für seine Dienstleistungen eine Vergütung erhält: ZI. 4. Okt. 60 c. Köhn; ZI. 11. Dez. 63 c. Schulz.

8. ..... ebenso, ob er den Disziplinargesetzen unterliegt: ZI. 4. Jan. 60 c. Köhn.

9. Auch weibliche Personen können unter den geeigneten Voraussetzungen als Beamten angesehen werden: ZI. 13. Mai 59 c. Gerst.

10. Wird die Beamtenqualität vor den Instanzgerichten streitig, so bedarf es in der ergehenden Entscheidung einer genauen Feststellung der thatsächlichen Momente, welche für die rechtliche Lösung jener Frage in Betracht kommen. Es muß daher einem Antrage: in der den Geschwornen vorgelegten Frage den Begriff „Beamter“ durch Angabe der speziellen dienstlichen Beziehungen des Betreffenden aufzulösen, — mit Nothwendigkeit Statt gegeben werden: BI. 17. Juni 53 c. Fröhlich (GA. II, 566); BII. 19. Febr. 63 c. Müller (RdO. III, 296); BI. 7. Febr. 66 c. Hohaus (RdO. VII, 86).

11. Nach den oben (n. 2 fgg.) aufgestellten Grundsätzen ist ein von der vorgesetzten Behörde ordnungsmäßig angenommener Civilsupernumerar, soweit er mit der Verrichtung eines amtlichen Geschäfts betraut ist, ein Beamter: ZI. 7. Sept. 60 c. Funk; vgl. AKO. v. 19. Nov. 1849.

12. Dasselbe gilt von den Rheinischen vereideten Hülfsgerichtsschreibern.

13. Dagegen haben Schreiber, welche von einem Büreauvorsteher auf Grund einer Privatübereinkunft angenommen sind, und so auf einem Büreau zeitweise beschäftigt werden, jene Eigenschaft nicht, insofern ihnen nicht ein wirkliches Amtsgeschäft übertragen ist: Beschl. I. 19. Okt. 53. c. Helst.

14. Dasselbe gilt von den nur mit untergeordneten mechanischen Verrichtungen für den innern Dienst beauftragten Gehülfen: ZI. 30. April 60 c. Tamanti (GA. VIII, 557).

15. Ein zur Entscheidung eines Privatrechtsstreits frei gewählter Schiedsrichter ist kein Beamter.

16. Das Gegentheil gilt von den bestellten Schiedsmännern; vgl. EG. Art. XVIII.

17. ..... ebenso von den durch die Ortspolizeibehörde zur Handhabung der ihr zustehenden Verrichtungen angenommenen Unterbeamten: BI. 20. Jan. 64 c. Adloff (RdO. IV, 305); selbst von einem zum gedachten Behufe mit Genehmigung des Landraths angenommenen Privatgehülfen: ZI 5. Okt. 66 c. Milkau (RdO. VII, 515).

18. Ein die gutsherrliche Polizei verwaltender Gutsbesitzer (vgl. Ges. v. 14. April 1856, GS. S. 356; Erk. OTr. 19. Okt. 54, Entsch 28. S. 445) ist Beamter: BI. 31. Nov. 55 c. Oldenburg (JMbl. 56. S. 40); und zwar selbst dann, wenn er einen Stellvertreter bestellt hat; er kann nichtsdestoweniger in den ihm geeignet scheinenden Fällen sein Recht selbst ausüben, insofern bei ihm nicht eine persönliche

Unfähigkeit obwaltet: ZI. 19. März 58 c. Dauerheim (GA. VI, 277); vgl. Min.-Instr. v. 30. Juli 1856 Art. 7 Abs. 3.

19. Nicht minder ist auch der vorschriftsmäßig bestellte Stellvertreter eines solchen Gutsbesitzers Beamter: ZI. 15. Jan. 58 c. Neumann.

20. ..... ebenso die Mitglieder einer in gesetzlicher Weise gebildeten und zusammengetretenen Bürgerwehr (Ges. v. 17. Okt. 1848, GS. s. 289): ZI. 5. Nov. 56 c. Pieper. Dasselbe gilt von den Mitgliedern eines Sicherheitsvereins (Ges. v. 11. März 1850 § 7, GS. s. 200).

21. Darüber, welche Postbediente als Beamten anzusehen sind, vgl. Instr. d. Min. f. Handel ꝛc v. 8. Jan. 1853 § 2 (Staats-Anz. s. 77).

22. Ein mit Genehmigung der vorgesetzten Dienstbehörde als Privatgehülfe des Postexpedienten angenommener Post-Expeditionsgehülfe ist Beamter, wenn gleich jener ihn ohne Weiteres entlassen kann, und für seine Dienstführung unmittelbar verantwortlich ist: VI. 17. Juni 53 c. Fröhlich (GA. II, 566); VII. 5. Nov. 63 c. Müller (RdO. IV, 154); ZI. 15. Febr. 65 c. Friedrichs (RdO. V, 604); Beschl. II. 5. April 66 c. Micklinghoff (RdO. VII, 205); ähnlich für Oldenburg: Präj. OAG. Oldenburg (G 4).

23. ..... ebenso ein Postbriefträger, sollte er auch nur vom Post-Expedienten angenommen sein: ZI. 14. Febr. 55 c. Scharff.

24. ..... ebenso ein Postillon, so lange er Postdienste verrichtet: VPl. 19. Dez. 57 c. Spartus (JMbl. 58. s. 74; Entsch. 37. 2. s. 38; GA. VI, 62); ZI. 12. Sept. 56 c. Lange (JMbl. s. 316; GA. IV, 851); vgl. § 324 n. 12; AGO. I, 2 § 258; Erl. des Gen.-Post-Meisters v. 24. Juni 1831 (v. K. Jahrb. 38. s. 113); Verf. d. M. d. J. v. 22. Jan. 1847 (VMbl. s. 26); Instr. v. 23. Nov. 1852 IV (St.-Anz. s. 1655); Instr. v. 8. Jan. 1853 § 2. 7 (St.-Anz. s. 77); Abh. in GA. VI, 57.

25. 26. Dagegen sind die Posthalter nicht mehr wie nach der Postordnung v. 25. Nov. 1782 Beamten: VPl. 19. Dez. 57 (cit. n. 24; beil.).

27. Forstlehrlinge, d. h solche Personen, welche mit Genehmigung des Oberforstbeamten sich bei den Oberförstern ꝛc. behufs ihrer Ausbildung zum Forstdienste aufhalten, sind in persönlicher Beziehung nicht als Beamten anzusehen: Beschl. I. 27. April 53 c. Gensch (Entsch. 24. s. 498). Sie erlangen aber jene Eigenschaft, sobald sie mit einem Amtsgeschäfte, z. B. mit dem Forstschutze beauftragt werden. Jedenfalls sind sie in einem solchen Falle als „Forstaufseher“ anzusehen, und werden des Schutzes des Ges. v. 31. März 1837 theilhaftig: Beschl. I. 11. Mai 64 c. Dabruck (RdO. IV, 508).

28. Feldmesser, Oekonomiekommissarien und Baukondukteure sind als Beamten anzusehen, sobald ihnen eine ihrer Qualifikation angehörige Beschäftigung von einer öffentlichen Behörde (z. B. die Ausführung eines Chausseebaues durch die Kreis-Bau-Kommission) übertragen ist, sollte dieses auch durch einen Privatkontrakt geschehen sein: VI. 8. Juli 57 c. Hackbarth (GA. V, 693); ZI. 6. Juni 60 c. Geiß; vgl. AKO. v. 19. Jan. 1833 (GS. 34. s. 4).

29. Alle Lehrer der öffentlichen Volksschulen und der höheren Unterrichtsanstalten sind Beamten: Verf. v. 31. Jan. 1850 Art. 23. Das gilt auch von den Lehrern einer unter Mitwirkung der zuständigen Verwaltungsbehörden gebildeten Handwerkerschule, sollten sie auch weder vereidet noch besoldet sein: ZII. 13. Mai 61 c. Nostiz (RdO. I, 396).

30. Dasselbe gilt von Schul-Inspektoren.

31. Geistliche sind als solche keine Beamten; vgl. § 102, welcher Religionsdiener neben den Beamten nennt.

32. Dagegen gilt (arg. § 321 ff. 555. 619 ff. II, 11 ALR.) das Gegentheil von Kirchenvorstehern: VI. 25. Mai 59 c. Vollbrecht (GA. VII, 708). Das ist auch nicht durch Art 15 der Verfassung v. 31. Jan. 1850 abgeändert worden: ZI. 7. Dez. 60 c. Ebers (GA IX, 133).

33. ..... ebenso von den Vorstehern einer Synagogen-Gemeinde: ZI. 16. Sept. 57 c. Crohn (GA. V, 851); ZI. 5. Sept. 62 c. Rewald (RdO. II, 550).

34. ..... ebenso von den Vorstehern und Verwaltern öffentlichen Armenanstalten: ALR. II, 19 § 80. Ein ZII 13. Juni 57 c. Fink erachtete indessen diesse Vorschrift auf städtische Armenbezirksvorsteher und die diesen beigeordneten Armenväter für nicht anwendbar; vgl. n. 38. 41.

35. Hofbeamte sind als solche keine öffentlichen Beamten; wohl aber die bei der General-Intendantur der königlichen Schauspiele Angestellten, weil das betr. Institut als öffentliche Anstalt für staatliche Zwecke anzusehen ist: VI. 25.. Sept 58 c. Mecklenburg (JMbl. s. 207; Entsch. 42. 2. s. 27; GA. VII, 378).

36. Die verwaltenden Organe der Gemeinden, Kreise und Provinzen gehören zu den Beamten; z. B. die Bediensteten der Deich- und Feuer-Sozietätten, der Ritterschaften und Landschaften: ZII. 14. Okt. 61 c. Deimel (RdO. II, 14, betr. die Büreaubeamten einer Provinzial-Feuer-Sozietät); ZI. 15. Okt. 54 c. Wiillutzki; VI. 11. Juli 55 c. Föhrmann (betr. die Bezirks- und Kirchspiels-Kommisssarien für die Feuer-Sozietäten der ländlichen Grundbesitzer in der Prov. Preußen: Regl. v. 30. Dez. 1837, GS. 38. s. 125. 153).

37. Demgemäß gehören hierher alle Beamten der Gemeinden, insbesondere die Bürgermeister, Beigeordneten und sonstigen Magistratsmitglieder: ZIII. 13. Juni 57 c Fink; die Gemeinde-Empfänger: cit. Z. 13. Juni 57; der Sttadtschulrath: ZI. 28. Juni 61 c. Hülsberg (RdO. I, 470); der Gemeindediener: ZI. 29. Juni 55 c. Maschewski; ZI 9. Mai 60 c. Röpke; der Nachtwächter: ZI.. 22. Sept. 58 c. Albrecht; der Gemeinde-Förster: VI. 5. März 56 c. Türk; ZPl. 12. Jan. 57 c. Bültmann (Entsch. 35. s. 240); der Gemeinde-Feldhüter (ALR. II, 7 § 68; II, 10 § 69; FPO. v 1. Nov. 1847 § 50. 51.): VI. 29. Sept. 58 c. Sommer (GA. VI, 841); die Angestellten bei sonstigen Gemeinde-Anstalten (z. B. bei einer Gasanstalt: ZII. 18. April 61 c Schulze (GA IX, 647). In allen diesen Fällen ist es gleichgültig, ob die Anstellung auf Lebensdauer, auf bestimmte Zeit oder nur provisorisch erfolgt ist.

38. Dasselbe gilt von dem Vorsteher einer städtischen Armen-Kommission: VI. 4. Mai 64 c. Spitze (RdO. IV, 459); vgl. n. 34. 41.

39 ..... ebenso von den durch die Gemeinden mit Genehmigung der vorgesetzten Behörden bestellten Erhebern der Klassensteuer (Ges. v. 30. Mai 1820 § 9a. 6a); dem steht es nicht entgegen, daß nach § 54 II, 7 ALR diese Steuererhebung den Schulzen obliegen soll, und daß die Gemeinde eventuell für die Unterschlagungen ihres Erhebers einsteht: Beschl. I. 3. März 54 c. Schröder; VI. 26. Juni 57 c. Janke (GA. V, 694); ZII 7 April 59 c. Kaselitz.

40. Dagegen sind die einzelnen Vertreter der Gemeinde (die Stadtverordneten, Gemeindeschöffen, selbst der Vorsteher der Stadtverordneten-Versammlung, keine Beamten: VI. 19. Dez. 56 c. Heuer (GA. V, 93); ZII. 13. Juni 57 c. Fink; vgl. Min.-Verf. v. 19. Sept 1842 (v. K. Jahrbb. 60. s. 454). Wohl aber ist die ganze Stadtverordneten-Versammlung als politische Körperschaft anzusehen; vgl. § 102 n. 4).

41. Dasselbe gilt von den Mitgliedern der zur Beaufsichtigung einzelner Geschäftszweige, sowie zur Erledigung vorübergehender Aufträge aus der Zahl der Sttadtverordneten oder aus stimmfähigen Bürgern gewählten Deputationen. Daher sind die Mitglieder der städtischen Armen-Kommissionen und die s. g. Armenväter (nach der Rhein. Städte-Ordn. v. 15 Mai 1856) als solche keine Beamten: ZII. 13 Juni 57 c. Fink; Erk. Komp. GH. 25. Okt. 56 Bux c. Köppchen. Anders verhält es sich mit dem Vorsteher einer solchen Armen-Kommission (nach der Städte-Ordn. v. 30. Mai 1853); vgl. n. 34. 38.

42. Gemeindeglieder, welche in Folge eines ihnen im Gemeindedienste ertheilten Auftrags Gefangene transportiren, wurden nicht als Beamte betrachtet: ZPl. 24. April 54 c. Oldendorf (Entsch. 28 s. 164; GA II, 828); ZI. 30. Juni 66 c. Awege; cf. § 94 n. 5.

43. Was von den Gemeinde- rc. Beamten gesagt ist, gilt auch von den Beamten solcher Korporationen, welche die Bestimmung haben, Zwecke des Staats zu erfüllen und Rechte des Staats auszuüben: VII. 30. Juni 53 c. Maasch (Entsch. 26. s. 163; GA. II, 566).

44. Eine Privat-Eisenbahngesellschaft ist, soweit sie Erwerbszwecke der Aktionäre verfolgt, keine Staatsanstalt; die bei der Verwaltung von Einnahmen und Ausgaben derselben Angestellten sind daher keine Beamten; das Gegentheil gilt dagegen von den Bahnbeamten, welche die der Gesellschaft überlassene Bahnpolizei handhaben, sollten sie auch nur der Eisenbahn-Direktion einen Eid geleistet haben: VII. 30. Juni 53 (cit. n. 43); VII. 14. Mai 57 c. Schwabe.

45. Dadurch, daß der Staat die Leitung eines Privat-Eisenbahn-Unternehmens für die Aktionäre übernimmt, sowie durch die Bestellung einer Königlichen Direktion, und durch die Beilegung des Amts-Charakters an die Mitglieder derselben, erlangen nicht auch die von dieser Direktion angenommenen oder von der früheren Privat-Direktion übernommenen Unter-Angestellten den Charakter als „Beamten"; es kommt vielmehr darauf an, ob auch diese in den Staatsdienst übernommen worden sind; vgl. Beschl. I. 16 Febr. 59 c. Maja (23 B; JMBl. S. 106).

46. Nach dem unter n. 43 aufgestellten Grundsatze gehören auch die Angestellten der Zünfte, Innungen und Gewerke (ALR. II, 8 § 191 ff.; Gew.-Ordn. v. 17. Jan 1845 § 94 ff.; Vdn. v. 9. Febr. 1849 § 7) nicht zu den Beamten: Z. 8. Okt. 52 c. Pollähne (GA. I, 264); ZI. 9. Febr. 53 c. Grau; Beschl. I. 11. Jan. 61 c. Flogerthy (RdO. I, 204).

47. Gewerbtreibende, z. B. Baumeister, Aerzte &c., welche einer besonderen Approbation &c. bedürfen, erlangen dadurch und durch eine obrigkeitliche Verpflichtung nicht die Beamtenqualität.

48. Ein Brückenpächter und der von ihm mit dem Empfange des Brückengeld Beauftragte sind selbst dann keine Beamten, wenn ihnen im Pachtvertrage die Befugniß zur Vornahme von Pfändungen wegen Nichtzahlung des Brückengeldes beigelegt ist: ZII. 18 Febr. 55 c. Lennartz (RA. 50. 2 A. S. 67).

49. Das Gegentheil gilt dagegen von einem Chausseegeldpächter: Chauss.-Geld-Tarif v. 29. Febr. 1840 Zusatzbemerk. Nr. 22 (GS. S. 100): ZI. 12. Mai 54 c. Meyer; ZI. 27. März 63 c. Casparo; und ebenso von einem demselben durch die Aufsichtsbehörde zugeordneten Gehülfen, Vertreter oder Afterpächter: ZI. 14. Okt. 59 c. Christ; VI. 18 Febr. 63 c. Ginchalla (RdO. III, 294). — Dasselbe gilt nach Oldenburgischem Recht: Präj. OAG. Oldenburg c. Löwenstein (Old. Arch. IX, 19).

50. Ebenso sind Beamten die durch einen Privatwaldbesitzer in Gemäßheit des § 32 des HDGes. v. 2. Juni 1852 mit dem Forstschutze beauftragten, gehörig vereideten Personen: VII. 3. Jan. 61 c. Keuter (GA. IX, 132); VI. 20. Sept. 61 c. Wittkopf (RdO. I, 540); Beschl. I. 27. Febr. 67 c. Skoruppa (RdO. VIII, 140) (betr. Fälle der §§ 89. 102).

51. ..... ebenso von den in Gemäßheit bestehender Gesetze bestellten und vereideten Privatfeldhütern (vgl. FPO. v. 1. Nov. 1857 § 52, und für das linke Rheinufer Code 3. brum. IV art. 40; Ges. v. 28. pluv. VIII art. 9; Min.-Verf. v. 30. Juni 1838 (RS. VI, 548): VI. 29. Sept. 58 c. Sommer (GA. VI, 841).

52. Ein von einer Behörde lediglich im Interesse einzelner Privatpersonen ertheilter Auftrag, z. B. die gerichtliche Bestellung eines Sequesters oder eines Hüters in Beschlag genommener Sachen legt denselben nicht die Beamtenqualität bei: VI. 22. Dez. 58 c. Szmyt (Entsch. 40. 2. S. 17; GA. VII, 101).

53. Der Nichtbeamte, welcher an einem Amtsvergehen &c. Theil nimmt, wird auch von der zeitigen Unfähigkeit zu öffentlichen Aemtern betroffen, mit welcher die betr. Strafthat für den Thäter bedroht ist; *contra*: Bes. S. 566b, weil jene Strafe ihren Grund in der Verletzung der besonderen Amtspflichten habe; er hält daher dieselbe selbst auf einen Beamten nicht für anwendbar, welcher an dem Amtsvergehen eines Andern Theil genommen hat.

54. Behauptet ein Nichtbeamter, welcher an einem der im Titel 28 vorgesehenen Verbrechen &c. Theil genommen hat, die Qualität des betr. Beamten nicht gekannt zu haben, so wird § 44 anwendbar; vgl. dort n. 2. 9.

Dritter Theil.

Von den Uebertretungen.

Erster Titel.

Von der Bestrafung der Uebertretungen im Allgemeinen.*)

*) **Erster Titel.**

1. Das StGB. (§ 1) hat den Begriff der „Uebertretung" lediglich nach der Höhe der verwirkten Strafe bestimmt. Der dritte Theil behandelt daher nicht blos „Polizei-Uebertretungen" d. h. solche Handlungen ꝛc., welche ohne Rücksicht auf eine strafbare Willensrichtung und auf einen herbeigeführten Erfolg lediglich wegen der durch sie herbeigeführten Gefährdung des gemeinen Wohls, um Beschädigungen vorzubeugen, mit Strafe bedroht sind, zählt vielmehr auch solche Strafthaten auf, welche wirkliche Rechtsverletzungen enthalten, z. B. Beleidigungen, während umgekehrt der erste und zweite Theil unter den Vergehen auch solche Fälle aufzählt, welche nur einen polizeilichen Charakter an sich tragen; vgl. z. B. § 39. 112. 186. 306. 307.

2. Bei eigentlichen Polizei-Uebertretungen (n. 1) ist die Strafbarkeit nicht durch den Nachweis und die Feststellung eines Dolus oder einer Fahrlässigkeit bedingt: KVII. s. 172; VII. 26. April 55 c. Kirst; VII. 20. Dez. 60 c. Schmidts; u. ö. Das ist aber auf wirkliche Rechtsverletzungen, z. B. auf Beleidigungen, Entwendungen ꝛc. nicht auszudehnen. Bes. s. 577 IV. — Auch ist das Gesagte nicht dahin aufzufassen, daß es bei Polizeiübertretungen auf die Willensthätigkeit gar nicht ankomme; vielmehr muß auch hier die Strafe ausgeschlossen bleiben, sobald feststeht, daß den Betreffenden gar keine zurechenbare Schuldbarkeit treffe; vgl. n. 4.

3. Die im ersten Titel aufgestellten allgemeinen Grundsätze „über die Bestrafung der Uebertretungen" sind bei Weitem nicht so erschöpfend, wie die „auf Verbrechen und Vergehen" bezüglichen allgemeinen Vorschriften des Thl. I. Die Frage, ob diese letzteren zur Ergänzung der ersteren herangezogen werden könnten, ward in der Kommission der II. Kammer angeregt, aber nicht entschieden. Man hielt dafür, daß bei der Anwendung der dort ausgesprochenen Regeln immer der Unterschied festgehalten werden müsse, daß im zweiten Theile die Bestrafung der Absicht, welche in der That ihren Ausdruck findet, hier nur die Rüge einer Handlung Gegenstand des Strafgesetzes sei, und glaubte bei der großen Schwierigkeit, für die mannigfachen Arten der Uebertretungen spezielle Vorschriften aufzustellen, und bei der Gefahr, durch Exemplifikationen den eigentlichen Zweck zu verfehlen, keine ausdrücklichen Vorschriften deshalb empfehlen zu dürfen, vielmehr erwarten zu müssen, daß die Rechtsprechung die aus dem Prinzipe entspringenden Folgen ableiten werde: KVII. s. 172. Hiernach muß man annehmen, daß jene allgemeinen Vorschriften des ersten Theils auch hier Anwendung finden, insofern sie nicht ausdrücklich ausgeschlossen oder durch andere ersetzt sind, und als nicht ihre Unanwendbarkeit aus der Natur der hier behandelten Fälle, besonders dann folgt, wenn es zum Thatbestande der Uebertretung eines Dolus nicht bedarf: GM. II, 709; TL. s. 1088; Zl. 23 Febr. 53 c. Lucht (Entsch. 25. s. 217; GA. I, 563: in Betreff der zur Anwendung einer Strafe überhaupt erforderlichen Voraussetzungen; vgl. n. 4); *contra:* Beseler bei der Berathung des Ges. v. 3. Mai 1852 (Matt. zu diesem s. 666). Hierbei ist jedenfalls das oben n. 1 Gesagte zu berücksichtigen; überall, wo zum Thatbestande einer Uebertretung eine wirkliche Rechtsverletzung und demzufolge auch ein Dolus gehört, kann die Anwendbarkeit der Grundsätze des Thl. I, insoweit sie nicht ausdrücklich ausgeschlossen sind, keinem Bedenken unterliegen.

4. Die von der Zurechnungsfähigkeit handelnden §§ 40—44 gelten auch für alle Arten von Uebertretungen: Zl. 23. Febr. 53 c. Lucht (cit. n. 3).

5. Ein Rechtsirrthum macht eine Uebertretung nicht straflos. Das gilt namentlich auch von der Unkenntniß des Strafgesetzes: VII. 26. April 55 c. Kirst.

§. 332. Als Uebertretungen sind nur solche Handlungen oder Unterlassungen zu bestrafen, welche durch Gesetze oder

6. Eine Uebertretung wird dadurch nicht straflos, daß sie im Auftrage eines Dritten und ganz diesem Auftrage gemäß verübt wurde: VII. 29. Jan. 63 c. Drüyen (RdO. III, 248).

7. Die Grundsätze über die Theilnahme (§ 34. 35) finden auch bei Uebertretungen Anwendung, insoweit bei diesen die Voraussetzungen derselben zutreffen können. Sie setzt mit Nothwendigkeit in der Person des Hauptthäters eine strafbare Willensrichtung voraus, denn sie besteht gerade darin, daß ein Dritter entweder den strafbaren Willen des Thäters hervorrufe (§ 34 Nr. 1), oder aber die Ausführung der vom Thäter gewollten That fördere (§ 34 Nr. 2). Es kann daher die Theilnahme an einer Uebertretung nur dann strafbar sein, wenn die letztere doloser Weise verübt ist. Das gilt sonach bei allen eine Rechtsverletzung in sich schließenden Uebertretungen unbedingt: VI. 8. Juli 63 c. Eichel (RdO III, 551); ZII. 6. Okt. 54 c. Gontermann; u. ö. Dasselbe muß aber auch bei den eigentlichen Polizei-Uebertretungen gelten, sobald diese vom Thäter doloser Weise verübt sind; der Umstand, daß es zur Bestrafung des letzteren eines Dolus nicht nothwendig bedarf, kann es nicht ausschließen, beim wirklichen Verhandensein des Dolus auch denjenigen zu bestrafen, welcher den letzteren hervorgerufen oder die dolose Ausführung gefördert hat. Das hat das StGB dadurch anerkannt, daß es im zweiten Theil einzelne Vergehen (vgl. oben n. 1) aufgezählt hat, welche rein polizeilicher Natur sind, zu deren Thatbestand also ebenfalls ein Dolus nicht nothwendig gehört; nichts desto weniger kann die Anwendbarkeit der §§ 34. 35 auf sie nicht zweifelhaft sein. Ebenso hat auch das OTr. stets angenommen, daß bei allen Zuwiderhandlungen gegen Finanzgesetze, selbst wenn sie mit Rücksicht auf die Höhe der verwirkten Strafe zu den „Uebertretungen" zu rechnen sind, die Theilnahme unbedingt strafbar sei, obgleich es bei diesen eines Dolus nicht bedarf: VI. 4. Mai 55 c. Rabbat; ZI. 23. April 56 c. Blüchert (JMbl. s. 169; GA. IV, 553); VII. 29. Jan. 57 c Ellinger; ZII. 14. März 67 c. Delhaes (RdO. VIII, 176); u. ö (vgl Zoll-Str.-Ges. v. 23. Jan. 1838 § 13). Es ist daher nicht abzusehen, warum nicht das Gleiche bei anderen Polizei-Uebertretungen gelten sollte; vgl. Antr. d. GStAnw. zu ZPl. 12. Dez. 64 (RdO. V, 353); AKO. v. 31. Okt. 1841 (JMbl. 42 s. 176, welche sich damit einverstanden erklärte, „daß die Vorschriften über Theilnahme auch bei Polizei-Kontraventionen in Anwendung zu bringen seien"); *contra* die Praxis des OTr.s: ZI. 5. Nov. 62 c. Pahl (RdO. III, 100); VI. 27. Febr. 63 c. Riedel (GA. XI, 285); ZPl. 12. Dez. 64 c. Schiller (RdO. V, 353); *sic:* TL s. 312 n. 10; s. 1089 V; GA. I, 265.

8. Die Begünstigung einer Uebertretung ist nicht strafbar; vgl. § 37 n. 2.

9. Allgemeine polizeiliche Verbote können, insofern die betreffende Verordnung dieses nicht ausdrücklich gestattet, durch privatrechtliche Verträge nicht aufgehoben werden; daher darf der Jagdpächter einer allgemeinen Polizei-Verordnung zuwider nicht über die in seinem Jagdreviere liegende Eisenbahn gehen, sollte diese von der Jagdverpachtung auch nicht ausgeschlossen sein, und die Eisenbahn-Gesellschaft an den Pachtgeldern Theil nehmen: VII. 15. Febr. 55 c. Frings.

10. Ueber die Bestrafung der im Auslande begangenen Uebertretungen vgl. § 4 und dort n. 22. 39.

11. Die im III. Theile des StGB.s aufgeführten, alternative mit Geldbuße oder Gefängnißstrafe bedrohten Uebertretungen können, mit Ausnahme der einfachen Beleidigungen (§ 343) und der im § 349 unter Nr. 1. 2. 4 und 5 aufgeführten Uebertretungen, an Militärpersonen innerhalb der Grenzen der Disziplinarstrafgewalt im Disziplinarwege bestraft werden, wenn nach dem Ermessen des Militärbefehlshabers unter den obwaltenden Verhältnissen des Falles die Disziplinarstrafgewalt dazu ausreicht: AKO v. 18. Jan. 1859 (VMbl. s. 97).

§ 332.

Inhalt.

gesetzlich erlassene Verordnungen der Behörden unter Strafe gestellt sind.

[Entw. § 304]. Vgl. § 1. 2; EG. Art. VIII. XIII. XIV. XX; ALR. II, 13 § 6; II, 17 § 10 ff.; Vdn. v. 26 Dez. 1808 § 45; Reg.-Instr. v. 23. Okt 1817 § 11 (GS. s. 255); (Rh.) Ress.-Regl. v. 20. Juli 1818 § 32. 33; (Rh.) Ges v. 16. bis 24. Aug. 1790 Tit. 11 Art. 2. 3. 5, (Rh.) Ges. v. 19. bis 22. Juli 1791 Tit. 1 Art. 46. 30. 31; (Berg.) Dekr. v. 18. Dez. 1808 Art. 28. Pol.-Ges. v. 11. März 1850 § 5 ff. (GS. s 265); Ges. v. 1. Juli 1861 § 13 (GS. s. 753); Bergw.-Ges. v. 24. Juni 1865 §§ 196—202. 207. 208 (GS. s. 746 fgg.).

---

1. Rücksichtlich des Begriffs der „Uebertretungen" sind § 1 und EG. Art. VIII; FEV. Art. VI § 2 und NEV. Art. VIII, rücksichtlich der Kompetenz EG. Art. XIII, XIV und XX und das Ges. v. 14. April 1856 Art. I § 1—3 (s. 20) zu vergleichen. Beispiele von Unterlassungen, welche den Thatbestand einer Uebertretung darstellen, siehe § 340 Nr. 7; 345 Nr. 8—11; 347 Nr. 1. 3. 4.

2 Die Befugniß der einzelnen Behörden, allgemeine Polizeiverordnungen zu erlassen, und Zuwiderhandlungen mit Strafen zu bedrohen, war früher regulirt durch ALR. II, 17 § 10 ff.; Vdn. v. 26. Dez. 1808 § 45; Reg.-Instr. v. 23 Okt. 1817 § 11; zu vergleichen war darüber ein St.-Min.-Beschl. v. 25. Febr. 1845 (JMbl. s. 34; RS. IX, 11) und die Bemerkungen in Oppenhoffs Ress.-Gess. s. 164 n. 487 fgg. — Für das linke Rheinufer enthielten ein Ges. v. 16.—24. Aug. 1790 Tit. 11 Art. 2. 3. 5, und ein Ges. v. 19.—22. Juli 1791 Tit 1 Art. 46, für das Großherzogthum Berg das Dekr. v. 18. Dez. 1808 Art. 28, und außerdem für die ganze Rheinprovinz das Ress.-Regl. v. 20. Juli 1818 § 32. 33 die maaßgebenden Bestimmungen. Ueber die betr. Befugniß der Gräfl. Stollbergschen Regierung zu Wernigerode vgl. B. (II. 242) 19. Okt. 65 c. Rohr.

3. Aeltere, in vorschriftsmäßiger Weise ergangene und verkündete Polizei-Verordnungen sind, insofern sie nicht Materien betreffen, auf welche sich das StGB. bezieht, in Kraft verblieben und durch das Pol.-Ges. v. 11. März 1850 (vgl. n. 3) nicht aufgehoben: cit. Ges § 19: BII. 5. Dez. 61 c. Pfeill. Sie bedürfen auch nicht einer nochmaligen Verkündung in Gemäßheit der Vorschriften des cit. Ges.: BKH. 10. April 52 c. Paschen (RA. 47. 2 A. s. 47).

4. Jetzt richtet sich die Befugniß der Behörden nach dem (Polizei-) Ges. v. 11. März 1850 § 5 ff. Die betr. Bestimmungen sind weder durch den Königl. Erlaß v. 19. Juni 1852 (GS. s. 388), noch durch das Ges. v. 24. Mai 1853 Art. 1. 2 (GS. s. 335), noch durch das Ges. v. 14. April 1856 (GS. s. 354) außer Kraft gesetzt worden: ZII. 7. Okt. 58 c. Buchholtz (JMbl. s. 366).

5. Eine auf Grund gesetzlicher Vorschrift vom Finanz-Minister ausgegangene Strafverordnung ist verbindlich, selbst wenn sie nicht von jenem selbst, sondern vom Prov.-Steuer-Direktor veröffentlicht worden ist, ohne daß dabei der höheren Anweisung Erwähnung geschehen wäre; so: BI. 5. Dez. 66 c. Löwissohn (RdO. VII, 620; nicht unbedenklich).

6. Wenngleich das Pol.-Ges. v. 11. März 1850 in den Hohenzollernschen Landen nicht förmlich publizirt worden ist, so kann doch die dortige Provinzial-Regierung auf Grund der §§ 11. 12 desselben bindende Polizei-Verordnungen erlassen, weil die für jene Lande ergangene Organisations-Verordnung v. 7. Jan. 1852 die Regierungs-Instruktion vom 23. Okt. 1817 mit den zu derselben ergangenen erläuternden, ergänzenden und abändernden Bestimmungen als Verwaltungsnorm aufstellt, und zu diesen ergänzenden und abändernden Bestimmungen auch die citt. § 11. 12 gehören: VII. 29. April 58 c. Schmidt.

6a. Für die der Konsulargerichtsbarkeit unterworfenen Personen kann jeder Konsul für seinen ganzen Jurisdiktionsbezirk oder einen Theil desselben polizeiliche Vorschriften erlassen und die Nichtbefolgung derselben mit Geldstrafen bis zu zehn Thalern bedrohen: Ges. v. 29. Juni 1865 § 17 (GS. s. 684).

7. Bergpolizeiliche Verordnungen gehen von den Oberbergämtern aus; in Betreff des Näheren siehe Bergges. v. 24. Juni 1865 § 196—202. 207. 208; und für die frühere Zeit: Ges. v 10. Juni 1861 § 8—11 (GS. s. 427) Aeltere bergpolizeiliche Verordnungen sind in Kraft verblieben; auch in Betreff ihrer werden aber jetzt nur die in den §§ 207. 208 des Bergges. angedrohten Strafen wirksam.

8. Ueber die Erlassung solcher Polizeiverordnungen, bei welchen das Militär konkurrirt, vgl. Cirk. d. Min. d. J. v. 21. Aug. 1852 (VMbl. s. 218).

9. Die Vorschriften der §§ 5 fgg. des cit. Pol.-Ges. beziehen sich nur auf allgemeine Polizeiverordnungen. Polizeiliche Verfügungen, welche für einen speziellen Fall und einer einzelnen Person gegenüber Weisungen aussprechen, sind nach den für die Exekutivgewalt der betr. Behörden geltenden Vorschriften zu beurtheilen; vgl. l. c. § 20. Ueber ihre Gesetzlichkeit steht den Gerichten keine Kognition zu; vgl. Oppenhoff Ressortges. s. 511 n. 26.

10. Die Regierungen, welche für mehrere Gemeinden ihres Bezirks verbindliche Polizei-Verordnungen erlassen können, sind auch befugt, eine andere örtliche Begrenzung für die Wirksamkeit derselben anzuordnen, z. B. für einen bestimmten See oder für einen einzelnen Forst eine solche Verordnung zu erlassen: Beschl. I. 26. Sept. 60 c. Rosenow (139. B; JMbl. s. 410).

11. Die nach § 13 des Pol.-Ges. erforderliche Zustimmung des Bezirksraths zu den von der Bezirksregierung in Betreff der landwirthschaftlichen Polizei zu erlassenden Vorschriften fällt weg, seitdem das Ges. v. 24. Mai 1853 (GS. s. 228) den Art. 103 der Verfassung aufgehoben hat, das Gesetz also Bezirksräthe nicht mehr kennt; insbesondere ist damit auch die durch Min.-Verf. v. 13. März 1852 angeordnete Vertretung der Bezirksräthe durch die General-Kommissionen weggefallen: Beschl. I. 26. Sept. 60 c. Rosenow (JMbl. s. 410). Derselbe Beschluß sprach im Uebrigen aus: die Gerichte hätten nicht zu untersuchen, ob es nach § 13 cit. der Zustimmung der General-Kommission bedurft habe, da ihre Prüfung sich auf die Bestimmungen der §§ 5. 11 und 15 beschränken müsse; vgl. n. 12. 47. 48.

12. Den Landräthen steht die Befugniß zum Erlasse von Polizeiverordnungen nicht zu. Ebensowenig kann ihnen von den Regierungen eine solche Befugniß übertragen werden: ZKH. 5. Okt. 52 c. Achternbusch (RA. 47. 2A. s. 132); ZII. 7. Okt. 58 c. Buchholtz (JMbl. s. 366); vgl. aber Min.-Verf. v. 1. Juli 1860 (VMbl. s. 146).

13. Dem Bürgermeister einer Sammt-Gemeinde stand nach der Gem.-Ordn. v 11. März 1850 die örtliche Polizei-Verwaltung in den zur letztern gehörenden Einzel-Gemeinden nur dann zu, wenn sie ihm von der Staats-Regierung (d. i. hier der Bezirksregierung) übertragen worden war; war dieses geschehen, so konnte er für den ganzen Umfang der Sammt-Gemeinde Polizeiverordnungen erlassen, die dann aber zu ihrer Gültigkeit der Publikation in den Einzel-Gemeinden bedurften: VII. 28 April 53 c. Kimpler (RA. 48. 2A. s. 55); ähnlich: VII 30. Sept. 54 c. Ohligschläger; VII. 7. Jan. 58 c. Heffs (RA 54 2A. s. 3); u. ö.

14. Das Recht, ortspolizeiliche Verordnungen zu erlassen, steht auch den Inhabern der ortspolizei-obrigkeitlichen Gewalt und ihren Stellvertretern zu: ZII. 7. Okt. 58 c. Buchholtz (JMbl. s. 366).

15. Eine Behörde, welcher die örtliche Polizeiverwaltung über mehrere Gemeinden aufgetragen ist, kann für die Einzelgemeinden in Betreff desselben Gegen-

standes verschiedene Pol.-Verordnungen erlassen: Min.-Verf. v. 1. Juli 1860 (VMbl. s. 146).

16. Die mit der örtlichen Polizeiverwaltung beauftragten Behörden müssen eine zu erlassende Pol.-Verordnung vorher mit dem Gemeinde-Vorstande berathen (Pol.-Ges. § 5); dagegen bedarf es einer Zustimmung des letzteren nicht: VI. 3. Mai 54 c Kretzschmer (JMbl. s. 268; GA. II, 684). Jenem Erforderniffe ist genügt, wenn der Entwurf der Verordnung dem Vorstande mitgetheilt worden ist, sollte derselbe auch eine Erklärung darauf nicht abgegeben haben: ZII. 7 Okt. 58 (cit. n. 12). — Die ganze Vorschrift fällt weg, wenn neben dem die Ortspolizei handhabenden Gemeindevorsteher ein besonderer Gemeindevorstand nicht existirt: VKH. (Int. d. Ges.) 1. Mai 52 c. Geulen (JMbl. s. 251; RA. 47. 2A. s. 97); VII. 30. Sept. 54 und VII. 7. Jan. 58 (citt. n. 13).

17. Die Vorschrift des § 7 des Pol.-Ges., nach welcher (ortspolizeiliche) Verordnungen über Gegenstände der landwirthschaftlichen Polizei der Zustimmung der Gemeindevertretung bedürfen, ist auch da maaßgebend, wo eine solche Verordnung auch nur theilweise auf landwirthschaftlich polizeilichen Rücksichten beruht: ZII. 15. Mai 56 c. Marquet; VII. 6 Juni 63 c. Schlaf (RdO. III, 487).

18. Von jeder ortspolizeilichen Verordnung ist eine Abschrift der zunächst vorgesetzten Staatsbehörde einzureichen: Pol.-Ges. § 8. Ist dieses geschehen, so ist es gleichgültig, zu welchem Zwecke diese Einreichung bewirkt ist. Die Gültigkeit der Pol.-Verordnung ist durch diese Einreichung nicht bedingt; die Gerichte haben daher die Beobachtung dieser Vorschrift nicht zu prüfen: VI. 19. Sept. 66 c. Perl (RdO. VII, 490).

19. Polizei-Verordnungen sind für alle in ihrem Geltungsbereiche sich aufhaltende Personen, also auch für Fremde verbindlich: Gilb. C. pén. art. 471; § 15 n. 27. 28.

20. Die Wirksamkeit einer Polizei-Verordnung kann sofort bei ihrem Erlasse auf eine bestimmte Frist beschränkt werden: VKH. 23. Dez. 51 (Tr. Ann. VII, 1. s. 133).

21. Polizei-Verordnungen können durch diejenige Behörde, von welcher sie erlassen worden, auch wieder aufgehoben werden: VKH. 27. Jan. 49 c. York (RA. 44. 2A. s. 32); VKH. 10. Juli 49 c. v. Kürten (RA. 44. 2A. s. 34).

22. Dagegen kann eine Ortspolizeibehörde einem Einzelnen nicht gestatten, einer bestehenden ortspolizeilichen Verordnung zuwider zu handeln: Cass. 12. janv 46 (Sir. 47. 1. s. 478).

23. Die Gegenstände, über welche polizeiliche Verordnungen in verbindlicher Weise erlassen werden können, sind im § 6 der Pol.-Ges. aufgezählt. Diese Aufzählung ist limitativ. Dagegen können in Beziehung auf die genannten Gegenstände nicht allein Verbote, sondern auch Gebote erlassen und die Nichtbefolgung derselben mit Strafe bedroht werden: VII. 6. Juni 63 c. Schlaf (RdO. III, 487)

24. Der Aufzählung im § 6 cit. treten diejenigen Gegenstände hinzu, für welche durch Spezialgesetze die Erlassung von Polizei-Verordnungen gestattet ist, z. B. FPO. v. 1. Nov. 1847 § 2. 25. 73, und Ges. v. 1 Juli 1861 § 13 (GS. s. 753) über die Entfernung von Windtriebwerken von anderen Grundstücken rc. Auch bei derartigen Verordnungen werden die formellen Vorschriften des Pol.-Ges. maaßgebend mit den durch das betr. Spezialges. getroffenen Abänderungen oder Ergänzungen; vgl. Min.-Instr. v. 1. Juli 1856 (JMbl. s. 198).

25. Eine Polizei-Verordnung kann auch die Theilnahme an einer durch sie untersagten Handlung mit Strafe bedrohen; *contra*: TL. s. 312 n. 101.

26. Dagegen kann eine Polizei-Verordnung nicht neben der Strafandrohung gegen den Urheber einer Uebertretung auch die Haftbarkeit dritter Personen für die jenen treffenden Verurtheilungen zu Geldbuße und Kosten (z. B. der Aeltern, Lehrherrn rc.) anordnen: ZI. 30. Mai 56 c. Wybranietz (GA. IV, 688).

27. Die Polizei-Verordnungen dürfen keine Bestimmungen enthalten, welche mit den Gesetzen oder den Verordnungen einer höheren Instanz in Widerspruch treten: Pol.-Ges. § 15. Daraus folgt indessen nicht, daß Gegenstände, welche an sich gesetzlich rc. geregelt sind, nicht mit Rücksicht auf örtliche Bedürfnisse noch eine ergänzende Regelung durch Polizei-Verordnungen erfahren könnten. Demgemäß ist es nicht unstatthaft, daß eine Orts-Pol.-Vdn. die Verordnungen der höheren In-

stanz ausdehne oder verschärfe: ZII. 23. Okt. 62 c. Schneider (RdO. III, 85); BII. 28. Jan. 64 c. Dispot (RdO. IV, 332); vgl. aber n. 28.

28. Die Funktionen, welche durch das Gesetz einer bestimmten Behörde überwiesen sind, können nicht durch eine Polizei-Verordnung auf eine andere Behörde übertragen werden: ZII. 1. Juni 61 c Klein (RdO. I, 433).

29. Nach dem Ges. über das Deichwesen v. 28. Jan. 1848 § 15c. (GS. s. 57) soll für jeden Deichverband ein landesherrlich zu vollziehendes Statut abgefaßt werden, welches unter Anderem auch die von den Grundbesitzern zu übernehmenden Beschränkungen des Eigenthums näher bestimmen soll; dadurch dürfte die Befugniß, im polizeilichen Wege weiter gehende Beschränkungen anzuordnen, ausgeschlossen sein; *contra*: BII. 8. Jan. 57 c. Knorsch, „weil den Ortsbehörden gestattet sein müsse, der Möglichkeit einer auf diesem Gebiete eintretenden Gefahr für Personen und Eigenthum entgegen zu wirken"; vgl. n. 27.

30. Dagegen kann die Benutzung der Presse nicht nur durch förmliche Gesetze, sondern auch durch Polizei-Verordnungen beschränkt werden (Verfass. v. 31. Jan. 1850 Art. 27): BII. 18. Okt. 66 c. Tilgenkamp (RdO. VII, 555).

31. Hat eine Verfügung der höheren Verwaltungs-Instanz den Erlaß einer Polizei-Verordnung über gewisse Gegenstände untersagt, so ist eine im Widerspruch dagegen ergangene Vdn. unverbindlich: ZII. 21. Okt. 58 c. Ackermann. Dasselbe gilt, wenn die höhere Instanz bei Erlaß einer Polizeiverordnung sich die Ausdehnung derselben auf andere Gegenstände vorbehalten hat: ZII. 5. März 57 c. Mölders.

32. Ebenso darf eine Pol.-Vdn nicht über solche Gegenstände ergehen, deren statutarische Ordnung und Handhabung durch die zuständige oberste Verwaltungsstelle den Gemeindebehörden als solchen übertragen worden ist: BII. 24. Sept. 57 c. Rapp (betr. den Zwang einer Handwerkerunterstützungs-Kasse beizutreten).

33. Dagegen ist eine über Privatverhältnisse zwischen prozeßführenden Parteien ergangene Entscheidung, selbst wenn eine dieser Parteien der Fiskus und dieser der unterliegende Theil war, nicht als Verordnung einer höhern Instanz anzusehen: ZII. 7. Okt. 58 c. Buchholtz (JMbl. s. 366).

34. Umgekehrt darf eine Pol.-Vdn. nicht der richterlichen Entscheidung über Eigenthum und Besitz-Recht vorgreifen, wo die Gesetze eine diesfällige Ausnahme nicht begründen: ZII 1. Okt. 57 c. Römerscheid (RA. 53. 2A. s. 35; in einem Falle, wo Eigenthum und Besitz zwischen der Gemeinde und Privaten streitig waren, hatte der Bürgermeister als Ortspolizeibehörde ein allgemeines Strafverbot erlassen, das betr. Grundstück zu betreten); ähnlich: ZII. 15. April 58 c. Hoppe.

35. Einer Polizeiverordnung kann die Gültigkeit nicht deshalb abgesprochen werden, weil durch sie die Ausübung eines Privatrechts (z. B. des Eigenthums) beschränkt wird: BII. 5. Febr. 63 c. Ramacher (RdO. III, 264); BII. 9. April 63 c. Hasenclever; u ö.; ähnlich: BII. 8. Jan. 57 c. Knorsch; BII. 1. Dez. 59 c. Lorenz; BII. 8. März 66 c. Severin (RdO. VII, 166).

36. Es ist statthaft, zum Schutze zu Recht bestehender Schranken der Gerechtsamen einzelner Gemeindemitglieder an den Gemeindeforsten, strafandrohende Verordnungen zu erlassen; dagegen darf die Dispositionsbefugniß der Gemeindeglieder über das ihnen aus dem Gemeindeforste zugetheilte, durch sie bereits eigenthümlich erworbene Holz (z. B. durch ein Verbot: dieses Holz zu verkaufen) nicht beschränkt werden: ZII. 22. Nov. 55 c. Mößer; ähnlich: ZKH. 25. Mai 52 c. Endres; Z. id. 28. Sept. 52 c. Schug (RA. 47. 2A. s. 128).

37. Eine Polizeiverordnung kann die Befahrung eines öffentlichen Weges mit einer gewissen Gattung von Fuhrwerk (z. B. Lastfuhrwerk) unbedingt untersagen: BKH. (Int. d. Ges.) 1. Mai 52 c. Geulen (RA. 47. 2A. s. 97). Dagegen darf ein solches Verbot nicht mit Rücksicht auf die Persönlichkeit des Eigenthümers ergehen (z. B. für die der Gemeinde nicht angehörenden Personen): ZKH. 9. Okt. 49 (RA. 47. 2A. s. 98); BII. 16. Nov. 65 c. Schmitz (RdO. VI, 465).

38. Fiskalische Maaßregeln können im Wege einer Pol.-Vdn. nicht angeordnet, und Zuwiderhandlungen nicht mit Strafe bedroht werden (z. B. das Nichtzahlen einer für die Benutzung einer städtischen Anstalt zu entrichtenden Gebühr): ZKH. 1. Juli 37 c. Wischen (Volkm. s. 450); ZKH. 20. Nov. 49 c. Hirsch.

39. Statthaftigkeit einer Polizei-Verordnung, welche den Markthändlern 2c. die Benutzung einer städtischen Waage zur Pflicht; vgl. § 348 n. 17.

40. Nichtleistung der den Gemeinde-Angehörigen obliegenden Gemeindedienste kann nicht im Wege einer Pol.-Vdn mit Strafe bedroht werden, wenn das Gesetz selbst (z. B. Rh. Gem.-Ordn v. 23. Juli 1845 § 23. 25) für einen solchen Fall nur Beitreibung des Geldwerths im Exekutionswege angeordnet hat: ZII. 24. Juni 58 c. Wagner; ZII. 8. März 60 c. Hartmann (RA. 55. 2A. s. 36); Art. 7 a. E. des Ges. v. 15. Mai 1856 erleidet auf Gemeindedienste keine Anwendung.

41. Die Betreibung eines Handelsgeschäfts (z. B. des Kleinhandels mit Spiritus) kann nicht im Wege einer Polizei-Verordnung von der Erlangung einer polizeilichen Erlaubniß abhängig gemacht werden: ZI. 26. Okt. 60 c. Tarnowski.

42. Eine Pol.-Vdn. kann die öffentliche Ankündigung und das Feilbieten von Stoffen untersagen, welchen in der Ankündigung eine heilende Wirkung auf die Gesundheit beigelegt wird: BII 18. Nov. 66 c. Tilgenkamp (RdO. VII, 555).

43. Der Umstand, daß die §§ 9 und 11 des Ges. v. 31. Dez. 1842 über die neu anziehenden Personen nur denjenigen, welche Neu-Anziehende aufnehmen, die Anmeldung derselben unter Androhung einer Polizeistrafe zur Pflicht machen, und dem Neu-Anziehenden im Falle der unterlassenen Meldung nur die Erwerbung eines Armen-Domizils versagen, steht dem Erlasse einer Polizei-Verordnung nicht entgegen, durch welche auch den Neu-Anziehenden selbst die Anmeldung zur Pflicht gemacht wird: BII. 25. Nov. 58 c. Heutges.

44. Auf dem linken Rheinufer ist die Ausübung der Stoppel- und Koppel-Weide durch Einzelhüten des Viehs gestattet (Rur.-Ges. v. 28. Sept. — 6. Okt. 1791 Tit. 1 Abschn. 4 Art. 12; Ges. v. 5. Juli 1844 § 9); eine diese Befugniß beschränkende Polizei-Verordnung ist daher nicht verbindlich: ZII. 3. Nov. 59 c. Wecker.

45. Oeffentliche Aufforderungen zu freiwillig zu leistenden Beisteuern für irgend einen Zweck können nicht durch Polizei-Verordnung verboten werden; so: ZPl. 8. Mai 65 c. Balzer (RdO. VI, 91).

46. Das Jagen mit Bracken kann nicht durch eine Polizei-Verordnung untersagt werden: BII. 6. Sept 55 c. Dresing (Entsch. 30. s. 475).

47. Ein vom Handelsminister erlassenes Eisenbahnbetriebs-Reglement, welches der Eisenbahn-Verwaltung unter gewissen Voraussetzungen Ansprüche auf erhöhte Fahrtaxen und gewisse damit in Verbindung stehende Befugnisse dem Publikum gegenüber einräumt, stellt eine Polizei-Verordnung nicht dar; Zuwiderhandlungen gegen dasselbe sind daher nicht als strafbare Handlungen zu betrachten: ZII. 28. Okt. 58 c. Berkhölzer.

48. Die durch Gen.-Gouv.-Vdn. f. d. N.- u. M.-Rhein v. 22. Nov. 1814 verkündeten allgemeinen Holz-Verkaufsbedingungen für die herrschaftlichen und Gemeindeforstschläge tragen den Charakter einer Polizeiverordnung an sich; Zuwiderhandlungen gegen dieselben stellen eine Uebertretung dar; so: BII. 5. Sept. 61 c. Contzen (RdO. I, 580).

49. Nach den vor Verkündung des Pol.-Ges. v. 11. März 1850 bestehenden Gesetzen konnte der Minister des Innern gültiger Weise Hengstköhrordnungen erlassen: ZII. 28. Mai 64 c. Dieckhoff (RdO. IV, 543).

50. Nach dem Ges. v. 11. März 1850 § 5. 11, sowie nach der Fassung des § 332 genügt es nicht mehr, wenn eine Pol.-Vdn. im Allgemeinen nur ein Verbot ausspricht; vielmehr muß dieselbe die ausdrückliche Androhung einer Strafe enthalten: Verf. d. M. d. Inn. v. 6. Juni 1850 Nr. 2 (BMbl. s. 176: „es solle entweder ein bestimmtes Strafmaaß, oder ein Maximum und Minimum angedroht werden)." Dasselbe gilt von bergpolizeilichen Verordnungen (Ges. v. 10. Juni 1861 § 8 — 11): ZII 11. April 65 c Held. Dagegen sind ältere Pol.-Verordnung, auch wenn sie keine ausdrückliche Strafandrohung enthalten, wirksam geblieben; in solchen Fällen ist die Höhe der Strafe nach dem zum EG. Art VIII n. 7 aufgestellten Grundsatze zu bemessen. Für den Bezirk des AGH.s zu Köln hatte das Ress.-Regl. v. 20. Juli 1818 § 33 die Strafe für jede „nicht besonders verpönte Uebertretung eines Polizeigesetzes" auf 1 bis 5 Thlr. bestimmt. Hieraus folgerte ein ZII. 6. Juni 63 c. Schmitz (RdO. III, 485), daß auch hier ein bloßes Verbot nicht genüge, daß vielmehr wenigstens eine allgemeine Strafsanktion hinzugefügt sein müsse; ebenso: BKH. 22. Sept. 24 c. Kappers; ZII. 11. Juli 53 c. Krämer (RA. 7. 2A. s. 49; 49. 2A. s. 31); Oppenhoff Ressortges. s. 294 n. 297); *contra:* BKH. 7. Febr. 35 c. Merz;

B. id. 9. Dez. 37 c. Alles; B. id. 29. Okt. 38 c. Blöm (RA. 22. 2. s. 3; 26. 2. s. 58; 27. 2. s. 54). Vgl. ALR. II, 20 § 239. 240.

51 Auf dem linken Rheinufer bestehen keine gesetzlichen Bestimmungen, durch welche die Zulässigkeit des Bauens an Landstraßen und Wegen von der vorgängigen Feststellung der Richtungslinie (Alignement) durch die Verwaltungsbehörden abhängig gemacht würde, da die hierauf bezüglichen älteren französischen Gesetze in den Rheinischen Departements nicht publizirt worden sind: ZII. 20. März 53 c. Sparla (Tr. Ann. VII, 235: in Betr. der Vicinal- und Dorfwege). Dagegen waren nach dem Dekr. v. 7.–14. Okt. 1790 Art. 1, nach Ges. v. 16. Sept. 1807 Art. 50 (nach der Reg.-Instr. v. 23. Okt. 1817 § 11 und nach Ress.-Regl. v. 20. Juli 1818 § 32) die Regierungen befugt, Pol.-Verordnungen in Beziehung auf das Bauen an Land- und Bezirksstraßen zu erlassen und die Statthaftigkeit desselben von der Einholung des Alignements abhängig zu machen. Dieselbe Befugniß stand in Beziehung auf städtische und ländliche Wege nach dem Ges. v. 16.—24. Aug. 1790 Tit. 2 Art. 3 Nr. 1 und nach dem Ges. v. 19.—22. Juli 1791 Art. 46 den Bürgermeistern zu. War dagegen nach dem Ges. v. 16. Sept 1807 Art. 52 für einzelne Städte ein genauer Bauplan durch den Staatsrath (oder durch Königlichen Erlaß) festgestellt worden, so hatten hiernach die Bürgermeister in jedem Einzelfalle das Alignement festzustellen. Pol.-Verordnungen der oben erwähnten Art sind für das ehemalige Roer-Departement durch Präfekturbeschlüsse v. 3. und 29. niv. XI. art. 5; v. 5. prair. XI. und v. 3. mess. XIII. art. 2 ergangen, deren Bestimmungen durch Verfügung der Regierung zu Köln v. 25. Okt. 1833 (Köln. Amtsbl. s. 356) auch auf diejenigen Theile des gedachten Regierungsbezirks ausgedehnt worden sind, welche früher zum Rhein- und Mosel-Departement gehört hatten. Dagegen sind ein durch die Rheinischen Amtsblätter bekannt gemachter Ober-Präsidial-Erlaß v. 18. März 1829 (Aach. Amtbl. 1833 s. 147) und eine Bekanntmachung der Regierung zu Düsseldorf v. 18. Juli1829 (Düsseld. Amtsbl. s. 173. 340) als solche Pol.-Verordnungen nicht zu betrachten, da sie selbst keine Verfügung treffen, sondern nur aussprechen, daß die Ministerien der Justiz und des Innern über das Bestehen gewisser gesetzlicher Bestimmungen einverstanden sind. — Auch jetzt sind die gedachten Behörden für befugt zu erachten, derartige Pol.-Verordnungen wirksamer Weise zu erlassen; sie müssen sich in Betreff des Maaßes der Strafandrohung in den durch das Pol.-Ges. v. 11. März 1850 bestimmten Grenzen halten. Die Strafvorschrift des § 345 Nr. 12 ist für solche Fälle nicht maaßgebend, da sie lediglich auf der Bau-, und nicht wie die Alignements-Verordnungen auf der Wege-Polizei beruht. — Inwiefern derartige Pol.-Verordnungen, welche das Bauen an Landstraßen und Wegen von der Einholung einer polizeilichen Genehmigung abhängig machen, auch da Platz greifen, wo zwar das betr. Grundstück mit einem Theile an die Straße ꝛc. anstößt, wo aber der Bau an einer von derselben entfernt liegenden Stelle aufgeführt werden soll, — ist zunächst nach den Einzelbestimmungen der zur Anwendung kommenden Polizei-Verordnung, und im Zweifel mit Rücksicht auf den Zweck dieser Vorschriften nach den örtlichen Verhältnissen zu beurtheilen, und dabei festzuhalten, daß nicht nur Eingriffen in den bestehenden Weg vorgebeugt, sondern auch dem etwaigen Bedürfnisse einer spätern Erbreiterung des Wegs Rechnung getragen werden soll. — Greift ein Bau über die für die Straße oder den Weg bestimmte Richtungslinie hinüber, so hat der Rh. Polizeirichter (nach Art. 50. 161. 189 der Rh. StPO.) neben der Strafverhängung auch die Niederreißung des Baues, soweit jener Eingriff stattfindet, anzuordnen: ZKH. 7. März 42 c. Weber (RA. 32. 2A. s. 54).

Für das ehemalige Großherzogthum Berg hatte eine Vdn. des Ministers des Innern v. 16. Juli 1807 (Scotti s. 1079) die Organisation einer Bau-Polizei-Kommission für jedes Arrondissement angeordnet, welche u. A. die Pläne aller beabsichtigten Bauten prüfen und feststellen sollte. Diese Vorschriften sind auch jetzt noch als gesetzlich gültig anzusehen: ZII. 27. Nov. 62 c. Schmitz. — Da wo eine solche Kommission besteht, muß von ihr auch die Richtungslinie des beabsichtigten Baues festgestellt werden; die Errichtung eines Baues ohne eine solche Feststellung zieht die Strafe der Nr. 3a der cit. Vdn. (10 Rthlr.) nach sich. Da, wo solche Arrondissements-Kommissionen nicht bestehen, kann dagegen die betr Strafandrohung nicht Platz greifen. Einer, nur für eine einzelne Gemeinde errichteten Baukommission können jene durch die cit. Vdn. geltenden Befugnisse nicht zuerkannt werden. —

Im Uebrigen sind über die Lehre vom Alignement eine Abh. in RA. 32. 2B. s. 7 und Oppenhoff Ress.-Ges. s. 293 n. 293 a. E. zu vergleichen.

52. Bei der Erlassung von Polizei-Verordnungen darf das in den §§ 5 und 11 des Pol.-Ges bestimmte Maaß der Strafandrohung nicht überschritten, dagegen darf das geringste Strafmaaß höher als 10 Sgr. (§ 335) bestimmt werden: PKH. 9. Sept. 44 c. Jung (RA. 38. 2 A. s. 26); VII. 11. Juli 63 c. Beeck (RdO. III, 493). Enthält die Strafandrohung nur die Bestimmung eines Strafmaximums, nicht aber die eines Minimums, so ist in Betreff dieses der Satz von 10 Sgr. maaßgebend: cit. V. 23. April 57.

53. In Betreff der Umwandlung der angedrohten Geldstrafe in Gefängniß kann eine Polizei-Verordnung nicht einen andern Maaßstaab als den im § 335 aufgestellten vorschreiben: durch diesen § ist § 18 des Pol.-Ges. unwirksam geworden.

54. Die Konfiskation einzelner Gegenstände kann nicht durch eine Polizei-Verordnung als Strafe angedroht werden; *contra*: VII. 18. April 53 c. Verheien.

55. Die Strafandrohungen in Polizei-Verordnungen fallen weg, wenn das Gesetz selbst für ein solches eventuelles Polizeiverbot die Strafbestimmung schon enthält; z. B. StGB. § 340 Nr. 8; § 344 Nr. 8; § 345 Nr. 1; § 347 Nr. 1. 2.

56. Ueberschreitet eine Polizei-Verordnung bei der Strafandrohung das zulässige Strafmaaß, so ist sie deshalb nicht ungültig, vielmehr ist die Strafe in dem geringeren vom Gesetze gestatteten Maaße zu verhängen: VI. 14. Okt. 64 c. Rehrigt (RdO. V, 174; Cass. 10 avr. 1819 (SN. 6. 1. 56 und dort die Note); vgl. § 333 n. 3.

57. Die in älteren gültiger Weise ergangenen Pol.-Verordnungen enthaltenen Strafandrohungen sind auch jetzt in Kraft verblieben. Das gilt selbst dann, wenn eine Verordnung eine ausdrückliche Strafandrohung nicht enthielt, diese vielmehr aus einem damals bestehenden Gesetze zu ergänzen war (n. 53); an die Stelle des letzteren ist jetzt nicht etwa § 335 getreten: VI. 23. April 57 c. Perlstein; vgl. PKH. 21 Dez 33 c. Cremer (RA. 20. 2A. s. 3); *contra*: PKH. 14. Sept. 52 c. v. Gülich (RA 48. 2A. s. 22).

58. Ueber die Art der Verkündung ortspolizeilicher Verordnungen, sowie über die Formen, von deren Beobachtung die Gültigkeit derselben abhängt, haben die Bezirksregierungen die erforderlichen Bestimmungen zu erlassen: Pol.-Ges. v. 11. März 1850 § 5. Dasselbe ordnete in Betreff der Publikation kreis- und lokalpolizeilicher Verordnungen schon eine AKO. v. 2. Febr. 1840 (GS. s. 32) an. Vor dieser Zeit richtete sich die Verkündung lokalpolizeilicher Verordnungen nach dem Herkommen; ob sie damals gültig geschehen sei, unterliegt dem thatsächlichen Ermessen des Instanzrichters: VII. 2. April 57 c. Althen.

59. Für die Art der Verkündung der Pol.-Verordnungen der Bezirks-Regierungen, sowie für die Formen, von deren Beobachtung die Gültigkeit derselben abhängt, ist eine in Gemäßheit des § 11 des Pol.-Ges. erlassene Instr. d. Min. d. Inn. v. 6. Juni 1850 (BMBl. s. 176) maaßgebend. Früher hatte eine Vdn. v 28. März 1811 § 2. 6 (GS. s. 166) für die Erlasse der Provinzialverwaltungs-Behörden die Verkündung durch das Amtsblatt selbst für den Fall vorgeschrieben, wo die betr. Verordnung sich nur auf einzelne Orte und auf einzelne Klassen der Einwohner bezog: ZI. 2. Nov. 60 c. Post.

60. Die Gültigkeit einer Polizei-Verordnung ist durch die Beobachtung der für ihre Verkündung vorgeschriebenen Formen bedingt: ZKH. 23. Febr. 52 c. Faaß (RA. 46. 2A. s. 109); ZII. 15. Nov. 55 c. Leuchtenrath.

61. Die in gesetzlicher Weise erlassenen Polizei-Verordnungen stehen rücksichtlich ihrer Wirksamkeit den Gesetzen vollständig gleich. Die Verletzung oder unrichtige Anwendung derselben kann im Wege der Nichtigkeitsbeschwerde ebenso wie die Verletzung einer materiellen Gesetzesvorschrift geltend gemacht werden; vgl. Strafverf. Art. 107 n. 20. Ebenso findet auch Art. IV des EG. auf sie Anwendung; vgl. cit. Art. IV n. 1.

62. Die zur Entscheidung über die Zuwiderhandlungen gegen polizeiliche Verordnungen berufenen Gerichte haben nicht die Nothwendigkeit oder Zweckmäßigkeit der letzteren, sondern nur ihre gesetzliche Gültigkeit nach den §§ 5 11 und 15 des Pol.-Ges. in Erwägung zu ziehen: cit. Ges. § 17. Zu den ihrer Kognition unter-

§. 333. Die Strafen der Uebertretungen sind folgende:
1) polizeiliche Gefängnißstrafe,
2) Geldbuße,
3) Konfiskation einzelner Gegenstände.

[Entw. § 305]. Vgl § 334. 341. 335. 18. 19.

§. 334. Die polizeiliche Gefängnißstrafe besteht, insofern nicht das Gesetz ein Anderes bestimmt (§. 341.), in ein=

---

liegenden, die gesetzliche Gültigkeit der Verordnungen betreffenden Fragen gehört dann aber auch die, ob eine solche sich ihrem Gegenstande nach innerhalb der gesetzlichen Grenzen gehalten habe, ob dieselbe also sich auf einen der Gegenstände beziehe, über welche nach § 6 ibid. (oder einem anderweiten Spezialgesetze, ortspolizeiliche Vorschriften erlassen werden können, weil ein Hinausgehen über jene Grenze mit dem cit. § 6 und mit den die gesetzgebende Gewalt im Staate regelnden Gesetzen im Widerspruche stehen würde: ZII. 8. Nov 64 c. Kleinschmidt (RdO. V, 237); ZPl. 8. Mai 65 c. Balzer (RdO. VI. 91); v. Rönne Staatsrecht I, 165. Diese Prüfung kann den Gerichten auch nicht dadurch entzogen werden, daß in einer Pol.-Verordnung selbst irgend einer der im cit. § 6 aufgezählten Gegenstände als Grund oder Zweck derselben bezeichnet wird. Eine solche Anführung steht sonach der Freisprechung von einer aus einer Pol.-Verordnung erhobenen Anklage nicht entgegen, wenn der Richter findet, daß jene sich auf einen der polizeilichen Verordnungsgewalt nicht unterliegenden Gegenstand beziehe. Hiernach kann der Richter auch prüfen, ob die Verordnung einen Gegenstand betreffe, welcher im besonderen Interesse der Gemeinden und ihrer Angehörigen polizeilich geordnet werden müsse: cit. ZPl. 8. Mai 65. — Dieselben Grundsätze waren früher im Gebiete der ARH. zu Köln in Betreff der auf Grund der früheren französischen Gesetzgebung erlassenen Pol.-Verordnungen maaßgebend; vgl. Gilb. C. pén. art. 471 § 15 n. 12 fgg.

63. Ebenso haben die Gerichte zu prüfen, ob die Verkündung einer Pol.-Verordnung vorschriftsmäßig erfolgt sei. Die Prüfung kann ihnen auch nicht durch eine allgemeine Bescheinigung der betr. Pol.-Behörde: „die Verkündung sei vorschriftsmäßig erfolgt" entzogen werden: ZII 6. Jan. 59 c. Weiß (RA. 54. 2A. s. 61). Das Gesagte gilt auch vom Nichtigkeitsrichter; *contra*: ZII. 23. Okt. 62 c. Schneiders (RdO. III, 85), welches hier die Feststellung des Instanzrichters in Betreff des stattgehabten Verkündungsmodus für bindend und das OTr. nur für berufen erachtete, zu prüfen, ob diese so festgestellte Verkündungsart dem Gesetze entspreche.

64. Der Richter, welcher eine Pol.-Verordnung für ungültig erachtet, muß sich auf die Freisprechung von der aus ihr erhobenen Anklage beschränken; er darf nicht gleichzeitig die Aufhebung der Verordnung oder dgl. aussprechen: BII. 1. Okt. 57 Römerscheid (RA. 53 .2A s. 35).

65. Der Richter muß nicht nur die Gesetze, sondern auch die gesetzlich verkündeten Polizeiverordnungen kennen; er darf daher ihre Existenz und Anwendbarkeit nie zum Gegenstande einer Beweisauflage für irgend eine Partei im Verfahren machen, und darf ebensowenig in Ermangelung eines solchen Beweises freisprechen: ZII. 5. Mai 59 c. Artz.

§ 333.

1. Wo das Gesetz zwischen Geldbuße oder Gefängnißstrafe die Wahl läßt, ist auch hier auf die erstere in den milderen Fällen zu erkennen; vgl. § 18.

2. Wenn der Polizeirichter bei dem einer Uebertretung Angeklagten unter sechszehn Jahren ein Handeln ohne Unterscheidungsvermögen annimmt [vgl. Tit. I. (s. 549) n. 4], so kann er die Unterbringung desselben in einem Besserungshause nicht anordnen; § 42 bezieht sich nicht auf Uebertretungsfälle; vgl. § 42 n. 4; HDGes. v. 2. Juni 1852 § 11.

§ 334.

1. Die polizeiliche Gefängnißstrafe ist in den dazu bestimmten Räumen, nicht in der Wohnung des Verurtheilten zu vollstrecken: KBII s. 168. Eine Trennung

facher Freiheitsentziehung; die Dauer derselben beträgt mindestens Einen Tag, zu vierundzwanzig Stunden gerechnet, und höchstens sechs Wochen.

[Entw. § 306]. Vgl. § 14. 15. 341.

§. 335. Das niedrigste Maaß der Geldbuße ist zehn Silbergroschen, das höchste Maaß derselben funfzig Thaler.

An die Stelle einer Geldbuße, welche wegen Unvermögens des Verurtheilten nicht beigetrieben werden kann, soll Gefängnißstrafe treten.

Die Dauer derselben soll vom Richter so bestimmt werden, daß der Betrag von zehn Silbergroschen bis zu zwei Thalern einer Gefängnißstrafe von Einem Tage gleich geachtet wird. Die Gefängnißstrafe darf auch in diesem Falle niemals die Dauer von sechs Wochen übersteigen.

[Entw. § 307]. Vgl. § 17. 18; EG. Art. X; HDGes. v. 2. Juni 1852 § 12; Ges. v. 3. Mai 1852 Art. 132. 133.

---

jener Räume von den gewöhnlichen Gefängnissen ist im cit. KB. als wenigstens sehr wünschenswerth anerkannt.

2. Ein Arbeitszwang ist gegen die eine solche Gefängnißstrafe Abbüßenden nur im Falle des § 341 statthaft.

3. Dagegen kann diese Gefängnißstrafe gegen solche Gefangene, welche sich auf ihre Kosten zu verpflegen außer Stande sind, auch in der Weise vollstreckt werden, daß dieselben während der bestimmten Dauer, ohne in einer Gefangenanstalt eingeschlossen zu sein, zu Arbeiten, welche ihren Fähigkeiten und Verhältnissen angemessen sind, angehalten werden; es ist statthaft, ihnen dabei ein Tagewerk zu bestimmen: Ges. v. 11 April 1854 § 7 (GS. s. 144); vgl. HDGes. v. 2. Juni 1852 § 14. Die Ausführung dieser Maaßregeln ist den Regierungen überlassen worden: Cirk.-Verf. d. Min. d. Inn. v. 21 April 1855 Nr. 14 (VMbl. s. 75).

§ 335.

1. Das in diesem § für Uebertretungen allgemein aufgestellte niedrigste Strafmaaß von 10 Sgr. ist in solchen Fällen unanwendbar, wo andere noch gültige Gesetze, z. B. die FPO. v. 1. Nov 47 ein geringeres Strafminimum ausdrücklich zulassen: Min.-Verf. v. 23. Mai 1854 (JMbl. s 286; VMbl. s. 118). Dasselbe gilt, wenn ein in Kraft verbliebenes Spezial-Gesetz als niedrigstes Strafmaaß eine Geldbuße von mehr als zehn Silbergroschen androht: VII. 13. Mai 61 c. Göhl (RdO. I, 401); VII. 1. Juni 61 c. Durig.

2. Ueber die durch Pol.-Verordnungen angedrohten Strafen vgl. § 332 n. 57.

3. Der im Abs. 3 für die Strafumwandlung aufgestellte Maaßstab kommt auch bei den durch Spezial-Gesetze vorgesehenen Uebertretungen zur Anwendung, insofern dort nicht ausdrücklich ein anderer Satz angegeben ist: VKH. 22. Dez. 52 c. Herzberg (RA. 47. 2A. s. 144); vgl. § 17 n. 1—4.

4. Der Richter hat nach den Umständen zu ermessen, welchen der vom Gesetz zugelassenen Maaßstäbe er bei der Umwandlung zum Grunde legen will; er kann hiernach eine Geldbuße von zwei Thalern sowohl in ein- als in sechstägige Gefängnißstrafe, oder einen dazwischen liegenden Satz verwandeln; vgl. JMVerf. v. 2. Jan. 1854 (JMbl. s. 2; VMbl. s. 16).

5. Die Verschiedenheit der in den §§ 17 und 335 aufgestellten Umwandlungs-Maaßstäbe kann zu Inkonvenienzen führen, welche die Rechtsprechung möglichst auszugleichen bemüht sein muß. Das gilt vorzugsweise da, wo sich die Höhe des Strafmaaßes nach dem Objekte der strafbaren Handlung im Einzelfalle richtet (wie bei Steuer- und Zoll-Defrauden), wo daher derselbe Thatbestand bald

§. 336. Der Versuch einer Uebertretung ist straflos.

Wegen Rückfalls findet eine Erhöhung der Strafe über das höchste Maaß nicht statt.

[Entw § 308]. Vgl. § 31—33. 58—60; HDG. v. 2. Juni 1852 § 5. 7. 8. 16. 24. 52; Post-Ges. v 5. Juni 1852 § 34. 36 (GS. s. 354).

§. 337. Wenn eine und dieselbe Handlung die Merkmale mehrerer Uebertretungen in sich vereinigt, so kommt das Strafgesetz zur Anwendung, welches die schwerste Strafe androht.

[Entw. § 309]. Vgl. § 55.

§. 338. Hat Jemand mehrere Uebertretungen begangen, so kommen die sämmtlichen dadurch begründeten Strafen zur Anwendung.

Die Strafe einer Uebertretung wird dadurch nicht ausgeschlossen, daß der Thäter außer der Uebertretung auch noch Verbrechen und Vergehen begangen hat.

[Entw. § 310]. Vgl. § 56. 57.

---

die Natur eines Vergehens, bald die einer Uebertretung annimmt (vgl. EG. Art. VIII n. 2). Eine Zolldefraude, durch welche eine Geldbuße von 48 Thlr. verwirkt ist, stellt sich als Uebertretung dar, die eventuell an ihre Stelle tretende Gefängnißstrafe richtet sich daher nach § 335, so daß das geringste zulässige Maaß derselben 24 Tage beträgt; erreicht dagegen die verwirkte Strafe 51 Thlr., so ist der Maaßstab des § 17 anzuwenden, und der strafumwandelnde Richter kann bis auf Gefängniß von 17 Tagen hinabgehen; ein Mißverhältniß, welches dadurch nicht beseitigt wird, daß es sich im erstern Falle von einer polizeilichen, im andern von einer Gefängnißstrafe des § 14 handelt, zumal da zur Vollstreckung noch immer vielfach dieselben Lokale benutzt werden.

6. Auch hier darf mit Rücksicht auf § 334 und § 17 die subsidiäre Gefängnißstrafe nicht weniger als einen Tag betragen.

7. Im Uebrigen sind die Bemerkungen zu § 17 zu vergleichen.

§ 336.

1. Der Rückfall kommt hiernach nur als Strafzumessungsgrund in Betracht; das richterliche Ermessen ist hier durch die der Vorschriften §§ 58 und 60 nicht gebunden; *contra:* Bes. s 557 VI; GA. II, 717.

2. Einzelne Spezial-Gesetze enthalten Abweichungen von den Grundsätzen dieses §; so HDG. v. 2. Juni 1852 und Post-Ges. v. 5. Juni 1852 in den oben cit. §§.

§ 337.

1. Der § wiederholt die Vorschrift des § 55; sie ist unbedenklich auch da anwendbar, wo eine Handlung sowohl den Thatbestand einer Uebertretung, als den eines Vergehens ꝛc. in sich vereinigt; vgl. § 55 n. 5.

2. Ueber die Konkurrenz einer Gewerbe-Polizei-Kontravention und einer Gewerbesteuerdefraude vgl. § 55 n. 13; EG. Art. XX n. 6.

§ 338.

1. Nach diesem § ist bei einer realen Konkurrenz mehrerer Uebertretungen für jede die Strafe selbstständig und voll zu verhängen, sollte auch das Gesammtmaaß die in den §§ 334 und 335 aufgestellten Sätze übersteigen. Die §§ 56 Abs. 2 und 57 bleiben sonach hier ausgeschlossen.

§. 339. Die Uebertretungen verjähren, soweit nicht das Gesetz ein Anderes bestimmt (§. 343.), in drei Monaten von dem Tage gerechnet, an welchem sie begangen sind.

Wenn die Verjährung unterbrochen wird, die Untersuchung aber nicht zur rechtskräftigen Verurtheilung führt, so beginnt eine neue Verjährung nach der letzten gerichtlichen Handlung.

Jeder Antrag und jede sonstige Handlung der Staatsanwaltschaft, sowie jeder Beschluß und jede sonstige Handlung des Richters, welche die Eröffnung, Fortsetzung oder Beendigung der Untersuchung betrifft, unterbricht die Verjährung.

[Entw. § 311]. Vgl. § 45—49. 343; EG. Art. V; NEV. v. 25. Juni 1867 Art. XIX; Preß-Ges. v. 12. Mai 1851 § 49; Ges. v. 22. Mai 1852 Art V; HDG. v. 2. Juni 1852 § 20.

---

2. Dasselbe gilt da, wo eine Uebertretung mit einem Verbrechen oder einem Vergehen realirter konkurrirt; es muß daher in einem solchen Falle die Strafe der Uebertretung neben der durch das Verbrechen ꝛc. verwirkten ganz verhängt werden, ohne daß eine Herabsetzung oder Strafverwandlung (§ 56. 57) statthaft wäre: ZPl. 23. Mai 64 c. Werker (RdO. IV, 519); *contra* früher: ZI. 19. Dez. 62 c. Kranz (RdO. III, 19). Wird sowohl wegen eines Vergehens als wegen einer realiter konkurrirenden Uebertretung auf Geldbuße erkannt, so muß eventuell jede besonders in Gefängnißstrafe und zwar die Uebertretungsstrafe in polizeiliches Gefängniß verwandelt werden: BI. 3. März 65 c. Hall (RdO. V, 546).

3. In Betreff der Kompetenz ist stets die Höhe der für den Einzelfall bestimmten Strafe, nicht die durch eine Mehrheit realiter konkurrirenden Fälle verwirkte Gesammtstrafe maaßgebend; vgl. EG Art. XIII n. 11.

4. Wenn gleich die Artt. XXI und XXII des EG. sich auch auf Uebertretungen mit beziehen, so wird es doch, mit Rücksicht auf § 338, in der Regel an jeder Veranlassung fehlen, wegen einer vorhandenen Konnexität Uebertretungen vor einen anderen, als den nach allgemeinen Grundsätzen zuständigen Richter zu bringen. In keinem Falle kann sich der Letztere, wegen einer obwaltenden Konnexität der That mit einer anderen, z. B. mit einem Vergehen, inkompetent erklären; vgl. EG. Art. XXI n. 3.

§ 339.

1. Dieser § wiederholt die Vorschriften der §§ 45—48 in fast wörtlicher Fassung. Die dort gemachten Bemerkungen sind daher hier zu vergleichen.

2. Nicht wiederholt ist die Bestimmung des § 47 Abs. 2, den Stillstand der Verjährung während der Flucht des Angeschuldigten betreffend; die letztere hindert daher bei Uebertretungen den Lauf der Verjährung nicht.

3. Ebenso findet sich hier nicht die Bestimmung des § 49, daß gegen rechtskräftig erkannte Strafen keine Verjährung laufe. Gleichwohl ist der dort ausgesprochene Grundsatz auch hier anzuwenden, schon weil es jetzt an jeder Vorschrift fehlt, in welcher Frist die wegen einer Uebertretung erkannte Strafe verjähren könnte.

4. Der § bezieht sich nur auf wirkliche Uebertretungen im Sinne des § 1, nicht auf höher bestrafte Zuwiderhandlungen gegen Polizeigesetze: ZI. 12. Okt. 64 c. Wohlgemuth (RdO. V, 162).

5. In Betreff der Verjährung solcher Uebertretungen, welche eine fortdauernde Verletzung des Gesetzes enthalten, bei welchen also nicht blos die durch eine Handlung hervorgebrachte Wirkung, sondern die verpönte Handlung oder Unterlassung selbst fortdauert, vgl. § 46 n. 7—10; JMVerf. v. 28. Aug. 1852, welche als Beispiele solcher Uebertretungen den gesetzwidrigen Betrieb eines Gewerbes, das Aufbewahren entzündbarer Materialien an feuergefährlichen Orten, das fortgesetzte Beherbergen einer nicht angemeldeten Person, das Nichthalten der vor-

Zweiter Titel.
Uebertretungen in Beziehung auf die Sicherheit des Staats und die öffentliche Ordnung.

§. 340. Mit Geldbuße bis zu funfzig Thalern oder Gefängniß bis zu sechs Wochen wird bestraft:

1) wer ohne besondere Erlaubniß Risse von Festungen oder einzelnen Festungswerken aufnimmt;

[Entw. § 312 Nr. 1].

2) wer außerhalb seines Gewerbebetriebs heimlich oder wider das Verbot der Behörde Vorräthe von Waffen oder Munition aufsammelt;

[Entw. § 312 Nr. 2]. Vgl. § 66.

---

geschriebenen Feuerlöschgeräthe u. dgl. anführt; *sic*: in Betreff der Unterlassung einer polizeilich vorgeschriebenen Anmeldung (z. B. eines Dienstantritts ꝛc.): VPl. 11. April 53 c. Jägers (JMbl. s. 239; Entsch. 25. s. 255; RA. 48. 2A. s. 57); VII. 7. Febr. 61 c. Pölz (RdO. I, 241); u. ö.; *contra*: ZI. 2. Febr. 53 c. Klose (Entsch. 25. s. 255). — Dagegen rechnete ein ZRH. 24. Mai 34 c. Weyer (RA. 21. 2A. s. 14) die Zuwiderhandlung gegen ein Verbot, neue Strohdächer aufzulegen, nicht hierher. In ähnlichem Sinne erging: ZII. 19. Febr. 57 c. May (Rh. S.), welches bei der verbotswidrigen Errichtung eines Gebäudes in der Nähe eines Staatswaldes (Ordonnanz v. Aug. 1669 Tit. 27 Art. 28) die Verjährung von der Vollendung des Gebäudes an rechnete, da nur die Errichtung, nicht der fortdauernde Besitz desselben im Gesetz mit Strafe bedroht sei.

6. Uebertretungen, welche durch Zuwiderhandlungen gegen die Vorschriften über die Entrichtung der Steuern, Zölle, Postgefälle, Kommunikations-Abgaben und aller übrigen öffentlichen Abgaben und Gefälle begangen werden, verjähren in 5 Jahren: Ges. v. 22. Mai 1852 Art. V; NEB. v. 25. Juni 1867 Art. XI.

7. Die durch die Presse begangenen Uebertretungen verjähren nach § 339 in drei Monaten; vgl. Preß-Ges. v. 12. Mai 1851 § 49.

8. In derselben Zeit verjähren auch einfache Holzdiebstähle: HDG. v. 2. Juni 52 § 20.

9. Die Monate sind hier stets nur nach dem Kalender zu berechnen, da § 15 keine Anwendung erleidet, und § 550 I, 9 des ALR. in Beziehung auf das für den ganzen Staat gleichmäßig geltende StGB. nicht maaßgebend ist: *contra*: VI. 2. März 59 Horst c. Müller (GA. VII, 378), vgl. § 50 n. 19.

10. Die Verjährung wird auch durch den Erlaß einer polizeilichen Strafverfügung unterbrochen: Ges. v. 14. Mai 1852 § 9; § 48 n. 18.

11. Ueber die Unterbrechung der Verjährung der Privatklage vgl. EG. Art. XVI n. 13. 14; Art. XVIII n. 21—24.

12. Die Verjährung ist abgelaufen, wenn im Gebiete des Rheinischen Rechts zwischen der Anmeldung des Kass.-Rekurses durch die StA.-schaft und dem Auftrage an den Gerichtsvollzieher zur Zustellung desselben an den Beschuldigten drei Monate verstrichen sind: ZII. 6. Juni 61 c. Weiß (RdO. I, 436); vgl. § 47 n. 1.

13. In Betreff der Verjährung ist immer derjenige Charakter maaßgebend, welcher der That nach der ihr vom erkennenden Richter schließlich beigelegten Qualifikation beiwohnt; stellt sie sich hiernach als Uebertretung dar, so ist § 339 anwendbar, sollte auch die Eröffnung der Untersuchung wegen eines Vergehens erfolgt sein: VI. 28. Juni 61 c. Schlegel (RdO. I, 471).

§ 340.

Zu Nr. 1.

1. Die Vorschrift bezieht sich nur auf Preußische Festungen (§ 4 a. E.).

Zu Nr. 2.

2. Die Worte „außerhalb seines Gewerbebetriebs" beziehen sich auch

3) wer ohne einen schriftlichen Auftrag einer Behörde Stempel, Siegel, Stiche, Platten oder andere Formen, welche zur Anfertigung von Metall- oder Papiergeld, oder von solchen Papieren, welche nach §. 124. dem Papiergelde gleich geachtet werden, oder von Stempelpapier, öffentlichen Bescheinigungen oder Beglaubigungen dienen können, anfertigt, oder an einen Anderen, als die Behörde verabfolgt;

[Entw. § 312 Nr. 3]. Vgl. Ges. v 6. Juni 1835 (GS. s. 99; RS. V, 141).

4) wer ohne schriftlichen Auftrag einer Behörde den Abdruck der in Nr. 3. genannten Stempel, Siegel, Stiche, Platten oder Formen, oder irgend einen Druck von Formularen zu den daselbst bezeichneten öffentlichen Papieren, Beglaubigungen oder Bescheinigungen unternimmt, oder Abdrücke an einen Anderen, als die Behörde, verabfolgt;

[Entw. § 312 Nr. 3a].

---

auf die zweite Alternative (wider das Verbot rc.); die Polizei kann daher ein innerhalb des Gewerbebetriebs stattfindendes Aufsammeln nicht verbieten. Dagegen ist nicht jedes Aufsammeln, welches ein Gewerbtreibender der betr. Art vornimmt, als ein innerhalb des Gewerbebetriebs stattfindendes anzusehen; es fragt sich auch hier, ob dasselbe zu gewerblichen Zwecken stattfand.

3. Ein „Aufsammeln" kann auch durch eine einmalige Anschaffung bewirkt werden: Zl. 24 Nov. 65 c. Grand (RtO. VI, 497).

4. Geschieht die Handlung zur Vorbereitung eines hochverrätherischen Unternehmens, so wird § 66 anwendbar.

Zu Nr. 3.

5. Diese Bestimmung ist dem Ges. v. 6. Juni 1835 entlehnt und an die Stelle der dort (§ 4) gegebenen Strafvorschrift getreten; insbesondere fällt auch die Anfertigung der unter Nr. 4 des § 1 jenes Gesetzes erwähnten Stempel und Siegel (welche zur Beglaubigung öffentlicher Urkunden, sowie des Maaßes und Gewichts, oder zur amtlichen Bezeichnung oder amtlichen Verschließung gewisser Sachen und Waaren dienen können) unter diese Nr. 3: TL. s. 999.

6. Die Vorschrift des § 5 des cit. Gesetzes, nach welcher die Anwendung der Strafe dadurch nicht ausgeschlossen wird, daß bei der Anfertigung von Siegeln rc. die Merkmale, durch welche die Eigenschaft derselben als öffentlicher Siegel rc. bedingt ist, abgeändert sind, insofern die Abänderung von der Art ist, daß sie nur bei besonders sachkundiger Aufmerksamkeit wahrgenommen werden kann, — ist zwar hier nicht wiederholt, dennoch aber, als in der Natur der Sache liegend, auch jetzt noch als maaßgebend anzusehen; vgl. Nr. 5.

7. Zur Ertheilung des im § verlangten schriftlichen Auftrags sind auch jetzt nur die im § 3 des Ges. v. 6. Juni 1835 genannten Behörden befugt; ein von einer unbefugten Behörde ertheilter Auftrag kann die Strafbarkeit jedenfalls dann nicht beseitigen, wenn dem Handelnden jener Mangel der Befugniß bekannt war.

8. Die AKO. v. 16. Okt. 1831 (GS. s. 247), welche den eigenmächtigen Gebrauch und die Abbildung des Königlichen Wappens zur Bezeichnung von Waaren auf Aushängeschildern oder Etiketten mit Strafe bedroht, ist durch diese Nr. 3 nicht außer Kraft gesetzt.

Zu Nr. 4.

9. Die Strafe dieser Nr. 4 trifft auch denjenigen, welcher sich zur Anfertigung der Abdrücke solcher Platten rc. bedient, welche im Auftrage der zuständigen Behörde angefertigt worden sind.

5) wer Waaren-Empfehlungskarten, Ankündigungen, Etiquettes oder andere Drucksachen, welche in der Form oder Verzierung dem Papiergelde oder den dem Papiergelde nach §. 124. gleich geachteten Papieren ähnlich sind, anfertigt oder verbreitet, oder wer Stempel, Stiche, Platten oder andere Formen, welche zur Anfertigung von solchen Drucksachen dienen können, anfertigt;

[Entw. § 312 Nr. 3b].

6) wer ohne Genehmigung der Staatsbehörde Aussteuer-, Sterbe- und Wittwenkassen oder andere dergleichen Gesellschaften oder Anstalten errichtet, welche bestimmt sind, gegen Zahlung eines Einkaufsgeldes oder gegen Leistung von Geldbeiträgen, beim Eintritt gewisser Bedingungen oder Termine, Zahlungen an Kapital oder Rente zu leisten;

[Entw. § 312 Nr. 3c]. Vgl. ALR. I, 11 § 651; AKO. v. 29. Sept. 1833 (GS. f. 121); Ges. v. 17. Mai 1853 (GS. f. 293).

---

10. Zu den Formularen, zu deren Abdruck es hiernach eines vorgängigen schriftlichen amtlichen Auftrags bedarf, gehören auch die zu Zoll-, Steuer-, Post- und ähnlichen Quittungen, zu Pässen, so wie zur Aufnahme der Civilstandsurkunden in der Rheinprovinz benutzten; der Auftrag zum Abdrucke der letztern muß vom Ober-Prokurator ausgehen.

Zu Nr. 6.

11. Ueber die zu erwirkende Genehmigung der Staatsbehörde vgl. ALR. I, 11 § 651; Ges. v. 17. Mai 1853 § 1; AKO v. 29. Sept. 1833.

12. Zu den hier vorgesehenen Anstalten und Gesellschaften gehören nicht nur solche, welche Jedermann ohne alle Beschränkung zugänglich sind; es genügt ein beschränkterer Grad der öffentlichen Wirksamkeit; daher findet der § auch auf eine nur für die Handwerker oder Gewerbtreibenden einer einzelnen Stadt bestimmte Anstalt Anwendung: ZI. 1. Okt. 58 c. Reisemann (GA. VII, 122).

13. Ebenso kommt es nicht darauf an, ob eine solche Anstalt große Vortheile in Aussicht stelle, welche das Publikum veranlassen könnten, über die Unsicherheit hinwegzusehen: Beschl. I. 3. Febr. 64 c. Fischer (GA. XII, 231).

14. Dagegen wird vorausgesetzt, daß durch die errichtete Anstalt Erwerbszwecke verfolgt werden; daher paßt der § nicht auf die von Aktien-Gesellschaften blos für ihre Beamten und deren Angehörige, mit Ausschließung anderer Personen, gegründeten Anstalten, wenn diese für die Gesellschaft keinen Gewinn abwerfen sollen: ZII. 11. Sept. 56 c. v. Wittgenstein (GA. IV, 853); vgl. Verf. d. Min. d. Inn. u. d. Fin. v. 9. März 1843 (VMbl. f. 265).

15. Aus demselben Grunde trifft die Nr. 6 da nicht zu, wo weder ein Einkaufsgeld noch Beiträge geleistet werden, wo vielmehr der Fond der Kasse durch freiwillige Geschenke und Darlehen gebildet wird: ZI. 1. Okt. 58 (cit. n. 12).

16. Die Vorschrift dieser Nr. ist durch das Ges. v. 17. Mai 1853 § 1 auf Unternehmer von Versicherungs-Gesellschaften jeder Art, und ebenso auch auf diejenigen für anwendbar erklärt worden, welche den Geschäftsbetrieb der vor dem 1. Juli 1851 errichteten noch nicht genehmigten Anstalten fortsetzen; es gehören daher jetzt auch diejenigen Anstalten hierher, welche nur den Schutz gegen unvorhergesehenen Schaden bezwecken, z. B. solche, welche nur auf Gegenseitigkeit beruhen; *contra* früher: Koch n. 67; ZKH. 30. Dez. 52 c. v. Jüchen.

17. Anwendbarkeit der Nr. auf Feuerversicherungs-Anstalten; vgl. Ges. v. 17. Mai 1853 § 10; Ges. v. 8. Mai 1837 (GS. f. 102); AKO. v. 30. Mai 1842 (GS. f. 122).

7) wer bei Unglücksfällen oder bei einer gemeinen Gefahr oder Noth, von der Polizeibehörde oder deren Stellvertreter zur Hülfe aufgefordert, keine Folge leistet, obgleich er der Aufforderung ohne erhebliche eigne Gefahr genügen kann;

[Entw. § 312 Nr. 4] Vgl. § 200; Ges. v. 28. Jan. 1848 § 25 (GS. s. 54); Berg-Ges. v. 24. Juni 1865 § 204. 205. 207 (GS. s. 747).

---

18. Auch Sparkassen unterliegen den Vorschriften dieser Nr.; vgl. Regl. v. 12. Dez. 1838 (GS. 39. s. 5); dieses Reglement spricht zwar nur von den durch Gemeinden, Kreise 2c. zu errichtenden Sparkassen; wenn es aber für diese einer „Genehmigung der Einrichtung" (Nr. 2 durch den Oberpräsidenten bedarf, so muß dasselbe um so mehr von den durch Private zu errichtenden Anstalten gelten, zumal da das Reglement ausdrücklich unter seinen Zwecken auch die Sicherstellung derjenigen nennt, welche der Anstalt ihre Ersparnisse anvertrauen.

19. Dasselbe gilt von Vorschußkassen, wenn sie eine Dividende in Aussicht stellen: Beschl I. 3. Febr. 64 (cit. n. 13).

20 Anders verhält es sich mit den durch Beiträge der Vereinsmitglieder gebildeten Krankenkassen, wenn den erkrankten Mitgliedern weder ein Anspruch auf ein Kapital noch auf eine Rente zusteht; eine solche Kasse kann auch nicht als Versicherungskasse aufgefaßt werden, sollte den Kranken auch außer der freien ärztlichen Hülfe in dringenden Fällen noch eine dem freien Ermessen der Vorsteher unterliegende Geldunterstützung zugesichert sein: ZI 1. Okt. 58 (cit. n. 12).

Zu Nr. 7.

21. Es wird hier ein Unglücksfall, oder eine gemeine Gefahr vorausgesetzt; der § bezieht sich daher nicht auf bleibende Maaßregeln, durch welche ein vorhergesehenes, erst aus der Ferne drohendes Uebel abgewendet werden soll, z. B. auf eine Grenzbewachung, um die Einschleppung einer ansteckenden Krankheit zu verhindern; vgl. § 306. 307; Gilb. C. pén. art. 475 § 12 n. 10.

22. Ebenso ist der Fall nicht hierher zu rechnen, wo Jemand der an ihn ergangenen Aufforderung, zu einer allgemeinen Landesvisitation mitzuwirken (vgl. Min.-Instr. v. 9. Okt. 1817), nicht nachkommt. Diese Unterlassung ward überhaupt für straflos erachtet durch: VII. 11 Juli 53 c. Krämer; Z. eod. c. Kappes (RA. 49. 2A. s. 29); ZII. 22. Sept. 53 c. Mickartz; *contra* früher VKH. 7. Febr. 35 c. Merz (RA. 22. 2A. s. 3), welches in einem solchen Falle die Strafe des § 33 des Rh. Ress.-Regl. v. 20. Juli 1818 für verwirkt erachtete.

23. Auch eine mündliche Aufforderung genügt: Gilb. l. c. n. 5.

24. Die Posthalter sind, wenn auch nach dem Postges. v. 5. Juni 1852 § 27 Postpferde und Postillone zu Staats- und Kommunal-Spanndiensten nicht herangezogen werden können, doch von der Pflicht, ihre Pferde zur Hülfeleistung bei Unglücksfällen herzugeben, nicht befreit: VI. 2. März 60 c. Bohnstedt (JMbl. s. 267; GA. VIII, 429).

25. Durch Nr. 7 sind die Vorschriften einzelner Deichstatute (z. B. des Statuts für die Warthe v. 27. März 1852 § 106) betr. die von gewissen Personen im Falle eintretender Unglücksfälle zu leistenden persönlichen Dienste, nicht aufgehoben: ZI. 27. Juni 56 c. Seiffert; vgl. Ges. v. 28. Jan. 1848 § 25 (GS. s. 59).

25a. Ereignet sich auf einem Bergwerke ein Unglücksfall, welcher den Tod oder die schwere Verletzung einer oder mehrerer Personen herbeigeführt hat, so soll nach § 204. 205 des Bergges. v. 24. Juni 1865 der nach § 189 ibid. (mit der Handhabung der Bergpolizei betraute) Revierbeamte die zur Rettung der Verunglückten und zur Abwendung weiterer Gefahr erforderlichen Maaßregeln anordnen; die zur Ausführung dieser Maaßregeln nothwendigen Arbeiter und Hülfsmittel hat der Besitzer des Bergwerkes zur Verfügung zu stellen, auch die Besitzer benachbarter Bergwerke sind zur Hülfeleistung verpflichtet. Leistet ein Bergwerksbesitzer einer derartigen Aufforderung keine Folge, so trifft ihn die Strafe des § 207 l. c. (Geldbuße bis zu 50 Thlr.). Dieselbe Strafe trifft diejenigen (Bergwerksbesitzer oder Arbeiter), welche die beim Eintritte einer Gefahr beim Bergbaue von dem Oberbergamte oder

8) **wer den gegen die Störung der Feier der Sonn- und Festtage erlassenen Anordnungen zuwiderhandelt;**

[Entw. § 312 Nr. 5]. Vgl. AKO. v. 7. Febr. 1837 (GS. s. 19); (AKO. v. 26. März 1835; v. Kamptz Ann. 9. s 377).

9) **wer ungebührlicher Weise ruhestörenden Lärm erregt oder groben Unfug verübt;**

[Entw. § 312 Nr. 6]. Vgl. § 92; Vdn. v. 17. Aug. 1835 § 1 (GS. s. 170).

---

dem Revierbeamten getroffenen polizeilichen Anordnungen übertreten (Berggeſ. § 196. 198—200. 208). Hiernach kann § 340 Nr. 7 auf Bergwerksbesitzer und Arbeiter eine Anwendung nicht mehr finden. Dagegen bleibt derselbe in Betreff aller anderen Personen auch bei den auf einem Bergwerke sich ereignenden Unglücksfällen in Kraft; die betreffenden Anordnungen können dann aber nicht von dem Revierbeamten, sondern nur von der im Allgemeinen berufenen Polizeibehörde ausgehen.

Zu Nr. 8.

26. Die betreffenden Anordnungen sind nach der AKO. v. 7. Febr. 1837 von den Bezirksregierungen nach den Verhältnissen der einzelnen Orte oder Gegenden ihres Bezirks in der durch das Pol.-Ges. v. 11. März 1850 vorgeschriebenen Weise zu erlassen und zu verkünden. Diese KO. ist durch den § nicht aufgehoben, es ist vielmehr nur eine feste Strafandrohung hinzugefügt, so daß die Regierungen diese nicht mehr selbstständig zu bestimmen haben: VII. 2. Nov. 54 c. Leffmann; VII. 30. Nov. 54 c. Hansen.

27. Demgemäß sind unter den „erlassenen Anordnungen" nicht blos die zur Zeit der Publikation des StGB. bestehenden, sondern alle zur Zeit der Uebertretung erlassenen Anordnungen zu verstehen: VII. 26. Okt. 54 c. Gräf (JMbl. 55. s. 12; GA. II, 815); VII. 2. Nov. 54 c. Schloten.

28. Festtage für alle (älteren) Landestheile sind außer den Sonntagen: die beiden Weihnachtstage, Oster- und Pfingstmontag, Charfreitag, Neujahr, Christi Himmelfahrt und der Bußtag; vgl. Rau: Pol.-Gess. § 29 Anm. 1. In der Rheinprovinz tritt als katholischer Festtag noch Allerheiligen hinzu: AKO. v. 5. Juli 1832; id. v. 7. Febr. 1837; id. v. 22. Juli 1839 (GS. 32. s. 197; 37. s. 21; 39. s. 249).

29. Eine nach Anleitung des Ges v. 11. März 1850 erlassene Polizei-Verordnung kann nicht vorschreiben, daß ein nur kirchlicher Festtag ebenso wie ein gesetzlicher gefeiert, und daß an demselben auch außer der Zeit des Gottesdienstes keine öffentlich bemerkbaren Arbeiten gestattet sein sollen; es würde eine solche Verordnung gegen die Gesetze verstoßen, welche die gesetzlichen Festtage bestimmen: ZII. 25. Okt. 55 c. Herres (RA. 51. 2 A. s. 55).

30. Ein B.KH. 14. Juni 47 c. Reiß (RA. 42. 2 A. s. 13), nahm an, die Benutzung öffentlicher Straßen durch Fuhrwerke jeder Art sei auch an Sonntagen gesetzlich erlaubt, und daher durch eine Polizeivorschrift nicht zu verwehren.

31. Treibjagden sollen an Sonn- und Festtagen nicht ohne ausdrückliche Erlaubniß, andere Jagden nicht während des öffentlichen Gottesdienstes gestattet werden; vgl. Min.-Verf. v. 10. März 1818 (v. K. Ann. II, 349); id. v. 1. Juli 1852 (VMbl. s. 174). Damit indessen im Falle einer Zuwiderhandlung Strafbarkeit eintrete, bedarf es einer in gehöriger Weise verkündeten Polizeiverordnung.

Zu Nr. 9.

32. Die Strafbarkeit des ruhestörenden Lärms ist nicht dadurch bedingt, daß derselbe bei Nachtzeit veranlaßt worden sei: VII. 22. Sept. 64 c. Weiler (RdO. V, 140).

33. Dagegen gehören nur solche Handlungen hierher, welchen der angedeutete Charakter in Beziehung auf die Sicherheit des Staats und die öffentliche Ordnung beiwohnt (siehe Rubrum des Titels); es wird daher eine Verletzung der rechtlichen Ordnung vorausgesetzt, welche den Bürgern die öffentliche Ruhe und den öffentlichen Frieden sichert: ZII. 21. März 61 c. Hagemann; ZII. 9. Juni 64 c. Beifuß (RdO. IV, 560). Sonach fallen Ungebührlichkeiten eines Dienstboten gegen seinen Herren u. dgl. nicht unter die Strafvorschrift: VI. 17. Okt. 55 c. Meyer; VI. 21. Okt. 58 c. Derwig.

34. Insbesondere ist aus der Gleichstellung mit „ruhestörendem Lärm" zu

10) wer öffentlich Thiere boshaft quält oder roh mißhandelt;
[Entw. § 312 Nr. 7].

11) wer an öffentlichen Wegen oder Plätzen oder in öffentlichen Versammlungsorten Hazardspiele hält.
[Entw. § 312 Nr. 8]. Vgl. § 266. 267.

In den Fällen der Nummern 1., 2., 3., 4., 5. und 11. ist die Konfiskation der erwähnten Risse von Festungen oder Festungswerken, der Vorräthe von Waffen oder Munition, der Stempel, Siegel, Stiche, Platten oder anderen Formen, der Abdrücke, oder der auf dem Spieltisch und in der Bank befindlichen Gelder im Urtheile auszusprechen.
[Entw. § 312]. Vgl. § 19.

---

schließen, daß auch unter „grobem Unfug“ nur solche Handlungen zu verstehen sind, durch welche das Publikum gefährdet oder ungebührlicher Weise belästigt wird: VI. 11. Febr. 57 c. Dannenberg. Eine solche Belästigung kann auch in unsittlichen Handlungen gefunden werden, welche in Lokalien, die, wie ein Verkaufsladen, dem Zutritte des Publikums geöffnet sind, gegen einzelne Personen aus demselben verübt werden: ZII. 18. Okt. 55 c. Bosse (Entsch. 31. s. 289; GA. IV, 270); ZI. 1. Mai 63 c. Mätzel. Auch ist es nicht unerläßlich, daß der Unfug an einem öffentlichen Orte verübt sei: VI. 21. Okt. 58 c. Derwig.

35. Zur Erläuterung des Ausdrucks: „grober Unfug“ kann auf § 1 der Vdn. v. 17. Aug. 1835 zurückgegangen werden (..., „wohin auch Aufregung durch Geschrei und Pfeifen zu rechnen“ ...).

36. Im Uebrigen ist der Begriff eines „groben Unfugs“ ein thatsächlicher: ZII 9. Mai 67 c. Holburg. Es kann daher nicht genügen, irgend eine spezielle Handlung thatsächlich festzustellen, vielmehr muß durch den Richter der Thatsachen festgestellt werden, daß ein „Unfug“ vorliege: VI. 6. Juli 59 c. Schmidt. Der Feststellung, daß dieser Unfug den in den n. 33 und 34 erwähnten Charakter an sich getragen habe, bedarf es nur dann, wenn dieses ausdrücklich bestritten war: VI. 21. Okt. 58 c. Derwig; ZII. 5. Jan. 65 c. Rast.

Zu Nr. 11.

37. Oeffentlich ist hier jeder Weg ꝛc., welcher allgemein zugänglich ist; auf die jeweilige Anwesenheit einer Mehrheit von Personen kommt Nichts an.

38. Ein Versammlungsort ist öffentlich, wenn er dem Publikum zugänglich ist; das Nähere vgl. § 36 n. 1. Fehlt es an dieser Zugänglichkeit, so ist es gleichgültig, ob die Handlung in einem Gasthofe ꝛc. (z. B. in einem gemietheten Zimmer) stattfand: ZI. 17. Juli 57 c. Witte. Umgekehrt wird aber beim Vorhandensein jener Zugänglichkeit jene Strafbarkeit durch ein Verschließen der Thüren oder sonstige auf Verheimlichung abzielende Maaßnahmen nicht ausgeschlossen: Z. 26. Mai 52 c. Krüger (286); vgl. § 267 n. 8.

39 Daß das Hazardspiel aus Gewinnsucht gespielt werde, ist zur Anwendbarkeit des § nicht erforderlich; es genügt daher, wenn nur überhaupt um ein Objekt gespielt wird; *contra*: die Rechtsprechung des OTr.s; vgl. § 267 n. 5; die dort citt. VPl. 12. Dez. 53 c. Hinterlach (Entsch. 27. s. 134; GA. II, 268) und VI. 3. Febr. 54 c. Kubale bezogen sich ausdrücklich auf den Fall dieser Nr. 11 mit; ebenso: VII. 17. Febr. 59 c. Pfister; VI. 4. März 59 c. Eckert. Jedenfalls bedarf es nicht einer Gewinnsucht des Bankhalters, die der Spieler genügt: ZI. 15. Juli 64 c. Allerdt (RdO. V, 79).

40. Als „Halter“ des Hazardspiels ist derjenige zu betrachten, welcher dasselbe unternimmt, veranstaltet, also der Bankhalter, nicht derjenige, welcher pointirt (der „Spieler“). Dagegen verliert der Bankhalter jene Eigenschaft nicht dadurch, daß er hin und wieder selbst pointirt: Z 26. Mai 52 c. Krüger (286). Ebenso setzt der § nicht das fortwährende Halten der Bank durch eine und dieselbe Person

§. 341. Wer bettelt oder Kinder zum Betteln anleitet oder ausschickt, oder Personen, welche seiner Gewalt und Aufsicht untergeben sind und zu seiner Hausgenossenschaft gehören, vom Betteln abzuhalten unterläßt, wird mit Gefängniß bis zu sechs Wochen bestraft.

Der Verurtheilte kann in der Gefangenanstalt auf angemessene Weise beschäftigt werden.

[Entw. § 313]. Vgl. § 118. 334.

§. 342. Wer in Schankstuben oder an öffentlichen Vergnügungsorten zu einer von der Polizei verbotenen Zeit, ungeachtet der Wirth, sein Stellvertreter oder ein Polizeibeamter ihn zum Fortgehen aufgefordert hat, verweilt, ist mit Geldbuße bis zu fünf Thalern zu bestrafen.

Die Wirthe, welche das Verweilen ihrer Gäste zu einer von der Polizei verbotenen Zeit dulden, haben Geldbuße bis zu zwanzig Thalern oder Gefängniß bis zu vierzehn Tagen verwirkt.

[Entw. § 314]. Vgl. Pol.-Ges. v. 11. März 1850 § 5. 6e (GS. s. 265).

---

voraus; er bleibt auch da anwendbar, wo das Bankhalten der Reihe nach unter den Mitspielenden herumgeht: Zl. 30. Jan. 56 c. Bartsch (JMbl. s. 68).

41. S. g. Glücksbuden sind keine Hazardspiele, fallen also nicht unter das Verbot dieses §, sondern eventuell unter § 268; vgl. dort n. 8.

§ 341.

1. Ueber den Begriff des Bettelns vgl. § 118 n. 1—6.

2. Das „Anleiten ꝛc." ist hier eine selbstständige Uebertretung, nicht eine Theilnahme an der der Kinder ꝛc.; daher tritt die Strafbarkeit des Vaters auch dann ein, wenn das Kind wegen Unzurechnungsfähigkeit straflos bleibt.

3. Der zweite Theil des Abs. 1 bestraft die Unthätigkeit, den Mangel an Aufsicht, die unterlassene Anwendung genügender Mittel, um die betreffenden Personen vom Betteln abzuhalten. Es kann daher von der betr. Anklage nicht wegen mangelnden Beweises einer positiven Theilnahme freigesprochen werden: VII. 22 Febr. 55 c. Krölls (GA. III, 575); VI. 17. Juli 57 c. Gröning (JMbl. s. 350; GA. V, 711). Dagegen gehen diese Entscheidungen zu weit, wenn sie grundsätzlich aufstellen, daß der Beweis eines sträflich unterlassenen Abhaltens durch die Eltern ꝛc. schon durch die Thatsache des Bettelns der Kinder ꝛc. geführt sei, welcher nur durch den Beweis getroffener Veranstaltungen zum Zwecke des Abhaltens widerlegt werden könne; es muß vielmehr die unterlassene Abhaltung gegen den Angeklagten erwiesen werden; der Richter der Thatsachen kann aber diesen Beweis für erbracht erachten, wenn der Angeklagte in dieser Beziehung gar keine Veranstaltungen behauptet oder wahrscheinlich gemacht hat.

4. Die Bestrafung kann nicht davon abhängig gemacht werden, daß die der Aufsicht untergebene Person schon früher einmal als Bettler bestraft sei, sich sonach als hierzu geneigt kund gegeben habe.

5. In Betreff eines strafunmündigen Bettlers kann der Polizeirichter die Unterbringung in eine Besserungsanstalt (nach § 42) nicht anordnen.

§ 342.

1. Vorausgesetzt wird hier, daß von der zuständigen Polizeibehörde (vgl. Pol.-Ges. v. 11. März 1850 § 5. 6e) eine s. g. Polizeistunde festgesetzt und vorschriftsmäßig publizirt sei. Für den Bezirk des ehemaligen Gen.-Gouvernements

Dritter Titel.

Uebertretungen in Beziehung auf die perſönliche Sicherheit, Ehre und Freiheit.

§. 343. Wer einen Anderen beleidigt, wird mit Geldbuße bis zu funfzig Thalern oder Gefängniß bis zu ſechs Wochen beſtraft.

---

des N.- und M.-Rheins hatte eine Vdn. v. 1. Aug. 1814 § 2 (RS. I, 153) die Polizeiſtunde auf 10 Uhr Abends beſtimmt und zugleich angeordnet, daß in ſolchen Orten platten Landes, welche keinen Glockenthurm beſitzen, die Einwohner durch ein anderes, dem Glockenläuten zu ſubſtituirendes Signal von dem Eintritte der Polizeiſtunde benachrichtigt werden ſollten Das iſt indeſſen durch eine in den Regierungs-Amtsblättern bekannt gemachte Verf. des Min. des Inn. v. 7. April 1839 (auf Grund der AKO. v. 9. Nov. 1822; RS. II, 322) aufgehoben und angeordnet worden, daß es für den Eintritt der Polizeiſtunde eines beſondern Signals nicht mehr bedürfen ſolle; dieſes iſt jetzt nach dem Geſ. v. 11. März 1850 um ſo unzweifelhafter. Jedenfalls war auch früher die Beſtrafung der Ueberſchreitung der Polizeiſtunde von der Beobachtung jener Förmlichkeit nicht abhängig: B.KH 22. April 39 c. Wolff (RA. 28. 2 A. ſ. 79).

2. Der § unterſcheidet nicht zwiſchen Schankſtuben, welche Perſonen der niederen Klaſſen des Volkes beſuchen, und anderen Lokalen, in welchen Getränke an Perſonen, die nicht zu jenen Klaſſen gehören, verabreicht werden: VI. 3. Mai 54 c. Kretzſchmer (JMbl. ſ. 268; GA. II, 684); ZI. 22. Febr. 65 c. Schulz.

3. Das Verbot trifft auch Gaſtwirthſchaften, inſoweit dieſe die Schankwirthſchaft in ſich begreifen: ZII. 23. Mai 57 c. Breyink; ähnlich: VII. 5. Dez. 61 c. Pfeill

4. Dagegen bezieht ſich das ganze Verbot nur auf Schankgäſte, nicht auf die in einem Gaſthauſe logirenden Reiſenden: ZII. 23. Mai 57 c. Breyink. Ebenſo verbietet der § es nicht, an Reiſende auf der Reiſe in den Eiſenbahnſtations-Gebäuden auch nach der Polizeiſtunde Erfriſchungen zu verabreichen; ein ſolches Verbot kann auch nicht im Wege der Polizeiverordnung erlaſſen werden: ZII. 19. Jan. 54 c. Rinkens.

5. Dagegen iſt es gleichgültig, ob die Schankgäſte lediglich zu dieſem oder auch noch zu einem anderen Zwecke zuſammen gekommen waren, ob ſie zum Wirthe als Verwandte, Freunde ꝛc. in beſonderer Beziehung ſtehen, und ob ſie ſich in den gewöhnlich zur Aufnahme der Gäſte beſtimmten Räumen des Schanklokals befanden: Gilb. C. pén art. 471 n. 133.

6. Die im Abſ. 1 erforderte Aufforderung muß individuell an die in einem Hauſe anweſenden Gäſte gerichtet werden; das die Stunde bezeichnende Signal des Nachtwächters iſt als eine ſolche Aufforderung nicht anzuſehen, und kann auch dieſe Bedeutung nicht durch eine allgemeine Pol.-Verordnung erlangen. Dagegen bedarf es nicht einer beſondern Aufforderung an den einzelnen Gaſt.

7. Der Wirth, welcher das Verweilen der Gäſte nicht dulden darf, thut nicht genug, wenn er die Polizeiſtunde ankündigt, und ferner keine Getränke mehr verabreicht; er ſoll vielmehr zur rechtzeitigen Entfernung mitwirken, d. h. ſeiner Aufforderung durch ein poſitives Verhalten Nachdruck geben, und die ihm in dieſer Beziehung zu Gebote ſtehenden Mittel (z. B. Herbeirufen der Polizei, Auslöſchen der Lichter ꝛc.) anwenden; inwieweit er dieſer Auflage genügt und die angemeſſenen Mittel angewendet habe, iſt Gegenſtand der thatſächlichen Beurtheilung: Z.KH. 18. Nov. 51 c. Simons; VII. 24. Nov. 53 c. Bonnes (GA. II, 568); VII. 2. Juli 57 c. Verſen (JMbl. ſ. 335); VI. 7. Okt. 58 c. Bonnes; u. ö.

§ 343.

1. Die hier behandelte Beleidigung wird im EG. Art. XVI als „einfache Beleidigung“ bezeichnet.

2. Im Allgemeinen ſind die Bemerkungen zum Thl. II Tit. 13 (oben ſ. 250) zu vergleichen.

Eine Beleidigung verjährt in sechs Monaten.

Die Bestrafung einer Beleidigung erfolgt nur auf Antrag; dieser kann nicht mehr erhoben werden, wenn von dem Zeitpunkte, an welchem der zum Antrag Berechtigte von der Beleidigung und von der Person des Beleidigers Kenntniß erhalten hat, drei Monate ohne Rüge verflossen sind.

Im Uebrigen kommen die im dreizehnten Titel des zweiten Theils §§. 153. 160. 161. 162. gegebenen Bestimmungen auch hier zur Anwendung.

[Entw. § 315]. Vgl. § 152 ff. 46 ff. 50; EG. Art. XVI—XVIII; StPO. v. 25. Juni 1867 § 487—489.

§. 344. Mit Geldbuße bis zu zwanzig Thalern oder Gefängniß bis zu vierzehn Tagen wird bestraft:

1) wer in Städten oder Dörfern übermäßig schnell fährt oder reitet, oder auf öffentlichen Straßen oder Plätzen der Städte oder Dörfer mit gemeiner Gefahr Pferde einfährt oder zureitet;

2) wer auf öffentlichen Straßen oder Wegen das Vorbeifahren Anderer muthwillig verhindert;

3) wer in Städten mit Schlitten ohne feste Deichsel oder ohne Geläute oder Schelle fährt;

---

3. Ueber die Verfolgung der einfachen Beleidigungen vgl. EG. Art. XVI und die Bemerkungen zu demselben; in Betreff des Verzichts auf die Klage vgl. ibid. n. 15.

4. Rücksichtlich der Verjährung vgl. EG. Art. XVI n. 13. 14; § 50 n. 12. 13.

5. In Betreff des Erfordernisses eines Strafantrages vgl. § 50. 160—162; EG. Art. XVII; und die Bemerkungen zu dem ersteren, insbesondere n. 12. 13.

6. Eine im Auslande verübte einfache Beleidigung ist in Preußen selbst dann nicht strafbar, wenn beide Parteien Preußen sind (§ 4 Schlußs.): ZI. 30. Nov. 66 Dobberstein c. Schröder (GA. XV, 80).

7. In Betreff der Aufrechnung wechselseitiger Beleidigungen vgl. § 153 und dort die Bemerkungen.

8. Die Vorschrift des § 163 (die Ertheilung einer Erkenntniß-Ausfertigung an den Verletzten auf Kosten des Verurtheilten betreffend) ist hier nicht wiederholt; es kann daher eine solche Maaßregel vom Richter als Strafe (vgl. § 163 n. 3) nicht angeordnet werden. Dagegen ist es unbedenklich statthaft, dieselbe als Civilentschädigung auf den Klageantrag des Verletzten auszusprechen, in gleicher Weise kann auch die Bekanntmachung des Erkenntnisses dem Verletzten gestattet werden. Diese Befugniß steht ebenso unzweifelhaft dem Rheinischen Polizeirichter auf den Antrag des Civilklägers zu.

9. Inwiefern im Wege der Civilklage eine anderweitige Privatgenugthuung oder Entschädigung vom Verletzten beansprucht, und vom Richter zugesprochen werden könne, darüber vgl. § 163 n. 15.

10. Inwiefern der Beweis der Wahrheit einer ehrverletzenden Behauptung die Strafbarkeit ausschließe, darüber vgl. Thl. II Tit. 13 (s. 254) n. 26.

§ 344.

Zu Nr. 1.

1. Die Bestimmung, daß hier jede Strafe wegfalle, wenn ein dem Wagenführer oder Reiter unbekannter Fehler des Pferdes die Ursache der Handlung ist, ward als selbstverständlich aus dem § gestrichen.

4) wer Thiere in Städten oder Dörfern, auf öffentlichen Straßen oder Plätzen, oder an anderen Orten, wo sie durch Ausreißen, Schlagen oder auf andere Weise Schaden anrichten können, mit Vernachlässigung der erforderlichen Sicherheitsmaaßregeln stehen läßt oder führt;

5) wer Steine oder andere harte Körper oder Unrath gegen fremde Häuser, Gebäude oder Einschließungen, oder in Gärten oder eingeschlossene Räume, oder auf Pferde oder andere Zug- oder Lastthiere wirft;

6) wer nach einer öffentlichen Straße oder nach Orten hinaus, wo Menschen zu verkehren pflegen, Sachen, durch deren Umstürzen oder Herabfallen Jemand beschädigt werden kann, ohne gehörige Befestigung aufstellt oder aufhängt, oder Sachen auf eine Weise ausgießt oder auswirft, daß dadurch die Vorübergehenden beschädigt oder verunreinigt werden können;

Zu Nr. 4.

22. Aus dem Zusammenhange dieses §, so wie aus § 347 Nr. 10 geht hervor, daß die Worte „auf andere Weise Schaden anrichten können" auf gewöhnliche Weidefrevel nicht auszudehnen sind.

33. Es ist nicht nothwendig, daß die „erforderlichen Sicherheitsmaaßregeln" durch besondere Polizeiverordnungen ausdrücklich angeordnet worden seien; vielmehr weist jener Ausdruck auf die nach der Natur der Sache zur Abwendung möglicher Schadensgefahr nöthigen Maaßregeln hin: VII. 27. Nov. 56 c. Guß. Gleichwohl steht auch nichts entgegen, durch besondere Pol.-Verordnungen spezielle Sicherheitsmaaßregeln anzuordnen, deren Verabsäumung dann mit Nothwendigkeit die Strafe des § nach sich zieht.

44. Durch diese Nr. 4 ist eine ältere Polizeiverordnung, welche für einzelne Ortschaften in Betreff der Leitung und Führung von Fuhrwerken spezielle Vorschriften aufstellt und Zuwiderhandlungen mit Strafen bedroht, nicht außer Kraft gesetzt (vgl. unten Nr. 8): VII. 11. April 61 c. Elbertz (RA. 56. 2 A. s. 11).

Zu Nr. 5. Vgl. § 346 Nr. 3; FPO. v. 1. Nov. 1847 § 41 Nr. 9.

55. Vorsätzlichkeit der Handlung wird vorausgesetzt: Gilb. C. pén. art. 475 § 8 n. 3.

66. Auch das Werfen solcher Gegenstände in fremde Häuser oder Gebäude fällt unter die Strafbestimmung.

77. Dasselbe muß von dem Falle gelten, wo die fremden Häuser mit Unrath ɪc. besudelt werden, sollte es auch nicht gerade durch ein Werfen geschehen.

88. Einen Antrag, die Vorschrift auch auf das Bewerfen von Schlachtthieren auszudehnen, hat die Kommission der II. Kammer (Ber. s. 178) abgelehnt.

99. Wird durch die Handlung eine Person verletzt oder eine Sache beschädigt, so werden die in dieser Beziehung maaßgebenden Strafbestimmungen anwendbar.

Zu Nr. 6. Vgl. ALR. I, 8. § 74. 75.

110. Unter den „Orten, wo Menschen zu verkehren pflegen", sind nicht blos öffentliche Orte zu verstehen; auch Privatörtlichkeiten können unter den geeigneten Voraussetzungen hierher gerechnet werden; vgl. § 345 n. 31.

111. Des wirklichen Eintritts einer Beschädigung oder Verunreinigung durch ausgeworfene Sachen bedarf es ebensowenig, als der Verletzung eines Menschen durch das Herabfallen ɪc.

7) wer auf öffentlichen Straßen oder Plätzen Gegenstände, welche den freien Verkehr hindern, aufstellt, hinlegt oder liegen läßt;

8) wer die zur Erhaltung der Sicherheit, Bequemlichkeit, Reinlichkeit und Ruhe auf den öffentlichen Straßen, Wegen und Plätzen erlassenen Polizeiverordnungen übertritt.

[Entw. § 316].

Zu Nr. 7.

12. Unter Straßen sind hier die zur öffentlichen Kommunikation bestimmten Räume in Städten und Dörfern zu verstehen; Landstraßen und sonstige Wege bleiben daher ausgeschlossen: VII. 5. Jan. 60 c. Oberwinter; vgl. Zus.-Bemerk. zum Chauss.-Geld-Tarif v. 29. Febr. 1840 Nr. 11. 12 (GS. s. 98).

13. Privaträume, welche nur gelegentlich, z. B. zur Abhaltung eines Marktes, zur allgemeinen Benutzung bestimmt werden, gehören außer dieser Zeit nicht hierher: Erk. OAG. Oldenburg c. Weser (Old. Arch. IX, 47).

14. Da auch das „Liegen-Lassen" der Gegenstände mit Strafe bedroht ist, so wird von derselben auch der Eigenthümer der Sachen betroffen, wenn er es schuldbarer Weise verabsäumt, dafür zu sorgen, daß die von seinen Dienstboten ꝛc. aufgestellten Gegenstände weggeschafft werden: B.KH. 9. März 46 c. Dümmler (RA. 41. 2A. s. 57).

15. Die Sperrung einer Straße, welche nicht durch das Aufstellen ꝛc. von Gegenständen bewirkt wird, fällt nicht unter den §: VII. 5. Jan. 60 (cit. n. 12).

16. Die Verjährung dieser Uebertretung läuft nicht, so lange die hindernden Gegenstände liegen bleiben; vgl. § 46 n. 10; § 339 n. 5.

Zu Nr. 8.

17. Unter „polizeilichen Anordnungen" sind hier allgemein verbindliche, von einer zuständigen Behörde erlassene und verkündete Pol.-Verordnungen zu verstehen; vgl. § 332 n. 2ff. Demgemäß genügt eine individuell an eine einzelne Person gerichtete Verfügung nicht: ZII. 10. März 53 c. Sparla (Tr. Ann. VII, 235).

18. Ebenso gehören zu diesen allgemeinen Polizei-Verordnungen nicht die Dienstvorschriften für eine amtliche Stellung; daher ist ein Chausseegeldempfänger, welcher in Zuwiderhandlung gegen die Fin.-Min.-Instr. v. 16. Jan. 1834 bei Nacht den Schlagbaum nicht erleuchtet, nicht aus diesem § zu bestrafen: VII. 20. April 54 c. Geulen.

19. Dasselbe gilt von der Zuwiderhandlung gegen ein vertragsmäßiges Abkommen mit der Ortsbehörde; z. B. wenn derjenige, dem die Straßenreinigung vertragsmäßig übertragen worden ist, den dabei übernommenen Verbindlichkeiten nicht nachkommt; vgl. Gilb. C. pén. art. 471 § 3 n. 41 — 46.

20. Dagegen fällt die Unterlassung der durch eine Pol.-Verordnung den Hausbesitzern zur Pflicht gemachten Straßenreinigung unter diese Nr. 8: VII. 15. Mai 56 c. vom Hövel.

21. Eine Pol.-Verordnung kann in verbindlicher Weise das Abfließenlassen der Mistjauche auf einen öffentlichen Weg verbieten; dem stehen die Art. 640 und 681 des Rh. BGB., wonach jedes tiefer liegende Grundstück das vom höher liegenden natürlich abfließende Wasser aufnehmen muß, nicht entgegen, sollte auch der Abfluß der Jauche nur durch starke Regengüsse und ein dadurch veranlaßtes Ueberlaufen des Jauchenbehältnisses herbeigeführt werden; es fällt daher auch ein solcher Fall unter jenes Verbot: VII. 12. Nov. 57 c. Kerres.

22. Die zu verhängende Strafe ist nur nach diesem § zu bemessen; die Pol.-Verordnungen können nicht eine andere Strafandrohung an die Stelle setzen, und selbst da, wo dieses vor Verkündung des StGB. zulässiger Weise geschehen war, ist jetzt die Vorschrift des § allein maaßgebend: ZII. 20. Nov. 56 c. Gansen; ZII. 1. Okt. 57 c. Assemacher (GA. VI, 268). Anders gestaltet sich die Sache, wenn eine Pol.-Verordnung sich nicht darauf beschränkt, zur Erhaltung der Sicherheit ꝛc. auf den öffentlichen Straßen ꝛc. eine Anordnung zu treffen, sondern eine darüber hinausgehende Wirksamkeit von einem allgemeinen Gesichtspunkte aus in

§. 345. Mit Geldbuße bis zu funfzig Thalern oder Gefängniß bis zu sechs Wochen wird bestraft:

1) wer den polizeilichen Anordnungen über voreilige Beerdigungen entgegenhandelt;

[Entw. § 317 Nr. 1]. Vgl. § 186; Rh. BGB. Art. 77.

2) wer ohne polizeiliche Erlaubniß Gift oder Arzeneien, soweit deren Handel nicht durch besondere Verordnungen

---

Anspruch nimmt (z. B. wegen Anzeigen der Tollwuth das Festlegen der Hunde zeitweise gebietet); in einem solchen Falle hat die betr. Behörde die Strafandrohung selbstständig nach § 5 und 11 des cit. Gesetzes abzumessen, und kann daher auch ein das Maaß des § 335 übersteigendes Strafminimum bestimmen: B.KH. 30. Dez. 52 c. Friese; VII. 15. Sept. 53 c. Tannenhöfer.

§ 345.

Zu Nr. 1.

1. Auch diese Nr. 1 setzt das Bestehen besonderer diesen Gegenstand betreffender Polizeiverordnungen voraus; vgl. § 344 n. 17ff. Dagegen irrt der KVII. (s. 179), wenn er ausspricht, es habe hier gerade das Beerdigen verboten werden sollen, welches entweder der Zeit oder dem Zwecke nach, z. B. bei Fällen der Besichtigung, zu früh erfolgen möchte.

2. Für den Bereich des Rheinischen Rechts ist die betreffende Anordnung im Art. 77 des Rh. BGB. enthalten; dieser gestattet die Beerdigung nur auf Grund einer schriftlichen Erlaubniß des Civilstandsbeamten, welche dieser, insofern nicht besondere durch Pol.-Verordnungen vorgesehene Fälle vorliegen, nicht früher als 24 Stunden nach dem erfolgten Tode ertheilen darf. Eine Min.-Verf. v. 15. Juni 1822 (RS. II, 304) hat sodann angeordnet, daß jene Erlaubniß entweder nur auf das Zeugniß eines approbirten Arztes über den wirklich eingetretenen Tod, oder mit der Beschränkung zu ertheilen sei, daß die Beerdigung erst nach Ablauf von 72 Stunden seit dem von den Zeugen bekundeten Momente des erfolgten Todes stattfinden dürfe; vgl. übrigens § 186 n. 3. Der Civilstandsbeamte, welcher die Erlaubniß zu früh ertheilt, fällt nicht unter den §; er unterliegt nur der disziplinarischen Ahndung.

3. Für die übrigen Provinzen hat eine Min.-Verf. v. 2. März 1827 (v. K. Ann. XI, 168) angeordnet, daß die Beerdigung in der Regel nicht vor Ablauf von drei Tagen geschehen dürfe.

4. Die betr. Vorschriften sind auch für die Beerdigung todtgeborner Kinder maaßgebend, nicht aber für die einer unreifen Leibesfrucht; vgl. § 186 n. 5—7; Gilb. C. pén. art. 358 n. 4—7.

5. Auf den Todtengräber bezieht sich die Strafandrohung nicht mit, insofern die betr. Polizeiverordnungen nicht ausdrücklich das Gegentheil vorschreiben: Gilb. C. pén. art. 358 n. 9.

6. Ebensowenig unterliegt der Geistliche, welcher bei einer voreiligen Beerdigung in jener seiner Eigenschaft assistirt, der Strafvorschrift, da er weder selbst beerdigt, noch auch an dieser im Sinne des § 34 Theil nimmt; vgl. § 186 n. 9; Gilb. C. pén. art. 358 n. 1. 8. 10. 11.

7. Auf andere die Polizei der Beerdigungen betreffende Anordnungen, und die Zuwiderhandlungen gegen dieselben ist der § nicht anzuwenden; hier können daher nur die in vorschriftsmäßiger Weise ergangenen polizeilichen Strafandrohungen Platz greifen.

Zu Nr. 2.

8. Ueber den Begriff des Gifts vgl. § 197 n. 3. 4.

9. Als „Arzneien" sind diejenigen Stoffe anzusehen, welche nach dem Regl.-Entwurf v. 16. Sept. 1836 (AKO. v. 17. Okt. 1836) und den in Gemäßheit der Nr. 5 dieses Entwurfs erlassenen Ministerial-Bekanntmachungen (vgl. Bekanntm. v. 29. Juli 1857) als solche bezeichnet sind, welche nur die Apotheker verkaufen

freigegeben ist, zubereitet, verkauft oder sonst an Andere überläßt;

[Entw. § 317 Nr. 2]. Vgl. § 197; Regl. v. 16. Sept. 1836 und AKO. v. 17. Okt. 1836 (GS. 37. s. 41); Gew.-O. v. 17. Jan. 1845 § 42. 49. 177; Ges. v. 22. Juni 1861 Art. I § 49 (GS. s. 442); Min.-Bekanntmachung v 29. Juli 1857 (GS. s. 654).

---

dürfen: cit. Bekanntm. v. 29. Juli 1857 Abs. 4; ZI. 20. April 65 c. Dorweiler (RdO. VI, 58).

10. Ueber die für Apotheker erforderliche Konzession vgl. Gew.-Ordn. v. 17. Jan. 1845 § 42. 54. In Betreff der zum Gewerbshandel mit Giften erforderlichen Erlaubniß vgl. ibid. (Ges. v. 22. Juni 1861 Art. I) § 49.

11. Die Erlaubniß znm Verkaufe von Arzneisubstanzen (n. 9) kann für Nichtapotheker nicht von einer Provinzialbehörde, sondern nur von dem Ministerium der Medizinal-Angelegenheiten ertheilt werden: VI. 15. März 65 c. Daubitz (RdO. V, 559).

12. Als Verkauf einer Arznei kann es angesehen werden, wenn Jemand einen der unter n. 9 erwähnten Stoffe in einer nur mechanischen Verbindung mit sonstigen Stoffen an Andere käuflich überläßt: ZII. 20. April 65 (cit. n. 9). Sind dagegen die in der Min.-Bekanntmachung v. 29. Juli 1857 unter B. und C. aufgezählten Stoffe und Präparate von Nichtapothekern zur Darstellung selbstständiger Fabrikate benutzt worden, so unterliegen sie dem Verkaufsverbote dann nicht, wenn durch die Fabrikation ein neuer Gegenstand geschaffen ist, bei welchem jene Stoffe nur als nebensächliche und unwesentliche Bestandtheile erscheinen; umgekehrt unterliegen die im Verzeichniße A. aufgezählten Präparate ꝛc. dem Verbote unbedingt; das gilt namentlich auch von allen „Elixiren", sobald dieselben Arzneistoffe (wenn auch nur in geringer Quantität) zu ihren Bestandtheilen haben: VII. 22. Juni 65 c. Hartung (RdO VI, 211).

13. Auch Aerzte sind nicht befugt, ohne besondere polizeiliche Erlaubniß Arzneien zu dispensiren; der § 460. II, 8 des ALR., und § 14 der Apoth.-Ordn. v 11. Okt. 1801 sind nicht dahin aufzufassen, daß in dem dort vorgesehenen Falle, so wie in den Fällen, wo nach der Apoth.-Ordnung die Aerzte eine Hausapotheke zu halten nicht befugt sind, ihre Befugniß zum Selbst-Dispensiren nur zu Gunsten der Apotheker beschränkt, die Strafvorschrift des § 345 Nr. 2 also auf sie nicht anwendbar sei: VI. 5. Mai 54 c. Nuchten (JMbl. s. 278). Vgl. die Gutachten der wiss. Deput f. d. pharmaz. Ang. v. 4. Nov. 1851, u. d. wiss. Deput. f. d. Med.-Wesen von 28 Jan. 1852 (JMbl. 52 f. 173).

14. Ueber die Befugniß der approbirten Medizinal-Personen zum Selbstdispensiren der nach homöopathischen Grundsätzen bereiteten Arzneimittel vgl. Regl. v. 20. Juni 1843; AKO. v. 11 Juli 1843 (GS. s. 305). Unter dem im § 8 des cit. Regl. vom 20. Juni 1843 für strafbar erklärten „Selbstdispensiren" homöopathischer Aerzte ist auch die bloße Verabreichung der zwar in einer Apotheke, aber nicht für den bestimmten Kranken, dem sie verabreicht wurde, bereiteten Arznei, ohne sonstige Behandlung derselben zu verstehen; eine solche ist daher nach § 345 Nr. 2 zu ahnden: VII. 24. Febr. 53 c. Bolle (Entsch. 25. s. 263); vgl. die unter n. 13 citt. Gutachten.

15. Der Ausdruck „verkauft" umfaßt hier auch das Feilbieten zum Verkaufe: VII. 26. Febr. 57 c. Knipping.

16. Ein approbirter seine Praxis im Umherziehen ausübender Thierarzt verwirkt nicht die Strafe der Nr. 2, wenn er seine gifthaltigen Medikamente selbst verabreicht: VI. 19. Okt. 64 c. Ernst (RdO. V, 178).

17. Wer den Handel mit Giften gewerbsmäßig ohne die erforderliche Erlaubniß (n. 10) betreibt, verwirkt die Strafe des § 177 der Gew.-Ordn., welcher durch § 345 Nr. 2 nicht aufgehoben ist.

18. Ueber den Verkauf der konfiscirten Gifte vgl. JMVerf. v. 22. Dez. 1852 (JMbl. 53. s. 48).

19. Durch diese Nr. 2 sind die Bestimmungen des das Ankündigen von Geheimmitteln auf dem linken Rheinufer verbietenden Art. 36 des Ges. v. 21. germ. XI, sowie die Strafandrohung des Ges. v. 29. pluv. XIII nicht aufgehoben; vgl. EG. Art. II n. 30.

3) *) wer ohne besondere Erlaubniß Schießpulver oder andere explodirende Stoffe oder Feuerwerke zubereitet oder feilhält;

[Entw. § 317 Nr. 3]. Vgl. § 289; Gew.-Ordn. v. 17. Jan. 1845 § 27. 45. 49. 177; Ges. v. 22. Juni 1861 Art. I § 49 Art. III (GS. s. 441); Ges. v. 1. Juli 1861 (GS. s. 749).

4) wer bei der Aufbewahrung oder bei dem Transporte von Giftwaaren, Schießpulver oder anderen explodirenden Stoffen oder Feuerwerken, oder bei Ausübung der Befugniß zur Zubereitung oder Feilhaltung dieser Gegenstände, sowie der Arzeneien, die deshalb ergangenen Verordnungen nicht befolgt;

[Entw. § 317 Nr. 4]. Vgl. Ges. v. 10. Dez. 1800 (N. C. C. X. s. 3249); Apoth.-Ordn. v. 11. Okt. 1801 (N. C. C. XI. s. 555; v. Rabe Samml. 6. s. 664); AKO. v. 5. Okt. 1846 (GS. s. 509); Regul. v. 5. Jan. 1840 (BMbl. s. 88); Min.-Verf. v. 10. Aug. 1843 (BMbl. s. 261); Regl. v. 12. April 1852 (BMbl. s. 223).

5) wer verfälschte oder verdorbene Getränke oder Eßwaaren feilhält;

[Entw. § 317 Nr. 5]. Vgl. § 304.

---

*) Die Nr. 3 ist durch das Ges. v. 22. Juni 1861 zum Theil außer Kraft gesetzt worden; das Nähere siehe unten Note 20.

Zu Nr. 3.

20. Durch das Ges. v. 22. Juni 1861 Art. I ist § 49 der Gew.-Ordn. abgeändert, und das Erforderniß einer polizeilichen Gestattung für den Handel mit Schieß-Pulver beseitigt; demgemäß ist im Art. III auch der obige § 345 Nr. 3, soweit derselbe den Handel mit Schießpulver betrifft, außer Kraft gesetzt worden. Dagegen hat die Vorschrift, insoweit sie sich auf andere explodirende Stoffe oder Feuerwerke, sowie auf die Zubereitung des Schießpulvers bezieht, ihre Geltung behalten. Vgl. Ges. v. 1. Juli 1861 § 1.

21. Auch hier greift bei einem gewerbsmäßigen Betriebe § 177 der Gew.-Ordn. v. 17. Jan. 1845 Platz.

Zu Nr. 4.

22. In Betreff der Gifte sind das Ges. v. 10. Dez. 1800, die Apoth.-Ordn. v. 11. Okt. 1801, die AKO. v. 5. Okt. 1846, und die Min.-Verf. v. 31. Aug. 1850 (BMbl. s. 242), sowie endlich (was den Transport auf dem Rheine anlangt) das Regul. v. 5. Jan. 1840 zu vergleichen.

23. In Betreff des Pulvers vgl. Min.-Cirk. v. 14. Sept. 1846 (BMbl. s. 202); Min.-Verf. v. 10. Aug. 1843 (ibid. s. 261); Regl. v. 12. April 1852 (ibid. s. 223); Regl. v. 27. Sept. 1846 (ibid. s. 188) und die verschiedenen Flußschifffahrtsordnungen.

24. Insofern die besonderen diese Materie betreffenden Verordnungen noch Strafandrohungen für Fälle enthalten, welche in der Nr. 4 nicht erwähnt sind, ist ihre fortdauernde Gültigkeit anerkannt durch KBII. s. 179.

Zu Nr. 5.

25. Unter Verfälschung ist jede Beimischung eines fremdartigen Stoffes zu verstehen; insbesondere ist diese Vorschrift nicht auf den Fall zu beschränken, wo die Verfälschung der feilgehaltenen Waaren zum Schaden der Gesundheit gereicht; es soll nicht geduldet werden, daß verfälschte Getränke und Eßwaaren ohne Angabe der Beimischung verkauft werden: KBII. s. 179. Daher gehört auch Ver-

6) wer ohne polizeiliche Erlaubniß an bewohnten oder von Menschen besuchten Orten Selbstgeschosse, Schlageisen oder Fußangeln legt, oder an solchen Orten mit Feuergewehr oder anderem Schießwerkzeug schießt;

[Entw. § 317 Nr. 6].

7) wer Stoß-, Hieb- oder Schußwaffen, welche in Stöcken oder Röhren oder in ähnlicher Weise verborgen sind, feilhält oder mit sich führt;

[Entw. § 317 Nr. 6a].

---

mischung der feilgehaltenen Milch mit Wasser hierher: Gilb. C. pén. art. 475 § 6 n. 4; ebenso das Benetzen des Salzes: VII. 5. Juni 58 c. Begrich.

26. Getränke 2c. können auch dann als „verdorben" angesehen werden, wenn sie als solche in schlechtem (zum Genießen nicht geeignetem) Zustande angefertigt worden, also nie besser gewesen sind; *contra:* Goltd. im Arch. XIV, 374.

27. Ob der Verkäufer Kenntniß von der geschehenen Verfälschung 2c. hatte, ist für den Thatbestand gleichgültig; vgl. Gilb. C. pén. art. 475 § 6 n. 1.

28. Der Ausdruck „Getränke und Eßwaaren" ist nicht (wie im Falle der § 349 Nr. 3) auf solche Dinge zu beschränken, welche sofort ohne weitere Zubereitung genießbar sind: VI. 11. April 62 c. Tourbier (RdO. II, 343).

29. „Feilhalten" umfaßt jedes Anbieten zum Verkaufe, sollte es auch nicht gewerbsmäßig geschehen: VII. 9. Juli 57 c. Moses (RA. 52. 2A. s. 92; GA. VI, 139). Inwiefern der Besitz derartiger Waaren durch einen Kaufmann, welcher mit Waaren der fraglichen Gattung handelt, als ein Feilhalten derselben angesehen werden könne, gehört zur thatsächlichen Beurtheilung.

30. Auch derjenige wird von der Strafe betroffen, welcher derartige Waaren ohne ein vorgängiges Ausbieten (Feilhalten) verkauft; vgl. ALR. II, 20 § 722; Gilb. C. pén. art. 475 § 6.

Zu Nr. 6.

31. Unter den „bewohnten oder von Menschen besuchten Orten" sind nicht blos öffentliche Orte zu verstehen, sondern auch solche Privat-Räumlichkeiten, welche von Menschen besucht zu werden pflegen; die eigenen Räumlichkeiten des Handelnden sind nicht ausgeschlossen; vgl. § 344 n. 10.

32. Als ein „von Menschen besuchter Ort" ist dagegen hier derjenige nicht zu betrachten, wohin eben nur der die im § gedachte Handlung vornehmende Eigenthümer selbst zu kommen pflegt; dasselbe kann der Richter der Thatsachen auch da annehmen, wo außer dem Handelnden nur andere erwachsene Hausgenossen desselben den Ort besuchen, welche auf die Gefahr aufmerksam gemacht sind.

33. Bei Prüfung der Frage, ob der betr. Ort bewohnt, oder von Menschen besucht sei, ist derselbe in der Ausdehnung aufzufassen, bis wohin sich die Wirkung der Selbstgeschosse 2c. erstrecken kann.

34. Das „Schießen" ist nur auf ein Scharf-Schießen zu beziehen.

35. Hat das Legen eines Schlageisens 2c. die Körperverletzung eines Menschen zur Folge gehabt, so gehört es zur thatsächlichen Beurtheilung, ob dieselbe als eine fahrlässige oder vorsätzliche demjenigen anzurechnen sei, von welchem jenes Hinlegen ausgegangen war; so: ZII. 21. Juni 55 c. Kühnast.

Zu Nr. 7.

36. Das Tragen gewöhnlicher Waffen in der Tasche ist dadurch nicht unter Strafe gestellt; es werden Vorrichtungen vorausgesetzt, welche die Waffe selbst äußerlich als etwas Unverfängliches, Ungefährliches erscheinen lassen: Koch n. 86.

37. Auf die Anfertigung derartiger Waffen ist die Vorschrift nicht auszudehnen.

38. Die konfiszirten Waffen sollen nicht verkauft, sondern vernichtet werden: Verf. d. Min. d. Inn. v. 15. März 1837 (v. K. Jahrb. 49. s. 290); JMVerf. v. 22. Dez. 1852 (JMbl. 53. s. 48).

8) wer ohne polizeiliche Erlaubniß gefährliche wilde Thiere hält, oder wilde oder bösartige Thiere frei herumlaufen läßt, oder in Ansehung ihrer die erforderlichen Vorsichtsmaaßregeln zur Verhütung von Beschädigungen unterläßt;
[Entw. § 317 Nr. 7].

9) wer auf öffentlichen Straßen, Wegen oder Plätzen, auf Höfen, in Häusern oder überhaupt an Orten, wo Menschen hinkommen, Brunnen, Keller, Gruben, Oeffnungen oder Abhänge dergestalt unverdeckt oder unverwahrt läßt, daß daraus Gefahr für Andere entstehen kann;
[Entw. § 317 Nr. 8].

10) wer der polizeilichen Aufforderung, Gebäude, welche den Einsturz drohen, auszubessern oder niederzureißen, keine Folge leistet;
[Entw. § 317 Nr. 9].

11) wer Bauten und Reparaturen von Gebäuden, Brunnen, Brücken, Schleusen oder anderen Bauwerken vornimmt,

---

Zu Nr. 8.

39. Als **bösartige** Thiere sind auch solche zu betrachten, welche ihrer Gattung nach zu den zahmen gehören, wenn sie geneigt sind, zu beißen, zu stoßen ꝛc., z. B. Stiere, beißende Hunde ꝛc.; vgl. Koch n. 87.

40. Unter den „**erforderlichen Vorsichtsmaaßregeln**" sind auch hier nicht nur die ausdrücklich vorgeschriebenen, sondern auch diejenigen zu verstehen, welche in jedem Einzelfalle sich als erforderlich darstellen, der aus der Bösartigkeit des Thiers drohenden Gefahr vorzubeugen. Es gilt hier analog das oben zu § 344 n. 3 Gesagte.

Zu Nr. 9.

41. Die Verpflichtung liegt dem Herrn (dem Inhaber) des betr. Brunnens ꝛc., beziehungsweise desjenigen Grundstücks ob, wo sich der Abhang öffnet. Hat nachweislich ein Dritter die angebrachten Verwahrmittel beseitigt, so ist jener nur dann strafbar, wenn ihn in Betreff der Herstellung der Vorwurf einer Versäumniß trifft.

42. Damit der § ausgeschlossen bleibe, bedarf es nicht einer unbedingten Unzugänglichkeit des Orts oder einer absoluten Gefahrlosigkeit; es unterliegt dem richterlichen Ermessen, ob unter gewöhnlichen Verhältnissen eine Gefahr für Menschen obwalte: ZI. Civ.-Sen. 2. Mai 62 Bartels c. Möller (StA. 45. s 210).

43. Durch diese Nr. 9 haben ältere denselben Gegenstand betreffende Gesetze und Pol.-Verordnungen ihre Wirksamkeit verloren: ZII. 13. Sept. 60 c. Meyer.

Zu Nr. 10.

44. Die Aufforderung kann in genügender Weise von der **Lokal-Polizei-Behörde** ausgehen.

45. In welcher Weise die polizeiliche Aufforderung zur **Kunde** des Betreffenden gebracht sei, ist gleichgültig, sobald er nur in derselben die an ihn ergangene amtliche Aufforderung erkennen konnte; vgl. Gilb. C. pén. art. 471 § 5 n. 53.

46. Der Ausdruck „**Gebäude**" ist hier auf jedes Bauwerk, z. B. auch auf Mauern, zu beziehen.

47. Die Nichtbefolgung der Aufforderung ist als solche strafbar; daher darf das erkennende Gericht nicht untersuchen, ob die angeordnete Maaßregel nach dem baulichen Zustande wirklich nothwendig war: VKH. (Int. d. Ges.) 27. Jan. 30 c. Hautermann (RA. 14. 2A. s. 11).

Zu Nr. 11.

48. Die Vorschrift ist nicht nur auf Baumeister, sondern auch auf **Bauherrn** anwendbar: ZI. Civ.-Sen. 13. Nov. 57 (Entsch. 37. 1. s. 35; beil.).

ohne die von der Polizei angeordneten oder sonst erforderlichen Sicherungsmaaßregeln zu treffen;

[Entw. § 317 Nr. 10]. Vgl. ALR. I, 8 § 71. 72.

12) wer als Bauherr, Baumeister oder Bauhandwerker einen Bau oder eine Reparatur, wozu die polizeiliche Genehmigung erforderlich ist, ohne diese Genehmigung oder mit eigenmächtiger Abweichung von dem durch die Behörde genehmigten Bauplane ausführt oder ausführen läßt.

[Entw. § 317 Nr. 11]. Vgl. ALR. I, 8 § 67. 70.

In den Fällen der Nummern 2., 3., 4., 5., 6. und 7. ist die Konfiskation des Gifts, der Arzeneien, des Schießpulvers oder der anderen explodirenden Stoffe oder Feuerwerke, der verfälschten oder verdorbenen Getränke oder Eßwaaren, ingleichen der Selbstgeschosse, Schlageisen oder Fußangeln, sowie der verbotenen Waffen im Urtheile auszusprechen.

[Entw. § 317].

§. 346. Mit Geldbuße bis zu funfzig Thalern oder Gefängniß bis zu sechs Wochen wird bestraft:

1) wer in die Wohnung, das Geschäftszimmer oder das befriedigte Besitzthum eines Anderen, oder in abgeschlossene Räume, welche zum öffentlichen Dienste bestimmt sind,

---

48a. Zu den „andern Bauwerken“ gehören die Aufschachtungen von Sand- und Lehmgruben: Erk. I. Civ.-Sen. 9. Juni 65 (StA. 60. S. 76).

49. Die Worte „von der Polizei angeordneten“ beziehen sich nicht blos auf allgemein verbindliche Anordnungen, sondern auch auf individuelle Weisungen.

Zu Nr. 12.

50. Ueber die Verpflichtung, zu einem Baue rc. vorher die polizeiliche Genehmigung einzuholen, vgl. ALR. I, 8 § 67. 70; und in Betreff des ehemaligen Großherzogthums Berg: Min. Vdn. v. 16. Juli 1807 (Scotti S. 1079) und oben § 332 n. 51.

51. In Betreff der Verbindlichkeit, auf dem linken Rheinufer für die an Landstraßen und Wegen zu errichtenden Bauten die Feststellung der Richtungslinie einzuholen, vgl. § 332 n. 51.

52. Ueber die Nothwendigkeit einer polizeilichen Erlaubniß zur Anlage oder Reparatur eines Dachs von Stroh, Rohr oder Holz vgl. für die Rheinprovinz AKO. v. 2. Juli 1836 (RS. V, 413).

53. Auch die unvollständige Ausführung eines genehmigten Bauplans (z. B die Errichtung eines Schornsteins in zu geringer Höhe) stellt eine Abweichung von dem letztern dar: VI. 13. Okt. 58 c. Krebs (ind.).

54. Der Baumeister wird dadurch nicht von der Strafe befreit, daß ihm der Bauherr versprochen hat, für die anderweitige vollständige Ausführung des Baues Sorge zu tragen: VI. 13. Okt. 58 c. Krebs.

Zum Schlußsatze.

55. Die Konfiskation ist auch dann auszusprechen, wenn der betr. Gegenstand (z. B. das vorschriftswidrig transportirte Pulver) nicht dem Kontravenienten, sondern einem Dritten gehört; dieser muß sich an jenen halten.

§ 346.

Zu Nr. 1. Vgl. § 214. 318.

1. Im Allgemeinen sind hier die Bemerkungen zu § 214 zu vergleichen; der

widerrechtlich eindringt, oder, wenn er ohne Befugniß darin verweilt, auf geschehene Aufforderung sich nicht entfernt;

2) wer Hunde auf Menschen hetzt;

3) wer vorsätzlich Steine oder andere harte Körper oder Unrath auf Menschen wirft.

[Entw. § 318].

Vierter Titel.
Uebertretungen in Beziehung auf das Vermögen.

§. 347. Mit Geldbuße bis zu zwanzig Thalern oder mit Gefängniß bis zu vierzehn Tagen wird bestraft:

Unterschied vom Thatbestande jenes § liegt darin, daß dort ein Handeln mehrerer zusammengerotteter Personen vorausgesetzt wird; außerdem bestraft § 346 auch im Falle des unbefugten Verweilens das Nichtentfernen auf geschehene Aufforderung.

2. Auch der Inhaber eines dem öffentlichen Verkehre und dem Zutritte eines Jeden geöffneten Privatgeschäftslokals ist befugt, dasselbe entweder ganz oder für Einzelne, welchen er den Aufenthalt nicht gestatten will, zu schließen, und damit unter den Schutz des § zu stellen: VI. 20. April 60 Caspari c. Waske.

3. In Ermangelung eines besonderen Rechtes ist die Handlung widerrechtlich, sobald sie gegen den erkennbaren Willen des Inhabers erfolgt: KVII. s. 180. Ist dieses der Fall, so kann ein erlaubter Zweck (z. B. die Absicht, eine widerrechtlich weggenommene Sache zurückzufordern) das Eindringen nicht zu einem berechtigten machen; *contra:* V. 8. Okt. 52 c. Scholz; vgl. n. 4; § 318 n. 3.

4. Auch dann, wenn Jemand sich in gerechtfertigter Weise im Besitzthume eines Andern aufhält, genügt die Aufforderung des letztern, um die Entfernung nothwendig zu machen; auf den Grund der Aufforderung kommt dann Nichts an: ZI. 16. März 63 c. Thormann (RdO. IV, 116); das Länger-Verweilen trotz einer solchen Aufforderung berechtigt den Andern, von seinem Hausrechte Gebrauch zu machen: VI. 8. Juni 60 c. Hadack.

5. Der Vermiether, welcher nach dem Ablaufe der Miethzeit in die vermiethete Wohnung dringt, und Thüren und Fenster aushebt, um dadurch den Miether zum Ausziehen zu nöthigen, unterliegt nicht der Strafe der Nr. 1, weil sein Eindringen kein unbefugtes ist; ähnlich: ZII. 7. Juli 64 c. Friedrichs (RdO. V, 58). Dagegen verwirkt auch der Eigenthümer der betr. Räumlichkeit die Strafe, wenn er gegen den Willen des redlichen Besitzers eindringt: ZII. 13. Juni 67 c. Schulte (RdO. VIII, 375).

6. Der Vorgesetzte eines Beamten, welcher diesem eine amtliche Mittheilung zu machen hat, kann dessen Wohnung betreten, und auch gegen den ausgesprochenen Willen desselben dort verweilen: VII. 28. Mai 63 c. Schruhl (RdO. IV, 473).

Zu Nr. 2.

7. Hier wird ein vorsätzliches Handeln vorausgesetzt.

8. Hat in Folge des Hetzens der Hund dem Andern eine Verletzung beigebracht, so wird § 187 anwendbar.

Zu Nr. 3. Vgl. § 187; 344 Nr. 5.

9. Ueber den Unterschied des hier vorgesehenen Thatbestandes von dem des § 187 vgl. dort n. 8.

10. Die Nr. 3 setzt voraus, daß der betr. Mensch von den geworfenen Gegenständen getroffen worden sei; ein Werfen nach Jemand gehört nicht hierher.

§ 347.

Zu Nr. 1.

1 Für das linke Rheinufer enthält ein Ges. v. 26. vent. IV (v. Dan. 3.

1) wer das Raupen, insofern dies durch gesetzliche oder polizeiliche Anordnungen geboten ist, unterläßt;
2) wer den polizeilichen Anordnungen über die Schließung der Weinberge entgegen handelt;
3) wer ohne polizeiliche Erlaubniß eine neue Feuerstätte errichtet oder eine bereits vorhandene an einen anderen Ort verlegt;
4) wer es unterläßt, dafür zu sorgen, daß die Feuerstätten in seinem Hause in baulichem oder brandsicherem Zustande unterhalten, oder daß die Schornsteine zur rechten Zeit gereinigt werden;
5) wer Waaren, Materialien oder andere Vorräthe, welche sich leicht von selbst entzünden, oder leicht Feuer fangen, an Orten oder in Behältnissen aufbewahrt, wo ihre Entzündung gefährlich werden kann, oder wer Stoffe, die nicht ohne Gefahr einer Entzündung bei einander liegen können, ohne Absonderung aufbewahrt;

---

f. 333) eine allgemeine, noch geltende Vorschrift, nach welcher das Abraupen alljährlich vor dem 1. ventose (20. Februar) stattfinden soll. Eine Abänderung dieser Zeitbestimmung durch örtliche Polizei-Verordnungen ward indessen vom französischen Kass.-Hofe für statthaft erachtet; vgl. Gilb. C. pén. art. 471 § 8 n. 12.

Zu Nr. 2.

2. Für das linke Rheinufer gestattete das Rur.-Ges. v. 28. Sept — 6. Okt. 1791 Tit. 1 Abschn. 5 Art. 1 die Erlassung einer den Anfang der Weinlese bestimmenden Polizei-Verordnung, jedoch nur in den Gegenden, wo eine solche Bestimmung gebräuchlich ist, und auch nur für nicht geschlossene Weinberge. Diese Beschränkung ist mit Rücksicht auf § 15 des Pol.-Ges. v. 11. März 1850 auch jetzt noch in Kraft.

3. Die hier erwähnten „polizeilichen Anordnungen" sind nur dann verbindlich, wenn sie nach Anleitung des Pol.-Ges. v. 11. März 1850 erlassen und vorschriftsmäßig verkündet sind: ZII. 6. Jan. 59 c. Weiß.

Zu Nr. 3—9.

4. Hierdurch sind anderweitige feuerpolizeiliche Vorschriften, welche bereits früher galten, nicht beseitigt; ebensowenig ist den Polizeibehörden dadurch die Befugniß entzogen, mit Rücksicht auf örtliche Bedürfnisse, in Beziehung auf die Errichtung und Veränderung von Feuerstätten 2c. anderweitige und selbst weitergehende Vorschriften und Verbote zu erlassen: VII 29. April 58 c. Schmidt; VII. 13. Dez. 66 c. Kreuder (RdO. VII, 711); vgl. Nr. 9 („andere feuerpolizeiliche Anordnungen") und die Bemerkungen n. 10—13; § 332 n 27; EG. Art. II n. 5.

Zu Nr. 4.

5. Die Feuerstätten umfassen hier auch die Schornsteine mit.

6. Die Vorschrift bezieht sich zunächst auf den Eigenthümer; seine Verpflichtung ist nicht dadurch bedingt, daß er sich im Besitze des Hauses befinde; sie wird wirksam, so lange ihm die Erfüllung nicht unmöglich gemacht ist: VII. 24. Okt. 61 c. Groß (RdO. II, 17).

7. Außerdem liegt die Verbindlichkeit auch jedem ob, welcher das Gebäude bewohnt oder benutzt, insbesondere also dem Miether; *contra*: VII. 24. Okt. 61 (cit. n. 6), welches beiläufig ausspricht: „der bloße Besitzer sei zu baulichen Aenderungen kaum befugt und jedenfalls nicht immer verpflichtet."

8. Die vorschriftswidrige bauliche Einrichtung eines Schornsteins hat der Hausbesitzer als solcher nicht zu vertreten: ZI. 1. Febr. 56 c. Lohr.

6) wer Scheunen, Ställe, Böden oder andere Räume, welche zur Aufbewahrung feuerfangender Sachen dienen, mit unverwahrtem Feuer oder Licht betritt, oder sich denselben mit unverwahrtem Feuer oder Licht nähert;

7) wer an gefährlichen Stellen in Wäldern oder Haiden, oder in gefährlicher Nähe von Gebäuden oder feuerfangenden Sachen Feuer anzündet;

---

9. Dasselbe ZI. 1. Febr. 56 c. Lohr nahm an: zur Begründung einer auf § 347 Nr. 4 gestützten Anklage gehöre der Beweis: daß der Angeklagte es schuldbarer Weise unterlassen habe, dafür zu sorgen, daß die Feuerstätte in baulichem und brandsicherem Zustande unterhalten werde; ähnlich: ZI. 28. März 56 c. Schladweiler: die Fahrlässigkeit des Angeklagten sei nicht zu vermuthen, sondern ihm zu erweisen.

Zu Nr. 6.

10. An und für sich fällt auch das feuergefährliche Tabakrauchen unter diese Strafvorschrift: Motive s. 84; Beschl. I. 30. Sept. 53 c. Borchardt; ZII. 26. Febr. 57 c. Picke. Aeltere hierauf bezügliche Strafverbote, z. B. das Edikt v. 19. Jan. 1764 und die Dekl. v. 31. Aug. 1815 (GS. 16. s. 1) sind daher, insoweit sich dieselben auf die hier genannten Räumlichkeiten beziehen (vgl. n. 12—13), aufgehoben; vgl. GA. I, 266; *contra*: Wentzel Ergg. s. 8. 437.

11. Ob im Einzelfalle das Feuer als ein unverwahrtes zu betrachten sei (z. B. das Rauchen aus einer gedeckelten Pfeife, ist Gegenstand der thatsächlichen Beurtheilung: Z.KH. 22. Dez. 52 c. Conrad (RA. 48. 2 A. s. 16); ZII. 26. Febr. 57 c. Picke.

12. Aeltere (gesetzliche und) polizeiliche Vorschriften, welche das Betreten von Scheunen und ähnlichen Räumen mit Feuer und Licht zum Gegenstande haben, sind durch diesen § aufgehoben, z. B. eine Polizei-Verordnung, welche das Betreten der Scheune mit brennender Pfeife unbedingt verbot: Z.KH. 22. Dez. 52 (cit. n. 11). Dagegen ist es den betreffenden Polizei-Behörden nicht verwehrt, unter Berücksichtigung der örtlichen Verhältnisse und Bedürfnisse, nach Anleitung des Polizei-Ges. v. 11. März 1850, selbst weitergehende Verbote zu erlassen, und Zuwiderhandlungen mit Strafe zu bedrohen; diese stehen dann nicht mit der Vorschrift der Nr. 6 im Widerspruche. Auf dieser Ansicht scheint ein Beschl. I. 30. Sept. 53 c. Borchardt zu beruhen; *contra*: cit. Z.KH. 22. Dez. 52, welches davon ausging, daß der § das Betreten einer Scheune mit verwahrtem Feuer als erlaubt ansehe. Jedenfalls ist eine neuerdings ergehende Polizei-Verordnung, welche (im Hinblicke auf lokale Verhältnisse) allgemein bestimmt, daß der Verschluß einer brennenden Pfeife durch einen Deckel nicht als genügende „Verwahrung" anzusehen, und deshalb das Betreten jener Räume unbedingt verboten sei, — mit dem § 347 Nr. 6 sehr wohl vereinbar, und daher rechtsverbindlich: BI. 9. Sept. 53 c. Sattelberg (JMBl. s. 439).

13. Aeltere Polizei-Verordnungen, welche den Gebrauch des Feuers an andern als den in der Nr. 6 gedachten Orten mit Strafe bedrohen, z. B. das Rauchen aus Cigarren und ungedeckelten Pfeifen auf den Straßen, sind durch diese Nr. 6 so wenig, als durch Nr. 7 beseitigt, zumal da die Nr. 9 allgemein die Nichtbefolgung anderer feuerpolizeilicher Anordnungen mit derselben Strafe des § bedroht: B.KH. 29. Juni 52 c. Zander (GA. I, 267); BII. 11. Mai 54 c. Kohlbecker. Vgl. AKO. v. 9. Dez. 1832 (GS. 33. s. 1), welche noch als gültig zu betrachten ist.

Zu Nr. 7. Vgl. FPO. v. 1. Nov. 1847 § 43 Nr. 5.

14. Der Kenntniß (des Bewußtseins) von der Gefährlichkeit bedarf es hier nicht; vielmehr greift beim Vorhandensein dieser Kenntniß, wenn den Gebäuden ꝛc. das Feuer wirklich mitgetheilt worden ist, die strengere Strafvorschrift des § 287 Platz; vgl. dort n. 2.

8) wer in gefährlicher Nähe von Gebäuden oder feuerfangenden Sachen mit Feuergewehr schießt oder Feuerwerke abbrennt;

9) wer die polizeilich vorgeschriebenen Feuerlöschgeräthschaften entweder gar nicht oder nicht in brauchbarem Zustande hält, oder andere feuerpolizeiliche Anordnungen nicht befolgt;

10) *) wer unbefugt über Gärten oder Weinberge, oder vor völlig beendeter Erndte über Wiesen oder bestellte Aecker, oder über solche Aecker, Wiesen, Weiden oder Schonungen, welche mit einer Einfriedigung versehen sind,

*) Fassung des Gesetzes v. 14. April 1856 (GS. s. 210); in der ursprünglichen Fassung lautete die Nr.

10) wer unbefugt über Gärten oder Weinberge, oder vor völlig beendeter Erndte über Wiesen oder bestellte Aecker, oder über solche Aecker, Wiesen, Weiden oder Schonungen, welche mit einer Einfriedigung versehen sind, oder deren Betreten durch Warnungszeichen untersagt ist, geht, fährt, reitet oder Vieh treibt. Die besonderen Bestimmungen, welche wegen der Pfändungen bei solchen Uebertretungen, sowie über Weidefrevel, in den Feldpolizei-Ordnungen enthalten sind, werden hierdurch nicht geändert;

Zu Nr. 8.

15. Da hier nur die Feuergefährlichkeit den Grund des Strafverbots bildet, so macht es keinen Unterschied, ob scharf oder nur mit Pulver geschossen wird.

16. Das Abbrennen von „Feuerwerken“ umfaßt nicht nur die zum Vergnügen, sondern auch die zu bestimmten technischen Zwecken vorgenommenen Handlungen dieser Art, z. B. Sprengungen rc.: Gilb. C. pén. art. 471 § 2 n. 3.

Zu Nr. 9.

17. Vgl. oben n. 13.

Zu Nr. 10. Vgl. FPO. v. 1. Nov. 1847 § 43 Nr. 2; 44.

18. Die Fassungsveränderung dieser Nr. 10 durch das Ges. v. 14. April 1856 ist erfolgt, um die Vorschrift des § 41 Nr. 1 der FPO. v. 1. Nov. 1847, aus welcher die Nr. entlehnt war, gänzlich zu erschöpfen, und deren Streichung in jenem Gesetze möglich zu machen.

19. Eine Bestrafung findet nicht Statt, wenn derjenige, welcher über das fremde Grundstück geritten oder gefahren ist, oder Vieh getrieben hat, hierzu durch die schlechte Beschaffenheit eines an dem Grundstücke vorüberführenden und zum gemeinen Gebrauche bestimmten Weges genöthigt worden ist; ebenso bleiben in einem solchen Falle Pfändungen und Schadensforderungen ausgeschlossen: FPO. (Ges. v. 14. April 1856) § 44. In einem solchen Falle ist die Handlung nicht für eine „unbefugte“ zu erachten. Diese Vorschrift muß auch auf den Fall ausgedehnt werden, wo Jemand unter ähnlichen Voraussetzungen über ein fremdes Grundstück geht; § 44 cit. zählt zwar diesen nicht mit auf, da aber derselbe der mildeste von allen ist, so unterliegt die Ausdehnung keinem Bedenken; vgl. Rh. Rur.-Ges. v. 26. Sept. 1791 Art. 41 Nr. 2; Gilb. C. pén. art. 471 § 13 n. 6.

20. Dagegen wird die Handlung dadurch nicht straflos, daß der Betreffende ein allseitig eingeschlossenes Grundstück besitzt, auf welches er nicht gelangen kann, ohne über das Nachbargrundstück zu gehen; er muß Schritte thun, um sich eine Dienstbarkeit bestellen zu lassen: VII. 5. Jan. 65 c. Franken (RdO. V, 395).

21. Ein Z. KH. 14. Sept. 40 c. Dommerque (RA. 30. 2 A. s. 95, und ein Z. id. 19. Okt. 40 c. v. Mirman (Volkm. s. 388) erachteten das Betreten eines fremden bestellten Grundstücks durch den dort Jagdberechtigten (z. B. den Jagdpächter) für ein befugtes und daher nicht strafbares; der angerichtete Schaden könne nur Gegenstand einer Civilklage sein.

oder deren Betreten durch Warnungszeichen untersagt ist, oder auf einem durch Warnungszeichen geschlossenen Privatwege geht, fährt, reitet oder Vieh treibt. Die besonderen Bestimmungen, welche wegen der Pfändungen bei solchen Uebertretungen, sowie über Weidefrevel, in den Feldpolizei-Ordnungen enthalten sind, werden hierdurch nicht geändert;

---

22. Die Erndte ist nicht eher beendigt, bis die vom Boden getrennten Früchte sämmtlich von demselben entfernt sind.

23. Bei Wiesen ist die Beendigung der Erndte nach dem zweiten (Grummet-) Schnitte anzunehmen; die Auffassung des französischen Kassationshofes (cf. Gilb. C. pén. art. 471 § 13 n. 15), daß Wiesen als fortwährend produzirend, und die Erndte auf ihnen nie als beendigt anzusehen seien, kann nach § 347 nicht Platz greifen, da er die Beendigung der Erndte ausdrücklich als möglich voraussetzt.

24. Ein Acker ist „bestellt", sobald er bepflügt ist, sollte er auch noch nicht besäet oder bepflanzt sein.

25. Das einseitige Betreten einer Grenzfurche, welche mit Rücksicht auf Artt. 666 des Rh. BGB. für ein gemeinschaftliches Eigenthum der Anschießenden gilt, durch einen der letztern ist, selbst wenn dieselbe von dem andern besäet ꝛc. war, nicht nach Nr. 10 strafbar: ZII. 11. Nov. 56 c. Paulen.

26. Die Verwirkung der Strafe ist nicht durch die Anrichtung eines Schadens bedingt; vgl. Gilb. C. pén. art. 471 § 14 n. 10.

27. Hat eine vorsätzliche Vermögensbeschädigung stattgefunden, so greifen die §§ 281. 284 Platz; vgl. FPO. v. 1. Nov. 1847 § 45; Rh. Rur.-Ges. v. 28 Sept. — 6. Okt. 1791 Tit. 2 Art. 24 — 26.

28. Was als „Warnungszeichen" anzusehen sei, ist mit Rücksicht auf den Ortsgebrauch Gegenstand der thatsächlichen Beurtheilung; die FPO. v. 1. Nov. 1847 § 41 Nr. 1, aus welcher die Nr. 10 entlehnt ist, führte als Beispiele: „Tafeln, Strohwische, Gräben u. s. w." auf. Es ist sonach nicht erforderlich, daß die Warnungszeichen vorher von der betr. Behörde als solche bekannt gemacht sind; es genügt, wenn sie in einer Weise angebracht waren, daß sie als allgemein bekannte Warnungszeichen angesehen werden konnten: VII. 30. Nov. 54 c. Knellessen.

29. Ebensowenig ist es erforderlich, daß die Warnungszeichen von der Behörde aufgestellt seien; auch der Private kann seine Grundstücke und Wege in dieser Weise in verbindlicher Weise schließen: VI. 18. Jan. 56 c. Haßlinger. Ist ein Warnungszeichen von der Polizeibehörde aufgestellt, so bedarf es nicht der Bekanntmachung dieses Polizeiverbots in Gemäßheit der diesen Gegenstand (nach dem Polizei-Gesetz v. 11. März 1850 § 5) regelnden Regierungs-Verordnungen: cit. VI. 18. Jan. 56.

30. In Betreff der bei solchen Uebertretungen statthaften Pfändungen vgl. FPO. v. 1. Nov. 1847 § 44. 4 — 12. 53 — 67.

31. Konkurrirt mit der hier vorgesehenen Handlung ein Weidefrevel, so kommen die für diesen geltenden Strafbestimmungen allein zur Anwendung, ohne Unterschied, ob die Strafandrohung sich in einer Feld-Polizei-Ordnung, oder in einem andern Gesetze findet (Beisp.: Weidefrevel in Schonungen): ZI. 25. Jan. 60 c. Szpolwig; VII. 10. Okt. 61 c. Schaber (RdO. II, 1); VI. 22. Nov. 65 c. Krüger (RdO. VI, 478); *contra* in Betreff des letzteren Punktes: JMVerf. v. 16. Jan. 1858 (I, 5467). Die Nr. 10 kann in einem solchen Falle nur dann Platz greifen, wenn es an einer Strafvorschrift für das unbefugte Weidenlassen fehlt: cit. VI. 22. Nov. 65.

32. Eine Zuwiderhandlung gegen Nr. 10 ist als Feldfrevel im Sinne des Ges. v. 31. Jan. 1845 anzusehen; im Falle einer vorgeschützten Berechtigungs-Einrede wird daher dieses Gesetz anwendbar: VII. 8. Dez. 59 c. Fessel.

33. Diese Nr. 10 bildet kein Hinderniß, im Wege einer Polizei-Verordnung weiter gehende Verbote zu erlassen, und auch das Viehtreiben über nicht be-

11) wer ohne Genehmigung des Jagdberechtigten auf einem fremden Jagdreviere außer dem öffentlichen, zum gemeinen Gebrauche bestimmten Wege zwar nicht jagend, aber mit Schießgewehr, Windhunden oder zum Einfangen des Wildes gebräuchlichen Werkzeugen betroffen wird;

---

stellte Aecker &c., und solche, welche nicht mit Warnungszeichen versehen sind, zu untersagen: VII. 18. Juni 57 c. Esser; vgl. § 332 n. 27; EG. Art. II n. 5.

Zu Nr. 11. Vgl. § 274—277.

34. Die Nr. 11 ist nur da maaßgebend, wo nicht gejagt, resp. wo von den Jagdwerkzeugen kein Gebrauch gemacht worden ist. Im entgegengesetzten Falle kommen nur die §§ 274 ff. zur Anwendung; es können daneben nicht auch die hier angedrohten Strafen verhängt werden: VII. 9. Juni 53 c. Schmitz.

35. Auch der zum Tragen von Waffen berechtigte Beamte unterliegt den allgemeinen polizeilichen Vorschriften, insoweit sie nicht mit der gesetzlichen Ausübung seiner Dienstfunktionen kollidiren; daher darf ein Königlicher Förster ein fremdes Jagdrevier mit Schießgewehr nur dann betreten, wenn ihn sein Dienst dazu nöthigt: ZII. 25. Okt. 55 c. Kindt. In ähnlichem Sinne erging Erk. d. Komp.-Ger.-H. 24. Nov. 55 (JMbl. 56 s. 59; BMBl. 56 s. 92), welches noch allgemeiner annahm: die Forstbeamten seien bei Ausübung ihrer Amtsbefugnisse zur Ueberwachung von Jagdkontraventionen auf das ihnen angewiesene Jagdrevier beschränkt, und könnten sich, im Falle der Betretung eines fremden Jagdreviers mit der Schießwaffe, nicht auf ihre amtliche Eigenschaft zur Abwendung der Strafe des § 347 berufen.

36. Auch der Grundeigenthümer, welcher nicht selbst die Jagd ausübt, unterliegt diesem Verbote, insofern rücksichtlich seiner nicht durch die Jagdpachtbedingungen eine Ausnahme gemacht ist.

37. Geschah die Handlung mit Genehmigung des Jagdberechtigten, so bleibt Nr. 11 ausgeschlossen, sollte auch der Angeklagte den der Genehmigung hinzugefügten Bedingungen entgegen gehandelt haben; so: ZII. 22. März 60 c. Rockmann (GA. VIII. 708).

38. Auch dann, wenn die Grundstücke einer Feldmark zu einem gemeinschaftlichen Jagdbezirke vereinigt sind, und die Ausübung der Jagd auf demselben gänzlich ruht (Jagd-Polizei-Gesetz v. 7. März 1850 § 4. 10 a; GS. s. 167), greift das Strafverbot der Nr. 11 Platz, obgleich es dann an einem Jagdberechtigten, welcher die Genehmigung ertheilen könnte, gänzlich fehlt; der einzelne Grundeigenthümer kann dann eine solche Erlaubniß nicht ertheilen: ZI. 17. März 54 c. Radeloff.

39. Das Mitsichführen eines Schießgewehres genügt, um die Nr. 11 anwendbar zu machen, sollte dasselbe auch durch irgend eine Vorrichtung (z. B. durch Verbinden) zur sofortigen Benutzung ungeeignet gemacht sein: ZI. 2. Mai 66 c. Karkutsch (RdO. VII, 265). Freisprechung ist daher nur da gerechtfertigt, wo die Herrichtung (nach der thatsächlichen Beurtheilung des Instanzrichters) eine solche ist, daß das Gewehr in der Hand des Angeklagten jene Eigenschaft gänzlich verloren habe (z. B. durch vollständiges Verpacken).

40. Unter „Wild" sind hier jagdbare wilde Thiere zu verstehen: VI. 23. April 56 c. Lüpke.

41. Die Anwendbarkeit der Nr. 11 ist nicht durch die Absicht zu jagen bedingt: ZI. 2. Mai 66 (cit. n. 39).

42. Dagegen wird beim Angeklagten das Bewußtsein vorausgesetzt, daß er sich auf einem fremden Jagdreviere befinde; wenn dieses fehlt, wenn z. B. Jemand aus Irrthum über die Grenzen seines Reviers hinaus gegangen ist, so bleibt die Strafe ausgeschlossen: VII. 12. Juni 56 c. Sommer (ind.); ZII. 4. Sept. 56 c. Schütte (GA. V, 108).

43. Die Worte „betroffen wird" sind nicht zu wörtlich aufzufassen; jeder, welchem die Begehung der vorgesehenen Handlung nachgewiesen werden kann, unterliegt der Strafe, sollte er auch nicht auf dem Reviere selbst betroffen sein.

44. Die Spezial-Bestimmungen, welche das Mitnehmen oder Laufenlassen von Hunden in fremden Jagdrevieren mit Strafe bedrohen, sind durch diese Nr. 11

12) wer Eier oder Junge von jagdbarem Federwild ausnimmt.

[Entw. § 319]. Vgl. AKO. v. 21. April 1856 (GS. s. 220).

§. 348. Mit Geldbuße bis zu dreißig Thalern oder Gefängniß bis zu vier Wochen werden bestraft:

1) Schlosser, welche ohne obrigkeitliche Anweisung oder ohne Genehmigung des Inhabers einer Wohnung Schlüssel zu Zimmern oder Behältnissen anfertigen, Schlösser an denselben öffnen, ohne Genehmigung des Hausbesitzers oder seines Stellvertreters einen Hausschlüssel anfertigen oder ohne Erlaubniß der Polizeibehörde Nachschlüssel oder Dietriche verabfolgen;

2) Gewerbtreibende, bei denen ein zum Gebrauche in ihrem

---

ebensowenig, wie durch das Ges. v. 31. Okt. 1848 § 8 aufgehoben; z. B. die GGVdn. f. d. N.- u. M.-Rhein v. 18. Aug. 1814 § 9 Nr 3: VII. 21. April 53 c. Bastian (RA. 48. 2A. s. 58); VII. 19. Mai 53 c. Roßbach (RA. 48. 2A. s. 60); VII. 17. Jan. 61 c. Bertram; u. ö. Dasselbe gilt von der Wormser Jagd-Vdn. v. 21. Sept. 1815 § 115; desgleichen von der Bergischen Jagd- und Forst-Satzung v. 8. Mai 1761 § 111 und II § 21 Dekl. n. 13. 14, und von der Bergischen Brüchten-Ordn. v. 2. Nov. 1802 B. n. 14: VII. 16. Febr. 54 c. Feckelsberg; VII. 14. Dez. 54 c. v. Orven; das Strafverbot der cit. Jagd und Forst-Satzung ist auch nicht auf die landesherrliche „Wildbahn" zu beschränken, findet vielmehr auch auf Privat-Jagden Anwendung: VII. 24. Febr. 58 c. Gladbach; *contra*: B.KH. 7. März 42 c. Braun (Bolkm. s. 389). — Vgl. Erk. I. Civ.-Sen. 5. Sept. 54 (Entsch. 30. s. 190).

Zu Nr. 12. Vgl. § 274—277; ALR. II, 16 § 57.

45. Dieses Verbot trifft (wie sich aus der Quelle der Vorschrift, ALR II, 16 § 57, und der Fassungsverschiedenheit von Nr. 11 ergiebt) auch den Jagdberechtigten selbst.

46. Dasselbe gilt vom Grundeigenthümer: Beschl. 2. Jan. 52 c. Beck (GSA I, 261).

47. Von einem „Ausnehmen" der Jungen kann nur so lange die Rede sein, als sie sich noch im Neste befinden.

§ 348.

Zu Nr. 1.

1. Auf andere Gewerbtreibende als Schlosser, z. B. auf Schmiede, Mechaniker 2c., ist die Vorschrift nicht auszudehnen.

2. Zur Anfertigung eines Hausschlüssels genügt die Genehmigung des Inhabers, z. B. des Miethers, nicht; vielmehr ist die des Hausbesitzers erforderlich; er hat zu bestimmen, ob der Miether in den Besitz eines Hausschlüssels gelangen, sowie ob ein verlorner Hausschlüssel einfach durch einen neuen ersetzt werden soll, oder ob die Veränderung des Schlosses nothwendig ist.

3. Diese, die Hausschlüssel betreffende Bestimmung ist auf Hauptschlüssel nicht auszudehnen, insoweit der Hauptschlüssel nicht gleichzeitig das Schloß der Hausthüre schließt.

4. Das Verbot trifft auch da zu, wo für einen Miether ein Hauptschlüssel angefertigt werden soll, welcher, außer den Schlössern seines Quartiers, auch die anderen Gelasse in demselben Gebäude schließt.

Zu Nr. 2. Vgl. § 243 Nr. 1; Maaß- u. Gew.-Ordn. v. 16. Mai 1816 § 12 (GS. s. 144); Schles.-Vdn. v. 2. Juni 1827 § 5 (GS. s. 88); (AKO. v. 28. Juni 1827; GS. s. 83); Vdn. v. 13. Mai 1840 (GS. s. 127); Ges. v. 24. Mai 1853 (GS. s. 589); Ges. v. 17. Mai 1856

Gewerbe geeignetes, mit dem Stempel eines inländischen Eichungsamtes nicht versehenes Maaß oder Gewicht, oder eine unrichtige Waage vorgefunden wird, oder welche sich einer anderen Uebertretung der Vorschriften über die Maaß- und Gewichts-Polizei schuldig machen;

3) Gewerbtreibende, welche in Feuer arbeiten, wenn sie die Vorschriften nicht befolgen, welche von der Polizeibehörde wegen Anlegung und Verwahrung ihrer Werkstätten, sowie wegen der Art und Zeit, sich des Feuers zu bedienen, erlassen sind.

Im Falle der Nr. 2. ist die Konfiskation des ungeeichten Maaßes und Gewichtes, sowie der unrichtigen Waage im Urtheile auszusprechen.

[Entw. § 320].

(GS. s. 545); Vdn. v. 2. Nov. 1857 (GS. s. 1030; für Hohenzollern); Ges. v. 24. April 1860 (GS. s. 381).

5. Diese Nr. 2 ist der Vdn. v. 13. Mai 1841 § 2 entlehnt; dort bezog sich das betr. Verbot aber nur auf den Verkehr mit solchen Waaren, welche dem Käufer zugewogen oder zugemessen werden, nicht also auf solche Handwerker, welche sich eines Meßwerkzeugs ꝛc. nur bei der Anfertigung ihrer demnächst in Bausch und Bogen zu verkaufenden Waaren, als eines Hülfsmittels bedienen, z. B. auf Tischler; auf diese ist daher auch jetzt die Nr. 2 nicht anzuwenden: Verf. d. HMin. v. 18. Febr. 1860; JMVerf. v. 25. Febr. 1860.

6. Die Frage, ob ein Maaß oder Gewicht zum Gebrauche im Gewerbe des betr. Gewerbtreibenden geeignet sei, ist nach der Beschaffenheit des Gewerbes an und für sich zu beurtheilen, ob also der betr. Gebrauch gemacht werden könne; ob der Gewerbtreibende sich eines solchen Werkzeuges zu bedienen pflege, ist gleichgültig: VII. 9. März 54 c. Mühlenbruch.

7. Als ein fremdes, nicht geeichtes Maaß ist eine Elle auch dann zu betrachten, wenn sie, außer der gehörig geeichten Längenangabe des Preußischen Maaßes, ein die Länge eines fremden Maaßes bezeichnendes Merkzeichen enthält; letzteres stellt dann für sich ein der Eichung ermangelndes Maaß dar; die AKO. v. 13. Mai 1840 gestattet den Gewerbtreibenden nicht, fremde Maaße ihrem Detail-Geschäfte zum Grunde zu legen: VII. 10. Jan. 56 c. Patt (GA. IV, 272).

8. Der bloße Besitz eines solchen Maaßes ꝛc. ist strafbar, sollte auch gar nicht von demselben Gebrauch gemacht sein; es kann daher auch der Nachweis, daß der Gewerbtreibende in dieser Eigenschaft einen Gebrauch weder gemacht noch beabsichtigt habe, die Strafe nicht beseitigen: VII. 19. März 57 c. Krempel.

9. Auch die Benutzung eines ungestempelten Gasometers ist durch § 12 der Maaß- und Gewichts-Ordnung vom 16. Mai 1816 untersagt [und nach § 348 strafbar]: V.KH. 12. Okt. 52 c. Pepys (RA. 49. 2 A. s. 117)

10. Die Benutzung ungestempelter Alkoholometer beim Verkaufe weingeistiger Flüssigkeiten, sowie die Anwendung anderer als der vom Handels-Minister vorgeschriebenen Reduktionstabellen sind jetzt ebenfalls mit der Strafe des § 348 zu ahnden: Ges. v. 24. April 1860 § 3.

11. Das in der Maaß- und Gew.-Ordn. v. 16. Mai 1816 (§ 12) für Waarenverkäufer gegebene, durch die Vdn. v. 13. Mai 1840 § 2 auf sämmtliche Gewerbtreibende ausgedehnte Verbot, ungestempelte Maaße ꝛc. zu besitzen, ist durch das Ges. v. 24. Mai 1853 § 7 auf Waagen ausgedehnt, und es sind im § 10 Zuwiderhandlungen mit der Strafe des § 348 bedroht worden; dabei ist gleichzeitig verfügt, daß der Besitz einer unrichtigen Waage straflos sein soll, wenn dieselbe gestempelt war. Hiernach ist also jetzt nur noch der Besitz einer ungestempelten, nicht aber der einer unrichtigen Waage strafbar.

§. 349. *) **Mit Geldbuße bis zu funfzig Thalern oder Gefängniß bis zu sechs Wochen wird bestraft:**

---

*) Fassung der Gesetze vom 14. April 1856 und vom 30. Mai 1859 (GS. 1856 s. 210; 1859 s. 321). In der ursprünglichen Fassung waren die Nrn. 4—6 gleichlautend, dagegen lauteten die Nrn.:

1) wer unbefugt ein fremdes Grundstück, oder einen öffentlichen oder Privat-Weg durch Abgraben oder Abpflügen verringert;
2) wer unbefugt von öffentlichen oder Privat-Wegen Erde, Steine oder Rasen, oder aus Grundstücken, welche einem Anderen zugehören, Erde, Lehm, Sand, Grand oder Mergel gräbt, oder Steine, Rasen oder ähnliche Materialien wegnimmt;
3) wer, ohne gesetzlich erschwerende Umstände des Diebstahls, Früchte, Eßwaaren oder Getränke entwendet und auf der Stelle verzehrt;

Die Nr. 7 endlich ist durch das cit. Ges. v. 30. Mai 1859 zugesetzt worden.

---

12. Findet sich eine solche gestempelte Waage mit einem verborgenen Gewichte beschwert vor, so kann nur im Falle eines Gebrauches zum Nachtheile eines Andern eine Bestrafung (nach § 243 Nr. 1) Platz greifen: VI. 4. Mai 55 c. König (GA. III, 720); vgl. § 243 n. 10.

13. Anders verhält sich die Sache, wenn an der gestempelten Waage selbst nachträglich solche Veränderungen vorgenommen sind, daß sie dadurch zur unrichtigen Waage wird. Damit dann aber der Besitz einer solchen Waage strafbar sei, wird vorausgesetzt, daß der betr. Gewerbtreibende von dieser stattgehabten Veränderung Kenntniß gehabt habe.

14. Nichtgewerbtreibende können sich zum Privatgebrauche in ihrer Wirthschaft ungestempelter Maaße rc. bedienen (vgl. Maaß- und Gewichts-Ordnung v. 16. Mai 1816 § 10); dagegen unterliegen sie, wenn sie sich beim Verkaufe eines ungestempelten Maaßes bedienen, der Strafe der Vdn. v. 13. Mai 1840 § 1, welcher in dieser Beziehung nicht durch § 348 Nr. 2 beseitigt ist: VI. 15. April 59 c. Kant (JMbl. s. 179; GA VII, 375). Das erstreckt sich indessen nicht auf den Gebrauch ungestempelter Waagen, obgleich § 1 des Ges. v. 24. Mai 1853 auf sie die Verbotsbestimmung jenes § ausdehnt, weil die Strafandrohung des cit. Ges. (§ 10) die Gewerbtreibenden hervorhebt, und somit die Straflosigkeit jener anerkennt: ZII. 27. Mai 58 c. Burg (GA. VI, 557).

15. Die Konfiskation des ungeeichten Maaßes rc. muß selbst dann ausgesprochen werden, wenn die Eichung rc im Laufe des Untersuchungsverfahrens nachgeholt worden ist; das gilt namentlich auch von einer ungestempelten, aber richtigen Waage; dem steht § 10 Abs. 2 des Ges. v. 24. Mai 1853 nicht entgegen: VI 4. Dez. 57 c. Kramsta (JMbl 1858 s. 60; GA. VI, 140).

16. Die Strafe dieser Nr. 2 ist an die Stelle derjenigen getreten, welche durch die Maaß- und Gewichts-Ordnung v. 16. Mai 1816 § 12, die AKO. v. 28. Juni 1827 und die Vdn. v. 13. Mai 1840 § 2 bestimmt waren.

17. Es kann durch eine Polizei-Verordnung nicht angeordnet werden, daß alle zum Markte gebrachten Gegenstände vorher auf einer öffentlichen Waage verwogen werden; die Selbstverwiegung bleibt jedem gestattet; Beschränkungen dieser Befugniß würden gegen die Grundsätze der §§ 75 und 77 der Gewerbe-Ordnung v. 17. Jan. 1845 verstoßen. Ebenso nahm auf Grund der Rhein.-Schifff.-Ordn. v. 31. März 1831 Art. 70 ein ZII. 11. Jan. 55 c. Siebel die Unverbindlichkeit einer Polizei-Verordnung an, welche den Spediteuren zur Pflicht machte, sich der angestellten städtischen Fruchtmesser zu bedienen. Wer dagegen gewerbsmäßig für Andere das Abwägen besorgen will, bedarf dazu einer Konzession; vgl. cit. Gewerbe-Ordnung § 52.

§ 349.

Zu Nr. 1 und 2.

1. Die durch das Ges. v. 14. April 1856 bewirkte Abänderung dieser beiden Nummern erfolgte, um die früheren Vorschriften der FPO. v. 1. Nov. 1847 § 43 Nr. 1 und § 42 Nr. 1. 2. 3 ganz zu erschöpfen, und ihre vollständige Beseitigung zu ermöglichen; vgl. Ges. v. 13. April 1856 (GS. s. 205).

1) wer unbefugt ein fremdes Grundstück, oder einen öffentlichen oder Privat-Weg oder Grenzraine durch Abgraben oder Abpflügen verringert;

2) wer unbefugt von öffentlichen oder Privat-Wegen Erde, Steine oder Rasen, oder aus Grundstücken, welche einem Anderen gehören, Erde, Lehm, Sand, Grand oder

---

Zu Nr. 1. Vgl. § 243 Nr. 7.

2. Der Ausdruck „Grundstück" umfaßt auch das Bett eines fremden Flusses oder Baches, selbst wenn dasselbe im Eigenthume des Staates steht: VII. 23. Sept. 58 c. Schwenk.

3. Strafbar ist die unbefugte Zueignung eines fremden Grundstücks oder Weges; es fällt daher nicht unter den §, wenn Jemand einem über sein Grundstück führenden Privatwege eine andere Richtung giebt: ZI. 5. Juni 61 c. Anker (RdO. I, 435).

4. Auf das bloße Verderben eines Weges erleidet die Nr. 1 keine Anwendung; anderweitige hierauf bezügliche Strafvorschriften, z. B. Art. 40 Tit. 2 des Rh. Rur.-Ges. v. 28. Sept. — 6. Okt. 1791, sind daher in Kraft verblieben.

5. Behauptet der Angeklagte, daß die angeblich vom Grundstücke des Nachbarn abgebaute Fläche sein Eigenthum sei, so ist nach Anleitung des Ges. v. 31. Jan. 1845 (GS. S. 95), und des Ges. vom 14. April 1856 Art. II (oben S. 24) zu verfahren.

6. Das Gesagte (n. 5) muß auch da gelten, wo es sich von der Verringerung eines Gemeindeweges handelt, insbesondere auch nach Rheinischem Rechte: V.KH. 4 April 42 c. Lürkens (RA. 33. 2 A S. 32); ZII 14. Nov. 61 c. Schmitz (RdO. II, 65; in Betreff eines Feldweges); Cass. 20. juill. 21. (SN. 6, 1. S. 47); Cass. 25. Sept. 35 (SN. 36. 1. S. 150); *contra:* V.KH. 21. Mai 49 c. Plum (RA. 45. 2. S. 8); Z.KH. 25. Jan 51 c. Strauff (ibid. 46. 2 A. S. 21); V.KH. 11. Nov. 51 c. Heucher (ibid. 46. 2 A. S. 95); VII. 13. Nov. 55 c. Schurz; VII. 9. Dez. 58 c. Wilms; VII. 27. Okt. 59 c. Meunier, welche davon ausgingen, daß im Gebiete des Rhein. Rechts die Entscheidung darüber, ob etwas als Gemeindeweg anzusehen sei, sowie über die Breite und Richtung desselben nur den Verwaltungsbehörden zustehe, während der angeblich in seinem Rechte gekränkte Private nur einen Ersatzanspruch geltend machen könne. Die französischen Gesetze, und § 2 Nr 2 des Ress.-Regl. v. 20. Juli 1818 rechtfertigen indessen eine solche Annahme nicht; sie beziehen sich eines Theiles nicht auf alle Gemeinde-, sondern nur auf Vicinalwege (vgl. Oppenhoff Ressortges. S. 223 n. 30. 31 ff.); anderen Theils ist aus denselben nur zu folgern, daß eine von der Regierung ausgegangene Erklärung: „ein Weg sei ein Vicinalweg", sowie eine die Richtung, Ausdehnung oder Erweiterung eines solchen betreffende Verfügung derselben eine Eigenthumsentsetzung des bisherigen Eigenthümers in sich schließe, so daß diesem nur ein Anspruch auf Ersatz übrig bleibe; eine solche Erklärung muß daher von den Gerichten anerkannt werden. Dagegen ist im Uebrigen den Verwaltungsbehörden ein EntscheidungsRecht über die Eigenthumsfrage nicht beigelegt. So lange daher eine derartige Erklärung (Verfügung) der Regierung nicht ergangen ist, sind die Gerichte zur Entscheidung jener Frage berufen, zumal, wenn es sich lediglich davon handelt, für die Vergangenheit festzustellen, ob eine bestimmte Bodenfläche zu der Zeit, wo der Beschuldigte in dieselbe eingriff, sein Eigenthum, oder ob sie ein Theil eines Privatweges war. Selbst wenn aber auch die Regierung einen Weg für einen „öffentlichen" erklärt hat, steht den Gerichten noch immer die Prüfung zu, ob der den Gegenstand der Beschuldigung bildende Weg mit jenem identisch sei; die hierüber ergehende instanzgerichtliche (thatsächliche) Entscheidung kann nicht im Wege des Kassationsrekurses angefochten werden: ZII. 4. Juli 67 c. Vyvers (RdO. VIII,).

Zu Nr. 2. Vgl. Ges. v. 26. März 1856 (GS. S. 203).

7. Die hier vorgesehene Handlung unterliegt der Strafe nur dann, wenn darin gleichzeitig eine Aneignung der betr. Gegenstände liegt: ZI. 9. Sept. 63 c. Liepner (RdO. IV, 25).

Mergel gräbt, Plaggen oder Bülten haut, Rasen, Steine, Mineralien, zu deren Gewinnung es einer Verleihung, einer Konzession oder einer Erlaubniß der Behörde nicht bedarf, oder ähnliche Materialien wegnimmt;

3) wer Früchte, Eßwaaren oder Getränke von unbedeutendem Werthe oder in geringer Quantität entwendet, selbst wenn die Entwendung vermittelst Einbruchs oder Einsteigens in ein unbewohntes Gebäude oder in einen demselben gleichstehenden umschlossenen Raum erfolgt.

Geschieht die Entwendung unter einem andern der im §. 218. bezeichneten erschwerenden Umstände oder in gewinnsüchtiger Absicht, so kommen die Strafen des Diebstahls zur Anwendung;

---

8. Der französische Kassationshof hat die entsprechende Bestimmung des Art. 479 § 12 des C. pén. auch auf die Wegnahme des Koths von den Straßen und aues den Chausseegräben angewendet; vgl. Gilb. C. pén l. c. n. 4—6.

9. In Betreff der Mineralien, zu deren Gewinnung es einer Konzession bedarf, ist jetzt das Ges. v. 26. März 1856 (GS. s. 203) anwendbar, in Betreff des Berrnsteins Ges. v. 1867 (GS. s. 272); vgl. § 226 n. 8.

10. 11. Zu weit gehen Erk. OG. Oldenburg 18. Jan. 59 (Old. Arch. VI, 1277) und Präj. OAG. Oldenburg c. Mencke (Old. Arch. IX, 53), wenn sie zu den „ähnlichen Materialien" auch aufstehende Haide, oder das auf einem Wege von selbst auffgewachsene Gras rechneten; vgl. n. 12.

12. Vorausgesetzt wird, daß die betr. Gegenstände zur Zeit der Wegnahme als Theile des Weges oder Grundstückes anzusehen, und nicht als selbstständige für sich bestehende Sachen in der Gewahrsam des Herrn des Grundstücks ꝛc., oder eines Dritten waren. Das beweisen der (sonst ganz überflüssige) Ausdruck „unbefugt", und die Fassung „aus Grundstücken". Daher trifft der § dann nicht zu, wenn die gedachten Gegenstände durch einen Anderen, zumal wenn sie durch den Eigenthümer des Grundstücks oder mit seiner Zustimmung gesammelt und aufgehäuft, dadurch also als selbstständige Sachen in Besitz genommen sind; Wegnahme derselben in der Absicht rechtswidriger Zueignung ist dann aus § 216 strafbar: ZI. 31. Mai 67 (c. Kurras (RdO. VIII, 357), ähnlich: ZI. 4. Dez. 61 c. Küster (RdO. II, 116; gestochenen und aufgestellten Torf betreffend). Vgl. § 215 n. 36; § 217 n. 19; Ges. v. 26. März 1856 § 4 (GS. s. 203).

13. Demgemäß findet die Nr. 2 auf die zur Ausbesserung der Landstraßen angefahrenen und auf denselben aufgeschichteten Steine, welche noch nicht über den Straßenkörper ausgebreitet, oder sonst für dieselbe verwendet sind, keine Anwendung, ihre Wegnahme ist vielmehr geeigneten Falles als Diebstahl zu bestrafen: ZI. 14. April 58 c. Wendriner; ZI. 25. Mai 59 c. Berndt.

Zu Nr. 3. Vgl. § 220 — 223; FPO. v. 1. Nov. 1847 § 41 — 45; Ges. v. 22 Mai 1852 Art. III.

14. Unter „Früchten, Eßwaaren und Getränken", sind hier nur solche zu verstehen, welche im Augenblicke ihrer Entwendung und ohne vorherige Zubereitung für Menschen genießbar sind: V.Pl. 12. Jan. 57 c. Wisniewsky (JMbl. s. 61; Entsch. 35. s. 253; GA. V, 58); VII. 23. Okt. 56 c. Boos (JMbl. s. 346); VII. 13. Juni 57 c. Dellwo (GA. 52. 2 A. s. 85); VI. 8. Okt. 62 c. Jungherr; u. ö. Daß dem so sei, ging aus der früheren Fassung der Nr. 3 klar hervor; die Motive des abändernden Ges. v. 14. April 1856 ergeben, daß es durchaus nicht beabsichtigt wardd, in Betreff des Objekts der fraglichen Entwendung eine Aenderung eintreten

4) **wer von einem zum Dienststande gehörenden Unteroffizier oder Gemeinen, ohne die schriftliche Erlaubniß des vorgesetzten Kommandeurs, Montirungs- oder Armaturstücke kauft oder zum Pfande nimmt;**

---

zu lassen; vgl. eine (ungedr.) JMVerf. v. 8. Sept. 1856; Abh. in GA. V, 54. *Contra* für Oldenburg: Abh. im Oldenb. Arch. VII, 255.

15. Die Nr. 3 wird anwendbar, sobald die Früchte entweder von unbedeutendem Werthe oder in geringer Quantität waren; es brauchen also nicht beide Voraussetzungen zusammen zu treffen: ZPl. 13. Nov. 65 c. Schröder (RdO. VI, 456: in Beziehung auf die entsprechende Fassung der FPO. vom 1. Nov. 1847 § 42 Nr. 2).

16. Unter „Entwendung" ist hier der volle Thatbestand des Diebstahls, wie er im § 215 aufgestellt ist, zu verstehen, da sonst von der Anwendbarkeit des § 218 keine Rede sein könnte: V. 23. Juni 52 c. Schmidt; ZI. 16. Sept. 63 c. Krügermann (RdO. IV, 46).

17. Ueber den Begriff eines bewohnten Gebäudes vgl. die Bemerkungen zu § 220; was ein unbewohntes Gebäude sei, ergiebt sich daraus von selbst.

18. Die Vorschrift des § 221, durch welche gewisse Räumlichkeiten den bewohnten Gebäuden gleichgestellt werden, ist hier nicht anwendbar.

19. Der Einbruch, welcher im Innern eines unbewohnten Gebäudes statt findet, schließt die Anwendung des § 349 nicht aus.

20. Ein Diebstahl mittelst Einsteigens ꝛc. liegt auch dann vor, wenn auf diesem Wege der Dieb sich des richtigen Schlüssels bemächtigt hat, welchen er demnächst zum Oeffnen des verschlossenen Behältnisses benutzte: VII. 17. März 64 c. Fritze (RdO. IV, 426); vgl. § 218 n. 24. 37.

21. Der KB. des H. d. Abgg. (GA. IV, 126) wollte hier dem Einbruche und dem Einsteigen (in ein unbewohntes Gebäude) die Anwendung falscher Schlüssel gleichstellen, ließ indessen diesen Zusatz aus der vorgeschlagenen Redaktion weg, welche demnächst (ohne weitere Bemerkung) von allen Faktoren der Gesetzgebung gut geheißen wurde. Demgemäß schließt jetzt der Gebrauch falscher Schlüssel die Anwendbarkeit des § 349 unbedingt aus: VII. 27. Sept. 60 c. Probst; vgl. GA. VII, 855.

22. Da unter „Entwendung" der vollständige Thatbestand des Diebstahls zu verstehen ist (n. 16), so kann die die Ausschließung dieses § und die Verhängung der Diebstahlsstrafe begründende „gewinnsüchtige Absicht" nicht identisch sein mit derjenigen gewinnsüchtigen Absicht, welche das OTr. überhaupt für ein wesentliches Begriffsmerkmal des Diebstahls erachtet (§ 215 n. 49). Auch geht aus der früheren Fassung der Nr. 3, und aus der ganzen Entstehungsgeschichte des § hervor, daß man hier recht eigentlich den Fall ausscheiden wollte, wo die Absicht auf ein sofortiges Verzehren der Früchte ging, obgleich gerade ein solches Verzehren sich als der nächste und gewöhnlichste Gewinn darstellt, welchen eine Sache der fraglichen Art gewähren kann. Man muß daher den gesuchten Gewinn hier auf einen Vermögensgewinn beziehen (z. B. wenn die entwendete Sache veräußert werden sollte), und den § 349 Nr. 3 auf solche Fälle beschränken, wo die Sache zur Befriedigung eines momentanen Bedürfnisses oder Gelüstes weggenommen wird. — Aehnlich verhält es sich mit der gewinnsüchtigen Absicht, durch welche in den Fällen der §§ 41—43. 45 der FPO. v. 1. Nov. 1847, sowie der Einf.-Vdn. v. 25. Juni 1867 Art. III die Verhängung der Diebstahlsstrafe bedingt ist. Vgl. § 215 n. 49. 53.

23. Ueber die Feststellung der gewinnsüchtigen Absicht vgl. § 215 n. 71. Danach muß der Richter überall, wo es sich von der rechtswidrigen Wegnahme der in der Nr. 5 erwähnten Gegenstände handelt, sich ausdrücklich darüber aussprechen, ob die gewinnsüchtige Absicht vorgewaltet habe oder nicht. Dasselbe gilt von der Frage, ob die betreffenden Gegenstände von unbedeutendem Werthe oder in geringer Quantität gewesen seien. In schwurgerichtlichen Verhandlungen muß die Fragstellung auf diese Punkte ausgedehnt werden: VI. 15. Okt. 61 c. Kötsch (RdO. II,

5) wer bei den Uebungen der Artillerie verschossene Eisenmunition, oder wer Bleikugeln aus den Kugelfängen der Schießstände der Truppen widerrechtlich sich zueignet;

6) ein Pfandleiher, welcher bei Ausübung seines Gewerbes den darüber gesetzlich erlassenen Anordnungen entgegen handelt;

7) wer Getraide oder andere zur Fütterung des Viehes bestimmte oder geeignete Gegenstände zum Zwecke der

---

241); Jl. 16. Sept. 63 c. Krügermann (RdO. IV, 46); VII. 28. Jan. 64 c. Henschel (RdO. IV, 334).

24. Wie zu verfahren sei, wenn sich nach Eröffnung der Untersuchung herausstellt, daß die Wegnahme in gewinnsüchtiger Absicht stattgefunden hat, darüber vgl. Ges. v. 14. April 1856 Art. I § 3 (s. 23); EG. Art. XIII n. 16.

25. Auf Entwendungen von Früchten und anderen Bodenerzeugnissen, welche durch die FPO. v. 1. Nov. 1847, oder durch das Rh. Rur.-Ges. v. 28. Sept. — 6. Okt. 1791 mit Strafe bedroht sind, findet § 349 ebenso wenig als die §§ 215—224 Anwendung; selbst da, wo keins dieser beiden Gesetze gilt, bleibt das StGB. ausgeschlossen, und die betr. Bestimmungen der FPO. sind anzuwenden, insoweit die fraglichen Handlungen nicht durch besondere feldpolizeiliche Strafbestimmungen vorgesehen sind: Ges. v. 22. Mai 1852 Art. III. Diese Vorschrift muß jetzt unbedenklich auch rücksichtlich der Abänderungen gelten, welche die FPO. durch das Ges. v. 14. April 1856 erfahren hat; vgl. 215 n. 58—73.

26. Die analogen Bestimmungen der FPO. in der durch das Ges. v. 14. April 1856 veränderten Gestalt sind § 42 Nr. 2 und § 45. Der Unterschied des § 42 Nr. 2 von § 349 Nr. 3 besteht darin, daß jener nicht nur auf Früchte, sondern auf alle Bodenerzeugnisse, auch die nicht genießbaren, anwendbar, daß er dagegen in Betreff des Ortes der Entwendung auf die dort speziell aufgezählten beschränkt ist, sowie daß er auch da nicht ausgeschlossen wird, wo die Entwendung unter einem der erschwerenden Umstände des § 218 verübt ist; vgl. § 215 n. 59.

27. Inwiefern die FPO. v. 1. Nov. 1847 auch auf Bodenerzeugnisse anwendbar sei, welche bereits vom Boden getrennt noch auf demselben Grundstücke lagern, darüber vgl. § 215 n. 63.

28. Da die in der Nr. 3 vorgesehene Handlung eine Rechtsverletzung darstellt, so ist es unzweifelhaft, daß eine Theilnahme an derselben nach Maaßgabe der §§. 34. 35 zu bestrafen ist; vgl. Thl. III Tit. I (s. 350) n. 7. Dagegen bleibt die Hehlerei der durch jene Handlung erlangten Sachen straflos, weil nur eine Uebertretung vorliegt.

Zu Nr. 5. Vgl. AKO. v. 23. Juli 1833 (GS s. 86).

29. Kugelfang bezeichnet nur diejenigen zum Auffangen der Kugeln bestimmten gewöhnlich benutzten Vorrichtungen, welche offen und überall zugänglich sind; liegt eine solche in einem umschlossenen Raume, so wird § 221 und damit § 218 Nr. 2 anwendbar: Jl. 4. Juli 60 c. Gericke (GA. VIII, 710).

30. Durch diese Nr. 5 sind die zum Theil weiter gehenden Vorschriften der cit. AKO. v. 23. Juli 1833 beseitigt.

31. Der Schlußsatz des § ist hier unanwendbar; vgl. n. 35.

Zu Nr. 6. Vgl. § 265; Gew.-Ordn. v. 17. Jan. 1845 (Ges. v. 22. Juni 1861 Art. I) § 49. 57 (GS. s. 441).

Zu Nr. 7.

32. Ueber den hier vorgesehenen s. g. Futterdiebstahl und über den Charakter der im Schlußsatze erwähnten gewinnsüchtigen Absicht vgl. § 215 n. 53. 54.

Verfütterung an das Vieh des Eigenthümers wider dessen Willen wegnimmt.

Geschieht die Wegnahme in gewinnsüchtiger Absicht, so kommen die Strafen des Diebstahls zur Anwendung.

[Entw. § 321].

Urkundlich unter Unserer Höchsteigenhändigen Unterschrift und beigedrucktem Königlichen Insiegel.

Gegeben Charlottenburg, den 14. April 1851.

(L. S.) Friedrich Wilhelm.

v. Manteuffel. v. d. Heydt. v. Rabe. Simons. v. Stockhausen. v. Raumer. v. Westphalen.

---

33. Geschah die Wegnahme in der Absicht der Verfütterung an das Vieh eines Dritten, so bleibt diese Nr. 7 ausgeschlossen, und die Diebstahlsstrafe tritt ein; vgl. § 215 n. 54.

34. In Beziehung auf die Feststellung der gewinnsüchtigen Absicht gilt hier das unter n. 23 Gesagte. Stellt sich die gewinnsüchtige Absicht erst nach Eröffnung der Untersuchung heraus, so wird auch hier das zum EG. Art. XIII n. 16 Bemerkte anwendbar.

35. Der Schlußsatz bezieht sich nur auf die Nr. 7, nicht auf die übrigen Fälle, insbesondere nicht auf Nr. 5: Zl. 4. Juli 60 c. Gericke (GA. VIII, 710).

Register.

Wo Artikel ohne Zusatz citirt sind („Art.“), bezieht sich die Hinverweisung auf das Einf.-Gesetz v. 14. April 1851.

Berichtigungen und Zusätze.

Seite 3 Z. 26 v. u. l. Verzeichniß st. Verhältniß
" 4 " 31 v. u. l. n. 41 st. n. 40
" 5 " 3 v. o. l. n. 7 st. n. 6
" 5 " 5 (n. 28.) Das hier Gesagte hat durch das inzwischen verkündete Ges. v. 22. Febr. 1867 (GS. s. 272) für die Zukunft seine Bedeutung verloren; das Nähere siehe § 226 n. 8.
" 6 " 24 v. u. l. KBII. s. 7 st. KBII.
" 7 " 24 v. u. (n. 4. Zusatz:) Vgl. indessen ZII. 3. Jan. 67 c. Gröppel (RdO. VIII, 3); § 115 n. 2.
" 12 " 24 v. u. (n. 6. Zusatz:). In Betreff der „fiskalischen Strafen" vgl. Beschl. II. 13. Juni 67 (34 B; RdO. VIII, 363).
" 21 " 16 v. u. l. stellt st. stellte
" 22 " 6 v. u. l. RA. st. R.
" 28 " 23 v. o. l. 66 st. 60
" 28 " 26 v. o. ist das Komma vor „durch" zu streichen
" 31 " 18 v. o. l. 22. Febr. st. 13. Okt.
" 32 " 17 v. u. l. Sauer c. Heider st. Sander c. Haider
" 38 " 4 v. u. l. rechtliche st. richterliche
" 40 " 14 v. u. l. Brinkhof st. Brinkmann
" 42 " 24 v. o. ist vor „*contra*" zuzusetzen: VII. 9. Jan. 62 c. Bardenheuer (RdO. II, 191);
" 50 nach Z. 19 v. u. ist zuzusetzen: 5. Eine mit Gefängniß bedrohte That ist selbst dann ein Vergehen, wenn die Dauer dieser Strafe 5 Jahre übersteigt: ZI. 19. Juni 67. c. Hagen (RdO. VIII, 381).
" 55 Z. 18 v. o. (n. 18. Zusatz:) vgl. jetzt Ges. v. 29. Juni 1865 § 17 (GS. s. 683).
" 62 " 20 v. o. (n. 12.) Die JMVerf. v. 12. Dez. 1856 ist jetzt durch eine neue Verf. v. 11. Mai 1867 (JMbl. s. 146) ersetzt worden; nach dieser soll der OStA. (Ober-Prokurator) eine Abschrift des rechtskräftig gewordenen Erkenntnisses unter Beifügung eines Nationale nach Anleitung der allgg. Verff. v. 14. April 1853 und v. 6. Aug. 1855 (oben n. 10) einreichen.
" 62 " 3 v. u. (n. 17. Zusatz:) Ist einmal rechtskräftig auf den Eid erkannt worden, so muß derselbe abgenommen werden: Erk. III. Civ.-Sen. 20. April 66 Schaffraneck c. Sommer (StA. 63. s. 138).
" 65 " 19 v. o. l. Freiheitsstrafen st. Gefängnißstrafen
" 65 nach Z. 27 v. o. (Zusatz:) 2a. Auch im Falle einer solchen Verwandlung ist die eintägige Dauer jeder Freiheitsstrafe (§ 15 Abs. 2) als Einheit festzuhalten; zusätzliche Verhängung eines Bruchtheiles von einem Tage ist auch im Wege der Strafverwandlung nicht statthaft: Beschl. I. 8. März 67 c. Lüder (RdO. VIII, 157).
" 66 Z. 25 v. o. ist a. E. die Ziffer 5 zu streichen
" 68 nach Z. 21 v. o. (Zusatz:) 3a. Die Konfiskation trifft den betr. Gegenstand mit seinen Pertinenzien, z. B. auch die einem konfiscirten Netze zugeschlagenen Floßhölzer: Beschl. I. 3. Juli 67 c. Gawlick (RdO. VIII,).
" 85 Z. 18 v. u ist nach „jedoch" zuzusetzen: des unter n. 12 Gesagten und
" 88 " 14 v. u. (Col. 3) l. 20 st. 21
" 91 " 21 v. o. l. 288 st. 388

Seite 91 Z. 24 v. o. ist nach „VIII" zuzusetzen: 41
- 93 - 19 v. o. l. siehe st. stehe
- 96 - 3 v. o. ist vor „9" zuzusetzen: 2.
- 97 - 1 v. u. l. Alternativen st. Alternative
- 97 - 1 v. u. (n. 64. Zusatz:) In der Regel wird es sich empfehlen, die Frage in Betreff der Hülfeleistung kumulative dahin zu stellen, ob der Angeklagte dem Thäter in den Handlungen, welche die That des letzteren vorbereiteten, erleichterten und vollendeten, Hülfe geleistet haben.
- 102 - 12 v. u. Vor „Dagegen" ist zuzusetzen: *contra* wie es scheint: ZII. 14. März 67 c Delhaes (RdO. VIII, 176; in Betr. einer Zolldefraude).
- 113 - 13 v. u. (n. 2.) Das hier (im Eingange der n. 2) Gesagte erleidet da eine Ausnahme, wo die Strafbarkeit einer vorsätzlichen Handlung durch den Eintritt eines bestimmten (vom Angeklagten nicht gewollten) Erfolgs begründet oder erhöht wird; Beispiele siehe §§ 192a. 193. 194. 285.
- 114 - 31 v. u. (n 2. Zusatz:) Auf einer ähnlichen Auffassung beruht die Vorschrift des Ges. v. 3. Mai 1852 Art. 81, nach welcher die die Zurechnungsfähigkeit betreffende besondere Frage dahin zu richten ist: ob der Angeklagte die That ohne Zurechnungsfähigkeit begangen habe.
- 114 - 27 v. u. l. Derselbe st. Dasselbe
- 115 - 33 v. u. (n. 1. Zusatz:) § 564 fgg. I, 9 ALR. finden im Strafverfahren keine Anwendung.
- 115 - 7 v. u. l. VII. st. ZII
- 115 - 6 v. u. ist nach „3;" zuzusetzen: und VII 10. Juli 67 c. Rzezniacki (RdO. VIII,).
- 117 - 1 v. u. Vor „Das" ist zuzusetzen: vgl. Ges. v. 31. Jan. 1845 § 5; ZII. 14. März 67 c. Rettgen (RdO. VIII, 180).
- 118 - 14 v. u. (n. 13. Zusatz am Schlusse:) § 140 n. 25; § 159 n. 10. Der Schwachsinn des Angeklagten hindert den Lauf der Verjährung nicht: ThdCp. 2. p. 154 (ed. franç.).
- 124 - 6 v. o. ist am Schlusse zuzusetzen: StPO. v. 25. Juni 1867 § 2.
- 126 - 2 v. u. st. Dem Angeklagten l. Im Civilverfahren liegt dem Verklagten
- 127 - 5 v. o. (n. 21. Zusatz am Schlusse:) In Betreff des Strafverfahrens vgl. n. 26.
- 131 nach Z. 16 v. o. (Zusatz:) 6. Der Grundsatz des § 55 wird auch da anwendbar, wo bei einem Vergehen mehrere dasselbe qualifizirende Umstände konkurriren, z. B. bei einem schweren Diebstahle, welcher mit Gewalt ꝛc. ausgeführt ist und dadurch die Natur des Raubes angenommen hat; *contra*: VI. 4. Mai 67 c. Förster (RdO. VIII, 287).
- 131 Z. 29 v. o. ist nach „zutreffen" zuzusetzen: so:
- 132 - 25 v. o. (n. 13. Zusatz am Schlusse:) Min.-Verf. v. 15. April 1847 (VMbl. s. 88).
- 135 - 20 v. o die Worte „(nicht unbedenklich)" sind zu streichen. Statt derselben ist zuzusetzen: vgl. § 3 n. 11.
- 136 - 10 v. o. (n. 12. Zusatz am Schlusse:) vgl. aber § 247 n. 43.
- 137 - 13 v. u. nach „vor" ist zuzusetzen: *sic*: Präj. OAG. Oldenburg (H. 12)
- 139 - 29 v. u. (Zusatz am Schlusse:) *sic*: Präj. OAG. Oldenburg (H. 12)
- 141 - 20 v. o. (n. 6. 7.) Der im Eingang dieser n. ausgesprochene Satz ist nicht richtig, da die einfache Beleidigung kein Vergehen ist; vgl. § 336.
- 141 - 20 v. u. (n. 20.) Das hier Gesagte kann nur für dasjenige ehemalige Staatsgebiet gelten, in welchem die frühere Entscheidung ergangen ist: Antr. d. GStA. (RdO. VIII, 233); *contra*: ZII 4. April 67 c. Keller (l c.), welches den betr. Grundsatz im ganzen Staatsgebiete für maaßgebend erachtete.

Seite 144 Z. 26 v. u. nach „Mix" ist zuzusetzen: 61

„ 167 „ 18 v. u. (n. 46. Zusatz:) Bei eirem gegen einen Jagdaufseher oder Jagdberechtigten im betr. Jagdreviere geleisteten Widerstande findet das Ges. v. 31. März 1837 unbedingt Anwendung, sollte jenes Revier auch kein Forst, sondern eine Feldflur sein: Beschl. I. 27. März c. Powicki (RdO. VIII, 207); BI. 21. Juni 67 c. Manke (RdO. VIII, 396).

„ 184 „ 19 v. o. l. Schmeida (RdO VIII, 108) st. Schneider ꝛc.

„ 185 nach Z. 16 v. o. (Zusatz:) 23a. Ein Beamter ist nur so lange in der Ausübung seines Berufs begriffen, als er die amtliche Thätigkeit unmittelbar ausübt; daher bleibt der § außer Anwendung, wenn dem Beamten die Beleidigung auf dem Heimwege von einem Orte widerfährt, nach welchem er sich zur Vornahme der Amtshandlung begeben hatte; so: Präj. OAG. Oldenburg (S. 23). Die Frage dürfte überwiegend thatsächlicher Natur sein.

„ 192 Z. 29 v. o. ist nach „30)" zuzusetzen: BI. 10. April 67 c. Heeder (RdO. VIII, 247).

„ 199 „ 23 v. o. (n. 3. Zusatz am Schlusse:) BI. 3. Juli 67 c. Benecke (RdO. VIII,).

„ 202 „ 17 v. o. (n. 1. Zusatz am Schlusse:) BI. 27. März 67 c. Zuleger (RdO. VIII, 213).

„ 207 „ 11 v. u. ist das Semikolon vor „ist" zu streichen

„ 211 „ 14 v. u. (n. 13. Zusatz:) Ist der Thatbestand des § festgestellt, so ist anzunehmen, daß alle wesentlichen Förmlichkeiten der Eidesleistung beobachtet seien: BII. 11. April 67 c. Sonneborn (RdO. VIII, 253).

„ 214 „ 31 v. o. nach „Betracht" ist zuzusetzen: TL. s. 752; *contra:* BII. 11. April 67 c. Sonneborn (RdO. VIII, 253).

„ 222 „ 27 v. u. hinter „VIII" ist zuzusetzen: 84

„ 225 „ 23 v. o. ist nach „erforderlich" zuzusetzen: BI. 13. Juli 67 c. Seibt (RdO. VIII,).

„ 230 „ 13 v. o. ist nach „anheim" zuzusetzen: BI. 20. März 67 c. Trapp (RdO. VIII, 189).

„ 231 „ 17 v. o. ist nach „erforderlich" zuzusetzen: Beschl. I. 27. März 67 c. Kulmsee (RdO. VIII, 201).

„ 232 „ 9 v. u. ist hinter „VIII" zuzusetzen: 134

„ 237 „ 6 v. u. l. 67 st. 66 Am Ende ist zuzusetzen: (RdO. VIII, 141).

„ 238 „ 13 v. u. (n. 1. Zusatz:) Vgl. BI. 31. Mai 67 c. Cz. (RdO. VIII, 356).

„ 244 „ 27 v. u. l. welches st. welche

„ 248 „ 18 v. u. (Zusatz:) Die Anwesenheit eines vigilirenden Beamten kann genügen: BI. 12. Juli 67 c. Bieneck (RdO. VIII,).

„ 251 nach Z. 11 v. o. (Zusatz:) 3a. Die Einwilligung des Verletzten macht die Ehrverletzung straflos, insofern es sich nicht von der Verletzung der Amtsehre handelt: Köstlin Abhh. s. 17.

„ 252 Z. 9 v. o. l. welches st. welche

„ 253 „ 11 v. u. l. derselben st. demselben

„ 254 „ 3 v. o. nach „berechtigte" ist zuzusetzen: (in Ausübung eines zustehenden Rechts vorgenommene)

„ 256 „ 18 v. o. (n. 1. Zusatz am Schlusse:) Ein Erk. I. 14. Dez. 66 Sicinska c. Smolenska (GA. XV, 138) ließ die Aufrechnung einer Beleidigung gegen eine Verleumdung zu.

„ 256 „ 20 v. u. ist am Schlusse zuzusetzen: BI. 10. Mai 67 c. Preuß (RdO. VIII, 256).

„ 256 vor Z. 13 v. u. (Zusatz:) 7a. Selbst wenn bei wechselseitigen Beleidigungen wegen der einen bereits rechtskräftig verurtheilt ist, kann der Richter in dem wegen der anderen angehobenen Verfahren eine Aufrechnung eintreten lassen: BI. 14. Dez. 66 Müller c. Duttke (GA. XV, 138).

Seite 268 Z. 28 v. u. (n. 10.) Das hier Gesagte ist in Betreff der Verjährung dahin zu berichtigen, daß von dem Augenblicke an, wo die Anzeige gemacht worden ist, der Lauf der Verjährung ruht; so auch: cit. Z. 16. Febr. 59.

" 268 " 26 v. u. l. 263 st. 362

" 268 vor Z. 2 v. u. (Zusatz:) 5. Ein vor dem Urtheile zweiter Instanz erfolgter Erlaß kann auch noch in der Exekutionsinstanz zur Geltung gebracht werden: Ɜl. 11. Jan. 67 Gehrke c. Häse (GA. XV, 265).

" 276 Z. 15 v. o. l. Hälschn. st. HS.

" 284 " 14 v. u. (Zusatz zu n. 2:) Ebendeshalb ist nicht zwischen fahrlässiger Tödtung und fahrlässiger Körperverletzung mit tödtlichem Ausgange zu unterscheiden; eine fahrlässige Tödtung kann sonach auch da angenommen werden, wo der Angeklagte die Gefahr der Tödtung nicht vorhersehen konnte: Ɜl. 17. Juli 67 c. Hagedorn (RdO. VIII,).

" 285 vor Z. 2 v. u. (Zusatz:) 16a. Treibt der Angeklagte mehrere Gewerbe, so muß das Urtheil sich klar darüber aussprechen, ob die erfolgende Betriebs-Untersagung sich auf alle, resp. auf welche sie sich beziehe: Ɜl. 26. Juni 67 c. Töbelmann (RdO. VIII,

" 286 Z. 14 v. o. (Zusatz am Schlusse:) § 195 n. 7.

" 286 " 22 v. u. ist vor „vgl." zuzusetzen: *Contra* wie es scheint: Ɜl. 3. Juli 67 c. Pfaffe (RdO. VIII,).

" 289 " 19 v. u. l. 3 st. 4

" 291 nach Z. 20 v. o. (Zusatz:) 11a. Der Pfleger eines Wahnsinnigen hat gegen diesen zwar kein Züchtigungsrecht, wohl aber die Befugniß zur Anwendung von Zwangsmaaßregeln, um einem Unfuge desselben zu steuern, oder ihn zur Folgsamkeit anzuhalten. Maaßnahmen, welche die Grenzen dieser Befugniß nicht übersteigen, sind nicht als Mißhandlungen zu bestrafen: Ɜl. 27. März 67 c. Schulz (RdO. VIII, 209); vgl. RdO. VI, 674.

" 294 nach Z. 22 v. o. (Zusatz:) 3a. Die Vorschrift des § 189 findet auf die Rheinische Civilklage keine Anwendung, da diese nach EG. Art. XVI nicht geändert werden sollte.

" 295 nach Z. 17 v. o. (Zusatz:) 2a. Der konkurrirende Thatbestand des §§ 89 schließt die Anwendung des § 192 nicht aus, wenn auch seine Voraussetzungen [in idealer oder realer Konkurrenz] vorliegen: ƷII. 13. Juni 67 c. Föckler (RdO. VIII, 369).

" 297 Z. 2 v. u. (Zusatz zu n. 4:) Daher genügt nicht eine Körperverletzung, welche bleibende Nachtheile nach sich zieht: ƷII. 27 Juni 67 c. Kirsch (RdO. VIII,).

" 301 " 14 v. u. (n. 7.) In diesem Falle findet hier auch § 185 Anwendung: Ɜl. 3. Juli c. Pfaffe (RdO VIII,).

" 309 " 24 ff. v. o. (n. 15. 16. Zusatz:) Ein BPl. 6. Juli 67 c. Brackelmann (RdO. VIII,) nahm an, daß § 199 die Ordination eines wirklichen oder vermeintlichen Heilmittels für ein individuelles physisches Leiden oder Gebrechen nach einer vorgängigen Untersuchung oder Würdigung des letzteren voraussetze. Es muß indessen jedenfalls genügen, wenn der Angeklagte auch nur den Glauben erregt hat, er habe von der Natur des speziellen Leidens Kenntniß genommen, und demgemäß das betr. Mittel empfohlen ꝛc. Daher kann es für ausreichend erachtet werden, wenn auf eine den Krankheitszustand näher bezeichnende Anfrage das Mittel als zur Heilung diensam empfohlen oder übersendet wird.

" 311 nach Z. 29 v. o. (Zusatz:) 5a. Auch die ungebührliche Verzögerung einer geforderten Hülfe kann als Verweigerung angesehen werden: Ɜl. 19. Juni 67 c. Raths (RdO. VIII, 384).

Seite 311 Z. 35 v. o. (n. 7. Zusatz am Schlusse:) Ebenso ist es gleichgültig, ob im Einzelfalle jede Hülfe vergeblich gewesen sein würde: ZI. 19. Juni 67 c. Raths (RdO. VIII, 384).
" 317 " 11 v. u. ist nach „VIII" zuzusetzen: 237
" 321 " 24 v. u. (n. 13. Zusatz:) In schwurgerichtlichen Sachen muß die Fragstellung das Verbrechen, mit dessen Verübung gedroht wurde, genau erkennen lassen: VI. 5. Juni 67 c. Kuppro (RdO. VIII, 359).
" 321 " 16 v. u. vor „Dagegen" ist zuzusetzen: Die Bedrohung mit einer gegen das Leben gerichteten Handlung ist Bedrohung mit Mord; Vorsatz und Ueberlegung liegen in der Drohung: ZI. 10. Juli 67 c. Kiesewalter (RdO. VIII,).
" 323 " 30 v. u. (Col. 1) l. 46 st. 4. 55.
" 323 " 10 v. u. (Col 2) ist 50 zu streichen
" 324 " 6 v. u. nach „möglich" ist zuzusetzen: Köstlin Abhh. s. 239
" 329 " 24 v. o l. Falles st. Fall
" 335 " 24 v. u. (n. 9. Zusatz:) Hierbei wird vorausgesetzt, daß es sich von solchem Wilde handle, welches durch ein Gehege in Gewahrsam gehalten werden kann, nicht also von solchem, welches fliegt.
" 336 " 9 u. 10 v. o. Der Schlußsatz gehört auf S. 337 nach Z. 8
" 338 " 16 v. o. l. RdO. st. RdR.
" 354 " 21 v. o. ist nach „VIII" zuzusetzen: 287
" 368 " 17 v. u. l. kann einen solchen in sich schließen st. schließt einen solchen in sich
" 369 " 7 v. o. ist nach „VIII" zuzusetzen: 303
" 370 " 8 v. u. ist nach „VIII" zuzusetzen: 220
" 370 " 6 v. u. ist nach „VIII" zuzusetzen: 219
" 387 nach Z. 20 v. o. (Zusatz:) 15a. Ein „Ankauf" kann nicht angenommen werden, so lange nicht die Parteien über einen zu zahlenden bestimmten Preis einverstanden waren: ZI. 5. Juli 67 c. Bauer (RdO. VIII,).
" 387 Z. 23 v. o. nach „habe" ist zuzusetzen: so: — sodann nach „847": ; bedenklich; vgl. ZI. 5. Juli 67 c. Bauer (RdO. VIII,).
" 395 nach Z. 14 v. o. (Zusatz:) 17a. Die Entnahme von Waaren auf Kredit im Namen eines angeblichen Machtgebers ist selbst dann als Vermögensbeschädigung anzusehen, wenn auch nur ein mündlicher Auftrag vorgespiegelt wurde, weil auch im Falle eines solchen der Mit-Kontrahent (nach dem ALR.) Abtretung der Ansprüche fordern konnte, welche der Bevollmächtigte gegen den Machtgeber hatte: ZII. 13. Juni 67 c. Grewe (RdO. VIII, 370).
" 395 Z. 17 v. u. ist cit. zu streichen und nach „VIII" zuzusetzen: 238
" 395 " 12 v. u. l. 760 st. 761
" 397 nach Z. 20 v. o. (Zusatz:) 32a. Die Vermögensbeschädigung wird auch dadurch nicht beseitigt, daß im Falle, wo die vorgespiegelte Thatsache wahr gewesen wäre, der Getäuschte einen rechtlich nicht besser begründeten Anspruch erlangt hätte, sobald er nur thatsächlich gesicherter war, z. B. wenn Jemand, welcher Waaren auf den vorgeschützten Namen eines Dritten auf Kredit giebt, bei diesem Dritten thatsächlich auf Zahlung rechnen konnte, sollte er auch eine Klage gegen denselben nicht gehabt haben; vgl. ZII. 13. Juni 67 c. Grewe (RdO. VIII, 370).
" 408 Z. 16 v. o. (n. 35. Zusatz:) Vgl. ZI. 21. Juni 67 c. Liphardt (RdO. VIII, 394).
" 415 " 28 (Col. 1) und 33 (Col. 1) v. u. l. 14a. 40a. st. 10.
" 419 " 25 v. u. nach „einer" ist zuzusetzen: derselben
" 423 " 14 v. o. nach 24 ist zuzusetzen: 41
" 431 a. E. ist zuzusetzen: 94a. ..... ebenso die amtlichen Anzeigen eines

Gefängnißbeamten, daß ein Verurtheilter seine Strrafe abgebüßt habe: ZI. 21. Juni 67 c. Liphardt (RbdO. VIII, 394).

Seite 443 Z. 6 v. u. nach „worden" ist zuzusetzen: ZI. 5. Juli 67 c Pielzrzyr mowski (RbO. VIII,).

- 461 - 4 v. u. (n. 49. Zusatz:) Die Pflicht zur Buchführung ist jetzt lediglich nach dem D. HGB. und nicht mehr nach den Bestimmungen eines älteren Kaufmannsstatuts zu beurtheilen: VI. 19. Juni 67 c. Gröning (RbO. VIII, 378)).
- 463 - 19 v. u. l. Scherbel st. Scherler; sodann ist nach „VIII" zuzusetzen: 312
- 463 - 2 v. u. (Zusatz zu n. 6:) Vgl. VI. 19. Juni 67 c. Gröning (RbdO. (VIII, 378).
- 464 - 21 v. u. (n. 9. Zusatz:) Auch bei dieser Prüfung sind die gezahlte Steuer und der Umstand, ob der Angeklagte in das Firmenregister eingetragen ist, nicht entscheidend: ZII. 13. Juni 67 c. Fischer (RbO. VIII, 368).
- 466 - 28 v. u. l. 6 st. 5
- 468 - 29 v. u. (n. 27. Zusatz:) Das Jahr für die Bilanzziehung beginnt mit dem Zeitpunkte, bis zu welchem sich die vorige Bilanz erstreckte. Will der Kaufmann den Zeitpunkt der Bilanzziehung verlegen, so muß er die nächste Bilanz vor Ablauf jenes Jahres ziehen: ZI. 31. Mai 67 c. Bruck (RbO. VIII, 354).
- 468 - 2 v. u. (n. 30. Zusatz:) Durch die Aufstellung einer fehlerhaften Bilanz wird die Strafe des § 261 dann nicht verwirkt, wenn die Verdunkelung der Vermögenslage nicht beabsichtigt, oder wenn die beabsichtigten Unrichtigkeiten nicht so bedeutend waren, daß dadurch der Zweck der Bilanz vereitelt wurde: VI. 21. Juni 67 c. Achtzehn (RbdO. VIII, 387).
- 469 - 7 v. o. nach „1855" l. § 189 Abs. 2. 307 ꝛc.
- 480 - 6 v. u. (Zusatz zu n. 1:) Als „Inhaber" ist jeder anzusehen, welcher zur Zeit die Disposition (Leitung) über das betriebene Geschäft hat (z. B. die Ehefrau des abwesenden Wirthes): VI. 17. Juli 67 c. Scheele (RbO. VIII,).
- 504 - 14 v. o. (n. 7. Zusatz:) Vgl. ZII. 13. Juni 67 c. Schulte (RbdO. VIII, 375).
- 505 - 15 v. u. (n 1. Zusatz:) Vgl. VI. 5. Juli 67 c. Weber (RbdO. VIII,).
- 537 - 8 v. u. ist nach „VIII" zuzusetzen: 322
- 549 - 5 v. u. Zusatz zu n. 4:) Eine Uebertretung, welche in der Versäumung einer durch eine polizeiliche Vorschrift (Gesetz ꝛc.) begründeten Pflicht besteht, bleibt straflos, sobald sie aus der Ueberzeugung hervorging, daß die thatsächlichen Voraussetzungen jener Verpflichtung nicht vorlagen: ZII. 13. Juni 67 c. Meyer (RbO. VIII, 373).
- 589 - 20 v. o. ist vor „1867" zuzusetzen: 22. Febr.

FSC
www.fsc.org
MIX
Papier | Fördert
gute Waldnutzung
FSC® C083411

Kolibri 360 GmbH
Ferdinand-Jühlke-Straße 7
99095 Erfurt, Deutschland
produktsicherheit@kolibri360.de